LA CATTIVA CONDOTTA SESSUALE DEL CLERO. UN'ANALISI INTERDISCIPLINARE

A cura di Jane F. Adolphe e Ronald J. Rychlak
Traduzione italiana di Marco Toti

En Route Books e Media, LLC
Saint Louis, MO
Stati Uniti d'America

⊕*ENROUTE*
Make the time

En Route Books e Media, LLC
5705 Rhodes Avenue
St. Louis, MO 63109

Credito di copertura: Sebastian Mahfood

ISBN-13: 979-8-88870-023-5
Library of Congress Control Number: 2023930168

Gratitudine

I redattori sono grati al Dott. Robert Fastiggi, Professore di Teologia presso il Sacred Heart Major Seminary, Detroit Michigan, USA per tutto il suo lavoro nel portare a completamento e pubblicazione la traduzione italiana del libro originale.

INDICE

SECONDA PARTE
Fattori che contribuiscono: influenze extra-ecclesiali e intra-ecclesiali

TERZA PARTE
Conseguenze: Considerazioni legali e politiche

Sommario

A tutte le vittime ed ai sopravvissuti
della cattiva condotta sessuale del clero,
nonché dei suoi crimini,
dei suoi torti e
dei suoi abusi di potere.

Prefazione

Jeffrey A. Mirus, Ph.D.
Trinity Communications | CatholicCulture.org

La cosa più importante da sapere su *La cattiva condotta sessuale del clero: un'analisi interdisciplinare* è semplicemente questa: quando la Chiesa soffre sotto il peso dei peccati dei suoi membri, sono sempre i suoi figli e figlie più devoti a fare lo sforzo maggiore. Ciò che è veramente notevole in questo libro è l'ampiezza e la profondità dell'analisi della poliforme crisi, derivante dall'esistenza di episodi di abuso sessuale all'interno della Chiesa, che colpisce gli uomini e le donne in possesso di una profonda identità cattolica e che sono anche fermamente impegnati nell'autentico rinnovamento cattolico.

Senza queste qualità, chi studia e commenta la crisi, l'emergenza di cui soffre la Chiesa, offre poco più che sciocchezze, un rimaneggiamento emotivo dei propri pregiudizi oppure qualunque cosa il mondo voglia sentire. Ma i collaboratori di questo volume entrano nel vivo delle questioni con una profondità molto maggiore, non soltanto studiando a fondo i fallimenti ma analizzando questi ultimi alla luce di una bontà che solamente Gesù Cristo e la Chiesa stessa possono riversare su ogni forma di male umano.

Non c'è bisogno, qui, di elencare i contenuti oppure di introdurre i quasi trenta studiosi cattolici che hanno contribuito a questo libro. Dal punto di vista critico, ogni aspetto dell'argomento viene trattato a fondo da questi studiosi cattolici, i quali sono altamente competenti e si preoccupano in modo profondo della verità, della virtù e della grazia. Considerimao le seguenti domande, le quali rappresentano, d'altronde, lo stesso genere di domande che anche la maggior parte di noi si è posto almeno una volta:

- In che modo l'emergenza relativa agli abusi sessuali nella Chiesa è collegata ai problemi della nostra cultura nel suo insieme?
- La Chiesa è impermeabile al vero cambiamento?
- Gli abusi sessuali ed il clericalismo sono correlati?
- In che modo i cambiamenti sessuali nel mondo moderno hanno esacerbato queste tendenze peccaminose?

- Fino a che punto sono da biasimare i nuovi miti sessuali della nostra cultura?
- È colpa della formazione in seminario?
- Si tratta principalmente di preti omosessuali?
- L'antropologia cristiana basa lecitamente l'identità umana sull'orientamento sessuale?
- Il problema è migliorato da quando è diventato di dominio pubblico?
- Perché il diritto canonico, le strutture della Chiesa ed il senso di responsabilità non hanno risolto il problema?
- Che dire degli sforzi legali delle vittime e dei governi per punire oppure correggere la Chiesa?
- Alcuni rimedi legali sono più pericolosi oppure più promettenti di altri?
- Cosa possiamo imparare dalla moralità sessuale che ci viene espressa dalle Sacre Scritture?
- Come si inserisce il fatto della mascolinità di Gesù Cristo in tutto questo?
- Come possiamo comprendere il celibato del clero nel bel mezzo dell'emergenza degli abusi?
- Possiamo migliorare la formazione di tutti i cattolici e, specialmente, del clero?
- È possibile la cura pastorale tanto per le vittime quanto per i carnefici?
- Le donne possono offrire spunti speciali in merito a come intervenire in questa crisi per sistemare le cose?

La cosa notevole dello sforzo collaborativo che emerge da questo libro è che ognuna di queste domande viene esplorata a fondo e trova risposta nella misura in cui sono disponibili risposte corrette – una misura che, secondo l'argomento, necessariamente oscilla e varia tra la probabilità e la certezza.

Nella Prima parte (*Sfide: cultura della Chiesa e scienze sociali*), gli autori esplorano i dati che hanno a disposizione relativamente agli abusi sessuali commessi dai membri del clero all'interno della Chiesa cattolica. In considerazione sia degli studi passati, sia della formazione seminariale, sia del problema dell'omosessualità, nonché delle differenze stesse che sono contenute oppure desumibili nei dati degli ultimi vent'anni e più, questa parte dello studio riflette anche il coraggio degli autori nell'esporre i miti culturali prevalenti, i quali occultano le radici del problema.

Nella Seconda parte (*Fattori concorrenti: influenze esterne ed interne alla Chiesa*), gli autori hanno collocato il problema dell'abuso sessuale da parte dei membri del clero sullo sfondo dei problemi circostanti che lo influenzano. In questa sezione, gli studiosi considerano diversi aspetti e questioni come, per esempio: le più ampie radici culturali dell'abuso, la cultura organizzativa cattolica ed il clericalismo.

Nella Terza parte (*Conseguenze: questioni legali e politiche*) veniamo condotti ad imparare molti aspetti e questioni relativamente alle complessità del diritto canonico, nonché di quello penale e civile e sulle modalità in cui, ognuno di questi, finisce per influenzare la capacità della Chiesa e del mondo di punire gli abusi e di tenerli sotto controllo. Il materiale contenuto in questa sezione risulta indispensabile per riuscire a capire come mai l'abuso sessuale è stato, e continua ancora oggi ad essere, un problema così difficile da affrontare in modo efficace.

Infine, nella Quarta parte (*Tracciare la rotta: riflessioni bibliche, teologiche e pastorali*), gli studi che vengono presentati hanno il merito di salvare i lettori dallo scoraggiamento, individuando le radici autenticamente cattoliche di una reale soluzione ai problemi analizzati fino a quel punto. Per la maggior parte di noi, che non ha direttamente a che fare con il problema dell'abuso, è questa la parte che ci fornirà gli strumenti utili a diventare dei cristiani migliori, attraverso sia la costruzione di un'unione più stretta al nostro Signore Gesù Cristo, sia di un rafforzamento della nostra comprensione della sessualità umana e del nostro impegno indirizzato verso una vita morale in Gesù Cristo.

Sappiamo, naturalmente, che un approfondimento della vita spirituale ed una crescita in virtù rappresentano le risposte fondamentali alle nostre domande; ma sappiamo anche, d'altro canto, che la Chiesa è fatta di peccatori, è necessario perciò identificare e definire chiaramente il problema, discernerne le interconnessioni con i problemi culturali più ampi (e, talvolta, più profondi) che vi contribuiscono e comprendere i reali motivi per cui i normali strumenti di cui dispone la Chiesa, per regolare la condotta del clero, non abbiano comunque raggiunto gli obiettivi per i quali sono stati ideati. Sì, un autentico rinnovamento è essenziale; ma nessun rinnovamento di largo respiro potrà mai essere possibile senza che vengano forniti dei concreti meccanismi, sia formativi, sia amministrativi, che funzionino realmente. Questo studio non lascia, in merito, niente di intentato.

Infine, c'è l'ultima domanda della mia lista, alla quale viene risposto in una convincente Appendice, all'interno della quale cinque esperte e stimate professoresse di seminario offrono una serie di raccomandazioni che aiuteranno questi seminari a mettersi in guardia dagli abusi sessuali ed a svolgere un lavoro migliore nella formazione dei futuri sacerdoti, sia per abbracciare la castità del celibato, sia per evitare la nascita e lo sviluppo del clericalismo. Nei diversi capitoli di questo poderoso volume, noi scorgiamo una proposta meravigliosamente concreta per una riforma che sia tanto efficace quanto immediata.

La erudizione che viene esposta in ognuno di essi risulta essere, tra l'altro, davvero impeccabile. Le note che fanno da corollario al corpo del testo principale, da sole, potrebbero essere raccolte in un volume separato; anche in questo caso, gli scritti qui raccolti rappresenterebbero, nella loro precisa chiarezza, un prezioso strumento di autentico rinnovamento. Non sono soltanto impressionato ma anche grato per ciò che Jane Adolphe insieme all'intero gruppo di autori ed editori - sacerdoti e laici, uomini e donne - ci hanno dato in queste pagine. Il risultato dei loro sforzi deve essere considerato, già di per sé, come uno strumento essenziale per la missione cattolica che ognuno di noi è chiamato a servire.

Festa di Tutti i Santi
1 novembre 2019

Introduzione

Jane F. Adolphe, Esq.*

Professoressa di diritto
Ave Maria School of Law, Naples, Florida
Professoressa aggiunta
School of Law, University of Notre Dame, Sydney, Australia

Introduzione.

L'abuso sessuale dei bambini e degli adulti da parte dei membri del clero, nonché il suo insabbiamento non rappresentano tanto dei problemi nuovi per la Chiesa cattolica, quanto piuttosto l'affioramento necessario di una più profonda sensibilità verso gli effetti dannosi delle molestie e delle violenze sessuali, nonché della ri-vittimizzazione quale risultato di un processo di insabbiamento. La tolleranza sociale per la violenza sessuale è diminuita in conseguenza di una maggiore consapevolezza della profonda sofferenza delle sue vittime. La "cattiva condotta sessuale del clero" rappresenta un'espressione intesa a comprendere un'ampia gamma di comportamenti sessuali inappropriati, includendo ma non limitandosi soltanto agli atti criminali di natura sessuale, e si configura purtroppo come una realtà costante nel sacerdozio cattolico. Forse, molto più importante, è sottolineare che vi sono ampie prove a sostegno dell'opinione che la gerarchia della Chiesa non comprenda adeguatamente la gravità del problema oppure l'effetto che esso provoca sulle vittime, sulle loro famiglie e sui fedeli laici in generale.

Una rassegna di tre situazioni riportate dai media ed accadute fra il 2018 ed il 2019 in Cile, Honduras e Stati Uniti (che saranno discusse poco più avanti) dimostra chiaramente sia l'entità degli abusi sessuali sugli adolescenti e sui seminaristi da parte dei membri del clero in posizioni di fiducia[1], sia l'insensibilità

---

*L'espressione Esquire (Esq.) indica un titolo nobiliare britannico ancora molto diffuso negli Stati Uniti e vòlto ad indicare persone particolarmente eccellenti nell'ambito della cosa pubblica e del diritto, solitamente gli avvocati.

[1] Ciò contrasta con quanto è stato comunemente descritto sui media e da parte della gerarchia ecclesiastica come "pedofilia" (termine medico, generalmente riferito ad

della gerarchia cattolica riguardo questo genere di problema. La triste realtà che affrontiamo come Chiesa può essere riassunta, mentre questo libro si avvia verso la pubblicazione, con questi parametri:

- L'abuso sessuale dei minori, in gran parte adolescenti maschi, da parte di alcuni sacerdoti e vescovi, ed il suo conseguente insabbiamento;
- Molestie ed abusi sessuali sui seminaristi da parte di alcuni sacerdoti e vescovi, ed il suo conseguente insabbiamento;
- Tolleranza ed, in alcuni ambienti, ordinazione da parte di qualche vescovo di seminaristi omosessuali oppure di seminaristi che presentano delle tendenze omosessuali profondamente radicate;
- Un utilizzo improprio del denaro raccolto dai laici per gli scopi della Chiesa, ossia per facilitare gli stili di vita omosessuali ed il loro insabbiamento da parte di alcuni vescovi.

Nel delineare quanto sopra, si comprende che non tutte le accuse da parte dei media siano state provate nei tribunali civili oppure in quelli ecclesiastici ma siamo comunque in possesso di abbastanza informazioni verificabili per iniziare un dibattito accademico sugli argomenti pertinenti, prendendo in considerazione la Sacra Scrittura, la Tradizione e gli insegnamenti della Chiesa.

Terminologia e distinzioni.

Quanto scritto sinora include le accuse di violazione della castità (ossia, la virtù per cui le proprie energie sessuali della vita e dell'amore sono integrate, utilizzate correttamente ed in accordo con il proprio stato di vita) a cui sono chiamati tutti i membri della Chiesa (Catechismo della Chiesa cattolica, articoli 2337-2359).[2] e della continenza perpetua (ossia, la scelta di non impegnarsi in rapporti sessuali) a cui è

---

un'attrazione sessuale per bambini in età prepuberale). Si veda, per esempio, l'intervista di Raymond Arroyo al cardinale Gerhard Müller trasmessa durante il programma *The World Over*, sull'emittente televisiva *EWTN* il 4 ottobre 2018 (https://youtu.be/vIxfnXRZ7Pc - ultimo accesso verificato: 5 novembre 2021).

[2] Si vedano: Ef. 5, 5-7; Ga. 5, 16-21; Rev. 21, 5–8; Ap. 22, 14–16; Mat. 15, 19–20; Mat. 5, 27–30; 1Co. 6, 9–20; Col. 3, 5–6; 1Te. 4, 1–8; 1Ti. 1, 8–11; Eb. 13, 4; Le. 18, 22; Le. 20, 13; Gen. 19; Ro. 1, 1–18, e 1Ti. 1, 8–11. Per il Catechismo, si vada: *Catechismo della Chiesa cattolica*, «vatican.va», s. d. (https://www.vatican.va/archive/catechism_it/p3s2c2a6_it.htm – ultimo accesso verificato: 10 novembre 2021), artt. 2337-2359.

chiamato tutto il clero (Codice di diritto canonico, canone 277, paragrafo 1).[3]. A questo proposito, si deve notare che lo scandalo degli abusi, nonostante l'uso mediatico del termine, non implica il celibato (ossia, la scelta di non contrarre matrimonio), un altro dovere verso il quale sono chiamati gli ecclesiastici nella Chiesa latina (Codice del diritto canonico, canone 277, paragrafo 1).[4]. Quindi, i comuni dibattiti condotti sui media e tra i fedeli in merito al celibato appaiono del tutto fuorvianti.

Allo stesso modo, risultano errati i dibattiti sui media che descrivono i peccati, i delitti, ed i crimini degli ecclesiastici contro gli adolescenti maschi come "pedofilia". Il termine, utilizzato nel campo della psichiatria e della psicologia, si riferisce comunemente al disturbo che affligge un adulto il quale provi un desiderio sessuale nei riguardi dei bambini in età prepuberale.[5]. La stessa gerarchia della Chiesa

---

[3] Le eccezioni sarebbero le seguenti: preti di rito orientale sposati che non sono vincolati alla continenza e preti provenienti dalla comunione anglicana (episcopaliana), anch'essi sposati. Si veda, per esempio: Benedetto XVI (papa), *Anglicanorum coetibus. Apostolic constitution providing for personal ordinariates for anglicans entering into full communion with the Catholic Church*, «Vatican.va», 4 novembre 2009 (http://w2.vatican.va/content/benedict-xvi   /it/apost_costituzioni/documenti/hf_ben-xvi_apc_20091104_anglicanorum-coetibus.html – ultimo accesso verificato: 10 novembre 2021). Anche i diaconi permanenti sposati non sono vincolati alla continenza secondo un parere del: Pontificio consiglio per i testi legislativi, Prot. n. 13095/2011, 17 dicembre 2011 (http://www.delegumtextibus.va/content/testilegislativi/it.html - ultimo accesso verificato: 10 novembre 2021). Per il testo del Codice di diritto canonico, si veda: *Code of canon law (1983)*, «vatican.va», s. d. (https://www.vatican.va/archive/cod-iuris-canonici/eng/documents/cic_lib2-cann208-329_en.html#TITLE_III. – ultimo accesso verificato: 10 novembre 2021); Per il testo in italiano, si veda: *Codice di diritto canonico 1983*, «vatican.va», s. d.   (https://www.vatican.va/archive/cod-iuris-canonici/ita/documents/cic_libroII_232-264_it.html#TITOLO_III – ultimo accesso verificato: 10 novembre 2021).

[4] Si veda la discussione: E. Peters: *My Q & A on 'Continence', 'Celibacy', and 'Chastity*, «In the Light of the Law: A Canon's Lawyer's Blog», 15 Gennaio 2015 (https://canonlawblog.wordpress.com/2015/01/15/my-q-a-on-continence-celibacy-and-chastity/ - ultimo accesso verificato: 10 novembre 2021).

[5] American Psychiatric Association, *Disturbi parafilici (2013)*, «psychiatry.org», s. d. (https://www.psychiatry.org/File%20Library/Psychiatrists/Practice/DSM/APA_DSM-5-Paraphilic-Disorders.pdf – ultimo accesso verificato: 10 novembre 2021). Nella quinta edizione del *Manuale diagnostico e statistico dei disturbi mentali* (DSM-5) c'è stato un leggero cambio di nome. Situato all'interno del capitolo dedicato ai "disturbi parafilici", il nuovo termine è "disturbo pedofilico" che continua a riferirsi all'attrazione sessuale di un adulto per i bambini in età prepuberale. Le revisioni del DSM-5 «rendono possibile, ad un individuo, l'impegno in un comportamento sessuale atipico consensuale senza essere etichettato in modo inappropriato con un disturbo mentale». Per esempio, per essere diagnosticato un disturbo parafilico, «Il DSM-5 richiede che le persone con questi interessi: che provino angoscia personale per il loro interesse e non semplicemente angoscia

cattolica ha contribuito alla creazione di questa confusione. Molti dei suoi membri, infatti, preferiscono usare il termine "pedofilia" per descrivere due situazioni distinte, vale a dire: quando un ecclesiastico soddisfa i propri desideri sessuali con un bambino in età prepuberale e quando ciò avviene con un ragazzo in età postpuberale ma inferiore ai diciotto anni. Entrambi i casi sono definiti reati dal diritto canonico. Le domande sollevate sono le seguenti: Perché usare il termine "pedofilia"? È un tentativo di controllare la narrazione ed evitare discussioni tanto necessarie?

Confrontiamo questa situazione con quella studiata nel capitolo 7 di questo libro (che si focalizza sullo scandalo avvenuto alla Pennsylvania State University) riguardante l'ex assistente allenatore di football, Gerald "Jerry" Sandusky, il quale è stato condannato per abuso sessuale di ragazzi (prepuberi e post-pubescenti). Molti articoli nel campo della sociologia e della comunicazione, per esempio, scritti da studenti di questa istituzione, su questo preciso scandalo, non utilizzano la terminologia impiegata nei campi della psichiatria e della psicologia[6].

Ovviamente, ci sono importanti distinzioni tra le accuse di cattiva condotta sessuale del clero che coinvolgono delle vittime minorenni (ossia, sotto i diciotto anni) e quelle che coinvolgono delle vittime adulte. Riguardo a queste ultime, la Chiesa classifica un adulto come "vulnerabile" basandosi generalmente sulla sua condizione oggettiva (per esempio, in presenza di un deterioramento cognitivo) ma lo stato e le azioni dell'ecclesiastico che si macchia di tali crimini sessuali sono ugualmente importanti, in ragione della sua autorità spirituale e del potere che egli esercita sulla vittima. In tali casi, anche se un seminarista desse un consenso libero e volontario, il sospetto rimarrebbe comunque. Il Codice criminale canadese (R.S.C., 1985, C. 46, come emendato), per esempio, fornisce una definizione di "consenso"

---

derivante dalla disapprovazione della società; che abbiano un desiderio o un comportamento sessuale che implichi disagio psicologico, lesioni o morte di un'altra persona, oppure un desiderio di comportamenti sessuali che coinvolgano persone riluttanti o persone incapaci di fornire un consenso legale»). Per il DSM-5 in edizione inglese, si veda: American Psychiatric Association, *Diagnostic and Statistical Manual-5* (Washington, Columbia: American Psychiatric Association Publishing, 2013); per l'edizione italiana del libro, si veda: Id., *Manuale diagnostico e statistico dei disturbi mentali: DSM-5* (Milano: Raffaello Cortina, 2014).

[6] Si veda, per esempio, la tesi: M. S. Campbell, *Communication in a scandal: a content analysis of crisis communication at Penn State*, Spring 2013, The Pennsylvania State University, Schreyer Honors College, Department of Communications Arts & Sciences (una tesi presentata in adempimento parziale dei requisiti per un diploma di laurea di primo livello (conseguito con lode) in "Scienze e arti della comunicazione e Studi sui media": https://honors.libraries.psu.edu/files/final_submissions/1942 - ultimo accesso verificato: 10 novembre 2021).

relativamente ai reati di violenza sessuale. Questo Codice definisce delle situazioni specifiche che non costituiscono un consenso per la legge, come quando – per esempio – l'imputato «induce il denunciante ad impegnarsi nell'atto abusando di una posizione di fiducia, potere oppure autorità».[7]. Secondo detta legge, un seminarista potrebbe non essere in grado di acconsentire alle *avance* sessuali di un sacerdote oppure di un vescovo.

Inoltre, nel maggio 2019, papa Francesco, nella sua *Lettera apostolica* emessa in forma di *motu proprio*, *Vos Estis Lux Mundi* ("Tu sei la luce del mondo"), ha istituito un sistema di segnalazione per le denunce da presentare contro i vescovi come parte della legge canonica generale.[8]. Le norme riguardano gli ecclesiastici che hanno commesso dei delitti contro il sesto comandamento del Decalogo. I delitti comprendono non solamente «il compimento di atti sessuali con un minore oppure con una persona vulnerabile», ma anche, tra le altre cose di cui tratta (come, per esempio, il possesso di materiale pedopornografico), «costringere qualcuno, con la violenza o con la minaccia oppure, ancora, tramite abuso di autorità, a compiere oppure a sottomettersi ad atti sessuali». Ai sensi di tale legge, per "persona vulnerabile" si intende: «qualsiasi persona in stato di infermità, deficienza fisica o psichica oppure di privazione della libertà personale che, di fatto, anche occasionalmente, limita la sua capacità di intendere o di volere oppure, altrimenti, di resistere al reato». Resta da vedere come «da privazione della libertà personale» sarà definita ed applicata, semmai, ai seminaristi abusati sessualmente dai loro superiori, tenuto conto che essi vivono in "istituzioni totali", ossia in seminari nei quali vengono controllati gli aspetti centrali della loro vita.

Degni di nota sono anche gli sforzi di papa Francesco per rafforzare il «sistema istituzionale ed il quadro normativo al fine di prevenire e contrastare gli abusi sui minori e sulle persone vulnerabili» nello Stato della Città del Vaticano, con la *Lettera apostolica* emessa in forma di *motu proprio* sulla *Tutela dei minori e delle persone vulnerabili* all'interno dello Stato vaticano.[9]. Con questa lettera, papa Francesco ha emanato la

---

[7] *Codice criminale canadese* (R.S.C., 1985, c. C-46), Part. VIII. Reati contro la persona e la reputazione. Assalti. Articolo 273.1.1 e segg.; Sul significato di consenso, si vedano, in particolare: art. 273.1.2.c (https://laws-lois.justice.gc.ca/eng/acts/C-46/page-64.html - ultimo accesso verificato: 10 novembre 2021).

[8] Francesco (papa), *Lettera apostolica emessa in forma di motu proprio Vos Estis Lux Mundi*, 7 maggio 2019 (http://w2.vatican.va/content/francesco/en/motu_proprio/documents/papa-francesco-motu-proprio-20190507_vos-estis-lux-mundi.html - ultimo accesso verificato: 10 novembre 2021).

[9] Francesco (papa), *Lettera apostolica emessa in forma di motu proprio Sulla protezione dei minori e degli adulti vulnerabili*, 26 marzo 2019 (http://w2.vatican.va/content/francesco/en/

Legge n. CCXCVII sulla *Protezione dei minori e delle persone vulnerabili* in Vaticano ed ha adottato gli *Orientamenti pastorali sulla tutela dei minori e delle persone vulnerabili* nel Vicariato del Vaticano. Questi due documenti differiscono tra loro per natura: il primo riguarda questioni giuridiche, mentre l'altro riguarda questioni pastorali, eppure entrambi si riferiscono al solo territorio dello Stato della Città del Vaticano. Entrambi i documenti, inoltre, differiscono per natura e portata da *Vos Estis Lux Mundi*, che fa parte del diritto canonico della Chiesa universale ed è applicabile oltre i confini territoriali dello Stato della Città del Vaticano. Qualcosa sta cambiando all'interno della Curia Romana, ed in maniera positiva.

All'interno della Chiesa cattolica, è chiaro che non tutti gli ecclesiastici con «attrazione per lo stesso sesso» vìolino sessualmente i minori oppure gli adulti, altrimenti non potrebbe altrimenti sussistere la condizione di continenza perpetua. Nel 2005, la *Congregazione per l'educazione cattolica* ha emanato la seguente direttiva in merito a coloro che cercano l'ordinazione sacerdotale:

> [...] questo Dicastero, d'intesa con la Congregazione per il Culto Divino e la Disciplina dei Sacramenti, ritiene necessario affermare chiaramente che la Chiesa, pur rispettando profondamente le persone in questione, non può ammettere al Seminario e agli Ordini sacri coloro che praticano l'omosessualità, presentano tendenze omosessuali profondamente radicate o sostengono la cosiddetta *cultura gay*.[10].

Il documento sottolineava che:

---

motu_proprio/documents/papa-francesco-motu-proprio-20190326_latutela-deiminori.html - ultimo accesso verificato: 10 novembre 2021).

[10] Sacra congregazione per l'educazione cattolica, *Instruction concerning the criteria for the discernment of vocations with regard to persons with homosexual tendencies in view of their admission to the seminary and to holy orders,* «Vatican.va», 4 novembre 2005 (https://www.vatican.va/roman_curia/congregations/ccatheduc/documents/rc_con_ccatheduc_doc_20051104_istr uzione_en.html - ultimo accesso verificato: 10 novembre 2021), par. 2; Per il testo in italiano, si veda: Ibid., *Istruzione sui criteri per il discernimento delle vocazioni nei confronti delle persone con tendenze omosessuali in vista della loro ammissione al Seminario e agli Ordini sacri,* «vatican.va», 4 novembre 2005 (https://www.vatican.va/roman_curia/congregations/ccatheduc/ documents/rc_con_ccatheduc_doc_20051104_istruzione_it.html - ultimo accesso verificato: 5 novembre 2021).

- La Chiesa crede che ci siano «conseguenze negative che possono derivare dall'Ordinazione di persone con tendenze omosessuali profondamente radicate».[11];
- Tali sacerdoti affronteranno molteplici difficoltà poiché «si trovano, infatti, in una situazione che ostacola gravemente un corretto relazionarsi con uomini e donne».[12];
- Potrebbero esserci alcuni uomini per i quali le tendenze omosessuali sono soltanto «l'espressione di un problema transitorio, come, per esempio, quello di un'adolescenza non ancora compiuta».[13];
- Tali tendenze omosessuali «devono comunque essere chiaramente superate almeno tre anni prima dell'Ordinazione diaconale».[14].

La direttiva è stata riaffermata ne *Il dono della vocazione sacerdotale* emanato dalla Congregazione per il Clero nel 2016.[15]. È interessante notare che questa politica è stata criticata da alcuni, all'interno e all'esterno della Chiesa, come una forma di «discriminazione illecita» nei confronti delle minoranze sessuali. In risposta, questa linea di ragionamento ed altre analoghe, sono state attentamente considerate e confutate nel libro a cura di Jane F. Adolphe, Robert L. Fastiggi e Michael A. Vacca: *Equality and non-discrimination: Catholic roots, current challenges* (Eugene, Orlando: Wipf e Stock Publishers, 2019). Passiamo ora agli eventi che hanno provocato l'incontro internazionale di studiosi che ha portato alla pubblicazione di questo libro sulla cattiva condotta sessuale del clero.

Cile.

Nel gennaio 2018, papa Francesco è stato coinvolto in una controversia sorta dalle affermazioni secondo cui i vescovi cileni avevano insabbiato la cattiva condotta sessuale del reverendo Fernando Karadima, il quale era stato sanzionato dalla Santa Sede nel 2011 sia per abusi sessuali sui ragazzi di quattordici e diciassette

---

[11] Ibid.

[12] Ibid.

[13] Ibid.

[14] Ibid.

[15] Sacra Congregazione per l'educazione cattolica, *Ratio Fundamentalis Institutionis Sacerdotalis [Il dono della vocazione sacerdotale]*, 8 dicembre 2016 (https://www.vatican.va/ roman_curia/congregations/ccatheduc/documents/rc_con_ccatheduc_doc_19850319_rati o-fundamentalis_it.html – ultimo accesso verificato: 10 novembre 2021).

anni, sia per «abuso psicologico».[16]. A quel tempo, Karadima venne condannato ad una «vita di preghiera e penitenza» e «di divieto dal pubblico esercizio di qualsiasi atto ministeriale, in particolare la confessione e la guida spirituale di qualsiasi categoria di persone».[17].

A riportare il problema alla ribalta nel 2018 sono state le affermazioni secondo cui altri sacerdoti, compreso il vescovo Juan Barros, ex protetto di Karadima, erano stati presenti durante gli episodi di abuso e li avevano coperti. Non sorprende, perciò, che la faccenda esplodesse sui media internazionali quando papa Francesco, durante una visita apostolica in Cile, aveva descritto le accuse di insabbiamento contro Barros, che era diventato vescovo di Osorno, come «calunnia» sostenendo che le molteplici inchieste non avevano prodotto alcuna prova della sua complicità e dell'insabbiamento.[18].

Le dichiarazioni del papa hanno provocato un intervento del cardinale O'Malley, capo della Pontificia commissione per la tutela dei minori, che a quanto pare si schierò con le vittime e corresse il pontefice.[19]. In risposta, e a suo merito, papa Francesco nominò l'arcivescovo Charles J. Scicluna alla guida di una indagine apostolica. Dopo aver ricevuto la relazione conclusiva.[20], papa Francesco si scusò

---

[16] *Chilean Priest Found Guilty of Abusing Minors*, «The New York Times», 18 febbraio 2011 (https://www.nytimes.com/2011/02/19/world/americas/19chile.html – ultimo accesso verificato: 10 novembre 2021).

[17] *Communication of the Press Office of the Holy See*, «Bulletin», 28 settembre 2018 (https://press.vatican.va/content/salastampa/en/bollettino/pubblico/2018/09/28/18092 8f.html – ultimo accesso verificato: 10 novembre 2021).

[18] W. Doino Jr., *Hope and anguish: It was meant to be a visit of healing and hope, but soon turned into the most controversial journey of Francis' pontificate*, «Inside the Vatican», Febbraio 2017. Si veda inoltre: P. Bonnefoy, *Catholic Church Faces Reckoning in Chile as Sex Abuse Scandal Widens*, «The New York Times», 31 luglio 2018 (https://www.nytimes.com/2018/07/31/world/ americas/chile-pope-francis-catholic-church-sexual-abuse.html – ultimo accesso verificato: 10 novembre 2021); *Karadima Victims File Complaint Against Cardinal Errázuriz*, «Catholic News Agency», 1 novembre 2018 (https://www.catholicnewsagency.com/news/karadima-victims-file-complaint-against-cardinal-errzuriz-72414 – ultimo accesso verificato: 10 novembre 2021).

[19] *Cardinal O'Malley Corrects the Pope on His Comments in Chile*, «Religion News», 22 gennaio 2018 (https://religionnews.com/2018/01/22/cardinal-omalley-corrects-the-pope-on-his-comments-in-chile/ – ultimo accesso verificato: 10 novembre 2021) .

[20] *Sending Abp Scicluna to Chile Raises More Questions Than It Answers*, «Catholic World Report», 2 febbraio 2018 (https://www.catholicworldreport.com/2018/02/02/sending-abp-scicluna-to-chile-raises-more-questions-than-it-answers/ – ultimo accesso verificato: 10 novembre 2021); *Archbishop Scicluna Report: Chilean Church Offices as Part of Sexual Abuse Probe*, «The Malta Independent», 14 giugno 2018 (https://www.independent.com.mt/articles/ 2018-06-14/local-news/Archbishop-Scicluna-report-Chilean-churchoffices-raided-as-part-of-sex-abuse-probe-6736191703 – ultimo accesso verificato: 10 novembre 2021).

per suoi «gravi errori di giudizio e di percezione» dovuti alla «mancanza di informazioni veritiere ed equilibrate».[21]. Successivamente, scrisse anche delle lettere alla Chiesa in Cile.[22] e ai vescovi cileni.[23]; incontrò alcune vittime e richiese un incontro con i vescovi cileni a Roma. Durante questa riunione, trentaquattro di essi hanno presentato le loro dimissioni, di cui nove, infine, vennero accettate.[24].

La questione andò al di là dei processi giuridici e degli sforzi pastorali della Chiesa. Le autorità civili cilene avviarono indagini penali su alcune autorità ecclesiastiche e sequestrarono dei documenti. Un tribunale cileno, alla fine, ordinò alla Chiesa di pagare circa 670.000 dollari di risarcimento a tre vittime. Due cardinali si dimisero dal Consiglio consultivo del papa dei nove cardinali (il cosiddetto "C9") a fronte delle indagini su «158 denunce di abuso sessuale o insabbiamento che hanno coinvolto 241 vittime, 123 delle quali erano minorenni al momento dell'abuso». Karadima, infine, venne dimesso dallo stato clericale nel settembre 2018.[25].

---

[21] J. Arocho Esteves, *Pope Apologizes for 'Serious Mistakes' in Judging Chilean Abuse Cases*, «Catholic News Agency», 11 aprile 2018 (https://www.catholicnews.com/services/englishnews/2018/pope-apologizes-for-seriousmistakes-in-judging-chilean-abuse-cases.cfm – ultimo accesso verificato: 10 novembre 2021).

[22] *Full Text of Pope Francis's Letter to the Church in Chile*, «Catholic News Agency», 5 giugno 2018 (https://www.catholicnewsagency.com/news/38567/full-text-of-pope-francis-letter-to-the-church-in-chile – ultimo accesso verificato: 10 novembre 2021).

[23] Ibid.

[24] *'Pope Cannot Claim he was Misinformed': Chilean Abuse Survivor after Vatican Meeting*, «NPR», 10 maggio 2018 (https://www.npr.org/sections/parallels/2018/05/10/609182908/pope-cannot-claim-he-was-misinformed-chilean-abuse-survivor-after-vatican-meetin – ultimo accesso verificato: 10 novembre 2021); I. San Martín, *Pope Accepts Resignation of Chilean Cardinal who Facing Abuse Cover-up*, «Crux», 23 marzo 2019 (https://cruxnow.com/global-church/2019/03/23/pope-accepts-resignation-of-chilean-cardinal-facing-abuse-cover-up-probe/ – ultimo accesso verificato: 10 novembre 2021); J. Arocho Esteves, *Chilean Cardinal Ends C9 Term, Subpoenaed by Prosecutors*, «National Catholic Reporter», 15 novembre 2018 (https://www.ncronline.org/news/vatican/chilean-cardinal-ends-c9-term-subpoenaed-prosecutors – ultimo accesso verificato: 10 novembre 2021); *Chilean Court Orders Church To Pay CLP 450 Million to Karadima's Victims*, «Santiago Times», 21 ottobre 2018 (https://santiagotimes.cl/2018/10/21/chilean-court-orders-church-to-pay-us670kto-karadimas-victims/ – ultimo accesso verificato: 10 novembre 2021); *Chilean Prosecutor Who Led Church Abuse Probes Facing Removal Amid Negligence Claim*, «US News», 25 settembre 2019 (https://www.usnews.com/news/world/articles/2019-09-25/chilean-prosecutor-who-led-church-abuse-probes-faces-removal-amid-negligence-claim – ultimo accesso verificato: 10 novembre 2021).

[25] *Communication of the Press Office of the Holy See*, «Bulletin», 28 settembre 2018 (https://press.vatican.va/content/salastampa/en/bollettino/pubblico/2018/09/28/180928f.html – ultimo accesso verificato: 10 novembre 2021).

Honduras.

Nel marzo 2018, pochi mesi dopo lo scoppio del caso cileno, Edward Pentin, del *National Catholic Register* (NCR), pubblicò un articolo sulle testimonianze di due ex seminaristi in Honduras, all'interno di un'indagine avviata su richiesta di papa Francesco.[26]; accusarono il vescovo ausiliare Juan José Pineda Fasquelle dell'arcidiocesi honduregna di Tegucigalpa di cattiva condotta sessuale ai tempi in cui aveva insegnato nel seminario arcidiocesano. Ciò che conferì ulteriore peso alle accuse fu che l'arcidiocesi era guidata dal cardinale coordinatore del gruppo cardinalizio C9, Oscar Andrés Rodriquez Maradiaga.

Il primo testimone accusò il vescovo ausiliare di aver «tentato di consumare rapporti sessuali» con lui. Il secondo testimone, per giunta, affermò che, quando respinse le *avances* del vescovo, questi intraprese una serie di azioni punitive verso i due, «diffamandoli» ed arrivando, infine, ad espellerli dal seminario arcidiocesano.[27]. La storia raccontata da Pentin riportò anche altre accuse contro il vescovo ausiliare, relativamente sia alla cattiva condotta sessuale con i seminaristi, sia ad una generale

---

[26] E. Pentin, *Former Seminarians Allege Grave Sexual Misconduct by Honduran Bishop Pineda*, «National Catholic Register», 4 marzo 2018 (http://www.ncregister.com/daily-news/former-seminarians-allege-grave-sexual-misconduct-by-honduran-bishop-pineda – ultimo accesso verificato: 10 novembre 2021). Si veda anche: Ibid., *Pope Francis Accepts Resignation of Honduran Bishop Accused of Sexual Abuse*, «National Catholic Register», 20 luglio 2018 (http://www.ncregister.com/blog/edward-pentin/pope-francis-accepts-resignation-of-honduran-bishop-accused-of-sexual-abuse – ultimo accesso verificato: 10 novembre 2021).

[27] Secondo il rapporto di Pentin, la dichiarazione del primo testimone includeva le seguenti accuse: Pineda ha «toccato le mie parti intime ed il petto. Ho cercato di fermarlo; in diverse occasioni mi sono alzato dal letto e sono uscito». Veniva aggiunto che Pineda «non avesse mai rispettato ciò che [il seminarista] gli aveva detto», ossia di smettere di toccarlo. Poi, dopo essere stato ripetutamente respinto, Pineda ha reagito e «cercato modi» per «causare problemi» al seminarista. Il secondo testimone, anche lui ex seminarista, ha testimoniato di aver assistito ad un rapporto improprio tra Pineda ed un terzo seminarista, durante un periodo in cui tutti e tre gli uomini stavano svolgendo insieme il lavoro pastorale. Il secondo testimone ha dichiarato: «Il vescovo ed [il terzo seminarista] cominciarono a vedersi ed anche a dormire nella stessa stanza. Una notte abbiamo lavorato fino a tardi ed il vescovo mi ha invitato a dormire con loro. Mi aspettavo che fosse in una stanza separata; tuttavia, abbiamo dormito nella stessa stanza... ha cercato di abusare di me; voleva mettere la sua gamba su di me e anche la sua mano. Ho subito reagito e l'ho spinto via. Il giorno dopo era tutto normale per lui, poiché finse di aver fatto tutto mentre era addormentato» (E. Pentin, *Former Seminarians Allege Grave Sexual Misconduct by Honduran Bishop Pineda*, «National Catholic Register», 4 marzo 2018 (http://www.ncregister.com/daily-news/former-seminarians-allege-grave-sexual-misconduct-by-honduran-bishop-pineda – ultimo accesso verificato: 10 novembre 2021).

cattiva condotta finanziaria (finalizzata a supportare un attivo stile di vita omosessuale). Il 20 luglio 2018, papa Francesco, senza spiegazioni, accettò le dimissioni di Pineda.[28].

Nel luglio 2018, Pentin pubblicò un secondo articolo su una lettera firmata da quarantotto seminaristi (su centottanta) presso il seminario maggiore di Nostra Signora di Suyapa (arcidiocesi di Tegucigalpa, in Honduras).[29]. La lettera, provocata dal fallito tentativo di suicidio da parte di un seminarista per la rottura della sua relazione sessuale con un altro seminarista, espose alcune dettagliate lamentele su una cultura omosessuale attiva nel seminario.[30]. Pentin riferì anche che la lettera era stata fatta circolare tra i vescovi della Conferenza episcopale honduregna.

In risposta, quest'ultima pubblicò una dichiarazione con la quale accusava Pentin, l'NCR ed un altro media (l'EWTN) di causare «dolore e scandalo».

> Con tutta certezza e verità, affermiamo che non esiste, non è esistita, né dovrebbe esistere in seminario un'atmosfera come quella presentata nella cronaca del NCR, la quale lascia ad intendere che, istituzionalmente, vi sia la promozione ed il sostegno di pratiche contrarie alle norme ed ai costumi della Chiesa sotto la sorveglianza compiacente del vescovi.

Pentin e l'NCR tennero fede alla loro storia e notarono che i vescovi honduregni non avevano negato l'omosessualità presente in seminario nonostante la supplica, presente nella lettera, che «l'attività omosessuale tra i seminaristi fosse fermata e che i vescovi adottassero pratiche di ammissione più rigide per la scelta

---

[28] *Honduran Auxiliary Bishop Accused of Sexual Misconduct Resigns*, «Catholic News Agency», 20 luglio 2018 (https://www.catholicnewsagency.com/news/honduran-auxiliary-bishop-accused-of-sexual-misconduct-resigns-71147 – ultimo accesso verificato: 10 novembre 2021).

[29] *Honduran Bishops Deny Culture of Homosexuality at National Seminary*, «Catholic News Agency», 30 luglio 2018 (https://www.catholicnewsagency.com/news/honduran-bishops-deny-culture-of-homosexuality-at-national-seminary-78395 – ultimo accesso verificato: 10 novembre 2021).

[30] E. Pentin, *Honduran Seminarians Allege Widespread Homosexual Misconduct*, «National Catholic Register», 25 luglio 2018 (http://www.ncregister.com/daily-news/honduran-seminarians-allege-widespread-homosexual-misconduct – ultimo accesso verificato: 10 novembre 2021) ; D. Montagna, *Report: Cardinal Close to Pope Is Protecting Cadre of Gay Seminarians in Honduras*, «Lifesite News», 8 agosto 2018 (https://www.lifesitenews.com/news/report-cardinal-close-to-pope-is-protecting-cadre-of-gay-seminarians-inhon – ultimo accesso verificato: 10 novembre 2021).

dei seminaristi».[31]. Pentin rivendicò di aver «riportato direttamente le parole di uno dei seminaristi che aveva firmato la lettera» e di aver fatto riferimento sia ad un biglietto del seminarista suicida, sia a «testi grafici omosessuali realmente diffusi tra seminaristi».[32]. Nell'agosto 2018, l'NCR pubblicò alcuni documenti chiave: tra questi vi erano proprio la lettera dei seminaristi ed il biglietto del suicida.[33]

Stati Uniti.

Mentre queste controversie si dipanavano nei media, le rivelazioni sulla cattiva condotta dell'(ormai ex) cardinale Theodore McCarrick scuotevano la Chiesa.[34]. Alcune denunce degli abusi sessuali sui minori, seguite da rinnovate affermazioni in merito alle molestie sessuali ed agli abusi sui seminaristi (di cui erano al corrente molti ecclesiastici, compresi i vescovi della Curia romana), erano venute alla luce grazie all'impegno di alcuni ex seminaristi.[35].

Molti hanno affermato che, in qualità di vescovo e cardinale, McCarrick abbia approfittato della propria influenza per promuovere ecclesiastici che la pensavano

---

[31] E. Pentin, *Honduran Bishop's Conference Replies to Accusations of Homosexual Network*, «National Catholic Register», 30 luglio 2018 (http://www.ncregister.com/blog/edward-pentin/honduran-bishops039-conference-replies-to-accusations-of-a-homosexual-netwo — ultimo accesso verificato: 10 novembre 2021). Si veda, inoltre: D. Montagna, *Honduran Bishops Blame Media for their Own Mishandling of Homosexual Seminary*, «Lifesite News», 31 luglio 2018 (https://www.lifesitenews.com/news/honduran-bishops-blame-media-for-their-own-mishandling-of-homosexual-semina — ultimo accesso verificato: 10 novembre 2021) .

[32] Ibid.

[33] *Full Text of Letter Complaining of Epidemic of Homosexuality in Honduran Seminary*, «National Catholic Register», 1 agosto 2018 (http://www.ncregister.com/blog/edward-pentin/full-text-of-letter-complaining-of-epidemic-of-homosexuality-in-honduran-se — ultimo accesso verificato: 10 novembre 2021).

[34] Si veda, per esempio: L. Goodstein, S. Otterman, *He Preyed on Men Who Wanted to Be Priests. Then He Became a Cardinal*, «The New York Times», 16 luglio 2018 (https://www.nytimes.com/2018/07/16/us/cardinal-mccarrick-abuse-priest.html — ultimo accesso verificato: 10 novembre 2021).

[35] Ibid.; Secondo quanto riferito, McCarrick ha usato diverse tattiche di adescamento. Presumibilmente ha ricoperto i suoi cosiddetti «nipoti» di complimenti per il loro aspetto fisico, ha fatto riferimenti alla loro ambizione per il cardinalato («febbre scarlatta»), li ha toccati leggermente sul braccio, sulla spalla o sulla gamba, li ha invitati a viaggi notturni (a volte anche di gruppo, coinvolgendo altri seminaristi) durante i quali si alloggiava in appartamenti o in una casa al mare. Secondo quanto riferito, McCarrick calcolava in precedenza il rapporto fra il numero dei seminaristi e quello dei letti sfruttando l'opportunità per molestare sessualmente colui o coloro che erano costretti a "dormire" con lui.

alla stessa sua maniera su questioni di moralità sessuale.[36]. Altri, ancora, hanno evidenziato il suo lavoro come fondatore della *Papal foundation* e le sue abilità nella raccolta fondi che – si sostiene – venissero utilizzati per esercitare influenze e per comprare il silenzio altrui mentre egli avanzava di grado per diventare un consigliere di papa Francesco (anche dopo che papa Benedetto XVI gli aveva imposto alcune restrizioni).[37].

Entro la fine del 2018, McCarrick era diventato l'incarnazione della corruzione clericale finché, nel 2019, venne dimesso dallo stato clericale per sollecitazione al sacramento della confessione e per violazione del sesto comandamento con i minori e gli adulti (seminaristi) con l'aggravante dell'abuso di potere.[38]. Secondo quanto riferito, fra le sue vittime vi furono tre minori ed otto seminaristi ma potrebbero verosimilmente esisterne molte altre.

La questione continua ad essere affrontata dai media dal momento che l'abolizione della prescrizione consente la presentazione di nuove cause civili. Una delle vittime, all'epoca minorenne, avrebbe sottolineato che McCarrick «invitava regolarmente ragazzi delle scuole superiori ad accompagnarlo nei viaggi tra il 1971

---

[36] Si vedano, per esempio: J. Roback Morse, *About Those 'Gay Clergy Networks'*, «National Catholic Register», 12 novembre 2018 (http://www.ncregister.com/daily-news/about-those-gay-clergynetworks – ultimo accesso verificato: 10 novembre 2021); R. Dreher, *Cardinal McCarrick's Network*, «The American Conservative», 20 luglio 2018 (https://www.theamericanconservative.com/dreher/cardinal-mccarrick-network-catholicism-lavender-mafia/ – ultimo accesso verificato: 10 novembre 2021); *We Must 'Eradicate' Church's Gay Networks to Fight Sex Abuse: Moral Theologian*, «Lifesite News», 7 agosto 2018 (https://www.lifesitenews.com/news/we-must-eradicate-churchs-gay-networks-to-fight-sex-abuse-moral-theologian – ultimo accesso verificato: 10 novembre 2021); T. D. Williams, *D.C. Archbishop Calls for Investigation into Alleged Homosexual Predator at National Shrine*, «Breitbart», 15 agosto 2019 (https://www.breitbart.com/faith/2019/08/15/d-c-archbishop-investigation-alleged-homosexual-predator-national-shrine/ – ultimo accesso verificato: 10 novembre 2021) .

[37] R. Dreher, *Francis McCarrick Gay Mafia Bombshell: The Day After*, «The American Conservative», 26 agosto 2018 (https://www.theamericanconservative.com/dreher/pope-francis-mccarrick-gay-mafia-bombshell-vigano/ – ultimo accesso verificato: 10 novembre 2021).

[38] *Communication of the Press Office of the Holy See*, «Bulletin», 16 febbraio 2019 (http://press.vatican.va/content/salastampa/it/bollettino/pubblico/2019/02/16/0133/00272.html – ultimo accesso verificato: 10 novembre 2021); Si veda inoltre: *Communication of the Press Office of the Holy See*, «Bulletin», 28 luglio 2018 (http://press.vatican.va/content/salastampa/it/bollettino/pubblico/2018/07/28/0548/01187.html – ultimo accesso verificato: 10 novembre 2021); *Communication of the Press Office of the Holy See*, «Bulletin», 6 ottobre 2018 (http://press.vatican.va/content/salastampa/it/bollettino/pubblico/2018/10/06/0731/01548.html – ultimo accesso verificato: 10 novembre 2021).

ed il 1977, quando servì come segretario» dell'allora arcivescovo di New York.[39].
Nulla venne fatto anche se «in quello stesso periodo, McCarrick aveva già una
reputazione ben consolidata tra i seminaristi come adescatore».[40].

A maggio 2020, la Sede apostolica si era prefissata di rivelare i risultati
dell'indagine su McCarrick all'interno degli archivi della Curia romana ma ciò non è
ancora avvenuto.[41].

Un incontro fra esperti.

Tra questi, un gruppo di esperti internazionali nei campi del giornalismo, della
filosofia, della teologia, del diritto, della sociologia, della psicologia e della pastorale
si è riunito per discutere il tema della cattiva condotta omosessuale del clero.
L'incontro è stato organizzato sotto gli auspici dell'*International Catholic Jurists Forrm
(ICJF)* previously the *Center on Law, Life, Faith and Family* (ICOLF) e si è svolto l'*Ave
Maria School of Law* (AMSL) a Naples, in Florida, dal 24 al 26 settembre 2018. Ha
accolto l'esortazione di papa Francesco affinché gli studiosi cristiani affiliati ai
«centri responsabili di istruzione superiore» forniscano la «promozione di una
cultura della cura e della protezione» reale, lucida e strategica.[42].

L'incontro è stato organizzato come un approccio interdisciplinare allo studio di
un solo gruppo di vittime nella Chiesa, in Occidente. Ovviamente, sono stati
commessi atti di violenza sessuale clericale anche da parte di donne e contro vittime
di sesso femminile. Lo studio della cattiva condotta omosessuale del clero non
significa che la violenza sessuale clericale oppure religiosa contro le donne sia meno
eclatante oppure meno degna di trattamento: è stato semplicemente un vincolo di
tempo a determinare tale scelta. Ancora più fondamentalmente, i resoconti dei
media, al tempo, non avevano ancora svelato, in modo approfondito, i processi

---

[39] E. Condon, *No One Ever Talked About McCarrick and the Boys*, «Catholic News
Agency», 17 ottobre 2018 (https://www.catholicnewsagency.com/news/no-one-ever-
talked-about-mccarrickand-the-boys-45691 – ultimo accesso verificato: 10 novembre 2021).

[40] Ibid.

[41] J. Frawley Desmond, *One Year After McCarrick's Fall: A Status Report on Bishop
Accountability*, «National Catholic Register», 3 giugno 2019 (http://www.ncregister.com/
daily-news/one-year-after-mccarricks-fall-a-status-report-on-bishop-accountability – ultimo
accesso verificato: 10 novembre 2021).

[42] *Full Text of Pope Francis's Letter to the Church in Chile*, «Catholic News Agency», 5
giugno 2018 (https://www.catholicnewsagency.com/news/38567/full-text-of-pope-
francis-letter-to-the-church-in-chile – ultimo accesso verificato: 10 novembre 2021).

affrontati dalle donne nella Chiesa.[43]. Speriamo che questo libro fornisca un incentivo per le vittime e per le sopravvissute a farsi avanti.

L'incontro è iniziato con le parole di incoraggiamento della Pontificia commissione per la tutela dei minori. Il moderatore, Roger Kiska, Esq., ha letto il messaggio del 20 settembre 2018, come suggerito nella lettera scritta del Segretario della Commissione, monsignor Robert Oliver:

> Offro a tutti voi riuniti per questa conferenza i saluti del Pontificia Commissione per la Tutela dei Minori. Non vediamo l'ora di conoscere l'esito di questa conferenza, che sicuramente contribuirà alla missione affidataci per la salvaguardia dei bambini e degli adulti vulnerabili nella Chiesa. Come i nostri Membri hanno spesso discusso, speriamo di essere una risorsa per le Chiese locali che stanno ancora sviluppando le loro strutture di salvaguardia, ma anche un ponte, per esse, con le Chiese sorelle nella condivisione di migliori procedure a tutela dei minori. Conferenze come la vostra sono strumentali per promuovere questa missione e vi ringrazio, a nome dei nostri Membri, per i vostri importanti sforzi in questo senso.

Il documento scaturito alla fine dell'incontro.

A seguito dell'incontro sono state pubblicate le sintesi degli interventi in forma di inserto nel numero di dicembre 2018 della rivista *Inside the Vatican*.[44]. Il dott. Robert Moynihan, fondatore e caporedattore della rivista, ha distribuito alcune copie elettroniche dell'inserto (denominato *Dossier sulla cattiva condotta omosessuale del clero*) ai partecipanti all'Incontro al Vertice sulla protezione dei minori nella Chiesa, convocato da papa Francesco e tenutosi in Vaticano dal 22 al 24 febbraio 2019.[45].

---

[43] Si veda, per esempio: N. Winfield, Rodney Muhumuza, *After Decades of Silence, Nuns Talk about Abuse by Priests*, «Associated Press», 18 luglio 2018 (https://www.apnews.com/ f7ec3cec9a4b46868aa584fe1c94fb28 – ultimo accesso verificato: 10 novembre 2021).

[44] *Dossier on Clerical Sexual Misconduct*, in R. Moynihan (ed.), *Inside the Vatican* (dicembre 2018): disponibile sul sito web dell'*International Center on Law, Life, Faith and Family* (ICOLF) (http://icolf.org/wp-content/uploads/17-48-DOSSIER-NAPLES-FINAL.pdf – ultimo accesso verificato: 10 novembre 2021).

[45] Si veda la pagina web dedicata ai «Partecipanti» sul sito del Vertice sulla Protezione dei Minori nella Chiesa (https://www.pbc2019.org/conference/participants – ultimo accesso verificato: 10 novembre 2021).

Quel Vertice si limitava a discutere il tema dei minori e non aveva la pretesa di trattare altre questioni sostanziali (come, per esempio, la violenza sessuale del clero contro gli adolescenti e i seminaristi, in Occidente, e la sua tolleranza da parte della gerarchia ecclesiastica). Il nodo centrale riguardò, piuttosto, alcune conferenze episcopali che non avevano opportunamente adottato le linee guida nazionali sulla tutela dei minori e degli adulti vulnerabili, richieste nella Circolare 2011 della Congregazione per la dottrina della fede.[46] La Conferenza episcopale italiana, per esempio, ha approvato le sue linee guida soltanto dopo il vertice; una versione precedente non prevedeva un preciso programma operativo ma soltanto una spiegazione delle conseguenze secondo il diritto canonico.[47].

L'obiettivo del Vertice era quello di promuovere un senso di responsabilità ed una pratica della trasparenza. A tal fine, i vescovi sono stati: 1) esposti alle testimonianze personali di «tragedia e sofferenza delle vittime», 2) introdotti sulla necessità di «trasparenza per quel che riguarda i compiti e le procedure, nonché il modo in cui essi vengono eseguiti», ed 3) istruiti su «cosa devono fare: quali sono le procedure, quali compiti devono realizzarsi a vari livelli» (vescovi diocesani, arcidiocesi, conferenza episcopale, dicasteri della Curia romana) per provocare una «reciproca responsabilità dei compiti che ciascuno ha in relazione ad altri vescovi nella Chiesa e nella società».[48].

La struttura del libro.

Il libro è suddiviso in quattro parti, precedute da riassunti. La Parte I (*Sfide: cultura della Chiesa e scienze sociali*), nel **Capitolo 1**, considera sia l'ideologia di Alfred Kinsey, il padre della «sessuologia», e la sua influenza sulla cultura della Chiesa, sia

---

[46] Congregazione per la dottrina della fede, *Circular letter to assist episcopal conferences in developing guidelines for dealing with cases of sexual abuses of minors perpetrated by clerics*, «Vatican.va», 3 maggio 2021 (https://www.vatican.va/roman_curia/congregations/cfaith/documents/rc_con_cfaith_doc_20110503_abuso-minori_en.html - ultimo accesso verificato: 10 novembre 2021); Per il teso in italiano, si veda: Ibid., *Lettera circolare per aiutare le conferenze episcopali nel preparare le linee guida per il trattamento dei casi di abuso sessuale nei confronti di minori da parte di chierici*, «vatican.va», 3 maggio 2011 (https://www.vatican.va/roman_curia/congregations/cfaith/documents/rc_con_cfaith_doc_20110503_abuso-minori_it.html - ultimo accesso verificato: 10 novembre 2021).

[47] Si veda il sito web ufficiale della Conferenza episcopale italiana: *Tutela del minore: le linee guida* (https://www.chiesacattolica.it/tutela-dei-minori-le-linee-guida/ - ultimo accesso verificato: 10 novembre 2021).

[48] Sala stampa della Santa sede, *Digital Press Kit for the Meeting on the Protection of Minors* (https://www.pbc2019.org/fileadmin/user_upload/Digital_Press_Kit_-_ENGLISH_-_04.pdf - ultimo accesso verificato: 10 novembre 2021).

gli studi di John Jay, commissionati dalla United States Conference of Catholic Bishops. Il **Capitolo 2** fornisce alcune riflessioni sul compulsivo comportamento sessuale di alcuni candidati al sacerdozio. Il **Capitolo 3** esamina i dati relativi alla correlazione tra sacerdoti che si auto-identificano come omosessuali ed i casi di abuso sessuale di adolescenti maschi prima del 2000, mentre il **Capitolo 4** studia i dati che rivelano la loro diminuzione numerica a partire dal 2000. Il **Capitolo 5** considera alcuni miti sul cosiddetto «buon prete gay», ossia su colui che è attivamente omosessuale oppure ha tendenze omosessuali profonde e sostiene in qualche altro modo la cultura gay (ivi inclusi gli stili di vita omosessuali).

La Parte II (*Fattori che contribuiscono: influenze extra-ecclesiali e intra-ecclesiali*) offre la rassegna di una costellazione di fattori concorrenti. Si inizia con il **Capitolo 6**, che offre una panoramica delle principali influenze. Il **Capitolo 7**, poi, continua offrendo uno studio specifico sulle pressioni della cultura organizzativa ed il **Capitolo 8** conclude con una considerazione del clericalismo. È interessante notare che questa sezione non ragiona in termini di causalità ma piuttosto di fattori che contribuiscono alla complessità dell'emergenza.

La Parte III (*Conseguenze: Considerazioni legali e politiche*) comincia con il **Capitolo 9**, nel quale vengono prese in considerazione dieci sfide per il diritto canonico, con particolare attenzione, nel **Capitolo 10**, alle strutture e alle responsabilità della Chiesa. Questi capitoli sono seguiti dallo studio del diritto americano per ciò che riguarda, in modo più specifico, gli aspetti criminali della cattiva condotta sessuale del clero (**Capitolo 11**), le questioni inerenti la responsabilità per illecito civile (**Capitolo 12**) e gli accordi finanziari che provocano la bancarotta (**Capitolo 13**).

La Parte IV (*Tracciare la rotta da seguire: riflessioni bibliche, teologiche e pastorali*) ritorna alle origini per compiere un deciso passo in avanti. Nel **Capitolo 14** si discute la morale sessuale biblica. Il **Capitolo 15** offre una panoramica degli insegnamenti sulla continenza perpetua e sul celibato nella Chiesa cattolica (tanto di rito latino quanto di rito orientale). Si parla di formazione sacerdotale e di castità celibe consacrata nel **Capitolo 16**, con riferimento ad alcuni documenti chiave, mentre le considerazioni scritturali sulla mascolinità di Gesù Cristo vengono offerte nel **Capitolo 17**. Il libro si conclude con il **Capitolo 18** ed il suo studio dell'antropologia cristiana nonché dei fattori pastorali che considerano sia la misericordia che la verità nella cura delle persone che sono coinvolte nelle relazioni problematiche di carattere sia spirituale, sia morale.

L'**Appendice**, *Per la condivisione di uno spirito di discernimento*, presenta le raccomandazioni di cinque donne che ricoprono incarichi di facoltà nei seminari americani, le cui parole ci offrono utili suggerimenti e chiarezza di pensiero:

La Chiesa non può riprendersi da questa crisi senza assicurare (1) l'appropriata selezione dei candidati prima dell'ammissione al seminario; (2) la rigorosa formazione, relativamente alle abitudini necessarie sia per conseguire la virtù della castità, sia per evitare il vizio del clericalismo; (3) la protezione dei seminaristi dagli abusi sessuali, dalle molestie e dalle ritorsioni per aver segnalato violazioni della condizione di castità; e (4) la valutazione continua dei metodi utilizzati per promuovere la castità e per combattere il clericalismo.

Ringraziamenti.

L'incontro internazionale fra esperti, il dossier che ne è risultato ed il presente libro non sarebbero stati possibili senza il supporto morale di Leonard Leo e alla sua capacità di raccogliere fondi per tali sforzi. Quindi, sono grata per il suo sostegno al progetto. Inoltre, un ringraziamento speciale va all'originario gruppo di esperti che ha contribuito alle discussioni, nel 2018, tra cui: il reverendo Philip Bochanski, Mark Bonner, il reverendo Fortunato Di Noto, William Doino, Patricia Dugan, Dawn Eden Goldstein, Kevin Govern, Roger Kiska, Timothy Lock, Robert Moynihan e Terrence O'Leary.

Colgo l'occasione per congratularmi con il reverendo Bochanski, insignito di un premio papale (*Croce pro Ecclesia et Pontifice*) per essersi distinto nel servizio della Chiesa.[49]. Bochanski ha dedicato il premio al suo lavoro con l'Apostolato del coraggio (Courage Apostolate).[50]. Per oltre vent'anni egli ha soccorso le persone con attrazione per lo stesso sesso.[51], che liberamente e volontariamente sono interessate a conoscere meglio gli insegnamenti della Chiesa ed i modi in cui poter vivere vite

---

[49] K. J. Jones, *Papal Honors for Courage Director Point to Clear Catholic Witness*, «Catholic News Agency», 26 novembre 2019 (https://www.catholicnewsagency.com/news/42950/papal-honors-for-courage-director-point-to-clear-catholic-witness - ultimo accesso verificato: 10 novembre 2021).

[50] Il *Courage International*, noto anche come *Courage apostolate*, è un apostolato approvato della Chiesa cattolica che consiglia "agli uomini ed alle donne con attrazione per lo stesso sesso di vivere vite caste in comunione, verità ed amore". Basato su un modello di trattamento per le dipendenze da droghe ed alcool utilizzato in programmi come quello ben più noto degli Alcolisti Anonimi (AA), il Courage gestisce un programma di sostegno tra pari vòlto ad aiutare le persone omosessuali a rimanere astinenti dall'attività sessuale (*Courage International*, «wikipedia.org», s. d. (https://en.wikipedia.org/wiki/Courage_International - ultimo accesso verificato: 10 novembre 2021).

[51] Ibid.

caste nella pienezza della fede cattolica[52]. In segno di gratitudine per il premio, Bochanski ha detto: «Sono in debito con papa Francesco. È un importante premio, in un momento in cui molti nel mondo, e alcuni nella Chiesa cattolica, non sono solidali con coloro che sono coinvolti nell'Apostolato del coraggio, addirittura ostili oppure offrono soltanto alternative confuse alla sua missione».[53].

Una parola di gratitudine va al Presidente e leader dell'*Ave Maria School of Law*, Kevin Cieply, che ha permesso all'*International Center on Law, Life, Faith and Family* di tenere l'incontro nel campus della Facoltà, e al coordinatore amministrativo Nohemi Athanas, che ha assistito alla sua organizzazione. Inoltre, questo libro non sarebbe stato portato a termine se non per l'opera di coloro che hanno assistito i curatori nel processo di *editing*: Leo Clarke, Maria Lynch, Maria Montagnini e gli studiosi, che pazientemente hanno rivisto i loro contributi, più volte, durante tutto il processo. Inoltre, sono in debito con John Klink e Robert Fastiggi per i loro utili commenti e suggerimenti ed al Dottor Mark S. Latkovic, che ha contribuito a questo progetto completando il riassunto della Quarta parte ed è successivamente mancato all'affetto dei suoi cari.

Conclusione.

Non si possono sottovalutare le sfide debilitanti affrontate dalla maggioranza di seminaristi, sacerdoti e vescovi il cui impegno per i loro voti sacerdotali rimane il fondamento della loro spiritualità, ma che si trovano diffamati a causa delle malefatte dei loro colleghi. Come è accaduto di recente per il caso del cardinale George Pell, la cui condanna per abuso sessuale è stata ribaltata dalla Corte suprema australiana, questo genere di diffamazione colpisce anche coloro che sono accusati ingiustamente e condannati. Uno degli scopi di questo libro è quello di riconoscere la dedizione di questi uomini e di incoraggiare coloro che aspirano a seguirne le orme. La loro testimonianza ispiratrice di fede può essere realizzata soltanto se la Chiesa affronta a testa alta gli abusi clericali in tutte le sue abominevoli manifestazioni. Ciò deve essere fatto con senso di verità, carità, giustizia e rispetto per la trasparenza e la responsabilità. Solamente allora la formazione virtuosa dei suoi ecclesiastici, a immagine di Gesù Cristo, diverrà una realtà.

Non si può chiudere senza menzionare le devastanti sfide affrontate dai laici. Forse per la prima volta nella storia della Chiesa, molti sono ora consapevoli della reale ampiezza dell'emergenza grazie alle forze combinate di tecnologia, media,

---

[52] Ibid.
[53] Ibid.

organizzazioni di sopravvissuti e di professionisti legali specializzati in risarcimento per abusi sessuali. Per molti, l'emergenza si è gonfiata a tal punto da divenire una crisi della società ecclesiale, i cui elementi mostrano sfiducia nei dirigenti della Chiesa.[54]. Non pochi hanno abbandonato la Chiesa, altri hanno interrotto i contributi finanziari mentre altri ancora hanno inviato lettere a papa Francesco.[55]. Perlomeno un gruppo laico è stato incaricato di indagare e produrre relazioni sull'intero Collegio cardinalizio in occasione del prossimo conclave.[56]. Nondimeno, altri gruppi sono stati formati per raccogliere prove contro preti-adescatori sospetti ed in merito all'insabbiamento di comportamenti scorretti in specifiche diocesi. Infine, alcune madri, durante conversazioni personali on-line, hanno espresso dubbi in merito all'incoraggiamento dei loro figli a diventare sacerdoti, nel timore che essi possano essere esposti alla corruzione e alle molestie sessuali in seminario.

---

[54] B. Dumas, *'We All Knew': Bishop Says Cardinals and Bishops Who Deny Knowing About McCarrick's Abuse Are Lying*, «The Blaze», 30 agosto 2018 (https://www.theblaze.com/news/2018/08/30/we-all-knew-bishop-says-cardinals-and-bishops-who-deny-knowing-about-mccarricks-abuse-are-lying - ultimo accesso verificato: 10 novembre 2021); D. Mainwaring, *Cardinal Farrell Claims Shock at McCarrick Abuse. Really?*, «Lifesite News», 24 luglio 2018 (https://www.lifesitenews.com/blogs/cardinal-farrell-claims-shock-at-cardinal-mccarrick-abuse.-really - ultimo accesso verificato: 10 novembre 2021); R. J. de Sousa, *Cardinal Wuerl's Resignation a Case of Lost Credibility*, «National Catholic Register», 12 ottobre 2018 (http://www.ncregister.com/daily-news/cardinal-wuerl-and-the-prevailing-culture-of-mendacity - ultimo accesso verificato: 10 novembre 2021); Si vedano inoltre alcuni servizi dei media ed articoli più datati su tematiche affini: T. Rastrelli, *Confessions of an Ex-Priest: The Doctrine of Justification for Lying by Clergy*, «Huffington Post», Ultimo aggiornamento: 2 febbraio 2016 (https://www.huffingtonpost.com/tom-rastrelli/confessions-of-an-ex-priest_b_1753424.html - ultimo accesso verificato: 10 novembre 2021); *The Gentle Art of Mental Reservation*, «Catholica», 3 febbraio 2013 (http://www.catholica.com.au/forum/index.php?mode=thread&id=123158 - ultimo accesso verificato: 10 novembre 2021); B. O'Brien, *'Mental Reservation' and the Church's Version of Truth*, «Irish Times», 28 novembre 2009 (https://www.irishtimes.com/ opinion/mental-reservation-and-the-church-s-version-of-truth-1.780422 - ultimo accesso verificato: 10 novembre 2021); C. Molloy, *Dublin Abuse Report Asks 'When Is a Lie, Not a Lie?'*, «National Catholic Reporter», 1 dicembre 2009 (https://www.ncronline.org/news/ accountability/dublin-abuse-report-asks-when-is-lie-not-lie - ultimo accesso verificato: 10 novembre 2021).

[55] Si vedano, per esempio: *Letter to Pope Francis from Catholic Women* [47.295 firme al Maggio 2020], 30 agosto 2018 (https://catholicwomensforum.org/letter-to-pope-francis/ - ultimo accesso verificato: 10 novembre 2021); *Letter to Pope Francis from Catholic Men* [circa 11.000 firme alla data di questa presentazione], 5 settembre 2018 (https://catholicmenunited.org/ - ultimo accesso verificato: 10 novembre 2021).

[56] H. Schlumpf, *At 'Authentic Reform,' Conservative Catholics Rally to 'Fix' Church Failures*, «National Catholic Reporter», 5 ottobre 2018 (https://www.ncronline.org/news/accountability/authentic-reform-conservative-catholics-rally-fix-church-failures - ultimo accesso verificato: 10 novembre 2021).

Spero che questo libro possa offrire un po' di incoraggiamento a tutta la comunità dei fedeli. I tempi difficili possono essere superati. San Tommaso Moro – marito, padre, avvocato, politico – rimane un brillante esempio ed un faro per tutti. In un momento della storia in cui molti dei vescovi in Inghilterra avevano tradito la fede, egli visse «da fede cristiana in un'unità integrale», piacque a Dio piuttosto che agli uomini, abbandonò tutto per Gesù Cristo e sopportò la persecuzione per la causa della rettitudine.[57].

---

[57] Concilio Vaticano II, *Decreto sull'apostolato dei laici Apostolicam Actuositatem*, 18 novembre 1965 (http://www.vatican.va/archive/hist_councils/ii_vatican_council/documents/vat-ii_decree_19651118_apostolicam-actuositatem_en.html - ultimo accesso verificato: 10 novembre 2021).

PRIMA PARTE

SFIDE: CULTURA DELLA CHIESA E SCIENZE SOCIALI.

Riepilogo della Prima parte.

Jennifer Roback Morse (Ph.D.)
Fondatore e Presidente di *The Ruth Institute**

Le rivelazioni sugli abusi sessuali del clero nella Chiesa cattolica sono arrivate in fretta e furia dall'estate del 2018. Ogni giorno, sembra di ricevere maggiori informazioni sull'entità dell'emergenza, insieme a nuove sue sfaccettature. L'insabbiamento va più in profondità di quanto la gente potesse aver pensato agli inizi e la profondità del danno subìto dalle vittime sta diventando sempre più evidente.[1]. Per citare qualcuno letto sulla rete, sono abituato «ad invertire la rotta velocemente». Il tempo che intercorre fra la composizione di un articolo ed il momento in cui viene dato alle stampe si misura, a volte, in ore.

Al contrario, la pubblicazione di libri ha tempi molto lunghi ed in particolare ciò accade per le raccolte di saggi. Gli articoli vengono commissionati. Gli autori li scrivono. Si svolge la conferenza. Gli autori correggono e modificano i loro manoscritti. Infine, il libro concretizza il tutto nella stampa.

Nonostante ciò, i saggi in questa sezione sono sorprendentemente freschi. Praticamente ognuno di loro è stato convalidato da eventi successivi. Nessuno di essi appare obsoleto. Sto scrivendo tutto ciò nel settembre 2019 e le notizie recenti hanno confermato la lungimiranza di questi autori.

I.

Judith Reisman, Mary McAlister ed Alisa Jordheim sono abbastanza giustificate a vedere il degrado generale della nostra cultura sessuale ascrivendolo, in parte, ad Alfred Kinsey ed alla sua «ricerca». La profondità della depravazione della

---

*(Si veda il sito web dell'Istituto [http://www.ruthinstitute.org/]).

[1] Si veda, per esempio: A. A. Hébert, D. L. Hébert, J. Field, J. McGuire, C. West, D. Rodriguez, E. Terrill, et alii, *Abuse of Trust: Healing from Clerical Sexual Abuse* (Round Rock, Texas: Broussard Press, 2019).

rivoluzione sessuale all'interno e al di fuori della Chiesa cattolica continua a rivelarsi. Jeffery Epstein gestiva un traffico internazionale di minorenni per personaggi ricchi e famosi.[2]. Portarlo davanti alla giustizia ha richiesto enormi perseveranza e coraggio da parte dei Pubblici ministeri. Epstein è stato trovato morto nella sua cella, presumibilmente suicida. Come affermano Reisman, McAlister e Jordheim, la «visione del mondo di Kinsey, finanziata dalla Rockefeller Foundation, ha permeato le nostre istituzioni sociali d'élite, a cominciare dalle università, ed è divenuta la prospettiva ortodossa sulla sessualità umana. Anche oggi le università insegnano a migliaia di educatori, politici, medici, avvocati, giudici e membri del clero che i "dati" di Kinsey sono veri, creando una visione del mondo che ripudia la parola di Dio sulla sessualità umana e sull'infanzia».

Il caso di Jeffrey Epstein, l'arresto ed il suicidio di un miliardario presunto trafficante di ragazze minorenni a scopo sessuale, di cui non abbiamo ancora sondato chiaramente la profondità, chiarisce che queste tre autrici non sono delle paranoiche.[3]. Semmai, si può sostenere che la loro analisi risulta cauta. Se i leader della Chiesa ignorano l'impatto della più ampia cultura sessuale nella Chiesa è soltanto perché essi sono volontariamente ciechi e colpevolmente ignoranti. I ricchi ed i potenti, all'interno e al di fuori della Chiesa, non si limitano a tollerare la rivoluzione sessuale. Alcuni, evidentemente, vi partecipano a pieno titolo, godendo immensamente dei loro privilegi. Questo è uno dei fattori che rende così difficile sia affrontare la gestione di un abuso sessuale, sia l'intervento riformatore in merito.

II.

Nei mesi trascorsi da quando questi saggi sono stati commissionati, il pubblico cattolico è diventato dolorosamente consapevole dei problemi del clero, ivi compresi anche quelli relativi al periodo della formazione in seminario. Nei mesi successivi alla scrittura del saggio di padre Sean Kilcawley, il pubblico di Buffalo ha visto uno scandalo dopo l'altro affliggere il seminario della sua città.[4]. Queste recenti

---

[2] A. Arnold, M. Lodi, *What we Know about Jeffrey Epstein's 'Pedophile Island'*, «The Cut», 12 agosto 2019 (https://www.thecut.com/2019/08/jeffrey-epstein-virgin-islands-little-st-james-house.html - ultimo accesso verificato: 10 novembre 2021).

[3] C. Hallemann, *What We Know So Far About Jeffrey Epstein's Sex Trafficking Case*, «Town Country», 2 dicembre 2019 (https://www.townandcountrymag.com/society/money-and-power/a28352055/jeffrey-epstein-criminal-case-facts/ - ultimo accesso verificato: 10 novembre 2021).

[4] C. Altieri, *How Long Before the Vatican Steps into the Buffalo Crisis?*, «Catholic Herald», 12 settembre 2019 (https://catholicherald.co.uk/magazine/how-long-before-the-vatican-steps-into-the-buffalo-crisis/ - ultimo accesso verificato: 10 novembre 2021).

rivelazioni sono coerenti con le precedenti rivelazioni relative ai casi avvenuti in Honduras ed in Cile (discussi nell'*Introduzione* a questo volume). Il saggio di padre Kilcawley approfondisce la formazione della coscienza e la selezione dei candidati al sacerdozio. Sicuramente ho imparato molto dal suo saggio e sono convinto che il suo lavoro rappresenti una «prima parola» utile e non piuttosto una «parola conclusiva» su questo importante argomento. Spero che il suo lavoro ne stimoli molti altri e che, allo stesso modo, contribuisca a dar vita a discussioni oneste sulla formazione in seminario.

Nel frattempo, sono state rivelate altre storie sull'impatto che le «reti omosessuali» hanno nelle diocesi, nei seminari e non soltanto in essi. Ad un seminarista polacco che è venuto a studiare negli Stati Uniti, con scarsa padronanza della lingua inglese, è stato addirittura detto di tacere un'aggressione sessuale oppure «non sarai mai ordinato sacerdote, mi comprendi?».[5].

III.

Non esiste un gene gay. Il contributo di Dale O'Leary, *Miti infranti e bugie*, lo ha chiaramente dimostrato. Questo studio massiccio, svolto su quasi mezzo milione di persone, ha mostrato essenzialmente l'inesistenza di una correlazione tra i geni ed il comportamento oppure le attrattive sessuali verso lo stesso sesso. Inoltre, questo contributo ha dimostrato che «non esiste un unico *continuum* dal comportamento eterosessuale a quello omosessuale».[6]. La cosiddetta «scala Kinsey» rappresenta solamente un mito. L'articolo della signora O'Leary è significativo anche per un altro aspetto. Molti degli studi che esso riporta risalgono agli anni Novanta (o, in certi casi, anche prima). Alcuni potrebbero dire che quegli studi sono ormai «obsoleti». Ma la sua conclusione di fondo, basata proprio su questo genere di studi, è stata confermata dalla più recente e rigorosa ricerca. Quegli studi cosiddetti «obsoleti» ci mostrano, insomma, completamente qualcosa di diverso in merito alla loro attuale validità.

---

[5] C. Specht, *Buffalo Bishops Silence Fr. Ryszard about Alleged Sex Assault*, «WKBW», 5 settembre 2019 (https://www.wkbw.com/news/i-team/the-malone-recordings/buffalobishops-silenced-fr-ryszard-about-alleged-sex-assault - ultimo accesso verificato: 10 novembre 2021).

[6] A. Ganna, K. J. H. Verweij, M. G. Nivard, R. Maier, R. Wedow, A. S. Busch, A. Abdellaoui, S. Guo, J. Fah Sathirapongsasuti, et alii, *Large-scale GWAS Reveals Insights into the Genetic Architecture of SameSex Sexual Behavior*, «Science», 30 agosto 2019 (https://www.science.org/doi/10.1126/science.aba2941 - ultimo accesso verificato: 10 novembre 2021).

Sappiamo da molto tempo che il concetto di «nato gay» era, nella migliore delle ipotesi, circondato dal dubbio. Eppure, la nostra società si è strutturata attorno a questa affermazione (ripetiamo: notoriamente circondata dal dubbio, se non completamente sbagliata). Sul presupposto che le persone «nascono omosessuali», i tribunali hanno preso decisioni, i legislatori hanno approvato leggi, buona parte della legislazione lavorativa è stata strutturata su questo concetto e le scuole hanno adottato molteplici protocolli. Peggio ancora, milioni di giovani hanno formato le loro idee sulla propria identità in base a questa affermazione schiettamente ideologica. Coloro che, ora, desiderano vivere in modo diverso trovano il loro percorso bloccato da leggi che limitano una certo genere di terapie. Giovani che cercano gli aiuti della Chiesa, poi, incontrano spesso ecclesiastici che dicono loro di «essere se stessi» anche se questa comprensione del «sé» risulta essere in netto contrasto con gli insegnamenti della Chiesa e con la scienza stessa.

IV.

L'analisi di padre Paul Sullins sull'autodefinizione dell'omosessualità nel sacerdozio continua ad essere l'unico studio sistematico della questione. Nessuno ha contestato seriamente i suoi risultati, anche se egli ha messo i suoi dati a disposizione di chiunque voglia consultarli.[7] E le storie salaci di attività omosessuale consensuale tra i sacerdoti hanno integrato le orribili storie degli abusi sessuali sui minori da parte del clero. Ad un certo punto, insomma, chi dirige la Chiesa dovrà affrontare i fatti. Ordinare uomini che manifestano attrazioni omosessuali profondamente radicate è altamente rischioso, poiché si espone il sacerdote stesso di fronte ad un'occasione di grave tentazione e di peccato, associato al vivere in un ambiente del tutto maschile. Gli uomini onesti che provano attrazione per lo stesso sesso sono della medesima opinione.[8]

Il secondo studio di padre Sullins, *Onde sfuggenti*, suggerisce fortemente che la cultura del seminario è cambiata nel tempo. I suoi risultati indicano che i sacerdoti ordinati alla fine degli anni Sessanta e quelli ordinati all'inizio degli anni Ottanta rappresentano una quota sproporzionata in merito agli abusi sessuali sui minori da

---

[7] P. D. Sullins (reverendo, Ph.D.), *Report: Clergy Sex Abuse"* (*The Ruth Institute*), «Ruthinstitute.org», s .d. (http://ruthinstitute.org/clergy-sex-abuse-statistical-analysis - ultimo accesso verificato: 10 novembre 2021).

[8] D. Mattson, *Why Men Like Me Should Not be Priests*, «First Things», 17 agosto 2018 (https://www.firstthings.com/web-exclusives/2018/08/why-men-like-me-should-not-be-priests - ultimo accesso verificato: 10 novembre 2021).

parte del clero. Le sue scoperte, inoltre, indicano che i sacerdoti della «Generazione Giovanni Paolo II» appaiono differenti rispetto ai gruppi appena citati, mostrando una minore probabilità di commettere un abuso in generale ed una minore probabilità di commettere un abuso verso i ragazzi. Il tempo dirà se ciò può far presagire un cambiamento permanente.

I documenti in questa sezione descrivono tutti i settori dell'ambiente in cui la Chiesa cattolica deve operare. La nostra società, compresa la nostra Chiesa, è crivellata dalla corruzione e dal vizio. Possiamo sinceramente sperare che i lettori trovino utilità in questo materiale al fine di portare a termine il tentativo di costruzione della Civiltà dell'Amore, a cui siamo chiamati come seguaci di Gesù Cristo.

Capitolo 1

Il fallimento del cosiddetto John Jay report nell'affrontare l'impatto del dottor Kinsey e della rivoluzione sessuale sulla cultura della Chiesa.

Judith A. Reisman (Ph.D.)
Presidente del Reisman Institute
Professore presso la *School of Behavioral Science* della *Liberty University*
(Lynchburg, Virginia)

Mary E. McAlister (Esq.)
Avvocato presso *Child & Parental Rights Campaign* (Lynchburg, Virginia)

Alisa Jordheim
President di *Justice Society* (Dallas, Texas)

Introduzione.

Come parte della *Carta per la protezione dei bambini e dei giovani* (2002) della Conferenza dei vescovi cattolici degli Stati Uniti, il suo Comitato nazionale di revisione incaricò il *John Jay College of Criminal Justice* di New York di condurre ricerche, riassumere i dati raccolti e pubblicare alcuni rapporti sulla natura, la portata, le cause ed il contesto dell'emergenza degli abusi sessuali sui minori. Nel 2004, i ricercatori del *John Jay* hanno fornito un primo rapporto sulla natura e sulla portata del problema che riguarda gli anni che vanno dal 1950 al 2002 (*John Jay 2004*), aggiungendo un rapporto sui dati di supplemento nel 2006 (*John Jay 2006*) ed un altro rapporto sulle cause e sul contesto del problema che abbraccia gli anni dal 1950 al 2010 nel 2011 (*John Jay 2011*). A prima vista, il *John Jay report* sembra fornire analisi complete sull'emergenza degli abusi sessuali da parte del clero. Tuttavia, dopo ulteriori revisioni ed analisi, è evidente che i ricercatori non sono riusciti a valutare, e in alcuni casi, persino a riconoscere, alcuni dei principali cambiamenti sociali, tra il 1950 ed il 2010, che hanno interessato le istituzioni americane, tra cui la Chiesa. Tra questi, uno dei più critici era la «Rivoluzione sessuale». Particolarmente critica, per quanto riguarda la Chiesa, era l'accettazione della condotta sessuale omosessuale da parte della società come uno dei molti e normali comportamenti sessuali; tale che esso non dovrebbe essere punito penalmente oppure considerato socialmente deviante. Di particolare importanza nell'emergenza degli abusi sessuali da parte del clero è stata l'infiltrazione di queste idee nei sistemi educativi della Chiesa ed, in particolare, nel processo di formazione dei sacerdoti. L'infiltrazione graduale e decennale ha, così, creato un ambiente in cui la condotta omosessuale ha potuto verificarsi senza rappresaglie evolvendosi in una sottocultura che ha finito per favorire l'emergere di una cattiva condotta. Questa infiltrazione nella vita della Chiesa e, in particolare, nella formazione del sacerdote era vistosamente assente nel *John Jay report:* un'omissione, questa, che ha seriamente deviato la sua missione di identificare sia le cause alla radice dell'emergenza, sia le istruzioni su come risolverla.

Qualsiasi comprensione degli effetti della cultura popolare sui preti cattolici deve tener conto del lavoro del dottor Alfred Kinsey, professore presso l'Università dell'Indiana, il cui libro del 1948 *Il comportamento sessuale dell'uomo.*[1] ha acceso la miccia della «Rivoluzione Sessuale».[2]. In effetti, per settant'anni, il lavoro di Kinsey è stato fondamentale per la promozione ed accettazione della normalità della sessualità bisessuale ed omosessuale, nonché della sessualità e dell'abuso minorile all'interno della cultura popolare e della Chiesa. Nonostante il fatto che la cattiva condotta sessuale del clero fosse la questione chiave che la Conferenza dei vescovi cattolici degli Stati Uniti (USCCB), nel 2002, aveva commissionato di indagare agli studiosi del *John Jay College of Criminal Justice,* il *John Jay Report* soltanto nel 2011 fa menzione del lavoro di Kinsey e, peraltro, soltanto di sfuggita: «Alfred Kinsey, in due controversi rapporti, ha analizzato la prevalenza di atti sessuali che all'epoca erano considerati dai più devianti, come per esempio la masturbazione ed il comportamento omosessuale».[3].

---

[1] A. Kinsey, W. R. Pomeroy, C. E. Martin, *Sexual Behavior in the Human Male* (Philadelphia Pennsylvania: W.B. Saunders: 1948); Per l'edizione italiana, si rimanda a: A. Kinsey, W. R. Pomeroy, C. E. Martin, *Il comportamento sessuale dell'uomo* (Milano: Bompiani 1967).

[2] Kinsey è riconosciuto come il «padre della sessuologia» e della Rivoluzione sessuale. Si veda: *LGBT History Month, October: 31 Days, 31 Icons: Alfred Kinsey, Sex Researcher,* «lgbthistorymonth.com», s. d. (http://lgbthistorymonth.com/alfred-kinsey - ultimo accesso verificato: 10 novembre 2021) .

[3] John Jay College, *The Causes and Context of Sexual Abuse of Minors by Catholic Priests in the United States, 1950–2010* (2011), «bishop-accountability.org», 2011 (https://www.bishop-

Questa mancanza è sorprendente perché la visione kinseiana del mondo, finanziata dalla Fondazione Rockefeller.[4], ha permeato le nostre istituzioni sociali d'élite, a cominciare dalle università, ed è diventata la prospettiva ortodossa sulla sessualità umana. Anche oggi le università insegnano a migliaia di educatori, politici, medici, avvocati, giudici ed ecclesiastici che i "dati" di Kinsey sono veri, creando una visione del mondo che ripudia la parola di Dio in merito sia alla sessualità umana, sia all'infanzia. Il fallimento, deliberato oppure no, dei resoconti prodotti dagli studiosi del *John Jay* nell'affrontare questo fenomeno, li rende fuorvianti e mina gli sforzi che la Chiesa compie per rivolgersi alla cattiva condotta sessuale del clero in qualsivoglia modo significativo. Perché senza la conoscenza della mendacità dei "dati" di Kinsey e dei suoi effetti sull'educazione in generale e dei seminaristi in particolare, non è possibile comprendere i problemi della formazione dei seminaristi e della disciplina sacerdotale.

I. Kinsey, la rivoluzione sessuale e il suo impatto su Cultura della Chiesa.

1. La "ricerca" fraudolenta di Kinsey finanziata da Rockefeller.

Alla nazione è stato detto che Kinsey aveva "dati scientifici" secondo cui, tra le altre cose.[5],

- Gli uomini americani dell'era della Seconda guerra mondiale sono per il 90% promiscui e adulteri;
- In vari momenti della loro vita, tra il 10% ed il 37% degli uomini è omosessuale;
- La sessualità è fluida nel corso della vita;
- Tutti gli atti sessuali (come, per esempio, la masturbazione, pedofilia, omosessualità, eterosessualità, nonché sodomia e zoofilia) sono normali ed innocui e dovrebbero iniziare nella prima infanzia;
- Poiché tutti gli atti sessuali sono normali e innocui, le restrizioni legali contro la sodomia, la zoofilia, l'incesto, l'abuso sui minori, l'adulterio, la

---

accountability.org/reports/2011_05_18_John_Jay_Causes_and_Context_Report.pdf   -
ultimo accesso verificato: 10 novembre 2021), p. 14.

[4] J. Reisman, *Stolen Honor, Stolen Innocence. How America Was Betrayed by the Lies and Sexual Crimes of a Mad "Scientist"* (Maitland, Florida: New Revolution Publishers, 2013), passim; Si veda specialmente: *Warren Weaver to CIB, Subject: Kinsey*, 7 maggio 1951, p. 7, The Rockefeller Archive Center.

[5] Kinsey, *Sexual Behavior in the Human Male*, pp. 392, 585–87, 641, 650–51, 671.

prostituzione, etc., devono essere abrogate, in quanto antiscientifiche, antiquate ed inefficaci.

Di maggiore rilevanza per il problema degli abusi sessuali sui minori, per la Chiesa, è che il libro di Kinsey mostra dati che pretenderebbero di dimostrare che i bambini traggano beneficio dal sesso con adulti.[6]. Queste affermazioni erano false eppure vennero insistentemente propagandate come vere da Kinsey e dai suoi colleghi.[7]. Nelle sue memorie della ricerca di Kinsey, il coautore Wardell Pomeroy ha riassunto la prospettiva di Kinsey sul sesso con i bambini con queste parole: «Kinsey annoverò se stesso tra coloro i quali sostenevano che, piuttosto che dalle cosiddette molestie, i minori erano stati danneggiati maggiormente dall'esposizione ad adulti affetti da isteria.[8]».

La "prova" di Kinsey delle sue affermazioni, secondo cui i bambini sono sessuati dalla nascita e incolumi dal sesso con adulti, annoverava un numero massiccio di crimini sessuali contro i bambini. Essi vennero presentati come "dati" sulle «esperienze sessuali» dei bambini stessi, etichettati come «orgasmi» di bambini.[9] e pubblicati in quattro tavole: «Età dell'orgasmo pre-adolescenziale», «Velocità dell'orgasmo pre-adolescenziale», «Orgasmi multipli nei maschi pre-adolescenti», ed «Esempi di orgasmo multiplo in maschi pre-adolescenti».[10]. Questi presunti "orgasmi", altamente dettagliati (Tabella 34 di Kinsey, presentata di seguito.[11]), sono stati misurati con un cronometro. Questa non può esser considerata ricerca; essa, piuttosto, rappresenta un caso di brutale abuso sessuale dei neonati e dei bambini.[12].

---

[6] Kinsey ha ripetuto queste affermazioni anche per il caso femminile: A. Kinsey, W. B. Pomeroy, C. E. Martin, P. H. Gebhard, *Sexual Behavior In The Human Female* (London: W. B. Saunders Company, 1953), pp. 121–122; Per una versione online del testo, si veda: Ibid., *Sexual Behavior In The Human Female,* «archive.org», s. d. (https://archive.org/details/ sexualbehaviorin00inst/page/n5/mode/2up – ultimo accesso verificato: 10 novembre 2021). Per l'edizione italiana, si rimanda a: Ibid., *Il comportamento sessuale della donna* (Milano: Bompiani, 1965).

[7] J. Reisman, *Stolen Honor, Stolen Innocence. How America Was Betrayed by the Lies and Sexual Crimes of a Mad "Scientist",* p. 149 (Citazione di: *Storia segreta: I pedofili di Kinsey* [Yorkshire Television, 10 agosto 1998]).

[8] W. B. Pomeroy, *Dr. Kinsey and the Institute for Sex Research* (London: Yale University Press, 1972), pp. 207–208.

[9] A. Kinsey, W. R. Pomeroy, C. E. Martin, *Sexual Behavior in the Human Male,* pp. 176–180.

[10] Ibid.

[11] Tabella 34 (A. Kinsey, W. R. Pomeroy, C. E. Martin, *Sexual Behavior in the Human Male*, p. 180).

[12] Ibid., pp. 176, 180.

Kinsey ha nascosto le fonti dei suoi "dati", ma i suoi coautori hanno rivelato che gran parte di essi proveniva dallo stupratore seriale di bambini Rex King.[13] e da un membro del Partito nazista tedesco, il Dottor Fritz von Balluseck.[14]. Kinsey ha affermato di aver osservato i «maschi preadolescenti» (neonati e bambini) urlare, piangere, svenire, avere convulsioni e cercare di respingere il «partner» adulto (termine in codice di Kinsey utilizzato per indicare gli stupratori).[15]. Questi atteggiamenti traumatici sono stati etichettati come "orgasmo".[16]. Come uno bisessuale sadomasochista.[17] Kinsey ha registrato stupri violenti di ben 2.034 bambini e ragazzi mascherandoli sotto la veste di "scienza".[18].

TABELLA 1 (Comportamento sessuale nell'uomo – Tav. 34; Fonte: Kinsey,
Sexual behavior in the human male, **p. 180)**

età	numeri di organismi	tempo coinvolto	età	numeri di organismi	Tempo coinvolto
5 mesi	3	?	11 an.	11	1 ora
11 mesi	10	1 ora	11 an,	19	1 ora
11 mesi	14	38 min.	12 an.	7	3 ore
2 anni {	7	9 min.	12 an. {	3	3 min.
	11	65 min.		9	2 ore
2½ anni	4	2 min.	12 an.	12	2 ore
4 anni	6	5 min.	12 an.	15	1 ore
4 anni	17	10 ore	13 an.	7	24 min.
4 anni	26	24 ore	13 an	8	2½ ore
7 anni	7	3 ore	13 an.	9	8 ore
8 anni	8	2 ore		3	70 sec.
9 anni	7	68 min.	13 an. {	11	8 ore
10 anni	9	52 min.		26	24 ore
10 anni	14	24 ore	14 an.	11	4 ore

Tabella 34. Esempi di organismi nei maschi preadolescenti
Alcuni casi di frequenze più alte

---

[13] J. Reisman, *Stolen Honor, Stolen Innocence. How America Was Betrayed by the Lies and Sexual Crimes of a Mad "Scientist"*, pp. 136–137.

[14] Ibid., pp. 165–168.

[15] A. Kinsey, W. R. Pomeroy, C. E. Martin, *Sexual Behavior in the Human Male*, pp. 160–161.

[16] Ibid.

[17] J. Reisman, *Stolen Honor, Stolen Innocence. How America Was Betrayed by the Lies and Sexual Crimes of a Mad "Scientist"*, p. 77.

[18] Ibid., p. 92.

Kinsey ha utilizzato questi "risultati" per creare la mitica «scala Kinsey» da 0 a 6 (vedi Appendice A). Ha disegnato un triangolo sinistro che, secondo lui, rappresentava i suoi "dati" per cui dal 10% al 37% dei maschi sono "omosessuali" in un momento della loro vita (definito come un "6" sulla sua scala). Ha definito come "omosessuale" chiunque avesse avuto un unico incontro sessuale con una persona dello stesso sesso, anche se esso si è verificato quando si è stati drogati, resi inabili in qualsiasi altro modo o violentati.[19]

2. La frode finanziata da Rockefeller di Kinsey diventa "scienza" accettata.

Élite culturali e un gruppo di coloro che, nel marketing, sono conosciuti come "autorevoli".[20] all'Università dell'Indiana forgiarono immediatamente un "campo" kinseiano di "sessuologia", rinunciando alle istituzioni basate sulla moralità e favorendo, di conseguenza, la nascita di costrutti progressisti ed amorali. Scienziati sociali, psichiatri, giudici, giuristi, educatori, ecc., si affidavano ai "dati" di Kinsey e al nuovo "campo" della sessuologia per ideare una revisione totale delle leggi penali, in particolare delle leggi sui reati sessuali.[21] Entro pochi mesi dalla pubblicazione del libro di Kinsey sulla sessualità dell'uomo (1984), quattro libri accademici richiedevano già riforme radicali del diritto penale. I suoi "dati" apparivano ovunque.[22] Libri e riviste accademiche hanno reiterato ed utilizzato le affermazioni di Kinsey sulla sessualità infantile per sostenere la riduzione ed, infine, la depenalizzazione dei reati sessuali contro i bambini. Il Gruppo per il progresso della

---

[19] A. Kinsey, W. R. Pomeroy, C. E. Martin, *Sexual Behavior in the Human Male*, pp. 638–639. La "scala" promuoveva il mito per cui il genere sessuale viene definite fluido e mutevole, un mito che si è esplicato come "movimento transgender". Si veda, per esempio: G. R. Chadwick, *Reorienting the Rules of Evidence*, «Cardozo Law Review», Vol. 39, n. 6, 2018, (http://cardozolawreview.com/heterosexism-rules-evidence/ – ultimo accesso verificato: 10 novembre 2021), pp. 2115-2160.

[20] P. Kotler, K. L. Keller, *Marketing Management* (Englewood Cliffs, New Jersey: Prentice Hall Incorporated, 1986), p. 345. Gli agenti di cambiamento del 21% - 22% possono influenzare il pubblico verso un nuovo prodotto oppure verso una nuova idea; per esempio, l'omosessualità, il transgender, ecc.

[21] J. Reisman, ... *K-bomb unleashed ... Kinsey's K-bomb unleashed "sexual liberation" brutalization and political control*, «drjudithreisman.com», 4 aprile 2014 (http://www.drjudithreisman.com/archives/2014/04/_k-bomb_unleash.html – ultimo accesso verificato: 10 novembre 2021).

[22] Riguardo alla relazione del dottor Kinsey, si vedano: D. Porter Geddes, E. Curie (a cura di), *Observations by 11 Experts on "Sexual Behavior in the Human Male"* (New York, N.Y.: New American Library, 1948); M. L. Ernst, D. Loth, *American Sexual Behavior and the Kinsey Report* (New York, N.Y.: Greystone Press, 1948); R. Guyon, *The Ethics of Sexual Acts* (Garden City, New York: Blue Ribbon Books, 1948); A. Deutsch (a cura di), *Sex Habits of American Men: A Symposium on the Kinsey Report* (New York, N.Y. : Prentice-Hall, 1948).

psichiatria (GAP) ha sostenuto che alcuni bambini di sette anni sono «per dotazione e formazione pienamente capaci in parte oppure [...] pienamente responsabili per il comportamento sessuale». E quando sono un po' più grandi, «i concetti legali di stupro e di contributo alla delinquenza diventano sempre più insostenibili».[23].

Affidandosi interamente a Kinsey, nel 1955, un gruppo d'élite di studiosi dell'*American Law Institute* ha creato un *"Modello di codice penale"* (MPC), sempre finanziato dalla Rockefeller Foundation.[24], vòlto a porre fine oppure a ridurre le pene per i crimini sessuali. I redattori del *Modello* hanno sostenuto che l'abuso sessuale sui minori doveva essere inteso come criminale soltanto se «da vittima fosse inferiore» all'età di dieci anni *malgrado il consenso* e *indipendentemente dall'ignoranza dell'attore* [stupratore, molestatore] che la vittima fosse al di sotto dell'età prescritta [....].[25] La legge attuale che si occupa di libertà indecenti con i bambini non considera la precedente promiscuità del bambino».[26]. Dovrebbe rappresentare «una difesa l'eventualità che la "vittima" di dieci/sedici anni fosse stata precedentemente impegnata in attività sessuali promiscue».[27]. Riprendendo le scoperte di Kinsey, gli estensori hanno affermato che le leggi sui reati sessuali dovevano essere modificate, in particolare per i bambini, perché un «giovane abituato all'attività sessuale (1) subisce poco oppure nessun danno psichico dal contatto sessuale consensuale, e (2) potrebbe essere il seduttore piuttosto che il sedotto».[28]. Con Kinsey, i responsabili delle politiche legali credevano di avere, ora, "dati" scientifici a dimostrazione che i bambini sono sessuati già alla nascita e che, di conseguenza quindi, i bambini di sette o dieci anni potrebbero essere considerati sessualmente "promiscui" oppure "vissuti"».

3. La frode di Kinsey è trascurata e perdonata.

«Nota quanto è impressionante la parola "scientifico". E quanto è falsa».[29].

---

[23] Committee on Forensic Psychiatry, P. Q. Roche, V. C. Branham, W. Bromberg, H. Cleckley, F. J. Curran, M. S. Guttmacher, L. Maeder, *Psychiatrically Deviated Sex Offenders*, Report n. 9 (Topeka, Kansas: Group for the Advancement of Psychiatry, 1950).

[24] J. Reisman, *Stolen Honor, Stolen Innocence,* pp. 193, 204, 324, f. 33.

[25] *Model Penal Code*, par. 207, n. 6, comma 4, p. 295 (American Law Insititute, Bozza n. 4-1955).

[26] Ibid.

[27] Ibid., par. 207, n. 6, comma. 5, p. 295.

[28] Ibid.

[29] R. A. Wormser, *Foundations: Their Power and Influence* (New York, N.Y. : Devin-Adair Company, 1958), pp. 100–105.

Nel 1954, Kinsey era «già stato utilizzato in decisioni giudiziarie e citato nei libri di testo, nonché blasonato da un capo all'altro del paese».[30] Nel 1954-1955, il *Reece congressional committee*, preoccupato per gli usi di finanziamenti esenti da tasse da parte della Fondazione, ha esaminato la Rockefeller Foundation – benefattrice dell'Università dell'Indiana dove operava Kinsey.[31] Se il *Comitato* avesse esaminato la ricerca di Kinsey,[32] avrebbe potuto impedire la sua ricaduta rivoluzionaria. Tuttavia, il deputato Wayne Hays (Ohio) ha minacciato di sospendere tutte le udienze a meno che le indagini su Kinsey non fossero state archiviate e i relativi file gli fossero stati consegnati, così «non avrebbero mai visto la luce del giorno».[33] La testimonianza del dottor Albert Hobbs aveva fatto riferimento alla frode di Kinsey:

> Nel secondo volume è stato sottolineato, per esempio, che ci opponiamo ai molestatori adulti principalmente perché siamo stati condizionati contro di essi e che i bambini vittime di molestie diventano emotivamente turbati principalmente a causa degli atteggiamenti antiquati dei loro genitori [... che] sono quelli che fanno il vero danno facendo storie a riguardo [...] il molestatore, e qui cito Kinsey, "potrebbe aver contribuito favorevolmente al loro successivo sviluppo socio-sessuale".[34]

Il consulente legale del *Comitato* cita il giornalista Albert Deutsch, sull'*Harper's Magazine*:

> Così sorprendenti sono le sue rivelazioni, così contrarie a ciò che è stato insegnato all'uomo civilizzato per generazioni, che sarebbero state incredibili se non fosse stato per l'impressionante peso delle agenzie scientifiche che sostengono il suo studio.[35]

Se il *Comitato* fosse stato autorizzato a condurre la sua indagine, rivelando i crimini sessuali sui minori alla base del lavoro di Kinsey, la nazione sarebbe stata

---

[30] Ibid., p. 101.
[31] Ibid., p. 104.
[32] Ibid., p. 351.
[33] Ibid.
[34] Ibid., p. 102.
[35] A. Deutsch, *The Sex Habits of American Men. Some of the findings of the Kinsey report*, «Harper's Magazine», dicembre 1947 (https://harpers.org/archive/1947/12/the-sex-habits-of-american-men/ – ultimo accesso verificato: 10 novembre 2021).

sufficientemente indignata da rifiutare di accettare le affermazioni secondo cui la scienza di Kinsey richiedeva una trasformazione del diritto e della politica.

4. Il contributo di Kinsey alla rivoluzione sessuale.

Le presunte "scoperte scientifiche" di Kinsey hanno dato avvio alla rivoluzione sessuale, travolgendo le istituzioni, inclusa la Chiesa, e trasformando gli Stati Uniti da una cultura giudeo-cristiana ad una cultura post-cristiana.

Molti commentatori concordano sul fatto che, nel 1969, tale rivoluzione somigliasse ad un incendio divampante, con le rivolte di Stonewall che inaugurano la «liberazione gay».[36] e con film come, per esempio, *Midnight cowboy* che mettono in luce l'omosessualità e la prostituzione maschile o *Rosemary's baby* di Roman Polanski, che proclama audacemente l'utopia sessuale dei libri di Kinsey: un'utopia suonata con le chitarre elettriche di Woodstock.[37]. Queste pietre miliari culturali furono conseguenza dell'allentamento delle leggi sull'oscenità.[38] e di nuovi atteggiamenti sessuali cresciuti all'ombra della ventennale infiltrazione delle bugie di Kinsey nel tessuto sociale americano.

Nel 1969, i proseliti di Kinsey si erano infiltrati nella società, nel mondo accademico, nell'istruzione, nella legge, nella medicina e nella Chiesa (come discusso di seguito), stavano sempre più audacemente evangelizzando la cultura sotto la bandiera della "scienza". Uno dei suoi proseliti più significativi, il fondatore di *Playboy*, Hugh Hefner, un collegiale vergine di ventidue anni nel 1948 (come la maggior parte dei ragazzi che frequentano i college.[39]), ha letto il tomo di Kinsey ed ha fatto voto di esserne «un libellista».[40]. Adempì a quel voto con il lancio della rivista *Playboy* nel 1953, la genesi della rivoluzione della pornografia che ha portato, tra le altre cose, all'educazione sessuale kinseiana tramite il *Sex Information and Education Council of United States* (SIECUS), finanziato da *Playboy* e formato al *Kinsey Institute*.[41]. Ciò ha portato la visione kinseiana del mondo nelle aule e nelle biblioteche, dall'asilo fino alla scuola superiore. La pornografia è diventata

---

[36] Michael L. Brown, *A Queer Thing Happened to America: And What a Long, Strange Trip It's Been* (Concord, North Carolina: Equal Time Books, 2011), pp. 17–18.

[37] J. C. McWillliams, *The 1960s Cultural Revolution* (Westport, Connecticut: Greenwood Press, 2000), pp. 15, 74–75.

[38] J. Reisman, *Stolen Honor, Stolen Innocence*, pp. 216, 222, 233–44.

[39] T. Weyr, *Reaching for Paradise: The Playboy vision of America* (New York, N.Y: New York Times Books, 1978), pp. 195–196.

[40] J. Reisman, *Stolen Honor, Stolen Innocence*, p. 102 (si veda la citazione di una trasmissione televisiva con Hugh Hefner trasmessa dalla BBC).

[41] Ibid., p. 177.

mainstream nel 1955, quando *Playboy* ha sfidato con successo la decisione del Servizio postale degli Stati Uniti, secondo cui si trattava di materiale osceno, ottenendo il privilegio di spedizione di seconda classe.[42]. La pornografia era ormai arrivata nella cassetta postale, presagio dell'onnipresenza attuale di internet.

Ma Hefner non ha soltanto pubblicato della pornografia per adulti. Fin dall'inizio, *Playboy* ha inserito nelle sue pagine immagini di bambini sessualizzati, prima come cartoni animati e poi attraverso fotografie, accarezzando la fantasia degli adescatori infilando, fra le donne, bambini sessualmente provocanti.[43]. La ricerca rileva che tale visione suscita inconsciamente stati di vergogna e paura, poiché gli spettatori sono "intrappolati", traumatizzati, nell'esperienza di fare sesso con un bambino raffigurato! Il neuro-scienziato Marco Iacoboni ha scritto:

> i neuroni specchio sono fortemente attivati dalla pornografia [...] quando un uomo guarda un altro uomo avere rapporti sessuali con una donna [oppure un bambino], i neuroni specchio dell'osservatore entrano in azione. Il brivido indiretto di guardare il sesso, a quanto pare, non è poi così indiretto.[44].

Finanziato da una sovvenzione del Dipartimento di giustizia degli Stati Uniti, nel 1986, il dottor Reisman ha documentato la prevalenza di immagini di sesso infantile nella pornografia "soft" tradizionale. Le descrizioni delle Playmate di *Playboy*, affiancate alla doppia pagina centrale, mostrano immagini delle modelle da bambine descrivendole come "materiale da Playmate". Quando foto apparentemente innocue di bambine piccole vengono poste accanto a immagini di nudi, ossia ad immagini sessualmente esplicite di esse stesse da donne adulte, gli utenti non sospetterebbero che la loro eccitazione per tali immagini potrebbe portare ad atti di abuso sessuale contro bambini o donne.

---

[42] *HMH Publishing Company Incorporated v. Summerfield,* caso n. 504155 (Corte distrettuale degli Stati Uniti per il distretto dello Stato della Columbia, 1955); In America, il cosiddetto privilegio di spedizione di seconda classe è generalmente riservato solamente alla spedizione di giornali e riviste.

[43] J. Reisman, *Images of Children, Crime and Violence in Playboy, Penthouse and Hustler,* «drjudithreisman.com», 1990 (http://www.drjudithreisman.com/archives/CCV-Full-Report.pdf - ultimo accesso verificato: 10 novembre 2021).

[44] Si veda l'articolo di Sandra Blakeslee, apparso sul New York Times del 10 gennaio 2016: S. Blakeslee, *Cells that Read Minds,* «researchgate.net», 10 gennaio 2016 (https://www.researchgate.net/publication/36709897_Cells_that_read_minds - ultimo accesso verificato: 10 novembre 2021).

Shakespeare ha scritto che la lussuria era «di proposito messa per render pazzo chi vi abbocca».[45]. Le immagini dei bambini sono state inserite "apposta" per far diventare "pazzi" gli utenti? Consideriamo questo esempio:

> Un'analisi del contenuto delle riviste *Playboy* (N-373), *Penthouse* (N-184) e *Hustler* (N-126), dal dicembre 1953 al dicembre 1984, hanno prodotto 6.004 immagini di bambini [nelle tre riviste, nei trentuno anni di pubblicazioni analizzati] così come circa 14.854 immagini di crimine e violenza... [La media numerica di immagini all'anno] è aumentata quasi del 2.600% (da 16 a 412) nel periodo 1954-1984, con un picco nel 1978 (465 immagini) [...]. Due terzi degli scenari coinvolgenti bambini erano sessuali e/o violenti; la fascia di età dominante era dai 3 agli 11 anni...associata ai maschi adulti. Circa 1.000 scenari sessuali [tra le tre pubblicazioni] includevano bambini con adulti; L'80% dei bambini erano attivamente coinvolti in tutte le scene; *e ogni rivista ritraeva i bambini come illesi e/o avvantaggiati dal sesso fra adulto e bambino... Insomma, queste riviste hanno abbinato nudità femminile adulta a immagini di bambini, criminalità e violenza, per milioni di lettori giovani ed adulti per oltre tre decenni.*[46].

La portata di Kinsey si estende oltre la cultura popolare fino ai più disordinati segmenti della cultura rivoluzionaria post-sessuale. Per esempio, il suo valore per il *network* pederasta/pedofilo è indicato dai leader della *North American man-boy love association* (NAMBLA) con queste parole:

> I liberazionisti gay in generale, e gli amanti dei ragazzi in particolare, dovrebbero conoscere il lavoro di Kinsey e tenerselo caro [...]. In Kinsey è implicita la lotta che combattiamo oggi.[47].

---

[45] W. Shakespeare, *Sonnet 129*, «poetryfoundation.org», s.d. (https://www.poetry-foundation.org/poems/45107/sonnet-129-thexpense-of-spirit-in-a-waste-of-shame - ultimo accesso verificato: 10 novembre 2021); Per il testo in italiano, si veda: Id., *Sonetto 129*, «shakespeareitalia.com» (https://www.shakespeareitalia.com/shakespeare-sonetto-129/ - ultimo accesso verificato: 10 novembre 2021). Per l'edizione italiana, si rimanda a: W. Shakespeare, *Sonetti*, M. A. Marelli [a cura di] (Milano: Garzanti, 2008).

[46] J. Reisman, *Images of Children, Crime and Violence in Playboy, Penthouse and Hustler* (http://www.drjudithreisman.com/archives/CCV-Full-Report.pdf - ultimo accesso verificato: 10 novembre 2021).

[47] Si veda il caso della legge relative all'abolizione dell'età per il consenso all'attività sessuale promossa dalla North American Man/Boy Love Association (NAMBLA), per

Che la frode Kinsey continui a colpire la nostra società è dimostrato da due articoli di revisione della legge del 2018, i quali citano la ricerca di Kinsey come credibile mentre nascondono le frodi scientifiche ed i palesi e criminali abusi sessuali di massa dei suoi "dati", una chiusura consueta del mondo accademico nelle discussioni sul suo lavoro.[48].

5. *Kinsey e la rivoluzione omosessuale invadono la Chiesa.*

La ricerca di Kinsey ha influenzato profondamente anche la Chiesa, invadendo seminari, canoniche, chiese e scuole elementari, secondarie e superiori. Di particolare importanza per le questioni sulla cattiva condotta sessuale del clero è l'infiltrazione dell'accettazione e della promozione della condotta omosessuale da parte di Kinsey in collegi e seminari, poiché ciò ha influenzato la formazione dei sacerdoti e dei vescovi che sono diventati leader, insegnanti e, purtroppo, in alcuni casi, autori di atti sessuali illeciti nei confronti dei bambini.

Questo uso del sesso per indebolire la Chiesa è precedente a Kinsey. Si noti che, Bella Dodd, ex leader del Partito comunista, ha testimoniato:

> Negli anni Trenta abbiamo messo nel sacerdozio millecento uomini per distruggere la Chiesa dall'interno. L'idea era che questi uomini fossero ordinati, e poi salissero la scala dell'influenza e dell'autorità come Monsignori e Vescovi. Alla fine degli anni Venti e Trenta, le direttive furono inviate da Mosca a tutte le organizzazioni del Partito Comunista. Per distruggere la Chiesa cattolica [romana] dall'interno, i membri del Partito dovevano essere piantati nei seminari e all'interno delle organizzazioni diocesane.[49].

---

come citato in: D. Tsang (a cura di), *The Age Taboo: Gay Male Sexuality, Power and Consent* (Boston, Massachusetts: Alyson Publications, 1981), p. 96. Si veda anche: North American Man/Boy Love Association, *Alfred Kinsey*, «nambla.org», 2003 (https://nambla.org/kinsey.html - ultimo accesso verificato: 10 novembre 2021).

[48] Si vedano: G. R. Chadwick, *Reorienting the Rules of Evidence* (http://cardozolawreview.com/heterosexism-rules-evidence/ – ultimo accesso verificato: 10 novembre 2021), pp. 2115-2160; L. Haqq, *Expanding Reproductive Rights to Indigent Noncitizens: A Prioritarian Goal of Reproductive Justice*, «Asia Pacific Journal of Health Law and Ethics», Vol. 11, n. 3, luglio 2018 (https://eible-journal.org/index.php/APHLE/article/view/165/96) – ultimo accesso verificato: 10 novembre 2021), pp. 139-173.

[49] R. Engel, *The Rite of Sodomy*, (Export, Pennsylvania: New Engel Publishing, 2006), pp. 1126–27, n. 110.

In modo simile, e forse con una motivazione simile, i proseliti di Kinsey e i rivoluzionari omosessuali si inserirono nella Chiesa, esercitando una notevole influenza sulla sua cultura. Questa situazione è particolarmente ben documentata nell'arcidiocesi di Boston. Secondo *The Boston Globe* e *The Advocate* (un periodico omosessuale), uno dei consulenti della Commissione di Boston del cardinale Law sulle questioni relative agli abusi sessuali sui minori era Fred Berlin, dottore in medicina.[50]. Nel 1994, il dottor Berlin aveva sviluppato corsi per la formazione di «giudici [...], professionisti sanitari [...], avvocati, legislatori, agenti di polizia e operatori di tutela dei minori». Egli disse ai suoi studenti: «La pedofilia [...] può essere efficacemente controllata con un appropriato intervento psichiatrico».[51]. La sua affermazione si basava sul suo campione di nove bambini molestatori, quattro dei quali erano ancora in cura. Dei restanti cinque, tre non avevano avuto presumibilmente nessuna «ricaduta nell'arco di due anni».[52]. Nessuno scienziato, in alcun modo, giudicherebbe questi dati come la prova dell'esistenza di soggetti pedofili «efficacemente controllati». Un rapporto del *General accounting office* ha documentato che, in uno studio condotto su 550 programmi di trattamento per gli autori di reati sessuali tra il 1977 ed il 1996, nessuno di essi si è rivelato efficace nel ridurre la recidività.[53]. In particolare, uno studio su un programma di trattamento in

---

[50] M. Paulson, *Abuse Panel Says It Will Seek Change*, «The Boston Globe», 13 marzo 2002; J. A. Reisman, *Reliance of the United States Catholic Church on the Discredited Field of "Human Sexuality" and on Sexology Advisors Whose "Scientific" and Moral Foundation Deviates Radically From That of the Church*, 2002, (http://www.drjudithreisman.com/archives/US-CathChurch_Reliance_DiscScience.pdf - ultimo accesso verificato: 10 novembre 2021), pp. 12 (n. 7), 185.

[51] Berlin & Coyle, *Johns Hopkins Department of Psychiatry And Behavior Sciences Report on Sex Crime Recidivism*, in J. A. Reisman, *Reliance of the United States Catholic Church on the Discredited Field of "Human Sexuality" and on Sexology Advisors Whose "Scientific" and Moral Foundation Deviates Radically From That of the Church*, p. 193 (http://www.drjudithreisman.com/archives/US-CathChurch_Reliance_DiscScience.pdf - ultimo accesso verificato: 10 novembre 2021); F. S. Berlin, *John Hopkins Sexual Disorders Clinic, advertising his training program "The Cycle of Sexual Trauma," in the Johns Hopkins Medical Institutions*, Department of Psychiatry and Behavioral Sciences, 10-12 febbraio 1994, riprodotto in: Ibid., pp. 191–195.

[52] J. A. Reisman, *What Fred Berlin & Johns Hopkins' "Department of Psychiatry And Behavior Sciences" Define as "Successful" Treatment Of Pedophiles And Sundry Child Molesters* (1981), «drjudithreisman.com», s. d. (http://www.drjudithreisman.com/archives/Berlin%27s%20 Bogus%20Data.pdf – ultimo accesso verificato: 10 novembre 2021).

[53] U.S. GAO, Report to the Chairman, Subcommittee on Crime, Committee on the Judiciary, House of Representatives, *Sex Offender Treatment Research Results Inconclusive About What Works To Reduce Recidivism* (1996), citato in: J. A. Reisman, *Reliance of the United States Catholic Church on the Discredited Field of "Human Sexuality" and on Sexology Advisors Whose*

California ha mostrato che non esiste alcuna differenza statisticamente significativa nella recidività tra i partecipanti al programma ed un gruppo di controllo di non partecipanti.[54].

Tuttavia, sia il cardinale Law che il reverendo Michael R. Peterson, dottore in medicina, il fondatore omosessuale[55] del *St. Luke's Institute* nel Maryland – un importante centro di cura cattolico per sacerdoti che combattono contro problemi di sessualità personale – diressero la Chiesa a fare affidamento sul dottor Berlin e sul mentore di Peterson, il dottor John Money.[56], perché, come ha scritto Peterson:

> I casi di negligenza comportano situazioni in cui i religiosi dànno consigli che sono considerati dai tribunali civili al di là della loro sfera di competenza... presumibilmente causando conseguenze catastrofiche (divorzio, suicidio) risultanti in cause civili.[57].
>
> [Questi] due professionisti della salute mentale [Berlin/Money] sono considerati da me [Peterson], e dalla maggior parte delle persone sul campo, come i due esperti statunitensi e come coloro che hanno avuto, all'interno della loro clinica, un buon successo nel trattamento dei disturbi parafiliaci negli ultimi quindici anni.[58].

Peterson ha insistito che questi due uomini conoscono "la ricerca scientifica" e che «l'eziologia di questo disturbo [molestie sui bambini] è probabilmente biologica»; e, altrettanto probabilmente, esso si verificherebbe «in utero».[59]. Egli ha detto che stava lavorando con loro, aggiungendo che sperava di conseguire un

---

"Scientific" and Moral Foundation Deviates Radically From That of the Church (http://www.drjudithreisman.com/archives/US-CathChurch_Reliance_DiscScience.pdf - ultimo accesso verificato: 10 novembre 2021), pp. 270-273.

[54] Ibid.

[55] R. Engel, *The Rite of Sodomy*, pp. 587–588 [si veda la citazione di: J. Berry, *Lead Us Not Into Temptation—Catholic Priests and the Sexual Abuse of Children* (Urbana, Illinois: University of Illinois Press, 2000 [prima edizione: 1992])].

[56] Ibid.

[57] T. P. Doyle, F. R. Mouton, M. R. Peterson, *The Problem of Sexual Molestation by Roman Catholic Clergy: Meeting the Problem in a Comprehensive and Responsible Manner,* «bishop-accountability.org», 1985 (https://www.bishop-accountability.org/reports/1985_06_09_Doyle_Manual/index.html) – ultimo accesso verificato: 10 novembre 2021), p. 9.

[58] *Guidelines and recommendations from Rev. Michael R. Peterson, M.D., President/Executive Medical Director, St. Luke's Institute, to Ordinaries of each U.S. Diocese and Archdiocese, December 1985, Executive Summary,* «bishop-accountability.org», 1985 (https://www.bishop-accountability.org/reports/1985_12_09_Peterson_Guidelines/Peterson_Text.pdf - ultimo accesso verificato: 10 novembre 2021), p. 3.

[59] *Clinical and Legal Presentations of Sexual Problems in Clerics,* in Ibid., p. 4.

successo simile nella sua struttura del *St. Luke.*[60]. Alcuni dei "trattamenti" utilizzati da Berlin e Money al *St. Luke* sono stati descritti dal ricercatore Randy Engel, il cui lavoro è stato ignorato dai ricercatori del *John Jay report*:

> Sotto il mandato di Peterson all'*Istituto*, non c'era praticamente alcuna differenza tra questo ed una clinica sessuale basata sui postulati di Masters, Johnson o Kinsey per il trattamento di ecclesiastici colpevoli di reati sessuali [...]. Al *St. Luke*, i religiosi erano sottoposti all'oltraggio del pletismografo penile che collega elettronicamente l'organo maschile ad apparecchiature che misurano la risposta erotica del paziente ai vari tipi di immagini pornografiche.[61].

6. La pornografia kinseiana entra nella Chiesa ed Hefner/*Playboy* recluta candidati al sacerdozio.

I *leader* della Chiesa hanno spesso messo in guardia i fedeli dalla pornografia, quindi essa sarebbe dovuta essere una delle principali aree di interesse per i ricercatori del *John Jay* che miravano a raccogliere dati sugli adescatori ecclesiastici. Un segreto, che non era affatto un segreto, era che la pornografia si era infiltrata nelle canoniche, nei seminari, nelle università cattoliche e in altre istituzioni, come visto in molteplici interviste di *Playboy*, comprese fotografie pubblicitarie e altro genere di materiali con la partecipazione dei *leader* della Chiesa, compresi i sacerdoti (vedi *Appendice B*: una fotografia estratta da *Playboy* che raffigura un prete cattolico insieme ad altri leader religiosi in uno studio radiofonico con Hefner). Alla base di tutto, nella "filosofia di *Playboy*" di Hefner c'era il malanimo verso la religione. Tuttavia, molti futuri seminaristi furono formati dalla filosofia sessuale di Hefner, il quale conferisce credito alle "scoperte" di Kinsey, "dimostrando" che le leggi su base religiosa per la protezione delle donne contro la seduzione, la fornicazione, l'adulterio, la convivenza, la sodomia, ecc., dovrebbero essere abrogate.

In effetti, almeno un ordine religioso usava *Playboy* come strumento di reclutamento. Sul *Washington Post* del 21 gennaio 1977, è stato riportato che una pubblicità di *Playboy* del 1972 relativa ai Padri Trinitari ha portato «i Trinitari

---

[60] Ibid.
[61] R. Engel, *The Rite of Sodomy*, p. 8 (cap. 16); Si veda anche: Ibid., p. 26 (cap. 11, sez. 3).

all'attenzione della nazione».[62]. Il *Post* ha inoltre riferito che, nel 1975, *Playboy* ha utilizzato l'annuncio del successo della campagna dei Trinitari per lanciare la propria campagna pubblicitaria: «Ho letto Playboy ed ho trovato Dio.... Quando *l'Ordine della santissima trinità* aveva bisogno di nuove reclute, si rivolgeva a *Playboy* per fare il lavoro di Dio».[63].

7. *L'insegnamento di Kinsey permea la formazione della Chiesa.*

Nel 2002, il *World Net Daily* ha riportato che il «famoso 'sessuologo' Alfred Kinsey, sospettato di pedofilia, ha trionfato sull'insegnamento tradizionale nelle istituzioni cattoliche degli Stati Uniti, creando un ambiente fiorente per i sacerdoti che abusano dei ragazzi e dei bambini».[64]. Seminaristi, sacerdoti e, in alcuni casi, parrocchiani, hanno ricevuto la "formazione" attraverso il seminario cosiddetto *Sexual Attitude Restructuring* (SAR) creato dall'*Institute for the Advanced Study of Human Sexuality* (IASHS) di San Francisco. Nel 1979 il decano accademico dell'IASHS, Wardell Pomeroy, coautore di Kinsey e, per qualche tempo, partner sessuale, ha cercato finanziamenti dalla *Adult Film Association* per filmare «pedo-pornografia».[65].

Nel 1984, Randy Engel ha riferito sia in merito alla prevalenza della formazione SAR nei seminari cattolici, sia in merito alle segnalazioni del suo uso nel 1980 al seminario del *St. John* in Michigan.[66]. Piuttosto che promuovere la castità negli studenti e proteggerli dall'erotismo quale occasione di peccato, i responsabili stavano, invece, «esponendo i loro seminaristi alla pornografia sia eterosessuale che omosessuale, come parte della loro formazione in merito alla "sessualità umana" […]».[67]. «Uno dei tanti incidenti di questo tipo […] era rappresentato da un programma (la SAR) […] obbligatorio […] che includeva la visione di film pornografici nei quali avvenivano penetrazioni sia eterosessuali che omosessuali».[68]. Engel riferì che la SAR era ampiamente utilizzata anche nei campus delle università cattoliche dislocate in tutto il paese.[69]. Come riportato dal *World Net Daily*:

---

[62] J. Johnson, *Playboy Ads Help Recruit Priesthood Candidates*, «The Washington Post», 21 gennaio 1977 (https://www.washingtonpost.com/archive/local/1977/01/21/playboy-ads-help-recruit-priesthood-candidates/d8dd4b44-90bd-4c9d-bdce-81dcfd764997/ – ultimo accesso verificato: 10 novembre 2021).

[63] Ibid.

[64] Ibid.

[65] J. A. Reisman, *Stolen Honor, Stolen Innocence*, p. 172.

[66] R. Engel, *The Moral Plague of SAR*, «Homiletic and Pastoral Review», 18 giugno 1984.

[67] Ibid., pp. 18–27.

[68] Ibid.

[69] Ibid., pp. 25–57.

Al 2002, la SAR aveva raggiunto le singole parrocchie: la SAR ed il suo teatro a luci rosse – forse mancava soltanto il "lavoro di laboratorio" in classe – è stato offerto ai parrocchiani per dieci anni dall'arcidiocesi di Milwaukee sotto Rembert G. Weakland, che recentemente è andato in pensione anticipata, dopo aver ammesso l'esistenza di un pagamento di $ 450.000 da parte dell'arcidiocesi a seguito di un denuncia di un giovane con il quale egli aveva avuto una relazione "inappropriata".[70].

Inoltre, «il cuore del programma del *St. Luke*, sotto padre Peterson, per i reati sessuali era proprio il programma SAR (Ristrutturazione dell'attitudine sessuale), il quale includeva la visione di pornografia "clinica" [...] progettata per desensibilizzare gli spettatori a tutte le forme di attività sessuale, compresa la masturbazione e gli atti omosessuali».[71], e «destinata a convincere gli spettatori che il sesso tra due maschi può essere "amorevole" e "gentile"».[72].

II. I *John Jay report* ignorano i disturbi di omosessualità e pornografia.

1. Il vocabolario dei report ed il focus ristretto tradiscono l'investigatore omosessuale Bias.

A. Il vocabolario dei report maschera i problemi.

Qualsiasi critica ai *John Jay reports* deve iniziare con un esame del vocabolario che in essi viene utilizzato e, in particolare, dei termini devianti utilizzati per definire gli adescatori sessuali. Iniziamo con l'etimologia delle parole usate storicamente per definire i predatori sessuali, in particolare, "pederasta" contro "efebofilo". "Pederasta" è una parola che ha una lunga etimologia storico-classica per indicare l'abuso omosessuale sui ragazzi, eppure essa è assente nei *report*. Le parole, come le persone, hanno proprie "biografie". "Efebofilo", con una scarsa biografia, compare sessantotto volte nei *reports*: trentotto volte nella versione del 2004; sedici volte in quella del 2006; e trentadue volte nel *report* del 2011. Ci si chiede il perché.

---

[70] A. Moore, *Catholics learning sex from Kinsey's disciples*, «World Net Daily», 12 giugno 2002 (https://www.wnd.com/2002/06/14206/ – ultimo accesso verificato: 10 novembre 2021).

[71] R. Engel, *Rite of Sodomy*, p. 16 (cap. 11).

[72] Ibid.

Il dizionario Webster del 1828 non ha alcuna occorrenza per "efebofilo" ma definisce pederasta come un sostantivo utilizzato per definire «un sodomita».[73]. La "pederastia" è anche (ancora) definita su internet:

> Origine della pederastia; 1605-1615; Nuovo latino *pederastia* < Greco *paiderastía* amore dei ragazzi. Pederastia, *sostantivo*: relazioni omosessuali tra uomini e ragazzi.[74].

Al contrario, "efebofilo" è entrato nel lessico negli anni Sessanta ad indicare un «adulto che è sessualmente attratto dagli adolescenti».[75]. Il termine è associato al dottor John Money, un apologeta pederasta.[76] che ha creato abitualmente neologismi per occultare la realtà degli abusi sessuali sui minori.[77].

B. *Il focus ristretto ignora la ricerca pertinente.*

I *reports* tentano anche di deviare l'attenzione dalla rappresentazione dell'abuso come risultato dell'attrazione per lo stesso sesso (ossia l'omosessualità). Sebbene la letteratura scientifica descriva storicamente l'omosessualità come causa di abuso sessuale sui ragazzi.[78], i *reports* sembrano aver adottato l'abitudine *mainstream* dei media ad evitare questo genere di letteratura. Ma, considerata l'accusa della USCCB al *John Jay*, i ricercatori sono stati estremamente avventati nell'escludere tali ricerche all'interno dei *reports*.

---

[73] «*Pederastic*», American dictionary of the English language (Webster 1828), «websterdictionary1828.com», s. d. (http://webstersdictionary1828.com/Dictionary/pederastic - ultimo accesso verificato: 10 novembre 2021) .

[74] «*Pederasty*», American dictionary, «dictionary.com», s. d. (https://dictionary.com/browse/pederasty - ultimo accesso verificato: 10 novembre 2021).

[75] «*Ephebophile*», Oxford Living Dictionary, «en.oxforddictionaries. com», s. d. (https://en.oxforddictionaries.com/definition/ephebophile - ultimo accesso verificato: 10 novembre 2021).

[76] Si veda: J. Geraci, D. Mader, *Interview: John Money*, «Paidika. The Journal of Paedophilia», Vol. 2, n. 3 (Primavera 1991), p. 5.

[77] J. Money, *Lovemaps: Clinical Concepts of Sexual/erotic Health and Pathology, Paraphilia and Gender Transposition in Childhood, Adolescence and Maturity* (New York, N.Y.: Ardent media Incorporated, 1986), pp. 70–75.

[78] Si vedano, per esempio: D. Fergusson, L. J. Horwood, A. L. Beautrais, *Is Sexual Orientation Related to Mental Health Problems and Suicidality in Young People?* «Archives of general psychiatry», Vol. 56, n. 10, 1999, pp. 876–80; R. Herrell, J. Goldberg, W. R. True, V. Ramakrishnan, M. Lyons, S. Eisen, M. T. Tsuang, *Sexual orientation and suicidality: a co-twin control study in adult men*, «Archives of general psychiatry», Vol. 56, n. 10, 1999, pp. 866, 867–74.

Il loro fallimento è di particolare importanza perché nasconde il fatto che attivisti omosessuali hanno apertamente sostenuto l'abuso sessuale pederastico sui minori, mentre tale conoscenza veniva nascosta dalla crescita dell'attivismo LGBT. Tra i primi autori che celebrarono apertamente l'abuso omosessuale dei minori vi furono Karla Jay e Allen Young: «I ragazzi possono prendersi cura di se stessi e devono considerarsi esseri sessuali molto prima di quanto vorremmo ammettere [...] i corpi giovani sono in perenne vibrazione e sono fantastici».[79]. Il rapporto di Jay e Young ha rilevato che tra il 50% al 73% dei maschi omosessuali ammette di aver avuto rapporti sessuali con ragazzi.[80]. Un successivo rapporto dell'FBI ha affermato che la stima per cui soltanto un ragazzo su sei è stato abusato sessualmente è, probabilmente, sottostimata.[81].

Nel 1987, lo psicologo Eugene Abel ha pubblicato i risultati di uno studio relativo ad alcuni soggetti colpevoli di reati sessuali ma non incarcerati che hanno auto-denunciato la natura e l'entità dei loro reati.[82]. In media, i molestatori di bambini sono stati coinvolti in 23,4 atti di delinquenza contro le ragazze e in 281,7 atti di delinquenza contro i ragazzi.[83]. I pederasti hanno riportato una squallida media: centocinquanta vittime (ragazzi); per i pedofili, invece, se ne contano venti (ragazze).[84]. Il *John Jay report* del 2011 citava le scoperte del dottor Abel secondo cui i maschi non incarcerati che «aggredirono i ragazzi hanno avuto una media di duecentottantuno reati coinvolgendo circa centocinquanta vittime", ma non i risultati comparativi di Abel che mostrano un differenziale del 650% tra il numero di vittime maschili dei pederasti ed il numero di vittime femminili dei pedofili.[85]. I

---

[79] Karla Jay, Allen Young, *Out Of The Closets: Voices Of Gay Liberation* (New York, N.Y.: New York University Press 1972), pp. 338, 365.

[80] Ibid., p. 275; Per altre citazioni, si veda anche: J. A. Reisman, *Crafting bi/homosexual youth,* «Regent university law review», Vol. 14, n. 2, 2001/2002 (https://www.regent.edu/acad/schlaw/student_life/studentorgs/lawreview/docs/issues/v14n2/Vol.%2014,%20No.%202,%204%20Reisman.pdf – ultimo accesso verificato: 10 novembre 2021), pp. 283-342

[81] K. V. Lanning, A. W. Burgess, *Child Pornography and Sex Rings*, «FBI Law Enforcement Bullettin», 10 gennaio 1984.

[82] G. Abel, J. V. Becker, M. Mittelman, J. Cunningham-Rathner, J. L. Rouleau, W. D. Murphy, *Self-reported Sex Crimes of Nonincarcerated Paraphiliacs*, «Journal of interpersonal violence», Vol. 2, n. 1, 1987 (https://www.academia.edu/54096422/Self_Reported_Sex_Crimes_of_Nonincarcerated_Paraphiliacs – ultimo accesso verificato: 10 novembre 2021), pp. 3–25.

[83] Ibid., p. 15.

[84] Ibid., p. 17.

[85] John Jay College, *The Causes and Context of Sexual Abuse of Minors by Catholic Priests in the United States, 1950–2010 (2011)*, p. 173.

primi *John Jay reports* citavano ampiamente le altre opere di Abel, ma non le statistiche sul tasso di molestie.[86].

2. I John Jay reports omettono le prove dell'infiltrazione dell'attivismo omosessuale kinseiano e dell'indottrinamento nella Chiesa.

La paura dei ricercatori del *John Jay* di riconoscere le conseguenze dei resoconti di Kinsey e i successivi cambiamenti sociali sono illustrati dalla scarsa citazione dei libri nei quali viene documentato l'incidenza dei "dati" della "scala Kinsey" al 10% relativamente all'aumento dell'attivismo omosessuale. Ciò coinvolge la Chiesa e la considerazione dei sessuologi della scuola kinseiana quali esperti degli abusi sessuali da parte dei sacerdoti – tutto prima che l'USCCB commissionasse gli studi al *John Jay*. Il disprezzo degli studi per tali realtà ha permesso all'attivismo omosessuale kinseiano di continuare senza sosta nella Chiesa.

A. I John Jay reports non riconoscono gli scritti cattolici di avvertimento sull'attivismo omosessuale.

Assenti dai *reports* sono i libri e le relazioni dei *leader* ecclesiastici e degli investigatori che raccontano la storia di come i rivoluzionari omosessuali sono penetrati nella Chiesa. Sebbene i ricercatori del *John Jay* abbiano incluso un capitolo relativo alle *Stime degli abusi sessuali sui minori* con citazioni a numerose fonti.[87], essi evitavano comunque di identificare il ruolo lampante della pederastia omosessuale nella cattiva condotta sessuale del clero. Tra i libri autorevoli che i ricercatori hanno omesso dalla loro bibliografia e discussione vi sono: *The Homosexual Network: Private Lives & Public Policy* di padre Enrique Rueda, un volume meticolosamente esauriente che documenta l'attivismo omosessuale all'interno della Chiesa.[88]; *Goodbye, Good*

---

[86] Si vedano: John Jay College, *The Nature And Scope Of Sexual Abuse Of Minors By Catholic Priests And Deacons In The United States 1950-2004*, «bishop-accountability.org», 27 febbraio 2004 (https://www.bishop-accountability.org/reports/2004_02_27_JohnJay_revised/2004_02_27_John_Jay_Main_Report_Optimized.pdf - ultimo accesso verificato: 10 novembre 2021), p. 191; Id., *The Nature And Scope Of Sexual Abuse Of Minors By Catholic Priests And Deacons In The United States 1950-2002 (2006)*, «bishop-accountability.org», marzo 2006 (https://www.bishop-accountability.org/reports/2006_03_John_Jay/Supplementary _Data_Analysis.pdf - ultimo accesso verificato: 10 novembre 2021), pp. 34, 41.

[87] John Jay College, *The Nature And Scope Of Sexual Abuse Of Minors By Catholic Priests And Deacons In The United States 1950-2004*, pp. 154–162.

[88] Cfr. E. Rueda, *The Homosexual Network, Private Lives & Public Policy* (Old Greenwich, Connecticut: Devin Adair Company, 1986).

Men.[89]*; Gays, AIDS, and You.*[90]*;* e *The Rite of Sodomy: Homosexuality and the Roman Catholic Church.*[91].

B. I rapporti evitano di riferirsi all'attivismo ed alla sessuologia kinseiana "gay" all'interno della Chiesa.

L'analisi del *John Jay reports* ignora la minaccia morale contro la Chiesa da parte degli attivisti che sostengono l'omosessualità e la sessuologia kinseiana, anche se tale attivismo ha fatto parte di una saturazione sociale complessiva. È interessante notare che papa Francesco, all'inizio del suo pontificato, paragonò il programma gay all'«indottrinamento della gioventù hitleriana»:

> Papa Francesco ha lamentato la pratica occidentale di imporre un'agenda omosessuale alle altre nazioni attraverso aiuti esteri, definendola una forma di "colonizzazione ideologica" e paragonandola alla macchina di propaganda nazista [...]. Questa colonizzazione ideologica "non è nuova, i dittatori del secolo scorso hanno fatto lo stesso", ha detto il pontefice. "Sono venuti con la loro dottrina. Pensate ai Balilla (la gioventù fascista sotto Mussolini), pensate alla gioventù hitleriana".[92].

Il *John Jay report* del 2004 discute l'articolo di S. J. Rossetti del 2002 sulla Chiesa cattolica e gli abusi sessuali sui minori, sostenendo che «l'autore afferma che dei trecento sacerdoti» apparentemente trattati con le suddette «tecniche» al *St. Luke* «due hanno avuto una ricaduta».[93]. Rossetti, che prese il timone del *St. Luke* dopo la morte di Peterson a causa dell'AIDS, afferma, inoltre, che «i nostri miti sui

---

[89] Cfr. M. Rose, *Goodbye, Good Men. how liberals brought corruption into the Catholic Church* (Washington, DC: Regnery Publisher; Lanham, Maryland: Distributed to the trade by National Book Network, 2002).

[90] Cfr. E. Rueda, M. Schwartz, *Gays, AIDS, And You* (San Francisco, California: Frameline, 1988).

[91] Cfr. R. Engel, *The Rite of Sodomy.*

[92] J.-H. Westen, *Pope Francis compares pushing gay agenda to 'Hitler Youth' indoctrination,* «LifeSite News», 21 gennaio 2015 (https://www.lifesitenews.com/news/pope-francis-comparespushing-gay-agenda-to-hitler-youth-indoctrination - ultimo accesso verificato: 10 novembre 2021).

[93] John Jay College, *The Nature And Scope Of Sexual Abuse Of Minors By Catholic Priests And Deacons In The United States 1950-2004,* p. 280 (citazione di: S. J. Rossetti, *The Catholic Church and Child Sexual Abuse* (Collegeville, Minnesota: ISTI Books-Liturgical Press, 1996).

molestatori di bambini» riflettono la nostra «psiche interiore» e non «chi sono questi uomini».[94]. I sacerdoti che hanno abusato sessualmente dei «minori» non hanno una grave «disturbo del carattere». Rossetti dice che abuseranno di «meno vittime».[95]. Quindi la Chiesa ha inviato i preti pederasti presso un istituto kinseiano dove veniva utilizzata la pornografia (non è chiaro se riguardasse adulti, bambini oppure entrambi) come «terapia», secondo il lavoro di uomini osannati da *The Journal of Pedophilia*.[96] e *The Advocate*, un periodico che promuove la cosiddetta «agenda gay».[97].

3. Il John Jay report sottostima la presenza e l'influenza della pornografia sulla Chiesa.

Come attesta la discussione di Engel sui protocolli di «trattamento» al *St. Luke*, la pornografia psicologicamente e moralmente influente era ancora presente nella Chiesa; tuttavia essa veniva a malapena menzionata dal *John Jay report*. Notizie di migliaia di persone arrestate con le accuse di possesso e/o vendita di materiale pedopornografico mostrano come un cambiamento della prospettiva di moralità ha influenzato il modo in cui le persone pensano e agiscono.[98]. Se i ricercatori del *John Jay* hanno realmente cercato di scoprire il perché e il come l'abuso sessuale dei bambini ha proliferato nella Chiesa, il ruolo della pornografia nella vita dei molestatori e delle loro vittime avrebbero dovuto essere una delle principali aree di interesse ed esame. Tuttavia, un'analisi semantica mostra che, nei tre *reports,* la "pornografia" viene nominata ventidue volte.[99], e la "pornografia infantile" soltanto

---

[94] Ibid.

[95] Ibid.

[96] Si veda: J. Geraci, D. Mader, *Interview: John Money*, p. 5.

[97] M. Paulson, *Abuse Panel Says It Will Seek Change*, «The Boston Globe», 13 marzo 2002; J. A. Reisman, *Reliance of the United States Catholic Church on the Discredited Field of "Human Sexuality" and on Sexology Advisors Whose "Scientific" and Moral Foundation Deviates Radically From That of the Church*, 2002, p. 12 (n. 7).

[98] Per una trattazione completa ed accurata degli arresti avvenuti dietro sospetto di pedo-pornografia, si veda: L. Handrahan, *Epidemic America's trade in Child Rape* (Walterville, Oregon: TrineDay Press, 2017/2018).

[99] John Jay College, *The Nature And Scope Of Sexual Abuse Of Minors By Catholic Priests And Deacons In The United States 1950-2004*: tredici citazioni di "pornografia" in duecentotrentacinque pagine, generalmente vaghe; Id., *The Nature And Scope Of Sexual Abuse Of Minors By Catholic Priests And Deacons In The United States 1950-2002 (2006)*: zero citazioni di "pornografia" in cinquantatré pagine; Id., *The Causes and Context of Sexual Abuse of Minors by Catholic Priests in the United States, 1950–2010 (2011)*: nove citazioni superficiali di "pornografia" in centoquarantatré pagine.

una volta (riferendosi ad uno studio australiano che sostiene «una bassa incidenza dell'uso di materiale pedopornografico» da parte dei trasgressori.[100]).

La minima menzione della pornografia da parte dei *John Jay reports* è particolarmente problematica alla luce della ben nota prevalenza e dell'influenza della pornografia sui preti (come sul resto della società) per molti anni prima dello studio del *John Jay*.[101].

In una lettera pastorale del 1989, il *Pontificio consiglio delle comunicazioni sociali* ha descritto gli effetti corruttori della pornografia. Questa lettera ed il suo insegnamento avrebbero dovuto sollecitare un approfondito esame da parte dei ricercatori del *John Jay* sugli effetti della pornografia fra sacerdoti e seminaristi, nonché sulla relazione esistente tra pornografia e cattiva condotta sessuale. Come afferma la lettera pastorale:

> La pornografia nei media è intesa come una violazione [...], una violazione che riduce la persona umana e il corpo umano ad un anonimo oggetto di abuso al fine di gratificare la concupiscenza [...]. La partecipazione volontaria nella produzione o nella diffusione di questi prodotti nocivi non può che essere giudicata un grave male morale.[102].

Il *Pontificio consiglio per la famiglia* ha lanciato un monito simile nel 1995, sei anni dopo.[103]. Il consiglio ha invocato «due forme di azione interessata da parte dei

---

[100] Id., *The Causes and Context of Sexual Abuse of Minors by Catholic Priests in the United States, 1950–2010 (2011)*, p. 100.

[101] J. Shepher, J. A. Reisman, *Pornography: A Sociobiological Attempt at Understanding*, «drjudithreisman.com», s. d. (http://www.drjudithreisman.com/archives/Pornography_A_Sociobiological_Attempt_at_Understanding.pdf - ultimo accesso verificato: 10 novembre 2021).

[102] J. P. Foley, P. Pastore (monsignore), Pontifical Council For Social Communications, *Pornography And Violence In The Communications Media: A Pastoral Response*, «Vatican.va», 7 maggio 1989 (https://www.vatican.va/roman_curia/pontifical_councils/pccs/documents/rc_pc_pccs_doc_07051989_pornography_en.html - ultimo accesso verificato: 10 novembre 2021); Per il testo in italiano, si veda: Pontificio consiglio delle comunicazioni sociali, Pornografia e violenza nei mezzi di comunicazione: una risposta pastorale, «vatican.va», 7 maggio 1989 (https://www.vatican.va/roman_curia/pontifical_councils/pccs/documents/rc_pc_pccs_doc_07051989_pornography_it.html - ultimo accesso verificato: 10 novembre 2021).

[103] A. López Trujillo, E. Sgreccia, The Pontifical Council For The Family, *The Truth and Meaning of Human Sexuality: Guidelines for Education within the Family*, «Vatican.va», 8 dicembre 1995 (https://www.vatican.va/roman_curia/pontifical_councils/family/documents/rc_pc

genitori: educazione preventiva e critica nei confronti dei figli, e denuncia coraggiosa alle autorità competenti».[104].

Le continue esortazioni sulla pornografia illustrano ulteriormente: (a) quanto sia critico il problema per qualsiasi analisi degli abusi sessuali sui minori nella Chiesa; e (b) la gravità della mancata raccolta dei dati da parte dei criminologi. L'ampia ricerca sull'omosessualità del dottor Reisman.[105] convalida l'affermazione di Randy Engel espressa su *The rite of sodomy* per cui la pornografia «gay».[106] fa parte di una «sottocultura» che utilizza la pornografia omosessuale come strumento di adescamento per gli abusi sui minori. Eppure il *John Jay report* non menzionano nemmeno una volta la pornografia «omosessuale» oppure «gay».

Ciò è particolarmente spaventoso alla luce delle prove, discusse sopra, per cui alcune diocesi hanno utilizzato materiale pornografico preparato e promosso da autori vicini a Kinsey e/o da suoi discepoli, per istruire parrocchiani, sacerdoti e gli studenti.[107], e che tali materiali erano anche parte integrante della «terapia» che hanno ricevuto al *St. Luke* i sacerdoti accusati degli abusi sessuali sui minori. Come minimo, le notizie in merito alla prevalenza della formazione SAR e dell'utilizzo di altri materiali pornografici nella Chiesa avrebbero imposto uno studio del fenomeno da parte dei ricercatori del *John Jay*. Invece, la pornografia infantile e la pornografia omosessuale sono state ignorate come potenzialmente causali, lasciando un vuoto nell'analisi delle cause degli abusi sessuali sui bambini da parte dei sacerdoti.

III. Analisi psicometriche e di contenuto dimostrano i fallimenti dei *reports*.

Esaminare il contenuto dei tre *John Jay reports* esemplifica, oltretutto, che i ricercatori hanno evitato di riferirsi agli effetti della Rivoluzione sessuale di Kinsey sulla Chiesa ed, in particolare, a come l'omosessualità e la pedo-criminalità di

_family_doc_08121995_human-sexuality_en.html - ultimo accesso verificato: 10 novembre 2021); Per il testo in italiano, si veda: Pontificio consiglio per la famiglia, Sessualità Umana: Verità e Significato. Orientamenti educativi in famiglia, «vatican.va», 8 dicembre 1995 (https://www.vatican.va/roman_curia/pontifical_councils/family/documents/rc_pc_fami ly_doc_08121995_human-sexuality_it.html - ultimo accesso verificato: 10 novembre 2021).

[104] Ibid., par. 45.

[105] J. A. Reisman, *A content analysis of two decades of me advocate (July 5. 1972 - July 2. 1991) and the 1991 Gayellow pages* (Arlington, Virginia: The institute for Media education, 1991); Il testo si trova anche online: Id., *A content analysis of two decades of me advocate (July 5. 1972 - July 2. 1991) and the 1991 Gayellow pages*, «drjudithreisman.com», s. d. (www.drjudithreisman.com/archives/Advocate_Study_original.pdf - ultimo accesso verificato: 10 novembre 2021).

[106] R. Engel, *The Rite of Sodomy*, p. 919.

[107] Cfr. A. Moore, *Catholics learning sex from Kinsey's disciples*.

Kinsey abbiano influenzato la formazione dei sacerdoti, gli episodi di abuso e le risposte della *leadership* ecclesiastica alle accuse. Il *John Jay report* non è riuscito ad analizzare molte delle questioni sociali critiche che sono state strumentali nel preparare il terreno per l'abuso del clero. Uno degli autori di questo capitolo, il dottor Reisman, specialista in analisi dei contenuti (revisione computazionale delle parole e delle frasi usate in tutto a documento), ha studiato la lingua nei tre *John Jay reports* e nella *Relazione del procuratore generale della Pennsylvania* del 2018. La tabella nella pagina seguente riflette l'ordinamento del numero di istanze in cui ogni parola è apparsa nei *reports*. Questa tabella elenca le parole e i concetti «dalla più alla meno importante» che compaiono nei *reports*, la loro scelta e revisione della letteratura pertinente, dei sondaggi e delle interviste alle vittime e ai delinquenti. Questa analisi offre una visione preliminare della priorità e sulla visione del mondo dei ricercatori, esaminando le loro scelte linguistiche come riflesso di quelle che consideravano le questioni più o meno importanti alla base degli abusi sessuali del clero nella Chiesa.

La testimonianza delle vittime rileva che «da maggior parte delle vittime erano ragazzi; ma c'erano anche ragazze. Alcuni erano adolescenti; molti erano pre-puberi. Alcuni sono stati alterati con alcool o pornografia».[108]. Nonostante ottocentoquarantuno occorrenze del termine «ragazzi vittime», nella relazione del 2018, i trasgressori sono raramente descritti come omosessuali (diciassette occorrenze). I termini «soggetto vittimizzato» (seicentosedici occorrenze) oppure «minore» (centosettantadue occorrenze) non dicono nulla di specifico in merito al sesso della vittima oppure del delinquente. Il termine «ragazze vittime» (ducentocinque occorrenze) non rivela il sesso del predatore. L'adescamento è stato citato ventotto volte. «Pederasta», la parola valida e storicamente utilizzata per i maschi che aggrediscono i ragazzi, non appare mai nella relazione del 2018. Invece, il neologismo di John Money «efebofilia» viene citato sei volte mentre «pedofilia» quaranta. Dal momento che le vittime hanno identificato gli «omosessuali» come attori principali, risulta a dir poco inquietante che la relazione del 2018 elenchi il sesso degli autori del reato soltanto diciassette volte. Anche il sesso orale (centoventidue occorrenze), il porno (settantuno occorrenze), la nudità (settantasei occorrenze) e la sodomia (dodici occorrenze) potrebbero essere commessi da entrambi i sessi.

In entrambi i documenti (*John Jay report* e *relazione* del 2018) gli autori hanno utilizzato un linguaggio che minimizzava il fatto che le vittime fossero prevalentemente maschi e i molestatori, naturalmente, esclusivamente maschi. La cospicua assenza del termine storicamente accurato, «pederasta», per indicare un

---

[108] Ibid., p. 1.

maschio adulto che vittimizza sessualmente un bambino maschio, indica altre considerazioni politicamente precise.

TABELLA 2 [Analisi dei termini nella relazione del procuratore generale della Pennsylvania 2018; FONTE: Office of the Attorney General, Commonwealth of Pennsylvania, Report I of the 40th Statewide Investigating Grand Jury, by Order of PA Supreme Court, 26 luglio 2018 (12 agosto 2018).]

Vittime	2818
ragazzo	841
bambino	616
avvocato	380
ragazza	205
minore	172
sesso orale	122
nudo	76
mastur…	72
porno	71
crimine	64
cattiva condotta	56
pedofilia	40
stupro	34
toelettatura	28
omosessuale	17
sodomzzato	12
ponografia infantile	11
gay	7
fellatio	6
efebofilia	6
Frusta/e (SM)	4
compagno	3
transvestito	1
Sipe	0
pederasta	0
Kinsey	0
eterosessuale	0

Ciò è particolarmente evidente con la scelta di preferire i termini «efebofilo» oppure «pedofilo», preferiti dall'attivista pederasta John Money, all'interno della relazione del procuratore generale della Pennsylvania per riferirsi ad un adulto di entrambi i sessi che brama i minori di entrambi i sessi. L'uso di tale gioco di prestigio linguistico rende un disservizio alle vittime, alle loro famiglie ed ai fedeli della Chiesa, a cui non vengono fornite le informazioni neutre e fattuali a cui hanno diritto, vale a dire: che si trattava di uomini omosessuali che abusavano sessualmente di maschi e ragazzi più giovani.

Come attestato dal titolo del *John Jay report* del 2004, e dal suo supplemento del 2006, il team di ricerca è stato inizialmente incaricato di esaminare *La natura e gli scopi degli abusi sessuali sui minori da parte di sacerdoti e diaconi cattolici, fra il 1950 ed il 2002.* Nel 2010, i ricercatori del *John Jay* sono stati incaricati di analizzare *Le cause ed il contesto degli abusi sessuali sui minori da parte dei sacerdoti cattolici, fra il 1950 ed il 2010.* Come dimostra la precedente discussione, nessuno dei due documenti ha adempiuto ai compiti assegnati. Mentre, come affermato nel *report* del 2011, lo studio iniziale ha fornito informazioni preziose.[109], esso non ha affrontato in modo completo ed adeguato la natura della crisi degli abusi sessuali. Il *report* del 2004 ed i successivi dati supplementari del 2006 non ha discusso che la vera natura dell'abuso sessuale fosse l'aggressione ai ragazzi da parte di uomini omosessuali:

---

[109] John Jay College, *The Causes and Context of Sexual Abuse of Minors by Catholic Priests in the United States, 1950–2010 (2011)*, p. 6.

comportamento che è stato descritto come normale ed innocuo da Kinsey ma anormale e sbagliato dalla Chiesa. Allo stesso modo, il *report* del 2011 non ha esaminato come la ricerca di Kinsey, ed i successivi decenni di incorporazione delle sue tesi nelle principali istituzioni sociali, come la Chiesa, sono stati fattori causali critici nella crisi degli abusi sessuali sui minori. Gli investigatori del *John Jay* avrebbero dovuto, ma non l'hanno fatto, analizzare onestamente le principali «cause dirette» incluse nei "dati" di Kinsey:

1. i bambini sono sessuati sin dalla nascita, quindi il sesso con i bambini è normale ed innocuo (*Il comportamento sessuale dell'uomo*, 1948*)*;
2. la rivoluzione sessuale di *Playboy* normalizza la promiscuità e tutto il sesso presentandole come innocui (*Il comportamento sessuale della donna*, 1953*)*; e
3. puntare a legalizzare il sesso illegale, in tutti gli Stati, basandosi sui "dati" di Kinsey (*Modello di codice penale*, 1955).

Il *John Jay Report* non è riuscito ad esplorare i fattori causali principali e politicamente scorretti; inoltre, la scelta degli esperti, attuata dai suoi redattori, per conseguire i risultati e le conclusioni della ricerca, riflette ignoranza storica e/o pregiudizio politico. Per esempio, i ricercatori citano «esperti» come lo psichiatra ed ex monaco benedettino A. W. Richard Sipe.[110] ignorando analisti e vittime maschili che identificano i preti molestatori come esclusivamente omosessuali. Sipe insiste: «Non è un problema legato all'omosessualità; è un problema di comportamento sessuale irresponsabile e di violazione dei limiti».[111]. Dice Mary Eberstadt:

> Ecco un gesuita che scrive sulla rivista cattolica inglese *The Tablet*: "Il problema non è l'omosessualità dei preti molestatori, ma piuttosto la loro immaturità e il loro abuso di potere". In tal modo ha sviluppato quello che potrebbe essere chiamato l'imperativo culturale del commento allo scandalo - la proposta, come il presidente dell'organizzazione cattolica gay *Dignity* ha affermato, che «d'omosessualità non ha nulla a che fare con questo".[112].

---

[110] John Jay College, *The Nature And Scope Of Sexual Abuse Of Minors By Catholic Priests And Deacons In The United States 1950-2004*, p. 226.

[111] M. Eberstadt, *The Elephant in the Sacristy*, «The Weekly Standard», 17 giugno 2002 (https://www.weeklystandard.com/mary-eberstadt/the-elephant-in-the-sacristy - ultimo accesso verificato: 10 novembre 2021).

[112] Ibid.

L'utilizzo di Sipe e di simili apologeti, sosteneva, rappresenta la «manovra evasiva più perniciosa di tutte».[113].

> Questo è il tentativo di eliminare il problema con il linguaggio della perizia terapeutica. Al centro di questo sforzo è stata la presunta distinzione che, come affermano *Newsweek* e molte altre fonti, "la grande maggioranza dei casi, ora davanti alla Chiesa, riguardano non la pedofilia ma l'"efebofilia", un'attrazione per i giovani post-puberali.[114].

Persino «Andrew Greeley, sociologo gesuita del jet-set, scrittore di romanzi audaci e per nulla rappresentativo dell'atteggiamento reazionario della Chiesa» ha detto che «i due fenomeni [omosessualità e pedofilia] sfumano l'uno nell'altro».[115]. Tuttavia, sia i *reports* di John Jay che la relazione del 2018 sono riusciti ad ignorare l'ovvio. Questo fallimento non può essere una svista innocua; essa ha, invece, avuto effetti incalcolabili sugli sforzi della Chiesa per identificare ed affrontare adeguatamente le cause e le conseguenze degli abusi sessuali da parte del clero, nonché per imparare dagli errori del passato e pianificare il futuro per dare vita ad un processo di "guarigione".

Conclusione.

I libri di Alfred Kinsey del 1948 e del 1953 hanno contribuito ad un catastrofico cambiamento di paradigma culturale; un allontanamento dalla visione del mondo basata sulla moralità giudaico-cristiana, riflesso negli insegnamenti della Chiesa, verso una prospettiva laica ed atea. Quella visione del mondo si è infiltrata nella Chiesa, in particolare nel contesto della formazione sulla sessualità umana. Come uno studioso ha riconosciuto:

> Il dottor Alfred Kinsey ha orchestrato da solo questa Rivoluzione sessuale che [...] serviva a riconfigurare completamente la percezione della sessualità umana da parte della società. Prima di Kinsey, il sistema di credenze più accreditato accettava l'esistenza di un comportamento normativo [...] Dopo Kinsey, il sistema di credenze normativo venne sostituito da un'accettazione dell'autonomia

---

[113] Ibid.
[114] Ibid.
[115] Ibid.

individuale riguardo alla sessualità umana, ossia a fare ciò che si desidera. Questa accettazione dell'autonomia sessuale rappresenta la genesi del sistema di credenze che difende la libertà di scelta come diritto legittimo su qualsiasi standard di normative sociali, persino una credenza normativa in un inalienabile diritto alla vita. Kinsey è stata notoriamente rappresentato dalla citazione: "l'unico atto sessuale innaturale è quello che non puoi eseguire" [...], una rappresentazione della mentalità divergente verso la quale egli ha cercato di spostare il nostro Paese. Si tratta di un obiettivo in cui alla fine avrebbe avuto successo.[116].

Poiché la formazione di scuola kinseiana infestava scuole, seminari e diocesi, ha creato habitat convenienti alla difesa degli omosessuali, dei pederasti e degli oppositori dell'ortodossia. Un tragico esempio dell'impatto di quell'invasione è stato riportato nel 2018 dal *Chicago Sun Times*. Nel 1991, alla *Resurrection Catholic Church* dell'Illinois, il cardinale Joseph Bernardin ha celebrato la messa sotto uno striscione raffigurante l'Arcobaleno LGBTQ+, rivestito da una croce traslucida.[117]. Padre Paul John Kalchik ha trovato il cartellone nel deposito. Il bollettino della chiesa ha riferito, il 2 settembre 2018, che avrebbe tenuto una cerimonia di esorcizzazione e bruciato lo striscione, etichettandolo come «una rappresentazione esageratamente sacrilega della passione di nostro Signore, una croce con una bandiera gay intrecciata nelle sue stesse fibre».[118]. Padre Kalchik era stato vittima di stupro omosessuale all'età di undici anni e, di nuovo, da un prete all'età di diciannove. Ha scritto articoli ed omelie per chiedere riforme nella Chiesa.[119]. Il cardinale Blase Cupich ha ordinato a padre Kalchik di non bruciare la bandiera, dopo che gli apologeti omosessuali, tra cui un consigliere comunale, hanno protestato presso l'arcidiocesi di Chicago.[120]. Il 14 settembre 2018, i parrocchiani hanno tenuto una

---

[116] C. Noland Dunbar, *True Feminism: Identifying the Real Threats to Women*, «William and Mary Journal of Race, Gender, and Social Justice», Vol. 20, n.1, 2013/2014, pp. 25, 35-36.

[117] Church Militant, *Chicago Parish Cuts up, Burns Rainbow Flag*, «churchmilitant.com», 15 settembre 2018 (https://www.churchmilitant.com/news/article/chicago-parish-cuts-up-burns-rainbow-flag - ultimo accesso verificato: 10 novembre 2021).

[118] M. Armentrout, *Flag-burning priest in hiding to avoid being committed, 'tarred and feathered'*, «Chicago Sun-Times», 26 settembre 2018 (https://chicago.suntimes.com/news/flagburning-priest-kalchik-hiding-cupich-catholic-church-lgbtq/ - ultimo accesso verificato: 10 novembre 2021).

[119] Cfr. Ibid.; Cfr. Church Militant, *Chicago Parish Cuts up, Burns Rainbow Flag*.

[120] Cfr. Ibid.

funzione privata ed hanno bruciato lo striscione sul pavimento della chiesa.[121]. Una settimana dopo, due dei vicari del cardinale Cupich vennero in chiesa, dicendo:

> "Ora fai le valigie e faremo in modo che tu possa arrivare al *St. Luke*
> in modo sicuro e rimanervi rinchiuso per un certo numero di mesi".
> [...] Quando Kalchik rifiutò [...] I vicari di Cupich [...] minacciarono
> di chiamare la polizia per rimuoverlo "con la forza".[122].

Padre Kalchik si è nascosto per evitare di essere affidato al *St. Luke*, destino comune a tutti i sacerdoti che, per molti anni, non hanno aderito alle direttive pro-LGBTQ.[123]. Relazioni su tali azioni nelle diocesi degli Stati Uniti e la crescita delle indagini penali sugli abusi del clero illustrano come, in maniera del tutto pervasiva, la visione kinseiana del mondo sessuale sia penetrata nel sacerdozio e nell'episcopato. L'incapacità dei ricercatori del *John Jay* di guardare ai "dati" criminali di Kinsey come all'origine di questa frode massiccia, del mutamento culturale e dell'infusione sia della pornografia che dell'omosessualità nella Chiesa, ha rappresentato e continua a rappresentare una grave violazione. Omettendo dati sulla storia della formazione che ha favorito la pederastia, l'omosessualità e l'uso della pornografia, i *John Jay reports* hanno completamente fallito nel loro dovere di identificare le cause principali degli abusi sessuali sui minori nella Chiesa, in America e nella cultura occidentale globale.

Questo capitolo ha offerto solamente un'analisi preliminare delle cause delle tragiche violazioni che affliggono la Chiesa. Un passo verso il risarcimento morale e la giustizia per le vittime devono comportare un'analisi più completa ed onesta degli effetti sovversivi della Rivoluzione sessuale sulla Chiesa. Esso dovrebbe cercare di purificare la Chiesa da ogni influenza pedo-criminale derivata dagli insegnamenti di Kinsey. Solamente allora potrà esserci un ritorno agli insegnamenti storici della Chiesa sulla sessualità umana. Solamente allora potrà avvenire la vera guarigione.

---

[121] Cfr. Ibid.

[122] Cfr. M. Armentrout, *Flag-burning priest in hiding to avoid being committed, 'tarred and feathered'*.

[123] Michael X (reverendo, Licenza in diritto canonico), *The weaponizing of psychological testing of priests*, «ChurchMilitant.com», 26 settembre 2018 (https://www.church-militant.com/news/article/the-weaponizing-ofpsychological-testing-of-priests - ultimo accesso verificato: 10 novembre 2021).

APPENDICE A [La scala di Kinsey: *Il comportamento sessuale dell'uomo* (1948); FONTE: Kinsey, *Sexual Behavior in the Human Female*. Concessione di Wikimedia Commons] |

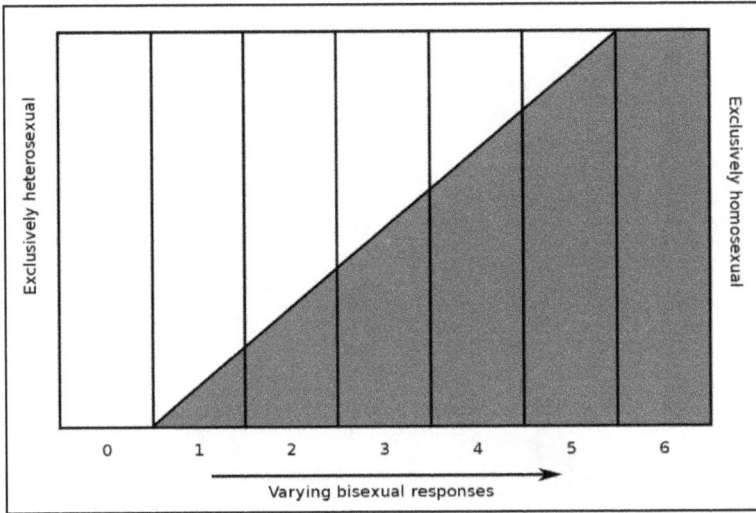

Source: Kinsey, *Sexual Behavior in the Human Female*. Courtesy of Wikimedia Commons.

APPENDICE B [Pagine estratte da *Playboy* (febbraio 1965); Tavola rotonda religiosa in corso. Da sinistra a destra: padre Norman J. O'Connor, il reverendo Richard Gary, Hugh M. Hefner ed il rabbino Marc Tonenbaum.]

Capitolo 2

Comportamento sessuale compulsivo e formazione in seminario: la radice della crisi.

Reverendo Sean P. Kilcawley
Direttore dell'Ufficio per la vita familiare, diocesi di Lincoln

Introduzione.

A partire dal 2013, ho gradualmente sviluppato un ministero nella mia diocesi locale, focalizzato sulla prevenzione ed il trattamento dei comportamenti sessuali problematici. Questo ministero è cresciuto per necessità, poiché sempre più giovani adulti, coppie sposate e genitori sono venuti da me in cerca di aiuto perché le loro vite erano state colpite dalla pornografia. È iniziato con l'educare i genitori sui pericoli della pornografia e della cultura iper-sessualizzata in cui viviamo. L'obiettivo di questa educazione era quello di incoraggiare i genitori a proteggere i propri figli dalla pornografia su internet e ad aprire delle conversazioni sulla verità, sulla bellezza e sulla bontà che si trovano negli insegnamenti della Chiesa in merito al matrimonio e alla vita familiare. Il risultato inaspettato del lavoro di educazione e prevenzione è stato che molti studenti universitari, seminaristi e coppie sposate hanno cominciato a farsi avanti in cerca di guarigione e di libertà da comportamenti sessuali compulsivi. Dal 2016, ho speso circa la metà del mio tempo facilitando laboratori di formazione per i sacerdoti e i leader laici sulle migliori pratiche pastorali per la prevenzione e la guarigione del comportamento sessuale compulsivo.

Questi eventi di formazione mi hanno dato l'opportunità di incontrare e confrontarmi con molti sacerdoti e seminaristi in cerca di guarigione dalla masturbazione compulsiva e dall'uso della pornografia.[1] La stragrande maggioranza

---

[1] In questo capitolo, la parola *pornografia* si riferisce a tutte le forme di pornografia legale, ossia nella quale tutte le persone coinvolte hanno almeno diciotto anni di età. La pedo-pornografia è, invece, la rappresentazione di atti sessuali con ragazzi minorenni e rappresenta un reato, perciò se si scopre che un sacerdote od un seminarista è in possesso

di questi uomini non ha mai attraversato il confine della carne con un'altra persona, né ha commesso alcun crimine canonico oppure civile. Tuttavia, come tutti i dipendenti sessuali, essi rischiano di degenerare da questi "peccati solitari" verso un comportamento scorretto con altre persone. Mentre la Chiesa continua a rispondere alla crisi della cattiva condotta sessuale del clero, c'è un grande bisogno di fare lo stesso tipo di lavoro di prevenzione che abbiamo iniziato a fare nella vita familiare. La crisi attuale non riguarda solamente l'abuso di bambini ed adolescenti. È una crisi della vita casta dei sacerdoti cattolici che va affrontata alla radice. In questo capitolo, io passerà in rassegna le linee guida date dalla Chiesa nel diritto canonico, seguite da una breve panoramica dei livelli dei comportamenti sessuali compulsivi. Poi, dopo aver riflettuto sulle norme per la formazione al celibato contenute negli attuali *Programma sacerdotale di formazione* e *Pastores Dabo Vobis*, spero di fornire alcuni utili spunti sulla formazione dei sacerdoti nel contesto della cultura iper-sessualizzata.

I. Continenza per il bene del regno

Mentre i casi di cattiva condotta sessuale da parte del clero verso i minori sono particolarmente inquietanti, sarebbe sbagliato e scorretto restringere l'ambito della nostra risposta per prevenire gli abusi sui minori oppure restringere il nostro punto di vista per considerare solamente quelli che sono di natura omosessuale. Le segnalazioni degli abusi e comportamenti offensivi da parte del clero cattolico fa parte di un problema più ampio che richiede un esame del modo in cui noi formiamo gli uomini a vivere il celibato casto per il bene del regno. La promessa di vivere il celibato rappresenta un obbligo serio per tutti i sacerdoti, e se desideriamo prevenire ulteriori abusi e scandali, dobbiamo guardare al modo in cui noi stiamo formando i nostri seminaristi per assumersi questo obbligo e per vivere questa virtù.

Il *Codice del diritto canonico* descrive l'obbligo di vivere il celibato casto in questi termini:

> I chierici sono tenuti all'obbligo di osservare la continenza perfetta e perpetua per il regno dei cieli, perciò sono vincolati al celibato, che è un dono particolare di Dio mediante il quale i ministri sacri possono aderire più facilmente a Gesù Cristo con cuore indiviso e sono

---

di materiale pedo-pornografico, questi deve essere immediatamente denunciato alle competenti autorità.

messi in grado di dedicarsi più liberamente al servizio di Dio e degli uomini.[2].

Questa è la promessa che ogni sacerdote fa alla sua ordinazione. Continenza perfetta per amore del regno significa che il sacerdote promette di vivere in modo conforme alla vita di Gesù Cristo, che non c'è posto nella sua vita per nessuna forma di espressione sessuale genitale. Tre categorie generali comprendono il modo in cui questa promessa può essere infranta: abuso sessuale, sesso consensuale con un adulto e peccati solitari.

Il modo più eclatante in cui la promessa di vivere il celibato viene infranta è quando un prete commette un crimine abusando sessualmente di un minore oppure di un adulto vulnerabile. Sono previste sanzioni canoniche specifiche per le violazioni esterne del *Sesto comandamento* con i minori, le quali comportano un obbligo di revisione da parte della *Congregazione per la dottrina della fede*. Ci sono anche sanzioni per la violazione del *Sesto comandamento* nel contesto del *Sacramento della riconciliazione*.[3]. Recentemente il *motu proprio Vos Estis Lux Mundi* ha ampliato e specificato le pene canoniche per le violazioni del *Sesto comandamento* con un adulto vulnerabile.[4].

Il secondo modo in cui un sacerdote viòla questa promessa è attraverso una relazione sessuale con un adulto. Tale atto è una violazione dell'obbligo di vivere una continenza perfetta e perpetua (obbligo stabilito dal diritto canonico) e può violare, oppure no, le leggi civili, a seconda che vi sia un differenziale di potenza che viene sfruttato dal sacerdote. Per esempio, un prete ricopre ovviamente una posizione di potere con qualcuno a cui fornisce la direzione spirituale. Il medesimo discorso vale tanto per un dipendente della Chiesa quanto per un parrocchiano.

---

[2] Codice di diritto canonico (1983), «vatican.va», s. d. (https://www.vatican.va/ archive/cod-iuris-canonici/eng/documents/cic_lib2-cann208-329_en.html #CHAPTER_III. – ultimo accesso verificato: 10 novembre 2021), can. 277, par. 1; Per il testo in italiano, si veda: Codice di diritto canonico (1983), «vatican.va», s. d. (https://www.vatican.va/archive/cod-iuris-canonici/ita/documents/cic_libroII_273-289_ it.html#CAPITOLO_III_(Cann._273_-_289)) – ultimo accesso verificato: 10 novembre 2021).

[3] Si veda: Ibid., can. 1378, parr. 1, 4, e le norme sostanziali: articolo 6. Certamente, il codice civile impone sia le sanzioni penali, sia la responsabilità civile ai religiosi che commettono violenza sessuale.

[4] Francesco (papa), *Vos estis lux mundi. Apostolic letter issued motu proprio by the supreme pontiff Francis*, «vatican.va», 7 maggio 2019 (https://www.vatican.va/content/francesco/ en/motu_proprio/documents/papa-francesco-motu-proprio-20190507_vos-estis-lux-mundi.html - ultimo accesso verificato: 10 novembre 2021).

Tuttavia, se egli ha un incontro sessuale nell'anonimato, non può sfruttare tale differenziale di potenza. *Vox Estis Lux Mundi* ha ora introdotto la possibilità di sanzioni canoniche per i sacerdoti che sfruttano un differenziale di potere con le loro vittime. Devo testimoniare, a dir tutta la verità, che da quando ho ricevuto l'ordinazione, ho conosciuto molti sacerdoti che hanno volontariamente lasciato il ministero a causa di rapporti post-ordinazione con adulti (che erano chiaramente in violazione dell'obbligo di vivere la continenza per il bene del Regno). Infine, un sacerdote vìola l'obbligo di vivere il celibato quando cade nell'abitudine di commettere peccati solitari. Peccati solitari, come la masturbazione e l'uso della pornografia, sono anch'essi un fallimento da parte del prete per vivere i suoi obblighi come violazioni "esteriori". Inoltre, l'esperienza pastorale rivela che queste violazioni del *Sesto comandamento* sono più comuni e più centrali di quelle esteriori. La maggior parte dei sacerdoti che ha attraversato il confine della carne con una persona è passato dalla masturbazione ai rapporti sessuali con le persone. Come ho ascoltato dalle loro stesse storie, è evidente che nella maggior parte dei casi c'era un problema di pornografia e di masturbazione precedente al tempo della formazione in seminario e che, in gran parte, non è stato affrontato dai responsabili della formazione. Se vogliamo affrontare adeguatamente l'attuale emergenza sulla cattiva condotta sessuale del clero, dobbiamo guardare con occhi nuovi a quello che la Chiesa richiede per quanto riguarda la formazione al celibato, all'esperienza di come le diocesi si sono conformate con quegli standard, ed a dove potremmo migliorare nella formazione di uomini che vivano integramente le loro vocazioni.

II. Dipendenza sessuale ed *escalation*

1. Fasi della dipendenza

Se guardiamo alla cattiva condotta sessuale attraverso la lente della dipendenza sessuale, possiamo vedere che, in molti casi, si è verificata una chiara *escalation* dei comportamenti illeciti. *Escalation* significa che è necessario aumentare la frequenza, il rischio oppure la novità di un comportamento per ottenere lo stesso risultato. Il dottor Patrick Carnes definisce la dipendenza sessuale come una relazione patologica con un'esperienza che altera l'umore.[5] Nella maggior parte dei casi, una persona si impegna in un comportamento sessuale al fine di cambiare il proprio umore oppure per evitare le emozioni negative, sostituendole con sensazioni

---

[5] Cfr. P. Carnes, *Out of the Shadows. Understanding Sexual Addiction* (Center City, Minnesota: Hazelden, 1983), p. 14.

corporee positive. Carnes descrive tre livelli di dipendenza sessuale nel suo libro *Out of the shadows*.[6]. L'*escalation* è evidente quando una persona passa da un livello al successivo. Carnes spiega che i dipendenti sessuali di primo livello, mostrano comportamenti come la masturbazione, le relazioni compulsive, il sesso occasionale, l'uso della pornografia e della prostituzione. Questi sono i tipi di comportamento per i quali non esiste una sanzione canonica per gli ecclesiastici; tuttavia si tratta di abitudini problematiche e costituiscono una violazione del canone 277. Il dott. Carnes sottolinea che questi comportamenti sono percepiti pubblicamente come innocui ("senza vittime") e spesso se ne parla con ambiguità.

Al secondo livello assistiamo ad una *escalation* verso comportamenti che violano i confini dell'Altro pur senza stabilire un contatto sessuale diretto. Tali comportamenti includono esibizionismo, voyeurismo, telefonate e libertà indecenti; inoltre, finiscono con il coinvolgere un esercizio di potere su un'altra persona. In tali casi c'è sempre una vittima, ma non c'è un abuso sessuale da contatto. A questo livello, Carnes sottolinea che si possono verificare delle conseguenze legali anche se i comportamenti sono interpretati, maggiormente, come reati fastidiosi.

Il terzo livello di dipendenza sessuale esposto da Carnes include reati di contatto come le molestie verso i bambini, l'incesto e lo stupro. Questi sono comportamenti che portano a sanzioni sia legali, sia canoniche. Dopo la *Carta di Dallas*, le diocesi degli Stati Uniti hanno fatto molti passi in avanti per educare il clero e gli impiegati diocesani su questo genere di offese ed, inoltre, hanno preso le misure appropriate quando si sono trovate di fronte ad un sacerdote che aveva commesso un reato. Per arrivare alla radice del problema, tuttavia, è necessario rivolgersi ai sacerdoti ed ai seminaristi che sono nel primo livello di dipendenza, al fine di prevenire l'*escalation* verso le altre forme di comportamento illecito.

2. *Affrontare la gravità: cattiva condotta e dipendenza*

Possiamo scegliere di "informare" il modo in cui approcciamo la formazione della castità secondo due differenti modi di vedere. Il primo è preoccuparsi maggiormente dei comportamenti offensivi che hanno conseguenze legali. Se dovessimo guardare alla gravità della cattiva condotta sessuale da una prospettiva legale, la gravità del reato corrisponde alla persona offesa e al suo rapporto con il sacerdote come padre spirituale. Cominciando dall'offesa più grave:

---

[6] Ibid., pp. 66–67.

1. Abuso sessuale su un minore;
2. Contatto sessuale non consensuale con un adulto (stupro);
3. Pedo-pornografia;
4. Contatto sessuale con una guida spirituale;
5. Contatto sessuale con un parrocchiano;
6. Contatto sessuale con un cattolico (diverso dal parrocchiano);
7. Contatto sessuale con una persona che non è cattolica e che, quindi, non è soggetta alla sua autorità di sacerdote;
8. Contatto sessuale con una persona che non conosce l'identità del sacerdote; e
9. Peccati solitari.

Quando esaminiamo il problema dal punto di vista della teologia morale, tuttavia, la progressione della gravità è diversa. Secondo san Tommaso d'Aquino, l'ordine dei peccati contro la castità, dal più grave al meno grave, è il seguente[7]:

1. Vizi contro natura (bestialità, atti omosessuali, masturbazione);
2. Incesto;
3. Adulterio;
4. Seduzione; e
5. Semplice fornicazione.

Si consideri anche che la gravità di uno qualsiasi di questi peccati aumenta quando l'atto risulta essere combinato con l'elemento della violenza (stupro) oppure viene commesso contro una persona consacrata (sacrilegio).

Confrontando tra loro il primo ed il secondo elenco, emerge un'incongruenza riguardo ai peccati solitari. Se guardiamo al problema da un punto di vista legale, la masturbazione è la meno grave perché è percepita come innocua e senza vittime. Tuttavia, da un punto di vista morale, è molto grave, perché vìola un principio fondamentale. Secondo san Tommaso, «in ogni genere di cose, la degenerazione più

---

[7] Tommaso d'Aquino (san), *The Summa Theologica. Translated by Fathers of the English Dominican Province* (New York, NY: Benziger Bros., 1948), Libro II-II, quest. 154, art. 12; Per il testo inglese on line, si veda: Id., *Summa Theologica*, «ccel.org», s.d. (https://www.ccel.org/ccel/aquinas/summa.TP_Q9_A4.html – ultimo accesso verificato: 10 novembre 2021); Per il testo in italiano, si vedano: Id., *La Somma Teologica*, 4 voll., T. Sante Centi, R. Coggi, G. Barzaghi, G. Carbone [a cura di] (Bologna: Edizioni Studio Domenicano, 2014); Id., *Somma Teologica. Nuova Edizione in lingua italiana a cura di padre Tito S. Centi e padre Angelo Z. Belloni,* «esonet.org», s.d. (https://www.esonet.org/summa-teologica-di-s-agostino/ – ultimo accesso verificato: 10 novembre 2021).

grave è la corruzione dei princìpi, da cui tutto il resto dipende».[8]. La tradizione della Chiesa ha costantemente insegnato che sia la masturbazione che gli atti omosessuali sono contrari alla natura ed intrinsecamente contrari all'ordine.[9]. Non sempre costituiscono un reato oppure un crimine sessuale, ma dovrebbero essere presi sul serio perché, se questi comportamenti non vengono indirizzati, possono degenerare in comportamenti contrari alla legge.

Negli ultimi anni, molte diocesi si sono preoccupate per la responsabilità criminale e civile in merito alle molestie sessuali da parte dei sacerdoti. L'attenzione alle politiche e alla creazione di un ambiente sicuro, al reato e alle responsabilità connesse, sin dai tempi della *Carta di Dallas*, è stata utile e buona. Tuttavia, la nostra attenzione nell'affrontare gli abusi non deve offuscare la necessità di una formazione migliore e più concreta al celibato casto. Tanti seminaristi e sacerdoti che faticano a vivere con gioia la loro vocazione al celibato casto spesso passano inosservati o, almeno, non consigliati per quanto riguarda i passi pratici da compiere al fine di essere liberi e non essere lasciati in una condizione di vulnerabilità all'*escalation*. Affrontare la cattiva condotta sessuale del clero in modo olistico ci richiederà di concentrarci in un modo nuovo sui comportamenti di primo livello individuati da Carnes, al fine di ridurre al minimo il numero dei sacerdoti che agiscono sessualmente con le persone.

Il *Report sulle cause e sul contesto* prodotto dal team di ricerca del *John Jay* del 2011 (*John Jay report 2011*) sottolinea che sia la masturbazione, sia l'uso della pornografia fungono da predittori della cattiva condotta sessuale da parte dei preti cattolici. Lo studio afferma: «i sacerdoti che usavano la pornografia dopo l'ordinazione avevano maggiori probabilità di assumere anche un comportamento sessuale (post-ordinazione). Questi sacerdoti erano anche più predisposti a portare a termine rapporti sessuali sia con gli adulti che con i minori dei loro colleghi che non avevano più utilizzato pornografia dopo l'ordinazione religiosa».[10]. Il *report* afferma anche: «i sacerdoti che si masturbavano più frequentemente dopo l'ordinazione avevano anche maggiore probabilità di assumere un comportamento sessuale post-

---

[8] Ibid.

[9] *Catechismo della Chiesa Cattolica*, artt. 2357, 2352. «Per masturbazione si intende la stimolazione deliberata degli organi genitali al fine di raggiungere il piacere sessuale». «Sia il Magistero della Chiesa, nel corso di una costante tradizione, sia il senso morale dei fedeli, non hanno avuto dubbi ed hanno fermamente sostenuto che la masturbazione è un atto intrinsecamente e gravemente contrario all'ordine».

[10] John Jay College, *The Causes and Context of Sexual Abuse of Minors by Catholic Priests in the United States*, 1950–2010 (2011), «bishop-accountability.org», 2011 (https://www.bishop-accountability.org/reports/2011_05_18_John_Jay_Causes_and_Context_Report.pdf   - ultimo accesso verificato: 10 novembre 2021), p. 62.

ordinazione; tuttavia, non c'era una relazione significativa tra la frequenza della masturbazione dopo l'ordinazione e la determinazione che il comportamento sessuale post-ordinazione coinvolgesse i minori oppure gli adulti».[11]. Lo studio sottolinea anche che i sacerdoti che hanno avuto esperienze sessuali prima di entrare in seminario potevano, con maggiore possibilità, agire sessualmente dopo l'ordinazione.

Alla luce di questi risultati, è imperativo che la Chiesa riesamini i suoi metodi sia di selezione dei candidati per la formazione in seminario, sia di formazione per portare questi ultimi a vivere la *castità pratica*. Ad oggi, noi ammettiamo in seminario uomini che sono cresciuti in un mondo in cui la pornografia è accessibile, economica e garante dell'anonimato. Le ricerche, generalmente, concordano nell'indicare che la prima esposizione alla pornografia hardcore avviene tra gli otto e gli undici anni. Il cinquantasette percento degli adolescenti cerca il porno almeno una volta al mese.[12]. Secondo uno studio del 2007 condotto su studenti di tredici e quattordici anni, il 90% dei ragazzi ed il 70% delle ragazze ha riferito di aver avuto accesso a materiale sessualmente esplicito almeno una volta.[13]. Insomma, i seminaristi di oggi sono cresciuti in un mondo completamente diverso da quello dei seminaristi di appena vent'anni fa. È più probabile che abbiano avuto esperienza con la pornografia e la masturbazione prima di entrare in seminario rispetto al passato, ed hanno bisogno di un programma di formazione che, di questo, tenga conto e li assista nello sviluppo della virtù della castità. Se speriamo di arrivare alla radice dell'emergenza che sta vivendo il celibato, dovremo cambiare il modo in cui affrontiamo questi peccati solitari nella vita dei nostri seminaristi.

3. Valutare l'integrazione sessuale

La buona notizia, oggi, è che i seminaristi hanno maggiori probabilità di rivelare il fatto che lottano contro comportamenti sessuali compulsivi. Quando questo avviene, i loro superiori dovrebbero organizzare un consulto con un professionista competente della salute mentale per determinare se quello specifico comportamento merita un trattamento. Troppo spesso, i responsabili della formazione ritengono semplicemente che il seminarista abbia un problema morale dovuto ad informazioni

---

[11] Ibid.

[12] *Pornography Statistics*, «Covenant Eyes», s. d. (https://www.covenanteyes.com/pornstats/ - ultimo accesso verificato: 10 novembre 2021).

[13] B. Betkowski, *1 in 3 Boys Heavy Porn Users, Study Shows*, «Eurekalert.org», 23 febbraio 2007 (http://www.eurekalert.org/pub_releases/2007-02/uoa-oit022307.php - ultimo accesso verificato: 10 novembre 2021).

incomplete e ad idee sbagliate sulla gravità del comportamento assunto. Un malinteso comune è che la frequenza del comportamento sia una misura per determinarne il grado di gravità. Per esempio, si potrebbe sostenere che se un uomo cade nella pornografia e nella masturbazione mensilmente, ciò non giustificherebbe l'assistenza di un consulente oppure la partecipazione ad un gruppo di recupero in dodici fasi. Tuttavia, la frequenza non rappresenta un criterio utile nel discorso sulla dipendenza ed il comportamento compulsivi. I dieci criteri comunemente utilizzati per qualsiasi dipendenza sono i seguenti:

1. Preoccupazione;
2. Perdita di controllo;
3. Recesso;
4. Reiterazione nonostante le conseguenze negative;
5. Fallimentari sforzi specifici ripetuti per interrompere il comportamento;
6. Significativa perdita di tempo nell'intraprendere il comportamento oppure per riprendersi dallo stesso;
7. Incapacità di adempiere agli obblighi;
8. Escalation;
9. Compulsività (assunzione, nel tempo, di un comportamento incontrollato);
10. Svantaggi.

Se qualcuno mostra tre o più dei dieci criteri relativi ad un comportamento discutibile, è appropriata un'ulteriore valutazione. Quindi, se qualcuno agisce giornalmente, mensilmente oppure una volta all'anno, è insignificante. Qualcuno potrebbe sperimentare un grado molto alto di preoccupazione, pur non agendo per lunghi periodi di tempo. Questa persona non avrebbe comunque sviluppato la virtù. Sarà, perciò, necessaria un'ulteriore valutazione per formulare un piano di cure per aiutare l'uomo a raggiungere la virtù della castità. Queste valutazioni possono essere utilizzate anche per discernere ulteriori aree di preoccupazione riguardo alla possibilità di agire nel periodo post-ordinazione.

Una delle valutazioni più solide utilizzate dai *Certified sexual addiction therapists* è il *Sexual dependency inventory* (SDI); si tratta di uno strumento di valutazione, utilizzato nel trattamento della dipendenza sessuale da professionisti certificati dall'*International Institute for Trauma and Addiction Professionals*, finalizzato a discernere il grado di dipendenza oppure di compulsività del soggetto, nonché a valutarne gli interessi sessuali – indipendentemente dal fatto che esso abbia agito in base a tale interesse sessuale. Tale strumento richiede che vengano date risposte ad un'ampia varietà di domande riguardanti la storia sessuale del soggetto, il quale deve descrivere sia la frequenza del suo comportamento, sia qualsiasi preoccupazione sperimentata in merito ad esso. Per esempio, un soggetto, quando si trovò a rispondere al quesito relativo alla ricerca di partner sessuali sui quali avesse più controllo o potere (dal punto di vista economico, fisico oppure generazionale) barrò la casella del «mai» per la frequenza ma anche quella del «probabilità molto alta» per l'ossessione provocata da quel pensiero. Queste informazioni rivelano un'ulteriore area di ossessione che non sarebbe stata scoperta senza l'utilizzo di questo strumento di valutazione. Se un seminarista è preoccupato di sfruttare un differenziale di potenza, esso non dovrebbe essere ordinato a meno che questa ossessione non sia stata affrontata e sanata.

L'SDI è uno strumento, fra gli altri esistenti, che consente ad un terapeuta di capire se il cliente vive una situazione di dipendenza dal sesso oppure se egli abbia esclusivamente un interesse per i comportamenti offensivi. L'SDI, per esempio, misura sia la gravità del comportamento, sia il tipo di comportamento a cui qualcuno risulta essere interessato. Esiste una differenza tra un dipendente sessuale che fantastica di essere sposato con qualcuno ed un dipendente sessuale che fantastica di violare i confini degli altri. Qualcuno che fantastica esclusivamente sui bambini, per esempio, ovviamente non dovrebbe essere candidato agli ordini sacri. Se la situazione del soggetto non è così grave da escluderlo dalla formazione oppure dal ministero, l'SDI consente anche al terapeuta di fare un piano di trattamento più mirato. Tale strumento può anche aiutare ad identificare se c'è stato un trauma sessuale, nella vita del soggetto, che richieda un trattamento.

Per quanto riguarda il processo di valutazione iniziale, sono necessarie ulteriori ricerche per determinare i limiti appropriati per l'ammissione di un candidato alla formazione in seminario. Per alcuni, il livello di trattamento richiesto, per facilitare la loro integrazione, può risultare troppo difficile da sostenere in parallelo agli studi in seminario. Uno studio longitudinale.[14] dei seminaristi, a partire dalla valutazione iniziale e con il monitoraggio dei loro progressi e degli interventi che fanno durante la formazione, sarebbe utile per sviluppare migliori strumenti di valutazione e stabilire criteri utili ad assistere i vescovi per capire se un seminarista sarà,

---

[14] Uno studio longitudinale è uno studio di ricerca nel quale l'attività di ricerca si protrae per un lungo periodo di tempo ed utilizza lo stesso campione di soggetti in ognuna delle fasi che lo compongono. Generalmente, questo genere di studi si applicano nei riguardi dell'analisi delle caratteristiche evolutive oppure delle caratteristiche generali (oppure anche specifiche) di una determinata popolazione. Gli studi longitudinali, pertanto, sono abbastanza comuni nelle scienze sociali, poiché permettono al ricercatore (oppure ai ricercatori) di giungere a delle conclusioni studiando uno specifico campione di soggetti durante tutti gli anni o i mesi durante i quali si è deciso, a priori, di condurre lo studio.

probabilmente, in grado di acquisire l'abitudine della continenza perpetua (con gli interventi a sua disposizione mentre egli è in formazione.[15]).

III. Linee guida per la formazione in seminario

1. Il bisogno di maturazione affettiva

Il fatto che i sacerdoti siano chiamati a vivere il celibato casto è chiaro. Questa chiamata, tuttavia, non è soltanto una disciplina da seguire. La vocazione del sacerdozio celibe rappresenta un invito ad amare Gesù Cristo e la sua Chiesa con tutto il cuore. Il termine che la Chiesa usa per la capacità di vivere una tale vita è «maturazione affettiva». L'esortazione apostolica di papa Giovanni Paolo II, del 1992, *Pastores dabo vobis* afferma chiaramente:

> La *maturazione affettiva* suppone la consapevolezza della centralità dell'amore nell'esistenza umana. In realtà, come ho scritto nell'enciclica Redemptor Hominis, "l'uomo non può vivere senza amore. Egli rimane per se stesso un essere incomprensibile, la sua vita è priva di senso, se non gli viene rivelato l'amore, se non s'incontra con l'amore, se non lo sperimenta e non lo fa proprio, se non vi partecipa vivamente".[16].

Il celibato casto è vocazione all'amore. Siamo chiamati ad essere amati dal Signore e ad amare il popolo di Dio affidato alle nostre cure. Questa vocazione all'amore è scritta nel cuore di ogni persona umana che è creata a immagine e somiglianza del Dio uno e trino. Papa Benedetto XVI (al tempo, cardinale Joseph Ratzinger) una volta scrisse quanto segue sul fatto che siamo creati per l'amore:

---

[15] Per esempio, il test di screening delle dipendenze sessuali rappresenta una componente dell'SDI. Può anche essere scaricato come inventario autonomo su www.recoveryzone.com (Ultimo accesso verificato: 10 novembre 2021). Il punteggio limite per una possibile dipendenza equivale a sei su venti ed il punteggio limite per le persone che frequentano i centri di trattamento ospedaliero è di quattro su venti. Nella mia esperienza, coloro che ottengono un punteggio pari o superiore a quattordici hanno difficoltà ad acquisire la virtù della continenza abituale.

[16] Giovanni Paolo II (papa), *Pastores Dabo Vobis. Post-synodal apostolic exhortation to the bishops, clergy and faithful on the formation of priests in the circumstances of the present day*, «Vatican.va», 25 marzo 1992 (https://www.vatican.va/content/john-paul-ii/en/apost_exhortations/documents/hf_jp-ii_exh_25031992_pastores-dabo-vobis.html - ultimo accesso verificato: 10 novembre 2021), par. 44.

Il vero Dio è per sua essenza totalmente "essere per" (Padre), "essere da" (Figlio) ed "essere con" (Spirito Santo). L'essere umano, tuttavia, è immagine di Dio proprio per il fatto che il "da", il "con" e il "per" costituiscono la figura antropologica fondamentale. Laddove si cerca di liberarsene, non ci si avvicina alla divinità, ma alla disumanizzazione, alla distruzione dell'essere attraverso la distruzione della verità.[17].

Questa formulazione dell'immagine di Dio come essere-per, essere-da ed essere-con fornisce un modello, oppure, se vogliamo, un ordine, di amore che è vissuto in modo concreto da ogni persona umana. Tutti noi sperimentiamo l'amore in modo dipendente come figli e figlie che sono "da" i nostri genitori. Man mano che cresciamo e maturiamo sperimentiamo relazioni interdipendenti con fratelli e coetanei e, forse, amore coniugale. Se chiamati al matrimonio, poi, impariamo ad amare i nostri figli in modo tanto disinteressato quanto sacrificale, come madri e padri. Ogni sacerdote che vive il celibato casto è chiamato anche all'amore in questi tre modi. È un figlio prediletto del Padre (essendo da), è un fratello ad altri sacerdoti (essere con), ed è chiamato ad essere padre spirituale del popolo di Dio affidato alle sue cure (essere per). La maturazione affettiva gli permette di vivere e sperimentare ciascuno di questi tre dinamismi nel proprio ordine e contesto.

L'identità sacerdotale deve essere radicata in questo modello antropologico, e il nucleo dell'identità del sacerdote è «Figlio diletto». Essendo chiamato ad agire nella persona di Gesù Cristo, un sacerdote è chiamato anche a trovare la sua identità in Gesù Cristo; e proprio come Egli ha trovato la sua identità nell'"essere dal" Padre, così il sacerdote trova la sua identità nell'"essere da" Gesù Cristo. Questo è il significato delle parole di Gesù Cristo quando dice: «come il Padre ha mandato me, così io mando voi». Come Gesù Cristo appartiene al Padre, il sacerdote celibe appartiene a Gesù Cristo. Il Messia dice: «tutto è stato consegnato a me dal Padre mio».[18], allo stesso modo questo "tutto" è stato consegnato al sacerdote da Gesù Cristo. Essere figli significa anche "rifugiarsi" nel Padre nostro.[19]. Affidiamo noi stessi al Padre e ci rivolgiamo a lui in ogni momento di prova o di angustia. La citazione del cardinale Ratzinger indica anche il modo in cui questo appello all'amore è distorto: «ogni volta che tentiamo di liberarci dallo schema, noi non

---

[17] J. Ratzinger (cardinale), *Truth and Freedom*, «Communio. International Catholic Review», Vol. 23, n. 1, Spring 1996 (https://www.communio-icr.com/articles/view/truth-and-freedom - ultimo accesso verificato: 10 novembre 2021), p. 28.

[18] Mat. 11, 27.

[19] Cfr. Sal. 71.

stiamo andando verso la divinità ma verso la disumanizzazione». Il modo più comune ai sacerdoti per «liberarsi dallo schema» è quando il loro ministero ("essere per") ha la priorità sulla loro vita di preghiera ("essere da"). Sacerdoti che non sono saldamente radicati nella loro identità di "figli" possono anche scivolare nel fare troppo affidamento sulle relazioni interdipendenti, nelle quali non riescono a mantenere né un sano ministero, né confini personali. Si trovano anche più vulnerabili allo sviluppo di dipendenze. In questo contesto, possiamo dire che una dipendenza si verifica quando prendiamo "rifugio" in una cosa invece che in una persona.

Se qualcuno si rivolge alla pornografia e alla masturbazione quando è annoiato, solo, arrabbiato, stressato oppure stanco, cerca infatti rifugio nei comportamenti sessuali. Ciò rivela anche una resistenza all'essere soli con il Signore. Molti psicologi considerano la dipendenza sessuale come un problema di «regolazione affettiva».[20]. In sostanza, il problema sorge quando rispondiamo ad un'emozione negativa sostituendola con una sensazione corporea. Se qualcuno usa il comportamento sessuale per regolare il suo affetto, costui manca chiaramente di maturità affettiva. *Pastores Dabo Vobis* parla dell'ordine antropologico e della maturazione affettiva in questo modo: «è di massima importanza nel suscitare la maturità affettiva l'amore di Cristo, prolungato in una dedizione universale. Così il candidato, chiamato al celibato, troverà nella maturità affettiva un fermo fulcro per vivere la castità nella fedeltà e nella gioia».[21].

La maturità affettiva è fondamentale per vivere un celibato casto e gioioso. *Pastores Dabo Vobis* indica che esso rappresenta anche un aspetto della formazione umana che porrà fondamento della vita spirituale. «La formazione umana, quando si realizza nel contesto di un'antropologia aperta alla piena verità riguardo alla persona umana, conduce e trova il suo compimento nella formazione spirituale».[22]. Il *Programma di formazione sacerdotale* (PPF), descrive così la maturità affettiva:

> Qualcuno la cui vita di sentimenti è in equilibrio ed integrata nel pensiero e valori; in altre parole, un uomo di sentimenti che non è guidato da essi ma che vive liberamente la sua vita arricchito da essi; ciò potrebbe essere particolarmente reso evidente dalla sua capacità

---

[20] Si veda: A. Katehakis, *Sex Addiction as Affect Dysregulation: A Neurobiologically Informed Holistic Treatment*
(New York, N.Y.: W.W. Norton & Company, 2016).
[21] Giovanni Paolo II (papa), *Pastores Dabo Vobis. Post-synodal apostolic exhortation to the bishops, clergy and faithful on the formation of priests in the circumstances of the present day*, par. 44.
[22] Ibid., par. 45.

di vivere bene con l'autorità e dalla sua capacità di prendere direttive da un altro, di esercitare bene l'autorità tra i suoi pari, oltre che dalla capacità di affrontare in modo produttivo i conflitti e lo stress.[23].

Nel processo di selezione, dobbiamo prestare attenzione a come i candidati per il sacerdozio si interfaccino con l'autorità, il conflitto, lo stress e la delusione. Maturità affettiva significa che una persona è in grado di sentire, interpretare e rispondere alle sue emozioni, senza esserne dominata. Questa è una sfida particolare ai giorni nostri, poiché la nostra società è diventata emotivamente analfabeta e molte persone evitano le proprie emozioni negative, piuttosto che permettere a se stesse di sentirle e rispondervi in modi adeguati. Molte persone usano comportamenti sessuali per evitare oppure per intorpidire le emozioni negative come il dolore, la vergogna o, anche, l'inadeguatezza.[24].

La maturità affettiva a cui sono chiamati i seminaristi, quindi, deve comportare l'integrazione della sessualità. Il PPF afferma:

> La formazione umana si coniuga in modo particolare con il campo della sessualità umana, e questo è particolarmente vero per coloro che si stanno preparando ad una vita di celibato. Le varie dimensioni dell'essere una persona umana – la fisica, la psicologica e la spirituale – convergono nella maturità affettiva, che include la sessualità umana. L'educazione è necessaria per comprendere la sessualità e vivere castamente. Quelli che si preparano a vivere il celibato affrontano sfide particolari, soprattutto nel contesto culturale odierno di permissività.[25].

Le sfide particolari di oggi includono le fonti inesauribili dei media e la distrazione che possono allontanare dalla vita interiore. L'educazione fornita ai nostri seminaristi deve comprendere anche un'educazione di castità pratica che permetta loro di lasciarsi alle spalle i vecchi modi di affrontare le esperienze emotive

---

[23] United States Conference of Catholic Bishops, *Program of Priestly Formation* (PPF), «usccb.org», Vol. 5 (2006), (https://www.usccb.org/beliefs-and-teachings/vocations/ priesthood/priestly-formation/upload/ProgramforPriestlyFormation.pdf - ultimo accesso verificato: 10 novembre 2021), p. 31.

[24] Per una trattazione completa di questa idea, si veda: A. Katehakis, *Sex Addiction as Affect Dysregulation: A Neurobiologically Informed Holistic Treatment*, pp. 39–71.

[25] United States Conference of Catholic Bishops, *Program of Priestly Formation* (PPF), p. 32 (par. 77).

negative, al fine di vivere al di fuori della propria identità come amati Figli del Padre chiamati a partecipare al sacerdozio di Gesù Cristo.

2. Maturità affettiva nei candidati al seminario

Uno degli ostacoli che affrontiamo oggi è che questo livello di integrazione non è ancora stato raggiunto da molti degli uomini che chiedono l'ammissione alla formazione in seminario. Le linee guida per l'ammissione al seminario nel PPF stabiliscono che l'integrazione sessuale dovrebbe essere già manifesta al momento della domanda, e quindi presuppone un certo grado di maturità affettiva al momento in cui un seminarista entra in formazione. «Per quanto riguarda la capacità di vivere il carisma del celibato, il richiedente dovrebbe dare prova di aver vissuto in continenza per un lungo periodo di tempo, che sarebbe per almeno due anni prima di entrare nel programma di formazione sacerdotale».[26]. Se dobbiamo considerare che vivere in continenza significa vivere una vita libera da ogni forma dell'atteggiamento sessuale, questo significa che i seminaristi dovrebbero aver già raggiunto un certo grado di maturità affettiva fin dall'inizio della formazione. Però, a causa dei cambiamenti nella cultura già menzionati, questo criterio non viene considerato durante la procedura di ammissione. La mia esperienza, e quella di molti direttori spirituali di seminari, è che un numero significativo di seminaristi non è ancora in grado di vivere abitualmente una situazione di continenza.

La più recente *Ratio Fundamentalis* sottolinea l'importanza della maturità affettiva e la capacità di vivere il celibato casto: «sarebbe gravemente imprudente ammettere al sacramento dell'Ordine un seminarista che non gode di libera e serena maturità affettiva. Egli deve essere fedele alla castità del celibato attraverso l'esercizio delle virtù umane e sacerdotali, intese come apertura all'azione della grazia, piuttosto che il mero conseguimento della continenza mediante la sola forza di volontà».[27].

---

[26] Ibid., p. 24 (par. 54).

[27] Congregation for clergy, *The Gift of the Priestly Vocation. Ratio Fundamentalis Institutionis Sacerdotalis*, (Città del Vaticano: L'osservatore romano, 2016), p. 48 (par. 110). Il testo è reperibile anche online, si veda: Id. *The Gift of the Priestly Vocation. Ratio Fundamentalis Institutionis Sacerdotalis*, «clerus.va», 19 marzo 1985 (http://www.clerus.va/content/dam/clerus/Ratio%20Fundamentalis/The%20Gift%20of%20the%20Priestly%20Vocation.pdf – ultimo accesso verificato: 10 novembre 2021). Per il testo in italiano, si veda: Id., *Ratio fundamentalis institutionis sacerdotalis,* «vatican.va», 19 marzo 1985, (https://www.vatican.va/roman_curia/congregations/ccatheduc/documents/rc_con_ccat heduc_doc_19850319_ratio-fundamentalis_it.html - ultimo accesso verificato: 10 novembre 2021).

Qui, la *Ratio* attua la distinzione tra, da una parte, il celibato vissuto attraverso l'esercizio delle virtù umane e sacerdotali e, dall'altra, il raggiungimento della continenza con la sola forza di volontà. Questa distinzione fornisce un'indicazione per comprendere le linee guida per l'ammissione al PPF. Vivere la continenza per due anni è il parametro per entrare in seminario, e il ruolo della formazione in seminario è di favorire una continua crescita della maturità affettiva, infondendo nel seminarista le virtù umane e sacerdotali che lo apriranno all'azione della grazia per vivere liberamente la vita celibe. La formazione al celibato deve comportare che il candidato passi dall'intendere il celibato come una disciplina necessaria per l'ordinazione sacerdotale alla sua interpretazione come vero bene per la vita del sacerdote. Questo particolare bene rappresenta il bene di appartenere a Gesù Cristo in modo tale che Egli sia la fonte della nostra forza, che Egli sia la nostra consolazione nei momenti di dolore, il nostro rifugio nei momenti di difficoltà.

3. Casi di studio

Agostino crebbe in una buona famiglia cattolica. Da ragazzo ha frequentato le scuole cattoliche scuole e non ha mai mancato la messa domenicale con la famiglia. I suoi genitori hanno provato a vigilare per proteggerlo dai lati oscuri della cultura. Essi erano conservatori nel loro approccio all'educazione sessuale e quindi hanno limitato le discussioni relative ai cambiamenti del corpo durante la pubertà, evitando di entrare nei dettagli sulla masturbazione, la pornografia oppure l'atto coniugale. Quando Agostino aveva dieci anni, rimase a casa di un amico durante la notte e venne esposto alla pornografia per la prima volta.

Il suo amico aveva un fratello maggiore che aveva lasciato la cronologia del suo browser internet aperta, dopo aver visto la pornografia. Ciò ha portato a un'esposizione accidentale alla pornografia dal momento che l'amico decise di mostrare i video anche ad Agostino. Le immagini sullo schermo del computer hanno provocato sentimenti di eccitazione, curiosità, senso di colpa e vergogna allo stesso tempo. Agostino riferì che sapeva che era sbagliato ma non poteva togliersi quelle immagini dalla testa. Quando è tornato a casa ha iniziato a cercare immagini simili sul proprio iPad o tablet. Poco dopo scoprì che il fervore e l'eccitazione che provava guardando quelle immagini potevano essere intensificate attraverso l'atto della masturbazione. Durante le scuole medie e le superiori aveva sviluppato l'abitudine alla masturbazione e all'uso della pornografia con cadenza settimanale.

Da giovane, al liceo, Agostino ha imparato che la masturbazione era un peccato mortale. Era la prima volta che qualcuno gli spiegava l'insegnamento della Chiesa, ed era mortificato di essersi inconsapevolmente impegnato in un peccato mortale per diversi anni prima di esserne istruito a riguardo. Fu allora che iniziò confessare la pratica della masturbazione e l'uso della pornografia nel Sacramento della Riconciliazione. La sua vergogna cresceva ogni volta che tornava a quelle abitudini, ma cominciò comunque a guadagnare terreno sulla via della castità applicata. Quella che una volta era un'abitudine settimanale era, adesso, diventata qualcosa a cui si concedeva ogni quattro-sei settimane (anche se quando cadeva, cadeva seriamente e passava due o tre giorni ad abbuffarsi di pornografia e masturbazione, prima di confessarsi).

Non usciva mai seriamente con nessuno, soprattutto perché si sentiva indegno di uscire con qualcuno a causa del suo problema con la pornografia. Poi è andato in un ritiro ed ha sentito la chiamata al sacerdozio. Sicuramente, se fosse andato in seminario, questo problema sarebbe andato via! Entrò, perciò, in seminario: era autunno, dopo essersi diplomato al liceo. Quando è stato intervistato per la sua valutazione psicologica, ha riferito che aveva lottato, in passato, con la pornografia e la masturbazione, ma anche che, ora, andava meglio. Sebbene questo fosse vero, egli continuava a ricadere in quelle abitudini ogni quattro-sei settimane. Lo psicologo ritenne che un problema periodico ogni quattro-sei settimane non fosse abbastanza serio da giustificare interventi terapeutici e che egli doveva soltanto cercare di restare vigile. Agostino credeva che se si fosse veramente impegnato nella vita di preghiera che il seminario avrebbe previsto, avrebbe potuto facilmente superare questa abitudine.

Durante il suo primo anno di formazione riuscì, infatti, a rimanere continente anche se spesso aveva lottato contro pensieri impuri invadenti e fantasticato. Agostino, poi, tornò a casa per l'estate e quando si ritrovò, nuovamente, al suo rientro dalle vacanze, nello spazio familiare della camera da letto della scuola superiore, tuttavia, cadde nuovamente preda della sua abitudine e, per la prima volta, come seminarista. Quindi l'abitudine ritornava mensilmente.

Nel secondo anno di formazione si confessava regolarmente, ma mai al suo direttore spirituale. Il suo confessore gli consigliò semplicemente di stare all'erta nella sua vita di preghiera, ma non gli fornì né gli strumenti né tantomeno le strategie concrete per vivere la continenza. Quando Agostino portò questa lotta all'attenzione del suo direttore spirituale gli venne detto: «Sei un giovane, e questo è un problema per i giovani. Quando invecchierai, non sarà più così difficile». Quando si avvicinava l'ordinazione per il diaconato, Agostino sentì che non sarebbe stato saggio essere ordinato e cercò di nuovo il consiglio di un direttore spirituale. Questa volta gli fu detto: «Quando sarai ordinato, e avrai delle persone di cui prenderti cura, ciò ti sarà d'aiuto. Per ora, la tua vita è occupata, e non hai la stessa opportunità di vivere per gli altri, come quando sarai ordinato. Inoltre, avrai la grazia dell'ordinazione ad aiutarti».

Agostino fu ordinato diacono e poi sacerdote. Nel suo sacerdozio, egli riuscì a rimanere continente per un periodo, dicendosi: «Ora che le mie mani sono consacrate, non agirò mai più in quel modo». Tuttavia, il suo primo incarico fu difficile. Il suo pastore stava lottando contro l'alcolismo e non era, perciò, disponibile ad aiutarlo. La vita in Canonica si rivelò molto solitaria. Agostino ed il suo gruppo di seminario erano pieni di zelo religioso e si dedicarono al lavoro apostolico. Raramente passavano del tempo insieme. Agostino si trovò molto solo in Canonica, con pochissima supervisione ed una connessione internet. Da prete, per la prima volta tornò a dedicarsi alla pornografia ed alla masturbazione.

Il suo comportamento tornò ad essere lo stesso del passato. Circa ogni mese si abbuffava per un paio di giorni, si confessava e giurava che non lo avrebbe più fatto. Durante i successivi due anni, divenne più stanco, e la frequenza dell'uso della pornografia aumentò. Si è ritrovato anche a cercare nuove esperienze online, iniziando a frequentare chat room online e siti con webcam dove si poteva chattare online con le ragazze.

Poi iniziò a consigliare una donna che stava attraversando un divorzio. Ad Agostino piaceva il modo in cui la donna dimostrava di dipendere da lui e gli si confidava. Mentre ascoltava le storie che raccontava sul marito violento, sentiva il desiderio di essere un uomo su cui poteva contare. Rispondeva ad ogni sms e telefonata, a volte anche a tarda ora. Dopo che suo marito se ne andò, Agostino andò a trovarla a casa sua per cenare con lei e con i suoi figli. Cominciarono ad abbracciarsi quando, invece, avrebbe dovuto andarsene. Alla fine egli attraversò il confine della carne. Un abbraccio diventò un bacio sulla guancia, che divenne un bacio sulle labbra, che divenne il pernottamento presso la casa della donna ed, infine, un rapporto sessuale, ossia la violazione del suo impegno a vivere castamente il celibato.

Questa storia illustra come avviene l'*escalation* quando il peccato sessuale non viene affrontato nella formazione in seminario. Se la questione della castità non viene affrontata sin dai primi livelli di criticità, essa degenera facilmente in un'azione sessuale con le persone. La maggior parte dei preti che ho consigliato, mi hanno raccontato storie simili. In genere, accade che ci sia un problema pre-esistente con la castità, che non lo si affronti durante la formazione in seminario, e che quindi si verifichi una *escalation* dei comportamenti illeciti dopo l'ordinazione. A volte esso rimane un problema di pornografia; altri sacerdoti, invece, arrivano anche ad innamorarsi.

Ci sono anche momenti in cui l'utilizzo della pornografia non trattato può degenerare gravemente in forme di atto sessuale. Un altro caso riguarda Thomas: cresciuto in una casa cattolica, andava a messa e frequentava i sacramenti. Anche lui è stato esposto alla pornografia al liceo, finendo per acquisire l'abitudine di guardare pornografia gay. Dopo il liceo è andato in seminario ed ha fatto del suo meglio per liberarsi di questa abitudine. Ha continuato a confessarsi regolarmente ma non ha mai rivelato ad alcuno quest'utilizzo della pornografia. Dopo l'ordinazione, e dopo uno stressante primo incarico, i suoi comportamenti si sono intensificati fino a portarlo ad entrare nelle chat room online per scriversi con gli uomini. Ciò ha portato allo scambio di foto inappropriate e ad un incontro sessuale. In questo caso, la sua prima esperienza sessuale con una persona si è verificata dopo l'ordinazione. Poco dopo questo incontro, iniziò il trattamento con un terapeuta specializzato in dipendenze sessuali ed ha iniziato un programma di recupero.

È importante notare che non tutti coloro che vedono la pornografia omosessuale soffrono di attrazione per lo stesso sesso. In un altro caso, un seminarista che ha lottato contro la visione di pornografia gay scoprì, durante il trattamento, che aveva subìto abusi sessuali, quando era bambino, da parte di un altro ragazzo. Dopo aver ricevuto un trattamento del trauma ed elaborato l'abuso mentre era in seminario, ha riferito che non percepiva più attrazione sessuale nei riguardi degli uomini.

Questo non è il caso di chiunque guardi pornografia omosessuale. La storia di ogni persona è unica. Particolare cura deve essere rivolta all'individuazione di ogni singolo caso durante il processo di formazione. Tutti questi casi illustrano la necessità che i formatori di seminario collaborino con dei professionisti specializzati in dipendenza sessuale e in traumi sessuali. Per ciascuno di essi, se un intervento fosse stato attuato in tempo, l'*escalation* dei comportamenti avrebbe potuto essere prevenuto. Tali casi espongono, perciò, anche una debolezza del modo in cui i seminari affrontano l'integrazione sessuale.

IV. Affrontare l'integrazione sessuale nella formazione seminariale

Nella storia recente, le lotte personali con l'integrazione sessuale sono state affrontate dai seminari quasi esclusivamente nel foro interno, dove le conversazioni sono protette dal sigillo del confessionale oppure dalla discrezione del direttore spirituale. In questo modo, esse vengono considerate come questioni private da entrambi, ossia dal seminarista e dai formatori. Il seminarista può discutere le sue lotte con il suo direttore spirituale (formatore interno) ma quest'ultimo è vincolato dalla riservatezza. In effetti, abbiamo standard relativi ai comportamenti esteriori e l'obbligo di vivere la continenza per il bene del regno ma affrontiamo le violazioni di tali standard soltanto nel foro interno. Documenti simili a *Pastores Dabo Vobis* e al *Programma di formazione sacerdotale* stabiliscono le norme oggettive, ma non c'è modo di verificare se un seminarista le stia effettivamente vivendo. La separazione del foro interno ed esterno ha, in pratica, creato due standard di vivere per i seminaristi. "Rendi orgoglioso il tuo formatore esterno e fai piangere il tuo formatore interno" era uno slogan comune quando ero seminarista. Sta diventando sempre più chiaro che la relegazione della formazione pratica della castità al formatore interno stia facilitando l'ordinazione di candidati al sacerdozio che non hanno ancora dimostrato la capacità di vivere castamente il celibato a causa della mancanza di maturità affettiva per farlo.

Questa separazione dei fori interno ed esterno è una parte necessaria della formazione seminariale. Il seminarista ha bisogno di qualcuno di cui potersi fidare, con il quale discutere di questioni di coscienza, senza paura che ciò che egli rivela abbia un impatto sulla sua ordinazione. Tuttavia, la separazione dei fori può anche facilitare la pratica di vivere una doppia vita. La tentazione può essere che l'uomo si presenti in due modi diversi ad ogni foro. Inoltre, il direttore spirituale, o confessore, è spesso mal equipaggiato per fornire assistenza sufficiente al seminarista che non ha acquisito l'abitudine alla continenza abituale. Di conseguenza, anche se manteniamo il tenore di vita della continenza perpetua, in pratica un uomo può essere posto nella condizione di commettere peccati solitari e di affrontare il suo problema soltanto nel contesto della confessione. Se esso porta tali comportamenti nel suo sacerdozio, è più probabile che li metta in atto anche da sacerdote.

L'istruzione *Religiosorum Institutio* del 1961 offre una soluzione a questo problema. L'istruzione venne promulgata dalla *Sacra congregazione per i religiosi* il 2 febbraio 1961. Non è stata pubblicata negli *Acta Apostolica Sedes*, ma fu stampata nel quinto volume del *Digesto del diritto canonico*.[28]. L'istruzione parla della necessità che i formatori interni ed esterni abbiano gli stessi standard riguardo alla scelta dell'idoneità per la ricezione dell'Ordine sacro. «Ma anche se la procedura nel foro interno ed esterno è diversa, è della massima importanza che tutti utilizzino gli stessi

---

[28] T. Lincoln Bouscaren, J. O'Connor, *The Canon Law Digest : Officially Published Documents Affecting The Code Of Canon Law*, Vol. 5 (Milwaukee, Wisconsin: Bruce Publishing Company, 1961), pp. 452–486.

princìpi nei test vocazionali e che prendano le dovute precauzioni affinché i giovani possano essere prudentemente ammessi alla professione e agli Ordini».[29].

Questa guida indica un approccio integrale mediante il quale sia il direttore spirituale, o confessore, del foro interno e la facoltà del foro esterno abbiano gli stessi criteri di scelta, pur adempiendo ai propri doveri nei diversi modi. Il documento prosegue rivolgendosi ai confessori diretti su come curare i seminaristi oppure i candidati alla vita religiosa che non hanno acquisito la virtù della continenza:

> I confessori hanno il grave dovere di ammonire, esortare ed ordinare i soggetti non idonei, in privato e in coscienza, senza riguardo per il rispetto umano, a ritirarsi dalla vita religiosa e clericale. Sebbene possa sembrare che abbiano tutte le disposizioni richieste per l'assoluzione sacramentale, tuttavia, non per questo motivo devono essere considerati degni della professione religiosa oppure dell'ordinazione. I princìpi che regolano il foro sacramentale, specialmente quelli attinenti all'assoluzione dei peccati, sono diversi dai criteri in base ai quali, secondo la mente della Chiesa, si forma il giudizio sull'idoneità al sacerdozio ed alla vita religiosa. Di conseguenza, i penitenti, che sono chiaramente indegni della professione e dell'ordinazione, possono essere assolti, se mostrano prova di vero dolore per i loro peccati e promettono seriamente di abbandonare l'idea di proseguire verso lo stato religioso o clericale, ma devono essere effettivamente esclusi dalla professione e dall'ordinazione.[30].

L'istruzione fa la distinzione tra avere la disposizione richiesta per l'assoluzione e la dignità di ricevere gli ordini sacri. In altre parole, esiste differenza tra il ritenere che qualcuno possa essere assolto dal peccato ed il ritenere che, quel soggetto, debba diventare un sacerdote. Questo obbligo era conferito ai confessori, al fine di

---

[29] Congregazione per l'educazione cattolica, *Religiosorum Institutio. Instruction on the Careful Selection And Training Of Candidates For The States Of Perfection And Sacred Orders*, in Ibid., pp. 18, 463. Per il testo integrale dell'enciclica, si veda: Id., *Religiosorum Institutio. Instruction on the Careful Selection And Training Of Candidates For The States Of Perfection And Sacred Orders*, «papalencyclicals.net», 2 febbraio 1961 (https://www.papalencyclicals.net/john23/j23religios.htm - ultimo accesso verificato: 10 novembre 2021).

[30] Ibid.

impedire agli uomini che non potevano fattivamente vivere il celibato di essere ordinati. Coloro che dovrebbero essere esclusi dall'ordinazione sono:

1. Coloro che si mostrano certamente incapaci di osservare la castità religiosa e sacerdotale;
2. Coloro che hanno l'abitudine a commettere peccati solitari, senza mostrare una reale speranza di superare tale abitudine in un ragionevole lasso di tempo; e
3. Coloro che peccano gravemente contro il Sesto comandamento con una persona dello stesso sesso oppure di sesso opposto.[31].

La forza del linguaggio dato in queste linee guida riflette la gravità dell'obbligo, assunto da ogni sacerdote, di vivere castamente il celibato. Dovrebbe essere il compito di ogni formatore, sia interno che esterno, assistere nel processo di scelta se un seminarista possa assumersi l'obbligo di vivere una vita di celibato. Una critica alla citazione dell'Istruzione di cui sopra, è che la cultura in cui stanno crescendo i nostri seminaristi è diversa da quella del 1961. Il primo numero della rivista *Playboy* venne pubblicato nel 1953. Sebbene la pornografia esistesse in forma stampata, a quel tempo non esisteva il tipo di accessibilità che i giovani sperimentano oggi. Quindi, potrebbe non essere ragionevole applicare standard così rigorosi come lo erano in passato. Anche se questo è vero, gli standard comportamentali devono rimanere gli stessi, e il foro interno ed esterno devono operare partendo dagli stessi princìpi. La sfida che affrontiamo oggi è continuare a mantenere gli standard elevati che la Chiesa ha sempre richiesto, fornendo al contempo una formazione pratica alla castità che tenga conto del fatto che molti seminaristi stanno entrando in seminario senza che prima abbiano acquisito la virtù della castità. Le seguenti raccomandazioni possono considerarsi come un'indicazione di quello che può essere un ragionevole percorso da seguire.

V. Raccomandazioni

1. Il processo di valutazione

Oggi, la valutazione psicologica deve considerare che molti candidati hanno una storia sessuale e la maggior parte di essi sarà stata, almeno, esposta alla pornografia.

---

[31] Si veda: Ibid., pp. 468–471.

Per quanto riguarda la storia sessuale, il processo di valutazione deve accertare se il candidato stia attualmente vivendo una vita di continenza e, se sì, da quanto tempo. Se non ha raggiunto la soglia di due anni prescritta dal PPF, il candidato dovrebbe essere ulteriormente valutato per comportamento sessuale compulsivo e per dipendenza da pornografia e masturbazione su internet. Coloro che soddisfano la soglia clinica per il comportamento sessuale compulsivo in una valutazione di screening iniziale, devono essere inviati presso uno specialista che possa eseguire una valutazione completa della storia e gli interessi sessuali, ai fini della pianificazione del trattamento.

Se il seminarista viene ammesso in seminario pur non avendo vissuto due anni di continenza prima dell'ingresso, dovrebbe essere informato che si tratta di un'eccezione allo standard stabilito dall'USCCB. Poiché viene fatta un'eccezione, lui dovrà ricevere un trattamento ed essere trasparente sui suoi progressi con il comitato di formazione. Gli sarà concesso un tempo ragionevole per dimostrare il proprio progresso e dovrebbe essere in grado di sviluppare, entro tre anni dall'ingresso in seminario, l'abitudine alla continenza perpetua per un anno. Il trattamento per il recupero dalla dipendenza sessuale si conclude, generalmente, entro i tre/cinque anni.

2. Stabilire una cultura della fiducia

Il seminario deve creare un clima di fiducia che accolga la trasparenza e sia disposto ad offrire opportunità di guarigione. I seminaristi devono sapere che i loro formatori vogliono il meglio per loro e che l'obiettivo della loro formazione umana sta nel raggiungimento di una maturità affettiva che consentirà loro di vivere liberamente una vita di celibato casto e gioioso. Uno dei vantaggi del mondo moderno è che i giovani sono generalmente più disposti a rivelare le loro lotte per la castità perpetua. È molto più probabile che siano disposti ad essere più trasparenti che in passato, specialmente quando credono che i loro superiori si preoccupino per loro. La fiducia può essere stabilita quando l'équipe di formazione riconosce che alcuni dei i candidati possono avere un problema e assicura loro che le opportunità di guarigione saranno parte del programma di formazione. Oltre alla formazione spirituale, queste opportunità dovrebbero includere un terapeuta competente nel trattamento dei comportamenti sessuali compulsivi e qualche tipo di gruppo di recupero.

3. I formatori hanno bisogno di formazione

La formazione della castità pratica deve essere incorporata nei primi anni di formazione seminariale. Le intuizioni della comunità per il *Trattamento delle dipendenze sessuali* saranno preziose per assistere i seminaristi ad acquisire la virtù della continenza abituale. I formatori ed i direttori spirituali dovrebbero ricevere una formazione sul riconoscimento, sul riferimento e sul trattamento dei comportamenti sessuali compulsivi[32]. Dovrebbero essere informati anche sui benefici dei gruppi di recupero in dodici-fasi, come *Sexaholics Anonymous*. Molti sacerdoti e seminaristi sono stati aiutati da simili collaborazioni.

Attingendo dalla saggezza della *Religiosorum Institutio*, i formatori interni ed esterni devono operare secondo i medesimi standard ed avere gli stessi obiettivi. Questo può manifestarsi in modo diverso rispetto al passato. Per esempio, può esserci una progressione mediante la quale un direttore spirituale indirizza un seminarista a rivelare il suo problema di castità al suo consigliere per la formazione umana (foro esterno) in modo che possa essere indirizzato alla psicoterapia, a un gruppo di dodici-fasi oppure ad un altro tipo di intervento. Inoltre, se un seminarista viene indirizzato verso un professionista della salute mentale, deve essere firmato un comunicato di informazione che dia al professionista della salute mentale la capacità di offrire input al comitato di formazione riguardo i progressi del seminarista nello sviluppo della virtù della continenza.

Conclusione

L'emergenza della cattiva condotta sessuale è una crisi della castità, il che significa che è un'occasione di grande rinnovamento per il clero e per la Chiesa. Questo rinnovamento deve iniziare con la formazione sacerdotale. Affrontare i comportamenti sessuali compulsivi nei seminari dovrebbe essere, semplicemente, la prima tappa della conversione, in cui un uomo ammette che è peccatore, che non può salvarsi ed accetta la misericordia di Dio, che comincia a trasformare il suo cuore. Sono stato testimone di straordinarie trasformazioni nella vita dei miei fratelli sacerdoti che hanno cercato e ricevuto aiuto per comportamenti sessuali

---

[32] Le opportunità di formazione sono disponibili presso l'*Istituto internazionale per i professionisti del trauma e delle dipendenze* (https://it.abcdef.wiki/wiki/International_Institute_for_Trauma_and_Addiction_Professionals – ultimo accesso verificato: 10 novembre 2021), *l'Istituto SATP* (https://www.satp.org/about-us - ultimo accesso verificato: 10 novembre 2021) e *l'Integrity Restored* (https://integrityrestored.com/ - ultimo accesso verificato: 10 novembre 2021).

compulsivi. Il più notevole è un prete che era stato intrappolato dalla dipendenza per dodici anni. Dopo aver cercato consulenza presso uno specialista in trattamento della dipendenza sessuale e aver ricevuto il supporto di un gruppo di dodici-fasi, il suo sacerdozio è diventato incredibilmente fruttuoso, poiché sempre più studenti universitari lo cercano per avere direttive e consigli spirituali. È più a suo agio a lavorare con la fragilità degli altri, perché ha sperimentato la guarigione di se stesso. La Chiesa, oggi, ha un disperato bisogno di questo genere di sacerdoti. Ora è il momento di arrivare alla radice della crisi, assicurandoci di fornire un'adeguata formazione per il celibato dei nostri futuri sacerdoti, perché siano veramente i padri di cui abbiamo bisogno per sanare la Chiesa nel nostro tempo.

Capitolo 3

Miti infranti e bugie.

Dale O'Leary, Giornalista

Introduzione.

È un malinteso comune che l'attuale scandalo nella Chiesa cattolica sia "causato" da un'epidemia di "pedofilia" (un disturbo psichiatrico che conduce gli uomini ad avere un interesse sessuale primario per i bambini in età pre-puberale), poiché soltanto il 3% dei colpevoli documentati può essere classificato come pedofilo.[1]. Altri citano la disponibilità dei chierichetti, poiché oltre l'80% delle vittime sono adolescenti. Altri cercano le risposte non tanto nei fallimenti individuali, quanto piuttosto negli effetti di fenomeni istituzionali come il clericalismo e l'esigenza del celibato (eppure, entrambi esistevano molto prima dell'origine degli eventi che hanno portato all'emergenza in atto). Alla luce delle rivelazioni pubbliche del 2018 sull'adescamento omosessuale dei seminaristi da parte di docenti, di responsabili, di vescovi e persino di altri seminaristi, questo capitolo studia un fattore più evidente, e che molti vescovi e commentatori hanno ignorato oppure sottovalutato, vale a dire: l'ordinazione di uomini che praticano l'omosessualità oppure che presentano tendenze radicate verso questa oppure, ancora, che sostengono la cultura gay, finendo per porsi, in ogni caso, all'opposto delle direttive emanate dalle autorità ecclesiastiche in merito all'ordinazione dei candidati al sacerdozio.

I. Insegnamento della Chiesa.

Nel 2005 le *Direttive sui criteri per il discernimento vocazionale nei confronti delle persone con tendenze omosessuali in vista della loro ammissione al Seminario e agli Ordini sacri,*

---

[1] John Jay College, *The Nature And Scope Of Sexual Abuse Of Minors By Catholic Priests And Deacons In The United States 1950-2004*, «bishop-accountability.org», 27 febbraio 2004 (https://www.bishop-accountability.org/reports/2004_02_27_JohnJay_revised/2004_02_27_John_Jay_Main_Report_Optimized.pdf - ultimo accesso verificato: 10 novembre 2021).

coerentemente con la Sacra Scrittura e la Tradizione, hanno disposto che la Chiesa «non possa ammettere al seminario oppure agli ordini sacri» coloro che praticano l'omosessualità, che presentano tendenze omosessuali profondamente radicate oppure che sostengono la cosiddetta «cultura gay».[2]. Queste regole chiare erano presumibilmente vòlte a diminuire la cattiva condotta sessuale del clero con i maschi.

Secondo il Catechismo della Chiesa Cattolica (articolo 2357): «"gli atti omosessuali sono intrinsecamente disordinati". Sono contrari alla legge naturale. Precludono all'atto sessuale il dono della vita. Non sono il frutto di una vera complementarità affettiva e sessuale. In nessun caso possono essere approvati».[3]. Il Catechismo non usa l'espressione diagnostico-psicologica "atti oggettivamente disordinati", perché la valutazione è oggettivamente morale. Oltre ciò, la Chiesa distingue tra tendenze omosessuali radicate e tendenze omosessuali transitorie:

> Diverso, invece, sarebbe il caso in cui si trattasse di tendenze omosessuali che erano solo l'espressione di un problema transitorio, per esempio quello di un'adolescenza non ancora superata. Tuttavia,

---

[2] Congregation for Catholic Education, *Instruction Concerning the criteria for the discernment of Vocations with Regard to Persons with Homosexual Tendencies in View of Their admission to the Seminary and Holy Orders*, «Vatican.va», 31 agosto 2005 (http://www.vatican.va/roman_curia/congregations/ccatheduc/documents/rc_con_ccatheduc_doc_20051104_istruzione_en.html - ultimo accesso verificato: 10 novembre 2021); Per il testo in italiano, si veda: Ibid., *Istruzione sui criteri per il discernimento delle vocazioni nei confronti delle persone con tendenze omosessuali in vista della loro ammissione al Seminario e agli Ordini sacri*, «vatican.va», 4 novembre 2005 (https://www.vatican.va/roman_curia/congregations/ccatheduc/documents/rc_con_ccatheduc_doc_20051104_istruzione_it.html - ultimo accesso verificato: 5 novembre 2021).

[3] *Catechism of the Catholic Church*, «vatican.va», s. d. (https://www.vatican.va/archive/ENG0015/_INDEX.HTM – ultimo accesso verificato: 10 novembre 2021), art. 2357 – citazioni interne al testo omesse: Sacra Congregazione per la Dottrina della Fede, *Persona Humana. Declaration on certain questions concerning sexual ethics*, «Vatican.va», 29 dicembre 1975 (https://www.vatican.va/roman_curia/congregations/cfaith/documents/rc_con_cfaith_doc_19751229_persona-humana_en.html - ultimo accesso verificato: 10 novembre 2021), par. 8; Per il testo in italiano, si veda: Id., *Persona Humana. Alcune questioni di etica sessuale*, «vatican.va», 29 dicembre 1975 (https://www.vatican.va/roman_curia/congregations/cfaith/documents/rc_con_cfaith_doc_19751229_persona-humana_it.html - ultimo accesso verificato: 10 novembre 2021); Per il testo in italiano, si veda: *Catechismo della Chiesa cattolica*, «vatican.va», s. d. (https://www.vatican.va/archive/catechism_it/p3s2c2a6_it.htm#I.%20%C2%ABMaschio%20e%20femmina%20li%20cre%C3%B2...%C2%BB – ultimo accesso verificato: 10 novembre 2021).

tali tendenze devono essere nettamente superate almeno tre anni prima dell'ordinazione diaconale.[4].

Un esempio di problema transitorio adolescenziale sarebbe il ricorso alla masturbazione e all'utilizzo della pornografia, le quali, purtroppo, sono diventate abitudini del tutto troppo comuni. Il processo di ammissione ad un seminario dovrebbe identificare questo problema in un candidato prima dell'ammissione, attraverso dei colloqui e delle valutazioni psicologiche. Se il problema non viene individuato prima di questo momento, il direttore spirituale del seminarista ha il dovere di aiutare quest'ultimo a superare la sua tendenza; e se succede che quest'ultima non scompare entro la fine del primo anno, il seminarista dovrebbe essere incoraggiato a lasciare la formazione. Alcuni dei problemi di cui sopra sono stati discussi, all'interno di questo stesso libro, dal reverendo Sean Kilcawley, il quale ha scritto un capitolo interamente dedicato alla tematica del rapporto tra le dipendenze sessuali e la formazione in seminario.

II. Problemi di terminologia.

A titolo introduttivo è necessario sottolineare che, in questo capitolo, la parola omosessuale può essere utilizzata sia come un aggettivo (per esempio, atti omosessuali), sia come sostantivo per riferirsi a persone attratte da altre persone dello stesso sesso. Riferirsi ad una persona definendola omosessuale oppure eterosessuale, implica che la sua identità centrale viene definita dal sesso dei soggetti da cui essa risulta essere sessualmente attratta. Eppure, una persona è più dei suoi gusti sessuali. La terminologia utilizzata nella letteratura di ricerca ed in questo capitolo include le seguenti espressioni:

- Le persone con «attrazione per lo stesso sesso» (SSA) possono oppure non possono agire su di essa e possono oppure non possono vedere tale aspetto come qualcosa di problematico.

- I *Centri per il controllo delle malattie* usano l'espressione «Uomini che hanno rapporti sessuali con uomini» (MSM), indipendentemente dal fatto che abbiano anche rapporti sessuali con donne.

---

[4] Cfr. Congregation for Catholic Education, *Instruction Concerning the criteria for the discernment of Vocations with Regard to Persons with Homosexual Tendencies in View of Their admission to the Seminary and Holy Orders.*

- «Gay» si riferisce spesso a uomini che fanno sesso con uomini e si identificano con le cosiddette «agenda culturale gay» e «politica gay».[5].

- «LGBT» si riferisce a lesbiche, gay, bisessuali e transgender.

- «Pedofilo» si riferisce agli uomini la cui attrazione sessuale primaria ed esclusiva è rivolta verso i bambini in età pre-puberale.

- «Pederasta» si riferisce agli uomini adulti che fanno sesso con adolescenti maschi e con altri maschi adulti.

La terminologia è importante. Per esempio, ci sono alcuni, all'interno della Chiesa, che sostengono l'esistenza di preti «gay» «sani», i quali non avrebbero maggiore probabilità di abusare dei minorenni rispetto agli uomini non gay e che, quindi, sono parimenti adatti al sacerdozio. Questo capitolo dimostra che esistono prove convincenti che i sacerdoti che si auto-identificano come gay sono, per tutta una serie di motivi, inadatti all'ordinazione religiosa; uno di essi è che essi dimostrano maggiori probabilità di adescare i minori. Essi non sono come gli altri uomini. Lottano contro la vergogna, l'omofobia interiorizzata ed altri sentimenti che non sono all'altezza degli uomini. Tali soggetti sono anche più propensi a rifiutare la moralità tradizionale.

III. I miti della "cultura gay".

La «cultura gay» si fonda su un'etica di assoluta liberazione sessuale, vale a dire: un'etica che è profondamente antitetica alla morale cristiana. Mentre il cristianesimo insegna l'astinenza da ogni attività sessuale al di fuori di un matrimonio fedele, permanente ed esclusivo tra un uomo ed una donna, la cultura maschile gay promuove la libertà di impegnarsi nei rapporti sessuali con più partner, con estranei, in luoghi pubblici, anche se si è in una relazione impegnata. Gli attivisti «gay» difendono: gli eccessi sessuali alle feste del loro giro e nei bagni pubblici, l'uso di droghe da sballo, la pornografia nonché la prostituzione e sostengono, infine, l'abbassamento dell'età del consenso sessuale.[6]. Essi hanno manipolato l'opinione pubblica, propagandando tutta una serie di affermazioni che è semplice dimostrare di essere false, tra le quali: (1) gli uomini con SSA sono nati così; (2) Essi non possono cambiare e qualsiasi tentativo in merito causerebbe dei danni irreparabili;

---

[5] Altre volte, il termine potrebbe essere utilizzato nella letteratura sia per gli uomini, sia per le donne con la SSA.

[6] R. Shilts, *And the band played on: politics, people, and the AIDS epidemic* (New York, N.Y.: St. Martins, 1987).

(3) la SSA oppure l'omosessualità, di per sé, non può essere definita come un disturbo psicologico; (4) gli uomini con SSA non molestano i bambini.

A sostegno di queste loro quattro false affermazioni, gli attivisti presentano vari materiali, spesso con note a piè di pagina, alcune delle quali fanno riferimento a dichiarazioni di organizzazioni professionali, le quali, parimenti, hanno note a piè di pagina. Quando si controllano attentamente, una per una le fonti citate, tuttavia, si trovano studi mal strutturati, che non sostengono la tesi avanzata, oppure che, in alcuni casi, addirittura la confutano. Le dichiarazioni prodotte dalle organizzazioni professionali non si basano sulla ricerca ma sono guidate dalle pressioni degli attivisti. Differentemente a queste fonti, le prove contrarie alle quattro affermazioni appena elencate sono schiaccianti, come dimostra la sezione successiva di questo capitolo.

Mito numero 1: Nato così? Non secondo la scienza.

Contrariamente a quanto sostenuto dall'opinione pubblica e da una campagna di disinformazione, la SSA non è geneticamente predeterminata. Non ci sono prove genetiche, né tantomeno prove biologiche, a sostegno dell'esistenza di un gene «gay». Se la SSA fosse genetica, i gemelli omozigoti avrebbero praticamente sempre lo stesso orientamento sessuale, ma uno studio sui gemelli omozigoti australiani ha scoperto che entrambi i gemelli avevano la SSA soltanto nell'undici percento dei casi.[7].

I sostenitori della teoria del «gay nato così» citano spesso uno studio condotto nel 1993 da Dean Hamer ed altri suoi colleghi, nel quale si affermava di aver trovato un «gene gay».[8]. Tuttavia, altri scienziati non sono riusciti a replicare questi loro

---

[7] J. M. Bailey, M. P. Dunne, N. G. Martin, *Genetic and environmental influences on sexual orientation and its correlates in an Australian twin sample,* «Journal of Personality and Social Psychology», Vol. 78, n. 3, 2000, p. 524; Per il testo online, si veda: Id., *Genetic and environmental influences on sexual orientation and its correlates in an Australian twin sample,* «researchgate.net», marzo 2000, (https://www.researchgate.net/publication/12572213_ Genetics_and_Environmental_Influences_on_Sexual_Orientation_and_Its_Correlates_in_ an_Australian_Twin_Sample - ultimo accesso verificato: 10 novembre 2021).

[8] D. Hamer, S. Hu, V. L. Magnuson, N. Hu, A. M. L. Pattatucci, *A linkage between DNA markers on the X chromosome and male sexual orientation,* «Science», Vol. 261, n. 5119, 16 luglio 1993, pp. 321–327. Il testo integrale di questo articolo può essere reperito anche online, si veda: Id., *A linkage between DNA markers on the X chromosome and male sexual orientation,* «jstore.org», s. d. (https://www.jstore.org/stable/2881563 – ultimo accesso verificato: 10 novembre 2021).

risultati.[9]. Ed uno studio di Mustanski ed altri, sull'intero genoma di quattrocentosessantacinque individui, non ha rilevato alcuna base genetica per l'omosessualità.[10].

Anche le affermazioni secondo cui l'SSA sia causata dagli ormoni non sono supportate dalla scienza. Per esempio, i test sugli adulti non hanno rivelato differenze ormonali tra gli uomini con SSA e quelli senza.[11]. Inoltre, una revisione della letteratura sui livelli ormonali nelle persone con SSA non ha fornito alcun riscontro in merito alle evidenze di anormalità: «L'attuale consenso è che non esiste alcuna relazione causale tra lo stato ormonale dell'adulto ed il suo orientamento sessuale».[12].

È stato anche affermato che l'SSA sia causata da differenze nella struttura del cervello. Per esempio, nel 1991 Simon LeVay affermò di aver trovato alcune differenze nella struttura cerebrale degli uomini e delle donne con e senza SSA.[13]. Il

---

[9] G. Rice C. Anderson, N. Risch, G. Ebers, *Male homosexuality: Absence of linkage to microsatellite markers at Xq28*, «Science», Vol. 284, n. 5414, 23 aprile 1999, pp. 665–667. Per il testo on line, si veda: Id., *Male homosexuality: Absence of linkage to microsatellite markers at Xq28*, «Jstor.org», s. d. (https://www.jstor.org/stable/2897943 – ultimo accesso verificato: 10 novembre 2021).

[10] B. S. Mustanski, M. G. DuPree, C. M. Nievergelt, S. Bocklandt, N. J. Schork, D. H. Hamer, *A genome wide scan of male sexual orientation*, «Journal of Human Genetics», Vol. 116, N. 4, 2005, pp. 272–278. Per il testo on line, si veda: Id., *A genome wide scan of male sexual orientation*, «academia.edu», s. d. (https://www.academia.edu/11603252/A_genomewide_scan_of_male_sexual_orientation - ultimo accesso verificato: 10 novembre 2021).

[11] L. Gooren, *Biomedical Concepts of Homosexuality: Folk Belief in a White Coat*, in J. P. De Cecco, D. Allen Parker (a cura di), *Sex, Cells, and Same-Sex Desire: The Biology of Sexual Preference* (New York, N.Y.: Routledge, 1995), p. 237.

[12] H. Meyer-Bahlburg, *Psychoendrocrine research on sexual orientation: Current status and future options*, «Progress in Brain Research», Vol. 61, n. 1, 1984, pp. 375–399 (per il testo integrale, si veda il sito «sciencedirect.com»: https://www.sciencedirect.com/science/article/abs/pii/S0079612308644489?via%3Dihub – ultimo accesso verificato: 10 novembre 2021); W. Byne, B. Parsons, *Human sexual orientation: The biologic theories reappraisal*, «Archives of General Psychiatry», Vol. 50, n. 3, 1993, pp. 229–239 (per il testo integrale, si veda il sito «researchgate.net»: https://www.researchgate.net/publication/14760555_Human_Sexual_Orientation_The_Biologic_Theories_Reappraised - ultimo accesso verificato: 10 novembre 2021; L. Gooren, *Biomedical Concepts of Homosexuality: Folk Belief in a White Coat*.

[13] S. LeVay, *A difference in hypothalamic structure between heterosexual and homosexual men*, «Science», Vol. 258, n. 5023, settembre 1991, pp. 1034–1037 (per il testo on line si veda il sito «researchgate.net»: https://www.researchgate.net/publication/21269206_A_Difference_in_Hypothalmic_Structure_Between_Heterosexual_and_Homosexual_Men - ultimo accesso verificato: 10 novembre 2021): LeVay, in seguito, ha anche ammesso: «È importante sottolineare ciò che non ho trovato. Non ho dimostrato che l'omosessualità sia genetica, né ho trovato una causa genetica all'essere gay. Non ho mostrato che gli uomini gay sono "nati così" [...]. Considerando che osservo i cervelli degli adulti, non sappiamo se

suo studio, che viene citato spesso, si basava, tuttavia, su un piccolo campione non rappresentativo di uomini che erano morti di AIDS. Ciò rivela anche una comprensione limitata dello sviluppo del cervello, poiché se anche si trovassero delle differenze fra i cervelli adulti, ciò non convaliderebbe una teoria come questa. Secondo Jeffrey Schwartz, autore di *The Mind and the Brain*, «La struttura chiave del cervello può cambiare in risposta alla tua esperienza in qualità di adulto».[14]. In altre parole, poiché le azioni, le esperienze ed il comportamento sessuale di una persona con SSA possono essere sostanzialmente diverse da quelle delle persone senza esperienza omosessuale, ci si aspetterebbe che si possano rilevare delle differenze sia nelle strutture cerebrali degli adulti, sia nelle loro risposte ai vari stimoli.

Queste conclusioni non dovrebbero sorprendere. Nel 1995 il *Journal of Homosexuality* ha pubblicato alcuni doppi numeri.[15] nei quali, un certo numero di autori recensì varie teorie che suggerivano una causa biologica per la SSA – di natura genetica, ormonale, strutturale del cervello, sociobiologica. I redattori conclusero che «la ricerca attuale sulle possibili basi biologiche della preferenza sessuale non è riuscita a produrre alcuna prova conclusiva».[16]. Altri scienziati concordano con questo. Per esempio, Gerard van den Aardweg, in un articolo intitolato *Omosessualità e fattori biologici: nessuna prova reale, molte interpretazioni fuorvianti*, ha analizzato attentamente le attuali affermazioni a sostegno della "causa biologica" ed ha spiegato il perché ciascuna di esse risulti essere difettosa.[17]. Anche Neil e Briar Whitehead hanno criticamente esaminato e confutato tali affermazioni.[18].

---

le differenze che ho riscontrato erano già presenti alla nascita oppure se sono apparse in seguito» (David Nimmons, *Sex and the Brain*, «Discover magazine», 1 marzo 1994, pp. 64–71; per il testo on line, si veda: https://www.discovermagazine.com/mind/sex-and-the-brain - ultimo accesso verificato: 10 novembre 2021).

[14] J. Schwartz, S. Begley, *The Mind and the Brain: Neuroplasticity and the Power of Mental Force* (New York, N.Y.: Regan Books, 2002), p. 252.

[15] D. Parker, J. DeCecco, *Sexual Expression: A Global Perspective*, in Id., *Sex, Cells, and Same-Sex Desire: The Biology of Sexual Preference*, p. 247; questo contributo venne simultaneamente pubblicato in forma di articolo: Id., *Sexual Expression: A Global Perspective*, «Journal of Homosexuality», Vol. 28, nn. 3-4, 1995, pp. 427-430.

[16] Ibid.

[17] G. van den Aardweg, *Homosexuality and Biological Factors: Real Evidence none, misleading interpretations plenty*, «NARTH Bulletin», Vol. 21, n. 2, 2005 (www.narth.com/docs/aardweg.pdf - ultimo accesso verificato: 10 novembre 2021). Per il testo in italiano, si veda: Id., *Omosessualità e fattori biologici: Prove reali -- Nessuna; Interpretazioni fuorvianti: Molte*, «omosessualitaeidentita.blogspot.com», s. d. (https://omosessualitaeidentita.blogspot.com/2009/03/omosessualita-e-fattori-biologici-dr.html — ultimo accesso verificato: 10 novembre 2021).

[18] N. Whitehead, B. Whitehead, *My Genes Made Me Do it: A Scientific Look at Sexual Orientation* (Lafayette, Louisiana: Huntington House Publishers, 1999), che è stato

Un'ulteriore prova della mancanza di criterio scientifico a sostegno del mito del gay «nato così» si trova nel silenzio degli attivisti su qualsiasi consenso tra gli scienziati. Non ci può essere dubbio che gli attivisti avrebbero sbandierato qualsiasi prova prodotta dalla scienza a sostegno dell'idea che l'SSA sia predeterminata da fattori genetici oppure ormonali oppure, ancora, che le persone con SSA siano nate così. Invece, essi pubblicizzano una pseudo-ricerca che riguarda un breve periodo e poi, addirittura, ne seppelliscono la confutazione.

Questo non vuol dire, ovviamente, che le caratteristiche ereditarie, così come il temperamento, non abbiano alcun ruolo nello sviluppo della SSA. Come il dottor Francis Collins, capo del *Progetto Genoma Umano*, ha spiegato: «Esiste una componente inevitabile dell'ereditarietà per molti tratti del comportamento dell'essere umano. Virtualmente, per nessuno di essi, si tratta di eredità sempre vicina al predittivo».[19].

Ma resta il fatto che gli attivisti hanno dimostrato la loro volontà di sostenere la pseudoscienza e di travisare i risultati degli studi scientifici. William Byne, in un articolo intitolato *Scienza e credenze: ricerca psicobiologica sull'orientamento sessuale*, discute il problema della ricerca falsata. Nell'abstract del suo articolo, lo studioso avverte che lo studio che ha condotto:

> Analizza le ipotesi e le prove che supportano le teorie biologicamente deterministiche dell'orientamento sessuale. Si conclude che il supporto a queste teorie deriva tanto dal loro appello all'ideologia culturale prevalente, quanto dal loro merito scientifico. Questa attrattiva può spiegare perché studi così gravemente imperfetti passino facilmente attraverso il processo di revisione paritaria e vengano incorporati rapidamente nel corpus del determinismo biologico, dove rimangono validi anche quando i tentativi di replica falliscono ripetutamente.[20].

---

aggiornato e rivisto nel tempo. Si veda: Id., *My Genes Made Me Do It: Homosexuality and the Scientific Evidence*, Terza edizione, (Atlanta, Georgia: Whitehead Associates, 2013).

[19] A. Dean Byrd, *'Homosexuality Is Not Hardwired,' Concludes Dr. Francis S. Collins, Head of the Human Genome Project*, «narth.com», 2 luglio 2013 (https://educateforlife.org/homosexuality-hardwiredconcludes-dr-francis-s-collins-head-human-genome-project/   -   ultimo accesso verificato: 10 novembre 2021).

[20] W. Byne, *Science and Belief: Psychobiological Research on Sexual Orientation*, in J. P. De Cecco, D. Allen Parker (a cura di), *Sex, Cells, and Same-Sex Desire: The Biology of Sexual Preference*, p. 304.

Nel *Journal of Science* del 2019, un team di ricercatori del MIT e dell'Università di Harvard hanno pubblicato le loro scoperte sullo studio dei geni associati all'orientamento sessuale in 493.001 partecipanti dagli Stati Uniti, dal Regno Unito e dalla Svezia.[21] Essi hanno scoperto: «multipli centri implicati nel comportamento sessuale tra le persone dello stesso sesso che indicano, al pari di altri tratti comportamentali, che il comportamento non eterosessuale è poligenico».[22] In altri parole,

> un nuovo studio si aggiunge ad un numero crescente di prove che dimostrano che la narrazione dominante sull'orientamento sessuale - che sia geneticamente determinata - semplicemente non può essere considerata come veritiera. Al contrario, la scienza mostra che l'orientamento sessuale di una persona e la scelta dei partner dipendono, in larga misura, dallo sviluppo e dall'espressione dell'autonomia personale riguardo alle proprie possibilità sessuali. Le persone con attrazione per lo stesso sesso dovrebbero essere legalmente e culturalmente libere di non identificarsi con esse oppure di agire su di esse.[23]

Insomma, chi cerca una causa per la SSA non ha trovato la risposta in natura, bensì nell'ambiente. La scoperta più comune è che gli uomini con SSA hanno sofferto di una combinazione di eventi negativi i quali, sinergicamente, hanno bloccato un loro sano sviluppo psicosessuale.

Mito numero 2: non puoi cambiare? È possibile ed è salutare.

Gli attivisti non soltanto sostengono che le persone nascono «gay», ma anche che esse non siamo in grado di poter cambiare tale loro essenza. Gli attivisti ignorano sia le decine dei rapporti personali credibili, sia gli articoli pubblicati che documentano la realizzazione di tale cambiamento. Per esempio, una recensione di

---

[21] A. Ganna, A. Abdellaoui, R. Wedow, A. S. Busch, M. G. Nivard, R. Maier et alii, *Large-scale GWAS reveals insights into the genetic architecture of same-sex sexual behavior*, «Science», Vol. 365, n. 6456, agosto 2019 (https://science.sciencemag.org/content/365/6456/eaat7693 - ultimo accesso verificato: 10 novembre 2021), p. 7693.

[22] Ibid.

[23] P. Sullins, *Born that Way No More: The New Science of Sexual Orientation*, «The Public Discourse», 30 settembre 2019 (https://www.thepublicdiscourse.com/2019/09/57342/ - ultimo accesso verificato: 10 novembre 2021).

J. Clippinger a dodici studi pubblicati ha rilevato che su settecentottantacinque pazienti trattati, trecentosette – vale a dire: circa il 38% - sono stati segnalati come guariti ed un ulteriore 10%-30% di essi veniva segnalato come migliorato.[24].

Il problema potrebbe non essere la capacità di cambiare, ma il desiderio di voler cambiare. Ruth Barnhouse ha trovato prove significative della possibilità di cambiamento a seconda della motivazione dei pazienti:

> Circa il trenta per cento di coloro che vengono in cura per qualsiasi motivo può essere convertito nell'adattamento eterosessuale. Naturalmente, queste cifre non possono rispondere alla domanda di quelle persone la cui omosessualità è relativamente incapsulata in una personalità differentemente funzionale e che, quindi, hanno meno probabilità di cercare un aiuto psichiatrico. Le forti motivazioni, a volte, fanno sì che queste persone richiedano la psicoterapia per cambiare il loro orientamento sessuale. Le loro ragioni possono essere religiose oppure sociali e possono anche includere l'aver stretto un'amicizia sufficientemente profonda con qualcuno del sesso opposto e di voler fare sì che il matrimonio possa essere contemplato anche per quel che riguarda i rapporti sessuali.[25].

Sempre secondo la dottoressa Barnhouse:

> In tali casi, la prognosi per un esito terapeutico positivo risulta essere estremamente buona. Ciò è conforme al principio generale per cui un individuo molto ben motivato, che cerca aiuto per un sintomo isolato, la cui personalità è altrimenti intatta, è sempre tra i migliori candidati per una psicoterapia od una psicoanalisi di successo. Questi fatti e statistiche sulla cura sono ben noti ed, inoltre, non sono difficili da verificare. Per di più, ci sono tante persone che hanno vissuto la propria omosessualità come un peso, per ragioni morali oppure sociali, e che sono riuscite, senza l'aiuto della psicoterapia, a rinunciare a questo sintomo; di questi, un numero significativo è stato in grado di compiere la transizione verso un'eterosessualità soddisfacente. A prescindere dagli studi

---

[24] J. Clippinger, *Homosexuality Can Be Cured*, «Corrective and Social Psychiatry and Journal of Behavior Technology Methods and Therapy», Vol. 20, n. 2, 1974, pp. 15–28.

[25] R. Barnhouse, *Homosexuality: A Symbolic Confusion* (New York, N.Y.: Seabury Press, 1997).

pubblicati da chi si è specializzato nel trattamento dei disturbi sessuali, molti psichiatri e psicologi con una competenza più generale (ed includo me stessa in questo gruppo) hanno avuto successo nell'aiutare i pazienti omosessuali a fare una transizione completa e permanente verso l'eterosessualità.[26].

Esaminando diversi studi di questo tipo, Reuben Fine ha trovato motivi di ottimismo riguardo al successo del trattamento. Egli ha notato che diverse forme di terapia vengono accreditate come efficaci:

Attraverso psicoanalisi di qualsiasi tipo, psicoterapia educativa, terapia comportamentale, e/o semplici procedure educative, una percentuale considerevole di omosessuali dichiarati è diventata eterosessuale [...]. Se i pazienti fossero motivati, qualunque sia la procedura adottata, una grande percentuale riuscirebbe a rinunciare alla propria omosessualità [...]. La falsa informazione per cui l'omosessualità non sia curabile con la psicoterapia reca danni incalcolabili a migliaia di uomini e donne [...]. Tutti gli studi, da Schrenk-Notzing in poi, hanno riscontrato effetti positivi a prescindere dal tipo di trattamento utilizzato.[27].

Anche la terapia di gruppo è risultata essere efficace. Secondo Carl Rogers, «in generale, i rapporti sul trattamento di gruppo degli omosessuali sono ottimistici; in quasi tutti i casi, terapeuti riferiscono un esito favorevole della terapia sia che l'obiettivo terapeutico fosse quello di ottenere un cambiamento nell'orientamento sessuale, sia che fosse quello di una riduzione dei problemi concomitanti».[28].

Questo non vuol dire che il cambiamento sia semplice oppure facile. Judd Marmor ha riconosciuto la complessità della condizione omosessuale:

---

[26] Ibid.

[27] R. Fine, *Psychoanalytic Theory*, in L. Diamant (a cura di), *Male and Female Homosexuality: Psychological Approaches* (Washington, Columbia: Hemisphere Publishing Corporation, 1987), pp. 81–95; Il testo integrale di questo libro è disponibile anche on line sul sito «Archive.org», si veda: https://archive.org/details/malefemalehomose0000unse/page/n9/mode/2up – ultimo accesso verificato: 10 novembre 2021..

[28] C. Rogers, Ho. Roback, E. McKee, D. Calhoun, *Group psychotherapy with homosexuals: A review*, «International Journal of Group Psychotherapy», Vol. 31, n. 3, 1976, pp. 3–27. Il testo dell'articolo è disponibile anche online sul sito «tandfonline.com», si veda: https://www.tandfonline.com/doi/abs/10.1080/00207284.1976.11491313 – ultimo accesso verificato: 10 novembre 2021).

Probabilmente abbiamo a che fare con una condizione che non è solo multi-determinata da fattori psicodinamici, socioculturali, biologici e situazionali ma che riflette anche il significato di alcune sottili variabili temporali, qualitative e quantitative. Perché si verifichi un adattamento omosessuale, nel nostro tempo e nella nostra cultura, questi fattori devono combinarsi per (1) creare un'identità di genere compromessa, (2) creare la paura del contatto intimo con membri del sesso opposto, e (3) fornire opportunità di rilascio sessuale con i membri dello stesso sesso.[29].

Un altro fattore è rappresentato dal coraggio di coloro che hanno cercato la guarigione nonostante la mancanza di sostegno da parte della cultura dominante. Il pluripremiato psichiatra e scrittore Jeffery Satinover è rimasto colpito da questo tratto come un elemento di cambiamento indirizzato al successo:

[…] solo negli otto anni tra il 1966 e il 1974, già soltanto la banca dati Medline – che esclude molte riviste di psicoterapia – ha elencato oltre mille articoli sul trattamento dell'omosessualità […]. Questi articoli contraddicono chiaramente le affermazioni secondo cui il cambiamento è assolutamente impossibile. Anzi, sarebbe più esatto dire che tutte le prove esistenti suggeriscono fortemente che la sessualità omosessuale sia alquanto mutevole. La maggior parte degli psicoterapeuti concordano sul fatto che nel trattamento di qualsiasi condizione, può essere previsto un tasso del 30% di guarigione.[30].

Egli continua affermando:

Sono stato straordinariamente fortunato ad aver incontrato molte persone che sono uscite dalla vita gay. Quando vedo le difficoltà personali che hanno affrontato, il puro coraggio che hanno mostrato non soltanto nell'affrontare queste difficoltà ma anche nel confrontarsi con una cultura che utilizza ogni possibile mezzo per negare la validità dei loro valori, dei loro obiettivi e delle loro esperienze, davvero rimango stupito […]. Sono queste persone – ex omosessuali e coloro i quali stanno ancora lottando, in

---

[29] J. Marmor, *Sexual Inversion: The Multiple Roots of Homosexuality* (New York, N.Y.: Basic, 1965), pp. 1–26.

[30] J. Satinover, *Homosexuality and the Politics of Truth* (Grand Rapids, Michigan: Baker, 1996), p. 181.

America e all'estero – che, per me, rappresentano il modello di tutto ciò che è buono e possibile in un mondo che prende sul serio il cuore degli uomini e il Dio di questo cuore. Nelle mie varie esplorazioni dei mondi della psicoanalisi, della psicoterapia e della psichiatria, semplicemente, non ho mai visto prima una guarigione così profonda.[31].

Mito numero 3: sano? Non psicologicamente.

L'affermazione degli attivisti per cui la SSA e l'attività omosessuale siano normali e salutari non risulta, in realtà, essere supportata dalla scienza. Gli uomini omosessuali hanno più probabilità di altri uomini di soffrire di diversi problemi psicologici. Un articolo sul sito web dell'*American Psychological Association* (APA) intitolato *Essere gay è salutare quanto essere etero* può ritenersi perfettamente rappresentativo. L'articolo ignora i punteggi degli studi secondo cui gli uomini che si auto-identificano come omosessuali sono significativamente più esposti alla probabilità di sviluppare dipendenza da sostanze ed istinti suicidi degli altri uomini a cui sono stati diagnosticati disturbi psicologici. L'articolo fa, invece, riferimento ad uno studio del 1957 di Evelyn Hooker la quale, confrontando trenta uomini omosessuali, accuratamente selezionati, con un casuale gruppo di altri trenta uomini senza SSA, affermò che i test dimostravano l'inesistenza di una significativa differenza fra gli uomini appartenenti ai due gruppi.[32]. I soggetti coinvolti erano così pochi e poco rappresentativi delle categorie per le quali vennero selezionati, che la rivista che aveva pubblicato il resoconto ritenne opportuno di dover aggiungere una nota editoriale a chiarimento del fatto che quello studio veniva pubblicato in «forma preliminare» ed era «prematuro oppure documentato in modo incompleto».[33]. Sin dagli inizi, i test utilizzati da Hooker, vennero riconosciuti come strumenti inadeguati per la diagnosi dei disturbi mentali.

È vero che la SSA, di per sé, non dimostra, in ogni caso, una compromissione del giudizio, della stabilità, dell'affidabilità oppure una generale incapacità sociale oppure professionale. Ma non ne consegue che gli uomini che si

---

[31] Ibid., p. 249.

[32] American Psychological Association, *Being Gay is Just as Healthy as Being Straight*, «apa.org», 28 maggio 2003 (https://www.apa.org/research/action/gay – ultimo accesso verificato: 10 novembre 2021).

[33] E. Hooker, *The Adjustment of the Male Overt Homosexual*, «Journal of Projective Techniques», Vol. 21, n. 1, 1957, pp. 1–31; Il testo dell'articolo è disponibile anche online sul sito «tandfonline.com», si veda: https://www.tandfonline.com/doi/abs/10.1080/08853126.1957.10380742 – ultimo accesso verificato: 10 novembre 2021.

auto-identificano come affetti da SSA siano un gruppo altrettanto sano, fisicamente oppure psicologicamente, come quello di coloro che non si identificano in questo modo, vale a dire: gli eterosessuali. Alcuni studi più recenti, ampi e ben strutturati, di quello prodotto da Hooker nel 1957 e propagandato dall'*American Psychological Association*, hanno trovato svariate differenze significative tra gli uomini che si identificano come omosessuali e gli altri uomini. Una meta-analisi di venticinque fra questi studi condotti da King e da altri ricercatori ha rilevato che gli uomini che si auto-identificavano come affetti da SSA avevano più probabilità di sperimentare disturbi mentali, istinti suicidi, abuso di sostanze e deliberato autolesionismo.[34]. Altri studi hanno, d'altro canto, riscontrato tassi più elevati di episodi di attacchi di panico, di depressione, degli abusi sessuali infantili e di difficoltà.[35]

---

[34] M. King J. Semlyen, S. See Tai, H. Killaspy, D. Osborn, D. Popelyuk, I. Nazareth, *A systematic review of mental disorder, suicide, and deliberate self-harm in lesbian, gay, and bisexual people*, «BMC Psychiatry», Vol. 8, n. 70, 18 agosto 2008 (https://bmcpsychiatry. biomedcentral.com/track/pdf/10.1186/1471-244X-8-70.pdf - ultimo accesso verificato: 10 novembre 2021), pp. 70–87

[35] R. Herrell, J. Goldberg, W. R. True, V. Ramakrishnan, M. Lyons, S. Eisen, M. T. Tsuang, *Sexual orientation and suicidality: A co-twin control study in adult men*, «Archives of General Psychiatry», Vol. 56, n. 10, ottobre 1999, pp. 867–874 (Il testo dell'articolo è disponibile anche online sul sito «jamanetwork.com», si veda: https://jamanetwork.com/ journals/jamapsychiatry/fullarticle/205355 – ultimo accesso verificato: 10 novembre 2021); D. Fergusson, L. J. Horwood, A. L. Beautrais, *Is sexual orientation related to mental health problems and suicidality in young people?*, «Archives of General Psychiatry», Vol. 56, n. 10, ottobre 1999, pp. 876–880 (Il testo dell'articolo è disponibile anche online sul sito «jamanetwork.com», si veda: https://jamanetwork.com/journals/jamapsychiatry/ fullarticle/205418 – ultimo accesso verificato: 10 novembre 2021); S. D. Cochran, V. M. Mays, J. Greer Sullivan, *Prevalence of mental disorders, psychological distress, and mental health services use among lesbian, gay, and bisexual adults in the United States*, «Journal of Consulting and Clinical Psychology», Vol. 71, n. 1, febbraio 2003, pp. 53–61(Il testo dell'articolo è disponibile anche online sul sito «nih.gov», si veda: https://www.ncbi.nlm.nih.gov/pmc/articles/ PMC4197971/ – ultimo accesso verificato: 10 novembre 2021); S. D. Cochran, C. Keenan, C. Schober, V. M. Mays, *Estimates of alcohol use and clinical treatment needs among homosexually active men and women in the US population*, «Journal of Consulting Clinical Psychology», Vol. 68, n. 6, dicembre 2000, pp. 1062–1071 (Il testo dell'articolo è disponibile anche online sul sito «nih.gov», si veda: https://www.ncbi.nlm.nih.gov/pmc/ articles/PMC4197972/ – ultimo accesso verificato: 10 novembre 2021); T. G. M. Sandfort, F. Bakker, F. G. Schellevis, I. Vanwesenbeeck, *Sexual orientation and mental and physical health status: Findings from a Dutch population survey*, «American Journal of Public Health», Vol. 96, n. 6, giugno 2006, p. 1119 (Il testo dell'articolo è disponibile anche online sul sito «nih.gov», si veda: https://www.ncbi.nlm.nih.gov/pmc/articles/PMC1470639/ – ultimo accesso verificato: 10 novembre 2021); T. G. M. Sandfort, R. de Graaf, R. V. Bijl, P. Schnabel, *Same-sex sexual behavior and psychiatric disorders: Findings from the Netherlands Mental Health Survey and Incidence Study NEMESIS*, «Archives of General Psychiatry», Vol. 58, n. 1,

Poiché gli uomini con SSA costituiscono una piccola percentuale della popolazione totale, sono necessarie delle campionature elevate nonché accuratamente selezionate per confrontare gli uomini con SSA e gli uomini senza SSA. Molti studi di questo tipo, ben strutturati, sono stati pubblicati ed hanno raggiunto conclusioni simili a quelle appena enunciate. Per esempio, David Ferguson ed i suoi colleghi hanno esaminato i dati di uno studio condotto su un gruppo di nascita a Christchurch, in Nuova Zelanda ed hanno concluso:

---

gennaio 2001, pp. 85–91 (Il testo dell'articolo è disponibile anche online sul sito «jamanetwork.com», si veda: https://jamanetwork.com/journals/jamapsychiatry/fullarticle/481699 – ultimo accesso verificato: 10 novembre 2021); R. Stall, D. W. Purcell, *Intertwining epidemics: A review of research on substance use among men who have sex with men and its connection to the AIDS epidemic*, «AIDS and Behavior», Vol. 4, n. 2, gennaio 2001, pp. 181–192; R. Stall, J. P. Paul, G. Greenwood, L. M. Pollack, E. Bein, G. M. Crosby, T. C. Mills, D. Binson, T. J. Coates, J. A. Catania, *Alcohol use, drug use and alcohol-related problems among men who have sex with men: The Urban Men's Health Study*, «Addiction», Vol. 96, n. 11, novembre 2001, pp. 1589–1601 (Il testo dell'articolo è disponibile anche online sul sito «onlinelibrary.wiley.com», si veda: https://onlinelibrary.wiley.com/doi/abs/10.1046/j.1360-0443.2001.961115896.x?sid=nlm%3Apubmed – ultimo accesso verificato: 10 novembre 2021); S. E. Gilman, S. D. Cochran, V. M. Mays, M. Hughes, D. Ostrow, R. C. Kessler, *Risk of psychiatric disorders among individuals reporting same-sex sexual partners in a National Comorbidity Survey*, «American Journal of Public Health», Vol. 91, n. 6, giugno 2001, pp. 933–939 1601 (Il testo dell'articolo è disponibile anche online sul sito «ajph.aphapublications.org», si veda: https://ajph.aphapublications.org/doi/pdf/10.2105/AJPH.91.6.933 – ultimo accesso verificato: 10 novembre 2021); A. F. Jorm, A. E. Korten, B. Rodgers, P. A. Jacomb, H. Christensen, *Sexual orientation and mental health: Results from a community survey of young and middle-aged adults*, «British Journal of Psychiatry», Vol. 180, n. 1, Maggio 2002, pp. 423–427 (https://www.cambridge.org/core/services/aop-cambridge-core/content/view/A01146646C789E694AD9F100ADACF2F1/S0007125000160817a.pdf/div-class-title-sexual-orientation-and-mental-health-results-from-a-community-survey-of-young-and-middle-aged-adults-div.pdf – ultimo accesso verificato: 10 novembre 2021); K. Skegg, S. Nada-Raja, N. Dickson, C. Paul, S. Williams, *Sexual orientation and mental health*, «American Journal of Psychiatry», Vol. 160, n. 3, marzo 2003, p. 541 (https://ajp.psychiatryonline.org/doi/pdf/10.1176/appi.ajp.160.3.541 - ultimo accesso verificato: 10 novembre 2021); J. Warner, É. Mckeown, M. Griffin, K. Johnson, A. Ramsay, C. Cort, M. King, *Rates and predictors of mental illness in gay men, lesbians and bisexual men and women*, «British Journal of Psychiatry», Vol. 185, n. 6, 2004, pp. 479–485 (https://www.cambridge.org/core/journals/the-british-journal-of-psychiatry/article/rates-and-predictors-of-mental-illness-in-gay-men-lesbians-and-bisexual-men-and-women/EFCC9177FC0DF526E0279DAE050F9CDE – ultimo accesso verificato: 10 novembre 2021).

I risultati supportano prove recenti che suggeriscono che i giovani
gay, le giovani lesbiche, così come i giovani bisessuali siano esposti
ad un rischio maggiore di sviluppare alcuni problemi di salute
mentale [... compreso] il comportamento suicida ed altre tipologie
di disturbi.[36]

Theo Sandfort ed il suo gruppo di ricerca hanno scoperto, in base al loro studio
condotto nei Paesi Bassi, che:

I disturbi psichiatrici erano più diffusi tra le persone omosessuali
attive rispetto alle persone eterosessuali attive. Gli uomini
omosessuali hanno dimostrato di avere un numero maggiore di
disturbi dell'umore e dell'ansia nell'arco di un tempo pari a dodici
mesi, rispetto agli uomini eterosessuali [...]. La conclusione finale è
che i risultati supportano il presupposto secondo cui le persone con
comportamenti sessuali tra persone dello stesso sesso (SSA) siano
maggiormente esposte al rischio di sviluppare alcuni disturbi
psichiatrici.[37]

Incapaci di negare il peso delle prove, anche alcuni attivisti gay hanno ammesso
che «le persone LGBT, in confronto alla popolazione generale, soffrono di tassi più
elevati di ansia, depressione, nonché di malattie e di comportamenti correlati alla
depressione come l'abuso di alcool e di droghe».[38] Tuttavia, essi affermano che
questi problemi non siano causati dall'attività omosessuale oppure dalla SSA, bensì
dalla discriminazione e dall'omofobia messe in atto dalla società. Gli attivisti gay
non sono in grado, altresì, di citare qualsiasi supporto scientifico a tale genere di
argomentazione. Ancora una volta, questo non è un problema soltanto americano.
Theo Sandfort ha riscontrato gli stessi problemi nei Paesi Bassi, dimostrando che i

---

[36] D. Fergusson, L. J. Horwood, A. L. Beautrais, *Is sexual orientation related to mental health problems and suicidality in young people?*, pp. 876–880.

[37] T. G. M. Sandfort, R. de Graaf, R. V. Bijl, P. Schnabel, *Same-sex sexual behavior and psychiatric disorders: Findings from the Netherlands Mental Health Survey and Incidence Study NEMESIS*, pp. 85–91.

[38] E. Schlatter, R. Steinback, Southern Poverty Law Center, *10 anti-gay myths debunked. Battling the "homosexual agenda", the hard-line religious right has made a series of incendiary claims. But they're just not true*, «Intelligence Report», 27 febbraio 2010, p. 140 (https://www.splcenter.org/fighting-hate/intelligence-report/2011/10-anti-gay-myths-debunked - ultimo accesso verificato: 10 novembre 2021).

problemi persistevano «anche in un paese con un clima relativamente tollerante nei confronti dell'omosessualità».[39].

In effetti, la cultura gay potrebbe aver esacerbato in modo sostanziale i problemi psicologici degli uomini con SSA. Da una revisione di Gerald Schoenewolf dei casi-studio, è emerso che il «narcisismo di genere» rappresenta uno dei problemi che sembra essere più comune tra le persone con SSA:

> Un certo numero di omosessuali, sia maschi che femmine, aveva politicizzato i propri sentimenti nei confronti dell'omosessualità. Non soltanto il loro genere è stato idealizzato, ma anche la loro stessa omosessualità. Gli omosessuali, si diceva, erano più sensibili, più umani, più raffinati e più morali degli eterosessuali [...]. Alla base di questa semplice enormità c'era la rabbia narcisistica. Se io [il terapeuta] non rispecchiassi la loro idealizzazione, sperimenterei rapidamente questa rabbia sotto forma di diffamazione, di minaccia oppure di cessazione frettolosa del percorso terapeutico».[40].

Uno dei sintomi di questo narcisismo è rappresentato da «un bisogno di attenzione costante e di ammirazione».[41]. Michelangelo Signorile riferisce sui commenti di "Alex", il quale spiegò di esser finito in un sex club, non tanto perché fosse «arrapato», bensì «perché io avevo bisogno di attenzioni, conferme e – ricorda – ero stato di umore pessimo tutta la notte. Avevo bisogno di essere adorato perché mi sentivo ignorato. E se qualcuno adorasse il mio corpo, allora mi renderei conto di non essere poco attraente».[42].

Ancora una volta, anche alcuni attivisti hanno riconosciuto questa disfunzione psicologica, ma hanno tentato di farla sembrare positiva. Per esempio, Marshall Kirk e Hunter Madsen elaborarono un piano su come i gay avrebbero potuto cambiare la cultura politica nel loro libro *After the Ball: How American Will Conquer Its*

---

[39] T. G. M. Sandfort, F. Bakker, F. G. Schellevis, I. Vanwesenbeeck, *Sexual orientation and mental and physical health status: Findings from a Dutch population survey*, p. 1119.

[40] G. Schoenewolf, *Gender Narcissism and its Manifestation*, ebook online in forma gratuita (https://www.freepsychotherapybooks.org/ebook/gender-narcissism-and-its-manifestations/ - ultimo accesso verificato: 10 novembre 2021).

[41] American Psychiatric Association, *Diagnostic and Statistical Manual-5* (Washington, Columbia: American Psychiatric Association Publishing, 2013), p. 670; Per l'edizione italiana del libro, si veda: Id., *Manuale diagnostico e statistico dei disturbi mentali: DSM-5* (Milano: Raffaello Cortina, 2014).

[42] M. Signorile, *Life outside: the Signorile report on gay men : sex, drugs, muscles, and the passages of life* (New York, N.Y.: Doubleday, 1997), p. 21.

Fear and Hatred of Gays in the '90s. Kirk e Madsen erano preoccupati per il comportamento scorretto all'interno della comunità gay, perché non avevano potuto fare a meno di notare che un numero significativo di uomini gay di loro conoscenza era estremamente egocentrico, scarsamente empatico, eccessivamente preoccupato per le apparenze, propenso a mentire e ad esporre con noncuranza i propri partner sessuali a malattie sessualmente trasmissibili (compreso, ovviamente, l'HIV), vale a dire: dimostrandosi perfettamente adatti a rivestire la descrizione clinica del narcisismo.[43]. La loro conclusione, espressa nelle seguenti parole, è alquanto eloquente:

> Sebbene nel "narcisismo" includiamo la "vanità", noi intendiamo anche qualcosa di più ampio e di più serio, del quale la vanità estetica è solamente un sintomo, vale a dire: un grado patologico di auto-assorbimento e di incapacità ad entrare in empatia con le preoccupazioni degli altri. Per molti, tutto questo fa parte di un modello molto ampio e radicato di atteggiamenti, valori e comportamenti distorti, che si traduce nell'incapacità cronica e permanente di procedere serenamente nel mondo definito, dai medici, come "disturbo della personalità".[44].

In sintesi, non esiste alcuna base per il mito che la SSA e l'attività omosessuale debbano essere considerate come sane. Al contrario, la scienza stabilisce che entrambi questi aspetti sono correlati a dei disturbi psicologici. La domanda, quindi, non è se sia più probabile che gli uomini immaturi e problematici si approfittino dei minori che sono intorno a loro oppure degli adulti vulnerabili. In questo caso, la risposta non può essere, infatti, che certamente affermativa. Piuttosto, la domanda deve essere se gli uomini che si auto-identificano come gay abbiano maggiori probabilità di essere degli individui immaturi e turbati e, quindi, maggiormente predisposti a sfruttare i ragazzi adolescenti che si trovano intorno a loro.

Poiché la SSA e l'attività omosessuale sono realtà disordinate, ne consegue necessariamente che è improbabile che gli uomini che si auto-identificano come gay siano in grado di impegnarsi in una vita casta; ed è altrettanto improbabile che essi limitino la loro attività sessuale alla masturbazione ed alla pornografia, che sono già di per sé dei gravi mali. Un uomo che non è in grado oppure non voglia riconoscere l'intrinseco disordine insito nell'attrazione sessuale per soggetti del suo stesso sesso,

---

[43] Cfr. M. Kirk, H. Madsen, *After the Ball: how America will conquer its fear and hatred of gays in the '90s* (New York, N.Y.: Doubleday, 1989).

[44] Ibid., p. 297.

è improbabile che possa essere in grado di sostenere e di seguire gli insegnamenti della Chiesa sulla sessualità oppure di utilizzare gli strumenti psicologici e spirituali disponibili per superare le tentazioni, generate nel pensiero e nell'azione, dalla sua SSA. In poche parole, se un uomo crede che la sua identità sia determinata dalla sua SSA e che tale sua SSA debba considerarsi come un "dono" di Dio, è molto probabile che creda anche che gli insegnamenti della Chiesa contro l'omosessualità debbano cambiare e che, un giorno, cambieranno.

Mito n. 4. Nessun collegamento con gli abusi sessuali su minori? La documentazione dice il contrario.

Un quarto mito appartenente alla cultura gay è quello secondo cui gli uomini gay non abbiano maggiori probabilità di sperimentare il sesso con minori.[45] Gli attivisti citano spesso due studi a sostegno di questa affermazione. Il primo è uno studio del 1994 di Carole Jenny e dei suoi collaboratori, che ha esaminato la documentazione medica di alcuni bambini valutati per abuso, provenienti da una clinica dedicata al recupero dei minori vittime degli abusi sessuali e dal pronto soccorso di un ospedale pediatrico. L'età media delle vittime era di 6,1 anni (duecentosei soggetti erano femmine e gli altri quarantadue erano maschi) e ne risultò che si presumeva che soltanto due degli autori del reato fossero omosessuali.[46] Questa conclusione riflette qualcosa di prevedibile da parte di un campione di bambini il cui abuso era stato scoperto relativamente poco dopo l'evento: le vittime sarebbero state prevalentemente ragazze abusate da qualcuno che conoscevano. Tale impostazione, infatti, non è rilevante per il problema degli abusi da parte del clero, dal momento che, per anni, pochissime fra le vittime degli abusi del clero hanno raccontato a qualcuno ciò che gli era successo.

L'altro studio, invece, risale al 1978. Nicholas Groth e Jean Birnbaum hanno intervistato un campione di centosettantacinque maschi condannati per violenza sessuale sui bambini ed hanno concluso che «l'omosessualità e la pedofilia

---

[45] G. Herek, *Facts about Homosexuality and child molestation*, «psychology.ucdavis.edu», s. d. (https://psychology.ucdavis.edu/rainbow/html/facts_molestation.html - ultimo accesso verificato: 10 novembre 2021).

[46] C. Jenny, T. Roesler, K. Poyer, *Are Children at Risk for Sexual Abuse by Homosexuals?*, «Pediatrics», Vol. 94, n. 1, 1994, pp. 41–44 (https://publications.aap.org/pediatrics/article-abstract/94/1/41/59154/Are-Children-at-Risk-for-Sexual-Abuse-by?redirectedFrom=fulltext – ultimo accesso verificato: 10 novembre 2021).

omosessuale possono essere reciprocamente» esclusive.[47]. Nessuno dei condannati per i reati contro i minori si è auto-identificato ai ricercatori come affetto da SSA. Tuttavia, uno studio del 1988 di Erickson ed altri, sui molestatori di bambini, ha prodotto risultati sorprendentemente diversi. In questo studio, «l'86% dei delinquenti contro i maschi si descrivevano come omosessuali oppure bisessuali».[48]. La differenza fra lo studio di Groth e quello di Erickson può risiedere nel cambiamento degli atteggiamenti pubblici, avvenuto tra il 1978 ed il 1988, tale da rendere più semplice l'ammissione, da parte dei trasgressori, delle loro preferenze omosessuali.

Gli attivisti gay si dimostrano ipocriti quando affermano che gli uomini gay non hanno più probabilità degli eterosessuali di fare sesso con minorenni, dal momento che alcuni noti attivisti gay, come *Larry Kramer*, hanno scritto in merito al fatto di avere, da minorenni, avuto anche dei rapporti sessuali con adulti:

> Nei casi in cui i bambini fanno sesso con soggetti omosessuali più grandi di loro, siano essi i loro insegnanti oppure chiunque altro, ci tengo a sottolineare che spesso, anzi molto spesso, il bambino desidera l'attività, e forse anche la sollecita, o a causa di una naturale curiosità che si svilupperà (oppure che non si svilupperà) lungo queste linee, o perché lui (o lei) si percepisce come omosessuale e ne è cosciente in modo innato. Tutto ciò è lontano dal concetto di «adescamento» [...]. Ovviamente, esistono anche i casi in cui il bambino non è disposto all'attività sessuale e si configura, perciò, come una vittima di abuso sessuale, omosessuale oppure eterosessuale. Ma, così come nel caso dei bambini eterosessuali ansiosi di avere un'esperienza sessuale con una persona del sesso opposto, ci sono ragazzi che cercano, sollecitano ed acconsentono volontariamente ad avere rapporti sessuali con qualcuno dello stesso sesso. E, a differenza delle ragazze oppure delle donne costrette dallo stupro e traumatizzate, la maggior parte degli uomini gay ha ricordi affettuosi dei primi e precoci incontri sessuali; quando

---

[47] N. Groth, J. Birnbaum, *Adult sexual orientation and attraction to underage persons*, «Archives of Sexual Behavior», Vol. 7, n. 3, 1978, p. 175.

[48] W. D. Erickson, N. H. Walbek, R. K. Seely, *Behavior patterns of child molesters*, «Archives of Sexual Behavior», Vol. 17, n. 1, febbraio 1988, p. 83.

condividiamo queste storie tra di noi, esse sono regolarmente positive.[49].

Peggio ancora, Michelangelo Signorile, autore di *Life Outside*, si vanta della sua esperienza:

> Ci sono sempre stati giovani uomini più pronti di altri ad avere a che fare con il sesso; io, per esempio, ho fatto sesso a tredici anni con un uomo di trenta, non perché fossi stato costretto oppure fossi in cerca di una guida, ma perché ero attivamente in cerca di sesso, sapevo che l'uomo mi avrebbe accontentato ed ero, credo, abbastanza maturo per gestirlo.[50].

Gli uomini gay hanno maggiori probabilità di essere stati molestati sessualmente da ragazzi e di avere sperimentato altre forme di disgregazione familiare, di abuso e di trauma.[51]. Si dovrebbe notare che i molestatori di bambini furono, spesso, essi stessi vittime di abuso sessuale durante l'infanzia (CSA). Gli uomini gay, che sono stati vittime di CSA, hanno più probabilità degli uomini eterosessuali di vedere positivamente quell'esperienza; potrebbero non rendersi conto del danno causato da quelle esperienze.[52]. Avere una storia di CSA è stato considerato come un fattore collegato all'aumento del rischio di contrarre l'infezione da HIV.[53]. Secondo un opuscolo del *Center for AIDS Prevention Studies*: «gli adulti che percepiscono aspetti positivi della propria esperienza di CSA (come, per esempio, l'effetto di attirare l'attenzione) possono anche utilizzare il sesso come strategia calmante oppure

---

[49] L. Kramer, *Report from the Holocaust: the making of an AIDS activist* (New York, N.Y.: St. Martin's Press), pp. 234–235.

[50] M. Signorile, *Life outside: the Signorile report on gay men : sex, drugs, muscles, and the passages of life*, p. 288.

[51] L. S. Doll, D. Joy, B. N. Bartholow, J. S. Harrison, G. Bolan, J. M. Douglas, L. E. Saltzman, P. M. Moss, W. Delgado, *Self-reported childhood and adolescent sexual abuse among adult homosexual and bisexual men*, «Child Abuse and Neglect», Vol. 16, n. 6, novembre-dicembre 1992, pp. 855–864 (https://www.sciencedirect.com/science/article/abs/pii/0145213492900878?via%3Dihub – ultimo accesso verificato: 10 novembre 2021).

[52] Ibid.

[53] M. J. Mimiaga, E. Noonan, D. Donnell, A. S. Safren, C. K. Koenen, S. Gortmaker, C. O'Cleirigh et alii, *Childhood sexual abuse is highly associated with HIV risk-taking behavior and infection among MSM in the EXPLORE Study*, «Journal of Acquired Immune Deficiency Syndrome», Vol. 51, n. 3, 2009, pp. 340–348 (https://journals.lww.com/jaids/Fulltext/2009/07010/Childhood_Sexual_Abuse_Is_Highly_Associated_With.15.aspx) – ultimo accesso verificato: 10 novembre 2021).

confortante, che può portare alla promiscuità e alla condivisione di modelli sessuali di carattere compulsivo».[54]. Mentre alcuni uomini gay possono vedere positivamente le esperienze dell'infanzia, gli MSM che hanno testimoniato di aver subìto abusi sessuali avevano maggiori probabilità di (1) essere sieropositivi; (2) di intrattenere sesso in cambio di denaro; e (3) di utilizzare regolarmente delle droghe legate all'attività sessuale.[55].

Si può ragionevolmente presumere che la maggior parte del clero cattolico che abbia la SSA non lo rivelerebbe apertamente, anche se ci sono delle eccezioni. Per esempio, il famigerato Paul Shanley, un prete sconsacrato che venne condannato per abusi sui bambini, apertamente identificato con la cultura gay, ha rifiutato pubblicamente l'insegnamento della Chiesa sull'omosessualità promuovendo «l'amore fra gli uomini e i ragazzi».[56].

Il dottor Richard Fitzgibbons, che ha consigliato molti sacerdoti che hanno abusato sessualmente di bambini, confuta l'affermazione secondo la quale gli uomini che abusano di bambini non sono realmente gay poiché non avevano avuto, in precedenza, relazioni omosessuali anche con adulti: « […] ogni sacerdote che ho curato e che aveva avuto rapporti sessuali con bambini era stato precedentemente coinvolto in alcune relazioni omosessuali da adulto».[57]. Un altro esempio degli effetti della cultura gay è riportato da Kevin Killian, il quale ha scritto un contribuito all'interno di un'antologia sul pensiero degli uomini gay riguardo alla religione. Egli raccontò di come i frati del suo collegio se lo "passassero":

> Questo era il dilemma di Jim – quando aspetti un ragazzo perfetto,
> la vita è dura. Quindi si scambiavano i ragazzi. Sperando di farlo
> sempre, immagino.

---

[54] Center for AIDS Prevention Studies Brochure (fonte posseduta da chi scrive); Altre fonti prodotte dal Centro si possono trovare all'indirizzo web: https://prevention.ucsf.edu/about/caps/caps-mission - ultimo accesso verificato: 10 novembre 2021.

[55] D. J. Brennan, W. L. Hellerstedt, M. W. Ross, S. L. Welles, *History of childhood sexual abuse and HIV behaviors in homosexual and bisexual men*, «American Journal of Public Health», Vol. 97, n. 6, giugno 2007, pp. 1107–112 (https://www.ncbi.nlm.nih.gov/pmc/articles/PMC1874190/) – ultimo accesso verificato: 10 novembre 2021).

[56] P. Belluck, *Boston Diocese Protected Priest Long Linked to Abuse*, «New York Times», 9 aprile 2002 (https://www.nytimes.com/2002/04/09/us/boston-diocese-protected-priest-long-linked-to-abuse.html - ultimo accesso verificato: 10 novembre 2021).

[57] *Cardinal Bertone correct in linking clerical sex abuse and homosexuality, says psychiatrist*, «Catholic News Agency», 22 aprile 2010 (https://www.catholicnewsagency.com/news/cardinal_bertone_correct_in_linking_clerical_sex_abuse_and_homosexuality_says_psychiatrist - ultimo accesso verificato: 10 novembre 2021).

"Non scambiarmi", lo supplicai.

"Oh mai", rispose [...]

Quanto a te, fratello Jim, che fine aveva fatto quel "mai"? Dicesti che non mi avresti "mai" scambiato, eppure appena ebbi compiuto i diciassette anni di età, ero già diventato inutile per te».[58].

Presto Kevin si rese conto che egli veniva «passato in giro come un piatto di tartine ad un cocktail party». Voleva di più: «Dopo un po' i frati non erano più all'altezza delle aspettative. Cerchi qualcosa di più forte, qualcosa che ti ci faccia arrivare davvero [...]. A quel punto, vuoi un sacerdote».[59].

Quando scoppiò lo scandalo degli abusi sessuali, Kevin non perseguì il suo caso, ma pensando alla propria esperienza riconobbe che, sebbene all'epoca fosse stato un partecipante consenziente dell'atto, egli era stato sfruttato:

Disilluso ed avvilito, ho cominciato a leggere i capricci di questi uomini non come delle stranezze isolate, bensì come i segni di un sistema più ampio, nel quale il piacere, il desiderio infinitamente soddisfatto ha più valore [...]. Oh, come invidiavo il loro privilegio, la loro imperturbabile disinvoltura: i finocchi della Chiesa. Se erano isolati come dicevano, non lo erano abbastanza. Se le loro vite amorose erano pericolose, sicuramente sarebbero sempre state protette dalla gerarchia che li circondava. Ricordo un monaco che era stato mandato via anni prima per un ritiro speciale a Taos e disse, *non volevo dover tornare indietro e vedere i ragazzi. Ma poi sono voluto tornare, dovevo conoscerti, Kevin*.[60].

Sebbene non tutti i sacerdoti con la SSA abusino dei minori, una percentuale significativa di essi presenta comunque dei problemi che potrebbero renderli meno capaci di resistere alla tentazione di sfruttare la disponibilità dei ragazzi adolescenti. Inoltre, il clero che si auto-identifica come omosessuale è più propenso a rifiutare gli insegnamenti della Chiesa sulla sessualità e questo può portare ad un atteggiamento permissivo nei confronti delle offese sessuali da parte dei compagni di fede. Una volta che una persona rifiuta la legge morale in un campo, diventa più

---

[58] K. Killian, *Chain of Fools*, in B. Bouldrey (a cura di), *Wrestling with the Angel: faith and religion in the lives of gay men* (New York, N.Y.: Riverhead Books, 1995), pp. 117–139

[59] Ibid., p. 138.

[60] Ibid., p. 127.

facile rifiutarla anche negli altri campi. Sembrerebbe ipocrita, quindi, sostenere che il clero con la SSA non rappresenti una parte significativa del problema. I sacerdoti non perseverano nel loro impegno ai voti di castità, perché mancano di adeguate opportunità. Se questo clero oltraggioso fosse stato attratto sessualmente dalle donne, rimane comunque una tragica realtà che non avrebbe avuto alcuna difficoltà a trovare donne disposte ad intrattenere rapporti sessuali.

Il *John Jay report* preparato per i vescovi considera soltanto le vittime di diciotto anni oppure più giovani[61], anche se i rapporti sessuali tra un sacerdote e qualsiasi altra persona di qualsiasi sesso oppure età rappresenta l'abuso di un rapporto di fiducia. I ricercatori hanno esaminato gli schedari del clero accusato ed hanno scoperto che nei registri di 1.400 fra questi, vi erano contenute anche segnalazioni di altri problemi. Per esempio, il 5,8% degli schedari conteneva la segnalazione di un problema di «sesso con donne adulte» e il 7,3% (centosessantaquattro trasgressori) di «sesso con uomini adulti». Questo significa che, dei reati sessuali di cui erano conoscenza i superiori, il 40% era stato attuato con femmine ed il restante 60% con maschi[62]. Non esiste alcun modo di sapere se queste proporzioni siano rappresentative dell'attività del clero oltraggioso. Tuttavia, poiché la proporzione tra uomini eterosessuali ed uomini con la SSA, generalmente, si attesta ad un rapporto del 97% al 3%, ciò suggerirebbe che i trasgressori ecclesiastici sono attratti in modo sproporzionato dallo stesso sesso e che almeno centosessantaquattro dei trasgressori erano stati impegnati sessualmente con degli uomini adulti.

Il dottor Richard Fitzgibbons e Peter Rudegeair, hanno consigliato diversi uomini con la SSA (compresi alcuni membri del clero) ed hanno affermato che:

> Nel trattare i preti che hanno avuto esperienze di pedofilia ed efebofilia [attrazione per i ragazzi adolescenti] abbiamo osservato che questi uomini, quasi senza alcuna eccezione, hanno sofferto di una negazione del peccato nelle loro vite. Essi non erano disposti ad ammettere e ad affrontare il profondo dolore emotivo che avevano provato durante l'infanzia; la solitudine che spesso ha caratterizzato la relazione con il padre; il rifiuto dei compagni, la mancanza di fiducia maschile, il brutto aspetto, la tristezza ed, infine, la rabbia. Questa rabbia, che proveniva il più delle volte dalle numerose delusioni e dalle molteplici ferite ricevute dai loro coetanei e/o dai loro padri, risultava essere spesso diretta verso la Chiesa, il Santo

---

[61] Cfr. *John Jay College, The Nature And Scope Of Sexual Abuse Of Minors By Catholic Priests And Deacons In The United States 1950-2004.*

[62] Cfr. Ibid.

Padre e le altre autorità religiose. Rifiutando gli insegnamenti della Chiesa relativamente alla morale sessuale, questi uomini adottarono, per la maggior parte, un'etica sessuale di natura utilitaristica che il Santo Padre ha così brillantemente criticato nel suo libro *Amore e responsabilità*. Essi sono arrivati ad interpretare il proprio piacere come il fine più alto della loro vita ed hanno utilizzato gli altri, inclusi gli adolescenti ed i bambini, come oggetti sessuali. Si sono costantemente rifiutati di esaminare le proprie coscienze, di accettare gli insegnamenti della Chiesa in merito alle questioni morali come una salda guida per le loro azioni personali, oppure di servirsi regolarmente del sacramento della penitenza. Questi sacerdoti rifiutavano di cercare l'assistenza spirituale oppure scelsero un direttore spirituale od un confessore che si ribellasse apertamente agli insegnamenti della Chiesa relativamente alla sessualità. Tragicamente, questi errori hanno permesso a questi uomini di giustificare i loro comportamenti.[63].

La domanda, quindi, non è se gli uomini immaturi e problematici hanno maggiori probabilità di approfittare dei ragazzi adolescenti che li circondano. In questo caso, la risposta non potrebbe essere altrimenti che affermativa. Piuttosto, le domande sono se gli uomini che si auto-identificano come gay hanno maggiori probabilità di essere immaturi e turbati e di approfittare, quindi, dei ragazzi adolescenti; se gli uomini che si auto-identificano come gay sono impegnati in un celibato casto oppure pensano che sia sufficiente limitare la loro attività sessuale alla masturbazione, alla pornografia e alle relazioni con uomini di età superiore ai diciotto anni; se riconoscono che la loro attrazione per lo stesso sesso (SSA) è intrinsecamente disordinata; se sostengono gli insegnamenti della Chiesa sulla sessualità ed utilizzano tutti gli strumenti psicologici spirituali disponibili per superare le tentazioni nel pensiero e nell'azione; oppure se credono che la loro identità gay debba considerarsi come un "dono" di Dio e che gli insegnamenti della Chiesa dovrebbero cambiare e cambieranno.

---

[63] R. Fitzgibbons, P. Rudegeair, *A Letter to the Catholic Bishops*, «bishop-accountability.org», 29 maggio 2002 (https://www.bishop-accountability.org/news/2002_05_29_Fitzgibbons_AnOpen.htm - ultimo accesso verificato: 10 novembre 2021).

III. La morale dell'omosessualità.

Kirk e Madsen, nel tentativo di trovare un modo per rendere accettabile la cultura gay al grande pubblico, hanno riconosciuto il problema della moralità dell'omosessualità. Una volta che un uomo gay ha respinto il giudizio della società contro gli atti omosessuali, risulta più facile, per lui, rifiutare anche gli altri princìpi morali: «[...] se accettare oppure rifiutare parti della moralità dipende da te, quindi accettare oppure rifiutare il tutto dipende da te [...]. Rifiutare la moralità lascia l'apostata senza indiscutibili doveri ed i doveri dovrebbero costringere il suo comportamento».[64]. Il risultato è stata una paura ad emettere qualsiasi giudizio di valore:

> Più il comportamento era oltraggioso, più veniva visto come una celebrazione delle nostre straordinarie sensibilità e cultura; meno era difendibile dal punto di vista etico, meno uno doveva sentirsi autorizzato a parlare contro di esso senza almeno sentirsi accusato di aver tentato di resuscitare lo spauracchio della "morale tradizionale".[65].

Oltre a Kirk e Madsen, altri apologeti della cultura gay, tra cui Larry Kramer, Gabriel Rotello, Michelangelo Signorile e Randy Shilts, hanno riconosciuto che c'è qualcosa di disordinato nella «fratellanza della promiscuità». Pur affermando ancora la cultura gay, essi hanno cercato di incoraggiare la moderazione e la responsabilità finendo per essere diffamati a causa di ciò.

Nella loro difesa della cultura gay, essi potrebbero non riconoscere come le prime esperienze sessuali distorcano la capacità degli uomini di fare delle scelte sagge. Per esempio, Larry Kramer ha confessato di non aver protetto i suoi partner sessuali:

> Il dolce ragazzo che non sapeva nulla ed era in soggezione nei miei confronti. Ero il primo uomo che lo aveva scop***. Penso di averlo ucciso. Il vecchio fidanzato che non voleva venire a letto con me e io l'ho costretto. L'uomo da cui mi sono lasciato scop*** perché stavo cercando di far ingelosire il mio fidanzato di allora, adesso amante [...]. Non ti è mai venuto in mente che usare il preservativo

---

[64] M. Kirk, H. Madsen, *After the Ball: how America will conquer its fear and hatred of gays in the '90s,* p. 295.

[65] Ibid., p. 293.

equivaleva ad un pensiero intelligente che era almeno il caso di considerare? E tutti noi avremmo dovuto averlo dal primo giorno. Perché non l'abbiamo fatto? Questa domanda mi perseguita da molto tempo. Perché non l'abbiamo fatto? È incredibilmente egoista non aver almeno pensato a questa domanda[66].

IV. L'irresponsabilità dell'omosessualità.

Una grande differenza nella moralità sposata dalla cultura gay può essere vista nella sua risposta alla sindrome dell'HIV e dell'AIDS. Piuttosto che abbracciare gli standard delle strategie di salute pubblica, dettate dal buon senso, per fermare la diffusione di malattie infettive potenzialmente fatali, gli attivisti gay hanno invece difeso il diritto a perpetrare il loro comportamento sessualmente promiscuo[67].

L'AIDS non ha devastato la comunità gay per caso. Anche prima che il primo uomo gay si infettasse, questa comunità era nel bel mezzo di un'epidemia di malattie sessualmente trasmissibili. Era soltanto una questione di tempo prima che una malattia incurabile sfruttasse la popolarità del sesso anale con più partner nei bagni pubblici. Anche nel 1984, quando sembrava che l'infezione da HIV potesse essere fatale al 100% e gli uomini gay stavano andando incontro a morti orribili e dolorose, quando i funzionari della sanità pubblica suggerirono di chiudere i luoghi di ritrovo gay, essi si lamentarono in modo fermo e rumoroso. Quando i casi di AIDS sono comparsi in coloro che avevano ricevuto le trasfusioni di sangue, gli attivisti gay hanno combattuto contro i regolamenti che avrebbero vietato ai soli uomini gay di donare il sangue. Quando era disponibile un test per l'HIV, gli attivisti gay hanno combattuto l'obbligatorietà del test per le popolazioni a rischio.

Dopo anni di tentativi e fallimenti nella prevenzione di nuove infezioni da HIV, gli esperti si resero conto che avevano a che fare con una sindemia[68]: ossia, da diversi problemi epidemici che colpivano le stesse comunità, ciascuno non aumentando semplicemente il problema, ma peggiorando gli altri. Tentare di curare

---

[66] Cfr. L. Kramer, *The Tragedy of Today's Gays* (New York, N.Y.: Jeremy P. Tarcher & Penguin Books, 2005).

[67] R. Shilts, *And the band played on: politics, people, and the AIDS epidemic*, p. 18.

[68] La sindemia è definita come «l'insieme di problemi di salute, ambientali, sociali ed economici prodotti dall'interazione sinergica di due o più malattie trasmissibili e non trasmissibili, caratterizzata da pesanti ripercussioni, in particolare sulle fasce di popolazione svantaggiata» [*Sindemia*, «Vocabolario Treccani», Vol. Neologismi, 2020 (https://www.treccani.it/vocabolario/sindemia_%28Neologismi%29/ - ultimo acceso verificato: 10 novembre 2021)].

un fattore della sindemia senza indirizzare gli altri non è risultato utile. La sindemia si compone di diversi fattori come: i contagi con le altre malattie sessualmente trasmissibili, un uso indiscriminato di droghe e alcool durante il sesso, una documentata serie di casi degli abusi sessuali infantili e di altri traumi, di dipendenza sessuale, di disturbi ossessivi ed, infine, di disturbi psicologici (come, per esempio, la depressione e gli istinti suicidi).

Problemi di salute psicosociale che creano dipendenza - altrimenti noti, collettivamente, come sindemia - esistono tra MSM urbani e l'interconnessione di questi problemi amplifica gli effetti dell'epidemia di HIV e di AIDS in questa popolazione. Varianti di questa domanda sono state testate empiricamente fin dai primissimi giorni dell'epidemia di HIV ed AIDS, in quella sostanziosa letteratura attualmente esistente sulla relazione tra l'HIV e l'AIDS e: l'uso di sostanze stupefacenti.[69], la depressione.[70], gli abusi sessuali

---

[69] Susan Cochran, C. Keenan, C. Schober, V. M. Mays, *Estimates of alcohol use and clinical treatment needs among homosexually active men and women in the US population*, «Journal of Consulting Clinical Psychology», Vol. 68, n. 6, dicembre 2000, pp. 1062–1071 (https://www.ncbi.nlm.nih.gov/pmc/articles/PMC4197972/ – ultimo accesso verificato: 10 novembre 2021); D. J. McKirnan, P. L. Peterson, *Alcohol and drug use among homosexual men and women: Epidemiology and population characteristics*, «Addictive Behavior», Vol. 14, n. 5, 1989, pp. 545– 543 (https://www.sciencedirect.com/science/article/abs/pii/0306460389900750?via%3Dihub – ultimo accesso verificato: 10 novembre 2021); R. Stall, J. P. Paul, G. Greenwood, L. M. Pollack, E. Bein, G. M. Crosby, T. C. Mills, D. Binson, T. J. Coates, J. A. Catania, *Alcohol use, drug use and alcohol-related problems among men who have sex with men: the Urban Men's Health Study*, «Addiction», Vol. 96, n. 11, novembre 2001, pp. 1589–1601 (https://onlinelibrary.wiley.com/doi/epdf/10.1046/j.1360-0443.2001. 961115896.x – ultimo accesso verificato: 10 novembre 2021); R. Stall, D. W. Purcell, *Intertwining epidemics: A review of research on substance use among men who have sex with men and its connection to the AIDS epidemic*, «AIDS and Behavior», Vol. 4, n. 2, gennaio 2001, pp. 181– 192.

[70] T. G. M. Sandfort, R. de Graaf, R. V. Bijl, P. Schnabel, *Same-sex sexual behavior and psychiatric disorders: Findings from the Netherlands Mental Health Survey and Incidence Study NEMESIS*, pp. 85–91; J. A. Ciesla, J. E. Roberts, *Meta-analysis of the relationship between HIV infection and risk for depressive disorders*, «The American Journal of Psychiatry», Vol. 158, n. 5, maggio 2001, pp. 725–730 (https://ajp.psychiatryonline.org/doi/10.1176/appi.ajp.158.5. 725?url_ver=Z39.88-2003&rfr_id=ori:rid:crossref.org&rfr_dat=cr_pub%20%200pubmed – ultimo accesso verificato: 10 novembre 2021); D. Frost, J. Parsons, J. Nanin, *Stigma, Concealment, and Symptoms of Depression as Explanations for Sexually Transmitted Infections among Gay Men*, «Journal of Health Psychology», Vol. 12, n. 4, luglio 2007, pp. 636–640 (https://journals.sagepub.com/doi/10.1177/1359105307078170?url_ver=Z39.88-

infantili.[71] e la violenza.[72]. La nostra analisi estende questa letteratura per dimostrare che la connessione tra questi problemi sanitari epidemici e l'HIV e l'AIDS risulta essere molto più complessa di una relazione 1 ad 1; piuttosto, è l'interazione additiva di questi problemi di salute ad amplificare la vulnerabilità di una popolazione nei confronti di gravi problemi di salute come quelli dell'HIV e dell'AIDS.[73].

Gli esperti che cercano di prevenire la diffusione dell'HIV hanno scoperto che gli MSM, che erano state vittime di CSA, hanno maggiori probabilità di diventare

2003&rfr_id=ori:rid:crossref.org&rfr_dat=cr_pub%20%200pubmed – ultimo accesso verificato: 10 novembre 2021).

[71] C. Di Iorio, T. Hartwell, N. Hansen, *Childhood sexual abuse and risk behaviors among men at high risk for HIV infection*, «The American Journal of Public Health», Vol. 92, n. 2, febbraio 2002, pp. 214–219 (https://ajph.aphapublications.org/doi/10.2105/AJPH.92.2.214 – ultimo accesso verificato: 10 novembre 2021); D. J. Brennan, W. L. Hellerstedt, M. W. Ross, S. L. Welles, *History of childhood sexual abuse and HIV risk behaviors in homosexual and bisexual men*, «American Journal of Public Health», Vol. 97, n. 6, giugno 2007, pp. 1107–1112 (https://www.ncbi.nlm.nih.gov/pmc/articles/PMC1874190/ – ultimo accesso verificato: 10 novembre 2021).

[72] G. L. Greenwood, M. V. Relf, B. Huang, L. M. Pollack, J. A. Canchola, J. A. Catania, *Battering victimization among a probability-based sample of men who have sex with men*, «American Journal of Public Health», Vol. 92, n. 12, dicembre 2002, pp. 1964–1969 (https://ajph.aphapublications.org/doi/10.2105/AJPH.92.12.1964 – ultimo accesso verificato: 10 novembre 2021); P. Jaden, N. Thinness, C. J. Allison, *Comparing violence over the life span in samples of same-sex and opposite-sex cohabitants*, «Violence and Victims», Vol. 14, n. 4, 1999, pp. 413–425 (http://www.therapyequality.org/apareport/static/55efa8b5e4b0c21dd4f4d8ee/t/58954d57f5e231d9df030bfb/1486179684540/ContentServer%20(71).pdf – ultimo accesso verificato: 10 novembre 2021); L. K. Burke, D. R. Flagstad, *Violence in lesbian and gay relationships: Theory, prevalence, and correlation factors*, «Clinical Psychology Review», Vol. 19, n. 5, agosto 1999, pp. 487–512 (https://sciencedirect.com/science/article/abs/pii/S0272735898000543 – ultimo accesso verificato: 10 novembre 2021); J. M. Cruz, R. L Peralta, *Family violence and substance use: The perceived effects of substance use within gay male relationships*, «Violence and Victims», Vol. 16, n. 2, aprile 2001, pp. 161–172 (https://connect.springerpub.com/content/ sgrvv/16/2/161 – ultimo accesso verificato: 10 novembre 2021); K. H. Choi, D. Binson, M. Adelson, J. A. Catania, *Sexual harassment, sexual coercion, and HIV risk among US adults 18–49 years*, «AIDS and Behavior», Vol. 2, n. 1, 1998, pp. 33–40 (https://www.deepdyve.com/lp/springer-journals/sexual-harassment-sexual-coercion-and-hiv-risk-among-u-s-adults-18-49-uyLdnf1PiY – ultimo accesso verificato: 10 novembre 2021).

[73] R. Stall, T. C. Mills, J. Williamson, · T. Hart, G. Greenwood, J. Paul, L. Pollack, D. Binson, D. Osmond, J. A. Catania, *Association of co-occurring psychosocial health problems and increased vulnerability to HIV/AIDS among urban men who have sex with men*, «American Journal of Public Health», Vol. 93, n. 6, giugno 2003, pp. 941 (https://ajph.aphapublications.org/doi/10.2105/AJPH.93.6.939 – ultimo accesso verificato: 10 novembre 2021).

sieropositive, anche quando partecipano a programmi per prevenirne il contagio.[74]. Inoltre, è molto più probabile che gli uomini gay assumano comportamenti che li mettano a rischio di infezione di altre malattie sessualmente trasmissibili. Essi hanno una probabilità maggiore di quarantaquattro volte di diventare sieropositivi e quarantasei volte maggiore di contrarre la sifilide.[75]. Ciò suggerisce che gli uomini gay hanno maggiori probabilità di intraprendere comportamenti sessuali ad alto rischio senza considerarne debitamente le conseguenze.

Gli scienziati hanno compiuto notevoli progressi nel trattamento e nella prevenzione dell'HIV e dell'AIDS; eppure, ogni anno, vengono infettati ventitremila MSM. Se gli uomini gay dovessero usufruire delle terapie preventive, la malattia potrebbe essere debellata nell'arco di una generazione; invece gli uomini gay continuano ad intrattenere rapporti sessuali con i partner e rifiutano di responsabilizzarsi in merito alla diffusione di questa grave malattia.

V. L'immaturità affettiva dell'omosessualità.

Per ammettere al diaconato oppure all'ordinazione un candidato, la Chiesa deve verificare, tra l'altro, che tale candidato abbia raggiunto la maturità affettiva:

> il candidato al ministero ordinato, quindi, deve raggiungere la maturità affettiva. Tale maturità gli permetterà di relazionarsi correttamente sia con gli uomini, sia con le donne, sviluppando un vero senso di paternità spirituale verso la comunità ecclesiale che gli sarà affidata.[76].

---

[74] M. J. Mimiaga, E. Noonan, D. Donnell, A. S. Safren, C. K. Koenen, S. Gortmaker, C. O'Cleirigh et alii, *Childhood sexual abuse is highly associated with HIV risk-taking behavior and infection among MSM in the EXPLORE Study*, «Journal of Acquired Immune Deficiency Syndrome», Vol. 51, n. 3, 2009, pp. 340–348 (https://journals.lww.com/jaids/Fulltext/2009/07010/Childhood_Sexual_Abuse_Is_Highly_Associated_With.15.aspx – ultimo accesso verificato: 10 novembre 2021).

[75] Centers of Disease Control, *HIV among gay, bisexual and other men who have sex with men* (Dispensa del Centers of Disease Control, in possesso di chi scrive). Il documento è reperibile anche online: Id., *A Web-based Survey of HIV Testing and Risk Behaviors among Gay, Bisexual, and Other Men Who Have Sex with Men—United States, 2012*, «HIV Surveillance report. Special report», 2012-2017 (https://www.cdc.gov/hiv/pdf/library/reports/surveillance/cdc-hiv-hssr-whbs-msm-2012.pdf – ultimo accesso verificato: 10 novembre 2021).

[76] Congregation for Catholic Education, *Instruction Concerning the criteria for the discernment of Vocations with Regard to Persons with Homosexual Tendencies in View of Their admission to the Seminary and Holy Orders*

Questa regola riflette la convinzione che, per essere un sacerdote veramente sano e maturo – un uomo che possa essere Padre di tutti, un uomo che riesca ad irradiare una benevolente paternità – è necessario che egli raggiunga l'ordine psicologico interiore. Numerosi studi, ben strutturati, hanno scoperto che gli uomini gay hanno maggiori probabilità di soffrire di alcuni disturbi psicologici[77] e di avere «problemi con la figura paterna». Joseph Nicolosi, che ha lavorato con uomini che provavano attrazione per altri uomini, ha scoperto che molti di loro, quando erano dei bambini, avevano perso dei momenti di gioia condivisa, vale a dire: quei momenti in cui un padre ed un figlio si impegnano in un'attività che è reciprocamente piacevole[78]. Per esempio, quando il padre lancia suo figlio in aria. All'inizio il ragazzo è un po' spaventato, ma poi si rende conto che è al sicuro, che si sta divertendo, e vuole che l'attività si ripeta ancora ed ancora. La madre potrebbe obiettare: "Stai attento". Ma il padre la ignora. È in momenti come questi che il ragazzo muove i primi passi nel suo viaggio verso la virilità. Questa visione è coerente con le scoperte di Irving Bieber e dei suoi collaboratori, i quali hanno condotto uno studio precorritore e completo sugli uomini omosessuali in terapia concludendo «che un padre costruttivo, solidale ed affabile preclude la possibilità di avere un figlio omosessuale; esso agisce come agente protettivo neutralizzante se la madre assume atteggiamenti seduttivi oppure esageratamente vincolanti»[79].

Un uomo con la SSA può nutrire una rabbia significativa verso suo padre, che egli potrebbe ritenere deludente, e verso i suoi coetanei maschi, che lo hanno preso in giro, maltrattato oppure rifiutato. Questo può portare a sentimenti ambivalenti verso gli uomini, l'autorità in generale e l'autorità maschile in particolare.

Per essere sano e maturo, un sacerdote deve comprendere appieno cosa significhi essere un figlio, un fratello ed un padre. Deve aver attraversato con successo le fasi dello sviluppo psicosessuale oppure deve aver, comunque, superato con successo qualsiasi deficit si sia presentato durante la sua vita. Se la SSA nasce da bisogni insoddisfatti in un soggetto, quest'ultimo è disordinato nella sua stessa natura. Quando il prete cattolico acquisisce il titolo di "Padre", esso si pone come una immagine dei padri naturali e di Dio, il Padre per eccellenza, e perciò le

[77] Cfr. J. Satinover, *Homosexuality and the Politics of Truth*, pp. 181, 249.

[78] J. Nicolosi, *A Shared Delight*, «josephnicolosi.com», s. d. (https://www.josephnicolosi.com/a-shared-delight/ - ultimo accesso verificato: 10 novembre 2021).

[79] Irving Bieber, H. J. Dain, P. R. Dince, M. G. Drellich, H. G. Grand, R. H. Gundlach, M. W. Kremer, A. H. Rifkin, C. B. Wilbur, T. B. Bieber, *Homosexuality: A Psychoanalytical Study* (New York, N.Y.: Vintage Books, 1962), p. 311.

scorrettezze sessuali di qualsiasi tipo sono giustamente viste come incestuose e blasfeme:

> Il sacerdote è chiamato ad essere l'immagine vivente di Gesù Cristo, lo sposo della Chiesa [...] quindi, la vita del sacerdote deve irradiare questo carattere sponsale, che esige che sia testimone dell'amore sponsale di Gesù Cristo.[80].

Gli uomini con la SSA radicata «si trovano in una situazione che impedisce loro, gravemente, di relazionarsi in modo corretto con gli uomini e le donne».[81].

Inoltre, molti studi ben strutturati hanno scoperto che gli uomini con la SSA hanno più probabilità di essere affetti da diversi problemi psicologici, dall'abitudine all'abuso di sostanze e da problemi con l'autorità in generale. I preti che si identificano come gay sono radicalmente diversi dagli altri omosessuali? Hanno cercato la guarigione per le ferite dell'infanzia? Possono sostenere i sacrifici necessari di un uomo chiamato ad essere "Padre" della sua comunità? Riusciranno a resistere alla tentazione che deriva dalla stretta vicinanza dei ragazzi adolescenti?

Vi sono, ad ogni modo, membri del clero che, pur avendo sperimentato la SSA, hanno resistito alle tentazioni, hanno cercato la guarigione attraverso la consulenza e la direzione spirituale, ed hanno scelto di vivere come sacerdoti casti; ma tali uomini hanno smesso di identificarsi come "gay".

Per quanto terribile sia un singolo caso di un prete che usa i bambini per gratificare le proprie pulsioni sessuali, i casi che coinvolgono bambini al di sotto degli undici anni rappresentano solo una piccola percentuale del problema. La maggior parte dei casi ha, invece, coinvolto sacerdoti che usavano gli adolescenti e i seminaristi per la propria gratificazione sessuale.[82]. Dobbiamo preoccuparci dei giovani uomini che hanno rifiutato l'omosessualità e che, perciò, potrebbero essere stati cacciati dai seminari oppure, peggio ancora, dalla Chiesa stessa, per volere dei molestatori gay. Anche se in molti paesi non è considerato un atteggiamento criminale che gli uomini utilizzino altri maschi per raggiungere la gratificazione sessuale se entrambi hanno superato l'età del consenso (ossia, che siano

---

[80] Cfr. Giovanni Paolo II (papa), *Pastores Dabo Vobis. Post-synodal apostolic exhortation to the bishops, clergy and faithful on the formation of priests in the circumstances of the present day.*

[81] Cfr. Congregation for Catholic Education, *Instruction Concerning the criteria for the discernment of Vocations with Regard to Persons with Homosexual Tendencies in View of Their admission to the Seminary and Holy Orders.*

[82] Cfr. John Jay College, *The Nature And Scope Of Sexual Abuse Of Minors By Catholic Priests And Deacons In The United States 1950-2004.*

maggiorenni) e siano, entrambi, in grado di fornire liberamente e volontariamente il consenso all'atto, tale pratica rappresenta un peccato mortale; e nel caso di un sacerdote, rappresenta un atto di incesto spirituale. Quando un prete si impegna in tali atti, vive nella menzogna. Comincia a razionalizzare le proprie azioni. Il suo impegno per le verità della fede inizia a sgretolarsi. Cambia il modo in cui guarda al peccato nel confessionale, nei suoi sermoni e nei suoi insegnamenti; e tale nuova prospettiva erode il suo apostolato.

Conclusione.

Come dimostra la ricerca discussa sopra, gli uomini con la SSA hanno più probabilità di essere stati vittime degli abusi sessuali e di soffrire di vari problemi psicologici. Anche se un uomo con la SSA dovesse resistere all'assunzione di un comportamento malevolo, pur continuando a considerare gli uomini come degli oggetti del desiderio, ciò minerebbe la sua fratellanza con gli altri preti. In seminario un uomo conosce i suoi fratelli sacerdoti; costruisce con loro amicizie destinate a durare nel tempo. È quasi impossibile per uomini sani e normali diventare "fratelli" con altri uomini che li considerano oggetti sessuali.

Sfortunatamente, molti sacerdoti, compresi i membri della gerarchia ecclesiastica, credono ad alcuni oppure a tutti i miti della cultura gay. Tuttavia, non possiamo aspettarci che l'abuso sessuale dei maschi da parte del clero finisca, finché la Chiesa non applicherà universalmente la sua saggia proibizione contro sia l'accettazione nei seminari, sia l'ordinazione religiosa di uomini attivamente omosessuali, vale a dire: di uomini con tendenze omosessuali profondamente radicate e di uomini che sostengono la cultura gay. L'educazione continua è necessaria, perché le statistiche sugli alti tassi delle vittime adolescenti maschili stanno ad indicare chiaramente che la Chiesa ha trascurato (e continua a trascurare) «le conseguenze negative che possono derivare dall'ordinazione di persone con tendenze omosessuali profondamente radicate».[83].

---

[83] Cfr. Congregation for Catholic Education, *Instruction Concerning the criteria for the discernment of Vocations with Regard to Persons with Homosexual Tendencies in View of Their admission to the Seminary and Holy Orders.*

Capitolo 4

La cattiva condotta sessuale del clero cattolico è correlata ai preti omosessuali?[1]

Reverendo Donald Paul Sullins, Ph.D.
The Catholic University of America

Introduzione: i *John Jay College Reports*.

Per molti cattolici americani, il 2018 sembrava essere un replay del 2002, quando l'ondata di accuse di cattiva condotta sessuale sui minori da parte del clero ha portato i vescovi ad adottare le politiche e le norme espresse nella *Carta per la protezione dell'infanzia e giovani adulti* (la cosiddetta "Carta" oppure "Carta di Dallas"). I titoli da prima pagina del 2018, indotti da un gran giurì della Pennsylvania, ed altri eventi che coinvolsero la gerarchia della Chiesa, hanno causato sorpresa, sgomento, frustrazione e rabbia tra molti cattolici, i quali credettero di essere stati fuorviati da sedici anni di rassicurazioni in merito al fatto che la Carta di Dallas aveva praticamente eliminato quella cattiva condotta.

In una certa misura, il senso di *déjà vu* smentiva la natura delle prove, poiché la maggior parte delle «nuove» rivelazioni erano, in realtà, riformulazioni di rivelazioni fatte a seguito della Carta di Dallas. Gran parte degli incidenti menzionati nel rapporto del gran giurì della Pennsylvania era già stata segnalata nel 2004, quando i vescovi degli Stati Uniti avevano pubblicato i risultati di una revisione nazionale *del John Jay College of Criminal Justice (John Jay)* sulla natura e sulla portata della cattiva

---

[1] Un'altra versione del materiale citato in questo capitolo è stata pubblicata in: D. P. Sullins (reverend), *Is Sexual Abuse by Catholic Clergy Related to Homosexuality?*, «National Catholic Bioethics Quarterly», Vol. 18, n. 4, Inverno 2018, pp. 671–967 (http://sullins.epizy.com/published%20articles/CSA1%20NCBQ%202019.pdf?i=1 – ultimo accesso verificato: 10 novembre 2021).

condotta sessuale del clero contro i minori nella Chiesa americana[2]. Tale rapporto (*JJR1*) ha rilevato che, dal 1950, oltre diecimila bambini, per lo più maschi, erano stati vittime della cattiva condotta sessuale di oltre quattromila sacerdoti cattolici. Tuttavia, gli autori avevano anche concluso, in modo rassicurante, che la cattiva condotta sessuale era un fenomeno transitorio che aveva raggiunto il picco negli anni Settanta e che si era, sostanzialmente, concluso nel 2004.[3].

Ciò che era nuovo nel 2018, quindi, non era principalmente l'incidenza della cattiva condotta dei sacerdoti, ma la rivelazione di un possibile modello di resistenza, minimizzazione, favoreggiamento e segretezza - un «insabbiamento» - da parte dei vescovi. La Carta del 2002 non aveva affrontato né riconosciuto la possibilità di un insabbiamento, un fallimento che sembrava confermare che la corruzione era arrivata ai vertici della Chiesa. Nella misura in cui i vescovi possono aver nascosto il comportamento scorretto dei sacerdoti, anche la Carta potrebbe aver coperto un comportamento episcopale scorretto. Il processo attuato dalla Carta stessa potrebbe essere stato contaminato oppure limitato dal desiderio dei vescovi di non affrontare fatti scomodi oppure imbarazzanti?

Parte della risposta a questa domanda risiede in un secondo rapporto (*JJR2*) che il *John Jay* ha pubblicato nel 2011 per affrontare le cause ed il contesto della cattiva condotta sessuale del clero.[4]. Gli autori del *JJR2* hanno concluso che la cattiva condotta non aveva alcuna relazione con l'omosessualità del clero, nonostante il fatto che l'81% delle vittime fossero minori di sesso maschile. Questo capitolo esamina criticamente le conclusioni del *JJR1* e del *JJR2* (collettivamente, i "*Rapporti*") secondo due domande: «La cattiva condotta sessuale da parte del clero cattolico è estremamente rara oggi rispetto ai decenni precedenti, come affermato

---

[2] John Jay College, *The Nature And Scope Of Sexual Abuse Of Minors By Catholic Priests And Deacons In The United States 1950-2004*, «bishop-accountability.org», 27 febbraio 2004 (http://www.usccb.org/issues-and-action/child-and-youth-protection/upload/The-Natureand-Scope-of-Sexual-Abuse-of-Minors-by-Catholic-Priests-and-Deacons-in-the-UnitedStates-1950-2002.pdf - ultimo accesso verificato: 10 novembre 2021).

[3] John Jay College, *The Nature And Scope Of Sexual Abuse Of Minors By Catholic Priests And Deacons In The United States 1950-2002 (2006)*, «bishop-accountability.org», marzo 2006 (https://www.bishop-accountability.org/reports/2006_03_John_Jay/Supplementary_ Data_ Analysis.pdf - ultimo accesso verificato: 10 novembre 2021).

[4] John Jay College, *The Causes and Context of Sexual Abuse of Minors by Catholic Priests in the United States*, 1950–2010 (2011), «bishop-accountability.org», 2011 (https://www.bishop-accountability.org/reports/2011_05_18_John_Jay_Causes_and_Context_Report.pdf   - ultimo accesso verificato: 10 novembre 2021).

nel *JJR1?*» ed «Essa è correlata all'omosessualità del clero, contrariamente a quanto sostenuto dai risultati del *JJR2?*».[5]

I. Dati e modalità di questo capitolo.

Questo capitolo si basa su quattro fonti primarie di dati (le "*Fonti*"):

1. Un censimento completo delle accuse di cattiva condotta sessuale contro il clero cattolico dal 1950, raccolte nel 2002 dal team del *John Jay College of Criminal Justice* ("*Dati JJR*") ai sensi della Carta di Dallas. Il presente studio esamina i dati sulle vittime, che facevano parte di un più ampio *corpus* di prove raccolte sugli autori, sui contesti istituzionali e sui profili psicologici e che, a loro volta, sono diventate la base dei due *Rapporti*. Tutte le diocesi degli Stati Uniti erano tenute a presentare i loro atti al *John Jay College of Criminal Justice*. I dati sono, quindi, molto completi; i dati combinati, tuttavia, anonimizzano sia la diocesi che l'autore, il che limita la loro utilità. Il file dei dati contiene informazioni su 10.667 casi di presunta vittimizzazione da parte di 4.262 autori dal 1950 al 2002.[6]. Il numero medio di vittime per ciascun molestatore è stato 2,5, oscillando tra 1 e 159. Centoquaranta sacerdoti (ossia, il 3,3% di tutti i molestatori) hanno abusato di dieci o più vittime ciascuno, coinvolgendo complessivamente 2.710 vittime, ossia il 25,4% delle vittime totali.

2. I rapporti di verifica sulle accuse di cattiva condotta sessuale oppure di semplice cattiva condotta raccolti annualmente, a partire dal 2004, dalla

---

[5] Per coerenza con l'utilizzo dei *Rapporti* e dei dati del sondaggio, questo capitolo utilizza la parola «omosessuale», piuttosto che l'espressione più precisa «attratto dallo stesso sesso», per designare uomini la cui attrazione oppure il cui orientamento sessuale predominante oppure esclusivo risulta essere indirizzato verso i soggetti maschili. Tutti gli uomini indicati come «omosessuali» in questo studio hanno riferito di avere una tale attrazione, possano essi identificarsi o meno, apertamente o privatamente, esplicitamente come «omosessuali».

[6] L'autore è grato alla dottoressa Margaret Leland Smith ed alla dottoressa Karen Terry del *John Jay College of Criminal Justice* per la gentile disponibilità di questo file di dati e per l'assistenza tecnica nel suo utilizzo. Inutile dire che esse non sono responsabili dell'interpretazione dei dati in questo rapporto oppure di eventuali errori ivi contenuti, che sono imputabili unicamente all'autore.

Conferenza dei vescovi cattolici degli Stati Uniti (la "USCCB").[7]. Nell'ambito della verifica sullo stato di avanzamento dell'attuazione della Carta, ogni relazione annuale include i risultati di un'indagine di supplemento sulle nuove accuse ("Audit Report") raccolte dal *Center for applied research in the apostolate* ("CARA"). Fino al 2017, le nuove accuse segnalate dal 2004 sono state 4.465. Il presente studio si avvale delle relazioni e dei grafici pubblicati; non ho avuto accesso ai dati effettivi.

3. Il rapporto del gran giurì statale della Pennsylvania in merito alle accuse di cattiva condotta sessuale contro i preti cattolici in sei diocesi della Pennsylvania ("*Dati GJR*"). Il rapporto di 1.233 pagine includeva un elenco di 564 pagine nelle quali venivano descritti dettagliatamente 924 incidenti di presunta cattiva condotta da parte di 263 sacerdoti dal 1924 al 2016. Come per i *Dati JJR*, un incidente può includere più vittime oppure più istanze di cattiva condotta di una sola vittima. Il numero medio di vittime per ogni molestatore è stato di 3,5, oscillando tra 1 e 27. Sedici sacerdoti (ossia, il 6,1% del totale dei molestatori) hanno colpito dieci o più vittime ciascuno, coinvolgendo complessivamente 275 vittime, ossia il 30% delle vittime totali. A differenza dei *Dati JJR* e dei rapporti di verifica, i *Dati GJR* identificavano gli autori, le diocesi e le parrocchie in cui si era verificato l'abuso, nonché il contesto dettagliato su ogni episodio di abuso. I *Dati GJR* includono anche le accuse di cattiva condotta sessuale verso gli adulti, che rappresentano l'8% delle accuse totali.

4. Un sondaggio, datato 2002, del *Los Angeles Times* sui preti cattolici ("*Dati LA Times*"). Spinto dallo scandalo allora in corso, il *Los Angeles Times* ha posto una serie completa di domande su questioni pertinenti ad un campione casuale di cinquemila sacerdoti cattolici. L'ampio campione è stato progettato, in parte, per compensare un previsto calo del tasso di risposta: infatti, soltanto 1.854 sacerdoti hanno risposto alle domande, ossia, il 37%: un valore basso ma comunque accettabile. Il margine di errore dovuto al campionamento per il sondaggio è più o meno tre punti percentuali. La metodologia del sondaggio, i risultati principali e le

---

[7] Secretariat of Child and Youth Protection, United States Conference of Catholic Bishops, *Annual Report on the Implementation of the Charter for the Protection of Children and Young People: 2017*, «usccb.org», maggio 2018 (http://www.usccb.org/issues-and-action/child-and-youth-protection/archives.cfm - ultimo accesso verificato: 10 novembre 2021).

conclusioni desunte sono stati pubblicati nel 2003 dal *Los Angeles Times*.[8] ed, inoltre, precedentemente discussi in modo approfondito nei libri di Andrew Greeley e Dean Hoge sui preti cattolici.[9].

Questo capitolo fa un uso particolare dei dati del *Los Angeles Times* in due importanti modi. In primo luogo, utilizza la distribuzione dell'età e dell'anno di ordinazione per controllare l'età effettiva durante l'esaminazione delle tendenze di cattiva condotta. L'età media al momento dell'ordinazione dei sacerdoti cattolici, e quindi l'età media complessiva, è aumentata significativamente nel corso del XX secolo. Nei dati del *Los Angeles Times*, l'età al momento dell'ordinazione è aumentata di oltre un decennio durante il periodo di questo studio: da 25,6 anni nel quinquennio 1941-1945 a 36,4 anni nel quinquennio 1996-2000. È importante adeguarsi all'aumento dell'età durante gli anni al fine di isolare qualsiasi effetto dei preti oppure delle sottoculture omosessuali. Senza tale adeguamento, se i preti più anziani avessero meno (oppure più) probabilità di maltrattare i minori, potrebbe sembrare che la cattiva condotta sia diminuita (oppure aumentata) a causa di preti omosessuali oppure a causa di altre tendenze mentre, in realtà, il cambiamento rifletterebbe semplicemente un invecchiamento della popolazione dei sacerdoti.

In secondo luogo, questo capitolo utilizza due domande sostanziali dei dati del *Los Angeles Times*: quella relativa all'orientamento sessuale e quella relativa alla presenza di sottoculture omosessuali in seminario. Il *Los Angeles Times* ha utilizzato una domanda sull'orientamento sessuale con una scala Kinsey modificata, ossia mantenendo soltanto cinque delle sette categorie di risposta originali di Kinsey. Questa domanda recitava: «Alcune persone pensano a se stesse come eterosessuali, mentre altre pensano a se stesse come omosessuali ed altre ancora sentono che il loro orientamento sessuale sta nel mezzo. Come definiresti il tuo orientamento sessuale?» Le possibili risposte erano: «Orientamento eterosessuale»; «Da qualche parte nel mezzo, ma più dal lato eterosessuale»; «Completamente nel mezzo»; «Da qualche parte nel mezzo, ma più dal lato omosessuale»; e «Orientamento omosessuale». I sacerdoti che hanno dato una delle ultime due risposte sono stati classificati, per questa analisi, come omosessuali. Il 15,2% dei sacerdoti intervistati

---

[8] Los Angeles Times Polls, *A Survey of Roman Catholic Priests in the United States and Puerto Rico (27 giugno – 11 ottobre 2002)*, «bishop-accountability.org», 20 ottobre 2002 (http://www.bishop-accountability.org/resources/resource-files/reports/LAT-PriestSurvey.pdf - ultimo accesso verificato: 10 novembre 2021).

[9] Cfr. A. M. Greeley, *Priests: A Calling in Crisis* (Chicago, Illinois: University of Chicago Press, 2004); Cfr. D. R. Hoge, J. E. Wenger, *Evolving Visions of the Priesthood: Changes from Vatican II to the Turn of the New Century* (Collegeville, Minnesota: Liturgical Press, 2003).

ha riferito di avere un orientamento omosessuale. Questo capitolo utilizza anche i dati relativi alla riposta all'altra domanda nel sondaggio del *Los Angeles Times,* la quale recitava: «Nel seminario che hai frequentato, c'era una sottocultura omosessuale al tempo?» Le possibili risposte erano: «Sicuramente», «Probabilmente», «Probabilmente no» e «Assolutamente no». Il presente studio ha considerato le prime due occorrenze come una risposta affermativa («Sì»). Un quarto dei sacerdoti (il 26,6%), nel complesso, ha risposto di sì; fra i sacerdoti ordinati di recente, tuttavia, il dato sale, attestandosi al 53%. Quest'ultima statistica è coerente con i risultati di un'indagine simultanea di Dean Hoge della *Catholic University of America*, che ha ottenuto il 55% di risposte positive, ad una identica domanda, tra i sacerdoti neo-ordinati.[10]

II. La cattiva condotta sessuale da parte del clero cattolico è estremamente rara oggi?

La cattiva condotta sessuale del clero cattolico rappresenta un'emergenza che appartiene ormai al passato oppure i dati che la riguardano oggi rappresentano, piuttosto, un reale motivo di preoccupazione per il futuro? I media popolari, spesso, presentano lo spettro dei preti cattolici pedofili come una minaccia persistente ed esclusiva per i bambini cattolici. Molti genitori, oggi, esprimono preoccupazione per la sicurezza dei propri figli nelle scuole cattoliche oppure nelle attività parrocchiali.

Coloro che cercano di difendere la Chiesa ed il suo clero spesso rispondono che quasi tutti i comportamenti scorretti segnalati sono avvenuti molto tempo fa e che, di conseguenza, la minaccia di cattiva condotta è oggi relativamente molto ridotta. «Quella è la Chiesa del passato», ha recentemente assicurato un vescovo della Pennsylvania. «Siamo diventati il posto più sicuro per i bambini…».[11]

Come mostrerò, la verità sull'attuale possibilità che un prete assuma una cattiva condotta sessuale giace da qualche parte tra queste due rappresentazioni contrastanti: da un lato le nefaste, dall'altro le rosee. Sul lato positivo, la cattiva condotta è, in ogni caso, molto meno frequente oggi rispetto alla metà degli anni Settanta. Sul lato negativo, invece, c'è da rilevare che la frequenza non è diminuita

---

[10] D. R. Hoge, J. E. Wenger, *Evolving Visions of the Priesthood: Changes from Vatican II to the Turn of the New Century,* pp. 101–102.

[11] D. Erdley, *Bishop Malesic: We've Become the Safest Place for Children,* «Pittsburgh Tribune Review», 9 agosto 2018 (https://triblive.com/local/westmoreland/13956848-74/weve-become-thesafest-place-for-children-that-i-know-of-greensburg - ultimo accesso verificato: 10 novembre 2021).

così tanto quanto potrebbe apparire a prima vista e che, comunque, negli ultimi due decenni risulta addirittura aumentata.

Le percentuali di incidenti riferite dal *JJR1*, rispetto alle rappresentazioni dei media, suggeriscono che l'alto tasso di cattiva condotta sessuale dei sacerdoti verso i minorenni ha rappresentato, in gran parte, un fenomeno temporaneo. I *dati JJR*, riportati nella Figura 1.[12], hanno mostrato che il numero annuale di episodi di cattiva condotta sessuale da parte dei sacerdoti durante il periodo di studio è aumentato costantemente fino a raggiungere un picco tra la fine degli anni Settanta e l'inizio degli anni Ottanta. per poi diminuire bruscamente dopo il 1985.[13]. Anche se riportano meno incidenti, i *dati GJR*, presentati nella Figura 2, mostrano un andamento quasi identico. In entrambi i gruppi di dati, a metà degli anni Novanta, la cattiva condotta era diminuita di oltre tre quarti dal suo picco; ed entro il 2002, quando la raccolta dei dati del *JJR* è terminata, gli episodi segnalati di cattiva condotta sessuale del clero erano più bassi che in qualsiasi altro momento dagli anni Cinquanta.

FIGURA 1 [*Figura 2.3.2 Distribuzione dei presunti incidenti di abuso, per data di prima istanza. Fonte: JJR1 p. 28*].

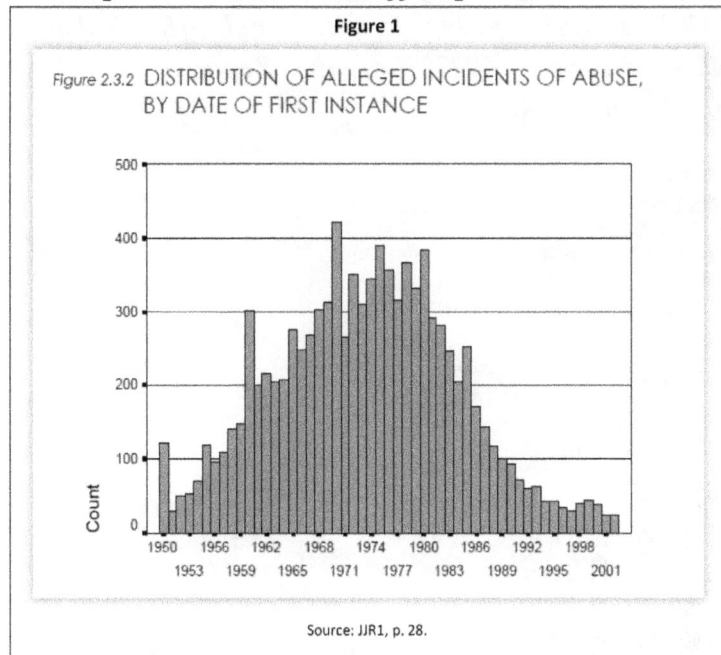

Figure 1

Figure 2.3.2 DISTRIBUTION OF ALLEGED INCIDENTS OF ABUSE, BY DATE OF FIRST INSTANCE

Source: JJR1, p. 28.

---

[12] John Jay College, *The Nature And Scope Of Sexual Abuse Of Minors By Catholic Priests And Deacons In The United States 1950-2004*, pp. 28–29 (Figure 2.3.1 e 2.3.2).

[13] John Jay College, *The Causes and Context of Sexual Abuse of Minors by Catholic Priests in the United States*, 1950–2010 (2011), p. 8.

FIGURA 2 [*Distribuzione dei presunti incidenti di abuso, per data di prima istanza. Fonte: Report del Gran giurì della Pennsylvania (2018).* Gli incidenti totali che potrebbero essere datati sono stati 797. Un incidente può coinvolgere più vittime].

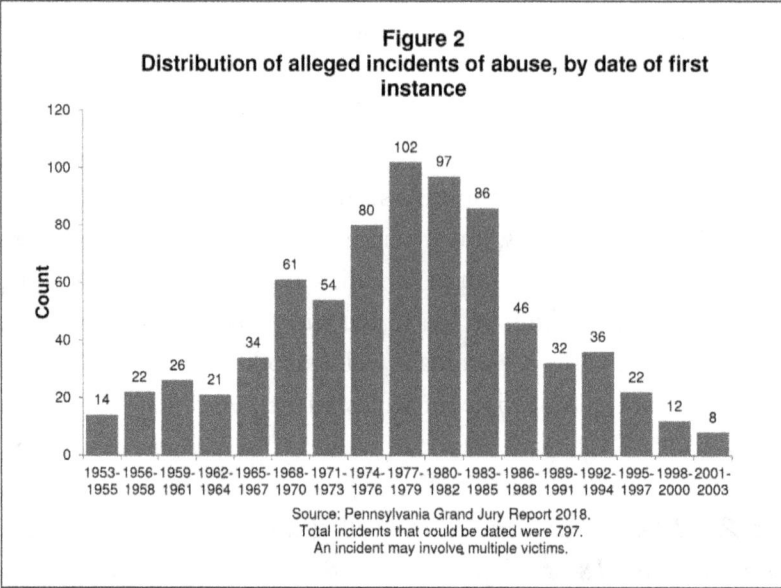

Figure 2
Distribution of alleged incidents of abuse, by date of first instance

Source: Pennsylvania Grand Jury Report 2018.
Total incidents that could be dated were 797.
An incident may involve multiple victims.

FIGURA 3 [*JJR più CARA in confronto con le accuse del GJR, 1950-2017. Fonte: John Jay College Reports, USCCB Audit Reports (CARA) e Pennsylvania Grand Jury Report 2018*].

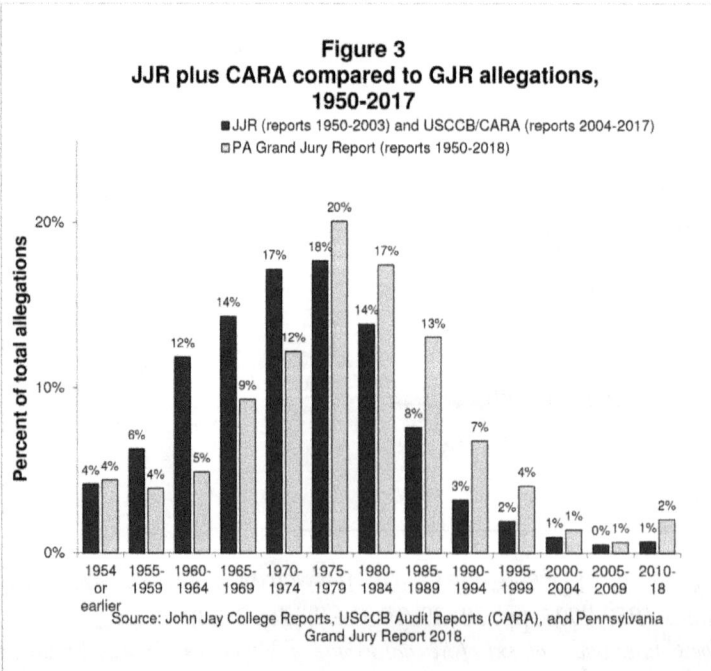

Figure 3
JJR plus CARA compared to GJR allegations, 1950-2017

Source: John Jay College Reports, USCCB Audit Reports (CARA), and Pennsylvania Grand Jury Report 2018.

La distribuzione delle accuse dal 2002 nelle relazioni di verifica e nei *dati GJR*, mostrati nella Figura 3, estendono questo modello fino al presente. Nei rapporti di verifica, solo 228 (4,2%) dei 5409 incidenti segnalati dal 2002 riguardavano comportamenti scorretti verificatisi dal 2000. Nei *dati GJR*, solo 23 incidenti (2,9% del totale) riguardava la cattiva condotta dal 2002, quando i vescovi statunitensi istituirono la Carta.

Concludere che il forte calo degli incidenti segnalati da queste fonti segnali un calo equivalente della cattiva condotta attuale, tuttavia, sarebbe altamente ingannevole. Il problema è che quasi tutte le accuse di cattiva condotta – il 91% nei *dati JJR*, il 79% nei *dati GJR* – sono retrospettive, la maggior parte con un coefficiente di decenni.[14] Mentre la distribuzione dei ritardi nelle accuse di cattiva condotta del passato riflettono, in parte, un periodo precedente relativamente stabile del picco di abuso, questo non implica nulla sui ritardi nelle future accuse di cattiva condotta. Ricerche sostanziali hanno scoperto che il ritardo della rivelazione in età adulta da parte dei bambini che furono vittime della cattiva condotta sessuale degli adulti è endemico. Un recente studio ha notato che «le ricerche passate ed i sondaggi nazionali indicano che il tasso di rivelazione degli abusi sessuali sui minori durante lo stesso periodo d'infanzia può oscillare fra il 16% ed il 25%».[15]. La rivelazione si verifica, spesso, agli inizi dell'età adulta (oppure, comunque, durante quest'ultima) a seguito di sollecitazioni provenienti da stimoli terapeutici oppure di carattere relazionale. I ritardi nella rivelazione sono più lunghi, in media, per le vittime di sesso maschile, per le vittime più grandi d'età e per le vittime degli abusi

---

[14] Si veda anche: M. Leland Smith, A. F. Rengifo, B. K. Vollman, *Trajectories of Abuse and Disclosure: Child Sexual Abuse by Catholic Priests*, «Criminal Justice and Behavior», Vol. 35, n. 5, 2008, pp. 570–582 (https://www.researchgate.net/publication/258129250_Trajectories_of_Abuse_and_Disclosure_Child_Sexual_Abuse_by_Catholic_Priests - ultimo accesso verificato: 10 novembre 2021).

[15] S. M. Tashjian, D. Goldfarb, G. S. Goodman, J. A. Quas, R. Edelstein, *Delay in Disclosure of Non-Parental Child Sexual Abuse in the Context of Emotional and Physical Maltreatment: A Pilot Study*, «Child Abuse and Neglect», Vol. 58, n. 1, agosto 2016, p. 150 (per il testo integrale online, si veda sul sito «academia.edu»: https://www.academia.edu/37249145/Delay_in_disclosure_of_non_parental_child_sexual_abuse_in_the_context_of_emotional_and_physical_maltreatment_A_pilot_study – ultimo accesso verificato: 10 novembre 2021); Si veda anche: R. McElvaney, *Disclosure of Child Sexual Abuse: Delays, Non-Disclosure and Partial Disclosure. What the Research Tells Us and Implications for Practice*, «Child Abuse Review», Vol. 24, n. 3, giugno 2013, pp. 159–169 https://www.researchgate.net/publication/259536092_Disclosure_of_Child_Sexual_Abuse_Delays_Non-disclosure_and_Partial_Disclosure_What_the_Research_Tells_Us_and_ Implications_for_Practice – ultimo accesso verificato: 10 novembre 2021).

non genitoriali: caratteristiche comuni, queste, a tutte le giovani vittime della cattiva condotta sessuale del clero.[16].

Nei *dati JJR*, i rapporti retrospettivi descrivono eventi accaduti in media 24,3 anni prima, con rapporti più recenti che guardano ancora più indietro nel tempo. Nei *dati GJR*, che contengono sedici anni di rapporti più recenti di JJR, i rapporti retrospettivi guardano indietro, in media, di 28,7 anni. Questo implica sia che la maggior parte delle segnalazioni di cattiva condotta riguardanti il tempo attuale non potrà essere calcolata se non attendendo un tempo di circa trent'anni, sia che un trend positivo sugli attuali casi di abuso – ossia, che presenti una loro diminuzione – potrebbe ragionevolmente essere non attendibile dal punto di vista fattuale. Per esaminare quanto grave possa essere questo pregiudizio, nella Figura 4 confronto le accuse che hanno riportato una cattiva condotta retrospettiva con quelle che hanno riportato una cattiva condotta contestuale nei *dati JJR*. Come suggerisce l'analisi di cui sopra, le accuse retrospettive sono chiaramente distorte a destra, diminuendo rapidamente a quasi nulla rispetto alle accuse contemporanee, che mostrano un calo più moderato. Questa distorsione retrospettiva fa anche sembrare che il picco della cattiva condotta si verifichi un po' prima delle accuse attuali.

FIGURA 4 [*Comparazione fra accuse di cattiva condotta retrospettive ed attuali per anno di denuncia dell'abuso, in percentuale. FONTE: John Jay Reports per le accuse dal 1950 al 2002 e il Report di verifica annuale dell'USCCB (CARA) per le accuse dal 2004 al 2017*].

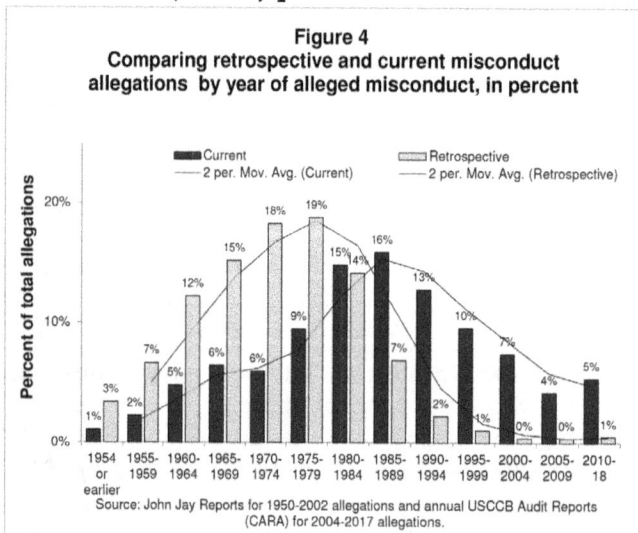

Figure 4
Comparing retrospective and current misconduct allegations by year of alleged misconduct, in percent

Source: John Jay Reports for 1950-2002 allegations and annual USCCB Audit Reports (CARA) for 2004-2017 allegations.

---

[16] S. M. Tashjian, D. Goldfarb, G. S. Goodman, J. A. Quas, R. Edelstein, *Delay in Disclosure of Non-Parental Child Sexual Abuse in the Context of Emotional and Physical Maltreatment: A Pilot Study*, p. 151.

La distribuzione retrospettiva mostrata nella Figura 4 indica che, dalla fine degli anni Settanta agli anni Duemila, c'è stato un calo dell'incidenza della cattiva condotta pari al 190% (dal 19% all'1%), mentre le accuse contestuali, dagli anni Ottanta alla fine degli anni Duemila, registrano un calo del 75% (dal 16% al 4%). Quale di questi due parametri è più plausibile? Per le accuse retrospettive, la distribuzione di accuse per anno è molto diversa dalla distribuzione delle accuse di cattiva condotta per anno, sollevando interrogativi sulla sensibilità delle accuse a fattori non associati direttamente alla cattiva condotta di per sé, come pubblicità, incentivi legislativi oppure finanziari, o il processo di scoperta terapeutica per gli adulti[17]. Per le accuse contestuali, queste preoccupazioni non vengono applicate, dal momento che la distribuzione della cattiva condotta e delle accuse sono precisamente identiche.

Le accuse contestuali sono plausibilmente legate a tendenze di cattiva condotta? *JJR2* ha concluso che l'aumento della cattiva condotta sessuale del clero negli anni Sessanta e Settanta erano coerenti con un aumento generale di altri tipi di criminalità e cattiva condotta nella società americana[18]. Ma la criminalità denunciata negli ultimi decenni non ha per nulla seguito l'andamento del brusco calo suggerito dalle accuse retrospettive, perciò la conclusione del *JJR2* potrebbe essere stata sopravvalutata. D'altra parte, la cattiva condotta sessuale con i bambini è moderatamente diminuita a livello nazionale negli ultimi decenni in modi simili (sia nel tempo che nell'ambito) alla tendenza di calo mostrata dalle accuse contestuali nella Chiesa cattolica. Per esempio, Finkelhor e Jones, del *Centro di ricerca contro i crimini sui bambini* della *University of New Hampshire,* hanno riferito:

> Il quarto *Studio nazionale sull'incidenza della cattiva condotta e della negligenza sui minori* ha riscontrato un calo del 45% nella cattiva condotta sessuale ed un calo del 26% nella cattiva condotta fisica tra il 1993 ed il 2005. Analogamente, i dati pervenuti dalle autorità di protezione dei bambini mostrano un calo del 53% nella cattiva condotta sessuale ed un calo del 45% nella cattiva condotta fisica in un periodo simile (dal 1992 al 2006). I rapporti della polizia sugli stupri (di cui circa il 50% su minori) è diminuito del 27% negli anni dal 1993 al 2006. Ed il *National Crime Victimization Survey* [NCVS] ha

---

[17] Cfr. M. Leland Smith, A. F. Rengifo, B. K. Vollman, *Trajectories of Abuse and Disclosure: Child Sexual Abuse by Catholic Priests.*

[18] John Jay College, *The Causes and Context of Sexual Abuse of Minors by Catholic Priests in the United States*, 1950–2010 (2011), p. 3.

rilevato una diminuzione del 67% nelle aggressioni sessuali verso i giovani di età compresa tra dodici e diciassette anni tra il 1993 ed il 2004.[19].

I *dati JJR* riportano un calo delle accuse contestuali pari al 69% dal 1990-1994 al 2005-2009. A differenza delle accuse retrospettive, questa tendenza è coerente con il calo generale della criminalità nel periodo e segue da vicino il calo del 67% nella vittimizzazione sessuale giovanile del sondaggio NCVS riportato da Finkelhor e Jones. Dei due possibili tipi di accuse, quindi, sembra che la tendenza nelle accuse contestuali sia molto più coerente con le tendenze note relative ai crimini simili, e quindi con probabili cambiamenti nell'incidenza contestuale della cattiva condotta sessuale del clero. In altre parole, rispetto alle accuse retrospettive, l'andamento delle accuse contestuali riporta un declino più plausibile e credibile della cattiva condotta sessuale del clero contro i bambini.

FIGURA 5 [*Presunti incidenti di abuso contestuale per anno. FONTE: John Jay Reports per le accuse dal 1950 al 2002 e il Report di verifica annuale dell'USCCB (CARA) per le accuse dal 2004 al 2017*].

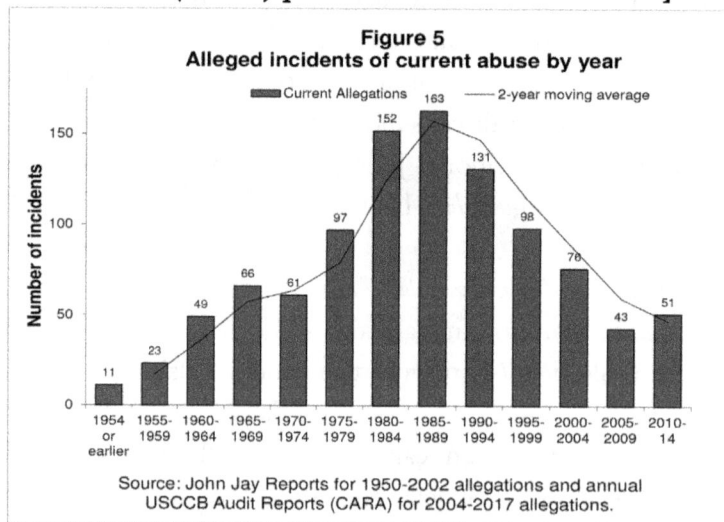

Figure 5
Alleged incidents of current abuse by year

Source: John Jay Reports for 1950-2002 allegations and annual USCCB Audit Reports (CARA) for 2004-2017 allegations.

---

[19] D. Finkelhor, L. M. Jones, *Have Sexual Abuse and Physical Abuse Declined Since the 1990s?*, «Crime against children. Research center», novembre 2012 (Per il testo integrale dell'articolo on line, si veda il sito «academia.edu»: https://www.academia.edu/ 9726978/Have_Sexual_Abuse_and_Physical_Abuse_Declined_Since_the_1990s – ultimo accesso verificato: 10 novembre 2021); Id., *Trends in Child Maltreatment*, «The Lancet», Vol. 379, n. 9831, 2012, pp. 2048–2049 (https://www.thelancet.com/journals/lancet/ article/PIIS0140-6736(12)60888-5/fulltext - ultimo accesso verificato: 10 novembre 2021).

La distribuzione delle accuse contestuali, mostrata nella Figura 5, differisce da quella delle accuse retrospettive in due modi importanti. Innanzitutto, come notato, invece di un rapido crollo (di un fattore pari al 19%) – una illusione dovuta al ritardo della segnalazione nei rapporti retrospettivi – le attuali accuse mostrano un costante declino degli incidenti di cattiva condotta pari al 74%, dal loro picco alla fine degli anni Ottanta (163 incidenti) fino ad arrivare alla fine del primo decennio del Duemila (43 incidenti). In secondo luogo, possiamo vedere un possibile aumento degli incidenti di cattiva condotta dal 2010.[20]. Dal momento che un recente aumento della cattiva condotta sessuale del clero contro i bambini sarebbe di notevole preoccupazione, vale la pena di guardare più da vicino per comprendere meglio se tale aumento si manifesta anche in altri rilievi.

La figura 6 riporta l'andamento equivalente delle accuse contestuali nei *dati GJR*. A differenza dei *dati JJR/USCCB*, che combinano due attività di raccolta dati separate, i *dati GJR* riflettono un'unica fonte di informazioni fino al 2018. Sebbene con maggiore volatilità rispetto ai *dati JJR/USCCB*, a causa del minore numero di casi, le accuse del GJR suggeriscono anche un recente aumento degli incidenti di cattiva condotta sessuale. In questo corpo di accuse, era stato segnalato soltanto un unico episodio di cattiva condotta nei cinque anni successivi al 2004 ma, dal 2010, gli incidenti riportati sono diventati tredici.

La Figura 7 adduce altre prove tratte dai rapporti di verifica. La figura mostra la distribuzione degli episodi di cattiva condotta, raggruppati per data dell'incidente, relativi alle accuse presentate dal 2010 nelle quali veniva segnalata una cattiva condotta verificatasi dopo il 1990. Se gli incidenti di cattiva condotta erano in continua diminuzione, ogni periodo più recente dovrebbe mostrare una percentuale inferiore di cattiva condotta segnalata.

---

[20] Sebbene i rapporti di audit includano, presumibilmente, i dati fino al 2017, essi includono soltanto otto accuse contestuali dal 2015 al 2017 e nessuna per l'anno 2016. Sembra, perciò, che il grafico possa essere etichettato come erroneo; ed i dati come molto discutibili.

FIGURE 6 [*Distribuzione delle accuse contemporanee di cattiva condotta, per data di prima istanza. FONTE: Pennsylvania Grand Jury Report 2018.* La linea della media mobile è spostata di un periodo a destra].

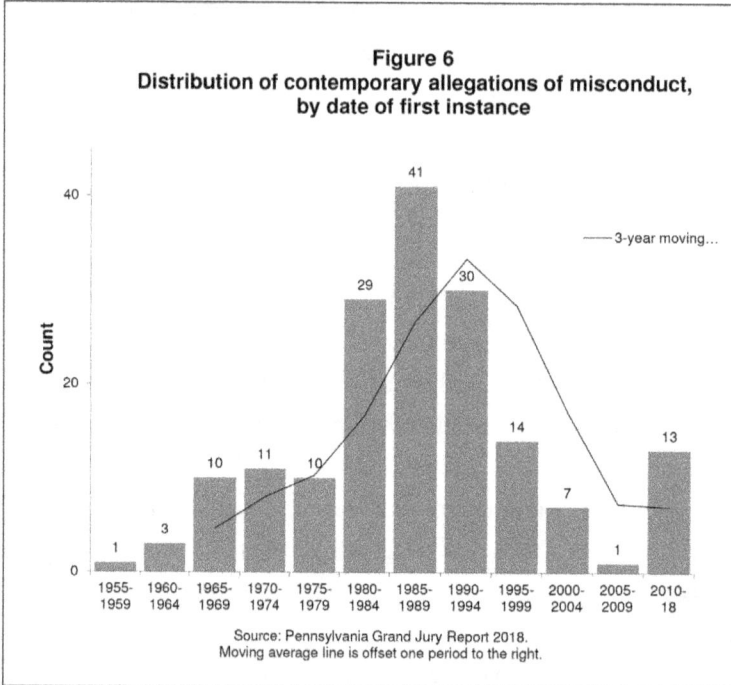

Figure 6
Distribution of contemporary allegations of misconduct, by date of first instance

Source: Pennsylvania Grand Jury Report 2018.
Moving average line is offset one period to the right.

FIGURE 7 [Distribuzione degli incidenti di cattiva condotta avvenuti dopo il 1990 ma segnalati dal 2010, per data di episodio, in percentuale. FONTE: Annual Audit Reports 2010-2017, Office of Youth Protection, United States Conference of Catholic Bishops (Archives | USCCB)].

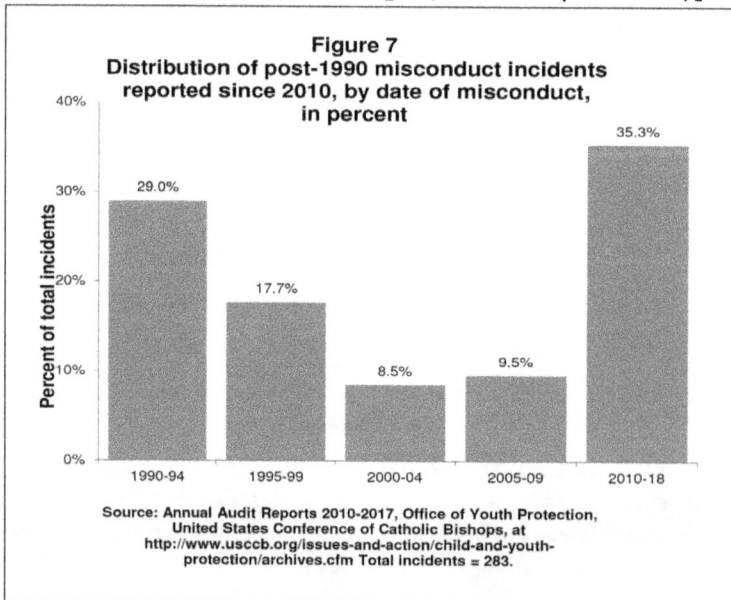

Figure 7
Distribution of post-1990 misconduct incidents reported since 2010, by date of misconduct, in percent

Source: Annual Audit Reports 2010-2017, Office of Youth Protection, United States Conference of Catholic Bishops, at http://www.usccb.org/issues-and-action/child-and-youth-protection/archives.cfm Total incidents = 283.

Invece, vediamo che la cattiva condotta è scesa ad un livello basso nel decennio degli anni Duemila ma è rimbalzata ad un livello molto più elevato nel decennio in corso.

Una ragione per cui la cattiva condotta sessuale verso i bambini da parte dei preti è diminuita negli ultimi decenni, ovviamente, è che anche il numero dei sacerdoti è diminuito. Dagli anni Settanta, il numero dei preti cattolici negli Stati Uniti risulta essere diminuito di oltre un terzo: da 58.309 nel 1975 a soli 37.578 nel 2015.[21]. La figura 8 si adegua alla modifica del numero dei sacerdoti nei *dati GJR*, mostrando il numero di accuse di abuso contestuali ogni 100 sacerdoti in ciascuna delle diocesi coperte dal report del gran giurì (oltre a questo aggiustamento, si tratta degli stessi conteggi degli incidenti che sono riportati fino al 2003 nella Figura 2). Le barre in Figura 8 indicano chiaramente un aumento del tasso di cattiva condotta sessuale con i bambini dal 2003.

FIGURA 8 [*Tasso d'abuso (accuse di abuso contestuale ogni 100 preti), 1959-2016. FONTE: Pennsylvania Grand Jury Report 2018 (Dati GJR) n=170*].

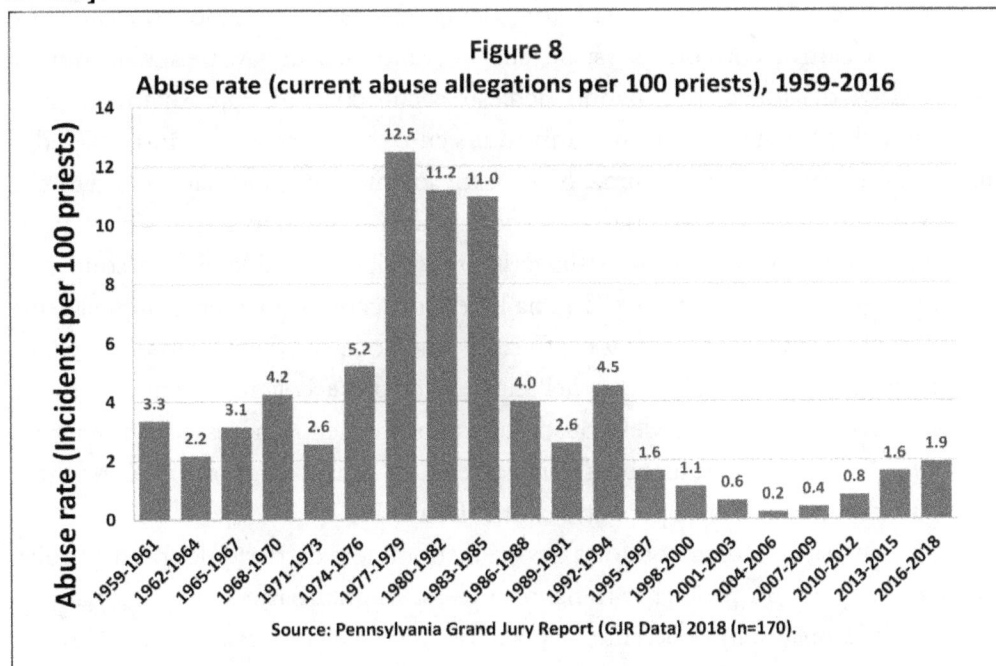

Figure 8
Abuse rate (current abuse allegations per 100 priests), 1959-2016

Source: Pennsylvania Grand Jury Report (GJR Data) 2018 (n=170).

Tutte e quattro queste fonti di dati oppure di grafici indicano una tendenza simile: la cattiva condotta è scesa negli anni Novanta, ha toccato un punto basso per

---

[21] *The Official Catholic Directory* (New Providence, New Jersey: P. J. Kenedy & Sons Publishers, Annual), voll. 1975, 2015.

diversi anni dopo lo scandalo del 2002 e l'attuazione della Carta e, successivamente, ha cominciato a risalire nuovamente. È possibile che la vigilanza e la determinazione dei dirigenti della Chiesa per assicurare la sicurezza dei bambini subito dopo lo scandalo del 2002 abbia cominciato a scemare?

L'ultimo audit dell'USCCB (2017) sull'attuazione della Carta riporta alcune tendenze preoccupanti che confermano l'ipotesi di una diminuzione della sua applicazione. Sotto il titolo di "Noncuranza", la società di revisione Stonebridge, che venne incaricata di eseguire l'audit, ha descritto una serie di carenze di risorse, di mancanza di cooperazione e di preparazione da parte delle diocesi nel tenere registri e mantenere la vigilanza sui requisiti e/o sulle raccomandazioni della Carta. Oltre ciò, venne anche notato che alcune diocesi «hanno segnalato un'alta percentuale di bambini come indisciplinati», casi di «controlli dei precedenti dei soggetti non completati in modo tempestivo e/o scarso mantenimento dei dati di controllo dei precedenti; entrambe condizioni che possono portare ad avere individui incontrollati», così come «incidenze isolate nelle quali alcuni sacerdoti, dipendenti e volontari non sono stati formati oppure non hanno ricevuto un controllo dei precedenti pur avere contatti con i bambini».[22].

Sebbene venisse richiesto dalla Carta, alcune diocesi non hanno riportato tutte le accuse di cattiva condotta sessuale che avevano ricevuto; e trentadue diocesi (ossia, il 18% del totale) non hanno richiesto alcun corso di aggiornamento sulla creazione e il mantenimento di un ambiente sicuro, anche se erano trascorsi sedici anni dall'attuazione del programma. Significativamente, i revisori hanno notato che il «tono ai vertici» era troppo spesso di «noncuranza» ed hanno anche lamentato la necessità di «continuare a ripetere suggerimenti, poiché i problemi non sono stati indirizzati dagli anni precedenti».[23]. In una lettera di accompagnamento, il presidente del *Comitato nazionale di revisione* affermò che questi «segnali preoccupanti» suggerivano la presenza di «crepe nel muro che, prese collettivamente, possono portare a una recrudescenza dell'abuso sui minori a meno che esse non vengano affrontate».[24]. Il recente aumento degli incidenti di cattiva condotta può riflettere questa crescente noncuranza per l'attuazione della Carta.

In sintesi, la cattiva condotta sessuale sui minori da parte dei preti cattolici non sembra essere un problema transitorio che è in gran parte scomparso; anzi, a giudicare dalla misura più coerente – le accuse contestuali – essa risulta essere, ad

---

[22] Secretariat of Child and Youth Protection, United States Conference of Catholic Bishops, *Annual Report on the Implementation of the Charter for the Protection of Children and Young People: 2017*, p. 14.

[23] Ibid., p. 15.

[24] Ibid., p. VII.

oggi, più diffusa di circa un terzo di quanto non lo fosse alla fine degli anni Ottanta – in linea con un calo generale della cattiva condotta sessuale verso i bambini – ma le accuse contestuali di cattiva condotta sono aumentate negli ultimi dieci/quindici anni, tra la negazione ed il compiacimento dei dirigenti della Chiesa. L'incidenza della cattiva condotta sessuale del clero, oggi, è paragonabile a quella dei primi anni Settanta.

III. La cattiva condotta sessuale del clero cattolico è correlata all'omosessualità?

La caratteristica più sorprendente del comportamento sessuale scorretto del clero cattolico non è che esso risulti essere più diffuso che in altre istituzioni oppure comunità simili – per la maggior parte dei confronti, è sostanzialmente inferiore – ma che le vittime sono, per la stragrande maggioranza, maschili. Nella maggior parte dei contesti, le vittime delle aggressioni sessuali maschili sono generalmente donne, ma nelle parrocchie e nelle scuole cattoliche statunitensi negli ultimi settant'anni, le vittime delle aggressioni sessuali da parte dei preti cattolici maschi sono state prevalentemente maschili.

In entrambi i *dati JJR e GJR*, maschi e femmine sono stati vittime in ugual numero soltanto per la piccola percentuale di cattiva condotta contro bambini in età prepuberale, ossia sotto gli otto anni (il 5,0% della cattiva condotta totale nei *dati GJR* ed il 5,9% nei *dati JJR*). Del restante 95% dei casi di cattiva condotta che ha coinvolto i minori di età compresa tra gli otto ed i diciassette anni, oppure dei casi di cattiva condotta sessuale che ha coinvolto gli adulti di età pari oppure superiore ai diciotto anni, la stragrande maggioranza degli incidenti (l'83% nei *dati GJR* e l'82% nei *dati JJR*) consisteva in episodi di cattiva condotta fra soggetti di sesso maschile. Rapporti di analoga condotta sessuale minorile in Germania riportano anche che le vittime dei preti cattolici erano fino al 90% di sesso maschile, ma le vittime dei molestatori di sesso maschile negli ambienti protestanti oppure non religiosi erano maschili soltanto per circa la metà dei casi (ossia, tra il 46% e il 49%).[25]. Questa sorprendente differenza sembra suggerire, a prima vista, che il clero

25 N. Spröber, T. Schneider, M. Rassenhofer, A. Seitz, H. Liebhardt, L. König, J. M. Fegert, *Child Sexual Abuse in Religiously Affiliated and Secular Institutions: A Retrospective Descriptive Analysis of Data Provided by Victims in a Government-Sponsored Reappraisal Program in Germany*, «BMC Public Health», Vol. 14, n. 1, 2014, p. 282, Tabella 5 (https://bmcpublichealth.biomedcentral.com/track/pdf/10.1186/1471-2458-14-282.pdf - ultimo accesso verificato: 10 novembre 2021); Secretariat of the German Bishops' Conference, *Sexual Abuse of Minors by Catholic Priests, Deacons and Male Members of Orders in the*

cattolico impegnato ad assumere comportamenti sessuali scorretti preferiva fortemente i maschi come vittime oppure, detto in un altro modo, che la cattiva condotta sessuale del clero cattolico contro i minori, durante questo periodo, è risultata essere in gran parte perpetrata da preti omosessuali.

Il *JJR2* ha respinto questa idea, come già accennato, in parte per motivi di definizione ma, principalmente, perché l'incidenza segnalata di preti omosessuali, come gli autori l'hanno compresa, non corrispondeva ai cambiamenti nell'incidenza dei comportamenti scorretti fra soggetti maschili denunciati dalle diocesi. I compilatori del *JJR2* hanno, quindi, respinto l'ipotesi che «un aumento degli uomini omosessuali nel sacerdozio porterà ad un aumento dei casi di abuso contro i ragazzi».[26] perché l'aumento registrato di «uomini omosessuali in seminario negli anni Ottanta [...] non corrisponde ad un aumento del numero di ragazzi che vennero abusati».[27]. La tesi di questa argomentazione – per cui l'aumento degli uomini omosessuali porterebbe ad una più elevata cattiva condotta fra soggetti di sesso maschile – è sensata ma gli autori hanno rifiutato di approfondire le prove che potrebbero supportarla oppure confutarla. Essi ammettono di non aver esaminato alcun dato sull'«identità sessuale dei sacerdoti e come questo sia cambiato nel corso degli anni».[28] basandosi, invece, sui resoconti pubblici relativi all'aumento dell'attività omosessuale nei seminari cattolici.

I resoconti pubblici sono un indicatore non plausibile della concentrazione di uomini omosessuali nel sacerdozio cattolico per due ragioni. La prima, come gli autori del *JJR2* ammettono, è che essi non potevano sapere «se l'espressione aperta dell'identità sessuale nei seminari [negli anni Ottanta] sostenga la tesi secondo cui un numero maggiore di uomini stava entrando in seminario comprendendosi come omosessuale – piuttosto che essere più propenso a rivelarsi omosessuale – rispetto ai decenni precedenti».[29]. Questo punto non è neutrale, tuttavia, ma pesa sulla validità del loro indicatore. È risaputo che le persone, in molti contesti, hanno iniziato a «fare coming out» sulla loro omosessualità durante gli anni Ottanta, quando lo stigma sociale contro le persone omosessuali ha iniziato a diminuire. Così come gran parte dell'ondata di persone «che uscivano allo scoperto» non ha

---

Domain of the German Bishops' Conference (Deutsche Bischofskonferenz), «dbk.de», settembre 2018 (https://www.dbk.de/fileadmin/redaktion/diverse_downloads/dossiers_2018/ MHG-Study-eng-Endbericht-Zusammenfassung.pdf - ultimo accesso verificato: 10 novembre 2021).

[26] John Jay College, *The Causes and Context of Sexual Abuse of Minors by Catholic Priests in the United States*, 1950–2010 (2011), p. 102.

[27] Ibid., p. 100.

[28] Ibid.

[29] Ibid., p. 38.

significato un aumento delle persone omosessuali ma, piuttosto, una maggiore divulgazione pubblica di questa caratteristica personale da parte di persone che, fino a quel momento, erano rimaste più nascoste, così non è plausibile dedurre – come richiede la logica del *JJR2* – che la proporzione dei seminaristi oppure dei preti che «uscirono allo scoperto» come omosessuali, durante quel periodo, corrispose ad un aumento equivalente di preti omosessuali.

La seconda è che l'analisi del *JJR2* confonde l'omosessualità degli ordinandi e dei seminaristi con quella di tutti i preti, eppure le due misure non sono affatto le stesse. Poiché una classe di ordinazione aggiunge soltanto poche centinaia di uomini, al massimo, ad una popolazione già esistente di decine di migliaia di sacerdoti, trarre conclusioni sulle caratteristiche di tutti i sacerdoti utilizzando i dati relativi alla piccola frazione di sacerdoti appena ordinati può essere altamente fuorviante. Nel 1980, per esempio, c'erano 58.398 sacerdoti, di cui soltanto 593 (ossia, circa l'1%) furono ordinati intorno a quell'anno.[30]. Anche se la classe di ordinazione fosse stata omosessuale al 100% – il che, nell'analisi di *JJR2* rappresenterebbe un enorme afflusso di preti omosessuali – all'interno del sacerdozio americano, la concentrazione omosessuale al suo interno aumenterebbe solamente dell'1%. Anche se misurata in modo molto preciso, la correlazione della cattiva condotta tra tutti i sacerdoti e la concentrazione omosessuale dell'1% dei sacerdoti neo-ordinati non può dirci assolutamente nulla sulla relazione fra la cattiva condotta e la concentrazione di uomini omosessuali tra il restante 99% dei sacerdoti.

In questa sezione, esamino l'ipotesi ragionevolmente proposta dagli autori del *JJR2*, utilizzando i dati disponibili sulla parte di sacerdoti cattolici che denunciano un orientamento omosessuale. Dai dati del *Los Angeles Times* del 2002 possiamo stimare la proporzione di sacerdoti ordinati durante oppure prima di un dato anno che hanno segnalato di avere un orientamento omosessuale. I risultati sono mostrati nella Figura 9. Nel 1950 solo il 2% dei preti cattolici era omosessuale, una proporzione alla pari con la popolazione generale, circa l'1–2% della quale sperimenta un'attrazione omosessuale. Ma nel decennio successivo alla seconda guerra mondiale, gli uomini omosessuali iniziarono ad entrare nel sacerdozio in percentuali ben al di sopra della loro proporzione nella popolazione: il sacerdozio cattolico, insomma, rifletteva sempre più un'alta concentrazione di uomini omosessuali. Dal 1965 al 1995 in media, almeno un sacerdote ogni cinque ordinati

---

[30] Center for Applied Research in the Apostolate (CARA), *Frequently Requested Church Statistics,* «cara.georgetown.edu», s. d. (https://cara.georgetown.edu/frequently-requested-church-statistics/ - ultimo accesso verificato: 10 novembre 2021).

annualmente era omosessuale: una concentrazione che ha portato la proporzione complessiva di uomini omosessuali nel sacerdozio fino al 16% alla fine degli anni Novanta, ossia ad una proporzione di uno su sei. In questo modo, la proporzione di preti cattolici omosessuali era circa dieci volte superiore a quella relativa alla popolazione maschile generale.[31].

Una spiegazione alternativa per l'incidenza della cattiva condotta sessuale del clero ha a che fare con le sottoculture omosessuali presenti nei seminari cattolici.[32]. Poiché gli uomini omosessuali sono diventati più aperti sulla loro sessualità negli anni Ottanta, la crescente concentrazione di uomini omosessuali nel sacerdozio cattolico è stata accompagnata dalla formazione di distinte "sottoculture omosessuali" nelle diocesi ed, in particolare, all'interno dei seminari.

FIGURA 9 [*Crescita della presenza omosessuale nel sacerdozio cattolico 1945-2000. FONTE: Los Angeles Times 2002, Sondaggio dei preti cattolici. n = 1854*].

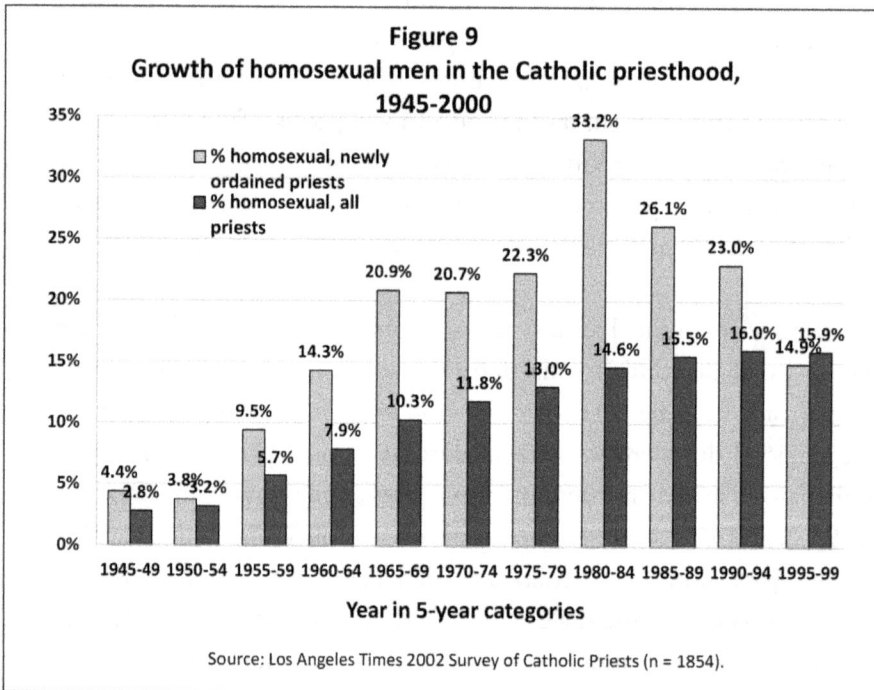

Figure 9
Growth of homosexual men in the Catholic priesthood, 1945-2000

Source: Los Angeles Times 2002 Survey of Catholic Priests (n = 1854).

---

[31] Cfr. Gary J. Gates, *How Many People Are Lesbian, Gay, Bisexual and Transgender?*, «The Williams Institute», Aprile 2011; Per il testo integrale dell'articolo on line si veda il sito «scholarship.org»: https://escholarship.org/uc/item/09h684x2#author – ultimo accesso verificato: 10 novembre 2021.

[32] Il materiale citato in questo paragrafo è stato ricavato da: D. P. Sullins, *Keeping the Vow: The Untold Story of Married Catholic Priests* (Oxford; New York, N.Y.: Oxford University Press, 2015), pp. 195–196.

L'espressione "sottocultura omosessuale" è stata coniata da Donald Cozzens, un importante rettore di seminario, in un libro del 2000 vòlto a descrivere alcune sottoculture oppure, potremmo dire, alcune cricche esclusive di uomini omosessuali «che interagiscono continuamente tra loro e raramente con estranei e che sviluppano esperienze, prospettive e significati condivisi».[33]. Secondo Cozzens, tali cricche erano diventate così pervasive, anche tra le facoltà del seminario, che erano arrivate a dominare la vita sociale e comunitaria dei seminari. Le preoccupazioni di Cozzens hanno fatto da eco a quelle già espresse dallo psicoanalista A. W. Richard Sipe, il quale sosteneva che un allontanamento dalla struttura della vita del seminario altamente regolamentata, a partire dai primi anni Settanta, avesse portato, nell'ambiente strettamente confinato tutto al maschile del seminario cattolico, allo sviluppo delle organizzazioni omo-sociali in alcuni seminari che incoraggiarono le «relazioni con oggetti sessuali» secondo un comportamento omoerotico diffuso.[34]. I sociologi Dean Hoge e Jacqueline Wenger, riferendo su sondaggi, interviste e gruppi di approfondimento con preti cattolici nel 2003, hanno confermato che «molti preti riconoscono l'esistenza di "sottoculture omosessuali" nei loro seminari e nelle loro diocesi, e che tali gruppi erano sessualmente attivi l'uno con l'altro, non celibi».[35]. Riassumendo le loro scoperte, i due sociologi hanno riferito: «La maggior parte dei problemi con le sottoculture omosessuali si verificano in seminario. Alcuni sacerdoti hanno espresso preoccupazione per la promiscuità, per un atteggiamento predatorio nei confronti dei giovani seminaristi e per una riluttanza ad affrontare questi problemi da parte del corpo docente del seminario».[36].

La figura 10 mostra la crescita delle sottoculture omosessuali nei seminari dal 1940 al 1999, come riportata nei dati del *Los Angeles Times*. La tendenza mostra che, mentre le sottoculture omosessuali sono cresciute rapidamente durante gli anni Sessanta e Settanta, esse sono state presenti nella vita del seminario almeno dalla Seconda guerra mondiale. Oltre la metà dei sacerdoti ordinati negli anni Ottanta e all'inizio degli anni Novanta ha riferito la presenza di una sottocultura omosessuale nel loro seminario, e almeno il dieci per cento dei sacerdoti ordinati dal 1945 ne ha riconosciuto l'esistenza in seminario.

---

[33] D. B. Cozzens, *The Changing Face of the Priesthood: A Reflection on the Priest's Crisis of Soul* (Collegeville, Minnesota: Liturgical Press, 2000), p. 109.

[34] A. W. Richard Sipe, *A Secret World: Sexuality And The Search For Celibacy* (New York, N.Y.; London: Routledge, 1990), p. 110.

[35] D. R. Hoge, J. E. Wenger, *Evolving Visions of the Priesthood: Changes from Vatican II to the Turn of the New Century*, p. 110.

[36] Ibid.

FIGURA 10 [*Percentuale di preti che hanno riportato la presenza di una sottocultura omosessuale nei loro seminari, per anno di ordinazione, 1940-1999. FONTE: Los Angeles Times 2002, Sondaggio dei preti cattolici. n = 1854*].

Figure 10
Percent of priests reporting a homosexual subculture in their seminary, by year of ordination, 1940-1999

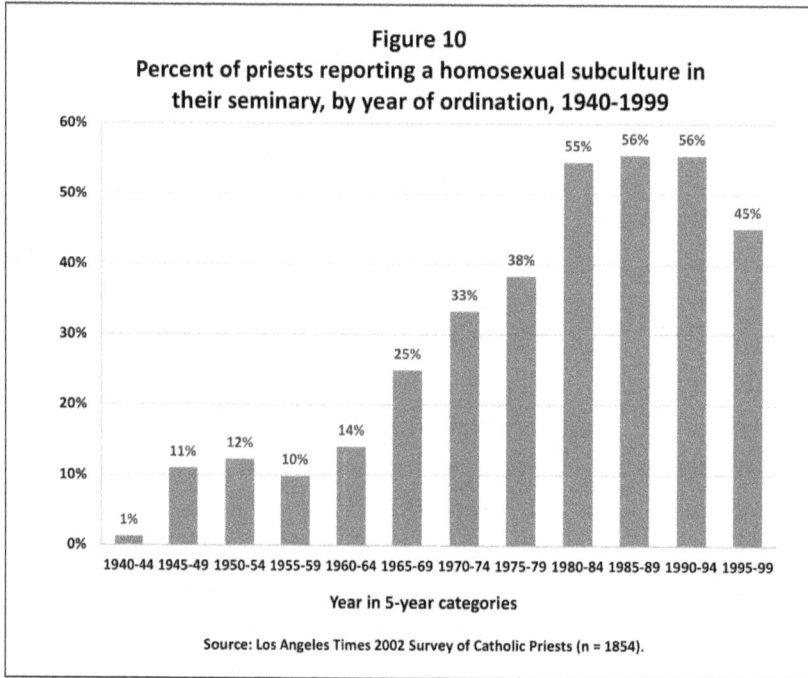

Source: Los Angeles Times 2002 Survey of Catholic Priests (n = 1854).

La considerazione del *JJR2* relativa all'ipotesi del prete omosessuale desume una tendenza temporale, esaminando se un aumento dei preti omosessuali abbia accompagnato oppure preceduto un aumento dell'incidenza della cattiva condotta nel tempo. Le figure 11 e 12 presentano i dati per esaminare la questione su tale ragionamento. La figura 11 sovrappone l'incidenza della presunta cattiva condotta contestuale con la percentuale dei preti omosessuali dal 1950 al 1999 in gruppi di cinque anni. Entrambe le tendenze sono iniziate in modo modesto negli anni Cinquanta e sono cresciute fino alla fine degli anni Ottanta, prima che la percentuale dei preti omosessuali si stabilizzasse e l'incidenza di cattiva condotta cominciasse a diminuire. È facile vedere che le linee di regressione che riassumono, ciascuna, entrambe le tendenze sono molto simili. La correlazione tra loro è di 0,90: essa, perciò, indica un'associazione positiva estremamente forte.

La Figura 12 mostra un confronto simile dell'incidenza di cattiva condotta con la presenza di sottoculture omosessuali.

FIGURA 11 [*Comparazione fra preti che hanno riportato un orientamento omosessuale (attrazione verso lo stesso sesso) e accuse di abuso contestuali 1955-1999. FONTE: John Jay Reports Data, Accuse Contestuali (n= 905) e Los Angeles Time Sondaggio 2002.* Le scale sono equiparate per il confronto].

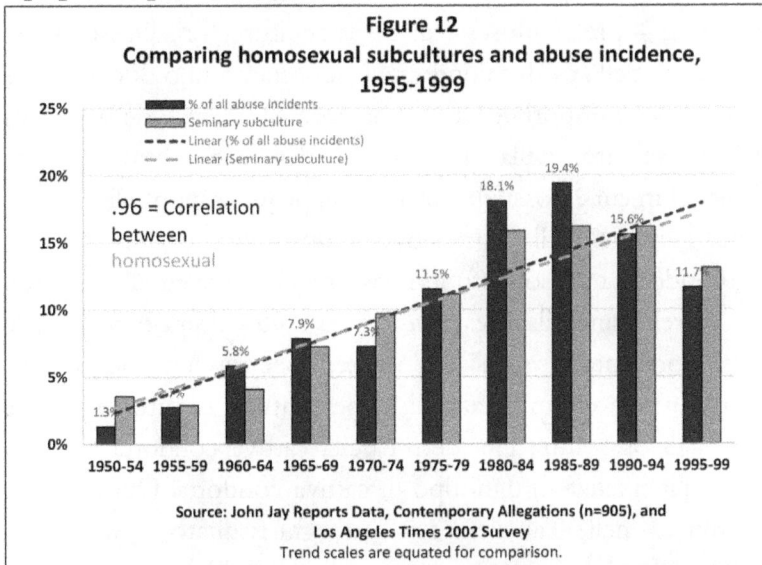

Figure 11
Comparing priests reporting a homosexual orientation (same-sex attraction) and contemporary abuse allegations, 1955-1999

Source: John Jay Reports Data, Contemporary Allegations (n=905), and Los Angeles Times 2002 Survey
Scales are equated for comparison.

FIGURA 12 [*Comparazione fra presenza di subculture omosessuali e incidenza d'abuso, 1955-1999. FONTE: John Jay Reports Data, Accuse Contestuali (n= 905) e Los Angeles Time Sondaggio 2002.* Le scale sono equiparate per il confronto].

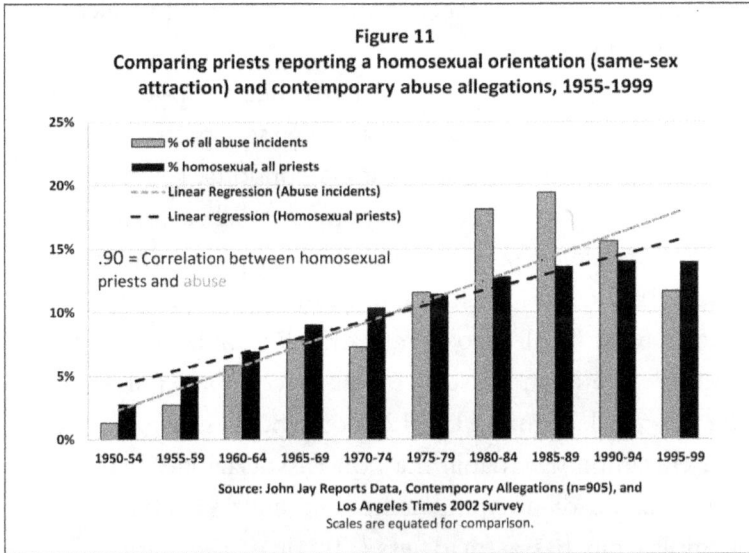

Figure 12
Comparing homosexual subcultures and abuse incidence, 1955-1999

Source: John Jay Reports Data, Contemporary Allegations (n=905), and Los Angeles Times 2002 Survey
Trend scales are equated for comparison.

Per queste due tendenze le linee di regressione sono quasi indistinguibili; una correlazione di 0,96, infatti, rappresenta un'associazione quasi perfetta fra loro. Le correlazioni sorprendentemente forti mostrate nelle Figure 11 e 12 forniscono una prova salda e diretta, secondo la logica esposta nel *JJR2*, che la cattiva condotta contro i bambini, da parte dei preti cattolici, è fortemente associata sia con la proporzione di uomini omosessuali nel sacerdozio, sia con la prevalenza di sottoculture omosessuali nei seminari cattolici.

Tuttavia, per diverse ragioni, questi confronti non affrontano l'ipotesi in modo definitivo. In primo luogo, nel *JJR2* è stato ipotizzato che se i preti omosessuali rappresentassero un causa oppure un fattore della cattiva condotta, l'aumento degli uomini omosessuali nel sacerdozio porterebbe ad un aumento della cattiva condotta verso i ragazzi piuttosto che verso le ragazze, non necessariamente ad una maggiore cattiva condotta in generale. In secondo luogo, i dati mostrati nelle Figure 11 e 12 comprimono la variazione da un anno all'altro in categorie di 5 anni, il che potrebbe far apparire l'associazione tra preti omosessuali e cattiva condotta più stretta di quanto non sia in realtà. Terzo, le figure 11 e 12 mostrano l'associazione tra le tendenze cronologiche in entrambe le variabili ma non l'associazione diretta tra le variabili. Rimuovere l'imposizione di un trend temporale sulle variabili potrebbe rivelare un'associazione molto più bassa tra di esse. In quarto ed ultimo luogo, l'associazione bivariata tra due variabili in ogni figura non tiene conto di altri fattori che potrebbero aver influenzato l'aumento dei comportamenti scorretti, che possono diminuire oppure eliminare l'effetto apparente dell'aumento dei preti omosessuali. Forse l'aspetto più importante è che tutto ciò non ci dice quale di queste due forti associazioni – preti omosessuali e sottoculture – risultasse essere più importante per l'incidenza della cattiva condotta, e se soltanto uno di questi due fattori, senza l'altro, avrebbe comportato una maggiore incidenza della cattiva condotta. Le analisi presentate nella tabella 1 affrontano tutte queste preoccupazioni, nella misura in cui è possibile farlo con le prove disponibili.

La tabella presenta i modelli di regressione multivariata che prevedono l'incidenza della cattiva condotta non soltanto in relazione alla percentuale dei preti omosessuali, ma anche in relazione alla presenza di una sottocultura omosessuale seminaristica. La tabella 1 presenta gli stessi due modelli per ciascuno dei quattro risultati: la percentuale di tutte le vittime maschili; la percentuale di tutte le vittime maschili di età inferiore agli otto anni; l'incidenza della cattiva condotta soltanto contro i ragazzi vittime; e l'incidenza di ogni tipo di cattiva condotta. Quest'ultimo risultato è lo stesso esaminato nelle Tabelle 8 e 9. Per ogni risultato, il Modello 1 mostra l'effetto della percentuale di preti omosessuali ed il Modello 2 mostra l'effetto combinato dei preti omosessuali e delle sottoculture omosessuali nel seminario, dopo aver aggiustato, in entrambi i modelli, il trend dell'età di ordinamento per anno. La tabella mostra i coefficienti di regressione standardizzati che, come i coefficienti di correlazione, vanno da -1 ad 1: dove il valore "1" indica un'associazione perfettamente positiva, il valore "-1" un'associazione perfettamente negativa ed, infine, il valore "0" nessun tipo di associazione.

Il primo pannello nella Tabella 1 presenta modelli che prevedono la percentuale di vittime maschili. Questo risultato affronta direttamente l'ipotesi del *JJR2* riguardo all'associazione tra il maggior numero di vittime maschili, piuttosto che femminili, e l'aumento dei preti omosessuali.

TABELLA 1.

Table 1

Outcome / Predictors	Percent male victims		Percent male victims (under age 8)		Male victims only		Abuse incidence	
	Model 1	Model 2	Model 1	Model 2	Model 1	Model 2	Model 1	Model 2
Homosexual priests (%)	.98***	.87***	.77***	.66*	.96***	.44[1]	.93***	.46*
Seminary subculture (%)		.12		.20		.62**		.49**
Mean age at ordination by year of abuse	-.97***	-.97**	-.57**	-.61**	-.40**	-.41**	-.20	-.20
Highest VIF	1.8	5.5	1.7	6.4	1.8	6.4	2.0	3.8
Model fit (Multiple R)	.79	.80	.58	.58	.75	.80	.80	.83
R-square	.63	.63	.34	.34	.57	.64	.65	.70

*P < 0.05; **P < 0.01; ***P < 0.001. [1]P < 0.06; Shown are standardized coefficients. To reduce multicollinearity age at ordination was polynomially transformed. Outcomes reference current allegations only.

Nel Modello 1, la correlazione aggiustata fra le vittime di sesso maschile e la concentrazione di preti omosessuali, equivalente al valore di 0,98, non è soltanto salda: essa rappresenta un'associazione quasi perfetta. Quando si aggiunge la sottocultura omosessuale del seminario al modello (Modello 2), quella variabile non provoca alcun effetto aggiuntivo, il che significa che il cambiamento attribuibile ad esso potrebbe essere avvenuto per caso, mentre la vittimizzazione maschile, con una correlazione di valore 0,87, è ancora fortemente determinata dalla concentrazione della presenza del clero omosessuale. Questi risultati forniscono un supporto molto saldo alla conclusione che l'elevata percentuale di vittime maschili della cattiva condotta sessuale del clero cattolico dipese proprio dall'elevata percentuale di uomini omosessuali nel clero.

Il secondo pannello limita l'analisi alle vittime di età inferiore agli otto anni. Fra le vittime di questa fascia di età c'erano, all'incirca, lo stesso numero di vittime maschili e femminili. Il *JJR2*, seguendo la teoria attuale, ha classificato i molestatori dei bambini di questa fascia d'età come pedofili classici oppure come pedofili ossessionati, la cui attrazione principale risultava essere per i bambini più piccoli a prescindere dal loro genere.[37]. Come mostra il Modello 1, la preferenza per i maschi, che si attesta a 0,77, era più debole tra coloro che hanno abusato delle vittime più giovani di quanto non fosse nel complesso, ossia attestandosi al valore 0,98, coerentemente con l'idea secondo cui anche i molestatori di questo gruppo fossero più predisposti ad abusare di entrambi i sessi. Tuttavia, sebbene fossero meno selettivi nei confronti dei maschi rispetto a coloro che abusavano delle vittime più grandi, essi non erano affatto indifferenti al sesso delle loro vittime. Una correlazione di 0,77 dovrebbe comunque essere caratterizzata come forte.

Questo risultato è significativo per l'affermazione che i maschi sono stati abusati esclusivamente a causa di opportunità differenziali piuttosto che dell'orientamento omosessuale del molestatore (la cosiddetta "teoria del chierichetto"), poiché per questo gruppo di vittime non c'è un accesso differenziato ai soggetti maschi. Nessuna delle vittime di questo gruppo era abbastanza grande da servire all'altare, perciò non poteva essere impegnata nel ruolo di chierichetto; né era abbastanza grande per svolgere una qualsiasi altra funzione specifica "di genere" nella Chiesa. A conferma di questo punto, nei *dati GJR*, che includono informazioni sul contesto, il luogo più frequente di cattiva condotta contro questa fascia di età della vittima era la residenza della vittima stessa (il 23%), seguìto dalla sua scuola (il 17%); nessuno dei comportamenti scorretti in questo gruppo di età si è verificato negli ambienti della Chiesa o, comunque, al di fuori della residenza del molestatore. Questo non significa che l'accesso differenziato ai maschi potrebbe non essere stato un fattore rilevante nella cattiva condotta contro i bambini più grandi. La questione dell'opportunità oppure dell'omosessualità non rappresentano necessariamente condizioni di aut-aut: entrambe possono verificarsi in qualsiasi caso di cattiva condotta contro i ragazzi.

---

[37] John Jay College, *The Causes and Context of Sexual Abuse of Minors by Catholic Priests in the United States*, 1950–2010 (2011), p. 123.

Il fatto che la correlazione degli uomini omosessuali nel sacerdozio con la preferenza per le vittime di sesso maschile fosse inferiore, ossia attestata allo 0,77, quando non c'era un accesso differenziato ai ragazzi in ambienti ecclesiali rispetto a quando potrebbe esserci stato, ossia attestata allo 0,98, suggerisce fortemente, infatti, che entrambi i fattori erano operativi. Quando i molestatori potevano vittimizzare i maschi più facilmente, tendevano a farlo, ma anche quando non potevano, preferivano ancora fortemente le vittime maschili, a condizione che fosse più alta la proporzione di uomini omosessuali nel sacerdozio. La differenza delle due correlazioni (0,98 meno 0,77) è di 0,21, che è circa un quinto di 0,98. Quindi, possiamo stimare, approssimativamente, che un accesso più facile ai maschi possa rappresentare fino ad un quinto della preferenza maschile tra tutte le vittime, mentre gli altri quattro quinti sono a carico del clero con orientamento omosessuale.

Il terzo ed il quarto pannello della Tabella 1 passano dalla preferenza di genere della vittima all'incidenza della cattiva condotta, prevedendo rispettivamente il numero delle vittime maschili e di tutte le vittime. Come per la percentuale di vittime maschili, il numero delle vittime di sesso maschile e l'incidenza della cattiva condotta complessiva erano entrambe fortemente associate alla percentuale di sacerdoti che risultavano essere omosessuali al momento della cattiva condotta (si veda il Modello 1 di ogni pannello). Una proporzione crescente di preti omosessuali non soltanto ha portato alla più probabile cattiva condotta contro i maschi rispetto alle femmine, ma ha anche portato ad una cattiva condotta generale. A differenza della preferenza per le vittime di sesso maschile, l'incidenza della cattiva condotta è stata fortemente influenzata dalla presenza delle sottoculture omosessuali nel seminario durante l'anno della cattiva condotta. Quando le sottoculture sono state incluse nel Modello 2 del pannello 4, l'effetto della concentrazione omosessuale è stato sostanzialmente ridotto. Sia i preti omosessuali, con una correlazione di 0,46, sia le sottoculture omosessuali, con una correlazione di 0,49, hanno contribuito in egual modo alla frequenza della cattiva condotta sessuale del clero contro i minori. Senza l'influenza delle sottoculture, una concentrazione di uomini omosessuali nel clero non avrebbe portato ad un aumento così grande della cattiva condotta sessuale contro i minori. Allo stesso tempo, poiché senza una concentrazione di uomini omosessuali nei seminari le sottoculture non sarebbero potute esistere, questa scoperta conferma che la cattiva condotta è stata perpetrata in modo sproporzionato da sacerdoti che erano, essi stessi, di orientamento omosessuale.

La Figura 13 mostra l'effetto dell'aumento delle proporzioni di preti omosessuali sull'incidenza della cattiva condotta sessuale dei minori, illustrando i risultati del Modello 2 nel quarto pannello della Tabella 1. Per mostrare il livello di concentrazione, la proporzione di uomini omosessuali nel sacerdozio è espressa come un multiplo della proporzione di uomini omosessuali nella popolazione complessiva degli Stati Uniti, che si attesta, all'incirca, all'1,8% (ad essere generosi). Una maggiore concentrazione di preti omosessuali ha provocato un aumento della cattiva condotta, ma l'effetto non è stato lineare. Ogni aumento del doppio della concentrazione omosessuale della popolazione ha approssimativamente raddoppiato l'incidenza di cattiva condotta fino ad otto, dopodiché un'ulteriore concentrazione non ha aumentato in modo significativo la cattiva condotta.

FIGURA 13 [*Effetto della concentrazione omosessuale sull'abuso, che mostra i risultati stimati dal Pannello 4, Modello 2 della tabella 1.* **Concentrazione di uomini omosessuali nel sacerdozio cattolico, espressa come multiplo della concentrazione nella popolazione generale. Ad eccezione delle "Oltre otto", le categorie riportano l'intervallo di concentrazione dalla categoria inferiore successiva; per esempio "Sei" riporta da quattro a sei volte la concentrazione della popolazione].**

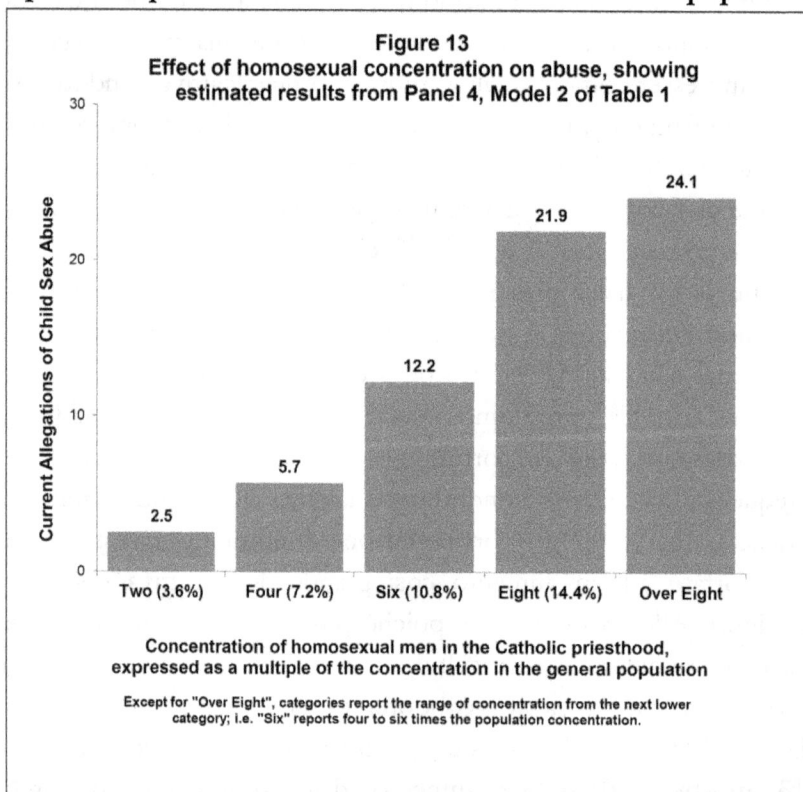

Figure 13
Effect of homosexual concentration on abuse, showing
estimated results from Panel 4, Model 2 of Table 1

Current Allegations of Child Sex Abuse

2.5 — Two (3.6%)
5.7 — Four (7.2%)
12.2 — Six (10.8%)
21.9 — Eight (14.4%)
24.1 — Over Eight

Concentration of homosexual men in the Catholic priesthood,
expressed as a multiple of the concentration in the general population

Except for "Over Eight", categories report the range of concentration from the next lower
category; i.e. "Six" reports four to six times the population concentration.

Poiché il numero medio di incidenti all'anno nei *dati JJR* era di 17,4, possiamo stimare che la percentuale di preti omosessuali fosse rimasta al suo livello base nei primi anni Cinquanta (ossia, al 3,2%: si veda la Figura 10), la cattiva condotta aggregata sarebbe stata ridotta di circa l'85% dal suo livello effettivo dal 1950 al 2001.[38]. In termini di tutti i comportamenti scorretti segnalati prima del 2001 (un totale di almeno 14.817 incidenti), quanto scritto sinora rappresenta una stima di 12.594 bambini – per la maggior parte maschi – che potevano essere salvati dalla vittimizzazione sessuale da parte dei preti cattolici.

Conclusione.

In questo capitolo ho affrontato due questioni relative alla cattiva condotta sessuale contro i bambini da parte del clero cattolico negli Stati Uniti: in primo luogo, si tratta di una emergenza che è passata, oppure ci sono ragionevoli motivi di preoccupazione per l'attuale oppure futura cattiva condotta dei preti cattolici contro i bambini? E, in secondo luogo, poiché la grande maggioranza delle vittime è di sesso maschile, la cattiva condotta è legata alla presenza oppure all'attività di uomini omosessuali nel sacerdozio cattolico?

Sulla questione dell'entità della cattiva condotta attuale, ho scoperto che mentre la cattiva condotta oggi è molto più bassa di quanto non fosse tre decenni fa, essa non è diminuita quanto comunemente si pensa. La maggior parte del declino della cattiva condotta dagli anni Novanta negli ambienti cattolici è coerente – né minore né maggiore – con un simile declino generale della cattiva condotta sessuale contro i bambini in America da quel momento. Sebbene subito dopo il 2002 le accuse di cattiva condotta siano scese quasi a zero, oggi stanno crescendo tra segni di noncuranza verso l'attuazione della Carta.

Sulla questione dell'omosessualità del clero, ho scoperto che una maggiore presenza di uomini omosessuali nel sacerdozio ha portato ad una maggiore cattiva condotta in generale e ad un numero maggiore di vittime maschili che non femminili. L'associazione di queste tendenze era estremamente forte, al di sopra del valore 0,9. L'ascesa delle sottoculture omosessuali nel seminario ha rappresentato circa la metà dell'incidenza della cattiva condotta, ma nessuna preferenza per le vittime di sesso maschile, suggerendo che la cattiva condotta verso le vittime di sesso maschile sia stata perpetrata dal clero omosessuale, il quale è stato incoraggiato ad impegnarsi in una condotta scorretta più di quanto altrimenti

---

[38] Dalla Figura 13, l'abuso annuo previsto risulta essere di 2,5 incidenti, quando la percentuale del clero omosessuale è inferiore a 3,6. Dividendo 2,5 per 17,4 (la media effettiva degli incidenti all'anno) si ha come risultato il valore 14,6%, vale a dire: una riduzione dell'85,4% dall'abuso effettivo a quello previsto.

avrebbe potuto fare in presenza oppure dall'attività delle sottoculture. Dopo aver tenuto conto dell'influenza delle sottoculture nel seminario, un aumento della concentrazione di uomini omosessuali di un fattore due rispetto a quella della popolazione generale ha, all'incirca, raddoppiato l'incidenza della cattiva condotta.

Soluzioni al problema in corso sulla cattiva condotta sessuale dei sacerdoti cattolici sono sfuggenti e difficili. L'esperienza recente mette in dubbio la precisione e la sufficienza delle comuni interpretazioni correnti delle cause profonde della cattiva condotta e dei mezzi di prevenzione. Questa analisi suggerisce che, poiché la Chiesa e i suoi leader cercano interventi e strategie migliori per affrontare questo problema ricorrente, un buon punto di partenza potrebbe essere riconoscere il recente aumento della cattiva condotta in mezzo ad una crescente noncuranza e alla fondata probabilità che l'ondata passata e l'incidenza attuale della cattiva condotta siano un prodotto, almeno in parte, dell'ondata passata e della concentrazione attuale di uomini omosessuali nel sacerdozio cattolico.

Capitolo 5

Onde sfuggenti: abusi sessuali sui minori e preti omosessuali dal 2000.

Reverendo Donald Paul Sullins, Ph.D
The Catholic University of America

Introduzione.

Nel capitolo precedente, ho dimostrato che l'incidenza del genere della vittima degli abusi sessuali sui minori, da parte dei preti cattolici dal 1950 al 1999, era fortemente relativa al numero di preti cattolici omosessuali.[1] La disattenzione continua da parte dei vescovi degli Stati Uniti in merito alla gravità della cattiva condotta sessuale e all'abilitazione degli abusi sessuali sui minori di natura principalmente omosessuale, insieme alla notizia che l'incidenza degli abusi potrebbe essere in aumento, ha sollevato interrogativi tra i cattolici e i non cattolici sullo stato attuale di queste attività. Il modello di ammissione degli uomini omosessuali al sacerdozio, con il corrispondente aumento degli abusi sessuali sui minori, ad oggi, potrebbe essere ricorrente oppure persistere? In questo capitolo esamino questa domanda, utilizzando i nuovi dati disponibili che estendono la nostra conoscenza dettagliata della natura e della portata degli abusi sessuali del clero nel 2001. Prima di esaminare l'attuale relazione tra la presenza dei preti omosessuali e gli abusi sessuali sui minori, tuttavia, affronto due domande preliminari: 1) Quali sono le caratteristiche degli attuali abusi sessuali oppure della cattiva condotta da parte del clero cattolico? e 2) La proporzione di preti omosessuali, oggi, risulta essere in aumento oppure in diminuzione?

---

[1] Così come nel capitolo 4, per essere coerente con l'utilizzo dei John Jay Reports e dei dati del sondaggio, in questo capitolo utilizzo la parola «omosessuale», piuttosto che l'espressione più precisa «attratto dallo stesso sesso», per designare gli uomini la cui attrazione sessuale predominante oppure esclusiva è indirizzata verso i soggetti maschili. Per lo stesso motivo mi riferisco ad un «orientamento» piuttosto che ad una inclinazione oppure tendenza.

I. Risultati chiave.

1. L'abuso è recentemente in aumento.

L'abuso sessuale dei bambini da parte dei sacerdoti è sceso al minimo storico subito dopo il 2002, ma da allora è nuovamente aumentato in modo preoccupante, sebbene tali atti rimangano ben al di sotto del picco che avevano raggiunto negli anni Ottanta. Le segnalazioni degli abusi contestuali sono state, in media, sette all'anno dal 2005 al 2009, salendo a 8,2 all'anno dal 2010 al 2014, ossia aumentando del 17%. Negli anni Ottanta la media degli abusi avvenuti ogni anno si attestava addirittura al valore di 26,2.

2. L'abuso recente è diverso.

A. Molti meno maschi: la percentuale delle vittime maschili degli abusi è crollata dal 74% nel 2000 a soltanto il 34% nel 2016, con una media totale – per l'intero periodo – del 62%. Nel 1985 i maschi rappresentavano ben il 92% delle vittime e la media degli abusi, fra il 1950 ed il 1999, fu dell'82%.

B. Vittime più grandi: i recenti abusi hanno coinvolto un numero maggiore di vittime più grandi (età post-puberale). Dal 2000 la metà (50%) delle vittime degli abusi sono state adolescenti di età compresa tra i quattordici ed i diciassette anni; prima del 2000 solo un terzo delle vittime (33%) apparteneva a questa fascia d'età.

C. Per lo più non da nuovi sacerdoti: dal 2000 solo una piccola frazione degli abusi (l'11%) è stata perpetrata da sacerdoti neo-ordinati (ossia, da meno di dieci anni), mentre oltre la metà di essi (il 52%) è stata perpetrata da sacerdoti ordinati da trenta anni o più. Questo dato inverte il modello precedente al 2000, quando un terzo degli abusi (il 31%) era imputabile ai sacerdoti appena ordinati e soltanto il 10% di essi ai sacerdoti ordinati da 30 anni o più.

3. I sacerdoti ordinati di recente sono diversi.

A. Pochissimi sono omosessuali: non abbiamo dati sulle ordinazioni omosessuale dopo il 2000, ma le proiezioni statistiche stimano che le recenti classi di ordinazione contengano pochissimi uomini omosessuali. Si tratta di un netto calo rispetto agli anni Ottanta, quando circa la metà delle nuove ordinazioni erano di uomini omosessuali.

B. Sacerdoti più giovani, ortodossi e fedeli: in concomitanza con il calo delle ordinazioni omosessuali c'è l'aumento di una schiera di giovani, di vocazioni ortodosse e di direttori di seminari che escludono gli uomini omosessuali dal cammino verso il sacerdozio, in linea con l'antica istruzione papale e con una teologia del celibato sacerdotale quale vocazione riservata agli uomini eterosessuali sposabili.

C. Preti omosessuali che invecchiano: nonostante le poche recenti ordinazioni omosessuali, la quota di preti omosessuali è aumentata dal 2000, a causa del numero in calo delle ordinazioni, dell'invecchiamento del sacerdozio e del gran numero di preti omosessuali ordinati in precedenza. Oggi, la metà di tutti i sacerdoti cattolici ha un'età compresa tra i sessanta e gli ottantaquattro anni, e circa uno su cinque di questi è omosessuale; ma meno di uno su trenta sacerdoti sotto i cinquanta anni è omosessuale. Come l'ondata di preti omosessuali più anziani passerà nei prossimi anni, così anche la presenza di uomini omosessuali nel sacerdozio diminuirà rapidamente.

4. La preoccupazione prevalente è ora per le donne e le ragazze.

Dagli anni Sessanta, i preti coinvolti negli abusi sessuali contro i minori sono stati relativamente concentrati in due gruppi: uno ordinato alla fine degli anni Sessanta e l'altro ordinato all'inizio degli anni Ottanta.

FIGURA 14 [*Aumento e diminuzione degli abusi secondo il sesso della vittima. FONTE:SACCADAS Data, Soltanto accuse contestuali*].

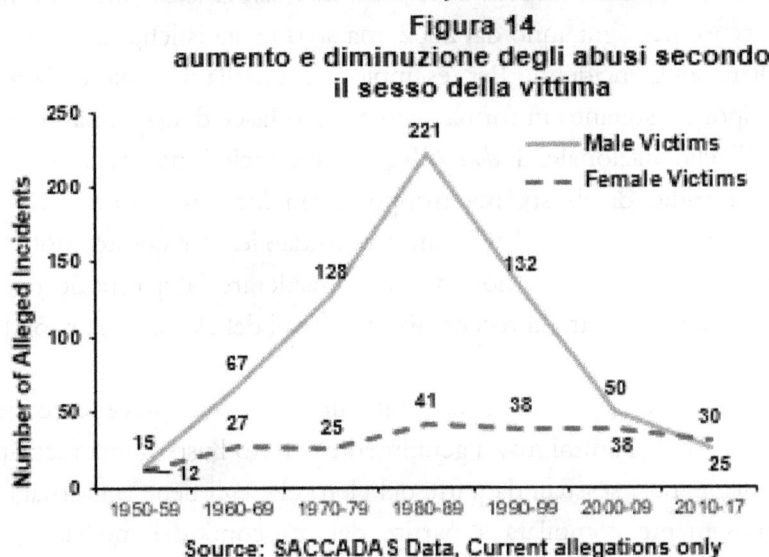

Figura 14
aumento e diminuzione degli abusi secondo
il sesso della vittima

Source: SACCADAS Data, Current allegations only

Come mostrato nella figura seguente, mentre le onde gemelle sulla vittimizzazione maschile e sui preti omosessuali si ritirano, la preoccupazione prevalente per la sicurezza dei bambini, rispetto ai preti cattolici, è la persistenza degli abusi sessuali contro le ragazze.

II. Dati e metodi.

La fonte primaria di dati per il capitolo 4 è stata il censimento completo di 10.667 accuse degli abusi sessuali sui minori, commissionato dalla *Conferenza dei vescovi cattolici degli Stati Uniti* (USCCB) nel 2002, che è stato raccolto ed analizzato dai ricercatori del *John Jay College of Criminal Justice*, i quali hanno prodotto due rapporti sull'argomento: uno nel 2004 e l'altro nel 2011 (*dati JJR*). Questi dati sono stati integrati con: le relazioni annuali sulle nuove accuse di abuso raccolte ogni anno dal 2003 per gli audit della USCCB in merito alla conformità e ai progressi nell'attuazione della Carta del 2002 per la protezione dei bambini e Giovani (*dati di audit*); le informazioni su 964 episodi di abuso dichiarati nel rapporto di agosto 2018 del gran giurì della Pennsylvania (*dati GJR*); ed un sondaggio nazionale sui preti cattolici, datato 2002, del *Los Angeles Times,* che ha fornito una misura affidabile dell'orientamento sessuale dei preti (*dati LA Times*). Il capitolo 4 descrive ciascuna di queste fonti di dati in modo molto più dettagliato che qui.

Sebbene tutte queste fonti, prese insieme, forniscano un ricco corpus di dati sul carattere degli abusi sessuali del clero nella Chiesa cattolica dal 1950 fino al 2002, le informazioni sugli abusi dopo il 2002 sono fortemente limitate. I *dati JJR* e i *dati LA Times* non includono, infatti, informazioni oltre il 2002. I *dati di audit* riportano un elevato numero di accuse per ogni anno dal 2002, ma solo in statistiche riassuntive, e non dati dettagliati sugli incidenti. Per esempio, l'età della vittima e l'anno dell'incidente sono riportati soltanto in forma aggregata, in fasce di età e di anni per tutti gli incidenti a livello nazionale. I *dati GJR*, invece, includono informazioni dettagliate su ogni episodio di abuso, ma troppo pochi incidenti dopo il 2000 (soltanto trenta) per supportare un'analisi realmente affidabile. Per questo motivo, la mia analisi nel capitolo precedente non poteva considerare la questione degli abusi e dei preti omosessuali rispetto ai recenti abusi sessuali del clero, ossia rispetto agli abusi dal 2002.

Da quando ho pubblicato per la prima volta una versione precedente del capitolo 4, il giornalista G. R. Pafumi mi ha gentilmente offerto l'uso di una raccolta completa di accuse degli abusi sessuali da parte del clero che egli tiene aggiornata e che è stata meticolosamente compilata a partire dai resoconti dei media, dalle memorie difensive e da altri documenti pubblici. Lo scopo della raccolta, intitolata database SACCADAS (acronimo di *Survivor Accounts of Catholic Clergy Abuse, Denial and Silence*), è di aiutare le persone sia a prendere coscienza di, sia a comprendere la difficile situazione collettiva delle vittime degli abusi sessuali da parte dei sacerdoti.[2] Ogni incidenza di abuso registrata è correlata da uno specifico resoconto dei media oppure da un documento giudiziario e riporta il maggior numero di dettagli possibili sull'entità e sul carattere della vittimizzazione avvenuta.

Il database SACCADAS contiene testimonianze su 6.945 episodi degli abusi sessuali e di cattiva condotta da parte del clero cattolico in tutto il mondo, dal 1926 al 2018. Per ciò che riguarda gli Stati Uniti, dal 1950 al 2001 – lo spazio e il tempo coperti dai *dati JJR* –, il SACCADAS contiene informazioni su 5.318 incidenti, inclusi i 964 descritti nel rapporto del *Gran giurì della Pennsylvania* nell'agosto 2018. Si tratta di poco meno della metà di quanto riportato nei *dati JJR* (10.667), il che suggerisce che soltanto all'incirca la metà degli episodi di abuso da parte del clero, noti alle diocesi, è stata segnalata ai media oppure è arrivata in tribunale.

Le tendenze e le caratteristiche relative alle vittime di abuso riportate nei *dati SACCADAS* sono molto simili a quelle dei *dati JJR* e, quando si guarda solo alle accuse attuali, che presentano un indicatore più affidabile dei cambiamenti nel tempo, sono praticamente identiche.[3] La figura 1 sovrappone gli incidenti riportati nei *dati JJR* con quelli nei *dati SACCADAS*, dividendoli per quinquennio.

La tabella 1 confronta altre caratteristiche delle due distribuzioni. Le accuse registrate nei *dati SACCADAS* riportano un valore leggermente superiore sulla proporzione di vittime maschili (del 2,1%), un'età media più bassa della vittima (di 0,3 anni) e un anno medio precedente di incidente (di 1,3 anni), ma le differenze sono tutte alquanto trascurabili.

---

[2] Per il database SACCADAS, con le relative pubblicazioni e relazioni, si vedano: *The SACCADAS Database Survivor Accounts of Catholic Clergy Abuse, Denial, Accountability and Silence*, «img.pr.com», 26 aprile 2017 (https://img.pr.com/release-file/1704/713178/PressKit.pdf - ultimo accesso verificato: 10 novembre 2021); G. R. Pafumi, *VictimsSpeakDB.org is Now Closed; Future Research About Clergy Sex Abuse Will Be Published on the VictimsSpeakDB blog*, «victimsspeakdb.blog.com», 29 marzo 2019 (https://victimsspeakdb.wordpress.com/ – ultimo accesso verificato: 10 novembre 2021).

[3] Poiché le informazioni contenute nel database SACCADAS provengono dai media oppure dai rapporti legali che, a differenza dei *dati JJR* (che derivano dai rapporti retrospettivi raccolti in un unico momento), vengono prodotti in continuazione, gli incidenti dell'anno in corso, nel presente studio, sono definiti come accuse di abusi che si sono verificati nell'anno stesso oppure immediatamente precedente a quello della rivelazione. In caso contrario, gli incidenti segnalati a gennaio che si sono verificati nel dicembre dell'anno precedente, anche soltanto poche settimane oppure addirittura giorni prima della segnalazione, non sono classificati come abuso contestuale.

FIGURA 1 [*Incidenza degli abusi contestuali ogni cinque anni dal 1950 al 2001, comparazione dei dati JJR e dei dati SACCADAS.* I dati JJR e USCCB descritti in blu scuro; dati SACCADAS descritti in blu chiaro. "Abuso contestuale" indica un abuso denunciato che è avvenuto nello stesso anno o nel precedente].

Figure 1
Incidence of current abuse by 5-year periods 1950-2001, comparing JJR and SACCADAS data

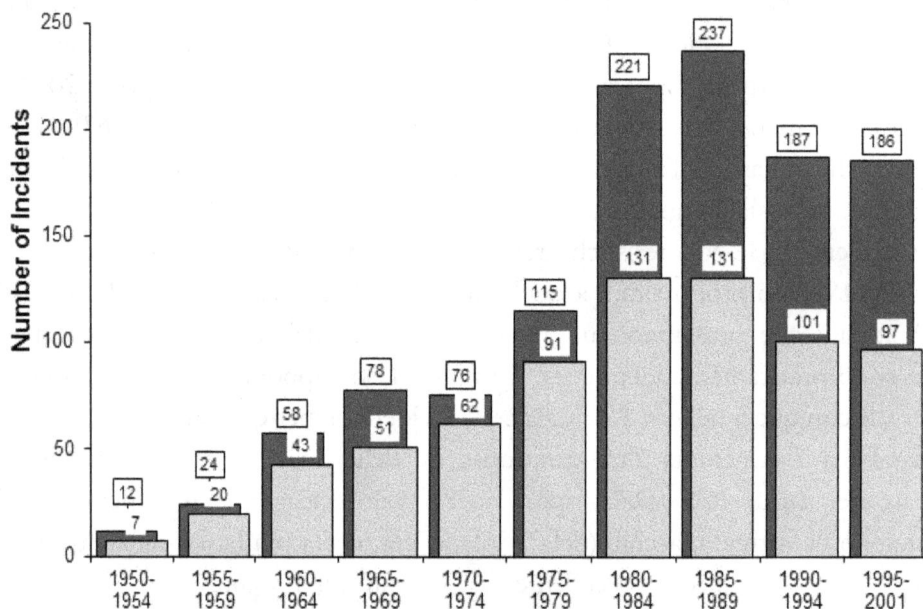

Source: JJR and USCCB data for dark blue bars; SACCADAS data for light blue bars. "Current abuse" is defined as reported abuse that occurred within the current or prior year.

Nella misura in cui i rapporti possono essere considerati campioni rappresentativi, le differenze nell'età media delle vittime, nelle categorie e nella percentuale delle vittime di sesso maschile rientrano nella forbice delle possibili variazioni dovute al campionamento casuale.

Le tendenze nel tempo, riflesse nei due set di dati, sono ancora più congruenti. Come riporta la Tabella 1, la correlazione dell'anno dell'incidente sia con il sesso e l'età delle vittime, sia con il numero di vittime per delinquente non è diversa tra i due gruppi di dati, all'interno della variazione di campionamento. La correlazione del numero degli incidenti all'anno nei due set di dati è di 0,83 per singolo anno; per il periodo di 5 anni, come mostrato in Figura 1, la correlazione degli andamenti di incidenza è addirittura quasi perfetta: 0,97.

III. Natura e portata dei recenti abusi sessuali su minori.

La Figura 2 estende, oltre il 2002, le tendenze di incidenza mostrate nella Figura 1, integrando i *dati JJR* con i dati aggregati dei rapporti di audit USCCB. La figura mostra che l'incidenza complessiva degli abusi rimane altamente correlata tra i *dati JJR/Audit* e i *dati SACCADAS* dal 2002 fino al 2014. Entrambe le tendenze utilizzano soltanto accuse di abuso contestuale, evitando così qualsiasi pregiudizio oppure qualsiasi esagerazione degli abusi passati a causa della divulgazione retroattiva. Le barre colorate in chiaro mostrano che i *dati SACCADAS* si sovrappongono alle barre corrispondenti, colorate di scuro, che rappresentano i *dati JJR/Audit*.

FIGURA 2 [*Incidenza degli abusi contestuali ogni 5 anni dal 1950 al 2014, confronto fra i dati JJR, USCCB e SACCADAS. I dati JJR e USCCB descritti in blu scuro; dati SACCADAS descritti in blu chiaro. "Abuso contestuale" indica un abuso denunciato che è avvenuto nello stesso anno o nel precedente*].

Figure 2
Incidence of current abuse by 5-year periods 1950-2014, comparing JJR, USCCB and SACCADAS data

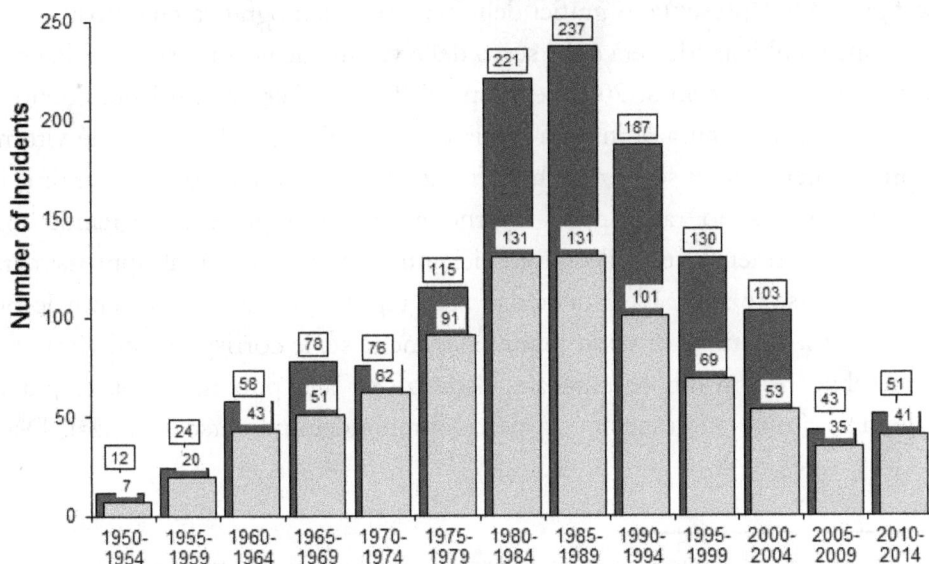

Source: JJR and USCCB data for dark blue bars; SACCADAS data for light blue bars.
"Current abuse" is defined as reported abuse that occurred within the current or prior year.

Entrambi i gruppi di dati tracciano il generale trend di abuso riportato nel Capitolo 4: l'abuso sui bambini è aumentato costantemente dagli anni Cinquanta fino ad avere un picco negli anni Ottanta, e poi diminuire del 75-80% fino a raggiungere un punto base durante il periodo 2005-2009, prima di aumentare moderatamente nel decennio in corso. Il numero medio annuo di incidenti mostrato nei *dati SACCADAS* nella Figura 2 scende da 26,2 all'anno negli anni Ottanta a 7,0 all'anno nel periodo 2005-2005, prima di risalire a 8,2 all'anno nel periodo 2010-2014 (ossia, registrando un aumento del 17%).

L'abuso raggiunse un'ondata di picco negli anni Ottanta che ora è, in gran parte, anche se non del tutto, retrocessa. Non è un problema che possa dirsi svanito, come alcuni hanno affermato. I *dati SACCADAS*, infatti, confermano i *dati JJR/USCCB* nel riflettere che l'incidenza degli abusi è aumentata nell'ultimo decennio. Ma non è soltanto l'incidenza degli abusi ad essere cambiata dagli anni Ottanta. A differenza dei *dati USCCB*, che presentano soltanto conteggi aggregati dal 2002, i *dati SACCADAS* ci permettono anche di esaminare più da vicino le caratteristiche dei recenti abusi sessuali del clero. Tali informazioni mostrano che la natura dell'abuso, negli ultimi anni, è anche radicalmente mutata.

1. Le vittime: dai ragazzi più giovani alle ragazze più grandi.

Le figure 3 e 4 presentano grafici della piramide demografica che mostrano la distribuzione combinata dell'età e del sesso delle vittime degli abusi sessuali da parte del clero nei periodi «fino al 2002» e «dopo il 2002».[4]. Per gli abusi precedenti al 2000, mostrati nella Figura 3, in ogni fascia di età al di sopra dei 5 anni, le vittime erano prevalentemente di sesso maschile. Il numero e la preferenza per le vittime di sesso maschile si sono raggruppati intorno all'età della pubertà, segnando una situazione di incremento verso l'età di tredici anni e di decremento all'approssimarsi dell'età di diciassette anni. L'età di tredici anni registrava anche la percentuale più alta di abuso fra le vittime di sesso femminile, anche se, le corrispondenti vittime di sesso maschile risultavano sestuplicate; l'attenzione alla pubertà, oppure, più in generale, alle vittime adolescenti, era perciò preponderante verso i ragazzi. Dagli

---

[4] Le classifiche si basano su tutte le accuse, poiché ci sono troppo poche accuse contestuali dopo il 2002 per riempire le categorie di età, sesso ed anno; ma dove i due parametri possono essere confrontati, ossia, per il periodo che va dal 1950 al 2002, la distribuzione di età, sesso ed anno per le accuse contestuali è molto simile a quella di tutte le altre accuse. Si veda la Figura A-2 nell'Appendice 1, la quale può essere confrontata con la Figura 3.

undici ai quattordici anni le vittime erano per l'84–87% di sesso maschile; la percentuale di vittime maschili, nel complesso, è dell'82%.

FIGURA 3 [*Abusi tra il 1950 e il 1999. FONTE: Dati SACCADAS*].

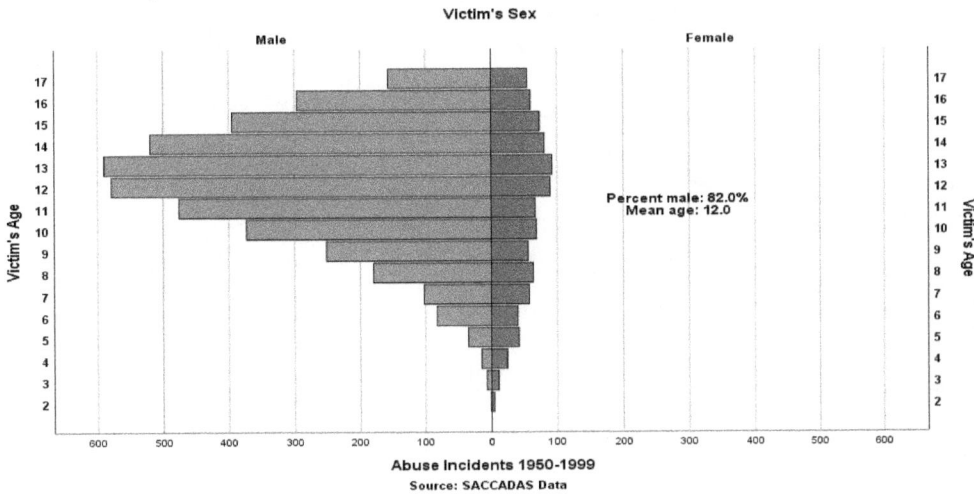

FIGURA 4 [*Abusi tra il 2000 e il 2108. FONTE: Dati SACCADAS*].

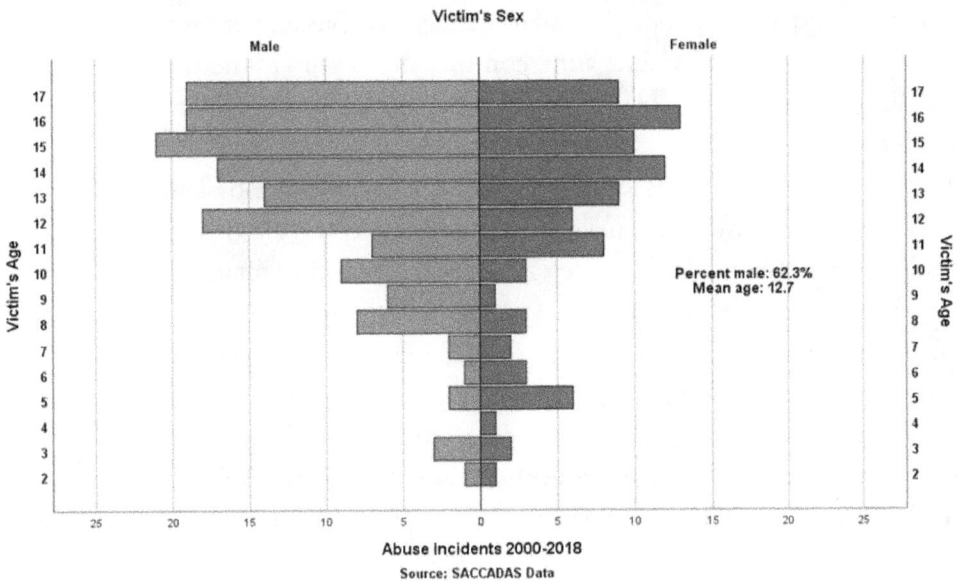

FIGURA 5 [*Percentuale di vittime maschili ogni tre anni dal 1958 al 2017.* **FONTE:** *Dati SACCADAS e dati JJR fino al 1999 per confronto.* I valori mostrati considerano tutti i tipi di accuse].

Figure 5
**Percent of victims that were male,
by 3-year period 1958-2017**

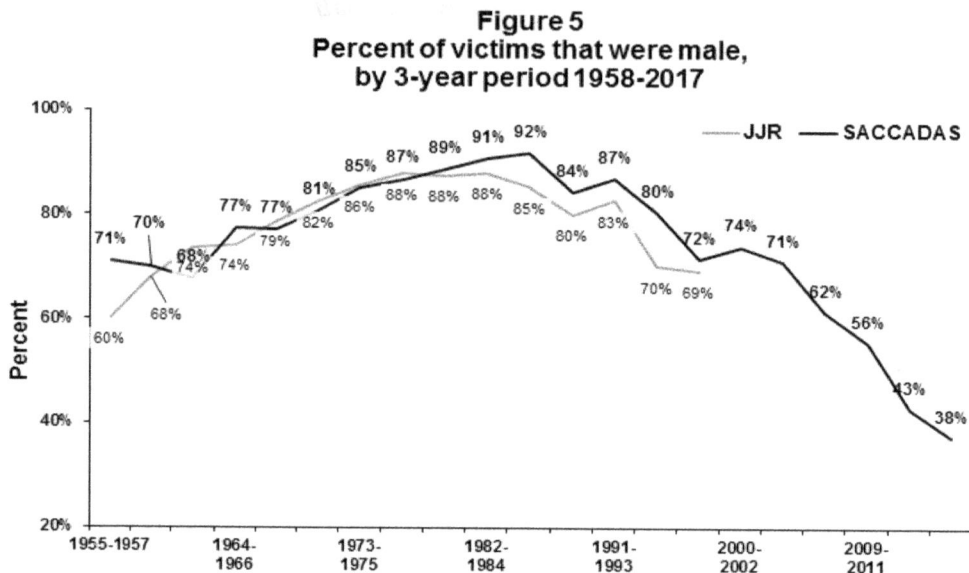

Source: SACCADAS Data, with JJR Data shown through 1999 for comparison.
Values shown are based on all allegations.

Mentre durante questo periodo il numero dei ragazzi abusati, per fascia di età, arriva fino a quasi seicento per i tredici anni, con trecento o più vittime per ogni fascia di età dai dieci ai quindici anni, il numero di ragazze abusate per età non supera mai il valore di cento.[5].

Il grafico sull'età e sul sesso, nei casi di abuso più recenti, ossia dopo il 2000, è molto diversa (come mostrato nella Figura 4). La percentuale di vittime maschili è diminuita drasticamente, dall'82% per gli abusi precedenti a soltanto il 62,3% per gli abusi nel secolo attuale. Solo una minoranza delle vittime sotto gli otto anni d'età era di sesso maschile (il 38%). Sia per i ragazzi che per le ragazze, ma soprattutto per i ragazzi, l'attenzione non è più indirizzata verso le vittime di età puberale ma verso vittime più grandi, ossia di età vicina a quella adulta: per ogni fascia di età sopra i tredici anni ci sono più vittime che in corrispondenza dell'età di tredici anni. Prima del 2000, solo un terzo delle vittime (ossia, il 33,1%) aveva quattordici anni o più; dopo il 2000, la metà (ossia, il 50,1%) aveva questa età.

---

[5] La struttura dell'età per sesso dei corrispondenti dati del *John Jay* è molto simile: il sesso delle vittime era, all'incirca, uguale fino all'età di sei anni, il numero più alto di vittime di sesso maschile riguardava i dodicenni e l'84%–86% delle vittime di età compresa tra gli undici ed i quattordici anni era di sesso maschile . Si veda l'Appendice 1, Figura A-1.

La percentuale di vittime maschili è diminuita progressivamente dall'inizio del secolo, proseguendo una tendenza iniziata negli anni Ottanta. La figura 5 mostra questa tendenza. A metà degli anni Ottanta, oltre il 90% delle vittime erano ragazzi ma, alla fine del secolo, la proporzione delle vittime maschili era scesa di circa il 25%. Dal 2000 il tasso di declino è accelerato, con la percentuale di vittime di sesso maschile che da allora è scesa di quasi la metà, ossia dal 74% al 38%. Nel decennio in corso, la maggior parte delle vittime è femminile.

Il calo delle vittime maschili dagli anni Ottanta non si è verificato a causa di un aumento degli abusi contro le ragazze, ma a causa di un drammatico calo degli abusi sui ragazzi. La figura 6, infatti, mostra che il numero di accuse contestuali che coinvolgono vittime di sesso femminile era, all'incirca, lo stesso negli anni 2000 (38) e negli anni Ottanta (41).[6].

FIGURA 6 [*Incidenza degli abusi contestuali, per sesso della vittima 1980-2014. FONTE: Dati SACCADAS,* i cui dati rappresentano accuse degli abusi occorsi entro i due anni precedenti].

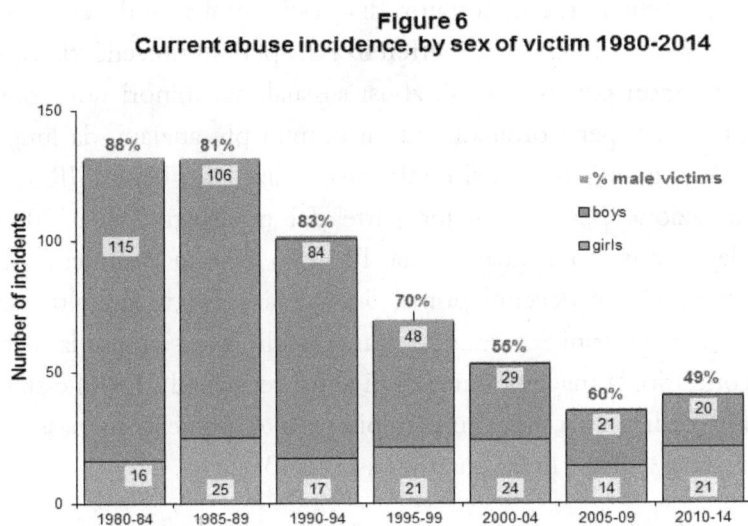

Figure 6
Current abuse incidence, by sex of victim 1980-2014

Source: SACCADAS Data. Shown are allegations of abuse within the past two years.

Ciò che è cambiato da allora non è che più ragazze vengano abusate, ma che molti meno ragazzi lo siano.

---

[6] La presentazione delle accuse contestuali sottostima l'incidenza totale degli abusi nell'interesse, durante il tempo, di un confronto più affidabile dei periodi.

In sintesi, la vittimizzazione dei bambini da parte di preti cattolici negli ultimi due decenni (dal 2000) ha un carattere molto diverso da quello dei precedenti cinque decenni (1950-1999). La vittimizzazione oggi non è più concentrata sui maschi oppure indirizzata così vicino all'età puberale: c'è una proporzione più alta sia di vittime adolescenti, sia di vittime in età prepuberale. Oggi, la vittima dell'abuso sessuale da parte del clero è più probabilmente una ragazza di età superiore ai quattordici anni, piuttosto che un ragazzo maschio di tredici anni (come avveniva in passato). Il sostanziale calo degli abusi dal suo picco negli anni Ottanta è dovuto interamente al drammatico calo degli abusi sui ragazzi. Negli ultimi due decenni, la percentuale di vittime maschili ha continuato a ridursi rapidamente; nell'attuale decennio i ragazzi hanno avuto meno probabilità, in confronto alle ragazze, di essere scelti come vittime.

2. Molestatori: dai più giovani (appena ordinati) ai più anziani (sacerdoti di lunga data).

Così come le vittime, anche i preti molestatori di questi ultimi anni differiscono in modo significativo da quelli del passato. A differenza dei periodi precedenti, negli ultimi due decenni, i maggiori colpevoli degli abusi sessuali sui minori non sono stati i sacerdoti più giovani, appena ordinati, ma gli uomini più anziani, da lungo tempo nel sacerdozio. La figura 7 mostra il confronto, utilizzando i *dati GJR*, che include l'anno di ordinazione per la maggior parte dei molestatori. Dal 2000, soltanto un decimo degli abusi contestuali (ossia, l'11,1%) è stato commesso da uomini neo-ordinati mentre, due decenni prima, il dato si attestava ad oltre un quarto (ossia, al 26,3%) e, negli anni Sessanta e Settanta, addirittura, a quasi la metà (ossia, al 46,8%). Al contrario, la maggior parte degli abusi recenti (il 51,8%) è stata commessa da sacerdoti ordinati da trent'anni o più: molto più che in passato, quando tale dato si attestava a meno di un quarto (ossia, al 13%).

FIGURA 7 [*Percentuale degli abusi contestuali perpetrati da sacerdoti ordinati da meno di dieci anni e da trenta anni o più, 1960-2018. FONTE: Pennsylvania Grand Jury Report 2018.* Il grafico include soltanto abusi avvenuti dopo l'ordinazione.]

Figure 7
Percent of current abuse perpetrated by priests ordained under 10 years and 30 years or more, 1960-2018

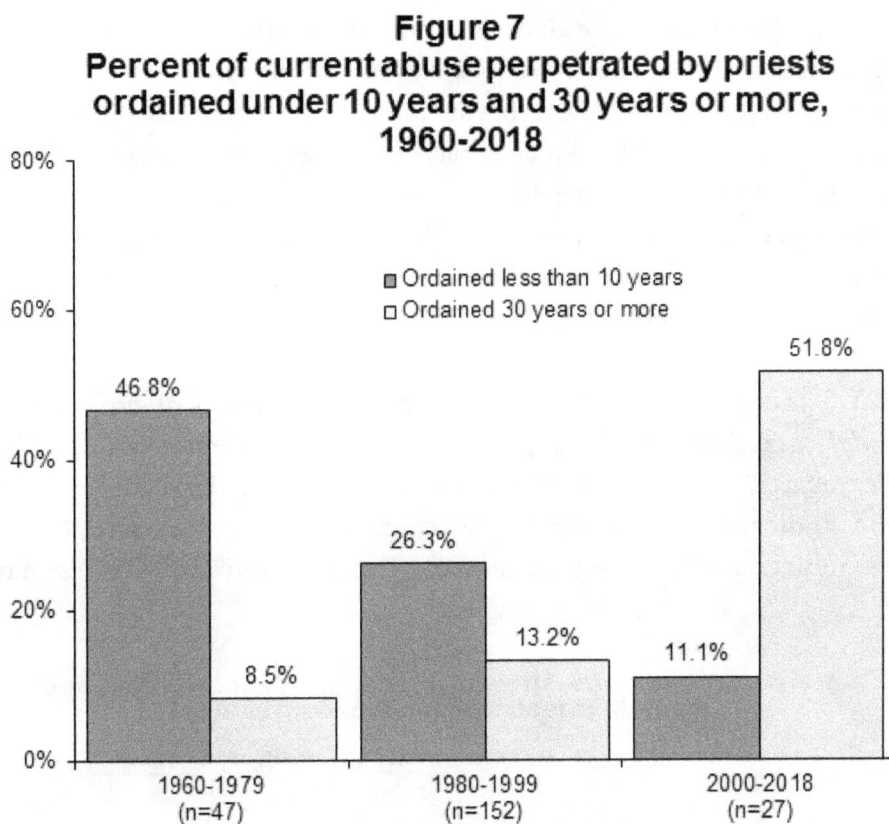

Source: Pennsylvania Grand Jury Report 2018. "Recently ordained" is defined as priests ordained 10 years or fewer. Includes only abuse after ordination.

3. Gruppi di molestatori.

Nei tre periodi di venti anni a partire dagli anni Sessanta, mostrati nella Figura 7, anche l'età media degli autori degli abusi è aumentata: da trentanove a quarantacinque a cinquantasei anni (dato non mostrato). In parte, questo aumento riflette l'aumento dell'età media di ordinazione di tutti i sacerdoti in questi decenni. Un esame più attento, tuttavia, rivela che il modello di aumento dell'età dei sacerdoti molestatori è molto diverso da quello relativo a tutti i sacerdoti in generale, così come avviene anche per i cambiamenti relativi all'anno di ordinazione e alla carica del sacerdozio.

La figura 8 mette insieme tutte queste tendenze e ne deduciamo che, tra il decennio degli anni 2000 e l'attuale decennio (ossia, 2009-2019), la permanenza media (ossia, il numero di anni nel sacerdozio) dei preti molestatori in Pennsylvania è aumentata di oltre dieci anni (si è passati da 20,7 anni nel periodo 2000-2009 a 30,9 anni nel periodo successivo) mentre la loro età media è aumentata di 6 anni. Allo stesso tempo, l'anno medio di ordinazione dei molestatori non è cambiato tra questi due decenni: nell'attuale decennio sono stati ordinati un po' prima, in effetti, rispetto a quelli del 2000-2009, sebbene la differenza non sia statisticamente significativa. Questo modello è evidenziato dalle linee che collegano le barre pertinenti nel grafico. Il modello indica che una quantità sproporzionata degli abusi, in entrambi i decenni, è stata perpetrata dallo stesso gruppo generale di sacerdoti, ossia fra coloro che vennero ordinati intorno all'inizio degli anni Ottanta (orientativamente tra il 1982 e il 1983).

FIGURA 8 [*Gruppi di molestatori, mostrando età, anno di ordinazione e durata del sacerdozio in decadi, 1960-2019. FONTE: Pennsylvania Grand Jury Report 2018.* **I valori si riferiscono a tutti i tipi di accuse. Le linee continue indicano le differenze statisticamente significative; le linee spezzate indicano differenze praticamente insignificanti (entro T-test pari a 0,5)].**

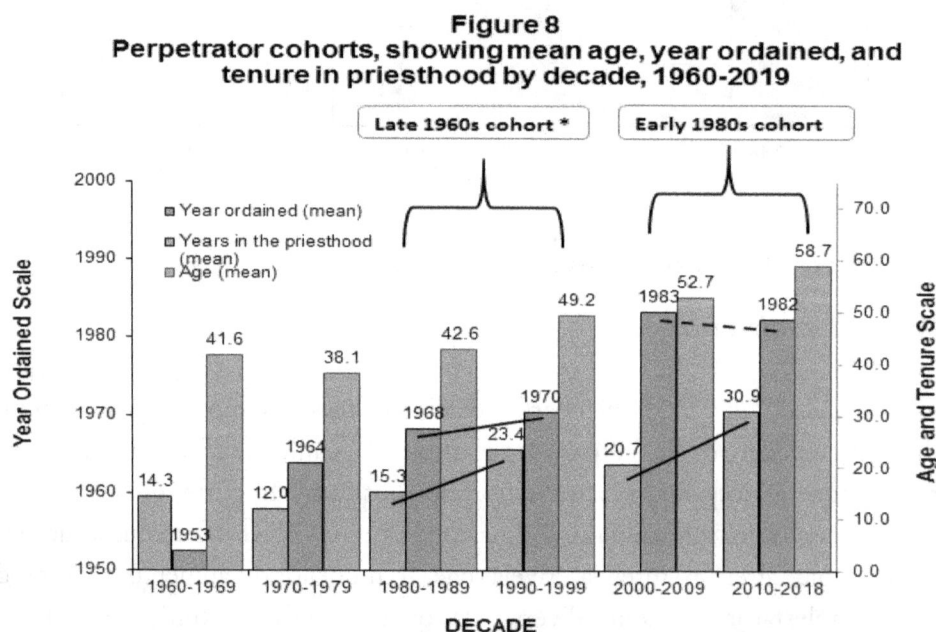

Figure 8
Perpetrator cohorts, showing mean age, year ordained, and
tenure in priesthood by decade, 1960-2019

Source: Pennsylvania Grand Jury Report 2018. Values are based on all allegations. Solid lines indicates statistically significant difference; dotted line indicates no difference (by t-test at .05). * Significance for difference in ordination year (1

Un modello simile, sebbene meno saldo, può essere osservato durante gli anni Ottanta e Novanta. Tra questi due decenni la permanenza media dei preti molestatori è aumentata di oltre otto anni (ossia, da 15,3 anni negli anni Ottanta a 23,4 anni negli anni Novanta) mentre la loro età media è aumentata di 6,6 anni. Allo stesso tempo, l'anno medio di ordinazione è aumentato di soli due anni, dal 1968 durante gli anni Ottanta al 1970 durante gli anni Novanta. Questa piccola differenza è statisticamente significativa, ma soltanto appena; il valore che misura la varianza (ossia 0,048) è appena sotto il limite di significatività (che è 0,050). I molestatori, negli anni Ottanta e Novanta, erano generalmente concentrati per anno di ordinazione ma non così strettamente o chiaramente come nel periodo 2000-2018. Per tutti i sacerdoti cattolici, in confronto, in un arco di tempo più breve dello stesso periodo, il mandato medio è aumentato di soli tre anni (da 24,9 a 27,9) e l'età media è aumentata di soli quattro anni (da 52 a 56). Entrambe le misurazioni riflettono l'aumento di età dell'ordinazione a partire dagli anni Sessanta; l'anno di ordinazione, inoltre, è avanzato di cinque anni, dal 1960 al 1965, riflettendo il numero in calo di sacerdoti ordinati.[7].

Prese insieme, queste misure indicano che i sacerdoti che praticavano gli abusi sessuali verso i bambini, a partire dagli anni Sessanta si sono concentrati, più o meno, in due gruppi: uno ordinato alla fine degli anni Sessanta e l'altro all'inizio degli anni Ottanta. Il gruppo della fine degli anni Sessanta è stato attivo nell'ondata degli abusi riportati nei *dati JJR*, che ha raggiunto il picco nei primi anni Ottanta. Il profilo ideale del prete molestatore, in questa era, era nato negli anni Quaranta, era stato ordinato alla fine degli anni Sessanta ed aveva circa quarant'anni al momento dell'abuso.

Gli abusi più recenti (dal 2000) hanno coinvolto un gruppo diverso, molto più piccolo ma più definito, di preti molestatori. Questi uomini sono nati alla fine degli anni Cinquanta, sono stati ordinati all'inizio degli anni Ottanta ed avevano circa cinquant'anni al momento dell'abuso. Solo uno su dieci è stato ordinato di recente;

---

[7] Basato sui sondaggi del 1985 e del 1993 relativi ai preti cattolici. Si veda: D. R. Hoge, J. J. Shields, M. Jeanne Verdieck, *Changing Age Distribution and Theological Attitudes of Catholic Priests, 1970–1985*, «Sociological Analysis» Vol. 49, n. 3, 1 ottobre 1988, pp. 264–280 (Per il testo integrale dell'articolo, si veda il sito «jstor.org»: https://www.jstor.org/stable/3711589 – ultimo accesso verificato: 10 novembre 2021); D. R. Hoge, J. J. Shields, D. L. Griffin, *Changes in Satisfaction and Institutional Attitudes of Catholic Priests, 1970–1993*, «Sociology of Religion», Vol. 56, n. 2, 1 luglio 1995, pp. 195–213 (Per il testo integrale dell'articolo, si veda il sito «jstor.org»: https://www.jstor.org/stable/3711763 – ultimo accesso verificato: 10 novembre 2021). I file di dati utilizzati in questi studi sono resi disponibili dall'Association of Religion Data Archives, Dipartimento di sociologia, Pennsylvania State University (www.thearda.com – ultimo accesso verificato: 10 novembre 2021).

oltre la metà era stata ordinata da trenta anni o più. La preferenza per le vittime di sesso maschile, così come il tasso degli abusi, era molto più bassa in questa intervallo di tempo rispetto ai vent'anni precedenti. Sebbene siano stati ordinati in un periodo in cui veniva ordinata una percentuale molto elevata di sacerdoti omosessuali, essi hanno commesso gli abusi in un periodo in cui la percentuale dei sacerdoti omosessuali ordinati è stata così bassa da essere praticamente inesistente (come le sezioni seguenti cercheranno di mostrare).

L'analisi in questa sezione si basa sui *dati GJR*, che contengono tutte le informazioni rilevanti sull'autore degli abusi. Questi dati rispecchiano le tendenze nazionali sotto la maggior parte dei punti di vista.[8], tuttavia è possibile che i gruppi di molestatori osservati siano peculiari per il caso della Pennsylvania.

4. Le ordinazioni omosessuali scendono a valori minimi.

Il capitolo 4 ha dimostrato che l'abuso e la vittimizzazione maschile erano correlati alla quota di uomini omosessuali nel sacerdozio prima del 2000. L'incidenza ridotta e la vittimizzazione maschile dei recenti abusi riguardava anche una riduzione della quota di preti omosessuali? I dati dell'indagine del 2002 sull'omosessualità del clero utilizzati nel capitolo 4 hanno registrato un netto calo delle ordinazioni omosessuali dopo l'inizio degli anni Ottanta. Dopo aver raggiunto il picco di un terzo (ossia, del 33,2%) degli ordinandi durante il periodo 1980-1984, la percentuale degli uomini ordinati al sacerdozio cattolico che hanno riferito di un orientamento omosessuale è scesa di oltre la metà, raggiungendo solo il 15% alla fine degli anni Novanta. Questa tendenza è continuata da allora? Per rispondere a questa domanda, ho utilizzato i modelli statistici sviluppati nel Capitolo 4 per stimare la quota di sacerdoti con un orientamento omosessuale dal 2000. La procedura di modellazione è descritta in dettaglio nel Supplemento tecnico (al termine di questo capitolo). La Figura 9 riassume i risultati. Dal 1950 al 1999 la figura presenta i dati effettivi dell'indagine già riportati (vedi capitolo 4).[9]; dal 2000 al 2018 la figura mostra le nuove stime basate su modelli relativi al mutato carattere dell'abuso. Queste stime indicano che la proporzione dei sacerdoti omosessuali ordinati ogni anno, indicata nelle barre, ha continuato a ridursi dal 2000, sebbene a

---

[8] D. P. Sullins (reverendo), *Is Catholic Clergy Sex Abuse Related to Homosexual Priests?*, «The National Catholic Bioethics Quarterly», winter 2018; Per il testo integrale on line, si veda il sito «catholicleague.org»: (https://www.catholicleague.org/wp-content/uploads/2019/02/Clergy-Sex-Abuse-120118-1.pdf – ultimo accesso verificato: 10 novembre 2021), pp. 8, 13.

[9] Si veda: D. P. Sullins (reverendo), *La cattiva condotta sessuale del clero cattolico è correlata ai preti omosessuali?*, Infra, pp.____(fig. 8).

un ritmo leggermente più lento, fino a raggiungere solo l'8,0% nell'ultimo periodo (ossia, gli anni 2015-2018).

FIGURA 9 [*Aumento e diminuzione degli uomini omosessuali nel sacerdozio, 1950-2018 FONTE: Los Angeles Times 2002 Survey of Catholic Priests (n = 1852) per il periodo 1950-1999. I valori relativi agli anni dal 2000 derivano dai dati SACCADAS (n = 5319)*].

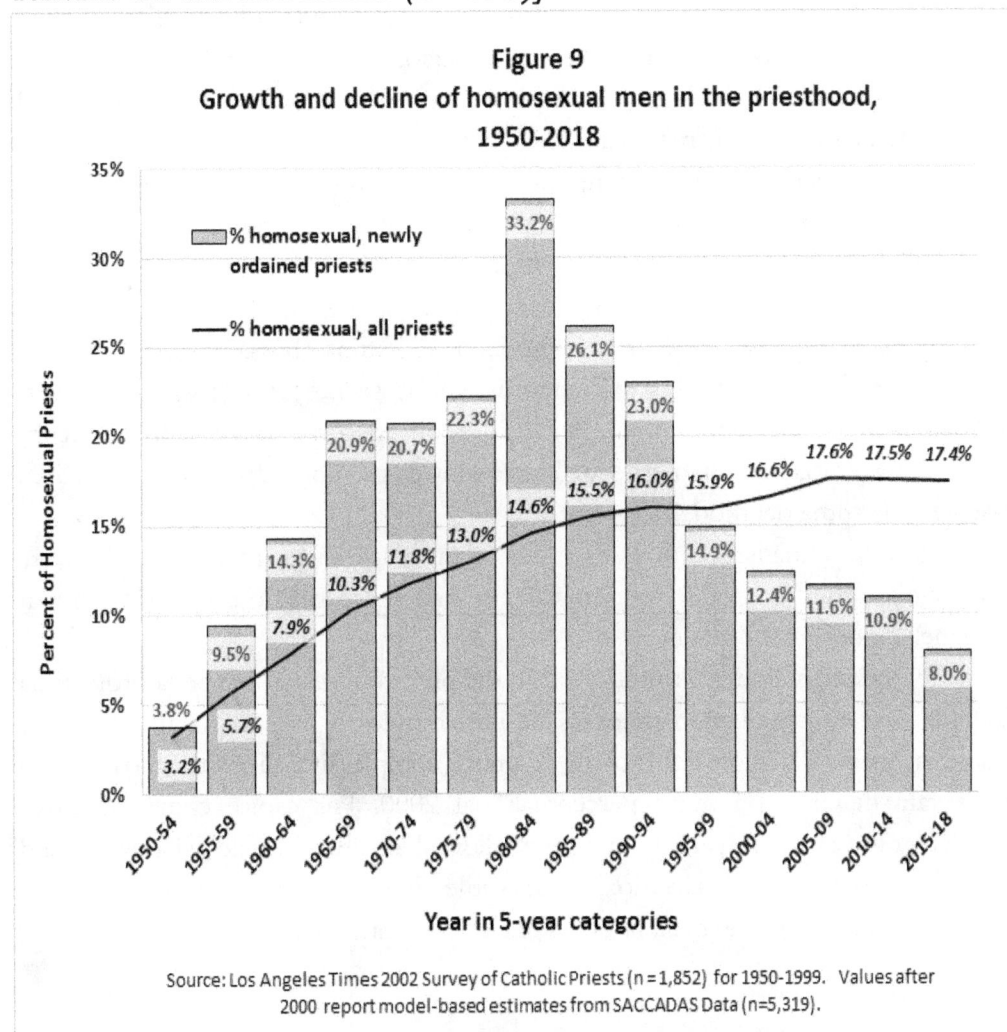

Figure 9
Growth and decline of homosexual men in the priesthood, 1950-2018

Source: Los Angeles Times 2002 Survey of Catholic Priests (n = 1,852) for 1950-1999. Values after 2000 report model-based estimates from SACCADAS Data (n=5,319).

Con l'8,0%, la quota di ordinazioni omosessuali, oggi, è poco più della metà (il 54%) di quella che era nel 2000 ed è paragonabile alla proporzione di uomini omosessuali ordinati negli anni Cinquanta.

Uno sguardo più attento conferma che le recenti ordinazioni omosessuali sono state rare. La Figura 10 confronta i risultati della stima basata su modello della proporzione di preti omosessuali dal 2000 (mostrata per singolo anno invece che in gruppi di cinque anni, come nella Figura 9), insieme alla proporzione prevista che sarebbe esistita in tre ipotetici scenari riguardanti la popolazione dei sacerdoti (stime alte, basse e moderate). La stima alta presuppone che dal 2000 la metà di tutti i sacerdoti ordinati fosse omosessuale, uguagliando la proporzione più alta riportata prima del 2000, avvenuta nel 1983. La stima moderata presuppone che dal 2000 non ci sia stato alcun cambiamento rispetto alla proporzione di sacerdoti omosessuali ordinati in quell'anno, che era di circa il 16%. La stima bassa presuppone che nessun sacerdote omosessuale sia stato ordinato dal 2000. A differenza della stima di modello, le tre proiezioni ipotetiche non dipendono in alcun modo da dati di sondaggi o da informazioni sulla natura o sull'incidenza degli abusi sessuali sui minori, ma utilizzano i conteggi della popolazione effettiva dei sacerdoti cattolici e delle ordinazioni riportate, ogni anno, dagli annuari della Chiesa, per proiettare in modo indipendente la proporzione dei sacerdoti omosessuali che esisterebbero sotto ciascuna delle tre ipotesi.[10].

Come la figura 10 mostra chiaramente, la stima di modello è solo marginalmente diversa rispetto al modello di stima bassa, che proietta la proporzione dei preti omosessuali che esisterebbe se nessuno di essi fosse stato ordinato dal 2000. Le stime finali per il 2018 differiscono soltanto di un decimo dell'uno percento, ben all'interno dell'intervallo di possibile errore e/o variazione casuale nella stima del modello.

La stretta somiglianza di queste due stime suggerisce, in modo saldo, che pochissimi uomini omosessuali sono stati ordinati al sacerdozio cattolico negli Stati Uniti nelle scorse due decadi.

Sorprendentemente, nonostante il calo dei preti omosessuali appena ordinati dal 2000, la percentuale di preti omosessuali nel complesso ha continuato a crescere. Come la linea nella Figura 9 mostra, la quota complessiva di preti omosessuali è aumentata di circa 1,5 punti percentuali dal 2000. Per capire come ciò possa accadere, oltre che per avere un quadro migliore dello stato attuale della presenza di uomini omosessuali nel sacerdozio, sarà utile dare una breve occhiata ad altre tendenze a lungo termine nella popolazione di preti cattolici.

---

[10] I conteggi delle ordinazioni e del numero totale dei sacerdoti sono riportati dal Centro per la Ricerca Applicata nell'Apostolato, si veda: Center for Applied Research in the Apostolate (CARA), *Frequently Requested Church Statistics*, «cara.georgetown.edu», s. d. (https://cara.georgetown.edu/frequently-requested-church-statistics/ - ultimo accesso verificato: 10 novembre 2021).

FIGURA 10 [*Crescita stimata degli uomini omosessuali nel sacerdozio dal 2000, comparato con i modelli di bassa, moderata ed alta stima FONTE: Per le proiezioni, CARA Reports relativamente al numero degli ordinandi e della totalità dei sacerdoti per anno; Per i modelli di stima, Los Angeles Times Survey e dati SACCADAS come descritti nel testo*].

Figure 10
Estimated growth of homosexual men in the priesthood since 2000, comparing model estimates with high, low and moderate estimates

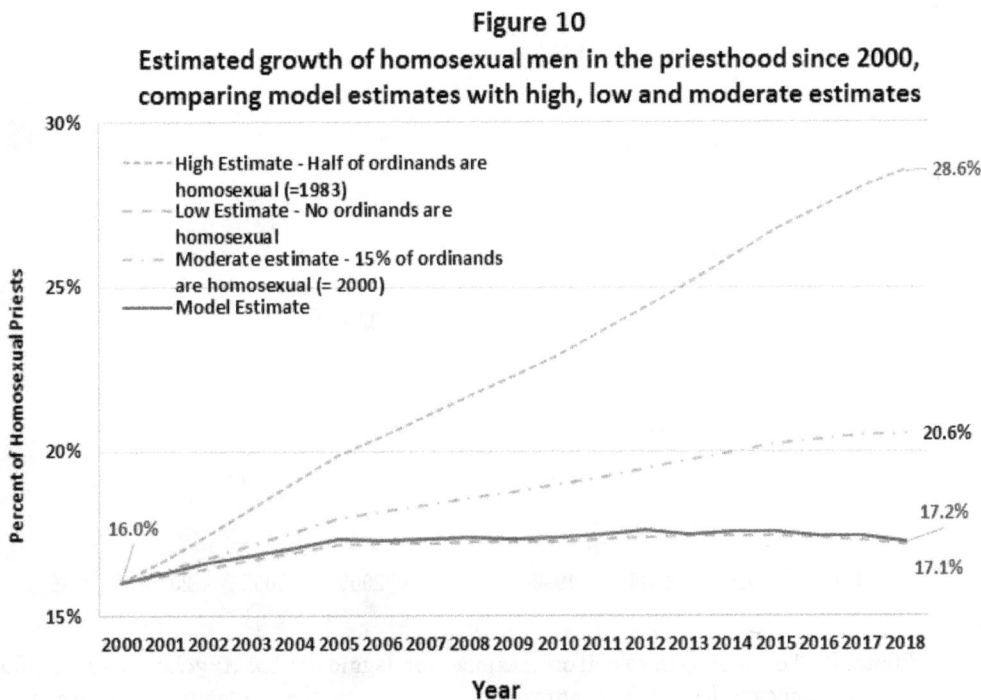

Source: For projections, CARA reports of the number of ordinands and total priests by year.
For model estimates, Los Angeles Times Survey and SACCADAS data as described in the text.

5. L'ondata di popolazione omosessuale.

Due tendenze trentennali possono aiutarci a capire il significato della percentuale crescente di preti omosessuali. Entrambe sono illustrate nella figura 11. In primo luogo, nei trent'anni precedenti al 2000, l'età media all'ordinazione è aumentata di dieci anni: da ventisette anni nel quinquennio che termina nel 1970 ad oltre trentasette anni nel quinquennio che termina nel 2000. In secondo luogo, negli stessi trenta anni (1970-2000), il numero di sacerdoti è diminuito drasticamente: da circa 58.000 nel 1970 a meno di 46.000 nel 2000, un calo di oltre il 20%, poiché le ordinazioni non sono riuscite a tenere il passo con i decessi, le defezioni ed i pensionamenti.

Figura 11 [L'età all'ordinazione aumenta man mano che diminuisce il numero di sacerdoti ordinati, 1975-2000]

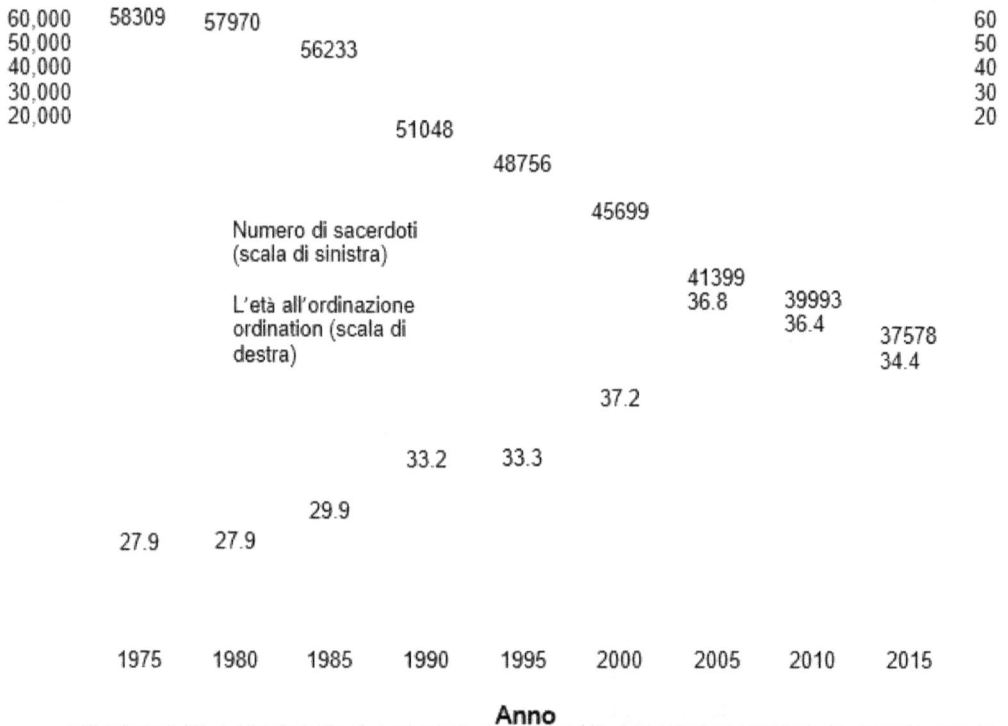

```
60,000   58309   57970                                                      60
50,000                      56233                                           50
40,000                                                                      40
30,000                                                                      30
20,000                                                                      20
                                    51048
                                          48756
                                                45699
                Numero di sacerdoti
                (scala di sinistra)
                                                      41399
                                                      36.8    39993
                L'età all'ordinazione                        36.4
                ordination (scala di                                37578
                destra)                                             34.4
                                          37.2
                            33.2   33.3
                      29.9
            27.9   27.9


            1975   1980   1985   1990   1995   2000   2005   2010   2015
```

Anno

Fonte: Per l'età al momento dell'ordinazione, sondaggio del *Los Angeles Times* del 2002 sui sacerdoti cattolici (n=1852) attraverso 2000 e successivi sondaggi sulla classe di ordinazione dell'USCCB. Per numero di sacerdoti, cattolico ufficiale Direttorio. L'età al valore di ordinazione riporta il valore medio.

Durante la prima metà di questo periodo, la percentuale di uomini omosessuali ordinati aumentò notevolmente, raggiungendo l'apice all'inizio degli anni Ottanta, quando un terzo di tutti i sacerdoti ordinati erano omosessuali (come mostra la Figura 8). Successivamente, le ordinazioni omosessuali iniziarono a diminuire, ma ormai erano molto meno numerosi e più anziani gli uomini che venivano ordinati ogni anno. L'effetto combinato di queste tendenze entro l'anno 2000 è stato un affollamento di sacerdoti di mezza età, un'alta percentuale dei quali era omosessuale. La figura 12 riporta la struttura per età dei sacerdoti e per orientamento sessuale in quell'anno. I gruppi dei sacerdoti di età compresa tra cinquanta e settantaquattro anni sono notevolmente più grandi di quelli al di sopra ed al di sotto di queste età. Ben un quarto dei sacerdoti (precisamente, il 24,7%) sulla parte inferiore di questo grafico, dai quarantacinque ai sessantaquattro anni, era omosessuale. Al contrario, invece, meno di un decimo dei sacerdoti (appena l'8,5%) di età pari oppure superiore a sessantacinque anni era omosessuale nel 2000. I sacerdoti, all'età media di ordinazione (ossia, trentasette anni), avevano una probabilità molto inferiore di essere omosessuali rispetto ai sacerdoti che erano stati ordinati due o tre decenni prima. Nessuno dei sacerdoti sotto i trenta anni ha dichiarato il proprio orientamento sessuale come omosessuale nel 2000.

Dal 2000, il calo del numero dei sacerdoti è accelerato, poiché le nuove ordinazioni non hanno compensato le morti e le pensioni. Al momento attuale (2019) ci sono circa 37.000 sacerdoti statunitensi: un calo del 19% dal 2000, ossia circa l'uno percento all'anno. L'età media all'ordinazione si è stabilizzata a circa trentacinque anni, riducendo ulteriori raggruppamenti, poiché il presbiterato degli Stati Uniti è invecchiato drasticamente. Si veda la figura 13. Oggi l'età media di un prete cattolico negli Stati Uniti è di sessantanove anni. Oltre i due terzi della totalità dei sacerdoti (ossia, il 67,9%) hanno sessanta anni o più; più di un quarto (precisamente, il 26,4%) ha un'età pari o superiore agli ottanta anni.

FIGURA 12 *[Struttura per età del clero omosessuale nel 2000. FONTE: Los Angeles Times Survey of Catholic Priests (n = 1852).* **Sono mostrate stime sulla popolazione; nel 2000 si contavano 45.699 preti cattolici negli Stati Uniti.]**

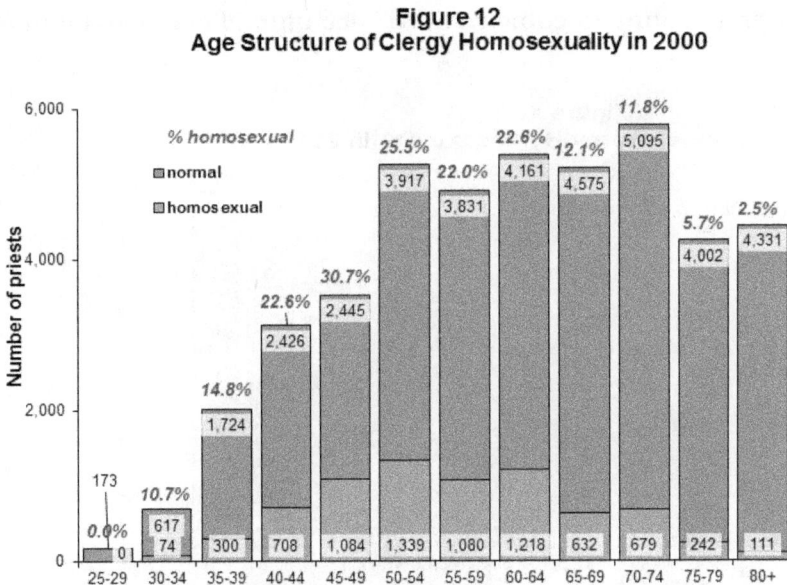

Figure 12
Age Structure of Clergy Homosexuality in 2000

Source: LA Times 2002 Survey of Catholic Priests (n=1852). Shown are population estimates; in 2000 there were 45,699 U.S. Catholic priests.

I gruppi di sacerdoti che sono scomparsi finora, nel XXI secolo - vale a dire i gruppi di età fra i settantacinque e settantanove anni e quelli di età superiore agli ottanta anni, mostrati nella Figura 12 - hanno contato meno omosessuali di quelli rimasti. Poiché la maggior parte di questi gruppi di sacerdoti più anziani è venuta a mancare negli ultimi due decenni, gli uomini di età pari o superiore ai quarantacinque anni nel 2000, che ora hanno sessantacinque anni e oltre, sono arrivati a dominare numericamente il sacerdozio, aumentando così la proporzione complessiva di preti omosessuali nonostante le pochissime nuove ordinazioni omosessuali. I restanti sacerdoti omosessuali sono concentrati tra i preti più anziani. Oggi, più di uno su cinque dei sacerdoti di età compresa tra i sessanta e gli ottantaquattro anni (precisamente, il 20,4%) - un gruppo che comprende più della metà di tutti i sacerdoti (ossia, il 52,7%) - è omosessuale. Al contrario, meno di un prete su dieci sotto i sessanta anni (ad esser precisi, il 9,0%) e meno di un prete su trenta sotto i cinquanta anni (vale a dire, il 3,3%) è omosessuale. Man mano che la grande ondata di preti più anziani con un'alta percentuale di uomini omosessuali inizierà ad invecchiare, la proporzione di preti omosessuali diminuirà drasticamente all'interno della popolazione sacerdotale (ciò avverrà nell'arco dei prossimi due o tre decenni).

FIGURA 13 [*Struttura per età del clero omosessuale nel 2019. FONTE: Los Angeles Times Survey of Catholic Priests (n = 1852), CARA.* Nel 2000, il numero totale di preti è stimato come pari a 37.086 unità; l'età media è di 69 anni].

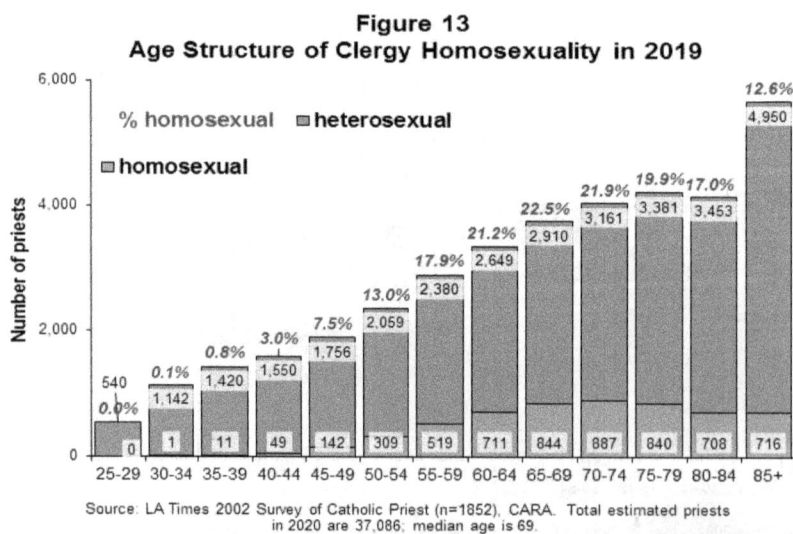

Figure 13
Age Structure of Clergy Homosexuality in 2019

Source: LA Times 2002 Survey of Catholic Priest (n=1852), CARA. Total estimated priests in 2020 are 37,086; median age is 69.

6. Onde doppie che si allontanano.

Stando alle prove presentate sopra, sia l'abuso sessuale contro i minori, sia la quota di preti cattolici omosessuali sono dapprima aumentati e, successivamente, diminuiti nel corso di diversi decenni, in ondate gemelle che si sono sviluppate all'interno o intorno ai primi anni Ottanta. L'onda degli abusi sessuali contro i minori, mostrata nella Figura 2, corrisponde da vicino all'onda dei preti omosessuali, mostrata nella Figura 9. L'allineamento di queste due onde rappresenta l'assunzione del modello statistico secondo cui la forte correlazione dell'abuso sessuale contro i minori con la proporzione di preti omosessuali osservata negli anni Novanta sia continuata fino ai giorni nostri. Se questa ipotesi fosse vera, allora l'incidenza relativamente bassa degli abusi sessuali sui minori oggi, implicherebbe, nonostante la complicazione dell'aumento della popolazione dei preti omosessuali più anziani, anche che le ordinazioni dei nuovi preti omosessuali siano diminuite drasticamente.

Il calo stimato nelle recenti ordinazioni omosessuali è corroborato da diverse caratteristiche delle onde gemelle relative agli abusi e ai preti omosessuali. In primo luogo, uno sguardo al sesso delle vittime a lungo termine illustra che l'ondata crescente e discendente degli abusi sessuali sui minori, da parte dei preti, dal 1950 è stata interamente costituita dalla vittimizzazione maschile. Al contrario, la vittimizzazione femminile è rimasta relativamente costante. La Figura 14 mostra le tendenze, estendendo i dati già presentati nella Figura 6 sopra. Dopo essere aumentato di circa la metà (più precisamente, del 51%) dagli anni Sessanta, l'abuso sessuale delle ragazze da parte dei sacerdoti è rimasto ad un livello stabile e basso a partire dagli anni Ottanta.[11] L'abuso sui ragazzi, d'altro canto, è salito alle stelle dagli anni Ottanta ad oltre tre volte il tasso degli anni Sessanta (al 330%), prima di precipitare ad un livello inferiore alla metà di quello degli anni Sessanta nel decennio in corso (ossia, all'incirca, al 45%). La recessione della vittimizzazione maschile, pur persistendo quella di carattere femminile, è coerente con il declino o con la scomparsa dei preti più giovani che preferiscono i maschi come vittime sessuali.

In secondo luogo, già nel 2000 non ci sono uomini omosessuali tra i sacerdoti più giovani, stando ai dati della struttura per età presentata nella Figura 12. In terzo

---

[11] Se il tasso annuo per gli otto anni dell'ultimo periodo (ossia, dal 2010 al 2017) viene esteso a dieci anni, per adeguarsi all'arco temporale dei periodi precedenti, il numero delle vittime femminili risulterà essere trentotto: lo stesso numero dei due decenni precedenti. Poiché la grande maggioranza delle accuse, comprese le segnalazioni di accuse contestuali negli anni precedenti, sono state segnalate oppure scoperte solamente negli ultimi venti anni, i numeri di incidenza per gli anni Cinquanta sono molto probabilmente troppo bassi a causa della mortalità (vale a dire: che le persone colpite sono venute a mancare prima di aver mai ammesso di aver avuto un rapporto).

luogo, come mostrato nella Figura 7 sopra, l'incidenza degli abusi perpetrati dai sacerdoti ordinati sono diminuiti drasticamente dopo il 2000, raggiungendo appena la soglia dell'11% (ossia, meno della metà della proporzione durante il precedente periodo di venti anni - che corrispondeva, esattamente, al 26%). Se consideriamo il sesso delle vittime, la differenza dei sacerdoti ordinati di recente è ancora più definitiva per quanto riguarda le ordinazioni omosessuali. La Figura 15 mostra il confronto. Sebbene dopo il 2000 i preti ordinati di recente avessero meno probabilità di abusare di ragazzi e ragazze, il calo nella vittimizzazione dei ragazzi è stato molto più marcato. Nelle diocesi oggetto del rapporto del gran giurì della Pennsylvania, non un solo episodio di vittimizzazione maschile dopo il 2000 (dei 12 segnalati) è stato perpetrato da un sacerdote ordinato di recente. Nonostante il numero relativamente piccolo di casi, questa notevole scoperta supporta la plausibilità della stima che pochi sacerdoti ordinati di recente fossero uomini omosessuali.

FIGURA 14 [*Aumento e declino dell'abuso sessuale secondo il sesso della vittima. FONTE: Dati SACCADAS,* soltanto accuse contestuali].

Figura 14
aumento e diminuzione secondo il sesso della vittima

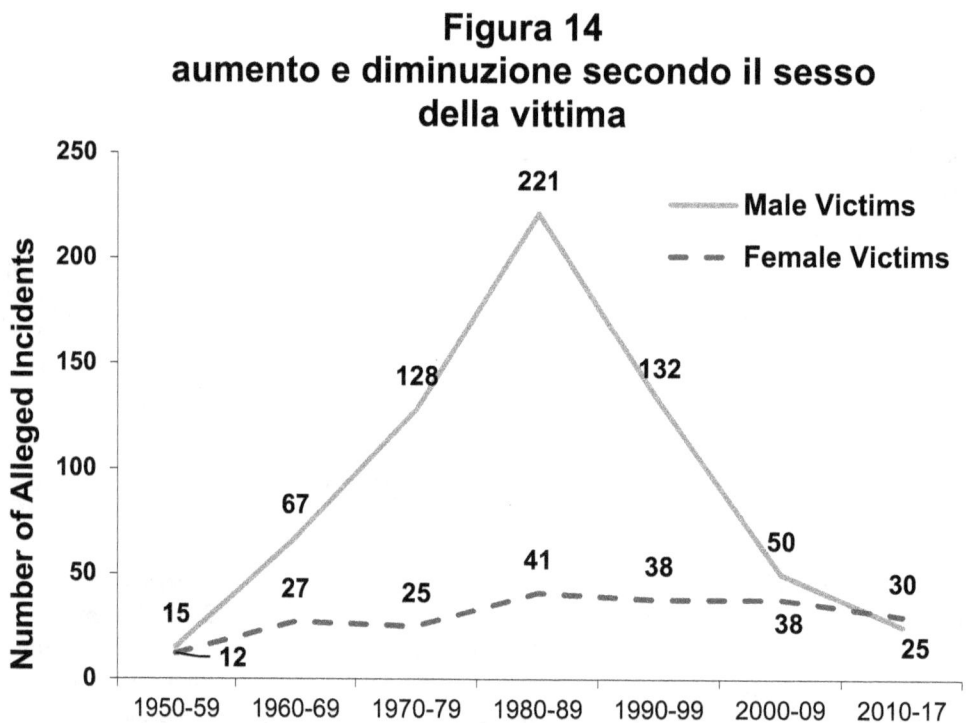

Source: SACCADAS Data, Current allegations only

FIGURA 15 [*Percentuale di abuso da parte dei preti recentemente ordinati secondo il sesso della vittima. FONTE: Pennsylvania Grand Jury Report 2018.* Per "preti recentemente ordinati" si intende preti ordinati da meno di dieci anni. Sono considerati soltanto gli abusi perpetrati dopo l'ordinazione.]

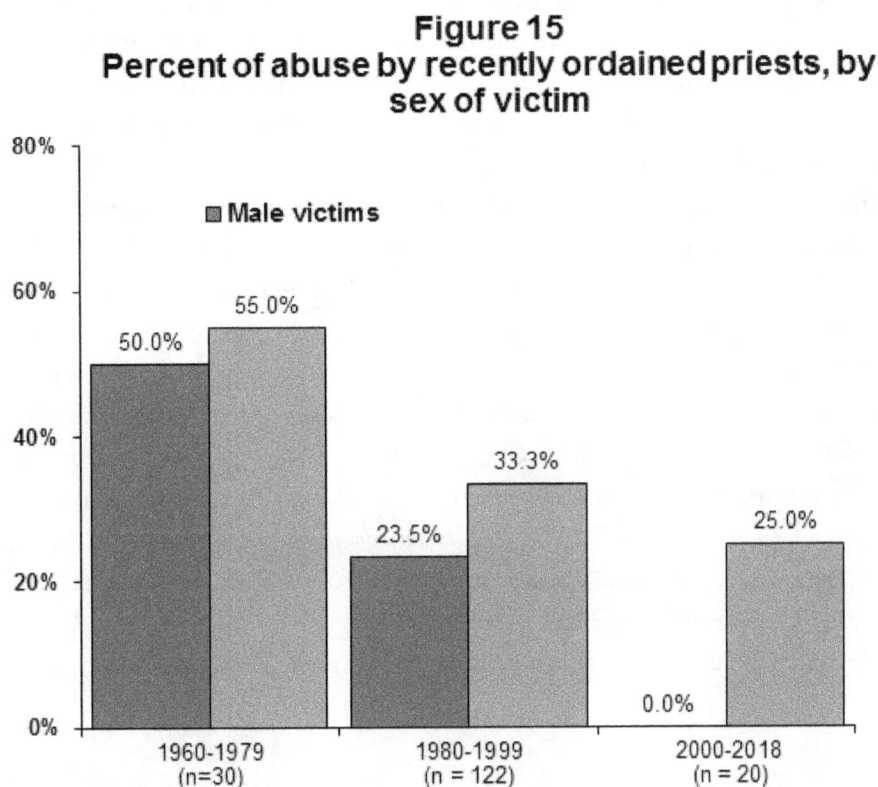

Figure 15
Percent of abuse by recently ordained priests, by sex of victim

Source: Pennsylvania Grand Jury Report 2018. "Recently ordained" is defined as priests ordained 10 years or fewer. Includes only abuse after ordination.

Oltre alle caratteristiche dei dati, uno schema delle ordinazioni sparse degli uomini omosessuali riflette ciò che sappiamo sia degli standard cattolici per l'ordinazione, sia del carattere dei preti più giovani di oggi.

IV. L'ordinazione nella Chiesa.

1. I papi sono chiari: nessuna ordinazione omosessuale.

L'esclusione degli uomini omosessuali dal sacerdozio riflette sia le norme esplicite di ammissibilità, sia la teologia e la psicologia soggiacenti al celibato che hanno guidato la formazione cattolica al sacerdozio sin dal Concilio Vaticano II (1962-1965). Nel 2005, la *Congregazione per l'educazione cattolica* di papa Benedetto XVI, che ha competenze sulla formazione dei sacerdoti, ha emanato un'*Istruzione pontificia* sul «discernimento delle vocazioni riguardo alle persone con tendenze omosessuali» che, inequivocabilmente, precludevano l'ordinazione di queste ultime: «la Chiesa [...] non può ammettere al seminario o agli ordini sacri coloro che praticano l'omosessualità, presentano tendenze omosessuali radicate o sostengono la cosiddetta "cultura gay"».[12]. Un flirt passato con tendenze omosessuali, per esempio, durante l'adolescenza, non sarebbe necessariamente un ostacolo all'ordinazione, ha affermato la Congregazione, ma «tali tendenze devono essere chiaramente superate almeno tre anni prima dell'ordinazione».[13]. Questa formulazione chiarisce che qualsiasi attrazione attuale o persistente per lo stesso sesso, indipendentemente dal fatto che ci sia o meno una pratica omosessuale attuale ed attiva, preclude ad un uomo il sacerdozio ed il diaconato.

L'*Istruzione* del 2005 non ha imposto una nuova disciplina in materia, ma ha semplicemente chiarito l'insegnamento precedente. Il documento intitolato *Formazione al celibato* (1974) della *Congregazione per l'educazione cattolica*, che stabiliva istruzioni e norme per guidare «il progressivo sviluppo di una personalità matura», richiesto nel 1967 dall'enciclica *Sul celibato sacerdotale* di papa Paolo VI.[14], ha chiarito che la "personalità matura" a cui mirava la formazione sacerdotale escludeva l'attrazione omosessuale: «Perché una persona possa definirsi matura, il suo istinto sessuale deve aver superato due tendenze immature, ossia il narcisismo e

---

[12] Congregation for Catholic Education, *Instruction Concerning the criteria for the discernment of Vocations with Regard to Persons with Homosexual Tendencies in View of Their admission to the Seminary and Holy Orders*, «Vatican.va», 31 agosto 2005 (http://www.vatican.va/ roman_curia/congregations/ccatheduc/documents/rc_con_ccatheduc_doc_20051104_istr uzione_en.html - ultimo accesso verificato: 10 novembre 2021), par. 2; Per il testo in italiano, si veda: Ibid., *Istruzione sui criteri per il discernimento delle vocazioni nei confronti delle persone con tendenze omosessuali in vista della loro ammissione al Seminario e agli Ordini sacri*, «vatican.va», 4 novembre 2005 (https://www.vatican.va/roman_curia/congregations/ccatheduc/ documents/rc_con_ccatheduc_doc_20051104_istruzione_it.html - ultimo accesso verificato: 5 novembre 2021).

[13] Ibid.

[14] Paolo VI (papa), *Sacerdotalis Caelibatus. Per quali vie la Chiesa cattolica debba oggi adempiere il suo mandato. Lettera enciclica ai vescovi, ai sacerdoti e a tutti i fedeli del mondo cattolico: sul celibato sacerdotale (24 giugno 1967)*, «vatican.va», s. d., par. 1 (https://www.vatican.va/content/paul-vi/en/encyclicals/documents/hf_p-vi_enc_24061967_sacerdotalis.html - ultimo accesso verificato: 10 novembre 2021).

l'omosessualità, e deve aver conseguito lo stato di eterosessualità».[15]. Coloro nei quali queste tendenze persistono sono tra coloro che, secondo la già citata enciclica *Sul celibato sacerdotale,* sono «inadatti [al celibato] per ragioni fisiche, psicologiche o morali [e] dovrebbero essere rapidamente rimosse dal cammino verso il sacerdozio» al fine di evitare «conseguenti danni a se stessi o alla Chiesa».[16]. Le linee guida del 2005 sono state definitivamente riaffermate in un programma aggiornato di formazione sacerdotale, emanato dalla Congregazione per l'educazione Cattolica nel 2016.[17].

2. Nuovi uomini che ristabiliscono la fedeltà.

Queste linee guida, ovviamente, non sono state seguite fino alla metà degli anni Ottanta, quando fino alla metà dei sacerdoti ordinati ogni anno erano omosessuali. Alcuni, principalmente i gruppi di difesa gay e i vescovi più anziani nel grafico omosessuale che riguarda gli uomini di età fra i sessantacinque e gli ottantacinque anni, ancora si oppongono a tali linee guida o le mettono in discussione.[18]. Ma se le prove statistiche di cui sopra restituiscono una testimonianza accurata, la loro osservanza è progressivamente migliorata dagli anni Ottanta e, nel secolo presente, è stata praticamente perfetta. A differenza degli anni Ottanta, oggi, l'avvertimento di

[15] Sacra congregazione per l'educazione cattolica, *Orientamenti educativi per la formazione al celibato sacerdotale,* «vatican.va», 11 Aprile 1974, par. 21 (http://www.vatican.va/roman_ curia/congregations/ccatheduc/documents/rc_con_ccatheduc_doc_19740411_celibato-sacerdotale_it.html - ultimo accesso verificato: 10 novembre 2021).

[16] Paolo VI (papa), *Sacerdotalis Caelibatus. Per quali vie la Chiesa cattolica debba oggi adempire il suo mandato. Lettera enciclica ai vescovi, ai sacerdoti e a tutti i fedeli del mondo cattolico: sul celibato sacerdotale (24 giugno 1967),* par. 61.

[17] Congregation for Catholic Education, *Ratio Fundamentalis Institutionis Sacerdotalis. The Gift of the Priestly Vocation,* «clerus.va», 19 marzo 1985 (http://www.clerus.va/ content/dam/clerus/Ratio%20Fundamentalis/The%20Gift%20of%20the%20Priestly%20 Vocation.pdf – ultimo accesso verificato: 10 novembre 2021); Per il testo in italiano, si veda: Id., *Ratio Fundamentalis*

Institutionis Sacerdotalis, «vatican.va», 19 marzo 1985 (https://www.vatican.va/roman_ curia/congregations/ccatheduc/documents/rc_con_ccatheduc_doc_19850319_ratio-fundamentalis_it.html - ultimo accesso verificato: 10 novembre 2021).

[18] K. Stone, *Bishop McElroy Grilled on Gay Clergy, Catholic Sex-Abuse Crisis,* «Times of San Diego», 2 ottobre 2018 (https://timesofsandiego.com/life/2018/10/01/bishop-mcelroy-grilled-on-gay-clergy-catholic-sex-abuse-crisis/ - ultimo accesso verificato: 10 novembre 2021); *New Vatican Document Forbidding Gay Priests 'Damaging,' Says Gay Catholic Group Dignity USA,* «dignityusa.org», 8 dicembre 2016 (https://www.dignityusa.org/article/new-vatican-document-forbidding-gay-priests-%E2%80%9Cdamaging%E2%80%9D-says-gay-catholic-group – ultimo accesso verificato: 10 novembre 2021).

Paolo VI di un possibile «danno conseguente alla Chiesa» da parte dei sacerdoti omosessuali è dolorosamente ovvio per la maggior parte dei cattolici. Scandali ricorrenti che caratterizzano la predazione sessuale dei ragazzi da parte dei preti, con vittime profondamente ferite, ingenti pagamenti finanziari e sprezzante esposizione mediatica, indurrebbero una prudenza molto maggiore in qualsiasi vescovo razionale o leader della Chiesa quando si presentano omosessuali candidati al sacerdozio.

Un'influenza più potente su questa tendenza, tuttavia, è stata l'ascesa di una generazione più giovane di sacerdoti e di candidati al sacerdozio molto più numerosa e devota alla fede e alla pratica ortodossa di quanto non fossero i suoi predecessori[19]. Influenzato dal pontificato e dalla persona di papa Giovanni Paolo II (1978-2005), questo gruppo di giovani più tradizionali ed evangelici ha cominciato a popolare le classi di ordinazione in numero significativo a partire dalla fine degli anni Novanta ed, oggi, rappresentano la presenza dominante tra le nuove ordinazioni. La venuta di questi «sacerdoti di Giovanni Paolo II» ha contribuito alla riduzione delle recenti ordinazioni di uomini omosessuali in almeno due modi.

In primo luogo, a differenza di una generazione fa, i nuovi aspiranti al sacerdozio di oggi che sperimentano le inclinazioni omosessuali sono molto più consapevoli, o presto diventano più consapevoli, delle contraddizioni che vi sono implicate dal punto di vista dell'ortodossia cattolica. In contrasto con le loro controparti di una generazione fa, questi uomini è molto più probabile che rinuncino volontariamente alla ricerca del sacerdozio se le loro attrazioni persistono. Il dott. Timothy Lock della Divine Mercy University, che ha un'esperienza pluridecennale nel consigliare seminaristi e sacerdoti cattolici che lottano contro l'attrazione per lo stesso sesso, conferma: «I seminaristi di oggi attratti dallo stesso sesso, cresciuti durante il pontificato di Giovanni Paolo II e la teologia del corpo, sono seriamente impegnati a seguire Cristo negli insegnamenti della Chiesa, anche se ciò può significare ritirarsi dal seminario».[20]

In secondo luogo, i sacerdoti più giovani si sono portati, in modo relativamente rapido, in posizioni di influenza nella selezione e controllo dei nuovi candidati al sacerdozio. Con il declino delle nuove ordinazioni dopo gli anni Sessanta, le diocesi

---

[19] I profili relativi ai differenti caratteri dei giovani preti sono presentati in: D. R. Hoge, J. E. Wenger, *Evolving Visions of the Priesthood: Changes from Vatican II to the Turn of the New Century* (Collegeville, Minnesota: Liturgical Press, 2003), pp. 61–78; S. J. Rossetti, *Why Priests Are Happy: A Study of the Psychological and Spiritual Health of Priests* (Notre Dame, Indiana: Ave Maria Press, 2011), pp. 177–194; D. P. Sullins (reverendo), *Keeping the Vow: The Untold Story of Married Catholic Priests* (Oxford; New York, N.Y.: Oxford University Press, 2015), pp. 41–43.

[20] Comunicazione ricevuta per email in data 11 febbraio 2019.

hanno sempre più evidenziato la necessità di reclutare attivamente giovani idonei per il sacerdozio. I processi di reclutamento diocesano, inclusi i direttori vocazionali e i formatori di seminari, si sono composti, sempre più, di sacerdoti più giovani, che sono stati apprezzati per la loro capacità di attrarre e di relazionarsi con giovani uomini che possono considerare una vocazione sacerdotale. Man mano che il giovane gruppo di sacerdoti di Giovanni Paolo II si è trasferito in queste posizioni, ha portato un rinnovato impegno a seguire fedelmente le restrizioni papali sui candidati omosessuali esaminate sopra. Non solo hanno seguito le regole in modo più rigoroso, ma hanno anche iniziato a rinnovare ed a sviluppare le ragioni soggiacenti alle regole per l'articolazione di un celibato sacerdotale positivo, gioioso e concepito in modo decisamente eterosessuale.

3. Vera rinuncia per la paternità spirituale.

Nella comprensione assertivamente maschile di questi giovani preti, il celibato sacerdotale offre una replica esplicita e potente al sesso a buon mercato e alle relazioni transitorie generate dalla rivoluzione sessuale. Sebbene nel linguaggio comune la parola «celibato» sia generalmente intesa come astinenza dai rapporti sessuali, nell'uso cattolico questa parola, in realtà, significa qualcosa di più profondo: l'astinenza dal matrimonio. Mentre tutti i cristiani sono chiamati ad astenersi dai rapporti sessuali (ossia a rispettare quella che viene chiamata "continenza") al di fuori del matrimonio e le persone nella vita religiosa fanno voto di continenza perpetua, il celibato sacerdotale è qualcosa di più di questo. Nell'impegno al celibato, il sacerdote non si limita a rinunciare all'esperienza sessuale: esso offre la effettiva possibilità del matrimonio e dei figli per amore del regno di Dio. La spiritualità sacerdotale ha da tempo riconosciuto che in questa rinuncia, il sacerdote diventa, in un certo senso, sposato con Gesù Cristo e con la Chiesa. Come scrive un vescovo ai suoi sacerdoti: «Quando abbiamo dedicato la nostra vita al celibato, abbiamo fatto un dono completo di noi stessi – un sacrificio – al Signore e alla Chiesa, come uno sposo per sua moglie».[21]. Ciò che la nuova teologia sottolinea è che, rinunciando all'espressione sessuale e ai bambini per amore del regno di Dio, i sacerdoti affermano e nobilitano anche la sessualità umana, incarnata nella propria mascolinità, come un bene che è ordinato a scopi più elevati e trascendenti.

---

[21] J. P. Sartain, *Strengthen Your Brothers: Letters of Encouragement from an Archbishop to His Priests* (Collegeville, Minnesota: Liturgical Press, 2012), p. 18.

Padre Carter Griffin, direttore delle vocazioni e sacerdote di Giovanni Paolo II, propone che il celibato sacerdotale sia propriamente inteso come una sorta di scambio, in cui il sacerdote offre «la rinuncia cosciente e sacrificale all'unione sessuale biologicamente generativa per amore di un atto generativo superiore nell'ordine della grazia».[22]. Si rinuncia alla paternità terrena per amore della paternità spirituale. In questo scambio, ciò che il sacerdote offre a Dio non è genericamente l'esperienza sessuale, ma l'unione sessuale con una donna. Nello specifico, e non a caso, è proprio quell'«atto coniugale che è di per sé idoneo alla procreazione della prole» che è essenziale per il matrimonio cattolico.[23].

Di conseguenza, solo gli uomini capaci di matrimonio sono capaci di sacerdozio. Un uomo omosessuale, le cui attrattive per gli uomini annullano di fatto il suo naturale potenziale generativo, non è in grado di entrare nel sacerdozio cattolico più di quanto non lo sia di contrarre il matrimonio cattolico con un altro uomo. Papa Benedetto XVI, commentando la questione dell'omosessualità e del sacerdozio nel 2011, ha affermato con la tipica chiarezza: «L'omosessualità è incompatibile con la vocazione sacerdotale. In caso contrario, il celibato stesso perderebbe il suo significato di rinuncia».[24].

Inoltre, poiché nel pensiero cattolico la sessualità non è solo il desiderio biologico ma «acquista il suo significato autentico e rivela la sua funzione di donazione di sé nella reciprocità del rapporto tra uomo e donna».[25], l'orientamento omosessuale, lontano dalla ricerca dell'unione sessuale con una donna, inibisce anche il raggiungimento di certi elementi di maturità nella dimensione sessuale e delle emozioni interpersonali (o, altrimenti dette, "affettività").[26]. Padre Earl Fernandes, scrivendo da giovane preside di un grande seminario, afferma chiaramente la connessione: «Uno che non può donare se stesso a un altro con

---

[22] C. Griffin, *The Fatherhood of the Celibate Priest* (Steubenville, Ohio: Emmaus Road Publishing, 2019), p. 52.

[23] *Codice di diritto canonico* (1983), can. 1061 (https://www.vatican.va/archive/cod-iuris-canonici/cic_index_en.html - ultimo accesso verificato: 10 novembre 2021); Per il testo in italiano si veda: *Codice di diritto canonico* (1983), can. 1061 (https://www.vatican.va/archive/cod-iuris-canonici/cic_index_it.html - ultimo accesso verificato: 10 novembre 2021).

[24] Benedetto XVI (papa), P. Seewald, *Light of the World: The Pope, the Church, and the Signs of the Times* (San Francisco, California: Ignatius Press, 2010), p. 152.

[25] E. K. Fernandes, *Seminary Formation and Homosexuality: Changing Sexual Morality and the Church's Response*, «The Linacre Quarterly», Vol. 78, n. 3, 2011, p. 321 https://www.ncbi.nlm.nih.gov/pmc/articles/PMC6026965/ – ultimo accesso verificato: 10 novembre 2021).

[26] Si veda anche: C. W. Baars, *I Will Give Them a New Heart: Reflections on the Priesthood and the Renewal of the Church* (New York, N.Y.: Alba House, 2007).

amore autentico non è adatto né al matrimonio né al sacerdozio».[27]. Come mi spiegò un altro rettore del seminario, un sacerdote di Giovanni Paolo II: «Se un giovane non potesse immaginarsi sposato con una donna e padre di figli, non lo accetteremmo in seminario».

4. Castità sfuggente.

Ammettere uomini omosessuali al sacerdozio non sarebbe solo dannoso per la Chiesa – sottolineano, rispettosamente, i giovani sacerdoti – ma sarebbe anche dannoso per quei candidati, che dovranno sostenere una lotta molto più dura degli altri per raggiungere la castità; e, anche se la raggiungessero, non sarebbero comunque in grado di raggiungere il vero celibato. Padre Griffin scrive:

> Non è fanatismo, crudeltà od omofobia che portano ad escludere i candidati omosessuali al sacerdozio; è carità sia verso il popolo di Dio, sia verso l'uomo in questione, per il quale tale vita è manifestamente inadatta e forse pericolosa. L'enfasi sulla paternità del sacerdozio celibe aiuta a confermare la proscrizione della Chiesa sull'ordinazione di uomini con attrazione per lo stesso sesso, non perché tali uomini siano incapaci di rimanere nell'ambito della continenza o di raggiungere una grande santità, ma perché la loro lotta indebolisce la loro identità maschile e la loro capacità di esercitare fruttuosamente e gioiosamente la paternità celibe.[28].

La saggezza di queste parole è confermata dall'evidenza per cui i sacerdoti omosessuali hanno molte meno probabilità di riuscire nella pratica del celibato. Il sondaggio sui sacerdoti del *Los Angeles Times* del 2002 ha chiesto ai sacerdoti intervistati di definire «come ti senti in merito al ruolo che il celibato svolge nella tua vita» selezionando una delle quattro risposte: 1) Il celibato non è un problema per me e non vacillo nei miei voti; 2) Il celibato richiede tempo per essere raggiunto e lo considero un viaggio continuo; 3) Il celibato è una disciplina che cerco di seguire, ma non sempre ci riesco; 4) Il celibato non è rilevante per il mio sacerdozio e non lo osservo. La figura 16 presenta le risposte percentuali per orientamento sessuale del sacerdote. L'affermazione 2 (non mostrata nella figura) è stata scelta

---

[27] E. K. Fernandes, *Seminary Formation and Homosexuality: Changing Sexual Morality and the Church's Response*, p. 321.

[28] C. Griffin, *The Fatherhood of the Celibate Priest*, p. 54.

dalla metà dei preti, indipendentemente dall'orientamento sessuale (ad esser precisi, il 51% dei preti omosessuali e il 50% dei preti eterosessuali). La rilevanza di questa affermazione per la persistenza del sacerdote nel celibato non è chiara. Le altre tre affermazioni (le numero 1, 3 e 4) sono ciascuna chiaramente relativa al successo o al fallimento nel mantenere il celibato.

Per tutte e tre queste misure di persistenza nel celibato o nella castità, i preti omosessuali hanno riportato un successo molto inferiore rispetto ai preti eterosessuali. Un sacerdote eterosessuale su tre (più precisamente, il 36%), ma solo un sacerdote omosessuale su dieci (ossia, l'11%), ha riferito di non aver vacillato nei voti celibi. All'altro estremo, un prete omosessuale su dieci ha risposto di non aver tentato di praticare il celibato; meno di un prete eterosessuale su cinquanta (perciò, il 2%) ha dato questa risposta. Più di un sacerdote omosessuale su quattro (per precisione, il 28%) ha riferito di aver cercato, senza successo, di essere celibe, rispetto a meno della metà di tanti preti eterosessuali (ossia, il12%). Anche la consapevolezza della peccaminosità delle relative violazioni della morale sessuale era molto più bassa tra i sacerdoti omosessuali. I sacerdoti eterosessuali avevano una probabilità quattro volte maggiore rispetto ai sacerdoti omosessuali di concordare con l'insegnamento della Chiesa, secondo cui le relazioni sessuali omosessuali erano sempre peccaminose (un dato del 57% contro il 13%) ed oltre cinque volte maggiore di essere d'accordo sul fatto che la masturbazione fosse sempre peccaminosa (un dato del 34% contro il 6%). Da questa evidenza, è chiaro che praticare il celibato e sostenere gli standard della Chiesa per la moralità sessuale rappresenta una sfida molto maggiore per i preti omosessuali rispetto a quelli eterosessuali.

FIGURA 16 [*Persistenza nella condizione di celibato secondo l'orientamento sessuale, preti cattolici degli Stati Uniti nel 2002 (in percentuale). FONTE: Los Angeles Times Survey of Catholic Priests (n = 1852)*].

Figura 16
Persistenza nel celibato per orientamento sessuale ,
sacerdoti cattolici degli Stati Uniti nel 2002 (in percentuale)

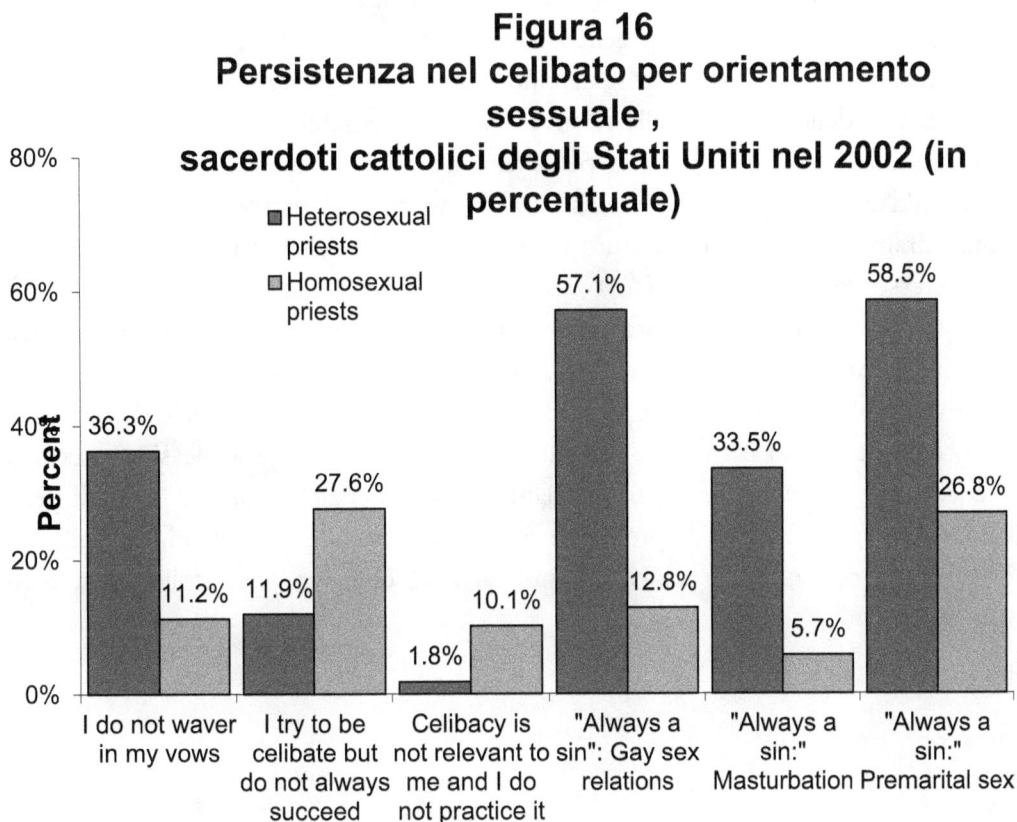

Source: Los Angeles Times 2002 survey of Catholic priests (n=1852).

Conclusione.

I recenti abusi sessuali sui minori in ambienti cattolici suggeriscono una concentrazione continua od un afflusso di preti omosessuali, con conseguenti abusi maschili sui maschi?

Dalle prove esaminate in questo capitolo, la risposta a questa domanda è negativa. Sia i preti cattolici omosessuali, sia l'ondata degli abusi tra maschi sono andati e venuti, in onde gemelle che hanno raggiunto la cresta trent'anni fa e che ora si sono ridotte a quasi nulla. Gli abusi recenti coinvolgono sempre più ragazze di età maggiore e non i ragazzi più giovani. Con l'ascesa di una nuova generazione di leader giovani e fedeli nella formazione sacerdotale, l'esclusione degli uomini omosessuali dall'ordinazione, che è stata la norma coerente della Chiesa dal Concilio Vaticano II, sembra essere fedelmente seguita, come non lo è stato per tutti gli anni Ottanta. I nuovi sacerdoti tendono ad intendere il celibato sacerdotale come una vocazione riservata agli uomini abili al matrimonio, ossia eterosessuali. Dal rappresentare circa la metà delle nuove ordinazioni negli anni Ottanta, dal 2000 le ordinazioni di uomini omosessuali sono state estremamente scarse.

Nessuna delle onde gemelle relative agli abusi maschili e alla presenza di preti omosessuali sono state regolari o persistenti della vita cattolica, ma sono andate e venute ad un ritmo che si è intensificato e ridotto nel corso di diversi decenni. Meno drammatico ma più duraturo è l'abuso sessuale delle vittime femminili, che, nello stesso periodo di tempo, è avvenuto ad un ritmo relativamente costante che persiste inalterato fino ai giorni nostri. La diminuzione dei preti omosessuali e dell'abuso sessuale dei ragazzi, quindi, porteranno ad una gradita riduzione e ad un positivo cambiamento, ma non alla fine della cattiva condotta sessuale da parte del clero cattolico. Man mano che l'ondata di vittimizzazione maschile si dissolve, la preoccupazione per la sicurezza dei bambini da potenziali abusi da parte di preti cattolici dovrà affrontare il problema degli abusi sessuali persistenti, a livelli più bassi e che coinvolgono principalmente ragazze, che non sono collegati ai preti omosessuali.

APPENDICE

TABELLA S1 [Coefficienti standardizzati di regressione dell'associazione fra preti omosessuali e presenza delle sottoculture omosessuali, per anni (dati JJR, n= 51)]

Predittori \ risultato	Per cento vittime di sesso machile		Per cento vittime di sesso maschile (reati multipli)		Per cento vittime di sesso maschile (sotto gli 8 anni)		Solo vittime di sesso maschile		Incidenza di abuso	
	Model 1	Model 2	Model 1	Model 2	Model 1	Model 2	Model 1	Model 2	Model 1	Model 2
sacerdoti omosessuali (%)	.98***	.87***	.81***	.63*	.77***	.66*	.96***	.44¹	.93***	.46*
Sottocultura di seminario (%)		.12		.20		.20		.62**		.49**
età media all'ordinazione per anno di abuso	-.97***	-.97**	-.86**	-.86***	-.57**	-.61**	-.40**	-.41**	-.20	-.20
VIF più alto	1.8	5.5	2.0	5.7	1.7	6.4	1.8	6.4	2.0	3.8
Model fit (Multiple R)	.79	.80	.58	.65	.58	.58	.75	.80	.80	.83
R-square	.63	.63	.34	.42	.34	.34	.57	.64	.65	.70

*$P < 0.05$;**$P < 0.01$; ***$P < 0.001$. ¹$P < 0.06$; Vengono mostrati i coefficienti standardizzati. Per ridurre la multicollinearità l'età all'ordinazione è stata trasformata in modo polinomiale. I risultati fanno riferimento solo alle accuse attuali.

TABELLA S2 [Coefficienti standardizzati di regressione dell'associazione fra preti omosessuali e presenza delle sottoculture omosessuali, per anni (dati SACCADAS, n= 51)]

Predittori \ risaltato	Per cento vittime di sesso maschile		Per cento vittime di sesso maschile (reati multipli)		Per cento vittime di sesso maschile (sotto gli 8 anni)		Solo vittime di sesso maschile		Incidenza di abuso	
	Model 1	Model 2	Model 1	Model 2	Model 1	Model 2	Model 1	Model 2	Model 1	Model 2
Sacerdoti omosessuali (%)	$.88^{***}$	$.32$	$.51^{**}$	$-.23$	$.45^{*}$	$.22$	$.97^{***}$	$.63^{**}$	$.94^{***}$	$.62^{**}$
Sottocultura del seminario (%)		$.62^{**}$		$.83^{**}$		$.26$		$.38^{1}$		$.36^{1}$
Età media all'ordinazione per anno di abuso	$-.42^{*}$	$-.42^{**}$	$-.23$	$-.23$	$-.04$	$-.04$	$-.48^{***}$	$-.48^{***}$	$-.33^{**}$	$-.33^{**}$
VIF più alto	2.1	5.8	1.8	5.5	1.7	5.5	1.8	5.5	1.8	5.5
Model fit (Multiple R)	.64	.70	.40	.56	.42	.44	.75	.77	.77	.79
R-square	.41	.50	.16	.31	.18	.19	.55	.59	.59	.62

$^{*}P < 0.05;\ ^{**}P < 0.01;\ ^{***}P < 0.001.\ ^{1}P < 0.07;$ Vengono mostrati i coefficienti standardizzati. Per ridurre la multicollinearità l'età all'ordinazione è stata trasformata in modo polinomiale. I risultati fanno riferimento solo alle accuse attuali.

TABELLA S3 [Stime sulla presenza di preti omosessuali ordinati dal 2000 al 2014 secondo modelli di varie accuse (Dati SACCADAS, n= 69)]

Periodo di tempo	Modello 1	Modello 2	Modello 3
2000-2004	.143	.132	.124
2005-2009	.121	.092	.116
2010-2014	.155	.096	.109
2015-2018	.102	.073	.080
Correlazione (singolo anno)	-.10	-.27	-.23
Efficenza relativa	.965	.987	.991
Predittori			
Percentuale di vittime di sesso maschile	*	*	*
Abuso attuale	*	*	*
Età di ordinazione		*	*
Percentuale di vittime sopra 14 anni			*

$^*P < 0.05;^{**}P < 0.01;^{***}P < 0.001.$ $^1P < 0.06;$ Vengono mostrati i coefficienti standardizzati. Per ridurre la multicollinearità l'età all'ordinazione è stata trasformata in modo polinomiale. I risultati fanno riferimento solo alle accuse attuali.

Supplemento tecnico: stima della proporzione di preti omosessuali

Nel capitolo precedente ho creato, utilizzando i *dati JJR* dal 1950 al1999, aggiustati per età al momento dell'ordinazione, tre ultimi modelli lineari di regressione. Questi modelli hanno mostrato un'associazione molto forte fra la presenza dei preti omosessuali e due variabili chiave: 1) la preferenza per le vittime di sesso maschile e 2) l'incidenza degli abusi contestuali. Queste associazioni sono molto simili nei dati SACCADAS.[29]. I coefficienti di regressione standardizzati

---

[29] Si veda l'Appendice 1, Tavola A1 e Tavola A2. I coefficienti di regressione standardizzati relativi all'associazione per anno dei preti omosessuali con la percentuale di

dell'associazione, per anno, fra preti omosessuali e la percentuale di vittime maschili, il numero di vittime maschili e l'incidenza complessiva degli abusi contestuali nei *dati JJR* è rispettivamente di 0,98, 0,96 e 0,93. I coefficienti corrispondenti nei dati SACCADAS sono 0,88, 0,97 e 0,94. Per il periodo 2000-2018, non abbiamo (a quanto mi è noto) alcuna informazione diretta sulla proporzione di sacerdoti omosessuali, ma i dati SACCADAS riportano le due variabili chiave. Le statistiche sui sacerdoti statunitensi, ossia il numero di sacerdoti ordinati ogni anno, sul numero totale di sacerdoti e sulla crescita o sul calo netto del totale dei sacerdoti, sono state tratte da dati pubblici riportati da CARA, aggiungendo valori intermedi.[30] L'età media al momento delle ordinazioni avvenute fra il 1998 ed il 2018 è stata ricavata dalle indagini annuali sulle classi di ordinazione fornite da CARA e dal *Dean Hoge* per l'USCCB.[31] Da queste misure è stato possibile stimare la quota di uomini omosessuali nel presbiterio cattolico negli ultimi anni. Come nel capitolo precedente, la quota di tutti i sacerdoti degli Stati Uniti che sono omosessuali in un dato anno è stata identificata come la proporzione di tutti i sacerdoti, ordinati prima e durante quell'anno, che hanno riportato un orientamento omosessuale.

La quota di ordinandi omosessuali all'anno è stata stimata in base alla percentuale di vittime maschili, all'incidenza degli abusi attuali, all'età media degli uomini ordinati ed alla percentuale di vittime di età superiore ai 14 anni, utilizzando modelli di regressione che attribuiscono quantità mancanti o sconosciute dalla combinazione di tutti i modelli lineari per le variabili prese in considerazione. La stima è stata eseguita con il software statistico SPSS 25 della IBM. Sono stati calcolati dieci modelli di imputazione, quindi i loro risultati sono stati raggruppati per produrre le stime dei parametri riportate nella Tabella S-3 e nel documento principale.

La tabella S-3 confronta le stime per la percentuale di uomini omosessuali ordinati secondo tre modelli di previsione successivamente più complessi, considerando la percentuale di vittime maschili e l'incidenza degli abusi contestuali (Modello 1), poi aggiungendo l'età al momento dell'ordinazione (modello 2), quindi la percentuale di vittime di età superiore ai 14 anni (modello 3). Tutti e tre i modelli

---

vittime maschili, il numero di vittime maschili e l'incidenza complessiva degli abusi attuali nei *dati JJR* sono rispettivamente di 0,98, 0,96 e 0,93. I coefficienti corrispondenti nei *dati SACCADAS* sono, similmente, 0,88, 0,97 e 0,94.

[30] Cfr. Center for Applied Research in the Apostolate (CARA), *Frequently Requested Church Statistics,*.

[31] L'archivio di questi dati è consultabile all'interno del sito «usccb.org» (http://www.usccb.org/beliefs-and-teachings/vocations/ordination-class/index.cfm - ultimo accesso verificato: 10 novembre 2021).

stimano una tendenza simile per cui la percentuale di ordinati omosessuali è diminuita a partire dal 2000; ossia, passando da un valore del 12-14% per il periodo dal 2000 al 2004 ad un valore del 7-10% per il periodo dal 2015 al 2018. Per tutti e tre i modelli, la correlazione cronologica fra l'anno e gli ordinandi omosessuali è negativa.[32] Nel Modello 1, il periodo dal 2010 al 2014 rappresenta un valore anomalo rispetto alla tendenza generale di declino. Includere l'età dell'ordinazione si traduce in una tendenza prevista più chiara e monotona nel periodo (nel Modello 2 rispetto al Modello 1), così come nella percentuale di vittime minorenni di età compresa tra i quindici ed i diciassette anni (nel Modello 3 rispetto al Modello 2), con un calo leggermente meno marcato. L'efficienza relativa – una misura di adattamento del modello che confronta la varianza aggregata dei valori previsti con una previsione ideale teorica – è anche massima per il Modello 3. Il Modello 3 rappresenta, quindi, la stima preferita per questa analisi. Tuttavia, le stime del Modello 2 sui sacerdoti omosessuali ordinati differiscono solo marginalmente da quelle del Modello 3 e l'utilizzo di uno qualsiasi dei tre modelli nella tabella si traduce nella pressoché medesima stima della proporzione di preti omosessuali in generale.

---

[32] Nessuna delle differenze nei periodi oppure nelle correlazioni mostrate nella tabella S-3 è «statisticamente significativa», ciò significa che esse superano i valori che possono essere presenti a causa di variazioni casuali in un campione di popolazione. Tuttavia, questi dati non rappresentano un campione di popolazione, bensì un censimento, destinato ad essere completo, dell'intera popolazione di molestatori descritta nei media e nei rapporti legali. Questi rapporti sono fortemente correlati con i campioni di indagine, come ho mostrato, ma l'accuratezza della loro rappresentazione aggregata degli abusi sessuali commessi dai sacerdoti si basa su basi sostanziali e giornalistiche, non su una rappresentazione statistica.

SECONDA PARTE

FATTORI CONCORRENTI: INFLUENZE ESTERNE ED INTERNE ALLA CHIESA.

Riepilogo della Seconda parte

Mary Rice Hasson, Esq.
Membro e direttore del Kate O'Beirne Catholic Women's Forum,
Ethics and Public Policy Center, Washington, DC

Papa Francesco ha chiuso l'incontro vaticano del febbraio 2019 su *La protezione dei minori nella Chiesa* con un «accorato appello per una battaglia a tutto campo», che sia intrapresa da individui, leader della Chiesa e le altre autorità, «contro gli abusi sui minori sia in campo sessuale che in altri ambiti».[1]. Il Santo Padre ha condannato gli abusi sui minori e i successivi insabbiamenti come «abominevoli crimini che devono essere cancellati dalla faccia della terra».[2]. Parlando poi alla stampa, l'arcivescovo Charles Scicluna, segretario aggiunto della *Congregazione per la dottrina della fede,* ha rafforzato il messaggio del pontefice ed ha dichiarato «non si torna indietro».[3].

Se la Chiesa spera di evitare di «tornare indietro», però, deve cogliere con chiarezza dove è stata e come ci è arrivata. E l'unico modo per escludere la probabilità di futuri «crimini abominevoli» da parte del clero è che essa scopra le profonde radici culturali del problema e si avvii verso un esame inflessibile dei fallimenti personali e dei modelli istituzionali che hanno permesso tale slealtà.

Mentre questo intero libro serve a questo sforzo, la **Seconda parte** inizia il proprio viaggio con tre analisi complementari che forniscono un prezioso contesto

---

[1] Francesco (papa), *Meeting on the Protection of Minors in the Church. Address at the End of the Eucharistic Concelebration*, «Vatican.va», 24 febbraio 2019 (https://www.vatican.va/content/francesco/en/speeches/2019/february/documents/papa-francesco_20190224_incontro-protezioneminori-chiusura.html – ultimo accesso verificato: 10 novembre 2021).

[2] Ibid.

[3] *Protection of Minors: Press Briefing Announces Concrete Initiatives*, «Vatican News», 24 febbraio 2019 (https://www.vaticannews.va/en/vatican-city/news/2019-02/protection-minors-pressbriefing-concrete-initiatives-vatiab.html - ultimo accesso verificato: 10 novembre 2021).

per quanto segue. Il primo, di monsignor Piotr Mazurkiewicz, affronta *Le radici culturali dell'emergenza della cattiva condotta sessuale del clero*; il secondo, scritto da Jane Adolphe, giurista internazionale e professoressa di diritto, si interessa di *Cultura organizzativa e violenza sessuale tra uomini: uno studio comparativo*; e il terzo, che ha per autore Russell Shaw, studia *Il clericalismo e l'emergenza degli abusi sessuali*.

I.

Nel suo saggio, monsignor Piotr Mazurkiewicz esamina i «fattori extra-ecclesiali associati alla rivoluzione sessuale nella società civile» così come i «fattori interni alla Chiesa», inclusi il dissenso, la ribellione, la mentalità terapeutica e la perdita di fede. In primo luogo, egli traccia le influenze ideologiche esterne che hanno cominciato a colpire gli insegnamenti della Chiesa – decenni prima della rivoluzione sessuale degli anni Sessanta – cominciando con Karl Marx, Wilhelm Reich ed il sessuologo Alfred Kinsey. Un filo conduttore comune che collegava questi pensatori progressisti fu la loro insistenza sul fatto che la morale sessuale, la religione, il matrimonio e la monogamia espresse dal pensiero tradizionale erano istituzioni oppressive, progettate per contrastare la ricerca della libertà individuale e del piacere sessuale. L'analisi di Mazurkiewicz fa luce sulle basi ideologiche della rivoluzione sessuale e sul successo metodologico dei progressisti e della sinistra, che cercavano di ottenere un mutamento sociale secondo la «lunga marcia attraverso le istituzioni» della quale scrisse Antonio Gramsci. Dagli anni Sessanta, l'assalto della rivoluzione alla moralità, alla verità oggettiva e all'integrità sessuale è sbocciata in una vera e propria anarchia sessuale, facilitata da cambiamenti culturali e sviluppi nella comunicazione e nella tecnologia.

Mazurkiewicz sottolinea il ruolo cardine della tecnologia nella rivoluzione sessuale, dalla "pillola", che prometteva piacere sessuale senza procreazione, alla riproduzione assistita e alla maternità surrogata, che promettevano la procreazione senza unione sessuale. Man mano che le tecnologie contraccettive e riproduttive guadagnavano consenso – separando il sesso dalla riproduzione non solo praticamente ma anche nella mente pubblica – il valore della differenza sessuale svanì, inaugurando la nostra attuale confusione culturale sull'identità personale e sul significato dell'intimità sessuale. Come disse papa Benedetto XVI, il 22 dicembre 2012, «quando la libertà di essere creativi diventa la libertà di creare noi stessi, allora necessariamente si nega il Creatore stesso ed, in definitiva, anche l'uomo viene privato della sua dignità di creatura di Dio». Si ritiene che la dignità umana dipenda dall'affermazione pubblica e che sia conferita dalla legge, invece di essere riconosciuta come qualcosa che è inerente alla persona umana.[4]. I diritti umani, osserva Mazurkiewicz, di conseguenza, sono diventati «slegati dall'antropologia occidentale». Mazurkiewicz lamenta che i «cristiani, sacerdoti compresi», sono diventati in qualche modo «destinatari passivi dei modelli creati da una cultura secolarizzata ed anticristiana», una cultura in cui la persona vive, anche se credente, «come se Dio non esistesse». Non sorprende che i comportamenti sessuali sanciti da tale cultura conoscano pochi limiti.

Anche così, Mazurkiewicz sottolinea che sarebbe un errore deporre tutta la colpa della cattiva condotta sessuale del clero ai soli fattori culturali esterni. Le autorità della Chiesa hanno tollerato una «cultura della ribellione» interna, come parte di una «tregua» *de facto* sulla scia del dissenso mostrato verso l'enciclica *Humanae Vitae*. Molti cattolici – clero incluso – giunsero a vivere il cattolicesimo come «un supermercato di possibilità dottrinali e morali», spesso manifestate, in termini pratici, da doppie vite o da vite vissute in aperto disprezzo per l'autorità morale della Chiesa. I problemi interni della Chiesa sono stati aggravati dalla nascita sia di una cultura «terapeutica» che ha sostituito le richieste di riforma morale, sia da una crescente «cultura del silenzio e della segretezza» che si rifiutava di affrontare «il rapporto tra l'abuso sessuale dei minori e l'attrazione di tipo omosessuale». Inoltre, il crescente problema della cattiva condotta sessuale del clero ha favorito una «cultura eucaristica impropria», ha indebolito la visione della paternità sacerdotale ed ha rivelato una «crisi di fede» sempre più profonda.

II.

In questo contesto culturale, il capitolo della professoressa Adolphe si concentra strettamente sulla «cultura organizzativa» della Chiesa ed individua gli elementi che hanno giocato un ruolo nella «perpetrazione, individuazione e risposta alla violenza sessuale del clero contro i maschi». Adolphe punta l'attenzione su una cultura istituzionale in cui i modelli di comportamento diffusi e radicati hanno ridotto al minimo o ignorato i crimini e la cattiva condotta del clero, promosso il clericalismo, scoraggiato gli informatori ed indebolito l'autentica riforma.

---

[4] Si vedano le visioni contrastanti sulla fonte della dignità umana nell'opinione maggioritaria del giudice Kennedy (conferita dal riconoscimento da parte del governo) rispetto all'opinione dissenziente del giudice Thomas, unita a quella del giudice Scalia (innato alla persona umana) nella causa: *Obergefell vs. Hodges*, 576 U.S. 644 (Corte suprema degli Stati Uniti, 2015: https://www.supremecourt.gov/opinions/14pdf/14-556_3204.pdf - ultimo accesso verificato: 10 novembre 2021).

L'analisi di Adolphe considera, innanzitutto, le esortazioni di papa Francesco ad attuare una «cultura della cura» piuttosto che una «cultura dell'abuso e del sistema di insabbiamento». L'attenzione della Chiesa alla violenza sessuale e alla vittimizzazione tra uomini è in linea con i recenti sforzi laici per affrontare il problema, soprattutto in contesti istituzionali (militari, carceri, ecc.). È importante notare, scrive Adolphe, che «per quanto riguarda la violenza sessuale nella Chiesa, la prospettiva culturale va vista nella continuità con gli sforzi passati che hanno evidenziato la violenza sessuale contro i minori» come un peccato, come un'offesa contro Dio, un delitto nel diritto canonico, un crimine nel diritto penale statale o come un illecito civile statale, per includere tutti gli aspetti problematici, specialmente quelli sottolineati da papa Giovanni Paolo II e da papa Benedetto XVI. Quindi, è importante che gli sforzi di papa Francesco siano letti in continuità con il lavoro dei papi precedenti, che miravano ad affrontare il problema, tra l'altro, riformando le pratiche di ammissione e di formazione in seminario ed, in particolare sotto papa Benedetto XVI, dando priorità agli sforzi per ascoltare ed incontrare le vittime di abusi sessuali da parte del clero.

Dopo la conclusione della riunione vaticana del 2019 sulla protezione dell'infanzia, il papa emerito Benedetto XVI ha diffuso le sue personali riflessioni sull'emergenza degli abusi, sottolineando ciò che Adolphe descrive come «il nocciolo della questione», la necessità che i cattolici si impegnino nuovamente nella «Fede e nella Realtà di Gesù Cristo che ci è stata infusa con il Santissimo Sacramento». Benedetto enfatizza la verità che la santità della Chiesa si fonda sulla «potenza di santificazione che Dio esercita» attraverso di essa, «nonostante la peccaminosità umana». Ripercorrendo la storia travagliata degli abusi all'interno della Chiesa, Benedetto cita l'influenza perniciosa della cultura secolare e gli aspetti problematici della cultura organizzativa della Chiesa, compresi il clericalismo, la formazione inadeguata, le priorità male impostate (per esempio, far valere maggiormente la preoccupazione per la reputazione della Chiesa rispetto alla preoccupazione per le vittime), così come la presenza di «cricche omosessuali» nei seminari, nonostante le direttive vaticane contro l'ordinazione di uomini con «tendenze omosessuali profonde».[5]

---

[5] Congregation for Catholic Education, *Instruction Concerning the criteria for the discernment of Vocations with Regard to Persons with Homosexual Tendencies in View of Their admission to the Seminary and Holy Orders*, «Vatican.va», 31 agosto 2005 (http://www.vatican.va/roman_curia/congregations/ccatheduc/documents/rc_con_ccatheduc_doc_20051104_istruzione_en.html - ultimo accesso verificato: 10 novembre 2021), par. 2; Per il testo in italiano, si veda: Ibid., *Istruzione sui criteri per il discernimento delle vocazioni nei confronti delle persone con tendenze omosessuali in vista della loro ammissione al Seminario e agli Ordini sacri*, «vatican.va», 4

Dopo aver esplorato gli insegnamenti e le intuizioni dei papi recenti sul problema degli abusi sessuali del clero, Adolphe intraprende un'analisi abbastanza ampia di come le culture organizzative abbiano consentito e perpetuato l'abuso sessuale criminale. Inizia, così, un percorso di valutazione delle somiglianze e delle differenze fra le diverse culture organizzative che abilitato famigerati molestatori seriali come: l'ex cardinale Theodore McCarrick, Jerry Sandusky, l'ex assistente-allenatore di football della Penn State, e Larry Nassar, l'ex medico della squadra di ginnastica statunitense. In ogni caso, la violenza sessuale perpetrata dai molestatori è stata aggravata da fallimenti istituzionali. Usando una lente comparativa, Adolphe indaga sui crimini commessi, sulla reputazione dei molestatori, sui ruoli dei complici e degli informatori, sull'entità degli insabbiamenti istituzionali, sulle indagini e i rapporti prodotti, nonché sui successivi cambiamenti di *policy*. È istruttivo che tra i tre casi, la gestione da parte della Chiesa del caso McCarrick dimostri la minore trasparenza sull'indagine o sui suoi risultati.

La sezione finale del capitolo di Adolphe considera la relazione finale della *Australian Royal Commission*, che scruta il ruolo delle varie culture istituzionali, sia laiche che religiose, in cui si sono verificati gli abusi sessuali sui minori. Il rapporto descrive fattori «peculiari alla cultura [della Chiesa cattolica]», criticando non solo le politiche della Chiesa, ma anche gli insegnamenti cattolici come «fattori che contribuiscono alla violenza sessuale sui minori», la maggioranza dei quali erano adolescenti maschi. Il rapporto cita: «patologie individuali; clericalismo; struttura organizzativa e *governance*; comando; legge canonica; celibato; selezione, screening e formazione iniziale; supervisione, supporto e formazione continua delle persone nel clero; sacramento della riconciliazione (confessione)».[6]" Adolphe avverte che il rapporto della *Commissione* «non condivide la visione della Chiesa in materia di antropologia e sessualità umana, teologia…[o] ecclesiologia» e non aveva il mandato di considerare l'impatto di ampi cambiamenti sociali o il problema particolare della predazione sessuale nei seminari. Anche così, osserva, «i risultati della Commissione sono informativi per i nuclei di verità associati al potere delle dinamiche di gruppo che esplora». Adolphe conclude che: «Alla fine, una discussione della cultura della

---

novembre   2005   (https://www.vatican.va/roman_curia/congregations/ccatheduc/documents/rc_con_ccatheduc_doc_20051104_istruzione_it.html   -   ultimo   accesso verificato: 5 novembre 2021).

[6] Royal Commission into Institutional Responses to Child Sexual Abuse, *Final Report*, Volume 16 (Religious Institutions). Il riassunto, relativamente alle Istituzioni cattoliche, è consultabile on line, si veda: https://www.childabuseroyalcommission.gov.au/religious-institutions - ultimo accesso verificato: 10 novembre 2021.

Chiesa è un passo avanti nell'analisi della violenza sessualità clericale nella Chiesa, e dovrebbe essere approfondita, ma preferibilmente dai membri della comunità dei fedeli, piuttosto che da commissioni oppure da comitati secolari».

III.

Russell Shaw affronta la questione del clericalismo. Egli esamina due diversi interpretazioni del termine: clericalismo come «interferenza di ecclesiastici [diaconi, sacerdoti e vescovi] nella politica laica»; e il clericalismo come «un atteggiamento, uno stato d'animo, che considera la vocazione e lo stato clericale nella vita, al tempo stesso, superiore a e normativo per tutte le altre vocazioni e stati cristiani». Il primo costituisce la critica di uno stato di cose al di fuori della Chiesa cattolica in un tempo nella storia in cui Chiesa e Stato erano «più o meno fusi», mentre quest'ultimo tratta di «un problema riscontrato tra i cattolici e all'interno della Chiesa, visibile nei rapporti tra il clero e i laici, nonché nelle istituzioni e nei processi ecclesiastici».

Shaw sottolinea, giustamente, che oggi «l'ingerenza del clero in politica non è certo un problema in Europa, Stati Uniti, o nella maggior parte degli altri paesi», in un mondo in cui campagne continue e inesorabili di natura secolare tentano di guidare la religione fuori dalla pubblica piazza. Il clericalismo nel secondo senso, comprensivo di una serie di atteggiamenti e comportamenti correlati che sia gli ecclesiastici che i laici possono abbracciare e perpetuare, rimane un problema serio. L'idea che gli ecclesiastici siano i «capi» e che i laici «si facciano comandare», chiaramente «distorce e travisa [il Corpo mistico di Gesù Cristo] questo ideale di complementarità riducendolo ad una caricatura».

Egli esorta, infatti, i fedeli a riflettere sulla serietà della distorsione attraverso una meditazione del canone 208 del Codice della legge canonica, con la sua riaffermazione del principio di uguaglianza nella dignità e del principio di differenza nella cooperazione, nelle proprie condizioni e funzioni. Ugualmente importante è il canone 212, ai sensi del quale, tra l'altro, i laici «possiedono il diritto e anche il dovere di condividere la loro visione del bene della Chiesa con i suoi capi e con gli altri fedeli».

L'abuso sessuale clericale può essere trattato come un caso di studio nel clericalismo. Shaw argomenta che «il clericalismo fornisce un ambiente congeniale per gli abusi da parte del clero ed una ragione per il loro insabbiamento da parte delle autorità ecclesiastiche». Non è la «causa di abusi sessuali da parte dei sacerdoti, né gli abusi sessuali da parte dei sacerdoti sono la causa del clericalismo». Loda papa Francesco per averlo giustamente denunciato, perché il clericalismo è un fattore abilitante, e il riconoscimento di ciò non dovrebbe oscurare altri rilevanti fattori oppure, per utilizzare le parole di Shaw: la «vera causa», per i numeri schiaccianti di adolescenti vittime di sesso maschile. Egli trova la via da percorrere in una rinnovata comprensione della vocazione: «il ruolo unico, essenzialmente irripetibile, che Dio vuole che ciascuno di noi svolga nel suo progetto provvidenziale e redentore».

Nel loro insieme, i contributi di monsignor Mazurkiewicz, della professoressa Adolphe, e di Russell Shaw analizzano l'influenza dei fattori intra-ecclesiali ed extra-ecclesiali, i fattori della cultura istituzionale della Chiesa ed il clericalismo fornendo, ciascuno, un contesto prezioso. Si spera che il loro lavoro non solo stimoli ulteriori approfondite riflessioni sulla cultura della Chiesa, ma che solleciti anche ulteriori riforme pratiche. Come conclude monsignor Mazurkiewicz, affinché la Chiesa «riacquisti la sua autorità e la sua leadership morale», essa «non può dipendere dalla propria capacità di leggere i "segni del tempo" e di diventare "uguale agli altri"». L'«amore e la lealtà» della Chiesa «alla Persona e agli insegnamenti di Gesù Cristo, unico Salvatore ed unica fonte di speranza», devono essere la sorgente della vera riforma

Capitolo 6

Le radici culturali dell'emergenza della cattiva condotta sessuale del clero.

Monsignor Piotr Mazurkiewicz, (Ph.D.)
Professore dell'Istituto di Scienze Politiche,
Cardinal Stefan Wyszynski University, Varsavia, Polonia

Introduzione.

Lo scopo di questo capitolo è discutere le radici della cattiva condotta sessuale del clero che sono radicate nella rivoluzione sessuale. Il capitolo è suddiviso in due parti. La parte I identifica i fattori extra-ecclesiali associati alla rivoluzione sessuale nell'ambito della società civile, a partire dal pensiero di Karl Marx, William Reich ed Alfred Kinsey, e culminato nella rivolta studentesca in Francia nel 1968 e in alcuni progressi tecnologici. La parte II discute i fattori interni alla Chiesa, tra cui la Tregua di Washington del 1968, che diede il via alla cultura della ribellione; l'adozione di strumenti terapeutici che si sono moltiplicati in una cultura terapeutica a scapito di una sana teologia; la cultura del silenzio che circonda le depravazioni sessuali dei sacerdoti e che li protegge dal controllo, in particolare dalle sanzioni civili e penali; la cultura eucaristica impropria in cui sacerdoti che commettono sistematicamente gravi peccati sessuali, indipendentemente dal tipo, celebrano la Santa Messa quotidiana e ricevono la Santa Comunione; e una crisi di fede tra alcuni membri del clero.

I. Fonti culturali esogene.

Indubbiamente, l'attuale emergenza degli abusi sessuali nella Chiesa cattolica è profondamente radicata nella crisi della cultura occidentale. Nell'ambito della sessualità umana si parla di rivoluzione sessuale, associando solitamente questo concetto ad eventi che iniziano nel 1968. Gli inizi del cambiamento rivoluzionario nell'approccio alla sessualità umana, però, sono avvenuti molto prima e sono stati anche molto più radicali di quanto associamo agli anni Sessanta. La rivoluzione culturale può essere ricondotta a una serie di fattori.

1. Karl Marx.

Un'importante influenza sulla cosiddetta rivoluzione sessuale fu la politica perseguita negli anni tra il 1917 ed il 1926 in Unione Sovietica, basata sia sul pensiero del pensatore comunista Karl Marx e del suo Manifesto comunista (1848), sia sul pensiero di altri come, per esempio, Aleksandra Kollontaj, Feliks Dzierzynski e Grigory Batkis, ai quali si devono slogan come «amore libero» (sesso senza restrizioni per la liberazione della donna dalla necessità di scegliere tra matrimonio e prostituzione), «amore come un bicchiere d'acqua» (sesso a scopo di rilassamento) e «basta con la vergogna» (sesso senza le restrizioni degli scrupoli morali). Il concetto stesso di «rivoluzione sessuale» è nato durante questa era.

L'anarchismo della vita sessuale ed il tentativo di sostituire il matrimonio e la famiglia con la «comunione Komsomol» (un'organizzazione politica giovanile nell'Unione Sovietica) furono ufficialmente trattati come modi per liberare la «nuova società» dall'oppressione borghese, quando i leader si riferirono alle idee anarchiche di Bakunin[1], Nechaev[2], Nekrasov e agli scritti di Marx ed Engels[3]. Tutti

---

[1] Bakunin postula quanto segue nel suo *Catechismo rivoluzionario*: «N. Abolizione non della famiglia naturale ma della famiglia legale, fondata sul diritto e sulla proprietà. Il matrimonio religioso e civile deve essere sostituito dal matrimonio libero. Gli uomini e le donne adulti hanno il diritto di unirsi e separarsi a loro piacimento, né la società ha il diritto di ostacolare la loro unione o di costringerli a mantenerla. Con l'abolizione del diritto di eredità e l'educazione dei figli assicurata dalla società, scompariranno tutte le ragioni legali dell'irrevocabilità del matrimonio. L'unione di un uomo e di una donna deve essere libera, perché una libera scelta è la condizione indispensabile per la sincerità morale. Nel matrimonio, l'uomo e la donna devono godere della libertà assoluta. Né la violenza, né la passione, né i diritti ceduti in passato possono giustificare un'invasione da parte di uno della libertà di un altro, e ogni tale invasione sarà considerata un crimine. O. Dal momento della gravidanza fino alla nascita, una donna e i suoi figli devono essere sovvenzionati dall'organizzazione comunale. Anche le donne che desiderano allattare e svezzare i propri figli devono essere sovvenzionate. P. I genitori hanno il diritto di curare e guidare l'educazione dei loro figli, sotto il controllo ultimo del comune, che conserva il diritto e l'obbligo di togliere i bambini ai genitori che, con l'esempio o un trattamento crudele e disumano, demoralizzano o in qualsiasi modo ostacolano lo sviluppo fisico e mentale dei propri figli. D. I bambini non appartengono né ai genitori, né alla società. Appartengono a se stessi e alla propria libertà futura. Fino a quando non sono abbastanza grandi per prendersi cura di se stessi, i bambini devono essere educati sotto la guida dei loro maggiori. È vero che i genitori sono i loro tutori naturali, ma poiché il futuro stesso della comune dipende dalla formazione intellettuale e morale che viene impartita ai figli, la comune deve

dipingevano il matrimonio, la maternità e la famiglia come forme di schiavitù sociale che sarebbe stato giusto distruggere completamente. Le conseguenze di questo approccio includevano l'adozione di politiche che riducessero al minimo il tempo trascorso a casa da una donna, l'introduzione del divorzio senza dover informare il coniuge, la legalizzazione dell'aborto e della pornografia, la collettivizzazione dei bambini, la depenalizzazione delle relazioni omosessuali e l'organizzazione di sfilate "gay" (San Pietroburgo, 19 dicembre 1918).

---

essere tutrice. La libertà degli adulti è possibile solo quando la società libera si occupa dell'educazione dei minori» (Mikhail Bakunin, *Revolutionary Catechism (1866)*, «marxists.org», s. d. (https://www.marxists.org/reference/archive/bakunin/works/1866/catechism.htm - ultimo accesso verificato: 10 novembre 2021).

2 «Il rivoluzionario sa che, nel profondo del suo essere, non solo a parole ma anche attraverso i fatti, ha rotto tutti i legami che lo vincolano all'ordine sociale ed al mondo civile con tutte le sue leggi, la morale, i costumi, e con tutte le sue convenzioni generalmente accettate. È il loro nemico implacabile, e se continua a vivere con loro è solo per distruggerli più velocemente» (S. Nechayev, *The Revolutionary Catechism 1869*, «marxists.org», s. d. par. 2; https://www.marxists.org/subject/anarchism/nechayev/catechism.htm - ultimo accesso verificato: 10 novembre 2021).

3 «Così, quando il matrimonio monogamo fa la sua prima apparizione nella storia, non è per significare la riconciliazione dell'uomo e della donna, tanto meno per rappresentare la forma più alta di tale riconciliazione. Al contrario. Il matrimonio monogamo entra in scena come sottomissione di un sesso da parte dell'altro; annuncia una lotta tra i sessi sconosciuta per tutto il periodo preistorico precedente. In un vecchio manoscritto inedito, scritto da Marx e da me nel 1846, [il riferimento qui è *all'Ideologia tedesca*, pubblicata dopo la morte di Engels - NdR] trovo le parole: "La prima divisione del lavoro è quella tra uomo e donna per la procreazione dei figli". Ed oggi, posso aggiungere: "l'opposizione principale che appare nella storia coincide con lo sviluppo dell'antagonismo tra uomo e donna nel matrimonio monogamo, e l'oppressione principale coincide con quella contro il sesso femminile da parte del maschio. Il matrimonio monogamo è stato un grande passo avanti storico; tuttavia, insieme alla schiavitù e alla ricchezza privata, apre il periodo, durato fino ad oggi, in cui ogni passo avanti è anche relativamente un passo indietro, in cui la prosperità e lo sviluppo per alcuni si conquistano attraverso la miseria e la frustrazione di altri. È la forma cellulare della società civile, in cui si può già studiare la natura delle opposizioni e delle contraddizioni pienamente attive in quella società"» (F. Engels, *Origins of the Family, Private Property, and the State*, Vol. II, par. 4: https://www.marxists.org/archive/marx/works/1884/origin-family/ch02d.htm - ultimo accesso verificato: 10 novembre 2021; Per il testo in italiano, si veda: Id., *L'origine della famiglia della proprietà privata e dello stato*, P. Martignetti (a cura di), «liberliber.it», s. d.: https://www.liberliber.it/mediateca/libri/e/engels/l_origine_della_famiglia_etc/pdf/engels_l_origine_della_famiglia_etc.pdf - ultimo accesso verificato: 10 novembre 2021).

I presupposti di base della rivoluzione sessuale bolscevica furono presentati da Grigory Batkis nel testo del 1925 intitolato *La rivoluzione sessuale in Russia*[4]. Cambiamenti radicali nei costumi, tuttavia, portarono ad un tale anarchismo che Stalin, nel 1926, cambiò rotta e iniziò una ritirata dalla "rivoluzione sessuale" imponendo restrizioni legali al comportamento omosessuale, inasprendo le leggi sull'aborto, ripristinando la legge sul matrimonio del 1918 e prevenendo la collettivizzazione dei bambini[5].

2. Wilhelm Reich.

Un altro evento importante nel corso della rivoluzione fu la pubblicazione, nel 1945, della traduzione inglese del libro *The Sexual Revolution* di Wilhelm Reich, che era stato precedentemente pubblicato in tedesco nel 1936, sotto il titolo originale *Die Sexualität im Kulturkampf: Zur sozialistischen Umstrukturierung des Menschen*. La pubblicazione proponeva non soltanto la ricostruzione dell'uomo e della società, ma anche una specifica modalità di funzionamento. Nella prima parte del libro, Reich ha analizzato la ragione del fallimento dell'oppressiva morale sessuale borghese basata sull'istituzione del matrimonio e della famiglia. Descrisse, poi, il modello irraggiungibile di una nuova forma di vita sessuale propagata dalla rivoluzione sessuale sovietica, ma si rammaricava che, a causa della decisione di Stalin, la Russia non potesse più servire da esempio di utopia realizzata[6].

Reich ha anche formulato un catalogo di obiettivi da raggiungere con la rivoluzione sessuale. Secondo lui, l'uomo è stato sessualmente reso schiavo dalla coercizione sociale del matrimonio, dall'obbligo di fornire una giustificazione per la procedura di divorzio, dai divieti contro i bambini che intraprendono relazioni sessuali con altri bambini o adulti, dalla mancanza di educazione sessuale per gli adolescenti, dalle restrizioni sui diversi tipi di sessualità, come l'omosessualità e dai divieti legali sull'aborto.

Le nevrosi sessuali dell'età adulta, secondo Reich, erano il risultato di bisogni sessuali «naturali» insoddisfatti durante l'infanzia. A suo parere, ciò è stato causato dal carattere patriarcale della famiglia e dal carattere autoritario dello Stato. La sua

---

[4] Cfr. G. Batkis, *The Sexual Revolution in Russia 1925*, «marxist.com», s. d. (https://www.marxist.com/the-sexual-revolution-in-russia.htm - ultimo accesso verificato: 10 novembre 2021).

[5] Cfr. G. Kuby, *The Global Sexual Revolution: Destruction of Freedom in the Name of Freedom* (New York, N.Y.: Angelico Press, 2015).

[6] Cfr. W. Reich, *Sexual Revolution: Toward a Self-Regulating Character Structure* (New York, N.Y.: Farrar, Straus and Giroux, 1986).

tesi iniziale, per cui i processi sessuali fossero sempre il nucleo dei processi culturali nella società, significava che la riorganizzazione dei modelli di vita sessuale avrebbe portato, alla fine, ad una vera e propria rivoluzione sociale. In altre parole, l'erotizzazione veniva vista come uno strumento eccellente per distruggere tutte le relazioni basate sull'autorità, che, a sua volta, poteva essere utilizzata per ricostruire l'intera struttura sociale. Il modo per realizzare una tale rivoluzione includeva soprattutto la liberazione dei bambini dai rapporti familiari attraverso l'iniziazione precoce alle attività e alle pratiche sessuali. A questo punto, la prefazione del suo libro affermava: «Stiamo vivendo una vera rivoluzione di tutti i valori riguardanti la vita sessuale. E tra questi valori più seriamente compromessi ci sono la sessualità infantile ed adolescenziale»[7].

3. Alfred Kinsey.

Con la pubblicazione di *Sexual Behaviour in the Human Male* nel 1948 e di *Sexual Behavior in the Human Female* nel 1953, Alfred Kinsey divenne noto come il "padre della sessuologia". Nei suoi libri, Kinsey ha affermato che l'85% della popolazione maschile ha avuto rapporti prima del matrimonio, il 70% ha avuto contatti con prostitute, il 30-45% ha avuto rapporti sessuali al di fuori (dopo) il matrimonio, il 37% è stato impegnato in esperienze omosessuali, e che il 17% dei giovani che lavoravano nelle fattorie praticava la zoofilia. In breve, relativamente pochi uomini condannati per reati sessuali, secondo Kinsey, erano colpevoli di atti materialmente diversi dalle pratiche quotidiane di coloro che camminavano liberamente per le strade della città. Di conseguenza, sosteneva che non si poteva più chiudere gli occhi sui fatti: o il 95% della popolazione maschile doveva essere imprigionato, oppure le leggi e le norme morali dovevano essere cambiate[8]. Tra parentesi, questa tesi è adottata da alcuni religiosi, che cercano la riforma dell'etica sessuale cattolica, perché secondo loro, quasi il 100% dei giovani vive insieme prima del matrimonio[9].

---

[7] Ibid., *Preface to the Fourth Edition* (1949), p. XI.

[8] Cfr. A. C. Kinsey, W. B. Pomeroy, C. E. Martin, *Sexual Behavior in the Human Male* (Bloomington, Indiana: Indiana University Press: 1998), p. 392.

[9] Un parere molto interessante nel rapporto preparato dalla *Conferenza episcopale tedesca per il sinodo straordinario sulla famiglia* è il seguente: «Le dichiarazioni delle diocesi sono unanimi nel ritenere che le "unioni pre-matrimoniali" non siano soltanto una realtà pastorale rilevante, ma qualcosa che è quasi universale. Quasi tutte le coppie che desiderano sposarsi in Chiesa convivono già, spesso da diversi anni (le stime sono tra il 90% e il 100%). Una recente indagine demoscopica ha mostrato che una proporzione altrettanto ampia di cattolici, come nella popolazione complessiva, considera questo accettabile. I matrimoni tra coppie che hanno già figli stanno diventando sempre più frequenti. Qui, la

Insomma, Kinsey intendeva promuovere, e, in larga misura, ci è riuscito, la rivoluzione sessuale dall'alto verso il basso negli Stati Uniti, affermando che comportamenti una volta percepiti come perversità sessuali (per esempio, la masturbazione, la prostituzione, la pornografia, gli atti omosessuali e l'aborto) erano infatti all'ordine del giorno[10].

Quasi quarant'anni dopo le sue pubblicazioni, Judith Reisman dimostrò che la ricerca di Kinsey era una frode scientifica[11]. Dimostrò che questo studioso aveva nascosto il fatto che un terzo di tutte le persone che aveva intervistato erano state punite per crimini sessuali e che il 10% del suo campione frequentava regolarmente club omosessuali a San Francisco. Inoltre, ai fini della sua ricerca: (1) ha definito "matrimonio" in senso lato per includere ogni relazione informale di persone che duri da almeno un anno (includendo anche il caso di una prostituta con il suo procuratore); (2) ha descritto come "altamente istruita" una categoria di persone eccessivamente ampia, compreso chiunque ha frequentato un corso universitario; e (3) ha riferito della capacità dei neonati e dei bambini piccoli di raggiungere orgasmi

---

convivenza è considerata meno come un "esperimento", e più come una fase generale, preliminare e consuetudinaria al matrimonio che viene stipulato con l'intenzione di cementare il rapporto e di sposarsi, in seguito, se l'unione si dimostra stabile. In considerazione della natura vincolante ultima del matrimonio, e nella consapevolezza che un matrimonio fallito significa una profonda crisi esistenziale, molti infatti considerano irresponsabile sposarsi senza prima vivere insieme» (Pressemitteilungen der Deutschen Bischofskonferenz, *Pastoral challenges to the family in the context of evangelization. Summary of the responses from the German dioceses and archdioceses to the questions contained in the preparatory document for the III Extraordinary General Assembly of the Synod of Bishops*, «bdk.de», 2014, art. 4a, p. 9 (https://www.dbk.de/fileadmin/redaktion/diverse_downloads/presse_2014/2014-012b-ENG-Fragebogen-Die-patoralenHerausforderungen-der-Familie.pdf - ultimo accesso verificato: 10 novembre 2021).

[10] Cfr. G. Kuby, *The Global Sexual Revolution: Destruction of Freedom in the Name of Freedom*; M. A. Peeters, *The Globalization of the Western Cultural Revolution: Key Concepts, Operational Mechanisms* (Brussels: Institute for Intercultural Dialogues Dynamics, 2007); Sugli insegnamenti cattolici riguardanti le offese contro la castità, si veda: *Catechism of the Catholic Church with modifications from the editio typica*, 2351–2359, (Doubleday, New York: 1997), pp. 623–626; per il testo in italiano, si veda: *Catechismo della Chiesa cattolica*, «vatican.va», s. d. (https://www.vatican.va/archive/catechism_it/p3s2c2a6_it.htm#I.%20%C2%ABMaschio%20e%20femmina%20li%20cre%C3%B2...%C2%BB – ultimo accesso verificato: 10 novembre 2021).

[11] Cfr. J. A. Reisman, E. W. Eichel, *Kinsey, Sex and Fraud: The Indoctrination of a People* (Lochinvar-Huntington House Publication: 1990); J. A. Reisman, *Kinsey: Crimes & Consequences* (Lafayette, Louisiana: Institute for Media Education: 1998); per il testo on line si veda il sito «vn1lib.org»: https://vn1lib.org/book/1186285/5ee6f6 – ultimo accesso verificato: 10 novembre 2021. L'American Statistical Association ha espresso riserve sull'attendibilità dei dati statistici di Kinsey già dal 1951: Cfr. G. Kuby, *The Global Sexual Revolution: Destruction of Freedom in the Name of Freedom*, p. 51 (n. 5).

multipli attraverso l'uso criminale e l'abuso dei bambini[12]. Queste manipolazioni, ed altre, gli hanno permesso di caratterizzare studi condotti su campioni non rappresentativi come se si applicassero all'intera popolazione americana.

Kinsey ha sempre avuto i suoi sostenitori, come John Money, che Reisman ha dimostrato essere colpevole di frode scientifica[13]. Money ha continuato a costruire un'ideologia chiamata teoria del genere[14], che è stata poi ripresa da studiose come Judith Butler in *Gender Trouble: Feminism and the Subversion of Identity* nel 1990. Inoltre, sono numerose le persone e le istituzioni coinvolte a sostenere la rivoluzione sessuale. Sebbene troppo numerosi per essere citati in questa sede, sicuramente degni di menzione sono le fondatrici fondatori del femminismo radicale come Simone de Beauvoir, Shulamith Firestone, Betty Friedan, Kate Miller e Judith Butler. Gli altri che dovrebbero essere inclusi sono il *Sexuality Information and Education Council of the United States* (SIECUS), l'*International Planned Parenthood Federation* (IPPF) fondata da Margaret Sanger, la *International Lesbian, Gay, Bisexual, Trans and Intersex Association* (ILGA) e il *Kinsey Institute for Research on Sex, Gender, and Reproduction*. L'elenco include anche organizzazioni che sono altrimenti rispettate in altri campi, come la *Fondazione Rockefeller* e l'*American Law Institute* (ALI), ma sono cadute preda delle ideologie promosse dalla "scienza" fraudolenta[15].

4. L'estate del 1968.

La rivolta del 1968 segnò l'intera generazione di giovani occidentali, sia che partecipassero attivamente agli scioperi studenteschi, all'esaltazione dell'ideologia

[12] Cfr. G. Kuby, *The Global Sexual Revolution: Destruction of Freedom in the Name of Freedom*, p. 51 (n. 5); J. A. Reisman, E. W. Eichel, *Kinsey, Sex and Fraud: The Indoctrination of a People*.

[13] J. A. Reisman, E. W. Eichel, *Kinsey, Sex and Fraud: The Indoctrination of a People*, p. 225 J. A. Reisman, *Kinsey: Crimes & Consequences*, pp. 219-220.

[14] Cfr. J. Colapinto, *As Nature Made Him: The Boy Who Was Raised As a Girl*, (New York–London–Toronto–Sydney: Harper Perennial, 2006).

[15] Cfr. J. A. Reisman, *Kinsey: Crimes & Consequence*; J. A. Reisman, *Rockefeller's Legacy: Enabling Sexual Revolution*, «drjudithreisman.com», marzo 2017 (http://www.drjudithreisman.com/archives/2017/03/rockefellers_le.html - ultimo accesso verificato: 10 novembre 2021); J. A. Reisman, *How Junk Science Abolished Legal Protections for Women, Children & the Family. The Kinsey Reports: Crimes & Consequences 1948-Today*, «drjudithreisman.com», 13 ottobre 2021 (http://www.drjudithreisman.com/how.html - ultimo accesso verificato: 10 novembre 2021); L. Jeffrey, R. D. Ray, *A History of the American Law Institute's Model Penal Code: The Kinsey Reports' Influence on "Sciencebased" Legal Reform 1923–2007* (Saratoga, California: First Principles Incorporated, 2007); per il testo on line si veda «drjudithreisman.com», s. d. (http://www.drjudithreisman.com/archives/ monograph_opt.pdf - ultimo accesso verificato: 10 novembre 2021).

marxista, sia che fossero pii religiosi all'inizio della loro carriera nella Chiesa. Tutto ebbe inizio nel 1967, con le proteste degli studenti universitari di Nanterre, in Francia, contro le regole restrittive nei dormitori, dove l'amministrazione non consentiva visite notturne di uomini in dormitori femminili e viceversa[16]. Nel maggio 1968, gli studenti in protesta si spostarono da Nanterre alla Sorbona e poi nelle strade di Parigi. Dopo gli scontri con la polizia durante la "notte delle barricate", il 10 e l'11 maggio, milioni di lavoratori hanno preso il controllo dei loro luoghi di lavoro e si sono uniti agli studenti. La pace è ripresa quando gli studenti furono infine sconfitti. La rivolta parigina, tuttavia, era riuscita a raggiungere un'importanza internazionale, con effetti a lungo termine che hanno contribuito a quella che è stata definita la "trasformazione della vita quotidiana"[17].

Vale la pena ricordare alcuni dei "pensieri d'oro" di quel periodo, espressi in libri di ideologi come Herbert Marcuse, pubblicati sulle pagine di riviste giovanili, o semplicemente scarabocchiati sui muri delle case di città . Slogan – per esempio, come "fate l'amore, non la guerra" ed "è vietato vietare" – promuovevano la convinzione occulta che la soppressione dell'eros, alla fine, avrebbe portato alle guerre e all'assassinio di massa. I rivoluzionari sessuali, a quel tempo, sostenevano che la società ideale si sarebbe realizzata solo quando fossero state rimosse tutte le restrizioni che si opponevano alla vita vissuta secondo il "principio del piacere". In altre parole, la salvezza temporale era l'unica salvezza, ed era indissolubilmente legata all'anarchismo della vita sessuale[18]. Su questo punto, Marcuse, da parte sua, ha esortato la società a rompere con il "principio di realtà", per vivere nel regno della memoria e del sogno. La liberazione da una realtà ritenuta troppo repressiva era possibile attraverso l'immaginazione, che, a suo avviso, costituiva un legame tra

---

[16] Cfr. A. Touraine, *The May Movement: Revolt and Reform* (New York, N.Y.: Random House, 1971); A. Delale, G. Ragache, *La France de 68: Soyons réalistes, demandons l'impossible* (Paris: Éditions de Seuil, 1968).

[17] L'espressione è utilizzata in: R. Florida, *The Rise of the Creative Class e How It's Transforming Work, Leisure, Community, and Everyday Life* (New York, N.Y.: Basic Books, 2003). Egli analizza gli effetti cumulativi della rivoluzione tecnologica sull'organizzazione non soltanto dell'economia ma anche delle norme, dei valori e dei modi in cui le persone comuni vivono e lavorano; Si veda anche: M. Eberstadt, *Adam and Eve After the Pill: Paradoxes of the Sexual Revolution* (San Francisco, California: Ignatius Press, 2012) in cui descrive come la rivoluzione sessuale abbia trasformato la vita quotidiana delle persone. A suo avviso, ha provocato un «spostamento sismico [...] nell'atteggiamento che separa quasi tutti noi che ora viviamo nel mondo occidentale da quasi tutti i nostri antenati su due cose senza le quali l'umanità non potrebbe esistere: ossia, cibo e sesso» (p. 94).

[18] Cfr. G. Kuby, *The Global Sexual Revolution: Destruction of Freedom in the Name of Freedom.*

i sogni ed il mondo reale. Questo, a sua volta, riduceva la realtà stessa dell'altra persona ad un fantasma o ad un sogno[19].

Questo programma, che includeva il sesso libero dalla "coercizione del matrimonio" e dai tabù dell'incesto, nonché dai divieti contro la pedofilia[20], era associato all'idea di una "lunga marcia attraverso le istituzioni" proposto da Antonio Gramsci. Il comunista italiano promosse la penetrazione delle istituzioni del potere e della cultura da parte della sinistra politica, al fine di controllarle "dall'interno". In questo modo, la rivoluzione non richiederebbe la violenza fisica "dal basso verso l'alto" e "dall'esterno", ma potrebbe riuscire dolcemente "dall'alto"[21].

È interessante notare che la rivolta degli anni Sessanta è stata citata, nel 2018, da Papa Francesco: «Sulla scia dello sconvolgimento sociale degli anni Sessanta, l'interpretazione di alcuni diritti [umani] è progressivamente cambiata, con l'inclusione di un numero di 'nuovi diritti' che non di rado entrano in conflitto tra loro»[22].

5. L'importanza della tecnologia.

La stessa rivoluzione sessuale è strettamente alleata con la rivoluzione tecnologica. L'invenzione e la legalizzazione della pillola contraccettiva è un importante punto di partenza. Senza l'infertilità femminile temporanea e artificiale, non sarebbe stato possibile per le donne imitare l'approccio del "maschile disordinato" alla sessualità[23]. Senza le nuove tecnologie riproduttive (per esempio la

---

[19] Cfr. M. A. Peeters, *The Globalization of the Western Cultural Revolution: Key Concepts, Operational Mechanisms*.

[20] L'ultimo elemento, fino agli anni Ottanta, era parte del programma del Partito dei Verdi e dell'Unione Umanistica: Cfr. *Greens Research Pedophilic Past*, «dw.com», 17 agosto 2013 (https://www.dw.com/en/greens-research-pedophilicpast/a-17026612 - ultimo accesso verificato: 10 novembre 2021); Si veda anche: *Pedophilia Scandal Entangles German Greens*, «dw.com», 25 maggio 2013 (https://www.dw.com/en/pedophilia-scandal-entangles-german-greens/a-16836153 - ultimo accesso verificato: 10 novembre 2021).

[21] Si veda: R. Scruton, *Fools, Frauds and Firebrands: Thinkers of the New Left* (London: Bloomsbury Publishing, 2015), p. 301.

[22] Francesco (papa), *Address of His Holiness Pope Francis to the members of the diplomatic corps accredited to the Holy See for the traditional exchange of New Year greetings*, «vatican.va», 8 gennaio 2018 (https://www.vatican.va/content/francesco/en/speeches/2018/january/documents/papa-francesco_20180108_corpo-diplomatico.html – ultimo accesso verificato: 10 novembre 2021).

[23] Si veda, per esempio: E. Caparros, *A Disordered View of Manhood and Its Effect on the Idea of Womanhood*, «Ave Maria Law Review», Vol. 8, n. 2, 2010, pp. 293–301 (https://lawreview.avemarialaw.edu/wp-content/uploads/2019/06/AMLR.v8i2.caparros.pdf - ultimo accesso verificato: 10 novembre 2021).

procreazione in vitro e la maternità surrogata), non sarebbe stato possibile fornire figli parzialmente biologici a coppie dello stesso sesso. Senza la sterilizzazione dei rapporti maschili e femminili, non sarebbe stato possibile offuscare la differenza tra le relazioni eterosessuali e il loro potenziale generativo di figli, da un lato, e l'atto tra due persone dello stesso sesso con impossibilità di generare figli, dall'altra. Tra parentesi, senza la negazione della differenza sessuale - hanno recentemente sottolineato i vescovi francesi - non sarebbe stato possibile negare le differenze tra generazioni (adulti contro bambini)[24]. Senza lo sviluppo della medicina, non sarebbe stato possibile costruire i cosiddetti cambiamenti di genere. In breve, la «rivoluzione sessuale» - scrive Michael Hanby – «è, in fondo, la rivoluzione tecnologica e la sua guerra perpetua contro i limiti naturali applicati esternamente al corpo ed internamente alla nostra auto-comprensione»[25].

I cambiamenti nella comunicazione sociale sono un altro aspetto della tecnologia che influenza i costumi sessuali. Nell'*Evangelii gaudium*, papa Francesco scrive:

> Nuove culture continuano a generarsi in queste enormi geografie umane dove il cristiano non suole più essere promotore o generatore di senso, ma che riceve da esse altri linguaggi, simboli, messaggi e paradigmi che offrono nuovi orientamenti di vita, spesso in contrasto con il Vangelo di Gesù[26].

I cristiani, compresi i sacerdoti, sono quindi, in una certa misura, destinatari passivi dei modelli creati da una cultura secolarizzata ed anticristiana. Stiamo assistendo al declino della cultura occidentale con il declino della cultura cristiana,

---

[24] Cfr. Conférence des évêques de France, *Lutter contre la pédophilie* (Paris: Cerf, 2017), p. 30.

[25] M. Hanby, *The Brave New World of Same-Sex marriage: A Decisive Moment in the Triumph of Technology over Humanity*, «The Federalist», 19 febbraio 2014 (https://thefederalist.com/2014/02/19/the-brave-new-world-of-same-sex-marriage/ - ultimo accesso verificato: 10 novembre 2021); Si veda anche: C. J. Chaput, *Strangers in a Strange Land: Living the Catholic Faith in a Post-Christian World* (New York, N.Y.: Henry Holt and Company ,2017), p. 87.

[26] Francesco (papa), *Evangelii gaudium. Apostolic exhortation of the holy father Francis to the bishops, clergy, consecrated persons and the lay faithful on the proclamation of the gospel in today's world*, «Vatican.va», 24 novembre 2013, par. 73 (https://www.vatican.va/content/francesco/en/apost_exhortations/documents/papa-francesco_esortazione-ap_20131124_evangelii-gaudium.html - ultimo accesso verificato: 10 novembre 2021).

compresa la scomparsa forzata o volontaria[27] della tradizionale sponsorizzazione della Chiesa ed il sostegno attraverso la legislazione statale (per esempio le Carità cattoliche sono costrette a chiudere i servizi di affidamento ed adozione a causa di regolamenti statali che promuovono "nuovi diritti" non conformi agli insegnamenti della Chiesa), che corrisponde al crescente successo della cultura "takeover" da parte di individui e istituzioni che rappresentano una visione del mondo concorrente. Non si tratta dell'assenza di singoli cristiani, maestri e attori, per esempio, anche eccezionali, ma di abbandonarli senza supporto, come gli ultimi dei Mohicani. Il modo più semplice per dimostrare questa tesi è visitare un museo di arte moderna o guardare un tipico film di Hollywood, dove la nuova cultura è organizzata secondo il principio del piacere e modelli di comportamento sessuale (per esempio, la pornografia e l'omosessualità) che costituiscono parte integrante del messaggio, rivolto sia agli adulti che ai bambini.

Il cambiamento ha un duplice carattere: tecnologico e culturale. Questi processi si rafforzano a vicenda. Solo con la nascita dell'industria culturale nel ventesimo secolo, suggerisce Terry Eagleton, è stato possibile, anche se non senza resistenze, dominare in massa i sogni e i desideri della gente. In un certo senso, la mitologia di massa, che alcuni filosofi avevano precedentemente sognato, doveva arrivare sotto forma di cinema, televisione, pubblicità e stampa popolare[28]. Oggi, i social medi possono essere aggiunti a questo elenco. La natura passiva dei destinatari in questa cultura, come sottolineato da papa Francesco, è coltivata in un processo largamente anonimo e automatizzato, ma allo stesso tempo sofisticato ed "industriale" nei metodi impiegati per manipolare il gruppo di riferimento. Inoltre, le stesse tecnologie utilizzate per diffondere questa cultura (per esempio, Google, YouTube e Twitter) non sono possedute e controllate da coloro che non sono d'accordo con la narrativa laica, inclusi i cristiani, ma vengono utilizzati da questi ultimi. Il che significa che, in qualsiasi momento, i portali possono essere bloccati o spenti, in particolare quelli che sono stati ritenuti politicamente scorretti o forieri di contenuti religiosi a favore della vita, o della famiglia: qualcosa che è stato già sperimentato

---

[27] Nulla impedisce a nessuna istituzione cattolica di spendere uno oppure due milioni di dollari per la produzione di un film cattolico. La maggior parte delle opere d'arte dei Musei Vaticani non sarebbe mai stata creata senza il patrocinio della Chiesa.

[28] Cfr. T. Eagleton, *Culture and the Death of God* (New Haven, Connecticut: Yale University Press, 2014).

durante la campagna referendaria sull'aborto del 2018 in Irlanda e le elezioni presidenziali del 2017 in Francia[29].

Detto questo, è difficile stabilire inequivocabilmente fino a che punto ci stiamo occupando di mercato (per esempio, di intrattenimento o di meri beni di consumo) contro la cultura; in altre parole, qualcosa che il pubblico acquista per scopi di rilassamento contro qualcosa che il pubblico cerca , invece, per vivere vite buone e significative. Daniel Bell mette insieme le due idee quando scrive che, in un mondo in cui la cultura è solo un bene di mercato, un undicesimo comandamento dovrebbe essere aggiunto al Decalogo: «Sei in America. Calmati!»[30]

La prospettiva antropologica della persona umana al centro del messaggio è un altro fattore. Quando Benedetto XVI nel suo messaggio del 2011 a Berlino ha notato che «c'è stato un drammatico cambiamento nella situazione nell'ultimo mezzo secolo»[31], si riferiva alla reinterpretazione dei diritti umani come processo disancorato dall'antropologia occidentale. Sapere che l'antropologia soggiacente all'opinione pubblica e le leggi civili e penali possono differire da quella soggiacente al diritto canonico, dovrebbe indurre a considerare come la stessa possa influenzare i casi di cattiva condotta sessuale del clero. I membri della Chiesa cattolica devono apprezzare tali influenze per evitare di "canonizzare" le norme civili o il linguaggio utilizzato all'interno dei sistemi civili basati su fondamenti essenzialmente diversi dall'antropologia cristiana. Su questo punto basti pensare ai dibattiti in corso all'interno della Chiesa sul significato delle espressioni civili "tolleranza zero" o "abuso sessuale" o sulle qualifiche degli psicologi che assistono la Chiesa[32]. Alla fine, la Chiesa dovrebbe stare attenta ad innescare conseguenze di vasta portata associate ad esperimenti mentali non dissimili da quello di Ugo Grozio, quando cercò di risolvere questioni importanti (per esempio, riguardo al diritto di guerra e di pace) descrivendo il mondo «come se Dio non esistesse» (*etsi Deus non daretur*).

---

[29] Cfr. Assemblée Nationale, *Proposition de Loi, Justice: extension du délit d'entrave à l'interruption volontaire de grossesse*, «assemble-nationale.fr», 12 ottobre 2016 (http://assemblee-nationale.fr/14/propositions/pion4118.asp - ultimo accesso verificato: 10 novembre 2021).

[30] Cfr. D. Bell, *The Cultural Contradictions of Capitalism* (New York, N.Y.: Basic Books, 1996).

[31] Benedetto XVI (papa), *Address to the Bundestag*, 22 settembre 2011 (https://www.vatican.va/content/benedict-xvi/en/speeches/2011/september/documents/hf_ben-xvi_spe_20110922_reichstag-berlin.html - ultimo accesso verificato: 10 novembre 2021).

[32] Prendendo in considerazione il peccato originale, l'eliminazione di una caratteristica si ottiene, il più delle volte, attraverso l'eliminazione fisica dei portatori di questa caratteristica.

Oggi, l'immagine comune dell'uomo nella cultura occidentale è radicata in questa prospettiva molto cognitiva. L'uomo comprende se stesso e, di conseguenza, vive, anche se cristiano, «come se Dio non esistesse». L'uomo non si considera più come la creatura di Dio «fatta dalla polvere della terra», ma piuttosto come un prodotto delle forze cieche della natura, il che, a sua volta, significa che egli dovrebbe prendere questo anonimo processo di evoluzione nelle sue stesse mani e plasmarsi in qualunque forma gli piaccia. In quanto artefatto nelle proprie mani e nella propria mente, l'uomo contemporaneo rifiuta l'idea di essere soggetto a qualsiasi autorità trascendente rispetto a qualsiasi standard di condotta imposto dall'esterno. L'idea non è del tutto nuova. Dai tempi di Paracelso (1493–1541), nella cultura occidentale esiste la figura dell'*homunculus* (ossia, la rappresentazione di un piccolo essere umano fatto in laboratorio attraverso processi alchemici). Le ripercussioni di ciò furono in seguito drammatizzate da Goethe (1749-1832) nel *Faust*.

La questione è di notevole importanza nel campo della sessualità. Da un lato, il rapporto sessuale tra due adulti, basato sul mutuo consenso, è comunemente considerato al di là della valutazione morale, compreso il matrimonio (che viene considerato, semplicemente, come un contratto a breve termine). D'altra parte, le relazioni sessuali sono percepite come qualcosa di liberamente scelto dai soggetti coinvolti, indipendentemente dalle loro proprietà biologiche, a fini di intrattenimento, di svago o di relax («amare come un bicchiere d'acqua»). I comportamenti omosessuali sono considerati «meno invischiati nella corporeità animale» e «più sicuri» per i celibi, perché non c'è rischio di produrre un bambino. Di conseguenza, i comportamenti sessuali, indipendentemente dal loro carattere, esulano dai parametri della valutazione morale, salvo la pedofilia. Una conseguenza indiretta della negazione della differenza sessuale è il rifiuto delle limitazioni tra generazioni (adulti e bambini) nella mentalità degli autori di abusi sessuali. Il risultato non è che l'uomo "ricrea" se stesso, ma piuttosto che è prodotto da altri, sia in senso biologico (molto evidente nel caso delle procedure in vitro), sia in senso culturale[33]. In questo modo, l'uomo si riduce a merce.

---

[33] Peter Sloterdijk richiama l'attenzione sulle trasformazioni che il concetto di massa sta attualmente subendo. L'uomo si trasforma in massa non per il raduno fisico in un luogo, ma soprattutto per la partecipazione ai programmi dei mass media. Di conseguenza, non sono l'esperienza della presenza fisica in un luogo e la possibilità di "gridare insieme" a trasformare l'individuo in massa; ma è la riduzione alla posizione di spettatore che cerca di rilassarsi con i programmi di intrattenimento che gli vengono proposti e che cerca un modo per interpretare il mondo nelle dichiarazioni degli "ipno-politici", che rende l'individuo parte di una "folla solitaria" (Cfr. P. Sloterdijk, *Die Verachtung der Massen: Versuch über Kulturkämpfe in der modernen Gesellschaft* (Berlin: Suhrkamp Verlag AG, 2009), p. 38). Non c'è

Il movimento sessuale moderno ha una corrente sotterranea totalitaria, cosa che l'arcivescovo Chaput ha saggiamente notato[34]. Basta considerare il termine "omofobia", usato dagli attivisti e dalle attiviste della comunità di lesbiche, gay, bisessuali e transgender (LGBT) come strumento per attaccare personalmente coloro che non sono d'accordo con la loro agenda, con l'obiettivo di far vergognare la persona a cambiare la sua posizione o di fermare qualsiasi discussione più ampia in merito ad una valutazione morale del comportamento omosessuale. Altrettanto problematica è la "criminalizzazione" di alcune aree del sapere; per esempio, quando determinati programmi scientifici riguardanti l'attrazione per lo stesso sesso sono vietati o considerati "discriminatori" per definizione (per esempio, quando si definisce "terapia di conversione" la terapia psicologica per le persone che provano un'attrazione indesiderata per lo stesso sesso) o quando l'obiezione di coscienza su questioni mediche (per esempio, la non cooperazione verso la pratica dell'aborto) non viene riconosciuta come lecita.

II. Fonti culturali endogene.

È allettante, ma non convincente, concludere che la cultura pop laica post-1968 sia la causa principale delle emergenze di cattiva condotta sessuale nella Chiesa: in breve, che questa cultura abbia infettato la Chiesa e le sue istituzioni "dall'esterno", con un virus mortale. Altre allettanti "teorie sulle fonti esogene", facilmente disponibili su Internet, includono quelle che collegano le crisi attuali all'uso da parte di Stalin di agenti dell'intelligence negli anni Trenta per infiltrarsi nei seminari[35].

---

bisogno di indovinare cosa pensa l'altro se si conosce soltanto il giornale da cui i pensieri sono entrati nella testa (Cfr. P. Sloterdijk, *Stress and Freedom* (Cambridge: Polity Press, 2016), p. 41).

[34] Cfr. C. J. Chaput, *Strangers in a Strange Land: Living the Catholic Faith in a Post-Christian World*, p. 89.

[35] Oggi sappiamo che i Soviet piazzarono alcuni agenti nelle immediate vicinanze di papa Giovanni Paolo II, ora santo. Si veda l'introduzione contenuta in: *Tomasz Turowski*, «pl.wikipedia.org», s. d. (https://pl.wikipedia.org/wiki/Tomasz_Turowski - ultimo accesso verificato: 10 novembre 2021); Si veda anche: F. J. Sheen (arcivescovo), *Renewal and Reconciliation* (Audiobook) (Toronto: St. Joseph Communications, 1950; Virginia, Illinois: Casscom Media, 2012), nel quale egli menziona la sua conversazione con un giovane prete che ammise: «Sono stato ordinato per distruggere la Chiesa dall'interno». Si veda anche: F. J. Sheen (arcivescovo), *Conference on Judas*, (nella quale discusse il perché i preti abbandonano la loro vocazione; per il video completo dell'intervista, si veda il sito «youtube.com»: https://www.youtube.com/watch?v=rjZ7ejmpp8w – ultimo accesso verificato: 10 novembre 2021).

Il problema fondamentale con la "teoria post-1968" è che i primi rapporti ufficiali sull'emergenza degli abusi sessuali da parte del clero sono apparsi ben prima della fine degli anni Sessanta. Infatti, secondo Gerald Fitzgerald, fondatore della *Congregazione dei Servi del Paraclito*, il problema degli abusi sessuali da parte del clero emerse subito dopo la Seconda guerra mondiale[36]. Negli anni Cinquanta, egli allertò i vescovi americani del fenomeno in crescita e propose alcune soluzioni radicali. Le relazioni sugli abusi sessuali prodotte dal *John Jay* e dal *Center for Applied Research in the Apostolate* suggeriscono, similmente, questa fonte esogena. Hanno preso in considerazione i casi di abuso segnalati ed hanno sostenuto che il numero era aumentato in modo drammatico a partire dagli anni Sessanta. Gli autori si sono basati, correttamente o no, su questo fatto per concludere che il profilo del "prete medio" colpevole di abuso sessuale era un uomo nato verso il 1930 ed ordinato intorno al 1960[37]. Tuttavia bisogna riconoscere che esistono anche fonti endogene delle crisi attuali e, a tal fine, sono rilevanti vari fattori: la cultura della ribellione, la cultura terapeutica, la cultura della segretezza e la cultura eucaristica impropria.

[36] In una lettera del 1952 al vescovo Robert Dwyer di Reno, Fitzgerald scrisse: «Io stesso sarei propenso a favorire la laicizzazione per qualsiasi prete, sulla base di prove oggettive, per aver manomesso la virtù dei giovani. La mia argomentazione essendo, da questo punto in poi, la carità al Corpo mistico deve prevalere sulla carità al singolo, [...] Inoltre, in pratica, si riscontreranno che le vere conversioni sono estremamente rare [...] Quindi, lasciarli in servizio o lasciarli vagare di diocesi in diocesi contribuisce allo scandalo o, almeno, al pericolo di scandalo» (R. Zoll, *Catholic Bishops Warned in '50s of Abusive Priests*, «USA Today», 31 marzo 2009: https://usatoday30.usatoday.com/news/religion/2009-03-31-catholic-abuse_N.htm - ultimo accesso verificato: 10 novembre 2021). Nel 1957 Fitzgerald scrisse al vescovo di Manchester, nel New Hampshire: «Siamo stupiti di scoprire quante volte, ad un uomo che oggi sarebbe dietro le sbarre se non fosse stato un prete viene affidata la *cura animarum*» (Si veda anche: L. Goodstein, *Early Alarm for Church on Abusers in the Clergy*, «New York Times», 2 aprile 2009: https://www.nytimes.com/2009/04/03/us/03church.html?_r=1&hpw – ultimo accesso verificato: 10 novembre 2021). In una lettera scritta nel 1957 all'arcivescovo Byrne, suo sponsor ecclesiastico e co-fondatore dei Paracliti, Fitzgerald suggerì che i pedofili venissero assegnati ad una vita di preghiera su un'isola lontana dalla società (*Gerald Fitzgerald (priest)*, «en.wikipedia.org», s. d. (https://en.wikipedia.org/wiki/Gerald_Fitzgerald_(priest) – ultimo accesso verificato: 10 novembre 2021).

[37] Cfr. M. M. Gray, *CARA Study Indicates Decline in Abuse Reports. Is the Worst Behind Us?*, «America Magazine», 20 novembre 2018 (https://www.americamagazine.org/faith/2018/09/05/cara-study-indicates-decline-abuse-reports-worst-behind-us?utm_source=Newsletters&utm_campaign=e6bb6ce8df-EMAIL_CAMPAIGN_2018_09_05_07_31&utm_medium=email&utm_term=0_0fe8ed70be-e6bb6ce8df-58506361 – ultimo accesso verificato: 10 novembre 2021); D. P. Sullins (reverend), *Is Catholic clergy sex abuse related to homosexual priests?*, pp. 21–39.

1. La cultura della ribellione.

George Weigel ha coniato il termine "cultura della ribellione" quando, nell'analizzare le cause dell'emergenza del 2002, ha collegato la crisi direttamente al cosiddetto "caso di Washington" e alla "tregua del 1968" (esemplificata dalla risoluzione del caso Washington). Secondo Weigel, il cardinale Patrick O'Boyle di Washington DC, ha imposto sanzioni canoniche a diciannove sacerdoti che mettevano in dubbio gli insegnamenti morali contenuti nell'enciclica *Humanae Vitae*. I sacerdoti si appellarono a Roma, che ordinò al cardinale di annullare le sanzioni. Il pontefice, dice Weigel, era disposto a tollerare l'opposizione sulla questione per un po', anche se aveva appena rilasciato una dichiarazione solenne ed autorevole. Il pontefice, erroneamente, come risultò, sperava che sarebbe venuto il giorno in cui, in un'atmosfera ecclesiale più tranquilla, la verità del suo insegnamento sarebbe stata apprezzata[38].

La creazione di condizioni favorevoli per una "cultura della ribellione" nella Chiesa è stata un effetto collaterale della tolleranza del pontefice, chiamata la "tregua", che ha avuto un impatto duraturo e disastroso. Vescovi che avrebbero preferito proteggere l'autorevole insegnamento della Chiesa, chiamando all'ordine i sacerdoti mediante sanzioni canoniche (al contrario dei fedeli laici), hanno appreso che non avrebbero potuto farlo se ne fosse risultato un conflitto pubblico. Weigel osserva che la disputa sull'*Humanae Vitae* e la "tregua" ha indotto sia il clero che i laici a comprendere il cattolicesimo stesso come un supermercato di possibilità dottrinali e morali[39]. Weigel descrive anche altre manifestazioni del problema in riferimento alla "ribellione dei teologi", generalmente legate alla contestazione dell'insegnamento morale della Chiesa sulla sessualità umana che, a sua volta, si è sviluppata in "circoli teologici" sostenuti dalla "fedeltà di gruppo", mentre i teologi fedeli a Roma venivano ostracizzati dall'accademia teologica. Una volta ho ricevuto un avvertimento del genere: Sei nicht so katholisch! ("Non essere così cattolico!").

La rivoluzione sessuale scaturita dalla "tregua" infestò, quasi immediatamente, i seminari. "Vietato proibire" era diventato un principio guida. Questa regola privilegiava un'opinione individuale su temi religiosi e morali, anche contro l'ortodossia e l'autorità dei vescovi. La citazione ed il sostegno all'ortodossia da parte dei vescovi sono diventati sospetti quando sono stati descritti come "autoritari".

---

[38] Cfr. G. Weigel, *The Courage to Be Catholic: Crisis, Reform, and the Future of the Church* (New York, N.Y.: Basic Books, 2002).

[39] Cfr. Ibid., p. 66.

Ai seminaristi è stato insegnato, anche su basi cristiane, a considerare il sesso come una attività extra-morale: essa era soltanto un'altra forma di rilassamento, soprattutto quando "non fa nessun danno a nessuno". Coloro che hanno contestato questo tipo di formazione sono stati stigmatizzati come "POD" – pii ed eccessivamente devoti[40]. Questo concetto della sessualità umana, che separa il rapporto dalla fertilità (per esempio, attraverso la pillola contraccettiva), ha portato alla perdita di percezione della differenza tra un rapporto maschio-femmina ed il rapporto sessuale di due persone dello stesso sesso. Poiché il rapporto non è più correlato alla potenziale fertilità, ma solo alle sensazioni, una valutazione negativa e contraria di questi due tipi di esperienza potrebbe derivare solo e soltanto dalla superstizione e dal pregiudizio. Questo tipo di pensiero era stato abbracciato, in prima istanza, da alcune denominazioni protestanti, che a loro volta avevano indotto alcuni cattolici a dubitare della posizione cattolica ed a sviluppare una visione complessa di inferiorità, considerando l'opposizione come un'arretratezza rispetto alle opinioni civilizzate e progressiste dei loro confratelli[41]. Inutile dire che insegnare ai seminaristi che il sesso è un'attività extra-morale ha significato che alcuni seminari hanno interrotto la formazione sul celibato casto. Questo, a sua volta, ha portato all'emergere di una cultura omosessuale in alcuni seminari, dove veniva addirittura privilegiato l'«auto-identificazione come omosessuale». Questo ragionamento trova le sue basi nella dottrina esposta da alcuni pensatori laici, i quali hanno considerato gli atti omosessuali come: (1) "più umani", meno impigliati nella

---

[40] Cfr. Ibid., pp. 69–71.

[41] «Successivamente al diffuso dissenso dall'*Humanae Vitae* nel 1968, la leadership della Chiesa è stata riluttante a parlare con forza e regolarità a favore della morale sessuale cristiana. Nel 2003, il teologo morale gesuita James Keenan ha testimoniato contro un emendamento costituzionale del Massachusetts nel quale si definiva il matrimonio come l'unione tra un uomo e una donna, affermando che tale misura è contraria all'insistenza della Chiesa sulla dignità umana degli omosessuali. Fratello James Martin, anche lui della Compagnia di Gesù, persegue una simile linea pro-gay. Alcuni vescovi usano il loro potere sulle nomine in seminario per tenere queste opinioni fuori dall'ambiente immediato della formazione sacerdotale. Ma la maggior parte non ha la sicurezza di affrontare Keenan, Martin e gli altri nella pubblica piazza, né vuole apparire come "anti-gay". A differenza dei mormoni, che hanno rischiato molto nella battaglia dell'Emendamento 8 del 2008 sul matrimonio in California, la Chiesa istituzionale è rimasta in disparte» (R. R. Reno, *Catholicism After 2018*, «First Things», ottobre 2018 (https://www.firstthings.com/article/2018/10/catholicism-after-2018 - ultimo accesso verificato: 10 novembre 2021).

corporeità animale (cfr. Simone de Beauvoir[42]); e (2) "più sicuri" per i celibi, senza alcun rischio di procreare bambini (cfr. Jeremy Bentham[43]).

Insomma, il risultato della rivoluzione favorita dalla "tregua" fu una sempre maggiore tolleranza verso una doppia moralità. Secondo Weigel, si sviluppò una cultura in cui ai seminaristi veniva insegnato che dovevano continuare a sostenere "verbalmente" gli insegnamenti ufficiali della Chiesa ma che non dovevano crederci o viverli. L'ironia della situazione è che questa "nuova" cultura ci ha riportato indietro di 2000 anni. Il cristianesimo, nato nel mondo dell'antichità pagana, aveva abolito il principio della doppia moralità (che era diverso per gli uomini e per le donne) e stabiliva il dovere della castità e dell'integrità spirituale allo stesso modo per entrambi i sessi. La rivoluzione sessuale all'interno della Chiesa ha introdotto, in qualche modo, il principio della medesima immoralità per entrambi i sessi e della disintegrazione dell'integralità del clero, che doveva proclamare i princìpi scritti nel Vangelo ma non doveva, necessariamente, viverli.

2. La cultura terapeutica.

L'emergere della cultura terapeutica è un altro fattore che ha distrutto la formazione sacerdotale nei seminari e che, quindi, ha favorito la cattiva condotta sessuale del clero. Weigel collega questo fenomeno alla comparsa del libro di Henri Nouwen *Il guaritore ferito*. I seminari abbracciarono la psicologia e presto le diocesi iniziarono ad inviare in terapia i seminaristi e sacerdoti che sperimentavano qualsiasi tipo di problema emotivo oppure mentale[44]. Ciò significava, da un lato, la divulgazione della credenza che un sacerdote sia semplicemente un uomo e, quindi, che abbia diritto alle sue colpe e alle sue debolezze, che a loro volta richiedono tolleranza e comprensione da parte del suo vescovo e dei fedeli. D'altro canto, queste debolezze cessano di essere percepite come problemi spirituali o come peccati.

Coerentemente con la fraseologia delle "ferite" di Nouwen, questi "problemi" richiedono comprensione e compassione da parte degli altri; tali problemi rendono passivo il ferito, perché questi non potrebbe far nulla senza l'aiuto di un terapeuta,

---

[42] Cfr. S. de Beauvoir, *Second Sex* (New York, N.Y.: Vintage, 2011), p. 95.

[43] Cfr. J. Bentham, *Offences Against One's Self*, «Journal of Homosexuality», Vol. 3, n. 4 e Vol. 4, n. 1, 1978; Per il testo integrale di questo documento, apparso in due volume, si rimanda al sito «columbia.edu»: http://www.columbia.edu/cu/lweb/eresources/ exhibitions/sw25/bentham/index.html#12 – ultimo accesso verificato: 10 novembre 2021).

[44] Cfr. G. Weigel, *The Courage to Be Catholic: Crisis, Reform, and the Future of the Church*, pp. 71–72, 88–90.

verso la cui categoria, di riflesso, veniva aumentato il senso di fiducia così eccessivamente, che, con l'assistenza del pensiero ad Alfred Kinsey, soprattutto – secondo molte testimonianze americane – fu facile permettere la diffusione di una cultura dell'omosessualità nei seminari. Quell'eccessiva fiducia è stata anche un fattore importante che ha reso i vescovi riluttanti a rimuovere dal sacerdozio anche i famigerati autori di abusi sessuali, scegliendo, piuttosto, semplicemente, di mandarli in terapia e, poi, di trasferirli. Nuove teorie teologiche pastorali e morali, a loro volta, sono state sviluppate per riflettere e sostenere una cultura terapeutica che minimizzava o trascurava gli insegnamenti sulla gravità dei peccati sessuali. E lo slogan comune divenne: «Il sesto comandamento è solo il sesto».

3. La cultura della segretezza.

Un'altra causa interna alla Chiesa delle crisi attuali è la cosiddetta "cultura del silenzio", a volte più fortemente definita la "cospirazione del silenzio". Un'analogia può esser tracciata con l'omertà mafiosa. Il silenzio, in molti modi, accompagna naturalmente il fenomeno dell'abuso sessuale. Le vittime, di solito, non parlano dell'abuso per molti anni. Pertanto, spesso è solo dopo molti anni che i funzionari della Chiesa vengono a conoscenza degli abusi. Ovviamente anche gli autori tacciono.

Sfortunatamente, molto spesso, i testimoni non dicono nulla. Rapporti recenti dimostrano che anche i vescovi erano spesso "silenziosi". Tutto ciò riflette, tuttavia, un medesimo trend nella cultura generale, soprattutto nel secolo scorso, quando gli abusi sessuali sui bambini e sulle persone vulnerabili ricevevano poca attenzione. Da questa prospettiva, tali errori sono in linea con la norma sociale generale nella società. A questo proposito, vale la pena esprimere il cambiamento positivo che ha avuto luogo nella cultura laica, con la sua maggiore sensibilità verso i diritti del bambino e di altre persone vulnerabili. Purtroppo, alcuni analisti indicano anche la politica della Chiesa contro la divulgazione, tale che - come suggeriscono alcuni giornalisti - il silenzio sarebbe in linea con alcune istruzioni interne della Chiesa. È impossibile determinare, al momento, se questo suggerimento sia valido.

Molti vescovi, come sappiamo oggi, non hanno rimosso i sacerdoti che si sono macchiati ripetutamente di cattiva condotta sessuale, incluso l'abuso di bambini e di minori. I delinquenti andavano in terapia e poi tornavano a lavorare presso un'altra parrocchia, anche se i vescovi sapevano, o avrebbero dovuto sapere, che la terapia era efficace soltanto in una certa percentuale e soltanto per certi tipi di casi. I vescovi non hanno condannato pubblicamente gli abusi, ma piuttosto le vittime e le loro famiglie sono state incoraggiate a mantenere riservate le questioni, a volte in cambio di una compensazione finanziaria. I vescovi francesi hanno ammesso che le loro azioni hanno rispecchiato «una preoccupazione per la reputazione e per l'immagine dell'istituzione» (chiesa, scuola, club sportivo, ecc.)[45]. Tuttavia, va detto che tale politica fu una preoccupazione poco compresa dalla Chiesa (come istituzione) e dalle prospettive sia della moralità di base, sia dei tragici risultati di un tale approccio, essa dovrebbe riconoscere che una politica manchevole di pubblica condanna della cattiva condotta fu tragicamente sbagliata. La mancata condanna dei colpevoli e la mancata imposizione di sanzioni canoniche adeguate hanno contribuito ad aumentare il numero delle vittime degli abusi sessuali, fornendo, in certi casi, anche una maggiore protezione per il molestatore invece che per la vittima. Anni dopo, vediamo che una tale politica ha portato non soltanto ad una crisi nella fede e nel senso di giustizia della Chiesa, ma anche ad una crisi delle vocazioni sacerdotali in molti paesi[46].

La preoccupazione per un sacerdote che ha commesso un peccato grave è una cosa, ma proteggere (o anche nascondere) un uomo depravato solo perché è un sacerdote, è cosa completamente diversa. La Chiesa deve sempre preoccuparsi, in primo luogo, della salvezza dell'autore del reato, ma non di garantire la sua libertà dalla punizione. La cultura del silenzio pone questa domanda: cosa significa proteggere la Chiesa come istituzione e da chi, essa, dovrebbe essere protetta? Dalle vittime di abusi, o da coloro che seminano fra i fedeli più distruzione spirituale di tutto il bene che è il frutto del solido lavoro pastorale di decine di altri sacerdoti? L'incapacità di distinguere tra amici e nemici della Chiesa può essere sorprendente. La lealtà di gruppo dà l'impressione che «ognuno sia legato da una catena di tenebre» (Sap. 17:16).

Un altro aspetto della "cultura del silenzio", attualmente fiorente all'interno della Chiesa, è il silenzio sulla relazione tra abuso sessuale contro i minori ed attrazione omosessuale, ossia per lo stesso sesso. Questo silenzio continua, nonostante i fatti contenuti nelle relazioni degli esperti fornite alla gerarchia. Tra il 60% e l'80% dei casi di abuso sessuale verso i minori (a seconda del Paese) sono

---

[45] Cfr. Conférence des évêques de France, *La brochure Lutter contre la pédophilie,* «luttercontrelapedophilie.catholique.fr»,   2003,   2010,   2017,   p.   32 (https://luttercontrelapedophilie.catholique.fr/.

[46] Si veda una breve analisi sull'argomento nel contesto irlandese in: M. Kelly, *Irish Priestly Vocations in Worrying Decline*, «The Catholic World Report», 30 ottobre 2012 (https://www.catholicworldreport.com/2012/10/30/irish-priestly-vocations-in-worrying-decline - ultimo accesso verificato: 10 novembre 2021); Si veda anche: J. T. Keane, *The Uncertain Future of Catholic Ireland*, «America Magazine», 23 febbraio 2018 (https://www.americamagazine.org/arts-culture/2018/02/23/uncertain-future-catholic-ireland - ultimo accesso verificato: 10 novembre 2021).

stati commessi da una persona dello stesso sesso e principalmente contro adolescenti[47]. Al contrario, la percentuale di vittime femminili aumenta soltanto nel gruppo più giovane di vittime[48]. Questa innegabile relazione tra l'attrazione per lo stesso sesso e l'abuso sessuale di adolescenti maschi non significa, ovviamente, che ogni sacerdote soffra di attrazione verso lo stesso sesso sia un molestatore sessuale effettivo o potenziale. La maggior parte dei sacerdoti, secondo la mia esperienza, cerca di vivere una vita di castità e ci riesce. Il problema è un altro. Tra i molestatori abbiamo una molto significativa rappresentazione di molestatori sessuali con tendenze omosessuali profonde. La questione va affrontata. La causa di questo silenzio potrebbe essere la sottomissione alla correttezza politica o al desiderio di proteggere i religiosi con stili di vita omosessuali? In ogni caso, il silenzio sull'argomento sembra essere peccaminoso.

4. La cultura eucaristica impropria.

Il clero promette di vivere il celibato casto quando viene ordinato diacono. Questa promessa è sempre stata intesa come un impegno alla completa astinenza sessuale. La regola del celibato è strettamente collegata al fatto che ogni atto deliberatamente scelto di rapporto al di fuori del matrimonio è un peccato grave, ed i sacerdoti non sono sposati. Il seminario è sempre stato un luogo dove gli uomini sono stati educati a vivere in castità.

Nonostante questa tradizione e questo principio, sono state mosse gravi accuse, anche sui portali internet cattolici, secondo le quali, alcuni seminari non sono

---

[47] Vale la pena notare la risposta data dal cardinale Gerhard Müller a questa domanda: «Più dell'80% delle vittime di questi delinquenti sessuali sono adolescenti di sesso maschile. Da ciò non si può tuttavia concludere che la maggioranza dei sacerdoti sia incline alla fornicazione omosessuale, ma, piuttosto, soltanto che la maggioranza dei delinquenti abbia cercato, nel profondo disordine delle proprie passioni, vittime maschili. Prendendo in considerazione le statistiche sulla criminalità relativa agli abusi sessuali sui minori, in generale, sappiamo che la maggior parte degli autori di abusi sessuali sono i parenti delle vittime, anche i padri dei propri figli. Ma non possiamo concludere, da ciò, che la maggior parte dei padri sia incline a tali crimini. Bisogna sempre stare molto attenti a non fare generalizzazioni su casi concreti per non cadere così in slogan e pregiudizi anticlericali». Il cardinale Müller sull'emergenza degli abusi ed il suo legame con l'omosessualità nel sacerdozio: *Interview: Cdl. Müller on abuse crisis and its link to homosexuality in priesthood*, «lifesitenews.com», 21 novembre 2018 (https://www.lifesitenews.com/blogs/interview-cdl.-mueller-on-abuse-crisis-and-its-link-to-homosexuality-in-pri/ - ultimo accesso verificato: 10 novembre 2021).

[48] Cfr. D. P. Sullins (reverendo), *La cattiva condotta sessuale del clero cattolico è correlata ai preti omosessuali?*, Infra, pp. 96–118..

riusciti a formare adeguatamente gli uomini al sacerdozio[49]. I casi più radicali descrivono casi in cui persone che agiscono sollecitate dall'attrazione per lo stesso sesso sono state incaricate della responsabilità di aspetti importanti, tra cui: (1) l'ammissione dei candidati al seminario; (2) l'istruzione e la formazione dei seminaristi; e (3) l'assunzione di decisioni rilevanti per le "carriere" ecclesiastiche (per esempio lo studio a Roma o l'affidamento di una parrocchia). Ne consegue, logicamente, che coloro che vengono scelti sono probabilmente in sintonia con le persone che hanno tendenze omosessuali radicate e che praticano attivamente l'omosessualità tra i membri del clero; pertanto, tali pratiche potrebbero portare alla formazione di una élite nella Chiesa che incoraggia l'attività omosessuale[50].

Non si può dire se questi rapporti riflettano solo casi individuali di decisioni sbagliate o rappresentino, invece, un problema profondamente radicato e diffuso. Purtroppo, l'esperienza ha dimostrato che certe accuse, anche se in apparenza sembrano radicali, possono essere vere[51]. Vale la pena ricordare, tuttavia, che l'insegnamento ufficiale della Chiesa cattolica riconosce che gli atti omosessuali

---

[49] I. San Martín, *Victims Recount Sexual Abuse Horrors in Chilean Seminary*, «Crux», 7 agosto 2018 (https://cruxnow.com/global-church/2018/08/07/victims-recount-sexual-abuse-horrorsin-chilean-seminary/ - ultimo accesso verificato: 10 novembre 2021); E. Pentin, *Honduran Seminarians Allege Widespread Homosexual Misconduct*, «National Catholic Register», 25 July 2018 (http://www.ncregister.com/daily-news/honduran-seminarians-allege-widespread-homosexual-misconduct - ultimo accesso verificato: 10 novembre 2021); *St. John's Seminary Shakeup Amid Probe Into Sexual Misconduct Claims*, «CBS Boston», 10 agosto 2018 (https://boston.cbslocal.com/2018/08/10/boston-archdiocese-st-johns-seminary-investigation-cardinal-seanomalley/ - ultimo accesso verificato: 10 novembre 2021); S. Otterman, *Man Says Cardinal McCarrick, His 'Uncle Ted,' Sexually Abused Him for Years*, «The New York Times», 19 luglio 2018 (https://www.nytimes.com/2018/07/19/nyregion/mccarrick-cardinal-sexual-abuse.html - ultimo accesso verificato: 10 novembre 2021); D. Mattson, *Why Men Like Me Should Not Be Priests*, «First Things», 17 agosto 2018 (https://www.firstthings.com/web-exclusives/2018/08/why-men-like-me-should-not-be-priests - ultimo accesso verificato: 10 novembre 2021); R. Terrell, *Is Homosexuality the Cause of Catholic Church Scandals?*, «New American», 2 settembre 2018 (https://www.thenewamerican.com/culture/faith-and-morals/item/29943-is-homosexuality-the-cause-of-catholic-churchscandals - ultimo accesso verificato: 10 novembre 2021).

[50] Cfr. E. Rueda, *The Homosexual Network: Private Lives and Public Policy* (Old Greenwich, Connecticut: Devin-Adair Publisher, 1986); Si veda anche: M. S. Rose, *Goodbye! Good Men: How Catholic Seminaries Turned Away Two Generations of Vocations from the Priesthood* (Washington D.C.: Regnery Publishing, 2002).

[51] Cfr. Benedetto XVI (papa), *Pastoral Letter of the Holy Father pope Benedict XVI to the Catholics of Ireland*, «Vatican.va», 19 marzo 2010 (http://w2.vatican.va/content/benedict-xvi/en/letters/2010/documents/hf_ben-xvi_let_20100319_church-ireland.html - ultimo accesso verificato: 10 novembre 2021).

sono essenzialmente disordinati e che gli uomini con un'attrazione fissa per lo stesso sesso non sono candidati idonei per l'ordinazione.

Il cardinale Zenon Grocholewski, ex prefetto della *Congregazione per l'educazione cattolica*, ci ha ricordato che la Chiesa non può essere soggetta ad alcuna influenza nascosta. Il compito della Chiesa non è perseguire gli interessi oscuri e peccaminosi, ma predicare Cristo e santificare le persone costruendo, con Cristo, la loro relazione[52]. La Chiesa continua ad affrontare i tentativi ad opera di alcuni vescovi di cambiare l'insegnamento e la pratica pastorale della Chiesa riguardo alla sessualità. La disputa avvenuta fra gli anni 1992 e 1998 sul capitolo relativo agli atti omosessuali del *Catechismo della Chiesa cattolica*, corretto nella sua seconda edizione, è una prima manifestazione di tali sforzi. Ci sono stati anche sforzi per introdurre i temi sia dell'attrazione per lo stesso sesso, sia della realtà transgender nelle discussioni durante il sinodo dedicato alla famiglia e durante il *World meeting of families* a Dublino. Senz'altro, altre iniziative includono celebrazioni speciali della messa per i gruppi di pressione LGBT all'interno della Chiesa, nella quale gli «emblemi LGBT» hanno coperto la croce, le statue o le immagini dei santi[53].

Nel frattempo, i sacerdoti che commettono sistematicamente gravi peccati sessuali, indipendentemente dal tipo, celebrano quotidianamente la Santa messa, ricevono la Santa comunione ed insegnano e guidano i cattolici come padri spirituali[54]. La libertà dal peccato grave è sempre stata una condizione preliminare per la corretta celebrazione dei sacramenti, specialmente della Santa eucaristia, sebbene la condizione di peccatore del sacerdote non ne infici la validità. Il rispetto dei sacramenti richiede che un sacerdote in condizione di peccato grave si astenga dall'amministrare i sacramenti. Indubbiamente, ognuno di noi è minacciato dalla tentazione del puritanesimo, ma tuttavia la preghiera silenziosa, recitata tutti i giorni prima di ricevere la Santa comunione, dovrebbe farci pensare con profonda serietà alla santità di questo sacramento: «Il ricevimento del tuo Corpo e del tuo Sangue,

---

[52] Cfr. *Dobrzy czy liczni? Rozmowa z kard. Zenonem Grocholewskim*, «idziemy.pl», 10 settembre 2018 (http://idziemy.pl/kosciol/dobrzy-czy-liczni-/55694/2/ - ultimo accesso verificato: 10 novembre 2021).

[53] Si veda anche: *Nihil obstat erteilt: Wucherpfennig ist Rektor von Sankt Georgen*, «jesuiten.org», 15 novembre 2018 (https://www.jesuiten.org/news/nihil-obstat-erteilt-wucherpfennig-ist-rektor-von-sankt-georgen/ - ultimo accesso verificato: 10 novembre 2021).

[54] Benedetto XVI (papa), *Pastoral Letter of the Holy Father pope Benedict XVI to the Catholics of Ireland*, par. 7: «Quelli di voi che siete sacerdoti avete violato la santità del sacramento dell'Ordine Sacro, in cui Cristo si rende presente in noi e nelle nostre azioni. Insieme al danno immenso causato alle vittime, un grande danno è stato perpetrato alla Chiesa e alla pubblica percezione del sacerdozio e della vita religiosa».

Signore Gesù Cristo, non mi conduca al giudizio e alla condanna, ma per la tua amorevole misericordia sia per me protezione nella mente e corpo ed un rimedio curativo».

5. La crisi della fede.

Riflettendo sulla differenza tra il sacerdozio nell'Antico e nel Nuovo Testamento, l'arcivescovo Fulton Sheen afferma che il sacerdote ebreo offrì un animale come vittima, ma anche che esso valeva meno di una parte delle vesti che indossava. «È facile spargere il sangue di qualcun altro, come è facile spendere il denaro di qualcun altro. L'animale ha perso la vita, ma il sacerdote che l'ha offerto non ha perso nulla»[55]. Nel Nuovo Testamento, Cristo unì sacerdozio e vittima. «Le conseguenze per tutti i sacerdoti sono tremende, perché se si è offerto per i peccati, allora noi dobbiamo offrirci come vittime. La conclusione è inevitabile»[56]. Nel frattempo, noi, uomini ordinati, siamo ancora tentati di agire come sacerdoti dell'Antica alleanza. «Offriamo la messa», chiede retoricamente l'arcivescovo Sheen, «come se presentassimo una vittima del peccato che è totalmente estranea a noi stessi, come il capro espiatorio o l'uccello?»[57] Come conseguenza di questo antico approccio, invece di prenderci cura delle pecore che ci sono state affidate, a volte viviamo a loro spese:

> I pastori non dovrebbero forse pascere il gregge? Vi nutrite di latte, vi rivestite di lana, ammazzate le pecore più grasse, ma non pascolate il gregge. Non avete reso la forza alle pecore deboli, non avete curato le inferme, non avete fasciato quelle ferite, non avete riportato le disperse. Non siete andati in cerca delle smarrite, ma le avete guidate con crudeltà e violenza (Ez. 34:2-4).

Alla fine, invece di trarre profitto dall'aiuto e dalla cura di un pastore, una pecora diventa la sua vittima. Non penso solo agli abusi sessuali.

Il punto più commovente nel saggio del papa emerito Benedetto XVI sulla genesi delle emergenze degli abusi sessuali nella Chiesa è l'affermazione che ha riconosciuto che il malvagio agisce sotto forma di «gravi peccati contro la fede»

---

[55] F. J. Sheen, *The Priest is Not His Own* (San Francisco, California: Ignatius Press, 2004), cap. 1.
[56] Ibid.
[57] Ibid.

(*delicta maiora contra fidem*)[58]. Non era un trucco per giustificare l'imposizione della pena massima, ma una «conseguenza dell'importanza della fede per la Chiesa. In effetti, è importante vedere che tale cattiva condotta dei sacerdoti, alla fine, danneggia la Fede. Solo dove la fede non determina più le azioni dell'uomo è possibile commettere tali offese»[59] e l'abuso sessuale uccide la fede nella sua vittima ed in tanti altri che, come i parenti e gli amici, sono anch'essi vittime. Possiamo giustamente cercare le cause dell'attuale crisi nel mondo esterno, ma in definitiva la sua fonte principale è la crisi della fede, soprattutto della fede del clero. Czesław Miłosz, premio Nobel per la letteratura (1980) ed insegnante polacco dell'Università della California, a Berkeley, descrive con queste parole la sua esperienza di incontro con la Chiesa negli Stati Uniti durante gli anni Sessanta:

> La mia vita ha visto il crollo di molte colonne ed archi nell'edificio cristiano. È stato un processo lungo e costante, accelerato nel corso degli ultimi due secoli, anche se il clero ha cambiato idea. Lo scempio causato dalla teologia liberale tedesca del secolo scorso deve essere rilevato, sebbene il danno inflitto non sia mai stato così grande come negli anni del dopoguerra, in particolare negli anni Sessanta. Questo era un periodo in cui i teologi, inclusi quelli cattolici, presentandosi come pagliacci, proclamavano allegramente che il cristianesimo, finora in opposizione al mondo, era ora sia con il mondo che nel mondo. Nel frattempo, il loro pubblico, spettatore di uno spettacolo più patetico che divertente, ha interpretato ciò come il desiderio dei cristiani di essere "uguali agli altri", ossia di rinunciare al loro cristianesimo. Il sofisma, perfezionato da generazioni di menti superiori, per amore dell'auto-annientamento, è stato perseguito con tale sentimento di rivalsa da riempire di disagio anche i non credenti. Non che dovremmo farci illusioni sulle pratiche consacrate dal tempo della gerarchia della Chiesa, rivolgendoci alle sedi del potere temporale con la naturalezza di un girasole al sole. Ma questa volta la resa era palese: ora, il potere davanti al quale si prostravano, era una mentalità anticristiana sollecitata alle masse dalla scienza. E se in lontananza si esibivano

---

[58] Cfr. Benedetto XVI (papa emerito), *Full Text of Pope Benedict XVI Essay: The Church and the Scandal of Sexual Abuse*, «Catholic News Agency», 10 aprile 2019 (https://www.catholicnewsagency.com/news/full-text-of-benedict-xvi-the-church-and-the-scandal-of-sexual-abuse-59639 - ultimo accesso verificato: 10 novembre 2021).
[59] Cfr. Ibid.

figure di spicco, anche ecclesiastico, una chiesa vicina rendeva fin troppo credibile "l'abominio della desolazione". Nel mio caso, l'edificio era la Newman Hall, la cappella studentesca cattolica al confine con il campus di Berkeley. Come visitatore, sono stato spettatore degli imbonitori nel tempio, quei fornitori di idee popolari, quei corruttori di giovani menti, che, per riempire la chiesa, addolcivano i loro sermoni con frasi così ovattate che, sotto un esame più approfondito, erano inammissibili per un cristiano[60].

Il pensiero di cui sopra è forse meglio riassunto nelle parole dell'Arcivescovo Sheen: «Nel momento in cui smettiamo di remare controcorrente, la corrente ci porta giù al fiume»[61].

Alla fine, a volte, potrebbe sembrare che la diminuzione del numero delle vocazioni sacerdotali, conseguente alla "morte sociale di Dio", debba portare la Chiesa ad abbassare i requisiti per i candidati al sacerdozio, con un conseguente disprezzo dell'esperienza e della saggezza acquisita dalla Chiesa, esemplificata nell'emergenza degli abusi sessuali. Tuttavia, «Dio non abbandona mai la Sua Chiesa in modo tale da non trovare ministri adatti ai bisogni del popolo, dal momento che i degni vengono promossi e gli indegni vengono messi da parte. E sebbene fosse impossibile trovare tanti ministri quanti ce ne sono adesso, sarebbe meglio avere meno ministri buoni che averne tanti cattivi»[62].

---

[60] C. Milosz, *The Land of Ulro* (New York, N.Y.: Farrar, Straus and Giroux, 2000), pp. 248–249.

[61] F. J. Sheen, *The Priest is Not His Own*, cap. 10.

[62] «Deus numquam ita deserit Ecclesiam suam quin inveniantur indonei ministri sufficientes ad necessitatem plebis, si digni promoverentur et indigni repellerentur. Et, si non possunt tot ministri inveniri quot modo sunt, melius est habere paucos ministros bonos quam multos malos» (Tommaso d'Aquino (san), *The Summa Theologica. Translated by Fathers of the English Dominican Province* (New York, NY: Benziger Bros., 1948), Libro III, quest. 36, art. 3, comm. 1; Per il testo inglese on line, si veda: Id., *Summa Theologica*, «ccel.org», s.d. (https://www.ccel.org/ccel/aquinas/summa.TP_Q9_A4.html – ultimo accesso verificato: 10 novembre 2021); Per il testo in italiano, si vedano: Id., *La Somma Teologica*, 4 voll., T. Sante Centi, R. Coggi, G. Barzaghi, G. Carbone [a cura di] (Bologna: Edizioni Studio Domenicano, 2014); Id., *Somma Teologica. Nuova Edizione in lingua italiana a cura di padre Tito S. Centi e padre Angelo Z. Belloni*, «esonet.org», s.d. (https://www.esonet.org/summa-teologica-di-s-agostino/ – ultimo accesso verificato: 10 novembre 2021).

Conclusione.

Questo capitolo ha discusso le radici della cattiva condotta sessuale del clero in riferimento ai fattori culturali all'interno e all'esterno della Chiesa (intra-ecclesiali ed extra-ecclesiali). A causa loro e delle decisioni sbagliate che sono state prese all'interno della Chiesa – aspetto che si dovrebbe umilmente riconoscere – lo Stato è comunemente visto come un'istituzione che adotta un approccio più morale all'abuso sessuale rispetto alla Chiesa. Questa realtà ha delle conseguenze: vale a dire, la detronizzazione morale della Chiesa, che può mettere a repentaglio il futuro dell'intera civiltà occidentale. Per esempio, mentre lo Stato ha ragione sulla questione degli abusi sessuali, la società dovrebbe concludere che, per analogia, lo Stato abbia ragione anche nelle controversie sull'aborto, l'eutanasia o le relazioni omosessuali? La risposta a questa domanda potrebbe dipendere dal fatto che la Chiesa possa riconquistare la sua autorità e la sua leadership morale. Ma per farlo, non può dipendere dalla sua capacità di leggere i "segni del tempo" e di diventare "uguale agli altri"; ma soltanto grazie al suo amore e alla lealtà verso la Persona e agli insegnamenti di Gesù Cristo, l'unico Salvatore e l'unica fonte di speranza.

Capitolo 7

Cultura organizzativa e violenza sessuale tra uomini: uno studio comparativo

Jane F. Adolphe, Esq.

**Professoressa di diritto, Ave Maria School of Law, Naples, Florida
Professoressa aggiunta, School of Law, University of Notre Dame, Sydney,
Australia**

Introduzione.

Nella sua Lettera del maggio 2018 al popolo di Dio in Cile, papa Francesco ha parlato di una «cultura dell'abuso e di un sistema di insabbiamento»[1], ed ha sottolineato alcuni dei fattori di rischio insiti nella Chiesa visibile che dovevano essere sradicati e sostituiti con una «cultura della cura» secondo la «logica del Vangelo». Due mesi dopo, nella sua *Lettera al Popolo di Dio*, si riferì alla necessità di creare una «cultura in grado di prevenire» le violenze sessuali, nonché la «possibilità che queste siano insabbiate e perpetuate» e, ancora una volta, ha invocato la necessità di una «maggiore cultura della cura»[2]. Poi, nella *Lettera ai sacerdoti* del 2019, ha incoraggiato «una cultura pastorale», richiedendo «conversione, trasparenza, sincerità e solidarietà verso le vittime» come il modo concreto di andare avanti per rendere la Chiesa più attenta ad «ogni forma di umana sofferenza»[3]. Il pontefice ha

---

[1] Francesco (papa), *Full Text of Pope Francis' Letter to Church in Chile*, «Catholic News Agency», 31 maggio 2018 (https://www.catholicnewsagency.com/news/38567/full-text-of-pope-francis-letter-to-the-church-in-chile - ultimo accesso verificato: 10 novembre 2021).

[2] Francesco (papa), *Letter of His Holiness to the People of God in Chile*, «Vatican.va», 20 agosto 2018 (http://w2.vatican.va/content/francesco/en/letters/2018/documents/papa-francesco_20180820_lettera-popolo-didio.html - ultimo accesso verificato: 10 novembre 2021).

[3] Francesco (papa), *Letter of his holiness pope Francis to priests on the 160th anniversary of the death of the holy curé of Ars, St. John Vianney*, «Vatican.va», 04 agosto 2019

sostenuto che era in corso una «purificazione ecclesiale». La Chiesa veniva salvata «dall'ipocrisia, dalla spiritualità delle apparenze» che doveva essere accolta con «umile pentimento, espresso in silenziose lacrime dinanzi a questi atroci peccati e all'insondabile grandezza del perdono di Dio»[4]. Soltanto allora, il percorso di rinnovamento nella santità potrebbe essere efficacemente battuto.

Con questo approccio culturale, soprattutto con la sua focalizzazione su alcuni atteggiamenti problematici che hanno contribuito a comportamenti illeciti, papa Francesco ha approfondito ed ampliato il discorso. La prospettiva del pontefice è in linea anche con i metodi impiegati all'interno della società laica sulla valutazione della violenza sessuale all'interno delle organizzazioni. Di recente, infatti, notevole attenzione è stata rivolta al problema specifico della violenza sessuale tra uomini in diverse istituzioni, sia a livello internazionale, sia domestico (si vedano, come esempio, i casi accaduti in ambiente militare e nelle carceri). Per esempio, il *National Defense Authorization Act* relativo all'anno fiscale 2016, includeva un requisito «per migliorare la prevenzione e la risposta alle aggressioni sessuali nelle quali la vittima è un membro maschile delle forze armate statunitensi»[5]. A tal fine, il *Dipartimento della Difesa degli Stati Uniti* (DoD) ha sviluppato «un piano per prevenire e rispondere alle aggressioni sessuali dei militari che affronta, specificamente, le esigenze delle vittime di sesso maschile, comprese le loro esigenze di assistenza medica e di salute mentale»[6]. Uno studio correlato ha considerato «come la cultura giochi un ruolo importante nel modo in cui gruppi di individui con esperienze formative peculiari tendano a pensare; e come, questo pensiero, può modellare il gergo, la conversazione e la percezione del problema; e come, agire per primi, senza un'adeguata valutazione verso i problemi culturali sottostanti, non risolverà il problema a lungo termine»[7].

(http://w2.vatican.va/content/francesco/en/letters/2019/documents/papa-francesco_20190804_lettera-presbiteri.html - ultimo accesso verificato: 10 novembre 2021).

[4] Ibid.

[5] M. Matthews, C. Farris, M. Tankard, M. S. Dunbar, *Needs of Male Sexual Assault Victims in the U.S. Armed Forces*, «Rand Health Q.», Vol. 8, n. 2, ottobre 2018, p. 7 (https://www.ncbi.nlm.nih.gov/pmc/articles/PMC6183775/ – ultimo accesso verificato: 10 novembre 2021).

[6] Ibid.

[7] P. J. S. Lee, *The Man's Military: Masculine Culture's Role in Sexual Violence*, Drew Paper n. 26, (Maxwell Air Force Base, Alabama: Air University Press, 2016), p. 3 (https://media.defense.gov/2017/Nov/21/2001847270/-1/-1/0/DP_0026_LEE_MAN_MILITARY.PDF - ultimo accesso verificato: 10 novembre 2021).

Tuttavia, l'attenzione al "clericalismo" come parte di una cultura della Chiesa problematica è stata accolta con disprezzo da alcuni ambienti[8]. I critici sostengono che il "clericalismo" venga utilizzato come una cortina fumogena per evitare di affrontare sia il problema dell'omosessualità attiva nel sacerdozio, sia l'indifferenza della gerarchia ecclesiastica nei suoi confronti, nonché i relativi problemi di predazione sessuale del clero. Certamente, la critica non è priva di valore, soprattutto quando si considera l'approccio differente di papa Francesco rispetto ai pontificati precedenti, durante i quali alcuni fattori contribuenti, come il dissenso dagli insegnamenti morali della Chiesa sulla sessualità umana, sono stati sottolineati in modo diretto. La critica è ridotta al minimo quando si vede l'approccio culturale in continuità con i pontificati passati, come approfondito nella Parte I di questo capitolo.

Una vera preoccupazione, d'altra parte, è l'uso equivoco del termine "clericalismo". Senza una definizione adeguata, la parola è vaga ed ambigua, e viene comunemente usata per riferirsi ad una costellazione di comportamenti ed atteggiamenti problematici; ma, alla fine, essa significa cose diverse per persone diverse ed in contesti storici diversi. Il termine è stato persino utilizzato da commissioni e comitati laici come un "cavallo di Troia" per attaccare questioni interne alla Chiesa protette dalla libertà religiosa. I risultati dell'*Australian Royal Commission* (ARC) sul clericalismo, considerato nella Parte III di questo capitolo, fornisce un valido esempio. Tracciare, definire, in modo chiaro alcuni comportamenti ed atteggiamenti problematici potrebbe risultare come un approccio migliore rispetto a quello di fare semplicemente riferimento al clericalismo come ad un fattore di rischio.

Considerando quanto sopra, questo capitolo intende migliorare l'approccio culturale attraverso uno studio comparativo sulla violenza sessuale tra uomini all'interno delle istituzioni della Chiesa e di altre istituzioni sociali. Il capitolo considera quanto segue:

- L'approccio di papa Francesco nel contesto della cultura della Chiesa, nella Parte I;
- Le somiglianze e le differenze tra la Chiesa ed altre due istituzioni americane relativamente ad alcuni famigerati predatori seriali (ossia, Jerry Sandusky, Larry Nassar e Theodore McCarrick), nella Parte II;

---

[8] Si veda, per esempio: C. R. Altieri, *Francis Misses the Mark in Focusing on Clericalism and Synodality*, «Catholic World Report», 2 febbraio 2019 (https://catholicworldreport.com/2019/02/03/francis-misses-the-mark-in-focusing-on-clericalism-and-synodality/ - ultimo accesso verificato: 10 novembre 2021).

- I risultati della relazione dell'*Australian Royal Commission* riguardanti la Chiesa in Australia, confrontati con l'atteggiamento delle altre istituzioni (religiose e laiche) prese in considerazione all'interno del capitolo e le interpretazioni conclusive dell'ARC, nella Parte III.

I risultati del capitolo sono tre. Il primo è che l'atteggiamento della Chiesa differisce dalle altre istituzioni sociali per quanto riguarda il tipo più comune di vittima (ossia, i maschi adolescenti) e il tipo di predatore (ossia, i sacerdoti). Il secondo è che l'atteggiamento della Chiesa differisce molto poco dalle istituzioni secolari prese in considerazione sui temi della perpetrazione, dell'individuazione e della risposta. Il terzo è che lo studio comparativo, condotto dall'ARC, fra la Chiesa e le altre istituzioni, sebbene utile, rivela i pregiudizi di questa commissione laica. Sebbene i vescovi ed i superiori maggiori australiani abbiano collaborato pienamente con l'ARC, la Chiesa ha bisogno di studiare la propria cultura organizzativa, attraverso gli sforzi collaborativi dei sacerdoti, dei religiosi (di entrambi i sessi), dei laici (di entrambi i sessi) e di esperti esterni competenti e specializzati, sia a livello universale che locale.

I. Cultura della Chiesa.

Per quanto riguarda la violenza sessuale nella Chiesa, l'approccio culturale di papa Francesco dovrebbe essere visto sia in continuità con i più recenti sforzi papali ad evidenziare e descrivere la violenza sessuale contro i minori come un peccato, un delitto ed un crimine, sia alla luce del recente saggio del papa emerito Benedetto XVI.

Nel suo *Discorso ai Cardinali degli Stati Uniti* del 2002, papa Giovanni Paolo II ha sottolineato la «profonda crisi della morale sessuale ed, anche, dei rapporti umani»[9]. Esortò anche i vescovi e i superiori a guidare i fedeli cattolici, sia sostenendo che essi avevano bisogno di conoscere la cura spirituale per il bene delle loro anime, sia ricordando loro il «totale impegno ad insegnare la pienezza della verità cattolica su questioni di moralità sessuale»[10]. Egli aveva fornito loro gli strumenti per sviluppare un linguaggio sulla moralità sessuale descritta come "la teologia del corpo", basato su una serie di allocuzioni ispirate alla Sacra Scrittura, al Magistero, alla Tradizione e

---

[9] Giovanni Paolo II (papa), *Address of John Paul II to the Cardinals of the United States*, «vatican.va», 23 aprile 2002 (https://www.vatican.va/content/john-paul-ii/en/speeches/2002/april/documents/hf_jp-ii_spe_20020423_usa-cardinals.html - ultimo accesso verificato: 10 novembre 2021).

[10] Ibid.

all'antropologia cristiana, tenute durante le sue udienze del mercoledì a Roma dal 1979 al 1984[11], e difendendo la teologia morale nella sua *Enciclica Veritatis splendor* del 1993[12]. Nel diritto canonico, papa Giovanni Paolo II ha introdotto sostanziali emendamenti nel 2001 per portare i delitti riguardanti la violenza sessuale contro i minori (ossia, al di sotto dei diciotto anni di età) all'interno della giurisdizione della *Congregazione per la dottrina della fede* (CDF). Le norme sono state successivamente modificate ed aggiornate da papa Benedetto XVI e da papa Francesco[13]. Nonostante questi sforzi, papa Giovanni Paolo II è stato criticato da alcuni per non aver fatto abbastanza per prevenire e proteggere i bambini dagli abusi sessuali da parte del clero, persino proteggendo un famigerato delinquente dalle indagini[14].

Nella sua Lettera ai Cattolici in Irlanda del 2010, papa Benedetto XVI ha fatto riferimento ai vari fattori che contribuiscono alla crisi degli abusi sessuali in corso, come «de procedure inadeguate per determinare l'idoneità dei candidati al sacerdozio e alla vita religiosa; l'insufficiente formazione umana, morale, intellettuale e spirituale nei seminari e nei noviziati»[15]. Ha inoltre riconosciuto l'importanza dell'ascolto delle vittime e le ha incontrate in molte delle sue visite apostoliche. Inoltre, egli ha sottolineato alcuni fattori culturali alla base della violenza sessuale del clero, come la «tendenza nella società a favorire il clero ed altre figure in autorità e una preoccupazione fuori luogo per il buon nome della Chiesa e per evitare gli scandali, che hanno portato, come risultato, alla mancata applicazione delle pene canoniche in vigore e alla mancata tutela della dignità di ogni persona»[16]. Come

---

[11] Ibid.

[12] *Full Text of Benedict XVI: The Culture and the Scandal of Sexual Abuse*, «Catholic News Agency», 10 aprile 2019 (https://www.catholicnewsagency.com/news/full-text-of-benedict-xvi-the-churchand-the-scandal-of-sexual-abuse-59639 - ultimo accesso verificato: 10 novembre 2021).

[13] Ibid.

[14] J. Macintyre, *John Paul II's Record on Clerical Sexual Abuse Questioned*, «The Tablet», 25 aprile 2014 (https://www.thetablet.co.uk/news/717/john-paul-ii-s-record-on-clerical-sexualabuse-questioned - ultimo accesso verificato: 10 novembre 2021); Si veda anche: Catholic News Service, *JPII's Record on Sexual Abuse: Spokesman, Biographer Discuss how John Paul II Handled the Crisis*, «America. The Jesuit Review», 25 aprile 2014 (https://www.americamagazine.org/issue/jpiis-record-sex-abuse – ultimo accesso verificato: 10 novembre 2021).

[15] Benedetto XVI (papa), *Pastora letter of the Holy Father pope Benedict XVI to the Catholics of Ireland*, «Vatican.va», 19 marzo 2010 (http://w2.vatican.va/content/benedict-xvi/en/letters/2010/documents/hf_ben-xvi_let_20100319_church-ireland.html - ultimo accesso verificato: 10 novembre 2021).

[16] Ibid.

papa Giovanni Paolo II, anche papa Benedetto XVI è stato criticato per i suoi precedenti contro gli abusi sessuali contro i bambini nella Chiesa[17].

Nel 2019, papa Benedetto XVI, ora papa emerito, nel suo saggio intitolato *La cultura e lo scandalo degli abusi sessuali*, ha offerto un'indagine storica sui fattori chiave che hanno influenzato negativamente la cultura della Chiesa. Tra questi, ha menzionato il «radicalismo senza precedenti degli anni Sessanta»; l'adozione di «atteggiamenti conciliari» che hanno dimostrato una «disposizione critica o negativa» verso la tradizione della Chiesa; e la «dissoluzione dell'autorevolezza dell'insegnamento morale della Chiesa», inclusa la teoria degli assoluti morali. Ha, oltre ciò, sottolineato la tendenza a promuovere il garantismo dei diritti dell'imputato sui diritti delle vittime, nonché sul deposito della fede. Inoltre, il papa emerito ha sollevato il problema delle «cricche omosessuali» in alcuni seminari, il che non dovrebbe essere una sorpresa. La Chiesa distingue tra atti omosessuali ed attrazione o tendenza omosessuali e presenta gli atti omosessuali come gravi peccati «intrinsecamente disordinati» che si discostano dalla legge naturale e dall'ordine della creazione[18].

Anche le tendenze omosessuali radicate sono oggettivamente disordinate, perché dirette verso atti omosessuali. Sotto il pontificato di papa Benedetto XVI, nella direttiva relativa alla formazione del seminario, la *Congregazione per l'educazione cattolica* affermava che la Chiesa «non può ammettere al seminario o agli ordini sacri coloro che praticano l'omosessualità, presentano tendenze omosessuali profondamente radicate o sostengono la cosiddetta "cultura gay"»[19]. La

---

[17] Si veda, per esempio: *40 Professors: 'Attacks'on Pope, 'Unjust'*, «National Catholic Register», 7 maggio 2010 (https://www.ncregister.com/blog/40-professors-attacks-on-pope-unjust – ultimo accesso verificato: 10 novembre 2021); Si veda anche: *International Criminal Court Rejects Request to Investigate Vatican Officials*, «Catholic Herald», 18 giugno 2013 (https://catholicherald.co.uk/international-criminal-court-rejects-request-to-investigate-vatican-officials/ - ultimo accesso verificato: 10 novembre 2021).

[18] Si veda: *Catechism of the Catholic Church*, «vatican.va», s. d. (https://vatican.va/archive/ENG0015/_INDEX.HTM – ultimo accesso verificato: 10 novembre 2021), art. *2357;* Per il testo in italiano, si veda: *Catechismo della Chiesa cattolica*, «vatican.va», s. d. (https://www.vatican.va/archive/catechism_it/p3s2c2a6_it.htm#I.%20%C2%ABMaschio%20e%20femmina%20li%20cre%C3%B2...%C2%BB – ultimo accesso verificato: 10 novembre 2021).

[19] Congregation for Catholic Education, *Instruction Concerning the criteria for the discernment of Vocations with Regard to Persons with Homosexual Tendencies in View of Their admission to the Seminary and Holy Orders*, «Vatican.va», 31 agosto 2005 (http://www.vatican.va/roman_curia/congregations/ccatheduc/documents/rc_con_ccatheduc_doc_20051104_istruzione_en.html - ultimo accesso verificato: 10 novembre 2021), par. 2; Per il testo in italiano, si veda: Ibid., *Istruzione sui criteri per il discernimento delle vocazioni nei confronti delle persone con tendenze omosessuali in vista della loro ammissione al Seminario e agli Ordini sacri*, «vatican.va», 4

Congregazione ha anche sottolineato che la Chiesa era preoccupata per le «conseguenze negative che [sarebbero potute] derivare dall'ordinazione di sacerdoti con profonde tendenze omosessuali»[20].

Una di queste conseguenze è il potenziale di predazione sessuale. Collocare candidati attivamente impegnati nello stile di vita omosessuale o che soffrono di tendenze omosessuali profonde in un ambiente esclusivamente maschile (come un seminario, dove i seminaristi mangiano, dormono, fanno la doccia e pregano sotto lo stesso tetto) chiaramente offre un'occasione di peccato. Certamente, anche i maschi che non si identificano come omosessuali hanno abusato sessualmente di ragazzi e non tutti i religiosi con tendenze omosessuali abusano o molestano sessualmente ragazzi o altri uomini. Eppure, all'interno della Chiesa, il riconoscimento dell'esistenza di "cricche omosessuali" come una questione di analisi storica è appropriato così come lo è studiare se ciò costituisca un fattore che contribuisce sia all'abuso sessuale dei ragazzi e dei seminaristi, sia al suo insabbiamento[21].

Vale la pena ricordare che, sulla stessa linea, papa Francesco ha condannato la presenza di "cricche", "lobby" e "doppiezze". Secondo quanto riferito, nel 2013, ha anche ammesso l'esistenza di una "lobby gay" operante nella Curia romana[22]. Nel 2016, ha rivisto la direttiva sulla formazione per riaffermare la direttiva di papa Benedetto XVI del 2005 sui punti sopra menzionati. Nel 2018 ha esortato la *Conferenza episcopale italiana* ad astenersi dall'ordinazione, in caso di dubbio sulla questione[23]. Successivamente, lo stesso anno ha affermato che «la questione dell'omosessualità è una questione molto grave che deve essere adeguatamente colta sin dall'inizio nei candidati»; la questione cruciale è se la persona ha tendenze

novembre   2005
(https://www.vatican.va/roman_curia/congregations/ccatheduc/documents/rc_con_ccat heduc_doc_20051104_istruzione_it.html - ultimo accesso verificato: 5 novembre 2021).

[20] Ibid.

[21] R. Shine, *Former Pope Benedict XVI Partially blames Homosexual Cliques for Sexual Abuse Crisis*, «New Ways Ministry», 25 aprile 2019 (https://www.newwaysministry.org/2019/04/25/former-pope-benedict-xvi-partially-blames-homosexual-cliques-for-sexual-abuse-crisis/ - ultimo accesso verificato: 10 novembre 2021).

[22] *Pope Francis "confirms Vatican gay lobby and corruption"*, «BBC News», 12 giugno 2013 (Pope Francis 'confirms Vatican gay lobby and corruption' - BBC News – ultimo accesso verificato: 10 novembre 2021).

[23] *Pope Francis to Italian bishops: Don't let gays into the seminary*, «Lifesite News», 25 maggio 2018 (https://www.lifesitenews.com/news/pope-francis-tells-italian-bishops-to-not-let-gays-enter-theseminary - ultimo accesso verificato: 10 novembre 2021); Cfr. F. Prado, *The Strength of Vocation: Consecrated Life Today* (Washington, DC: United States Conference of Catholic Bishops , 2018).

profonde o ha, in altro modo, abbracciato la cultura gay: il che renderebbe difficile, se non impossibile, «vivere il celibato con integrità»[24]. Papa Francesco ha anche osservato che «nelle nostre società sembra addirittura che l'omosessualità sia di moda e che quella mentalità, in qualche modo, influenzi anche la vita della chiesa»[25]. Concluse che «nella vita consacrata e sacerdotale non c'è posto per quel tipo di affetto: è meglio per loro lasciare il ministero o la vita consacrata, piuttosto che vivere una doppia vita»[26]. Egli si impegna, inoltre, a proteggere gli adulti ed i minori attraverso la delimitazione dei delitti contro il sesto comandamento, inclusi l'abuso di potere e l'insabbiamento nella legge sulla segnalazione universale. Come i suoi predecessori, papa Francesco è stato criticato per la sua gestione dei casi di abuso sessuale[27].

In ultimo, il papa emerito Benedetto XVI ha sostenuto che il messaggio evangelico è stato oscurato, specialmente nelle anime delle vittime[28]. Ha sottolineato un necessario ritorno alla «Fede e alla Realtà di Gesù Cristo donataci nel Santissimo Sacramento»[29]. Questo punto, in particolare, ci riporta alle sue ben note riflessioni sulla santità della Chiesa cattolica, fondata sul «potere di santificazione che Dio esercita», nella Sua Chiesa, «nonostante la peccaminosità umana»[30]. La Chiesa non può essere ridotta ad una struttura, ad un sistema esterno o ad un apparato politico: è un mistero, insieme visibile e invisibile, presente nel

---

[24] *Gay People Should not Join Catholic Clergy, Pope Francis says*, «The Guardian», 1 dicembre 2018 (https://www.theguardian.com/world/2018/dec/02/gay-people-should-not-join-catholic-clergypope-francis-says - ultimo accesso verificato: 10 novembre 2021); Cfr. F. Prado, *The Strength of Vocation: Consecrated Life Today*; Si veda, inoltre: P. Puellella, *Be Celibate or leave the priesthood, Pope tells gay priests*, «Reuters», 2 dicembre 2018 (https://www.reuters.com/article/us-pope-homosexuals-book-idUSKBN1O10K7 - ultimo accesso verificato: 10 novembre 2021); Cfr. Fernando Prado, *The Strength of Vocation: Consecrated Life Today*.

[25] Ibid.

[26] Ibid.

[27] W. Kilpatrick, *Pope Francis Strange Bedfellows*, «Crisis Magazine», 8 agosto 2019 (https://www.crisismagazine.com/2019/pope-franciss-strange-bedfellows - ultimo accesso verificato: 10 novembre 2021); R. Dreher, *Francis Gay Mafia Bombshell: The Day After*, «American Conservative», 26 agosto 2018 (https://www.theamericanconservative.com/dreher/pope-francis-mccarrick-gay-mafia-bombshell-vigano/ - ultimo accesso verificato: 10 novembre 2021).

[28] Cfr. *Full Text of Benedict XVI: The Culture and the Scandal of Sexual Abuse*.

[29] Ibid.

[30] J. Ratzinger (cardinale), *I believe in the Holy Catholic Church*, «Catholic Education Resource Center», 2010 (https://www.catholiceducation.org/en/culture/catholic-contributions/i-believe-in-the-holy-catholic-church.html - ultimo accesso verificato: 10 novembre 2021); Cfr. J. Ratzinger (cardinale), *I believe in the Holy Catholic Church*, in Id. *Introduction to Christianity* (San Francisco, California: Ignatius Press, 2004).

cuore delle persone, che interiormente ci muove alla santità, ossia all'amore di Dio e del prossimo, e perseverare nella sofferenza che ciò comporta[31]. Tale perseveranza nella lotta dei membri empi della Chiesa per raggiungere la santità, essa stessa dono di Dio, significa che la lotta critica non è per le nuove politiche o procedure, ma per la santità, basata sul criterio della costruttività e non dell'amarezza[32].

Riepilogo.

Considerare la violenza sessuale del clero ed il suo insabbiamento attraverso il prisma della cultura organizzativa approfondisce l'analisi della Chiesa e si basa sulle osservazioni di papa Giovanni Paolo II, papa Benedetto XVI ed è coerente con i recenti commenti fatti da quest'ultimo, ormai emerito, su argomenti correlati. In breve, papa Francesco continua l'approccio multiforme della Chiesa ad un problema multifattoriale.

II. Uno studio comparativo: Sandusky, Nassar, e McCarrick.

Introduzione.

È difficile riconoscere i peculiari fattori di rischio istituzionali per la violenza sessuale del clero contro i maschi nella Chiesa senza prima considerare i fattori di rischio che condivide con le altre istituzioni. A scopo di chiarimento, il termine "istituzione" indica qualsiasi agenzia, pubblica o privata, che fornisce strutture, programmi o servizi che forniscono un mezzo attraverso il quale gli adulti hanno contatti con i ragazzi e con gli uomini[33]. Il termine "cultura istituzionale" indica presupposti, valori, atteggiamenti, credenze e norme[34]. Il termine "contesto

---

[31] Cfr. *Full Text of Benedict XVI: The Culture and the Scandal of Sexual Abuse.*

[32] J. Ratzinger (cardinale), *I believe in the Holy Catholic Church*; Cfr. J. Ratzinger (cardinale), *I believe in the Holy Catholic Church*, in Id. *Introduction to Christianity.*

[33] Australian Royal Commission into Institutional Responses to Child Sexual Abuse, *Final Report,* Vol. 2 (Nature and Cause), cap. 1.6 (Key terms), pp. 24-27; Il testo integrale del volume è reperibile online sul sito «childabuseroyalcommission.gov.au», si veda: https://www.childabuseroyalcommission.gov.au/sites/default/files/final_report_-_volume_2_nature_and_cause.pdf - ultimo accesso verificato: 10 novembre 2021).

[34] D. Palmer, V. Feldman, G. McKibbin, *Final Report: The Role of Organisational Culture in Child Sexual Abuse in Institutional Contexts* (Sydney: Australian Royal Commission into Institutional Responses to Child Sexual Abuse, dicembre 2016); Il testo è consultabile anche online sul sito «childabuseroyalcommission.gov.au»: https://www.childabuseroyal-commission.gov.au/sites/default/files/file-list/Research   Report   -   The   role   of

istituzionale" indica le attività sessuali illecite che si verificano: (a) nei locali dell'ente dove si svolgono le sue attività regolari, o nel contesto relativo a tali attività; o (b) per mano di un funzionario di un'istituzione in circostanze in cui l'istituzione ha, o le sue attività hanno, contribuito, in qualche modo, al rischio della violenza; o (c) in qualsiasi altra circostanza in cui un'istituzione è, o dovrebbe essere considerata, come responsabile per gli adulti che hanno contatti con i giovani[35]. Il termine "adescamento" (grooming) si riferisce ad una serie di tecniche utilizzate dai molestatori sessuali per conquistare la fiducia delle vittime, così come i loro tutori principali e gli altri nel contesto.

Questa parte del capitolo confronta il caso di Theodore McCarrick, un molestatore clericale, con quelli di due altri molestatori appartenenti ad istituzionali secolari: Jerry Sandusky e Larry Nassar. Ogni caso è studiato sotto sette aspetti: (1) i crimini; (2) la reputazione degli autori dell'abuso; (3) la permissione della perpetrazione; (4) gli informatori; (5) la copertura; (6) il rapporto; e (7) i cambiamenti politici.

Il primo caso di studio presentato riguarda i crimini contro i ragazzi adolescenti commessi da Jerry Sandusky, ex assistente allenatore del programma di calcio inter-collegiale presso la *Pennsylvania State University* (Penn State) e co-fondatore di *Second Mile Charity* per i ragazzi svantaggiati. Il secondo caso riguarda i reati contro ragazze preadolescenti ed adolescenti ad opera di Larry Nassar, ex medico osteopata presso la *Michigan State University* (MSU) ed ex medico del team nazionale di ginnastica degli Stati Uniti d'America[36]. Il terzo caso riguarda le presunte violenze sessuali a danno di ragazzi adolescenti, le molestie sessuali e le aggressioni contro i seminaristi da parte dell'ex cardinale Theodore McCarrick.

1. Presentazione dei casi di studio.

A. Jerry Sandusky e *Penn State.*

Crimini. Nel 2012, Sandusky, sposato e padre di sei figli adottivi, è stato condannato per aver molestato sessualmente dieci ragazzini (tra i dieci ed i quindici

---

organisational culture in child sexual abuse in institutional contexts - Causes.pdf – ultimo accesso verificato: 10 novembre 2021.

[35] Australian Royal Commission into Institutional Responses to Child Sexual Abuse, *Final Report,* Vol. 2 (Nature and Cause), cap. 1.6 (Key terms), pp. 24-27.

[36] Questo caso di studio che coinvolge delle vittime femminili risulta particolarmente rilevante alla luce dell'opinione comune secondo cui le donne, nella Chiesa cattolica, avrebbero agito diversamente dalla maggior parte dei vescovi se avessero ricoperto posizioni equivalenti di potere oppure di autorità.

anni), per un periodo di quindici anni come allenatore di calcio alla Penn State, dove aveva assistito il suo famoso allenatore, Joe Paterno, per ventitré anni. Quando Sandusky è andato in pensione, ha mantenuto un ufficio nel campus fino al 2011, dove ha ripetutamente abusato sessualmente di alcune delle vittime nei locali delle docce. È stato condannato al carcere con una pena dai trenta ai sessanta anni, che è stata poi confermata in appello[37]. Due funzionari chiave della Penn State si sono dichiarati colpevoli dell'accusa di aver messo in pericolo i bambini e sono stati condannati al carcere[38]; anche il suo presidente è stato ritenuto colpevole della medesima accusa[39], ed ha scontato la medesima pena detentiva[40]. Tutti sono stati licenziati, compreso l'allenatore Joe Paterno.

Reputazione. Sandusky aveva sviluppato un modo per abusare dei bambini vulnerabili attraverso una strategia attentamente escogitata[41]. Ha usato l'influenza calcistica del suo college, il prestigioso programma calcistico della Penn State ed il suo allenatore capo per attirare i ragazzi svantaggiati provenienti da famiglie distrutte. Egli, così, è riuscito ad entrare in contatto con questi soggetti attraverso la sua *Second Mile Charity*, una fondazione di successo che ha raccolto milioni di dollari, ed attraverso il suo lavoro di volontariato come assistente dell'allenatore di calcio presso un liceo locale. Ha coltivato una reputazione di portata nazionale come allenatore di successo, noto nella comunità e molto rispettato per il suo lavoro con i

---

[37] M. Scolforo, *Ex-Penn State Assistant Coach Gets New Sentencing*, «Associated Press», 5 febbraio 2019 (https://www.wtae.com/article/jerry-sandusky-prison-sentence-vacatedpennsylvania-superior-court-denies-new-trial/26147016 - ultimo accesso verificato: 10 novembre 2021); D. DeKok, *New Hearing, Same Sentence for Convicted Penn State Child Molester Jerry Sandusky*, «Reuters», 22 novembre 2019 (https://www.reuters.com/article/us-pennsylvania-sandusky/new-hearing-same-sentence-forconvicted-penn-state-child-molester-jerry-sandusky-idUSKBN1XW15I - ultimo accesso verificato: 10 novembre 2021).

[38] G. Rushton, *Spanier, Curley and Schultz Get Jail Time*, «State College News», 2 giugno 2017 (http://www.statecollege.com/news/local-news/spanier-curley-and-schultz-get-jail-time,1472564/ - ultimo accesso verificato: 10 novembre 2021).

[39] C. Thompson, *Nassar & Sandusky: Michigan State Sex Abuse Scandal Draws Comparison to Penn State*, «PennLive.com», 22 maggio 2019 (https://www.pennlive.com/news/2018/02/nassar_vs_sandusky_similaritie.html – ultimo accesso verificato: 10 novembre 2021).

[40] M. Scolforo, *Former Penn State President Graham Spanier appeal denied*, «Associated Press», 21 febbraio 2019 (https://www.wtae.com/article/former-penn-state-president-graham-spanierappeal-denied/26452919 - ultimo accesso verificato: 10 novembre 2021).

[41] Freeh Sporkin & Sullivan LLP, *Report of the Special Investigative Counsel Regarding the Actions of the Pennsylvania State University Related to the Child Sexual Abuse of Gerald A. Sandusky*, «documentcloud.org», 12 luglio 2012 (https://www.documentcloud.org/documents/396512-report-final-071212.html– ultimo accesso verificato: 10 novembre 2021).

giovani[42]. Ha indotto le vittime, le loro famiglie e numerosi altri adulti a credere che egli non era soltanto un buon allenatore, ma anche un sostenitore degli sfortunati ed una persona premurosa, il che a sua volta gli ha permesso di commettere molti dei suoi crimini nelle docce della *Penn State*, nella palestra del liceo, nel seminterrato della sua casa e in altri luoghi, con il pretesto di fornire tutoraggio sportivo alle vittime.

Permissione. Allenatori ed amministratori della *Penn State*, del liceo locale e della *Second Mile* non sono riusciti a fermare Sandusky. Per quindici anni, nessuno ha riferito alle autorità di polizia o ai servizi sociali per l'infanzia dei ragionevoli sospetti o dei resoconti, da testimoni oculari, su contatti corpo a corpo, inclusi gli atti sessuali nelle docce comuni. Due uomini non sono riusciti a fermare i crimini sessuali nel momento in cui stavano accadendo.

Informatori. Secondo quanto riferito, un bambino abusato aveva parlato direttamente con l'allenatore Paterno nel 1976 e gli allenatori della Penn State avevano discusso apertamente della condotta sessuale di Sandusky alla fine degli anni Ottanta[43]. Nel 1998, la madre di un bambino aveva presentato una denuncia formale alla polizia per conto di suo figlio, con il quale Sandusky si era lavato alla Penn State; la polizia aveva indagato, ma il procuratore distrettuale del Paese si era rifiutato di sporgere denuncia[44]. Nel 2000, un custode aveva visto Sandusky molestare sessualmente un ragazzo nelle docce della Penn State e non intervenne né denunciò il fatto alla polizia, agli assistenti sociali per l'infanzia o alle autorità della Penn State. Il custode temeva di perdere il lavoro: fece riferimento alla potente influenza del programma calcistico e dei suoi allenatori come motivazione della sua inazione[45]. Nel 2001, un assistente allenatore di football sorprese Sandusky a molestare sessualmente un ragazzo di circa dieci anni sotto la doccia. Non è intervenuto né ha denunciato l'accaduto alla polizia o alle autorità dell'assistenza sociale per l'infanzia, ma ne ha parlato al suo supervisore, il capo allenatore, che ha

---

[42] Ibid., p. 40.

[43] W. Bunch, *5 Years after Sandusky, Penn State has Leaned Nothing, Zilch. Nada*, «The Philadelphia Inquirer», 9 maggio 2016 (https://www.inquirer.com/philly/blogs/attytood/5-years-intoSanduskygate-Penn-State-has-learned-nothing-Zilch-Nada.html - ultimo accesso verificato: 10 novembre 2021).

[44] *Cops: Sandusky Admitted to '98 Shower with Boy*, «CBS News», 9 novembre 2011 (https://www.cbsnews.com/news/cops-sandusky-admitted-to-98-shower-with-boy/ - ultimo accesso verificato: 10 novembre 2021).

[45] *Jerry Sandusky Trial: Janitor and Victim 5 Testify about Alleged Shower Assaults*, «CBS News», 13 giugno 2012 (https://www.cbsnews.com/news/jerry-sandusky-trial-janitor-and-victim-5-testifyabout-alleged-shower-assaults/ - ultimo accesso verificato: 10 novembre 2021).

allertato gli alti funzionari[46]. L'informatore è stato successivamente licenziato ed ha ricevuto 7,3 milioni di dollari di danni dopo aver intentato causa alla Penn State[47].

Copertura. La crisi di Sandusky è diventata di dominio pubblico grazie ad una serie di storie scritte da un giornalista locale[48]. La *Penn State*, alla fine, ha commissionato un rapporto all'ex direttore dell'FBI Louis Freeh, il quale ha concluso che il capo allenatore e gli altri funzionari avevano «ripetutamente nascosto fatti critici relativi agli abusi sui minori da parte di Sandusky alle autorità, al Consiglio di amministrazione dell'università, alla comunità della Penn State e al pubblico in generale»[49]. Tutti sapevano dell'incidente del 1998 sotto la doccia. Durante l'indagine di Freeh, un funzionario aveva cercato di nascondere il fatto che tutti erano a conoscenza della possibilità che esistesse una sorta di "vaso di Pandora" relativamente ad altre sue vittime[50]. A seguito del rapporto di Freeh, altri ne vennero prodotti, nei quali venne affermato che anche l'allenatore Paterno era al corrente di tutto, addirittura dal 1976[51].

Rapporto. Il rapporto di Freeh ha descritto: (1) una «sorprendente mancanza di empatia» per le vittime da parte di detti funzionari e dell'allenatore; (2) le preoccupazioni prioritarie in merito alle attenzioni negative, alla cattiva pubblicità, alla responsabilità legale e ai gravosi comitati di vigilanza; (3) una errata preoccupazione riguardo l'approccio "umano" verso Sandusky - un impulso che: (a) ha impedito l'inizio di un'indagine e di un rinvio adeguati alla polizia o alle autorità per la tutela dei minori; e (b) gli ha permesso di operare come predatore; e (4) una cultura di ammirazione per il programma calcistico che ha creato «un'isola in cui i membri dello staff vivevano secondo le proprie regole»[52].

[46] The Patriot-News, *Jerry Sandusky Verdict: More on the 10 Victims*, «Penn Live», 23 giugno 2012 (https://www.pennlive.com/midstate/2012/06/jerry_sandusky_trial_sanduskys.html - ultimo accesso verificato: 10 novembre 2021).

[47] D. Dekok, *Jury awards $7.3 million to Penn State whistleblower in Sandusky scandal*, «Reuters», 27 ottobre 2016 (https://www.reuters.com/article/us-pennsylvania-sanduskyidUSKCN12R2PX – ultimo accesso verificato: 10 novembre 2021).

[48] J. Luciew, *Reporter Sara Ganim discusses her Key role in HBO's 'Peterno' Movie*, «Pennlive.com», 3 aprile 2018 (https://www.pennlive.com/news/2018/04/reporter_sara_ganim_discusses.html - ultimo accesso verificato: 10 novembre 2021).

[49] Cfr. Freeh Sporkin & Sullivan LLP, *Report of the Special Investigative Counsel Regarding the Actions of the Pennsylvania State University Related to the Child Sexual Abuse of Gerald A. Sandusky*.

[50] The Patriot-News, *Jerry Sandusky Verdict: More on the 10 Victims*, «Penn Live», 23 giugno 2012 (https://www.pennlive.com/midstate/2012/06/jerry_sandusky_trial_sanduskys.html - ultimo accesso verificato: 10 novembre 2021).

[51] W. Bunch, *5 Years after Sandusky, Penn State has Leaned Nothing, Zilch. Nada.*

[52] E. Bazelon, J. Levin, *The Most Damning Verdict*, «Slate.com», 12 luglio 2012 (https://slate.com/news-and-politics/2012/07/freeh-report-the-investigation-of-jerry-

Cambiamenti di policy. A seguito delle divulgazioni pubbliche, la Penn State ha apportato delle modifiche alle norme, al fine di richiedere sia la segnalazione obbligatoria di abusi sui minori da parte di qualsiasi dipendente che lavori con i bambini, sia a tutti i dipendenti di sottoporsi a controlli sui precedenti e ad un percorso specifico di formazione[53]. Ha assunto esperti con l'obiettivo di diventare un punto di riferimento nazionale nello studio e nella prevenzione degli abusi sui minori[54]. Eppure, contrariamente a tutto ciò, alcuni critici sostengono che la cultura tossica che ha facilitato quei crimini e la loro copertura rimanga al suo posto[55]. Il punto sembra essere confermato dal revisore dei conti della *Pennsylvania Auditor General*, che ha condotto la "primissima modifica delle prestazioni" della Penn State ed ha suggerito ulteriori modifiche, compresa la necessità di migliorare i criteri di trasparenza e responsabilità[56].

B. Larry Nassar, la MSU, l'USAG e l'USOC.

Crimini. All'inizio del 2018, Larry Nassar, ex dottore osteopatia, si è dichiarato colpevole di reati di: violenza sessuale contro pazienti di sesso femminile, pornografia infantile (più di trentasettemila immagini) e distruzione di prove (ossia, di altre immagini)[57]. Le istanze sono state presentate in una corte federale e in due tribunali dello Stato del Michigan, per crimini avvenuti in quasi tre decenni, dai primi anni Novanta al 2016. È stato condannato all'ergastolo. Dichiarandosi

---

sanduskys-sexual-abuseof-children-implicates-penn-states-top-leadership.html - ultimo accesso verificato: 10 novembre 2021); Cfr. Freeh Sporkin & Sullivan LLP, *Report of the Special Investigative Counsel Regarding the Actions of the Pennsylvania State University Related to the Child Sexual Abuse of Gerald A. Sandusky*.

[53] *Statement of Penn State Regarding Recent Media Reports*, «Penn State News», 24 maggio 2019 (https://www.psu.edu/news/administration/story/statements-penn-state-regarding-recent-media-reports/ - ultimo accesso verificato: 10 novembre 2021); Si veda inoltre: S. Snyder, *Penn State Efforts to Study Child Abuse Post Sandusky*, «Philadelphia Inquirer», 7 dicembre 2013 (https://www.nbcphiladelphia.com/news/local/Penn-State-Efforts-to-Study-Child-Abuse-Post-Sandusky-234891481.html - ultimo accesso verificato: 10 novembre 2021).

[54] Ibid.

[55] Cfr. W. Bunch, *5 Years after Sandusky, Penn State has Leaned Nothing, Zilch. Nada*.

[56] L. Falce, *Auditor General Tells Penn State More Changes are Need Post-Sandusky*, «Centre Daily Times», 22 giugno 2017 (https://www.centredaily.com/news/local/education/penn-state/article157556919.html - ultimo accesso verificato: 10 novembre 2021).

[57] D. Adams, *Victims Share what Nassar Did to Them Under the Guise of Medical Treatment*, «IndyStar», 24 maggio 2018 (https://www.indystar.com/story/news/2018/01/25/heres-what-larrynassar-actually-did-his-patients/1065165001/ - ultimo accesso verificato: 10 novembre 2021).

colpevole, ha ammesso di aver usato la sua posizione di autorità come medico per costringere le sue vittime a sottomettersi alla penetrazione digitale da parte sua, adducendo che si trattasse di cure mediche. Alcune affermano di essere state abusate una volta, mentre molte altre di essere state abusate innumerevoli volte per anni, altre ancora hanno riferito di essere state abusate in presenza dei loro genitori. Tutte le vittime coinvolte nei casi del Michigan avevano meno di sedici anni di età e tre di essere avevano addirittura meno di tredici anni[58].

Reputazione. Nassar «ha spinto i sopravvissuti, le loro famiglie e numerosi altri adulti» a credere di essere non soltanto un «medico di fama mondiale», ma anche un «difensore degli atleti» ed un medico premuroso[59]. In effetti, i genitori erano orgogliosi quando portavano le loro figlie nel suo ufficio, dove erano appesi «foto e cimeli autografati da ginnaste olimpiche e da pattinatori artistici»[60]. All'interno di questo ambiente, egli è stato in grado di commettere quasi tutti i suoi crimini «dando l'apparenza di stare ad eseguire cure mediche», in una cultura che richiedeva obbedienza, deferenza all'autorità, impegno alla perfezione e normalizzazione dell'intenso disagio fisico promuovendo, al contempo, il silenzio di fronte alla sofferenza.

Permissione. Nassar ha commesso la maggior parte dei suoi crimini in luoghi pubblici (per esempio, in aule di formazione), di fronte ad altri adulti, e le sue pratiche sono state sempre supportate come un trattamento medico legittimo[61]. Numerose istituzioni ed individui «non sono riusciti a fermarlo, tra cui allenatori a livello di club e d'élite, formatori e medici professionisti, amministratori ed allenatori presso la *Michigan State University* (MSU), la *United States of America Gymnastics* (USAG), la *United States Olympic Committee*» (USOC), il club di ginnastica *Twistars*, nonché le diverse forze dell'ordine.»[62] Essi «hanno ignorato le bandiere rosse, non sono riusciti a riconoscere i comportamenti da manuale dell'adescamento sessuale o, in alcuni casi eclatanti, hanno respinto le esplicite richieste di aiuto da

---

[58] Ibid.

[59] J. Barr, D. Murphy, *Nassar surrounded by adults who enabled his predatory behavior*, «ESPN», 16 gennaio 2018 (https://www.espn.com/espn/otl/story/_/id/22046031/michigan-stateuniversity-doctor-larry-nassar-surrounded-enablers-abused-athletes-espn - ultimo accesso verificato: 10 novembre 2021).

[60] Ibid.

[61] Ibid.

[62] J. McPhee, J. P. Dowden, *Report of the Independent Investigation: The Constellation of Factors Underlying Larry Nassar's Abuse of Athletes*, (Boston, Massachussets: Ropes & Gray, 10 dicembre 2018), pp. 2–3. Per il testo integrale, scaricabile online in format pdf dal sito «nassarinvestigation.com», si veda: https://www.ropesgray.com/-/media/Files/USOC/ropes-gray-full-report.pdf – ultimo accesso verificato: 10 novembre 2021.

parte delle ragazze e delle giovani adulte vittime degli abusi»[63]. Quando le vittime e i sopravvissuti si sono fatti avanti per la prima volta, «alcuni sono stati evitati, coperti di vergogna e non creduti»[64].

Informatori. Le denunce di cattiva condotta sessuale hanno raggiunto quattordici rappresentanti della MSU nei vent'anni precedenti il suo arresto, inclusi gli amministratori, gli istruttori di atletica, gli allenatori e la polizia universitaria[65]. Le segnalazioni si sono concluse in nulla di fatto o in decisioni di assoluzione di Nassar da qualsiasi illecito[66]. Altre volte, le vittime venivano scoraggiate dal presentare reclami formali dagli stessi allenatori, i quali assicuravano loro di aver ricevuto cure mediche adeguate[67]. Nelle circostanze più eclatanti sono stati architettati addirittura degli schemi finalizzati ad evitare e a ricoprire di vergogna le vittime[68]. Nel 2018, più di centoquarantaquattro donne hanno rilasciato dichiarazioni d'impatto durante un'udienza di condanna[69], ed un totale di circa trecentotrentadue vittime si è fatto avanti per partecipare all'accordo da cinquecento milioni di dollari con la MSU[70]. Il presidente ad interim della MSU è stato costretto a dimettersi quando, a seguito dell'accordo, ha affermato che le vittime di Nassar godevano a stare sotto i «riflettori»[71].

Copertura. L'abuso è stato portato alla luce, nel 2016, a seguito di una lunga indagine sulla *USA Gymnastics* (e sulla sua gestione delle denunce di abuso sessuale)

---

[63] Ibid.

[64] Ibid.

[65] K. Kozlowski, *What MSU Knew: 14 Were Warned of Nassar Abuse*, «Detroit News», 18 gennaio 2018 (https://www.detroitnews.com/story/tech/2018/01/18/msu-president-told-nassarcomplaint-2014/1042071001/ - ultimo accesso verificato: 10 novembre 2021).

[66] *Who is Larry Nassar? A timeline of his decades-long career, sexual assault convictions and prison sentences*, «USA Today», 5 febbraio 2018 (https://www.usatoday.com/pages/interactives/larry-nassar-timeline/ - ultimo accesso verificato: 10 novembre 2021).

[67] J. McPhee, J. P. Dowden, *Report of the Independent Investigation: The Constellation of Factors Underlying Larry Nassar's Abuse of Athletes*, p. 3.

[68] Ibid.

[69] C. Chavez, *144 Women and Girls To Make Victim Impact Statements at Larry Nassar's Sentencing*, «SI.com», 22 gennaio 2018 (https://www.si.com/olympics/2018/01/22/larry-nassar-sentencing-victims-abuse-stories - ultimo accesso verificato: 10 novembre 2021).

[70] *Michigan State, Alleged Larry Nassar Sex Abuse Victims reach $500 million Settlement*, «CBS News», 16 maggio 2018 (https://www.cbsnews.com/news/michigan-state-larry-nassar-sex-abuse-victims-settlement-today-2018-05-16/ - ultimo accesso verificato: 10 novembre 2021).

[71] Associated Press, *Michigan State President Faces Ouster after Comments about Nassar Victims*, «NBC News», 19 gennaio 2019 (https://www.nbcnews.com/news/us-news/michigan-state-president-faces-ousterafter-saying-some-nassar-victims-n959431 - ultimo accesso verificato: 10 novembre 2021).

pubblicata dal quotidiano *Indianapolis Star*[72]. Ciò ha dato il via alla schedatura delle denunce civili e penali da parte delle atlete. Un anno prima, a Nassar era stato concesso dalla USOC e dalla USAG di «ritirarsi silenziosamente con il pretesto di una lunga e illustre carriera»[73]. Sia l'USAG che l'USOC hanno tentato di nascondere la verità sulla loro inazione, a volte rimuovendo interi scatoloni di file o di cartelle cliniche[74]. Nel 2018, l'ex presidente della MSU è stato accusato di molteplici capi d'accusa relativamente al fatto di aver mentito o, comunque, di aver fornito dichiarazioni fuorvianti su Nassar durante le indagini della polizia[75]. Una ex allenatrice è stata sospesa per aver scoraggiato un'atleta, alla fine del 1990, dal riferire le sue preoccupazioni sui "trattamenti" di Nassar, dicendo alla giovane vittima che la segnalazione avrebbe potuto arrecare "gravi conseguenze" sia a Nassar che a lei stessa[76].

Rapporto. Nel giugno 2019, la MSU è stata oggetto di «critiche per aver assunto uno studio legale al fine di condurre un'indagine "indipendente", quando lo stesso studio legale ha anche difeso l'Università in cause civili»[77]. Ad oggi, nessuna relazione di questa indagine è stata resa pubblica. L'USOC ha commissionato il *Rapporto sull'indagine indipendente: la costellazione dei fattori alla base dell'abuso di atlete da parte di Larry Nassar* (Rapporto Ropes & Gray), che ha preso in considerazione centinaia di vittime dai primi anni Novanta. Questo rapporto ha concluso che alcuni ex alti funzionari della USAG e della USOC erano a conoscenza degli abusi sessuali e li nascondevano a causa di un «ampio insieme di fattori e di condizioni

---

[72] M. Kwiatkowski, M. Alesia, T. Evans, *A blind Eye to Sex Abuse: How USA Gymnastics Failed to Report Cases,* «IndyStar», 04 agosto 2018 (https://www.indystar.com/story/news/investigations/2016/08/04/usa-gymnastics-sex-abuse-protected-coaches/85829732/ - ultimo accesso verificato: 10 novembre 2021).

[73] Ibid.

[74] J. McPhee, J. P. Dowden, *Report of the Independent Investigation: The Constellation of Factors Underlying Larry Nassar's Abuse of Athletes,* p. 3.

[75] M. Mencarini, K. Berg, R. J. Wolcott, *Ex-MSU President Lou Ann Simon Charged with Lying to Police about Nassar Investigation,* «Lansing State Journal», 21 novembre 2018 (https://www.lansingstatejournal.com/story/news/local/2018/11/20/msu-michigan-state-lou-annasimon-larry-nassar-criminal-charges/2068121002/ - ultimo accesso verificato: 10 novembre 2021).

[76] M. Mencarini, *MSU Suspends Women's Gymnastics Coach,* «Lansing State Journal», 13 febbraio 2017 (https://www.lansingstatejournal.com/story/news/local/2017/02/13/msu-suspendswomens-gymnastics-coach/97861466/ - ultimo accesso verificato: 10 novembre 2021).

[77] Associted Press, *Michigan State Oks Independent Inquiry,* «ESPN», 21 giugno 2019 (https://www.espn.com/olympics/gymnastics/story/_/id/27023821/michigan-state-oks-independent-nassar-inquiry - ultimo accesso riservato: 10 novembre 2021).

nell'ambito della ginnastica d'élite e dello sport olimpico»[78]. Questi fattori includevano: i) le condizioni culturali; ii) la mancanza di politiche, protocolli e supervisione finalizzati alla protezione[79]; iii) il mancato coinvolgimento degli atleti nelle decisioni e nella definizione delle policy, nonché il fallimento nel fornire loro l'accesso a meccanismi di reclamo efficaci e di protezione da ritorsioni per le accuse lanciate contro gli allenatori od altri importanti adulti in posizioni di autorità[80]; iv) la mancanza di supervisione su Nassar, che agiva in un «modello di governo allentato», nel quale gli era possibile sia di poter «creare un feudo personale», nel quale controllava molteplici attività e partecipava alla «stesura delle regole che disciplinavano la cattiva condotta sessuale da parte del personale medico»[81]. È interessante notare che il rapporto è stato criticato dalle vittime degli abusi sessuali sulla base del fatto che il vero problema era il continuo monopolio dell'USOC sulle attività legate alle Olimpiadi a livello locale[82]. Esse sostengono che le caratteristiche chiave della "cultura tossica" rimangono: la richiesta, da parte di allenatori e di altri soggetti in posizioni di fiducia, di obbedienza e deferenza all'autorità; la normalizzazione del disagio fisico intenso, come parte integrante del percorso verso il successo; lo scoraggiamento della partecipazione dei genitori; e l'isolamento degli atleti[83].

Cambiamenti di policy. Sulla scia dei crimini di Nassar, l'USOC ha condotto una revisione delle strutture di *governance* ed ha annunciato alcuni cambiamenti indirizzati a garantire agli atleti una voce più forte e a migliorare il rapporto di lavoro con l'USAG. La MSU ha investito tre milioni di dollari in iniziative volte a proteggere i pazienti, a rispondere alle denunce di cattiva condotta sessuale e a prevenire gli abusi[84]. Le nuove politiche mediche ora richiedono il consenso informato e scritto

---

[78] M. Tribe, *Ropes & Gray Report Charts Gymnastics Official's Failure to End Abuse*, «The American Lawyer», 10 dicembre 2018 (https://www.law.com/americanlawyer/2018/12/10/ropes-gray-report-charts-gymnastics-officials-failure-to-end-abuse/?slreturn=20211010053149 – ultimo accesso verificato: 10 novembre 2021).

[79] J. McPhee, J. P. Dowden, *Report of the Independent Investigation: The Constellation of Factors Underlying Larry Nassar's Abuse of Athletes*, p. 3.

[80] Ibid., pp. 4-5

[81] Ibid., p. 11

[82] D. Bostick, *New Report On USA Gymnastics and Larry Nassar is a Reminder that Athletes Across American are Still at Risk*, «NBC News», 19 dicembre 2018 (https://nbcnews.com/think/opinion/new-report-usa-gymnastics-larry-nassar-reminder-athletes-across-americancna949811 - ultimo accesso verificato: 10 novembre 2021).

[83] Ibid.

[84] K. Kozlowski, *MSU makes Scores of Changes after Nassar Scandal*, «Detroit News», 8 ottobre 2018 (https://www.detroitnews.com/story/news/local/michigan/2018/10/08/

per determinate procedure[85]. Inoltre, una serie di proposte sono state adottate al fine di «cambiare la cultura dell'istituzione». Il piano generale si concentrava su sviluppo di maggiore senso di «responsabilità, supervisione del consiglio di amministrazione, riforma dei fiduciari, conformità, supervisione indipendente e riforma della salute e del benessere»[86]. Il piano è stato sviluppato dopo aver preso in considerazione le opinioni di tutte le parti interessate, inclusi i membri delle facoltà, gli studenti ed ex studenti. Il piano che richiedeva all'MSU di «eliminare senza pietà tutto ciò che permeava e perpetuava la cultura che permetteva la presenza di persone come Larry Nassar», includeva tre dimensioni chiave: (1) una revisione interna e indipendente della leadership che dovrebbe coinvolgere gli amministratori e i reparti che si occupano specificamente della cattiva condotta sessuale; (2) la cessazione di coloro che agiscono in contrasto con i valori della MSU in materia di cattiva condotta sessuale; e (3) la rappresentanza di studenti e docenti nel Consiglio di amministrazione con diritto di voto su determinate questioni.

C. Theodore McCarrick e l'entità giuridica della Chiesa.

Crimini. Ad oggi, McCarrick non è mai stato processato per i reati ai sensi delle leggi penali statali. Nel 2018, due accuse di abuso sessuale che coinvolgevano un ragazzo di sedici anni sono state ritenute credibili e confermate dall'arcidiocesi di New York. Nel 1971, McCarrick, all'epoca prete, lo aveva tentato sessualmente con il pretesto di misurarlo per una tonaca; l'anno successivo lo molestò di nuovo mettendolo all'angolo in un bagno[87]. Alcuni mesi dopo, James Grein si è lamentato di aver subìto abusi fisici, mentali e spirituali da parte di McCarrick per diciotto anni. Tutto era iniziato quando Grein aveva undici anni ed ha avuto luogo nella casa di famiglia con il pretesto di dover raccogliere la confessione. Il ragazzo è stato

---

msu-makes-scoreschanges-after-nassar-scandal/1520542002/ - ultimo accesso verificato: 10 novembre 2021).

[85] M. Mencarini, *MSU makes medical policy changes related to Nassar Allegations*, «Lansing State Journal», 1 marzo 2017 (https://www.lansingstatejournal.com/story/news/local/2017/03/01/msu-makes-medical-policy-changes-related-nassar-allegations/97989816/ - ultimo accesso verificato: 10 novembre 2021).

[86] N. Terry, Associated Press, *MSU Trustee Calls for Culture Change Post Nassar*, «Detroit News», 08 maggio 2018 (https://www.detroitnews.com/story/news/local/michigan/2018/05/08/doctor-sexual-assault-msu-larry-nassar/34686905/ - ultimo accesso verificato: 10 novembre 2021).

[87] K. Heyboer, T. Sherman, *Here's How Much N.J. Catholic Diocese Paid to Alleged McCarrick sex abuse victims, report says*, «New Jersey advanced media.com», 17 luglio 2018 (https://www.nj.com/news/2018/07/nj_catholic_dioceses_paid_at_least_180k_to_alleged.html - ultimo accesso verificato: 10 novembre 2021).

abusato altre cinque volte da minorenne e poi molte altre volte da adulto; l'ultima di questa serie si è verificata in occasione del funerale della propria madre[88]. Tra parentesi, data la recente revoca della prescrizione in alcuni Stati, potrebbero venire alla luce altre accuse da parte di persone che affermano di aver subìto abusi quando erano ancora minorenni[89]. Nel luglio 2018 McCarrick si è dimesso dal Collegio cardinalizio e gli è stato imposto l'obbligo sia di sospensione dall'esercizio di qualsiasi ministero pubblico, sia di rimanere in una casa designata a condurre una vita di preghiera e di penitenza, fino a che le accuse mosse contro di lui non siano state esaminate in un regolare processo canonico[90]. McCarrick è stato laicizzato nel gennaio 2019, dopo che la *Congregazione per la dottrina della fede* (CDF) lo ha dichiarato colpevole di sollecitazione al sacramento della confessione e di peccati contro il sesto comandamento con minori ed adulti (in particolare con i seminaristi) con l'aggravante dell'abuso di potere e, perciò, è stato respinto dallo stato clericale[91]. La decisione è stata confermata in appello nel 2019[92]. Dettagli specifici riguardanti la cattiva condotta sessuale di McCarrick con gli ex seminaristi, considerati dalla CDF, sono finora sconosciuti; sebbene due ex seminaristi abbiano negoziato degli accordi

---

[88] Si veda la testimonianza completa di James Grein davanti al Senato del New Jersey in: *McCarrick Victim James Grein Testifies Before New Jersey Senate*, «Church Militant», 12 marzo 2019 (https://www.churchmilitant.com/news/article/mccarrick-victim-james-grein-testifies-before-nj-senate - ultimo accesso verificato: 10 novembre 2021); Si veda, inoltre: *Man Says Cardinal McCarrick, 'His 'Uncle Ted,' Abused Him for Years*, «New York Times», 19 luglio 2018 (https://www.nytimes.com/2018/07/19/nyregion/mccarrick-cardinal-sexual-abuse.html - ultimo accesso verificato: 10 novembre 2021); Si veda, inoltre: J. Zauzmer Weil, C. Harlan, *Vatican's Investigation into Theodore McCarrick's Alleged Crimes is Underway*, «Washington Post», 28 dicembre 2018 (https://www.washingtonpost.com/religion/2018/12/28/vaticans-investigation-into-theodore-mccarricks-alleged-crimes-is-underway/ - ultimo accesso verificato: 10 novembre 2021).

[89] L. Greene, *Former Cardinal Theodore McCarrick Accused of Molesting Boy under new Lawsuit*, «NY Daily News», 2 dicembre 2019 (https://www.nydailynews.com/new-york/nymccarrick-lawsuit-child-abuse-20191202-cwhggao23vfnbdbpzkuiqpedxa-story.html - ultimo accesso verificato: 10 novembre 2021).

[90] *Communication of the Press Office of the Holy See*, «Bulletin», 28 luglio 2018 (http://press.vatican.va/content/salastampa/it/bollettino/pubblico/2018/07/28/0548/01187.html - ultimo accesso verificato: 10 novembre 2021); Si veda anche: *Communication of the Press Office of the Holy See*, «Bulletin», 6 ottobre 2018 (http://press.vatican.va/content/salastampa/it/bollettino/pubblico/2018/10/06/0731/01548.html - ultimo accesso verificato: 10 novembre 2021).

[91] Ibid.

[92] *Communication of the Press Office of the Holy See*, «Bulletin», 31 febbraio 2019 (http://press.vatican.va/content/salastampa/it/bollettino/pubblico/2019/02/16/0133/00272.html - ultimo accesso verificato: 10 novembre 2021).

civili rispettivamente nel 2005 e nel 2007, ed uno di essi abbia parlato pubblicamente della propria disavventura nel 2018[93].

Reputazione. Dopo essere stato ordinato sacerdote nel 1958, McCarrick è stato nominato Vescovo ausiliare di New York (1977), Vescovo di Metuchen (1981), e Arcivescovo di Newark (1986). Ha ospitato la visita di papa Giovanni Paolo II a Newark nel 1995 e, nel 2000, è stato nominato arcivescovo di Washington (una delle cariche più prestigiose della Chiesa cattolica negli Stati Uniti). È stato elevato al Collegio cardinalizio nel 2001. Durante la crisi americana del 2002 sugli abusi sessuali, egli ha assunto la guida, rivestendo un ruolo determinante, per garantire che le eventuali misure adottate non potessero rivolgersi contro i vescovi[94]. McCarrick ha coltivato la reputazione di prete, di vescovo e di cardinale amichevole, caloroso, socievole e carismatico, con un talento per le lingue e per la raccolta fondi, che ha avuto accesso a milioni di dollari attraverso la *Papal foundation*, da lui co-fondata e presieduta[95]. Il suo desiderio erotico per i giovani era così noto da divenire, addirittura, una "battuta" standard per cui, quando McCarrick doveva

---

[93] M. Boorstein, *Vatican's handling of sexual misconduct complaints about ex-cardinal Theodore McCarrick reveals a lot about the Catholic Church*, «Washington Post», 1 ottobre 2018 (https://www.washingtonpost.com/religion/2018/10/01/how-vatican-handled-reports-theodoremccarricks-alleged-sexual-misconduct-what-it-says-about-catholic-church/ - ultimo accesso verificato: 10 novembre 2021); L. Goodstein, S. Otterman, *He Preyed on Seminarians that wanted to Become a Priest. Then he became a Cardinal,* «New York Times», 16 giugno 2018 (https://www.nytimes.com/2018/07/16/us/cardinalmccarrick-abuse-priest.html - ultimo accesso verificato: 10 novembre 2021); Si veda anche: *Priest who Says he was victim of Cardinal Theodore McCarrick reacts to resignation,* «NPR», 29 luglio 2018 (https://www.npr.org/2018/07/29/633544329/priest-who-says-he-was-victim-of-cardinal-theodore-mccarrick-reacts-to-resignati - ultimo accesso verificato: 10 novembre 2021); E. Bruenig, *He wanted to be a priest. He Says Archbishop McCarrick used that to abuse him,* «Washington Post», 12 settembre 2018 (https://www.washingtonpost.com/opinions/he-wanted-to-be-a-priest-he-says-archbishop-mccarrick-used-that-to-abuse-him/2018/09/12/eff6e726-b606-11e8-94eb-3bd52dfe917b_story.html - ultimo accesso verificato: 10 novembre 2021); M. J. O'Loughlin, *Albany Priest Describes Culture of Harassment under McCarrick,* «America Magazine», 25 luglio 2018 (https://www.americamagazine.org/faith/2018/07/25/albany-priest-describes-cultureharassment-under-mccarrick - ultimo accesso verificato: 10 novembre 2021).

[94] Ibid.

[95] Si vedano: L. Goodstein, S. Otterman, *He Preyed on Seminarians that wanted to Become a Priest. Then he became a Cardinal; Priest who Says he was victim of Cardinal Theodore McCarrick reacts to resignation,* «NPR», 29 luglio 2018 (https://www.npr.org/2018/07/29/633544329/priest-who-says-he-was-victim-of-cardinal-theodore-mccarrick-reacts-to-resignati - ultimo accesso verificato: 10 novembre 2021);

visitare i seminari, si diceva di «nascondere quelli belli»[96]. Alcune informazioni dei media hanno portato alla luce che McCarrick aveva creato un gruppo selezionato di seminaristi che chiamava «nipoti»[97]. Egli, inoltre, avrebbe sfruttato la vulnerabilità del seminarista, in quanto già vittima di abusi sessuali e alla ricerca di protezione; o il suo bisogno di affetto, inculcandogli la convinzione che egli avesse a cuore i suoi migliori interessi; o la vanità del seminarista, adulandolo per il suo bell'aspetto; o la sua ambizione, dicendogli che era una stella splendente, degna di studiare a Roma e di ascendere i ranghi della Chiesa[98]. Secondo quanto riferito, altri ex seminaristi ricordano un «cultura della paura e dell'elusione che circonda McCarrick, la quale ha costretto i seminaristi ed i giovani preti a scegliere tra le loro vocazioni e la loro stessa sicurezza»[99].

Permissione. È largamente accettato che, anche se le segnalazioni sugli abusi sessuali contro i minori vennero alla luce, rese note, nel 2018, già molti seminaristi, sacerdoti e vescovi sapevano delle profonde tendenze omosessuali di McCarrick nei confronti dei seminaristi. Altri, vale a dire i suoi segretari personali, lo avrebbero presumibilmente aiutato a facilitare le visite alle case al mare con i seminaristi, dove si sono verificati alcuni degli abusi sessuali. McCarrick li invitava a fare viaggi notturni, a volte da soli e a volte con altri seminaristi, in cui alloggiavano in appartamenti o nella sua casa al mare, che la diocesi lo aveva precedentemente autorizzato ad acquistare, e dove, secondo quanto riferito, avrebbe calcolato in anticipo il rapporto esatto dei seminaristi rispetto ai letti[100]. Quando il rapporto perfetto non veniva raggiunto, vale a dire quello che avrebbe richiesto ad un seminarista di dormire nello stesso letto con McCarrick, egli spesso annullava il

---

[96] E. Condon, *New Allegations Surface Regarding Archbishop McCarrick and Newark Priests*, «National Catholic Register», 17 agosto 2018 (http://www.ncregister.com/daily-news/newallegations-surface-regarding-archbishop-mccarrick-and-newark-priests - ultimo accesso verificato: 10 novembre 2021).

[97] Cfr. L. Goodstein, S. Otterman, *He Preyed on Seminarians that wanted to Become a Priest. Then he became a Cardinal.*

[98] Ibid.

[99] E. Bruenig, *He wanted to be a priest. He Says Archbishop McCarrick used that to abuse him*, «Washington Post», 12 settembre 2018 (https://www.washingtonpost.com/opinions/he-wanted-to-be-a-priest-he-says-archbishop-mccarrick-used-that-to-abuse-him/2018/09/12/eff6e726-b606-11e8-94eb-3bd52dfe917b_story.html - ultimo accesso verificato: 10 novembre 2021); Si veda anche: M. J. O'Loughlin, *Albany Priest Describes Culture of Harassment under McCarrick,* «America Magazine», 25 luglio 2018 (https://www.americamagazine.org/faith/2018/07/25/albany-priest-describes-cultureharassment-under-mccarrick - ultimo accesso verificato: 10 novembre 2021).

[100] Ibid.

viaggio[101]. Altri hanno descritto la condotta come "voci" o "pettegolezzi". Il cardinale Joseph W. Tobin di Newark, New Jersey, per esempio, ammette di aver sentito voci su McCarrick che era andato a letto con seminaristi, nel 2016, ma anche che aveva scelto di non crederci, affermando che all'epoca sembravano troppo "fantasiosi" per essere veri[102]. Non aveva, insomma, avviato un'indagine. I rapporti erano stati inviati alla Curia romana durante i pontificati di Giovanni Paolo II, di Benedetto XVI e di Francesco; soltanto papa Benedetto XVI impose alcune restrizioni a McCarrick, il quale, dal canto suo, le ignorò[103]. Apparentemente, sembra che coloro che erano a conoscenza delle restrizioni e delle sue violazioni non abbiano intrapreso alcuna azione[104].

Informatori. Nel 2018 sono apparse informazioni sui media riguardanti gli abusi sessuali contro i minori. Una vittima, che aveva subito abusi quando aveva sedici anni, ha presentato una denuncia all'arcidiocesi di New York[105].1 A quel tempo, il cardinale Timothy M. Dolan, arcivescovo di New York, aveva annunciato che il comitato di revisione aveva stabilito che l'accusa era credibile. Ciò ha spinto la vittima James Grein a farsi avanti. Aveva resistito per paura di non essere creduto ma ha preso coraggio quando ha letto dell'ex chierichetto[106]. Per quanto riguarda le vittime, che erano seminariste all'epoca della presunta cattiva condotta sessuale di McCarrick, alcuni avevano presentato denunce per loro conto a varie autorità ecclesiastiche. Per esempio, il reverendo Boniface Ramsey ha affermato di aver denunciato più volte la condotta sessuale di McCarrick con i seminaristi, anche

---

[101] Ibid.

[102] M. Kelly, *Kelly: The Secret Life of Catholic Cardinal Theodore McCarrick and Reports of Sex Abuse*, «USA Today», 31 agosto 2018 (https://www.northjersey.com/story/news/columnists/mikekelly/2018/08/31/catholic-church-sex-abuse-secrets-must-faced/1149640002/ - ultimo accesso verificato: 10 novembre 2021).

[103] E. Pentin, *Ex-Nuncio Accuses Pope Francis of Failing to Act on McCarrick's abuse*, «National Catholic Register», 25 agosto 2018 (http://www.ncregister.com/daily-news/ex-nuncioaccuses-pope-francis-of-failing-to-act-on-mccarricks-abuse - ultimo accesso verificato: 10 novembre 2021).

[104] Ibid.

[105] K. Heyboer, T. Sherman, *Here's How Much N.J. Catholic Diocese Paid to Alleged McCarrick sex abuse victims, report says*, «NJ.com», 17 luglio 2018 (https://www.nj.com/news/2018/07/nj_catholic_dioceses_paid_at_least_180k_to_alleged.html - ultimo accesso verificato: 10 novembre 2021).

[106] C. Rousselle, *Alleged Victims of Archbishop McCarrick Speaks at Rally outside USCCB Meeting*, «Catholic News Service», 18 novembre 2018 (https://www.catholicnewsagency.com/news/alleged-victim-of-archbishop-mccarrick-speaks-at-rally-outside-usccb-meeting-44488 - ultimo accesso verificato: 10 novembre 2021).

presso la Curia romana tramite il nunzio papale a Washington, DC[107]. Tuttavia, i dettagli dei suoi rapporti sono sconosciuti. Un altro sacerdote ha fatto rapporto nel 1994 alla diocesi di Metuchen, affermando che McCarrick aveva abusato sessualmente ed emotivamente di lui e di altri seminaristi negli anni Ottanta, il che, a sua volta, ha contribuito alla sua propensione all'abuso sessuale, poiché, all'età di quindici anni, era già stato abusato[108]. Nel 1999, Robert Ciolek, ex sacerdote della diocesi di Metuchen, New Jersey, era stato avvicinato da un funzionario diocesano preoccupato che avesse intenzione di intentare una causa[109] alle autorità ecclesiastiche; una causa che ha, poi, effettivamente intentato nel 2004 e che, nel 2005, portò alla firma di un accordo fra le parti[110]. Anche un altro ex seminarista ha firmato un accordo nel 2007. L'esatta natura delle accuse contro McCarrick, in relazione a questi accordi, non sono chiare. Nel 2018, il reverendo Desmond Rossi ha rilasciato un'intervista nella quale ha raccontato di essere stato molestato sessualmente da McCarrick[111].

Coprire. Per circa un anno, dopo l'annuncio di Dolan, è stato ampiamente accettato che la cattiva condotta di McCarrick contro gli adolescenti maschi è venuta alla luce nel 2018. Ma nel dicembre 2019, Grein ha affermato di aver informato papa Giovanni Paolo II degli abusi sessuali ricevuti da McCarrick, quando lo aveva incontrato di persona durante un viaggio con McCarrick, a Roma[112]. L'annuncio di Dolan ha innescato una ondata di notizie, comprese le rivelazioni sui presunti informatori e sulle vittime ed ha suscitato una rinnovata considerazione del giornalismo di tipo investigativo sugli abusi sessuali[113].

---

[107] Cfr. E. Bruenig, *He wanted to be a priest. He Says Archbishop McCarrick used that to abuse him.*

[108] Cfr. Ibid.

[109] Cfr. Ibid.

[110] *Archdiocese Statement Concerning Robert Ciolek*, «Archdiocese of Washington», 10 gennaio 2019 (https://adw.org/news/archdiocese-statement-concerning-robert-ciolek/ - ultimo accesso verificato: 10 novembre 2021).

[111] Cfr. L. Goodstein, S. Otterman, *Priest Who Says He was a Victim of Cardinal Theodore McCarrick Reacts to Resignation*, «NPR», 29 luglio 2019 (https://www.npr.org/2018/07/29/633544329/priest-who-says-he-was-victim-ofcardinal-theodore-mccarrick-reacts-to-resignati).

[112] D, Porter, *Lawsuit: McCarrick Victim Told Pope about Sexual Abuse in 1988*, «Associated Press», 5 dicembre 2019 (https://apnews.com/ec01829ad554392c7c39c53615a0019a - ultimo accesso verificato: 10 novembre 2021).

[113] Si vedano, per esempio, i riferimenti a Thomas Doyle ed a Richard Sipe in: M. Boorstein, *Vatican's Handling of Sexual Misconduct Complaints about Ex-cardinal Theodore McCarrick Reveals a lot about the Catholic Church*, «Washington Post», 1 ottobre 2018 (https://www.washingtonpost.com/religion/2018/10/01/how-vatican-handled-reports-

L'arcivescovo Carlo Maria Viganò, l'ex nunzio papale negli Stati Uniti[114], si era gettato nella mischia ed aveva offerto molteplici rivelazioni sugli insabbiamenti, anche da parte di papa Francesco, che ha negato queste accuse[115]. Viganò aveva anche accusato una cricca omosessuale all'interno della Curia romana per aver «causato una paralisi istituzionale»[116]. Affermava che questa coalizione era composta da persone in posizioni di potere che possedevano l'autorità per correggere il problema attraverso l'attuazione di un valido insegnamento e la scelta di corrette politiche e procedure giuridiche, ma che avevano scelto di non fare nulla di tutto

theodore-mccarricks-alleged-sexualmisconduct-what-it-says-about-catholic-church/   - ultimo accesso verificato: 10 novembre 2021).

[114] Cfr. E. Pentin, *Ex-Nuncio Accuses Pope Francis of Failing to Act on McCarrick's abuse*; Cfr. D. Montagna, *Viganò releases new "testimony" responding to Pope's silence on McCarrick cover-up*, «Lifesite News», 27 settembre 2018 (https://www.lifesitenews.com/news/breaking-vigano-releases-new-testimony-responding-to-popes-silence-on-mccar - ultimo accesso verificato: 10 novembre 2021); Cfr. C. Harlan, S. Pitrelli, *He called on the Pope to Resign. Now this Archbishop is in an Undisclosed Location*, «The Washington Post», 10 giugno 2019 (https://www.washingtonpost.com/world/europe/this-archbishop-called-on-the-pope-to-resign-now-hes-in-an-undisclosedlocation/2019/06/09/bb69c346-71b5-11e9-9331-30bc5836f48e_story.html?utm_term=.ab629a74b93a - ultimo accesso verificato: 10 novembre 2021); Cfr. *New Viganò testimony: Vatican covered up allegations of sexual abuse of Pope's altar boys*, «Lifesite News», 3 luglio 2019 (https://www.lifesitenews.com/news/new-vigano-testimony-vatican-covered-up-allegations-of-sexual-abuse-of-popes-altar-boys/ - ultimo accesso verificato: 10 novembre 2021); Cfr. *Archbishop Viganò: key Vatican Official is Accused Abuser*, «Catholic Culture», 4 luglio 2019 (https://www.catholicculture.org/news/headlines/index.cfm?storyid=42505 – ultimo accesso verificato: 10 novembre 2021); Si veda, inoltre: E. Fittipaldi, *Buio in Vaticano: Ecco L'utimo Scandalo*, «L'Espresso», 18 ottobre 2019 (http://espresso.repubblica.it/inchieste/2018/10/18/news/buio-in-vaticano-ecco-l-ultimo-scandalo-1.327923?refresh_ce – ultimo accesso verificato: 10 novembre 2021); Cfr. *New Viganò testimony: Vatican covered up allegations of sexual abuse of Pope's altar boys*, «Lifesite News», 3 luglio 2019 (https://www.lifesitenews.com/news/new-vigano-testimony-vatican-coveredup-allegations-of-sexual-abuse-of-popes-altar-boys - ultimo accesso verificato: 10 novembre 2021).

[115] J. Arocho Esteves, *Pope Francis Denies Knowing of Allegations Against McCarrick*, «National Catholic Reporter», 28 maggio 2019 (https://www.ncronline.org/news/vatican/pope-francisdenies-knowing-allegations-against-mccarrick - ultimo accesso verificato: 10 novembre 2021).

[116] R. Moynihan, *Letter #39, 2019: Allegations*, «Inside the Vatican», 6 luglio 2019 (https://insidethevatican.com/news/newsflash/letter-39-2019-allegations/   – ultimo accesso verificato: 10 novembre 2021); Cfr. *Archbishop Carlo Maria Viganò Gives his First Extended Interview Since He Asked the Pope to Resign*, «The Washington Post», 2 maggio 2019 (https://www.washingtonpost.com/world/europe/archbishop-carlo-maria-vigano-gives-his-first-extended-interview-since-calling-on-the-pope-to-resign/2019/06/10/00205748-8b79-11e9-b08e-cfd89bd36d4e_story.htmll – ultimo accesso verificato: 10 novembre 2021).

questo. I membri della cricca erano «legati insieme non da un'intimità sessuale condivisa, ma da un interesse condiviso nel proteggersi e nel promuovere professionalmente l'un l'altro e nel sabotare ogni sforzo per riformare la corruzione sessuale»[117]. Altri hanno indicato il cardinale Donald Wuerl, arcivescovo di Washington in pensione, quando, in qualità di vescovo di Pittsburgh, trasmise la denuncia di Ciolek del 2004 al nunzio papale a Washington, DC[118]. Altri ancora hanno puntato il dito contro il cardinale Kevin Farrell, prefetto del Dicastero per i laici, la famiglia e la vita[119], «che ha servito come cancelliere arcidiocesano di McCarrick ed ha vissuto [ndr.] nella stessa casa con lui per sei anni»[120]. Se c'è stato un insabbiamento ai più alti ranghi all'interno della Chiesa, allora esso potrebbe aver attraversato tutti i tre pontificati.

Rapporto. Nell'ottobre 2018, la Santa Sede ha annunciato l'intenzione di riesaminare gli archivi della Curia romana sulle accuse di cattiva condotta sessuale contro McCarrick[121]. Ad oggi, non è stato pubblicato alcun rapporto in merito. Tuttavia, molti hanno espresso preoccupazione circa il possibile inganno se e quando un rapporto verrà pubblicato, specialmente per quanto riguarda le informazioni su coloro che conoscevano McCarrick e beneficiavano del suo patrocinio[122]. Seaton Hall ha completato un'indagine indipendente ed ha scoperto che McCarrick aveva molestato sessualmente dei seminaristi, ma tale rapporto non

---

[117] Cfr. Ibid.

[118] M. Boorstein, *Despite Denials, D.C. Cardinal Donald Wuerl knew of sexual misconduct allegations against Theodore McCarrick and reported them to the Vatican*, «Washington Post», 10 gennaio 2019 (https://www.washingtonpost.com/local/social-issues/2019/01/10/b542cbba-1513-11e9-803c-4ef28312c8b9_story.html - ultimo accesso verificato: 10 novembre 2021).

[119] R. Dreher, *What did the Cardinals Know?*, «American Conservative», 23 luglio 2018 (https://www.theamericanconservative.com/dreher/cardinals-mccarrick-tobin-omalley-farrell-sex-abuse/ - ultimo accesso verificato: 10 novembre 2021).

[120] D. Mainwaring, *Cardinal Farrell Doubles Down on Pleading ignorance of McCarrick abuse*, «Lifesite News», 31 luglio 2018 (https://www.lifesitenews.com/news/card.-farrell-doubles-down-onpleading-ignorance-of-mccarrick-abuse-never-o - ultimo accesso verificato: 10 novembre 2021).

[121] *Communication of the Press Office of the Holy See*, «Bulletin», 6 ottobre 2018 (http://press.vatican.va/content/salastampa/en/bollettino/pubblico/2018/10/06/181006 f.html - ultimo accesso verificato: 10 novembre 2021).

[122] E. Condon, *Analysis: Vatican Calls for Trust, Catholics Wait for Transparency*, «National Catholic Register», 5 luglio 2019 (http://www.ncregister.com/daily-news/analysis-vatican-calls-fortrust-catholics-wait-for-transparency - ultimo accesso verificato: 10 novembre 2021).

è stato reso pubblico[123]. Secondo le informazioni pubblicate sul sito web di Seaton Hall, «il rapporto ad opera dello studio legale Latham & Watkins ha rilevato che McCarrick ha creato una cultura di paura e intimidazione a sostegno dei suoi obiettivi personali. McCarrick usò la sua posizione di potere, allora in qualità di arcivescovo di Newark, per molestare sessualmente i seminaristi. Nessun minore o altro studente universitario sembra essere stato colpito dalle azioni di McCarrick»[124].

Cambiamenti di policy. Nel 2019, papa Francesco ha promulgato alcune norme sulla responsabilità dei vescovi attraverso la *Lettera apostolica emessa con motu proprio Vos Estis Lux Mundi* (Tu sei la luce del mondo)[125]. Il contributo principale è stato l'istituzione di una serie di procedure di segnalazione, all'interno della Chiesa cattolica, delle accuse contro i vescovi. Le norme includevano anche una definizione più ampia di adulto vulnerabile, un numero più ampio di delitti ed articoli denunciabili (per esempio, gli atti sessuali attraverso situazioni di abuso di potere e l'insabbiamento) ed, infine, l'obbligo di mandato per i sacerdoti e i religiosi di segnalare la cattiva condotta episcopale alle competenti autorità della Chiesa. Inoltre, nel 2019, Francesco ha emesso l'*Istruzione sulla riservatezza dei procedimenti legali*, allegata ad un *Rescriptum* (6 dicembre 2019). Il «segreto pontificio non si applica alle accuse, ai processi e alle decisioni che coinvolgono [alcuni] reati», compresi l'articolo 1 del *Motu proprio Vos estis lux mundi* (7 maggio 2019) e l'articolo 6 della *Normae de gravioribus delictis* riservato al giudizio della *Congregazione per la dottrina della fede*, ai sensi del *Motu proprio Sacramentorum Sanctitatis Tutela* di san Giovanni Paolo II (30 aprile 2001), e successive modificazioni.

---

[123] *Seaton Hall Investigation Finds McCarrick Harassed Seminarians*, «CRUX», 5 settembre 2019 (https://cruxnow.com/church-in-the-usa/2019/09/05/seton-hall-investigation-finds-mccarrickharassed-seminarians/ - ultimo accesso verificato: 10 novembre 2021); Si veda anche: Seaton Hall University (Office of the President), *Policy Against Sexual Misconduct, Sexual Harassment and Retaliation*, «shu.edu», s. d. (https://www.shu.edu/policies/policy-against-sexual-misconduct-sexual-harassment-and-retaliation.cfm - ultimo accesso verificato: 10 novembre 2021); Seaton Hall University, *News: Review Update*, 27 agosto 2019 (https://www.shu.edu/news/seminary-review-update.cfm – ultimo accesso verificato: 10 novembre 2021).

[124] Cfr. Seaton Hall University, *News: Review Update*, 27 agosto 2019.

[125] Francesco (papa), *Vos estis lux mundi. Apostolic letter issued motu proprio by the supreme pontiff Francis,* «vatican.va», 7 maggio 2019 (https://www.vatican.va/content/francesco/en/motu_proprio/documents/papa-francesco-motu-proprio-20190507_vos-estis-lux-mundi.html - ultimo accesso verificato: 10 novembre 2021).

2. Un'analisi dei casi di studio.

La lente analitica per confrontare i casi studio è un rapporto del 2016 di Palmer, Feldman e McKibbin (Lo studio Palmer) commissionato dall'ARC[126]. Lo studio Palmer ha definito un utile quadro generale di analisi sotto i titoli di perpetrazione, rilevamento e risposta che possono essere applicati ai casi appena presentati: Sandusky, Nassar e McCarrick.

A. Perpetrazione.

Lo studio Palmer ha considerato come alcune istituzioni incoraggino una cattiva condotta «mettendo positivamente in luce le azioni illecite e giustificando, in qualche modo, le azioni illecite definendole accettabili»[127]. Per esempio, Sandusky ha normalizzato la pratica di fare la doccia da soli con i ragazzi alla Penn State. Lo ha fatto apertamente e senza scuse. Nassar ha normalizzato la penetrazione digitale per ogni tipo di lesione, facendola passare come una semplice cura medica. McCarrick ha normalizzato la pratica di dormire nello stesso letto con i giovani, giustificandosi con motivi di necessità. L'approccio era simile in tutti e tre i casi, vale a dire: fornire un'illusione di apertura e familiarità per coprire un cattivo comportamento.

Lo studio Palmer ha anche preso in considerazione diverse tendenze comuni. Una tendenza, la negazione delle affermazioni delle vittime, era evidente in tutti e tre i casi presentati. Con Sandusky e Nassar, molteplici denunce sono pervenute alle autorità delle università e alla polizia, ma le indagini si sono sempre concluse a favore degli accusati. Nel caso McCarrick, sono state presentate più denunce a varie autorità ecclesiastiche in merito alla sua cattiva condotta sessuale con i seminaristi, ma nulla suggerisce che sia stata condotta un'indagine interna presso il livello locale o, addirittura, universale.

Un'altra tendenza riguardava la negazione del presunto danno. Tale rifiuto è stato dimostrato in tutti e tre i casi. Per quanto riguarda McCarrick, da un lato, il danno veniva generalmente definito come una semplice "voce" o "pettegolezzo", o,

---

[126] D. Palmer, V. Feldman, G. McKibbin, *Final Report: The Role of Organisational Culture in Child Sexual Abuse in Institutional Contexts* (Sydney: Australian Royal Commission into Institutional Responses to Child Sexual Abuse, dicembre 2016); Il testo è consultabile anche online sul sito «childabuseroyalcommission.gov.au»: https://www.childabuseroyal-commission.gov.au/sites/default/files/file-list/Research Report - The role of organisational culture in child sexual abuse in institutional contexts - Causes.pdf – ultimo accesso verificato: 10 novembre 2021.

[127] Ibid., p. 21.

dall'altro lato, come qualcosa di semplicemente innocente, come dormire nello stesso letto con i seminaristi. Nel caso Nassar, invece, il danno è stato descritto come "trattamento medico", mentre Sandusky ha descritto quello che stava facendo con i ragazzi sotto la doccia come un innocente "buffoneggiare"[128].

La mancata assunzione di responsabilità era evidente nei complici coinvolti. Gli appelli alla lealtà organizzativa e ai suoi impliciti standard morali più elevati erano certamente presenti nel caso di McCarrick, ma anche nei casi di Sandusky e Nassar. Il presupposto che le buone azioni prevalgano su quelle cattive, sembrano essere stati la premessa alla base della meticolosa costruzione della reputazione raggiunta da Sandusky, Nassar e McCarrick.

Inoltre, la preferenza delle organizzazioni per le procedure interne rispetto a quelle esterne è evidente in tutti e tre i casi. E le informazioni pubbliche sulle procedure organizzative interne per Nassar e Sandusky non sono state condivise fino a quando gli scandali hanno attirato una notevole attenzione da parte dei media attraverso le accuse degli informatori o delle vittime. Per quanto riguarda McCarrick, il processo interno relativo all'abuso sessuale di un minore è stato reso pubblico, ma il rapporto su ciò che la Curia romana sapeva della sua condotta sessuale scorretta nei confronti dei seminaristi e qualsiasi altra indagine correlata non è ancora stata rilasciata. L'occultamento e l'insabbiamento degli abusi per proteggere la reputazione dei molestatori e delle istituzioni ad essi collegate sono evidenti nei casi di Sandusky e di Nassar. Sebbene siano state fatte molte accuse di conoscenza e di insabbiamento contro alcuni membri della gerarchia ecclesiastica nel caso di McCarrick, nessuna dichiarazione, decisione giudiziaria o rapporto investigativo è stato ancora rilasciato dalla Santa Sede per confermare la realtà di questo aspetto.

In ogni caso, erano evidenti anche le seguenti tendenze: assenza o inefficacia sia delle politiche di protezione, sia dell'istruzione e della formazione del personale, nonché dei meccanismi di segnalazione interni ed esterni. In ogni situazione, non è stato possibile dare priorità al benessere delle persone e considerare l'interesse superiore del bambino o della bambina. Inoltre, nel caso Sandusky è stata anche dimostrata la tendenza a considerare sia gli estranei come nemici, sia i loro giudizi come inaccurati o falsi. Gli studenti della Penn State riformularono il problema, come la vittimizzazione della Penn State e del capo allenatore della squadra di calcio, in un modo che ha minato le lamentele delle vittime. Nel caso McCarrick, il giornalista Andrea Tornielli, che in seguito divenne direttore editoriale del Dicastero

---

[128] *Sandusky admits he 'horsed around,' but insists it was innocent*, «CNN», 15 novembre 2011 (https://www.cnn.com/2011/11/14/us/pennsylvania-coach-abuse/index.html - ultimo accesso verificato: 10 novembre 2021).

delle comunicazioni[129], ha etichettato le ragionevoli preoccupazioni riguardo all'ascesa di McCarrick tra i ranghi, nonostante il suo comportamento sessuale predatorio con i seminaristi fosse conosciuto, come parte di una sorta di teoria della cospirazione contro papa Francesco, che, anche in questo caso, ha minato la difficile situazione delle vittime[130]. Una vittima di McCarrick ha posto la questione nella sua giusta prospettiva: "Non ho nulla di personale con nessun altro a parte Theodore McCarrick. Per me questo non è un attacco alla nostra Chiesa. Non si tratta di conservatori contro liberali. Non si tratta di etero contro gay. Non si tratta di Benedetto contro Francesco. A mio avviso, questi argomenti sono una distrazione»[131].

B. *Rilevamento.*

Lo studio ha evidenziato uno spettro di comportamenti che vanno dall'atto di abuso discreto ed isolato, senza alcuna interazione sociale precedente tra l'aggressore e la vittima, all'abuso che si sviluppa nel tempo attraverso l'adescamento ed il culmine nella violenza sessuale. Quest'ultimo potrebbe verificarsi con o senza ricatto, coercizione, minacce o umiliazioni della vittima, in modo che non essa venga creduta qualora si verificasse la divulgazione di alcuni particolari[132]. Per esempio, Sandusky, Nassar, e McCarrick hanno tutti sviluppato delle attente strategie che coinvolgevano sia la costruzione della loro buona reputazione nelle istituzioni competenti e nelle comunità, sia la possibilità di accesso delle vittime attraverso determinate iniziative che, considerate nel loro insieme, delineano un percorso di adescamento delle vittime e di inganno dei loro tutori e delle istituzioni coinvolte. Sandusky ha istituito la *Second mile foundation* per i bambini svantaggiati e si è offerto come volontario al liceo per avere accesso alle vittime e per costruire la propria buona reputazione. Nassar si è offerto volontario per l'USAG, come *team coach*, per avere accesso alle vittime e per costruire la sua buona

---

[129] E. Pentin, *Holy See Press Office Director Greg Burke Resigns*, «National Catholic Register», 31 dicembre 2018 (http://www.ncregister.com/blog/edward-pentin/holy-see-press-officedirector-greg-burke-resigns - ultimo accesso verificato: 10 novembre 2021).

[130] R. Dreher, *Anti-Francis Conspiracy Theory*, «American Conservative», 18 novembre 2018 (https://www.theamericanconservative.com/dreher/anti-francis-conspiracy-theory-catholicism/ - ultimo accesso verificato: 10 novembre 2021).

[131] Ed Condon, *No one Ever Talked about McCarrick and the Boys*, «Catholic News Agency», 17 ottobre 2019 (https://www.catholicnewsagency.com/news/no-one-ever-talked-about-mccarrick-and-the-boys-45691 - ultimo accesso verificato: 10 novembre 2021).

[132] Ibid.

reputazione. McCarrick si assicurò che la diocesi acquistasse la casa sulla spiaggia in modo che potesse avere accesso ai seminaristi; ha anche istituito la *Papal foundation* per costruire la propria reputazione di uomo politicamente influente, la quale, a sua volta, avrebbe potuto servire allo scopo di proteggerlo. Un giornalista ha riassunto tutta la questione molto bene: «Pieno di adulazione e familiarità, si vanta del proprio potere; le [sue] lettere [alle vittime] forniscono prove viscerali di come un vescovo giramondo abbia fatto sentire speciali dei giovani e vulnerabili uomini e poi si sia approfittato di loro»[133]. Per quanto riguarda la protezione della reputazione, la Penn State ha cercato di proteggere la sua università ed il programma calcistico; la MSU e i vari organismi sportivi hanno cercato di proteggere l'università ed il programma olimpico; i membri della Chiesa hanno cercato di proteggere l'istituzione e i membri del sacerdozio.

Le vittime sono state etichettate come instabili, aventi un motivo per mentire o, in altro modo, vulnerabili. Le giovani vittime di Sandusky provenivano da famiglie divise ed erano grate, da un lato, di essere state associate ad una figura "paterna" e, dall'altro, di essere entrate a far parte della Penn State e della sua squadra di calcio. Le giovani vittime di Nassar erano ginnaste, "soldatesse" con sogni olimpici, in un regime di tipo militare che richiedeva obbedienza servile e perseveranza di fronte alla sofferenza, insieme ad un forte vincolo di lealtà verso chi avrebbe potuto assicurarsi un posto nel programma olimpico. Le vittime di McCarrick, che erano seminaristi, erano in formazione per diventare "soldati" di Gesù Cristo, in un regime di tipo militare che richiedeva, anch'esso, obbedienza servile, perseveranza nel volto della sofferenza ed un forte legame di lealtà alla Chiesa ed al sacerdozio.

Un altro punto riguarda sia la propensione a denunciare gli abusi, sia la possibilità di essere scoperti. Probabilmente sono state fatte più vittime da Sandusky e McCarrick. È risaputo che gli abusi sessuali non vengono denunciati e che le femmine hanno maggiori probabilità di denunciare rispetto agli uomini[134]. Un terapeuta familiare e scrittore ha recentemente notato la parte confusa dell'abuso per i maschi, quando ha sottolineato che alcuni di loro possono trarre piacere dall'aggressione sessuale e provare vergogna poiché si identificano come

---

[133] N. Winfield, *In His Own Words: Ex-Cardinal's Letters to Abuse Victims*, «Associated Press», 6 agosto 2019 (https://www.apnews.com/1a0a71e86e6142b1a412bdcdf0cba988 - ultimo accesso verificato: 10 novembre 2021).

[134] P. Perion, *Child Abuse Expert How Many More Sandusky Victims are there*, «CBS Chicago», 27 giugno 2012 (https://chicago.cbslocal.com/2012/06/27/child-abuse-expert-how-many-moresandusky-victims-are-there/ - ultimo accesso verificato: 10 novembre 2021).

eterosessuali, ma vengono abusati da un altro uomo[135]. Nel caso di Nassar, circa centoquaranta donne si sono fatte avanti per presentare un'accusa rilevante al momento della sua condanna e circa altre centocinquanta si sono palesate dopo la condanna per partecipare all'accordo di cinquecento milioni di dollari raggiunto dalla MSU[136]. Nel caso di Sandusky, sono state fornite prove in merito a dieci vittime, e nel caso di McCarrick non si sa quante vittime (maschi adolescenti ed adulti) siano state considerate dal CDF.

Lo studio Palmer ha rilevato che il campanello d'allarme è stato spesso ignorato a causa di una cultura organizzativa incentrata su particolari responsabilità verso la burocrazia, piuttosto che sui meriti morali di una particolare situazione che potrebbe, altrimenti, innescare una responsabilità morale condivisa al fine di proteggere le vittime[137]. Nel caso di McCarrick, la questione preliminare relativa a qualsiasi altra questione all'interno della Curia romana riguarda la «competenza» (ossia, la giurisdizione). L'analisi è di carattere pratico e non affronta la questione della responsabilità morale.

Lo studio Palmer ha anche sottolineato che più potente è l'abusante, minore probabile ci sarà che avvenga una rivelazione dell'accaduto, a causa alla paura di non essere creduti o di subire ritorsioni. Il custode citato nel caso Sandusky ha compreso la natura potente del programma calcistico e non è intervenuto per proteggere il bambino, né ha detto nulla alle autorità per paura di perdere la propria posizione lavorativa. Per quanto riguarda le ritorsioni, l'informatore è stato licenziato dopo aver presentato la denuncia su Sandusky ed ha ricevuto con successo alcuni milioni di risarcimento tramite un'azione legale per le ritorsioni subite. La paura di non essere creduti è stata specificatamente citata come il motivo principale a causa del quale Grein non si è fatto avanti nel caso di McCarrick fino al 2018.

---

[135] A. Bateman, *Boy Whisperer Michael Gurian's First Novel Delves into the Roots of Male Trauma*, «The Federalist», 27 novembre 2019 (https://thefederalist.com/2019/11/27/boy-whisperer-michael-gurians-first-novel-delves-into-the-roots-of-male-trauma/ – ultimo accesso verificato: 10 novembre 2021); Si tratta dell'intervista con l'autore ed il terapista famigliare in merito alla pubblicazione del suo nuovo libro: Cfr. M. Gurian, *The Stone Boys* (Spokane, Washington: Latah Books, 2019).

[136] D. Eggert, E. White (Associated Press), *Michigan State reaches $500M settlement for 332 victims of Larry Nassar*, «Chicago Tribune», 16 maggio 2018 (https://chicagotribune.com/sports/college/ct-spt-michigan-state-larry-nassar-settlement-20180516-story.html - ultimo accesso verificato: 10 novembre 2021).

[137] Cfr. D. Palmer, V. Feldman, G. McKibbin, *Final Report: The Role of Organisational Culture in Child Sexual Abuse in Institutional Contexts*.

C. Risposta.

Lo studio Palmer ha individuato molti fattori che potrebbero impedire la risposta contro gli abusi sessuali su minori, tra cui:

- Ridurre al minimo il significato degli eventi a causa delle conseguenze negative associate al fatto di affrontarli;
- Respingere il comportamento negativo come accidentale o anomalo;
- Temere l'interruzione dei rapporti di lavoro in essere e la possibilità di compromettere una promozione;
- Considerare i soggetti esterni, per esempio le forze dell'ordine e i media, come nemici incapaci di comprendere la situazione;
- Non considerare gli atti in questione come un problema sociale, ossia come qualcosa di diffuso, dannoso, moralmente ripugnante o addirittura criminale; e
- Accettare determinati stereotipi sull'inaffidabilità di alcuni testimoni di abusi sessuali (per esempio le donne e i bambini).

Questi fattori sono esemplificati nei casi qui esaminati. L'attrazione erotica di McCarrick per i seminaristi era considerata come una battuta di spirito, mentre il suo comportamento sessuale predatorio nella casa sulla spiaggia è stato liquidato come voce o semplice pettegolezzo. L'abuso sessuale di seminaristi da parte di una persona in posizione di fiducia o di autorità non è stato trattato, insomma, come un "problema sociale" all'interno dell'ordine pubblico della Chiesa tale da giustificare una investigazione. Finora non c'è stata una discussione aperta nella Curia romana sulla protezione dei seminaristi dai predatori sessuali ecclesiastici (specialmente quelli in posizioni di fiducia), o sul problema dell'omosessualità attiva nei seminari e nel sacerdozio, o sul fallimento di alcuni vescovi nell'ascoltare le linee guida della Chiesa per la selezione, la formazione e l'ordinazione dei candidati al sacerdozio. La legge universale sulla segnalazione del 2019, precedentemente menzionata (*Vos estis lux mundi*), è un passo in avanti in ragione dell'ampliamento della definizione di adulto vulnerabile, dei delitti contro il sesto comandamento (per esempio, l'abuso di potere e l'insabbiamento) e dell'inclusione del requisito obbligatorio per cui gli ecclesiastici devono segnalare gli abusi sessuali dei vescovi alle autorità ecclesiastiche.

Le docce di Sandusky con i ragazzi, la penetrazione digitale di Nassar e le dormite di McCarrick con i seminaristi nello stesso letto, sono stati fatti ridotti al minimo o ignorati, probabilmente a causa delle conseguenze negative associate all'affrontarli. In ogni caso, c'era probabilmente il timore dell'interruzione dei rapporti di lavoro valevoli o della possibilità di compromissione della promozione. Certamente, questo è stato il caso del custode che non è né intervenuto, né ha impedito a Sandusky di aggredire sessualmente un ragazzo per paura di perdere il lavoro. Nel caso di Nassar, un'allenatrice ha dissuaso le ragazze dal riferire degli abusi mentre, nel caso di McCarrick, molti seminaristi probabilmente hanno scelto il silenzio, tra le altre ragioni, per paura di mettere a repentaglio i percorsi della loro vocazione al sacerdozio.

Ci sono alcune differenze degne di nota nella risposta tra i casi. Sandusky e Nassar sono stati condannati entrambi all'ergastolo, mentre McCarrick non è stato indagato, processato o condannato dalle autorità statali. Ha ricevuto la pena più severa prevista dal diritto canonico: il licenziamento dallo stato clericale. Altri funzionari importanti, nel caso Sandusky, sono stati licenziati e perseguiti per aver messo in pericolo i minori e sono stati condannati al carcere. Nella caso di Nassar alcuni funzionari chiave alla MSU, all'USAG e all'USOC sono stati licenziati o sospesi, o si sono dimessi, ed altri sono ancora sottoposti ad indagine penale. Nel caso di McCarrick, molti funzionari hanno negato di essere a conoscenza dell'abuso sessuale sul minore (che sembra essere stato divulgato per la prima volta nel 2018). Il punto problematico per molti cattolici americani, tuttavia, riguardava le molestie sessuali e gli abusi sessuali perpetrati nei riguardi dei seminaristi. McCarrick era in una posizione di fiducia nei loro confronti, situati in un'istituzione (il seminario) che controllava quasi ogni aspetto della loro vita: cosa che rendeva difficile la resistenza all'adescamento ed improbabile la segnalazione dell'abuso. I rapporti interni sono stati preparati e resi pubblici nei casi di Sandusky e Nassar, ma nessun rapporto dello stesso genere è stato condiviso con il pubblico nel caso di McCarrick, sebbene un'indagine sugli archivi della Curia romana sia stata promessa.

I rapporti riguardanti Sandusky e Nassar contengono commenti che potrebbero applicarsi ugualmente al caso McCarrick. Come nel caso di Sandusky, McCarrick e i suoi aiutanti hanno mostrato una «sorprendente mancanza di empatia» per le vittime ed una preoccupazione errata per un approccio "umano" nei confronti dell'aggressore (il che ha impedito una corretta indagine ed ha consentito ulteriori casi di predazione). Come Nassar, che creò il proprio "feudo" e svolse un ruolo importante nella creazione di determinate politiche e protocolli medici, McCarrick prosperò nel modello di governo della Chiesa che includeva un atteggiamento di deferenza verso coloro che occupano ruoli di autorità. A McCarrick è stato permesso di creare un regno per i propri interessi personali, nel quale ha operato secondo le proprie regole e ha persino svolto un ruolo guida nello sviluppo delle norme del 2002 sulla protezione dei bambini che escludevano i vescovi dalle responsabilità di abuso.

Infine, lo studio ha considerato la perpetrazione, l'individuazione e la risposta da parte di tutte le istituzioni totalizzanti (definite come quegli organismi nei quali i membri sono nettamente suddivisi in personale - per esempio: medici, insegnanti, ufficiali, guardie e docenti - e non personale - per esempio: pazienti, studenti, cadetti e detenuti - e nei quali il personale controlla molti aspetti della vita del non personale - per esempio: ospedali psichiatrici, scuole residenziali, accademie militari e carceri) [138]. In tali istituzioni, di solito, ci sono:

- Rigide demarcazioni riguardanti lo spazio fisico e le attività; Un codice morale chiaro; Presupposti alla base della natura umana;
- Una comprensione comune della necessità e del metodo per formare o trasformare le persone;
- Rigide limitazioni alla divulgazione di informazioni sulle operazioni dell'istituzione (per esempio, la riservatezza e la segretezza);
- Una struttura di potere formale che opera secondo la norma dell'obbedienza, nella quale i superiori governano i soggetti subordinati attraverso le ricompense e le punizioni, formali e informali; e
- Informali strutture e sottostrutture di potere che operano in base ad una concezione comune dell'esperienza organizzativa (per esempio, medici contro pazienti; insegnanti contro studenti; ufficiali contro cadetti; guardie contro detenuti).

L'idea è che più l'istituzione sia totalizzante, maggiore sia la pressione esercitata sugli individui al suo interno per conformarsi all'etica sociale o alla cultura radicata dell'organizzazione stessa.

Certamente, un seminario rientrerebbe nella categoria di un'istituzione totalizzante nel caso McCarrick, così come in alcune situazioni di allenamento che coinvolgono le ginnaste nel caso Nassar (soprattutto quando molestatore e vittime erano isolati dai genitori). In tali situazioni, sia i seminaristi che i ginnasti dipenderebbero totalmente dalle autorità per le proprie necessità e sarebbero riluttanti a presentare dei reclami. In questi casi, la cultura potrebbe essere descritta come tossica. Per quanto riguarda Nassar, la situazione era caratterizzata dalla pressione ad essere "perfetto" per vincere le competizioni e per competere nella squadra olimpica. Lo stesso potrebbe descrivere le pressioni sui seminaristi ad

---

[138] Cfr. Ibid.

essere "perfetti" o "santi" attraverso l'unione spirituale con Gesù Cristo, specialmente se la propria perfezione fosse orientata soltanto verso le "apparenze" nella speranza di ottenere potere nella Chiesa. Nelle tre situazioni, le istituzioni hanno promosso atteggiamenti condivisi ritenuti essenziali per il successo dei molestatori: come la deferenza nei riguardi dell'autorità, l'obbedienza, la lealtà, la riservatezza, la pazienza e la perseveranza nella sofferenza.

Riepilogo.

Nella parte II, il caso di McCarrick è stato confrontato con altri due casi riguardanti famosi predatori sessuali, vale a dire Jerry Sandusky della Penn State e Larry Nassar della MSU. Utilizzando il framework della cultura organizzativa, sono stati trovati molti elementi comuni tra i tre casi sui problemi di perpetrazione, individuazione e risposta alla violenza sessuale nelle rispettive istituzioni. I seminari e i centri di formazione per la ginnastica agonistica potrebbero costituire ciò che è stato descritto come "istituzioni totalizzanti", simili alle istituzioni di assistenza residenziale, il che significa che la persona non lavora soltanto per il istituzione, ma le appartiene, in un certo senso, ed è quindi particolarmente colpita dalle pressioni della cultura organizzativa. Tragicamente, lo studio comparativo mostra che molti membri della gerarchia cattolica hanno agito in modo simile ai membri delle istituzioni laiche, soccombendo a determinate pressioni organizzative e a motivi personali discutibili a spese dei bambini e di alcuni adulti. Sebbene i predatori sessuali siano personalmente responsabili delle loro azioni, le stesse azioni sono state permesse da altri e, quindi, nascoste da persone interne alle rispettive istituzioni.

III. Violenza sessuale clericale con maschi e la Cultura specifica della Chiesa cattolica.

Introduzione.

Di importanza per questo libro sono gli studi riguardanti l'abuso sessuale contro i bambini nel contesto istituzionale della storia della Chiesa. Il problema sociale dell'abuso sessuale sui bambini, in questo contesto, è stato riconosciuto in gran parte a causa dell'esposizione mediatica di maltrattamenti ed insabbiamenti sistemici e degli sforzi delle lobby di sopravvissuti, delle organizzazioni non governative e degli studi legali. Tutto ciò ha suscitato inchieste pubbliche in Irlanda (2000-2009),

Norvegia (2001-2003), Svezia (2006-2011), Danimarca (2010-2011), Irlanda del Nord (2014-2017), Inghilterra e Galles (2015-ad oggi) e Scozia (2015-ad oggi)[139].

La crescente preoccupazione per gli abusi istituzionali è stata alimentata anche da altri fattori , tra cui il «rifiuto delle gerarchie sociali tradizionali, il cambiamento dei rapporti di autorità, l'indebolimento delle istituzioni, una crescente apertura sulla vita privata» e il «riconoscimento dei traumi emozionali e psicologici derivanti dagli abusi sessuali sui minori, il valore della divulgazione e le tecniche terapeutiche per aiutare ad affrontarne gli impatti»[140]. Dalla metà degli anni Ottanta, la caratteristica distintiva di queste indagini è stata la testimonianze di vittime e sopravvissuti allo scopo di assicurare giustizia alle vittime e di creare istituzioni sicure per i bambini[141]. Uno studioso ha identificato l'emergenza degli abusi sessuali nella Chiesa come il «fattore decisivo nel fomentare l'indignazione all'interno della comunità internazionale e nello spingere i governi a rispondere» attraverso il veicolo di inchieste pubbliche[142].

Nel 2012, il Primo ministro dell'Australia «ha annunciato che avrebbe raccomandato al Governatore generale di nominare una Commissione reale per indagare sulle risposte istituzionali agli abusi sui minori»[143]. L'anno successivo, i termini di riferimento furono istituiti e sono stati nominati sei Commissari, che hanno presentato la relazione finale al Governatore generale nel 2017. Il documento *Risposte istituzionali all'abuso sessuale sui minori* (2013-2017) redatto dall'ARC è particolarmente degno di nota sotto diversi aspetti:

- L'investimento finanziario coinvolto;

---

[139] K. Wright, *Remaking Collective Knowledge: An Analysis of the Complex and Multiple Effects of inquiries into Historical Institutional Child Abuse*, «Child Abuse & Neglect», Vol. 74, n. 1, 2017, p. 10; il testo integrale dell'articolo è consultabile online presso il sito «reader.elsevier.com», si veda: https://reader.elsevier.com/reader/sd/pii/S0145213417303198?token=E692BCD5F8724800240E76994267C2F633C934A4D89F1C F94BCF35FC2583785752D22618973E8DB58112E862F3B285C2&originRegion=eu-west-1&originCreation=20211110121019 – ultimo accesso verificato: 10 novembre 2021.

[140] Ibid., p. 14.

[141] Ibid.

[142] Ibid.

[143] D. Palmer, V. Feldman, G. McKibbin, *Final Report: The Role of Organisational Culture in Child Sexual Abuse in Institutional Contexts* (Sydney: Australian Royal Commission into Institutional Responses to Child Sexual Abuse, dicembre 2016); Il testo è consultabile anche online sul sito «childabuseroyalcommission.gov.au»: https://www.childabuseroyal-commission.gov.au/sites/default/files/file-list/Research Report - The role of organisational culture in child sexual abuse in institutional contexts - Causes.pdf – ultimo accesso verificato: 10 novembre 2021.

- Il numero di udienze (pubbliche e private);
- La durata del processo;
- La quantità delle prove;
- Il numero di commissari, testimoni e contributi;
- I tipi di istituzioni esaminate (pubbliche, private, laiche e religiose); e
- L'ampiezza del programma di ricerca e delle considerazioni sulle politiche.

Questa sezione esplora le pressioni organizzative che l'ARC attribuisce specificamente alla Chiesa cattolica in Australia.

L'ARC ha preso in considerazione un ampio numero di istituzioni (per esempio, Scout, *Swimming Australia*, YMCA, fornitori di servizi sanitari e per disabili), ma le istituzioni religiose sono state al centro di cinquantasette casi studio e la Chiesa cattolica è stata al centro di quindici udienze, tra scuole, istituti residenziali e luoghi di culto: un numero superiore a qualsiasi altra istituzione religiosa. Quasi il «il 60% delle testimonianze di sopravvissuti in sessioni private ha rivelato abusi in istituzioni religiose. Di questi, il 61% dei presunti abusi è avvenuto in istituzioni cattoliche. Ciò equivale a più di quattro volte il numero delle accuse associate a qualsiasi altro gruppo religioso»[144]. Questi numeri hanno indotto un giornalista a rimarcare astutamente che l'ARC aveva prodotto «un'inchiesta sulla Chiesa cattolica senza aver prodotto un'inchiesta sulla Chiesa cattolica»[145].

È importante notare che, come in altri Paesi, la maggior parte delle vittime nella Chiesa cattolica erano adolescenti di sesso maschile: «Il 78% dei ricorrenti era di sesso maschile ed il 22% di sesso femminile; l'età media del ricorrente al tempo del primo presunto episodio di abuso sessuale sui minori era di circa 11,4 anni (più specificamente: 11,6 anni per i maschi e 10,5 anni per le femmine); il 90% dei presunti autori di abuso sessuale era di sesso maschile»[146]. Inoltre, «4.444

---

[144] T. W. Jones, *Royal Commission Recommends Sweeping Reforms for Catholic Church to End Child Abuse*, «The Conversation», 14 dicembre 2017 (https://theconversation.com/royalcommission-recommends-sweeping-reforms-for-catholic-church-to-end-child-abuse-89141 - ultimo accesso verificato: 10 novembre 2021); Cfr. D. Marr, *Grappling with Rome: David Marr's Lessons from the Royal Commission*, «The Guardian», 12 dicembre 2017 (https://www.theguardian.com/australia-news/2017/dec/13/grappling-with-rome-david-marrs-lessons-from-the-royal-commission - ultimo accesso verificato: 10 novembre 2021).

[145] Ibid.

[146] Cfr. D. Palmer, V. Feldman, G. McKibbin, *Final Report: The Role of Organisational Culture in Child Sexual Abuse in Institutional Contexts* (Sydney: Australian Royal Commission into Institutional Responses to Child Sexual Abuse, dicembre 2016); Il testo è consultabile anche online sul sito «childabuseroyalcommission.gov.au»: https://www.childabuseroyal-commission.gov.au/sites/default/files/file-list/Research Report - The role of organisa-

denuncianti hanno riportato episodi di abuso sessuale sui minori in 4.756 denunce segnalate, la maggior parte dei primi presunti episodi di abuso sessuale sui minori si è verificata negli anni Settanta (ossia, il 29% di tutti i reclami con date note)»[147].

L'ARC ha emesso una serie di raccomandazioni dopo aver preso in considerazione uno studio relativo alla cultura istituzionale[148], che è stato considerato nella Parte II di questo capitolo. Altre informazioni rilevanti includevano:

- Inchieste pubbliche riguardanti gli abusi sessuali da parte del clero;
- Testimonianze private delle vittime;
- Testimonianze e relazioni di esperti di diritto canonico; e
- Testimonianze di vescovi e religiosi.

Alla fine, è stata trovata una costellazione di fattori che "contribuivano al verificarsi degli abusi sessuali sui minori nelle istituzioni cattoliche o che ne influenzavano le risposte istituzionali ":

- Patologie individuali;
- Clericalismo;
- Struttura organizzativa e governance;
- Leadership;
- Diritto canonico;
- Celibato;
- Selezione, screening e formazione iniziale;
- Supervisione, sostegno e formazione continua delle persone nel ministero; e
- Sacramento della riconciliazione (confessione)[149].

Nel 2018 *l'Australian Catholic Bishops Conference* (ACBC) e la *Catholic Religious Australia* (CRA), che hanno entrambe collaborato e cooperato con l'ARC, hanno inviato una risposta. Questi due gruppi «accettarono pienamente o accettarono in linea di principio o sostennero il 98% delle raccomandazioni della *Commissione Reale*», con la notevole eccezione della Raccomandazione 7.4 sul sigillo del

---

tional culture in child sexual abuse in institutional contexts - Causes.pdf – ultimo accesso verificato: 10 novembre 2021.

[147] Ibid.
[148] Ibid.
[149] Ibid.

Sacramento della penitenza[150]. L'ACBC e la CRA segnarono alcune raccomandazioni con l'annotazione «per ulteriore considerazione» mentre altre, destinate alla Santa Sede, furono inoltrate a quest'ultima insieme ad alcuni loro commenti. Infine, l'ACBC e la CRA hanno sottolineato che molte altre raccomandazioni erano «già state attuate dalla Chiesa cattolica» in Australia, mentre altre erano «in procinto di essere attuate»[151].

1. Preoccupazioni e raccomandazioni.

Patologie Individuali.

Rispetto agli autori degli abusi sessuali sui minori nella più ampia comunità oggetto di studio, la ricerca dell'ARC ha indicato che i molestatori del clero cattolico erano «un gruppo atipico», che tendeva ad offendere i maschi piuttosto che le femmine[152]. In termini di fattori di suscettibilità del molestatore, l'ARC includeva: «confusione sull'identità sessuale, interessi e comportamento infantili, mancanza di relazioni tra pari ed una storia di abusi sessuali subìti da bambino»[153]. Altri fattori erano «da vulnerabilità ai problemi di salute mentale, l'abuso di sostanze stupefacenti e l'immaturità psico-sessuale», insieme ad alcuni altri fattori di personalità come: «narcisismo, dipendenza, rigidità cognitiva e paura dell'intimità»[154]. L'ARC non ha discusso come tali dati convergessero con altri, specialmente quelli discussi dal reverendo Paul D. Sullins e da Dale O'Leary in questo libro[155].

Clericalismo.

L'ARC ha arricchito questa nozione in relazione ai seguenti temi:

---

[150] *Australian Catholic Bishops Conference and Catholic Religious Australia's Response to the Royal Commission into Institutional Responses to Child Sexual Abuse*, «catholic.org.au», agosto 2018 (https://www.catholic.org.au/acbc-media/media-centre/media-releases-new/2139-acbc-and-cra-response-tothe-royal-commission/file - ultimo accesso verificato: 10 novembre 2021).

[151] Ibid.
[152] Ibid.
[153] Ibid.
[154] Ibid.
[155] Si vedano: D. P. Sullins (reverendo), *La cattiva condotta sessuale del clero cattolico è correlata ai preti omosessuali?*, Infra, pp.96–118; D. O'Leary, *Miti infranti e bugie*, Infra, pp. 72–95.

- «L'idealizzazione del sacerdozio e, per estensione, l'idealizzazione della Chiesa cattolica»;
- Il «senso di diritto, superiorità, esclusione ed abuso di potere»;
- L'idea che la Chiesa cattolica sia «autonoma ed autosufficiente»; e
- L'idea che l'abuso sessuale sui minori da parte del clero e dei religiosi «era una questione che doveva essere affrontata internamente ed in segreto».

Sull'ultimo punto, l'ARC ha contestato la «nozione teologica per la quale il sacerdote subisce un "cambiamento ontologico" al momento dell'ordinazione». L'ARC sosteneva che si trattasse di una «componente pericolosa della cultura del clericalismo» (insieme all'idea che «il sacerdote è una persona sacra»), il che ha contribuito a «livelli esagerati di potere e fiducia non regolamentati che gli autori degli abusi sessuali sui minori sono stati in grado di sfruttare»[156]. Secondo l'ARC, il clericalismo ha indotto alcuni ordinari ad identificarsi con gli autori degli abusi sessuali sui minori piuttosto che con le vittime e le loro famiglie; a negare la condotta illecita; e a proteggere la «reputazione della Chiesa cattolica e lo status del sacerdozio» prima di tutto[157].

Nella risposta dell'ACBC e della CRA, è stato notato che il "clericalismo" era stato riconosciuto da papa Francesco come un problema nella Chiesa. Esse hanno anche riconosciuto il «peccato ed il fallimento gravi da parte dei vescovi, dei leader religiosi e di una cultura del clericalismo» che, a sua volta, ha richiesto un'azione, in Australia, che avrebbe dato una «forma locale» a ciò che sarebbe stato necessario ad affrontare sia tale fallimento, sia la «necessità di un cambiamento culturale»[158].

L'uso del "clericalismo" da parte dell'ARC (vale a dire, per giustificare la critica di certi concetti teologici: qualcosa che va oltre la sua competenza) esemplifica un importante problema. Ancora più importante, l'analisi comparativa dei casi studio di cui sopra suggerisce che la gerarchia della Chiesa cattolica abbia ceduto a pressioni organizzative simili a quelle delle istituzioni secolari, il che implica problemi comuni in tutte le istituzioni religiose e laiche, e non qualcosa di particolare per la Chiesa cattolica. La necessità di definire il clericalismo, quindi, è essenziale per distinguere i fallimenti della Chiesa da quelli delle istituzioni e delle organizzazioni secolari.

---

[156] *Australian Catholic Bishops Conference and Catholic Religious Australia's Response to the Royal Commission into Institutional Responses to Child Sexual Abuse*, agosto 2018.

[157] Ibid.

[158] Ibid.

Governo e leadership della Chiesa.

Per quanto riguarda il governo della Chiesa, l'ARC ha concluso che una serie di fattori ha contribuito al problema delle risposte inefficaci:

- «Decentramento e autonomia delle diocesi cattoliche e degli istituti religiosi»;
- La «natura personalizzata del potere nella Chiesa cattolica»;
- La responsabilità limitata dei vescovi;
- La mancanza di separazione dei poteri (giudiziari, esecutivo e legislativo) nella figura del pontefice e fra gli ordinari;
- La mancanza di controlli e contrappesi; e
- La «struttura gerarchica della Chiesa cattolica che ha creato una cultura di obbedienza deferente», nella quale le risposte inadeguate rimanevano indiscusse [159].

Di conseguenza, l'ARC ha suggerito una «revisione nazionale delle strutture di governo e gestione delle diocesi e delle parrocchie, comprese ... le questioni di trasparenza, responsabilità, consultazione e partecipazione dei laici e delle laiche» (Raccomandazione 16.7) [160].

Sul tema della leadership, l'ARC ha descritto la situazione come «catastrofica», a causa del suo processo di nomina del vescovo mal concepito, inclusi i criteri mancanti per le capacità di leadership, competenza, formazione continua, professionalità e limitato coinvolgimento dei laici, in particolare delle donne [161]. L'ARC ha perciò suggerito che la Santa Sede «modifichi il processo di nomina dei vescovi» (Raccomandazione 16.8) e che ai leader religiosi sia fornita una formazione di «leadership, sia prima, sia dopo la loro nomina, inclusa la promozione della salvaguardia dei bambini» (Raccomandazione 16.36) [162].

C'è un problema più profondo con l'analisi dell'ARC. I membri della comunità dei fedeli non credono che la Chiesa cattolica sia semplicemente un'istituzione umana, ma piuttosto che essa sia un'istituzione umana e divina, visibile e invisibile. Tuttavia, l'assunto alla base dell'ARC è che la Chiesa debba essere considerata alla stregua di un'organizzazione internazionale non governativa, dal momento che si

---

[159] D. Palmer, V. Feldman, G. McKibbin, *Final Report: The Role of Organisational Culture in Child Sexual Abuse in Institutional Contexts*).

[160] Ibid.

[161] Ibid.

[162] Ibid.

addentra senza rammarico in questioni di fede religiosa: ossia, andando ben oltre il proprio campo di competenza.

Detto questo, tutti sanno che la Chiesa è composta sia da santi che da peccatori. In questo senso, alcuni sacerdoti si sono pubblicamente lamentati dei vescovi su un'ampia gamma di questioni, tra cui[163]:

- L'assenza di controlli e contrappesi relativamente al vescovo o l'assenza di servizi di mediazione tra il vescovo ed il suo sacerdote;
- La tendenza, da parte dei vescovi, ad abominare tutte le critiche, tutte le valutazioni negative e tutte le lamentele o a trattare qualsiasi lamentela come un atto di disobbedienza;
- La tendenza a trattare domande, argomentazioni di replica ed espressioni di ragionevole disaccordo come atti di disobbedienza e di mancanza di rispetto, che a loro volta si correlano con un'avversione verso la comunicazione aperta e la condivisione delle informazioni;
- Il favoritismo mostrato nei confronti di coloro che preferiscono tacere e, viceversa, il trattamento negativo mostrato a coloro che parlano apertamente;
- L'infantilizzazione dei seminaristi e dei sacerdoti, attraverso la promozione di una interpretazione erronea dell'obbedienza che non incoraggia l'esercizio dell'indipendenza di giudizio; e
- La riluttanza di alcuni vescovi a rispettare gli standard in vigore per la scelta dei candidati al sacerdozio, per la loro formazione e la capacità di vivere la continenza ed il celibato perpetui.

Come discusso in precedenza, papa Francesco ha posto rimedio ad alcune delle carenze riguardanti la responsabilità dei vescovi ed il segreto pontificio[164]. Ha

---

[163] Rod Dreher, *Letter from a Frustrated Parish Priest*, «The American Conservative», 4 luglio 2018 (https://www.theamericanconservative.com/dreher/letter-from-a-frustrated-parish-priestcatholic/ - 10 novembre 2021); Si veda inoltre: J. R. T. Lamont, *Tyranny and sexual abuse in the Catholic Church: A Jesuit tragedy*, «rorate-caeli.blogspot.com», 27 ottobre 2018 https://rorate-caeli.blogspot.com/2018/10/tyranny-and-sexual-abuse-in-catholic.html – ultimo accesso verificato: 10 novembre 2021); Si veda anche: M. Medlin, *Fr. Pavone Refuses Meeting with Bishop Zurek, Requests Mediator*, «Catholic News Agency», 14 ottobre 2011 (https://www.catholicnewsagency.com/news/23556/fr-pavone-refuses-meeting-with-bishop-zurek-requests-mediator - ultimo accesso verificato: 10 novembre 2021).

[164] Francesco (papa), *Vos estis lux mundi. Apostolic letter issued motu proprio by the supreme pontiff Francis*.

emanato una legge universale che riguarda la segnalazione e la gestione delle denunce contro i vescovi, comprese le indagini della Chiesa sulle denunce per abuso sessuale contro un minore o un adulto vulnerabile; per atti sessuali con adulti in caso di violenza, minaccia o abuso di autorità; per atti di pedo-pornografia; e per l'insabbiamento dei crimini summenzionati. La segnalazione degli abusi alle autorità ecclesiastiche è obbligatoria, la ritorsione contro gli informatori è vietata e può costituire il crimine di insabbiamento.

Inoltre, il silenzio non può essere imposto per impedire una segnalazione. Altri aspetti riguardanti il rapporto fra vescovo e sacerdote dovrebbero essere studiati dalla Chiesa per determinare se si possono usare mezzi, come la mediazione, per migliorare le relazioni. Data la confusione generata da alcuni vescovi durante le udienze dell'ARC sul sigillo della confessione[165], le autorità dovrebbero prendere in considerazione la formazione teologica continua dei vescovi, la formazione sulla protezione dei bambini e la formazione della leadership basata sul concetto di virtù.

Legge canonica.

Il sistema disciplinare nel diritto canonico è stato descritto come «ingombrante, complesso e confuso»[166]. Tra le altre cose, l'ARC ha esortato ad attuare i seguenti aspetti:

- La segnalazione obbligatoria alle autorità civili;
- La rimozione permanente (o la dimissione) dal ministero dei sacerdoti o dei religiosi condannati per reati; e
- La pubblicazione delle decisioni scaturite da eventuali appelli affrontati all'interno delle Congregazioni competenti della Curia Romana[167].

---

[165] Si veda, per esempio: *Australian Archbishops Debate Seal of Confession,* «SSPX», 27 marzo 2017 (https://sspx.org/en/news-events/news/australian-archbishops-debate-seal-confession-28658 - ultimo accesso verificato: 10 novembre 2021); Si veda anche: Australian Royal Commission, *Case Study 50 Institutional Review of Catholic Church Authorities* (Udienze pubbliche), 6-10 febbraio 2017 (le trascrizioni sono consultabili online sul sito «childabuseroyalcommission.gov.au»,   si   veda: https://www.childabuseroyalcommission.gov.au/case-studies/case-study-50-institutional-review-catholicchurch-authorities - ultimo accesso verificato: 10 novembre 2021).

[166] Cfr. D. Palmer, V. Feldman, G. McKibbin, *Final Report: The Role of Organisational Culture in Child Sexual Abuse in Institutional Contexts.*

[167] Cfr. Ibid.

L'ARC, in particolare, ha suggerito che il diritto canonico sia modificato per includere: la specifica che il «segreto pontificio» non si debba applicare a «qualsiasi aspetto delle accuse o ai processi disciplinari canonici relativi agli abusi sessuali sui minori» (Raccomandazione 16.10)[168]. Papa Francesco ha affrontato quest'ultimo suggerimento. L'ARC ha inoltre menzionato la riformulazione dei reati relativi all'abuso sessuale sui minori «come crimini contro il minore, piuttosto che "delitti" contro la morale o violazione dell'obbligo di osservare celibato» (Raccomandazione 16.9). Riguardo a quest'ultimo punto, ci si dovrebbe soffermare soltanto su quest'aspetto del problema, dal momento che l'ARC desidera rendere il diritto canonico equivalente al diritto interno degli Stati, forse per timore che il primo usurpi il secondo.

Il diritto canonico ha una giurisdizione concorrente su alcuni reati che sono riconosciuti nelle leggi penali statali, ma per scopi religiosi e sanzioni religiose quando l'ordine pubblico della comunità ecclesiale è stato turbato. Le pene religiose, ovviamente, non includono la reclusione. Lo Stato ha giurisdizione quando lo stesso imputato turba l'ordine pubblico della società civile, il che lo espone all'arresto, al processo, alla condanna e alla pena, inclusa la reclusione. Ogni cattolico rimane soggetto alle leggi interne del territorio in cui si trova, risiede o lavora. Diversi capitoli di questo libro discutono la complessità del diritto canonico, il concetto di responsabilità nel diritto canonico e le questioni rilevanti nel diritto civile relative alla responsabilità civile e penale, nonché alle leggi sulla bancarotta nel diritto degli Stati Uniti ed in quello internazionale.

Anche una norma universale di segnalazione obbligatoria alle autorità civili è impraticabile, in molti Paesi, a causa dei conflitti armati, dei conflitti civili, dell'assenza di norme di legge, o a causa della persecuzione religiosa dei cristiani. In tali situazioni, la segnalazione alle autorità civili potrebbe provocare un genocidio dell'intera comunità cattolica in una determinata regione. Piuttosto, l'attuale regola generale è quella prudente, vale a dire che le autorità locali devono rispettare le leggi sulla denuncia civile.

Selezione, screening e formazione.

Per quanto riguarda la selezione, lo screening e la formazione iniziale dei seminaristi, l'ARC ha riscontrato che alcuni modelli di formazione sono «strumentali per inculcare una cultura del clericalismo» e che l'implementazione di

---

[168] Cfr. Ibid.

modelli accettabili era stata incoerente, ad hoc ed inefficace[169]. L'ARC ha suggerito che i vescovi e i superiori religiosi considerino:

- Un'ampia consulenza professionale nel loro processo decisionale in relazione all'ammissione delle persone all'ordinazione o alla professione dei voti (Raccomandazioni 16.21 e 16.22);
- Che lo sviluppo di documenti di indirizzo politico relativi alla formazione del clero e dei religiosi sia rivisto per affrontare esplicitamente l'abuso sessuale sui minori e la sua prevenzione (Raccomandazione 16.23); e
- Che venga condotta una revisione nazionale di tutti i modelli di formazione (Raccomandazione16.24)[170].

In risposta, gli attuali documenti delle linee guida approvati dal pontefice, discussi da Suzanne Mulrain e Robert L. Fastiggi nel loro capitolo sulla formazione dei seminaristi in questo libro[171], richiedono una formazione sulla prevenzione degli abusi sessuali sui minori. Inoltre, i vescovi appena ordinati sono tenuti a partecipare alle riunioni a Roma che includono le sessioni di lavoro sullo stesso tema. Infine, secondo quanto riferito, i vescovi australiani stanno esaminando diversi elementi riguardanti la formazione dei seminaristi, che, ad oggi, generalmente, «richiede di vivere in un collegio residenziale esclusivo, dominato dagli uomini, e di intraprendere un programma di formazione settennale con quattro dimensioni: spirituale, pastorale, umana e accademica»[172]. Mentre i vescovi australiani stanno rivedendo il programma nazionale di formazione sacerdotale, secondo quanto riferito, essi hanno anche considerato la possibilità di «smantellare del tutto il sistema dei seminari, a favore di un modello più ampio di apprendistato sacerdotale che preveda una maggiore interazione con la comunità»[173]. Sulla base dei risultati dell'ARC e dei casi decisi, alcuni vescovi australiani hanno riferito di aver preso coscienza del fatto che le «pratiche passate – come il controllo della povertà, le lezioni inadeguate al celibato e al ministero ed una cultura clericale che evitava le

---

[169] Cfr. Ibid.

[170] Cfr. Ibid.

[171] Cfr. S. Mulrain, R. L. Fastiggi, *La formazione dei seminaristi alla castità del celibato,* Infra, pp. 377–412.

[172] F. Tomazin, C. Vedelago, D. Cuthbertson, *The Catholic Church Rethinks Seminary Training after its Child Abuse Scandal,* «The Age», 24 settembre 2019 (https://www.theage.com.au/national/the-catholic-church-rethinks-seminary-training-after-its-child-abuse-scandal20190924-p52uhv.html - ultimo accesso verificato: 10 novembre 2021).

[173] Ibid.

donne – abbiano contribuito al problema degli abusi della chiesa» e che «un certo numero di seminari erano diventati luoghi in cui giovani repressi potevano approcciarsi sessualmente, l'uno con l'altro, con scarso successo, prima che alcuni di essi rivolgessero la loro attenzione sessuale verso i bambini della loro parrocchia»[174].

Supervisione, supporto e formazione.

L'ARC ha sottolineato alcuni problemi riguardanti la formazione inadeguata relativamente a:

- «Responsabilità professionale, mantenimento di confini sani ed etica ministeriale e professionale»;
- Inadeguata preparazione al ministero;
- Mancata considerazione di «solitudine, isolamento sociale e disagio personale come fattori relativi alle difficoltà del celibato»; e
- «Cattive gestione e supervisione»[175].

L'ARC ha suggerito lo sviluppo e l'attuazione di norme nazionali obbligatorie per lo sviluppo professionale regolare, per la supervisione professionale/pastorale, e per regolari valutazioni delle prestazioni (Raccomandazione 16.25), nonché programmi specializzati per lo screening, l'investitura, il supporto professionale e la supervisione di sacerdoti e religiosi reclutati dall'estero (Raccomandazione 16.46)[176]. A mio avviso, queste intuizioni e raccomandazioni sono date ragionevolmente se intese in merito sia agli squilibri che agli abusi di potere. Riguardo alla «responsabilità professionale, al mantenimento di sani confini e all'etica ministeriale e professionale», papa Francesco, per esempio, ha sostenuto e promosso lo sviluppo di corsi per una leadership basata sulla virtù rivolti a coloro che ricoprono posizioni di «leadership» all'interno della Curia Romana. Tuttavia, la formazione sul mantenimento dei sani confini o il suo equivalente in contesti laici (politiche anti-molestie) all'interno della Curia Romana, non è stata ancora implementata. Date alcune difficoltà associate alla selezione e alla formazione dei seminaristi, affiancate all'effettiva promozione delle relazioni omosessuali, contrarie agli insegnamenti della Chiesa, da parte di alcuni vescovi, sarebbe ingenuo pensare che gli adulti non

---

[174] Ibid.

[175] D. Palmer, V. Feldman, G. McKibbin, *Final Report: The Role of Organisational Culture in Child Sexual Abuse in Institutional Contexts*.

[176] Ibid.

abbiano bisogno di essere protetti dai predatori sessuali clericali o laici. Il caso di studio di McCarrick dimostra questo punto.

Sacramento della Riconciliazione.

L'ARC è stata turbata dal fatto che «le rivelazioni degli abusi sessuali sui minori, da parte di autori o vittime durante la confessione, non sono state segnalate alle autorità civili o non sono state affrontate in altro modo» e che «il sacramento ha creato una situazione in cui i bambini erano soli con un sacerdote» che poi ne ha abusato. Inquietante era anche il fatto che, alcuni leader della Chiesa cattolica avessero considerato l'abuso sessuale dei minori come «un peccato da affrontare attraverso l'assoluzione e la penitenza privata, piuttosto che come un crimine da denunciare alla polizia»[177].

L'ARC suggerì che il rito della confessione religiosa fosse condotto in uno spazio aperto e in modo che un altro adulto possa chiaramente tenere d'occhio la situazione (Raccomandazioni16.26, 16.48), e che le informazioni ricevute nel confessionale debba essere oggetto di segnalazione obbligatoria (Raccomandazioni 33, 35, 7.3, 7.4)[178].

L'ACBC e la CRA hanno osservato che l'audizione della confessione di gruppi di bambini è normalmente svolta allo scoperto e che le raccomandazioni riguardanti lo «spazio aperto ed una chiara linea di visione da parte di un altro adulto» per le confessioni individuali sono state prese in considerazione per l'attuazione[179]. Hanno anche spiegato che era contrario alla fede cattolica e «nemico della libertà religiosa» aspettarsi che i sacerdoti divulghino le informazioni fornite sotto il sigillo della confessione. La risposta, inoltre, riconosceva l'impegno a «salvaguardare i bambini e le persone vulnerabili mantenendo il sigillo»[180]. Non consideravano la «salvaguardia e il sigillo come mutualmente esclusivi»[181]. Questa posizione è rafforzata dalla *Nota sulla penitenza apostolica* del 2019, che riafferma l'inviolabilità del sigillo della confessione e sostiene che qualsiasi tentativo politico o legislativo di costringere i

---

[177] Ibid.

[178] Ibid.

[179] *Australian Catholic Bishops Conference and Catholic Religious Australia's Response to the Royal Commission into Institutional Responses to Child Sexual Abuse*, agosto 2018.

[180] Ibid.

[181] Ibid.

sacerdoti a rivelare quanto si dice in confessionale costituirebbe una violazione della libertà religiosa[182].

Riepilogo.

L'ARC ha completato un'indagine e uno studio di ampia portata su varie istituzioni nella società in cui i bambini erano stati abusati sessualmente. Secondo i suoi risultati, il peggior trasgressore delle istituzioni religiose prese in esame è risultato essere la Chiesa cattolica, in base al numero delle vittime che si sono fatte avanti. Le vittime, prevalentemente adolescenti di sesso maschile, sono stati considerati atipici rispetto ad altre istituzioni. L'ARC ha offerto una serie di raccomandazioni specifiche per la Chiesa cattolica, alcune delle quali hanno sollevato punti importanti che la Chiesa ha già adottato o sta prendendo in considerazione, mentre altre dovrebbero provocare preoccupazione, in particolare quegli aspetti fondati sulla teologia, sull'ecclesiologia e su elementi immutabili del diritto canonico.

Nonostante la risposta positiva dell'ACBC e della CRA alle raccomandazioni, alcune preoccupazioni dell'ARC sono, ovviamente, basate su valori e assunti che hanno avuto un impatto sul processo di ricerca e sui suoi risultati. Essi non rispecchiano pienamente la visione della Chiesa su questioni di antropologia, di sessualità umana o teologia, né apprezzano appieno l'ecclesiologia, incluse le osservazioni del papa emerito Benedetto XVI, citate in questo capitolo. Sebbene i risultati dell'ARC siano utili ed informativi per i nuclei di verità associati al potere delle dinamiche organizzative e di gruppo che esplora, essi non sono esaustivi per quel che riguarda gli elementi culturali concorrenti.

Conclusione.

Questo capitolo ha studiato il ruolo della cultura della Chiesa nella perpetrazione, individuazione e risposta alla violenza sessuale del clero contro i maschi attraverso un'analisi comparativa con altre istituzioni. La parte I è iniziata con il pensiero di papa Francesco sulla cultura della Chiesa ed ha sottolineato che la sua prospettiva dovrebbe essere vista in continuità con i passati pontificati per

---

[182] Ufficio stampa della Santa sede, *Nota della Penitenzieria Apostolica sull'importanza del foro interno e l'inviolabilità del sigillo sacramentale*, «Bulletin», 7 gennaio 2019 (http://press.vatican.va/content/salastampa/it/bollettino/pubblico/2019/07/01/0565/01 171.html - ultimo accesso verificato: 10 novembre 2021).

includere una considerazione più completa degli elementi pertinenti della cultura. L'approccio culturale, compresa l'attenzione al clericalismo, dovrebbe essere visto come complementare sia ai passati pontificati, sia alle recenti osservazioni del papa emerito Benedetto XVI. Tuttavia, il termine clericalismo deve essere definito con una specifica delineazione di atteggiamenti e comportamenti problematici. È necessaria una definizione specifica di atteggiamenti e comportamenti problematici. La parte II ha preso in considerazione tre casi studio ed ha offerto un'analisi da una prospettiva organizzativa per evidenziare quali elementi la Chiesa condivide con altre organizzazioni. Ha concluso che la Chiesa non differisce molto nel trattamento di un molestatore come McCarrick rispetto a come le istituzioni secolari hanno trattato gli altri famigerati molestatori. Questo è ovviamente deludente, data la natura e la missione della Chiesa. La parte III ha studiato i risultati dell'ARC, che sono utili, ma limitati. Alla fine, una discussione sulla cultura della Chiesa rappresenta un passo avanti nell'analisi della violenza sessuale clericale nella Chiesa e dovrebbe essere approfondita ma, a questo punto, preferibilmente dai membri della comunità dei fedeli laici insieme ai vescovi e ad esperti secolari, piuttosto che da parte di commissioni o comitati statali completamente laici.

Capitolo 8

Il clericalismo e l'emergenza degli abusi sessuali

Russell Shaw
Autore cattolico e giornalista

Introduzione.

Il clericalismo non è la causa dell'abuso sessuale da parte dei preti, né l'abuso sessuale da parte dei preti è la causa del clericalismo. Detto questo, tuttavia, esiste un importante collegamento tra i due. In breve, il clericalismo fornisce sia un ambiente congeniale per l'abuso da parte del clero, sia una ragione affinché esso venga tenuto nascosto dalle autorità ecclesiastiche. Questo capitolo spiega come il clericalismo influisca sulla Chiesa e come, altresì, consenta la cattiva condotta del clero, esaminando un caso esemplare - quello dell'ex cardinale Theodore McCarrick – ed offrendo, infine, alcune raccomandazioni in merito a come eliminare il clericalismo stesso dalla vita della Chiesa.

I. Clericalismo.

Il clericalismo è come la carta da parati nelle nostre sale da pranzo: è stata lì così a lungo che, realmente, non la vediamo più. Il clericalismo è profondamente radicato nella psiche cattolica – nel modo in cui comprendiamo sia noi stessi e gli altri, sia il nostro ruolo nella Chiesa. Dopo tanti anni, molti laici e molti ecclesiastici lo considerano come parte dell'ordine naturale delle cose: la Chiesa è semplicemente così, che piaccia oppure no, e nessuno può, o forse dovrebbe, fare nulla al riguardo.

Ma il clericalismo fa un danno enorme e vale la pena di porvi fine, poiché il suo ruolo nello scandalo degli abusi sessuali è chiaro. Per farlo, dobbiamo prima capire cosa sia.

La parola "clericalismo" può far riferimento a due cose abbastanza diverse. In Europa, il clericalismo, per lungo tempo, è stato il nome dell'interferenza degli ecclesiastici nella politica laica. Non sorprende che, a volte, tale interferenza debba essere avvenuta, visti i tanti secoli in cui la Chiesa e lo Stato sono stati più o meno fusi, provocando lotte di potere tra governanti religiosi e secolari (pontefici e imperatori, re e vescovi, e così via, lungo tutta la storia), con entrambe le parti ad accusarsi a vicenda di esagerare (e, con ogni probabilità, a ragione). L'investitura laica – ossia, quando le autorità laiche nominano vescovi e pastori – ha rappresentato un esempio secolare di ingerenza e di invasione da parte dei poteri laici.

Oggi, l'ingerenza del clero in politica non è certamente un problema in Europa, Stati Uniti, oppure nella maggior parte degli altri paesi. Il vero problema, ora, è rappresentato dalla campagna laicista in corso per scacciare la religione dalla pubblica piazza, costringendo al contempo le persone religiose a sottomettersi ed a cooperare con leggi e regolamenti che violano le loro convinzioni religiose nonché morali – una questione attualmente dibattuta nelle agenzie legislative ed amministrative e nei tribunali locali, tanto statali quanto federali.

Nel frattempo, tuttavia, il clericalismo di un tipo un po' diverso rimane un problema riscontrato *tra i* cattolici e *all'interno* della Chiesa, visibile nelle relazioni tra il clero e i laici, nonché nelle istituzioni e nei processi ecclesiastici. In termini generali, il clericalismo, in questo senso, rappresenta un atteggiamento, uno stato d'animo, che considera la vocazione e lo stato clericale nella vita ad essere, al tempo stesso, superiore a e normativo per tutte le altre vocazioni e stati cristiani. Gli ecclesiastici (soprattutto i vescovi ed i sacerdoti ma, in misura minore, anche i diaconi) sono visti come l'elemento attivo e dominante nella Chiesa. Sono loro che, per natura, prendono decisioni, impartiscono ordini ed esercitano il comando. In questo schema di cose, il ruolo dei laici è quello di ricevere gli ordini e, se sono fedeli membri della Chiesa, di fare esattamente come viene loro ordinato. Nella Chiesa di oggi, gli atteggiamenti ed i comportamenti associati al clericalismo non si ritrovano soltanto tra i membri del clero ma, molto spesso, sono condivisi anche dai laici cattolici[1].

Certo, c'è una parte verità in tutto questo. La Chiesa è gerarchicamente strutturata, con diversi uffici, funzioni e compiti. Ciascuno ha il proprio ruolo all'interno di questo sistema. Ci sono coloro che indirizzano e coloro che seguono. La situazione è meravigliosamente espressa da san Paolo nella visione ispirata della Chiesa come Corpo mistico di Gesù Cristo (Cfr. 1Cor 12, 12-28). Ma il clericalismo distorce e travisa questo ideale della complementarità riducendolo ad una caricatura: i chierici sono i padroni, i laici coloro che devono lasciarsi comandare. Questo non

---

[1] Per una trattazione estesa di questo argomento, si veda: R. Shaw, *To Hunt, To Shoot, To Entertain: Clericalism and the Catholic Laity* (San Francisco, California: Ignatius Press, 1993).

è certo, per i laici, un incoraggiamento ad assumere i ruoli affidati loro da Dio nell'apostolato (la missione della Chiesa di predicare la buona novella al mondo). Inoltre, ciò è in diretto conflitto con l'insegnamento del Concilio Vaticano II (nella Costituzione dogmatica sulla Chiesa, *Lumen Gentium*[2], e nel decreto sull'apostolato dei laici, *Apostolicam Actuositatem*[3]) e con il Codice del diritto canonico del 1983 che riflette tale insegnamento. L

Le persone che si chiedono quanto sia grave il clericalismo scorretto dovrebbero studiare e interiorizzare questo corpo della dottrina. Il cuore dell'insegnamento è formulato in questo modo nel Canone 208:

> Fra tutti i fedeli, in forza della loro rigenerazione in Cristo [vale a dire, tra ecclesiastici e laici allo stesso modo: *christifideles* – il fedele cristiano – significa "tutti noi"], sussiste una vera uguaglianza nella dignità e nell'agire, e per tale uguaglianza tutti cooperano all'edificazione del Corpo di Cristo, secondo la condizione e i cómpiti propri di ciascuno[4].

Altre sezioni del Codice affermano vari doveri e diritti dei laici, compreso l'impegno all'evangelizzazione. Il canone 212 dice che i fedeli sono «vincolati per obbedienza cristiana» a seguire l'insegnamento e le decisioni dei vescovi e sono liberi di far conoscere i loro bisogni e desideri ai pastori della Chiesa; secondo le loro qualifiche e coerentemente con «l'integrità della fede e della morale» ed il rispetto per i pastori. Il canone aggiunge che i laici hanno il diritto «e anche il dovere» di condividere, con i loro capi e con altri fedeli, la loro visione del bene della Chiesa[5].

---

[2] Concilio Vaticano II, *Costituzione dogmatica sulla Chiesa, Lumen Gentium,* «vatican.va», 21 novembre 1964 (https://www.vatican.va/archive/hist_councils/ii_vatican_council/documents/vat-ii_const_19641121_lumen-gentium_it.html - ultimo accesso verificato: 10 novembre 2021).

[3] Concilio Vaticano II, *Decreto sull'apostolato dei laici, Apostolicam Actuositatem,* «vatican.va», 29 giugno 1966 (https://www.vatican.va/archive/hist_councils/ii_vatican_council/documents/vat-ii_decree_19651118_apostolicam-actuositatem_it.html - ultimo accesso verificato: 10 novembre 2021).

[4] *Code of canon law (1983),* «vatican.va», s. d. (https://www.vatican.va/archive/cod-iuris-canonici/eng/documents/cic_lib2-cann208-329_en.html#TITLE_I. – ultimo accesso verificato: 10 novembre 2021), can. 208; Per il testo in italiano, si veda: *Codice di diritto canonico 1983,* «vatican.va», s. d. (https://www.vatican.va/archive/cod-iuris-canonici/ita/documents/cic_libroII_208-223_it.html#TITOLO_I – ultimo accesso verificato: 10 novembre 2021).

[5] Ibid., can. 212.

II. Un caso di studio sul clericalismo.

Oggi, invece del rapporto esposto dall'insegnamento della Chiesa e dal diritto canonico, vediamo le propaggini distruttive del clericalismo nello scandalo della cattiva condotta sessuale del clero. Il caso dell'ex cardinale Theodore McCarrick ne rappresenta una dolorosa illustrazione. Riconosciuto colpevole di cattiva condotta sessuale con seminaristi e giovani sacerdoti, oltreché con almeno un ragazzo, fu costretto a dimettersi dal Collegio cardinalizio ed, infine, venne laicizzato.

Gli atteggiamenti tipici del clericalismo potrebbero essere stati presenti nel comportamento altamente offensivo attribuito a McCarrick. Ma, più precisamente, il clericalismo rappresenta qualcosa di più radicato o non si spiegherebbe altrimenti che esso sia presente anche fra ai livelli più alti della gerarchia ecclesiastica; le accuse ed i sospetti che lo riguardavano erano, infatti, apparentemente noti, oppure almeno sospettati da persone di alto rango nella Chiesa, da tempi molto lontani. Pur sapendo oppure sospettando qualcosa, essi hanno chiuso gli occhi davanti ai comportamenti di McCarrick permettendone l'ascesa fra i ranghi della Chiesa. È così che il clericalismo agisce all'interno di un sistema chiuso e clericale. Dopotutto, l'individuo coinvolto era esso stesso una parte ben inserita nel sistema e, come tale, considerato meritevole del trattamento speciale riservato alle cariche di alto rango. Sebbene ai semplici preti che vennero accusati di cattiva condotta sessuale non fu riservata la medesima considerazione avuta per McCarrick, nei riguardi di essi, tuttavia, essenzialmente, agì la medesima dinamica clericale, per cui risultò possibile che i loro crimini fossero mantenuti segreti per un periodo più o meno lungo[6].

III. Papa Francesco denuncia il clericalismo.

Questo tipo di clericalismo è stato vigorosamente denunciato da papa Francesco in più occasioni. In una *Lettera al popolo di Dio,* denunciando la caricatura della Chiesa prodotta dalla sua riduzione ad insieme di "piccole élite", ha detto questo:

> il clericalismo, [è] quell'atteggiamento che "non solo annulla la
> personalità dei cristiani, ma tende anche a sminuire e a sottovalutare
> la grazia battesimale che lo Spirito Santo ha posto nel cuore della

---

[6] John Jay College, *The Causes and Context of Sexual Abuse of Minors by Catholic Priests in the United States,* 1950–2010 (2011), «bishop-accountability.org», 2011 (https://www.bishop-accountability.org/reports/2011_05_18_John_Jay_Causes_and_Context_Report.pdf   - ultimo accesso verificato: 10 novembre 2021), pp. 118–122.

nostra gente" [Lettera al Cardinale Marc Ouellet, Presidente della Pontificia Commissione per l'America Latina, 19 marzo 2016]. Il clericalismo, favorito sia dagli stessi sacerdoti sia dai laici, genera una scissione nel corpo ecclesiale che fomenta e aiuta a perpetuare molti dei mali che oggi denunciamo. Dire no all'abuso significa dire con forza no a qualsiasi forma di clericalismo[7].

Alcuni critici hanno obiettato che questo legame tra clericalismo e cattiva condotta sessuale del clero tende ad oscurare la vera causa di tale cattiva condotta, che coinvolge maggiormente vittime maschili, vale a dire: l'omosessualità. Ma questo non coglie il punto che il clericalismo, più che essere una causa, è ciò che si potrebbe definire un incoraggiatore di qualsivoglia genere di cattiva condotta, dotandola di un ambiente congeniale e, soprattutto, di occultamento.

IV. Cosa dovrebbe essere fatto

Allora, cosa si dovrebbe fare contro il clericalismo?

Prima di tutto, dobbiamo mettere da parte l'idea per cui la distinzione fra clero e laici dica tutto ciò che occorre dire sulla struttura fondamentale della Chiesa. È vero che, da un certo punto di vista, la Chiesa è divisa in ecclesiastici e persone laiche. Ma questa divisione non rappresenta né l'essenza né il fine dell'ecclesiologia. Più fondamentale di qualsiasi divisione è lo stato indiviso della comunità cristiana – la comunità battesimale dei *christifideles*. In termini ecclesiali, questa è la condizione della Chiesa considerata come *communio* – una comunità di persone in comunione con Dio e tra di loro, all'interno della quale le relazioni tra i membri manifestano qualche remota somiglianza con le relazioni all'interno della stessa Trinità.

Senza cadere preda delle confusioni presenti nel pensiero neo-congregazionalista in merito al clero, è imperativo che l'unità e l'uguaglianza radicali di tutti i membri della Chiesa, derivati dal battesimo, ricevano, oggi, una rinnovata enfasi. Che la Chiesa sia strutturata gerarchicamente e divisa fra clero e laici non deve oscurare l'unità e l'uguaglianza, non meno reali, di tutti i *christifideles*. È su questa base che ecclesiastici e laici possono scegliere e vivere le loro proprie vocazioni, apostolati e ministeri in modi che siano genuinamente complementari e di reciproco sostegno. Quando lo fanno, diventa chiaro che la complementarità e

---

[7] Francesco (papa), *Letter of His Holiness to the People of God in Chile*, «Vatican.va», 20 agosto 2018 (http://w2.vatican.va/content/francesco/en/letters/2018/documents/papa-francesco_20180820_lettera-popolo-didio.html - ultimo accesso verificato: 10 novembre 2021).

l'interdipendenza tra i laici ed il clero non siano soltanto convenienze sociologiche, ma elementi essenziali della comunità di fede.

Risulta implicita, in questo modo di pensare, una comprensione della "vocazione" che la interpreti come accettazione di tre realtà: in primo luogo, la vocazione battesimale – la chiamata di tutti i cristiani ad amare ed a servire Dio e il prossimo ed a fare la loro parte nell'opera della Chiesa; poi, lo stato nella vita – lo stato clericale, la vita consacrata, il matrimonio, ciascuno stato laico nel mondo – che fornisce un quadro stabile per vivere la vocazione battesimale ed è proprio questo il senso che si attribuisce comunemente alla "vocazione"; ed, infine, la vocazione personale. Questo terzo significato di vocazione esiste da molto tempo, ma solo di recente – e con un grande aiuto di san Giovanni Paolo II – si è affermato.

La vocazione personale rappresenta il ruolo unico, essenzialmente irripetibile, che Dio vuole che ciascuno di noi svolga nel suo progetto provvidenziale e redentore. Esso consiste – nella parole della Lettera agli Efesini – dell'insieme delle «opere buone che Dio ha predisposto perché noi le praticassimo» nel corso della vita (Ef. 2, 10). Ogni persona battezzata, uomo o donna, ecclesiastica oppure laica, ha un progetto assegnato. In *Christifideles laici* (*I membri laici del popolo fedele di Cristo*), la Magna carta per i laici, che ha pubblicato nel 1989, san Giovanni Paolo II, si dice in proposito:

> Dio mi chiama e mi manda come operaio nella sua vigna. Mi chiama e mi manda a lavorare per la venuta del suo Regno nella storia. Questa vocazione personale e missione definisce la dignità e la responsabilità di ciascun membro della comunità dei fedeli laici e costituisce il punto focale di tutto il lavoro di formazione, il cui scopo è il riconoscimento gioioso e grato di questa dignità e la realizzazione fedele e generosa di questa responsabilità[8].

L'errore fondamentale del clericalismo è di supporre che lo stato clericale sia lo standard di eccellenza, la norma, per tutti. Ma è la vocazione personale che stabilisce lo standard e stabilisce la norma della fedeltà alla volontà di Dio per ciascuno di noi. Per alcuni, ciò implica il sacerdozio; per altri è una chiamata alla vita

---

[8] Giovanni Paolo II (papa), *Christifideles laici. Post-synodal apostolic exhortation of His Holiness John Paul II on the vocation and the mission of the lay faithful in the Church and in the world*, «Vatican.va», 30 dicembre 1988, par. 58 (http://w2.vatican.va/content/john-paul-ii/en/apost_exhortations/documents/hf_jpii_exh_30121988_christifideles-laici.html).

di un laico che vive secondo i valori del Vangelo in mezzo al mondo. Ascoltare e tenere in considerazione la chiamata di Dio è ciò che conta.

E questo è il modo in cui la Chiesa supererà il clericalismo quale mezzo di incoraggiamento per l'abuso sessuale da parte del clero e quale fattore di morte in altre aree della sua vita come *communio*.

TERZA PARTE
CONSEGUENZE: CONSIDERAZIONI LEGALI E POLITICHE.

Riepilogo della Terza parte.

Jane F. Adolphe, Esq.

Professoressa di diritto, Ave Maria School of Law, Naples, Florida
Professoressa aggiunta, School of Law, University of Notre Dame, Sydney,
Australia

Nell'introduzione a questo volume è stato osservato che, in considerazione tanto del bene della Chiesa, quanto del bene di coloro che provano un'attrazione per lo stesso sesso, la Chiesa stessa ritiene che ci siano «conseguenze negative che possono derivare dall'ordinazione di sacerdoti con tendenze omosessuali profondamente radicate». Ovviamente, le conseguenze negative derivano anche dall'ordinazione di candidati che agiscono in modo sessuale con un partner del sesso opposto e non soltanto con partner dello stesso sesso. I capitoli della **Terza parte** considerano alcune delle conseguenze legali direttamente collegate a questo genere di prassi, la quale trascura la saggezza delle istruzioni e delle direttive sulla formazione del seminario e sull'ordinazione al sacerdozio.

La **Terza parte** contiene cinque capitoli di quattro diversi autori, i quali offrono le loro riflessioni al fine di aiutare la Chiesa ad andare avanti. In questa parte vengono esposte le conseguenze, da un lato, sia per la Chiesa, sia per coloro che credono ancora che i sacerdoti debbano essere protetti dalle autorità civili (vale a dire: possibili azioni penali o responsabilità civile) e, dall'altro, per coloro che, invece, sono indifferenti a determinate condotte sessuali del clero. I predatori sessuali che violano la legge che è stata imposta per proteggere i bambini o gli adulti non sono soltanto dei criminali, ma rappresentano un importante fattore di passività finanziaria per la Chiesa.

Tuttavia, sappiamo tutti che il vero obiettivo finale, quello più profondo, non ha nulla a che vedere con le finanze. Esso è, piuttosto, indirizzato verso la salvezza delle anime; la protezione dei bambini e degli adulti sia dagli abusi sessuali, sia dagli abusi del potere spirituale e dell'autorità; la prevenzione di ogni genere d'abuso,

285

attraverso il rispetto della voce delle vittime e dei loro familiari, con una comprensione molto maggiore per i danni arrecati e per le vie disponibili, all'interno della Chiesa e delle autorità statali, per la giusta risoluzione delle questioni. In considerazione di tutto questo, la **Terza parte** espone le questioni legali in gioco (utilizzando il diritto americano come caso di studio), discute le sfide future per la Chiesa nel campo del diritto canonico e formula alcune raccomandazioni per il cambiamento.

I.

Susan Mulheron, Cancelliere per gli Affari canonici delle arcidiocesi di san Paolo e Minneapolis, parlando a titolo personale, offre un'analisi strutturata in dieci punti. Essa costituisce lo sfondo per un'analisi dettagliata della violenza sessuale e delle molestie da parte del clero contro i bambini e gli adulti. Susan Mulheron sottolinea la necessità di:

- Riconoscere le espressioni globali e locali della Chiesa cattolica e del diritto canonico;
- Comprendere gli effetti dannosi del comportamento sessualmente aggressivo e degli approcci culturali disparati;
- Collocare la legge universale nel proprio contesto, comprendendo l'ampia autorità discrezionale dei vescovi;
- Prendere atto del rifiuto o dell'incapacità di utilizzare i rimedi canonici nei decenni successivi al Concilio Vaticano II;
- Individuare le questioni culturali, istituzionali e sistemiche insite nel diritto canonico e, di conseguenza, anche il bisogno di affrontarle;
- Riconoscere i diritti ed i doveri concorrenti che esistono nei processi riguardanti i casi di aggressione sessuale da parte del clero;
- Aumentare la consapevolezza della natura e del danno sia delle molestie sessuali da parte del clero, sia degli abusi, nonché del clericalismo quale fattore che ad essi contribuisce o che di essi si rende complice;
- Apprezzare le esigenze emergenti e le risposte necessarie richieste dal diritto canonico per fornire degli strumenti efficaci;
- Sviluppare standard e metodi di applicazione per i vescovi; e
- Creare le strutture di responsabilità mancanti per i vescovi.

Mulheron conclude che «de questioni fondamentali al centro della crisi della cattiva condotta sessuale del clero sono culturali, istituzionali e sistemiche»; perciò, «una risposta efficace alla crisi deve essere, allo stesso modo, culturale, istituzionale e sistemica». La Lettera apostolica di papa Francesco, *Vos Estis Lux Mundi*, affronta alcune di queste sfide; ma molto dipende dalla volontà dei vescovi di rendersi effettivamente responsabili dell'attuazione del diritto canonico e di riconoscere il loro serio e solenne dovere di proteggere le persone dagli abusi sessuali del clero.

II.

Il secondo capitolo di Susan Mulheron approfondisce le strutture e le responsabilità della Chiesa nel campo del diritto canonico in riferimento alla questione della riservatezza. La sua attenzione non è indirizzata alla lettera apostolica di papa Francesco *Vos Estis Lux Mundi*, ma piuttosto alle sfide associate agli obiettivi ed ai princìpi del piano proposto dalla Conferenza dei vescovi cattolici degli Stati Uniti (USCCB) del 18 novembre 2018, vale a dire:

- Un sistema di segnalazione da parte di soggetti terzi che dovrebbe ricevere le denunce di abuso sessuale sui minori (nonché delle molestie sessuali o della cattiva condotta sessuale con adulti da parte dei vescovi), per, a sua volta, indirizzarle all'attenzione dell'autorità ecclesiastica più appropriata;
- Le restrizioni ai vescovi rimossi o che si erano dimessi a causa della cattiva condotta sessuale;
- Un Codice di condotta per i vescovi; e
- Un'indagine completa sulla situazione che coinvolge McCarrick ed altre presunte aggressioni contro minori, sacerdoti e seminaristi, nonché su qualsiasi risposta fornita a tali accuse.

Mulheron analizza le preoccupazioni sollevate dalle proposte e l'effetto dell'intervento della Congregazione dei vescovi che ha bloccato il processo di voto. La studiosa, inoltre, sottolinea che la Lettera apostolica emessa con *motu proprio* da papa Francesco nel 2016, *As a Loving Mother (Come una madre amorevole)*, la quale tenta di concretare una struttura più articolata di responsabilità, non ha raccolto le necessarie attenzioni. La studiosa ipotizza che ciò sia avvenuto, molto probabilmente, perché questo documento «non è stato promulgato per rimuovere forzatamente un vescovo dal proprio ufficio religioso». Eppure, papa Francesco ha accettato diverse dimissioni episcopali, pur senza coinvolgere i princìpi del giusto processo secondo il diritto canonico, ma, per questo, è stato comunque criticato. Tali critiche, stando al punto di vista della studiosa, appaiono come miopi. I critici, infatti, non capiscono che l'atto di «offrire liberamente le dimissioni dall'incarico di fronte alle sfide fornisce anche un espediente, per la comunità, per abbandonare una leadership che, ormai, è diventata fonte di distrazione o inefficace».

III.

Ronald Rychlak, Professore di legge presso la Facoltà di Giurisprudenza dell'Università del Mississippi, esamina gli aspetti criminali della cattiva condotta sessuale del clero. Sottolinea che la «capacità legale di dare il consenso è fondamentale per i crimini in questione», poiché la maggior parte delle vittime era in età post-puberale ed adolescenziale (ossia, fra i tredici ed i diciassette anni di età); meno del 15 percento aveva un'età inferiore ai dieci anni. Rychlak nota che le vittime maschili erano più numerose delle vittime femminili: con un rapporto di oltre quattro a uno.

Tuttavia, alcuni molestatori hanno cercato di giustificare «nelle loro menti, il contatto sessuale con i bambini riferendosi ad esso come ad un semplice "gioco scatenato" e credendo che i bambini - vittime dell'abuso - [fossero] partecipanti consenzienti», specialmente nei casi in cui la vittima era «un ragazzo adolescente, prossimo all'età legale del consenso». Tali scuse, tuttavia, non sono riconosciute dalla legge: l'attività sessuale di un ecclesiastico con un soggetto sotto l'età del consenso rimane un crimine.

Rychlak osserva che «alcuni episodi di abuso comportano il contatto e l'effettiva penetrazione», mentre altre forme potrebbero non comportare il contatto. A titolo di esempio, cita lo studio del John Jay commissionato dall'USCCB. Rychlak ha rilevato che le forme più comuni di abuso sessuale, quando non rientravano nella definizione legale di stupro, includevano comunque: l'atto di «"toccare la vittima sotto i vestiti", di "intraprendere un discorso sessuale", di "mostrare pornografia"», di attuare un contatto sessuale (anche da vestiti) e/o veri e propri atti sessuali, di spogliare la vittima e/o di scattarle delle fotografie, di intraprendere giochi sessuali e di scambiarsi «abbracci e baci». Le altre questioni trattate in questo capitolo includono:

- I reati ai sensi delle leggi federali e statali americane;
- Il fallimento nell'attività di segnalazione; e

- Le risposte legali, come la revoca degli statuti di prescrizione e restrizione ai sensi della RICO (ossia, della legge sulle organizzazioni corrotte e influenzate dalla malavita).

Rychlak conclude che non si dovrebbe essere sorpresi dal fatto che «i sistemi legali stiano rispondendo. Le persone si aspettano giustamente che le autorità civili le proteggano dal crimine. I sistemi governativi soddisfano da tempo le esigenze della Chiesa, ma i malfattori hanno sfruttato tali soluzioni».

IV.

Brian Scarnecchia, Professore di diritto presso *l'Ave Maria School of Law* in Florida, discute le principali teorie sulla responsabilità civile argomentate nelle cause intentate contro la Chiesa locale negli Stati Uniti, includendo anche quelle intentate direttamente contro i vescovi, i sacerdoti ed altri dipendenti vari. Egli restituisce una panoramica della teoria della responsabilità civile nel contesto della protezione costituzionale della religione ai sensi del Quattordicesimo Emendamento. Esso garantisce che lo Stato non istituisca, sponsorizzi o favorisca una religione rispetto ad un'altra e che ciascuna setta religiosa possa liberamente adorare, praticare la propria fede ed amministrare i propri affari ecclesiastici secondo le proprie dottrine religiose. Egli esamina le seguenti teorie:

- Violazione istituzionale del dovere fiduciario nell'amministrazione della Chiesa;
- Negligenza dell'organizzazione nell'amministrazione della Chiesa;
- Molestie sessuali e ambiente di lavoro ostile in ambito ecclesiastico;
- Responsabilità indiretta (*respondeat superior*) dell'amministrazione della Chiesa per cattiva condotta sessuale del clero;
- Richieste civili della RICO contro l'amministrazione della Chiesa per essersi impegnata in un'impresa e/o modello tipico del crimine organizzato nei casi di cattiva condotta sessuale del clero; e
- Rivendicazioni contro l'amministrazione della Chiesa per aver consentito che la cattiva condotta sessuale del clero diventasse un disturbo per la quiete pubblica.

Scarnecchia, inoltre, considera la Santa sede come un imputato per gli incidenti dovuti alla cattiva condotta sessuale del clero che si verificano negli Stati Uniti, con attenzione alle protezioni offerte alla Santa sede ai sensi della *Foreign Sovereign Immunity Act*. Altre dottrine rilevanti includono: l'immunità del capo di Stato e la responsabilità del comando militare.

V.

John M. Czarnetzky, Professore di diritto presso la Facoltà di Giurisprudenza dell'Università del Mississippi, fornisce una panoramica della bancarotta americana prendendo in considerazione il fatto che almeno «diciotto diocesi cattoliche ed ordini religiosi hanno presentato una istanza di fallimento dal 2002». Egli fornisce una panoramica dei due modelli generali di casi di fallimento negli Stati Uniti: la liquidazione fallimentare per bancarotta ai sensi del capitolo 7 del Codice ed il fallimento di riorganizzazione ai sensi del capitolo 11 del Codice. Il primo assicura che «il debitore consegni tutti i suoi beni ad un fiduciario, il cui dovere è di amministrare tali beni a beneficio dei creditori del suddetto debitore», mentre il secondo garantisce che il debitore conservi l'amministrazione e la proprietà dei suoi beni e continui ad operare come prima, pur restando soggetto alla supervisione del tribunale.

Nessuno dei fallimenti diocesani è stato un caso di liquidazione (ai sensi del capitolo 7). Tutti i casi sono stati archiviati ai sensi del capitolo 11 del Codice, che ha portato ad una «distribuzione ordinata di centinaia di milioni di dollari alle vittime di cattiva condotta sessuale del clero in cambio di un nuovo inizio finanziario per le diocesi e gli ordini religiosi coinvolti».

Czarnetzky avverte, tuttavia, che, in futuro, tutto ciò potrebbe cambiare con quella che descrive come la seconda ondata delle vittime degli illeciti sessuali, i quali coinvolgono, da un lato, soggetti maschi adolescenti, e, dall'altro, i seminaristi (che sono sotto l'autorità del predatore sessuale). Queste vittime differiscono per natura da quelle della prima ondata la quale era costituita, così come comunemente si presumeva, da bambini in età pre-puberale. Provocati dall'indifferenza episcopale oppure dall'acquiescenza al cosiddetto «consenso sessuale scorretto», gli avvocati civilisti privati stanno esplorando alcune nuove teorie sulle responsabilità penale e civile, anche ai sensi degli statuti federali della RICO.

Czarnetzky prevede degli effetti deleteri. Le future riorganizzazioni diocesane, provocate dalle rivendicazioni degli illeciti da parte della nuova ondata, potrebbero avere meno successo nel raggiungimento degli obiettivi sinora raggiunti, a causa della natura delle rivendicazioni e, cosa più importante, della mancanza, da parte dei vescovi diocesani, sia di una giusta risposta nei loro confronti, sia del rispetto delle leggi civili che riguardano questi casi. Lo studioso esplora alcune teorie legali che potrebbero influenzare la riorganizzazione in futuro.

Una teoria legale promuove la nomina di un fiduciario, ai sensi del capitolo 11, che, per sua natura, implicherebbe che «il vescovo perda il controllo sostanziale dei beni a favore di una terza parte sull'obiettivo principale della riorganizzazione». Un'altra teoria si concentrerebbe sulla mancanza di buona fede del vescovo e sosterrebbe che la dichiarazione di fallimento per bancarotta sia intesa esclusivamente ad evitare altri statuti (per esempio, quello della RICO) e non costituirebbe, di conseguenza, un «valido scopo di riorganizzazione». Una terza teoria (quella del cosiddetto consolidamento sostanziale) cercherebbe di stabilire, nel fallimento diocesano, «il controllo episcopale sulle parrocchie e sulle altre persone giuridiche correlate che non sono legate alla missione religiosa della Chiesa». Nelle situazioni in cui il vescovo ha mostrato sprezzante indifferenza verso le leggi civili che proteggono le persone dalle molestie sessuali, per esempio, ed ha utilizzato persone giuridiche per mantenere nel silenzio gli informatori, la giustizia potrebbe richiedere che le stesse entità vengano a tutti gli effetti considerate come disponibili per rispondere alle richieste di risarcimento dei creditori. In breve, i vescovi «coinvolgendo evidentemente» queste entità, le quali hanno provocato gravi danni alle vittime e non sono collegate alla missione religiosa della Chiesa, potrebbero consentire che sia attuato contro la loro diocesi un procedimento di consolidamento.

L'indifferenza di vescovi alla cattiva condotta sessuale dei sacerdoti con i ragazzi adolescenti e i seminaristi, insieme al nuovo interesse sociale, legale e giudiziario verso tali tipologie di denunce influenzeranno non soltanto la natura delle argomentazioni che le vittime danneggiate presenteranno, come già segnalato in parte da Scarnecchia nel proprio contributo in questo libro, ma potrebbero anche influenzare negativamente (ossia, a sfavore delle diocesi) l'approccio attualmente preferito per affrontarle, vale a dire il procedimento di riorganizzazione fallimentare.

Capitolo 9

Una panoramica su problemi, sfide e diritto canonico.

Susan Mulheron*
Cancelliere per gli Affari canonici,
Arcidiocesi di Saint Paul e Minneapolis, Saint Paul

Introduzione.

Dall'estate del 2018 c'è stata una rinnovata attenzione all'emergenza degli abusi sessuali nella Chiesa cattolica. Qui cercherò di fornire una breve panoramica delle varie questioni e sfide che hanno coinvolto la Chiesa nell'affrontare questo argomento, dal mio punto di vista di avvocato canonico il cui lavoro include l'assistenza ai vescovi nel rispondere alle denunce di abusi sessuali da parte del clero.

La mia tesi di base è questa: le questioni fondamentali al centro della crisi sulla cattiva condotta sessuale del clero sono culturali, istituzionali e sistemiche. Pertanto, una risposta efficace all'emergenza deve essere anch'essa culturale, istituzionale e sistemica. Il diritto canonico, in quanto struttura giuridica della Chiesa cattolica, riflette queste stesse questioni culturali, istituzionali e sistemiche, e quindi dobbiamo essere attenti ai modi in cui il diritto canonico può essere usato o abusato per affrontare od esacerbare la crisi: una crisi che non soltanto sembra non avere un tramonto imminente, ma che sta aumentando di intensità. Evidenzierò una serie di dieci sfide che esamineranno il contesto in cui il diritto canonico è stato redatto ed orientato; esaminerò come sia stato e non sia stato applicato nella pratica ed offrirò, infine, alcune osservazioni su dove potremmo guardare al diritto canonico per proiettarci nel futuro. Vorrei sottolineare che queste sfide non sono di per sé problemi che devono essere risolti. Essi rappresentano, piuttosto, il quadro per un approccio realistico finalizzato ad affrontare una crisi, un'emergenza, che è culturale, istituzionale e sistemica.

La prima sfida è che la Chiesa cattolica è un'istituzione globale che trova la sua massima espressione a livello locale. Essa è, altresì, governata sia da norme universali che si applicano in tutta la Chiesa globale, sia da leggi particolari emanate da autorità inferiori, come i vescovi diocesani e le conferenze episcopali. Alcuni concetti, idee, possono facilmente essere legiferati a livello universale ed attuati in tutto il mondo, sebbene, nella maggior parte dei casi, anche le leggi universali siano redatte in modo tale da consentire un'adeguata applicazione a livello locale, alla luce di circostanze locali e di casi eccezionali. Mentre la Chiesa negli Stati Uniti celebra gli stessi sacramenti ed opera secondo la stessa legislazione canonica universale della Chiesa in Corea, in Ecuador, in India e in Ghana, la Chiesa, come è vissuta in ciascuno di questi luoghi, incontra fattori culturali unici e specifici che chiamano il vescovo locale ad insegnare, a santificare e a governare in un modo che sia capace di rispondere adeguatamente al contesto locale. Dove c'è una norma uniforme da sostenere, come nella liturgia, la legge universale è molto specifica. Laddove l'autorità locale sia giudicata nella posizione migliore per determinare il modo più appropriato di sostenere uno standard generale, il diritto canonico fornirà lo spazio all'esercizio del principio di discrezionalità di tale autorità.

Sfida 2. Sviluppare la comprensione degli effetti dannosi sia del comportamento sessualmente aggressivo, sia dei diversi approcci culturali.

La seconda sfida è che la consapevolezza e la sensibilità della Chiesa e della società in generale (e specialmente della società occidentale) agli effetti dannosi dell'aggressione sessuale e dell'aggressività sono emerse soltanto negli ultimi decenni. Nel tempo, la tolleranza sociale per la violenza sessuale è diminuita man mano che è aumentata la consapevolezza degli effetti dannosi dell'abuso sessuale sulle persone vulnerabili. Questa consapevolezza è stata accompagnata da sviluppi nelle scienze psicologiche, da trattamenti terapeutici per le vittime e gli autori e dall'avanzamento di vari rimedi legali disponibili per intentare azioni civili contro la Chiesa[1].

Sebbene sia chiaro che la sensibilità culturale sul tema dell'aggressione sessuale è cambiata, essa non è cambiata in modo uniforme in tutto il mondo. Ciò che può

---

* Le opinioni espresse in questo contributo devono considerarsi rappresentative soltanto del pensiero dell'autore e non devono essere attribuite all'Arcidiocesi.

[1] B. Kahr, *The Sexual Molestation of Children: Historical Perspectives*, «The Journal of Psychohistory», Vol. 19, n. 2, 1991, pp. 191–214, 206–207; Per il testo dell'articolo, si veda sul sito «jstor.org»: https://www.jstor.org/stable/30091236 – ultimo accesso verificato: 10 novembre 2021.

essere considerato un contatto normale ed innocuo tra un adulto ed un minore in una cultura (come, per esempio, un bacio, un abbraccio oppure un tocco) può essere considerato inappropriato o addirittura abusivo in un'altra. Anche all'interno della stessa cultura, un comportamento che non avrebbe sollevato alcun sopracciglio trent'anni fa potrebbe, oggi, essere considerato sessualmente violento. Queste norme culturali così disparate rendono difficile redigere una legislazione canonica a livello universale che sia applicabile in modo appropriato in tutto il mondo. Per questo motivo, la Chiesa ha generalmente rinviato al giudizio discrezionale degli enti locali all'interno di alcuni parametri universali generali.

Sfida 3. Il diritto canonico universale nel contesto.

La terza sfida è che il diritto canonico universale pertinente venne promulgato prima che gli effetti dannosi dell'abuso sessuale fossero pienamente riconosciuti e, certamente, molto prima che tale riconoscimento avesse raggiunto il livello di consapevolezza che esiste oggi[2]. La fonte primaria e fondamentale del diritto, nella Chiesa, è il Codice del diritto canonico del 1983 che, per sua natura, è un sistema normativo codificato, resistente all'aggiornamento ed al cambiamento. Ciò significa che abbiamo ereditato una ricca storia di legislazione ecclesiastica che è senza tempo nella sua saggezza, ma che è anche radicata nel tempo per quel che riguarda la sua adattabilità a quelle che possono essere le esigenze in rapida evoluzione della comunità. In ragione di questa sua natura e della sua storia, il diritto universale della Chiesa non coglie bene, se non affatto, il fenomeno della natura violenta e predatoria dell'aggressione sessuale da parte del clero nel contesto di un intrinseco squilibrio di potere, soprattutto quando avviene tra due adulti.

Quegli adulti che subiscono aggressioni sessuali in una situazione di squilibrio di potere sono comunemente definiti "adulti vulnerabili". Questo termine non è del tutto impreciso, dato che le stesse dinamiche di potere creano una situazione di

---

[2] È importante riconoscere che esistono molte Chiese cattoliche orientali, le quali sono regolate dal Codice dei canoni delle chiese orientali del 1990, e non dal Codice del diritto canonico del 1983, il quale riguarda soltanto la Chiesa latina. Il primo canone del Codice di diritto canonico, infatti, recita: «I canoni di questo Codice riguardano la sola Chiesa latina». Ai fini di questo documento, la discussione sul diritto canonico sarà limitata solo ed esclusivamente al caso della Chiesa latina. Per il Codice, si veda: *Code of canon law (1983)*, «vatican.va», s. d. (https://www.vatican.va/archive/cod-iuris-canonici/eng/documents/cic_lib1-cann1-6_en.html – ultimo accesso verificato: 10 novembre 2021); Per il testo in italiano, si veda: *Codice di diritto canonico 1983*, «vatican.va», s. d. (https://vatican.va/archive/cod-iuris-canonici/ita/documents/cic_libroI_1-6_it.html – ultimo accesso verificato: 10 novembre 2021).

vulnerabilità. Tuttavia, sia il diritto civile, sia il diritto canonico, posseggono proprie definizioni legali dell'espressione "adulto vulnerabile" e perciò, per motivi di chiarezza e data la sua portata limitata, eviterò l'uso di tale termine. La definizione canonica nel contesto dell'abuso sessuale recita così: «Nel [caso del reato di abuso sessuale], una persona che possiede abitualmente l'uso imperfetto della ragione è da considerarsi equivalente ad un minore». Ciò non deve essere inteso per includere il fenomeno dell'abuso sessuale contro gli adulti che non soffrano altrimenti di un'inibizione abituale delle loro facoltà mentali, anche di coloro che potrebbero essere definiti "vulnerabili" a causa di uno squilibrio di potere[3]. Nel maggio del 2019, papa Francesco ha promulgato un nuovo *motu proprio, Vos Estis Lux Mundi*, che ha reso effettivi i requisiti obbligatori di segnalazione nella Chiesa nel caso in cui un sacerdote (o un membro di un ordine religioso) si impegnasse in un contatto sessuale con una "persona vulnerabile". Tale normativa definisce una persona vulnerabile come «ogni persona in stato d'infermità, di deficienza fisica o psichica, o di privazione della libertà personale che di fatto, anche occasionalmente, ne limiti la capacità di intendere o di volere o comunque di resistere all'offesa» (Art. 1 §2 (b)). Questa legge richiede che tali reati siano denunciati all'autorità ecclesiastica e trattati in modo appropriato, ma non cambia la definizione di cosa costituirebbe un crimine ai sensi del diritto canonico. Questi reati contro "persone vulnerabili" che non rientrano nell'ambito limitato di un delitto grave, come sopra descritto, rimangono di competenza discrezionale del vescovo per essere affrontati.

Il fatto che la Chiesa non affronti bene il fenomeno dell'aggressione sessuale da parte del clero, nel contesto di un intrinseco squilibrio di potere, specialmente tra due adulti, in qualche modo non deve sorprendere. Prima che il primo grande caso di abuso sessuale contro i minori da parte del clero, negli Stati Uniti, venisse

---

[3] Si veda: Congregatio pro Doctrina Fidei, *Rescriptum et audientia. Normae de gravioribus delictis*, «press.vatican.va», 15 luglio 2010, art. 6, par. 1: «Delicta graviora contra mores, Congregationi pro Doctrina Fidei cognoscendo reservata, sunt: 1° delictum contra sextum Decalogi praeceptum cum minore infra aetatem duodeviginti annorum a clerico commissum; in hoc numero minori aequiparatur persona quae imperfecto rationis usu habitu pollet» (https://press.vatican.va/content/salastampa/it/bollettino/pubblico/2010/07/15/0460/01049.html - ultimo accesso verificato: 10 novembre 2021). La traduzione della citazione è: «I delitti più gravi contro i costumi, riservati al giudizio della Congregazione per la Dottrina della Fede, sono: 1° il delitto contro il sesto comandamento del Decalogo commesso da un chierico con un minore di diciotto anni; in questo numero, viene equiparata al minore la persona che abitualmente ha un uso imperfetto della ragione». Si veda anche: Si veda anche: Acta Apostolicae Sedis, n. 102, «vatican.va», 2010, pp. 419-430 (https://www.vatican.va/archive/aas/documents/2010/AAS-INDICE2010.pdf - ultimo accesso verificato: 10 novembre 2021).

pubblicizzato dai media nel 1984[4], la dinamica dell'abuso sessuale di bambini non veniva discussa spesso: da un lato, poche vittime presentavano le proprie richieste alle autorità, dall'altro, l'azione penale per questo genere di reati era raramente coinvolta ed ancor più rare erano le cause civili[5]. La consapevolezza dell'abuso sessuale contro gli adulti negli Stati Uniti è ancora più recente ed, attualmente, la vediamo svilupparsi nella politica e ad Hollywood, oltre che nella Chiesa.

Ciò non significa che non ci siano norme o processi canonici nel Codice che affrontino l'abuso sessuale da parte del clero, perché certamente ci sono. Tuttavia, esse sono state redatte in modo tale che, per definizione, al vescovo locale è concessa un'autorità discrezionale incredibilmente ampia in merito alla loro applicazione, mentre, allo stesso tempo, la legge universale della Chiesa offre una guida limitata. Questo è un sistema che fornisce una certa stabilità ed uniformità di base in tutta la Chiesa, mentre esercita anche una forte pressione sulle autorità inferiori della Chiesa per identificare dove le norme universali non tengono adeguatamente conto sia delle esigenze disciplinari della Chiesa locale, sia della crescente consapevolezza delle dinamiche peculiari del comportamento sessuale predatorio.

Sfida 4. Rifiuto o incapacità di utilizzare i rimedi canonici.

La quarta sfida è che sta diventando sempre più chiaro che, nei decenni successivi al Concilio Vaticano II, la maggior parte dei vescovi non ha pienamente attuato gli strumenti ed i processi canonici a sua disposizione per rispondere all'abuso sessuale da parte del clero[6]. Da decenni ormai, molti avvocati canonici hanno notato che la Chiesa è sempre stata a conoscenza del reato di abuso sessuale

---

[4] È il caso di padre Gilbert Gauthe, sacerdote della diocesi di Lafayette, che nel 1984 è stato incriminato per trentaquattro capi di atti sessuali contro dei bambini. Si veda: N. Cafardi, *Before Dallas: The U.S. Bishops' Response to Clergy Sexual Abuse of Children* (Mahwah, New Jersey: Paulist Press, 2008), p. 10.

[5] T. Doyle, S. Rubino, *Catholic Clergy Sexual Abuse Meets the Civil Law*, «Fordham Urban Law Journal», Vol. 31, n. 2, 2003, pp. 549–555; Il testo integrale dell'articolo è consultabile sul sito «ir.lawnet.fordham.edu», si veda: (https://ir.lawnet.fordham.edu/cgi/viewcontent.cgi?referer=&httpsredir=1&article=1888&context=ulj – ultimo accesso verificato: 10 novembre 2021).

[6] Nel mio riferimento qui a "dopo il Concilio Vaticano II", non intendo implicare che a quel punto ci sia stato un cambiamento nella pratica dei vescovi che applicano la legge. Semplicemente non disponiamo di dati per trarre dei risultati conclusivi sull'utilizzo della legge prima del Concilio. Per lo meno, la mancanza di dati non ci consente di concludere che questi processi siano stati utilizzati con regolarità, soprattutto in considerazione del fatto che le accuse sono state segnalate raramente.

contro i minori da parte del clero, come evidenziato da disposizioni di diritto
canonico risalenti alla Chiesa del passato che prevedono l'applicazione di pene
severe in questi casi. Più aumentano gli studi storici e le pubblicazioni di documenti
diocesani, più si accumulano sempre nuove prove che supportino fermamente
l'affermazione per cui i processi e gli strumenti canonici sono stati generalmente
ignorati per molti anni ed, in qualche modo, continuano ad essere respinti anche
oggi[7]. Le spiegazioni di questo fenomeno, che vengono generalmente presentate,
sono che le norme non sono state applicate perché i vescovi non sapevano
nemmeno che esistessero o, se ne conoscevano l'esistenza, che i vescovi (o, se è per
questo, i loro canonisti) non le capivano abbastanza bene da impiegarle, oppure che
i vescovi rifiutavano apertamente l'utilizzo di misure penali in quanto ritenute
incompatibili con i fini pastorali della Chiesa. L'ultima spiegazione è talvolta
attribuita ad uno spirito di antinomismo e di ostilità al legalismo che ha prevalso
dopo il Concilio Vaticano II[8].

Alcuni canonisti hanno esteso la loro critica per affermare che la soluzione alla
crisi dell'autorità nella Chiesa non consiste nel cambiare o nel creare nuovi processi
canonici, ma nell'applicare fedelmente e diligentemente quelli che già esistono e che
sono stati verificati attraverso la sapienza della tradizione canonica[9]. La logica è che

---

[7] Per ulteriori informazioni sul mancato uso del diritto penale della Chiesa, soprattutto
dopo la promulgazione del Codice di diritto canonico del 1983, fino allo scoppio
dell'emergenza relativa agli abusi sessuali del clero negli Stati Uniti, si veda: R. Jenkins,
*Nulla lex satis commoda omnibus est: The Implementation of the Penal Law of the 1983 Codex Iuris
Canonici in Light of Four Principles of Modern Legal Codification*, «The Jurist», Vol. 69, n. 2, 2009,
pp. 615-645 (https://muse.jhu.edu/article/585157 – ultimo accesso verificato: 10
novembre 2021).

[8] Si veda, per esempio: J. J. Coughlin, *The Clergy Sexual Abuse Crisis and the Spirit of Canon
Law*, «Boston College Law Review», Vol. 44, n. 4, 2003, pp. 977-998; il testo integrale di
questo articolo è consultabile on line sul sito «scholarship.law.nd.edu», si veda:
https://scholarship.law.nd.edu/cgi/viewcontent.cgi?article=1044&context=law_faculty_sc
holarship – ultimo accesso verificato: 10 novembre 2021).

[9] Il cardinale Raymond Burke, prefetto emerito della Segnatura apostolica ed uno dei
migliori canonisti del mondo, è un fervente sostenitore di questa posizione. Il cardinale
Burke, nel corso di diversi anni, ha proposto questo argomento in moltissimi discorsi ed
articoli. Si veda, per esempio, l'estratto del suo discorso *The New Evangelization and Canon
Law* tenuto durante il ciclo di conferenze dell'arcivescovo Peter L. Gerety presso la Seton
Hall University, il 30 marzo 2011: « […] La mancata conoscenza ed applicazione del diritto
canonico, che era effettivamente ancora in vigore, ha contribuito in modo significativo allo
scandalo degli abusi sessuali sui minori da parte del clero nella nostra nazione. Infatti, si
afferma spesso che il già citato scandalo sia stato causato dall'assenza di una disciplina
adeguata nella Chiesa, per trattare tali situazioni aberranti. Nell'approccio tipico
dell'ermeneutica della discontinuità, si presume che alla Chiesa mancassero i canoni
adeguati con cui indagare tali crimini e sanzionarli. La verità è che la Chiesa si era occupata

se i vescovi avessero semplicemente usato gli strumenti disponibili, non si sarebbe verificata sin dall'inizio una crisi come quella che si profila oggi. Questo fa sorgere la domanda: attribuiamo questa crisi nella Chiesa all'incapacità dei singoli vescovi di adempiere alle loro responsabilità morali e legali, oppure la attribuiamo ad un insieme di fattori culturali, istituzionali e sistemici? La risposta sembra coinvolgere entrambe le opzioni.

È certamente corretto affermare che qualsiasi processo esistente debba essere effettivamente utilizzato per essere efficace. I processi e le leggi sono validi solo quanto esistono la volontà e la capacità della leadership di farli rispettare. Ma perché non sono state applicate le norme già esistenti? Potrebbe davvero essere il caso che strumenti canonici perfettamente validi non siano stati intenzionalmente impiegati a livello sistemico? O potrebbe essere più probabile che le norme non siano state applicate perché non sono state ritenute uno strumento pratico per rispondere sia all'ampiezza, sia alla complessità del problema eccezionale dell'aggressione sessuale e di come essa sia promossa e resa possibile dalla cultura clericale e dalla struttura gerarchica della Chiesa?[10] Come minimo, il disuso sistematico della legge su così vasta scala spinge a considerare se tale legge, così come esiste allo stato attuale, non possa risultare inadeguata per il compito che è atta a svolgere.

Sfida 5. Diritto canonico: questioni culturali, istituzionali e sistemiche.

La quinta sfida è che il diritto canonico rispecchia tali questioni culturali, istituzionali e sistemiche che sono all'origine di questa crisi. La cultura della segretezza, di evitare lo scandalo, della tutela della dignità dello stato clericale a

---

di tali crimini in passato, cosa che non dovrebbe sorprendere nessuno, ed aveva messo in atto un processo attraverso il quale si potesse sia indagare sulle accuse, nel pieno rispetto dei diritti di tutte le parti coinvolte, inclusa la protezione delle potenziali vittime durante il periodo dell'indagine, sia raggiungere una decisione giusta in merito alla loro verità ed applicare, di conseguenza, la sanzione appropriata. La disciplina in vigore non è stata seguita perché non era nota e, di fatto, si presumeva che non esistesse» [R. Burke, *The New Evangelization And Canon Law. Archbishop Gerety Lecture 150th anniversary of Immaculate Conception Seminary Seton Hall University South Orange, New Jersey 30 March 2011*, «catholicactio.org», 30 marzo 2011 (https://www.catholicaction.org/the_new_evangelization_and_canon_law – ultimo accesso verificato: 10 novembre 2021)].

[10] Per una sinossi delle difficoltà incontrate dalla leadership della Chiesa americana nell'applicazione dei processi canonici alle accuse di abuso sessuale contro i minori, presentate prima della promulgazione delle "Norme essenziali" del 2002 oppure della cosiddetta "Carta di Dallas" dalla Conferenza dei vescovi cattolici degli Stati Uniti (USCCB), si veda: Cafardi, *Before Dallas: The U.S. Bishops' Response to Clergy Sexual Abuse of Children*, part. cap. III.

scapito di altri valori, dell'astensione dall'applicazione di sanzioni canoniche, dell'evitare di ledere la reputazione di individui e di istituzioni: questo genere di cultura è profondamente radicata nella Chiesa e, quindi, è perfettamente integrata nelle strutture ecclesiastiche e nello stesso diritto canonico.

Supponiamo che ad un vescovo venga presentata un'accusa, che sembra attendibile, di cattiva condotta sessuale commessa da un sacerdote. Quando il vescovo si rivolge alla legge della Chiesa, troverà che il suo primo compito è quello di determinare il foro competente per affrontare l'accusa. Se l'atto in questione è un fallimento morale, allora si tratta di una questione di peccato da affrontare in sede interna o, al massimo, attraverso alcune misure correttive. Se si tratta di un crimine (un delitto) canonico, allora si deve ricorrere ad un processo canonico per l'eventuale imposizione di una sanzione. Tracciare questa distinzione non è sempre un compito facile, soprattutto quando si ha a che fare con un caso di attività sessuale tra adulti perché, a differenza dell'abuso sessuale contro i minori, l'abuso sessuale contro gli adulti non ha alcun riferimento diretto nel codice.

Se il vescovo determina che l'accusa costituisca un crimine, allora incontra una disposizione della legge secondo cui una sanzione deve essere imposta solo se il vescovo abbia accertato che altre misure pastorali non possono sufficientemente realizzare i tre scopi del processo penale. Questi scopi, o finalità, sono: riparare lo scandalo, ripristinare la giustizia e riformare l'autore del reato[11]. Da questo caso esemplificativo possiamo ben vedere che, fin dall'inizio della ricezione della notifica di cattiva condotta sessuale commessa da un sacerdote, il vescovo viene scoraggiato in diversi modi all'applicazione delle misure penali canoniche.

Ci sono anche diversi ammonimenti nel Codice del diritto canonico del 1983 per evitare lo scandalo, la maggior parte dei quali si trovano nei canoni penali del Codice. Mentre oggi identifichiamo la fonte dello scandalo nel danno causato dalla negligenza dei vescovi nel rispondere alle accuse di abuso sessuale, non ci vuole molto ad immaginare che un vescovo, preoccupato di evitare lo scandalo di un sacerdote che commette un abuso sessuale, sarebbe motivato a mantenere l'accusa

---

[11] *Codice di diritto canonico (1983)*, «vatican.va», can. 1341: «L'Ordinario provveda ad avviare la procedura giudiziaria o amministrativa per infliggere o dichiarare le pene solo quando abbia constatato che né con l'ammonizione fraterna né con la riprensione né per altre vie dettate dalla sollecitudine pastorale è possibile ottenere sufficientemente la riparazione dello scandalo, il ristabilimento della giustizia, l'emendamento del reo» (https://www.vatican.va/archive/cod-iuris-canonici/eng/documents/cic_lib6-cann1311-1363_en.html#TITLE_V._ - ultimo accesso verificato: 10 novembre 2021; per il testo in italiano, si veda: https://www.vatican.va/archive/cod-iuris-canonici/ita/documents/cic_libroVI_1341-1353_it.html#TITOLO_V – ultimo accesso verificato: 10 novembre 2021).

sotto silenzio. Data la difficoltà di provare le accuse di abuso sessuale, il vescovo troverebbe una ulteriore motivazione (o, forse, una giustificazione) nel canone che tutela il diritto delle persone a non subire danni illegittimi alla loro reputazione (spesso erroneamente definita come il "diritto al proprio buon nome") ed anche nello stesso canone che enuncia il diritto a proteggere la propria privacy personale[12].

Nell'ormai storico e prevedibile modello, il sacerdote accusato, se non negasse fermamente l'accusa, esprimerebbe, come è solito che avvenga, rimorso per il proprio peccato sessuale e prometterebbe di non commetterlo mai più. Come sappiamo dagli studi che sono stati svolti, il vescovo solitamente indirizzava il sacerdote verso un trattamento psicologico e lo riammetteva nella comunità a fronte del ricevimento di un rapporto del centro di cura che attestasse la sicurezza del sacerdote di ritornare al proprio ministero. Poiché il reo era considerato riformato, allora il vescovo veniva esortato dalla legge a non procedere con una pena canonica e a riammettere il sacerdote al ministero[13]. Quando tutto questo poteva esser messo in atto senza che divenisse questione di dominio pubblico, allora veniva considerato come un atto finalizzato ad evitare gli scandali e i danni alla reputazione tanto del sacerdote, quanto della Chiesa. Il terzo fine del diritto penale nella Chiesa (ossia, il ripristino della giustizia) veniva spesso conseguito mediante un accordo confidenziale ed extragiudiziale con la vittima, quando questa fosse stata riconosciuta come tale.

Sfida 6. Reclami concorrenti per un comportamento corretto.

La sesta sfida è che in ogni comunità ci saranno una serie di diritti e di obblighi in conflitto. Nella Chiesa, spesso spetta al vescovo determinare quali diritti ed interessi abbiano la priorità in una data situazione, guidato, naturalmente, dalle leggi e dagli insegnamenti della Chiesa.

---

[12] Ibid., can. 220: « Non è lecito ad alcuno ledere illegittimamente la buona fama di cui uno gode, oppure violare il diritto di ogni persona a difendere la propria intimità» (https://www.vatican.va/archive/cod-iuris-canonici/eng/documents/cic_lib2-cann208-329_en.html#TITLE_I. – ultimo accesso verificato: 10 novembre 2021, per il testo in italiano, si veda: https://www.vatican.va/archive/cod-iuris-canonici/ita/documents/cic_libroII_208-223_it.html#TITOLO_I– ultimo accesso verificato: 10 novembre 2021).

[13] Cfr. Ibid., can. 1341 (https://www.vatican.va/archive/cod-iuris-canonici/eng/documents/cic_lib6-cann1311-1363_en.html#TITLE_V._ - ultimo accesso verificato: 10 novembre 2021; per il testo in italiano, si veda: https://www.vatican.va/ archive/cod-iuris-canonici/ita/documents/cic_libroVI_1341-1353_it.html#TITOLO_V – ultimo accesso verificato: 10 novembre 2021).

Il diritto penale della Chiesa è per sua natura orientato a rispondere al cattivo comportamento e a riformare l'autore del reato. In una comunità di credenti che sono chiamati ad essere uniti in un'unica fede e in un solo battesimo, questo ha perfettamente senso. Vogliamo, da un alto, affrontare il torto e, dall'altro, reintegrare la persona nella comunità. A chi viene accusato sono riconosciuti una serie di diritti fondamentali che rappresentano la base di un qualsiasi sistema giuridico, come - per esempio - il diritto a non essere punito se non secondo la legge ed il diritto alla difesa di se stesso nel competente foro ecclesiastico all'interno di in un regolare processo[14]. In considerazione delle virtù di giustizia, equità e misericordia, la legge offre, giustamente, queste protezioni all'imputato. Tuttavia, nella legge è molto meno sviluppato il riconoscimento dei diritti della vittima di abuso sessuale e degli altri membri della comunità che sono stati danneggiati.

Un altro modo di formulare il concetto di diritti e doveri in competizione è che il vescovo possa trovarsi di fronte a molteplici pretese in competizione per un retto comportamento[15]. Il vescovo è come un padre per il proprio prete, che potrebbe affermare di essere innocente, ma il vescovo ha anche la responsabilità di proteggere e di difendere le vittime di abuso, che potrebbero farsi avanti con una causa anche a distanza di decenni e senza prove a sostegno, ed è, infine, anche un pastore della comunità, che richiede sempre più trasparenza e responsabilità. Non è sempre chiaro, e in effetti può essere davvero molto difficile, determinare quale sia la "giusta" linea d'azione.

La domanda che spesso viene posta è: «Questi vescovi come hanno potuto continuare a trasferire questo genere di sacerdoti ad altri incarichi sapendo che essi

---

[14] Ibid., can. 221: «§1. Compete ai fedeli rivendicare e difendere legittimamente i diritti di cui godono nella Chiesa presso il foro ecclesiastico competente a norma del diritto. §2. I fedeli hanno anche il diritto, se sono chiamati in giudizio dall'autorità competente, di essere giudicati secondo le disposizioni di legge, da applicare con equità. §3. I fedeli hanno il diritto di non essere colpiti da pene canoniche, se non a norma di legge» (https://www.vatican.va/archive/cod-iuris-canonici/eng/documents/cic_lib2-cann208-329_en.html#TITLE_I. – ultimo accesso verificato: 10 novembre 2021, per il testo in italiano, si veda: https://www.vatican.va/archive/cod-iuris-canonici/ita/documents/cic_libroII_208-223_it.html#TITOLO_I – ultimo accesso verificato: 10 novembre 2021).

[15] Sono grata per gli approfondimenti di Daniel R. Coquillette e Judith A. McMorrow contenuti nel saggio *Toward an Ecclesiastical Professional Ethic: Lessons from the Legal Profession*, per questo concetto e terminologia. Si veda: J. M. Bartunek, M. A. Hinsdale, J. F. Keenan (a cura di), *Church Ethics and Its Organizational Context: Learning from the Sex Abuse Scandal in the Catholic Church*, (Lanham, Maryland: Rowman & Littlefield Publishers, Inc., 2006), pp. 157-167. Il testo integrale di questo contributo è consultabile online sul sito «core.ac.uk», si veda: https://core.ac.uk/download/pdf/80410453.pdf – ultimo accesso verificato: 10 novembre 2021).

continuavano ad abusare dei bambini? Non avevano una bussola morale?» Penso che la domanda migliore da porsi sia, invece: «Verso quale direzione erano allineate le loro bussole morali?» Quale delle affermazioni in competizione sul retto comportamento ha avuto un peso maggiore delle altre e per quali ragioni?

Sfida 7. Il danno dell'abuso sessuale e del clericalismo.

La settima sfida è che possiamo identificare due principali fattori culturali che hanno influenzato i vescovi a rispondere nel modo in cui hanno risposto: da un lato, la mancanza di riconoscimento del danno inflitto dagli abusi sessuali e, dall'altro, il clericalismo. Fino agli ultimi decenni, la società è stata generalmente insensibile verso le esperienze e le sofferenze dei bambini. L'indagine e l'analisi di un atto di contatto sessuale commesso da un sacerdote contro un bambino riguardavano, solitamente, la peccaminosità del comportamento dell'adulto e ciò che era necessario per la sua riforma, con poca comprensione di (o preoccupazione per) il danno che tale atto aveva arrecato al bambino[16]. Abbiniamo tutto questo alla malriposta preoccupazione di evitare scandalo e imbarazzo all'istituzione o alla dignità dello stato clericale, e possiamo chiaramente iniziare a vedere come un vescovo poteva convincersi di stare a fare la cosa giusta, specialmente quando non c'era alcuna disposizione esplicita, nella legge, che gli imponesse di fare diversamente. La soluzione a questa crisi culturale, istituzionale e sistemica non può essere così semplice come dire ai vescovi di reimpostare la loro bussola morale e di seguire la legge. Non abbiamo bisogno di guardare a nulla se non alle esperienze che abbiamo condiviso negli anni più recenti per considerare, molto seriamente, il suggerimento per cui le norme ed i processi canonici esistenti erano del tutto inadeguati per rispondere efficacemente a questo genere di reati, anche quando venivano seguiti con particolare attenzione.

La dolorosa esposizione mediatica del danno inflitto sui minori dagli abusi sessuali da parte del clero ci ha insegnato davvero molto sia sugli effetti psicologici del potere insito che un sacerdote detiene in virtù di una sacra fiducia, sia su come questi potere e fiducia possano essere manipolati per consentire l'abuso sessuale. Il

---

[16] Cfr. S. Cannon, *Questo è il momento di agire: La priorità della Chiesa nella tutela dei minori*, (Roma: Pontificia Università Lateranense Accademia Alfonsiana, Istituto Superiore di Teologia Morale, 2009), pp. 21–45. L'atto inaugurale si è svolto nell'Aula Magna dell'Accademia Alfonsiana il 9 ottobre 2009 per l'inaugurazione dell'Anno Accademico 2009–2010. Il testo integrale di questo intervento è consultabile online sul sito «alfonsiana.org», si veda: http://www.alfonsiana.org/italian/docs/inaugurazione_2009_2010.pdf - ultimo accesso verificato: 10 novembre 2021).

potere che detiene un sacerdote è sostenuto da un innato senso di fiducia da parte della vittima, che consente al religioso di esercitare il dominio ed il controllo della vittima, attraverso atti di aggressione che sono spesso mascherati da preoccupazione o da amicizia[17].

Il clericalismo è stato a lungo identificato come il principale fattore dei problemi sistemici, dal momento che permette agli abusi di continuare a verificarsi nella Chiesa. Come nel caso di qualsiasi "ismo", il termine porta con sé sfumature politiche o ideologiche che hanno rappresentato una distrazione per l'autorità della Chiesa, che avrebbe dovuto, invece, affrontare tale problema in modo serio. La decisione di papa Francesco di fare un esplicito riferimento al clericalismo nella sua recente lettera pastorale sugli abusi sessuali contro i minori, commentando che il clericalismo «aiuta a perpetuare molti dei mali» condannati all'interno della lettera, ha contribuito a portare la questione al centro dell'attenzione[18].

Il termine "clericalismo" è equivoco. Si tratta, essenzialmente, di un'importanza esagerata che viene concessa sia al potere clericale, sia alla vicinanza del sacerdote al divino. Ciò favorisce lo squilibrio di potere che è responsabile degli abusi in ogni situazione, non soltanto tra clero e laicato ma anche tra il clero di rango superiore ed il clero di rango inferiore[19]. Come ha osservato il nostro Santo padre nella lettera pastorale, «Dire 'No' all'abuso è dire un enfatico 'no' a tutte le forme di clericalismo». Possiamo inoltre sostenere che dire "No al clericalismo" significa anche creare una struttura nella quale poter gestire i reclami concorrenti per un comportamento corretto (come elencati nel punto precedente). L'ottava sfida è che il diritto canonico deve fornire degli strumenti efficaci con cui raggiungere questo obiettivo.

Sfida 8. Il diritto canonico deve fornire strumenti efficaci.

È solo in anni più recenti che si sta prestando seria attenzione al modo in cui il naturale squilibrio di potere può portare a commettere abusi sessuali da parte del clero contro un individuo adulto. Per questo motivo, non abbiamo ancora visto le

---

[17] T. Doyle, S. Rubino, *Catholic Clergy Sexual Abuse Meets the Civil Law*, «Fordham Urban Law Journal», Vol. 31, n. 2, 2003, pp. 549, 561-562 (https://ir.lawnet.fordham.edu/cgi/viewcontent.cgi?referer=&httpsredir=1&article=1888&context=ulj   ultimo   accesso verificato: 10 novembre 2021).

[18] Francesco (papa), *Letter of His Holiness to the People of God in Chile*, «Vatican.va», 20 agosto 2018 (http://w2.vatican.va/content/francesco/en/letters/2018/documents/papa-francesco_20180820_lettera-popolo-didio.html - ultimo accesso verificato: 10 novembre 2021).

[19] T. Doyle, S. Rubino, *Catholic Clergy Sexual Abuse Meets the Civil Law*, p. 597.

stesse cura ed attenzione riservate alle norme e ai processi canonici per rispondere alle accuse di abuso sessuale sugli adulti (a differenza di quanto avviene con i minori). Tuttavia, possiamo guardare all'evoluzione di come la Chiesa ha affrontato le esigenze emergenti per rispondere in modo appropriato e per prevenire gli abusi sessuali sui minori per tracciare una possibile mappa da dove cominciare, le domande da porre e le insidie da evitare. Dobbiamo anche essere consapevoli delle aree in cui esiste un ulteriore lavoro da fare in termini di abuso sessuale sui minori da parte del clero, soprattutto a livello globale, e capire come ciò possa influenzare i progressi nell'area dell'abuso sessuale sugli adulti da parte del clero.

Per illustrare questo punto, si può esaminare il numero di cambiamenti significativi che si sono verificati nel diritto canonico solo negli ultimi decenni, in particolare relativamente alle accuse di abusi sessuali sui minori da parte del clero. In termini di diritto universale, dal 2001 la Santa Sede ha emanato una serie di norme a riconoscimento delle difficoltà presentate nel trattare queste accuse[20].

Un cambiamento è stato quello di aver innalzato l'età per cui un soggetto debba considerarsi minore, all'interno di una denuncia per abuso sessuale, da sedici a diciotto anni. Prima di questo cambiamento della legge, l'abuso di un adolescente di sedici o diciassette anni non poteva essere perseguito come abuso sessuale di un

---

[20] Giovanni Paolo II (papa), *Sacramentorum sanctitatis tutela. Apostolic letter issued 'motu proprio' of the supreme pontiff John Paul II by which are promulgated norms on more grave delicts reserved to the congregation for the doctrine of the faith*, «vatican.va», 5 novembre 2001 (https://www.vatican.va/content/john-paul-ii/en/motu_proprio/documents/hf_jp-ii_motu-proprio_20020110_sacramentorum-sanctitatis-tutela.html – ultimo accesso verificato: 10 novembre 2021); Si veda anche: Acta Apostolicae Sedis, n. 93, «vatican.va», 2001, pp. 737–739 (https://www.vatican.va/archive/aas/documents/AAS-93-2001-ocr.pdf - ultimo accesso verificato: 10 novembre 2021); e le norme corrispondenti in: Congregatio pro Doctrina Fidei, *Epistula de delictis gravioribus eidem Congregationi pro Doctrina Fidei reservatis*, «vatican.va»,18 maggio 2001 (https://www.vatican.va/roman_curia/congregations/cfaith/documents/rc_con_cfaith_doc_20010518_epistula-graviora-delicta_en.html – ultimo accesso verificato: 10 novembre 2021)); Si veda anche: Acta Apostolicae Sedis, n. 93, «vatican.va», 2001, pp. 785–788 (https://www.vatican.va/archive/aas/documents/AAS-93-2001-ocr.pdf - ultimo accesso verificato: 10 novembre 2021); aggiornate in: Congregatio pro Doctrina Fidei, *Rescriptum et audientia. Normae de gravioribus delictis*, «press.vatican.va», 15 luglio 2010, (https://press.vatican.va/content/salastampa/it/bollettino/pubblico/2010/07/15/0460/01049.html - ultimo accesso verificato: 10 novembre 2021). Si veda anche: Si veda anche: Acta Apostolicae Sedis, n. 102, «vatican.va», 2010, pp. 419-430 (https://www.vatican.va/archive/aas/documents/2010/AAS-INDICE2010.pdf - ultimo accesso verificato: 10 novembre 2021).

minore ai sensi del diritto canonico, anche se riconosciuto come crimine nella giurisdizione civile[21].

Un altro importante cambiamento è stato quello di aver aumentato il tempo di prescrizione, che è sostanzialmente la prescrizione canonica, dai cinque ai dieci anni, e di aver istituito il cosiddetto pedaggio del termine prescrittivo del reato fino a che la vittima non abbia compiuto i diciotto anni di età[22]. L'estensione del tempo di prescrizione a dieci anni (e l'inizio del suo conteggio soltanto dal compimento del diciottesimo anno id età della vittima) ha rappresentato un riconoscimento appropriato del fatto che questi reati non vengono denunciati, di regola, se non molti anni dopo che il fatto è avvenuto. Prima di questa modifica, nel momento in cui la maggior parte delle accuse sarebbe stata presentata, esse non sarebbero state perseguibili ai sensi del diritto canonico. Il tempo per la prescrizione è stato successivamente elevato a venti anni e venne, inoltre, aggiunta una disposizione che consentiva di rinunciare completamente ad essa nei casi più gravi[23].

Le norme promulgate nel 2010 includevano specificamente l'uso della pedo-pornografia come un reato parallelo a quello dell'abuso sessuale contro un minore[24]. Questo fatto ha portato il vantaggio di chiarire che l'abuso sessuale può essere commesso anche indirettamente o senza contatto fisico. Come formulate sinora,

---

[21] Alcune conferenze episcopali sono state autorizzate dalla Santa Sede a promulgare delle leggi particolari che elevano l'età di un minore a diciotto anni all'interno del loro territorio, prima del cambiamento del diritto universale. Negli Stati Uniti, l'età è stata aumentata il 25 aprile 1994. Tale provvedimento non era retroattivo e quindi si applicava soltanto ai reati commessi dopo tale data. Si veda: USCCB, *Canonical Delicts Involving Sexual Misconduct and Dismissal from the Clerical State* (Washington, DC: United States Conference of Catholic Bishops, 1995), pp. 38-39; Il testo completo di questa pubblicazione è consultabile anche sul sito «archive.org», si veda: https://archive.org/details/canonicaldelicts0000unse – ultimo accesso verificato: 10 novembre 2021).

[22] *Congregatio pro Doctrina Fidei, Epistula de delictis gravioribus eidem Congregationi pro Doctrina Fidei reservatis;* Cfr. *Codice di diritto canonico (1983),* «vatican.va», cann. 1395, par. 2; 1362, par. 1, comma 1° (https://www.vatican.va/archive/cod-iuris-canonici/eng/documents/cic_lib6-cann1311-1363_en.html#TITLE_VI. – ultimo accesso verificato: 10 novembre 2021; per il testo italiano, si veda: https://www.vatican.va/archive/cod-iuris-canonici/ita/documents/cic_libroVI_1354-1363_it.html#TITOLO_VI– ultimo accesso verificato: 10 novembre 2021).

[23] Congregatio pro Doctrina Fidei, *Rescriptum et audientia. Normae de gravioribus delictis,* Art. n. 7 (https://press.vatican.va/content/salastampa/it/bollettino/pubblico/2010/07/15/0460/01049.html - ultimo accesso verificato: 10 novembre 2021).

[24] Ibid., Art. n. 6, par. 1, comma 2° (https://press.vatican.va/content/salastampa/it/bollettino/pubblico/2010/07/15/0460/01049.html - ultimo accesso verificato: 10 novembre 2021).

tuttavia, le norme non si applicano alla pornografia riguardante minori di età superiore ai 14 anni[25].

Inoltre, la maggior parte delle conferenze episcopali di tutto il mondo ha sviluppato delle linee guida o delle leggi particolari che i vescovi devono seguire a livello locale[26]. Negli Stati Uniti, queste norme sono state introdotte con la svolta della «Carta di Dallas» del 2002, nelle cosiddette Norme Essenziali. Le Norme Essenziali impongono diversi requisiti per i vescovi degli Stati Uniti, tra cui: l'obbligo per ogni vescovo diocesano di mettere in atto una politica che specifichi come verranno affrontate le accuse di abuso sessuale sui minori nella sua diocesi (norma n. 2); di istituire e lavorare con un comitato di revisione laico per la valutazione di queste accuse (norme nn. 4 e 5); di rispettare tutte le leggi civili nella segnalazione delle accuse e di collaborare alle indagini dell'autorità civile (norma n. 11); e, cosa forse più significativa, di rimuovere definitivamente dal ministero un sacerdote o un diacono che abbia commesso un atto di abuso sessuale contro un

---

[25] Ibid., Art. n. 6, par. 1: «Delicta graviora contra mores, Congregationi pro Doctrina Fidei cognoscendo reservata, sunt: 1° delictum contra sextum Decalogi praeceptum cum minore infra aetatem duodeviginti annorum a clerico commissum; in hoc numero minori aequiparatur persona quae imperfecto rationis usu habitu pollet; 2° comparatio vel detentio vel divulgatio imaginum pornographicarum minorum infra aetatem quattuordecim annorum quovis modo et quolibet instrumento a clerico turpe patrata» (https://press.vatican.va/content/salastampa/it/bollettino/pubblico/2010/07/15/0460/0 1049.html - ultimo accesso verificato: 10 novembre 2021). In italiano: «I delitti più gravi contro i costumi, riservati al giudizio della Congregazione per la Dottrina della Fede, sono: 1° il delitto contro il sesto comandamento del Decalogo commesso da un chierico con un minore di diciotto anni; in questo numero, viene equiparata al minore la persona che abitualmente ha un uso imperfetto della ragione; 2° l'acquisizione o la detenzione o la divulgazione, a fine di libidine, di immagini pornografiche di minori sotto i quattordici anni da parte di un chierico, in qualunque modo e con qualunque strumento».

[26] Nel 2011, la Congregazione per la dottrina della fede emise una lettera circolare per avvisare le conferenze episcopali su come avrebbero dovuto approntare quelle linee guida. Si veda: Congregatio Pro Doctrina Fidei, *Circular Letter To Assist Episcopal Conferences In Developing Guidelines For Dealing With Cases Of Sexual Abuses Of Minors Perpetrated By Clerics*, «Vatican.va», 3 maggio 2011 (http://www.vatican.va/roman_curia/congregations/ cfaith/documents/rc_con_cfaith_doc_20110503_abuso-minori_en.html - ultimo accesso verificato: 10 novembre 2021; per il testo in italiano, si veda: Id., *Lettera circolare per aiutare le conferenze episcopali nel preparare linee guida per il trattamento dei casi di abuso sessuale nei confronti di minori da parte di chierici*, «Vatican.va», 3 maggio 2011 (https://www.vatican.va/roman_ curia/congregations/cfaith/documents/rc_con_cfaith_doc_20110503_abuso-minori_ it.html – ultimo accesso verificato: 10 novembre 2021) .

minore, indipendentemente dal fatto che il sacerdote sia o meno sottoposto alla pena canonica di dimissione dallo stato clericale (norme nn. 8 e 12)[27].

Questi sono tutti gli sviluppi del diritto canonico che sono stati emanati durante, all'incirca, gli ultimi vent'anni soltanto per rispondere agli abusi sessuali sui minori da parte del clero. Le Norme Essenziali non esisterebbero se i vescovi dell'epoca non avessero riconosciuto, nel mezzo della crisi, la necessità di standard indiscutibili con cui avrebbero potuto rispondere alle accuse in modo uniforme e in base ai quali avrebbero potuto essere responsabili nei confronti dei fedeli.

Sfida 9. Fare affidamento sui vescovi sia a livello diocesano, sia a livello della conferenza episcopale per sviluppare i propri standard e metodi di applicazione.

La nona sfida è l'affidarsi ai vescovi sia a livello della conferenza diocesana, sia a quello della conferenza episcopale per sviluppare tanto gli standard di condotta sessuale da parte del clero quanto i metodi più efficienti per far sì che essi vengano rispettati. Esiste una tensione costante nella disciplina canonica tra la necessità di un ampio spazio nell'esercizio della discrezionalità amministrativa da parte dei vescovi, in alcune aree del governo della Chiesa, e la necessità di una pratica obbligatoria e uniforme in tutte le altre aree. Le Norme Essenziali emanate negli Stati Uniti sono state un esempio di vescovi che hanno votato per porre limiti alla propria autorità discrezionale quando si tratta di rispondere agli abusi sessuali sui minori da parte del clero. Gli effetti delle Norme Essenziali sono stati quelli di: riorientare la bussola morale dei vescovi per dare priorità ai valori della cura delle vittime di abuso, coinvolgere esperti laici nella revisione delle accuse, utilizzare in modo coerente le disposizioni dei processi, e di rimuovere permanentemente gli ecclesiastici che hanno offeso il proprio ministero.

---

[27] Quella che viene comunemente chiamata la "Carta di Dallas" è, in realtà, un insieme di due documenti: la Carta per la protezione dei bambini e dei giovani e le Norme Essenziali, che vengono pubblicati insieme. La Carta contiene un elenco di princìpi e degli articoli che i vescovi degli Stati Uniti hanno deciso di attuare su base volontaria. Le Norme Essenziali, invece, costituiscono 1 legge particolare per la conferenza episcopale e, quindi, sono vincolanti per tutte le diocesi della conferenza. Si vedano: United States Conference of Catholic Bishops, *Charter for the Protection of Children and Young People*, «usccb.org», revisionata a giugno 2018 (https://www.usccb.org/issues-and-action/child-and-youth-protection/upload/Charter-for-the-Protection-of-Children-and-Young-People-2018-final.pdf - ultimo accesso verificato: 10 novembre 2021); *Essential Norms for Diocesan/Eparchial Policies Dealing with Allegations of Sexual Abuse of Minors by Priests or Deacons*, «grdiocese.org», revisionato il 5 maggio 2006 (https://grdiocese.org/wp-content/uploads/2018/10/essential-norms-clergy.pdf - ultimo accesso verificato: 10 novembre 2021).

Questi sono tutti esempi dell'effettiva attuazione di norme canoniche efficaci per affrontare le esigenze specifiche con cui si deve interagire. Tuttavia, più modifiche alla legge si verificano a livello della conferenza episcopale o della diocesi, maggiore è la possibilità che le accuse non vengano gestite in modo uniforme da diocesi a diocesi o da conferenza episcopale a conferenza episcopale. Ciò è particolarmente evidente quando esaminiamo il concetto secondo cui un sacerdote o un diacono che ha abusato sessualmente di un minore dovrebbe essere rimosso in modo permanente dal ministero: il che è spesso definito "tolleranza zero". Sebbene tale concetto possa sembrarci ovvio ora, esso ha rappresentato una rivoluzione quando è stato emanato dalla conferenza episcopale degli Stati Uniti nel 2002, ed andò ben oltre le disposizioni del diritto canonico universale[28].

Non dovremmo essere ciechi di fronte al fatto che la "tolleranza zero" è un principio che non è stato accettato ed attuato in tutto il mondo. È una politica che soffre dello stigma di essere originata dalla frenesia della Carta di Dallas. Molti continuano a vederla come una reazione troppo eccessiva dei vescovi alla loro stessa mancata attuazione dei processi canonici esistenti, nonché come un tentativo opportunistico di salvare la propria reputazione assumendo una posizione coraggiosa contro gli abusi sessuali sui minori. Da parte loro, gli avvocati canonici hanno sollevato alcune delle obiezioni più forti, basate sulla logica per cui il sistema incoraggi i vescovi a gettare alle ortiche un giusto processo contro il clero accusato, in nome di una risposta opportuna ad un'accusa che può o non può essere dimostrata. L'abuso della politica della "tolleranza zero" da parte di alcuni vescovi

---

[28] *Essential Norms for Diocesan/Eparchial Policies Dealing with Allegations of Sexual Abuse of Minors by Priests or Deacons*, n. 8: «Quando anche un solo atto di abuso sessuale da parte di un sacerdote o di un diacono è ammesso o è accertato dopo un appropriato processo, in accordo con il diritto canonico, il sacerdote o il diacono incriminato sarà rimosso permanentemente dall'ufficio del ministero ecclesiastico, senza escludere il licenziamento dallo stato clericale, qualora il caso giustifichi tale provvedimento» (https://grdiocese.org/wp-content/uploads/2018/10/essential-norms-clergy.pdf - ultimo accesso verificato: 10 novembre 2021); Si vedano, inoltre: Congregatio pro Doctrina Fidei, *Rescriptum et audientia. Normae de gravioribus delictis*, «press.vatican.va», 15 luglio 2010, art. 6: https://press.vatican.va/content/salastampa/it/bollettino/pubblico/2010/07/15/0460/0 1049.html - ultimo accesso verificato: 10 novembre 2021); Si vedano anche: Codice di diritto canonico, can. 1395, par. 2 (*Code of canon law (1983)*, «vatican.va», s. d. (https://www.vatican.va/archive/cod-iuris-canonici/eng/documents/cic_lib6-cann1364-1399_en.html#TITLE_V. – ultimo accesso verificato: 10 novembre 2021); Per il testo in italiano, si veda: *Codice di diritto canonico 1983*, «vatican.va», s. d. (https://vatican.va/archive/cod-iuris-canonici/ita/documents/cic_libroVI_1392-1396_it.html#TITOLO_V – ultimo accesso verificato: 10 novembre 2021); *Codice dei canoni delle Chiese orientali*, «iuscangreg.it», 1990-2020, can. 1453, par. 1 (https://www.iuscangreg.it/cceo_multilingue2.php - ultimo accesso verificato: 10 novembre 2021).

ha provocato uno squilibrio della giustizia dalla parte opposta dello spettro. Questa volta, al posto della vittima che rischiava di essere messa a tacere e di essere mandata via quando veniva presentata un'accusa, troviamo il prete accusato[29].

La natura del dibattito in corso sui meriti della "tolleranza zero" e della complessità delle questioni fondamentali su cui si basa è importante, per noi, quando stiamo considerando il modo in cui la legge può o dovrebbe essere applicata o adattata per fronteggiare le accuse di violenza sessuale sugli adulti da parte del clero. Se l'abuso sessuale sugli adulti deve essere affrontato in modo efficace, deve essere gestito così seriamente da emanare disposizioni specifiche nella legge che si rivolgano al pubblico culturale, istituzionale e delle dinamiche sistemiche in corso, allo stesso modo di come si è già agito in merito all'abuso sessuale sui minori. Ciò richiederà una maggiore sensibilità del legislatore al danno inflitto su colui che subisce l'abuso e ad un suo riconoscimento nel testo della legge.

Sfida 10. Mancanza di strutture di responsabilità per i vescovi e presenza di ostacoli alla loro creazione.

Questo ci porta alla decima ed ultima sfida di questa discussione. Gli eventi di questi ultimi mesi hanno sottolineato la mancanza di strutture di responsabilità per i vescovi nel rispondere alle accuse di abuso tra le loro stesse fila. Sebbene queste strutture siano estremamente necessarie, non è chiaro come o se verranno mai

---

[29] Si veda, per esempio: J. Coughlin, *The Clergy Sexual Abuse Crisis and the Spirit of Canon Law*, pp. 990-995. Nel 2011, la Congregazione per la Dottrina della Fede ha pubblicato una lettera circolare che includeva un "suggerimento" affinché le conferenze episcopali adottassero lo standard per cui «il ritorno di un sacerdote al ministero pubblico è da escludersi se tale ministero rappresenta un pericolo per i minori o motivo di scandalo per la comunità». La circolare rappresenta soltanto un documento esortativo e non ha autorità legislativa. Si veda: Congregatio Pro Doctrina Fidei, *Circular Letter To Assist Episcopal Conferences In Developing Guidelines For Dealing With Cases Of Sexual Abuses Of Minors Perpetrated By Clerics*, «Vatican.va», 3 maggio 2011 (http://www.vatican.va/roman_curia/ congregations/cfaith/documents/rc_con_cfaith_doc_20110503_abuso-minori_en.html - ultimo accesso verificato: 10 novembre 2021; per il testo in italiano, si veda: Id., *Lettera circolare per aiutare le conferenze episcopali nel preparare linee guida per il trattamento dei casi di abuso sessuale nei confronti di minori da parte di chierici*, «Vatican.va», 3 maggio 2011 (https://www.vatican.va/roman_curia/congregations/cfaith/documents/rc_con_cfaith_d oc_20110503_abuso-minori_it.html – ultimo accesso verificato: 10 novembre 2021); Si veda anche: *Acta Apostolicae Sedis*, n. 103, «vatican.va», 2011, pp. 406-412, cap. III (i) (https://www.vatican.va/archive/aas/documents/2011/AAS-INDICE2011.pdf - ultimo accesso verificato: 10 novembre 2021).

create. È stato incoraggiante sentire, negli ultimi tempi, gli stessi vescovi chiedere strutture di responsabilità[30].

In risposta alla necessità di responsabilità, papa Francesco ha promulgato la *Vos Estis Lux Mundi*, che ha concretizzato sia alcuni obblighi di segnalazione per una serie di reati sessuali commessi dai sacerdoti e dai membri degli ordini religiosi, sia la segnalazione obbligatoria delle autorità ecclesiastiche che si impegnano in azioni od omissioni volte ad interferire con (o, addirittura, ad evitare) le indagini civili o le indagini canoniche su tali accuse. È importante sottolineare che tale documento fornisce un processo per la stesura di queste segnalazioni e stabilisce l'aspettativa che essi riceveranno risposta dall'autorità più appropriata[31].

La pressione sui vescovi affinché agiscano in modo trasparente non si placherà. Quanto più la legge universale rinvia alla discrezione del vescovo nel rispondere alle accuse di abusi sessuali, tanto maggiore è sia il margine per un errore di giudizio fuorviante, sia la tentazione di porre un'eccessiva enfasi sulla riservatezza. Come abbiamo visto con le Norme Essenziali, la creazione di standard chiari nella legge, per rispondere alle accuse, aiuteranno il vescovo a mantenere una credibilità positiva di fronte all'opinione pubblica, essendo in grado di dimostrare di aver attuato, in forza della legge, tanto il processo quanto gli standard che sono stati promulgati per la comunità.

Conclusioni.

In conclusione, identificare ed ammettere dove la Chiesa trarrebbe beneficio dai miglioramenti della legge non offre, in alcun modo, una scusa per le decisioni che sono state prese con conseguenze terribili. Le leggi, i processi ed i princìpi della teologia morale, che avrebbero permesso ai vescovi di agire in modo appropriato, esistevano già nei decenni passati. Ma non dobbiamo ignorare il fatto che, poiché i

---

[30] Un esempio, tra i tanti, viene dal vescovo Andrew Cozzens, vescovo ausiliare di Saint Paul e Minneapolis: «Abbiamo bisogno di una riforma pratica nella Chiesa, soprattutto per creare strutture di responsabilità per i vescovi, sia per accuse relative alla propria immoralità sessuale o alla loro incapacità di agire, in modo appropriato, in risposta alle accuse contro gli altri. Come ho affermato altrove, ritengo che occorra sviluppare dei mezzi indipendenti, guidati da laici, per indagare su questi problemi ed esaminarli». Si veda: A. Cozzens (vescovo), *Bringing Light to Darkness*, «The Catholic Spirit», 13 settembre 2018 (http://thecatholicspirit.com/only-jesus/bringing-light-to-darkness - ultimo accesso verificato: 10 novembre 2021).

[31] Si veda: Francesco (papa), *Vos estis lux mundi. Apostolic letter issued motu proprio by the supreme pontiff Francis*.

vescovi vengono presi di mira per non aver implementato questi strumenti in risposta alle accuse più recenti sia di abusi sessuali sugli adulti da parte del clero, sia di abusi sessuali da parte dei vescovi, sono essi stessi (i vescovi) a chiedere a gran voce delle modifiche alla legge.

Risolvere gli squilibri nella legge codificata ed attuare direttive chiare per rispondere a queste accuse sono solo alcuni aspetti di questa multiforme emergenza. È compito degli esperti e degli altri professionisti, sia clericali che laici, presentare soluzioni che rispondano ai problemi culturali, istituzionali e sistemici che hanno tenuto viva e diffusa la crisi da un Paese all'altro. La triste realtà è che, per decenni, esperti di una moltitudine di discipline hanno offerto soluzioni pratiche per risposte decisive ed efficaci alle fonti di scandalo e che le autorità ecclesiastiche non hanno ascoltato o hanno addirittura ignorato quelle soluzioni. Forse, ora che lo scandalo ha raggiunto gli stessi vescovi, queste soluzioni potranno raggiungere orecchie più propense all'ascolto. Ma proprio come i processi canonici e gli obblighi morali, affinché queste soluzioni e la consulenza degli esperti risultino efficaci, anch'essi (i vescovi) devono essere coinvolti nel progetto di riforma.

Capitolo 10

Strutture della Chiesa e responsabilità episcopale.

Susan Mulheron*
**Cancelliere per gli Affari canonici,
Arcidiocesi di Saint Paul e Minneapolis, Saint Paul**

Introduzione.

Le scandalose rivelazioni del 2018 sulle accuse di cattiva condotta sessuale da parte dei vescovi e la loro cattiva gestione delle accuse mosse contro sacerdoti ed altri vescovi hanno rinnovato la richiesta di strutture formali di responsabilità episcopale per la cattiva condotta del clero. L'intensità delle richieste dei fedeli, esasperati ed indignati, dimostra che possiamo essere arrivati al punto di rottura della fiducia nell'autorità morale dei vescovi. Questa minaccia alla credibilità dei vescovi si traduce in una minaccia molto concreta al vincolo della loro comunione con il Popolo di Dio, che, quindi, mina la credibilità della Chiesa stessa nel compimento della propria missione.

Ci sono diversi elementi della struttura, del diritto, della teologia e dell'ecclesiologia della Chiesa che rendono difficile, ma non impossibile, attuare il tipo di responsabilità richiesta da molti fedeli laici e, più recentemente, da alcuni vescovi. Sia che questi elementi debbano essere conservati nella loro forma attuale o debbano subire un cambiamento radicale, devono essere sempre tenuti presenti, poiché inquadrano necessariamente i parametri della discussione. Questo documento discuterà la complessità dell'attuazione della responsabilità all'interno della Chiesa cattolica. Comprendere questa complessità e il contesto che le fa da sfondo rappresenta un fondamento essenziale per costruire un dialogo ed una collaborazione che siano significativi e costruttivi con l'autorità della Chiesa.

I. I principi fondamentali del diritto canonico sulla cattiva condotta sessuale del clero.

Come primo passo, è importante comprendere i parametri canonici che regolano l'autorità del vescovo in materia di cattiva condotta sessuale del clero. Ci sono due fonti fondamentali nel Codice del diritto canonico del 1983 che affrontano le aspettative per il clero, in termini di comportamento sessuale: essi sono i canoni numero 277 e 1395. Il canone 277 obbliga il clero ad osservare la continenza perfetta e perpetua, nonché a comportarsi con la dovuta prudenza nei confronti delle persone la cui compagnia può mettere in pericolo tale obbligo o possa dar luogo a scandalo tra i fedeli[1]. È proprio quest'obbligo di osservare la "continenza perfetta e perpetua" (ossia, di non impegnarsi in rapporti sessuali) che fa sorgere, per il clero, l'obbligo del celibato (ossia, la condizione di non essere sposati)[2]. Questo principio è profondamente radicato nella teologia morale e nell'insegnamento della Chiesa sulla peccaminosità (e, per il clero, sull'illegittimità canonica) degli atti sessuali al di fuori di una relazione coniugale lecita[3]. Il canone

---

* Le opinioni espresse in questo contributo devono considerarsi rappresentative soltanto del pensiero dell'autore e non devono essere attribuite all'Arcidiocesi.

[1] *Code of canon law (1983)*, «vatican.va», s. d. (https://www.vatican.va/archive/cod-iuris-canonici/eng/documents/cic_lib2-cann208-329_en.html#TITLE_III. – ultimo accesso verificato: 10 novembre 2021); Per il testo in italiano, si veda: *Codice di diritto canonico 1983*, «vatican.va», s. d. (https://www.vatican.va/archive/cod-iuris-canonici/ita/documents/cic_libroII_232-264_it.html#TITOLO_III – ultimo accesso verificato: 10 novembre 2021), can. 277: «§1. I chierici sono tenuti all'obbligo di osservare la continenza perfetta e perpetua per il regno dei cieli, perciò sono vincolati al celibato, che è un dono particolare di Dio mediante il quale i ministri sacri possono aderire più facilmente a Cristo con cuore indiviso e sono messi in grado di dedicarsi più liberamente al servizio di Dio e degli uomini. §2. I chierici si comportino con la dovuta prudenza nei rapporti con persone la cui familiarità può mettere in pericolo l'obbligo della continenza oppure suscitare lo scandalo dei fedeli. §3. Spetta al Vescovo diocesano stabilire norme più precise su questa materia e giudicare sull'osservanza di questo obbligo nei casi particolari».

[2] In generale, il diritto canonico non offre definizioni legali dei termini, in accordo con il principio del diritto romano che ogni definizione è pericolosa (*omnis definizionio in iure periculosa*). Non esiste una definizione fissa di ciò che è esattamente richiesto dall'obbligo di continenza nel diritto canonico. Per gli scopi di questo capitolo, il termine sarà limitato alla sua formulazione di base di non impegnarsi nei rapporti sessuali.

[3] La nozione di clero sposato non è certamente estranea alla Chiesa latina, quale eccezione pastorale per i sacerdoti e per coloro che sono sposati al momento dell'ordinazione al diaconato permanente. Il canonista Ed Peters ha scritto ampiamente sulla tesi secondo cui il clero sposato è tenuto ad osservare la continenza, anche nell'ambito del rapporto coniugale, secondo il diritto vigente e la tradizione canonica. Si veda: E. Peters, *Canonical Considerations on Diaconal Continence*, «Studia canonica», Vol. 39, n. 1/2,

277 è un'esortazione generale sulle aspettative del clero, e non si eleva al livello di un delitto canonico (crimine) per il quale possa essere imposta una sanzione a seguito della sua violazione[4]. Il canone indica che un vescovo diocesano può stabilire delle leggi particolari in tal senso; ma rinvia e fa affidamento sul vescovo per emanare una legislazione che attui il canone.

La seconda disposizione rilevante è il canone 1395, che elenca alcuni gravi reati sessuali da parte dei sacerdoti definendoli come delitti canonici. Pertanto, una violazione del canone può comportare sanzioni canoniche per i sacerdoti che le commettono. Trattandosi di un canone penale, esso è soggetto ad una interpretazione restrittiva dei delitti specificamente citati nel canone: ossia, concubinato, persistenza, con scandalo, in un peccato esteriore contro il sesto comandamento del Decalogo oppure un'offesa singola al sesto comandamento del Decalogo che sia commessa con la forza oppure attraverso le minacce oppure pubblicamente o, infine, con un minore[5]. In altre parole, gli atti sessuali del clero sono considerati crimini ai sensi del diritto canonico solo se rientrano nelle disposizioni rigorosamente interpretate del canone 1395.

Questa distinzione è stata un punto di contesa fondamentale per quanto riguarda la risposta adeguata della Chiesa ai reati sessuali commessi dal clero che non raggiungono la soglia del comportamento criminale, come, per esempio,

---

2005, pp. 147-180 (il testo integrale dell'articolo è consultabile on line sul sito «canonlaw.it», si veda: http://www.canonlaw.info/Studia%20c.%20277.pdf – ultimo accesso verificato: 10 novembre 2021). Se il clero sposato sia soggetto all'osservanza della continenza nello stesso modo del clero celibe è una questione che non riguarda gli scopi di questo contributo.

[4] Si dice "delitto" la violazione di una legge canonica che può essere punita con una sanzione ecclesiastica secondo il sistema canonico: Cfr. *Codice di diritto canonico (1983)*, cann. 1321–1330 (*Code of canon law (1983)*, «vatican.va», s. d. [https://www.vatican.va/archive/cod-iuris-canonici/eng/documents/cic_lib6-cann1311-1363_en.html#TITLE_III. – ultimo accesso verificato: 10 novembre 2021]; Per il testo in italiano, si veda: *Codice di diritto canonico 1983*, «vatican.va», s. d. [https://www.vatican.va/archive/cod-iuris-canonici/ita/documents/cic_libroVI_1321-1330_it.html#TITOLO_III – ultimo accesso verificato: 10 novembre 2021]).

[5] Ibid., can. 1395: «§1. Il chierico concubinario, oltre il caso di cui nel canone 1394, e il chierico che permanga scandalosamente in un altro peccato esterno contro il sesto precetto del Decalogo, siano puniti con la sospensione, alla quale si possono aggiungere gradualmente altre pene, se persista il delitto dopo l'ammonizione, fino alla dimissione dallo stato clericale. §2. Il chierico che abbia commesso altri delitti contro il sesto precetto del Decalogo, se invero il delitto sia stato compiuto con violenza, o minacce, o pubblicamente, o con un minore al di sotto dei sedici anni, sia punito con giuste pene, non esclusa la dimissione dallo stato clericale, se il caso lo comporti» (https://www.vatican.va/archive/cod-iuris-canonici/ita/documents/cic_libroVI_1392-1396_it.html#TITOLO_V– ultimo accesso verificato: 10 novembre 2021).

proprio il contatto sessuale consensuale con un adulto. Affinché un ecclesiastico possa essere punito per abuso sessuale di un adulto ai sensi di questo canone, dovrebbe essere dimostrato che l'atto è stato «commesso con la forza o con minacce o pubblicamente». Questa definizione ristretta può essere chiaramente applicata ad atti di stupro forzato oppure ad altri crimini efferati che sono punibili dalla legge secolare, ma è più difficilmente applicabile agli atti coercitivi che sono favoriti da un caratteristico squilibrio di potere, come possono esserlo quelli di un pastore che inizia un contatto sessuale con un parrocchiano, di un vescovo con un seminarista e, ancor meno, per atti sessuali tra sacerdoti che sono, fra loro, in un rapporto alla pari.

L'effetto di questa normativa è che un vescovo che riceve una segnalazione di contatto sessuale tra adulti non è probabile che lo consideri un crimine. Nel caso di un'accusa di delitto canonico, il vescovo è obbligato ad avviare dei processi investigativi canonici ed un processo per determinare se il sacerdote sia realmente colpevole del delitto e, quindi, se debba essere inflitta una sanzione corrispondente. Tuttavia, se un vescovo riceve una segnalazione di comportamento peccaminoso (ma non delittuoso) da parte di un sacerdote, non può procedere come se si trattasse di un delitto. Piuttosto, è probabile che il vescovo lo consideri come una mancanza morale da parte di entrambe le parti; cosa che, secondo la dottrina e la legge cattoliche, può e deve essere perdonata dopo la confessione, la contrizione ed un fermo proposito di cambiamento.

Un vescovo ha la capacità e l'obbligo di mettere in atto misure correttive per il comportamento peccaminoso (che sia meno grave del crimine canonico) di un sacerdote, specialmente se tale comportamento influisce sull'idoneità del sacerdote al ministero. Tuttavia, questa è un'altra area in cui mancano degli standard chiari per dirigere il vescovo, sicché il vescovo, generalmente, ha ampia discrezionalità per determinare una risposta che ritenga appropriata. Ad ogni modo, il vescovo non ha molte possibilità di risposta dal momento che esso non può imporre ciò che costituirebbe, effettivamente, una sanzione canonica se non vi è un delitto corrispondente ed un processo finalizzato a determinare la colpa e la pena adeguata (ossia, secondo quanto previsto dal diritto canonico).

La giustapposizione di questi canoni dimostra come, nel diritto canonico, le questioni di peccato e di atti delittuosi si intreccino tra loro in modi non semplici da dipanare per le autorità ecclesiastiche. Mentre il canone 277 stabilisce l'aspettativa che il clero osservi la continenza perfetta e perpetua, il canone 1395 impone limiti a quali siano i comportamenti sessuali del clero che sono soggetti a punizione in quanto crimini canonici. Tutto questo produce gli effetti previsti dal legislatore canonico, ossia di limitare il perseguimento penale del cattivo comportamento sessuale del clero soltanto per quei reati che recano danno al bene pubblico e danneggiano il ministero della Chiesa; mentre, allo stesso tempo, si tende ad escludere quegli atti che sono materia di peccato personale, i quali devono essere trattati soltanto nel sacramento della confessione.

II. Il Motu proprio di papa Francesco sulla responsabilità.

La lettera apostolica emessa *motu proprio* da papa Francesco nel 2016, *Come una madre amorevole*, offre un esempio del tentativo di concretizzare una struttura avanzata di responsabilità[6]. Questo documento, prodotto a seguito della raccomandazione della Pontificia commissione per la protezione dei minori, ha introdotto una nuova legislazione canonica che fornisce le linee guida di un giusto processo finalizzato alla rimozione di un vescovo per danno a persone fisiche oppure alla comunità nel suo insieme, a seguito di negligenza od omissione nell'adempimento dei suoi doveri d'ufficio. Sebbene il diritto canonico preveda già disposizioni generiche per la rimozione di qualsiasi titolare di carica nella Chiesa, i sostenitori di una maggiore responsabilità avevano esternato la necessità che il diritto canonico si occupasse esplicitamente della rimozione di un vescovo dal proprio ufficio[7]. In risposta a questa richiesta, il documento afferma che l'intenzione del Santo Padre, nel promulgare il nuovo genere di processo, è di

---

[6] Francesco (papa), *Come una madre amorevole. Lettera apostolica in forma di «motu proprio» del sommo pontefice*
Francesco, «vatican.va», 4 giugno 2016 (https://www.vatican.va/content/francesco/it/motu_proprio/documents/papa-francesco-motu-proprio_20160604_come-una-madre-amorevole.html - ultimo accesso verificato: 10 novembre 2021); Si veda anche: Acta Apostolicae Sedis, n. 108, n. 7, «vatican.va», 2016, pp. 715-717 (https://www.vatican.va/archive/aas/documents/2016/acta-luglio2016.pdf - ultimo accesso verificato: 10 novembre 2021). Per il commento al *motu proprio*, si veda: F. Puig, *Atti di Papa Francesco Lettera Apostolica in forma di Motu Proprio "Come una madre amorevole" (4 giugno 2016) (con commento di F. Puig)*, «Ius Ecclesiae», Vol. XXVIII, n. 3, 2016, pp. 716-734.

[7] Le norme relative alla perdita dell'ufficio ecclesiastico si trovano nei canoni 184–196 del Codice del diritto canonico del 1983. La rimozione per giusta causa dall'ufficio ecclesiastico è trattata, invece, nel canone 194: «§1. È rimosso dall'ufficio ecclesiastico per il diritto stesso: 1) chi ha perso lo stato clericale; 2) chi ha abbandonato pubblicamente la fede cattolica o la comunione della Chiesa; 3) il chierico che ha attentato il matrimonio anche soltanto civile» (*Code of canon law (1983)*, «vatican.va», s. d. [https://www.vatican.va/archive/cod-iuris-canonici/eng/documents/cic_lib1-cann145-196_en.html#CHAPTER_II. - ultimo accesso verificato: 10 novembre 2021]; Per il testo in italiano, si veda: *Codice di diritto canonico 1983*, «vatican.va», s. d. [https://www.vatican.va/archive/cod-iuris-canonici/ita/documents/cic_libroI_192-195_it.html#Articolo_3_   – ultimo accesso verificato: 10 novembre 2021]).

sottolineare che la negligenza di un vescovo nell'esercizio del proprio ufficio, in relazione ai casi di abuso sessuale inflitto contro i minori e gli adulti vulnerabili, è già inserita - nei canoni esistenti del codice - tra le possibili gravi ragioni che ne giustificherebbero la rimozione dall'ufficio[8].

Sfortunatamente, questo *motu proprio* non ha raccolto molta attenzione neanche durante il clamore del 2018 suscitato dalle mancanze episcopali, probabilmente perché non è stato promulgato per rimuovere forzatamente un vescovo dall'ufficio. Eppure, papa Francesco ha accettato un certo numero di dimissioni episcopali. Tali dimissioni sono state richieste da molti; ma sono state criticate da molti altri perché la semplice accettazione delle dimissioni non impegna i princìpi del giusto processo già stabiliti nel diritto canonico. Il vescovo che lascia l'incarico non soltanto sfugge alle misure di responsabilità, ma anche alle garanzie di giustizia che verrebbero applicate se le sue azioni venissero esaminate al fine di decidere se egli debba rimanere in carica oppure no. Tuttavia, offrire liberamente le dimissioni dall'incarico di fronte a tali sfide fornisce anche un modo conveniente per la comunità di abbandonare una leadership che, ormai, è diventata o fonte di distrazione o inefficace, soprattutto quando non è chiaro se il vescovo possa essere ritenuto negligente oppure se esista qualche altra causa per la sua rimozione forzata dall'ufficio.

Il *motu proprio* prevede che la competente congregazione della Curia romana possa aprire un'inchiesta su un caso in cui «vi siano prove fondate» del danno fisico, morale, spirituale o dovuto all'uso del patrimonio (art. 2, par. 1) causato dal vescovo. Ma, molto più importante, il *motu proprio* non indica il processo da utilizzare per dimostrare la realtà di questa prova fondamentale, per identificare chi sia il responsabile del completamento di un'indagine sulle accuse, oppure per far sì che le prove raggiungano la congregazione[9].

---

[8] La lettera *Come una madre amorevole* recita: «Con la presente Lettera intendo precisare che tra le dette "cause gravi" è compresa la negligenza dei Vescovi nell'esercizio del loro ufficio, in particolare relativamente ai casi di abusi sessuali compiuti su minori ed adulti vulnerabili, previsti dal Motu Proprio *Sacramentorum Sanctitatis Tutela* promulgato da San Giovanni Paolo II ed emendato dal mio amato predecessore Benedetto XVI» [Francesco (papa), *Come una madre amorevole. Lettera apostolica in forma di «motu proprio» del sommo pontefice Francesco*, «vatican.va», 4 giugno 2016 (https://www.vatican.va/content/francesco/it/motu_proprio/documents/papa-francesco-motu-proprio_20160604_come-una-madre-amorevole.html - ultimo accesso verificato: 10 novembre 2021)].

[9] Nel maggio 2019, papa Francesco ha promulgato la lettera apostolica emessa *motu proprio Vos estis lux mundi*, che ha concretizzato i requisiti di segnalazione obbligatori per le autorità ecclesiastiche che commettono azioni od omissioni volte ad interferire o ad evitare indagini civili oppure canoniche sugli abusi sessuali e sugli altri reati sessuali nella Chiesa (Cfr. Francesco (papa), *Vos estis lux mundi. Apostolic letter issued motu proprio by the supreme*

I membri della commissione basarono la loro raccomandazione di emettere il *motu proprio* sulla «necessità di un processo chiaro per i casi in cui i vescovi vengono accusati di negligenza nell'esercizio delle proprie responsabilità»[10]. Poiché il *motu proprio* non affronta i passi da compiere prima e durante l'istruttoria, ma parte dal presupposto che le prove fondanti raggiungeranno la congregazione competente, esso purtroppo finisce per mancare l'obiettivo per il quale era stato suggerito. Un membro della commissione, la canonista Myriam Wijlens, sollevò la critica secondo cui non esistano ancora, anche a fronte di questo *motu proprio*, delle «istituzioni chiare dove le denunce contro i vescovi e i superiori possano essere presentate, che possano prevedere indagini veramente indipendenti e ritenere responsabili coloro che insabbiano»[11]. Questa è l'ambiguità e la fallibilità che ricoprono questo tipo specifico di processo, la quale è stata giustamente identificata come bisognosa sia di chiarimenti, sia dell'effettiva concretizzazione di strutture canoniche più robuste.

III. Il ruolo dei vescovi nella sorveglianza e nella persecuzione della cattiva condotta sessuale del clero.

1. *Lumen gentium* e diritto canonico.

Parte della sfida sulla concretizzazione delle strutture di responsabilità per i vescovi deriva, proprio, da ciò che la Chiesa pensa a riguardo del ruolo del vescovo stesso. Il diritto canonico afferma che i vescovi «per divina istituzione sono successori degli Apostoli, mediante lo Spirito Santo che è stato loro donato, sono costituiti Pastori nella Chiesa, perché siano anch'essi maestri di dottrina, sacerdoti

---

pontiff Francis, «vatican.va», 7 maggio 2019 (https://vatican.va/content/francesco/en/motu_proprio/documents/papa-francesco-motu-proprio-20190507_vos-estis-lux-mundi.html - ultimo accesso verificato: 10 novembre 2021). Questo *motu proprio* ha contribuito a chiarire alcune delle procedure che erano incluse nella lettera apostolica *Come una madre amarevole* (nonché a fornirne di ulteriori che, evidentemente, mancavano in quest'ultimo documento); tuttavia, le procedure appena menzionate si applicano soltanto ad una specifica tipologia di azioni od omissioni da parte dell'autorità della Chiesa e, quindi, non riguardano lo stesso ambito di quelle richiamate nella lettera apostolica *Come una madre amorevole.*

[10] Si consulti il sito della Commissione pontificia per la protezione dei minori: *What is safeguarding?,* «tutelaminorum.org», s. d. (https://www.tutelaminorum.org/knowledgebase/safeguarding-principals/ - ultimo accesso verificato: 10 novembre 2021).

[11] H. Brockhaus, *Safeguarding commission member: bishops' role in crisis must be acknowledged,* «Catholic News Agency», 21 agosto 2018 (https://www.catholicnewsagency.com/news/safeguarding-commission-member-bishops-role-in-crisis-must-be-acknowledged-77875 - ultimo accesso verificato: 10 novembre 2021).

del sacro culto e ministri del governo»[12]. Il potere del vescovo è istituito secondo un principio divino ed è, perciò, distinto da qualsiasi altro potere secolare. Questo canone, e i princìpi che lo compongono, possono essere invocati, a torto o a ragione, per giustificare la resistenza dell'autorità della Chiesa a quella che considera come un'ingerenza, ingiusta o impropria, del potere secolare nel proprio governo[13]. Qualsiasi discussione sulla responsabilità dei vescovi che esercitano la loro autorità nella Chiesa, in particolare quelle che coinvolgono la richiesta di una cooperazione obbligatoria con l'autorità civile (o che questa supervisioni sull'operato del clero), deve tenere conto del confine esistente tra Chiesa ed autorità civile sulle questioni riguardanti il bene pubblico come, per esempio, l'abuso sessuale dei minori da parte del clero e la risposta ad esso da parte dei dirigenti della Chiesa.

Come affermato dal Concilio Vaticano II, «I Vescovi, in qualità di vicari ed ambasciatori di Cristo, governano le Chiese particolari loro affidate con il loro consiglio, le esortazioni, gli esempi, ed anche con la loro autorità e sacra potestà. ... Questa potestà, che essi esercitano personalmente nel nome di Cristo, è propria, ordinaria e immediata, sebbene il suo esercizio sia, in definitiva, regolato dalla suprema autorità della Chiesa, e possa essere circoscritto da certi limiti, a vantaggio della Chiesa stessa o dei fedeli»[14]. Questo passo della *Lumen gentium*, la costituzione dogmatica sulla Chiesa (ed uno dei massimi livelli dell'insegnamento magistrale),

---

[12] *Codice di diritto canonico (1983)*, can. 375: «§1. I Vescovi, che per divina istituzione sono successori degli Apostoli, mediante lo Spirito Santo che è stato loro donato, sono costituiti Pastori nella Chiesa, perché siano anch'essi maestri di dottrina, sacerdoti del sacro culto e ministri del governo» (*Code of canon law (1983)*, «vatican.va», s. d. [https://vatican.va/ archive/cod-iuris-canonici/eng/documents/cic_lib2-cann368-430_en.html#Art._1. – ultimo accesso verificato: 10 novembre 2021]; Per il testo in italiano, si veda: *Codice di diritto canonico 1983*, «vatican.va», s. d. [https://www.vatican.va/archive/cod-iuris-canonici/ita/ documents/cic_libroII_375-380_it.html#Articolo_1 – ultimo accesso verificato: 10 novembre 2021]).

[13] Si veda anche il diciannovesimo paragrafo del decreto *Christus dominus* emanato dal Concilio Vaticano II, il 28 ottobre 1965: «Nell'esercizio del loro ministero apostolico mirante alla salute delle anime, i vescovi di per s godono di una piena e perfetta libertà e indipendenza da qualsiasi civile autorità. Perciò non è lecito ostacolare direttamente o indirettamente l'esercizio del loro ministero ecclesiastico, né impedire che essi possano liberamente comunicare con la santa Sede con le altre autorità ecclesiastiche e coi loro sudditi» [(Concilio Vaticano II, *Christus dominus. Decreto sulla missione pastorale dei vescovi nella Chiesa*, «vatican.va», 28 ottobre 1965 (http://vatican.va/archive/hist_councils/ii_ vatican_council/documents/vat-ii_decree_19651028_christus-dominus_it.html - ultimo accesso verificato: 10 novembre 2021), par. 19] .

[14] Concilio Vaticano II, *Costituzione dogmatica sulla Chiesa, Lumen Gentium*, «vatican.va», 21 novembre 1964 (https://www.vatican.va/archive/hist_councils/ii_vatican_council/ documents/vat-ii_const_19641121_lumen-gentium_it.html - ultimo accesso verificato: 10 novembre 2021), par. 27.

stabilisce il sacro potere di un vescovo come vicario ed ambasciatore di Cristo e la sua autorità di governo sulla propria diocesi. Questo insegnamento è ribadito dal Codice del diritto canonico quando afferma che: «Un Vescovo diocesano nella diocesi affidatagli ha tutti i poteri ordinari, propri e immediati che si richiedono per l'esercizio della propria funzione pastorale», limitato soltanto da esplicite eccezioni dichiarate nel diritto della Chiesa o dallo stesso pontefice[15].

La *Lumen gentium* mostra la tensione tra l'ampia autorità di cui gode un vescovo nella propria diocesi e quella del pontefice, il quale esercita la propria giurisdizione su tutta la Chiesa e, talvolta, ha il dovere oppure il diritto di regolare l'uso che un vescovo fa della propria autorità. Il pontefice, o coloro che egli autorizza, potrebbero far ciò indirizzando il vescovo: a fare o a non fare qualcosa, a cessare una pratica oppure un comportamento, a vietare un'azione presente o futura, a limitare la sua autorità discrezionale su un'area specifica, a rimuovere il vescovo dall'ufficio in modo volontario (ossia, accettando le sue dimissioni) o involontario (ossia, istituendo un processo canonico).

Al di fuori dell'intervento papale, il vescovo diocesano, in quanto vicario di Cristo nel proprio diritto, possiede tutta l'autorità necessaria al governo pastorale della propria diocesi (c. 381 §1). Questa autorità plenaria, in genere, può essere circoscritta da leggi emanate a livello universale oppure a livello della conferenza episcopale. Un vescovo può scegliere volontariamente di impegnarsi in processi consultivi che limitino effettivamente l'esercizio della propria autorità, ma queste restrizioni rimangono un'impresa volontaria a meno che non siano richieste da un potere superiore, come quello dell'autorità suprema della Chiesa oppure del diritto canonico universale. Anche accettando delle restrizioni volontarie alla propria autorità, un vescovo non può mai abdicare alla propria responsabilità di esercitare il governo sulla diocesi. La responsabilità è particolarmente importante in questo contesto. Il vescovo deve sempre conservare il potere, che detiene per istituzione

---

[15] *Codice di diritto canonico (1983)*, can. 381: «§1. Compete al Vescovo diocesano nella diocesi affidatagli tutta la potestà ordinaria, propria e immediata che è richiesta per l'esercizio del suo ufficio pastorale, fatta eccezione per quelle cause che dal diritto o da un decreto del Sommo Pontefice sono riservate alla suprema oppure ad altra autorità ecclesiastica» (*Code of canon law (1983)*, «vaticana.va», s. d. [https://www.vatican.va/ archive/cod-iuris-canonici/eng/documents/cic_lib2-cann368-430_en.html#Art._1. – ultimo accesso verificato: 10 novembre 2021]; Per il testo in italiano, si veda: *Codice di diritto canonico 1983*, «vaticana.va», s. d. [https://www.vatican.va/archive/cod-iuris-canonici/ita/ documents/cic_libroII_381-402_it.html#Articolo_2 – ultimo accesso verificato: 10 novembre 2021]).

divina ma, attraverso pratiche di responsabilità, egli può dimostrare al clero, ai fedeli e alla comunità più ampia il modo in cui sta esercitando quel potere[16].

2. La Carta di Dallas.

Nel 2002, i vescovi degli Stati Uniti hanno emanato la famosa "Carta di Dallas" e le corrispondenti Norme Essenziali, per disciplinare le loro risposte alle accuse di abusi sessuali sui minori rivolte ai sacerdoti ed ai diaconi[17]. Una significativa innovazione, in termini di responsabilità, era il requisito di rendere effettivi i comitati di revisione in ogni diocesi. I comitati di revisione sono un organo consultivo confidenziale per il vescovo, composti in maggioranza da membri laici non alle dipendenze della diocesi. Il comitato deve consigliare il vescovo sia nel processo di valutazione delle accuse di abuso sessuale sui minori ascritte ai membri del clero, sia nella determinazione dell'idoneità di un sacerdote al ministero. Il comitato deve rivedere, con regolarità, le politiche e le procedure diocesane

---

[16] Questo punto è stato ribadito dall'arcivescovo Christophe Pierre, nunzio apostolico negli Stati Uniti, in occasione del suo discorso tenuto il 12 novembre 2018 ai vescovi americani durante la riunione plenaria dell'USCCB: «Potrebbe esserci una tentazione da parte di alcuni [vescovi] di cedere la responsabilità della riforma ad altri oltre che a se stessi, come se noi non fossimo più capaci di riformarci o di fidarci di noi stessi, come se il deposito della fiducia dovesse essere trasferito completamente ad altre istituzioni [...]. Quando si tratta delle responsabilità che ci vengono affidate, con i bambini e le persone vulnerabili prima di tutto, dobbiamo dimostrare di essere in grado di risolvere i problemi piuttosto che, semplicemente, delegarli agli altri. Allo stesso tempo, non c'è dubbio che le intuizioni degli esperti, i contributi in termini di tempo e di abilità professionali di tutti i fedeli, dei laici insieme al clero nonché di tanti uomini e donne consacrati, sono fondamentali per svolgere la nostra missione di Pastori. L'assistenza è gradita e necessaria, e sicuramente la collaborazione con i laici risulta essenziale. Tuttavia, in quanto vescovi di questa Chiesa cattolica, siamo noi che dobbiamo convivere e soffrire con la nostra responsabilità, nonché esercitarla continuamente in maniera adeguata» (Il testo integrale di questo discorso si trova sul sito dell'USCCB: C. Pierre, *Address of his excellency archbishop Christophe Pierre, apostolic nuncio to the United States of America*, United States conference of catholic bishops, «usccb.org», 12 novembre 2018 (https://www.usccb.org/about/leadership/usccb-general-assembly/upload/ga-2018-fall-nuncios-address-pierre.pdf - ultimo accesso verificato: 10 novembre 2021).

[17] Si vedano: United States Conference of Catholic Bishops, *Charter for the Protection of Children and Young People*, «usccb.org», revisionata a giugno 2018 (https://www.usccb.org/issues-and-action/child-and-youth-protection/upload/Charter-for-the-Protection-of-Children-and-Young-People-2018-final.pdf - ultimo accesso verificato: 10 novembre 2021); *Essential Norms for Diocesan/Eparchial Policies Dealing with Allegations of Sexual Abuse of Minors by Priests or Deacons*, «grdiocese.org», revisionato il 5 maggio 2006 (https://grdiocese.org/wp-content/uploads/2018/10/essential-norms-clergy.pdf - ultimo accesso verificato: 10 novembre 2021).

finalizzate ad affrontare gli abusi sessuali sui minori. Il comitato può rivedere tale genere di questioni in maniera sia retrospettiva, sia prospettiva e dare consigli su tutti gli aspetti delle risposte in relazione ai singoli casi[18].

I comitati di revisione hanno rappresentato una struttura di responsabilità per i vescovi negli Stati Uniti a livello diocesano. Il vescovo ha la responsabilità di fornire a questo organo consultivo un resoconto completo e trasparente del processo e dei fatti che lo riguardano; il comitato, a sua volta, ha la responsabilità di esaminare le informazioni e consigliare il vescovo su come procedere. Questa struttura è utile in quanto, pur preservando l'integrità del processo investigativo e la riservatezza necessaria, non lo ricopre, però, di assoluta segretezza. Sebbene molti vescovi abbiano trovato utile l'uso del comitato di revisione al fine di raggiungere un giusto equilibrio nella risposta alla richiesta di "trasparenza", si deve notare che la responsabilità deve anche tenere conto della legittima necessità per la riservatezza in alcune aree, specialmente quando questa coinvolge la reputazione e la privacy di soggetti terzi innocenti (c. 220)[19].

Molti vescovi americani hanno pubblicamente riconosciuto la preziosa assistenza fornita da questi comitati di revisione ed alcuni hanno anche allargato le loro competenze, a tal punto che potessero esaminare altre accuse di cattiva condotta del clero (oltre a quelle riguardanti l'abuso sessuale sui minori). Questi stessi vescovi, dopo aver più volte testimoniato il beneficio di aver collaborato con dei comitati guidati da laici all'interno delle loro diocesi, hanno addirittura richiesto che venisse propriamente istituito un comitato di revisione allo scopo di riesaminare le accuse di cattiva condotta mosse contro i vescovi.

---

[18] Si veda: *Essential Norms for Diocesan/Eparchial Policies Dealing with Allegations of Sexual Abuse of Minors by Priests or Deacons*, artt. 4–5 (https://grdiocese.org/wp-content/uploads/2018/10/essential-norms-clergy.pdf - ultimo accesso verificato: 10 novembre 2021).

[19] *Codice di diritto canonico (1983)*, can. 220: «Non è lecito ad alcuno ledere illegittimamente la buona fama di cui uno gode, o violare il diritto di ogni persona a difendere la propria intimità» (*Code of canon law (1983)*, «vatican.va», s. d. [https://www.vatican.va/archive/cod-iuris-canonici/eng/documents/cic_lib2-cann208-329_en.html#TITLE_I. – ultimo accesso verificato: 10 novembre 2021]; Per il testo in italiano, si veda: *Codice di diritto canonico 1983*, «vatican.va», s. d. [https://www.vatican.va/archive/cod-iuris-canonici/ita/documents/cic_libroII_208-223_it.html#TITOLO_I – ultimo accesso verificato: 10 novembre 2021]).

3. Il codice di condotta dell'USCCB proposto nel novembre 2018.

A. Le proposte.

Questi appelli sono stati particolarmente presi in considerazione durante la riunione del novembre 2018 della Conferenza dei vescovi cattolici degli Stati Uniti (USCCB). L'ordine del giorno dell'incontro prevedeva la discussione e la votazione di quattro proposte concrete per rispondere alle richieste di responsabilità. Ma i vescovi sono stati informati all'inizio della riunione che la Santa sede aveva insistito affinché questi non votassero sui punti d'azione fino, perlomeno, a che la riunione, già programmata per il febbraio 2019 a Roma, dei capi delle Conferenze episcopali del mondo non si fosse conclusa[20]. Le quattro proposte erano:

1. Istituzione di un sistema di segnalazione affidato a terze parti che riceverà, in modo confidenziale, le denunce di abusi sessuali sui minori, di molestie sessuali contro gli adulti o di cattiva condotta sessuale con adulti ad opera dei vescovi per indirizzarle all'autorità ecclesiastica competente (e alle autorità civili se necessario).

2. Sviluppare delle proposte per stabilire le politiche che affrontino le restrizioni sui vescovi rimossi oppure dimessi a causa delle accuse di abuso sessuale sui minori oppure di molestia sessuale oppure di cattiva condotta con adulti, inclusi seminaristi e sacerdoti.

3. Avviare il processo di sviluppo di un Codice di condotta per i vescovi riguardante l'abuso sessuale contro un minore; le molestie sessuali o la cattiva condotta sessuale con un adulto; oppure la negligenza nell'esercizio del proprio ufficio in relazione a tali casi.

4. Supporto per un'indagine completa sulla situazione che circonda l'Arcivescovo McCarrick, comprese le sue presunte aggressioni contro i minori, i sacerdoti e i seminaristi, nonché qualsiasi risposta data a tali accuse. Tale indagine dovrebbe fare affidamento su esperti laici in settori pertinenti, come quelli dell'applicazione della legge e dei servizi sociali[21].

---

[20] D. Sadowski, *Update: Vatican asks USCCB to delay vote on sex abuse response proposals*, «Catholic News Service», 12 novembre 2018 (http://www.catholicnews.com/services/englishnews/2018/vatican-asks-usccb-to-delay-vote-on-sex-abuse-response-proposals.cfm - ultimo accesso verificato: 10 novembre 2021).

[21] Public Affairs Office, *United States Conference of Catholic Bishops' Administrative Committee Statement on Sex Abuse Scandals*, «usccb.org», 19 settembre 2018 (http://www.usccb.org/news/2018/18-152.cfm - ultimo accesso verificato: 10 novembre 2021).

B. Domande sollevate sulle proposte.

A parte la direttiva della Santa sede di non procedere con il voto, le proposte hanno incontrato una significativa resistenza da parte dei vescovi che hanno faticato a comprendere come sarebbero state concretizzate (tanto nella teoria, quanto nella pratica) in considerazione dei parametri canonici, teologici ed ecclesiologici discussi sopra.

Per esempio, come discusso nella riunione di novembre, l'intenzione del Codice di condotta era quello di fornire dei parametri per le accuse che sarebbero rientrate nell'ambito di competenza del sistema di segnalazione gestito dalle terze parti. Il vantaggio dell'adozione di un tale Codice risiederebbe nel fatto che esso potrebbe indicare le aspettative specifiche a cui i vescovi dovrebbero tendere nel campo della gestione della cattiva condotta sessuale, in un modo che sia direttamente correlato al lo ruolo caratteristico.

Diverse domande senza risposta rappresentarono una difficoltà nella raccolta di supporto e consenso verso tale codice. Se il Codice di condotta dovesse essere adottato, quali sarebbero le conseguenze del suo mancato rispetto? Che tipo di misure di responsabilità verrebbero utilizzate per determinare se un vescovo si attiene al Codice? Chi dovrebbe indagare sulle accuse di violazione del Codice? In che modo il Codice sarebbe diverso dall'innumerevole numero di altre esortazioni ai vescovi che sono già contenute nei documenti ecclesiastici?

Non sarebbe difficile presentare un reclamo contro qualsiasi vescovo per il mancato adempimento di una di queste responsabilità, almeno sulla base dell'esperienza soggettiva di una persona del ministero dello stesso vescovo. Qualsiasi misura di responsabilità dovrebbe essere coerente con le disposizioni e gli standard specifici del ministero del vescovo, i quali potrebbero essere misurati e giudicati con una certa obiettività. Un'altra domanda era chi o quale entità avrebbe avuto la competenza per giudicare l'ottemperanza del vescovo al Codice.

Inoltre, il sistema di segnalazione affidato a terze parti sembrava in conflitto con il processo già stabilito nel Codice del diritto canonico, perché la proposta non specificava chi avrebbe ricevuto ed esaminato i reclami. L'«autorità ecclesiastica appropriata» per ricevere un'accusa contro un vescovo è il pontefice[22]. Egli

---

[22] Nelle cause penali, il giudizio dei vescovi è riservato al pontefice. Si veda: *Codice di diritto canonico (1983)*, can. 1405 («§1. Il Romano Pontefice stesso ha il diritto esclusivo di giudicare nelle cause di cui al can. 1401: [...] 3) i Legati della Sede Apostolica e nelle cause penali i Vescovi». I casi menzionati nel canone 1401 comprendono la violazione delle leggi ecclesiastiche e tutti quei casi nei quali si tratta di peccato, in quanto esso tratta della determinazione della colpevolezza e dell'irrogazione delle sanzioni ecclesiastiche. Si veda:

potrebbe riservare il giudizio del caso a se stesso o, discrezionalmente, potrebbe decidere di procedere diversamente, vale a dire: inviare una causa giudiziale penale contro il vescovo al tribunale della Rota romana, al tribunale della Segnatura apostolica nel caso di una questione amministrativa, alla Congregazione per la dottrina della fede nel caso di un delitto riservato o ad un'altra giuria (secondo il caso specifico). La Congregazione per i vescovi deve, comunque, essere almeno consultata. In definitiva, soltanto il pontefice può approvare la pena applicata ad un vescovo; e, come già detto, può decidere di riservare per sé il giudizio del singolo caso, qualora lo desiderasse.

In altre parole, il pontefice è l'unico superiore di un vescovo nella Chiesa. Nessuna conferenza episcopale ha l'autorità di governo su un vescovo e, perciò, non ha giurisdizione per procedere con un'indagine sulle accuse di cattiva condotta rivolte contro un vescovo. A meno che la persona oppure l'ente che riceve le accuse di cattiva condotta episcopale non sia incaricata dal pontefice, la creazione di una struttura come quella proposta dal Codice di condotta potrebbe costituire un'interferenza tra il pontefice ed il suo governo dei vescovi in materia disciplinare. Naturalmente, se il pontefice sceglie di esercitare la sua autorità su un vescovo in maniera disciplinare oppure investigativa, di solito deve farlo a distanza e tramite un delegato, ossia attraverso quella che comunemente è conosciuta come visita apostolica. Pertanto, qualsiasi indagine su un vescovo sarà ostacolata dalla distanza e dalla necessità di svolgere l'indagine in segreto. Tutti coloro, peraltro, che sono coinvolti nelle indagini riguardanti un vescovo sono vincolati dal segreto pontificio[23]. Secondo le procedure attuali, se viene mossa un'accusa di abuso sessuale su un minore contro un vescovo, essa verrebbe probabilmente affidata alla Congregazione per la dottrina della fede, mentre le altre accuse di cattiva condotta verrebbero deferite alla Congregazione per i vescovi. Una difficoltà con tutto questo è rappresentata dal fatto che qualsiasi congregazione romana ha una capacità

(*Code of canon law (1983)*, «vatican.va», s. d. [https://www.vatican.va/archive/cod-iuris-canonici/eng/documents/cic_lib7-cann1400-1500_en.html#Part_I. – ultimo accesso verificato: 10 novembre 2021]; Per il testo in italiano, si veda: *Codice di diritto canonico 1983*, «vatican.va», s. d. [https://www.vatican.va/archive/cod-iuris-canonici/ita/documents/cic_libroVII_1400-1403_it.html#PARTE_I – ultimo accesso verificato: 10 novembre 2021]).

[23] Il segreto pontificio è un giuramento sacro di riservatezza che viene prestato oppure imposto a coloro che sono coinvolti in un processo canonico particolarmente delicato. Ci si aspetta che le informazioni sensibili vengano trattate con il massimo livello di discrezione e che non vengano mai condivise con nessuno che sia, in qualsiasi modo, esterno al processo. Per saperne di più sul segreto pontificio, si veda: P. Dugan, *The Need to Know vs. Confidentiality: Do Pontifical Secret and the Clamoring of the Media Deny Canonical Rights?*, in Id. (a cura di), *Towards Future Developments in Penal Law* (Montréal: Wilson & Lafleur, 2010), pp. 9-31.

limitata di condurre un'indagine su un'accusa basata, semplicemente, sulla logistica della distanza, del personale e delle risorse. Se un'accusa viene effettivamente indagata, dovrà probabilmente essere affidata ad un investigatore locale o ad uno in grado di viaggiare per condurre l'indagine. In passato, le indagini sui vescovi sono state condotte in modo confidenziale tramite altri vescovi (di solito, i metropoliti)[24]. Oltre ad un riferimento al Codice di condotta (ancora non pubblicato), le proposte fatte dall'USCCB non specificavano nemmeno quale standard avrebbe determinato il tipo di comportamento asserito o quali protocolli investigativi si sarebbero dovuti seguire. Non è sempre chiaro, dalle informazioni iniziali ricevute, se un'accusa riguardi il comportamento sessuale o un minore. Non è chiaro, dai rapporti, se i reclami verranno esaminati prima o se saranno semplicemente inoltrati all'autorità ecclesiastica. Che dire dei reclami anonimi o di quelli che, a prima vista, non sembrano credibili o gli atti di abuso sessuale o di cattiva condotta? Che dire delle cosiddette "violazioni dei confini" o dei comportamenti "inquietanti" riconoscibili come possibili segni di adescamento, o come commenti inappropriati o note personali di natura sessuale? Che dire di un membro del personale della chiesa che, per esempio, nella cronologia browser Internet di un computer, che è stato utilizzato dal vescovo ma anche da altri nell'ufficio, scorge traccia di pornografia per adulti? A livello diocesano, quando tali questioni coinvolgono sacerdoti o diaconi, vengono trattate a livello locale e come una questione politica soggetta alla discrezione del vescovo. Come si tradurrebbero tali processi nella relazione tra un vescovo e Roma? I vescovi, durante l'incontro del novembre 2018, hanno espresso queste ed altre simili preoccupazioni, senza ricevere delle risposte chiare durante le sessioni pubbliche.

Fra le altre domande importanti che sono state sollevate, troviamo anche le seguenti: cosa succede se l'accusa riguarda un comportamento potenzialmente criminale? Il sistema di segnalazione affidato alle terze parti che riceve l'accusa disporrà di personale adeguato che abbia l'esperienza necessaria a riconoscere potenziali comportamenti criminali, soprattutto considerando che il diritto criminale varia di Stato in Stato? Le accuse di reati verranno segnalate alla polizia se non rientrano nelle leggi sull'obbligo di denuncia? Se le forze dell'ordine vengono

---

[24] Un esempio di questa procedura è stata la nomina dell'arcivescovo William Lori, arcivescovo metropolita di Baltimora, per condurre un'indagine sulle accuse di molestie sessuali su soggetti adulti presentate contro il vescovo emerito di Wheeling Charleston. Si veda: *Pope Francis Appoints Archbishop William Lori Apostolic Administrator of the Diocese of Wheeling-Charleston*, «Diocese of Wheeling-Charleston», 13 settembre 2018 (https://dwc.org/pope-francis-appoints-archbishop-william-lori-apostolic-administrator-of-the-diocese-of-wheeling-charleston/ – ultimo accesso verificato: 10 novembre 2021).

informate e aprono un'indagine, in che modo l'autorità ecclesiastica, che è incaricata dell'indagine canonica, si coordinerà con le forze dell'ordine? In generale, è prudente attendere il completamento di qualsiasi processo canonico fino a quando non sia completato il processo civile o penale.

Queste domande sollevano notevoli difficoltà ai sensi del diritto canonico. Il Codice del diritto canonico, infatti, richiede un'indagine canonica «ogniqualvolta un ordinario ha conoscenza, almeno apparentemente credibile, di un delitto»[25]. Come accennato in precedenza, se l'accusa non soddisfa lo standard canonico di un delitto, allora si tratta di una questione di peccato o di cattiva condotta che non richiederebbe, necessariamente, il processo investigativo formale e che non potrebbe essere utilizzata per imporre una sanzione. A livello diocesano, di solito, c'è un sacerdote (oppure un laico) responsabile di indagare su eventuali accuse di cattiva condotta di un sacerdote e di consigliare il vescovo affinché decida per una soluzione appropriata. Se l'USCCB dovesse creare una struttura di segnalazione affidata a terze parti, sarebbe essenziale avere un piano dettagliato su come ogni singola accusa viene documentata ed investigata.

Le proposte dell'USCCB erano poco chiare anche per quanto riguarda i rapporti con i denuncianti e le vittime. È importante comunicare alla persona che formula l'accusa ciò che dovrebbe aspettarsi. La persona che presenta l'accusa sarà anche riconosciuta? La persona conoscerà il risultato finale? A meno che non ci sia una struttura più solida, c'è il rischio che i reclami possano essere semplicemente inoltrati, senza ulteriori azioni o, perlomeno, con l'apparenza che "la Chiesa" non abbia intrapreso ulteriori azioni.

Alla luce di questi rilievi importanti alle proposte, diversi vescovi, durante l'incontro, hanno espresso il loro sostegno verso il rafforzamento dell'autorità dell'arcivescovo metropolita nel ricevere e rispondere alle accuse contro i vescovi, utilizzando la loro commissione di revisione in un modo simile a quello che

---

[25] *Codice di diritto canonico (1983)*, can. 1717: «§1. Ogniqualvolta l'Ordinario abbia notizia, almeno probabile, di un delitto, indaghi con prudenza, personalmente o tramite persona idonea, sui fatti, le circostanze e sull'imputabilità, a meno che questa investigazione non sembri assolutamente superflua. §2. Si deve provvedere che con questa indagine non sia messa in pericolo la buona fama di alcuno. §3. Chi fa l'indagine ha gli stessi poteri ed obblighi che ha l'uditore nel processo; lo stesso non può, se in seguito sia avviato un procedimento giudiziario, fare da giudice in esso» (*Code of canon law (1983)*, «vatican.va», s. d. [https://www.vatican.va/archive/cod-iuris-canonici/eng/documents/cic_lib7-cann1717-1731_en.html#PART_IV._THE_PENAL_PROCESS_(Cann._1717_-_1731) – ultimo accesso verificato: 10 novembre 2021]; Per il testo in italiano, si veda: *Codice di diritto canonico 1983*, «vatican.va», s. d. [https://www.vatican.va/archive/cod-iuris-canonici/ita/documents/cic_libroVII_1717-1719_it.html#PARTE_IV – ultimo accesso verificato: 10 novembre 2021]).

avverrebbe con un'accusa rivolta contro un sacerdote o un diacono[26]. Le accuse mosse contro lo stesso arcivescovo metropolita potrebbero essere deferite ad un'altra sede metropolita o, altrimenti, al vescovo suffraganeo più anziano (ossia, il vescovo più anziano di nomina tra gli altri vescovi diocesani della provincia). I vescovi hanno notato che questa proposta si adatterebbe in modo più coerente alle strutture canoniche esistenti e, quindi, potrebbe essere più desiderabile per la Santa sede.

L'affidamento di un'indagine riguardante un vescovo da parte della Santa sede ad un vescovo locale non costituirebbe, di per sé, lo sviluppo di una maggiore responsabilità. Il coinvolgimento di un comitato di revisione guidato da laici, sia a livello di diocesi, sia a livello nazionale, rappresenterebbe, invece, un passo importante in quella direzione. Anche prima dell'incontro di novembre, alcuni vescovi avevano già dichiarato la loro intenzione di sottoporsi volontariamente ad un comitato di revisione diocesano o ad altri processi che coinvolgono i laici qualora venisse presentata un'accusa a loro carico[27].

4. *Effetto dell'intervento papale.*

Sebbene la decisione della Santa sede di incaricare i vescovi americani di ritardare la votazione su queste proposte, durante la riunione di novembre, fosse impopolare, è importante notare che c'erano almeno alcuni potenziali benefici legati a questo ritardo. Uno di questi è che l'incontro globale di febbraio era stato strutturato per dar vita ad un incontro fruttuoso e sinodale che fosse veramente rappresentativo del mondo intero, attraverso la partecipazione dei presidenti di ogni

---

[26] L'arcivescovo metropolita è il vescovo diocesano dell'arcidiocesi designata come sede metropolitana di una provincia ecclesiastica, che consiste in un raggruppamento canonico di diocesi limitrofe (Cfr. *Codice di diritto canonico (1983)*, can. 431). Le altre diocesi della provincia vengono definite diocesi "suffraganee". L'arcivescovo metropolita ha un ruolo molto limitato negli affari delle diocesi suffraganee, ma rappresenta principalmente la comunione del pontefice con l'intera provincia. Si vedano: *Codice di diritto canonico (1983)*, cann. 435–438 (*Code of canon law (1983)*, «vatican.va», s. d. [https://vatican.va/archive/cod-iuris-canonici/eng/documents/cic_lib2-cann431-459_en.html – ultimo accesso verificato: 10 novembre 2021]; Per il testo in italiano, si veda: *Codice di diritto canonico 1983*, «vatican.va», s. d. [https://www.vatican.va/archive/cod-iuris-canonici/ita/documents/cic_libroII_431-434_it.html#TITOLO_II – ultimo accesso verificato: 10 novembre 2021]).

[27] Si veda, per esempio: S. McKnight (vescovo), *Addressing Sexual Abuse in the Church*, «Diocese of Jefferson City», 24 agosto 2018 (https://diojeffcity.org/bishop/making-connections/addressingsexual-abuse-in-the-church - ultimo accesso verificato: 10 novembre 2021).

conferenza episcopale[28]. L'incontro non era incentrato sull'emanazione o sull'aggiornamento della legislazione, ma sulla preghiera, il pentimento e l'ascolto delle vittime di abuso sessuale da parte del clero. Si spera che questo lavoro rappresenti un impulso per un'eventuale legislazione che stabilisca standard più universali per affrontare l'abuso sessuale da parte del clero in generale, in particolare quello contro i minori.

Data la sua portata, la riflessione approfondita sulle questioni specifiche della responsabilità dei vescovi (che era al centro dell'incontro dei vescovi americani di novembre 2018) rappresentava qualcosa che era al di fuori della sua agenda. Spetterà ai vescovi americani continuare a sviluppare, ulteriormente, le proposte di cui hanno iniziato la discussione all'incontro di novembre 2018 e convincere la Santa sede della necessità che esse vengano attuate almeno negli Stati Uniti. Ciò potrebbe rappresentare l'avanguardia di un nuovo ciclo di leadership storica da parte dei vescovi americani nell'impostazione degli standard per la responsabilità episcopale che cambieranno per sempre il panorama della Chiesa.

Conclusione.

L'attuazione di nuovi processi e strutture per la responsabilità dei dirigenti della Chiesa è un compito complesso che non sarà rapidamente svolto. Lo slancio raccolto per questo fine, durante gli scandali del 2018, probabilmente aiuterà a far avanzare questa causa ad un ritmo molto più rapido, a condizione che gli stessi vescovi continuino a sostenere la riforma. Clero e laicato possono e devono continuare ad esigere responsabilità e ad offrire la propria esperienza al riguardo. La responsabilità è un processo doloroso, a volte anche scandaloso, ma che aiuterà i dirigenti della Chiesa ad agire con integrità e a ripristinare la loro credibilità.

---

[28] *Fr. Zollner: The meeting in February begins now with consultation phase*, «Vatican News», 23 novembre 2018 (https://www.vaticannews.va/en/pope/news/2018-11/zollner-februarymeeting-sex-abuse-crisis-preparatory-work.html - ultimo accesso verificato: 10 novembre 2021).

Capitolo 11

Gli aspetti criminali dell'abuso sessuale clericale.

Ronald J. Rychlak, Esq.
**Professore di diritto, Cattedra Jamie L. Whitten di Diritto e Governo,
University of Mississippi School of Law.**

Introduzione: un crimine ed un peccato.

Per il devoto cristiano, l'abuso sessuale di un bambino rappresenta uno dei peccati più orribili che si possano immaginare. Non solo macchia l'anima del perpetratore, ma impone sofferenze per tutta la vita alle vittime le quali, spesso, convivono con l'ansia e la depressione, lo stress post-traumatico, i pensieri suicidi, i sentimenti di vergogna e di colpa, i problemi di droga ed alcool, i problemi di relazione e molto altro ancora[1]. Gli adulti che sono stati aggrediti sessualmente durante l'infanzia hanno, inoltre, una probabilità maggiore di essere arrestati per questioni di carattere penale rispetto a coloro che non sono stati aggrediti sessualmente[2].

Il peccato è ancora peggiore quando è commesso da qualcuno che possiede una posizione di autorità sul bambino[3]. Se quella persona è un prete o un ministro della

---

[1] Si veda: D. J. English, C. Spatz Widom, C. Brandford, *Childhood Victimization and Delinquency, Adult Criminality, and Violent Criminal Behavior, Final Report to the National Institute of Justice* (United States Department of Justice, 2001). Il testo è consultabile anche on line sul sito «ojp.gov», si veda: https://www.ojp.gov/pdffiles1/nij/grants/192291.pdf – ultimo accesso verificato: 11 novembre 2021.

[2] Si veda: C. Widom, M. A. Ames, *Criminal Consequences of Childhood Sexual Victimization*, «Child Abuse & Neglect», Vol. 18, n. 4, 1994, pp. 303, 316 (il testo completo dell'articolo è consultabile sul sito «babel.hathitrust.org», si veda: https://babel.hathitrust.org/cgi/pt?id=mdp.39015049637716&view=1up&seq=4– ultimo accesso verificato: 11 novembre 2021).

[3] Vale la pena rilevare, tuttavia, che alcuni Stati prevedono punizioni più leggere per i casi di abuso intra-familiare. Si veda: R. Andrew, *Child Sexual Abuse and the State: Applying Critical Outsider Methodologies to Legislative Policymaking*, «U.C. Davis Law Review», Vol. 39, n. 5, 2006, p. 1851 (https://papers.ssrn.com/sol3/papers.cfm?abstract_id=904100 – ultimo accesso verificato: 11 novembre 2021); In questo articolo, l'autore si dimostra critico verso

Chiesa, l'impatto si estende ben oltre le parti direttamente coinvolte e travolge le intere comunità.

I molestatori, nelle proprie menti, possono cercare di giustificare il contatto sessuale con i bambini facendo riferimento ad esso come ad semplice "scherzo" e credendo che i minori, le vittime, siano stati dei partecipanti consenzienti[4]. Ciò potrebbe essere particolarmente vero in quei casi in cui la vittima era un adolescente post-puberale, ossia prossimo all'età legale del consenso[5]. La legge, tuttavia, non riconosce tale genere di scuse. Con soltanto alcune limitate eccezioni[6], l'attività sessuale da parte di un adulto con una persona di età inferiore a quella del consenso rappresenta comunque un reato.

I. L'Actus Reus (ossia, l'atto fisico).

L'abuso sessuale sui bambini è un fenomeno unico; le dinamiche possono essere molto diverse da quelle dell'abuso sessuale sugli adulti. La forza fisica o la

---

la legge della California, la quale risulta essere indulgente verso gli imputati interni alla famiglia.

[4] «Coloro che consigliano tali adescatori ci dicono che, purtroppo, molti di loro sono riservati e manipolatori e non possono comprendere il grave male scaturito dalle loro azioni». (J. H. Gomez (arcivescovo), *Confession is sacred*, «Angelus News», 15 maggio 2019 [https://angelusnews.com/voices/archbishop-gomez/archbishop-gomez-confession-is-sacred – ultimo accesso verificato: 11 novembre 2021]. Si veda: M. DeYoung, *The World According to NAMBLA: Accounting for Deviance*, «Journal of Sociology and Social Welfare», Vol. 16, n. 1, marzo 1989, pp. 111–126 (il testo integrale dell'articolo è consultabile on line sul sito «scholarworks.wmich.edu», si veda: https://scholarworks.wmich.edu/cgi/viewcontent.cgi?referer=&httpsredir=1&article=1885&context=jssw – ultimo accesso verificato: 11 novembre 2021).

[5] Jerry Sandusky, l'ex assistente allenatore di calcio della Penn State condannato per abuso sui bambini, ha fatto questa affermazione. Come riportato dal Wall Street Journal: «Su un presunto incidente nel 2002, che è stato successivamente descritto come un'aggressione sessuale in un rapporto del gran giurì, il signor Sandusky ha dichiarato: "Ci stavamo facendo la doccia e buffoneggiando, poi lui aprì tutte le docce scivolando sul pavimento. Forse stavamo facendo schioccare qualche asciugamano per gioco"» (J. W. Miller, K. Maher, *Sandusky: It Was 'Horseplay'*, «The Wall Street Journal», 15 novembre 2011 [https://www.wsj.com/articles/SB10001424052970204190504577038013045827728 – ultimo accesso verificato: 11 novembre 2021]).

[6] Molti Stati hanno un'eccezione alla "Romeo e Giulietta", la quale si occupa delle situazioni in cui un partecipante all'atto sessuale ha raggiunto l'età del consenso a differenza, invece, dell'altro. Si veda, per esempio, il capitolo 943, sezione 04354 dello Statuto della Florida (2008): *The 2021 Florida Statute*, Title XLVII, Cap. 943 (http://www.leg.state.fl.us/STATUTES/index.cfm?App_mode=Display_Statute&URL=0900-0999/0943/0943ContentsIndex.html – ultimo accesso verificato: 11 novembre 2021).

violenza vengono utilizzate raramente; piuttosto, il molestatore cerca di manipolare la fiducia del bambino e di nascondere l'abuso[7]. Sicché, il molestatore è, spesso, un *caregiver* conosciuto e fidato[8]. Gli autori dell'abuso, generalmente, coinvolgono il bambino in un processo di sessualizzazione della relazione nel tempo (per esempio si consideri la dinamica dell'adescamento). L'abuso può, quindi, verificarsi nell'arco di diversi mesi o, addirittura, di anni con episodi che possono diventare, con il trascorrere del tempo, più invasivi.

Esistono anche diversi livelli di abuso. Alcuni episodi di abuso comportano il contatto e la penetrazione effettiva[9]: tali casi soddisfano la definizione legale di stupro. Altre forme di abuso, invece, potrebbero non comportare alcun contatto[10].

L'abuso di contatto si verifica ogni qualvolta un aggressore entri fisicamente in contatto con un bambino. Questo potrebbe includere anche: il contatto sessuale con qualsiasi parte del corpo del bambino (anche se uno od entrambi i soggetti sono vestiti), l'uso di qualsiasi parte del corpo o di un oggetto per penetrare un bambino, la costrizione di un bambino a prendere parte ad attività sessuali, a farlo spogliare o a toccare qualcun altro. Oltre ciò, si possono anche includere l'atto di toccare, baciare e accarezzare. L'abuso senza contatto può includere il mostrare parti del corpo (particolarmente, i genitali) o l'esibizionismo; l'atto di mostrare materiale pornografico o atti sessuali ai bambini; l'incoraggiamento a farli masturbare; la costrizione sia ad essere soggetti di immagini o video a sfondo sessuale, sia a visualizzare questo genere di materiale; l'atto di produrre, visualizzare

---

[7] Come ha rivelato il movimento "#MeToo", un simile abuso di potere viene utilizzato anche con le vittime adulte.

[8] L'incesto o l'abuso intra-familiare rappresentano circa un terzo di tutti i casi di abuso sessuale sui minori. Si veda: Children's Commissioner, *Protecting children from harm: A critical assessment of child sexual abuse in the family network in England and priorities for action*, «basw.co.uk», 30 novembre 2015 (https://www.basw.co.uk/resources/protecting-children-harm-critical-assessment-child-sexual-abuse-family-network-england-and – ultimo accesso verificato: 11 novembre 2021).

[9] Il *Black's Law Dictionary* definisce la penetrazione come: «Un termine usato nel diritto penale e che denota (nei casi di presunto stupro) l'inserimento della parte maschile nelle parti femminili anche se in misura ridotta; e con il quale inserimento il reato è completo senza prova di emissione» [*Penetration*, «Black's Law Dictionary», «thelawdictionary.org», s. d. (https://thelawdictionary.org/penetration/ – ultimo accesso verificato: 11 novembre 2021)]. I codici moderni non limitano il crimine alle sole vittime di sesso femminile.

[10] Gli abusi possono verificarsi anche online. Ciò include più comunemente l'adescamento, il live streaming, la visualizzazione di materiale pedopornografico e la coercizione oppure il ricatto di bambini per scopi sessuali.

o distribuire immagini e/o video di abusi sui minori; o la costrizione di un bambino a prendere parte ad attività sessuali attraverso conversazioni online o telefoniche[11].

Il *John Jay report* rimane, fino ad oggi, la migliore fonte di informazioni relativamente agli abusi sui minori da parte dei preti cattolici negli Stati Uniti[12]. Esso ha identificato più di venti tipologie di abuso sessuale, che vanno dalle molestie verbali alle penetrazioni peniche. La forma più comune di abuso era di «toccare la

---

[11] La consultazione dell'Organizzazione mondiale della sanità del 1999 sulla prevenzione degli abusi sui minori ha dichiarato che: l'abuso sessuale sui minori è il coinvolgimento di un bambino in attività sessuali che lui o lei non comprende pienamente, alle quali non è in grado di dare un consenso informato oppure per le quali il bambino non è preparato dal punto di vista dello sviluppo e, perciò, non può darne il consenso, oppure che violano le leggi o i tabù sociali della società. L'abuso sessuale sui minori è evidenziato da questa attività tra un bambino ed un adulto oppure un altro bambino che, per età o sviluppo, è in un rapporto di responsabilità, fiducia o potere, e l'attività è intesa a gratificare o soddisfare i bisogni dell'altra persona. Ciò può includere, ma non si limita soltanto:
— all'induzione o la coercizione di un bambino ad impegnarsi in qualsiasi attività sessuale illecita;
— all'utilizzo, a scopo di sfruttamento, di un bambino nella prostituzione o in altre pratiche sessuali illecite;
— all'utilizzo, a scopo di sfruttamento, dei bambini in spettacoli e materiali pornografici; Si veda: World Health Organization, *Report of the Consultation on Child Abuse Prevention,* «apps.who.int», Geneva 29-31 marzo 1999 (https://apps.who.int/iris/handle/10665/65900 – ultimo accesso riservato: 11 novembre 2021).

[12] Il documento sulla natura e la portata del problema degli abusi sessuali sui minori da parte dei sacerdoti e dei diaconi cattolici negli Stati Uniti, comunemente noto come John Jay report, è un rapporto del 2004 scaturito da uno studio condotto dal John Jay College of Criminal Justice. È stato commissionato dalla Conferenza dei vescovi cattolici degli Stati Uniti (USCCB) ed è basato su diversi sondaggi completati dalle diocesi cattoliche negli Stati Uniti. I ricercatori hanno scoperto che un totale di 10.667 persone hanno denunciato abusi sessuali sui minori contro 4.392 sacerdoti cattolici (il 4% di tutti i sacerdoti nelle diocesi americane) tra il 1950 ed il 2002. La maggior parte dei presunti atti ha avuto luogo tra il 1960 ed il 1984. Le accuse contro 2.511 sacerdoti sono state ritenute fondate. In merito ai John Jay reports, si vedano: John Jay College, *The Nature And Scope Of Sexual Abuse Of Minors By Catholic Priests And Deacons In The United States 1950-2004,* «bishop-accountability.org», 27 febbraio 2004 (http://www.usccb.org/issues-and-action/child-and-youth-protection/upload/The-Natureand-Scope-of-Sexual-Abuse-of-Minors-by-Catholic-Priests-and-Deacons-in-the-UnitedStates-1950-2002.pdf - ultimo accesso verificato: 10 novembre 2021); John Jay College, *The Nature And Scope Of Sexual Abuse Of Minors By Catholic Priests And Deacons In The United States 1950-2002 (2006),* «bishop-accountability.org», marzo 2006 (https://www.bishop-accountability.org/reports/2006_03_John_Jay/Supplementary_Data_Analysis.pdf - ultimo accesso verificato: 10 novembre 2021); John Jay College, *The Causes and Context of Sexual Abuse of Minors by Catholic Priests in the United States,* 1950–2010 (2011), «bishop-accountability.org», 2011 (https://www.bishop-accountability.org/reports/2011_05_18_John_Jay_Causes_and_Context_Report.pdf   - ultimo accesso verificato: 10 novembre 2021).

vittima sotto i vestiti». Fra le altre forme di abuso sessuale senza penetrazione troviamo: il «dialogo a sfondo sessuale», l'atto di mostrare materiale pornografico, di toccare la vittima seppur vestita, di mostrare i genitali, di spogliare la vittima, di scattarle delle foto, di intrattenervi giochi sessuali, nonché «abbracci e baci». Tutto quello che è stato appena elencato rappresenta una varietà di forme di abuso, anche se esse non rientrano nella definizione legale di stupro.

Il *John Jay report* ha, inoltre, rilevato che oltre il 32% dei casi segnalati coinvolgeva la penetrazione della vittima, in una forma o nell'altra, il che significa che (in assenza di un consenso legale da parte di chi è in grado di darlo) questi casi costituirebbero stupro, violazione della legge o altro. Tuttavia, solo il 5,4% dei sacerdoti identificati è stato accusato penalmente. Dei duecentodiciassette sacerdoti accusati, il 64% è stato condannato.

Poiché la capacità legale di dare il consenso è fondamentale per i crimini in questione, è importante notare che la maggior parte delle vittime avevano un'età di fascia post-puberale. La maggior parte di esse era adolescente (ossia, aveva fra i tredici ed i diciassette anni) e meno del 15% aveva un'età inferiore ai dieci anni. Le vittime maschili erano più numerose delle vittime femminili con un rapporto di oltre quattro a uno. Questi numeri sembrano supportare i resoconti della stampa relativi ad alcuni seminari nei quali era stata istituita una vera e propria «cultura della predazione», la quale esponeva al rischio di abuso anche i seminaristi[13].

Secondo quanto riferito, vari fattori nella cultura del seminario hanno direttamente o indirettamente fornito una copertura ai predatori sessuali. Fra questi, venivano elencati: «chiudere un occhio sull'impudicizia (eterosessuale ed omosessuale), il fallimento amministrativo e l'insabbiamento per quanto riguarda la cattiva condotta sessuale, la carente formazione morale in merito ai concetti di celibato e castità, le minacce di ritorsioni e la mancanza di organismi indipendenti che indagassero sulle denunce confidenziali».[14] Il potere spirituale e l'autorità che i membri del clero (sacerdoti e vescovi, in particolare) possiedono sui seminaristi è considerevole. Non soltanto essi potrebbero molestare sessualmente i seminaristi, ma attraverso la tolleranza di certi atti impuri, i seminaristi potrebbero seguire l'esempio che viene dato loro ed abusare di altri seminaristi[15]. Il fatto che un seminarista possa dare legalmente il consenso alle avance sessuali di una persona in

---

[13] P. Jesserer Smit, *How a 'Culture of Predation' Puts Seminarians at Risk for Abuse*, «National Catholic Register», 11 settembre 2018 (https://www.ncregister.com/news/how-a-culture-of-predation-puts-seminarians-at-risk-for-abuse – ultimo accesso verificato: 11 novembre 2021).

[14] Ibid.

[15] Ibid.

una posizione di potere o di autorità dipende dalle leggi penali specifiche in vigore nei singoli Stati.

II. Chiesa, Stato e leggi federali.

L'abuso sessuale sui minori è stato riconosciuto come un tipo specifico di maltrattamento sui minori dalla legge federale del 1973, quando il Congresso tenne delle udienze specifiche proprio sugli abusi contro i minori[16]. Tale pratica è illegale in tutti gli Stati della nazione, come previsto dalla legge federale. Le leggi variano da uno Stato all'altro, ma alcune caratteristiche sono comuni a tutte.

L'abuso sessuale che non comporta la penetrazione rappresenta comunque un reato grave, anche se non assurge al livello dello stupro vero e proprio. In Colorado, per esempio, una condanna per "aggressione sessuale" richiede la prova di invadenza o penetrazione sessuale[17]. Una condanna per "aggressione sessuale su un bambino", al contrario, richiede la prova del contatto sessuale di qualsiasi genere (penetrazione o meno) contro un bambino di età inferiore ai quindici anni[18]. Entrambi i crimini, tuttavia, sono considerati come reati di classe quattro[19].

---

[16] Stati Uniti. Congresso. Senato. Comitato per il lavoro e il benessere pubblico. Sottocommissione sui bambini e i giovani, *Child Abuse Prevention Act, 1973: Hearings, Ninety-third Congress, First Session On S. 1191* (Washington: United States Government Printing Office, 1973) [Il testo del documento è consultabile anche on line al sito «eric.ed.gov», si veda: https://files.eric.ed.gov/fulltext/ED081507.pdf - ultimo accesso verificato: 11 novembre 2021]. Nel novembre del 1974, il Congresso approvò la legge sulla prevenzione ed il trattamento degli abusi sessuali sui minori; e richiese agli Stati di stabilire delle leggi obbligatorie sulla segnalazione degli abusi sui minori descrivendo nuove procedure per indagare sulle denunce di tale genere di abusi. Il Congresso, inoltre, ha stanziato fondi federali per la rappresentanza legale delle vittime di abusi sui minori ed ha definito specificamente l'abuso sessuale come una forma di maltrattamento [*Child Abuse Prevention and Treatment Act* del 1974, Legge pubblica n. 93–247, Statuto 88, Sezione 4 (emendata e autorizzata nuovamente dalla Legge pubblica del 2003 n. 108–36, Statuto 117, sezione 800); per il testo online, si veda: https://www.govtrack.us/congress/bills/93/s1191/text – ultimo accesso verificato: 11 novembre 2021].

[17] Si veda: *Colorado Revised Statutes*, Titolo 18, art. 3, part. 4, par. 18-3-402 (2005) https://law.justia.com/codes/colorado/2016/title-18/article-3/part-4/section-18-3-402/ – ultimo accesso verificato: 11 novembre 2021].

[18] Si veda: *Colorado Revised Statutes*, Titolo 18, art. 3, part. 4, par.18-3-405 (2005) https://law.justia.com/codes/colorado/2016/title-18/article-3/part-4/section-18-3-405/ – ultimo accesso verificato: 11 novembre 2021].

[19] Si veda: *People v. Hawkins*, Pacific Reporter 2d (1939-2000), Vol. 728 nn. 385, 387 (Corte Suprema del Colorado, Corte d'appello della California, 1986). Il testo del documento è consultabile on line sul sito «law.justia.com», si veda: https://law.justia.com/

Raggiungendo un risultato simile, in Alabama la legge definisce "abuso sessuale" tutto ciò che includa:

- L'impiego, l'uso, la persuasione, l'induzione, l'attrazione o la coercizione di un bambino ad impegnarsi o a far sì che un bambino assista qualsiasi altra persona impegnata in una condotta sessualmente esplicita;
- Qualsiasi simulazione della condotta sessuale allo scopo di produrre una rappresentazione visiva di tale condotta;
- Lo stupro, la molestia, la prostituzione o altre forme di sfruttamento sessuale dei bambini; e
- L'incesto con i bambini[20].

Pertanto, in questi Stati (ed in molti altri), l'abuso sessuale che non raggiunge il livello dello stupro è comunque punibile allo stesso modo.

Il termine tradizionalmente utilizzato per indicare il rapporto sessuale con un persona al di sotto dell'età del consenso è "stupro legale". Esso si basa sul concetto che una persona, sotto una certa età, non possa acconsentire al contatto o all'attività sessuale perché manchevole della maturità o del giudizio necessari per prendere una decisione consapevole. Pertanto, anche se il minore è d'accordo, il suo consenso non è valido e il sesso può costituire il reato di stupro. Inoltre, tale stupro è tradizionalmente un reato di responsabilità oggettiva, il che significa che l'adulto può essere ritenuto penalmente responsabile anche se credeva che il bambino fosse abbastanza grande da poter acconsentire all'atto ed anche se il bambino ha mentito in merito alla propria età.

L'età del consenso, dal punto di vista strettamente legale, può variare da uno stato all'altro (solitamente si attesta a partire dai sedici ai diciotto anni) e molti Stati prevedono un'eccezione alla "Romeo e Giulietta" per quei casi in cui si verifica l'atto sessuale tra giovani le cui età differiscono, fra loro, di pochi anni[21]. Alcune

---

cases/california/court-of-appeal/2d/268/99.html – ultimo accesso verificato: 11 novembre 2021.

[20] *Alabama Code*, Titolo 26, art. 14, part. 1, parr. 26-14-1(1)-(3) https://law.justia.com/codes/alabama/2020/title-26/chapter-14/section-26-14-1/ – ultimo accesso verificato: 11 novembre 2021].

[21] L'eccezione alla "Romeo e Giulietta" in vigore nello Stato del Tennessee, per esempio, riguarda gli atti sessuali consensuali tra un minore di tredici anni o più ed un imputato che sia più grande di non oltre quattro anni. Pertanto, a titolo d'esempio, un diciassettenne che fa sesso consensuale con un quindicenne non può essere perseguito per stupro legale. [*Tennessee Code,* Titolo 39, art. 13, part. 5, par. 39-13-506 (2018)]. Si veda:

giurisdizioni hanno aggravato i crimini che coinvolgono il sesso con bambini di età inferiore alla prima adolescenza[22].

In alcuni Stati, tutti i crimini di stupro previsti dalla legge sono considerati come reati. In altri Stati, invece, possono essere considerati un reato minore se la vittima è vicina all'età del consenso, ma un reato nel senso pieno del termine se la vittima ha meno di dodici o quattordici anni. Fra gli altri fattori che possono influenzare il livello dell'accusa penale possiamo elencare la differenza di età tra le parti, l'eventualità che si sia verificata una gravidanza, il coinvolgimento di droghe o alcool e la condizione stessa dell'imputato, ossia se esso abbia già dei precedenti per reati di carattere sessuale.

---

https://law.justia.com/codes/tennessee/2018/title-39/chapter-13/part-5/section-39-13-506/ – ultimo accesso verificato: 11 novembre 2021.

[22] Nello Stato del Tennessee, è illegale per una persona di età pari o superiore a diciotto anni di fare sesso con una persona di età inferiore ai diciotto, anche se il sesso è consensuale. Se il minore ha almeno tredici anni e l'imputato ha almeno quattro anni più della vittima; o quando la vittima ha almeno quindici anni e l'imputato ha più di cinque (ma meno di dieci) anni in più, si tratta di un crimine di classe E. Le sanzioni includono una multa fino a 3.000 dollari, da uno a sei anni di carcere o, addirittura, entrambe. Tuttavia, tale reato viene trasformato in reato di classe D se la vittima ha almeno tredici anni e l'imputato è più grande di dieci o più anni. Le sanzioni, in questo caso, includono una multa fino a 5.000 dollari, da due a dodici anni carcere o, anche in questo caso, entrambe [*Tennessee Code,* Titolo 39, art. 13, part. 5, parr. 39-13-506 https://law.justia.com/codes/tennessee/2018/title-39/chapter-13/part-5/section-39-13-506/ – ultimo accesso verificato: 11 novembre 2021); *Tennessee Code,* Titolo 40, art. 35, part. 1, par. 40-35-111 (2018): https://law.justia.com/codes/tennessee/2018/title-40/chapter-35/part-1/section-40-35-111/ – ultimo accesso verificato: 11 novembre 2021]. Se il minorenne ha meno di tredici anni, il reato si configura come "reato di classe A". Le sanzioni, in questo caso, includono una multa fino a 50.000 dollari, da quindici a sessanta anni di carcere o, ancora una volta, entrambe [*Tennessee Code,* Titolo 39, art. 13, part. 5, par. 39-13-522: https://law.justia.com/codes/tennessee/2018/title-39/chapter-13/part-5/section-39-13-522/ – ultimo accesso verificato: 11 novembre 2021; *Tennessee Code,* Titolo 40, art. 35, part. 1, par. 40-35-111 (2018): https://law.justia.com/codes/tennessee/2018/title-40/chapter-35/part-1/section-40-35-111/ – ultimo accesso verificato: 11 novembre 2021]. Il gruppo dei reati sessuali aggravati include anche il contatto sessuale (tocco sessuale, anche sopra le vestiti, per gratificazione sessuale) con un minore di tredici anni. Questo reato viene classificato come un crimine di classe B. Le sanzioni includono una multa fino a 25.000 dollari, da otto a trenta anni di carcere oppure, come al solito, entrambe [*Tennessee Code,* Titolo 39. Art. 13, part. 5, par. 39-13-504 https://law.justia.com/codes/tennessee/2018/title-39/chapter-13/part-5/section-39-13-504/ – ultimo accesso verificato: 11 novembre 2021; *Tennessee Code,* Titolo 40, art. 35, part. 1, par. 40-35-111 (2018): https://law.justia.com/codes/tennessee/2018/title-40/chapter-35/part-1/section-40-35-111/ – ultimo accesso verificato: 11 novembre 2021].

Se il contatto sessuale con un minore ha implicato la forza o la coercizione, o se l'imputato era in una posizione di autorità sulla vittima (per esempio: era un medico, un insegnante scolastico, un prete o un ministro della Chiesa), lo stato può perseguire l'imputato in base ad una legge separata[23]. In tal caso, le accuse potrebbero essere quelle di stupro aggravato o di un reato appositamente definito. La pena stabilita per gli abusi sessuali sui minori varia a seconda della legge statale e dei reati specifici per i quali il molestatore è stato condannato.

Le sanzioni possono includere la reclusione, le multe, la registrazione del colpevole come molestatore sessuale e l'applicazione di restrizioni sulla libertà vigilata e i diritti genitoriali. Le sanzioni, in genere, si fanno più severe per i trasgressori recidivi. Potrebbero anche esserci sanzioni civili che possano prevedere l'applicazione di ingiunzioni, l'impegno forzato, pene pecuniarie e la perdita dell'affidamento o dei diritti genitoriali.

Anche la Chiesa cattolica ha le sue regole e i suoi regolamenti. Il *Catechismo della Chiesa cattolica*, al paragrafo 2356 (Articolo sesto, Sezione II «Le offese alla castità») afferma: «Lo stupro indica l'entrata con forza, mediante violenza, nell'intimità sessuale di una persona. Esso viola la giustizia e la carità. Lo stupro lede profondamente il diritto di ciascuno al rispetto, alla libertà, all'integrità fisica e morale. Arreca un grave danno, che può segnare la vittima per tutta la vita. È sempre un atto intrinsecamente cattivo. Ancora più grave è lo stupro commesso da parte di parenti stretti (incesto) o di educatori ai danni degli allievi che sono loro affidati».

---

[23] Si veda: *California penal Code*, Parte 1, Titolo 9, par. 288(b) https://california.public.law/codes/ca_penal_code_section_288 – ultimo accesso verificato: 11 novembre 2021; nella quale si fa riferimento agli atti osceni commessi "con la forza" sulla vittima di età inferiore a quattordici anni); Cfr. *People v. Cicero*, California Appellate Reports, Vol. 157, 3d 465, nn. 475–76 (Corte d'appello, 1984) (https://law.justia.com/cases/california/court-of-appeal/3d/157/465.html – ultimo accesso verificato; nella quale la "forza" viene definita come «un metodo per ottenere la partecipazione di un bambino ad un atto osceno, in violazione della volontà di quest'ultimo e non, esclusivamente, come mezzo per causare danni fisici al bambino».); Cfr. *People v. Sanchez*, California Appellate Reports, Vol. 208, 3d 721, 748–50 (Corte d'appello, 1989) [https://law.justia.com/cases/california/supreme-court/2016/s216681.html – ultimo accesso verificato: 11 novembre 2021; nella quale la forza oppure la coercizione non rappresentano un requisito per la condanna, secondo il: *California penal Code*, Parte 1, Titolo 9, par. 288(a) (https://california.public.law/codes/ca_penal_code_section_288]; *State v. Etheridge*, 352 S.E.2d 673 (Corte suprema del North Carolina, 1987) [https://law.justia.com/cases/north-carolina/supreme-court/1987/141a86-0.html - ultimo accesso verificato: 11 novembre 2021; a dimostrazione che la forza non è necessaria nel caso contro un genitore imputato].

La legge cattolica universale di papa Francesco, ossia il *motu proprio Vos estis lux mundi* (*Voi siete la luce del mondo*), dice che ogni sacerdote o membro di un ordine religioso che conosca un caso di abuso sessuale clericale avvenuto contro un minore, o che abbia un buon motivo di ritenere che tale abuso sia avvenuto, deve denunciarlo al vescovo del luogo in cui questo si è verificato; se l'aggressore accusato fosse un vescovo, allora la denuncia deve essere presentata o all'arcivescovo metropolita o al nunzio vaticano. Certamente, i funzionari della Chiesa sono stati criticati per la mancata collaborazione con le autorità del Governo e ciò ha portato ad alcune conseguenze molto gravi.

III. Le mancate segnalazioni.

Nel 2000, la *Conferenza dei vescovi cattolici degli Stati Uniti* (USCCB) ha pubblicato un documento intitolato *Responsabilità, riabilitazione e restauro: una prospettiva cattolica su crimine e giustizia penale*. In questo documento, l'USCCB ha cercato di valutare in quale modo il sistema di giustizia penale possa «diventare meno punitivo e più riparatore». Tale prospettiva è ritenuta più appropriata perché un «approccio cattolico ci porta ad incoraggia l'attuazione di modelli di giustizia riparativa che cerchino di affrontare il crimine in termini di danno arrecato alle vittime e alle comunità e non semplicemente come una violazione della legge». L'USCCB, inoltre, «incoraggia l'attuazione di programmi innovativi di giustizia riparativa che, da un lato, forniscano un'opportunità di mediazione tra le vittime e gli autori del reato e, dall'altro, offrano il risarcimento per i crimini commessi».

Ciò non rappresentava il rigido approccio autoritario al comportamento immorale che, spesso, viene attribuito alla Chiesa cattolica. Infatti, seguendo le tendenze psicologiche dell'epoca, la Chiesa ha, per anni, inviato i preti violenti in terapia restituendoli al proprio ministero soltanto dietro parere di medici eminenti ed accreditati. Il cardinale Roger Mahony, dell'arcidiocesi di Los Angeles, ha dichiarato: «Noi abbiamo ripetutamente affermato che [...] la nostra comprensione di questo problema e del modo in cui viene affrontato oggi si è evoluta, e che anni fa, decenni fa, la gente non si rendeva conto di quanto fosse grave; e così, invece di allontanare direttamente e definitivamente le persone dal ministero ecclesiastico, queste venivano spostate di sede in sede»[24]. Guardando a tutto questo con la consapevolezza di oggi, possiamo ritenere che tale atteggiamento fu davvero

---

[24] Tom Roberts, *Bishops were warned of abusive priests*, «National Catholic Reporter», 30 marzo 2009 (https://www.ncronline.org/news/accountability/bishops-were-warned-abusive-priests - ultimo accesso verificato: 11 novembre 2021).

dannoso ed orribile eppure, tuttavia, esso era in linea con il pensiero prevalente di quei tempi[25].

Nel 2002, il quotidiano *The Boston Globe* ha pubblicato un rapporto investigativo, insignito del premio Pulitzer, sui procedimenti penali relativi a cinque preti cattolici ai sensi della legge penale del Massachusetts[26]. Il *Globe* ha anche rivelato che «Sotto uno straordinario manto di segretezza, l'arcidiocesi di Boston negli ultimi dieci anni, ha tranquillamente risolto le denunce di molestie sui minori contro almeno settanta sacerdoti». Ciò ha posto la questione dell'abuso sessuale sui minori da parte del clero cattolico sotto i riflettori nazionali e presto molte vittime si sono fatte avanti con nuove accuse[27].

---

[25] Si veda, per esempio: A. Bass, *New therapy seen to cut repeat sex crimes*, «The Boston Globe», 18 giugno 1992, p. 1 [nel quale si discute uno studio in cui il trattamento ha ridotto la recidiva dal ˉ38% al 6%: http://www.themediareport.com/wp-content/uploads/2015/02/1992-Globe-New-therapy-seen-to-cut-repeat-sex-crimes.pdf - ultimo accesso verificato: 11 novembre 2021]; Si veda anche: Editorial Board, *An offender's right to treatment*, «The Boston Globe», 26 giugno 1992, p. 14 (http://themediareport.com/wp-content/uploads/2015/02/1992-Globe-A-right-to-treatment.pdf - ultimo accesso verificato: 11 novembre 2021).

[26] Si vedano: *Scores of priests involved in sex abuse cases—Settlements kept scope of issue out of public eye*, «The Boston Globe», 31 gennaio 2002 (https://www.bostonglobe.com/news/special-reports/2002/01/31/scores-priests-involved-sex-abuse-cases/kmRm7JtqBdEZ8UF0ucR16L/story.html - ultimo accesso verificato: 11 novembre 2021); T. Smith, *Challenging the Church*, «The Boston Globe», 26 marzo 2002 (https://www.pbs.org/newshour/show/the-boston-globe-challenging-the-catholic-church - ultimo accesso verificato: 11 novembre 2021); The Pulitzer Prizes, *The 2003 Pulitzer Prize Winner in Public Service—The Boston Globe*, 2003 (https://www.pulitzer.org/winners/boston-globe-1 - ultimo accesso verificato: 11 novembre 2021).

[27] Nel giugno 2002, la USCCB ha approvato il documento noto come la *Charter for the Protection of Children and Young People and decreed Essential Norms for Diocesan/Eparchial Policies Dealing with Allegations of Sexual Abuse of Minors by Priests or Deacons* (si vedano: United States Conference of Catholic Bishops, *Charter for the Protection of Children and Young People*, «usccb.org», revisionata a giugno 2018 [https://www.usccb.org/issues-and-action/child-and-youth-protection/upload/Charter-for-the-Protection-of-Children-and-Young-People-2018-final.pdf - ultimo accesso verificato: 10 novembre 2021]; *Essential Norms for Diocesan/Eparchial Policies Dealing with Allegations of Sexual Abuse of Minors by Priests or Deacons*, «grdiocese.org», revisionato il 5 maggio 2006 [https://grdiocese.org/wp-content/uploads/2018/10/essential-norms-clergy.pdf - ultimo accesso verificato: 10 novembre 2021]. I vescovi, fra le altre cose, si sono impegnati a fornire un ambiente sicuro per i bambini, oltre che a sviluppare delle procedure uniformi per la gestione delle accuse di abuso sessuale. La spinta che volle dare questa Carta fu l'adozione di una politica di "tolleranza zero". I controlli dei precedenti penali diventarono, perciò, obbligatori per la maggior parte dei dipendenti e per molti volontari. In caso di accusa di abuso sessuale, l'imputato veniva rimosso dal servizio e le diocesi erano obbligate ad allertare le autorità ed a condurre un'indagine. La Chiesa ha anche emanato nuove regole che vietano

Queste nuove accuse e le successive indagini svolte hanno rivelato un modello di abuso sessuale e insabbiamento comune a diverse diocesi in tutta la nazione ed, in definitiva, in tutto il mondo. Sacerdoti e membri laici degli ordini religiosi avevano abusato sessualmente di minori su vasta scala. Molte delle accuse riguardavano azioni che avevano avuto luogo addirittura decenni prima. Non tutti, infatti, erano stati segnalati all'epoca dell'avvenimento del fatto, ma molti di quelli segnalati erano stati anche insabbiati.

Numerosi grandi accordi furono siglati e pagati dai vescovi che intendevano far sì che tali crimini rimanessero segreti. Troppo spesso i sacerdoti accusati vennero riassegnati dai vescovi ad altre parrocchie; ciò ha comportato, purtroppo, che una buona parte di questi sacerdoti trovasse una nuova occasione per commettere altri abusi[28].

IV. Risposte legali.

Considerando le rivelazioni sugli abusi sessuali contro i bambini e sugli insabbiamenti, molti Stati hanno esaminato il proprio corpus di leggi e le proprie politiche per assistere le vittime. Alcuni Stati, tra cui la Virginia, il Nebraska e la California, hanno approntato delle linee di emergenza telefoniche o dei questionari online per presentare dei reclami riservati. Altri stati, invece, sono andati ben oltre.

1. Termini di prescrizione.

Molte delle vittime che si sono fatte avanti, lo hanno fatto molto tempo dopo che si potesse intraprendere un'azione legale contro i sospetti. Addirittura, 3.300 dei 4.392 ecclesiastici accusati di abuso sessuale, identificati nel *John Jay report*, alla data della sua compilazione erano già venuti a mancare. Dei restanti, 1.021 sono stati denunciati alla polizia e di questi, 384 sono stati incriminati, con conseguenti 252

---

l'ordinazione di uomini con «tendenze omosessuali profondamente radicate». Nel 2002, papa Giovanni Paolo II (ora santo) ha affermato che «non c'è posto nel sacerdozio e nella vita religiosa per coloro che potrebbero danneggiare i giovani» (Giovanni Paolo II (papa), *Address of His Holiness John Paul II to the Cardinals of the United States*, «vatican.va», 23 aprile 2002 [https://www.vatican.va/content/john-paul-ii/en/speeches/2002/april/documents/hf_jp-ii_spe_20020423_usa-cardinals.html – ultimo accesso verificato: 11 novembre 2021].

[28] Il vescovo Robert Finn della diocesi di St. Joseph del Kansas City, nel Missouri, è stato il primo ed unico prelato americano ad essere stato condannato per il suo ruolo nell'aiuto ad un sacerdote, ossia per essere stato riconosciuto colpevole di non aver denunciato alle autorità il fatto di aver rintracciato pornografia infantile sul laptop di un religioso nel 2012.

condanne e 100 imprigionamenti. In totale, circa il tre percento dei 4.392 membri del clero, contro i quali sono state avanzate accuse, sono stati condannati e circa il due percento degli accusati ha ricevuto una pena detentiva.

Nel 2018, un gran giurì della Pennsylvania ha completato un'indagine di due anni redigendo, infine, un rapporto di novecento pagine nel quale venivano pubblicate le testimonianze raccolte nel corso di quei due anni. Dopo una revisione dei documenti interni della Chiesa, il rapporto ha concluso che c'erano diverse accuse credibili contro più di trecento «preti adescatori» in sei delle otto diocesi dello Stato, a partire dagli anni Quaranta[29].

Il procuratore generale della Pennsylvania, Josh Shapiro, ha detto ai giornalisti che le testimonianze indicavano un atteggiamento di insabbiamento «sofisticato» ad opera dei massimi funzionari della Chiesa. Il rapporto ha portato alla formulazione di accuse penali contro due sacerdoti, ma le azioni legali, in molti casi, sarebbero state impossibili a causa dei termini di prescrizione. Il gran giurì, infatti, aveva raccomandato di eliminare completamente la prescrizione per i futuri casi di abuso sessuale.

Il *Pittsburgh Post-Gazette* ha confrontato i casi di cattiva condotta sessuale del clero avvenuti in Kentucky e in Pennsylvania ed ha osservato che in Kentucky era stato possibile procedere con delle azioni penali poiché questo Stato non aveva uno statuto relativo alle limitazioni per perseguire i crimini. Tra il 2003 ed il 2017, sei sacerdoti cattolici dell'arcidiocesi di Louisville sono stati condannati per reati sessuali sui minori avvenuti fino a quattro decenni prima; insieme a loro vennero condannati anche due ex insegnanti laici. Alcune delle vittime, addirittura, avevano raggiunto l'età di circa cinquant'anni quando i loro casi vennero processati[30].

Presto, molti Stati si attivarono per cercare di modificare le proprie leggi sulla prescrizione per gli abusi sessuali sui minori . A New York, la diocesi di Syracuse aveva addirittura pubblicato un elenco di tutti i preti accusati di aver avuto una cattiva condotta sessuale. Secondo il procuratore distrettuale della contea di Onondaga, William Fitzpatrick, invece, i procedimenti giudiziari potevano essere

---

[29] Né l'arcidiocesi di Philadelphia né la diocesi di Altoona-Johnstown sono state segnalate nel Rapporto, ma sono state oggetto di altre indagini del gran giurì negli anni precedenti.

[30] P. Smith, *A tale of two states on clergy abuse prosecutions*, «Pittsburgh Post-Gazette», 19 novembre 2018 (https://www.post-gazette.com/news/faith-religion/2018/11/19/Pennsylvania-Kentucky-clergy-sex-abuse-prosecutions-statute-of-limitations/stories/201810120152 - ultimo accesso verificato: 11 novembre 2021).

intrapresi soltanto se gli imputati fossero stati accusati di un crimine di classe A[31]. Quei reati, infatti, non avevano alcun termine di prescrizione[32], a differenza di tutte le accuse più prevedibili che sarebbero state presentate. Pertanto, molti presunti crimini non sono stati perseguiti. Nonostante ciò, l'ufficio del procuratore generale di New York ha emesso diversi mandati di comparizione a tutte le diocesi cattoliche dello Stato per «intraprendere un'ampia indagine sui crimini sessuali commessi ed insabbiati dai sacerdoti cattolici»[33].

New York e altri Stati stanno riconsiderando e rinnovando i propri statuti di prescrizione alla luce dei casi di abuso sessuale[34]. Già alcuni di essi, tra cui New York, California, Minnesota, Delaware e Hawaii, hanno non soltanto prorogato la durata dei termini di prescrizione, ma hanno anche creato delle «finestre di retroattività» - ossia, un periodo di tempo limitato durante il quale le vittime di qualsiasi età possono intentare causa, non importa quanto tempo fa sia sorta la denuncia[35]. Questa capacità di forzare il processo su eventi che hanno avuto luogo molto tempo fa rappresenta un problema[36].

---

[31] Tali crimini sarebbero: stupro di primo grado, atto sessuale criminale di primo grado, condotta sessuale aggravata di primo grado o condotta sessuale di primo grado contro un bambino.

[32] *New York Criminal Procedure Law,* par. 30.10, e seguenti (https://codes.findlaw.com/ny/criminal-procedure-law/cpl-sect-30-10.html – ultimo accesso verificato: 11 novembre 2021); Si veda anche: D. Fitzpatrick, *New York Criminal Statute of Limitations*, «Criminaldefenselawyer.com», 2018 (https://www.criminaldefenselawyer.com/criminal-case-statute-of-limitations/NY-felonies-misdemeanors.htm - ultimo accesso verificato: 11 novembre 2021).

[33] J. Zauzmer, M. Boorstein, *New York Attorney General's office has issued subpoenas to every Catholic diocese in the state*, «The Washington Post», 6 settembre 2018 https://youtu.be/DS4MArr6wlc – ultimo accesso verificato: 11 novembre 2021).

[34] H. Yan, *This is how sex abuse victims are changing state laws*, «CNN», 27 settembre 2018 (https://www.cnn.com/2018/09/27/us/sex-abuse-statutes-of-limitations/index.html   - ultimo accesso verificato: 11 novembre 2021).

[35] D. Crary, *States consider easing statute of limitations on child sex-abuse cases*, «PBS News Hour», 23 gennaio 2019 (https://www.pbs.org/newshour/nation/states-consider-easing-statute-oflimitations-on-child-sex-abuse-cases - ultimo accesso verificato: 11 novembre 2021).

[36] Nel gennaio del 2019, il legislatore di New York ha approvato il *Child Victims Act,* che consentirà alle vittime minorenni di perseguire il loro aggressore fino all'età di cinquantacinque anni nelle cause civili, un aumento significativo rispetto al precedente limite di ventitré anni. Per le cause penali, le vittime possono essere perseguite fino al compimento dei ventotto anni di età. Il disegno di legge prevede anche una finestra di un anno durante la quale le vittime di qualsiasi età oppure soggette a qualsiasi limite di tempo possono farsi avanti per avanzare l'accusa.

I termini di prescrizione esistono per due ragioni principali. Innanzitutto, c'è l'idea di finalità. Ad un certo punto, le parti dovrebbero sapere che non corrono più il rischio di azioni legali per qualcosa che ha avuto luogo molto tempo fa. In secondo luogo, cosa forse più importante, è difficile garantire a qualcuno un processo equo se sono trascorsi troppi anni da quando è avvenuto il crimine. I ricordi svaniscono, le prove si perdono e i testimoni scompaiono. Questo è il motivo per cui i termini di prescrizione impongono dei limiti di tempo per l'azione penale.

I rischi associati ai processi per abuso sessuale contro i bambini che, presumibilmente, hanno avuto luogo decenni fa, sono amplificati quando, come è successo, le accuse sono state formulate sulla base di "ricordi recuperati" molto speculativi; la stampa ha trattato gli imputati come se fossero stati dei presunti colpevoli; e i legislatori hanno cercato di modificare le leggi con l'esplicito scopo di consentire ai sospetti di essere perseguiti.

I preti colpevoli dovrebbero essere puniti, ma gli statuti di prescrizione, le norme probatorie, le protezioni costituzionali e la presunzione di innocenza esistono per ragioni legittime. Modificare la legge per accogliere un particolare imputato o una particolare classe di imputati rappresenta il modo sbagliato di gestire un sistema legale.

2. La RICO.

La legge federale sulle organizzazioni influenzate e corrotte dal crimine organizzato (RICO) – titolo 18 dello United States Code, paragrafi 1961-1968 –, è stata approvata nel 1970 come parte della guerra federale al crimine organizzato. La RICO autorizza sia i procedimenti penali, sia le azioni civili (applicando i cosiddetti «danni tripli») contro tutti gli individui facenti parte di un'organizzazione corrotta. Gli elementi di una violazione della RICO risiedono nel dare prova che un'«impresa/organizzazione» sia impegnata in uno «schema di attività tipica del crimine organizzato» attraverso «atti presupposti» che violano gravemente il diritto penale[37].

---

[37] Oltre allo statuto federale RICO, trentatré Stati, il Commonwealth di Porto Rico ed il Territorio delle Isole Vergini degli Stati Uniti hanno emanato degli statuti basati sulla RICO. Gli statuti di dieci di questi Stati e delle Isole Vergini americane vanno oltre lo statuto federale RICO ed includono i crimini sessuali contro i bambini come "atti presupposti"; mentre otto Stati e le Isole Vergini americane hanno consentito il recupero e/o delle basi alternative per le sanzioni penali relative ai reati che hanno implicato delle lesioni personali.

Poiché così tanti vescovi, insieme alle loro diocesi, sono stati coinvolti nella tempesta che si è scatenata intorno ai preti accusati, le vittime hanno chiesto che la RICO venisse applicata per i casi contro la Chiesa[38]. Sebbene la RICO punti a sconfiggere la criminalità organizzata, essa non è espressamente limitata a casi di questo genere. Tuttavia, le disposizioni penali della legge riguardano principalmente questioni finanziarie e non il tipo di reati presunti che venivano mossi contro il personale della Chiesa. La lista penale della RICO elenca reati specifici che possono fungere da «reati presupposti»; ma la maggior parte di questi è costituita da crimini che riguardano l'arricchimento di un'organizzazione e non qualcosa come gli abusi sui minori. C'è, tuttavia, una componente civile nella RICO. Un avvocato del New Jersey, per esempio, nel 1993, ha citato l'arcidiocesi di Camden in base a tale disposizione[39]. Il caso è stato rapidamente risolto a fronte di un risarcimento non reso noto; altre cause note che richiamano la RICO, intentate contro la Chiesa, sono state, invece, respinte per diversi motivi.

Un caso di alto profilo ha tentato di applicare la RICO alla cattiva condotta del clero. La querela a cui faccio riferimento è stata intentata contro il cardinale Roger M. Mahony, arcivescovo di Los Angeles, nel 2002[40]. Si sosteneva che Mahony proteggesse i sacerdoti molestatori in qualità di capo dell'arcidiocesi all'interno di un modello di comportamento che costituiva un'impresa criminale ai sensi della legge federale e californiana. L'applicabilità di questa legge ai fatti di cui sopra, tuttavia, non è stata completamente esaminata. Il caso è stato risolto con un risarcimento di quasi seicentocinquanta milioni di dollari, pagato dall'arcidiocesi di Los Angeles a oltre cinquecento vittime[41].

---

[38] USA TODAY Network, *The Catholic church covered up abuse. Can RICO laws treat it like organized crime?*, «Chicago Sun Times», 22 agosto 2018 (https://chicago.suntimes.com/ 2018/8/22/18315420/the-catholic-church-covered-up-abuse-can-rico-laws-treat-it-like-organized-crime - ultimo accesso verificato: 11 novembre 2021).

[39] USA TODAY Network, *The Catholic church covered up abuse. Can RICO laws treat it like organized crime?*, «Chicago Sun Times», 22 agosto 2018 (https://chicago.suntimes.com/ 2018/8/22/18315420/the-catholic-church-covered-up-abuse-can-rico-laws-treat-it-like-organized-crime - ultimo accesso verificato: 11 novembre 2021).

[40] *Andrew Chicchillo, Joseph Chicchillo vs. Archdiocese of Los Angeles* (*Denuncia per cimine organizzato, lesioni personali, negligenza e frode*), Corte superiore dello Stato della California, Contea di Los Angeles, Distretto centrale, 30 aprile 2002, (https://www.bishop-accountability.org/resources/resource-files/courtdocs/CicchilloComplaint.pdf - ultimo accesso verificato: 11 novembre 2021).

[41] *Protesters Demand Criminal Investigation, Resignation Of Ex-L.A. Archbishop Roger Mahony*, «Cbslocal.com», 17 settembre 2018 (http://cbslocal.com/2018/09/17/protesters-demandcriminal-investigation-resignation-of-ex-la-archbishop-roger-mahony/ - ultimo accesso verificato: 11 novembre 2021); G. Flaccus, *L. A. Archdiocese Agrees to $600 Million*

Sebbene i querelanti abbiano avuto scarso successo utilizzando la RICO, ciò non li ha fermati dal continuare a ritenere di poterlo fare ancora. Nel 2018, la rete dell'*Associazione dei sopravvissuti agli abusi dei sacerdoti* (SNAP) ed il *Center for Constitutional Rights* hanno inviato una lettera al Dipartimento di giustizia degli Stati Uniti suggerendo che le autorità federali «avviino un'indagine nazionale su vasta scala in merito allo stupro sistemico, alla violenza sessuale, e agli insabbiamenti da parte della Chiesa cattolica e, se il caso lo ritenga necessario, che avviino anche procedimenti penali e/o civili contro la gerarchia che ha consentito che tali violazioni potessero avvenire». La lettera, indirizzata al vice procuratore generale Rod J. Rosenstein, elenca diverse vie per le indagini, tra cui quella che richiedeva l'applicazione della RICO[42].

3. Il sigillo del confessionale.

I cattolici confessano i peccati ai sacerdoti e chiedono l'assoluzione[43]. Pertanto, i sacerdoti possono avere informazioni sui crimini, inclusi gli abusi sessuali sui minori, che l'autore fornisce loro direttamente. Anche se le autorità civili potrebbero volere queste informazioni[44], la Chiesa cattolica insegna che ciò che un

---

Abuse Settlement, «Washington Post», 15 luglio 2007 (http://www.washingtonpost.com/wp-dyn/content/article/2007/07/14/AR2007071400968.html - ultimo accesso verificato: 11 novembre 2021).

[42] *Demand for Investigation and Prosecution of High-level Officials in the Catholic Church for Widespread and Systemic Rape and Other Forms of Sexual Violence*, «Ccrjustice.org», 15 aprile 2018 (https://ccrjustice.org/sites/default/files/attach/2018/08/CCR%20SNAP%20ltr%20to%20DOJ%20w%20Exhibit%20Aug%2015%202018%20web%202.pdf – ultimo accesso verificato: 11 novembre 2021).

[43] Il nome formale è Sacramento della Penitenza e della Riconciliazione. L'autorità di perdonare I peccati deriva dai passi evangelici di: Mat. 16, 17-19 (E Gesù: «Beato te, Simone figlio di Giona, perché né la carne né il sangue te l'hanno rivelato, ma il Padre mio che sta nei cieli. E io ti dico: Tu sei Pietro e su questa pietra edificherò la mia chiesa e le porte degli inferi non prevarranno contro di essa. A te darò le chiavi del regno dei cieli, e tutto ciò che legherai sulla terra sarà legato nei cieli, e tutto ciò che scioglierai sulla terra sarà sciolto nei cieli»). Tutti i dodici apostoli erano presenti, eppure Gesù Cristo promise di consegnare soltanto a Pietro le chiavi del Regno, simboleggiando l'autorità di Gesù Cristo sul Regno dei cieli in terra (Cfr. T. Staples, *Peter the Rock*, «Catholic Answers», 30 novembre 2013 (https://www.catholic.com/magazine/online-edition/peter-the-rock - ultimo accesso verificato: 11 novembre 2021).

[44] «I leader di governo hanno sfidato il privilegio concesso fra sacerdote-penitente del sigillo della confessione almeno dal XIV° secolo, spingendo i sacerdoti a sacrificare la loro libertà e talvolta la loro stessa vita per difendere tale riservatezza» (C. Muth, *Challenges to seal of confession attributed to clergy sex abuse scandals*, «Catholic News Service», 4 giugno 2019

penitente dice ad un sacerdote nel confessionale è strettamente confidenziale. Infatti, il Codice del diritto canonico prevede che la pena per il sacerdote che viola il sigillo della confessione è la scomunica automatica, la quale potrebbe essere revocata soltanto ed esclusivamente dal pontefice[45].

Negli Stati Uniti, sia i tribunali federali, sia quelli statali riconoscono persino un «privilegio fra prete e penitente», il quale vieta ai tribunali di indagare su tali comunicazioni. Già nel 1813, la *Corte delle sessioni generali di New York* affermava: «La segretezza è l'essenza della penitenza. Decidere che il ministro promulghi ciò che riceve in confessione, equivale a dichiarare che non ci sarà penitenza; e questo importante ramo della religione cattolica romana sarebbe così annientato»[46]. Alla

---

[https://www.rcbo.org/wp-content/uploads/2019-06-04-catholic-news-service-challenges-to-seal.pdf - ultimo accesso verificato: 11 novembre 2021]).

[45] Il canone 983 (paragrafo 1) del Codice del diritto canonico afferma che «il sigillo sacramentale è inviolabile; pertanto non è assolutamente lecito al confessore tradire anche solo in parte il penitente con parole o in qualunque altro modo e per qualsiasi causa» (*Code of canon law (1983)*, «vatican.va», s. d. [https://www.vatican.va/archive/cod-iuris-canonici/eng/documents/cic_lib4-cann959-997_en.html#CHAPTER_II. – ultimo accesso verificato: 10 novembre 2021]; Per il testo in italiano, si veda: *Codice di diritto canonico 1983*, «vatican.va», s. d. [https://www.vatican.va/archive/cod-iuris-canonici/ita/documents/cic_libroIV_965-986_it.html#CAPITOLO_II – ultimo accesso verificato: 10 novembre 2021]). Un sacerdote non può rompere il sigillo del confessionale per salvare la propria vita, per proteggere il suo buon nome, per confutare una falsa accusa, per salvare la vita di un altro, per aiutare il corso della giustizia, o per evitare un disastro pubblico. Il film di Alfred Hitchcock, *I Confess* (1953), parla di un prete che ascolta una confessione di omicidio e dell'assassino che poi lo incastra. È uno studio affascinante. I cattolici prendono l'inviolabilità del confessionale come una cosa molto seria, come illustra la storia di san Mateo Correa Magallanes. Egli era un prete cattolico che, durante la persecuzione della Chiesa in Messico nel 1927, era stato inviato nelle carceri per raccogliere le confessioni dei prigionieri. Ben presto, un generale lo prese e gli puntò una pistola sulla testa minacciando di ucciderlo qualora non gli avesse subito rivelato quel che aveva appreso dai prigionieri. Mateo gli rispose: «Puoi anche chiedermelo, ma sappi soltanto che un prete deve mantenere il sigillo della confessione. Perciò, sono disposto a morire». Poco dopo fu portato alla periferia della città ed ucciso. Si veda: J. H. Gomez (arcivescovo), *Confession is sacred*, «Angelus News», 15 maggio 2019 (https://angelusnews.com/voices/archbishop-gomez/archbishop-gomez-confession-is-sacred - ultimo accesso verificato: 11 novembre 2021).

[46] *People v. Phillips*, Corte delle sessioni generali di New York, 1813 https://scocal.stanford.edu/opinion/people-v-phillips-23245 – ultimo accesso verificato: 11 novembre 2021]; P. Pietrzyk, *California bill targets Catholic priests first, but rights of all religions are at risk*, «USA Today», 28 aprile 2019 (https://eu.usatoday.com/story/opinion/voices/2019/04/28/california-religious-freedom-catholic-sex-abuse-column/3574921002/ - ultimo accesso verificato: 11 novembre 2021).

luce dell'emergenza relativa agli abusi sessuali, tuttavia, tale privilegio è stato posto sotto attacco[47].

Insegnanti ed altre persone in posizioni di autorità sui minori hanno, solitamente, l'obbligo di segnalazione quando sospettano che ci sia stato un caso di abuso sui minori. In situazioni di non confessione, tali obblighi possono applicarsi ai sacerdoti cattolici[48]. Infatti, alcune leggi statali si esprimono in modo tale da suggerire che l'obbligo di denuncia si applichi anche alle informazioni ottenute nel confessionale[49], ma tali espressioni possono essere (e sono state) interpretate in maniera meno vincolante[50]. Alcuni legislatori vogliono cambiare tale prassi ed estendere l'obbligo di segnalazione al fine di includervi anche le informazioni apprese dai sacerdoti durante la confessione.

La nuova legislazione che è stata proposta e considerata, in particolare in California e nello Utah (ma anche altrove), amplia i requisiti di segnalazione e le

---

[47] C. Muth, *Challenges to seal of confession attributed to clergy sex abuse scandals*, «Catholic News Service», 4 giugno 2019 (https://www.rcbo.org/wp-content/uploads/2019-06-04-catholic-news-service-challenges-to-seal.pdf - ultimo accesso verificato: 11 novembre 2021).

[48] In California, i sacerdoti, insieme agli insegnanti, agli assistenti sociali, ai medici e ad altri professionisti, sono considerati come dei «reporter incaricati». In quanto tali, essi sono tenuti, per legge, a segnalare alle autorità ogni caso di sospetto abuso. Esiste, tuttavia, un'esenzione per qualsiasi membro del clero «che acquisisca conoscenza o un ragionevole sospetto di abuso o negligenza sui minori durante una comunicazione penitenziale» (P. Kay, *California 'confession bill' would end centuries-old privacy protections*, «Angelus News», 15 maggio 2019 [https://angelusnews.com/local/la-catholics/california-confession-bill-would-end-centuries-old-privacy-protections/ - ultimo accesso verificato: 11 novembre 2021]). Il vescovo Juan Ignacio Arrieta, segretario del Pontificio Consiglio per i testi legislativi, ha affermato che la Chiesa cattolica obbliga tutti i suoi membri ad agire in conformità con la legge civile locale sulla segnalazione obbligatoria. Il sigillo della confessione, tuttavia, rimane inviolabile e non è influenzato da tali leggi (C. Muth, *Challenges to seal of confession attributed to clergy sex abuse scandals*, «Catholic News Service», 4 giugno 2019 [https://www.rcbo.org/wp-content/uploads/2019-06-04-catholic-news-service-challenges-to-seal.pdf – ultimo accesso verificato: 11 novembre 2021]).

[49] P. Kay, *California 'confession bill' would end centuries-old privacy protections*, «Angelus News», 15 maggio 2019 (https://angelusnews.com/local/la-catholics/california-confession-bill-would-end-centuries-old-privacy-protections/ - ultimo accesso verificato: 11 novembre 2021; nel quale vengono identificate: New Hampshire, North Carolina, Oklahoma, Rhode Island, Tennessee, Texas e West Virginia); Similmente avviene anche in: C. Muth, *Seal of confession faces growing challenges*, «Catholic News Service», 5 giugno 2019 (https://www.catholicherald.com/News/National___International/National/Seal_of_confession_faces_growing_challenges/ - ultimo accesso verificato: 11 novembre 2021).

[50] «Questo linguaggio inclusivo sembra includere il clero, ma può essere interpretato anche diversamente» (Children's Bureau, *Clergy as Mandatory Reporters of Child abuse and Neglect*, «childrenwelfare.org», agosto 2015 [https://www.childwelfare.gov/pubPDFs/clergymandated.pdf – ultimo accesso verificato: 11 novembre 2021]).

La Cattiva Condotta Sessuale del Clero

stesse informazioni ottenute nel confessionale non sarebbero esenti da tale ampliamento[51]. Il sacerdote che, a causa del suo impegno sacerdotale di mantenere il sigillo del confessionale, non riporta le informazioni che gli sono pervenute tramite la confessione, sarebbe colpevole di un crimine punibile con un massimo di sei mesi di incarcerazione[52].

I sostenitori di tale legislazione affermano che ciò vanificherebbe una scappatoia che fornisce copertura ai preti pedofili[53]. I critici la vedono, invece, come un'esagerazione del governo che, in tal modo, violerebbe le libertà religiose, tra cui quella relativa alla separazione tra Chiesa e Stato[54]. Infatti, essa è stata definita come

---

[51] Il clero della California che viene a conoscenza di fatti criminali nel contesto della "comunicazione penitenziale" è attualmente esentato dall'obbligo di segnalazione. La legislazione in sospeso eliminerebbe tale esenzione. I legislatori in Australia, Regno Unito, Irlanda e Cile hanno anche introdotto misure che obbligherebbero i sacerdoti a segnalare alle autorità civili le informazioni relative agli abusi sui minori e all'abbandono apprese nel confessionale (Cfr. P. Kay, *California 'confession bill' would end centuries-old privacy protections*, «Angelus News», 15 maggio 2019 [https://angelusnews.com/local/la-catholics/california-confession-bill-would-end-centuries-old-privacy-protections/ - ultimo accesso verificato: 11 novembre 2021). La legislazione della California è stata ritirata per il momento. Si veda: *California confession law dropped*, «Catholic News Agency», 9 luglio 2019 (https://www.catholicnewsagency.com/news/california-confession-law-dropped-31494 - ultimo accesso verificato: 11 novembre 2021). Una legislazione simile, tuttavia, è stata presentata nello Stato dello Utah. Si veda: B. Donohue, *Utah lawmaker moves to break seal of Confession, calls Catholic backlash 'soft threat'*, «Life Site News», 16 gennaio 2020 (https://www.lifesitenews.com/opinion/utah-lawmaker-moves-to-break-seal-of-confession-calls-catholic-backlash-soft-threat - ultimo accesso verificato: 11 novembre 2021). Per ciò che riguarda il diritto in Irlanda, si veda: *Shatter insists mandatory reporting will apply to priests despite Cardinal's comments*, «The Journal.ie», 29 agosto 2011 (https://www.thejournal.ie/shatter-insists-mandatory-reporting-will-apply-to-priestsdespite-cardinals-comments-212267-Aug2011/ - ultimo accesso verificato: 11 novembre 2021; nel quale è scritto che il giudice Alan Shatter insiste sul fatto che la denuncia obbligatoria dei crimini in Irlanda «si applicherà a prescindere da qualsiasi regola interna di qualsiasi gruppo religioso»).

[52] Si veda: *California Penal Code*, Part. 4, Titolo 1, cap. 2, sez. 11166[c] (https://leginfo.legislature.ca.gov/faces/codes_displaySection.xhtml?lawCode=PEN&sectionNum=11166. – ultimo accesso verificato: 11 novembre 2021).

[53] Tra i legislatori che si sono espressi a sostegno della [una nuova legge della California …] c'era il membro del comitato di santa Barbara, la senatrice Hannah-Beth Jackson. Nelle sue osservazioni, Jackson ha equiparato il privilegio penitenziale ad un "pass" concesso alle chiese (P. Kay, *California 'confession bill' would end centuries-old privacy protections*, «Angelus News», 15 maggio 2019 [https://angelusnews.com/local/la-catholics/california-confession-bill-would-end-centuries-old-privacy-protections/ - ultimo accesso verificato: 11 novembre 2021]).

[54] P. Pietrzyk, *California bill targets Catholic priests first, but rights of all religions are at risk*, «USA Today», 28 aprile 2019, (https://eu.usatoday.com/story/opinion/voices/2019/

«una minaccia mortale alla libertà religiosa di ogni cattolico»[55]. Non è chiaro se tali leggi sopravvivrebbero all'interno di una battaglia legale nelle corti; infatti, da un lato, non abbiamo indicazioni in merito al fatto che i sacerdoti, in quegli Stati dove siano sottoposti all'obbligo di segnalazione, abbiano mai riferito informazioni apprese in confessionale e, dall'altro, sappiamo che finora nessuno è stato accusato di non averlo fatto. Pertanto, le leggi che impongono tale obbligo non sono state ancora testate a fondo (ossia, sottoposte ad uno "stress legislativo") e, fintanto che ciò non avverrà, la loro costituzionalità rimarrà poco chiara[56].

Non è inoltre chiaro se i requisiti di divulgazione confessionale avrebbero, effettivamente, un impatto favorevole sulla sicurezza dei bambini[57]. Gli autori dei reati come questo raramente cercano l'assoluzione tramite il sacramento della Penitenza e della Riconciliazione[58]. Se il sigillo non fosse più inviolabile, i colpevoli

---

04/28/california-religious-freedom-catholic-sex-abuse-column/3574921002/   -   ultimo accesso verificato: 11 novembre 2021).

[55] J. H. Gomez (arcivescovo), *Confession is sacred*, «Angelus News», 15 maggio 2019 (https://angelusnews.com/voices/archbishop-gomez/archbishop-gomez-confession-is-sacred - ultimo accesso verificato: 11 novembre 2021); R. Barron (vescovo), *It's Time for Catholics (and All Religious People) to Wake Up: The Real Danger Posed by the California Confession Bill*, «Word on Fire», 7 maggio 2019 (https://www.wordonfire.org/resources/article/its-time-for-catholics-and-all-religious-people-to-wake-up-the-real-dangerposed-by-the-california-confession-bill/24108/ - ultimo accesso verificato: 11 novembre 2021).

[56] È improbabile che queste leggi vengano messe alla prova a meno che non ci sia una operazione sotto copertura che si traduca nel perseguimento di un prete. Ci vorrebbe questo oppure un penitente che, in seguito, faccia una confessione agli agenti governativi per avviare una causa in tribunale (J. H. Gomez (arcivescovo), *Confession is sacred*, «Angelus News», 15 maggio 2019 [https://angelusnews.com/voices/archbishop-gomez/archbishop-gomez-confession-is-sacred – ultimo accesso verificato: 11 novembre 2021]).

[57] «Le udienze sul disegno di legge non hanno presentato un solo caso, in California o altrove, in cui questo tipo di crimine avrebbe potuto essere evitato se un prete avesse rivelato informazioni che aveva sentito durante la confessione» (*California confession bill won't stop abuse, but threatens religious liberty, critics say*, «Orange County Catholic», 5 giugno 2019 https://occatholic.com/california-confession-bill-wont-stop-abuse-but-threatens-religious-liberty-critics-say/ – ultimo accesso verificato: 11 novembre 2021]).

[58] «Il fatto è che gli abusi sessuali sui minori non sono un peccato che le persone confessano ai sacerdoti in confessionale» (J. H. Gomez (arcivescovo), *Confession is sacred*, «Angelus News», 15 maggio 2019 [https://angelusnews.com/voices/archbishop-gomez/archbishop-gomez-confession-is-sacred – ultimo accesso verificato: 11 novembre 2021]); «Sarebbe raro, per un pedofilo, confessare il peccato di aver commesso degli abusi sessuali sui minori» (C. Muth, *Seal of confession faces growing challenges*, «Catholic News Service», 5 giugno 2019 [https://www.catholicherald.com/News/National___International/National/Seal_of_confession_faces_growing_challenges/ - ultimo accesso verificato: 11 novembre 2021]; nel quale si cita monsignor Stephen J. Rossetti, psicologo e professore di teologia alla Catholic University of America).

avrebbero ancora meno probabilità di confessare i propri peccati al sacerdote[59]. Ciò potrebbe far perdere loro una consulenza preziosa che, altrimenti, potrebbe essere a loro disposizione. Ciò, a sua volta, potrebbe aumentare, piuttosto che diminuire, il pericolo per i bambini[60].

Conclusioni: la presunzione di innocenza.

Con l'emergenza degli abusi sessuali sui minori, una manciata di funzionari ha messo la Chiesa cattolica in una posizione molto difficile. Alcuni sono stati coinvolti in attività criminali; altri, o perché seguivano la psicologia moderna o per motivi meno onorevoli, trascuravano o perdonavano tali orribili trasgressioni e trasferivano i molestatori in luoghi dove avrebbero potuto fare (ed hanno effettivamente fatto) di nuovo del male.

Non sorprende che i sistemi legali stiano, ora, rispondendo. Le persone si aspettano, giustamente, che le autorità civili le proteggano dalla criminalità. I sistemi governativi hanno da tempo soddisfatto i bisogni della Chiesa, ma i trasgressori hanno sfruttato per il proprio tornaconto tali accomodamenti. Non deve sorprendere, quindi, che i legislatori vogliano rimuovere tali concessioni. Inoltre, molti preti innocenti sono ora sotto esame e si sentono trattati come se fossero dei sospetti. La loro preoccupazione risiede nel domandarsi se, una volta che siano stati accusati di un crimine, i pubblici ministeri, i giudici e le giurie concederebbero loro realmente la presunzione di innocenza[61].

---

[59] «Se i cattolici credono che ci sia anche una remota possibilità che un sacerdote sia obbligato a riferire alle autorità ciò che essi dicono durante la penitenza, perderanno la fede nel sacramento della Riconciliazione e difficilmente si incrimineranno da soli, confessandosi» (C. Muth, *Seal of confession faces growing challenges*, «Catholic News Service», 5 giugno 2019 [https://www.catholicherald.com/News/National___International/National/Seal_of_confession_faces_growing_challenges/ - ultimo accesso verificato: 11 novembre 2021]; nel quale viene citato il vescovo ausiliare Peter L. Smith di Portland, nello Stato dell'Oregon, che è anche un avvocato canonico).

[60] Si veda: P. Kay, *California 'confession bill' would end centuries-old privacy protections*, «Angelus News», 15 maggio 2019 («i legislatori di tutto il paese hanno concluso che leggi simili non proteggerebbero i bambini ma, piuttosto, rappresenterebbero una grave violazione della libertà religiosa»: https://angelusnews.com/local/la-catholics/california-confession-bill-would-end-centuries-old-privacy-protections/ - ultimo accesso verificato: 11 novembre 2021).

[61] La presunzione di innocenza è un diritto legale dell'imputato in un processo penale ed è un diritto umano internazionale ai sensi della *Dichiarazione universale dei diritti dell'uomo* (articolo 11). Si veda: https://ohchr.org/EN/UDHR/Documents/UDHR_Translations/itn.pdf - ultimo accesso verificato: 11 novembre 2021.

La Chiesa, però, non è impotente. Essa può e deve cominciare ad agire, soprattutto, sorvegliando se stessa. Coloro che commettono crimini potrebbero aver bisogno di ripulirsi l'anima, ma hanno anche un debito verso la società. I vescovi non devono semplicemente provvedere alle cure spirituali dei colpevoli per poi rimetterli in posizioni di fiducia. Essi sono chiamati a proteggere i soggetti più vulnerabili del loro gregge. Ciò probabilmente significa che i responsabili debbano essere collocati in posizioni accuratamente selezionate, una volta risolte le loro situazioni legali. I genitori hanno il diritto di sapere se qualcuno in una posizione di autorità ha già commesso crimini contro i bambini[62]. Gli Stati Uniti impiegano un forte impegno per la libertà religiosa. La Chiesa cattolica ha prosperato in questa nazione prevalentemente protestante proprio grazie a tale impegno, dal quale, purtroppo, i cattivi soggetti hanno tratto un vantaggio irragionevole. In tal modo essi hanno messo a repentaglio lo status della Chiesa e dei sacerdoti cattolici, che sono persone devote e premurose che dovrebbero avere diritto alla presunzione di innocenza. Spetta, ora, ai leader cattolici di riguadagnarsi il rispetto della società e di ripristinarne la fiducia.

---

[62] Gli Stati, generalmente, registrano i reati sessuali condannati e mettono tale genere di informazioni a disposizione del pubblico. Questo è il minimo che la Chiesa dovrebbe fare.

Capitolo 12

La *"prova del male"*: reclami per lesioni personali nei casi di cattiva condotta sessuale del clero.

Brian Scarnecchia, Esq.
Professore di diritto, Ave Maria School of Law, Naples, Florida

Il tempo presente è, secondo il Signore, il tempo dello Spirito e della testimonianza, ma anche un tempo ancora segnato dalla necessità e dalla prova del male, che non risparmia la Chiesa e inaugura i combattimenti degli ultimi tempi. È un tempo di attesa e di vigilanza...[1]

Introduzione.

Alla Chiesa è stato conferito da Cristo il Grande Mandato di «creare discepoli in tutte le nazioni»[2]. Alla luce della sua chiamata, il tradimento di alcuni dei suoi sacerdoti e religiosi ritenuti colpevoli di cattiva condotta sessuale ha rappresentato, per la Chiesa dei giorni nostri, una «prova del male» dal punto di vista sia morale, sia finanziario. Esso ha portato le diocesi cattoliche e gli ordini religiosi negli Stati Uniti a presentare, addirittura, istanza di fallimento. La Chiesa cattolica in America ha pagato quasi tre miliardi di dollari alle vittime di cattiva condotta sessuale del clero a seguito di accordi e sentenze[3]. Alla ricerca di tasche ancora più profonde, le vittime

---

[1] *Catechismo della Chiesta cattolica* (Vaticano: Libreria Editrice Vaticana, 1994), art. 672 (corsivo mio); per i testi on line, si veda: *Catechism of the Catholic Church,* «vatican.va», s. d. (https://www.vatican.va/archive/ENG0015/_INDEX.HTM – ultimo accesso verificato: 10 novembre 2021), art. 672; Per il testo in italiano, si veda: *Catechismo della Chiesa cattolica,* «vatican.va», s. d. (https://www.vatican.va/archive/catechism_it/p3s2c2a6_it.htm#I.%20%C2%ABMaschio%20e%20femmina%20li%20cre%C3%B2...%C2%BB – ultimo accesso verificato: 10 novembre 2021).

[2] Mat. 28, 19–20.

[3] Si veda: *Catholic dioceses and orders that filed for bankruptcy and other major settlements,* «National Catholic Reporter», 31 maggio 2018 (https://www.ncronline.org/news/accountability/catholic-dioceses-and-orders-filed-bankruptcy-and-other-major-settlements - ultimo accesso verificato: 11 novembre 2021) [nel quale vengono segnalate diciannove diocesi od ordini religiosi che hanno presentato istanza di bancarotta negli Stati uniti]; Si

hanno citato in giudizio la Santa Sede[4]. Finora non hanno avuto successo[5]. Ma i loro tentativi continuano. Nel novembre del 2018 e, ancora, nel maggio del 2019, vittime provenienti da tutti gli Stati Uniti hanno intentato causa ai tribunali federali, sostenendo che la Santa Sede era responsabile, direttamente e indirettamente, della cattiva condotta sessuale dei sacerdoti e dei religiosi cattolici[6].

La cattiva condotta sessuale del clero non è qualcosa che si limiti ai preti e ai religiosi cattolici ma rappresenta, piuttosto, «un problema crescente in una serie di tradizioni religiose»[7]. Le accuse di illeciti per cattiva condotta sessuale del clero hanno incluso anche: l'aggressione sessuale o le percosse[8], l'illecita carcerazione[9], la

---

veda anche: J. W. Neu, *Workers of God: The Holy See's Liability for Clerical Sexual Abuse*, «Vanderbilt Law Review», Vol. 63, n. 5, 2011, pp. 1506, 1508 (http://vanderbiltlawreview.org/articles/2010/10/Neu-Holy-See-Liability-63-Vand.-L.-Rev.-1507-2010.pdf - ultimo accesso verificato: 11 novembre 2021).

[4] J. W. Neu, *Workers of God: The Holy See's Liability for Clerical Sexual Abuse*, p. 1535 («[…] Le diocesi cattoliche sono fallite, in parte, a causa delle accuse di abusi sessuali nei loro confronti. I querelanti che hanno coinvolto quelle diocesi avrebbero, perciò, delle buone ragioni per cercare il loro risarcimento nelle tasche ben più profonde della Santa sede»).

[5] Si veda: *O'Bryan v. Holy See*, 556 F. 3d, *361 (Corte d'appello degli Stati Uniti, Sesto Circolo 2009) [https://www.leagle.com/decision/20071255471fsupp2d78411189 – ultimo accesso verificato: 11 novembre 2021] e *Doe v. Holy See*, 557 F. 3d, *1066 (Corte d'appello degli Stati Uniti, Nono Circolo 2009) [https://www.leagle.com/decision/infco20090303099 – ultimo accesso verificato: 11 novembre 2021]. Entrambe le decisioni stabilivano che, in base ad una disposizione della legge sulle immunità dei sovrani stranieri, la Santa sede poteva essere responsabile per le lesioni personali derivate dagli abusi sessuali da parte del clero, se fosse stato stabilito che i sacerdoti oppure i vescovi dovevano essere considerati come suoi dipendenti diretti ed effettivi. Ad oggi, nessun tribunale ha ritenuto di dover sancire l'esistenza di un tale rapporto di lavoro fra i sacerdoti o i vescovi degli Stati uniti e la Santa sede.

[6] *Timothy B. Lennon, et al. v. United States Conference of Catholic Bishops and Holy See*, Corte distrettuale degli Stati Uniti per il Distretto dello Stato della Columbia, Caso 1:18-cv-02618, denuncia archiviata il 13 novembre 2018 (https://bloximages.chicago2.vip.townnews.com/tribdem.com/content/tncms/assets/v3/editorial/5/47/547fa2d4-e7b5-11e8-8accaba3ca0fa959/5beb8928f2054.pdf.pdf - Ultimo accesso verificato: 11 novembre 2021); *James Keenan, et al., v. Holy See*, Corte distrettuale degli Stati Uniti per il Distretto dello Stato del Minnesota, Caso 0:19-cv-01272, denuncia archiviata il 14 maggio 2019 (https://www.pacermonitor.com/public/case/28193372/Keenan_et_al_v_Holy_See - Ultimo accesso verificato: 11 novembre 2021).

[7] Si veda: B. J. B. Toben, K. Helge, *Sexual Misconduct of Clergypersons with Congregants or Parishioners - Civil and Criminal Liabilities and Responsibilities*, «Birmingham Journal of American Legal Studies», Vol. 1, n. 1, 2012 (https://digital.library.unt.edu/ark:/67531/metadc130203/m1/4/ - University of North Texas Digital Library, ultimo accesso verificato: 11 novembre 2021).

[8] Si veda: *Mutual Service Casualty Insurance Company v. Puhl*, 354 N.W.2d *900, *901–02 (Corte d'appello dello Stato del Minnesota, 1984) [https://www.leagle.com/decision/

frode e la cospirazione civile[10], l'inflizione intenzionale[11] o negligente del disagio mentale[12], la diffamazione di persone o la violazioni del giusto processo[13], le

---

19841254354nw2d90011132 - ultimo accesso verificato: 11 novembre 2021; secondo la quale una compagnia di assicurazioni «non è obbligata a difendere o indennizzare» il reverendo Puhl per «contatto sessuale non consensuale» con un minore]; *Malicki v. Doe*, 814 So.2d *347, *365 (Corte suprema dello Stato della Florida, 2002) https://www.leagle.com/decision/20021161814so2d34711159 - ultimo accesso verificato: 11 novembre 2021; Secondo la quale «il Primo Emendamento non impedisce», ad un querelante, di presentare «un'azione illecita commessa da terzi contro un'istituzione religiosa»].

[9] Si veda: *Whitaker v. Sandford*, 85 A. *399, *401–02 (Corte suprema del Maine, 1912) [https://maine.lexroll.com/whittaker-v-sanford-110-77-1912/ - ultimo accesso verificato: 11 novembre 2021; secondo la quale, al querelante è consentito, in un caso di carcerazione illecita, di presentare prove degli insegnamenti del leader di culto imputato allo scopo di dimostrare il controllo che quest'ultimo esercitava sui membri della comunità religiosa]; *Molko v. Holy Spirit Association*, 762 P.2d *46, *57–58 (Corte suprema dello Stato della California, 1988) [https://scocal.stanford.edu/opinion/molko-v-holy-spirit-assn-30806 - ultimo accesso verificato: 11 novembre 2021; nella quale all'imputato è stato giustamente concesso un giudizio sommario in merito all'accusa di illecita detenzione da parte del querelante, perché «il discorso religioso protetto [...] non può fornire la base per una responsabilità di illecito civile»).

[10] Si veda: *United States v. Ballard*, 322 U.S. *78, *87–88 (Corte suprema degli Stati Uniti, 1944) [https://www.leagle.com/decision/infco20200506126 - ultimo accesso verificato: 11 novembre 2021; secondo la quale gli imputati non possono essere condannati per frode postale sulla sola base delle loro insolite convinzioni religiose]; *Milla v. Tamayo*, 187 Cal. App. 3d *1453, *1462, 232 Cal. Rptr. *685, *690 (Corte Suprema degli Stati Uniti, 1986) [https://www.leagle.com/decision/incaco20091218028 - ultimo accesso verificato: 11 novembre 2021; secondo la quale l'arcivescovo di Los Angeles non doveva essere considerato responsabile delle azioni commesse da sette sacerdoti che avevano cospirato per sedurre il querelante, poiché le loro azioni non erano svolte né nell'ambito del loro impiego, né potevano dirsi prevedibili].

[11] Si veda: *Guinn v. Church of Christ of Collinsville*, 775 P.2d *766, *786 (Corte suprema dello Stato dell'Oklahoma, 1989) [https://www.leagle.com/decision/19891541775p2d76611534 - ultimo accesso verificato: 11 novembre 2021; secondo la quale la Chiesa di Cristo poteva essere ritenuta responsabile soltanto dell'inflizione intenzionale di un disagio mentale che ha portato alle azioni commesse da un ex parrocchiano dopo che si era ritirato dalla chiesa e non delle azioni stesse].

[12] Si veda: *B.B. v. Methodist Church of Shelbina*, 541 S.W.3d *644, *655–56 (Corte d'appello dello Stato del Missouri, 2017) [https://www.leagle.com/decision/inmoco20171219214 - ultimo accesso verificato: 11 novembre 2021; secondo la quale l'accusa del querelante per inflizione negligente di disagio mentale veniva esclusa dal Primo Emendamento].

[13] Si veda: *Bandstra v. Covenant Reformed Church*, 913 N.W.2d *19, *50 (Corte suprema dello Stato dell'Iowa, 2018) [https://www.leagle.com/decision/iniaco20180601190 - ultimo accesso verificato: 11 novembre 2021; secondo la quale il giudizio sommario era

molestie sessuali[14], l'oltraggio[15], la seduzione e l'alienazione affettiva[16], l'interferenza con i rapporti contrattuali[17], l'invasione della privacy[18], la negligenza nella consulenza[19], le negligenze da parte del clero[20], il disturbo pubblico e privato[21] e la

---

stato correttamente applicato in merito alle accuse di diffamazione del querelante contro i presbiteri della chiesa].

[14] Si veda: I. C. Lupu, R. W. Tuttle, *Metto Meets the Ministerial Exception: Sexual Harassment Claims by Clergy and the First Amendment's Religion Clauses* (29 marzo 2018), in fase di pubblicazione (2019), «William and Mary Journal of Race, Gender and Social Policy» (https://scholarship.law.gwu.edu/cgi/viewcontent.cgi?article=2594&context=faculty_publ ications - George Washington University Law School Public Law Research Paper, ultimo accesso verificato: 11 novembre 2021).

[15] Si veda: *Jane Doe v. Corporation of the President of the Church of Jesus Christ of Latter-Day Saints*, 167 P.3d *1193, *1206–07 (Corte d'appello dello Stato di Washington, 2007) [https://caselaw.findlaw.com/wa-court-of-appeals/1034177.html – ultimo accesso verificato: 11 novembre 2021; secondo la quale, il tribunale non aveva commesso alcun errore nel negare la mozione dell'imputato (la Chiesa di Gesù Cristo dei Santi degli ultimi giorni) finalizzata a respingere l'accusa del querelante per oltraggio].

[16] Si vedano: *Hester v. Barnett*, 723 S.W.2d *544, *556 (Corte d'appello dello Stato del Missouri, 1987) [https://www.leagle.com/decision/19871267723sw2d54411205 – ultimo accesso verificato: 11 novembre 2021; secondo la quale marito e moglie avevano la facoltà di citare in giudizio un ministro battista per essersi allontanati l'uno dall'altro, ma non per l'accusa di aver allontanato da loro i propri figli]; *Teadt v. Lutheran Church Missouri Synod*, 603 N.W.2d *816, *824 (Corte d'appello dello Stato del Michigan, 1980) [https://www.leagle.com/decision/19991419603nw2d81611393 - ultimo accesso verificato: 11 novembre 2021; la quale stabilì che la querelante «non era riuscita a stabilire che» un ecclesiastico (che l'aveva sedotta) «avesse commesso una cattiva condotta perseguibile» e che, perciò, tutte le sue affermazioni contro la Chiesa luterana avrebbero dovuto essere respinte].

[17] Si veda: *Demkovich v. St. Andrew the Apostle Parish*, 343 F. Supp. 3d *772, *775 (Corte distrettuale degli Stati Uniti per il distretto nord dello Stato dell'Illinois, 30 settembre 2018) https://www.leagle.com/decision/infco20210709157 - ultimo accesso verificato: 11 novembre 2021; secondo la quale, l'eccezione ministeriale non escludeva l'accusa del querelante secondo cui un prete lo aveva sottoposto ad un ambiente di lavoro ostile a causa del proprio matrimonio omosessuale, eppure la cosiddetta *Establishment Clause* lo aveva fatto].

[18] Si veda: *State of Iowa v. Paul Andrew Monahan*, 16 (Corte d'appello, N. 17–0372, 2 maggio   2018   -   https://www.iowacourts.gov/courtcases/1112/embed/ CourtAppealsOpinion – ultimo accesso verificato: 8 maggio 2019) [https://www.iowacourts.gov/static/media/cms/170153_JACKSON_v_ST_2888E951F1 1C6.pdf - ultimo accesso verificato: 11 novembre 2021; secondo la quale non sono state presentate prove sufficienti a sostenere la condanna del sacerdote imputato per violazione della privacy]; *Retired Priest's Invasion of Privacy Conviction Reversed*, «AP NEWS», 3 maggio 2018 (https://apnews.com/37a7e4e2af694e5e86269024bde5e8f6 - ultimo accesso verificato: 11 novembre 2021).

[19] Si veda: J. L. Young, E. E. H. Griffith, *Regulating Pastoral Counseling: The Problem of Sexual Misconduct*, «Bulletin of the American Academy of Psychiatry and the Law», Vol. 23,

Racketeering Influenced and Corrupt Organizations Act (nota anche come RICO)[22]. Anche coloro che avevano stretti rapporti con le vittime della cattiva condotta sessuale del

---

n. 3, 1995 (https://pdfs.semanticscholar.org/21f4/ 74b9557c452487441ca9e650039e326c66ea.pdf - ultimo accesso verificato: 11 novembre 2021).

[20] Si vedano: *Schmidt v. Bishop*, 779 F. Supp. *321, *327–29, *332 (Corte distrettuale degli Stati Uniti per il distretto sud dello Stato di New York, 1991) [https://www.leagle.com/decision/19911100779fsupp32111026 - ultimo accesso verificato: 11 novembre 2021; secondo la quale New York non avesse alcun motivo di agire per l'accusa di negligenza del clero poiché le richieste del querelante risultavano precluse dal Primo emendamento e, perciò, dovevano essere prescritte]; *Amato v. Greenquist*, 679 N.E.2d *446, *450, *452 (Corte d'appello dello Stato dell'Illinois, 1997) [https://www.leagle.com/ decision/19971125679ne2d44611102 - ultimo accesso verificato: 11 novembre 2021; secondo la quale non c'era alcun fondamento per agire relativamente all'accusa di negligenza del clero poiché ciò consentirebbe una violazione del Primo Emendamento]; *H.R.B. v. J.L.G.*, 913 S.W.2d *92, *98–99 (Corte d'appello dello Stato del Missouri, 1995) https://www.leagle.com/decision/19951005913sw2d921978 – ultimo accesso verificato: 11 novembre 2021]; *Nally v. Grace Community Church of the Valley*, 763 P.2d *948, *970 (Corte suprema dello Stato della California, 1988) [https://www.leagle.com/decision/ 198832547cal3d2781319 - ultimo accesso verificato: 11 novembre 2021; secondo la quale il sacerdote convenuto era responsabile soltanto di un obbligo di diligenza minino verso i querelanti e il loro figlio suicida; obbligo al quale, peraltro, il sacerdote risultò di aver adempiuto].

[21] *Kathleen Stonebraker et al. v. Holy See*, Corte distrettuale degli Stati Uniti per il distretto nord dello Stato della California, Caso 3:18-cv-06472, denuncia archiviata il 23 ottobre 2018 (https://www.andersonadvocates.com/Documents/posts/Stonebraker,%20Keenan%20v. %20The%20Holy%20See.pdf – ultimo accesso verificato: 11 novembre 2021).

[22] Si vedano: *Hall v. Tressic*, 381 F. Supp. 2d *101, *112 (Corte distrettuale degli Stati Uniti per il distretto sud dello Stato di New York, 2005) [https://www.anylaw.com/case/ hall-v-tressic/n-d-new-york/08-15-2005/ cJndRGYBTlTomsSBoI4c – ultimo accesso verificato: 11 novembre 2021; la quale ha stabilito che il querelante non era riuscito a dimostrare un modello di attività tipico del crimine organizzato da parte della diocesi di Albany]; *Hoatson v. N.Y. Archdiocese*, 05 Civ. 10457 (PAC), 2007 U.S. Dist. Lexis 9406, *1, *10–11, *13–14, *20, *49 (Corte distrettuale degli Stati Uniti per il distretto sud dello Stato di New York, 8 febbraio 2007) [https://www.leagle.com/decision/innyco20091028374 - ultimo accesso verificato: 11 novembre 2021; nella quale si sostenne che il querelante non avesse mostrato né un'impresa, né uno schema, né un'attività tipiche del crimine organizzato da parte dell'arcidiocesi di New York, e che, perciò, esso non ricopriva una posizione adeguata per citare quest'ultima in giudizio ai sensi della RICO. Inoltre, venne anche deciso che l'avvocato del querelante dovesse essere sanzionato per aver svolto un lavoro così sciatto e di parte]; *Smith v. Estate of Kelly*, 343 N.J. Super. *480, *503 (Divisione appelli della Corte suprema dello Stato del New Jersey, 2001) [https://www.leagle.com/decision/20011940778a2d116211916 - ultimo accesso verificato: 11 novembre 2021; secondo la quale, le pretese RICO del querelante contro la diocesi di Camden e la diocesi di Providence dovessero considerarsi entrambe precluse dalla prescrizione e correttamente respinte per motivi sostanziali]; *Doe v. Archdiocese of Cincinnati*,

clero hanno citato in giudizio le chiese, le diocesi e la Santa sede soprattutto per accusarle di perdita del *consortium* (ossia, del danno ricevuto dalla perdita del proprio consorte a seguito di un atto o di una negligenza da parte di terzi) e di omicidio/suicidio colposo[23].

In questo capitolo verranno discusse le principali teorie sulla responsabilità civile utilizzate nelle cause (civili) discusse contro la Chiesa degli Stati Uniti, considerando, da un lato, i casi intentati contro i vescovi, i sacerdoti e il personale religioso e, dall'altro, i casi che coinvolgono direttamente la Santa Sede come imputata. Il capitolo è diviso in due parti. La parte I offre una panoramica delle seguenti teorie discusse ed applicate dai tribunali nel contesto americano: 1) violazione istituzionale del dovere fiduciario nell'amministrazione della chiesa, 2) negligenza organizzativa nell'amministrazione della chiesa, 3) molestie sessuali e ambiente di lavoro ostile in ambito ecclesiastico, 4) responsabilità indiretta/*respondeat superior* dell'amministrazione della chiesa per cattiva condotta sessuale

---

Nos. C-030900, C-030949, C-030950, C-040072, 2004 Ohio App. LEXIS 6534, **3, *13 (Corte d'appello dello Stato dell'Ohio, 23 dicembre 2004) [https://www.leagle.com/decision/2006600109ohiost3d4911527 - ultimo accesso verificato: 11 novembre 2021; secondo la quale, il tribunale aveva correttamente respinto le richieste RICO dei querelanti perché erano prescritte]; *Doe v. Liberatore*, 478 F. Supp. 2d *742, *756–57 (Corte distrettuale degli Stati uniti per il distretto centrale dello Stato della Pennsylvania, 2007) [https://www.leagle.com/decision/20071220478fsupp2d74211161 - ultimo accesso verificato: 11 novembre 2021; secondo la quale, la richiesta RICO del querelante contro la diocesi di Scranton era fallita poiché questi non era riuscito a provare tutti gli elementi del presunto crimine]; *Herkovic v. Catholic Diocese*, No. 85467, 2005 Ohio App. Lexis 5388, **1, **15, **19–20, **22 (Corte d'appello dello Stato dell'Ohio, 10 novembre 2005) [https://www.leagle.com/decision/1997388229ad2d1591362- ultimo accesso verificato: 11 novembre 2021; secondo la quale, il tribunale di primo grado aveva correttamente respinto le richieste del querelante ai sensi dell'*Ohio Pattern of Corrupt Activity Act*, modellato sulla RICO, perché la denuncia non aveva mostrato né un'impresa, né un nesso di causalità prossimo, né un modello di attività corrotta]; *Magnum v. Archdiocese of Philadelphia*, No. 06-CV-2589, 2006 U.S. Dist. Lexis 84123, *1, *22 (Corte distrettuale degli Stati Uniti per il distretto est dello Stato di Philadelphia) [https://www.casemine.com/judgement/us/59146fb1add7b0493434ed43 - ultimo accesso verificato: 11 novembre 2021; secondo la quale, i querelanti «non hanno indicato una valida causa di azione RICO» contro l'arcidiocesi di Philadelphia]; *Lawsuit by Priest Charges Sex Abuse*, «New York Times», 11 giugno 1993 (https://www.nytimes.com/1993/06/11/us/lawsuit-by-priest-charges-sex-abuse.html - ultimo accesso verificato: 11 novembre 2021); J. Ragland, S. Chawkins, *Retired Priest is Held in '70's Sex Abuse*, «Los Angeles Times», 5 aprile 2003 (https://www.latimes.com/archives/la-xpm-2003-apr-05-me-sutphin5-story.html - ultimo accesso verificato: 11 novembre 2021).

[23] Si veda: *Nally v. Grace Community Church of the Valley*, 763 P.2d *948, *970 (Corte suprema dello Stato della California, 1988) [https://www.leagle.com/decision/198832547cal3d2781319 - ultimo accesso verificato: 11 novembre 2021].

del clero[24], 5) reclami civili attraverso la RICO (Racketeering and Corrupt Organization Act) contro l'amministrazione della chiesa per aver dato vita ad un'impresa e ad un modello tipico del crimine organizzato nei casi di cattiva condotta sessuale del clero[25] e 6) reclami contro l'amministrazione della chiesa per aver consentito che la cattiva condotta sessuale del clero diventasse un disturbo della quiete pubblica[26]. La discussione di queste teorie sulla responsabilità è intrapresa nel contesto della protezione costituzionale della religione ai sensi del Quattordicesimo Emendamento, il quale garantisce che lo Stato non istituirà, sponsorizzerà o favorirà una religione nei confronti di un'altra e che ogni setta religiosa possa liberamente adorare, praticare la propria fede ed amministrare i propri affari ecclesiastici secondo le dottrine e le discipline che le sono proprie[27] senza un'indebita supervisione da parte del Governo[28]. La parte II, invece, discute i casi chiave che hanno nominato la Santa Sede come imputata per gli episodi di cattiva condotta sessuale del clero avvenuti negli Stati Uniti, con particolare attenzione nei riguardi delle protezioni offerte alla Santa Sede ai sensi della Foreign

---

[24] Si veda: Pew Research Center: Religion and Public Life, *Churches in Court, Lawsuits Arising from Misconduct*, «pewforum.org», 31 marzo 2001 (http://www.pewforum.org/2011/03/31/churches-in-court5/ - ultimo accesso verificato: 11 novembre 2021).

[25] 18 United States Supreme Court, sezione 1962 (a), (c)-(d) (2000) https://www.law.cornell.edu/uscode/text/18/1962 – ultimo accesso verificato: 11 novembre 2021].

[26] Sempre nell'intento di ricercare nuove teorie sulla responsabilità che ritengano la Chiesa come responsabile della cattiva condotta sessuale del clero, le vittime possono fare analogie con il concetto di disturbo della quiete pubblica ad altre dottrine legali progettate per proteggere l'ambiente, come la dottrina sulla fiducia pubblica. Per una buona spiegazione delle somiglianze e dei contrasti tra la dottrina del disturbo della quiete pubblica e quella della fiducia pubblica: Cfr. A. C. Lin, *Public Trust and Public Nuisance: Common Law Peas in a Pod?*, «University of California Davis Law Review», Vol. 45, n. 1, 2012, p. 1075 (https://law.ucdavis.edu/faculty/lin/files/Public-Trust-and-Public-Nuisance-Common-Law-Peas-in-a-Pod.pdf - ultimo accesso verificato: 11 novembre 2021).

[27] Il Primo emendamento alla Costituzione degli Stati Uniti recita, nella parte pertinente: «Il Congresso non emetterà alcuna legge rispetto all'istituzione di una religione o che ne vieti il libero esercizio [...]» (https://www.law.cornell.edu/constitution/first_amendment – ultimo accesso verificato: 11 novembre 2021).

[28] I casi che stabiliscono i parametri della regolamentazione statale sulla religione ai sensi del Primo Emendamento discussi in questo capitolo includono le cause: *Wisconsin v. Yoder*, 406 U.S. *205 (1972) [https://www.leagle.com/decision/1972611406us2051603 – ultimo accesso verificato: 11 novembre 2021]; *Employment Division, Department of Human Resources of Oregon v. Smith*, 494 U.S. *872 (1988) [https://www.law.cornell.edu/supremecourt/text/494/872%26quot – ultimo accesso verificato: 11 novembre 2021]; and *Hosanna-Tabor Evangelical Lutheran Church and School v. Equal Employment Opportunity Commission*, 565 U.S. *171 (2012) https://www.law.cornell.edu/supremecourt/text/10-553 – ultimo accesso verificato: 11 novembre 2021].

Sovereign Immunity Act. Tale legge considera se l'immunità sovrana fornisca una difesa legale contro le teorie collaudate della responsabilità per la scorretta condotta sessuale del clero; o se l'immunità del capo di Stato fornisca una difesa politica per la cattiva condotta sessuale del clero; o se l'immunità sovrana fornisca una difesa legale contro una teoria della responsabilità non verificata, ossia se, non riuscendo a controllare la cattiva condotta sessuale del clero, la responsabilità di comando militare possa essere adattata per violare l'immunità sovrana della Santa Sede[29].

I. *Azioni civili contro la Chiesa locale.*

I tribunali hanno sempre più riconosciuto il dovere di terzi di usare ragionevoli precauzioni non soltanto per prevenire danni causati dalla negligenza, ma anche per prevenire illeciti di portata intenzionale. Per esempio, oggi le case di cura hanno l'obbligo di utilizzare un'assistenza ragionevole per proteggere i propri pazienti da prevedibili aggressioni sessuali, nonché da prevedibili scivoloni e cadute[30]. Un sacerdote che commette una «cattiva condotta sessuale»[31] sarà personalmente

---

[29] Per una buona spiegazione sull'opportunità di applicazione dell'autorità di comando militare alle autorità politiche ed ecclesiastiche, si veda: J. W. Neu, *Workers of God: The Holy See's Liability for Clerical Sexual Abuse,* p. 1507.

[30] Si veda: John Webb Legal Group, *P.L. Good Samaritans Law and Legal Definition* , « definition.uslegal.com», s. d. (https://definitions.uslegal.com/g/good-samaritans/ - ultimo accesso verificato: 11 novembre 2021); E. Brandt, *Good Samaritans Laws - The Legal Placebo: A Current Analysis,* «Akron Law Review», Vol. 17, n. 2 (autunno 1983) [https://www.uakron.edu/dotAsset/0b9e2436-8364-488b-98d7-0f3db9e11a0e.pdf - ultimo accesso verificato: 11 novembre 2021]. Inoltre, si noti alcuni simili sviluppi nel diritto internazionale, che ritengono le parti terze responsabili della loro inerzia di fronte ad una crisi umanitaria od ambientale, nelle dottrine della "responsabilità di protezione" relative al genocidio (si veda: *United Nations Office on Genocide Prevention and the Responsibility to Protect,* «un.org», 2005 [https://www.un.org/en/genocideprevention/about-responsibility-to-protect.shtml – ultimo accesso verificato: 11 novembre 2021]) e il "principio precauzionale" relativamente ai cambiamenti climatici; Si veda: Mary Stevens, *The Precautionary Principle in the International Arena,* «Sustainable Development Law and Policy», Vol. 2, n. 2, Primavera/Estate 2002, pp. 13-15 (https://digitalcommons.wcl.american.edu/ cgi/viewcontent.cgi?referer=https://www.google.com/&httpsredir=1&article=1278&cont ext=sdlp – ultimo accesso verificato: 11 novembre 2021).

[31] Per una spiegazione di carattere generale sulla "cattiva condotta sessuale", si veda: RAINN (Rape, Abuse & Incest National Network), *Sexual Harassment,* «rainn.org», s. d. (https://www.rainn.org/articles/sexual-harassment?gclid=CjwKCAjw_ MnmBRAoEiwAPRRWW6FcyJZVQ8Y_hhf_bPYkx9J5Q3XEHUDz5YEwTglMMDJubu 4sxHDsvhoC34YQAvD_BwE - ultimo accesso verificato: 11 novembre 2021). «Qual è la differenza tra le molestie sessuali e le aggressioni sessuali? E la cattiva condotta sessuale? La molestia sessuale rappresenta un termine ampio, che include molti tipi di attenzioni sessuali

responsabile dei danni subìti dalla sua vittima per illecito doloso o colposo in assenza di una difesa come quella, prevista in alcune circostanze, del consenso. Tuttavia, la capacità della vittima di aggiudicarsi una sentenza o un risarcimento danni è limitata ai beni personali del sacerdote, che potrebbero anche essere minimi. Pertanto, le vittime di una scorretta condotta sessuale del clero, come coloro che sono vittime in altri contesti istituzionali (per esempio, nelle scuole, negli ospedali, nelle case di cura, negli autobus o nei parcheggi) tentano di dimostrare che anche coloro che hanno impiegato o detenuto l'autorità sul trasgressore dovrebbero essere considerati come responsabili[32].

Le vittime della cattiva condotta sessuale del clero sostengono che le corporazioni negli Stati Uniti sono generalmente responsabili per gli abusi illeciti dei loro dirigenti e dipendenti. Pertanto, poiché le diocesi e gli ordini religiosi cattolici, le congregazioni o gli istituti religiosi negli Stati Uniti sono legalmente organizzati come enti di beneficenza o «imprese individuali»[33], i querelanti sostengono che

---

indesiderate sia verbali, sia fisiche. L'aggressione sessuale si riferisce al contatto o al comportamento sessuale, spesso fisico, che si verifica senza il consenso della vittima. Le molestie sessuali, generalmente, violano le leggi civili - hai il diritto di lavorare o imparare senza essere molestato - ma in molti casi non rappresentano un atto criminale, mentre l'aggressione sessuale, di solito, si riferisce espressamente ad atti criminali. Alcune forme di aggressione sessuale includono: Penetrazione nel corpo della vittima, nota anche come stupro; Tentato stupro; Costrizione di una vittima a compiere degli atti sessuali, come il sesso orale o la penetrazione nel corpo del molestatore; Accarezzamento o contatto sessuale indesiderato. La cattiva condotta sessuale rappresenta, infine, un termine non legale, utilizzato in modo informale per descrivere un'ampia gamma di comportamenti, che possono o meno comportare delle vere e proprie molestie. Per esempio, alcune aziende vietano i rapporti sessuali tra colleghi o tra un dipendente ed il proprio capo, anche se questo rapporto è sancito dal senso di consensualità»; Si veda anche: *Sexual Misconduct Law and Legal Definition*, «US Legal.com», s. d. (https://definitions.uslegal.com/s/sexual-misconduct/ - ultimo accesso verificato: 11 novembre 2021).

[32] Si veda: E. M. Bublick, *Tort Suits Filed by Rape and Sexual Assault Victims in Civil Courts: Lessons for Courts, Classrooms and Constituencies*, «Southern Methodist Law Review», Vol. 59, n. 55, 2006, p. 61 https://scholar.smu.edu/cgi/viewcontent.cgi?article=2188&context=smulr – ultimo accesso verificato: 11 novembre 2021).

[33] Si veda il capitolo, in questo volume, scritto da John M. Czarnetzky: «Sebbene ci siano molte sfumature nelle regole legali, le diocesi sono organizzate in uno dei due modi generalmente utilizzati, ossia come "corporazione unica" o come ente di beneficenza con ciascuna parrocchia e qualsiasi altro organo di una diocesi incorporati separatamente» (J. M. Czarnetzky, *I fallimenti diocesani per bancarotta e la crisi della cattiva condotta sessuale della seconda ondata*, Infra. pp. 308–327. Inoltre, si veda: C. P. Wells, *Who Owns the Local Church?: Pressing Issue for Dioceses in Bankruptcy*, «Seton Hall Legislative Journal», Vol. 29, n. 2, 2005, pp. 375, 387, 389 https://lira.bc.edu/work/ns/4765d655-b55e-4773-a901-6cd53e72101f – ultimo accesso verificato: 11 novembre 2021). «Le diocesi possono organizzarsi sotto "statuti statali speciali come 'società esclusive'. Il termine 'società esclusiva' ha creato molta

queste entità religiose dovrebbero essere trattate con gli stessi standard validi per le aziende quando avviene un comportamento illecito e scorretto dei loro funzionari clericali e/o dei loro dipendenti in merito alle seguenti questioni: (1) violazione istituzionale del dovere fiduciario nell'amministrazione della chiesa; (2) Negligenza organizzativa nell'amministrazione della chiesa; (3) Molestie sessuali e ambiente di lavoro ostile in ambito ecclesiastico; (4) responsabilità indiretta/*respondeat superior* dell'amministrazione della chiesa per cattiva condotta sessuale del clero, (5) reclami civili attraverso la RICO (legge sull'organizzazione criminale e la corruzione) e (6) disturbo della quiete pubblica. Tuttavia, le entità religiose sono legalmente distinguibili dalle loro controparti laiche, in quanto il Primo Emendamento della Costituzione offre loro una considerazione speciale come discusso all'interno di questo capitolo.

---

confusione. Viene spesso letto in riferimento alla 'unica' esistenza giuridica della diocesi [tale che tutti i beni parrocchiali siano di proprietà, compresi i beni immobili, a nome del vescovo e controllati dalla sua diocesi]. La lettura corretta, tuttavia, interpreta l'aggettivo 'esclusivo' in riferimento alla sola autorità di un vescovo di dirigere gli affari della corporazione diocesana". "Questi statuti sono stati generalmente emanati su richiesta della Chiesa cattolica e riflettevano il fatto che il diritto canonico conferisce al vescovo l'autorità completa per condurre gli affari della diocesi. Così, per esempio, la diocesi non ha bisogno di avere un consiglio di amministrazione od uno degli ufficiali esecutivi che potrebbero essere richiesti dalla legge statale sulle società senza scopo di lucro (nota 27) [...]". Un'altra possibilità da considerare è lo status della parrocchia come associazione senza personalità giuridica. I tribunali hanno definito l'espressione 'associazione senza personalità giuridica' come "(1) qualsiasi gruppo i cui membri condividono uno scopo comune e (2) che operano sotto un nome comune, in circostanze nelle quali l'equità richiede che il gruppo venga riconosciuto come entità legale". Certamente, le parrocchie della Chiesa romana rientrano in questa definizione [...]» (si veda la citazione di: *Barr v. United Methodist Church*, 153 Cal. Rptr. *322, *328 (Corte d'appello dello Stato della California, 1979), riesame negato 444 U.S. *973 (1980) [https://www.leagle.com/decision/197934990calapp3d2591331 – ultimo accesso verificato: 11 novembre 2021]); Inoltre, si veda: P. Kershaw, *Corporation Sole Myths, 2004, Heal Our Land Ministries*, «hushmonwy.org», 2004 (http://hushmoney.org/corporation-sole_myths.htm - ultimo accesso verificato: 11 novembre 2021). «IRC 508(c)(1)(A) e IRS Publication 557 (chiariscono che una chiesa è "automaticamente esente da tasse" senza dover richiedere lo status 501(c)(3) [ossia, della società senza fini di lucro»; Si veda, inoltre: C. Meighan, *Religious Institutes - Property and Tax Issues*, «The Catholic Lawyer», Vol. 33, n. 1, art. 7, 1990, p. 26 [https://paperity.org/p/84764752/religious-institutes-property-and-tax-issues - ultimo accesso verificato: 11 novembre 2021] («Un istituto religioso come associazione di volontariato può oppure no assumere una forma civile. Tuttavia, la maggior parte degli istituti religiosi ha scelto di incorporare, come esenzioni fiscali, la sezione 501 (c) (3) - società senza scopo di lucro che detengono proprietà per scopi di beneficenza e per la Chiesa, e non a vantaggio privato dei membri di quell'istituto. Per la maggior parte, gli istituti religiosi hanno strutturato le loro opere apostoliche - collegi, scuole e ospedali - come 501(c)(3) ossia, corporazioni associative»).

1. Violazione istituzionale del dovere fiduciario nell'amministrazione della Chiesa.

Un'azione legale per la violazione istituzionale del dovere fiduciario si basa su una relazione speciale esistente tra un'organizzazione ed una terza parte che richiede all'organizzazione di agire a beneficio della terza parte, e non per il proprio interesse personale[34]. Una violazione del dovere fiduciario può verificarsi se i responsabili di un'istituzione non riescono ad indagare sulle accuse di illecito o di negligenza da parte di un dipendente, o non intraprendono azioni tempestive per avvertire coloro che si trovano in pericolo o adottino misure che servano a mitigare un danno effettivo o che non riducano al minimo il rischio di danno che potrebbe essere causato da un dipendente notoriamente o ragionevolmente sospettato di aver commesso un atto illecito. Questo è esattamente ciò che affermano le vittime di cattiva condotta sessuale del clero[35].

Storicamente, il concetto di rapporto fiduciario si è ampliato, per analogia, dalle leggi che regolano l'amministrazione di fondi fiduciari e patrimoni sia ai doveri che i medici hanno verso i loro pazienti, sia agli obblighi che i ministri hanno verso i loro parrocchiani[36] estendendosi fino ad altre relazioni meno formali come «tra i membri della famiglia, tra i conviventi non sposati e fra i soci in affari»[37]. Sebbene le relazioni fiduciarie possano essere ulteriormente specificate in sottocategorie, queste consistono soltanto in distinzioni nominali e non generano alcuna differenza di carattere sostanziale[38]. Il denominatore comune fra tutte le categorie di rapporti fiduciari è «fondato sulla fiducia o sulla sicurezza riposta da una persona nell'integrità e nella fedeltà di un'altra». Si dice che un rapporto fiduciario esiste in tutti i casi «in cui l'influenza è stata acquisita e abusata, in cui la fiducia è stata

---

[34] Si veda: Pew Research Center: Religion and Public Life, *Churches in Court, Lawsuits Arising from Misconduct*

[35] Ibid.

[36] Si veda: Z. E. Fenton, *Faith in Justice: Fiduciaries, Malpractice and Sexual Abuse by Clergy*, «Michigan Journal of Gender and Law», Vol. 8, n. 45, 2001, p. 60 (https://repository.law.umich.edu/cgi/viewcontent.cgi?article=1122&context=mjgl – ultimo accesso verificato: 11 novembre 2021; nel quale viene citato: R. Flannigan, *The Fiduciary Obligation*, «Oxford Journal of Legal Studies», Vol. 9, n. 285, 1989, p. 298 [https://academic.oup.com/ojls/article-abstract/9/3/285/1509234 – ultimo accesso verificato: 11 novembre 2021]).

[37] Ibid., p. 62.

[38] Ibid., p. 60 (alla nota a piè di pagina n. 78).

riposta e tradita»[39]. Se il dovere di un fiduciario esiste in una particolare relazione è una questione di fatto che la giuria deve determinare[40]. Due casi che considerano la violazione di un dovere fiduciario nei casi di cattiva condotta sessuale del clero sono *Moses contro la Diocesi del Colorado*[41] e *Schmidt contro Bishop*[42].

In *Moses contro la Diocesi del Colorado*, un vescovo episcopale ha accusato una donna, che faceva parte della congregazione, di avere una relazione con uno dei suoi sacerdoti. Egli aveva fornito una consulenza pastorale per il suo sacerdote ma non per lei. A peggiorare le cose, il vescovo le disse di mantenere segreta la condotta sessuale del sacerdote[43]. In sua difesa, il vescovo sostenne che, affinché il tribunale potesse determinare se avesse violato il suo rapporto fiduciario verso questo parrocchiano, la corte avrebbe dovuto valutare il contenuto della dottrina teologica e delle discipline interne di una chiesa per determinare se queste siano effettivamente "ragionevoli". Fare ciò, per un tribunale, affermava il vescovo, avrebbe significato che lo Stato sancisse la ragionevolezza di una religione ponendosi in pieno conflitto con la clausola istitutiva del Primo Emendamento[44]. La corte, tuttavia, non fu d'accordo e ritenne che le uniche questioni da determinare erano se la diocesi, attraverso il suo vescovo, avesse un dovere fiduciario nei confronti di questa donna e, di conseguenza, se la diocesi avesse violato tale obbligazione. La corte si è pronunciata in senso positivo su entrambe le questioni[45] ed ha spiegato che non era necessario intervenire con considerazioni sulla dottrina della Chiesa, ma che era sufficiente consultare i princìpi legali neutrali per

---

[39] Ibid., p. 60, (si veda la citazione di: *Penato v. George*, 383 N.Y.2d 900, 904–05 (Corte Suprema dello Stato di New York, 1976 [https://www.leagle.com/decision/ 198195982ad2d8772616 – ultimo accesso verificato: 11 novembre 2021]).

[40] *Moses v. Diocese of Colorado*, 863 P.2d 310, 322 (Corte suprema dello Stato del Colorado, 1993) https://www.leagle.com/decision/19931173863p2d31011170 – ultimo accesso verificato: 11 novembre 2021].

[41] Ibid., *310.

[42] *Schmidt v. Bishop*, 779 F. Supp. 21, *327–28 (Corte distrettuale degli Stati Uniti per il distretto sud dello Stato di New York, 1991) https://www.leagle.com/decision/ 19911100779fsupp32111026 – ultimo accesso verificato: 11 novembre 2021].

[43] Ibid., *316.

[44] «Congress shall make no law respecting an establishment of religion, or prohibiting the free exercise thereof; or abridging the freedom of speech, or of the press; or the right of the people peaceably to assemble, and to petition the government for a redress of grievances» (United States Constitution, Amendment 1: https://www.law.cornell.edu/ constitution/first_amendment – ultimo accesso verificato: 11 novembre 2021).

[45] *Schmidt v. Bishop*, 779 F. Supp. 21, *323 (Corte distrettuale degli Stati Uniti per il distretto sud dello Stato di New York, 1991) [https://www.leagle.com/decision/ 19911100779fsupp32111026 – ultimo accesso verificato: 11 novembre 2021].

determinare se la violazione di un dovere fiduciario si fosse effettivamente verificata:

> La dottrina dei "principi neutrali" è stata annunciata per la prima volta in Blue Hull [citazioni omesse] e consente ad un tribunale di applicare le leggi neutrali dello Stato alle organizzazioni religiose, ma vieta ad un tribunale di risolvere questioni controverse relative alla dottrina e alla pratica religiosa. In *Jones contro Wolf*, [citazioni omesse] la Corte Suprema degli Stati Uniti ha spiegato che "l'approccio basato sui principi neutrali non si può dire che inibisca il libero esercizio della religione, non più di quanto non facciano altre disposizioni neutre della legge statale che disciplinano il modo in cui le chiese possiedono le proprietà, assumono i dipendenti o acquistano i beni[46].

Tuttavia, nel caso *Schmidt contro Bishop*, la Corte distrettuale degli Stati Uniti per il distretto meridionale dello Stato di New York ha ritenuto impossibile applicare i principi neutrali per determinare se un membro della Chiesa presbiteriana avesse violato il suo dovere fiduciario verso una parrocchiana con la quale era diventato sessualmente intimo durante il corso di consulenza pastorale:

> Qualsiasi sforzo da parte di questa Corte per istruire la giuria del processo in merito al dovere di diligenza che un ecclesiastico dovrebbe esercitare, richiederebbe necessariamente che la Corte o la giuria definiscano ed esprimano lo standard di cura che deve essere seguito anche dagli altri membri della comunità clericale presbiteriana. Ciò, a sua volta, richiederebbe che la Corte e la giuria considerassero la prospettiva e l'approccio fondamentali alla consulenza religiosa inerentemente alle credenze e alle pratiche che ne sono coinvolte. Questo è tanto incostituzionale quanto impossibile[47].

---

[46] *Moses v. Diocese of Colorado,* *320 (Corte suprema dello Stato del Colorado, 1993) https://www.leagle.com/decision/19931173863p2d31011170 – ultimo accesso verificato: 11 novembre 2021].

[47] *Schmidt v. Bishop*, *327–28 (Corte distrettuale degli Stati Uniti per il distretto sud dello Stato di New York, 1991) https://www.leagle.com/decision/19911100779fsupp32111026 – ultimo accesso verificato: 11 novembre 2021], citata da: V. Schwartz, C. Appel, *The Church Autonomy Doctrine: Where Tort Law Should Step Aside*, «University of Cincinnati Law

Riepilogo

L'utilizzo o meno di princìpi giuridici neutri per analizzare la condotta illecita degli ecclesiastici varia di giurisdizione in giurisdizione a seconda che il tribunale consideri la natura del dovere fiduciario dovuto dall'amministratore della chiesa e dal personale ai propri fedeli in termini di dottrina e disciplina interna di una chiesa o intenda il dovere fiduciario in termini di princìpi neutri che qualsiasi persona avrebbe quando si tratta di trovarsi nelle mani di coloro verso i quali ripongono una fiducia speciale. La considerazione se debbano applicarsi i princìpi confessionali della dottrina e della disciplina (costituzionalmente protetti) rispetto a quelli neutrali (costituzionalmente non protetti) determina anche la responsabilità delle organizzazioni religiose, in caso di reclami per negligenza organizzativa nell'amministrazione della chiesa, per molestie sessuali e per un ambiente di lavoro ostile in un contesto ecclesiastico o per la responsabilità indiretta / respondeat superior dell'amministrazione della chiesa.

2. Negligenza organizzativa nell'amministrazione della Chiesa.

La negligenza organizzativa si verifica quando un'istituzione mette irresponsabilmente un dipendente in una posizione che gli o le consenta di commettere un illecito attraverso le proprie pratiche di assunzione negligente, supervisione negligente o mantenimento negligente di un dipendente il quale, successivamente, causi danni a terze parti innocenti[48]. Questa sottosezione considera più attentamente le salvaguardie costituzionali volte, da un lato, a proteggere le istituzioni religiose da un'indebita supervisione governativa e, allo stesso tempo, dall'altro, a fornire rimedi adeguati per le vittime della cattiva condotta sessuale del clero.

In *Gibson contro Brewer*, la Corte Suprema dello Stato del Missouri ha stabilito che una chiesa, a differenza di un'attività ordinaria o di un ente di beneficenza, non può essere ritenuta responsabile per la mera «supervisione negligente» del suo clero, perché i tribunali non possono valutare l'adeguatezza della regolamentazione del clero da parte di una chiesa. Tuttavia, la Corte ha ritenuto che una chiesa è responsabile per l'«omissione intenzionale di supervisione», come quando un

---

Review», Vol. 80, n. 2, art. 6, 2012, pp. 431-499 (https://scholarship.law.uc.edu/cgi/viewcontent.cgi?article=1096&context=uclr – ultimo accesso verificato: 11 novembre 2021).

[48] Si veda: Pew Research Center: Religion and Public Life, *Churches in Court, Lawsuits Arising from Misconduct*.

vescovo viene effettivamente a conoscenza dei misfatti di un prete ma (chiudendo un occhio) non riesce a prendere delle adeguate misure precauzionali.

> Qui, conferendo alle accuse della mozione la loro più ampia presunzione legale, i Gibson hanno affermato che la diocesi sapeva che il danno era in buona sostanza o completamente derivato dalla sua incapacità di controllare Brewer, e perciò hanno deciso di intentare una causa legale per omissione intenzionale di supervisione del clero[49].

Molte giurisdizioni, tuttavia, non hanno adottato lo standard Gibson, che distingueva la supervisione negligente (non perseguibile) da un'omissione intenzionale (perseguibile) di supervisione dei casi segnalati di cattiva condotta sessuale del clero[50]. Invece, in tema di assunzione, supervisione e mantenimento dei dipendenti, queste giurisdizioni considerano le organizzazioni religiose responsabili quanto i datori di lavoro laici per i casi che coinvolgono sia la supervisione

---

[49] *Gibson v. Brewer*, 952 S.W. 2d *239, *248 (Corte suprema dello Stato del Missouri, 1997) https://www.leagle.com/decision/19971191952sw2d23911190 – ultimo accesso verificato: 11 novembre 2021].

[50] La Corte Suprema dello Stato del Wisconsin e la Corte Suprema dello Stato del Maine hanno entrambe seguito la regola di Gibson, insistendo sul fatto che è incostituzionale determinare se una chiesa ha supervisionato o ha mantenuto negligentemente un sacerdote che si comporta male, poiché l'azione oppure l'inazione del vescovo potrebbe essere stata basata su un approccio pastorale riguardante il valore della penitenza, dell'ammonimento e della grazia della riconciliazione sacramentale. Si veda: *Swanson v. Roman Catholic Bishop of Portland*, 692 AQ.2d *441, *445 (Corte suprema dello Stato del Maine, 1997) https://www.leagle.com/decision/19971133692a2d44111133 - ultimo accesso verificato: 11 novembre 2021] e *L.L.N. v. Clauder*, 209 Wis. *674, *563 N.W.2d *434, *441 (Corte suprema dello Stato del Wisconsin, 1997) https://www.leagle.com/decision/1996773203wis2d5701736 – ultimo accesso verificato: 11 novembre 2021]. D'altra parte, la Corte suprema dello Stato della Florida, del Mississipi, del Colorado e del Tennessee hanno tutte rigettato la regola di Gibson. Si vedano: *Malicki v. Doe*, 814 So2d *347 (Corte suprema dello Stato della Florida, 2002) https://www.leagle.com/decision/20021161814so2d34711159 – ultimo accesso verificato: 11 novembre 2021], *Roman Catholic Diocese of Jackson v. Morrison*, 905 So2d *1213 (Corte suprema dello Stato del Mississipi, 2005) https://www.leagle.com/decision/20052118905so2d121312082 – ultimo accesso verificato: 11 novembre 2021], *Moses v. Diocese of Colorado*, 863 P.2d *310 (Corte suprema dello Stato del Colorado, 1993) https://www.leagle.com/decision/citedcases/19931173863p2d31011170 – ultimo accesso verificato: 11 novembre 2021], *Redwing v. Catholic Bishop for Diocese of Memphis*, 363 S.W.3d *436 (Corte suprema dello Stato del Tennessee, 2012) https://www.leagle.com/decision/intnco20120227428 – ultimo accesso verificato: 11 novembre 2021].

negligente, sia il fallimento intenzionale alla supervisione[51]. Esse, citando il caso di *Lemon contro Kurtzman*, ritengono che sia possibile applicare uno "standard neutrale" nel determinare la negligenza organizzativa in modo tale da non violare l'istituzione della Clausola del Primo Emendamento[52].

Nella causa di *Lemon contro Kurtzman*, la Corte Suprema degli Stati Uniti ha stabilito un test in tre parti per determinare se una legge è neutrale quando applicata alle organizzazioni religiose: «In primo luogo, lo statuto deve avere uno scopo secolare legislativo; secondo, il suo principio e il suo effetto primario devono essere tali che non promuovano né proibiscano la religione; infine, lo statuto non deve favorire un eccessivo coinvolgimento del governo con la religione (citazioni interne e citazioni omesse)»[53]. Successivamente, nella causa *Divisione per l'occupazione, Dipartimento delle risorse umane dell'Oregon contro Smith*[54], la Corte Suprema ha stabilito che una legge statale che vieta l'uso di sostanze controllate, incluso il peyote da parte dei nativi americani utilizzato per scopi cerimoniali/religiosi, non ha offeso il libero esercizio della Clausola del Primo Emendamento perché era una «legge valida e neutra di applicabilità generale»[55]. Una lettura della sentenza del caso Smith suggerisce che, finché le leggi statali (come quelle che considerano i datori di lavoro responsabili per l'assunzione negligente, la supervisione o il mantenimento dei dipendenti) non si rivolgono ai datori di lavoro religiosi per trattamenti sfavorevoli, direttamente (*de jure*) o con un impatto disparato (*de facto*), esse soddisfano lo spirito costituzionale[56].

---

[51] Si veda: Pew Research Center: Religion and Public Life, *Churches in Court, Lawsuits Arising from Misconduct*.

[52] *Lemon v. Kurtzman*, 403 U.S. 602 (Corte suprema degli Stati Uniti, 1971) https://www.leagle.com/decision/19711005403us6021983#:~:text=LEMON%20ET%20 AL.%20v.%20KURTZMAN%2C%20SUPERINTENDENT%20OF%20PUBLIC,Argued %20March%203%2C%201971%20Decided%20June%2028%2C%201971 – ultimo accesso verificato: 11 novembre 2021].

[53] Ibid., *612-613.

[54] *Employment Div. v. Smith*, 494 United States Supreme Court, *872 (1990) https://www.leagle.com/decision/1990947799p2d1481947 – ultimo accesso verificato: 11 novembre 2021].

[55] Ibid., *879.

[56] «Il fattore di differenziazione tra la segregazione de jure e la cosiddetta segregazione de facto... è lo *scopo* o l'*intenzione* di segregare»: *Keyes v. Denver School District*, 413 United States Supreme Court, *189, *208 (1973) (corsivo della Corte) https://www.leagle.com/decision/1973575368fsupp2071551 – ultimo accesso verificato: 11 novembre 2021]. Si veda anche: *Columbus Board of Education v. Penick*, 443 United States Supreme Court, *449, *457 n.5 (1979) https://www.leagle.com/decision/ 1981687663f2d241681 – ultimo accesso verificato: 11 novembre 2021].

Tuttavia, nella causa *Chiesa e Scuola luterana evangelica Hosanna-Tabor contro Commissione per le pari opportunità di impiego*[57] la Corte Suprema ha rifiutato di applicare lo standard Smith per il caso di una donna, il cui impiego come ministro luterano è stato concluso dopo aver denunciato una disabilità[58]. Il suo datore di lavoro ha affermato di averla licenziata per aver fatto qualcosa che era proibita dalla loro fede: «ossia, che la sua minaccia di citare in giudizio la Chiesa ha violato la convinzione del Sinodo secondo cui i cristiani dovrebbero risolvere le loro controversie internamente»[59]. La questione davanti alla Corte era «se le clausole di costituzione e di libero esercizio del primo emendamento escludessero [l'illecita risoluzione] quando il datore di lavoro è un gruppo religioso e il dipendente è un ministro di quel gruppo»[60]. La chiesa ha chiesto un giudizio sommario invocando una «eccezione ministeriale», uniformemente riconosciuta dai tribunali federali come difesa affermativa[61] fondata sul Primo Emendamento[62], che esclude le rivendicazioni tra un datore di lavoro religioso ed uno dei suoi ministri licenziato per aver violato un principio della loro religione. Il giudice supremo Roberts, scrivendo per la maggioranza in una decisione unanime, ha riconosciuto l'eccezione ministeriale: «I membri di un gruppo religioso mettono la loro fede nelle mani dei loro ministri. Richiedere ad una chiesa di accettare o trattenere un ministro indesiderato, o punire una chiesa per non averlo fatto, significa intromettersi in qualcosa di più che una semplice decisione di lavoro. Tale azione interferisce con il governo interno della chiesa, privando quest'ultima del controllo sulla selezione di coloro che personificano le sue convinzioni... Secondo lo stato, il potere di determinare quali individui serviranno i fedeli viòla anche la Clausola

---

[57] *Hosanna-Tabor Evangelical Lutheran Church and School v. EEOC*, 565 United States Supreme Court, *171 (2012) https://www.leagle.com/decision/insco20120111843 – ultimo accesso verificato: 11 novembre 2021].

[58] Ibid., 565 United States Supreme Court, *171, (2012) (Slip Op., *3–4), 132 S. Ct. 694 (2012), *700–702.

[59] Ibid., 565 United States Supreme Court, 171, (2012) (Slip Op., *5), 132 S. Ct. 694 *701.

[60] Ibid., 565 United States Supreme Court, 171, (2012) (Slip Op., *1), 132 S. Ct. 694 *699.

[61] Ibid., 565 United States Supreme Court, 171, (2012) (Slip Op., at 20), 132 S. Ct. 694 *20, la nota 4 cita: *Morrison v. National Australia Bank Ltd.*, 561 United States Supreme Court, (2010) (Slip Op., *4–5) https://www.leagle.com/decision/insco20100624f37 – ultimo accesso verificato: 11 novembre 2021].

[62] *Hosanna-Tabor Evangelical Lutheran Church and School v. EEOC*, 565 United States Supreme Court, *171 (2012) https://www.leagle.com/decision/insco20120111843 – ultimo accesso verificato: 11 novembre 2021] (Slip Op., *5, *13), 132 S. Ct. 694 (2012) *701, *705.

dell'Establishment (Primo Emendamento), che proibisce il coinvolgimento del governo in tali decisioni ecclesiastiche»[63]. La Corte Suprema ha ritenuto che il querelante «era un ministro coperto dall' eccezione ministeriale»[64] e, quindi, ha ignorato l'affermazione della Commissione per le pari opportunità di impiego (EEOC) secondo cui la «ragione religiosa affermata per aver licenziato [la donna …] era un pretesto»[65] e che il vero motivo del licenziamento era dovuto alla sua disabilità. In risposta, il tribunale ha chiarito l'ampia portata dell'eccezione:

> Quest'interpretazione manca il punto dell'eccezione ministeriale. Lo scopo dell'eccezione consiste nel non salvaguardare la decisione di una chiesa di licenziare un ministro solo quando questa è attuata per un motivo religioso. L'eccezione, invece, garantisce che l'autorità selezioni e controlli chi assisterà i fedeli - una questione "strettamente ecclesiastica", è soltanto appannaggio della chiesa[66].

Riepilogo.

Sebbene la Corte Suprema non abbia applicato il test di Smith (leggi di applicabilità generale che non selezionano l'organizzazione religiosa per un trattamento discriminatorio) nel contesto dell'assunzione, supervisione oppure mantenimento negligenti di ecclesiastici con accuse credibili di cattiva condotta sessuale, la sua decisione nel caso della Chiesa evangelica luterana di Hosanna-Tabor può essere istruttiva. Premesso che l'eccezione ministeriale proibisce rivendicazioni altrimenti perseguibili per discriminazione e licenziamento illecito quando una Chiesa licenzia un ministro per aver violato pretestuosamente una questione di dottrina (secondo Smith), la domanda sollevata è se l'eccezione ministeriale si estenda anche agli amministratori della Chiesa che mantengono un ministro il cui impiego dovrebbe essere concluso (a causa delle note propensioni di un dipendente) secondo le leggi valide e neutrali di applicabilità generale (come nel caso Hosanna-Tabor)[67].

---

[63] Ibid., 565 United States Supreme Court, 171, (2012) (Slip Op., *13–14), 132 S. Ct. 694 *706.

[64] Ibid., 565 United States Supreme Court, 171, (2012) (Slip Op., *18), 132 S. Ct. 694 *708.

[65] Ibid., 565 United States Supreme Court, 171, (2012) (Slip Op., *20), 132 S. Ct. 694 *709.

[66] Ibid., (citazioni omesse).

[67] Nella causa *Serbian Orthodox Diocese v. Milivievich*, 426 United States Supreme Court, 696, *720 (1976) https://www.leagle.com/decision/19761122426us69611088 - ultimo

Nel caso di Hosanna-Tabor, l'EEOC ha sostenuto che la logica dell'eccezione ministeriale potrebbe essere estesa fino a vietare il perseguimento di un'organizzazione religiosa che assumeva intenzionalmente bambini in violazione delle leggi federali e statali sul lavoro minorile[68], perpetrando una forma istituzionalizzata di abuso sui minori. Il giudice supremo Roberts ha limitato l'ambito di applicazione dell'eccezione ai fatti del caso presentati dinanzi al tribunale, ma ha lasciato la porta aperta per nuovi casi che, eventualmente, sollevassero serie questioni di politica sociale:

> Oggi riteniamo soltanto che l'eccezione ministeriale impedisca una causa per [discriminazione occupazionale]. Non esprimiamo alcuna opinione sul fatto che l'eccezione escluda altri tipi di azioni legali, comprese le azioni dei dipendenti per violazione del contratto o per condotta illecita da parte dei loro datori di lavoro religiosi. Ci sarà tempo sufficiente per esaminare l'applicabilità dell'eccezione ad altre circostanze se e quando esse si presenteranno[69].

Può essere che il licenziamento pretestuoso dei sacerdoti come questione di dottrina e disciplina della chiesa e il mantenimento pretestuoso dei sacerdoti come questione di dottrina e disciplina della chiesa siano distinguibili in termini di prevedibile danno per gli altri. Nel primo caso, la vittima è il ministro; nel secondo caso, invece, le vittime saranno i terzi innocenti. Il Primo Emendamento estende una presunzione assoluta di non interferenza del governo nel primo caso ma, forse, semplicemente una presunzione relativa di non interferenza nel secondo: un punto che è stato riconosciuto nell'udienza Gibson.

---

accesso verificato: 11 novembre 2021] la Corte Suprema degli Stati Uniti ha affermato che la Corte Suprema dello Stato dell'Illinois aveva "intrapreso la risoluzione di controversie essenzialmente religiose (la cui risoluzione il Primo Emendamento affida esclusivamente ai più alti tribunali ecclesiastici di questo ordinamento gerarchico)" quando aveva sostenuto la decisione di una corte inferiore in merito alla scelta del legittimo vescovo della diocesi ortodossa serba basandosi sull'interpretazione delle procedure e dei regolamenti della chiesa. «Infatti, è l'essenza della fede religiosa che le decisioni ecclesiastiche siano prese e debbano essere accettate come questioni di fede, misurabili razionalmente oppure no attraverso criteri oggettivi. I concetti costituzionali di giusto processo, che implicano nozioni laiche di "equità fondamentale" o di obiettivi inammissibili sono, quindi, poco rilevanti per tali questioni di competenza ecclesiastica».

[68] *Hosanna-Tabor Evangelical Lutheran Church and School v. EEOC*, 565 United States Supreme Court, *171 (2012) [https://www.leagle.com/decision/insco20120111843 – ultimo accesso verificato: 11 novembre 2021] ("slip opinion", *21).

[69] Ibid.

3. Molestie sessuali e ambiente di lavoro ostile in ambito ecclesiastico.

Le molestie sessuali del clero nei confronti dei dipendenti della chiesa, le quali creano un ambiente di lavoro ostile, dovrebbero essere considerate come libertà di parola protetta ai sensi del Quattordicesimo Emendamento se abbiano qualche nesso con la dottrina religiosa? Nella causa *Demkovich contro Parrocchia apostolica di St. Andrew*, il pastore avrebbe molestato il suo ministro della musica perché questi provava attrazione per lo stesso sesso ed avrebbe contratto a breve un matrimonio con un altro uomo[70]. Successivamente, il pastore licenziò il suo dipendente dopo che questi aveva legittimamente sposato un altro uomo[71]. La corte ha ritenuto che, poiché le presunte dichiarazioni del sacerdote al suo ex ministro della musica si basavano sulla condanna della Chiesa cattolica verso gli atti sessuali omosessuali, ci si trovasse di fronte ad un discorso costituzionalmente protetto, relativo ad una controversia religiosa per eccellenza e che non poteva, quindi, essere preso come prova di un ambiente di lavoro ostile[72].

Le osservazioni negative del pastore riguardo al peso del suo ministro della musica (che soffriva di diabete ed obesità), tuttavia, non riflettevano la dottrina cattolica. In quanto tali, esse hanno rappresentato delle prove ammissibili per testimoniare l'esistenza di un ambiente di lavoro ostile[73]. La corte ha spiegato che l'eccezione ministeriale non è una «barriera categorica» per le azioni contro i ministri che attuino delle molestie sessuali o che creino un ambiente di lavoro ostile, a condizione che tali affermazioni, però, non «pongano seriamente un pericolo di eccessivo coinvolgimento [con la religione]»[74].

---

[70] *Demkovich v. St. Andrew the Apostle Parish*, *776, *777: il pastore si riferiva a loro con il termine "puttane" e al loro matrimonio con l'espressione "matrimonio frocio" https://www.leagle.com/decision/infco20210709157 – ultimo accesso verificato: 11 novembre 2021].

[71] Ibid., *777.

[72] Ibid., *781–782.

[73] Ibid., *785–786, *788–789. Per una discussione più completa di questo caso, alla luce del reato di molestia sessuale, si veda: I. C. Lupu, R. W. Tuttle, *#Metoo Meets the Ministerial Exception: Sexual Harassment Claims by Clergy and the First Amendment's Religion Clauses*, «William & Mary Journal of Race, Gender, & Social Justice», 29 marzo 2018 https://scholarship.law.gwu.edu/cgi/viewcontent.cgi?article=2594&context=faculty_publi cations – ultimo accesso verificato: 11 novembre 2021]).

[74] *Demkovich v. St. Andrew the Apostle Parish*, *785–786 https://www.leagle.com/decision/infco20210709157 – ultimo accesso verificato: 11 novembre 2021).

4. Responsabilità indiretta/*respondeat superior*.

I datori di lavoro possono essere ritenuti indirettamente responsabili per la negligenza o per gli atti illeciti ed intenzionali dei loro dipendenti che, a favore degli interessi del loro datore di lavoro e mentre agiscono nell'ambito del loro impiego, causano danni ad una terza parte. Secondo la dottrina della responsabilità indiretta/*respondeat superior*, un servitore viene considerato come uno strumento nelle mani del suo padrone[75]. Pertanto, anche se un datore di lavoro potrebbe non aver consapevolmente contribuito alla negligenza di un dipendente o alla sua cattiva condotta intenzionale, esso dovrebbe essere ritenuto comunque responsabile, come la mano che tiene il bastone che ferisce qualcuno[76]. Ci sono diverse ragioni per la responsabilità indiretta di un datore di lavoro relativamente ai misfatti del suo agente. Le questioni di giustizia suggeriscono che, poiché un dipendente è sotto il controllo del suo datore di lavoro ed agisce nel suo interesse e il datore di lavoro lo ha messo in una posizione in cui potrebbe danneggiare terzi parti, il datore di lavoro ed il suo dipendente dovrebbero essere ritenuti responsabili nella medesima misura[77]. Considerazioni di politica pubblica sia sulla diffusione, la deterrenza e una migliore capacità di arginamento della cattiva condotta, sia sul risarcimento delle terze parti favoriscono l'utilizzo del concetto di responsabilità indiretta dei datori di lavoro per i misfatti dei loro dipendenti[78].

Le vittime di cattiva condotta sessuale del clero che intentano causa contro una diocesi o un ordine religioso cattolico secondo i princìpi del *respondeat superior* devono dimostrare due elementi: in primo luogo, che il sacerdote o il religioso sia un dipendente della diocesi o dell'ordine religioso e; in secondo luogo, che il

---

[75] Si veda: *Respondeat superior*, «The Free Legal Dictionary by Farlex» (https://legal-dictionary.thefreedictionary.com/respondeat+superior – ultimo accesso verificato: 11 novembre 2021). In italiano, l'espressione latina sta a significare "Lascia che il maestro risponda".

[76] Si veda: J. Fedje, *Liability for Sexual Abuse: The Anomalous Immunity of Churches*, «Law and Inequality», Vol. 9, n. 133, 1991, pp. 141–142 (https://scholarship.law.umn.edu/cgi/viewcontent.cgi?article=1382&context=lawineq – ultimo accesso verificato: 11 novembre 2021).

[77] Si veda: Pew Research Center: Religion and Public Life, *Churches in Court, Lawsuits Arising from Misconduct*, 31 marzo 2011 (http://www.pewforum.org/2011/03/31/churches-in-court5/ - ultimo accesso verificato: 11 novembre 2021).

[78] Si veda: J. Fedje, *Liability for Sexual Abuse*, p. 142: «La teoria della ripartizione del rischio postula che le istituzioni sono più capaci sia di risarcire le vittime, sia di assicurarsi contro tali rischi [...]. I sostenitori del principio della deterrenza suggeriscono che un datore di lavoro ritenuto responsabile per gli atti illeciti dei dipendenti abbia un incentivo maggiore a selezionarli, istruirli e a supervisionarli attentamente».

molestatore stava agendo nell'ambito del proprio impiego. I tribunali hanno generalmente ritenuto che i sacerdoti e i religiosi dovevano ritenersi dei dipendenti della loro diocesi o del loro ordine religioso[79]. Tuttavia, il secondo elemento sopracitato è più difficile da dimostrare. In passato, i tribunali generalmente hanno ritenuto che la scorretta condotta sessuale del clero non rientrasse nell'ambito del rapporto di lavoro[80] perché non rappresentava una parte del lavoro per cui il prete era stato addestrato, incaricato e pagato, né era fatto per promuovere gli interessi del suo datore di lavoro[81]. I tribunali avevano implicitamente applicato una ragione approssimativa di standard di negligenza verso la cattiva condotta sessuale dei religiosi. Dal momento che la condotta sessuale del sacerdote non rappresentava né ciò che esso era tenuto a fare, né l'interesse del suo datore di lavoro ma, piuttosto, un'azione deviante ed un illecito intenzionale, essa doveva considerarsi come una motivazione sopravvenuta/intervenuta successivamente che escludeva, di conseguenza, la responsabilità del suo datore di lavoro[82].

---

[79] Si vedano: *Ambrosio v. Price*, 495 F. Supp. *381, *383–86 (Corte distrettuale degli Stati Uniti per il distretto dello Stato del Nebraska, 1979) https://www.leagle.com/decision/1979876495fsupp3811794 – ultimo accesso verificato: 11 novembre 2021]; *Rita M. v. Roman Catholic Archbishop of Los Angeles*, 187 Cal. App. 3d *1453, *1461 (Corte d'appello dello Stato della California, 1986) https://www.leagle.com/decision/19861640187calapp3d145311635 – ultimo accesso verificato: 11 novembre 2021].

[80] Si veda: *Moses v. Diocese of Colorado*, *330 (Corte Suprema dello Stato del Colorado, 1993) https://www.leagle.com/decision/citedcases/19931173863p2d31011170 – ultimo accesso verificato: 11 novembre 2021]; *Tichenor v. Roman Catholic Church of Archdiocese*, 32 F.3d *953, *959 (Corte d'appello degli Stati Uniti, Quinto circolo, 1994) https://www.leagle.com/decision/19951972665so2d130711778 – ultimo accesso verificato: 11 novembre 2021]; *Osborne v. Payne*, 31 S.W.3d *911, *915 (Corte suprema dello Stato del Kentucky, 2000) [https://www.leagle.com/decision/200094231sw3d9111935 – ultimo accesso verificato: 11 novembre 2021].

[81] Si veda: M. J. Sartor, *Respondeat Superior, Intentional Torts, and Clergy Sexual Misconduct: The Implications of Fearing v. Bucher*, «Washington and Lee Law Review» 62, n. 687, 2005, p. 705 (https://scholarlycommons.law.wlu.edu/cgi/viewcontent.cgi?referer=&httpsredir=1&article=1278&context=wlulr – ultimo accesso verificato: 11 novembre 2021).

[82] Si veda: *Superseding cause*, Gerald Hill, Kathleen Hill (a cura di), «The People's Law Dictionary» (Fine Communications) [https://dictionary.law.com/Default.aspx?selected=2067 – ultimo accesso verificato: 11 novembre 2021] «Causa sostitutiva, espressione medesima per indicare una "causa intervenuta" o "causa sopravvenuta", che è un evento che si verifica dopo l'atto iniziale che ha determinato un incidente ed ha causato sostanzialmente l'incidente. La causa sostitutiva esonera dalla responsabilità il soggetto il cui atto ha dato inizio alla serie di eventi che hanno portato al sinistro, poiché la colpa originaria non rappresenta più la causa prossima di quest'ultimo».

In altri casi di cattiva condotta sessuale professionale, tuttavia, i tribunali iniziarono ad applicare un'analisi causale più ampia nel determinare la responsabilità illecita (utilizzando la formula "se non fosse stato per"):

> Le corti hanno ritenuto responsabili le cliniche di salute mentale quando i loro impiegati terapeuti hanno sfruttato sessualmente i pazienti [...]. Viene applicato un'analisi di causalità del tipo "se non fosse stato per": se non fosse stato per l'impiego del terapeuta molestatore presso l'istituto di salute mentale, la vittima non avrebbe consultato quel terapeuta e l'abuso non si sarebbe mai verificato. In breve, se l'attività sessuale si è fusa con le sessioni di terapia, si applica il principio del *respondeat superior*[83].

Dato che la consulenza psicologica e la cura pastorale clericale hanno molto in comune, non sorprende che un'analisi causale del tipo "se non fosse stato per", la quale richiede soltanto un nesso tra sfruttamento sessuale e attività legate all'attività lavorativa, sia stata presto applicata anche ai casi di cattiva condotta sessuale del clero:

> Lo sfruttamento sessuale nella chiesa è simile all'abuso sessuale dei pazienti con problemi di salute mentale per due ragioni. In primo luogo, le vittime degli abusi sessuali da parte del clero sono spesso persone vulnerabili [...]. In secondo luogo, come uno psicoterapeuta, un ministro molestatore può manipolare le vittime, usando la propria posizione professionale, per guadagnare la loro fiducia[84].

Nella causa *Fearing contro Bucher*, la Corte Suprema dello Stato dell'Oregon ha applicato un'analisi causale del tipo "se non fosse stato per" all'ambito dell'impiego nei casi di cattiva condotta sessuale del clero; la questione è «se la denuncia contiene sufficienti accuse della condotta [del convenuto] che rientrava nell'ambito del suo impiego e che presumibilmente si è tradotta negli atti che hanno causato la lesione

---

[83] Si veda: J. Fedje, *Liability for Sexual Abuse*, pp. 143–144 (la quale cita: *Marston v. Minneapolis Clinic of Psychiatry & Neurology, Ltd.*, 329 N.W.2d *306, *310 (Corte suprema dello Stato del Minneapolis, 1982) https://www.leagle.com/decision/1983635329nw2d3061622 – ultimo accesso verificato: 11 novembre 2021].

[84] Ibid., *144.

del querelante»[85]. Il tribunale ha mostrato le differenze fra la cattiva condotta di un fisioterapista che ha aggredito sessualmente un paziente privo di sensi e la cattiva condotta di un prete che ha usato le insegne del proprio ufficio per fare amicizia e manipolare (adescare) una persona vulnerabile che alla fine ha sedotto in modo sessualmente. Il fisioterapista non aveva agito nell'ambito del suo impiego nell'aggredire sessualmente un paziente incosciente[86]. Il sacerdote, d'altra parte, aveva usato degli indizi del proprio ufficio per sedurre consapevolmente un membro femminile vulnerabile della congregazione[87]. Il problema non è se l'occupazione fornisca un'opportunità materiale o fisica (del tipo "se non fosse stato per") all'aggressione sessuale, ma, piuttosto, se l'occupazione fornisca un'opportunità formale o psicologica (del tipo "se non fosse stato per") all'opportunità di seduzione sessuale che determini una causalità perseguibile del tipo "se non fosse stato per":

> Una giuria potrebbe dedurre che le aggressioni sessuali sono state il culmine di una serie progressiva di azioni che hanno avuto inizio con (ed hanno continuato a coinvolgere) l'esecuzione dei doveri ordinari ed autorizzati di un sacerdote. Considerando la denuncia in questa prospettiva, la giuria potrebbe anche dedurre che, nel coltivare un rapporto con il querelante e la sua famiglia, [il sacerdote] almeno inizialmente, è stato motivato dal desiderio di adempiere ai suoi doveri sacerdotali e che, nel tempo, i suoi motivi si sono confusi. Concludiamo che il reclamo modificato contiene delle accuse sufficienti... per stabilire che la condotta del dipendente rientrava nell'ambito del rapporto di lavoro[88].

---

[85] *Fearing V. Bucher*, 977 P.2d *1163, *1167 (Corte suprema dello Stato dell'Oregon, 1999) https://www.leagle.com/decision/19992140977p2d116312124 – ultimo accesso verificato: 11 novembre 2021].

[86] Ibid. (si veda la citazione di: *G.L. v. Kaiser Foundation Hospitals.*, 757 P.2d *1347, *1350 (Corte distrettuale degli Stati Uniti per il distretto nord dello Stato della California, 1988) https://www.leagle.com/decision/19871477746p2d73111448 – ultimo accesso verificato: 11 novembre 2021]. Allo stesso modo, un sacerdote che aveva violentato una donna sconosciuta, priva di sensi e rinvenuta sdraiata sul prato della sua canonica, non aveva agito nell'ambito del suo impiego perché non aveva adescato psicologicamente la propria vittima usando le insegne dell'ufficio sacerdotale che gli era affidato.

[87] Ibid., *1168.

[88] Ibid., *1167.

Riepilogo.

I tribunali hanno ampliato il campo di applicazione dei casi di cattiva condotta sessuale del clero per includere l'adescamento sessuale da parte di un ecclesiastico. L'adescamento sessuale può verificarsi durante il normale svolgimento del ministero clericale, per esempio fornendo l'istruzione religiosa, ascoltando le confessioni o fornendo la consulenza pastorale. La caratteristica distintiva dell'adescamento sessuale si verifica quando un sacerdote utilizza non le semplici opportunità fisiche fornite dal suo ministero pastorale per la condotta sessuale scorretta ma le opportunità psicologiche, anch'esse fornite dal suo ministero, per aggiudicarsi la fiducia di una persona vulnerabile non come dovrebbe, ossia per favorire disinteressatamente lo sviluppo emotivo e spirituale di quella persona ma, piuttosto, per manipolarla psicologicamente, adescandola per uno sfruttamento di carattere sessuale. Sempre più spesso gli amministratori della chiesa, i vescovi e i superiori religiosi, vengono ritenuti indirettamente responsabili per la cattiva condotta sessuale del loro clero, quando i sacerdoti abusano del loro uffici facendosi amiche e altrimenti manipolando psicologicamente le persone vulnerabili al fine di sedurle sessualmente, indipendentemente dal fatto che la predazione effettiva sia avvenuta sul luogo di lavoro o durante l'orario di ufficio[89].

5. Cause archiviate sull'organizzazione corrotta e influenzata dal crimine organizzato (RICO) contro la Chiesa cattolica.

La *Racketeer Influenced and Corrupt Organization Act* (RICO) - Titolo 18 dello *United States Code*, paragrafi 1961–1968 - è stata approvato nel 1970 al fine di frenare le attività della mafia e di altre imprese a stampo mafioso[90]. Da allora, il suo campo di

---

[89] Si veda: C. Kuriuvilla, *These are the Chilling Stories of Abuse Covered Up by the Catholic Church*, «Huffington Post», 15 agosto 2018 (https://www.huffingtonpost.com/entry/these-chilling-stories-of-clerical-sex-abuse-highlight-the-need-for-change_us_5b745954e4b0df9b093b7235 - ultimo accesso verificato: 11 novembre 2021; nel quale cita alcuni estratti del *Rapporto sugli abusi sessuali da parte del clero del Gran Giurì della Pennsylvania*). Si veda anche: *The Silent Majority: Adult Victims of Sexual Exploitation by Clergy. Psychological Impacts: Betrayal of Trust by Clergy*, «adultabusedbyclergy.org», s. d. (http://adultsabusedbyclergy.org/psychological_impacts.html - ultimo accesso verificato: 11 novembre 2021).

[90] Si veda: *Racketeer Influenced and Corrupt Organizations (RICO) Law*, «Justia.com», ottobre 2021 (https://www.justia.com/criminal/docs/rico/ - ultimo accesso verificato: 11 novembre 2021).

applicazione si è ampliato[91]. La RICO fornisce rimedi sia penali, sia civili per atti compiuti nell'ambito di un'attività corrotta in corso[92]. Inoltre, trentatré Stati hanno emanato i propri statuti sull'attività corrotta basati sulla legge federale RICO[93]. Molti di questi statuti statali RICO includono i crimini sessuali contro i bambini e la frode definendoli "atti presupposti" per i procedimenti RICO, anche se la stessa legge federale RICO non li include in modo specifico[94].

Le cause civili federali RICO possono essere intentate da parti private contro coloro che intraprendono delle attività corrotte, comprese le organizzazioni di beneficenza e pro-vita[95]. I querelanti hanno anche citato in giudizio la Chiesa

---

[91] Ibid. («Mentre la RICO era originariamente indirizzata alla sconfitta della mafia, negli ultimi trentasette anni, i pubblici ministeri l'hanno utilizzata per attaccare molte forme di criminalità organizzata, fra queste: bande di strada, cartelli della droga, dipartimenti di polizia corrotti e persino politici»). Si veda anche: United States Department of Justice, *Criminal RICO: 18 U.S.C. sec. 1961–1968, A Manual for Federal Prosecutors*, Sesta edizione revisionata, maggio 2016 (https://www.justice.gov/usam/file/870856/download - ultimo accesso verificato: 11 novembre 2021).

[92] I rimedi civili della RICO sono stabiliti in: 18 United States Code, par. 1964(a), (b) e (c) [https://www.law.cornell.edu/uscode/text/18/1964#:~:text=18%20U.S.%20Code%20%C2%A7%201964%20-%20Civil%20remedies.,himself%20of%20any%20interest%2C%20direct%20or%20indirect%2C%20– ultimo accesso verificato: 11 novembre 2021]. Si veda: Organized Crime and Racketeering section (United States Department of Justice), *Civil RICO: A Manual for Federal Attorneys*, ottobre 2007 (https://justice.gov/sites/default/files/usam/legacy/2014/10/17/civrico.pdf - ultimo accesso verificato: 11 novembre 2021).

[93] Si veda: American Bar Association, *Introduction: RICO State by State: A Guide to Litigation Under the State Racketeering Statutes*, Seconda edizione, 2012 (https://www.americanbar.org/groups/gpsolo/publications/gpsolo_ereport/2012/november_2012/introduction_rico_state_by_state/ - ultimo accesso verificato: 11 novembre 2021).

[94] Si veda: L. Russel, *Pursuing Criminal Liability for the Church and Its Decision Makers for their Role in Priest Sexual Abuse*, «Washington University Law Quarterly», Vol. 81, n. 855, 2003, pp. 897–899 https://openscholarship.wustl.edu/cgi/viewcontent.cgi?article=1301&context=law_lawreview - ultimo accesso verificato: 11 novembre 2021; nel quale l'autrice osserva che «molti Stati includono i crimini sessuali contro i bambini fra gli atti presupposti. Tra questi, vi sono gli Stati del Colorado, Georgia, Indiana, Michigan, Mississippi, Nevada, Oklahoma, Rhode Island, Texas, Utah e Isole Vergini degli Stati Uniti [...]. I seguenti Stati, invece, hanno incluso i reati presupposti di frode nei loro statuti RICO: Arizona, Colorado, Florida, Idaho, Indiana, Michigan, New Mexico, New York, North Dakota, Oklahoma, Texas, Utah, Wisconsin e Isole Vergini degli Stati Uniti»).

[95] *National Organization of Women v. Scheidler*, 6510 U.S. *249 (Corte Suprema degli Stati Uniti, 1994) https://www.leagle.com/decision/citedcases/2001954267f3d6871889 – ultimo accesso verificato: 11 novembre 2021; *NOW v. Scheidler: Landmark Case in American Law and in the Pro-life Movement*, «Thomas More Society» (https://thomasmoresociety.org/about/scheidler/ - ultimo accesso verificato: 11 novembre 2021); B. Johnson, *Twenty-eight*

cattolica avanzando presunte violazioni della RICO per la cattiva condotta sessuale dei suoi sacerdoti e vescovi ed anche per altri atti di corruzione[96]. Questa sezione mostrerà che la presentazione di richieste civili RICO per la condotta sessuale del clero è impropria perché non soltanto gli elementi di questo fondamento d'azione sono inapplicabili alla missione e alla struttura della Chiesa, ma lo scopo stesso di questa genere di cause, ossia di sradicare completamente la mafia e punire gli altri criminali di corruzione, stigmatizza e diffama sia quei pochi sacerdoti che hanno commesso una cattiva condotta sessuale, sia tutti i cattolici. Inoltre, tale prassi può portare all'attuazione di una vera e propria persecuzione religiosa[97].

Years Later, NOW v. Scheidler Court Case is Over; Prolifers Vindicated, «Life Site News», 29 aprile 2014 (https://www.lifesitenews.com/ news/breaking-28-years-later-now-v.-scheidler-courtcase-is-over-pro-lifers-vind - ultimo accesso verificato: 11 novembre 2021).

[96] Si veda, per esempio: *Smith v. Estate of Kelly*, 343 N.J. Super. *480, 778 A.2d *1162 (Corte suprema dello Stato del New Jersey, 2001) https://www.leagle.com/decision/ 20011940778a2d116211916 - ultimo accesso verificato: 11 novembre 2021; le richieste RICO sono state respinte]; *Hall v. Tressic*, 381 F. Supp. 2d *101 (Corte distrettuale degli Stati Uniti per il distretto nord dello Stato di New York, 2005) https://www.anylaw.com/ case/hall-v-tressic/n-d-new-york/08-15-2005/cJndRGYBTlTomsSBoI4c – ultimo accesso verificato: 11 novembre 2021; le richieste RICO sono state respinte]; *Magnum v. Archdiocese of Philadelphia*, (Corte distrettuale degli Stati Uniti per il distretto est dello Stato della Pennsylvania, 2006), 2006 U.S. Dist. LEXIS *84123 https://www.casemine.com/ judgement/us/59146fb1add7b0493434ed43 – ultimo accesso verificato: 11 novembre 2021]; *Dale v. Colagiovanni*, 443 F.3d *425 (Corte d'appello degli Stati Uniti, Quinto circuito, 2006) https://www.leagle.com/decision/ 20041162337fsupp2d82511097 – ultimo accesso verificato: 11 novembre 2021; le accuse RICO contro il Vaticano per frode assicurativa sono state respinte]; *Hoatson v. New York Archdiocese*, (Corte distrettuale degli Stati Uniti per il distretto sud dello Stato di New York, 2007) 2007 U.S. Dist. LEXIS *9406 https://www.leagle.com/decision/ innyco20091028374 - ultimo accesso verificato: 11 novembre 2021; le richieste RICO sono state respinte]; *Doe v. Liberatore*, 478 F. Supp. 2d *742 (Corte distrettuale degli Stati Uniti per il distretto centrale dello Stato della Pennsylvania, 2007) https://www.leagle.com/decision/ 20071220478fsupp2d74211161 - ultimo accesso verificato: 11 novembre 2021; le richieste RICO sono state respinte]; *Zlotnick v. Hubbard*, 572 F. Supp. 2d *258 (Corte distrettuale degli Stati Uniti per il distretto nord dello Stato di New York, 2008) https://www.leagle.com/decision/ 2008830572vfsupp2d2581809 - ultimo accesso verificato: 11 novembre 2021; le richieste RICO sono state respinte].

[97] Si veda: History.com Editors, *Nero's Rome Burns*, «History.com», 13 novembre 2009 (https://www.history.com/this-day-in-history/neros-rome-burns – ultimo accesso verificato: 11 novembre 2021) e come la cosiddetta "Congiura delle polveri" di Guy Fawkes sia stata utilizzata per sopprimere la libertà religiosa di tutti i cattolici in Inghilterra (J. Greenspan, *Guy Fawkes Day: A Brief History*, «History.com», 5 novembre 2012 [https://www.history.com/news/guyfawkes-day-a-brief-history – ultimo accesso verificato: 11 novembre 2021]).

Ci sono tre elementi fondamentali per un'azione civile RICO: (1) l'imputato deve aver commesso uno o più dei reati specificati nella legge RICO, ossia uno degli "atti presupposti"; (2) ci deve essere uno schema per questi atti che vengono contestati; e (3) il querelante deve intentare causa entro quattro anni dal momento in cui scopre di essere stato danneggiato da tali "atti presupposti"[98]. Finora, tutte le richieste civili RICO presentate contro la Chiesa cattolica non sono riuscite a soddisfare uno o più di questi requisiti[99].

Nella causa *Hoatson contro l'arcidiocesi di New York*, il querelante ha affermato che «per anni aveva assistito (e subìto) agli abusi sessuali per mano del clero» e che, dopo la denuncia di questi abusi e del loro insabbiamento, è stato licenziato dalla sua posizione di Direttore presso una scuola cattolica di Newark[100]. Il querelante,

---

[98] Si veda: *Racketeer Influenced and Corrupt Organization (RICO) Law*, «Justia.com», s. d. (https://www.justia.com/criminal/docs/rico/ - ultimo accesso verificato: 11 novembre 2021). Nella causa *Hannivig v. City of Lackawanna*, la Corte ha identificato gli elementi necessari per stabilire un reclamo RICO: la (1) condotta (2) di un'impresa (3) attraverso un modello (4) di attività di racket. Nello stabilire questi elementi si richiede «continuità più relazione» tra gli atti appena elencati (dei quali almeno due devono essere presenti) al fine di soddisfare la

definizione 18 di «un modello di attività racket». Gli atti presupposti si considerano correlati quando hanno «gli scopi, i risultati, i partecipanti, le vittime o i metodi di commissione uguali o simili, o risultino altrimenti correlati da alcune caratteristiche distintive» (nota a piè di pagina omessa). Deliberazione n. 3:16-CV-01514 (Corte distrettuale degli Stati Uniti per il distretto centrale dello Stato della Pennsylvania, 2018), 2018 U.S. Dist. Lexis *165400 https://www.casemine.com/judgement/us/ 5bcf7cadaff5f45ceb78add9 – ultimo accesso verificato: 11 novembre 2021].

[99] Per una valida discussione delle richieste RICO presentate contro la Chiesa cattolica, si veda: N. R. Mancini,

Mobsters in the Monastery? Applicability of Civil RICO to the Clergy Sexual Misconduct Scandal and the Catholic Church, «Roger Williams University Law Review», Vol. 8, n. 1, 2002, pp. 205–206. («Per dichiarare un reclamo valido ai sensi della sezione 1962(b), le vittime degli abusi sessuali commessi da soggetti appartenenti al clero dovranno dimostrare ciascuno dei diversi elementi distinti come stabilito sia dallo Statuto stesso, sia dal caso di legge. Ai sensi della sezione 1962(b), il querelante deve affermare e dimostrare che: A) una persona, B) agisce con la mens rea necessaria (intento), C) attraverso uno schema di D) attività di racket o di raccolta di un debito illegittimo, E) ha acquisito o mantenuto qualsiasi interesse o controllo di, F) un'impresa impegnata nel commercio, G) con conseguente danno all'attività o alla proprietà del querelante, H) in ragione dell'acquisizione o del mantenimento da parte del convenuto dell'interesse o del controllo sull'impresa») [https://docs.rwu.edu/cgi/viewcontent.cgi?article=1259&context=rwu_LR – ultimo accesso verificato: 11 novembre 2021; nel quale viene citato: G. P. Joseph, *Civil RICO: A Definitive Guide 3*, Seconda edizione, 2000, pp. 124-125].

[100] *Philip Services Corporation, Et Al. Vs. City Of Seattle* , 2007 U.S. Dist. LEXIS (Corte distrettuale degli Stati Uniti per il distretto sud dello Stato del Texas, Divisione di Houston)

tuttavia, non è riuscito a dimostrare che coloro che accusava sia di cattiva condotta sessuale clericale, sia di licenziamento per rappresaglia facevano parte di una "organizzazione" come richiesto dallo statuto[101]. Il querelante non ha nemmeno dimostrato che coloro che gli hanno fatto del male erano organizzati in modo tale da svolgere simili attività in modo sistematico, oltre a quelle specifiche e presunte di cui egli era stato vittima[102].

Il querelante non è stato, poi, neanche in grado di dimostrare «un modello di attività di racket»[103]. Sebbene egli abbia addotto gli atti presupposti di estorsione, mailing e frode telematica, nonché di violazione della legge sulla protezione dei bambini contro lo sfruttamento sessuale[104], la corte ha ritenuto che egli «non avesse affermato a sufficienza di essere stato privato di "denaro o proprietà" poiché la perdita del lavoro non rappresenta una "proprietà della vittima"»[105].

9406, *2 https://adamsdrafting.com/downloads/2007-US-Dist-LEXIS-14906.pdf – ultimo accesso verificato: 11 novembre 2021).

[101] Ibid., *8.

[102] Ibid.

[103] Ibid. *12; Si veda anche: *Hughes v. Consolidated Pennsylvania Coal Company*, 945 F.2d *594, *609 (Corte d'appello degli Stati Uniti, Terzo circuito, 1990) https://www.leagle.com/decision/19911539945f2d59411438 - ultimo accesso verificato: 11 novembre 2021; nel quale viene citata: *H. J. Incorporated v. Northwestern Bell Telephone Company*, 492 U.S. *229, *241 (Corte suprema degli Stati Uniti, 1989)[https://www.leagle.com/decision/19871561653fsupp90811446 – ultimo accesso verificato: 11 novembre 2021; nella quale si osserva che «La continuità è un concetto temporale […] "tanto chiuso quanto aperto, poiché si riferisce sia ad un periodo chiuso di condotta reiterata, sia ad una condotta passata che, per sua natura, può essere proiettata nel futuro, ossia caratterizzandosi come una vera e propria minaccia di ripetizione"»].

[104] 18 United States Code, par. 2251 https://www.law.cornell.edu/uscode/text/18/2251 – ultimo accesso verificato: 11 novembre 2021).

[105] *Philip Services Corporation, Et Al. Vs. City Of Seattle* , 2007 U.S. Dist. LEXIS (Corte distrettuale degli Stati Uniti per il distretto sud dello Stato del Texas, Divisione di Houston) 9406, *16 https://adamsdrafting.com/downloads/2007-US-Dist-LEXIS-14906.pdf– ultimo accesso verificato: 11 novembre 2021) [nel quale si fa riferimento a: *Cleveland v. United States*, 532 U.S. 12, 21 (Corte suprema degli Stati Uniti, 2000); https://www.leagle.com/decision/1946343329us141342 – ultimo accesso verificato: 11 novembre 2021]. Si veda anche: N. Mancini, *Mobsters in the Monastery? Applicability of Civil RICO to the Clergy Sexual Misconduct Scandal and the Catholic Church*, p. 212: «Anche se le autorità ecclesiastiche potrebbero aver utilizzato i telefoni e la posta per organizzare il trasferimento e/o la riassegnazione dei sacerdoti, sarebbe difficile dimostrare che lo hanno fatto con la consapevolezza e l'intento che i sacerdoti avrebbero commesso nuovamente le loro azioni altrove. Sarebbe altrettanto difficile dimostrare che le autorità ecclesiastiche hanno agito in malafede, soprattutto in considerazione del fatto che, la maggior parte dei preti molestatori viene riassegnata soltanto dopo aver ricevuto una consulenza spirituale a seguito delle accuse di abuso sessuale. Tuttavia, se i querelanti potessero acquisire prove

Infine, il querelante non è riuscito a stabilire la legittimazione ad intentare causa ai sensi della RICO perché non ha dimostrato che la sua lesione è stata causata direttamente da un atto presupposto RICO: «Il licenziamento per rappresaglia non è chiaramente un atto presupposto o un'attività di racket»[106]. La corte spiega che l'attività di racket o un atto presupposto devono «*approssimativamente* causare il pregiudizio, nel senso che devono rappresentare un "fattore sostanziale nella sequenza del nesso di causalità responsabile e [...] che la lesione sia ragionevolmente prevedibile o prevista come una loro conseguenza naturale"»[107]. Poiché la causa prossima del suo licenziamento non era identificabile con un atto presupposto RICO, il querelante non aveva alcuna legittimazione per citare in giudizio l'amministrazione della Chiesa[108].

Poiché l'avvocato del querelante aveva intentato fallimentari azioni RICO simili contro la Chiesa cattolica e lo aveva fatto, secondo le dichiarazioni stampa dello stesso avvocato, al fine di «umiliare e mettere in imbarazzo la Chiesa, portando alla luce episodi di abuso sessuale, anche se impossibili da portare di fronte ad un tribunale», la corte ha imposto per il legale delle sanzioni sia pecuniarie, sia non pecuniarie[109].

Riepilogo.

Sebbene l'abuso della prassi mostrata dal caso di questo singolo avvocato possa rappresentare un'eccezione, esso indica un problema più ampio. L'analogia tra la Chiesa e un'organizzazione criminale non solo zoppica, come fanno tutte le

---

sufficienti per dimostrare che le autorità della Chiesa abbiano effettuato il trasferimento dei recidivi con la consapevolezza che essi avrebbero probabilmente colpito di nuovo, i tribunali potrebbero essere disposti a riconoscere l'intento di frodare in qualche misura degli ipotetici soggetti terzi».

[106] *Hoatson v. New York Archdiocese*, 2007 U.S. Dist. Lexis, *21 https://leagle.com/decision/innyco20091028374 – ultimo accesso verificato: 11 novembre 2021).

[107] Ibid., *20–21 (si veda la citazione di: *Hecht v. Commerce Clearing House Incorporated*, 897 F.2d *21, *23–24) (corsivo come nell'originale) https://www.leagle.com/decision/1990918897f2d211916 – ultimo accesso verificato: 11 novembre 2021].

[108] Ibid., *21. Si veda anche: N. Mancini, *Mobsters in the Monastery? Applicability of Civil RICO to the Clergy Sexual Misconduct Scandal and the Catholic Church*, pp. 215, 216 («Per indicare una valida causa di azione ai sensi della RICO, il querelante deve dimostrare un danno che riguardi un bene o una proprietà»).

[109] *Hoatson v. New York Archdiocese*, 2007 U.S. Dist. LEXIS, *40–41 https://leagle.com/decision/innyco20091028374 – ultimo accesso verificato: 11 novembre 2021). La Corte ha notato che questo stesso avvocato aveva archiviato e ritirato o comunque respinto altre cause RICO.

analogie, ma zoppica sui trampoli. La RICO è stata emanata per schiacciare le organizzazioni criminali nefaste. Il fatto che alcuni stiano cercando di usarla per far crollare la Chiesa cattolica è sconcertante e spaventoso, perché tali sforzi sicuramente continueranno. Recentemente, le vittime di cattiva condotta sessuale del clero hanno sostenuto che la Chiesa cattolica dovrebbe essere ritenuta responsabile per illecito civile di disturbo della quiete pubblica[110]. Il disturbo di quiete pubblica si è dimostrato una dottrina malleabile. Originariamente, questa dottrina del common law è nata per normare le cause di violazione o di invasione dei domini del re. Nel corso degli anni, il suo campo di applicazione ha continuato ad espandersi fino ad includere «un'ampia varietà di comportamenti che vanno dalle azioni dannose per la salute pubblica a quelle ritenute dannose per la morale pubblica»[111]. I tribunali hanno abbracciato tutte le tipologie di attività pericolose, nocive o disgustose di disturbo pubblico «incluse la produzione di polvere, di fumo, di rumore, di odori e le emissioni di sostanze chimiche pericolose», nonché l'utilizzo della vernice al piombo, della pistola, della violenza e le questioni relative al

---

[110] Si vedano: *Doe 1 v. Archdiocese of St. Paul and Minneapolis* https://www.leagle.com/decision/inmnco20120725607 – ultimo accesso verificato: 11 novembre 2021), *Diocese of Winona and Thomas*

Adamson, 62-CV-13-4075 https://www.leagle.com/decision/1996147589f3d138611302 – ultimo accesso verificato: 11 novembre 2021), denuncia archiviata il 29 maggio 2013 (Corte distrettuale degli Stati Uniti per il distretto dello Stato di Minneapolis, Secondo distretto, 2014) [https://www.andersonadvocates.com/Files/876/Complaint-John-Doe-150-vs-Archdiocese-of-St-Paul-and-Minneapolis.pdf - ultimo accesso verificato: 11 novembre 2021]; *Darin Buckman, et al. v. Illinois Catholic Conference*, 2018LO11293, denuncia archiviata il 17 ottobre 2018 (Circuito della Corte di Cook County dello Stato dell'Illinois, 2008) [http://www.bishop-accountability.org/complaints/2018_10_17_Buckman_JD_595_Bollman_and_Yesko_v_IL_Catholic_Conference_et_al.pdf - ultimo accesso verificato: 11 novembre 2021]; *Joseph McLean, et al. v. United States Catholic Conference of Bishops*, Caso n. 18-cv-3175, denuncia archiviata il 13 novembre 2018 (Corte distrettuale degli Stati Uniti per il distretto dello Stato del Minnesota) [https://dig.abclocal.go.com/wls/documents/2018/111418-wls-iteam-USCCB-lawsuit-doc.pdf - ultimo accesso verificato: 11 novembre 2021]; *Edward Hanratty v. New Jersey Catholic Conference, et al.*, Causa civile presentata il 6 maggio 2019, (Corte suprema dello Stato del New Jersey, sezione dell'Essex County), [https://images.law.com/contrib/content/uploads/documents/399/25865/Edward-Hanratty-vs-New-Jersey-Catholic-Bishops.pdf - ultimo accesso verificato: 11 novembre 2021].

[111] A. C. Lin, *Public Trust and Public Nuisance: Common Peas in a Pod?*, «University of California Davis Law Review», vol. 45, n.3, 2012, pp. 1075, 1082 (https://law.ucdavis.edu/faculty/Lin/files/Public-Trust-and-Public-Nuisance-Common-Law-Peas-in-a-Pod.pdfx (ucdavis.edu) - ultimo accesso verificato: 11 novembre 2021).

cambiamento del clima[112]. E così, la "dottrina del disturbo della quiete pubblica rimane uno strumento praticabile per affrontare nuovi danni pubblici [...]»[113].

6. Disturbo della quiete pubblica.

Nella causa *Doe 1 contro Arcidiocesi di St. Paul e Minneapolis*[114], la Corte ha dovuto considerare se la portata del disturbo della quiete pubblica dovesse essere ampliata per includere la cattiva condotta sessuale del clero conseguentemente agli atti e alle omissioni degli amministratori della chiesa. Il tribunale ha accolto l'istanza dell'Arcidiocesi di respingere la domanda del querelante per disturbo privato, ma ha consentito che la richiesta del querelante di disturbo della quiete pubblica contro l'Arcidiocesi fosse accolta[115]. Nel concedere l'istanza di archiviazione della pretesa di disturbo privato il tribunale ha fatto riferimento allo statuto dello Stato del Minnesota, per il quale la cattiva condotta sessuale del clero non rappresenta «niente che sia dannoso per la salute, o indecente oppure offensivo per i sensi, o di ostacolo al libero uso della proprietà, in modo tale da interferire con il comodo godimento della vita o della proprietà [...]»[116]. La corte ha interpretato lo statuto nel senso «che

---

[112] Ibid., pp. 1082-1083.

[113] Ibid., p. 1083.

[114] *Doe 1 v. Archdiocese of St. Paul and Minneapolis* https://www.leagle.com/decision/inmnco20120725607 – ultimo accesso verificato: 11 novembre 2021), *Diocese of Winona and Thomas*

Adamson, 62-CV-13-4075 https://www.leagle.com/decision/1996147589f3d138611302 – ultimo accesso verificato: 11 novembre 2021), denuncia archiviata il 29 maggio 2013 (Corte distrettuale degli Stati Uniti per il distretto dello Stato di Minneapolis, Secondo distretto, 2014) [https://www.andersonadvocates.com/Files/876/Complaint-John-Doe-150-vs-Archdiocese-of-St-Paul-and-Minneapolis.pdf - ultimo accesso verificato: 11 novembre 2021].

[115] *Doe 1 v. Archdiocese of St. Paul and Minneapolis* https://www.leagle.com/decision/inmnco20120725607 – ultimo accesso verificato: 11 novembre 2021), *Diocese of Winona and Thomas*

Adamson, 62-CV-13-4075 https://www.leagle.com/decision/1996147589f3d138611302 – ultimo accesso verificato: 11 novembre 2021), denuncia archiviata il 29 maggio 2013 (Corte distrettuale degli Stati Uniti per il distretto dello Stato di Minneapolis, Secondo distretto, 2014) [https://www.andersonadvocates.com/Files/876/Complaint-John-Doe-150-vs-Archdiocese-of-St-Paul-and-Minneapolis.pdf - ultimo accesso verificato: 11 novembre 2021].Ordinanza che in parte concede ed in parte nega la mozione di rigetto dei convenuti.

[116] Ibid., 4 (citazione di: *Minneapolis Statute,* sez. 561.01 [https://www.revisor.mn.gov/statutes/cite/561.01#:~:text=2020%20Minnesota%20Statutes%20561.01%20NUISANCE%3B%20ACTION.%20Anything%20which,enjoyment%20of%20life%20or%20property%2C%20is%20a%20nuisance. – ultimo accesso verificato: 11 novembre 2021).

la parte che chiede sollievo da un [privato] deve dimostrare l'esistenza di un interesse di proprietà che sia stato, da quest'ultimo, influenzato negativamente»[117]. L'unico interesse di proprietà che il querelante ha presentato nella sua denuncia era che l'arcidiocesi non aveva pubblicato un elenco dei religiosi accusati in modo credibile di cattiva condotta sessuale e che la loro incapacità a fare ciò rappresentava un «danno per la salute e/o un atto indecente oppure offensiva per i sensi [...]»[118]. Il tribunale ha stabilito che nessun interesse di proprietà del querelante era stato violato e, quindi, accolse la mozione del convenuto di respingere tale richiesta[119].

La corte, tuttavia, non ha respinto la richiesta di disturbo della quiete pubblica del *common law* da parte del querelante, poiché questi sostenne di aver subito un «danno speciale o particolare», uno «non comune a quello delle altre persone»; e, pertanto, egli venne autorizzato ad intentare causa per un fastidio pubblico quando, normalmente, sarebbe stato necessario soltanto interpellare un pubblico ufficiale. Il querelante aveva affermato che, poiché l'arcidiocesi si era rifiutata di rivelare le identità e il luogo in cui si trovavano i sacerdoti accusati in modo credibile di cattiva condotta sessuale e poiché il querelante era, egli stesso, una vittima di cattiva condotta sessuale del clero, ciò gli provocava un disagio emotivo maggiore rispetto alle altre persone della comunità in generale tale da sentire un «maggiore dovere di mettere in guardia gli altri cittadini sui molestatori; un dovere al quale sarebbe impossibile adempiere se non si conoscessero le generalità e i luoghi di stanziamento dei molestatori»[120]. La corte ha argomentato che i periti, gli psichiatri o anche gli psicologi, avrebbero potuto testimoniare che, in effetti, egli soffrisse di una maggiore ansia rispetto al pubblico in generale a causa della presenza di molestatori non dichiarati, anche se «questo genere di ipotesi [potrebbe] risultare un po' forzata»[121]. Dato che questa era la fase preliminare del caso, la Corte non poteva «escludere uno scenario del genere» e, così, ha annullato la mozione di rigetto[122]. Entro pochi mesi, dopo che il tribunale ebbe deciso la mozione di rigetto dell'imputato, il caso si è concluso. Al querelante è stata assegnata una somma di denaro non rivelata e gli imputati della Chiesa hanno accettato di attuare un piano d'azione in diciassette punti[123].

---

[117] Ibid., sez. 5.

[118] Ibid.

[119] Ibid., sez. 7.

[120] Ibid., sez. 9.

[121] Ibid., sez. 10.

[122] Ibid.

[123] B. Roewe, *Historic Settlement in Minnesota Yields Plan to Guard Against Future Sex Abuse*, «National Catholic Reporter», 14 ottobre 2014 (https://www.ncronline.org/news/accountability/historic-settlement-minnesota-yields-plan-guard-against-future-sexabuse -

C'è un vantaggio strategico nell'indirizzare una causa di disturbo della quiete pubblica per i casi di cattiva condotta sessuale del clero: non c'è prescrizione che escluda i reclami già presentati o nuove scoperte in merito ad essi. «Se il prodotto, il servizio o i sistemi (come con la Chiesa cattolica [...]) presumibilmente causano un danno collettivo [un fastidio] proprio ora, non importa a quando essi risalgono [o,] se fossero considerati legali al tempo»[124]. In questo caso, ai querelanti è stato consentito di scoprire informazioni che altrimenti sarebbero state vietate in quanto irrilevanti e più pregiudizievoli che probanti. «A differenza di un caso di negligenza standard, l'argomento di disturbo della quiete pubblica ha consentito all'[avvocato del querelante] di ottenere più di cinquantamila pagine dai fascicoli di ogni prete accusato di abusi risalenti a decenni fa, nonostante le obiezioni di un team di avvocati della chiesa, i quali sostenevano che tali informazioni non erano per nulla rilevanti e che, anzi, avrebbero potuto rovinare la reputazione di uomini innocenti»[125]. In altre parole, l'ambito di una denuncia di disturbo della quiete pubblica per i casi di molestie da cattiva condotta sessuale del clero, come se si trattasse di una denuncia per emissione di sostanze tossiche, deve includere le scoperte che riguardano i dettagli della sua prima presentazione e della sua successiva evoluzione fino ad includere la sua manifestazione attuale. L'avvocato del querelante ha definito la decisione «senza precedenti», poiché ha permesso al

---

ultimo accesso verificato: 11 novembre 2021): «Il piano d'azione in 17 punti includeva quanto segue: "Zero raccomandazioni per il clero con denunce credibili o precedentemente comprovate di abuso sessuale sui minori in attesa di una posizione nel ministero attivo o con accesso ai bambini; Al ricevimento di una segnalazione di abuso sui minori, un giornalista incaricato avviserà le forze dell'ordine e la diocesi non condurrà un'indagine interna fino a quando non sarà stata istruita dai funzionari della legge; Divulgazione di qualsiasi accusa di abuso sessuale sui minori ricevuta dalla diocesi in qualsiasi modo, nonché dello stato di avanzamento nella gestione o della risoluzione della denuncia; Divulgazione dei documenti relativi ad un'accusa sostanziale di abuso sessuale sui minori a conclusione del processo canonico di determinazione dello status clericale; Adozione di una 'politica degli informatori in materia di segnalazione di abusi'; Uno 'sforzo in buona fede' da parte del direttore di ciascuna diocesi sugli standard ministeriali per raccogliere, da parte di tutto il clero, una dichiarazione scritta e firmata in cui si afferma che essi non hanno mai abusato di un minore e che non sono a conoscenza di alcun abuso contro un minore avvenuto all'interno dell'arcidiocesi che non sia stato già segnalato"».

[124] J. Genova, *Public Nuisance Litigation - Unique Challenges for PR Firms*, «O'Dwyer's», 4 dicembre 2018 (https://www.odwyerpr.com/story/public/11712/2018-12-04/public-nuisance-litigation-unique-challenges-for-pr-firms.html - ultimo accesso verificato: 11 novembre 2021).

[125] MPR News Staff, *Clergy sex abuse settlement: The case - and the law - at a glance*, «MPRnews», 13 ottobre 2014 (https://www.mprnews.org/story/2014/10/13/archdiocese-settlement-cheat-sheet - ultimo accesso verificato: 11 novembre 2021).

«suo studio di continuare ad estrapolare prove di abuso da parte della chiesa, fino ad oggi, anche se il suo il cliente venne probabilmente abusato quarant'anni fa»[126].

Riepilogo.

Con il suo ampio raggio di scoperta che serve da incentivo per l'accordo, una denuncia per disturbo della quiete pubblica sta diventando comune nei casi di cattiva condotta sessuale del clero. Lo stesso avvocato dei querelanti della causa Doe 1 ha intentato altre due cause per cattiva condotta sessuale del clero nel 2018, *Buckman, ed altri contro Conferenza cattolica dello Stato dell'Illinois* e *McLean ed altri contro Conferenza cattolica dei Vescovi*[127] e una nel 2019, ossia *Hanratty contro Conferenza cattolica dello Stato del New Jersey*[128], che includono tutte insinuazioni di disturbo della quiete pubblica. Inoltre, lo stesso giorno in cui la causa McLean è stata depositata, altri avvocati hanno presentato la causa *Lennon contro la Conferenza cattolica dei vescovi degli Stati Uniti e la Santa sede*[129] sostenendo che la Chiesa cattolica di Roma e la Conferenza dei vescovi degli Stati Uniti erano colpevoli di creare un disturbo della quiete pubblica con i loro atti e le loro omissioni nel gestire i casi di cattiva condotta sessuale del clero. «La cospirazione del silenzio...dell'imputato ha un'interferenza

---

[126] J. Hopfensperger, *Court ruling is victory for new legal strategy in clergy abuse cases: Ruling lets victims cite clergy relocation as a public nuisance*, «Star Tribune», 3 settembre 2014 (http://www.startribune.com/judge-allows-public-nuisance-claim-againstarchdiocese/ 273764121/ - ultimo accesso verificato: 11 novembre 2021).

[127] *Darin Buckman, et al. v. Illinois Catholic Conference*, 2018LO11293, denuncia archiviata il 17 ottobre 2018
(Circuito della Corte di Cook County dello Stato dell'Illinois, 2008) [http://www.bishopaccountability.org/complaints/2018_10_17_Buckman_JD_595_Bollm an_and_Yesko_v_IL_Catholic_Conference_et_al.pdf - ultimo accesso verificato: 11 novembre 2021]; *Joseph McLean, et al. v. United States Catholic Conference of Bishops*, Caso n. 18-cv-3175, denuncia archiviata il 13 novembre 2018 (Corte distrettuale degli Stati Uniti per il distretto dello Stato del Minnesota) [https://dig.abclocal.go.com/wls/documents/ 2018/111418-wls-iteam-USCCB-lawsuitdoc.pdf. – ultimo accesso verificato: 11 novembre 2021]

[128] *Edward Hanratty v. New Jersey Catholic Conference, et al.*, Causa civile presentata il 6 maggio 2019 (Corte suprema dello Stato del New Jersey, sezione dell'Essex County) [https://images.law.com/contrib/content/uploads/documents/399/25865/Edward-Hanratty-vs-New-Jersey-Catholic-Bishops.pdf - ultimo accesso verificato: 11 novembre 2021].

[129] *Timothy B. Lennon, et al. v. United States Conference of Catholic Bishops and Holy See*, Corte distrettuale degli Stati Uniti per il Distretto dello Stato della Columbia, Caso 1:18-cv-02618, denuncia archiviata il 13 novembre 2018 (https://bloximages.chicago2.vip.townnews.com/ tribdem.com/content/tncms/assets/v3/editorial/5/47/547fa2d4-e7b5-11e8-8accaba3ca0fa959/5beb8928f2054.pdf.pdf - Ultimo accesso verificato: 11 novembre 2021)

irragionevole con il diritto comune del pubblico ad un comodo godimento della vita perché i bambini non possono essere lasciati incustoditi in qualsiasi luogo in cui sia presente un molestatore clericale; ciò crea una minaccia per la salute pubblica, la sicurezza e il morale delle comunità in tutto il paese...[e, quindi] ha creato un problema di ordine pubblico»[130].

II. Azioni civili che coinvolgono la Santa Sede come imputato.

1. Immunità sovrana: una difesa contro le sperimentate teorie della responsabilità.

In passato, le cause negli Stati Uniti che nominavano la Santa Sede, ossia il pontefice e la Curia[131], come imputato sono state respinte sulla base del fatto che la Santa Sede è un sovrano nel senso previsto dal Foreign Sovereign Immunities Act (FSIA)[132] e che le eccezioni FSIA[133] che consentirebbero ad un querelante di

---

[130] *Timothy B. Lennon, et al. v. United States Conference of Catholic Bishops and Holy See*, Corte distrettuale degli Stati Uniti per il Distretto dello Stato della Columbia, Caso 1:18-cv-02618, denuncia archiviata il 13 novembre 2018 (https://bloximages.chicago2.vip.townnews.com/ tribdem.com/content/tncms/assets/v3/editorial/5/47/547fa2d4-e7b5-11e8- 8accaba3ca0fa959/5beb8928f2054.pdf.pdf - Ultimo accesso verificato: 11 novembre 2021), parr. 156–163, pp. 59–62.

[131] Per chiarimenti in merito alla relazione fra la Santa sede, lo Stato della Città del Vaticano e la Chiesa cattolica, si veda: J.-L. Tauran (arcivescovo), *The Presence of the Holy See in the International Organizations*, «Vatican.va», 22 aprile 2002 (http://www.vatican.va/ roman_curia/secretariat_state/documents/rc_seg-st_doc_20020422_tauran_en.html   - ultimo accesso verificato: 11 novembre 2021) « È importante chiarire subito che il soggetto che entra in contatto con i protagonisti della vita internazionale non è la Chiesa cattolica, intesa come comunità di credenti, né lo Stato della Città del Vaticano - il minuscolo Stato d'appoggio che garantisce la libertà spirituale del pontefice con il minimo possibile del territorio - ma la Santa Sede, cioè il pontefice insieme alla Curia Romana, autorità universale e spirituale, unico centro di comunione; un soggetto sovrano di diritto internazionale, di natura sia religiosa, sia morale».

[132] *The Foreign Sovereign Immunities Act* (FSIA), 28 United States Code, sez. 1604 (2008) https://www.law.cornell.edu/uscode/text/28/1604 – ultimo accesso verificato: 11 novembre 2021].

[133] *The FSIA Commercial Exception*, 28 United States Code, sez. 1605(a)(92) e il *FSIA Tortious Acts Exception,*
28 United States Code, sez. 1605(a)(5) https://www.law.cornell.edu/uscode/text/ 28/1604 – ultimo accesso verificato: 11 novembre 2021]. Per una rapida discussione sull'eccezione commerciale, si veda: A. A. Frischknecht, F. A. Brody, C. Lindsey, LLP, Practical Law Litigation, *The Commercial Activity Exception to Sovereign Immunity under the Foreign Sovereign Immunity Act*, «chaffetzlindsey.com» (https://www.chaffetzlindsey.com/wp-

intentare un'azione legale contro un sovrano straniero, non si applicavano[134]. Sebbene alcuni contestino lo status unico della personalità giuridica internazionale della Santa Sede[135], gli Stati Uniti, insieme ad altri centottantadue paesi, la

---

content/uploads/2017/05/The-Commercial-Activity-Exception-to-Sovereign-Immunity-Under-the-Foreig....pdf - ultimo accesso verificato: 11 novembre 2021) «Sotto l'eccezione di "attività commerciale" del Foreign Sovereign Immunities Act per l'immunità sovrana, codificata all'articolo 28 dello United States Code, paragrafo1605(a)(2) [...] il requisito giurisdizionale fondamentale [...] affinché questa eccezione si applichi, è che l'azione del querelante si basi necessariamente sull'attività commerciale di uno Stato estero o, comunque, su un atto connesso con l'attività commerciale di uno Stato estero». Per una rapida discussione sulla FSIA Tortious Act Exception, si veda: J. L. Abbott, *The Noncommercial Tort Exception to the Foreign Sovereign Immunity Act*, «Fordham International Law Journal», Vol. 9, n. 1, art. 4, 1985 (https://ir.lawnet.fordham.edu/cgi/viewcontent.cgi?article=1117&context=ilj – ultimo accesso verificato: 11 novembre 2021).

[134] *Dale v. Colagiovanni*, 443 F.3d 425 (Corte d'appello degli Stati Uniti, Quinto circuito, 2006) https://www.leagle.com/decision/20041162337fsupp2d82511097 – ultimo accesso verificato: 11 novembre 2021; La denuncia per frode assicurativa è stata respinta in considerazione del fatto che l'eccezione commerciale FSIA richiede l'autorità reale, e non soltanto apparente, di un agente della Santa Sede], *425; 2006 U.S. App. Lexis 6571; *O'Bryan v. Holy See*, 556 F.3d *361(Corte d'appello degli Stati Uniti, sesto circuito, 2009) https://www.leagle.com/decision/infco20090210421 - ultimo accesso verificato: 11 novembre 2021; I querelanti hanno sostenuto a sufficienza, nella loro denuncia, che i Vescovi cattolici che non sono riusciti a sorvegliare o ad avvertire adeguatamente gli altri sulla cattiva condotta sessuale dei sacerdoti sotto il loro controllo dovevano essere considerati a tutti gli effetti come dipendenti della Santa Sede; in ragione di ciò, questo caso è rientrato nell'ambito della FSIA Tortious Act Exception, la quale consente al tribunale di avere giurisdizione anche sulla Santa Sede); e *Doe v. Holy See*, 557 F. 3d, *1066 (Corte d'appello degli Stati Uniti, Nono Circolo 2009) https://www.leagle.com/decision/infco20090303099 – ultimo accesso verificato: 11 novembre 2021; I querelanti hanno dimostrato a sufficienza, nella loro denuncia, che i preti cattolici che si erano impegnati nella cattiva condotta sessuale negli Stati Uniti dovevano essere considerati come dipendenti della Santa Sede; in ragione di ciò, questo caso rientrava nell'eccezione della Tortious Act prevista dalla FSIA, la quale consentiva al tribunale di avere giurisdizione anche sulla Santa Sede].

[135] Le organizzazioni non governative possono opporsi al riconoscimento da parte degli Stati Uniti della Santa Sede come entità sovrana, in ragione di ciò che percepiscono come una violazione della clausola istitutiva del Quattordicesimo emendamento, si veda, in merito: D. Barker, A. L. Gaylor, *Letter sent to Rex Tillerson, United States Secretary of State, urging the United States government to no longer recognize the Holy See as a sovereign*, «Freedom from Religion Foundation», 7 febbraio 2018 https://www.hrw.org/news/2018/02/07/letter-us-secretary-state-rex-tillerson - ultimo accesso verificato: 11 novembre 2021) oppure, in ragione dell'opposizione della Santa sede ai loro interessi speciali, si veda, in merito: *Change: The Catholic Church at the United Nations: Church or State?*, «Catholicforchoice.org», 2013 (http://www.catholicsforchoice.org/wp-content/uploads/2013/08/CFC_See_Change_2013.pdf - ultimo accesso verificato: 11 novembre 2021) «Sin da quando la Santa sede è stata accettata informalmente alle Nazioni Unite nel 1964, sono state sollevate domande sul

riconoscono come un'entità sovrana[136]. È importante notare che i sovrani stranieri, di solito, non sono soggetti a cause legali: «L'immunità sovrana rappresenta un'immunità dalla giurisdizione, non soltanto una difesa di responsabilità nel merito del caso»[137]. The Foreign Sovereign Immunity Act (FSIA) prevede che un sovrano possa essere citato in giudizio nei tribunali degli Stati Uniti soltanto in una di queste tre eccezioni:

---

suo status e sul suo ruolo all'interno dell'ONU. Poiché le Nazioni Unite sono diventate più influenti nel processo decisionale internazionale, e la Santa Sede ha intensificato la sua opposizione all'espansione globale dei servizi di salute riproduttiva, le domande sono diventate più specifiche e mirate». Storicamente, con la perdita dello Stato della Chiesa, il riconoscimento della Santa sede come entità sovrana divenne un tema di studio sia per gli studiosi di legge, sia per la comunità delle nazioni almeno dal XIX secolo fino alla metà del XX secolo. Si veda: C. Ryngaet, *The Legal Status of the Holy See*, «Goettingen Journal of International Law», Vol. 3, n. 3, 2011, pp. 829–859 - particolarmente p. 830 – (http://www.gojil.eu/issues/33/33_article_ryngaert.pdf. – ultimo accesso verificato: 11 novembre 2021) «La Santa sede, detta anche Sede apostolica (Sancta Sedes) è la sede dei vescovi di Roma, nonché il centro governativo della Chiesa cattolica. La Santa sede è guidata dal Sommo pontefice, detto anche Papa, il quale, nella sua amministrazione della Chiesa, è assistito dalla Curia romana. Fin dal medioevo, la Santa sede è stata considerata come un'entità dotata di personalità giuridica internazionale. All'epoca, però, il Sommo pontefice era anche il sovrano temporale degli Stati pontifici (o Stati papali) in Italia, cosicché la questione dello statuto giuridico della Santa sede come un'organizzazione religiosa internazionale non-statale è sorta raramente. Solo dopo che la Santa sede perse la sua sede territoriale, nel 1870, questa questione fu portata in maggiore rilievo: le sue attività internazionali, come inviare e ricevere legazioni, potevano essere spiegate con il godimento di una certa misura di personalità giuridica internazionale? La risposta a questa domanda fu complicata dal fatto che la Santa sede riguadagnò una minuscola base territoriale a Roma, un'enclave di centodieci acri chiamata "Città del Vaticano", ai sensi dei Patti Lateranensi dell'11 febbraio 1929 con l'Italia fascista guidata da Benito Mussolini (che, alla fine, risolsero la cosiddetta "Questione romana"»).

[136] Ufficio stampa della Santa sede, Bollettino quotidiano, *Note on Diplomatic Relations of the Holy See*, 1 agosto 2018 (https://press.vatican.va/content/salastampa/en/bollettino/pubblico/2018/01/08/180108a.html - ultimo accesso verificato: 11 novembre 2021).

[137] *O'Bryan, et al. v. Holy See*, *372 https://www.leagle.com/decision/infco20090210421 - ultimo accesso verificato: 11 novembre 2021). Si veda anche: X. Yang, *Sovereign Immunity, an Introduction*,

«Oxford Bibliographies» (https://www.oxfordbibliographies.com/view/document/obo-9780199796953/obo-9780199796953-0018.xml - ultimo accesso verificato: 11 novembre 2021) «L'immunità sovrana, detta anche immunità dello Stato, è un principio del diritto internazionale consuetudinario, in virtù del quale uno Stato sovrano non può essere citato davanti ai tribunali di un altro Stato sovrano senza il suo consenso. In altre parole, uno Stato sovrano è esente dalla giurisdizione dei tribunali nazionali stranieri [...]. Per questo motivo, l'immunità sovrana è indicata anche come "immunità giurisdizionale" o "immunità dalla giurisdizione"».

1. Il sovrano *rinuncia* alla sua immunità[138]; *oppure*

2. Porta avanti un'attività commerciale negli Stati Uniti o «è coinvolto in un atto commesso negli Stati Uniti in relazione ad un'attività commerciale di uno qualche altro stato straniero; o in un atto compiuto al di fuori del territorio degli Stati Uniti in relazione ad un'*attività commerciale* di uno qualsiasi altro stato straniero che abbia un effetto diretto negli Stati Uniti»[139]; *oppure*

3. «I danni in denaro sono richiesti contro uno stato straniero per lesioni personali o morte, per danni verso la proprietà o per perdita della proprietà, verificatisi negli Stati Uniti e causati *dall'atto illecito* o dall'omissione di quello stato straniero o di qualsiasi funzionario o dipendente di quello Stato estero mentre agisce nell'ambito del proprio ufficio o impiego»[140]; *a meno che*

4. Un reclamo si basi «sull'esercizio o sulla prestazione o sull'incapacità di esercitare o svolgere una *funzione discrezionale* indipendentemente dal fatto che la discrezionalità venga abusata...»[141]; *oppure, a meno che*

5. Un reclamo nasca da una «persecuzione dolosa, da un abuso di processo, da diffamazione, da calunnia, da *dichiarazione ingannevole*, da inganno o interferenza con i diritti contrattuali»[142].

Pertanto, oltre ad una rinuncia volontaria, ci sono due eccezioni FSIA che consentono la formulazione di azioni legali contro i sovrani stranieri nei tribunali statunitensi - «attività commerciale» e «atti illeciti» - e due difese a queste eccezioni - «funzione discrezionale» e «derivante da false dichiarazioni» - che negano la giurisdizione in materia di sovranità straniera. Le due eccezioni FSIA, ossia per attività commerciale ed atti illeciti, non si escludono a vicenda[143]. L'eccezione per

---

[138] 28 United States Code, sez. 1605(a)(1) (corsivo aggiunto dall'autore) https://codes.findlaw.com/us/title-28-judiciary-and-judicial-procedure/28-usc-sect-1605.html – ultimo accesso verificato: 11 novembre 2021].

[139] 28 United States Code, sez. 1605(a)(2) (corsivo e sottolineature aggiunti dall'autore).

[140] 28 United States Code, sez. 1605(a)(5) (corsivo e sottolineature aggiunti dall'autore).

[141] 28 United States Code, sez. 1605(a)(5)(A) (corsivo e sottolineature aggiunti dall'autore).

[142] 28 United States Code, sez. 1605 (a)(5)(B) (corsivo e sottolineature aggiunti dall'autore).

[143] *Doe v. Holy See*, *1094 (Corte d'appello degli Stati Uniti, Nono circuito, 2009) [DOE v. SEE | 557 F.3d 1066 (2009) | 20090303099 | Leagle.com – ultimo accesso verificato: 11 novembre 2021; opinione contraria di Berzon J.]: «Nulla nella FSIA suggerisce che l'eccezione per l'attività commerciale e l'eccezione per l'atto illecito si escludano a vicenda e che non possano essere applicate alla medesima condotta».

atti illeciti riguarda gli illeciti commessi dallo stesso sovrano straniero o dai suoi agenti e dipendenti[144].

La questione cruciale, in due precedenti cause intentate contro la Santa Sede per comportamento sessuale scorretto del clero nell'ambito dell'eccezione per atti illeciti della FSIA, dipendeva dal fatto che i vescovi o i preti cattolici operanti negli Stati Uniti venissero considerati come «dipendenti» della Santa Sede[145]. La corte distrettuale nella causa *Doe contro Santa Sede* ha stabilito che la determinazione per cui un religioso, accusato di cattiva condotta sessuale, sia considerato o no un dipendente della Santa Sede è una materia disciplinata dal diritto statale:

> Nello Stato dell'Oregon, un rapporto di lavoro si basa sul diritto di una parte di controllare le attività dell'altra. Una persona è un dipendente se il principale dirige non soltanto il risultato finale, ma controlla anche il modo in cui il dipendente svolge il proprio lavoro. I fattori principali per determinare se esista un diritto al controllo sono: (1) evidenza diretta del diritto o dell'esercizio del controllo; (2) il metodo di pagamento; (3) la fornitura di attrezzature; e (4) il diritto di licenziare[146].

La legge sull'occupazione dello Stato dell'Oregon, per quanto riguarda lo status dei dipendenti, segue precisamente la *Restatement of the Law of Agency (Third)*, un modello di codice ed una guida che i legislatori statali e federali devono seguire

---

144 28 United States Code, sez. 1605(a)(5)(A) https://codes.findlaw.com/us/title-28-judiciary-and-judicial-procedure/28-usc-sect-1605.html – ultimo accesso verificato: 11 novembre 2021].

145 *O'Bryan v. Holy See*, 556 F. 3d, *361 (Corte d'appello degli Stati Uniti, Sesto Circolo 2009) https://www.leagle.com/decision/20071255471fsupp2d78411189 – ultimo accesso verificato: 11 novembre 2021] e *Doe v. Holy See*, 557 F. 3d, *1066 (Corte d'appello degli Stati Uniti, Nono Circolo 2009) https://www.leagle.com/decision/infco20090303099 – ultimo accesso verificato: 11 novembre 2021]. Entrambe le decisioni stabilivano che, in base ad una disposizione della legge sulle immunità dei sovrani stranieri, la Santa sede poteva essere responsabile per le lesioni personali derivate dagli abusi sessuali da parte del clero, se fosse stato stabilito che i sacerdoti oppure i vescovi dovevano essere considerati come suoi dipendenti diretti ed effettivi. Ad oggi, nessun tribunale ha ritenuto di dover sancire l'esistenza di un tale rapporto di lavoro fra i sacerdoti o i vescovi degli Stati uniti e la Santa sede.

146 *John V. Doe v. Holy See, et al.*, Caso n. CV 02-430-MO, richieste d'impiego, 3/5 (Corte distrettuale degli Stati Uniti per il distretto dello Stato dell'Oregon, divisione della città di Portland) (https://www.leagle.com/decision/infdco20110422a46 - citazioni interne omesse; ultimo accesso verificato: 11 novembre 2021).

quando applicano la legge[147]. Sia per il modello di codice, sia per la legge dello Stato dell'Oregon, il primo e principale fattore nel determinare se una persona possa considerarsi un dipendente (rispetto ad un appaltatore indipendente o ad un franchising, per il quale un datore di lavoro non è responsabile indirettamente) è il grado di controllo che il locatario esercita sul lavoro dell'assunto. Maggiore è il grado di controllo sui dettagli e sul lavoro quotidiano che il datore di lavoro mantiene, più è probabile che esista un rapporto di lavoro o di dipendenza[148].

Nella causa *Doe contro Santa Sede*, i querelanti hanno affermato che la Santa Sede era (1) responsabile in via indiretta per la cattiva condotta sessuale del suo impiegato, un prete omosessuale, padre Ronan, e (2) indirettamente responsabile per le azioni dei suoi organi, l'arcidiocesi di Portland, il vescovo cattolico di Chicago e l'ordine religioso di Ronan e (3), inoltre, responsabile per la sua propria negligente supervisione del proprio dipendente, ossia padre Ronan, nonché (4) per aver taciuto delle sue pericolose inclinazioni[149]. La Santa Sede ha deciso di respingere la denuncia nella sua interezza per mancanza di giurisdizione in materia, sostenendo che era presumibilmente immune ai sensi della FSIA e stante che nessuna delle eccezioni di FSIA poteva essere applicata al caso[150]. Il tribunale distrettuale ha ritenuto che l'eccezione di attività commerciale della FSIA non si applicasse, perché

---

[147] *L'American Law Institute*, Riaffermazione (terza) dell'agenzia, sez. 7.07(3) (2006), elenca soltanto l'azione del controllo come fattore determinante per affermare un rapporto di lavoro: «Ai fini della presente sezione, (a) un dipendente è un agente il cui principale controlla o ha il diritto di controllare le modalità ed i mezzi delle prestazioni di lavoro dell'agente [...]». D'altra parte, la Riaffermazione (seconda) dell'agenzia sez. 220(2) (1957) elenca dieci fattori utilizzati per determinare se un agente possa considerarsi come un servitore. Questi fattori sono: (1) l'estensione del controllo che, previo accordo, il principale può esercitare sui dettagli dell'opera; (2) se il lavoratore è impegnato o meno in un'occupazione o in un'attività distinta; (3) il tipo di occupazione, con riferimento al fatto che, nella località, il lavoro sia solitamente svolto sotto la direzione del datore di lavoro oppure da uno specialista senza supervisione; (4) l'abilità richiesta nella particolare occupazione; (5) se il datore di lavoro o il lavoratore fornisce gli strumenti e il luogo di lavoro per la persona che svolge l'attività oggetto di indagine; (6) il periodo di tempo per il quale la persona risulta impiegata; (7) il metodo di pagamento, a tempo o a cottimo; (8) se il lavoro fa parte o meno delle normali attività del datore di lavoro; (9) indipendentemente dal fatto che le parti credano o meno di creare una relazione tra padrone e servitore; e (10) se il principale è o non è in attività. Si veda anche, per un'analisi dettagliata di ciascuno di questi fattori in relazione allo stato di vescovi e sacerdoti: J. W. Neu, *Workers of God: The Holy See's Liability for Clerical Sexual Abuse,* pp. 1523–1527.

[148] Ibid.

[149] *Doe v. Holy See*, 557 F.3d *1066, *1069 (Corte d'appello degli Stati Uniti, Nono circuito, 2009)) https://www.leagle.com/decision/infco20090303099 – ultimo accesso verificato: 11 novembre 2021].

[150] Ibid., *1071.

la denuncia si riferiva chiaramente ad un illecito civile e, quindi, ha respinto la richiesta di frode del querelante[151]. Tuttavia, il tribunale distrettuale ha invece ritenuto che si applicasse l'eccezione della FSIA per atto illecito e che, pertanto, il tribunale aveva giurisdizione sulla Santa Sede per le richieste di risarcimento del querelante[152].

La Santa Sede ha impugnato la decisione del tribunale distrettuale di applicare l'eccezione FSIA per atto illecito. La Corte d'Appello del Nono Circuito non ha espresso alcuna opinione in merito alla decisione del tribunale distrettuale, secondo cui l'eccezione relativa all'attività commerciale della FSIA fosse inapplicabile[153]. Il tribunale ha, inoltre, respinto le richieste del querelante per negligente mantenimento, controllo e mancato avvertimento[154] perché le azioni o le omissioni della Santa Sede non erano governate dalla sua politica interna o estera, ma erano lasciate completamente alla discrezione del sovrano che avrebbe potuto, forse, aver agito per ragioni politiche:

> l'incapacità della Santa Sede di presentare alcuna prova che le sue azioni fossero effettivamente basate su considerazioni politiche non è rilevante per l'applicazione dell'eccezione di funzione discrezionale. La decisione di uno stato straniero "non deve essere effettivamente basata su considerazioni politiche dato che è, per sua natura, suscettibile ad un'analisi politica. Un'analisi politica è quella che concretizza giudizi politici, sociali ed economici (citazioni

---

[151] Ibid.; Tuttavia, il giudice Berzon (in parte dissenziente) ha sostenuto che, poiché i querelanti sostenevano che la Santa sede aveva impiegato Rohan non come diplomatico oppure come funzionario ma, invece, per svolgere lavori religiosi, questa si era impegnata in attività commerciali nel territorio degli Stati Uniti e, perciò, il tribunale aveva effettivamente giurisdizione in materia sulla Santa sede, in base all'eccezione per attività commerciale della FSIA (Berzon, Giudice itinerante, opinione parzialmente contraria alla sezione n. 1089). Il giudice Fernandez, nella sua opinione concordante, ha invece fatto eccezione alla caratterizzazione di Berzon del ministero religioso della chiesa come un'attività commerciale, affermando: «Mentre riconosco che la sua opinione non può costituire un precedente, allo stesso modo in cui nemmeno la mia risposta può farlo, sono restìo a lasciare questa sua disquisizione in piedi da sola. Quindi, non posso (o almeno non voglio) trattenermi dall'offrire la mia opinione sulla proposizione piuttosto ossimorica che le funzioni della chiesa debbano considerarsi come commerciali» (Fernandez, Giudice itinerante, opinione concorde alla sezione n. 1086).

[152] *Doe v. Holy See*, 557 F.3d *1071 (Corte d'appello degli Stati Uniti, Nono circuito, 2009)) https://www.leagle.com/decision/infco20090303099 – ultimo accesso verificato: 11 novembre 2021].

[153] Ibid., *1085.

[154] Ibid.

interne e virgolette omesse)". Nel caso del presunto abuso di padre Ronan, la Santa Sede avrebbe potuto decidere di trattenerlo e di non avvertire i suoi parrocchiani perché, riteneva che fare diversamente avrebbe danneggiato la reputazione della Chiesa a livello locale, o che la stabilità pastorale fosse sufficientemente importante per il benessere dei parrocchiani, o che i bassi tassi di ordinazione o la carenza di personale rendevano necessario mantenere Ronan. Il fatto che tali considerazioni sociali, economiche o politiche possano aver influenzato la decisione configura quest'ultima come il tipo di giudizio che l'eccezione della funzione discrezionale è indirizzata a proteggere[155].

Lo scopo che il Congresso intendeva perseguire con la promulgazione della FSIA era quello di garantire che i sovrani stranieri ed i loro agenti ricevessero, nei tribunali degli Stati Uniti, lo stesso trattamento che dovrebbero ricevere i funzionari statunitensi mentre operano in un paese straniero[156]. Poiché la FSIA non definisce la "funzione discrezionale", la corte si è rivolta alla giurisprudenza ed ha applicato un duplice test: «La prima indagine è se l'azione impugnata abbia coinvolto un elemento di scelta o giudizio [... e non quando] la politica prescrive specificamente una linea di condotta da seguire per un dipendente [...] La seconda domanda è se tale scelta o giudizio sia del tipo che il Congresso intenda ad escludere dalla responsabilità [...]»[157].

Poiché il querelante non ha affermato fatti sufficienti per stabilire l'operato, la corte ha respinto la richiesta del querelante del *respondeat superior secondo* cui l'arcidiocesi di Portland, il vescovo cattolico di Chicago e l'ordine religioso di Ronan dovevano considerarsi come strumenti nelle mani della Santa sede: «da denuncia di Doe non asseriva "il coinvolgimento quotidiano, di routine, della Santa Sede negli affari dell'Arcidiocesi [...]" e, quindi, era "insufficiente per superare la presunzione

---

[155] Ibid.

[156] *O'Bryan   v.   Holy   See*,   *749   https://www.leagle.com/decision/ 20071255471fsupp2d78411189 – ultimo accesso verificato: 11 novembre 2021). Si veda anche: S. Yee, *The Discretionary Exception in the Foreign Sovereign Immunities Act: When in America Do the Romans Do as the Romans Wish?*, «Columbia Law Review», Vol. 93, n. 744, 1993, p. 752 (https://www.jstor.org/stable/pdf/1123115.pdf?refreqid=excelsior%3A6a4325cbfda4f3d7 ff48cba4264d066a – ultimo accesso verificato: 11 novembre 2021).

[157] *O'Bryan   v.   Holy   See*,   *749   https://www.leagle.com/decision/ 20071255471fsupp2d78411189 – ultimo accesso verificato: 11 novembre 2021; omissione delle citazioni interne).

di uno status giuridico separato"»[158]. Tuttavia, la corte ha ritenuto che i querelanti avessero sufficientemente dimostrato che Ronan fosse un dipendente della Santa Sede, tanto da consentire alla corte di affermare la propria giurisdizione in materia, nell'ambito dell'eccezione FSIA per atto illecito verso la Santa sede, anche se avevano semplicemente affermato che Ronan era un dipendente della Santa Sede[159] e che aveva agito nell'ambito del suo impiego[160]. La corte d'appello, infatti, ritenne che, per quel che riguarda la "avviso di supplica" (*notice pleading*), questo era più che sufficiente. «Anche se non accettiamo le conclusioni legali di Doe come vere, non ci impegniamo in una lettura iper-tecnica del reclamo in disaccordo con lo standard generoso della richiesta d'appello (citazioni interne e virgolette omesse)»[161]. I querelanti hanno anche affermato che, poiché Ronan aveva «adescato» la sua vittima nel corso del ministero ecclesiastico, utilizzando l'autorità del suo ufficio per conquistare la fiducia del giovane, i successivi atti di cattiva condotta sessuale sono stati commessi nell'ambito del suo impiego: «Un atto illecito intenzionale rientra nell'ambito del rapporto di lavoro e può sostenere il principio del *respondeat superior* per il datore di lavoro, qualora la condotta che rientrava nell'ambito dell'impiego avesse rappresentato un necessario presupposto dell'illecito intenzionale e quest'ultimo fosse stato una conseguenza diretta della condotta che rientrava nell'ambito dell'occupazione (citazioni interne e virgolette omesse)»[162].

Il caso venne rinviato al tribunale distrettuale per determinare se Ronan, un prete cattolico, potesse essere considerato un impiegato della Santa Sede. Il tribunale distrettuale stabilì che i preti cattolici non potevano considerarsi come dipendenti della Santa Sede più di quanto gli avvocati potessero considerarsi dipendenti dell'organo amministrativo statale che è responsabile di supervisionare la pratica della legge in quello specifico Stato. Anche se ogni Stato autorizza coloro che ritiene qualificati per esercitare la legge, e può sanzionare o escludere coloro che ritiene non idonei, gli avvocati semplicemente non sono dipendenti statali. Come mai? Perché l'organo amministrativo dello Stato, responsabile della supervisione dell'esercizio della legge, non esercita il controllo quotidiano sui membri dell'ordine

---

[158] Ibid., *1076.

[159] Ibid., *1081-1082.

[160] Ibid., *1083.

[161] Ibid., *1081 [citazione di: *Mendoza v. Zirkle Fruit Company*, 301 F.3d *1163 (Corte d'appello degli Stati Uniti, Nono circuito, 2002); https://www.leagle.com/decision/20021464301f3d116311336 – ultimo accesso verificato: 11 novembre 2021].

[162] Ibid., *1083 [(citazione di: *Fearing v. Bucher*, 977 P.2d *1163 (Corte suprema dello Stato dell'Oregon, 1999); https://www.leagle.com/decision/19992140977p2d116312124 – ultimo accesso verificato: 11 novembre 2021].

degli avvocati. Applicando questa analogia argomentativa ai fatti appena menzionati, la Corte distrettuale ha esonerato la Santa Sede dalla causa[163].

Nel caso O'Bryan ed altri contro Santa Sede, i querelanti hanno intentato una *class action*[164] asserendo che vari preti cattolici, dal 1920 agli anni Settanta avevano, in tempi e luoghi diversi negli Stati Uniti, li avevano coinvolti in atti di cattiva condotta sessuale[165]. Lamentavano che i sacerdoti che avevano abusato sessualmente di loro, dovevano considerarsi come dipendenti della Santa Sede e che agirono nell'ambito del loro impiego[166]. Inoltre, affermano che la Santa Sede, nel marzo del 1962, aveva fatto circolare un memorandum confidenziale, che richiedeva che tutte le accuse di abusi sessuali infantili fossero segnalate al vescovo della diocesi, dal quale risultava che tali illeciti vennero «tenuti sotto un manto di assoluta segretezza, anche se tale segretezza ha violato il diritto statale, federale o internazionale»[167]. La Santa Sede ha deciso di respingere integralmente il ricorso dei querelanti[168] per mancanza di

---

[163] Si veda: C. Fogarty, *Judge: Vatican is not 'Employer of Abusive Priest'*, «NPR News», 20 agosto 2012 (https://www.npr.org/templates/story/story.php?storyId=159421526 – ultimo accesso verificato: 11 novembre 2021); Inoltre si veda anche: J. W. Neu, *Workers of God: The Holy See's Liability for Clerical Sexual Abuse*, pp. 1523–1524. Si noti inoltre che la Chiesa cattolica sostiene il principio di sussidiarietà, il quale vieta ad un ordine di autorità superiore di usurpare le funzioni di un ordine inferiore. La Santa Sede, ossia il pontefice e la sua curia, non attuano delle micro-gestioni dei vescovi (come chiarisce la sentenza della causa *O'Bryan v. Holy See*), figuriamoci dei sacerdoti. Si veda: Concilio pontificio per la giustizia e la pace, *Compendium of the Social Doctrine of the Church*, «vatican.va», 2004, par. 186 (http://www.vatican.va/roman_curia/pontifical_councils/justpeace/documents/rc_pc_jus tpeace_doc_20060526_compendio-dott-soc_en.html – ultimo accesso verificato: 11 novembre 2021).

[164] Nella causa *O'Bryan v. Holy See*, tre soggetti rappresentavano due categorie di vittime di molestie sessuali da parte del clero. James O'Bryan e Donald Pope hanno agito in quanto rappresentanti delle vittime di Classe I, ossia di tutti coloro che non avevano ancora intentato causa per cattiva condotta sessuale del clero contro un presunto agente della Santa sede. Michael Turner, invece, rappresentava le vittime di Classe II, ossia quelle vittime della cattiva condotta sessuale del clero che avevano già citato in giudizio un presunto agente della Santa sede (*O'Bryan v. Holy See*, *370; https://www.leagle.com/decision/20071255471fsupp2d78411189 – ultimo accesso verificato: 11 novembre 2021).

[165] *O'Bryan v. Holy See*, 556 F.3d *361, *371 (Corte d'appello degli Stati Uniti, sesto circuito, 2009) https://www.casemine.com/judgement/us/5914683eadd7b049342c134e – ultimo accesso verificato: 11 novembre 2021].

[166] Ibid.

[167] Ibid., *370.

[168] Ibid., *370. I querelanti, inoltre, accusarono i convenuti di presunte violazioni del diritto internazionale sui diritti umani, di negligenza, di violazione del dovere fiduciario, di oltraggio/inflizione intenzionale di disagio emotivo, di inganno e dichiarazione ingannevole ed, infine, di decreto ingiuntivo.

giurisdizione in materia, ossia ai sensi della FSIA[169]. Il tribunale distrettuale ritenne che la Santa Sede dovesse essere considerata di fatto uno «stato straniero»[170] (e, perciò, immune ai sensi della FSIA) e che l'eccezione relativa all'attività commerciale non poteva essere applicata; di conseguenza, quindi, respinse le richieste dei querelanti per false dichiarazioni e inganno[171]. Tuttavia, la corte aveva anche ritenuto che i querelanti avessero addotto fatti sufficienti per presentare alcune delle loro rivendicazioni nell'ambito dell'eccezione sull'atto illecito[172]. La Santa Sede impugnò tale decisione.

In appello, le pretese dei querelanti, fondate sull'eccezione dell'attività commerciale dovuta all'inganno della «promulgazione della presunta Politica della Santa Sede del 1962», sono state respinte poiché vennero interpretate come un semplice *escamotage* semantico finalizzato ad oscurarne la loro dipendenza da questioni relative ad attività illecite piuttosto che commerciali[173]. La corte d'appello ha confermato la sentenza della corte distrettuale secondo cui la Santa Sede doveva considerarsi uno «Stato straniero»[174]. Ha respinto tutte le pretese secondo cui la Santa Sede dovesse essere considerata come direttamente responsabile per la negligente supervisione del suo clero cattolico negli Stati Uniti e per qualsiasi violazione del diritto consuetudinario internazionale nella promulgazione della nota confidenziale del 1962, perché entrambi gli atti sarebbero avvenuti all'estero, ossia a Roma, contrariamente al requisito di eccezione dell'atto illecito della FSIA (secondo cui, tali atti devono necessariamente verificarsi negli Stati Uniti)[175]. La corte d'appello ha, inoltre, respinto tutte le affermazioni secondo cui la Santa Sede doveva ritenersi responsabile, in via indiretta, per la cattiva condotta sessuale del clero cattolico (perché era tenuta a seguire l'esempio di una precedente deliberazione della Corte Suprema del Kentucky, per cui gli atti sessuali di cattiva condotta sessuale del clero, semplicemente, devono considerarsi al di fuori dell'ambito dell'impiego di un sacerdote: «l'atto illecito, in deroga alla concessione dell'immunità della FSIA, non può essere applicato per consentire l'azione contro la Santa Sede per abuso sessuale da parte del suo clero, anche se sono soddisfatti gli altri requisiti per la sua applicazione»[176].

---

[169] Ibid. *369.

[170] Ibid., *371.

[171] Ibid.

[172] Ibid., *377-378.

[173] Ibid., *380.

[174] Ibid., *372.

[175] Ibid., *385.

[176] Ibid., *385 (omissione delle citazioni interne).

La corte d'appello, tuttavia, ha ritenuto che la Santa sede non fosse del tutto immune dalle azioni legali, perché i querelanti avevano sufficientemente addotto fatti che, presi per veri, avrebbero indicato che i vescovi cattolici negli Stati Uniti dovevano considerarsi come dei dipendenti della Santa Sede. Pertanto, le pretese dei querelanti secondo cui la Santa Sede avrebbe violato il suo dovere fiduciario ed avrebbe supervisionato negligentemente i vescovi cattolici negli Stati Uniti rientravano nell'eccezione degli atti illeciti, fino a prova contraria[177]. Avendo perorato sufficientemente la supervisione negligente della Santa Sede sui vescovi cattolici, l'onere di dimostrare il contrario e di non essere riuscita ad assolvere il cosiddetto "onere della prova", si spostò, poi, sulla Santa Sede:

> Concludiamo che il tribunale distrettuale ha applicato correttamente il processo di spostamento procedurale dell'onere FSIA. In primo luogo, ha stabilito che la Santa Sede era uno Stato straniero e, quindi, ammissibile all'immunità dall'azione legale, ai sensi della FSIA. Dopo aver fatto ciò, ha considerato le accuse contenute nella denuncia dei querelanti, secondo cui si applicavano una serie di eccezioni all'immunità FSIA ed ha concluso che l'eccezione dell'atto illecito, di fatto, poteva applicarsi. Come ha giustamente notato il tribunale distrettuale, la Santa Sede avrebbe potuto ancora conservare l'immunità se fosse stata in grado di dimostrare che le eccezioni non potevano essere applicate. Tale prova, presumibilmente, equivarrebbe ad un "attacco fattuale" ai sensi della Regola federale 12(b)(1). Laddove vi sia un attacco, di fatto, all'oggetto della giurisdizione addotto nella denuncia, non si applica alcuna presunta veridicità alle accuse[178].

La questione cruciale che doveva essere determinata dal tribunale distrettuale era se i vescovi dovessero considerarsi, non presumibilmente per i motivi della denuncia bensì nella realtà, come dipendenti della Santa sede; tale questione, secondo la legge del Kentucky, sarebbe stata determinata dal grado di controllo che la Santa Sede esercitava (ed esercita) su di essi[179]. Inoltre, la responsabilità indiretta della Santa sede per la presunta negligenza dei vescovi cattolici negli Stati Uniti non è stata esclusa dall'attività discrezionale della difesa, perché gli atti di negligenza dei vescovi si sono verificati non all'estero bensì negli Stati Uniti e sarebbero stati

---

[177] Ibid., *386.
[178] Ibid., *376-377 (omissione delle citazioni interne).
[179] Ibid., *386.

richiesti in base alla politica del1962 (secondo cui veniva ordinato loro di mantenere segreti i rapporti di cattiva condotta sessuale del clero contro i minori anche se ciò avrebbe violato il diritto consuetudinario statale, federale o internazionale)[180]. La corte d'appello aveva stabilito che, in attesa di giudizio, la Santa Sede avrebbe potuto essere ritenuta come responsabile per procura delle omissioni dei suoi vescovi-dipendenti che, agendo in conformità con la politica del 1962, non hanno potuto avvisare il pubblico delle identità e delle propensioni dei sacerdoti noti che avevano commesso atti di cattiva condotta sessuale ed hanno, quindi, esposto a comportamenti sessuali scorretti del clero le persone vulnerabili che, altrimenti, avrebbero potuto prendere delle precauzioni e mantenersi lontani dal pericolo[181].

Subito dopo la custodia cautelare nel 2010, i querelanti hanno ritirato la loro causa «di fronte alla mozione pendente della Santa Sede per l'archiviazione», ha affermato Jeffrey Lena, consulente legale per la Santa sede[182]. L'avvocato dei querelanti ha fornito due ragioni per il rigetto volontario della causa: si è lamentato del fatto che l'immunità sovrana, ai sensi della legge americana, fissava l'asticella troppo in alto. Inoltre, in pratica, ha affermato, di aver bisogno di più querelanti per andare avanti o sarebbe stato «improbabile che qualsiasi transazione (o verdetto) sarebbe stata sufficiente per compensare i costi del contenzioso, anche nel caso in cui la causa fosse stata vinta»[183].

2. Immunità dei capi di Stato: una difesa politica.

Il capo di stato della Santa sede è il pontefice insieme alla Curia romana[184]. Un'ultima difesa che la Santa sede potrebbe richiedere, nei casi di cattiva condotta

---

[180] Ibid., *387.

[181] Ibid., *388. La Corte, inoltre, ha ritenuto che «in questa fase del contenzioso le pretese dei querelanti di violazione del diritto consuetudinario internazionale dei diritti umani, di negligenza e di violazione del dovere fiduciario non dovrebbero essere respinte per l'insorgere di [...] travisamento o inganno» (Ibid., *388).

[182] Si veda: *United States Court of Appeals Dismisses Lawsuit Against Vatican*, «Independent Catholic News», 7 agosto 2013 (https://www.indcatholicnews.com/news/23090 - ultimo accesso verificato: 11 novembre 2021).

[183] Si veda: J. L. Allen, Jr., *Plaintiffs Drop Lawsuit Against Vatican*, «National Catholic Reporter», 10 agosto 2010 (https://www.ncronline.org/news/accountability/plaintiffs-drop-lawsuit-against-vatican - ultimo accesso verificato: 11 novembre 2021).

[184] Per chiarimenti in merito alla relazione fra la Santa sede, lo Stato della Città del Vaticano e la Chiesa cattolica, si veda: J.-L. Tauran (arcivescovo), *The Presence of the Holy See in the International Organizations*, «Vatican.va», 22 aprile 2002 (http://www.vatican.va/roman_curia/secretariat_state/documents/rc_seg-st_doc_20020422_tauran_en.html - ultimo accesso verificato: 11 novembre 2021); Si veda anche: 28 United States Code, sez.

sessuale del clero, è l'immunità in qualità di capo di Stato. La FSIA omette ogni considerazione sulla peculiare immunità di un capo di Stato straniero. Tuttavia, il Settimo Circuito ha ritenuto che, bene o male, la FSIA non si applichi ai capi di Stato[185]. Determinare di isolare le malefatte di un capo di Stato con una concessione personale di immunità sovrana rappresenta una decisione riservata «alle decisioni dei rami politici del governo, in particolare quelle del ramo esecutivo»[186].

La Corte Suprema ha riconosciuto l'immunità dei sovrani stranieri dalle cause intentate nei tribunali degli Stati Uniti quasi duecento anni fa. Nella causa *Schooner Exchange contro McFaddon* [Codice degli Stati uniti 11, (7 Cranch) 116, 3 L. Ed. 287 (1812)], il presidente della Corte suprema Marshall sostenne che sebbene "la giurisdizione degli Stati Uniti su persone e proprietà all'interno del suo territorio 'non sia suscettibile di limitazione non imposta da sé' [...] per cortesia, i membri della comunità internazionale avevano implicitamente accettato di rinunciare all'esercizio della giurisdizione su altri sovrani in determinate classi di casi, come quelli che coinvolgono i ministri degli esteri o la persona del sovrano". [...] A seguito di McFaddon, ci si aspettava che i tribunali "deferissero alle decisioni dei rami politici, in particolare a quelli del ramo esecutivo, la decisione dell'assunzione di giurisdizione su azioni contro i sovrani stranieri e i loro enti. [...] La FSIA, tuttavia, non affronta l'immunità dei capi di Stato stranieri. La FSIA si riferisce agli Stati stranieri e non ai loro leader. La FSIA definisce uno Stato straniero per definire anche i concetti di divisione, agenzia o strumenti politici stranieri, ma non fa menzione dei capi di Stato [Codice degli Stati uniti 28, §1603(a)]. Poiché la FSIA non si applica ai capi di Stato, la decisione relativa all'immunità dei capi di Stato stranieri rimane di competenza del punto in cui era prima del 1976, ossia del ramo esecutivo»[187].

1605(a)(1) https://codes.findlaw.com/us/title-28-judiciary-and-judicial-procedure/28-usc-sect-1605.html – ultimo accesso verificato: 11 novembre 2021].

[185] *Ye v. Zemin*, 38 F.3d *620, *625 (Corte d'appello degli Stati Uniti, settimo circolo, 2004) [https://www.leagle.com/decision/20041003383f3d6201939 – ultimo accesso verificato: 11 novembre 2021].

[186] Ibid.

[187] Ibid.; 28 United States Code, sez. 1603(a) [https://codes.findlaw.com/us/title-28-judiciary-and-judicial-procedure/28-usc-sect-1605.html – ultimo accesso verificato: 11 novembre 2021].

Portare in tribunale o tenere indenne un capo di Stato straniero, sia esso Daniel Noriega o il pontefice insieme alla propria curia[188], per atti illeciti o criminali che esso stesso o i suoi agenti potrebbero aver commesso è, in definitiva, un questione politica riservata al potere del ramo esecutiva dello Stato per una questione di cortesia internazionale[189].

3. Immunità sovrana: una difesa contro una teoria non verificata della responsabilità (Responsabilità di comando).

Come notato, ci sono molte difficoltà a ledere l'immunità sovrana della Santa Sede nel tentativo di dimostrare sia l'esistenza di un rapporto di lavoro tra la Santa Sede e i vescovi, i sacerdoti o i religiosi cattolici, sia che esista una legge, o una politica, ecclesiastica in atto che il pontefice sia tenuto a seguire - così da superare la difesa della funzione discrezionale della FSIA. In risposta, i querelanti hanno rimodellato la dottrina del diritto penale internazionale della «Responsabilità del comando militare»[190] come una teoria della responsabilità per gli illeciti civili nella

---

[188] La Santa sede consiste nel pontefice e nella sua curia, un sovrano non territoriale con personalità giuridica internazionale (si veda la nota n. 140). Gli Stati Uniti riconoscono la Santa sede come uno Stato sovrano (si vedano le note nn. 144, 145) del quale il pontefice è il capo. Infine, il pontefice è anche il capo dello Stato della Città del Vaticano. Sembra inevitabile che il pontefice debba essere considerato come un capo di Stato. Se l'immunità del capo di Stato si estenderà anche ai membri della curia del pontefice sembra, tuttavia, meno sicuro.

[189] *United States v. Noriega*, 117 F.3d *1212 (Corte d'appello degli Stati Uniti, undicesimo circolo, 1997) [https://www.leagle.com/decision/infdco20210601873 – ultimo accesso verificato: 11 novembre 2021]. «Poiché la FSIA non riguarda né l'immunità dei capi di Stato, né l'immunità della sovranità straniera nel contesto penale, l'immunità dei capi di Stato potrebbe applicarsi in casi, come questo, soltanto ai sensi dei princìpi e delle procedure delineati in [McFaddon] e nella sua progenie. Di conseguenza, questo tribunale deve rivolgersi al ramo esecutivo per ricevere indicazioni sulla correttezza della richiesta di immunità da parte di Noriega. Si veda anche: B. Piatt, *If The Pope Is Infallible Why Does He Need Lawyers*, «Capital University Law Review», Vol. 43, n. 3, 2015, pp. 555, 576 (https://commons.stmarytx.edu/facarticles/228/ – ultimo accesso verificato: 11 novembre 2021).

[190] Security Council of the United Nations, *Statute of the International Criminal Tribunal for the Former Yugoslavia*, art. 7(1) (settembre 2009) [https://www.icty.org/x/file/ Legal%20Library/Statute/statute_sept09_en.pdf – ultimo accesso verificato: 11 novembre 2021]. Si veda anche: Advisory Service on International Humanitarian Law, *Command Responsibility*

and Failure to Act: Factsheet, «International Committee of the Red Cross» (https://www.icrc.org/en/document/command-responsibility-and-failure-act-factsheet - ultimo accesso verificato: 11 novembre 2021).

causa *Lennon contro Conferenza dei vescovi cattolici degli Stati Uniti e Santa Sede* al fine di far passare gli imputati come responsabili per la cattiva condotta sessuale dei preti e dei vescovi cattolici negli Stati Uniti[191].

La dottrina della responsabilità del comando militare considera i comandanti militari come responsabili dei crimini di guerra che si verificano nella loro catena di comando, indipendentemente dal fatto che abbiano ordinato o tollerato tali crimini o addirittura che ne fossero effettivamente a conoscenza[192]. Un tribunale può ritenere un comandante/superiore responsabile di una violazione attiva della responsabilità di comando quando abbia «pianificato, istigato, ordinato, si sia impegnato o abbia altrimenti aiutato e favorito nella pianificazione, preparazione o esecuzione di un crimine»[193]. Secondo le linee guida della Corte Penale Internazionale (ICC), gli elementi essenziali di una responsabilità di comando passivo per il mancato intervento sono tre:

1. L'esistenza di un rapporto di subordinazione;
2. Il superiore doveva sapere o avere motivo di sapere che l'atto criminale stava per essere o era stato commesso; e
3. Il superiore non ha preso le misure necessarie e ragionevoli per prevenire l'atto criminale o per punire l'autore dello stesso[194].

La Corte Suprema ha riconosciuto la dottrina della responsabilità del comando militare poco dopo la Seconda guerra mondiale, quando ha esaminato una petizione di *habeas corpus* da parte di un generale militare giapponese[195] che è stato frettolosamente condannato per crimini di guerra a seguito della sua resa. La corte

---

[191] *Lennon, et al. v. United States Conference of Catholic Bishops and Holy See*, *71–72 (https://bloximages.chicago2.vip.townnews.com/tribdem.com/content/tncms/assets/v3/editorial/5/47/547fa2d4-e7b5-11e8-8accaba3ca0fa959/5beb8928f2054.pdf.pdf - Ultimo accesso verificato: 11 novembre 2021).

[192] J. W. Neu, *Workers of God: The Holy See's Liability for Clerical Sexual Abuse,* pp. 1507, 1536–1541.

[193] J. W. Neu, *Workers of God: The Holy See's Liability for Clerical Sexual Abuse,* p. 1536 (citazione di: Security Council of the United Nations, *Statute of the International Criminal Tribunal for the Former Yugoslavia,* art. 7(1) - settembre 2009).

[194] Case Matrix Network, International Criminal Law Guidelines, *Command Responsibility,* 2016 (in riferimento a: 3.1 International Criminal Court Art. 28(a) - https://www.legal-tools.org/doc/7441a2/pdf/ - ultimo accesso verificato: 11 novembre 2021).

[195] J. W. Neu, *Workers of God: The Holy See's Liability for Clerical Sexual Abuse,* p. 1537 (citazione di: *Application of Yamashita,* 327 U.S. *1, *15 (Corte suprema degli Stati Uniti, 1946) [https://caselaw.findlaw.com/us-supreme-court/327/1.html – ultimo accesso verificato: 11 novembre 2021].

ha conccsso la mozione dell'*habeas corpus* perché il generale giapponese non era in grado di controllare le sue disparate truppe nell'arcipelago delle Filippine dopo che l'invasione del generale statunitense MacArthur, nel 1945, provocò la distruzione del suo controllo effettivo e, quindi, anche della responsabilità di comando su di essi[196].

Nel 2006, la responsabilità del comando civile è stata riconosciuta nel caso di alcuni civili salvadoregni che hanno citato in giudizio i ministri della difesa salvadoregni presso la Corte federale degli Stati Uniti, ai sensi dell'*Alien Tort Claims Act* per le lesioni subite quando vennero torturati da personale militare salvadoregno. La decisione della corte distrettuale di condannare i ministri della difesa civile e la condanna da parte della giuria di versare un risarcimento di quasi cinquantacinque milioni di dollari sono state entrambe confermate in appello[197]. Nel 2007, il direttore di una stazione radio di proprietà privata in Ruanda, ossia "un civile", che non aveva personalmente trasmesso il genocidio è stato, tuttavia, condannato per incitamento pubblico e diretto al genocidio nonché per crimini contro l'umanità e, perciò, condannato a trenta anni di reclusione in base alla «dottrina della responsabilità superiore per non aver impedito alle emittenti di

---

[196] «Il 7 dicembre [1945] il firmatario [il generale giapponese] fu dichiarato colpevole dell'accusa e venne condannato all'impiccagione. (citazione interna omessa) Il firmatario è stato accusato di avere "illegittimamente ignorato e di non aver adempiuto al proprio dovere di comandante di controllare le operazioni dei membri del suo comando, consentendo loro di commettere brutali atrocità ed altri gravi crimini". […] Da nessuna parte è stato affermato che il firmatario abbia commesso personalmente alcuna delle atrocità descritte, oppure che abbia ordinato la loro attuazione, oppure che fosse a conoscenza del fatto che i membri sottoposti al suo comando stessero commettendo tali azioni criminali. Le conclusioni della commissione militare confermano questa assenza di accusa personale diretta contro il firmatario […].[Tuttavia] il diritto internazionale non tenta di definire i doveri di un comandante di un esercito sotto costante e schiacciante assalto; né impongono responsabilità in tali circostanze per il mancato rispetto delle normali responsabilità di comando. L'omissione è comprensibile [...]. Nessuno nega che l'inazione o la negligenza possa dar luogo ad una responsabilità di carattere civile oppure penale. Ma è tutt'altra cosa dire che l'incapacità di controllare le truppe, in condizioni di battaglia altamente competitive e disastrose, renda colpevoli di un crimine di guerra in assenza, peraltro, di colpa personale direttamente imputata. Se ci fosse stato qualche elemento attestante la conoscenza delle atrocità o il collegamento diretto con esse, il problema sarebbe stato completamente diverso» [*Application of Yamashita*, 327 U.S. *1, *16, *17, *19 (Corte suprema degli Stati Uniti, 1946); https://caselaw.findlaw.com/us-supreme-court/327/1.html – ultimo accesso verificato: 11 novembre 2021].

[197] J. W. Neu, *Workers of God: The Holy See's Liability for Clerical Sexual Abuse,* p. 1537 (citazione di: *Arce v. Garcia*, 434 F.3d *1254, *1265 (Corte d'appello degli Stati Uniti, undicesimo circolo, 2006) [https://caselaw.findlaw.com/us-11th-circuit/1099549.html – ultimo accesso verificato: 11 novembre 2021].

incitare al genocidio nei loro programmi o di punirle per averlo fatto»[198]. Questo caso ha rappresentato la prima condanna relativa alla dottrina del comando di responsabilità di un civile che operava in un ambiente anch'esso strettamente civile[199].

Ci sono diversi motivi per cui le vittime della cattiva condotta sessuale del clero potrebbero richiedere al tribunale di assumere la dottrina della responsabilità del comando contro la Santa sede (al fine, ovviamente, di ritenerla responsabile per non aver adeguatamente vigilato sulla cattiva condotta sessuale del clero). Il primo è che tanto l'esercito, quanto la Chiesa cattolica possiedono una struttura gerarchica e pongono l'accento sulla dottrina e sulla prassi dell'obbedienza[200]. Il secondo è che la dottrina della responsabilità del comando si fonda sui princìpi del diritto naturale o sulle norme *jus cogens* del diritto internazionale, «dalle quali non è consentita alcuna deroga»[201]. Il terzo motivo è che tale dottrina diminuisce i problemi nel determinare se esista un'eccezione per l'atto illecito o una funzione discrezionale affermativa di difesa ai sensi della FSIA[202]. Il quarto motivo è che tale dottrina fornisce uniformità riguardo alle "questioni di rappresentanza": «Attraverso la responsabilità del comando, l'immunità della Santa sede si rivolge soltanto al controllo e alla conoscenza presunti, non alle diverse giurisdizioni statali ed alle loro leggi di rappresentanza. I querelanti possono presentare ovunque le loro richieste; la Santa Sede deve difendere la propria immunità in un'unica giurisdizione federale»[203]. Infine, la maggior parte delle difficoltà di provare sia un rapporto fra datore di lavoro e dipendente, sia le questioni relative all'ambito dell'impiego (sollevate nelle rivendicazioni di responsabilità indiretta) scompaiono ed evitano l'inchiesta del tribunale in materia di dottrina della chiesa nonché il possibile coinvolgimento del Primo Emendamento nel determinare se un dipendente stesse agendo nell'ambito

---

[198] Y. Ronen, *Superior Responsibility of Civilians for International Crimes Committed in Civilian Settings*, «Vanderbilt Journal of Transnational Law», Vol. 43, n. 2, 2010, pp. 313, 314 (https://papers.ssrn.com/sol3/papers.cfm?abstract_id=1458263 – ultimo accesso verificato: 11 novembre 2021).

[199] Ibid., p. 344.

[200] J. W. Neu, *Workers of God: The Holy See's Liability for Clerical Sexual Abuse*, p. 1538.

[201] Ibid., pp. 1538-1539.

[202] Ibid.

[203] Ibid., pp. 1539-1540. È stato anche suggerito che la responsabilità del comando venga adattata per soddisfare i rapporti diffusi relativi agli stupri inter-militari e alle aggressioni sessuali. Si veda: Lindsay Hoyle, *Command Responsibility: A Legal Obligation to Deter Sexual Violence in the Military*, «Boston College International and Comparative Law Review», Vol. 37, n. 2, art. 5, 2014, p. 353 (https://lawdigitalcommons.bc.edu/cgi/viewcontent.cgi?referer=https://www.google.com/&httpsredir=1&article=1724&context=iclr – ultimo accesso verificato: 11 novembre 2021).

del proprio dovere. Le vere questioni relativamente all'autorità del comando, per quanto riguarda il pontefice, sono duplici: (1) se sapeva o se avrebbe dovuto sapere che i crimini sessuali venivano perpetrati dal suo clero; e (2) se non ha adottato delle misure ragionevoli per prevenire tali atti o per punirne i colpevoli[204].

Esistono standard diversi quando la responsabilità di comando, correttamente applicata in un ambiente militare, viene utilizzata anche in un ambiente civile. L'articolo 28 dello Statuto di Roma della Corte penale internazionale (ICC) distingue i comandanti militari da quelli civili che agiscono effettivamente come comandanti militari. In breve, lo standard di *mens rea* richiesto per i civili che agiscono come comandanti militari (vale a dire, se «sapevano o ignoravano consapevolmente le informazioni che indicavano chiaramente») rappresenta un grado superiore a quello che viene richiesto per i veri comandanti militari (vale a dire, se «sapevano o, a causa delle circostanze del tempo, avrebbero dovuto sapere»)[205].

Nel caso Lennon del 2019, menzionato in precedenza, i querelanti hanno applicato agli imputati (ossia, alla USCCB e alla Santa sede) uno standard errato di autorità del comando. Nella loro denuncia, affermarono che gli imputati, in qualità di autentici comandanti militari, «sapevano o *avrebbero dovuto sapere* di tale condotta illecita e non hanno risposto in modo appropriato o non hanno punito i loro subordinati di fronte ad un dovere positivo»[206]. Invece, i querelanti avevano l'onere di provare che l'USCCB e la Santa Sede, in quanto enti civili che esercitavano qualcosa di analogo alla responsabilità militare, «sapevano, o consapevolmente ignoravano delle informazioni che chiaramente indicavano» un'attività certa di cattiva condotta sessuale del clero. Per dimostrare che un civile si è reso colpevole di una violazione della responsabilità di comando, è necessario dimostrare che esso «ha ignorato consapevolmente le informazioni» e non che semplicemente «avrebbe dovuto essere a conoscenza» di tali informazioni[207].

Oltre a questo, poiché i veri comandanti militari possono imporre sanzioni penali e garantire un controllo effettivo del loro personale militare in tutte le sfere della loro vita e ad ogni ora del giorno, si presume che essi esercitino un controllo effettivo in ogni momento, considerando che «la responsabilità di un superiore

---

[204] J. W. Neu, *Workers of God: The Holy See's Liability for Clerical Sexual Abuse,* p. 1539

[205] Y. Ronen, *Superior Responsibility of Civilians for International Crimes Committed in Civilian Settings,* p. 319 (citazione di: *Rome Statute*, art. 28).

[206] *Lennon, et al. v. United States Conference of Catholic Bishops and Holy See,* *71 (corsivo aggiunto dall'autore).

[207] Y. Ronen, *Superior Responsibility of Civilians for International Crimes Committed in Civilian Settings,* p. 319 (citazione di: *Rome Statute*, art. 28).

civile è espressamente limitata ai reati che sono correlati alle attività di sua effettiva responsabilità e controllo»[208]. Pertanto, i querelanti di Lennon dovranno risolvere la questione relativa al fatto se la disciplina e l'autorità della Chiesa debbano considerarsi corrispondenti a ciò che i manuali militari definiscono come «controllo efficace»[209].

Questo problema è stato preso in considerazione nel 2011, quando la rete dei sopravvissuti agli abusi clericali (*Survivors Network of those Abused by Priests*: SNAP) ha chiesto all'Ufficio del Procuratore della Corte penale internazionale (ICC) di avviare un'indagine su papa Benedetto XVI ed altri per crimini contro l'umanità non avendo intrapreso alcuna azione efficace per riparare la cattiva condotta sessuale del clero. La denuncia dello SNAP premetteva l'imputabilità della responsabilità del comando[210]. I querelanti sostenevano che «i funzionari vaticani accusati in questo caso erano responsabili di stupro ed altre violenze sessuali, di tortura sia fisica, sia psicologica delle vittime in tutto il mondo, nonché imputabili della responsabilità di comando e della copertura diretta dei crimini commessi»[211]. Dopo aver considerato la denuncia di settantuno pagine e aver riconosciuto il fatto che la Santa Sede non era uno stato membro dell'*International Criminal Court*[212], l'Ufficio del Procuratore aveva stabilito che «diverse condizioni necessarie per l'esame» non erano state stabilite, vale a dire questioni di «giurisdizione temporale e relativa al soggetto di competenza in materia»[213]. In una lettera datata 31 maggio 2013, l'Ufficio del Procuratore aveva scritto per avvisare che «le materie descritte» non sembravano «rientrare nella giurisdizione della Corte», tuttavia, «*nuove prove*» potrebbero giustificare un riesame della decisione[214].

---

[208] Ibid.

[209] J. W. Neu, *Workers of God: The Holy See's Liability for Clerical Sexual Abuse*, p. 1540.

[210] *Pope Sued for Crimes Against Humanity*, «News 24», archives, 13 settembre 2011 (https://www.news24.com/World/News/Pope-sued-for-crimes-against-humanity-20110913 - ultimo accesso verificato: 11 novembre 2021).

[211] Ibid.

[212] L. Oleszczuk, *Sex Abuse Victims Sue Pope at International Criminal Court*, «The Christian Post», 14 settembre 2011 (https://www.christianpost.com/news/sex-abusevictims-sue-pope-at-international-criminal-court.html - ultimo accesso verificato: 11 novembre 2021).

[213] B. Roewe, *International Criminal court declines to pursue 'crimes against humanity' case against Vatican*, «National Catholic Reporter», 18 giugno 2013 (https://www.ncronline.org/news/accountability/international-criminal-court-declines-pursue-crimes-againsthumanity-case - ultimo accesso verificato: 11 novembre 2021).

[214] Ibid. (corsivo dell'autore).

Conclusioni.

Dal 2002, quando è iniziata l'emergenza degli abusi sessuali da parte del clero, il contenzioso sugli illeciti ha aiutato a vendicare le vittime. Tuttavia, la rivendicazione non dovrebbe portare alla diffamazione. Questo capitolo ha dimostrato che le rivendicazioni civili della RICO contro la Chiesa cattolica e le sue congregazioni religiose stigmatizzano e diffamano ingiustamente intere comunità di fede per la cattiva condotta sessuale di alcuni dei loro leader. Storicamente, una volta che una chiesa viene presentata sotto una luce oscura, il suo nome si macchia ed essa viene con più facilitata perseguitata[215]. Sia che ciò avvenga con un intento ragionato o meno, si deve comunque sottolineare che tale rappresentazione oscura della Chiesa cattolica, oggi, può desensibilizzare i legislatori verso le giuste esigenze di libertà di coscienza e di religione in nome della lotta agli abusi contro i minori[216]. Tanto la magistratura quanto la Chiesa devono mantenere la rotta.

San Tommaso Moro, martire della coscienza, avvertì profeticamente all'alba della Riforma protestante: «se il Papa non pulisce la sua casa, lo faranno gli altri».

---

[215] Per citare solo due episodi storici di quando la diffamazione dei cristiani portò alla persecuzione religiosa, ricordiamo che l'imperatore romano Nerone accusò falsamente i cristiani di aver dato Roma alle fiamme e poi ordinò la loro persecuzione (si veda: History.com Editors, *Nero's Rome Burns*, «History.com», 13 novembre 2009 [https://www.history.com/this-day-in-history/neros-rome-burns – ultimo accesso verificato: 11 novembre 2021]) e come la cosiddetta "Congiura delle polveri" di Guy Fawkes sia stata utilizzata per sopprimere la libertà religiosa di tutti i cattolici in Inghilterra (si veda: Jesse Greenspan, *Guy Fawkes Day: A Brief History*, «History.com», 5 novembre 2012 [https://www.history.com/news/guyfawkes-day-a-brief-history – ultimo accesso verificato: 11 novembre 2021]).

[216] Sembrerebbe che i legislatori dello Stato della California intendano fare del male per porre fine al male, ossia che, nelle loro menti, l'eliminazione degli abusi sui minori giustifichi e richieda che il sacerdote venga costretto ad infrangere il sigillo del sacramento della confessione; configurandosi, insomma, come un vero e proprio attacco diretto alla libertà di religione ai sensi del Primo Emendamento: «Il disegno di legge, come modificato, richiederebbe ai sacerdoti di segnalare alle forze dell'ordine la conoscenza o il sospetto di casi riguardanti gli abusi sui minori attraverso informazioni ottenute ascoltando le confessioni sacramentali di altri sacerdoti oppure di altri collaboratori. Il disegno di legge, originariamente, avrebbe richiesto ai sacerdoti della California di violare il sigillo del sacramento della confessione ogni volta che essi siano venuti a conoscenza o avessero sospettato l'esistenza di casi di abuso sui minori ascoltando la confessione di un penitente» (J. D. Flynn, *California bill amended but still would require priests to violate seal*, «Catholic News Agency», 20 maggio 2019 [https://www.catholicnewsagency.com/news/california-confession-bill-amended-but-still-would-require-priests-to-violate-seal-59307 – ultimo accesso verificato: 11 novembre 2021]).

Nuove prove della mancata azione[217] potrebbero significare che, oggi, non sarà uno scontento monaco agostiniano ad inchiodare una tesi teologica sulle porte della Chiesa ma piuttosto l'avvocato del querelante; e che le porte della chiesa, stavolta, potrebbero essere quelle della basilica di San Pietro a Roma. Speriamo che la fine della "prova del male" sulla cattiva condotta sessuale del clero si stia avviando alla conclusione e che, dopo essere stata purificata e potata da questa piaga, la Chiesa cattolica rifiorisca ancora una volta, come il consulente legale della Santa sede suggerisce: «La mia speranza e aspettativa è che la Chiesa cattolica giunga ad abbracciare pienamente l'idea che la consapevolezza e la prevenzione degli abusi rappresentino uno dei più alti valori pastorali e che la Chiesa stessa venga considerata da tutte le altre istituzioni della società come un soggetto che ha fornito modelli di prevenzione e mai più fonte di scandalo»[218].

---

[217] Nuove prove che la Santa Sede «sapeva o ignorava consapevolmente le informazioni che indicavano chiaramente» una cattiva condotta sessuale del clero potrebbero essere trovate nelle accuse presentate contro il cardinale Vigano, che i querelanti possono utilizzare per ritenere la Santa Sede responsabile ai sensi del principio sulla responsabilità di comando e di altre teorie sull'illecito civile. Si veda: D. McLean, *United States Bishop demands investigation into Vigano's latest accusations of Vatican sex-abuse cover-up,"* «LifeSiteNews», 4 luglio 2019 (https://www.lifesitenews.com/news/us-bishop-demands-investigation-into-viganos-latesta-ccusations-of-vatican-sex-abuse-cover-up - ultimo accesso verificato: 11 novembre 2021).

[218] *United States Court of Appeals dismisses lawsuit against Vatican,* «Independent Catholic News», 7 agosto 2013 (https://www.indcatholicnews.com/news/23090 - ultimo accesso verificato: 11 novembre 2021).

Capitolo 13

*I fallimenti diocesani per bancarotta e la crisi della cattiva condotta sessuale della seconda ondata.**

John M. Czarnetzky, Esq.
Professore di diritto e Conferenziere "Mitchell, McNutt and Sams",
University of Mississippi School of Law.

Introduzione: la soluzione del fallimento per bancarotta.

Negli ultimi quindici anni, almeno diciotto diocesi ed ordini religiosi appartenenti alla dottrina cattolica romana hanno presentato istanza di protezione ai sensi delle disposizioni del Codice fallimentare degli Stati Uniti[1]. Il risultato di questi casi è stata una distribuzione ordinata di centinaia di milioni di dollari alle vittime della cattiva condotta sessuale del clero, in cambio di un nuovo inizio finanziario per le diocesi e per gli ordini religiosi coinvolti. L'esperienza degli ultimi quindici anni indica che il fallimento per bancarotta è una soluzione privilegiata quando le responsabilità - in particolare le responsabilità illecite per cattiva condotta sessuale del clero - minacciano le finanze diocesane. Il fallimento può essere un processo

---

* L'espressione "seconda ondata" è tratta dall'analisi di padre Roger J. Landry sull'emergenza della condotta sessuale scorretta del clero. Si veda: R. J. Landry (sacerdote), Commentary: Truth Is Needed to Free the Church from Sacrilege of Clergy Scandal, «National Catholic Register», 7 agosto 2018 (http://www.ncregister.com/site/print/57645).

[1] Si veda: M. T. Reilly, *Catholic Dioceses in Bankruptcy*, «Penn State Law», Research Paper N. 102018, 21 settembre 2018 (https://elibrary.law.psu.edu/bankruptcy/105/ – ultimo accesso verificato: 11 novembre 2021; Diciotto diocesi cattoliche ed ordini oppure istituti religiosi hanno dichiarato bancarotta dal 2004); Si veda, in generale: M. T. Reilly, R. A. Mattson, *Dioceses Currently in Bankruptcy Proceedings*, «catholicproject.catholic.edu», 2019-present (https://catholicproject.catholic.edu/bankruptcy-information/– ultimo accesso verificato: 11 novembre 2021); si tratta di un archivio dei documenti degli incartamenti dei casi fallimentari delle organizzazioni della Chiesa cattolica. Il 28 febbraio 2018, la diocesi di Saint Cloud, nello Stato del Minnesota, ha annunciato l'intenzione di presentare istanza di fallimento ma, a quanto pare, alla data del 30 aprile 2019 non aveva ancora dato inizio alla procedura.

doloroso per qualsiasi debitore, ma, ad oggi, i benefici di tali casi, per le diocesi cattoliche, sembrano essere ben maggiori del dolore.

Dei diciotto casi citati poco sopra, tredici sono stati completati, almeno nel prospetto imminente di essere liquidati e licenziati oppure di avere un piano approvato dal tribunale fallimentare che preveda pagamenti ai creditori che, in tutti questi casi, furono prevalentemente le vittime degli abusi sessuali. Il numero totale delle vittime in questi casi è stato di 2.844[2]. L'importo totale riservato alle vittime delle aggressioni sessuali del clero è stato di circa 730,6 milioni di dollari, con quasi esattamente la metà di tale importo proveniente dagli assicuratori. L'indennizzo medio per vittima è stato di circa 371.500 dollari. Gli onorari professionali, pagati per amministrare questi casi di fallimento, che la legge richiedeva che venissero divulgati ed approvati dal tribunale fallimentare, furono di circa 106,4 milioni di dollari. Con tali grandi passività e gruppo di beni in gioco, nonché con il numero di casi di successo sentenziati in quindici anni, è lecito ritenere che la via del fallimento per bancarotta offra vantaggi significativi alle diocesi che devono affrontare le richieste di risarcimento di massa legate alla violenza sessuale del clero. Questo capitolo enumererà e spiegherà questi vantaggi.

Tuttavia, i casi di fallimento per bancarotta non sono privi di rischi. La prossima ondata di potenziale responsabilità in merito agli illeciti sulla cattiva condotta sessuale del clero sarà potenzialmente di natura diversa rispetto ai casi precedenti. Mentre la prima fase della crisi sulla cattiva condotta sessuale del clero si è concentrata sulla pedofilia o sull'abuso sessuale dei minori, la seconda fase, probabilmente, si concentrerà sulle denunce relative alla cattiva condotta sessuale contro i maschi in età post-puberale e contro i seminaristi[3]. La natura delle passività

---

[2] Si veda: M. T. Reilly, *Catholic Dioceses in Bankruptcy*, Appendice B: Risultati dei casi; Tutte le statistiche che seguono nel testo del medesimo paragrafo sono state estrapolate da questa fonte.

[3] Si veda: R. J. Landry (sacerdote), *Commentary: Truth Is Needed to Free the Church from Sacrilege of Clergy Scandal*. La risposta dei vescovi degli Stati Uniti alla prima ondata di denunce relative alla cattiva condotta sessuale del clero è stata fornita a Dallas, nel 2002, durante un incontro nel quale essi hanno ideato e, successivamente, concretato una «risposta sistemica finalizzata a sradicare coloro che hanno abusato dei minori nel mezzo secolo precedente» (Ibid.). Tuttavia, questa risposta ha lasciato diverse «lacune»; e queste lacune nella risposta del 2002 hanno portato, a loro volta, alla crisi attuale (Ibid.). Le questioni più importanti non affrontate dai vescovi, in questa occasione, riguardarono le molestie contro i ragazzi dello stesso sesso in età post-pubescente, la cui attrazione viene definita "efebofilia" e non pedofilia (Ibid.), nonché la cattiva condotta sessuale dei seminaristi, come esemplificato dal presunto comportamento del vescovo (e, più tardi, cardinale) Theodore McCarrick. Le vittime di questo genere di predazione sessuale rappresentano potenziali querele per illecito civile, e sono queste le denunce a cui il

di un debitore può determinare, in larga misura, l'esito di un caso di fallimento per bancarotta. Il diavolo si trova, letteralmente, nei dettagli. Questo capitolo fornirà una guida a tali futuri casi di fallimento diocesano per bancarotta. Dopo una breve panoramica del processo di fallimento per bancarotta, si discuterà su come i casi hanno proceduto, nei precedenti fallimenti della chiesa, per identificare il motivo per cui la soluzione del fallimento ha avuto, nel complesso, un successo più ampio delle altre possibili. La sezione successiva di questo contributo, poi, identificherà come tali casi, presentati in risposta alla successiva ondata di accuse di cattiva condotta sessuale, potrebbero differire dai casi della "prima ondata". Questo capitolo, infine, si concluderà, perciò, con una valutazione su come l'incombente ondata di responsabilità per illecito civile a carico delle diocesi cattoliche potrebbe trasformare la soluzione fallimentare per bancarotta nei futuri casi diocesani da un percorso verso un nuovo inizio finanziario ad un percorso pieno di potenziali pericoli per i debitori diocesani.

I. Una breve panoramica del diritto fallimentare americano.

Esistono due modelli generali di casi di fallimento per bancarotta negli Stati Uniti. Il primo, che rappresenta anche il più antico, è il fallimento per liquidazione, che si trova nel capitolo 7 del Codice fallimentare[4]. Quando un debitore presenta un caso ai sensi del capitolo 7 in cui si chiede il sollievo dai suoi[5] creditori, tutte le attività di recupero crediti di qualsiasi tipo devono cessare. I creditori presentano i loro crediti (vale a dire, i creditori presentano al tribunale una spiegazione di ciò che il debitore deve loro e perché) ed il tribunale fallimentare decide su eventuali controversie in merito a quelle affermazioni. Il debitore, d'altra parte, consegna tutti

---

presente capitolo fa riferimento quando cita le denunce relative alla cattiva condotta sessuale contro la «seconda ondata» (o, anche, la «prossima ondata»). Naturalmente, esistono anche probabili denunce relative alla cattiva condotta sessuale nei confronti di donne e ragazze, e nulla in questo capitolo intende minimizzare la gravità di tale tipologia di azioni civili. Tuttavia, è probabile che la maggior parte delle denunce relative alla cattiva condotta sessuale clericale della seconda ondata riguarderà ragazzi maschi e seminaristi in età post-puberale.

[4] Il codice fallimentare si trova in: *United States Code*, Titolo 11, cap. 1, art. 101 e segg. (2006) [https://www.law.cornell.edu/uscode/text/11/101 – ultimo accesso verificato: 11 novembre 2021]. Il capitolo 7 del *Codice* si trova in: *United State Code,* Titolo 11, cap. 7, art. 701 e segg. (https://www.law.cornell.edu/uscode/text/5/part-I/chapter-7 – ultimo accesso verificato: 11 novembre 2021). Naturalmente, il *Codice* è estremamente complesso e lo spazio preclude qualsiasi introduzione al diritto fallimentare (tranne la più breve).

[5] È bene ricordare che nei casi che riguardano i fallimenti diocesani, il debitore rappresenta un'entità piuttosto che una persona.

i suoi beni ad un fiduciario, il cui compito è amministrare tali beni a beneficio dei creditori del debitore. In un tipico caso ai sensi del capitolo 7, il fiduciario, alla fine, liquiderà i beni del debitore e distribuirà i proventi ai creditori. Se i beni del debitore risultano essere insufficienti per pagare integralmente i creditori del debitore, il Codice prevede che i creditori ricevano tutti la medesima quota proporzionale relativamente ai crediti che essi avevano già presentato e che erano stati approvati in precedenza.

In cambio di questa ordinata riscossione e distribuzione dei beni del debitore (un vantaggio significativo per i creditori, in particolare quelli con modesti crediti nei confronti del debitore o con scarso potere di mercato), il debitore riceve un significativo beneficio. Con diverse eccezioni[6], tutti i debiti pre-fallimentari di un debitore vengono estinti, il che significa che il debitore non ha più alcuna responsabilità personale per eventuali importi dovuti ai creditori. Questi "gemelli del diritto fallimentare" – ossia, l'estinzione dei debiti pre-fallimentari per il debitore ed una distribuzione ordinata ed equa dei beni del debitore ai creditori – rendono la liquidazione per bancarotta particolarmente attraente tanto per il debitore quanto per i creditori.

Il secondo modello di fallimento - che è un'invenzione in gran parte americana - è il caso di riorganizzazione[7]. Il modello di riorganizzazione condivide molti degli attributi della liquidazione per bancarotta. Prendendo come esempio il capitolo 11 delle riorganizzazioni[8], la presentazione di un caso significa che tutte le attività del

---

[6] L'articolo 523 del *Codice* contiene un elenco di debiti «non esigibili» in caso di fallimento (Cfr. *United States Code,* Titolo 11, cap. 5, subcap. II, art. 523 [https://www.law.cornell.edu/uscode/text/11/523 – ultimo accesso verificato: 11 novembre 2021]. Questo capitolo non prenderà in considerazione alcun argomento a favore della non esigibilità che potrebbe essere sollevato nei procedimenti di fallimento diocesano per bancarotta.

[7] Le origini della riorganizzazione per bancarotta risiedono nella riorganizzazione dei percorsi nei tribunali di equità statale, nel XIX e all'inizio del XX secolo. Si veda: S. J. Lubben, *Railroad Receiverships and Modern Bankruptcy Theory,* «Cornell Law Review», Vol. 89, n. 6, 2004, p. 1420 (https://scholarship.law.cornell.edu/cgi/viewcontent.cgi?article= 2971&context=clr – ultimo accesso verificato: 11 novembre 2021). Un certo numero di altre nazioni occidentali hanno adottato il modello di riorganizzazione come parte delle loro leggi fallimentari. Si veda: M. Brouwer, *Reorganization in United States and European Bankruptcy Law,* «European Journal of Law and Economy», Vol. 22, n. 1, febbraio 2006, p. 5 (https://www.researchgate.net/publication/5145757_Reorganization_in_US_and_Europe an_Bankruptcy_law - ultimo accesso verificato: 11 novembre 2021; nel quale si discutono gli statuti della riorganizzazione negli Stati europei).

[8] Il *Codice* contiene diversi capitoli sulla riorganizzazione, i quali sono generalmente simili nella struttura e concepiti per affrontare le peculiarità di particolari debitori. Per esempio, il capitolo 12 del *Codice* riguarda la riorganizzazione per gli agricoltori o per i

creditore devono cessare, proprio come avviene durante una liquidazione. A differenza di una liquidazione, tuttavia, non viene nominato un fiduciario indipendente. Se il debitore non è una persona fisica, la direzione del debitore rimane sotto il controllo del debitore stesso ed agisce, nel caso, come fiduciario. Al termine di un caso di successo del capitolo 11, proprio come avviene in una liquidazione, il debitore riceverà l'estinzione dei suoi debiti. Q Nonostante questi significativi attributi condivisi con i casi del capitolo 7, i casi ai sensi del capitolo 11vsono molto diversi. Una delle principali differenze è che, in un caso ai sensi del capitolo 11, il debitore rimane in possesso della sua proprietà e continua ad operare come prima, pur essendo soggetto al controllo del tribunale[9]. Così, per esempio, in un fallimento diocesano, il Vescovo di quella diocesi mantiene il controllo della stessa e non vi sono soggetti terzi che siano stati nominati per amministrare gli affari della diocesi. Un'altra differenza significativa è che, in cambio del suo esonero e del diritto a conservare la sua proprietà, il debitore deve presentare un piano di riorganizzazione che dia ai creditori almeno quello che essi riceverebbero da un processo di liquidazione. Quest'ultimo aspetto è noto come la prova del "miglior interesse dei creditori" ed il suo intento è quello di garantire che un caso di riorganizzazione non sia più conveniente per il debitore o per il creditore rispetto ad un processo di liquidazione per bancarotta. Almeno in teoria, il debitore ed i suoi creditori devono ricevere lo stesso trattamento che sarebbe loro riservato in un processo di liquidazione per bancarotta, con l'unico vantaggio aggiuntivo che il debitore può continuare le proprie operazioni ed attività come se possedesse un'attività ben avviata.

---

pescatori che conducono un'attività familiare, mentre il capitolo 13 è indirizzato agli individui con reddito regolare. Il focus qui è sulle riorganizzazioni del capitolo 11, che è aperto praticamente a tutti i debitori, e che è il capitolo sul fallimento per bancarotta preferito dal mondo cattolico per il modello di riorganizzazione qui presentato che si applica in tutti questi casi. Eventuali disposizioni specifiche e peculiari per i casi del capitolo 11 saranno annotate come tali (Cfr. *United States Code,* Titolo 11, capp. 11, 12, 13 [https://www.law.cornell.edu/uscode/text/11 – ultimo accesso verificato: 11 novembre 2021]).

[9] Pertanto, il debitore in un caso ai sensi del capitolo 11 riveste contemporaneamente sia il ruolo di debitore, sia quello di curatore fallimentare. Questo costrutto è chiamato "debitore in possesso" e questo doppio ruolo distingue le riorganizzazioni aziendali americane dai casi gemelli in altri paesi che hanno statuti di riorganizzazione fallimentare. Si veda: M. Brouwer, *Reorganization in United States and European Bankruptcy Law,* p. 15. Come verrà discusso più avanti all'interno di questo capitolo, un tribunale può sostituire, in determinati e ben specifici casi, il debitore-in-possesso con un fiduciario nominato dallo stesso tribunale.

In altre parole, se il debitore può risarcire i creditori delle loro operazioni continue almeno quanto concederebbe una vendita dei beni del debitore da liquidazione per bancarotta, il debitore può continuare ad operare e ad agire per uscire dal fallimento, piuttosto che liquidare tutto e chiudere i battenti. Un altro modo di vedere una riorganizzazione fallimentare è che il debitore possa riscattare la sua proprietà dalle pretese dei creditori, pagando a tali creditori, nel tempo, il valore di liquidazione dei suoi beni al momento dell'archiviazione della procedura fallimentare.

Nessuno dei fallimenti diocesani è stato un caso di liquidazione. Essi sono stati tutti archiviati ai sensi del capitolo 11 del Codice e generalmente hanno proceduto come indicato qui. Ha perfettamente senso che i fallimenti diocesani abbiano consistito in riorganizzazioni, data la natura e la missione delle diocesi cattoliche. Tuttavia, la scelta del capitolo 11 come strumento per il fallimento diocesano non è soltanto, e nemmeno principalmente, guidata dalle pubbliche relazioni o persino da considerazioni di natura costituzionale. Ci sono alcuni vantaggi significativi inerenti al processo ai sensi del capitolo 11 che rendono, quest'ultimo, uno strumento attraente per le diocesi cattoliche; ed è e questo l'argomento che verrà analizzato nella prossima sezione di questo contributo.

II. I vantaggi del capitolo 11 per le diocesi cattoliche.

Un modo per comprendere il diritto fallimentare è rilevare che esso rappresenta il mezzo con cui la nostra società si occupa del problema collettivo e sociale di cosa fare con un debitore che non è più in grado di pagare i propri debiti. Sebbene l'incapacità del debitore di ripagare i debiti sia estremamente importante per quel singolo debitore, essa rappresenta anche un problema sociale che si diffonde tramite la comunità dei creditori e le altre parti legate al debitore[10]. Poiché le storie individuali e le situazioni finanziarie dei debitori sono infinitamente variabili, esistono molti tipi di casi ai sensi del capitolo 11. Un sottoinsieme di questi, è rappresentato dal gruppo di casi in cui il debitore ha grandi responsabilità sotto forma di denunce di illecito. C'è una lunga storia che testimonia l'utilizzazione del

---

[10] Per esempio, se il debitore è una persona fisica, un fallimento colpisce inevitabilmente la famiglia di quella persona, anche se i membri della famiglia non sono creditori. Se il debitore è un'impresa, il fallimento interesserà i dipendenti dell'impresa e la comunità in cui opera il debitore. Questi sono solo due esempi dei molti potenziali non creditori colpiti dal fallimento di un debitore. Quando le preoccupazioni di tali non creditori si uniscono a quelle dei creditori effettivi, è in questo senso che una istanza di fallimento del debitore si configura come un vero e proprio problema sociale, non soltanto economico.

capitolo 11 finalizzata a riorganizzare, per esempio, gli affari finanziari di aziende che hanno dovuto far fronte a tali responsabilità di "illeciti di massa" attribuibili ai loro prodotti. Si pensi, per esempio, soltanto per citare tre importanti esempi, alle aziende che producevano l'amianto, i dispositivi intrauterini o, ancora, le protesi mammarie[11]. In questi casi, l'obiettivo ovvio dei debitori è quello di riemergere dal fallimento, di uscirne come un'impresa che rinasca dalle ceneri del passato, ossia senza alcuna responsabilità dal passato[12]. La sfida per i tribunali ha consistito nel bilanciare il modo in cui concedere al debitore l'esonero da tali pretese illecite di massa in modo tanto equo nei confronti delle vittime/creditori di illeciti quanto conforme ai loro diritti costituzionali. Il modo ingegnoso in cui i debitori, attraverso l'autorità della Costituzione e del Codice, usano il capitolo 11 per raggiungere tali obiettivi è la ragione per cui questo capitolo del Codice risulta così popolare tra le diocesi cattoliche che affrontano la responsabilità civile di massa derivante dagli atti di cattiva condotta sessuale del clero.

1. Elaborazione sommaria dei crediti delle vittime nei casi di fallimento.

Come accennato in precedenza, la semplice presentazione di una procedura di fallimento pone fine all'attività di riscossione dei creditori, comprese le azioni legali. Pertanto, la primissima cosa che una dichiarazione di fallimento diocesana permette è quella di fermare le cause pendenti che le sono in qualsiasi modo rivolte e di proibire, conseguentemente, che vengano avviate azioni legali future. Lo scopo di questa "sospensione automatica"[13] dell'attività del creditore è quello di fornire al debitore un po' di "ossigeno" per valutare la propria condizione finanziaria ma anche di garantire che tutte le controversie contro il debitore siano localizzate nel tribunale fallimentare. L'idea è che, una volta che un debitore abbia presentato una procedura di fallimento, il tribunale fallimentare diventi il luogo di tutte le controversie tra il debitore e tutti i suoi creditori. Questo aspetto, spesso, rappresenta una vera e propria sorpresa per i creditori e per i tribunali che non hanno familiarità con il Codice. Una volta che una diocesi presenta un'istanza di

---

[11] D. A. Skeel, *Debt's Dominion: A History of Bankruptcy Law in America* (Princeton, New Jersey: Princeton University Press, 2001) , pp. 217-21 (nel quale si discute l'utilizzo della bancarotta quale mezzo per gestire le responsabilità per gli illeciti di massa, ha utilizzato come esempi i casi di fallimenti della *Johns Manville Corporation*, della *A. H. Robins Company* e della *Dow Corning Corporation*).

[12] In effetti, tutte e tre le società citate (Ibid.) si sono riorganizzate con successo proprio in questi termini.

[13] *United States Code*, Titolo 11, cap. 3, subcap. IV, art. 362 (https://law.cornell.edu/ uscode/text/11/362 – ultimo accesso verificato: 11 novembre 2021).

fallimento, per esempio, un'ordinanza che un giudice di un tribunale statale potrebbe avviare in una causa per illecito civile pendente contro la diocesi risulterà automaticamente nulla. Qualunque sia la natura di tale decisione, una volta che un debitore presenta una causa di fallimento, tali decisioni sono di competenza esclusiva del giudice fallimentare.

I querelanti coinvolti in tali controversie pendenti o potenziali devono presentare una denuncia presso il tribunale fallimentare, la quale esponga i termini della loro controversia con il debitore ed anche la base giuridica per lo sgravio. Il giudice fallimentare deve, quindi, valutare tali crediti, il più delle volte utilizzando procedimenti sommari che sono molto meno di un processo completo nel merito davanti ad una giuria. Sulla base di tali procedimenti, il giudice "stimerà" il credito e questo rappresenterà l'importo che il debitore dovrà al creditore nell'ambito della procedura fallimentare che ha attivato[14]. Un risultato di questa procedura è che le richieste dei singoli individui ricevono meno pubblicità riguardo ai fatti che circondano gli illeciti asseriti dalle vittime rispetto a quanto altrimenti avverrebbe se ciascuno, nell'ambito del proprio specifico caso, venisse giudicato davanti ad una giuria.

Come tutti i debitori che avviino una procedura fallimentare ai sensi del capitolo 11, le diocesi sono interessate ad essere esonerate non soltanto dai debiti già noti o in corso di causa, ma da eventuali debiti basati sui comportamenti pre-fallimentari che non sono ancora venuti alla luce. Tali debiti vengono spesso definiti come crediti "futuri". Nel sistema fallimentare statunitense si è sviluppato un metodo ingegnoso per concedere a tutte le parti interessate da tali pretese future i giusti benefici in un caso di riorganizzazione, ossia per concedere al debitore l'esonero di

---

[14] La stima dei crediti è contemplata in: *United States Code,* Titolo 11, cap. 5, subcap. I, art. 502(c)(1) [https://www.law.cornell.edu/uscode/text/11/502 – ultimo accesso verificato: 11 novembre 2021]. Per le applicazioni del processo di stima del reclamo finalizzato a stabilire un gruppo di risorse che possano soddisfare i futuri richiedenti, si veda la causa: *A. H. Robins Corporated v. Piccinin,* 788 F.2d *994, *1011–13 (Corte d'appello degli Stati Uniti, Quarto circolo, 1986) [https://www.leagle.com/decision/ 19861782788f2d99411610 - ultimo accesso verificato: 11 novembre 2021; stima di oltre 300.000 reclami attribuibili al dispositivo intrauterino Dalkon Shield]; *In re Unarco Industries Corporation,* 45 B.R. 322, 326 (Corte distrettuale degli Stati Uniti per il distretto nord dello Stato dell'Illinois, 1984) [https://www.leagle.com/decision/198363930br6091488 - ultimo accesso verificato: 11 novembre 2021; stima di oltre 17.000 richieste dovute alla produzione di amianto]; ma si veda: *In re Dow Corning Corporation,* 211 B.R. *545, *570–72 (Corte distrettuale degli Stati Uniti per il distretto est dello Stato del Michigan, 1997) [https://www.leagle.com/decision/infdco20081015706 - ultimo accesso verificato: 11 novembre 2021; secondo cui tale stima deve considerarsi inappropriata laddove la causa del danno da protesi mammarie venga contestata].

tutti i debiti pre-fallimentari, inclusi quelli futuri, ma anche per rispettare il diritto costituzionale dei futuri ricorrenti (i quali potrebbero anche non essere a conoscenza della dichiarazione di fallimento) all'avviso e all'opportunità di essere debitamente ascoltati in merito alle loro rivendicazioni[15]. La sfida consiste nel fornire sia la notizia, sia l'opportunità di essere ascoltati ai richiedenti che non abbiano ancora presentato una causa o che si siano fatti avanti per far valere un credito nei confronti del debitore. È possibile rispettare i diritti processuali di eventuali creditori sconosciuti al fine di garantire il versamento di ciò che il debitore deve loro?

La risposta è sì. Nell'ambito della procedura fallimentare, i tribunali richiedono al debitore di istituire dei fondi fiduciari per le vittime che siano, ovviamente, amministrati da un fiduciario[16]. Il tribunale quindi stima quale sarebbe la responsabilità aggregata del debitore per tali crediti futuri, e ciò che tali creditori riceverebbero in un caso di liquidazione per bancarotta. Tali stime consentono al tribunale di arrivare a determinare una cifra per il fondo delle vittime, che il debitore è obbligato a finanziare. Quando i futuri richiedenti si faranno avanti al termine del caso di riorganizzazione, presenteranno le loro prove al fiduciario del fondo per le vittime il quale, quindi, pagherà al ricorrente un importo determinato sia dalla qualità del loro prove, sia dalla rivendicazione legale che viene portata avanti. I diritti costituzionali di notifica riservati al futuro richiedente, nonché l'opportunità, per quest'ultimo, di essere ascoltato anche successivamente vengono, insomma, preservati grazie alla presenza di un fiduciario che gestisca tutti i futuri richiedenti

---

[15] Poiché l'estinzione del fallimento toglie al creditore il diritto di far valere e di obbligare il debitore nei suoi confronti, che rappresenta una forma di proprietà immateriale, il Quinto Emendamento alla Costituzione degli Stati Uniti prevede che il creditore debba essere previsto in primo luogo «a causa del processo di legge». Alla nomina dei futuri fiduciari per i sinistri, nei casi di illecito civile di massa, si veda, in generale: F. Tung, *The Future Claims Representative in Mass Tort Bankruptcy: A Preliminary Inquiry*, «Chapman Law Review», Vol. 3, n. 1, 2000, p. 43 (https://www.chapman.edu/law/_files/publications/CLR-3-frederick-tung.pdf – ultimo accesso verificato: 11 novembre 2021).

[16] Per un caso che descrive il processo di richiesta di bancarotta in un fallimento diocesano, incluso un fiduciario per le richieste future e il fondo per le vittime, si vedano: *In re Roman Catholic Archbishop in Portland, Oregon*, 339 B.R. *215 (Corte distrettuale degli Stati Uniti per il distretto dello Stato dell'Oregon, 2006) [https://www.leagle.com/decision/2006554339br2151531 – ultimo accesso verificato: 11 novembre 2021]; *In re Roman Catholic Archbishop in Portland, Oregon*, 2005 WL 148775 (Corte distrettuale degli Stati Uniti per il distretto dello Stato dell'Oregon) [https://www.courtlistener.com/opinion/1937112/in-re-roman-catholic-archbishop-of-portland-in-or/ - ultimo accesso verificato: 11 novembre 2021; memorandum che ordina la nomina di un futuro rappresentante per i crediti relativi al fallimento diocesano basato sull'esempio di Johns Manville e distinguendolo dal caso Dow Corning].

nella procedura fallimentare, proteggendo così i loro diritti processuali. In questo modo, alla fine del caso presentato ai sensi del capitolo 11, il debitore riceve l'estinzione dei propri debiti costituzionalmente validi, anche quelli che non si sono manifestati o non sono stati giudicati al momento della presentazione della domanda, ed un gruppo di beni viene messo da parte per soddisfare le pretese dei creditori, almeno nella misura in cui tali pretese potrebbero essere soddisfatte se le attività del debitore fossero state liquidate anziché essere state riorganizzate.

2. Proteggere i beni dalle rivendicazioni delle vittime della cattiva condotta sessuale in caso di fallimento per bancarotta.

Oltre ai vantaggi derivanti dall'elaborazione sommaria delle rivendicazioni del creditore, un debitore acquisisce anche un altro importante vantaggio che ha a che fare con la proprietà nei procedimenti ai sensi del capitolo 11. I fallimenti della chiesa si concentrano quasi sempre sulla questione di chi finisce con quale proprietà, in particolare sulla questione di quale proprietà sia disponibile per soddisfare le pretese dei creditori della chiesa. Il vantaggio dei procedimenti ai sensi del capitolo 11, se il debitore può soddisfare l'esigenza di finanziare il suo piano di riorganizzazione, è che il debitore può mantenere la sua proprietà. Pertanto, in un procedimento di questo genere, una diocesi non dovrebbe consegnare i propri beni da liquidare e distribuire ai creditori, come avverrebbe nel caso di un procedimento ai sensi del capitolo 7, nel caso in cui, essa, risulti essere in grado di finanziare un piano che soddisfi la prova del miglior interesse dei creditori. Naturalmente, è possibile che una diocesi sia costretta a vendere una o più proprietà per finanziare un tale piano. Queste considerazioni indicano un altro aspetto fondamentale di qualsiasi caso di fallimento che, se adeguatamente compreso in anticipo dalle diocesi, può funzionare a vantaggio dei debitori diocesani in un caso di riorganizzazione – ossia, quali sono i beni del debitore ai fini del Codice?

Quando un debitore avvia una procedura di fallimento, viene costituito un «patrimonio» che consiste in «tutti i diritti legali ed equi» che il debitore possiede al momento della presentazione della procedura di fallimento[17]. Cosa significa tutto questo nel caso in cui il debitore sia una diocesi cattolica romana? La risposta è che dipende sia dalla diocesi, sia da come essa è strutturata. Sebbene ci siano molte sfumature sulle normative legali[18], le diocesi sono generalmente organizzate in uno

---

[17] *United States Code*, Titolo 11, cap. 5, subcap. III, art. 541(a) [https://law.cornell.edu/uscode/text/11/541 – ultimo accesso verificato: 11 novembre 2021].

[18] La complessità della questione sulla proprietà dell'eredità, in un procedimento ai sensi del capitolo 11, da parte di una diocesi cattolica necessiterebbe di una discussione

dei due modi seguenti: come una «società unica» o come ente di beneficenza con ciascuna parrocchia e qualsiasi altro organo di una diocesi incorporato separatamente[19]. La scelta relativa a come organizzare una diocesi, secondo il diritto secolare, è di enorme importanza in un caso di riorganizzazione fallimentare. Ricordiamo che uno dei requisiti fondamentali di un procedimento ai sensi del capitolo 11 è proprio la prova dell'interesse superiore dei creditori, in base al quale il piano di riorganizzazione del debitore salda ai creditori almeno quanto sarebbe spettato a questi ultimi in un procedimento di liquidazione per bancarotta. Ciò richiede che il tribunale fallimentare esegua un calcolo relativo a quale sarebbe l'ipotetico ammontare del risarcimento ai creditori in un caso di liquidazione per bancarotta il che, a sua volta, richiede al tribunale di determinare quale sarebbe la proprietà del debitore che sarebbe stata liquidata in un procedimento ai sensi del capitolo 7.

Pertanto, anche in un caso di riorganizzazione nel quale il debitore mantiene la sua proprietà, dobbiamo comunque avere un'idea precisa di ciò che costituisce la proprietà del debitore. È qui che la forma giuridica della diocesi diventa un elemento cruciale. In una corporazione unica, il vescovo, in quanto capo della diocesi, ha essenzialmente il titolo su tutti i beni della diocesi. Come accennato in precedenza, quando la diocesi avvia una procedura di fallimento per bancarotta, il Codice prevede che "tutti i diritti legali o equi del debitore" a partire dalla presentazione della richiesta, siano considerati come proprietà della massa fallimentare[20]. Fare questo significa che, in una società unica, tutti i beni di una diocesi sono considerati come proprietà della massa fallimentare che essa ha accumulato?

La risposta è forse. Almeno un tribunale lo ha affermato[21]. Tuttavia, ci sono state diverse argomentazioni legali contrarie. L'essenza di queste contro-

---

dettagliata delle questioni che esula dallo scopo di questo capitolo. Di conseguenza, qui è possibile soltanto presentare un ampio schema delle questioni legali. Non sorprende che la questione della natura e dell'estensione della proprietà del patrimonio nei fallimenti delle diocesi cattoliche abbia suscitato l'interesse degli studiosi. Si veda, per esempio: C. M. Davitt, *Whose Steeple Is It Anyway: Defining the Limits of the Debtor's Estate in the Religious Bankruptcy Context*, «Seton Hall Legislative Journal», Vol. 29, n. 1, 2005, p. 531.

[19] Per esempio, delle diciotto diocesi che hanno presentato richiesta di bancarotta, nove erano società uniche ed altre nove erano organizzate, invece, come una qualche forma di società di beneficenza. Si veda: M. T. Reilly, *Catholic Dioceses in Bankruptcy,* Appendice A: Informazioni sul caso.

[20] *United States Code*, Titolo 11, cap. 5, subcap. III, art. 541(a) [https://law.cornell.edu/uscode/text/11/541 – ultimo accesso verificato: 11 novembre 2021].

[21] *Committee of Tort Litigants v. Catholic Diocese of Spokane*, 329 B.R. *304, *322 (Corte distrettuale degli Stati Uniti per il distretto est dello Stato di Washington, 2005)

argomentazioni risiede nel fatto che il vescovo non detiene la proprietà diocesana nello stesso modo in cui, per esempio, tanto per essere chiari, una persona "possiede" la propria automobile personale. Piuttosto, il vescovo detiene i beni diocesani "in affidamento" per i membri della diocesi, ossia per il suo gregge. Una forte prova pratica per questo argomento risiede nel fatto che quando un vescovo in carica muore, la proprietà diocesana non può passare in nessun caso ai suoi eredi personali come fosse un vero e proprio possedimento personale. Piuttosto, l'uomo nominato per sostituirlo si metterà nei suoi panni come capo dell'impresa individuale. Che il vescovo detenga effettivamente i beni diocesani nell'amministrazione fiduciaria per il suo gregge è importante perché qualsiasi proprietà che un debitore detiene, in qualità di curatore per un altro soggetto terzo, non diventa mai proprietà della massa fallimentare del curatore[22].

Forse a causa di tale incertezza sullo status giuridico del vescovo in una corporazione unica, le diocesi hanno iniziato ad organizzarsi, ove fosse possibile, come corporazioni di beneficenza oppure corporazioni religiose, incorporando ogni parrocchia della diocesi in modo separato, al fine di proteggere i beni delle singole parrocchie dalle rivendicazioni delle vittime della cattiva condotta sessuale del clero. Questo fenomeno ha portato, nel 2005, un eminente operatore fallimentare a dichiarare che, a questo punto, i vescovi che non avevano adeguatamente risolto la questione legale delle proprietà nella loro diocesi «dovevano essere trasferiti presso una missione nel Borneo o da qualche altra parte nel mondo»[23]. Gli avvocati

---

[https://case-law.vlex.com/vid/329-b-r-304-608939778 – ultimo accesso verificato: 11 novembre 2021]. Il parere del tribunale fallimentare è stato ribaltato e rinviato per ulteriori accertamenti e non è stata pubblicata alcuna ulteriore decisione sul caso. *Committee of Tort Litigants v. Catholic Diocese of Spokane*, 364 B.R. *81 (Corte distrettuale degli Stati Uniti per il distretto est dello Stato di Washington, 2006) [https://www.leagle.com/decision/2006445364br811443 – ultimo accesso verificato: 11 novembre 2021].

[22] *United States Code*, Titolo 11, cap. 5, subcap. III, art. 541(d) [https://law.cornell.edu/uscode/text/11/541 – ultimo accesso verificato: 11 novembre 2021]. Questa è una disposizione perfettamente ragionevole. Se una persona deposita del denaro presso un fiduciario per investire, il fiduciario non acquisisce alcuna "proprietà" nella proprietà. Ciò che possiede il fiduciario è il diritto di possedere, amministrare ed investire il denaro. Pertanto, all'interno di un fallimento oppure al di fuori di esso, i creditori del fiduciario non hanno alcun diritto legittimo sulla proprietà che il fiduciario detiene in fiducia per i beneficiari.

[23] D. Laycock, J. C. Lipson, N. Peterman, R. Phelan, D. Skeel, S. J. Gerdano, *Roundtable Discussion: Religious Organizations Filing for Bankruptcy*, «American Bankruptcy Institute Law Review», Vol. 13, n. 1, 2005, pp. 25, 43 (https://scholarshare.temple.edu/bitstream/handle/20.500.12613/6679/Lipson-JournalArticle-2005-2.pdf?sequence=1&isAllowed=y – ultimo accesso verificato: 11 novembre 2021; commenti dell'avvocato fallimentare di Dallas, Robin Phelan).

fallimentari ritengono che tale incorporazione separata proteggerà i beni delle parrocchie dalle pretese legali (derivate dagli illeciti commessi) presentate contro la diocesi che non derivino direttamente o non riguardino direttamente una particolare parrocchia. Quindi, mentre la proprietà della diocesi potrebbe essere considerata come una proprietà della tenuta in un caso diocesano di fallimento - per esempio, un edificio della cancelleria, una scuola gestita dalla diocesi, ecc. - le proprietà delle singole parrocchie non lo saranno se la diocesi avrà avuto cura di organizzare i propri affari in modo appropriato.

È vero, per legge, che una società non è di per sé responsabile per i debiti dei suoi azionisti o anche di altre società nella stessa famiglia aziendale. Pertanto, gli avvocati fallimentari hanno ragione nel dire che tale incorporazione separata di parrocchie e di altre parti di diocesi (come, per esempio, scuole oppure ospedali) fornisce la migliore struttura per proteggere i beni di tali società dalle pretese dei creditori verso le comunità diocesane. Tuttavia, come esploreremo all'interno di questo capitolo, ci sono diverse potenziali teorie legali che potrebbero infrangere questi scudi ed inglobare, infine, i beni di queste entità nella massa fallimentare della diocesi.

3. Tutela costituzionale delle decisioni diocesane.

Un altro vantaggio dei procedimenti ai sensi del capitolo 11, per una diocesi, la cui discussione completa va oltre lo scopo di questo capitolo[24], è, da un lato, l'interazione tra l'istituzione del Primo Emendamento della Costituzione degli Stati Uniti e le clausole di libero esercizio[25], e, dall'altro, il Codice. In un certo senso, il ruolo del vescovo in una diocesi è paragonabile a quello dell'amministratore delegato di un'impresa. Le diocesi possiedono dei beni (mobili e immobili), gestiscono imprese, stipulano contratti di affari, impiegano persone, ecc. D'altra parte, un vescovo è principalmente un leader religioso. Le clausole della Costituzione sulla religione prevalgono su qualsiasi legge, incluse quelle contenute

[24] Una trattazione dettagliata di questi problemi esula dallo scopo di questo capitolo. Per un'analisi approfondita di questa area incerta del diritto, si veda: J. C. Lipson, *When Churches Fail: The Diocesan Debtor Dilemmas*, «Southern California Law Review», Vol. 79, n. 2, 2006, pp. 363, 408-435 (https://www.researchgate.net/publication/298916738_When_Churches_Fail_The_Diocesan_Debtor_Dilemmas - ultimo accesso verificato: 11 novembre 2021).

[25] Il Primo emendamento della Costituzione degli Stati Uniti recita: «Il Congresso non emetterà alcuna legge rispetto all'istituzione di una religione o che ne vieti il libero esercizio […]» (https://www.law.cornell.edu/constitution/first_amendment – ultimo accesso verificato: 11 novembre 2021).

nel Codice, che risulti essere in conflitto con il fatto che il vescovo svolge un proprio ruolo religioso. Ciò significa che un tribunale fallimentare non possiede esattamente lo stesso potere di obbligare un vescovo ad intraprendere un'azione in una riorganizzazione diocesana come sarebbe nel caso riguardante il capo di un attività prettamente commerciale. Per esempio, anche se fosse possibile farlo ai sensi del Codice, un tribunale fallimentare non potrebbe dettare ad un vescovo chi debba o possa essere un sacerdote, oppure quale dovrebbe essere la natura del culto, ecc.[26]

D'altra parte, le norme generalmente applicabili, le quali non toccano il nucleo della dottrina religiosa, sono vincolanti per le organizzazioni religiose[27]. Se una chiesa stipula un contratto per acquistare il cibo per il proprio refettorio, i princìpi del contratto generale regolano l'esecuzione dello stesso; oppure, se un vescovo è coinvolto in un incidente automobilistico mentre si reca a celebrare la messa, i princìpi generali di illecito civile si applicano a qualsiasi causa legale che ne risulti. In altre parole, la Costituzione protegge la dottrina e la pratica religiosa, ma non fornisce un'immunità da qualsiasi genere di causa civile.

Nonostante la grande incertezza giuridica, quindi, i casi di riorganizzazione fallimentare si sono rivelati un veicolo popolare per le diocesi incapaci di elaborare un accordo con le vittime della cattiva condotta sessuale da parte del clero. In parte, ciò è dipeso da alcuni aspetti favorevoli (già discussi in precedenza) e dalla stessa incertezza giuridica (i quali aspetti principali abbiamo appena descritto). Le riorganizzazioni fallimentari sono intese come negoziazioni nelle quali le parti raggiungono dei compromessi che culminano in un piano confermato e consensuale di riorganizzazione. L'incertezza giuridica, per esempio, sull'ambito della proprietà del patrimonio della massa fallimentare oppure dei vincoli costituzionali sull'applicazione del Codice da parte di un tribunale verso una diocesi cattolica, favorisce il compromesso e la risoluzione: meglio scendere a compromessi su questioni difficili che addentrarsi nei problemi costituzionali relativi ad una

---

[26] Si veda: *Watson v. Jones*, 80 U.S. (13 Wall.) *679, *727 (Corte suprema degli Stati Uniti, 1871) («Ogni volta che le questioni di disciplina, oppure di fede, o di regola ecclesiastica, consuetudinaria, oppure di legge sono state decise dal più alto di questi giudici della Chiesa a cui la questione è stata portata, i tribunali [civili] legali devono accettare tali decisioni come definitive e vincolanti per loro») [https://www.leagle.com/decision/ 19801089227kan8621992 – ultimo accesso verificato: 11 novembre 2021].

[27] Si veda: *Jones v. Wolf*, 443 U.S. *595, *603 (Corte suprema degli Stati Uniti, 1979) [https://supreme.justia.com/cases/federal/us/443/595/ - ultimo accesso verificato: 11 novembre 2021; i tribunali civili possono rispettare i trasferimenti di proprietà della chiesa in base ai documenti neutrali che riflettono le dottrine legali secolari di trust e di diritto di proprietà].

riorganizzazione fallimentare che comporterebbero i costi e i rischi di interpellare le corti d'appello superiori[28]. La domanda futura è, tuttavia, se i risultati delle riorganizzazioni fallimentari saranno diversi per le diocesi e le vittime degli illeciti, qualora la prossima ondata di denunce di illeciti per cattiva condotta sessuale del clero risulti differente rispetto alla prima ondata.

III. La prossima ondata di vittime di illeciti cambierà le modalità di funzionamento dei fallimenti diocesani per bancarotta?

L'ambiente legale e sociale è cambiato nei circa diciassette anni che sono trascorsi da quando la prima ondata di denunce sulla cattiva condotta sessuale clericale contro le diocesi cattoliche ha iniziato a ricevere pubblicità ed attenzione nei tribunali. La repulsione generale per le rivelazioni scatenate dal movimento «#Me Too» hanno messo a fuoco le affermazioni dei preti che molestano, in particolare, i ragazzi e gli uomini in età post-puberale all'interno delle parrocchie e dei seminari[29]. Sfortunatamente, le lezioni del movimento «#Me Too» sembrano, a volte, sfuggire ai vescovi. I vescovi americani si sono riuniti con i loro fratelli vescovi di tutto il mondo in un vertice a Roma indetto da Papa Francesco, finalizzato a combattere la cattiva condotta sessuale clericale contro i minori e gli adulti vulnerabili[30]. Il vertice non ha affrontato i problemi dell'efebofilia e del comportamento predatorio nei seminari, i cosiddetti "elefanti nella stanza" che vennero ignorati sin dalla prima ondata di denunce sulla cattiva condotta e che, evidentemente, continuano ad essere ignorati. Il rifiuto dei vescovi americani di trattare tali importanti questioni in modo schietto ed onesto sfida ogni tipo di spiegazione di fronte all'evidenza del fatto che, la stragrande maggioranza delle

---

[28] Si veda: D. Laycock, J. C. Lipson, N. Peterman, R. Phelan, D. Skeel, S. J. Gerdano, *Roundtable Discussion: Religious Organizations Filing for Bankruptcy*, p. 48 («Se finisci in uno di questi casi [di riorganizzazione diocesana] e stai discutendo tutte queste questioni costituzionali, il caso non andrà da nessuna parte e molto rapidamente fallirà. Le spese legali, da sole, sarebbero semplicemente astronomiche»: commenti di Nancy Peterman, avvocato di Chicago specializzato in riorganizzazioni fallimentari) [(https://scholarshare.temple.edu/bitstream/handle/20.500.12613/6679/Lipson-JournalArticle-2005-2.pdf?sequence=1&isAllowed=y – ultimo accesso verificato: 11 novembre 2021].

[29] Si veda: R. J. Landry (sacerdote), *Commentary: Truth Is Needed to Free the Church from Sacrilege of Clergy Scandal*.

[30] Si veda: I. San Martin, *Pope's End to Anti-abuse Summit Sunday Disappoints Survivors*, «Crux», 24 febbraio 2019 (https://cruxnow.com/february-abuse-summit/2019/02/24/popes-end-to-antiabuse-summit-sunday-disappoints-survivors/ - ultimo accesso verificato: 11 novembre 2021).

denunce relative alla cattiva condotta sessuale clericale coinvolge adolescenti ed adulti di sesso maschile (si veda, a tal proposito, la Parte I di questo volume) e del fatto che risulta davvero innegabile l'esistenza di un aumento delle segnalazioni e dei procedimenti penali relativi a tali denunce (stimolati dal movimento «#Me Too»)[31].

Qui sta la differenza potenzialmente cruciale nella prossima ondata dei procedimenti diocesani ai sensi del capitolo 11. Immaginiamo un sacerdote che sia attratto da ragazzi di sedici anni; che tale sacerdote sia il capo-sacerdote di una parrocchia e, che, sfortunatamente, assecondi la propria attrazione sessuale compiendo degli incontri sessuali con diversi ragazzi. Supponiamo, inoltre, che alcuni di quegli incontri siano avvenuti in modo consensuale, nel senso che i ragazzi vi abbiano partecipato in modo consenziente; in altri casi, invece, supponiamo che il sacerdote in questione abbia esercitato delle pressioni sui ragazzi in vari modi non fisici. I genitori vengono a sapere della relazione che coinvolge il proprio figlio ed il sacerdote e si recano immediatamente a lamentarsi con il superiore di quest'ultimo, ossia con il vescovo. Il vescovo, pubblicamente, non fa nulla relativamente a queste accuse; forse perché ritiene che tali relazioni siano state consensuali e che si siano svolte, in definitiva, tra due adulti. Secondo il suo metro di misura, perciò, la questione è puramente di carattere confessionale per il sacerdote coinvolto e la consulenza spirituale del vescovo avviene soltanto in privato.

---

[31] I vescovi possono, in parte, commettere un errore di diritto. Il paragrafo due dell'articolo 1395 del *Codice del diritto canonico* prevede che: «Il chierico che abbia commesso altri delitti contro il sesto precetto del Decalogo, se invero il delitto sia stato *compiuto con violenza, oppure minacce*, o pubblicamente, oppure con un minore al di sotto dei sedici anni, sia punito con giuste pene, non esclusa la dimissione dallo stato clericale, se il caso lo comporti (corsivo dell'autore; Cfr. *Code of canon law (1983)*, «vatican.va», s. d. [https://www.vatican.va/archive/cod-iuris-canonici/eng/documents/cic_lib6-cann1364-1399_en.html#TITLE_V. – ultimo accesso verificato: 10 novembre 2021], can. 1395; Per il testo in italiano, si veda: *Codice di diritto canonico 1983,* «vatican.va», s. d. [https://www.vatican.va/archive/cod-iuris-canonici/ita/documents/cic_libroVI_1392-1396_it.html#TITOLO_V – ultimo accesso verificato: 10 novembre 2021]). Si noti che il linguaggio relativo all'uso della "forza o delle minacce" probabilmente non include la persuasione o la pressione da parte del sacerdote, e certamente non include le relazioni consensuali. Ciò significa che molte relazioni "efebofile" tra un sacerdote ed un adolescente post-puberale non saranno punibili come condotta sessuale, in base al diritto canonico. È l'età civile del consenso che farà la differenza legale nei tribunali civili, tuttavia, se particolari rapporti sessuali soddisferanno la definizione di, per esempio, stupro legale (definito come rapporto sessuale con una persona di età inferiore a quella del consenso). Inoltre, i vescovi sembrano non riconoscere il fatto che la legge degli Stati Uniti potrebbe imporre responsabilità di illecito per l'abuso, da parte del sacerdote, della sua posizione di potere e/o autorità sulle persone, sia che queste siano minorenni, sia che siano maggiorenni.

Forse, un altro sacerdote della diocesi insegna nel seminario diocesano, dove uomini adulti (i seminaristi) stanno studiando per il sacerdozio. Il professore del seminario è anch'esso attratto dai giovani maschi adulti e si impegna, perciò, in alcune relazioni con gli studenti. Alcuni di questi rapporti vengono consumati in modo consensuale, così come abbiamo ipotizzato che sia avvenuto nel caso del sacerdote e dei ragazzi appena descritto. Altri, invece, sono il risultato di un ricatto del sacerdote, il quale sottintende o afferma direttamente che le possibilità del seminarista di turno di essere ordinato dipendono proprio dalla sua disposizione verso tutti i tipi di sessualità, e che il rifiuto di sperimentare l'omosessualità indicherebbe una "rigidità" di carattere talmente grave che precluderebbe allo studente di fornire, con successo, un'adeguata guida spirituale ai suoi futuri parrocchiani. Data questa scelta netta, alcuni studenti accettano i rapporti sessuali con quell'insegnante di seminario e rimangono, perciò, nel seminario. Qualsiasi studente che invece rifiuta di prendere parte ad una simile esperienza viene cacciato dal seminario. Supponiamo che gli studenti che sono stati allontanati si lamentino con il vescovo. Il vescovo indaga e conclude che, se si sono verificati dei rapporti sessuali tra l'insegnante ed uno o più studenti, questi vennero consumati in modo del tutto consensuale tra due adulti e non furono, insomma, il risultato di una forzatura o di una palese minaccia da parte del sacerdote sui seminaristi; perciò, anche in questo caso, ancora una volta, il vescovo riterrà che si tratti di un evento non particolarmente problematico se non, certamente, dal punto di vista della natura peccaminosa.

Potremmo continuare a fare degli esempi, ma il punto centrale della questione è che questi sono i casi ai quali tanto i vescovi americani, quanto, forse, anche la Santa sede, sembrano essere indifferenti. Il problema è, tuttavia, che il diritto civile americano non vi è parimenti indifferente, anzi. La percezione della prima ondata di denunce relative alla cattiva condotta sessuale da parte del clero era che gli illeciti riguardassero i bambini in età prepuberale (pedofilia), che quasi nessuno difende, e che contro di essi i vescovi hanno già preso seri provvedimenti nel 2002 a Dallas. Date le statistiche disponibili in materia, la seconda ondata di denunce sulla cattiva condotta sessuale del clero promette, in gran parte, di assomigliare agli esempi che abbiamo descritto poco sopra piuttosto che alle denunce del tipo della prima ondata (ossia, di illeciti di pedofilia). L'acquiescenza episcopale nei confronti dei comportamenti sessuali sacerdotali che la legge considera illeciti, oppure anche criminali, ma che i vescovi, apparentemente, sembrano considerare come semplici peccatucci sessuali, ha come controparte l'attività dei pubblici ministeri e delle parti in causa private che esplorano, diligentemente, nuove teorie sulla responsabilità penale e civile, anche ai sensi degli statuti federali della RICO[32].

Il che ci riporta ai casi di riorganizzazione fallimentare. Nel complesso, tali casi sembrano raggiungere gli obiettivi della diocesi in quanto debitrice, fornendo un meccanismo per la gestione di molteplici denunce per atti illeciti di cattiva condotta sessuale del clero; ottenere un'estinzione di tali debiti attribuibili a tutti gli eventi passati; ridurre al minimo la pubblicità in merito a tale responsabilità sugli illeciti; e di isolare i beni delle parrocchie e delle altre organizzazioni collegate o gestite dalla diocesi nella procedura fallimentare, così da minimizzare le perdite della diocesi, nel suo insieme.

Le future riorganizzazioni diocesane provocate dalla prossima ondata di denunce di illecito sessuale potrebbero avere meno successo nel raggiungimento di questi obiettivi perché la natura delle rivendicazioni - e, soprattutto, della risposta dei vescovi diocesani a tali denunce - spalanca la via agli argomenti che, nei casi di fallimento, i tribunali si sono rifiutati di sostenere in passato o che non sono stati soltanto tentati in modo infruttuoso. In questa parte del presente contributo, esploreremo brevemente alcune di queste potenziali teorie legali e quali effetti avrebbero su un caso di riorganizzazione diocesana.

1. Nomina di un fiduciario nei procedimenti ai sensi del capitolo 11.

Come discusso in precedenza, è un aspetto peculiare della pratica americana del capitolo 11 che la gestione di un'organizzazione debitrice rimanga in essere durante la procedura di fallimento e che il debitore in possesso agisca anche come un curatore fallimentare con doveri fiduciari nei confronti dei creditori[33]. Questo, a volte, porta a conflitti di interesse percepiti oppure reali, che portano i creditori a ritenere che il management dell'organizzazione debitrice - ossia, gli stessi manager la cui amministrazione ha condotto il debitore in un tribunale fallimentare - agisca nel migliore interesse della direzione e non dei creditori. Tuttavia, i semplici sospetti non sono sufficienti per fare in modo che venga sostituita quella direzione; soprattutto perché la direzione del debitore agisce come fiduciario, in un

---

[32] Si veda in questo volume: Brian Scarnecchia, *La "prova del male": reclami per lesioni personali nei casi di cattiva condotta sessuale del clero.*

[33] Si veda: C. M. Downes, *Note: Appointing Chapter 11 Trustees in Reorganizations of Religious Institutions*, «Virginia Law Review», Vol. 101, n. 8, 2015, p. 2225 (https://www.virginialawreview.org/articles/appointing-chapter-11-trustees-reorganizations-religious-institutions/ - ultimo accesso verificato: 11 novembre 2021).

procedimento ai sensi del capitolo 11, e possiede pieni poteri per gestire il debitore[34].

La nomina di un fiduciario in un procedimento di questo genere (capitolo 11) è destinata ad essere, ed effettivamente è, piuttosto rara[35]. I vantaggi del costrutto del debitore-in-possesso (spesso chiamato con l'acronimo "DIP") includono diversi aspetti positivi come, per esempio, la conoscenza intima del debitore e della sua "cultura aziendale"; nessun tempo necessario per "aggiornarsi" sulle operazioni del debitore; e, presumibilmente, una profonda conoscenza dei problemi operativi e finanziari del debitore e di come poterli risolvere, ecc. Si ritiene che questi vantaggi significativi del DIP superino il risentimento che praticamente tutti i creditori sentono verso la gestione esistente. Il Codice, come spesso accade, tuttavia, prevede che possano esserci dei casi in cui il DIP debba essere sostituito. Il tribunale può nominare un fiduciario nei procedimenti ai sensi del capitolo 11 «per giusta causa» (tra cui vengono menzionate: la frode, la disonestà, la grave cattiva gestione oppure la grave incompetenza nella gestione da parte del debitore) prima o anche nel corso del processo di riorganizzazione, qualora tale provvedimento risultasse chiaramente nell'interesse dei creditori[36].

C'è anche un ulteriore livello costituzionale di complessità nel caso di un fallimento diocesano. Il Primo Emendamento impedirebbe ad un giudice fallimentare federale di stabilire chi sarà il vescovo di una diocesi cattolica. Pertanto, non è certo che un fiduciario, in un procedimento ai sensi del capitolo 11, possa essere nominato per sostituire un vescovo già a capo della diocesi. Tuttavia, ci sono casi in cui i tribunali hanno nominato amministratori fiduciari "parziali" nei procedimenti ai sensi del capitolo 11 per gestire una parte delle operazioni di un debitore non diocesano, in particolare quando si è di fronte ad una preoccupazione da parte dei creditori verso il debitore-in-possesso, dovuta alla perdita di fiducia per suoi precedenti di frode, disonestà o incompetenza[37]. Sebbene ciò non sia mai

---

[34] *United States Code*, Titolo 11, cap. 11, subcap. I, artt. 1107, 1108 (https://www.law.cornell.edu/uscode/text/11/chapter-11/subchapter-I – ultimo accesso verificato: 11 novembre 2021).

[35] C. M. Downes, *Note: Appointing Chapter 11 Trustees in Reorganizations of Religious Institutions*, p. 2229 («La nomina di un fiduciario rappresenta un rimedio straordinario disponibile in quei casi in cui, per una varietà di motivi, non si può più ritenere che il debitore sia in grado di adempiere alle proprie responsabilità di debitore-in-possesso»).

[36] *United States Code*, Titolo 11, cap. 11, subcap. I, art. 1104(a)(1) (https://www.law.cornell.edu/uscode/text/11/chapter-11/subchapter-I – ultimo accesso verificato: 11 novembre 2021).

[37] Si veda: *In re Nartron Corporation*, 330 B.R. *573 (Corte distrettuale degli Stati Uniti per il distretto ovest dello Stato del Michigan, 2005) [https://www.courtlistener.com/

avvenuto all'interno di un procedimento di riorganizzazione diocesana, un fiduciario parziale potrebbe comunque rappresentare una opzione plausibile anche per i procedimenti ai sensi del capitolo 11, qualora il caso dovesse richiederla.

Così, una diocesi coinvolta in un procedimento ai sensi del capitolo 11, il cui vescovo ha rifiutato di seguire la legge secolare sulle molestie sessuali, sull'ambiente di lavoro ostile, sulla richiesta quid pro quo di relazioni sessuali sul posto di lavoro, sulla predazione sessuale dei minori come definita dalla legge secolare, ecc., sarebbe giudicato come incompetente nel senso di non essere in grado di comprendere la legge laica oppure di rifiutarsi consapevolmente a seguirla creando, in tal modo, dolore e disagio per il vittime del caso. I ricorrenti della seconda ondata di illeciti sostengono che le loro rivendicazioni sono dovute al dolo della cattiva condotta da parte dei vescovi i quali, intenzionalmente, non hanno seguìto la legge secolare, conducendo direttamente agli illeciti contro le vittime. È difficile vedere come un vescovo, che sarà l'obiettivo principale delle ire e delle pretese legali delle vittime dell'illecito civile, sia in grado di adempiere ai propri doveri fiduciari nei confronti di quei creditori nel caso di fallimento per bancarotta, inclusa sia la negoziazione di un piano di riorganizzazione, sia il conseguente trattamento dei creditori (che su quello si basa). Infine, poiché le vittime degli abusi sessuali clericali sono i principali creditori nei fallimenti diocesani, le vittime sosterrebbero che la nomina di un fiduciario risulterebbe chiaramente nell'interesse dei creditori primari del caso.

Pertanto, un tribunale fallimentare potrebbe nominare un fiduciario "parziale" anche nei procedimenti ai sensi del capitolo 11, al fine di indagare e gestire quegli aspetti degli affari di una diocesi che riguardano il vero scopo della riorganizzazione: ossia, le denunce di cattiva condotta sessuale. Poiché un fiduciario parziale ha doveri fiduciari nei confronti dei creditori, il vescovo potrebbe perdere il controllo sostanziale a favore di una terza parte sull'obiettivo principale della riorganizzazione, ossia l'elaborazione delle denunce di cattiva condotta sessuale clericale[38]. È difficile immaginare che un vescovo consideri felicemente una tale svolta degli eventi.

---

opinion/2026684/in-re-nartron-corp/?page=2 – ultimo accesso verificato: 11 novembre 2021; fiduciario parziale stabilito ai sensi del capitolo 11]; *In re Madison Management Company*, 137 B.R. 275 (Corte distrettuale degli Stati Uniti per il distretto nord dello Stato dell'Illinois, 1992) [https://www.leagle.com/decision/1992412137br2751360 – ultimo accesso verificato: 11 novembre 2021; lo stesso].

[38] Il Codice consente, inoltre, ad un tribunale di nominare un "esaminatore" per indagare su frode, disonestà, grave cattiva gestione oppure incompetenza del debitore-in-possesso e presentare un rapporto al tribunale (Cfr. *United States Code*, Titolo 11, cap. 11, subcap. I, art. 1104(c) (https://www.law.cornell.edu/uscode/text/11/chapter-11/subchapter-I – ultimo accesso verificato: 11 novembre 2021). Gli argomenti per tale

2. Il licenziamento in buona fede e la conferma del piano.

L'obiettivo del debitore nel dichiarare il fallimento ai sensi del capitolo 11 è che il tribunale confermi un piano di riorganizzazione proposto dal debitore (e, quindi, contenente condizioni favorevoli per quest'ultimo)[39] ed accettato dai creditori, dopo averlo sottoposto ad una procedura di votazione[40]. Il Codice, ovviamente, contiene procedure e requisiti dettagliati in relazione a questi obiettivi, compreso un requisito secondo il quale un debitore deve proporre il proprio piano di riorganizzazione in "buona fede"[41]. Se il piano del debitore non viene proposto in buona fede, il caso può essere archiviato.

Ciò che definisce un piano di riorganizzazione in buona fede rappresenta, in realtà, un argomento abbastanza complicato, i cui dettagli esulano dallo scopo di questo capitolo. Tuttavia, c'è una certa giurisprudenza che suggerisce che un piano proposto ai sensi del capitolo 11 ed, in definitiva, un deposito ai sensi del medesimo capitolo debbano, in generale, avere un «valido scopo di riorganizzazione» per

---

nomina sarebbero probabilmente gli stessi discussi per un fiduciario, ma un esaminatore non avrebbe alcun ruolo nella gestione del debitore diocesano durante la riorganizzazione.

[39] Il debitore ha il diritto esclusivo di proporre un piano di riorganizzazione per i primi centoventi giorni di un caso ai sensi del capitolo 11 (Cfr. *United States Code,* Titolo 11, cap. 11, subcap. II, art. 1121(b) (https://www.law.cornell.edu/uscode/text/11/chapter-11/subchapter-II – ultimo accesso verificato: 11 novembre 2021). Una volta che questo "periodo di esclusività" scade senza essere prorogato dal tribunale, qualsiasi parte interessata al fallimento ha il diritto di presentare un piano e di far votare i creditori per accettarlo o rifiutarlo (Cfr. *United States Code,* Titolo 11, cap. 11, subcap. II, art. 1121(c) (https://www.law.cornell.edu/uscode/text/11/chapter-11/subchapter-II – ultimo accesso verificato: 11 novembre 2021).

[40] A differenza degli altri capitoli del Codice sulla riorganizzazione, i creditori, in un caso ai sensi del capitolo 11, esprimono un voto su un piano proposto(Cfr. *United States Code,* Titolo 11, cap. 11, subcap. II, art. 1126 (https://www.law.cornell.edu/uscode/text/11/chapter-11/subchapter-II – ultimo accesso verificato: 11 novembre 2021). Se i creditori respingono il piano, il debitore può invocare la procedura come descritta nel capitolo 11 denominata "Cramdown", affinché il tribunale confermi il piano nonostante l'eccezione dei creditori dissenzienti (Cfr. *United States Code,* Titolo 11, cap. 11, subcap. II, art. 1127 (https://www.law.cornell.edu/uscode/text/11/chapter-11/subchapter-II – ultimo accesso verificato: 11 novembre 2021). In alternativa, il debitore insieme ai suoi creditori potrebbero risolvere le loro divergenze sul piano di rientro che venne presentato, il che porterebbe il debitore, insomma, a presentare un piano rivisto e ricorretto con l'avallo dei propri creditori.

[41] *United States Code,* Titolo 11, cap. 11, subcap. II, art. 1129 (a) (3) (https://www.law.cornell.edu/uscode/text/11/chapter-11/subchapter-II – ultimo accesso verificato: 11 novembre 2021).

soddisfare lo standard di buona fede[42]. Un debitore che risulti, per esempio, finanziariamente in grado di ricoprire in altro modo un ruolo di grande responsabilità verso un gruppo distinto di creditori potrebbe non soddisfare lo standard di buona fede[43]. Non è un uso corretto del Codice per un debitore utilizzare il capitolo 11 al fine di ottenere una leva per risolvere quella che si configurerebbe, essenzialmente, come una semplice disputa fra il debitore ed uno specifico creditore. Laddove il debitore non abbia altri problemi finanziari o strutturali differenti da una classe di azioni civili nei suoi confronti, vi è l'opinione secondo cui l'intero caso di fallimento dovrebbe essere respinto[44].

C'è una sorprendente mancanza di contenzioso in merito al concetto di buona fede nel contesto del fallimento diocesano[45]. Forse, ad oggi, tutte le parti in tali casi vedono i vantaggi del sistema fallimentare per la gestione del problema degli illeciti relativi alla cattiva condotta sessuale. Non vi è alcuna garanzia, tuttavia, che i futuri richiedenti condividano tale punto di vista. Dato che la prossima ondata di vittime di atti illeciti per cattiva condotta sessuale potrebbe percepire in modo negativo i vescovi che minimizzano oppure addirittura respingono le loro accuse di cattiva condotta, è probabile che l'animosità contro un debitore diocesano sarà ben maggiore rispetto ai casi precedenti.

Inoltre, le azioni di un vescovo che si rifiuta di far rispettare le leggi secolari contro la condotta sessuale scorretta e la predazione del clero, e quindi cerca la sospensione automatica del fallimento e della procedura di denuncia come un modo per assolvere alle conseguenze di tale decisione, potrebbe non trovarsi d'accordo

---

[42] Si veda: *In re SGL Carbon Corporation*, 200 F.3d *154, *156–57 (Corte d'appello degli Stati Uniti, terzo circuito, 1999) [https://www.courtlistener.com/opinion/767204/in-re-sgl-carbon-corporation-debtor-official-committee-of-unsecured/ – ultimo accesso verificato: 11 novembre 2021]; Si veda anche: A. Walsh Smith, *Comment: Chapter 11 Bankruptcy: A New Battleground in the Ongoing Conflict Between Catholic Dioceses and Sex-Abuse Claimants*, «North Carolina Law Review», Vol. 84, n. 1, 2005, p. 282 (https://scholarship.law.unc.edu/cgi/viewcontent.cgi?article=4189&context=nclr – ultimo accesso verificato: 11 novembre 2021; nel quale viene analizzata la "buona fede" nel contesto dei casi diocesani ai sensi del capitolo 11).

[43] Si veda: *In re SGL Carbon Corporation*, 200 F.3d *154, *156–57 (Corte d'appello degli Stati Uniti, terzo circuito, 1999)) [https://www.courtlistener.com/opinion/767204/in-re-sgl-carbon-corporation-debtor-official-committee-of-unsecured/ – ultimo accesso verificato: 11 novembre 2021].

[44] Ibid.

[45] Si veda: D. Laycock, J. C. Lipson, N. Peterman, R. Phelan, D. Skeel, S. J. Gerdano, *Roundtable Discussion: Religious Organizations Filing for Bankruptcy*, pp. 25, 31 («C'è molta animosità in questi casi. E uno degli enigmi, mi sembra, è perché nessuno stia litigando per il concetto di [buona fede]. Stanno litigando per tutto il resto»: commenti del Professor Skeel).

con un tribunale fallimentare, soprattutto quando non vi sono altri motivi finanziari per il deposito. Un tribunale fallimentare potrebbe concludere che una dichiarazione di fallimento, in un caso del genere, sia intesa esclusivamente ad evitare altri statuti come, per esempio, le disposizioni civili degli statuti federali e statali della RICO, che sono specificamente progettati per gestire i casi di soggetti che utilizzano un'istituzione al fine di perpetuare alcune tipologie di illecito e che, di conseguenza, tale uso del Codice non rappresenti un «valido scopo riorganizzativo» e, quindi, sia compiuto in malafede[46].

Se un tribunale archivia un caso di riorganizzazione fallimentare per mancanza di buona fede, la diocesi sarà lasciata a difendersi in sedi diverse da quella fallimentare. Tale contenzioso frammentario comporta il rischio di un intenso controllo da parte dei media e di uno smembramento finanziario: un risultato che sarebbe un incubo per qualsiasi diocesi e per il suo vescovo.

3. Il consolidamento sostanziale.

Come discusso in precedenza, le misure adottate dalle diocesi per limitare il coinvolgimento dei beni a disposizione dei creditori vittime degli illeciti hanno rappresentato una risposta legale prudente ed appropriata. In generale, i tribunali fallimentari riconoscono e rispettano la struttura aziendale dei debitori. Vale a dire, se una società che fa parte di una famiglia più ampia di società presenta un caso ai sensi del capitolo 11, è la società che ha presentato la domanda ad essere oggetto del caso di fallimento, non le società sorelle oppure le società sussidiarie che non hanno, evidentemente, presentato la richiesta di fallimento.

Tuttavia, questo principio generale non è perfettamente inviolabile. L'equa dottrina del «consolidamento sostanziale»[47] consente, nei casi appropriati, ad un

---

[46] La legge federale RICO ("Racketeering Influenced Corrupt Organizations Act") si trova in: *United States Code*, Titolo 18, parte I, cap. 91, art. 1861 e segg. (2016) [https://www.law.cornell.edu/uscode/text/18/1861 – ultimo accesso verificato: 11 novembre 2021]. Per una discussione sugli elementi delle rivendicazioni civili RICO e delle potenziali difficoltà nel prevalere su tali denunce, fino ad oggi presentate contro i funzionari della Chiesa in relazione alla cattiva condotta sessuale del clero, si veda: N. R. Mancini, *Mobsters in the Monastery? Applicability of Civil RICO to the Clergy Sexual Misconduct Scandal and the Catholic Church*, «Roger Williams University Law Review», Vol. 8, n. 1, 2002, p. 193 [https://docs.rwu.edu/cgi/viewcontent.cgi?article=1259&context=rwu_LR – ultimo accesso verificato: 11 novembre 2021].

[47] *United States Code*, Titolo 11, cap. I, art. 105: consente ad un giudice fallimentare di «emettere un qualsiasi ordine [...] necessario oppure appropriato per eseguire le disposizioni di questo titolo» (https://www.law.cornell.edu/uscode/text/11/105 – ultimo accesso verificato: 11 novembre 2021).

tribunale fallimentare di "consolidare" le attività e le passività delle società non debitrici con quelle di una società debitrice[48]. Il rimedio sostanziale del consolidamento è destinato ad essere molto raro ed il creditore che lo presenta ha il pesante fardello di dimostrare che l'entità non debitrice ed il debitore sono così coinvolti da essere, o i creditori li hanno trattati come, un'unità economica e che il beneficio del consolidamento sostanziale supera di gran lunga il danno per i creditori derivante dal riconoscimento della natura separata del debitore e del non debitore[49].

Per sostenere un consolidamento sostanziale, le vittime di cattiva condotta sessuale indicherebbero, innanzitutto, l'ampio controllo che il vescovo esercita sugli affari interni di tutte le istituzioni delle diocesi, comprese le parrocchie[50]. I vescovi, come parte della missione religiosa della Chiesa cattolica, esercitano una grande influenza sugli aspetti più importanti delle parrocchie, specialmente nella scelta del pastore e, in alcuni casi, il controllo della proprietà e di altri affari finanziari di una parrocchia[51]. Le vittime degli illeciti, nei casi appropriati, potrebbero sostenere in modo credibile che, quando si tratta di predazione sessuale da parte dei sacerdoti, per esempio, essi consideravano il vescovo e la parrocchia essenzialmente la stessa cosa e cercavano di trovare sollievo nella diocesi, non nella parrocchia. I fatti dei rapporti finanziari diocesani con le parrocchie potrebbero rafforzare questo tipo di

---

[48] I casi di riferimento che stabiliscono gli elementi del consolidamento sostanziale sono: *Drabkin v Midland-Ross Corporation* (*In re Auto-Train Corporation*), 810 F.2d *270 (Corte d'appello degli Stati Uniti, circuito del distretto dello Stato della Columbia, 1987) [https://openjurist.org/810/f2d/270/auto-train-corporation-inc-drabkin-v-midland-ross-corporation – ultimo accesso verificato: 11 novembre 2021]; *In re Augie/Restivo Baking Company*, 810 F.2d *515 (Corte d'appello degli Stati Uniti, secondo circuito, 1987) [https://www.leagle.com/decision/198839984br3151324 – ultimo accesso verificato: 11 novembre 2021]; *In re Owens Corning*, 419 F.3d *195 (Corte d'appello degli Stati Uniti, terzo circuito, 2005) [https://www.leagle.com/decision/2005614419f3d1951594 – ultimo accesso verificato: 11 novembre 2021].

[49] Si veda: J. Baumgartner, *Note, Remedying Scandal: Pooling the Assets of Catholic Entities to Pay Off Tort Creditors Through Substantive Consolidation in a Bankruptcy Proceeding*, «Rutgers Journal of Law and Religion», Vol. 18, n. 2, Estate 2017, p. 388 (https://lawandreligion.com/sites/law-religion/files/5.%20Baumgartner_Remedying%20Scandal%20.pdf – ultimo accesso verificato: 11 novembre 2021; discussione ed analisi degli elementi di consolidamento sostanziale nel contesto del fallimento della diocesi cattolica).

[50] Si veda: J. Baumgartner, *Note, Remedying Scandal: Pooling the Assets of Catholic Entities to Pay Off Tort Creditors Through Substantive Consolidation in a Bankruptcy Proceeding*, pp. 413–417 (discussione delle circostanze fattuali nel contesto della diocesi/parrocchia cattolica che puntano a favore e contro il consolidamento sostanziale).

[51] Ibid.

argomentazione, poiché le diocesi non operano nello stesso modo delle società madri in una famiglia di società.

Nella misura in cui tale controllo e coinvolgimento episcopale è correlato alla missione religiosa fondamentale della Chiesa, tuttavia, il Primo Emendamento probabilmente proteggerebbe tale "intreccio" tra vescovo e parrocchia, che precluderebbe il consolidamento sostanziale[52]. Se il controllo del vescovo sulle parrocchie viene privato dell'argomento del consolidamento sostanziale, allora tutto ciò che resta ai creditori è una mescolanza finanziaria, che finora non è stata sufficiente a soddisfare la prova del consolidamento sostanziale nelle precedenti procedure di riorganizzazione diocesane. La chiave, quindi, per gli argomenti di consolidamento sostanziale in un fallimento diocesano sta nello stabilire il controllo episcopale sulle parrocchie e le altre entità correlate che non siano collegate alla missione religiosa della Chiesa.

Qui è dove la natura specifica delle denunce di illecito potrebbe fare la differenza. Ancora una volta, ipotizziamo una diocesi in cui il vescovo non faccia rispettare le leggi secolari contro le molestie sessuali, l'ambiente di lavoro ostile, il quid pro quo sulle richieste di sesso da parte di una persona al potere come un sacerdote, ecc. Di fronte alle denunce di violazione di tali leggi da parte di un sacerdote, il vescovo non intraprende alcuna azione legale. È assurdo sostenere che la predazione sessuale sul posto di lavoro faccia parte della missione religiosa della diocesi. Il fatto che il vescovo possa vedere tale comportamento esclusivamente attraverso la lente delle sanzioni del diritto canonico, non altera il fatto che le leggi neutre e secolari in materia di lavoro ed assalto sessuale si applichino con eguale forza nelle entità cattoliche. In tal caso, un tribunale potrebbe riconoscere che il chiaro "intreccio" di un simile vescovo con le proprie parrocchie abbia prodotto un grave danno secolare alle vittime non legate alla missione religiosa della Chiesa, e che riconoscere la natura "separata" delle parrocchie, per esempio, favorisca il perpetuarsi di questo danno[53].

---

[52] Ibid., note nn. 117–123 (e relativo testo principale): esame e analisi del tentativo fallito di consolidare sostanzialmente parrocchie e diocesi nella causa fallimentare della diocesi dello Stato del Milwaukee.

[53] È importante notare che, in passato, un tribunale fallimentare ha negato il consolidamento sostanziale per motivi tecnici di fallimento. Il *Codice*, al paragrafo 303(a), vieta la presentazione di un caso di bancarotta "involontaria" contro una società di beneficenza (Cfr. *United States Code*, Titolo 11, cap. 3, subcap. I, art. 303 (a): https://www.law.cornell.edu/uscode/text/11/303 – ultimo accesso verificato: 11 novembre 2021). Il tribunale fallimentare della diocesi di St. Paul e Minneapolis ha rifiutato il consolidamento sostanziale adducendo che il rimedio sarebbe stato una istanza di fallimento involontario contro le parrocchie che non avevano presentato la richiesta

In effetti, un'analogia con le cause civili di denuncia ai sensi dello statuto federale RICO potrebbe risultare molto solida per sostenere la necessità di un consolidamento sostanziale. Quando un vescovo, per motivi propri, conosce ed acconsente alla predazione sessuale da parte dei sacerdoti e di altri soggetti nella sua diocesi, e successivamente utilizza l'intera diocesi, comprese le sue parrocchie e le altre istituzioni, per tacere tale predazione sessuale, il principio di equità richiede che l'istituzione utilizzata per promuovere tali atti - ossia, la diocesi e tutte le sue istituzioni addette - sia considerata come disponibile per rispondere alle richieste dei creditori. Come tale consolidamento influenzerebbe i creditori delle parrocchie e gli interessi dei parrocchiani stessi (che, dopo tutto, non hanno alcun ruolo nella predazione sessuale, ma vengono comunque trascinati nel fallimento della diocesi) richiederebbe una determinazione fattuale attraverso la quale il tribunale dovrebbe soppesare il danno che investe tali soggetti. Tuttavia, la natura delle richieste di risarcimento della seconda ondata potrebbe, ancora una volta, essere sufficiente per far sì che vengano disposti risarcimenti in modo più favorevole alle vittime degli illeciti nei casi appropriati.

Conclusioni.

Le diocesi e le altre istituzioni cattoliche a livello nazionale stanno affrontando l'eventualità di poter essere sopraffatte da molteplici denunce di cattiva condotta sessuale da parte dei sacerdoti e dei vescovi; denunce che differiscono da quelle precedenti sulla pedofilia (le quali hanno guadagnato così tanta notorietà a partire

---

insieme alla diocesi. Si veda: *In re Archdiocese of Minneapolis & St. Paul*, 553 B.R. *693 (Corte distrettuale degli Stati Uniti per il distretto dello Stato di Minneapolis, 2012) [https://www.leagle.com/decision/inbco20160729657 – ultimo accesso riservato: 11 novembre 2021]. Questa opinione è stata criticata per non aver saputo distinguere, come apparentemente fa la maggior parte dei tribunali, il rimedio equo di consolidamento sostanziale - il quale non comporta tutti gli attributi di una dichiarazione di fallimento involontaria - da un deposito involontario. Si veda: *In re Kretchmer*, 579 B.R. *924, *928–30 (Corte distrettuale degli Stati Uniti per il distretto ovest dello Stato dell'Oklahoma, 2018) [https://www.courtlistener.com/opinion/3425877/in-re-kretchmer/?court_massappct=on – ultimo accesso verificato: 11 novembre 2021; nella quale viene criticata l'opinione del tribunale fallimentare del Minnesota e raccogliendo i casi contrari]; Si veda anche: J. Baumgartner, *Note, Remedying Scandal: Pooling the Assets of Catholic Entities to Pay Off Tort Creditors Through Substantive Consolidation in a Bankruptcy Proceeding*, «Rutgers Journal of Law and Religion», Vol. 18, n. 2, Estate 2017, pp. 412-413 (https://lawandreligion.com/sites/law-religion/files/5.%20Baumgartner_Remedying%20 Scandal%20.pdf – ultimo accesso verificato: 11 novembre 2021.

dal 2002). La maggior parte di queste nuove denunce, probabilmente, si baserà sulla predazione sessuale da parte del clero contro ragazzi e/o seminaristi in età post puberale. Tali potenziali denunce includono le aggressioni sessuali illecite oppure lo stupro di un minore, la creazione di un ambiente di lavoro ostile, la violazione dei doveri, la predazione di soggetti subordinati o di altre persone vulnerabili alla predazione a causa di una disparità di potere oppure della cattiva condotta d'ufficio, ecc. Non soltanto è probabile che gli stessi illeciti siano diversi per natura rispetto a quelli già avvenuti in passato, ma l'attuale ambiente sociale ha forse reso i tribunali ed il pubblico più ricettivi e comprensivi nei confronti di tali denunce.

Insieme a questo nuovo interesse sociale, legale e giudiziario per tali denunce si deve rilevare la strana, apparente acquiescenza oppure passività della gerarchia cattolica verso tali comportamenti dei sacerdoti. Sia respingendo tali denunce definendole come una questione sessuale personale tra adulti consenzienti, sia consentendo l'emergere di una cultura della molestia sessuale all'interno dei seminari (per citare soltanto due scenari ai quali molto frequentemente ci si riferisce) la percezione è che i vescovi si siano rifiutati di prendere sul serio le leggi secolari che definiscono tali comportamenti come illeciti e, a volte, criminali. Sebbene la questione non sia esente da dubbi, sembra che la seconda ondata di denunce relative alla cattiva condotta sessuale del clero sarà molto diversa dalla prima.

Questa differenza, a sua volta, influenzerà le argomentazioni che le vittime degli illeciti presenteranno nel corso dei casi di fallimento ai sensi del capitolo 11 che le diocesi potrebbero presentare in risposta alle denunce di illeciti sessuali di massa che sono state rivolte contro di loro. La differenza nelle denunce sta nel ruolo del vescovo nel non riconoscere il comportamento illecito in quanto tale, e quindi nell'utilizzare le risorse della diocesi per metterlo a tacere. Questo capitolo ha sostenuto che i creditori utilizzeranno questa differenza cruciale sulla natura delle richieste di risarcimento per far valere l'applicazione di rimedi, nei casi di fallimento ai sensi del capitolo 11, che non sono stati utilizzati nei casi sinora occorsi, come, per esempio: la nomina di un fiduciario parziale oppure totale, il consolidamento sostanziale del patrimonio di tutte le istituzioni di una diocesi al fine di soddisfare le pretese dei creditori e, forse, anche l'archiviazione del caso ai sensi del capitolo 11 per mancanza di buona fede da parte del debitore di turno. Se un tribunale dovesse accordarsi con i creditori e concedere uno o più di questi rimedi — o uno qualsiasi dei tanti altri approcci che potrebbero, ora, essere disponibili e favorevoli ai creditori — la riorganizzazione fallimentare perderebbe il suo status vantaggioso di via privilegiata per sollevare le diocesi dalle loro responsabilità per la cattiva condotta sessuale del clero, con risultati potenzialmente devastanti per la diocesi coinvolta.

QUARTA PARTE

TRACCIARE LA ROTTA DA SEGUIRE: RIFLESSIONI BIBLICHE, TEOLOGICHE E PASTORALI.

Riepilogo della Quarta parte.

Mark S. Latkovic, Dottore in Sacra Teologia
**Professore di morale e teologia sistematica,
Sacred Heart Major Seminary, Detroit, Michigan**

Per comprendere ed andare avanti sulla questione della cattiva condotta sessuale del clero con i soggetti maschi, dobbiamo possedere un solido fondamento biblico, teologico e pastorale. I cinque capitoli che compongono la Quarta parte di questo volume ci restituiscono proprio questo. In primo luogo, Mary Healy ci presenta un capitolo incentrato sull'insegnamento biblico relativo alla sessualità, in particolare soffermandosi sulla questione dell'omosessualità. In secondo luogo, Robert L. Fastiggi espone gli insegnamenti della Chiesa sulla continenza/celibato perpetui dei sacerdoti cattolici di rito latino ed orientale. Segue il terzo contributo, scritto dallo stesso Robert L. Fastiggi insieme a Suzanne Mulrain, nel quale vengono trattate le questioni della castità celibe consacrata e della formazione in seminario. In quarto luogo, Paul Gondreau scrive un interessante capitolo sulla mascolinità di Cristo e sul suo significato nel contesto della cattiva condotta sessuale del clero. Il quinto ed ultimo capitolo di questa sezione è scritto da Eduardo Echeverria, il quale affronta le tematiche della misericordia e della verità nell'ambito della cura pastorale delle persone che si trovano in relazioni problematiche (sia dal punto di vista spirituale, sia da quello morale).

I.

Mary Healy, nel suo contributo, mostra bene che la comprensione scritturale del sesso non rappresenta una responsabilità bensì un bene - realmente una «buona novella» - ed un aspetto assolutamente essenziale per comprendere l'etica sessuale della Chiesa. La studiosa sostiene che l'omosessualità debba essere affrontata nei termini dei resoconti della creazione contenuti nel libro della Genesi. In Gen. 1, l'uomo viene creato ad «immagine» di Dio come maschio e femmina. Ed è creato per la comunione, non per un'esistenza solitaria (come dimostra il fatto che Dio crea una coppia di sposi). Inoltre, scrive Mary Healy, Gen. 2 ci mostra che è attraverso la differenziazione sessuale dei nostri progenitori – ossia, le loro differenze corporee progettate per l'unione sponsale oppure la loro complementarità – che l'uomo e la donna riconoscono la loro vocazione a diventare «una sola carne» nell'alleanza del matrimonio. Il libro della Genesi afferma, così, l'unico «orientamento» sessuale con cui sono stati creati gli esseri umani: l'orientamento alla comunione sponsale con il sesso opposto che è inscritto nel corpo umano, maschile o femminile che sia.

Mary Healy, poi, nota come la caduta, descritta in Gen. 3, dia inizio sia allo stato di alienazione, sia al desiderio disordinato dell'uomo. In tali tendenze vanno comprese anche il suo appetito sessuale disordinato (per esempio, l'attrazione per lo stesso sesso) e la sua lotta contro la concupiscenza. Il peccato originale, come Mary Healy nota, può trasformare ciò che dovrebbe essere un «dono di sé» in semplice «autogratificazione».

Una volta stabilito il contesto della creazione e della caduta, la studiosa affronta alcuni passaggi difficili contenuti nell'Antico Testamento. Per esempio, affronta la storia della distruzione della città di Sodoma (Gen. 18-19), sostenendo che è sia l'inospitalità, sia il tentato stupro, nonché la condotta omosessuale che vengono condannate. Mary Haley mostra anche perché le leggi sul comportamento omosessuale non appartengano alla legge rituale bensì alla legge morale permanente, ossia alla legge naturale, che ordina la condotta sessuale secondo quella del disegno di Dio.

Quando Healy si rivolge al Nuovo Testamento, sostiene che il presunto «silenzio» di Gesù Cristo sulla condotta omosessuale come un argomento che oggi lo favorirebbe, non risulta convincente – a meno che non si possa dire che egli avrebbe approvato altre azioni che la Legge mosaica condannava, ma su cui taceva: per esempio, l'incesto e la bestialità (o, come la definiremmo oggi, la zooerastia). Infatti Gesù Cristo esige la conformità ad un legge morale superiore ed etica sessuale. Non solo gli atti illeciti, ma anche i desideri illeciti vengono condannati.

Gesù Cristo riafferma anche lo scopo divino del matrimonio quale unione in «una sola carne» tra uomo e donna (Matteo 19:1–9). È compassionevole con i peccatori, ma non ignora né condona il loro peccato, sia sessuale, sia di qualsiasi altro tipo. Piuttosto, come Mary Healy osserva, egli chiama i peccatori a pentirsi ed a cercare il regno di Dio.

La studiosa sottolinea come le lettere di Paolo forniscano un fondamento importante per l'insegnamento cattolico sull'omosessualità. Comincia con la Prima lettera ai corinzi (1 Co. 6): che la vita in Cristo è incompatibile con ogni immoralità, compresi gli atti omosessuali; questo include tanto i desideri disordinati quanto gli atti veri e propri. Lo Spirito Santo ci autorizza non soltanto a resistere alla tentazione, bensì a vivere delle vite sante e piene di gioia. Il fatto che siamo dei «templi» di Dio, ci fornisce la ragione ultima della castità.

Healy si conclude con la Lettera ai romani (Ro. 1), nella quale Paolo descrive cosa succede ad una società quando essa rifiuta Dio. Tutta l'immoralità sessuale, inclusi certamente gli atti omosessuali, rappresenta la diretta conseguenza dell'idolatria. Healy vede un segnale di avvertimento nelle parole di Paolo per i nordamericani del Ventunesimo secolo. Ma ci ricorda anche la risposta di Paolo a questa crisi, ossia: Gesù Cristo.

II.

L'ottimo studio di Robert L. Fastiggi inizia con l'osservazione in merito a quante persone considerino il celibato come la causa principale dei casi di abuso sessuale da parte del clero. Lo studioso nota, tuttavia, che gli studi in nostro possesso non confermano questo giudizio. Successivamente, poi, egli passa a definire i termini di castità, di celibato e di continenza. Tutti e tre questi termini sono spesso fraintesi; infatti, i sacerdoti celibi sono chiamati a praticare la castità dei non sposati, il che significa la pratica della continenza oppure dell'astinenza dai rapporti sessuali. Se tutti i preti celibi avessero osservato correttamente la continenza in passato, sostiene Robert L. Fastiggi, oggi non ci sarebbe stata alcuna emergenza o crisi relativamente agli abusi sessuali da parte del clero. Questa osservazione è obiettivamente inconfutabile.

Fastiggi cita l'alto elogio del celibato clericale e della continenza perpetua da parte del Concilio Vaticano II contenuto nel decreto *Presbyterorum ordinis*. A questo punto, lo studioso passa a mostrare il suo fondamento biblico e patristico nell'Occidente latino. Per esempio, Gesù Cristo raccomanda coloro che rinunciano al matrimonio per il regno di Dio (Matteo 19:12). Paolo consiglia a coloro che sono celibi oppure vedovi di mantenere lo stato del celibato (1 Co. 7:8, 25-28).

Esaminando la Chiesa primitiva, Robert L. Fastiggi fa riferimento a molti studi recenti sulla storia del celibato clericale secondo i quali, gli uomini sposati ed ordinati al sacerdozio dovevano rimanere perfettamente continenti. Ciò viene dimostrato dalle deliberazioni dei vari sinodi locali. Per esempio, il canone 33 del Concilio di Elvira (avvenuto all'incirca fra il 303 e il 305) afferma l'obbligo della continenza per il clero sposato. Fastiggi cita anche le deliberazioni di molti altri concili (come per esempio, quello di Nicea, avvenuto nel 325).

Seguendo l'interpretazione di Ignace de la Potterie della Prima lettera a Timoteo (1 Ti. 3:2) come fonte indirettamente a sostegno della continenza clericale, Fastiggi sostiene che questo passaggio, insieme al requisito della continenza clericale espresso nei primi sinodi della Chiesa, fornisca una prova forte in merito al fatto che l'obbligo della continenza dei diaconi, dei sacerdoti e dei vescovi sposati non sia una tradizione successiva, ma «una tradizione non scritta di origine apostolica». Forse, suggerisce lo studioso, la testimonianza più forte dell'origine apostolica di questo requisito è la testimonianza del *Codex canonum ecclesiae africanae*, il quale include i canoni di molti concili della fine del IV e dell'inizio del V secolo.

Nell'Oriente cristiano, il Concilio in Trullo (anche noto come Concilio Quinisesto), convocato dall'imperatore Giustiniano II nel 691, ha confermato una disciplina diversa. Questo Concilio richiedeva il celibato e la continenza per coloro che venivano nominati vescovi. Se un sacerdote sposato veniva promosso all'episcopato, sua moglie doveva separarsi da lui ed entrare in un monastero. I sacerdoti, i diaconi e i suddiaconi sposati potevano continuare a mantenere i rapporti coniugali con le loro mogli, ma non potevano contrarre un secondo matrimonio in caso di morte della coniuge. Il Concilio in Trullo stabilì la pratica delle Chiese orientali, sia cattolica, sia ortodossa, che continua fino ai giorni nostri. La ragione della continenza clericale per i vescovi ed i sacerdoti nel rito latino (e per i vescovi nei riti orientali) è che il sacerdote o il vescovo assumano l'atteggiamento di Gesù Cristo, il quale è sposato con la Chiesa, secondo la Lettera agli efesini (Efesini 5:22-23). I sacerdoti, quindi, dovrebbero essere continenti per rappresentare Gesù Cristo, lo Sposo casto. Nell'undicesimo secolo, scrive Fastiggi, alcuni papi come Nicola II e Gregorio VII decretarono che soltanto gli uomini celibi potevano essere ordinati al sacerdozio.

Lo studioso nota come il celibato sacerdotale sia giustamente stimato ed accolto come un dono di Dio. Ancora una volta, abbandonarlo non porrà fine agli abusi sessuali del clero. Soltanto i sacerdoti e i laici che decidano di seguire la morale sessuale cattolica saranno in grado di poter porre fine a tali azioni.

III.

Il capitolo di Fastiggi scritto insieme a Mulrain può, in qualche modo, essere letto come un complemento a quello precedente, in quanto tratta di castità, continenza perpetua, e celibato, contestualizzando, però, tali argomenti all'interno dell'ambiente del seminario. Un valore reale di questo capitolo sta nella sua trattazione sommaria di tredici documenti della Chiesa sulla formazione sacerdotale per ciò che ciascuno di questi ha da dire sulla formazione al celibato casto dei sacerdoti. I due studiosi notano che alcuni di questi spiegano anche il motivo per cui gli uomini che abbiano «profonde tendenze omosessuali non siano adatti al sacerdozio». Fastiggi e Mulrain discutono anche dei santi Agostino e Giovanni Maria Vianney quali modelli tradizionali sia di santità sacerdotale, sia di celibato casto. Infine, i due studiosi mostrano il motivo per cui il magistero ha raccomandato così fortemente la devozione alla Beata Vergine per i seminaristi ed i sacerdoti. Gli autori commentano con saggezza: «Con così tante prove di corruzione nei seminari cattolici (per esempio, attraverso l'omosessualità attiva), la devozione alla sempre vergine Madre di Dio è più importante che mai».

IV.

Sarebbe difficile riassumere in poche pagine, tanto meno nello spazio di pochi paragrafi, la ricchezza degli argomenti presentati nel capitolo di Gondreau, tra le cui autorevoli fonti sono presenti anche gli antichi Concili della Chiesa, oltre a san Tommaso d'Aquino. Lascerò che alcune delle sue stesse parole, che si trovano nella sua conclusione, fungano da presentazione sommaria ma chiara del suo contributo.

La chiave nello sforzo per riprendersi dallo scandalo degli abusi sessuali del clero che ha scosso la Chiesa cattolica [...] sta in una corretta comprensione della virilità o della mascolinità che la stessa virilità/mascolinità di Gesù Cristo porta alla luce. È imperativo che quegli uomini che sono entrati oppure che entreranno nei sacri Ordini, in modo particolare, si modellino sull'esempio virile di Gesù Cristo e si impegnino interamente verso la sua Persona, al cui sacerdozio essi partecipano e con la cui mascolinità essi si identificano in virtù della loro funzione sacramentale (eucaristica) [...]. Se lo scandalo degli abusi sessuali del clero ci ha insegnato qualcosa, è che quei ministri ordinati che vivono una doppia vita hanno disertato il senso e lo scopo della propria mascolinità, perché hanno abbandonato Gesù Cristo stesso, veramente umano (e divino) e pienamente maschio».

«Gesù Cristo» - continua Gondreau - «era un uomo con una perfetta padronanza di sé stesso per quanto riguarda i suoi impulsi naturali, sessuali e non sessuali, in considerazione della ragione e della volontà del perfetto governo del lato animalesco della sua umanità reale ed integrale. Deve perciò essere sostenuto senza dubbio: Gesù Cristo era l'antitesi del predatore sessuale.

V.

Echeverria tenta di rispondere alla domanda: «Quali sono la natura e lo scopo della cura pastorale per gli individui coinvolti in relazioni problematiche dal punto di vista sia spirituale, sia morale?» Questo include non soltanto i soggetti divorziati che si sono risposati civilmente e le coppie conviventi (siano esse eterosessuali oppure omosessuali), ma anche i sacerdoti che violano la continenza. Echeverria discute il significato antropologico dell'omosessualità nei termini di ciò che la Chiesa chiama una «tendenza disordinata». Qui, lo studioso solleva la questione riguardo alla legittimità di affermare che l'«orientamento omosessuale» fondi l'identità umana. L'antropologia cristiana di tradizione cattolica, a buona ragione, sostiene lo studioso Echeverria, respinge questa affermazione, e quindi, sostiene, dovremmo «rifiutare qualsiasi approccio pastorale basato su questo genere di presupposto». Un particolare valore del contributo di questo studioso risiede nella efficacia della sua critica verso le opinioni pro-gay del gesuita James Martin, come quella, per esempio, secondo cui si dovrebbe considerare legittima un'«identità omosessuale» (stando a quanto Martin ha scritto, specialmente nel suo ultimo libro intitolato *Building a Bridge*).

Capitolo 14

La buona novella della morale sessuale biblica.

Mary Healy, Dottore in Sacra Teologia
Professoressa di Sacre Scritture, Sacred Heart Major Seminary, Detroit, Michigan

Introduzione.

I cattolici sono stati per lungo tempo a disagio con i passaggi biblici che si riferiscono agli atti omosessuali[1]. C'è una confusione abbastanza diffusa in merito al giusto modo di interpretare questi testi. Non dipendono da presupposti culturali antiquati? Come possono essere compatibili le loro dure pene con la misericordia proclamata da Gesù Cristo nei Vangeli? Essi hanno una qualche rilevanza per coloro che oggi si identificano come lesbiche, gay, bisessuali, transgender o curiosi?

La confusione è esemplificata in una risposta data dal padre gesuita James Martin ad una domanda del pubblico, a seguito di una conferenza che aveva tenuto alla Georgetown University, nel 2018. Una giovane donna gli ha chiesto un consiglio su come i cattolici dovrebbero interpretare i passaggi biblici relativi all'omosessualità. Rispondendo, padre Martin aveva osservato che le persone, spesso, prendono la Bibbia ponendola al di fuori del suo reale contesto; invece, noi dobbiamo capire che ciò che esprime la Bibbia nell'ambito della sua epoca storica non si applica necessariamente anche alla nostra. Per illustrare il punto, padre Martin aveva citato una lettera inviata anni fa alla conduttrice di talk show, la conservatrice Dottoressa Laura Schlessinger, che finì per diventare subito un popolare meme su internet:

---

[1] Questo articolo rappresenta una versione rivista e ridotta del mio libro: M. Healy, *Scripture, Mercy and Homosexuality* (El Cajon, California: Catholic Answers Press, 2016). Viene qui ristampato per gentile concessione dell'editore.

Gentile Dottoressa Laura,

Grazie per aver fatto così tanto per educare le persone riguardo alla Legge di Dio [...]. Quando qualcuno cerca di difendere lo stile di vita omosessuale, per esempio, gli ricordo semplicemente che il Levitico 18, 22 afferma chiaramente che è un abominio. Fine del dibattito.

Ho bisogno di un tuo consiglio, tuttavia, riguardo ad alcuni altri elementi della legge di Dio e su come seguirli.

Quando brucio un toro sull'altare come sacrificio, so che crea un odore gradevole per il Signore (Levitico 1, 9). Il problema sono i miei vicini. Affermano che l'odore non è gradito loro. Devo colpirli? [...]

Ho un vicino che insiste per lavorare di sabato. Ma Esodo 35, 2 afferma chiaramente che deve essere messo a morte. Sono moralmente obbligato ad ucciderlo io stesso, oppure dovrei chiedere alla polizia di farlo? [...] La maggior parte dei miei amici maschi si taglia i capelli, compresi i capelli intorno alle loro tempie anche se questo è espressamente proibito da Levitico 19, 27. Come dovrebbero morire? [...].

Il pubblico di Martin ha facilmente colto il punto di questa missiva faceta: le leggi bibliche che vietano gli atti omosessuali rappresentano delle regole obsolete, culturalmente condizionate nonché contrassegnate da pene violente e tabù primitivi. Ritenere che siano ancora applicabili ai giorni nostri è, a dir poco, assurdo.

Non sorprende che in un tale contesto culturale, i cattolici tendano a considerare la Sacra Scrittura come una responsabilità piuttosto che come un vantaggio, quando si tratta di comunicare la morale sessuale cristiana. E quando si tratta di predicare, non si sente praticamente niente su questi testi biblici. Eppure l'insegnamento della Chiesa sull'omosessualità, come tutto l'insegnamento morale cattolico, non può essere adeguatamente compreso oppure difeso senza comprenderne i fondamenti contenuti ed espressi nella Sacra Scrittura. Se compresi correttamente, i testi biblici riguardanti l'omosessualità non soltanto forniscono una chiara guida morale, ma dimostrano anche perché il piano di Dio per la sessualità umana rappresenti veramente una buona novella. I cattolici, in particolare i pastori e gli insegnanti della fede, hanno bisogno di essere in grado di offrire delle risposte convincenti alle domande sulla morale sessuale. È proprio in tempi di enorme confusione morale, come quelli che stiamo vivendo oggi, che la Parola di Dio ha più bisogno di essere ascoltata nella sua chiarezza e nella sua forza vivificante.

Questo capitolo cerca di spiegare i fondamenti dell'insegnamento cattolico sull'omosessualità, esaminando da vicino quello che la Sacra Scrittura afferma al riguardo. I cattolici tendono, giustamente, a gravitare verso il Catechismo contemporaneo oppure verso altri documenti ecclesiali contemporanei per avere delle risposte in merito alla fede e alla morale. Ma tendiamo anche a dimenticare che il Catechismo non è altro che una presentazione sistematica di quello che Dio ha rivelato nella Sacra Scrittura, interpretata all'interno della tradizione viva della Chiesa. La Sacra Scrittura ha un'autorità unica perché è la sola parola scritta di Dio, creata da Dio[2]; è «da più alta autorità in materia di fede»[3]. Ecco perché nessuna discussione sulla moralità in un contesto cristiano può essere fruttuosa a meno che non cominci e non rimanga fondata sulla parola scritta di Dio.

I. La moralità sessuale nell'Antico Testamento.

Quattro passi dell'Antico Testamento si riferiscono direttamente agli atti omosessuali[4]: due narrazioni tratte dai libri della Genesi e dei Giudici (Cfr. Gen. 19 e Giud. 19) e due leggi estratte dal libro del Levitico (Cfr. Le. 18, 22 e 20, 13). Ma per essere interpretati correttamente, questi passaggi devono essere visti nel contesto più ampio dell'insegnamento biblico sulla sessualità, le cui basi sono poste nella narrazione della Creazione contenuta nel libro della Genesi (Cfr. Gen. 1-3).

---

[2] Concilio Vaticano II, *Dei Verbum. Dogmatic Constitution on Divine Revelation, solemnly promulgated by His Holiness pope Paul VI,* «Vatican.va», 18 novembre 1965, par. 11 (https://www.vatican.va/archive/hist_councils/ii_vatican_council/documents/vat-ii_const_19651118_dei-verbum_en.html - ultimo accesso verificato: 12 novembre 2021).

[3] Giovanni Paolo II (papa), *Ut Unum Sint. On Commitment to Ecumenism,* «vatican.va», 25 maggio 1995, par. 79 (https://www.vatican.va/content/john-paul-ii/en/encyclicals/documents/hf_jp-ii_enc_25051995_ut-unum-sint.html - ultimo accesso verificato: 12 novembre 2021).

[4] È importante tenere presente, tuttavia, che la Bibbia non usa il termine moderno «omosessuale», in riferimento ad una condizione oppure ad una categoria di persone. Piuttosto, si riferisce ad atti omosessuali.

1. Il piano di Dio per il matrimonio.

Il mito biblico della creazione si distingue, con un contrasto stridente, dagli altri miti della creazione appartenenti alle culture pagane che circondano Israele[5]. Nel mondo antico, gli dei erano descritti in modo fortemente sessualizzato. Erano promiscui e spesso violenti, e sono stati i loro conflitti cosmici nonché le loro attività sessuali a generare il mondo[6]. I riti religiosi pagani avevano principalmente lo scopo della propiziazione della fertilità, sia umana, sia agricola e, spesso, implicavano degli atti di carattere sessuale. La prostituzione ha svolto, in tutto questo, un ruolo di primo piano.

Il Dio rivelato nella Bibbia, al contrario, è assolutamente descritto in senso trascendente. Non c'è alcuna traccia di qualsivoglia attività sessuale in Dio. Il mondo non è nato da un'attività divina di natura sessuale né da una o più azioni violente, ma semplicemente dall'espressione della parola di Dio, la quale ha dato origine, dal nulla, a tutte le cose. Tutte le cose esistono esclusivamente come il risultato della volontà libera e sovrana della divinità.

L'effetto storico di questa dottrina biblica della creazione è stato quello di demitizzare la sessualità. Il sesso non apparteneva più al regno degli dei, ma all'ordine creato e voluto dal nuovo Dio. L'Antico Testamento afferma che il sesso e la relazione fondata su di esso, ossia il matrimonio, sono un dono di Dio, benedetto da Dio e santificato per il fatto stesso di essere stato creato. Come parte dell'ordine creato da Dio, la sessualità ha «una propria natura costitutiva la quale deve essere rispettata se l'uomo e la società intendono prosperare»[7].

---

[5] Questo paragrafo, così come i due successive, attingono nozioni ed informazioni dal libro: J. C. Atkinson, *Biblical and Theological Foundations of the Family: The Domestic Church* (Washington: Catholic University of America, 2014), pp. 22-32.

[6] In un mito ittita della creazione, per esempio, «il dio Kumarbis morde gli organi genitali maschili di Ano, che di conseguenza è impregnato di tre dei» (J. C. Atkinson, *Biblical and Theological Foundations of the Family: The Domestic Church*, p. 28). Allo stesso modo, in un mito egizio, il dio Ra racconta: «Poi mi sono accoppiato con il mio pugno, mi sono masturbato con la mia stessa mano. Ho eiaculato nella mia stessa bocca. Ho esalato Shu il vento, ho sputato Tefnut la pioggia» (V. H. Matthews, Don C. Benjamin, *Old Testament Parallels*, edizione riveduta [New York, N.Y.: Paulist, 1997], p. 8). In un mito babilonese, il dio Marduk conquista la dea Tiamat, le schiaccia il cranio, divide il suo corpo in due e forma il cielo e la terra da queste due metà (Ibid., 16).

[7] J. C. Atkinson, *Biblical and Theological Foundations of the Family: The Domestic Church*, p. 50.

Il racconto biblico della creazione è diviso in due parti, vale a dire: Genesi 1 e 2, ciascuna delle quali offre una prospettiva distinta[8]. La prima parte descrive la creazione dell'universo in sette giorni; la seconda, invece, si concentra sulla creazione dell'umanità. Come afferma il Catechismo della Chiesa Cattolica, queste narrazioni utilizzano un linguaggio figurativo oppure simbolico, ma descrivono anche un evento realmente accaduto agli albori della storia[9].

Ciascuna delle due parti raffigura, a modo proprio, il disegno di Dio per l'umanità. In Genesi 1, Dio crea il mondo e tutte le creature viventi in una successione di giorni, ma il sesto giorno avviene un'interruzione nell'andamento. Invece di pronunciare semplicemente una parola di comando, Dio prende una decisione solenne: «Facciamo l'uomo a nostra immagine, a nostra somiglianza, e domini sui pesci del mare e sugli uccelli del cielo, sul bestiame, su tutte le bestie selvatiche e su tutti i rettili che strisciano sulla terra» (Gen. 1, 26). Dio, quindi, crea gli esseri umani, un maschio ed una femmina, a propria immagine e somiglianza. Egli li benedice, comanda loro di essere fecondi e conferisce loro il dominio su tutti gli altri esseri animati (Cfr. Gen. 1, 26-28). La creazione dell'uomo e della donna, insieme alla benedizione della fertilità da parte di Dio, appaiono, in questo modo, come l'apice stesso dell'opera creativa della divinità.

Questo brano ha una caratteristica curiosa: alterna pronomi al singolare ed al plurale, sia per Dio, sia per gli esseri umani. Il vero fondamento della fede israelita è che esiste un solo Dio (Cfr. De. 6, 4), eppure la Genesi suggerisce una pluralità in Dio: «Allora Dio disse: "Facciamo l'uomo a nostra immagine, secondo la nostra somiglianza"»[10]. Nella prossima affermazione il plurale diventa singolare: «Così Dio

---

[8] Gli studiosi della Bibbia di solito attribuiscono i resoconti della creazione a due diversi filoni della tradizione israelita: Gen. 1 è attribuito ad uno scrittore sacerdotale (P) mentre Gen. 2 ad un precedente scrittore jahvista (J).

[9] *Catechismo della Chiesa cattolica* (Roma: Libreria Editrice Vaticana, 1992), parr. 361, 390; entrambi i riferimenti possono essere trovati nel testo del Catechismo pubblicato sul sito «vatican.va»: https://www.vatican.va/archive/catechism_it/p1s2c1p6_it.htm#III.%20% C2%ABMaschio%20e%20femmina%20li%20cre%C3%B2%C2%BB – ultimo accesso verificato: 12 novembre 2021; https://www.vatican.va/archive/catechism_it/p1s2c1p7_ it.htm#I.%20%C2%ABLaddove%20%C3%A8%20abbondato%20il%20peccato,%20ha%2 0sovrabbondato%20la%20grazia%C2%BB – ultimo accesso verificato: 12 novembre 2021.

[10] Sono state proposte varie spiegazioni del plurale utilizzato in Gen. 1, 26, come, per esempio, il suggerimento che Dio si stesse rivolgendo al suo seguito celeste (come fa anche in Giob. 1, 6). Tuttavia, Joseph C. Atkinson (*Biblical and Theological Foundations of the Family: The Domestic Church*, p. 54) sottolinea che, con questo approccio, vengono ad implicarsi due problemi: «Tematicamente, il punto essenziale della narrazione della Genesi è che è solo Dio che crea. Introdurre una corte angelica è possibile, e anche parlargli è plausibile; ma rendere questi angeli degli agenti della creazione non è né possibile, né plausibile. In

creò l'uomo a sua propria immagine, a immagine di Dio lo creò». Allo stesso modo l'essere umano creato a immagine di Dio è sia un singolare collettivo («lo creò») sia un plurale sessualmente differenziato («maschio e femmina li creò»). La Genesi indica quindi una verità di profondo significato: quando Dio volle un'immagine di sé nel mondo creato, creò non soltanto una serie di individui, ma un uomo e una donna che devono unirsi fra loro in matrimonio. Ciò suggerisce che l'immagine divina si riflette in modo particolare nella comunione sponsale degli sposi. Inoltre, la loro unione deve essere feconda, dando origine alla comunità primordiale, fondamentale, dell'essere umano, ossia la famiglia.

Il libro della Genesi non spiega direttamente perché l'unione coniugale rispecchi Dio nel mondo creato. Il pieno significato dei pronomi plurali si rivela soltanto all'interno del Nuovo Testamento, nel quale è contenuta la rivelazione che Dio stesso è una comunione di persone, una Trinità nella quale si riversano il Padre, il Figlio e lo Spirito Santo nell'infinito amore che si dona. «Dio è amore», proclama nella sua prima lettera san Giovanni (1G 4, 8). «Inviando il suo unico Figlio e lo Spirito d'Amore nella pienezza dei tempi, Dio ha rivelato il proprio segreto più intimo: Dio stesso è un eterno scambio d'amore, Padre, Figlio e Spirito Santo, e ci ha destinati a condividere questo scambio»[11].

Il secondo brano del libro della Genesi al quale dobbiamo riferirci, Genesi 2, descrive l'origine degli esseri umani da una prospettiva più concreta ed esistenziale. Qui, Dio forma l'uomo (in ebraico: *adam*) dalla polvere della terra e soffia nelle sue narici un alito di vita (Cfr. Gen. 2, 7). Dio, quindi, osserva: «Non è bene che l'uomo sia solo: gli voglio fare un aiuto che gli sia simile» (Gen. 2, 18). Questo è in contrasto con la frase ripetuta moltissime volte e contenuta nel capitolo 1 del libro della Genesi: «Dio ha visto che era cosa buona». Genesi 2 afferma enfaticamente

---

secondo luogo, c'è un problema che emerge nell'associare l'immagine in cui l'uomo è fatto con qualcosa di diverso da Dio […]. Se i partner del dialogo fossero angeli, l'immagine sarebbe un ibrido confuso di natura divino-angelica. Ma le Scritture affermano fermamente che è solo a immagine di Dio che l'uomo è fatto». La tensione rimane irrisolta nel libro della Genesi, ma alla luce del Nuovo Testamento essa può essere riconosciuta come un presagio della rivelazione di Dio come Santissima Trinità, vale a dire come comunione di tre persone in un unico Dio.

[11] *Catechismo della Chiesa cattolica* (Roma: Libreria Editrice Vaticana, 1992), parr. 361, 390; entrambi i riferimenti possono essere trovati nel testo del Catechismo pubblicato sul sito «vatican.va»: https://www.vatican.va/archive/catechism_it/p1s2c1p6_it.htm#III.%20% C2%ABMaschio%20e%20femmina%20li%20cre%C3%B2%C2%BB – ultimo accesso verificato: 12 novembre 2021; https://www.vatican.va/archive/catechism_it/p1s2c1p7_ it.htm#I.%20%C2%ABLaddove%20%C3%A8%20abbondato%20il%20peccato,%20ha%2 0sovrabbondato%20la%20grazia%C2%BB – ultimo accesso verificato: 12 novembre 2021.

quello che Genesi 1 già implicava: ossia, l'uomo non è fatto per la solitudine. La comunione interpersonale è propriamente essenziale alla natura umana.

Dio, quindi, presenta ciascuno degli animali ad Adamo in cerca dell'«aiutante» più adatto. Si crea una certa suspense narrativa, poiché nessuno degli animali è ritenuto capace della comunione cui l'uomo anela. Al culmine della storia, Dio risolve la crisi facendo cadere l'uomo in un sonno profondo, prendendo una delle sue costole e modellandola in una donna. È di importanza cruciale che Dio non formi semplicemente un altro Adamo, una replica del primo, ma un essere complementare da una parte reale di Adamo - un essere che, insomma, è diverso da lui ma che gli è anche intimamente legato, con il quale egli anela a ricongiungersi[12]. In una scena dai toni nuziali, Dio presenta la donna all'uomo, ed egli risponde manifestando un'esplosione di vera gioia: «Questa volta essa è carne dalla mia carne e osso dalle mie ossa. La si chiamerà donna perché dall'uomo è stata tolta» (Gen. 2, 23)[13].

Come ha osservato Giovanni Paolo II, la Genesi rappresenta un momento di scoperta esistenziale del sé. L'uomo riconosce che la donna - a differenza degli animali - è una sua pari, una persona come lui, eppure ci sono delle differenze sessuali tra di loro che li rendono chiaramente destinati all'unione. Accentuando la distinzione fra maschio e femmina, il libro della Genesi comunica che è proprio attraverso la complementarità dei loro corpi - ossia, delle loro differenze sessuali che rendono possibile un'unione fruttuosa - che l'uomo e la donna possono percepire la loro chiamata alla comunione interpersonale. Attraverso i loro corpi, ciascuno riconosce l'altro come uguale e tuttavia anche come irriducibilmente altro. I loro corpi sono progettati per un'unione sessuale che esprima e incarni la loro comunione in quanto persone. Il significato del ruolo della donna come "aiutante" ora diventa più chiaro: essa aiuta l'uomo a riconoscere e a realizzare la sua vera vocazione, vale a dire: amare[14].

---

[12] R. A. J. Gagnon, *The Bible and Homosexual Practice: Texts and Hermeneutics* (Nashville, Tennessee: Abingdon, 2001), pp. 60-61; F. Martin, *Sacred Scripture: The Disclosure of the Word* (Naples, Florida: Sapientia Press, 2006), p. 201.

[13] Qui, per la prima volta, l'essere umano (*adam*) è designato come essere umano maschio (*ish*) distinto, perciò, dalla donna (*ishshah*). Ciò potrebbe suggerire che, prima di questa scena, Adamo debba essere inteso come un soggetto dalla natura umana in astratto, non sessualmente identificato.

[14] Il termine «aiutante» (*ezer*) è stato talvolta interpretato erroneamente come implicante il ruolo della moglie quale serva del marito. Eppure, in diciannove dei ventuno casi in cui lo ritroviamo nell'Antico Testamento, il termine «aiutante» viene utilizzato per Dio (per esempio, in: Sal. 10, 14; 30, 10; 54, 4; Is. 63, 5). «Aiutare» l'uomo a scoprire la sua vocazione all'amore rappresenta, quindi, un ruolo quasi divino.

Il libro della Genesi afferma, in questo modo, l'unico "orientamento" sessuale con cui vengono creati gli esseri umani: l'orientamento alla comunione sponsale con il sesso opposto che è iscritto nel corpo umano, sia che esso appartenga al maschio, sia che esso appartenga alla femmina. Infatti, l'unione sessuale, propriamente parlando, non è possibile con una persona dello stesso sesso, anche se sono comunque possibili varie forme di attività erotica.

La Genesi prosegue mostrando l'importanza di questo momento determinante della scoperta del sé per tutti i futuri rapporti coniugali: «Per questo l'uomo abbandonerà suo padre e sua madre e si unirà a sua moglie e i due saranno una sola carne» (Gen. 2, 24). Il matrimonio viene presentato come un patto, ossia come un vincolo di parentela derivato da un impegno solenne[15]. L'unione sessuale è l'espressione corporea di quel patto mediante il quale un uomo e una donna si donano l'uno all'altra, integralmente e irrevocabilmente. Più avanti, nell'Antico Testamento, i profeti riveleranno il significato più profondo dell'alleanza coniugale: essa rappresenta l'immagine terrena dell'amore sponsale tra Dio ed il proprio popolo.

Il libro della Genesi restituisce, così, un'espressione simbolica alla verità che è stata impressa nel corpo umano e che è, quindi, in linea di principio, accessibile ad ogni essere umano: il significato intrinseco dell'unione sessuale è, infatti, proprio quello di significare e di mettere in atto il patto coniugale esistente tra un uomo ed una donna. Il matrimonio è, perciò, l'unico contesto appropriato per l'espressione sessuale. Ed è soltanto l'unione tra un corpo maschile ed un corpo femminile ad essere in grado di permettere all'essere umano di «moltiplicarsi e riempire la terra» sempre di nuova vita.

2. La caduta e le sue ricadute.

Gli autori biblici sono ben consapevoli, tuttavia, che tanto i desideri quanto i comportamenti sessuali, spesso, non riescono a corrispondere al piano divino. In effetti, uno degli obiettivi principali della narrativa della creazione è quello di spiegare l'origine della disarmonia che esiste nelle relazioni umane e nel mondo. Questa spiegazione viene fornita all'interno della narrazione della storia della Caduta nel terzo capitolo del libro della Genesi (Cfr. Gen. 3). Anche qui, le Sacre

---

[15] I termini «osso» e «carne» utilizzati in Genesi 2, 23 alludono al legame di parentela formato dall'alleanza (Cfr. 2Sam. 5, 1; 19, 13). Per il significato del patto come vincolo di parentela, si veda: S. Hahn, *Kinship by Covenant: A Canonical Approach to the Fulfillment of God's Saving Promises, Anchor Yale Bible Reference Library* (New Haven, Connecticut / London: Yale University Press, 2009), pp. 3-4.

Scritture di Israele sono in contrasto con i miti delle culture circostanti. Il disordine presente nel mondo non è il risultato del destino oppure del capriccio degli dei, bensì del libero arbitrio umano. Adamo ed Eva hanno scelto di disubbidire a Dio, ponendosi al di fuori del suo piano di grazia per la prosperità umana. Non a caso, la prima conseguenza del loro peccato è stata proprio la perdita dell'innocenza sessuale: «si aprirono gli occhi di tutti e due e si accorsero di essere nudi» (Gen. 3, 7). Essi riconoscono in maniera intuitiva che il peccato ha portato ad una rottura nell'integrità dell'essere umano, così che ora risulti possibile considerare il corpo in isolamento dalla persona. La sessualità può, così, essere distorta in un mezzo di autogratificazione piuttosto che in un completo dono di sé; l'amore, insomma, può essere trasformato in lussuria. L'unione sessuale, invece di essere l'espressione corporea di un patto di fedele di amore sponsale, diventa ora suscettibile di essere abusata, semplicemente, come una piacevole attività ricreativa. Anche il peccato ha portato un disturbo nel rapporto coniugale: invece dell'amore reciproco che si dona, ci saranno tendenze alla sfiducia e alla disunione (Cfr. Gen. 3, 12), nonché allo sfruttamento ed al dominio (Cfr. Gen. 3, 16).

Nel linguaggio teologico tradizionale, il peccato dei nostri progenitori ha portato nel mondo la concupiscenza, ossia un disordine nei nostri desideri tale che essi tendono ad essere male indirizzati verso ciò che si oppone alla volontà di Dio - verso quello che può sembrare che ci renda felici ma che in realtà ostacola soltanto la nostra vera felicità. Da questo punto in poi, tutti i loro discendenti nasceranno con una tendenza verso tali desideri sessuali disordinati - non soltanto desideri sessuali, ma anche desideri di cibo, di bevande, di possesso, di conforto, di intrattenimento, di ammirazione, di successo, di popolarità, di prestigio e, infine, di potere.

Il libro della Genesi mette, quindi, in luce la questione relativa alla domanda se le persone attratte dallo stesso sesso siano "nate così". A causa del peccato originale, tutti gli esseri umani sono nati con un'inclinazione verso i vari desideri fuorvianti, i quali sono modellati dal nostro corredo genetico, dal nostro temperamento, dalla nostra storia personale e anche dalla cultura nella quale viviamo. Nessuno nasce con un orientamento verso lo stesso sesso per volere, o dono, di Dio. Dio non crea gli uomini o le donne con un orientamento che risulti essere in contrasto con la forma del loro corpo e che renda impossibile che essi possano raggiungere l'unione sessuale o, per dirla in modo differente, che essi non possano compiere un atto che generi una nuova vita. Tutti nascono feriti dal peccato originale, che è poi aggravato dal nostro stesso peccato, dai peccati e dai fallimenti degli altri inflitti a noi. Ma quelle ferite non definiscono affatto chi siamo.

Il resto del libro della Genesi mostra le molteplici forme di disordine che il peccato introduce nei rapporti umani. Il primo resoconto di un comportamento sessuale specificamente scorretto è rappresentato dalla breve storia di Lamech, il primo poligamo (Cfr. Gen. 4, 19-24). Egli si vantava della sua rappresaglia fanaticamente violenta per qualsiasi offesa gli venisse arrecata. Sebbene la Bibbia non condanni esplicitamente la poligamia, è però vero che implicitamente censura questa violazione del disegno di Dio sul matrimonio ritraendo Lamech come un uomo senza freni, o restrizioni, riguardo tanto al sesso, quanto alla violenza. In seguito, Abramo e Sara, indecisi nella loro fiducia verso Dio, decidono di ottenere una progenie concedendo la serva di Sara, Agar, ad Abramo come concubina (Cfr. Gen. 16). Sebbene questa pratica fosse accettabile secondo le usanze dell'epoca, essa portava comunque a discordie coniugali e a lotte senza fine tra i discendenti delle due donne. Il libro della Genesi, perciò, suggerisce che agli occhi di Dio tale pratica ha rappresentato sia un atto di adulterio (poiché ha violato il patto matrimoniale), sia un atto di maternità surrogata (poiché ha sfruttato una donna indifesa e, per di più, disonorato il piano di Dio relativamente al concepimento dei bambini).

3. La storia di Sodoma.

Questo sfondo fornisce le basi necessarie per interpretare i passaggi biblici nei quali vengono affrontati direttamente gli atti omosessuali. Forse il più controverso fra questi è la storia della distruzione delle città di Sodoma e Gomorra, nel libro della Genesi (Cfr. Gen. 18–19). È un peccato che questo passaggio sia così spesso al centro della scena nei dibattiti sulla Sacra Scrittura e sull'omosessualità, poiché, in realtà, come narrativa non fornisce di per sé una norma di condotta. Per rendere tutto ancora più difficoltoso, il passaggio non nomina esplicitamente le trasgressioni per le quali queste città sono state punite. Si trattava di comportamento omosessuale oppure era in riferimento all'ostilità dimostrata nei confronti degli estranei (a volte inopportunamente descritta come "inospitalità") oppure, ancora, al tentato stupro di gruppo?

Un indizio per interpretare questa storia ci viene fornito dal suo contesto narrativo. Immediatamente prima dell'episodio di Sodoma avviene la visita del Signore ad Abramo e Sara, presso le querce di Mamre, con la promessa della nascita del loro figlio (Cfr. Gen. 18, 1–15). Immediatamente dopo Sodoma troviamo il racconto delle relazioni incestuose di Lot con le proprie figlie (Cfr. Gen. 19, 30–38). La narrativa di Sodoma è quindi incorniciata da due storie contrastanti sulle relazioni sessuali. La prima, quella che riguarda Abramo e Sara, ci narra di una coppia di sposi che confida in Dio e che si conforma al suo piano, portando grandi benedizioni alla nascita del loro figlio Isacco ed, infine, allo stesso popolo di Israele nella sua totalità. L'altra, quella che narra di Lot e delle sue figlie, simboleggia la sfiducia verso Dio (Cfr. Gen. 19, 31) e il disordine nei rapporti sessuali, i quali portano a futuri problemi nella nascita di Ammon e Moab, gli antenati dei nemici storici di Israele. Questa cornice narrativa suggerisce che anche la sessualità svolge un ruolo chiave nella stessa storia della città di Sodoma (Gen. 18, 16 – 19, 29).

Un altro suggestivo parallelo è che sia la storia di Mamre, sia quella di Sodoma presentano, come evento eccezionale, una visitazione divina. In un caso, il Signore viene accolto con straordinaria umiltà ed ospitalità; nell'altro, invece, il Signore (rappresentato dagli angeli) è trattato con straordinario disprezzo ed ostilità. In effetti, questo parallelo fornisce l'indizio più profondo sul significato della storia della città di Sodoma. La domanda fondamentale riguarda la modalità in cui gli esseri umani risponderanno a Dio.

Infine, un terzo parallelo significativo è quello tra l'episodio della città di Sodoma e il racconto di Noè e del diluvio (Cfr. Gen. 6-8). Entrambi rappresentano una distruzione catastrofica come risultato di un grave male che, in entrambi i casi, include sia l'immoralità di natura sessuale, sia la violenza; e, ancora in entrambi, Dio risparmia misericordiosamente un uomo e tutta la sua famiglia[16].

La stessa storia della città di Sodoma ha tre scene: la preghiera di Abramo per le città peccaminose, l'arrivo e il tentativo di assalto contro i visitatori angelici a Sodoma e la distruzione delle città. Nella prima scena (Cfr. Gen. 18, 17-33), il Signore considera se mettere a conoscenza Abramo del suo prossimo giudizio. «Devo io tener nascosto ad Abramo quello che sto per fare, mentre Abramo dovrà diventare una nazione grande e potente e in lui si diranno benedette tutte le nazioni della terra?» Dio conclude: «No, perché l'ho scelto» - letteralmente, «l'ho conosciuto»: una frase che rappresenta un'espressione comune per la relazione del patto (Cfr. Eso. 33, 12-17; Os. 2, 20). Questo rimanda alla promessa che egli fece ad Abramo, ossia che sarebbe stato una fonte di benedizione per tutte le nazioni (Cfr. Gen. 12, 3). Lo scopo di Dio nel rivelare il prossimo giudizio, quindi, è quello di mettere Abramo nella condizione di intercedere per la città peccatrice. Il ruolo di Abramo, prefigurando quello di tutti i suoi discendenti, inclusi i cristiani, che sono i suoi figli per fede, è quello di essere uno strumento della misericordia di Dio, pregando per coloro che sono estraniati da Dio e dalle sue vie. Abramo negozia

---

[16] Inoltre, entrambe le storie «sono seguite dall'ebbrezza dell'eroe dovuta al vino e dalle azioni vergognose dei suoi figli» (G. J. Wenham, *Genesis 16–50* [Word Biblical Commentary; Nashville, Tennessee: Thomas Nelson, 2000], pp. 40-45). Lot (come Noè) si comporta giustamente in un caso, ma ingiustamente nell'altro.

coraggiosamente con Dio, pregandolo di risparmiare la città qualora vi avesse trovato anche soltanto pochi giusti all'interno. La città, tuttavia, si dimostrò davvero manchevole in questo aspetto: di giusti non ve n'erano nemmeno "alcuni".

Nella seconda scena (Cfr. Gen. 19, 1-11) i due angeli giungono nella città di Sodoma e sono accolti da Lot, che intende chiaramente offrire loro protezione. Ma gli uomini della città circondano la casa e chiedono: «Dove sono gli uomini che sono venuti da te questa notte? Portaceli fuori, affinché li possiamo conoscere!» (Gen. 19, 5)[17]. Come accade spesso nell'Antico Testamento, qui il verbo "conoscere" (*yada*) ha una connotazione prettamente sessuale[18]: ossia, gli uomini della città vogliono avere dei rapporti sessuali con i due visitatori. Ciò viene confermato anche alcuni versi più avanti dalla spaventosa offerta di Lot di consegnare le sue «due figlie che non hanno ancora conosciuto uomo» (Gen. 19, 8), indicando che riconosce le loro intenzioni come spinte dalla lussuria. Il narratore non dice se Lot stia bluffando o meno, ma in entrambi i casi è chiaro che stia cercando di impedire lo stupro omosessuale dei suoi ospiti[19]. Il fatto che Lot implori gli uomini della città di Sodoma affinché accettino questa sostituzione mostra che il reato non è soltanto una violenta coercizione sessuale, poiché ciò si verificherebbe in entrambi i casi.

L'appello di Lot («ma non fate nulla a questi uomini, perché sono venuti all'ombra del mio tetto» - Gen. 19, 8), mostra che il crimine è incalcolabilmente aggravato dal fatto che questo sarebbe perpetrato contro gli ospiti, che hanno il diritto di aspettarsi protezione e cura dai padroni di casa. È interessante notare che l'ostilità verso gli estranei ci viene presentata non come il movente dei cittadini, bensì come un fattore esacerbante del loro crimine. I cittadini, ad ogni modo,

---

[17] L'enfatica espressione «gli uomini della città, gli uomini di Sodoma, circondarono la casa, giovani e vecchi, l'intera popolazione venuta da ogni dove» (Gen. 19, 4) non deve essere presa alla lettera, ma rappresenta, piuttosto, un'iperbole semitica molto diffusa attraverso la quale si intende rafforzare la malvagità generale della città (alla quale si è già fatto riferimento in: Gen. 13, 13; 18, 20). Per esempi simili, si veda: Gios. 10, 40; Giudic. 20, 26.

[18] Si veda, per esempio: Gen. 4, 1; 4, 17; 4, 25; 24, 16; 38, 26.

[19] Se Lot sta bluffando, potrebbe voler far vergognare i cittadini nel riconsiderare la loro azione; questo è quanto afferma, interpretando il passo biblico, lo storico ebreo del I secolo Giuseppe Flavio (*Antichità giudaiche*, Libro 1, cap. 11, par. 3 - opera consultabile online sul sito «biblical.ie»; http://www.biblical.ie/page.php?fl=josephus/War/JWG1#11 – ultimo accesso verificato: 12 novembre 2021). Ad ogni modo, il libro della Genesi non perdona in nessuna maniera lo scioccante tentativo di Lot di affrontare la situazione. Nella storia parallela contenuta nel libro dei Giudici (Cfr. Giudic. 19), l'atrocità viene effettivamente compiuta: il levita consegna la sua concubina e ne permette lo stupro di gruppo.

rifiutano l'offerta di Lot delle sue figlie, confermando che il loro movente è specificamente la lussuria omosessuale. Ma alla radice di tutto, c'è il loro rifiuto di Dio, come evidenziato dal comportamento sprezzante che hanno assunto contro gli angelici messaggeri di Dio.

Nella terza scena (Cfr. Gen. 19, 12-29), Sodoma e le altre città vicine vengono distrutte dal fuoco e dallo zolfo provenienti dal cielo, mentre Lot e le sue figlie riescono a malapena a salvarsi. La moglie di Lot, ignorando il consiglio degli angeli, «guardò indietro» (Gen. 19, 26), il che potrebbe suggerire un desiderio di rallegrarsi della punizione degli abitanti delle città oppure un desiderio di tornare a Sodoma e al suo decadente costume. Di conseguenza, "divenne una statua di sale", ossia lei stessa divenne soggetta al destino che era riservato agli altri abitanti delle città.

Nei successivi scritti biblici, Sodoma diventa un simbolo di depravazione e del conseguente giudizio divino. Ma ancora, qual è precisamente la depravazione della città di Sodoma? Il profeta Isaia rimprovera gli israeliti ribelli chiamandoli «Sodoma» e «Gomorra», quindi procede a nominare i peccati di queste due città infami: spargimento di sangue, ingiustizia, oppressione e corruzione (Cfr. Is. 1, 10-23; Is. 3, 8-9). Geremia parla di Gerusalemme che diventa «come Sodoma» a causa del suo adulterio (ossia, a causa dell'infedeltà verso il patto coniugale stretto con il Signore), degli inganni e per essersi schierata con i malfattori (Cfr. Ger. 23, 14). Ezechiele descrive Gerusalemme affermando che essa aveva superato nel male addirittura la sua "sorella, Sodoma", macchiandosi delle colpe di orgoglio, gola, cupidigia e di non riuscire ad aiutare i poveri ed i bisognosi (Cfr. Ez. 16, 49)[20].

Questi passaggi chiariscono che il peccato di Sodoma consisteva in tutta una serie di vizi, specialmente nei peccati di ingiustizia sociale. Ma sarebbe un errore dedurre che il comportamento omosessuale non facesse parte del quadro. Subito dopo l'elenco dei peccati appena menzionato, Ezechiele infatti afferma: «[quelle genti] erano altezzose e commettevano abominazioni davanti a me; perciò le tolsi di mezzo, quando vidi ciò» (Ez. 16, 50), probabilmente alludendo ai passaggi del libro del Levitico, nei quali viene descritta la cattiva condotta sessuale come un «abominio» (vedi sotto).

Nei successivi riferimenti ebraici a Sodoma, l'enfasi sulla condotta omosessuale diventa ben più pronunciata[21]. Due passaggi del Nuovo Testamento riflettono

---

[20] Si veda anche: Sap. 19, 13–14; Sir. 16, 8.

[21] Si vedano: Filone di Alessandria, *On the Life of Abraham,* [E. Birnbaum, J. M. Dillon (a cura di)] (Leida: Brill, 2020), par. 135 (Il testo è consultabile integralmente anche online, si veda: Id., *A Treatise on the Life of the Wise Man Made Perfect by Instruction. On Abraham,* «earlychristianwritings.com», s. d. [http://www.earlychristianwritings.com/yonge/book22.html - ultimo accesso verificato: 12 novembre 2021]); Giuseppe Flavio, *Antichità*

questo carattere enfatico. La Lettera di Giuda afferma che il popolo delle città di Sodoma e Gomorra «si sono abbandonate all'impudicizia allo stesso modo e sono andate dietro a vizi contro natura» (Giuda 1, 7). La Seconda Lettera di Pietro, dal canto suo, riferisce in merito all'angoscia di Lot per «da licenziosità degli empi» e del giudizio di Dio sui sodomiti, come avvertimento per «coloro che nelle loro impure passioni vanno dietro alla carne e disprezzano il Signore» (2P. 2, 10). Poiché questi testi appartengono al canone della Sacra Scrittura, essi devono essere riconosciuti come un'interpretazione biblica autorevole del peccato di cui si è macchiata la città di Sodoma.

La questione relativa al peccato della città di Sodoma non è, quindi, "né/o" bensì "entrambi/e". La loro cattiva condotta sessuale faceva parte di un modello più ampio di orgoglio, avidità ed egoismo, tutto radicato nell'arrogante disprezzo per Dio e per la sua volontà.

Nei Vangeli, Gesù Cristo ricorda la tradizione biblica della città di Sodoma come epitome del male che conduce al giudizio di Dio. Ma conclude con una svolta che, probabilmente, ha scioccato e offeso alcuni dei suoi ascoltatori: coloro che si rifiutano di ricevere i suoi apostoli, inviati a predicare la buona novella, se la passeranno molto peggio del popolo della città di Sodoma. Egli dichiara agli apostoli: «Se qualcuno poi non vi accoglierà e non darà ascolto alle vostre parole, uscite da quella casa o da quella città e scuotete la polvere dai vostri piedi. In verità vi dico, nel giorno del giudizio il paese di Sodoma e Gomorra avrà una sorte più sopportabile di quella città» (Matteo 10, 14–15; Cfr. Matteo 11, 23; Luca 10, 12).

Gesù afferma, con queste parole, la gravità del peccato della città di Sodoma mentre, allo stesso tempo, la relativizza. Sebbene l'immoralità sessuale, la violenza e l'ostilità della città di Sodoma verso i messaggeri angelici di Dio rappresentarono dei

---

giudaiche, Libro 1. cap. 11, par. 3 (Il testo è consultabile integralmente anche online sul sito «biblical.ie», si veda: http://www.biblical.ie/page.php?fl=josephus/War/JWG1#11 – ultimo accesso verificato: 12 novembre 2021); *Book of Jubilees* 16, 5-6; 20, 5-6 (il testo è consultabile integralmente anche on line sul sito «wesley.nnu.edu», si veda: http://wesley.nnu.edu/sermons-essays-books/noncanonical-literature/noncanonical-literature-ot-pseudepigrapha/the-book-of-jubilees/ - ultimo accesso verificato: 12 novembre 2021); *Testament of Levi* 14, 6 (il testo è consultabile integralmente on line sul sito «thefirmament.org», si veda: https://www.thefirmament.org/scripture/testaments/testament-of-levi/ - ultimo accesso verificato: 12 novembre 2021); *Testament of Benjamin* 9, 1 (il testo è consultabile integralmente anche on line sul sito «thefirmament.org», si veda: https://www.thefirmament.org/scripture/testaments/testament-of-benjamin/ - ultimo accesso verificato: 12 novembre 2021); *Testament of Naphtali* 3, 4 (il testo è consultabile integralmente anche on line sul sito «thefirmament.org», si veda: https://thefirmament.org/scripture/testaments/testament-of-naphtali/ - ultimo accesso verificato: 12 novembre 2021).

peccati gravi, il rifiuto di rispondere al Vangelo con pentimento e fede verrà considerato come un atteggiamento peggiore e meriterà un giudizio divino molto più severo.

4. Le leggi del Levitico.

Due testi dell'Antico Testamento proibiscono apertamente gli atti e i comportamenti omosessuali. Questi testi li ritroviamo nel libro del Levitico, in una sezione di leggi nota come Codice della Santità (Cfr. Le. 17-26) perché contiene alcune istruzioni dettagliate su come vivere all'insegna dell'imitazione del santo popolo di Dio.

> Non avrai con un uomo relazioni carnali come si hanno con una donna: è cosa abominevole (Le. 18, 22).

> Se uno ha relazioni carnali con un uomo come si hanno con una donna, ambedue hanno commesso cosa abominevole; saranno certamente messi a morte; il loro sangue ricadrà su di loro» (Le. 20, 13).

Questi passaggi compaiono negli elenchi dei reati sessuali tra cui ritroviamo anche l'adulterio, la bestialità (la cosiddetta zooerastia), le varie forme di incesto e i sacrifici di bambini. Il sesso omosessuale non è considerato come l'unico atto sessuale gravemente peccaminoso. Piuttosto, tutti questi atti rappresentano un abuso della sessualità, poiché si allontanano dal disegno di Dio relativamente al matrimonio (come rivelata in: Gen. 1-2) e perseguono, invece, il piacere erotico in un modo che è fine a se stesso. Tutti questi atti sono profondamente dannosi per la persona umana e per la famiglia. Tutti sono descritti come caratteristici dei Cananei e rappresentano il motivo per il quale essi vengono espulsi dal paese (Cfr. Le. 18, 24–25).

Un elemento dell'elenco, ossia, il sacrificio di bambini, può sembrare che non sia correlato agli altri, poiché non si tratta di un atto sessuale. Ma nella mentalità biblica vi è, in effetti, strettamente correlato. Offrire il proprio figlio, il frutto che è scaturito dall'unione sessuale, in sacrificio ad un falso dio (cosa che, nel mondo antico, era compiuta per il bene, per esempio per propiziare la prosperità agricola o il successo militare) non rappresenta soltanto un atto di idolatria, bensì una ribellione contro il piano del Creatore relativamente all'unione sessuale[22].

In Levitico 18, semplicemente, tali atti vengono proibiti; in Levitico 20, invece, vengono specificate le punizioni previste per ciascuno di essi. Nella maggior parte dei casi si tratta di morte, a sottolineare la gravità del reato. Oggi consideriamo la pena spaventosamente crudele e primitiva. Infatti, si deve riconoscere che i libri dell'Antico Testamento «contengono questioni imperfette e provvisorie»[23]. Contengono il provvedimento temporaneo di Dio per una società che aveva poca comprensione della dignità della persona e nessuna infrastruttura per mantenere la giustizia ed il buon ordine tanto nella famiglia, quanto nella comunità. Già al tempo di Gesù Cristo, molte di queste pene non venivano più eseguite. Gesù Cristo stesso rifiutò, per esempio, di invocare la pena di morte in un caso per il quale la Legge di Mosè la richiedeva (Cfr. Giov. 8, 3-11)[24].

Il libro del Levitico si riferisce a queste gravi offese sessuali definendole come «abomini» (Le. 18, 27-29), e agli atti omosessuali utilizzando l'espressione «un abominio», ossia al singolare (Cfr. Le. 18, 22; 20, 13). La parola ebraica (*toevah*) significa «ciò che è ripugnante» ed è quindi incompatibile con la santità che veniva richiesta al popolo di Dio. Nell'Antico Testamento, questa parola viene utilizzata per peccati gravi come l'idolatria, l'immoralità sessuale e l'ingiustizia sociale. Ma

---

[22] Risulta davvero impossibile non notare un'analogia con l'aborto, una pratica spesso attuata per la propria comodità oppure per evitare lo stress finanziario.

[23] *Catechism of the Catholic Church,* «vatican.va», s. d. (https://www.vatican.va/archive/ENG0015/__PR.HTM – ultimo accesso verificato: 12 novembre 2021), art. 122; Per il testo in italiano, si veda: *Catechismo della Chiesa cattolica,* «vatican.va», s. d. (https://www.vatican.va/archive/catechism_it/p1s1c2a3_it.htm#IV.%20Il%20canone%20delle%20Scritture – ultimo accesso verificato: 12 novembre 2021).

[24] La tradizione cristiana ha sempre ritenuto che le pene giudiziarie appartengano a quella parte della Legge di Mosè che è stata abrogata con la venuta di Gesù Cristo. Seguendo Tommaso d'Aquino, la tradizione distingue tre tipi di leggi nella Torah: i «precetti "morali", che sono dettati dalla legge naturale; i precetti "cerimoniali", che sono determinazioni del culto divino; ed infine, i precetti "giudiziari", che sono determinazioni della giustizia da mantenere tra gli uomini» [Tommaso d'Aquino (san), *The Summa Theologica. Translated by Fathers of the English Dominican Province* (New York, NY: Benziger Bros., 1948), Libro I-II, quest. 99, art. 4; Per il testo inglese on line, si veda: Id., *Summa Theologica,* «ccel.org», s.d. (https://www.ccel.org/ccel/aquinas/summa.TP_Q9_A4.html – ultimo accesso verificato: 12 novembre 2021); Per il testo in italiano, si vedano: Id., *La Somma Teologica,* 4 voll., T. Sante Centi, R. Coggi, G. Barzaghi, G. Carbone [a cura di] (Bologna: Edizioni Studio Domenicano, 2014); Id., *Somma Teologica. Nuova Edizione in lingua italiana a cura di padre Tito S. Centi e padre Angelo Z. Belloni,* «esonet.org», s.d. (https://www.esonet.org/summa-teologica-di-s-agostino/ – ultimo accesso verificato: 12 novembre 2021)]. Mentre i precetti cerimoniali e quelli giudiziari sono stati revocati da Gesù Cristo, i precetti morali sono stati mantenuti validi.

questo solleva un'obiezione alla quale si allude nel meme della dottoressa Laura (citato all'inizio). La Sacra Scrittura inoltre utilizza il termine «abominio» per varie altre forme di impurità rituale, fra le quali troviamo il mangiare animali impuri (Cfr. De. 14, 3), sacrificare un animale inappropriato (Cfr. De. 17, 1) e avere rapporti sessuali con una donna durante il periodo del mestruo (Cfr. Le. 18, 19-29). Le leggi sugli atti omosessuali, quindi, non appartengono alla categoria delle leggi sulla purezza rituale che ora riconosciamo come obsolete? Dopotutto, il Nuovo Testamento afferma che le leggi sulla purezza rituale sono state revocate da Gesù Cristo (Cfr. Mar. 7, 18-19; At. 10, 15; 15, 19-21).

Il problema con questo argomento, tuttavia, è che dovrebbe essere ugualmente applicato anche alle leggi contro l'adulterio, l'incesto, la bestialità (zooerastia) ed al sacrificio di bambini. Tuttavia, pochi intenderebbero sostenere che questi atti siano basati su tabù obsoleti e culturalmente condizionati. Piuttosto, tutti questi divieti, in quanto applicabili ad atti umani liberi, appartengono alla legge morale che ordina la condotta sessuale secondo il disegno di Dio. Il fatto che il libro del Levitico li menzioni insieme alle leggi sulla purezza rituale, in un codice che non distingue nettamente tra il rituale e la morale, non può significare che essi siano obsoleti.

C'è una legge sulla condotta sessuale nel libro de Levitico che si riferisce alla purezza rituale: ossia, il divieto di avere rapporti con una donna durante il periodo del mestruo (Cfr. Le. 18, 19; 20, 18). Ma anche questa regola possiede un fondamento morale. Essa incarna il principio secondo il quale «nessun marito ha sovranità sulla moglie oppure sul suo corpo, ma che alla fine tutto è dovuto a Dio»[25], ossia è soggetto a dei limiti. L'autocontrollo richiesto durante questo periodo contribuiva a garantire che l'unione sessuale fosse coerente con il volere di Dio nei riguardi dell'unione sponsale vivificante. Sebbene il senso letterale di questa legge non sia più vincolante, il principio, invece, lo è ancora.

Alcuni interpreti recenti cercano di spiegare il divieto degli atti omosessuali sostenendo che, per gli antichi israeliti, il problema era che tali atti minavano lo status di superiorità degli uomini, poiché alcuni fra essi venivano trattati come se fossero delle donne. Tuttavia, non ci sono prove che tale preoccupazione abbia avuto effettivamente un ruolo nella Legge di Mosè. L'Antico Testamento è infatti scritto in un contesto sociale patriarcale, ma non contiene alcuna legge che punti a salvaguardare la superiorità maschile. In realtà, vi avviene esattamente il contrario quando vi troviamo affermato che uomini e donne sono ugualmente creati ad immagine di Dio ed, insieme, possiedono il dominio sulla creazione (Cfr. Gen. 1,

---

[25] W. C. Kaiser, *Toward Old Testament Ethics* (Grand Rapids, Michigan: Zondervan, 1991), p. 199; citato in: J. C. Atkinson, *Biblical and Theological Foundations of the Family: The Domestic Church,* p. 144.

26-28). Il "governo" del marito sulla propria moglie viene spiegato come una tragica conseguenza della Caduta, piuttosto che come l'ordine originale strutturato da Dio (Cfr. Gen. 3, 16).

Altri, invece, sostengono che il libro del Levitico (Cfr. Le. 18, 22; 20, 13) si riferisca solamente alla prostituzione maschile, alla pederastia oppure ad altre forme di sfruttamento del comportamento omosessuale. Tuttavia, i divieti sono assoluti e penalizzano entrambe le parti. Non c'è eccezione alcuna per il caso di mutuo consenso. Tali divieti e pene si applicano allo stesso modo tanto agli israeliti, quanto agli stranieri residenti (Cfr. Le. 18, 26). Né ci sono motivi che limitino le leggi sulla prostituzione sacra, dal momento che il libro del Levitico utilizza semplicemente il termine ebraico per «maschio» e non l'espressione «prostituzione sacra maschile», e nemmeno il termine «ragazzo», oppure «giovane»[26].

5. La Misericordia di Dio

Qual è il vero fondamento logico delle leggi morali sulla sessualità? Nel libro del Levitico ricorre spesso questa frase: «Siate santi, perché io, il Signore, Dio vostro, sono santo» (Le. 19, 2; Cfr. Le. 20, 26; 21, 6). La storia della salvezza rappresenta un processo pedagogico all'interno del quale il popolo di Dio deve imparare a vivere alla sua santa presenza, ad agire secondo la sua santa volontà, e a scoprire quanto il peccato risulti distruttivo per se stesso e per il suo rapporto, per il suo legame, con Dio.

Il popolo fallisce diverse volte in questo percorso, ma Dio rivela di essere misericordioso e pronto a perdonare. Anche dopo che Israele ha commesso il suo peccato più grave, vale a dire l'idolatria del vitello d'oro (Cfr. Eso. 32), Dio svela la profondità della propria misericordia: «Il Signore, il Signore, Dio misericordioso e pietoso, lento all'ira e ricco di grazia e di fedeltà, che conserva il suo favore per mille generazioni» (Eso. 34, 6-7). Dio continua dicendo che «perdona la colpa, la trasgressione e il peccato, non lascia senza punizione, che castiga la colpa dei padri nei figli e nei figli dei figli fino alla terza e alla quarta generazione» (Eso. 34, 7). Ciò sta a significare che il peccato ha ancora conseguenze reali che colpiscono non soltanto il peccatore bensì anche i suoi figli. I modelli dannosi e disfunzionali vengono tramandati di generazione in generazione. Tuttavia, se il peccato ha un

---

[26] La prostituzione sacra omosessuale ha rappresentato un problema ricorrente nella storia di Israele, come dimostra il divieto esplicito espresso nel libro del Deuteronomio (Cfr. De. 23, 17-18) e le relazioni contenute nei due libri dei Re (Cfr. 1Re. 14, 24; 15, 12; 22, 46; 2Re. 23, 7). Ma nessuno dei comportamenti elencati nel libro del Levitico (Cfr. Le. 18; Le. 20) possiede un riferimento specificamente cultuale.

effetto a catena, tanto più agisce nel medesimo modo la misericordia di Dio, la quale dura per mille generazioni.

Nella letteratura profetica, Dio chiarisce che il proprio giudizio sul peccato ha sempre come obiettivo la reintegrazione. Dio desidera il suo popolo come un padre desidera il proprio figlio (Cfr. Ger. 31, 20). Perciò esorta: «Lasci l'empio la sua via, e l'uomo ingiusto i suoi pensieri; ritorni al Signore, perché abbia misericordia di lui, ed al nostro Dio, perché perdonerà abbondantemente» (Is. 55, 7). La misericordia di Dio, quindi, non significa che venga a compromettersi la sua santità. Attraverso il profeta Osea, Dio rivela il segreto più intimo della sua santità: essa è come un fuoco d'amore infinitamente intenso ed ardente.

> Come potrei abbandonarti, Efraim,
> come consegnarti ad altri, Israele?
> Come potrei trattarti al pari di Admà,
> ridurti allo stato di Zeboìm?
> Il mio cuore si commuove dentro di me,
> il mio intimo freme di compassione.
> Non darò sfogo all'ardore della mia ira,
> non tornerò a distruggere Efraim,
> perché sono Dio e non uomo;
> sono il Santo in mezzo a te
> e non verrò nella mia ira (Os. 11, 8-9).

Admà e Zeboìm erano due città vicine a quelle di Sodoma e Gomorra, distrutte con loro (Cfr. De. 29, 22). Dio sta dichiarando che, nonostante la continua ribellione del suo popolo, egli non può permettere che esso cada in una tale distruzione totale. La sua misericordia trionfa sul peccato. In questo senso, al peccatore che torna al Signore potrà essere concessa una sicurezza illimitata: «Egli avrà nuovamente compassione di noi, calpesterà le nostre iniquità. Tu getterai in fondo al mare tutti i nostri peccati» (Mi. 7, 19).

Sebbene l'Antico Testamento riveli, con queste parole, l'inconcepibile tenerezza e la misericordia di Dio, esso non fornisce una risposta completa al problema del peccato. Il popolo d'Israele, ed il genere umano tutto, rimangono estraniati da Dio ed inclini a ogni sorta di male. La risposta definitiva alla difficile situazione del genere umano arriva solamente con il Nuovo Testamento.

6. L'amicizia fra le donne e fra gli uomini.

La considerazione della morale sessuale dell'Antico Testamento sarebbe incompleta senza la considerazione di alcuni passaggi di genere molto diverso: ossia, quelli che presentano le relazioni positive tra persone dello stesso sesso. La Sacra Scrittura celebra l'amicizia come un dono di Dio (Cfr. Sir. 6, 14–16), e diversi passaggi biblici catturano la ricchezza dell'amicizia tra le donne e tra gli uomini.

Uno dei più noti fra questi è quello riguardante l'amicizia tra Rut e sua suocera, Naomi. Tale amicizia ha inizio nella vita familiare ordinaria, ma matura nella fornace della perdita, del dolore, della povertà e delle difficoltà. Dopo essere emigrata nella terra di Moab per scampare dalla carestia, Naomi subisce la perdita del marito. Anche i suoi due figli muoiono, lasciando vedove le loro mogli moabite Orpa e Rut, insieme a Naomi. Quando quest'ultima decide di tornare dai suoi parenti in Israele, le nuore piangono al pensiero di doversi separare da lei. Orpa rimane a Moab, dove le sue prospettive di risposarsi sono molto migliori, ma Rut si aggrappa a Naomi con la sua famosa dichiarazione di lealtà (Ru. 1, 16-17):

> Ma Rut rispose: "Non insistere con me perché ti abbandoni e torni indietro senza di te!; perché dove andrai tu andrò anch'io; dove ti fermerai mi fermerò; il tuo popolo sarà il mio popolo e il tuo Dio sarà il mio Dio; dove morirai tu, morirò anch'io e vi sarò sepolta. Il Signore mi punisca come vuole, se altra cosa che la morte mi separerà da te!".

La storia simboleggia una potente affermazione dell'amicizia tra donne come dono di Dio. Non c'è il minimo accenno ad alcuna dinamica erotica tra Rut e Naomi. Piuttosto, la storia illustra le caratteristiche della vera amicizia: un amico è colui che si diletta nella tua compagnia, che ti rimane fedele nelle circostanze difficili, che ti consola nei momenti di dolore, che ti ricorda la bontà di Dio, che rinfresca la tua anima ed è disposto a dare la sua stessa vita per te. Il libro di Rut invita i propri lettori, donne e uomini, ad amare i loro amici ed a diventare degli amici fedeli per gli altri, specialmente nei tempi duri delle difficoltà.

Il rapporto di amicizia fra uomini più famoso nella Sacra Scrittura è quello che si crea tra Davide e Gionathan. Ci si potrebbe aspettare che la loro relazione sia di intensa rivalità poiché, per diritto di successione, il futuro regno dovrebbe appartenere a Gionathan, figlio di Saul; tuttavia Davide è stato costituito re direttamente da Dio. Invece di essere geloso, Gionathan abbraccia Davide come un caro amico e rinuncia volentieri al trono che era di suo diritto. Il suo amore per David viene descritto in termini molto vividi all'interno del Primo libro di Samuele:

> Quando ebbe finito di parlare a Saul, l'anima di Gionathan rimase legata all'anima di Davide, e Gionathan l'amò come l'anima sua. Quel giorno Saul lo prese *con sé* e non gli permise più di ritornare a casa di suo padre. Gionathan fece quindi un patto con Davide, perché lo amava come la sua anima. Poi Gionathan si tolse il mantello che indossava e lo diede a Davide, e *vi aggiunse pure* le sue vesti, la sua spada, il suo arco e la sua cintura (1Sam. 18, 1-4).

Il fatto che Gionathan si spogli delle sue vesti è talvolta interpretato come un gesto erotico, ma nel contesto rappresenta, piuttosto, un gesto politico: egli consegna a Davide i propri abiti reali insieme alle armi reali, ossia per simboleggiare la consegna del proprio regno[27]. Egli stringe un patto con Davide, un giuramento solenne che finisce per legarli come fratelli (Cfr. 1Sam. 20, 42; 2Sam. 1, 26)[28]. Il ritratto biblico della loro amicizia è di intensi amore, lealtà ed affetto. Più significativamente, il Signore viene posto al centro della loro amicizia. Gionathan assicura a Davide: «Riguardo poi alle cose di cui io e tu abbiamo parlato, ecco, l'Eterno sia testimone fra me e te per sempre» (1Sam. 20, 23; Cfr. 1Sam. 20, 42). Sono il loro amore e la loro lealtà al Signore Iddio a creare il legame di unione fra l'uno e l'altro. Secondo alcuni interpreti recenti, i testi implicano che David e Gionathan non siano solamente amici ma anche dei partner sessuali. C'è qualche base per questa affermazione?[29]

Il Primo libro di Samuele (1Sam. 18, 1) dice che «l'anima di Gionathan rimase legata all'anima di Davide, e Gionathan l'amò come l'anima sua». La frase implica certamente un profondo attaccamento emotivo ma non c'è riferimento alcuno ad un attaccamento di carattere sessuale. L'unico altro utilizzo di questa frase nella Bibbia avviene per descrivere l'affetto di Giacobbe nei confronti il figlio più giovane, Beniamino (Cfr. Gen. 44, 30). San Paolo, nella Lettera ai colossesi, parla in

---

[27] D. Jobling, *1 Samuel, Berit Olam: Studies in Hebrew Narrative and Poetry* (Collegeville, Minnesota: Liturgical Press, 1998), p. 96.

[28] Per altri esempi di patti tra uomini che coinvolgono sia l'amicizia, sia l'alleanza politica, si ricorra ad alcuni passi contenuti nel libro della Genesi (Cfr. Gen. 21, 27; 31, 44).

[29] Per una risposta più dettagliata a questa affermazione, si veda: I. Himbaza, A. Schenker, J.-B. Edart, *The Bible on the Question of Homosexuality*, traduzione di Benedict Guevin, (Washington, DC: Catholic University of America Press, 2011), pp. 24-41.

modo simile dell'affetto reciproco che dovrebbe esistere tra i membri della chiesa locale, poiché i loro cuori sono «uniti nell'amore» (Col. 2, 2).

Gionathan «l'amò come l'anima sua» (1Sam. 18, 1). Il verbo utilizzato per «amare» si trova nel comandamento: «Amerai il prossimo tuo come te stesso» (Le. 19, 18), ed è utilizzato per un'ampia varietà di relazioni umane, ed anche per l'amore che Saul dimostra verso per Davide (Cfr. 1Sam. 16, 21). Quindi, ancora una volta, non c'è alcuna giustificazione perché questa espressione assuma una connotazione di carattere sessuale. Nel libro del Deuteronomio (De. 13, 6), un amico intimo viene definito letteralmente come «l'amico che ti è caro come la tua stessa anima»[30].

Allo stesso modo, con la frase «Gionathan si dilettava molto con Davide» (1Sam. 19, 1). Lo stesso verbo (*haphets*) è talvolta utilizzato per indicare l'attrazione romantica oppure sessuale, ma è anche utilizzato per descrivere la simpatia di Saul per Davide (1Sam. 18, 22), la lealtà politica di alcuni Israeliti a Ioab (2Sam. 20, 11), l'amore del Signore per Davide (2Sam. 22, 20) ed in moltissimi altri contesti che non hanno alcuna connotazione sessuale.

Quando Davide deve fuggire per salvarsi la vita da Saul con l'aiuto di Gionathan, viene descritta una commovente scena di addio: «Davide si alzò dal lato meridionale, si gettò con la faccia a terra e si prostrò tre volte; poi i due si baciarono l'un l'altro e piansero insieme; ma Davide pianse di più» (1Sam. 20, 41). Le relazioni strette, nel Vicino Oriente antico, erano generalmente molto espressive. Baciare e piangere sono attività comuni nelle scene bibliche di saluto oppure di addio, come quando, per esempio, Esaù saluta suo fratello Giacobbe (Cfr. Gen. 33, 4), quando Giuseppe si fa riconoscere ai suoi fratelli (Cfr. Gen. 45, 14–15) oppure quando Paolo saluta gli anziani della chiesa di Efeso (Cfr. At. 20, 37).

Infine, dopo che Saul e Gionathan sono stati uccisi in battaglia, Davide esprime tutta la propria angoscia: «Io sono in angoscia per te, fratello mio Gionathan; tu mi eri molto caro, il tuo amore per me era meraviglioso più dell'amore delle donne» (2Sam. 1, 26)[31]. C'è motivo di far assumere una connotazione sessuale a queste parole? Nulla nel testo ci consente di interpretare queste parole in tal modo. Al contrario, David afferma che la sua amicizia con Gionathan era più profonda, più forte e più soddisfacente di qualsiasi altro suo rapporto sessuale intrattenuto con le

---

[30] Allo stesso modo, il filosofo greco Aristotele scrisse che, per una persona virtuosa, un amico non è altro che «un altro se stesso» [Aristotele, *Etica nicomachea*, C. Mazzarelli [a cura di] (Milano: Bompiani, 2000), Libro 9, par. 4 – il testo è consultabile integralmente anche online sul sito «ousia.it», si veda: http://www.ousia.it/content/Sezioni/Testi/AristoteleEticaNicomachea.pdf - ultimo accesso verificato: 12 novembre 2021)].

[31] La frase potrebbe anche essere restituita in questa forma: «Le donne mi hanno amato ma tu, Gionathan, mi hai amato di più, e questo mi ha deliziato».

otto mogli e le molte altre concubine, in un contesto culturale nel quale le relazioni fra uomo e donna non erano viste come amicizia. Va notato che Davide si addolora anche per Saul con profondo sentimento, nonostante gli anni di ostilità con Saul: «Saul e Gionathan, tanto amati e cari mentre erano in vita» (2Sam. 1, 23).

Non sussiste, quindi, alcun motivo perché si possano interpretare i passaggi relativi a Davide e a Gionathan come una sorta di sanzione biblica verso una relazione omoerotica, ossia in netta contraddizione con tutto ciò che la Sacra Scrittura afferma altrove su tale argomento. Forse, parte del motivo per cui alcuni lettori, nella nostra cultura, inciampano in un tale passo falso interpretativo, risiede nel fatto che l'amicizia fra maschi è diventata una sorta di arte perduta. Il motivo è che le espressioni maschili di emozione o di affetto verso altri uomini sono generalmente disapprovate; oltre ciò, non si deve sottovalutare che un altro motivo sta nel fatto che tali rapporti possono essere tanto facilmente quanto erroneamente interpretati come sessualmente connotati. Parte della lezione della storia di Davide e Gionathan rappresenta una chiamata a riscoprire la ricchezza, la forza e la profondità delle amicizie tra gli uomini: amicizie che pongano, certo, il Signore al loro centro.

II. La misericordia e la moralità nei Vangeli.

L'insegnamento morale di Gesù Cristo, come tutti i suoi insegnamenti del resto, fa parte della sua proclamazione della buona novella sulla venuta del regno di Dio. In lui, il regno è vicino: le promesse di Dio vengono compiute, la maledizione del peccato viene spezzata, la morte è sconfitta, Satana è vinto e l'umanità torna ad essere finalmente riconciliata con Dio. Tutti i suoi insegnamenti sulla morale sessuale devono essere letti nel contesto di questa "buona novella"[32].

Si sostiene spesso che, poiché Gesù Cristo non ha detto nulla di esplicito in merito alle relazioni omosessuali, egli non avrebbe nutrito obiezioni nei loro confronti oppure, addirittura, che le avrebbe approvate purché si svolgessero in relazioni amorose e serie, fedeli[33]. Ma questa argomentazione del silenzio di Gesù Cristo crolla facilmente poiché, per lo stesso ragionamento, Gesù Cristo deve anche

---

[32] Ai fini di questo articolo, prescindo dalla questione di quali, fra tutte le massime registrate nei Vangeli, possano essere ricondotte al Gesù Cristo storico ed in quale misura esse siano state interpolate dalla redazione degli Evangelisti. La fonte della fede cristiana è il Gesù Cristo canonico, ossia il Gesù Cristo rappresentato dalla quadruplice testimonianza evangelica, e non dalle ricostruzioni speculative della critica storica che sono sempre soggette a revisione.

[33] Si veda, per esempio: D. O. Via, R. A. J. Gagnon, *Homosexuality and the Bible: Two Views* (Minneapolis, Minnesota: Fortress Press, 2003), p. 39.

aver approvato l'incesto, la bestialità (zooerastia), la prostituzione sacra ed altre tipologie di comportamento sessuale condannate nella Legge di Mosè ma, da lui, mai menzionati. Molti errori fondamentali nell'interpretazione biblica sono dovuti ad un implicito marcionismo (un'antica eresia che rifiutava tanto la Bibbia ebraica, quanto il Dio di Israele) ossia, ragionando come se fosse irrilevante che il Figlio di Dio era un ebreo fedele, nato dal popolo eletto di Dio. Piuttosto, Gesù Cristo parlò e i suoi ascoltatori lo ascoltarono, nell'ambito dell'antico giudaismo il quale, inequivocabilmente, si atteneva alle Sacre Scritture ed ai loro chiari divieti in merito all'attività sessuale non prettamente coniugale.

1. Gli alti stendardi di Gesù Cristo.

Gesù Cristo non esitò a mettere in discussione alcuni degli elementi della tradizione umana che, ai suoi tempi, gravitavano attorno la legge come, per esempio, quello che veniva percepito e definito come "lavoro proibito" durante il sabato oppure la necessità di compiere le abluzioni rituali (Cfr. Mar. 2, 23– 28; 3, 1– 5; 7, 1–13). Egli aveva anche insinuato che le leggi rituali erano state abrogate, poiché il loro scopo era stato ormai realizzato (Cfr. Mar. 7, 14–19)[34]. Ma, lungi dall'allentare la legge morale, Gesù Cristo fece richiesta di crearne un assetto ancora più severo. Nel Discorso della Montagna egli aveva dichiarato:

> Non pensate che io sia venuto ad abrogare la legge o i profeti; io non sono venuto per abrogare, ma per portare a compimento. Perché in verità vi dico: Finché il cielo e la terra non passeranno, neppure un iota o un solo apice della legge passerà, prima che tutto sia adempiuto. Chi dunque avrà trasgredito uno di questi minimi comandamenti e avrà così insegnato agli uomini, sarà chiamato minimo nel regno dei cieli; ma colui che *li* metterà in pratica e *li* insegnerà, sarà chiamato grande nel regno dei cieli (Mat. 5, 17-19).

Quindi prosegue affermando che questo adempimento richiede non tanto una diminuzione ma un aumento del senso di giustizia[35]. Parlando con un'autorità che

---

[34] Cfr. At. 10, 15; 15, 19-21; Si veda, inoltre: M. Healy, *The Gospel of Mark, Catholic Commentary on Sacred Scripture* (Grand Rapids, Michigan: Baker Academic, 2008), pp. 140-143.

[35] Cfr. J. Ratzinger (papa Benedetto XVI), *Jesus of Nazareth: from the Baptism in the Jordan to the Transfiguration*, vol. 1, traduzione di Adrian J. Walker (New York, N.Y.: Doubleday,

lo mette alla pari con il divino Legislatore, Gesù Cristo pronuncia sei antitesi che approfondiscono e interiorizzano la legge[36]. Ciascuna di esse assume la forma argomentativa "Voi avete sentito dire... ma io dico a voi...". Nella seconda di queste sei antitesi, Gesù Cristo stabilisce uno standard più elevato di purezza di quanto la legge avesse sino ad allora richiesto:

> Voi avete udito che fu detto agli antichi: "Non commettete adulterio". Ma io vi dico che chiunque guarda una donna per desiderarla, ha già commesso adulterio con lei nel suo cuore» (Mat. 5, 27-28).

Questo detto si può applicare a qualsiasi sguardo lussurioso, incluso quello di una donna verso un uomo, oppure di chiunque verso una persona dello stesso sesso, o anche verso se stessi. Un simile sguardo è profondamente degradante poiché tratta una persona non come una persona ma come un oggetto, ossia come un mezzo di gratificazione sessuale. Gesù Cristo chiarisce che non soltanto l'atto stesso, ma anche il desiderio di esso deve essere sradicato.

In un altro detto, Gesù Cristo usa un termine omnicomprensivo per la condotta sessuale immorale, sottolineando che tutti questi comportamenti sono sbagliati e profondamente dannosi per la persona: «Ciò che esce dall'uomo, quello lo contamina. Dal di dentro infatti, cioè dal cuore degli uomini, procedono pensieri malvagi, adultéri [*porneiai*], fornicazioni, omicidi, furti, cupidigie, malizie, frodi, insolenza, invidia, bestemmia, orgoglio, stoltezza. 23 Tutte queste cose malvagie escono dal di dentro dell'uomo e lo contaminano» (Mar. 7, 20–23). Il termine *porneiai* è un plurale e potrebbe essere tradotto anche come "atti sessualmente immorali". Tale termine, nella Torah, comprende tutti i comportamenti sessuali proibiti, inclusi gli atti omosessuali[37]. Non vi è quindi la minima indicazione che Gesù Cristo abbia approvato l'attività sessuale che era già proibita nell'Antico Testamento.

2007), p. 102. Per l'edizione italiana, si veda: Id., *Gesù di Nazaret,* 3 voll. (Milano: Rizzoli, 2007-2012).

[36] Già l'Antico Testamento indicava che la preoccupazione di Dio non era indirizzata soltanto al comportamento esteriore, ma anche all'atteggiamento interiore del cuore (Cfr. Eso. 20, 17; De. 10, 16; 30, 6; 2Sam. 11; Prov. 6, 25; Sir. 9, 5), ma Gesù Cristo ha attuato una radicalizzazione di questo aspetto.

[37] Si veda: «πορνεία», in W. Arndt, F. W. Danker, W. Bauer, *A Greek-English Lexicon of the New Testament and Other Early Christian Literature* (Chicago, Illinois: University of Chicago Press, 2000). Il volume è consultabile integralmente anche on line sul sito «archive.org», si veda: https://archive.org/details/greekenglishlexi0000baue_i7v3 – ultimo accesso verificato: 12 novembre 2021.

2. Il piano di Dio per il matrimonio.

Due ulteriori serie di brani evangelici risultano cruciali per interpretare correttamente gli insegnamenti di Gesù Cristo sulla morale sessuale: il suo insegnamento sul piano originale di Dio per il matrimonio e la sua interazione personale con coloro che si macchiano di peccati sessuali.

L'insegnamento più ampio di Gesù Cristo sul matrimonio si verifica, ironia della sorte, proprio in una discussione sul divorzio (Cfr. Mar. 10, 2–12; Mat. 19, 3–9). Quando alcuni farisei gli chiedono se il divorzio, per qualsiasi causa, sia ritenuto giustificato, Gesù Cristo risponde loro ricordando ciò che Dio si era proposto "fin dal principio". Egli fornisce delle citazioni da entrambi i resoconti della creazione. In primo luogo, Gesù Cristo ricorda ai suoi ascoltatori che Dio «li fece maschio e femmina» (Gen. 1, 27), ossia che Dio creò uomini e donne come esseri di generi sessuali differenti che sono stati chiamati a dare frutti dalla loro unione sessuale. In secondo luogo, egli afferma il proposito di Dio per questa complementarità sessuale: «Per questo motivo l'uomo lascerà suo padre e sua madre e si unirà a sua moglie, e i due saranno una sola carne» (Mar. 10, 7; Cfr. Gen. 2, 24).

Gesù Cristo riafferma, così, l'insegnamento contenuto nel libro della Genesi, secondo cui la differenziazione dei sessi esiste ai fini del matrimonio, ossia del patto dell'amore sponsale fedele che si esprime nell'unione sessuale. Inoltre, facendo appello allo stato dell'umanità prima della Caduta, Gesù Cristo indica che, d'ora in avanti, il proposito originale di Dio rappresenta la vera norma per il sesso e per il matrimonio. Sebbene Mosè avesse permesso il divorzio ed il nuovo matrimonio come concessione alla «durezza del cuore» (Mar. 10, 5), quella concessione veniva ora annullata perché l'era del dominio del peccato doveva considerarsi come conclusa. Gesù Cristo è venuto, perciò c'è una nuova realtà a portata di mano - ossia il regno di Dio - che porta con sé un nuovo potere per vivere secondo ciò che Dio aveva inteso fin dall'inizio. Come Gesù Cristo ha accennato in precedenza, questa nuova realtà avverrà mediante la sua passione e la sua successiva resurrezione, nonché mediante il dono dello Spirito Santo (Cfr. Mar. 8, 31 – 9, 1; 1, 8).

Pertanto, gli insegnamenti di Gesù Cristo che richiedono la purezza sessuale tanto nel pensiero quanto nelle azioni non devono considerarsi semplicemente come l'espressione di un ideale elevato, come un obiettivo verso il quale dovremmo tendere senza preoccuparci troppo del fatto che si riesca effettivamente a raggiungerlo oppure no. Piuttosto, tali insegnamenti rappresentano delle norme che egli stabilisce per i suoi discepoli. Eppure, nello stesso momento in cui Gesù Cristo stabilisce queste norme straordinariamente elevate, egli fornisce anche il potere divino di soddisfarle[38]. Le parole di Gesù Cristo sono efficaci; esse realizzando effettivamente ciò che richiedono per coloro i quali accettano di rispondere alla sua chiamata. Come commentava san Giovanni Paolo II:

> *Soltanto nel mistero della redenzione di Cristo scopriamo le possibilità "concrete" dell'uomo.* "Sarebbe un errore gravissimo concludere [...] che l'insegnamento della Chiesa è essenzialmente soltanto un 'ideale' che deve poi essere adattato, proporzionato, graduato alle cosiddette possibilità concrete dell'uomo [...]. Ma quali sono le "possibilità concrete dell'uomo"? E di *quale* uomo stiamo parlando? Dell'uomo *dominato* dalla lussuria oppure dell'uomo *redento da Gesù Cristo*? Questa è la posta in gioco: la realtà della redenzione di Gesù Cristo. Egli ci ha redenti! Ciò significa che ci ha dato la possibilità di realizzare l'*intera* verità del nostro essere; ha liberato la nostra libertà dal *dominio* della concupiscenza. E se l'uomo redento pecca ancora, ciò non è a causa di un'imperfezione dell'atto redentore di Gesù Cristo, ma per la volontà dell'uomo di non avvalersi della grazia che scaturisce da quell'atto. Il comando di Dio è ovviamente proporzionato alle capacità dell'uomo; ma alle capacità dell'uomo al quale è stato dato lo Spirito Santo; dell'uomo che, sebbene caduto nel peccato, può sempre ottenere il perdono e godere della presenza dello Spirito Santo[39].

---

[38] Le lettere di Paolo, insieme ad altre lettere del Nuovo Testamento, spiegano dettagliatamente come sia lo Spirito Santo a consentire che i seguaci di Cristo possano vivere una vita di santità radicale (Cfr. Ro. 15, 16; 1Co. 6, 11; 2Te. 2, 13; 1P. 1, 2).

[39] Giovanni Paolo II (papa), *Veritatis Splendor (Lo splendore della Verità). Lettera enciclica del sommo pontefice Giovanni Paolo II a tutti i vescovi della Chiesa cattolica circa alcune questioni fondamentali dell'insegnamento morale della Chiesa*, «vatican.va», 6 agosto 1993, par. 103 (https://www.vatican.va/content/john-paul-ii/en/encyclicals/documents/hf_jp-ii_enc_06081993_veritatis-splendor.html - ultimo accesso verificato: 12 novembre 2021); Nel quale documento viene citato: Id., *Address to those taking part in a course on 'responsible parenthood'*, 1 marzo 1984, par. 4, «Insegnamenti», Vol. VII, n. 1, 1984, p. 583 (il documento è consultabile integralmente anche online sul sito «vatican.va» all'indirizzo: https://www.vatican.va/content/john-paul-ii/en/speeches/1984/june/documents/hf_jp-ii_spe_19840608_procreazione-responsabile.html - ultimo accesso verificato: 12 novembre 2021).

3. La misericordia per coloro che si macchiano di peccati sessuali.

La seconda serie di passaggi che risultano cruciali per la corretta interpretazione degli insegnamenti di Gesù Cristo sulla morale sessuale sono quelli in cui accoglie coloro che si macchiano di peccati sessuali, incluse la "donna della città" menzionata nel vangelo di Luca (Cfr. Lu. 7, 36-50), la Samaritana del vangelo di Giovanni (Cfr. Giov. 4) e, sempre in questo vangelo, la donna sorpresa a commettere adulterio (Cfr. Giov. 8, 1–11)[40]. Non si fa menzione di persone che hanno commesso atti omosessuali oppure un altro genere di peccato sessuale, probabilmente perché tali casi erano rari nell'ebraismo del I secolo[41], ma Gesù Cristo offre il perdono a tutti senza fare eccezione alcuna. I Vangeli lo raffigurano non soltanto come scevro da qualsiasi esitazione relativamente ad «esattori e peccatori», ma anche come maggiormente ben disposto verso la loro compagnia[42]. Evidentemente egli aveva una compassione speciale per coloro che avevano commesso dei peccati di natura sessuale e ne aveva saggiato il conseguente ostracismo sociale al quali questi erano sottoposti.

Il dialogo di Gesù Cristo con la Samaritana al pozzo è emblematico di questi incontri. Ignorando le barriere sociali, Gesù Cristo inizia una conversazione con questa donna, che non è soltanto un membro di un popolo disprezzato, ma probabilmente anche un soggetto disprezzato dai suoi vicini, a causa della vita immorale che conduceva (Cfr. Giov 4, 18). Le parla dell'«acqua viva» che desidera dare e, gradualmente, guadagna la sua fiducia. Poi le rivolge una richiesta inaspettata: «Va' e chiama tuo marito» (Giov. 4, 16). Perché questa apparente digressione? A mano a mano che la conversazione si svolge, diventa sempre più chiaro che egli stia toccando il punto esatto in cui essa era ferita. Quando lei risponde evasivamente: «Non ho un marito», lui mette in luce tutta la verità: «Hai ragione, perché hai avuto cinque mariti e l'uomo che hai ora non è tuo marito». Gesù, con queste parole, espone la fragilità interiore della donna - i suoi vani tentativi di trovare, nei rapporti con gli uomini, l'affermazione, il conforto e la sicurezza che possono venire unicamente da Dio. Lo porta alla luce proprio in modo che lui stesso, il divino Medico, possa guarirla.

---

[40] Nel giudaismo del primo secolo, come nella maggior parte delle altre culture premoderne, c'era una doppia morale in base alla quale le donne erano ritenute responsabili del peccato sessuale molto più spesso degli uomini, come il comportamento degli scribi e dei farisei nel vangelo di rende particolarmente evidente (Cfr. Giov. 8, 3-11). Le risposte di Gesù Cristo, insomma, hanno messo in discussione con forza questa ingiustizia.

[41] Si veda: R. A. J. Gagnon, *The Bible and Homosexual Practice: Texts and Hermeneutics* (Abingdon, UK: Abingdon Press, 2001), pp. 159-163.

[42] Si vedano: Mat. 9, 10-11; 11, 19; Mar. 2, 15-16; Lu. 5, 30; 7, 34; 8, 2; 15, 1-2; 19, 1-10.

Sebbene le sue parole indubbiamente colpiscano il cuore, la reazione della donna dimostra che lei percepisce l'assoluta mancanza di condanna che esprimono le parole di Gesù Cristo; negli occhi del quale, lei vede soltanto perdono ed amore. Al culmine del dialogo, Gesù Cristo si rivela a lei come il Messia, ed ella torna di corsa al suo villaggio piena di gioia, non più rifiutata e vergognosa ma prorompente, decisa a condividere la buona novella della salvezza con tutti i suoi cittadini (Cfr. Giov. 4, 28–29; 4, 42). Sebbene Giovanni non descriva le conseguenze di tutto questo nella sua vita personale, nel contesto del Vangelo, l'implicazione è che l'incontro della donna con Gesù ha un valore di trasformazione: esso porta alla conversione, ad una svolta lontana dal peccato ed indirizzata verso Dio.

Il comportamento di Gesù verso le persone ai margini, comprese quelle persone che vivono secondo stili di vita immorali, stabilisce la norma per i suoi discepoli. Egli modella un atteggiamento radicalmente caratterizzato da calore, sincerità, accoglienza e rispetto verso il prossimo. L'accusa frequente dei suoi avversari indica il grado in cui il suo comportamento dovesse considerarsi contrario alla cultura dell'epoca: «Quest'uomo riceve i peccatori e mangia con loro» (Lu. 15, 2); «Perché mangiate e bevete con i pubblicani e i peccatori?» (Lu. 5, 30; Cfr. Lu. 19, 7). Gesù Cristo non soltanto accetta passivamente le persone che sono socialmente emarginate quando vengono da lui, ma si rivolge a queste attivamente, trascorrendo del tempo con loro, godendosi la loro compagnia e condividendo con loro la buona novella del regno di Dio. Coloro che sono i suoi seguaci non sono chiamati a fare di meno.

Gli incontri di Gesù con coloro che si sono macchiati di peccato sessuale sono, a volte, presi come un'indicazione tesa a dimostrare che egli era indifferente all'immoralità sessuale. Ma una tale lettura è possibile soltanto se si distorcono i testi e si ignorano i suoi espliciti insegnamenti morali. La socializzazione di Gesù con questo genere di peccatori non implica che egli fosse indifferente all'immoralità sessuale più di quanto la socializzazione con gli esattori, vale a dire i pubblicani, starebbe a significare che egli accettava lo sfruttamento economico dei poveri[43]. In risposta a quanti si scandalizzavano della sua accoglienza dei peccatori, Gesù Cristo rivela il suo vero motivo: egli è il medico che è venuto a guarire[44]: «Non sono i sani che hanno bisogno del medico, ma i malati. Io non sono venuto a chiamare a

---

[43] Questo è quanto sostiene Robert Gagnon in: D. O. Via, R. A. J. Gagnon, *Homosexuality and the Bible: Two Views,* p. 70.

[44] Come probabilmente erano a conoscenza i suoi ascoltatori, identificandosi come il Medico, Gesù Cristo rivendica una prerogativa di natura divina: Dio, infatti, è considerato come il guaritore del suo popolo (Cfr. Eso. 15, 26).

ravvedimento i giusti, ma i peccatori» (Lu. 5, 31–32)[45]. La sua missione non è semplicemente quella di accettare tutto con amore, bensì quella di guarire tutte le loro malattie morali e spirituali, chiamando ciascuno al pentimento: inclusi, ironia della sorte, i farisei, i quali si ritenevano dei giusti.

Gesù Cristo insegna: «Non giudicate, per non essere giudicati» (Mat. 7, 1). Ciò non può significare che sia sbagliato giudicare quando un'azione sia peccaminosa secondo la legge di Dio oppure no, poiché i suoi insegnamenti morali chiariscono che possiamo e dobbiamo farlo. Piuttosto, non dobbiamo presumere di giudicare il cuore di un'altra persona. Solo Dio può giudicare la colpevolezza di un'altra persona, e lo fa con giustizia e misericordia perfette. Numerosi altri passaggi confermano che Gesù Cristo invita le persone non semplicemente ad entrare nel regno di Dio, ma a diventare «adatti per il regno» (Lu. 9, 62) attraverso la fede ed il pentimento manifestati in una vita cambiata[46]. Dice alla donna adultera: "Neppure io ti condanno; va' e non peccare più" (Giov. 8, 11; Cfr. Giov. 5, 14). Egli paragona i pubblicani e le prostitute ad un figlio che prima si rifiutò di fare la volontà di suo padre, ma che poi si «pentì» e lo fece (Cfr. Mat. 21, 28-32). Gesù Cristo racconta una parabola su un banchetto di nozze a cui tutti erano invitati, ma al quale gli ospiti dovevano indossare un «vestito nuziale», ossia a simboleggiare una condotta retta (Cfr. Mat. 22, 1–14). Da nessuna parte c'è la minima indicazione che Gesù tollerò uno stile di vita contrario alla legge morale.

In diverse occasioni, tuttavia, Gesù indica che l'orgoglio spirituale e l'ipocrisia che precludono il pentimento rappresentano una barriera più formidabile per il regno di Dio dello stesso peccato sessuale: «In verità vi dico che i pubblicani e le meretrici vi precedono nel regno dei cieli. Poiché Giovanni è venuto a voi per la via della giustizia, e voi non gli avete creduto, mentre i pubblicani e le meretrici gli hanno creduto; e voi, nemmeno dopo aver visto queste cose, vi siete ravveduti per credergli» (Mat. 21, 31–32)[47].

4. Sostegno alle relazioni omosessuali nel Vangelo?

Alcuni difensori delle unioni omosessuali hanno affermato che i Vangeli non soltanto accettano tacitamente, ma affermano effettivamente tali relazioni. Questa

---

[45] Le versioni riportate nei Vangeli di Matteo e Marco (Cfr. Mat. 9, 13; Mar. 2, 17) mancano della specifica «al pentimento»; Luca ha aggiunto questa specifica proprio per precludere l'equivoco che Gesù Cristo possa aver invitato i peccatori nel regno di Dio senza chiamarli alla conversione nella vita.

[46] Si veda: Mat. 7, 21-27; Lu. 15, 7; 15, 10; 18, 10-14; 19, 2–9; 24, 46-47; Giov. 5, 14.

[47] Si veda: Mat. 12, 24-32; Lu. 7, 29-30; 11, 42-52.

affermazione è fatta, in primo luogo, riguardo al centurione che implora Gesù di guarire il suo schiavo, poiché Luca ci dice che lo schiavo era «caro» oppure «prezioso» per lui (Lu. 7, 2; Cfr. Mat 8, 5-6). Ma non c'è motivo di inferire una connotazione sessuale a queste due parole; Luca, infatti, in seguito, le usa per significare «eminente» oppure «distinto» (Lu. 14, 8; Cfr. Fili. 2, 29). Nel caso del centurione, l'uomo sembra essere spinto non soltanto da motivazioni pragmatiche, ma da un genuino affetto per il suo schiavo - qualcuno che sarebbe stato poco stimato nella società dell'epoca. Ma inferire qualcosa oltre a questo significa leggere le proprie idee nel testo[48].

In secondo luogo, alcuni hanno affermato che c'era una dimensione erotica nella relazione di Gesù con il "discepolo amato" che viene citato nel Vangelo di Giovanni[49]. Il fatto che sia indicato come «il discepolo che Gesù amava» suggerisce una relazione speciale con Gesù? In effetti lo fa, ma il punto centrale dell'uso di questo termine, da parte del Vangelo, sta nel voler implicare che ogni discepolo di Gesù è invitato a stringere tale relazione. Il discepolo amato non viene mai nominato, proprio perché esso rappresenta il modello per tutti i discepoli. Gesù Cristo spiega come si può diventare un "discepolo amato": «Chi ha i miei comandamenti e li osserva, è uno che mi ama; e chi mi ama sarà amato dal Padre mio; e io lo amerò e mi manifesterò a lui» (Giov. 14, 21). Lo stesso verbo «amare» viene anche utilizzato per descrivere la relazione di Gesù Cristo con Marta, Maria e Lazzaro (Cfr. Giov. 11, 5).

Durante l'Ultima Cena, il discepolo amato era «appoggiato sul petto di Gesù» (Giov. 13, 23–25). Nel mondo biblico, ossia molto prima che le sedie fossero ampiamente utilizzate, sdraiarsi rappresentava la posizione consueta per cenare (Cfr. Giov. 6, 11; 12, 2). Ma il fatto che il discepolo si adagiasse «presso il fianco di Gesù» ha un profondo significato spirituale. La stessa parola «lato» (o «petto») descrive la relazione di Gesù Cristo con il Padre (Cfr. Giov. 1, 18). Un discepolo è invitato ad avere la medesima intimità con Gesù Cristo che questi ha con il proprio Padre, vale a dire: a condividere l'insondabile comunione d'amore nel cuore della Trinità[50]. Gesù Cristo fornisce questa sbalorditiva rassicurazione: «Come il Padre ha amato me, così anch'io ho amato voi. Rimanete nel mio amore» (Giov. 15, 9). È ironico ed

---

[48] Si veda: I. Himbaza, A. Schenker, J.-B. Edart, *The Bible on the Question of Homosexuality*, pp. 107-110.

[49] Si dice che l'evangelista sia «amato» da Gesù Cristo nel Vangelo di Giovanni (Cfr. Giov. 13, 23; 19, 26; 20, 2; 21, 7; 21, 20; 21, 24). Sebbene non sia nominato nel Vangelo, la tradizione sostiene che esso debba identificarsi con la figura di Giovanni l'apostolo.

[50] Si veda: I. Himbaza, A. Schenker, J.-B. Edart, *The Bible on the Question of Homosexuality*, pp. 110-114.

insieme tragico, il fatto che la scena dell'Ultima Cena sia stata falsamente dipinta e ritenuta come un evento dalle connotazioni erotiche, poiché essa, in realtà, da un lato, descrive l'esperienza dell'amore divino che è disponibile per ogni credente e, dall'altro, rappresenta precisamente i mezzi per la liberazione dai desideri erotici errati.

Infine, alcuni hanno affermato che la massima di Gesù Cristo sugli eunuchi si riferisca agli uomini che sono sessualmente attratti dagli altri uomini. Dopo aver detto sopra l'intenzione originale di Dio in merito al matrimonio (Cfr. Mat. 19, 1–9), Gesù Cristo parla di coloro che non sono chiamati al matrimonio:

> Non tutti sono capaci di accettare questo parlare, ma è per coloro ai quali è stato dato. Poiché vi sono degli eunuchi, che sono nati così dal grembo della madre; vi sono degli eunuchi che sono stati fatti eunuchi dagli uomini, e vi sono eunuchi che si sono fatti eunuchi da se stessi per il regno dei cieli. Chi è in grado di accettarlo, lo accetti (Mat. 19, 11-12).

Gesù Cristo sta esprimendo un pronunciamento radicalmente nuovo per l'epoca: alcune persone sono chiamate al celibato (ossia, alla rinuncia del matrimonio) per amore del regno di Dio. Questo genere di argomentazione era davvero rivoluzionaria nel contesto ebraico, il quale riteneva che il matrimonio e la generazione di figli fossero giustamente considerati come benedizioni supreme, come un dono autentico di Dio ed, ancora, come un comandamento imposto all'umanità al momento della creazione. Gesù Cristo non stava in alcun modo negando il valore del matrimonio. Piuttosto, egli stava affermando che, ora, c'era qualcosa di ancora più grande che lo superava. In un modo tipicamente ebraico, egli reimposta un intero contesto rilevando il fatto innegabile che alcuni uomini sono eunuchi - vale a dire, incapaci ad intrattenere dei rapporti sessuali - per difetto congenito e, in alcuni casi, per castrazione.

Questo contesto "di negazione" sottolinea l'abnegazione che è direttamente implicata nella chiamata al celibato per il regno di Dio, poiché significa rinunciare al cammino ordinario della felicità nel contesto della vita umana. Eppure, esiste un motivo sublime per fare questo ed è precisamente il regno di Dio, che si è reso manifesto in Gesù Cristo. Egli stesso era celibe, ma non per evitare il matrimonio, bensì proprio perché egli rappresentava lo Sposo divino (Cfr. Mar. 2, 19-20), il

Figlio che incarna l'amore eterno, fedele, sponsale di Dio per il proprio popolo[51]. Coloro che sono chiamati al celibato per il regno di Dio, in modo particolare, desiderano imitarlo, dedicarsi interamente a lui e condividere il dono sponsale di sé stessi al popolo di Dio.

La massima espressa da Gesù Cristo sugli eunuchi, quindi, non ha nulla a che vedere con le relazioni omosessuali. Anche se alcuni eunuchi potrebbero essere stati attratti sessualmente dagli uomini, questo aspetto non fa parte del significato precipuo del termine. L'accento, qui, viene posto sull'assenza di rapporti sessuali, o per sfortunate ragioni terrene oppure, come ora dichiarava Gesù Cristo, per libera scelta legata alle ragioni celesti.

Se gli elevati standard di Cristo sulla moralità sessuale sembrano ad alcuni, a prima vista, una minaccia alla possibilità di raggiungere la felicità umana, il Vangelo fornisce una risposta per dissipare questo timore. Dio non ci nega ciò che è buono per noi oppure ciò che favorisce la nostra felicità. Piuttosto, egli ci chiama a lasciar andare ciò che, alla fine, saboterà la nostra vera felicità. Tutti i limiti che la Sacra Scrittura pone alla condotta umana sono stati stabiliti per qualcosa di più grande. A coloro che non sono chiamati a contrarre un matrimonio terreno, sia perché sono eunuchi, sia per qualsiasi altro motivo, non viene negata né la felicità, né tantomeno l'amore intimo. Esiste una relazione personale a disposizione di tutto ciò che è appagante al di là di ogni possibile aspettativa: essa è la relazione sponsale con Gesù Cristo stesso. Inoltre, esistono rapporti di fratellanza e sorellanza nel corpo di Cristo che sono caratterizzati da un profondo amore ed affetto (Cfr. Ro. 12, 10; 2P. 1, 7).

I Vangeli descrivono in diversi modi la gioia di coloro che incontrano Gesù Cristo e sperimentano tanto il suo perdono, quanto il suo amore insondabile quando viene impartita loro la grazia di iniziare una nuova vita. Fra le loro reazioni troviamo, per esempio, l'organizzazione di banchetti celebrativi (Cfr. Mar. 2, 14–15), la volontà di seguire Gesù Cristo sulla via del discepolato (Cfr. Lu. 8, 2), l'esternazione di espressioni stravaganti di amore (Cfr. Lu. 7, 36–50) e l'esuberante proclamazione della buona novella agli altri (Cfr. Giov. 4, 29): tutti segni, questi, della gioia messianica del regno di Dio.

---

[51] I profeti descrivono l'amore di Dio per il proprio popolo come quello che uno sposo prova per la propria sposa (Cfr. Ger. 3, 20; Is. 54, 5-7; 54, 10; 62, 4-5; Os. 2, 16-20).

III. Passione e purezza in Paolo.

Gran parte del dibattito sulla Sacra Scrittura e sull'omosessualità è incentrato sui tre passaggi del Nuovo Testamento che menzionano in modo esplicito gli atti omosessuali; essi si trovano tutti nelle lettere di Paolo: in due elenchi di vizi (Cfr. 1Co. 6, 9–11; 1Ti. 1, 9-11) e in una lunga riflessione sulle conseguenze morali dell'idolatria (Ro. 1, 18-32)[52]. Proprio come avviene per l'Antico Testamento e per i passi evangelici, questi documenti devono essere interpretati all'interno del contesto più ampio dell'insegnamento di Paolo sul matrimonio. Paolo ci fornisce la propria visione del significato elevato del matrimonio nella Lettera agli efesini (Cfr. Ef. 5, 21–33)[53] e ci offre consigli pratici e dettagliati sul sesso (e sullo stesso matrimonio) nella Prima lettera ai Corinzi (Cfr. 1Co. 7).

Nella sua esortazione rivolta ai mariti e alle mogli, contenuta nella quinta parte della Lettera agli efesini (Cfr. Ef. 5), Paolo cita alcuni passaggi della Genesi (Cfr. Gen. 2, 24): «Perciò l'uomo lascerà suo padre e sua madre e si unirà a sua moglie, e i due diverranno una sola carne». Poi aggiunge: «Questo mistero è grande; lo dico in riferimento a Cristo e alla Chiesa!» (Ef. 5, 32)[54]. Con questa affermazione, Paolo ci rivela che il matrimonio possiede un significato ancora più grande di quello che aveva avuto nell'Antico Testamento. Il matrimonio non è soltanto una parte dell'originale disegno di Dio per l'umanità, ma rappresenta anche un mistero che prefigura la completezza del piano di salvezza che Dio ha stabilito per l'umanità. I profeti avevano descritto l'amore di Dio per il suo popolo come quello di uno sposo[55], ma Paolo conferisce all'immaginario nuziale un significato molto più profondo. Il desiderio di Dio di «sposare» il proprio popolo (Cfr. Os. 2, 19) si realizza in Gesù Cristo, lo sposo che ha dato la propria vita per la sua sposa sulla croce. Tutti i matrimoni, che siano cristiani o meno, simboleggiano un'immagine terrena ed in qualche modo partecipano dell'ineffabile mistero dell'amore che Gesù Cristo prova verso la sua Chiesa.

---

[52] Qui non parlerò del passo contenuto nella Prima lettera a Timoteo, il quale è simile a quello contenuto nella Prima lettera ai corinzi (Cfr. 1Cor. 6, 9-11).

[53] Gli studiosi della Bibbia sono equamente divisi in merito alla paternità paolina della lettera agli Efesini. Si veda: H. W. Hoehner, *Ephesians: An Exegetical Commentary* (Grand Rapids, Michigan: Baker Academic, 2002), pp. 9-20. Che Paolo ne fosse l'autore oppure no, la lettera agli Efesini rappresenta un autentico sviluppo della teologia paolina ed una parte delle Sacre Scritture che è riconosciuta come canonica dalla Chiesa.

[54] Il termine greco *mysterion* è tradotto *sacramentum* nella traduzione della Vulgata di Girolamo; quindi, questo testo fornisce la base per la comprensione cattolica del matrimonio come sacramento.

[55] Si vedano, per esempio: Ger. 3, 20; Is. 54, 5-7; 54, 10; 62, 4-5; Os. 2, 16-20.

1. «E tali eravate alcuni di voi».

La prima menzione di Paolo sulla condotta omosessuale si trova nella Prima lettera ai Corinzi, in una sezione nella quale si occupava della condotta scandalosa nella comunità di Corinto (in particolare, riferendosi all'incesto e alle cause legali degli uni contro gli altri nei tribunali secolari). Molti cristiani di Corinto erano dei gentili che avevano subito una conversione radicale ed avevano abbandonato, perciò, gli stili di vita sessualmente permissivi che erano comuni nella cultura greco-romana. Paolo si sforza di mostrare loro che la precedente condotta che essi avevano avuto risulta del tutto incompatibile con la loro nuova vita in Cristo[56]. Egli li ammonisce:

> Non sapete voi che gli ingiusti non erediteranno il regno di Dio? Non v'ingannate: né i fornicatori, né gli idolatri, né gli adulteri, né gli effeminati [*malakoi*], né gli omosessuali [*arsenokoitai*], né i ladri, né gli avari, né gli ubriaconi, né gli oltraggiatori, né i rapinatori erediteranno il regno di Dio. Or tali eravate già alcuni *di voi*; ma siete stati lavati, ma siete stati santificati, ma siete stati giustificati nel nome del Signore Gesù e mediante lo Spirito del nostro Dio» (1Co. 6, 9-11).

Il forte avvertimento di Paolo, «Non lasciatevi ingannare», indica che in effetti è possibile, per i cristiani, ingannare se stessi riguardo al peccato ed alle sue devastanti conseguenze[57]. Nel caso di un peccato grave, le conseguenze sono eterne: coloro che persistono in questi peccati, rifiutandosi di pentirsi, saranno esclusi dal regno di Dio. Dei dieci termini dell'elenco di Paolo, quattro si riferiscono alla condotta sessuale ed un quinto, l'idolatria, è strettamente legato all'immoralità sessuale, come si vedrà in seguito.

Due termini si riferiscono esplicitamente alla condotta omosessuale. *Malakos* significa letteralmente "morbido" oppure "delicato" (Cfr. Mat. 11, 8) ma in greco antico era un termine usato anche per gli uomini o i ragazzi che svolgevano il ruolo

---

[56] Questo rappresenta un tema comune nelle lettere di Paolo (Cfr. Ro. 6, 12-21; Ga. 5, 16-21; Ef. 2, 3; 4, 17-24; Col. 3, 5-10; 1Te. 4, 3-8).

[57] Nella seconda lettera a Timoteo, Paolo avverte che "verrà il tempo, infatti, in cui non sopporteranno la sana dottrina ma, per prurito di udire, si accumuleranno maestri secondo le loro proprie voglie e distoglieranno le orecchie dalla verità per rivolgersi alle favole" (2Ti. 4, 3-4).

passivo negli atti omosessuali[58]. La traduzione «ragazzi prostituti» (per esempio, nella New American Bible - «boy prostitute»[59]) restringe eccessivamente il significato, poiché non vi è alcuna prova che attesti l'utilizzo di questo termine limitatamente agli adolescenti oppure alle persone che vendevano il proprio corpo per fornire delle prestazioni sessuali[60]. Anche la traduzione in «effeminato» risulta imprecisa, poiché Paolo non sta parlando di una caratteristica della personalità bensì di atti peccaminosi.

Il secondo termine, *arsenokoitai* (che letteralmente significa «uomini che mentono con i maschi»), è stato probabilmente coniato dallo stesso Paolo, combinando le due parole utilizzate nella traduzione greca del libro del Levitico per indicare gli atti omosessuali (Cfr. Le. 18, 22; 20, 13): *arsēn* («maschio») e *koitē* («sdraiato» oppure «letto»). Pertanto, *malakoi* e *arsenokoitai* sono due termini che, insieme, si riferiscono ai due partner nelle relazioni omosessuali[61].

---

[58] Si veda: R. Brown, *An Introduction to the New Testament* (New York, N.Y.: Doubleday, 1997), p. 529. Filone di Alessandria usa i nomi affini *malakotēs* e *malakia* per descrivere l'effeminatezza dei partner omosessuali passivi (Cfr. Filone di Alessandria, *On the Life of Abraham*, [E. Birnbaum, J. M. Dillon (a cura di)] (Leida: Brill, 2020), par. 136 (Il testo è consultabile integralmente anche online, si veda: Id., *A Treatise on the Life of the Wise Man Made Perfect by Instruction. On Abraham*, «earlychristianwritings.com», s. d. [http://www.earlychristianwritings.com/yonge/book22.html - ultimo accesso verificato: 12 novembre 2021]); Id., *On the Special Laws, On the Virtues. On Rewards and Punishments*, F. H. Colson [a cura di] (Cambridge, Massachussets: Harvard University Press, 1939), Libro 3, parr. 37-42 (il testo è consultabile integralmente anche on line sul sito «earlyjewishwritings.com», si veda: http://www.earlyjewishwritings.com/text/philo/book29.html - ultimo accesso verificato: 12 novembre 2021). Per i testi in italiano, si vedano: Id., *De Opificio Mundi, De Abrahamo, De Josepho*, C. Kraus Reggiani [a cura di] (Roma: Edizioni dell'Ateneo & Bizzarri, 1979); Id., *Le allegorie delle leggi*, in Id., *Tutti i trattati del Commentario allegorico alla Bibbia*, R. Radice [a cura di] (Milano: Bompiani, 2011), pp. 97-312.

[59] Nel testo originale, l'autrice fa riferimento alle citazioni bibliche per come riportate dalla versione della *New American Bible*, consultabile integralmente anche on line sul sito «vatican.va» (https://www.vatican.va/archive/ENG0839/_INDEX.HTM – ultimo accesso verificato: 12 novembre 2021). Nel tradurre il testo in italiano, invece, si è fatto direttamente sempre riferimento (quando non differentemente segnalato) ai testi biblici nella versione cosiddetta "Nuova Diodati", consultabile integralmente anche on line sul sito «laparola.net» (http://www.laparola.net/testo.php – ultimo accesso verificato: 12 novembre 2021).

[60] Si veda: R. A. J. Gagnon, *The Bible and Homosexual Practice: Texts and Hermeneutics*, pp. 306-312.

[61] Gli stessi due termini compaiono nella lista dei vizi contenuta nella prima lettera di Paolo a Timoteo (Cfr. 1T. 1, 9-10), la quale elenca i comportamenti contrari alla «legge» (vale a dire: alla legge mosaica) in un ordine che, approssimativamente, corrispondente a quello utilizzato nel Decalogo.

L'avvertimento, tuttavia, non è completo senza l'esclamazione giubilante che viene espressa nell'undicesimo versetto: «Or tali eravate già alcuni di voi; ma siete stati lavati, ma siete stati santificati, ma siete stati giustificati nel nome del Signore Gesù e mediante lo Spirito del nostro Dio» (1Co. 6, 11). I lettori di Paolo sanno di essere stati trasformati. Non importa quali siano stati i loro misfatti passati; coloro che si sono uniti a Cristo, attraverso la fede ed il battesimo, sono stati liberati dalla schiavitù del peccato e portati all'interno di una comunione con Dio che trasforma la vita. Essi non sono più soggiogati dagli impulsi degli atti peccaminosi. Essi appartengono alla «comunità dei peccatori redenti, che lodano la misericordia di Dio»[62].

È importante sottolineare che, in questo passaggio, Paolo non si riferisce alle persone che provano un'attrazione per lo stesso sesso, ma piuttosto a coloro che si impegnano in atti erotici di natura omosessuale. Oggi c'è una maggiore consapevolezza sul fatto che tale comportamento, come tanti altri comportamenti peccaminosi, potrebbe non riflettere una scelta completamente libera, ma che potrebbe invece derivare dalla presenza di ferite interiori e di compulsioni alle quali risulta molto difficile resistere. Tuttavia, Paolo proclama la vittoria di Cristo sulla croce come un'offerta di guarigione e di liberazione da tutto il disordine che è presente nei desideri umani (sia sessuali, sia di altro tipo), che sono, in ultima analisi, radicati nell'esperienza della sua caduta.

Come chiariscono le numerose esortazioni che sono presenti nelle lettere di Paolo[63], la libertà che abbiamo in Cristo non significa che i desideri sessuali disordinati semplicemente svaniscano. Paolo «non garantiva agli ex adulteri che non avrebbero mai più provato alcun desiderio sessuale per persone diverse dal loro coniuge, oppure ad ex ladri e truffatori che essi non sarebbero mai più stati tentati dal possesso materiale»[64]. Significa, piuttosto, che c'è un nuovo potere all'interno dei cristiani, vale a dire: lo Spirito Santo, che aiuta a resistere a questi impulsi ed a vivere una vita santa in accordo con la volontà di Dio (Cfr. Ro. 8, 4,14). «Dio è fedele e non permetterà che siate tentati oltre le vostre forze, ma con la tentazione vi darà anche la via d'uscita, affinché la possiate sostenere» (1Co. 10, 13).

Tanto negli insegnamenti di Gesù Cristo, quanto nelle lettere di Paolo, il Vangelo esige la purificazione non soltanto delle opere ma anche dei desideri. «Ora quelli che sono di Cristo hanno crocifisso la carne con le sue passioni e le sue concupiscenze» (Ga. 5, 24). «Fate dunque morire le vostre membra che sono sulla

---

[62] G. Montague, *First Corinthians* (Catholic Commentary on Sacred Scripture; Grand Rapids, Michigan: Baker Academic, 2011), p. 105.

[63] Si vedano: Ro. 6, 12-14; 13, 14; Ga. 5, 16; Ef. 4, 22; Col. 3, 5-8.

[64] D. O. Via, R. A. J. Gagnon, *Homosexuality and the Bible: Two Views,* p. 84.

terra: fornicazione, impurità, passioni, desideri cattivi e avidità, che è idolatria» (Col. 3, 5). Pertanto, non vi è alcuna giustificazione che autorizzi ad affermare che Paolo avrebbe consentito una certa indulgenza in merito ai desideri erotici verso lo stesso sesso, non importa quanto essi fossero profondamente radicati e di lunga data.

Paolo fa seguire al già citato avvertimento espresso nella Prima lettera ai Corinzi (Cfr. 1Co. 6, 9–11) un'esortazione alla purezza sessuale (Cfr. 1Co. 6, 12–20)[65]. Come Gesù Cristo, anche Paolo fonda la norma per il comportamento sessuale uniformandola al proposito originale che Dio aveva espresso in merito al matrimonio: «"I due infatti", dice il Signore, "diventeranno una stessa carne"» (1Co. 6, 16; Cfr. Gen. 2, 24). La ragione ultima per conformarsi al piano di Dio, relativamente alle questioni del sesso e del matrimonio, risiede nell'inconcepibile dignità del corpo umano rivelata in Gesù Cristo. I nostri corpi sono creati per essere la dimora di Dio, la santa Trinità:

> Non sapete voi che i vostri corpi sono membra di Cristo? [...] Non sapete che il vostro corpo è il tempio dello Spirito Santo che è in voi, il quale voi avete da Dio, e che voi non appartenete a voi stessi? Infatti siete stati comprati a caro prezzo, glorificate dunque Dio nel vostro corpo e nel vostro spirito, che appartengono a Dio (1 Cor. 6, 15; 6, 19-20).

Il corpo di un cristiano è perciò unito al corpo risorto di Gesù Cristo; è un tempio dello Spirito Santo, nel quale il Dio Padre deve essere glorificato.

2. «Dio li ha abbandonati».

Nella Lettera ai Romani (Cfr. Ro. 1, 26-27) è contenuta la discussione più estesa di Paolo sulla condotta omosessuale. Essa fa parte di una lunga argomentazione nella quale egli descrive la condizione umana separata da Gesù Cristo: tutti gli esseri umani, compresi anche gli ebrei ed i pagani, sono soggiogati dal potere del peccato ed hanno un bisogno radicale di redenzione (Cfr. Ro. 1, 18 – 3, 20). Il peccato fondamentale che sta alla base di tutti gli altri, secondo Paolo, è quello della soppressione della verità in merito a Dio. Vale a dire, le persone ignorano l'evidenza che la creazione stessa fornisce in merito al Dio Creatore; e, invece di onorare Dio, adorano altri idoli creati da loro stessi. In risposta a questa cecità volontaria, Dio «li

---

[65] Per un utile commento a questo passaggio, si veda: G. Montague, *First Corinthians*, pp. 106-112.

ha abbandonati» a passioni degradanti (una frase che, nella lettera, viene ripetuta diverse volte da Paolo: Cfr. Ro. 1, 24, 26, 28). L'idolatria porta, quindi, all'immoralità sessuale, della quale, come uno dei primi esempi (sebbene esso non sia affatto l'unico esempio), Paolo riporta proprio la condotta omosessuale.

> Perciò *Dio li ha abbandonati* all'impurità nelle concupiscenze dei loro cuori, sì da vituperare i loro corpi tra loro stessi. Essi che hanno cambiato la verità di Dio in menzogna e hanno adorato e servito la creatura, al posto del Creatore, che è benedetto in eterno. Amen.
>
> Per questo *Dio li ha abbandonati* a passioni infami, poiché anche le loro donne hanno mutato la relazione naturale in quella che è contro natura. Nello stesso modo gli uomini, lasciata la relazione naturale con la donna, si sono accesi nella loro libidine gli uni verso gli altri, commettendo atti indecenti uomini con uomini, ricevendo in se stessi la ricompensa dovuta al loro traviamento.
>
> E siccome non ritennero opportuno conoscere Dio, *Dio li ha abbandonati* ad una mente perversa, da far cose sconvenienti, essendo ripieni d'ogni ingiustizia, fornicazione, malvagità, cupidigia, malizia; pieni d'invidia, omicidio, contesa, frode, malignità, ingannatori, maldicenti, nemici di Dio, ingiuriosi, superbi, vanagloriosi, ideatori di cose malvagie, disubbidienti ai genitori, senza intendimento, senza affidamento, senza affetto naturale, implacabili, spietati. Or essi, pur avendo riconosciuto il decreto di Dio secondo cui quelli che fanno tali cose sono degni di morte, non solo le fanno, ma approvano anche coloro che le commettono» (Ro. 1, 24-32 – corsivo mio).

Ciò che Paolo sta descrivendo è un generale deterioramento della società che si verifica quale risultato del rifiuto relativamente alla verità su Dio; un deterioramento che viene descritto in tre fasi. La prima fase (Cfr. Ro. 1, 24–25) coinvolge la permissività sessuale generale, nella quale le persone indulgono ai propri desideri lussuriosi e si impegnano in relazioni sessuali al di fuori dell'alleanza del matrimonio. Probabilmente, Paolo ha in mente gli atti di fornicazione, di adulterio, di prostituzione e gli altri peccati di natura sessuale che disonorano il corpo (Cfr. 1Co. 6, 18).

La seconda fase (Cfr. Ro. 1, 26–27) riguarda gli atti omosessuali: donne che hanno rapporti sessuali con altre donne e uomini che li hanno con altri uomini. Paolo implica che lo "scambio" delle relazioni naturali con quelle innaturali (Cfr.

Ro. 1, 26) rappresenti un risultato diretto dello "scambio" di Dio per gli idoli (Cfr. Ro. 1, 25; Cfr. Ro. 1, 23) - in questo caso specifico: l'idolo del piacere sessuale[66].

Una domanda chiave nell'interpretazione di questa sezione è: cosa intende Paolo con il termine «naturale» (*physikos*) e l'espressione «contro natura» (*para physin*)? Si sostiene spesso che il fenomeno dell'orientamento omosessuale fosse sconosciuto a Paolo e che, quindi, quello che afferma qui sia rivolto esclusivamente alle persone che sono eterosessuali per natura ma che si impegnano in atti omosessuali. Si sostiene altresì che questo passaggio non abbia alcuna rilevanza per le persone che sono orientate, per natura, verso lo stesso sesso[67]. Ma il fenomeno di un'attrazione esclusiva oppure predominante per lo stesso sesso era una realtà ben nota già nell'antico mondo greco-romano e probabilmente familiare anche a Paolo[68].

Ancora più importante, non ci sono prove a sostegno dell'idea che Paolo avrebbe compreso ciò che è «naturale» come costituito dall'inclinazione oppure dai desideri che una persona sperimenta. Altrimenti si dovrebbe riconoscere un orientamento «naturale» anche ad altre forme di peccato sessuale, per non parlare dell'invidia, dell'inganno, della vanagloria e di altri peccati che, in quel medesimo passaggio, vengono menzionati (Cfr. Ro. 1, 29-31). Piuttosto, «naturale» significa vivere in armonia con l'ordine delle cose voluto dal Creatore[69]. In questo contesto, insomma, significa vivere in accordo con il disegno di Dio in merito alla sessualità, così come è stato rivelato tanto nella creazione, quanto nella Sacra Scrittura: vale a dire, la sessualità come atto finalizzato l'unione di una sola carne dell'uomo e della donna nel matrimonio. La condotta omosessuale, come l'idolatria, è un rifiuto del piano di Dio per la prosperità umana. Paolo sottolinea il fatto che tale condotta svilisce profondamente la dignità di coloro che la praticano, sia che essi siano uomini oppure donne.

La terza fase (Cfr. Ro. 1, 28-32) comporta una perdita generale di umanità, poiché le persone cadono in una schiavitù progressivamente sempre più profonda, che li rende non più in grado di controllare i desideri malvagi. È un quadro cupo di disgregazione familiare e di conseguente caos sociale. Paolo non si riferisce al declino morale di un dato individuo, ma piuttosto a quello di una società intera che

---

[66] Lo stretto legame tra idolatria ed immoralità sessuale rappresenta un tema preminente nell'Antico Testamento. Qui, Paolo sembra prendere in prestito soprattutto i contenuti del libro della Sapienza (Cfr. Sap. 13-14).

[67] D. O. Via, R. A. J. Gagnon, *Homosexuality and the Bible: Two Views,* p. 15.

[68] Si veda: R. A. J. Gagnon, *The Bible and Homosexual Practice: Texts and Hermeneutics,* pp. 380-392.

[69] J. Fitzmyer, *Romans, Anchor Bible* (New York, N.Y.: Doubleday, 1993), p. 286.

ha sistematicamente rifiutato di riconoscere la verità di Dio. È anche fondamentale notare che Paolo non va ad individua specificamente le persone che si impegnano in comportamenti omosessuali lasciando gli altri fuori dai guai. Piuttosto, la sua accusa è rivolta a tutti coloro che disonorano Dio ignorando il suo progetto originale per il corpo umano. Questo monito dovrebbe penetrare profondamente le coscienze dell'America settentrionale del ventunesimo secolo, nella quale sorge una società che non soltanto ha accettato ma ha addirittura reso affascinante qualsiasi forma di autoindulgenza sessuale e che perdona la distruzione dei figli "non desiderati" che ne risultano.

L'incisione profonda è per il bene della guarigione. Paolo mira a condurre i propri lettori faccia a faccia con il loro bisogno di un salvatore, in modo che essi si costituiscano e permettano al Signore di trasformarli. «Ovvero disprezzi le ricchezze della sua benignità, della sua pazienza e longanimità, non conoscendo che la bontà di Dio ti spinge al ravvedimento?» (Ro. 2, 4). «Dove il peccato è abbondato, la grazia è sovrabbondata, affinché come il peccato ha regnato nella morte, così anche la grazia regni per la giustizia a vita eterna per mezzo di Gesù Cristo, nostro Signore» (Ro 5, 20–21).

Paolo spiega in seguito che lo Spirito Santo ci rivela la nostra identità più profonda in quanto figli e figlie di Dio, donandoci la fiducia per gridare: «Abbà, Padre!» (Ro. 8, 15; Cfr. Ro. 8, 16). È la rivelazione dell'amore incondizionato di Dio che consente ad una persona di accettare pienamente chi è, come un uomo od una donna creati ad immagine di Dio. E abbracciando la nostra identità, diventiamo liberi di compiere il nostro destino (Cfr. 1G. 3, 1-3).

Conclusioni.

L'insegnamento biblico sulla condotta omosessuale, interpretato in modo imparziale, è profondamente impegnativo per la sensibilità moderna. Poiché oggi ci sono persone la cui attrazione per lo stesso sesso sembra loro innata ed inalterabile, si presume, spesso, che prendere l'insegnamento biblico alla lettera significhi condannare tali persone ad una vita di solitudine, di frustrazione e di insoddisfazione. Ma questa visione della questione risulta incompatibile con la testimonianza del Nuovo Testamento. L'attrazione per lo stesso sesso rappresenta semplicemente una forma del disturbo che è in ogni cuore umano a causa della Caduta. Il Vangelo proclama non soltanto il perdono dei peccati, ma anche la guarigione da tutte queste forme di disordine morale, nonché il potere di vivere una vita trasformata in comunione con Dio e con gli altri. La chiave di questa trasformazione progressiva è rappresentata dalla conoscenza della propria identità di figli o di figlie prediletti di Dio (Cfr. Ro. 8, 13-16), la quale, a sua volta, avviene attraverso l'unione intima con Gesù Cristo.

L'amore per gli altri implica che essi vengano trattati con gentilezza e con rispetto, senza negare, apertamente oppure implicitamente attraverso il silenzio, gli aspetti della verità che possono essere scomodi o, anche, controversi. Per i cristiani, l'amore richiede di essere una testimonianza della piena verità dei propositi di Dio per l'umanità, così come essi vennero rivelati nella creazione e nella Sacra Scrittura.

L'insegnamento biblico sull'omosessualità include tre dimensioni inseparabili: la misericordia del Dio Padre, la verità che è pienamente rivelata in Gesù Cristo, e la potenza trasformatrice dello Spirito Santo. Per essere fedeli alla parola di Dio, i cristiani sono chiamati a testimoniare il Vangelo nella sua pienezza. Un cristianesimo che predichi elevati standard di moralità sessuale senza imitare anche la calda accoglienza dei peccatori, che ha contraddistinto la figura di Gesù Cristo, risulta essere ipocrita e poco attraente. Un cristianesimo che proclami la misericordia verso i peccatori senza chiamarli anche al pentimento e alla santità della vita risulta essere ingannevole: inganna se stesso e si mantiene anemico. E un cristianesimo che proclami la misericordia e sostenga degli elevati standard morali senza mettere a disposizione il potere di guarigione e di trasformazione risulta essere impoverito e gravoso, poiché mantiene «l'apparenza della religione, ma avendone rinnegato la potenza» (2Ti. 3, 5).

Di contro, un cristianesimo che proclami e viva della piena verità della parola di Dio rappresenta un invito alla gioia e alla pienezza della vita.

Capitolo 15

Insegnamenti sulla continenza perpetua e sul celibato dei sacerdoti nella Chiesa cattolica (riti latini e orientali).

Robert L. Fastiggi, Ph.D.
Professore di Teologia Sistematica,
Sacred Heart Major Seminary, Detroit, Michigan

Introduzione: il celibato sacerdotale è collegato all'abuso sessuale?

Le ultime rivelazioni relative agli abusi sessuali da parte del clero, avvenuti negli Stati Uniti, in Cile ed in altri paesi, hanno portato alcuni a mettere in dubbio che, ordinare al sacerdozio soltanto gli uomini celibi, nel rito latino della Chiesa cattolica, rappresenti una scelta realmente saggia. Gli studi sull'abuso sessuale, tuttavia, non rivelano alcuna prova che il celibato sacerdotale contribuisca alla perpetrazione dell'abuso clericale contro i minori e gli adulti vulnerabili[1]. Nella popolazione generale, la maggior parte di coloro che commettono gli abusi sessuali sono sposati oppure coinvolti in una relazione di coppia[2]. La dottoressa Sheila Hollins, professoressa di psichiatria presso l'Università di Londra, ritiene che sarebbe «troppo semplicistico» affermare che il celibato sia la causa degli abusi sessuali da parte del clero, «perché, infatti, l'ottanta per cento degli abusi avviene nel contesto famigliare, dove gli autori sono, per lo più, uomini sposati, anche se, a volte,

---

[1] F. Domingues, *Expert Says Abuse of Power at Root of Sexual Abuse in the Church*, «CruxNow», 26 aprile 2018 (https://cruxnow.com/interviews/2018/04/26/expert-says-abuse-of-power-at-rootof-sexual-abuse-crisis-in-church/ - ultimo accesso verificato: 12 novembre 2021).

[2] T. G. Plante, *Six Myths about Clergy Sexual Abuse in the Catholic Church*, «Psychology Today», 24 marzo 2010 (https://www.psychologytoday.com/us/blog/do-the-right-thing/201003/six-myths-about-clergy-sexual-abuse-in-the-catholic-church - ultimo accesso verificato: 12 novembre 2021).

naturalmente, possono essere altri membri della famiglia a commettere l'abuso»[3]. Il padre gesuita Hans Zollner, professore di psicologia presso l'Università Gregoriana di Roma, cita uno studio condotto in Australia, il quale mostra che il novantacinque per cento degli abusi sessuali si verifica proprio nel contesto famigliare[4]. Padre Zollner osserva, inoltre, che «non esiste alcun effetto causale tra il celibato e l'abuso sessuale contro i minori»[5]. Esso diventa un fattore di rischio soltanto quando non viene vissuto correttamente nel corso degli anni. Successivamente, «può portare le persone a sviluppare delle dipendenze nei confronti dell'alcool, oppure della pornografia su Internet, oppure, ancora, dell'atto di natura sessuale verso gli adulti ed i minori»[6]. Lo stesso fattore di rischio, tuttavia, si riscontra nelle persone sposate che non riescono a vivere correttamente i loro voti matrimoniali. La verità è che il 99,9% di tutti i molestatori non si trova in uno stato di celibato quando commette il reato[7].

I. Il celibato sacerdotale è troppo difficile da osservare?

Prima di discutere la praticità del celibato sacerdotale, è molto importante essere chiari su alcuni termini. Ci sono persone che confondono, fra loro, i concetti di castità, celibato e continenza[8]. La castità è «la virtù che modera il desiderio del piacere sessuale secondo i princìpi della fede e della retta ragione»[9]. Tutte le persone sono chiamate a praticare la castità secondo il loro stato di vita. Il celibato, invece, si riferisce alla «condizione di un soggetto che non risulta sposato e, nell'uso ecclesiastico, di chi non è mai stato sposato»[10]. Infine, il concetto di continenza

---

[3] E. Pentin, *Is There A Link Between Priestly Celibacy and Sexual Abuse?*, «National Catholic Register», 24 febbraio 2015 (http://www.ncregister.com/daily-news/is-there-a-link-betweenpriestly-celibacy-and-sexual-abuse - ultimo accesso verificato: 12 novembre 2021).

[4] C. Sheehan, *Full Interview with Fr. Hans Zollner: Confronting the Reality of Abuse*, «The Catholic Weekly», 5 settembre 2018 (https://www.catholicweekly.com.au/full-interview-with-frhans-zollner-confronting-the-reality-of-abuse/ - ultimo accesso verificato: 12 novembre 2021).

[5] Ibid.

[6] Ibid.

[7] Cfr. Ibid.

[8] Richard Sipe potrebbe esserne un esempio dal momento che si riferisce a «praticare il celibato» quando, invece, dovrebbe far riferimento, più correttamente, alla pratica di «osservare la continenza». Si veda: A. W. R. Sipe, *Celibacy: A Way of Loving, Living, and Serving* (Liguori, Missouri: Triumph Books, 1996), p. 39.

[9] J. A. Hardon (padre gesuita), *Modern Catholic Dictionary* (Bardstown, Kentucky: Eternal Life, 2001), p. 96.

[10] Ibid., p. 89.

«rappresenta la castità che deve essere osservata da coloro che non sono sposati»[11]. Quest'ultimo concetto può riferirsi anche alla volontaria astinenza dai rapporti sessuali, da parte dei coniugi, all'interno del matrimonio[12]. I sacerdoti celibi sono chiamati a praticare la castità di coloro che non sono sposati, il che significa che devono osservare la continenza o, per dirla diversamente, l'astinenza dai rapporti e dalle relazioni di carattere sessuale. Se tutti i preti celibi avessero osservato correttamente la continenza in passato, non ci sarebbe stata alcuna crisi degli abusi sessuali da parte del clero.

Alcune persone si oppongono al celibato sacerdotale perché ritengono che sia eccessivamente difficile ed irrealistico aspettarsi che i celibi osservino la continenza. A. W. Richard Sipe (1932–2018) è stato un ex monaco benedettino, psicoterapeuta e difensore delle vittime di abuso sessuale da parte del clero. Egli riconobbe che «il celibato religioso rappresenta un dono - un prezioso tesoro - per l'intera comunità cristiana»[13]. Nella sua esperienza, tuttavia, ha percepito che molti sacerdoti celibi non praticano perfettamente la continenza. Dopo oltre trenta anni di ricerca, Sipe ha stimato che soltanto il cinquanta per cento circa dei sacerdoti che sono vincolati dalla legge sul celibato, e che si identificano pubblicamente come celibi, praticano effettivamente la continenza sessuale in un dato momento[14]. Secondo Sipe, «il clero orientato verso l'omosessualità mantiene il proprio celibato più o meno nella stessa proporzione dei preti e dei vescovi eterosessuali»[15]. Alcune persone, tuttavia, mettono in dubbio le stime di Sipe in merito a quanti sacerdoti non osservino realmente la continenza[16]. Un superiore religioso, che è anch'esso uno psicologo, ha detto a Sipe che, escludendo uno o due periodi all'anno, circa il novantacinque per

---

[11] Ibid., p. 129.

[12] Cfr. Ibid.

[13] A. W. R. Sipe, *Celibacy: A Way of Loving, Living, and Serving*, p. 52.

[14] A. W. R. Sipe, *Celibacy: A Way of Loving, Living, and Serving*, p. 39; Sipe si riferisce alla pratica del "celibato" ma, in realtà, utilizzando questo termine, egli si riferisce più precisamente al celibato casto (oppure, per dirlo diversamente, alla pratica della continenza).

[15] A. W. R. Sipe, *Sexually Active Clergy: Squabbling about Numbers (Dialogue n. 16)*, «awrsipe-com», 15 luglio 2009 (http://www.awrsipe.com/Dialogue/Dialogue-16-2009-07-15.html - ultimo accesso verificato: 12 novembre 2021).

[16] Il dottor William A. Donahue della Catholic League, per esempio, ha dimostrato scetticismo nei confronti della ricerca di Sipe perché lo vede come uno dei «malcontenti che sono usciti dalla Chiesa» e che vogliono «intaccare la dottrina della chiesa per consentire eventualmente ad uomini e a donne sposati di accedere comunque al sacerdozio». Si veda: W. Lodbell, *Celibacy Doesn't Work: Ex-Monk Says*, «Los Angeles Times», 10 gennaio 2004 (https://www.latimes.com/archives/la-xpm-2004-jan-10-me-beliefs10-story.html – ultimo accesso verificato: 12 novembre 2021).

cento dei sacerdoti pratica la continenza[17]. In altre parole, solamente circa il cinque per cento dei sacerdoti potrebbe essere realmente descritto come sessualmente attivo.

Tali divergenze mostrano soltanto quanto sia difficile riuscire a determinare il numero reale di sacerdoti che osservano (oppure no) la continenza perfetta. Una delle ragioni di tale difficoltà, ovviamente, risiede nel fatto che i peccati sessuali portati al sacramento della penitenza sono protetti dal sigillo della confessione. Anche i tassi di osservazione relativi alla continenza sacerdotale variano a seconda del tempo e del luogo. Richard Sipe ha svolto le sue ricerche durante i decenni che furono contraddistinti da profondi sconvolgimenti ecclesiali e dalla cosiddetta rivoluzione sessuale. Questi fattori, senza dubbio, hanno finito per influenzare le sue percezioni della questione. Va anche sottolineato, poi, che il mancato rispetto delle aspettative di una vocazione non annulla certamente il valore della vocazione stessa. Il mancato rispetto della continenza da parte dei preti celibi non depone contro la saggezza del celibato sacerdotale più di quanto il mancato rispetto della fedeltà da parte dei coniugi deponga contro i princìpi della fedeltà coniugale e dell'indissolubilità.

Richard Sipe merita molti elogi per i suoi sforzi eroici finalizzati a mostrare la tematica degli abusi sessuali contro i minori e gli adulti vulnerabili da parte dei preti cattolici. La sua lettera aperta del 2008 a Papa Benedetto XVI, nella quale Sipe metteva in guardia sull'allora cardinale McCarrick, e la sua lettera del 2016 al vescovo McElroy di San Diego, sono state animate da una profonda preoccupazione per le vittime degli abusi sessuali da parte del clero[18]. Sfortunatamente, la ricerca di Sipe sugli abusi sessuali del clero lo ha portato a criticare non soltanto il celibato sacerdotale, ma anche la morale sessuale cattolica in generale. Nel 2004 egli aveva paragonato la morale sessuale cattolica all'antica ed erronea convinzione della Chiesa che la terra fosse il centro dell'universo[19]. In un

---

[17] A. W. R. Sipe, *Celibacy: A Way of Loving, Living, and Serving*, p. 39; Sipe ha cercato di non considerare questa stima perché il superiore religioso non credeva che si potesse considerare uno o due cadute all'anno come periodi durante i quali vi fosse un aumento dell'attività sessuale del clero, ossia che si potessero o dovessero considerare periodi particolarmente attivi dal punto di vista sessuale per il clero.

[18] K. Schiffler, *Richard Sipe Tried to Warn Us - But No One Was Listening*, «National Catholic Register», 16 agosto 2018 (http://www.ncregister.com/blog/kschiffler/richard-sipetried-to-warn-us-but-no-one-was-listening - ultimo accesso verificato: 12 novembre 2021).

[19] W. Lodbell, *Celibacy Doesn't Work: Ex-Monk Says*, «Los Angeles Times», 10 gennaio 2004 (https://www.latimes.com/archives/la-xpm-2004-jan-10-me-beliefs10-story.html - ultimo accesso verificato: 12 novembre 2021).

documento del 2015, aveva anche messo apertamente in dubbio gli insegnamenti morali cattolici relativamente alla masturbazione, al sesso al di fuori del matrimonio e alle relazioni omosessuali[20]. Sipe ha descritto il celibato obbligatorio per i sacerdoti come una «messinscena ed una finzione», sebbene egli credesse ancora all'esistenza reale di «un tempo, di un luogo, e di persone adatte al celibato che sia religiosamente motivato»[21]. Il fallimento delle autorità cattoliche nell'agire in base ai suoi avvertimenti sugli abusi sessuali clericali, probabilmente, ha contribuito alla perdita di fede di Sipe nella morale sessuale cattolica. Un altro fattore in campo, senza dubbio, è stato l'ipocrisia che egli aveva scoperto tra i sacerdoti cattolici che non osservavano la continenza.

Ad ogni modo, alcuni studiosi hanno una visione molto più positiva del celibato sacerdotale rispetto a Sipe. Monsignor Stephen Rossetti, per esempio, in qualità di psicologo abilitato e di professore presso la Catholic University of America, ha condotto sia un sondaggio nel 2009 su 2.482 sacerdoti di ventitré diocesi, sia un sondaggio nel 2004 su 1.242 sacerdoti in sedici diocesi. Rossetti aveva scoperto che il 75,1% dei sacerdoti affermava che il celibato ha rappresentato una grazia personale e che l'82,1% dei sacerdoti avrebbe scelto di rimanere celibe anche se gli fosse stato permesso di sposarsi[22].

II. Prospettive bibliche e patristiche sul celibato sacerdotale.

Al Concilio Vaticano II, la «continenza perfetta e perpetua per amore del Regno dei Cieli» è stata riconosciuta sia come una pratica «raccomandata da Cristo Signore», sia come una pratica di «grande valore [...] per la vita sacerdotale»[23]. Il celibato e la continenza perpetua «non sono richiesti dalla natura stessa del

---

[20] A. W. R. Sipe, *Sexual Heresies of the Catholic Church*, «awrsipe.com», 15 giugno 2015 (http://www.awrsipe.com/Comments/SEX-HERESY-OF-THE-CATHOLIC-CHURCH.pdf - ultimo accesso verificato: 12 novembre 2021).

[21] Ibid., p. 6.

[22] S. Alessi, *Study finds priests leading happy, healthy lives*, «Our Sunday Visitor Newsweekly», 19 ottobre 2011 (https://www.osv.com/TheChurch/Article/TabId/563/ArtMID/13751/ArticleID/9085/Study-finds-priests-leading-happy-healthy-lives.aspx - ultimo accesso verificato: 12 novembre 2021); Il monsignore Stephen Rossetti discute questi risultati in modo più dettagliato. Si veda: S. J. Rossetti, *Why Priests Are Happy: A Study of the Psychological and Spiritual Health of Priests* (Notre Dame, Indiana: Ave Maria Press, 2011).

[23] Concilio Vaticano II, *Presbyterorum ordinis. Decreto sul ministero e la vita dei presbiteri*, «vatican.va», 7 dicembre 1965, par. 16 (https://www.vatican.va/archive/hist_councils/ii_vatican_council/documents/vat-ii_decree_19651207_presbyterorum-ordinis_it.html - ultimo accesso verificato: 12 novembre 2021).

sacerdozio», ma hanno «una multiforme idoneità per il sacerdozio»[24]. Il Concilio ha riconosciuto che nelle Chiese Orientali «vi sono anche degli eccellenti presbiteri coniugati»; infatti, non era nelle intenzioni del Concilio «alterare quella diversa disciplina che legittimamente fiorisce nelle Chiese orientali»[25].

Al fine di favorire sia la prassi del celibato sacerdotale, sia quella della continenza nell'Occidente latino, è importante comprendere le ragioni bibliche e patristiche. In termini di Sacra Scrittura, Gesù Cristo stesso loda coloro che rinunciano al matrimonio per amore del regno dei cieli (Cfr. Mat. 19, 12). San Paolo consiglia a coloro che non sono sposati ed alle vedove di rimanere celibi (Cfr. 1Co. 7, 8; 7, 25–28). Nel libro dell'Apocalisse (Cfr. Ap. 14, 4) vengono esaltati gli uomini che non hanno avuto mai rapporti con le donne, ossia gli uomini che si sono mantenuti vergini, definiti come «quelli che seguono l'Agnello, dovunque egli va».

Studi recenti sulla storia del celibato clericale condotti dal padre gesuita Christian Cochini[26], Roman Cholij[27], da padre Stanley Jaki[28], e da altri ancora[29] mostrano, infatti, che, nella Chiesa primitiva, gli uomini sposati che venivano ordinati al sacerdozio avevano l'obbligo di rimanere continenti. Questo è dimostrato dai vari sinodi locali. Per esempio, il canone trentatré del Concilio di Elvira (avvenuto, all'incirca, fra il 303 ed il 305) recita:

> Noi decidiamo di proibire ai vescovi, ai presbiteri e ai diaconi e a
> tutti coloro che sono impegnati nel ministero, di astenersi del tutto
> ad avere rapporti [sessuali] con le proprie mogli e di non generare
> figli: se qualcuno dovesse farlo, che esso sia escluso dall'onore del
> clericato[30].

---

[24] Ibid.

[25] Ibid.

[26] Cfr. C. Cochini (padre gesuita), *The Apostolic Origins of Priestly Celibacy*, traduzione di Nelly Marans (San

Francisco, California: Ignatius Press, 1990).

[27] Cfr. R. Cholij, *Clerical Celibacy in East and West* (Herefordshire, UK: Gracewing, 1988).

[28] Cfr. S. L. Jaki, *Theology of Priestly Celibacy* (Front Royal, Virginia: Christendom Press, 1997).

[29] Si vedano, per esempio: A. Stickler (cardinale), *The Case for Clerical Celibacy: its Historical Development and Theological Foundations* (San Francisco, California: Ignatius Press, 1995); G. B. Selin, *Priestly Celibacy: Theological Foundations* (Washington, DC: The Catholic University of America Press, 2016); J. Cavadini (a cura di), *The Character of Priestly Celibacy: Biblical, Theological, and Pastoral Reflections* (Notre Dame, Indiana: Institute for Church Life, 2012).

[30] C. Cochini (padre gesuita), *The Apostolic Origins of Priestly Celibacy*, p. 159.

Il Concilio di Arles (314) contiene un requisito di continenza molto simile per il clero sposato. Il suo canone ventinove recita:

> Inoltre, [preoccupati per] ciò che è degno, puro e onesto, noi esortiamo i nostri fratelli [nell'episcopato] a fare in modo che tanto sacerdoti quanto i diaconi non abbiano alcun rapporto [sessuale] con le loro mogli, poiché servono il ministero ogni giorno. Chiunque agirà contro questa decisione sarà deposto dall'onore del clericato[31].

Nel 315, il Concilio di Ancyra (Ankara) emanò un canone (il numero dieci) nel quale si stabilisce che un diacono celibe che, in seguito, tenti di sposarsi deve essere «rifiutato dal ministero ed escluso definitivamente dal clero[32]. Una versione di questo canone suggerisce che un vescovo possa concedere il permesso ad un uomo sposato di essere ordinato diacono[33]. Un'altra versione, tuttavia, non presenta questa clausola. Invece, afferma che un uomo celibe che esprima il desiderio di sposarsi non dovrebbe essere mai ordinato diacono[34].

Il Concilio di Neocesarea (avvenuto all'incirca fra il 314 ed il 325) emanò quindici canoni disciplinari e all'interno del primo fra questi viene affermato: «Se un sacerdote si sposa, sarà escluso dai ranghi del clero; se commette fornicazione o adulterio, sarà inoltre scomunicato e soggetto a penitenza»[35]. Questo mostra che i sacerdoti celibi devono rimanere tali ed anche praticare la continenza; oltre ciò, esso mostra anche che i sacerdoti celibi che non osservano il dovere della continenza devono essere trattati molto severamente.

Il canone tre del Concilio ecumenico di Nicea (325) vieta ai vescovi, ai sacerdoti ed ai diaconi di giacere con qualsiasi donna, eccetto con coloro che sono al di sopra di ogni sospetto come, per esempio, una madre, una sorella oppure una zia[36]. Il consiglio non approva «l'uso dei diritti coniugali da parte dei preti sposati come se essi fossero una pratica riconosciuta»[37]. Nella sua *Historia Ecclesiastica* scritta intorno al 439, lo storico della Chiesa, Socrate Scolastico afferma che il vescovo Pafnuzio dell'Alta Tebe si alzò durante il Concilio di Nicea nel 325 per chiedere all'assemblea

---

[31] Ibid., p. 161.

[32] Ibid., p. 171.

[33] Ibid., pp. 169–170.

[34] Cfr. Ibid., p. 171.

[35] Ibid., p. 177.

[36] Cfr. Ibid., p. 185; Si veda anche: N. P. Tanner [padre gesuita] (a cura di), *Decrees of the Ecumenical Councils,* Vol. Uno (Washington, DC: Georgetown University Press, 1990), p. 7.

[37] S. L. Jaki, *Theology of Priestly Celibacy,* p. 79.

che ai vescovi, ai sacerdoti ed ai diaconi sposati potesse esser concesso di intrattenere comunque una relazione di carattere coniugale[38]. Tuttavia, non vi è alcuna traccia di un tale intervento al Concilio di Nicea, ed il nome di Pafnuzio, in definitiva, «non appare nemmeno negli elenchi più antichi dei partecipanti al Concilio»[39]. La ricerca critica svolta in merito all'intervento di Pafnuzio mostra che esso manca di autenticità e che risulta essere il prodotto di «una progressiva confabulazione agiografica»[40].

Nel Quarto secolo, d'altronde, vengono prodotti vari decreti papali e sinodali relativamente al mandato di continenza per il clero sposato. Fra questi, ritroviamo: *Directa* (385), *Cum in unum* (386) e *Dominus inter* (386 circa) di papa (ora santo) Siricio (pontefice dal 384 al 399), così come i decreti del Sinodo di Cartagine (390)[41]. Tutti questi documenti, come nota Roman Cholij, «mettevano infatti in evidenza che la continenza clericale apparteneva ad una tradizione immemorabile, addirittura apostolica»[42].

Nel suo decreto del 386 *Cum in unum*, Papa Siricio afferma: «I sacerdoti ed i leviti [ossia, i diaconi] non abbiano rapporti con le loro mogli, in quanto sono assorbiti nei doveri quotidiani dei loro ministeri»[43]. Egli, prendendo atto di quanto scritto nella prima lettere di Paolo a Timoteo (Cfr. 1Ti. 3, 2), chiarisce: «Forse si pensa, dice, che questo (ossia le relazioni coniugali) sia permesso perché [Paolo] ha scritto: "che non abbia preso moglie che una sola volta" (1Ti. 3, 2)? Ma Paolo non si stava riferendo ad un uomo che persista nel desiderio di generare; egli ha parlato in vista della continenza che questi dovrà praticare (*propter continentiam futuram*)»[44]. Secondo il biblista Ignace de la Potterie, questo passaggio della prima lettera di Paolo a Timoteo fornisce una evidenza indiretta dell'aspettativa di continenza. Un

---

[38] C. Cochini (padre gesuita), *The Apostolic Origins of Priestly Celibacy,* pp. 195–196.

[39] S. L. Jaki, *Theology of Priestly Celibacy,* p. 79.

[40] C. Cochini (padre gesuita), *The Apostolic Origins of Priestly Celibacy,* p. 199.

[41] Ibid., pp. 8-17. Cochini osserva che alcuni studiosi hanno affermato che il Sinodo Romano per i Galli, che emanò la *Dominus inter*, si tenne sotto Papa Damaso I (il quale ha retto il pontificato dal 366 al 384) oppure sotto Innocenzo I (il quale ha retto, invece, il pontificato dal 401/402 al 417).

[42] R. Cholij, *Priestly celibacy in patristics and in the history of the Church*, «Vatican.va», 1993, par. 4 (http://www.vatican.va/roman_curia/congregations/cclergy/documents/rc_con_cclergy_doc_01011993_chisto_en.html - ultimo accesso verificato: 12 novembre 2021).

[43] C. Cochini (padre gesuita), *The Apostolic Origins of Priestly Celibacy,* p. 11.

[44] Ibid.

uomo che è stato sposato soltanto una volta sarà più capace di osservare la continenza clericale rispetto ad un uomo che è stato sposato molteplici volte[45].

Questo passaggio biblico, insieme al requisito della continenza del clero espresso nei sinodi della Chiesa primitiva, fornisce una forte evidenza del fatto che l'obbligo della continenza richiesto ai diaconi, ai sacerdoti e ai vescovi sposati non rappresenta una tradizione successiva, ma «una tradizione non scritta di origine apostolica»[46]. Forse, la testimonianza più forte dell'origine apostolica di questa esigenza è rappresentata dalla testimonianza del *Codex canonum ecclesiae africanae*, il quale include i canoni del Concilio di Cartagine del 390, del Concilio di Ippona del 393 e del Concilio di Cartagine del 401. Il Canone tre del Concilio di Cartagine (390) afferma che «i sacerdoti di Dio» ed anche i leviti [ossia, i diaconi] «dovevano osservare la perfetta continenza per ottenere, con tutta semplicità, ciò che chiedevano a Dio: ciò che insegnavano gli apostoli, e ciò che osservava l'antichità stessa, dobbiamo anche noi osservare»[47]. Il Concilio, dunque, fa riferimento ad una pratica insegnata dagli apostoli, il che indica una tradizione di origine apostolica. San Leone I, allora pontefice, scrivendo al vescovo Rustico di Narbona, intorno al 458 d.C., fu altrettanto fermo a proposito della continenza sacerdotale:

> La legge della continenza è la stessa per i ministri dell'altare, per i vescovi e per i sacerdoti; quando erano (ancora) laici o lettori, essi potevano liberamente prendere moglie e generare figli. Ma una volta che hanno raggiunto i ranghi sopra menzionati, ciò che era stato permesso non può più esserlo[48].

La «legge della continenza» (*lex continentiae*) per i sacerdoti sposati sembra esser stata la norma basilare in Occidente dal Sesto secolo fino al Medioevo, quando si decise di ordinare al sacerdozio soltanto uomini celibi. In alcuni libri penitenziali dell'Alto Medioevo, per un sacerdote sposato «avere rapporti sessuali con la propria

---

[45] I. de la Potterie, *The biblical foundation of priestly celibacy*, «vatican.va», 1993, par. 4 (http://www.vatican.va/roman_curia/congregations/cclergy/documents/rc_con_cclergy_doc_01011993_bfoun_en.html - ultimo accesso verificato: 12 novembre 2021).

[46] C. Cochini (padre gesuita), *The Apostolic Origins of Priestly Celibacy*, p. 439.

[47] Ibid., p. 267.

[48] R. Cholij, *Clerical Celibacy in East and West*, p. 2; Si veda anche: J. P. Migne (a cura di), *Patrologiae Curus Completus, Series Latina* [PL], Vol. 54, Tomo I, (Paris: Apud Editorem In Via Dicta D'amboise, 1844), p. 204-A (il testo è integralmente consultabile anche on line, all'interno del sito «archive.org»: https://archive.org/details/patrologiae_cursus_completus_leo_vol_54/page/n103/mode/2up - ultimo accesso verificato: 12 novembre 2021).

moglie dopo l'ordinazione avrebbe costituito un atto di infedeltà nei riguardi della promessa fatta a Dio»[49]. Tale atto era considerato una sorta di adulterio (*adulterium*) visto che la condizione del ministro religioso è quella di essere sposato con la Chiesa[50]. A causa della difficoltà incontrata dai preti sposati che continuavano a vivere con le loro mogli, i sinodi locali (come il Concilio di Metz dell'888 ed il Concilio di Magonza dello stesso anno) avevano «deciso di vietare la convivenza anche con le mogli che vivevano, esse stesse, lo stato di continenza»[51].

In risposta all'immoralità clericale e allo scandalo, i papi dell'Undicesimo secolo iniziarono a promulgare alcune leggi a favore della continenza sacerdotale e del celibato. Papa Benedetto VIII, intorno all'anno 1018, impose sanzioni ai sacerdoti, ai diaconi ed ai suddiaconi che si sposavano o che convivevano con le donne[52]. Nel 1049, Papa Leone IX tentò di far diventare le mogli e le concubine dei sacerdoti serve (*ancillae*) del Palazzo Laterano[53]. Nel 1059, papa Niccolò II «cercò di ottenere il sostegno dei laici, vietando loro di assistere alla messa offerta da un sacerdote che fosse sposato o che vivesse una situazione di concubinato»[54]. Papa Gregorio VII (pontefice dal 1073 al 1085) attuò ogni sforzo per far rispettare le leggi dei suoi predecessori e proibì ai sacerdoti colpevoli di fornicazione di celebrare la messa[55].

Nel XII secolo, la legislazione che richiedeva il celibato del clero si fece ancora più consolidata. Il Primo Concilio Lateranense del 1123 proibì ai «sacerdoti, ai diaconi ed ai suddiaconi di vivere con delle concubine [oppure] mogli, [oppure] di convivere con altre donne, eccetto quelle con le quali il Concilio di Nicea [del 325] aveva permesso di dimorare unicamente per questioni di necessità, vale a dire una madre, una sorella, una zia paterna oppure materna, od altre persone simili, sulle quali non potrebbero giustamente sorgere sospetti»[56]. Il Secondo Concilio

---

[49] I. de la Potterie, *The biblical foundation of priestly celibacy*, par. 7.

[50] Cfr. Ibid.

[51] R. Cholij, *Clerical Celibacy in East and West,* p. 11.

[52] P. Delhaye, *Celibacy, Clerical, History of,* in B. L. Marthaler [Ordine dei Frati Minori Conventuali] (a cura di), *The New Catholic Encyclopedia,* Seconda edizione, Vol. 3 (Detroit, Michigan: Thomson Gale, 2003), p. 326.

[53] Cfr. Ibid.

[54] Ibid.

[55] Cfr. Ibid.; Si veda anche: J. P. Migne (a cura di), *Patrologiae Curus Completus, Series Latina* [PL], Vol. 148, p. 646 (https://archive.org/details/patrologiaecursu0154mign - ultimo accesso verificato: 12 novembre 2021).

[56] Canone n. 7 del Primo concilio Laterano, citato in: N. P. Tanner [padre gesuita] (a cura di), *Decrees of the Ecumenical Councils,* Vol. Uno, p. 191. I canoni del Primo concilio Laterano (oppure "Concilio Lateranense I"), sono consultabili integralmente on line anche sul sito «fordham.edu», si veda: https://sourcebooks.fordham.edu/basis/lateran1.asp) - ultimo accesso verificato: 12 novembre 2021.

Lateranense del 1139 richiese a coloro che erano negli ordini sacri ed ai fratelli laici professi di separarsi dalle loro mogli o concubine. Secondo tale norma, inoltre, i matrimoni che avessero trasgredito alla legge ecclesiastica, ossia quelli che si fossero verificati dopo l'ordinazione, non dovevano considerarsi come veri matrimoni e i sacerdoti che avrebbero tentato tale genere di «matrimoni» avrebbero dovuto «affrontare una penitenza commisurata a tale oltraggioso comportamento»[57]. Il Concilio Lateranense III del 1179 decretò che «i sacerdoti di un ordine sacro, che in aperto concubinato conservavano le loro amanti nelle loro case, avrebbero dovuto o scacciare queste ultime per vivere in uno stato reale di continenza oppure avrebbero dovuto essere loro stessi privati dell'ufficio ecclesiastico e dei suoi benefici»[58].

Il Concilio Lateranense IV del 1215 decretò che i sacerdoti «sorpresi a cedere al vizio della non continenza fossero puniti secondo le sanzioni canoniche, in proporzione alla gravità dei loro peccati»[59]. Se i sacerdoti sospesi per motivi di violazione della continenza avessero continuato a celebrare i «servizi divini», essi dovevano essere privati dei loro benefici ecclesiastici e «deposti in perpetuo»[60]. Papa Giovanni XXII, nel 1322, proibiva agli uomini sposati di essere ordinati senza che essi avessero ricevuto il consenso delle loro mogli ad una vita di continenza[61]. Il Concilio di Trento, nella sua ventiquattresima sessione dell'11 novembre 1563, proibì i matrimoni clericali[62]; Il Concilio di Trento, nella sua ventitreesima sessione

---

[57] Canone n. 7 del Secondo concilio Laterano, citato in: Ibid. p. 198. I canoni del Secondo concilio Laterano (oppure "Concilio Lateranense II"), sono consultabili integralmente on line anche sul sito «fordham.edu», si veda: https://sourcebooks.fordham.edu/basis/lateran2.asp - ultimo accesso verificato: 12 novembre 2021).

[58] Canone n. 11 del Terzo concilio Laterano, citato in: Ibid., p. 217. I canoni del Terzo concilio Laterano (oppure "Concilio Lateranense III"), sono consultabili integralmente on line anche sul sito «fordham.edu», si veda: https://sourcebooks.fordham.edu/source/lat3-elect.asp - ultimo accesso verificato: 12 novembre 2021).

[59] Canone n. 14 del Quarto concilio Laterano, citato in: Ibid., p. 242. I canoni del Quarto concilio Laterano (oppure "Concilio Lateranense IV"), sono consultabili integralmente on line anche sul sito «fordham.edu», si veda: https://sourcebooks.fordham.edu/basis/lateran4.asp - ultimo accesso verificato: 12 novembre 2021).

[60] Ibid.

[61] R. Cholij, *Clerical Celibacy in East and West,* p. 12.

[62] Canone n. 9 del Concilio di Trento, citato nella sezione *Decreti e canoni sul sacramento del matrimonio* in: Norman P. Tanner [padre gesuita] (a cura di), *Decrees of the Ecumenical Councils,* Vol. Due (Washington, DC: Georgetown University Press, 1990), p. 755. I canoni del Concilio di Trento sono consultabili integralmente on line anche sul sito «documentacatholicaomnia.eu», sia in lingua italiana (si veda: http://www.documenta-

del 15 luglio 1563, prevedeva anche l'istituzione di specifici seminari finalizzati a preparare i ragazzi (a partire dai dodici anni) alla vita clericale[63]. La disciplina in vigore in quel momento «significava, in pratica, che solamente un uomo non sposato sarebbe stato ordinato»[64].

Dopo Trento, la Chiesa cattolica in Occidente ha continuato ad ordinare solamente uomini celibi al sacerdozio. Il Codice del diritto canonico del 1917 sostiene che agli uomini che hanno moglie è impedito di ricevere il sacramento dell'ordine sacro (Cfr. canone 987, par. 2)[65]. Anche il Codice del diritto canonico del 1983 elenca il matrimonio semplicemente come un impedimento a ricevere gli Ordini sacri «a meno che non si sia legittimamente destinati al diaconato permanente» (canone 1042, par. 1). Oltre al diritto canonico, anche i papi del Ventesimo secolo hanno sostenuto il celibato sacerdotale come norma ideale. Nella locuzione concistoriale del 16 dicembre 1920, Benedetto XV ha sostenuto la grande importanza del celibato clericale[66]. Anche papa Paolo VI (ora santo), nella sua enciclica *Sacerdotalis Caelibatus*, del 24 giugno 1967, al quattordicesimo paragrafo, confermò il celibato sacerdotale scrivendo:

> Noi dunque riteniamo che la vigente legge del sacro celibato debba ancora oggi, e fermamente, accompagnarsi al ministero ecclesiastico; essa deve sorreggere il ministro nella sua scelta esclusiva, perenne e totale dell'unico e sommo amore di Cristo e della consacrazione al

---

catholicaomnia.eu/03d/1545-1563-,_Concilium_Tridentinum,_Canones_et_Decreta_%28Testo_divulgativo%29,_IT.pdf - ultimo accesso verificato: 12 novembre 2021), sia in lingua inglese (si veda: http://www.documentacatholicaomnia.eu/03d/1545-1545,_Concilium_Tridentinum,_ Canons_And_Decrees,_EN.pdf – ultimo accesso verificato: 12 novembre 2021).

[63] Cfr. Canone 18 del Concilio di Trento, citato nella sezione *Decreti di riforma* in: Ibid., pp. 750-753.

[64] R. Cholij, *Clerical Celibacy in East and West,* p. 12.

[65] La condizione di essere sposati rappresenta un semplice impedimento all'ordinazione, come in contrapposizione ad un impedimento assoluto o dirimente.

[66] Benedetto XV (papa), *Cum multa hoc, allocuzione del Santo padre al Concistoro segreto,* «Acta Apostolicae Sedis», A. XII, Vol. XII, n. 14, 17 dicembre 1920, pp. 586-587 (https://www.vatican.va/archive/aas/documents/AAS-12-1920-ocr.pdf - ultimo accesso verificato: 12 novembre 2021). Si veda anche il testo dell'allocuzione del 16 dicembre sul sito «vatican.va»: https://www.vatican.va/content/benedict-xv/it/speeches/documents/hf_ben-xv_spe_19201216_concistoro-segreto.html - ultimo accesso verificato: 12 novembre 2021.

culto di Dio e al servizio della Chiesa, e deve qualificare il suo stato
di vita, sia nella comunità dei fedeli, che in quella profana[67].

Ciò che Paolo VI insegnò nel 1967 è stato riaffermato dai suo successori: papa
Giovanni Paolo II, papa Benedetto XVI e papa Francesco.

III. Il celibato sacerdotale nell'Oriente cristiano.

Come abbiamo visto, nell'Oriente cristiano, durante il periodo patristico, c'era
un ampio sostegno alla continenza sacerdotale. L'imperatore bizantino Giustiniano
I (regnante negli anni fra il 527 e il 565) considerava la «continenza sacerdotale
come la regola, anche se non sempre osservata»[68]. Una disciplina diversa, tuttavia,
alla fine divenne la norma nell'Oriente cristiano. Questa disciplina fu approvata dal
Concilio in Trullo, che venne convocato nel 691 dall'imperatore Giustiniano II
(imperatore due volte, dal 685 al 695 e, successivamente, dal 705 al 711). Il Concilio
in Trullo - chiamato anche Concilio Quinisesto, perché pretendeva di completare la
legislazione del quinto e del sesto concilio ecumenico che si erano tenuti a
Costantinopoli, rispettivamente nel 553 e nel 680-681 - richiedeva il celibato e la
continenza per coloro che venivano nominati vescovi ma non per sacerdoti, i
diaconi e i suddiaconi. Durante il Concilio in Trullo venne deciso che se un
sacerdote sposato fosse stato promosso all'episcopato, sua moglie avrebbe dovuto
separarsi da lui ed entrare in un monastero[69]. I sacerdoti, i diaconi ed i suddiaconi
sposati, tuttavia, potevano anche continuare le relazioni coniugali con le loro mogli,
ma non potevano contrarre un secondo matrimonio nel caso in cui il loro coniuge
fosse venuto a mancare[70]. Il Concilio in Trullo stabilì la pratica delle Chiese
orientali, sia cattolica, sia ortodossa, che continua ad essere seguita sino ai giorni
nostri. Il Vaticano II in *Presbyterorum Ordinis* (7 dicembre 1965) ha affermato la
legittimità della pratica orientale con le seguenti parole:

> Per questi motivi - fondati sul mistero di Cristo e della sua missione
> - il celibato, che prima veniva raccomandato ai sacerdoti, in seguito

---

[67] Paolo VI (papa), *Sacerdotalis Caelibatus. Lettera Enciclica per quali vie la Chiesa cattolica debba oggi adempire il suo mandato (24 giugno 1967)*, «vatican.va», s. d. (http://w2.vatican.va/content/paul-vi/en/encyclicals/documents/hf_p-vi_enc_24061967_sacerdotalis.html - ultimo accesso verificato: 12 novembre 2021).

[68] R. Cholij, *Clerical Celibacy in East and West*, p. 7.

[69] Cfr. Ibid., p. 399.

[70] Cfr. Ibid., p. 403.

è stato imposto per legge nella Chiesa latina a tutti coloro che si avviano a ricevere gli ordini sacri. Questo sacro Sinodo torna ad approvare e confermare tale legislazione per quanto riguarda coloro che sono destinati al presbiterato, avendo piena certezza nello Spirito che il dono del celibato, così confacente al sacerdozio della nuova legge, viene concesso in grande misura dal Padre, a condizione che tutti coloro che partecipano del sacerdozio di Cristo con il sacramento dell'ordine, anzi la Chiesa intera, lo richiedano con umiltà e insistenza. Il sacro Sinodo esorta inoltre tutti i presbiteri, i quali hanno liberamente abbracciato il sacro celibato seguendo l'esempio di Cristo e confidando nella grazia di Dio, ad aderirvi generosamente e cordialmente e a perseverare fedelmente in questo stato, sapendo apprezzare il dono meraviglioso che il Padre ha loro concesso e che il Signore ha così esplicitamente esaltato e avendo anche presenti i grandi misteri che in esso sono rappresentati e realizzati[71].

La ragione della continenza clericale per i vescovi e per i sacerdoti nel rito latino (e per i vescovi nei riti orientali) risiede nel principio per cui il sacerdote od il vescovo assumono la postura di Cristo, il quale è sposato con la Chiesa (Cfr. Ef. 5, 22-23). I sacerdoti, quindi, dovrebbero osservare il dovere della continenza per rappresentare Gesù Cristo, il casto Sposo. Alcuni, tuttavia, sostengono che la ragione per cui sia stato richiesto ai vescovi di mantenersi in una condizione di celibato, nel contesto dell'Oriente cristiano, sia stata quella di evitare «l'alienazione dei beni ecclesiastici» in favore di possibili figli o nipoti dei vescovi sposati[72]. Anche se questo avrebbe potuto essere un fattore della questione, una ragione più profonda fu quella propriamente liturgica. Tornando all'Antico Testamento, l'astinenza dal sesso consentiva al sacerdote che guidava la liturgia «di ottenere un'udienza divina e di assicurare il successo della sua preghiera»[73]. I sacerdoti sposati, quindi, erano tenuti ad astenersi dai rapporti coniugali la notte prima che avessero dovuto condurre la sacra liturgia. I vescovi, però, devono praticare la continenza permanente, non temporanea, perché i loro doveri liturgici sono più

---

[71] Concilio Vaticano II, *Presbyterorum ordinis. Decreto sul ministero e la vita dei presbiteri*, «vatican.va», 7 dicembre 1965, par. 16 (https://www.vatican.va/archive/hist_councils/ ii_vatican_council/documents/vat-ii_decree_19651207_presbyterorum-ordinis_it.html - ultimo accesso verificato: 12 novembre 2021).

[72] C. Cochini (padre gesuita), *The Apostolic Origins of Priestly Celibacy*, p. 421.

[73] Ibid., p. 422.

costanti. Sebbene l'Occidente latino e l'Oriente bizantino avessero pratiche diverse, questi due universi condividevano entrambi la stessa intuizione teologica del «legame indissociabile tra il servizio all'altare e la continenza (perpetua oppure temporanea) che era richiesta dai ministri»[74].

IV. Mancata osservanza della continenza sacerdotale.

Purtroppo, attraverso i secoli, ci sono stati dei periodi di interruzione dalla continenza sacerdotale. Il Decimo secolo è stato particolarmente noto per l'immoralità del clero. Anche alcuni pontefici si impegnavano in comportamenti impuri. Si dice, per esempio, che Giovanni XII (che ha assunto il papato dal 955 al 963) abbia «commesso atti incestuosi con le sue sorelle» e che si sia impegnato anche in atti orgiastici[75]. Durante l'Undicesimo secolo, San Pietro Damiano (1007-1072) si appellò a Papa Leone IX per punire e destituire dall'ufficio religioso i sacerdoti che avevano sedotto i ragazzi o gli adolescenti oppure che avevano commesso atti di sodomia. Egli fu piuttosto esplicito in merito ai tipi di punizione da imporre a questi soggetti:

> qualsiasi sacerdote o monaco che seduceva giovani uomini (*adolescentium*) oppure ragazzi (*parvulorum*) o, ancora, che veniva sorpreso a baciarsi oppure ad intrattenersi in qualsiasi altra situazione vergognosa, doveva essere frustato pubblicamente e condannato a perdere la tonsura clericale. Così mondato, questi doveva essere disonorato: che venga sputato sulla faccia, legato con catene di ferro, consumato da sei mesi di durissima prigionia [...] e che egli mai più possa associarsi ai giovani uomini per scopi conversativi oppure per fornire dei consigli impropri[76].

Leone IX espresse la propria gratitudine a Pietro Damiano per la sua preoccupazione, ma riteneva giusto, tuttavia, che ad alcuni sacerdoti potesse essere permesso di tornare al ministero religioso dopo essersi mondati dal peccato ed aver

---

[74] Ibid.

[75] S. L. Jaki, *Theology of Priestly Celibacy*, p. 130.

[76] C. Colt Anderson, *When Magisterium Becomes Imperium: Peter Damian on the Accountability of Bishops for Scandal*, «Theological Studies», Vol. 65, n. 4, 2004, p. 755 (https://www.researchgate.net/publication/265248065_When_Magisterium_Becomes_Imperium_Peter_Damian_on_the_Accountability_of_Bishops_for_Scandal - ultimo accesso verificato: 12 novembre 2021). Si veda anche: *The Book of Gomorrah and St. Peter Damian's Struggle Against Ecclesiastical Corruption*, traduzione di M. Cullinan Hoffman (New Braunfels, Texas: Ite Ad Thomam Books and Media, 2015), p. 120.

allontanato le loro azioni vergognose «mediante un degno pentimento»[77]; ad eccezione, però, di coloro che si erano impegnati in atti di natura sodomita, in merito ai quali il pontefice affermò che non avrebbero mai potuto avere «alcuna speranza di recuperare il loro ordine»[78].

V. Il celibato sacerdotale e l'attuale emergenza degli abusi sessuali commessi dal clero.

Il celibato sacerdotale è giustamente stimato ed accolto come un dono di Dio. I sacerdoti celibi che osservano la continenza servono gli altri con amore ed agiscono ad imitazione di Gesù Cristo, il Buon Pastore. L'abuso sessuale non cesserà nel caso in cui si decidesse di abbandonare la disciplina del celibato sacerdotale. L'abuso di potere, che è al centro della dinamica relativa all'abuso sessuale, si riscontra sia negli uomini sposati, sia negli uomini celibi. Se i sacerdoti ed i laici seguissero la morale sessuale cattolica, la piaga degli abusi sessuali avrebbe sicuramente fine. Perché ciò accada è necessario che si preghi molto e che molto si faccia penitenza.

Nella sua esortazione apostolica del 1992, *Pastores dabo vobis*, san Giovanni Paolo II ha riaffermato la necessità della preghiera come chiave per apprezzare e per nutrire il celibato sacerdotale:

> La Chiesa, come Sposa di Gesù Cristo, vuole essere amata dal sacerdote nel modo totale ed esclusivo con cui Gesù Cristo Capo e Sposo l'ha amata. Il celibato sacerdotale, allora, è dono di sé *in* e *con* Cristo *alla* sua Chiesa ed esprime il servizio del sacerdote alla Chiesa in e con il Signore. […] egli [il sacerdote], lasciando il padre e la madre, segue Gesù buon Pastore, in una comunione apostolica, a servizio del Popolo di Dio. Il celibato è dunque da accogliere con libera e amorosa decisione da rinnovare continuamente, come dono inestimabile di Dio, come "stimolo della carità pastorale", come singolare partecipazione alla paternità di Dio e alla fecondità della Chiesa, come testimonianza al mondo del Regno escatologico. Per vivere tutte le esigenze morali, pastorali e spirituali del celibato sacerdotale è assolutamente

---

[77] H. Denzinger, P. Hünermann, H. Hoping, R. L. Fastiggi, A. Englund Nash (a cura di), *Compendium of Creeds, Definitions, and Declarations on Matters of Faith and Morals* (San Francisco, California: Ignatius Press, 2012), par. 688.

[78] Ibid.; Si veda inoltre: C. Colt Anderson, *When Magisterium Becomes Imperium: Peter Damian on the Accountability of Bishops for Scandal*, p. 755 (https://www.researchgate.net/publication/265248065_When_Magisterium_Becomes_Imperium_Peter_Damian_on_the_Accountability_of_Bishops_for_Scandal - ultimo accesso verificato: 12 novembre 2021).

necessaria la preghiera umile e fiduciosa, come ci avverte il Concilio: "Al mondo d'oggi, quanto più la perfetta continenza viene considerata impossibile da tante persone, con tanta maggiore umiltà e perseveranza debbono i presbiteri implorare insieme alla Chiesa la grazia della fedeltà che mai è negata a chi la richiede, ricorrendo allo stesso tempo ai mezzi soprannaturali e naturali di cui tutti dispongono" (*Presbyterorum Ordinis*, par. 16). Sarà ancora la preghiera, unita ai Sacramenti della Chiesa e all'impegno ascetico, ad infondere speranza nelle difficoltà, perdono nelle mancanze, fiducia e coraggio nella ripresa del cammino[79].

In una recente intervista con Andrea Tornielli, anche il cardinale Gerhard Müller, ex prefetto della Congregazione per la Dottrina della Fede, ha sottolineato l'importanza della preghiera per superare il malcostume degli abusi sessuali da parte del clero:

ANDREA TORNIELLI: Di fronte agli scandali degli abusi, i pontefici Benedetto XVI e Francesco hanno insistito sulla via della conversione e della preghiera....

CARDINALE MÜLLER: È la via più autentica. Esistono procedure che sono state stabilite per combattere il fenomeno, ma il rinnovamento spirituale, così come la conversione, sono gli aspetti più importanti. Ci sono sacerdoti che non partecipano mai agli esercizi spirituali, che non si avvicinano mai ad un confessionale, che non pregano mai il breviario. E quando la vita spirituale è vuota, come può un sacerdote agire sull'esempio di Gesù Cristo? Rischia di diventare un "mercenario", come leggiamo nel Vangelo di Giovann[80].

---

[79] Giovanni Paolo II (papa), *Pastores Dabo Vobis. Post-synodal apostolic exhortation to the bishops, clergy and faithful on the formation of priests in the circumstances of the present day*, «Vatican.va», 25 marzo 1992 (https://www.vatican.va/content/john-paul-ii/en/apost_exhortations/documents/hf_jp-ii_exh_25031992_pastores-dabo-vobis.html - ultimo accesso verificato: 12 novembre 2021), par. 29.

[80] A. Tornielli, *Interview with Cardinal Müller*, «La Stampa / Vatican Insider», 29 novembre 2018 (https://www.lastampa.it/2018/11/28/vaticaninsider/mller-no-one-has-theright-to-indict-the-pope-U5ezacfKes3LQmANKAzu6N/pagina.html - ultimo accesso verificato: 12 novembre 2021).

Conclusioni.

Le chiavi per porre fine al malcostume degli abusi sessuali da parte del clero sono la preghiera ed il rinnovamento spirituale. L'intercessione della Beata Vergine Maria è essenziale anche per superare la crisi attuale nella Chiesa[81]. Sì, è certamente importante attuare delle riforme e responsabilizzare i sacerdoti ed i vescovi relativamente ai fallimenti che ci sono stati nel fermare la perpetrazione degli abusi sessuali. Queste riforme, tuttavia, non avranno effetto a meno che non vi sia una purificazione sia morale, sia spirituale della Chiesa in materia sessuale. Coloro che abusano dei bambini e degli adulti vulnerabili devono essere affrontati, puniti e rimossi dal ministero sacerdotale. Le vittime degli abusi sessuali da parte del clero devono essere ascoltate ed aiutate, in ogni modo possibile. Le loro ferite sono profonde e non possiamo rimanere indifferenti di fronte a ciò. Tutti i membri della Chiesa, tuttavia, devono abbracciare e sostenere la morale sessuale cattolica. Se i sacerdoti ed i vescovi vivessero secondo il sesto ed il nono comandamento, gli episodi di abuso sessuale da parte del clero cesseranno. Non possiamo, ovviamente, aspettarci di eliminare tutti i peccati, ma dobbiamo capire che l'attuale crisi o emergenza degli abusi sessuali ha un carattere sia spirituale, sia istituzionale. Come ha detto Papa Francesco, il cammino di conversione e di preghiera è al centro del superamento della crisi degli abusi sessuali. Possa Dio darci la forza per seguire questa strada.

---

[81] Si veda: M. Miravalle, *The Church Crisis and Mary*, «La Stampa / Vatican Insider», 2 dicembre 2018 (https://www.lastampa.it/2018/12/02/vaticaninsider/the-church-crisis-and-maryzE5ODEZXIOQDKu68Hp7WgN/pagina.html - ultimo accesso verificato: 12 novembre 2021).

Capitolo 16

La formazione dei seminaristi alla castità del celibato.

Suzanne Mulrain
Coordinatrice, School of Theological Studies,
St. Charles Borromeo Seminary, Philadelphia, Pennsylvania

Robert L. Fastiggi, Ph.D.
Professore di Teologia Sistematica,
Sacred Heart Major Seminary, Detroit, Michigan

Introduzione.

L'emergenza degli abusi sessuali da parte del clero ha indotto i leader cattolici ad attuare un vero e proprio esame di coscienza per quanto riguarda il legame che si crea tra la tematica della scarsa formazione dei seminaristi e la cattiva condotta sessuale del clero contro i bambini e gli adulti. Papa Francesco, nel discorso tenuto a Roma il 24 febbraio 2019, al termine del vertice che si era appena tenuto sugli abusi sessuali, ha sottolineato la necessità di una "genuina purificazione"[1] nonché di una migliore formazione dei sacerdoti alla santità ed alla castità:

---

[1] Francesco (papa), *Concelebrazione eucaristica (Discorso del Santo padre Francesco al termine dell'incontro "La protezione dei minori nella Chiesa" [vaticano, 21-24 febbraio 2019])*, «vatican.va», 24 febbraio 2019, par. 3: «*Una vera purificazione*: nonostante le misure prese e i progressi fatti in materia di prevenzione degli abusi, occorre imporre un rinnovato e perenne impegno alla santità dei pastori, la cui configurazione a Cristo Buon pastore è un diritto del popolo di Dio. Si ribadisce dunque «la ferma volontà di proseguire, con tutta la forza, la strada della purificazione, interrogandosi su come proteggere i bambini; come evitare tali sciagure, come curare e reintegrare le vittime; come rafforzare la formazione nei seminari […] Si cercherà di trasformare gli errori commessi in opportunità per sradicare tale piaga non solo dal corpo della Chiesa ma anche da quello della società» (*ibid.*). Il santo timore di Dio ci porta ad accusare noi stessi – come persone e come istituzione – e a riparare le nostre mancanze. Accusare sé stessi: è un inizio sapienziale, legato al santo timore di Dio. Imparare ad accusare sé stessi, come persone, come istituzioni, come società. In realtà, non

La formazione: ossia le esigenze della selezione e della formazione dei candidati al sacerdozio con criteri non solo negativi, preoccupati principalmente di escludere le personalità problematiche, ma anche positivi nell'offrire un cammino di formazione equilibrato per i candidati idonei, proteso alla santità e comprensivo della virtù della castità. San Paolo VI nell'Enciclica *Sacerdotalis caelibatus* (paragrafo n. 64) scrisse: "Una vita così totalmente e delicatamente impegnata nell'intimo e all'esterno, come quella del sacerdote celibe, esclude soggetti di insufficiente equilibrio psico-fisico e morale, né si deve pretendere che la grazia supplisca in ciò la natura"[2].

Di questo argomento si occupa il papa emerito Benedetto XVI in un saggio pubblicato il 10 aprile 2019, a seguito del summit sugli abusi sessuali; in questo saggio, il pontefice discute della formazione seminariale, influenzata dagli elementi radicali degli anni Sessanta, sottolineando «un ampio collasso della forma vigente sino a quel momento di questa preparazione»[3]. Nel saggio, il pontefice lamenta che

---

dobbiamo cadere nella trappola di accusare gli altri, che è un passo verso l'alibi che ci separa dalla realtà» (http://w2.vatican.va/content/francesco/en/speeches/2019/february/documents/papa-francesco_20190224_incontro-protezioneminori-chiusura.html - ultimo accesso verificato: 12 novembre 2021).

[2] Ibid., par. 4; Cfr. Paolo VI, *Sacerdotalis Caelibatus. On the celibacy of the priest*, «Vatican.va», 24 giugno 1967, par. 4 (http://w2.vatican.va/content/paul-vi/en/encyclicals/documents/hf_p-vi_enc_24061967_sacerdotalis.html - ultimo accesso verificato: 12 novembre 2021).

[3] Benedetto XVI (papa emerito), *The Church and the Scandal of Sexual Abuse*, «National Catholic Register», 10 aprile 2019, parte II: «Il processo di dissoluzione della concezione cristiana della morale, da lungo tempo preparato e che è in corso, negli anni '60, come ho cercato di mostrare, ha conosciuto una radicalità come mai c'era stata prima di allora. Questa dissoluzione dell'autorità dottrinale della Chiesa in materia morale doveva necessariamente ripercuotersi anche nei diversi spazi di vita della Chiesa. Nell'ambito dell'incontro dei presidenti delle Conferenze episcopali di tutto il mondo, interessa soprattutto la questione della vita sacerdotale e inoltre quella dei seminari. Riguardo al problema della preparazione al ministero sacerdotale nei seminari, si constata in effetti un ampio collasso della forma vigente sino a quel momento di questa preparazione». (La traduzione inglese del saggio del pontefice si trova all'indirizzo web: http://www.ncregister.com/daily-news/pope-emeritus-benedict-speaks-up-on-thecurrent-sex-abuse-crisis - ultimo accesso verificato: 12 novembre 2021); Per il testo in italiano, invece, si veda: Id., *La Chiesa e lo scandalo degli abusi sessuali di Benedetto XVI*, «confraternitasantantoniotrastevere.com», 11 aprile 2019 (http://www.confraternita-santantoniotrastevere.com/wp-content/uploads/2019/04/Riflessioni-di-Benedetto-XVI.pdf - ultimo accesso verificato: 28 ottobre 2021).

«in diversi seminari si formarono club omosessuali, che agivano più o meno apertamente, e che chiaramente trasformarono il clima nei seminari»[4].

Un gruppo di cinque professoresse che insegnano nei seminari cattolici statunitensi ha commentato il tema della formazione anche nella lettera *Per la condivisione di uno spirito di discernimento* del 25 gennaio 2019 (si veda l'Appendice a questo libro), indirizzata ai vescovi ed ai cardinali della Chiesa cattolica negli Stati Uniti e presentata anche al Santo Padre, Papa Francesco, tramite il Nunzio Apostolico negli Stati Uniti. La lettera offre diversi suggerimenti con speciali preoccupazioni in merito sia alla tematica della formazione alla castità, sia alla necessità di combattere il clericalismo; inoltre, questo documento fornisce anche diverse raccomandazioni per un'azione immediata, nonché per l'attuazione di buone pratiche spirituali ed altre pratiche per la formazione alla castità del celibato[5]. Queste professoresse ritengono che la cattiva condotta sessuale del clero non possa essere adeguatamente affrontata attraverso delle semplici modifiche alle norme senza che si metta in atto anche una piena e completa disamina delle radici spirituali della crisi[6]. In questa prospettiva, le professoresse sottolineano la necessità della

---

[4] Nella parte II, il Papa emerito prosegue con queste parole: «In un seminario nella Germania meridionale i candidati al sacerdozio e i candidati all'ufficio laicale di referente pastorale vivevano insieme. Durante i pasti comuni, i seminaristi stavano insieme ai referenti pastorali coniugati in parte accompagnati da moglie e figlio e in qualche caso dalle loro fidanzate. Il clima nel seminario non poteva aiutare la formazione sacerdotale. La Santa Sede sapeva di questi problemi, senza esserne in formata nel dettaglio. Come primo passo fu disposta una Visita apostolica nei seminari degli Stati Uniti» (Ibid.).

[5] La lettera si può comunque trovare integralmente anche online: S. Selner-Wright, J. E. Smith, D. Savage, T. Farnan, *Sharing a spirit of discernment*, «catholicwomensforum.org», 23 gennaio 2019 (http://catholicwomensforum.org/wp-content/uploads/Letter-and-Recommendations-from-Women-Seminary-Professors-January-2019.pdf - ultimo accesso verificato: 12 novembre 2021).

[6] «La crisi degli abusi sessuali non deve essere liquidata come qualcosa che abbia motivazioni meramente politiche oppure come un problema che può essere affrontato con alcuni cambiamenti delle politiche della Chiesa. Nella realtà dei fatti, essa è indicativa di un problema molto più profondo, che coinvolge il cuore stesso di tutti noi in quanto cattolici. Indipendentemente dalle specificità delle nostre vocazioni, in primo luogo tutti siamo chiamati ad essere santi, tutti siamo invitati a vivere una vita di castità ed obbedienza a Gesù Cristo. Questa è la dimensione mariana della Chiesa, senza la quale essa non avrebbe vita interiore. E senza una sete di santità al centro dei nostri impegni personali, la Chiesa diventa soltanto un'altra istituzione, un guscio vuoto, senza alcuna sostanza né significato» (Cfr. Ibid; Cfr. Susan Selner-Wright, Janet E. Smith, Deborah Savage, Theresa Farnan, *Sharing a spirit of discernment* - In appendice a questo libro: Id., *Per la condivisione di uno spirito di discernimento*.

confessione regolare, dell'adorazione eucaristica e della crescita nella virtù, nella promozione di una formazione di natura tanto spirituale quanto pratica alla castità[7].

Questo capitolo fornisce un supporto a tutte le preoccupazioni appena menzionate, presentando una panoramica degli insegnamenti coerenti e di lunga data della Chiesa in merito alla formazione dei seminaristi e alla loro pratica permanente della castità del celibato consacrato nel sacerdozio. Inizieremo esaminando i piani e le politiche della Chiesa sulla formazione seminariale: piani e politiche che aiutano gli uomini a riconoscere il dono dell'autocontrollo e della sessualità, in particolare affinché essi possano raggiungere l'autocontrollo mentre praticano la castità del celibato consacrata nella vita del seminario. Quindi, dopo l'ordinazione, essi possono continuare a praticare questa stimata virtù durante tutto il corso del loro sacerdozio.

Questo capitolo è suddiviso in quattro parti, seguite da una conclusione. La parte I discute ed analizza i concetti di castità, di continenza perpetua e di celibato in relazione al sacerdozio cattolico. Spiega il significato dei termini castità, continenza e celibato, e fornisce argomentazioni di supporto per la continenza sacerdotale estrapolate dalla Sacra Scrittura e dalla tradizione della Chiesa, sin dai tempi apostolici. In questa parte, in pratica, intendiamo dimostrare che il mancato rispetto della continenza sacerdotale rappresenti il sintomo di un indebolimento della fede, della moralità e della disciplina nella Chiesa.

La parte II inizia con una breve spiegazione di come il celibato sacerdotale venisse mantenuto nell'Occidente latino mentre una pratica differente si sviluppava nell'Oriente cristiano. Essa, quindi, fornisce un riassunto storico dell'impegno della Chiesa per la formazione dei sacerdoti, sin dal Concilio di Trento. Vengono presentati i punti essenziali di tredici documenti della Chiesa cattolica sulla formazione sacerdotale. Questi documenti indirizzano i vescovi ad istituire dei seminari che formino i futuri sacerdoti in disciplina, virtù e santità; inoltre, sottolineano la necessità di formatori qualificati, virtuosi e fedeli che comprendano

---

[7] «Le prove di autodisciplina, di temperanza, di prudenza e maturità emotiva, nonché la capacità di formare delle sane amicizie rappresentano alcuni indicatori essenziali affinché si possa ragionevolmente ritenere che un seminarista potrà vivere castamente dopo l'ordinazione. Oltre a queste virtù, l'educazione pratica in merito a quale sia il corretto modo di vivere il celibato casto risulta essere una necessità impellente, vitale. Dovrebbero essere formulati alcuni parametri di riferimento, concretamente piuttosto che astrattamente, per la formazione al celibato casto. Ad esempio, il punto di riferimento concreto «egli sa che non dovrebbe rimanere solo in compagnia delle donne, poiché esse potrebbero diventare delle partner sessuali» risulta essere molto più utile del punto di riferimento astratto secondo cui «egli sa che deve avere un buon senso del limite» (Cfr. Ibid., par. II A. 9).

e stimino il celibato sacerdotale e che sappiano quale tipologia di formazione sia necessaria (umana, psicologica, teologica e spirituale) per preparare i seminaristi a vivere come sacerdoti celibi e casti durante gli anni del loro sacerdozio. Alcuni dei documenti spiegano anche perché gli uomini con profonde tendenze omosessuali non siano adatti al sacerdozio.

La parte III discute le vite e gli insegnamenti di due santi che sono tradizionalmente ritenuti come modelli di santità sacerdotale e di celibato casto: vale a dire, sant'Agostino e san Giovanni Maria Vianney. Le esperienze di questi due santi ci evidenziano la necessità della santità sacerdotale e ci mostrano come il celibato rappresenti un aiuto alla santità sacerdotale nell'imitazione di Cristo.

La parte IV spiega perché il magistero cattolico incoraggia fortemente la devozione alla Beata Vergine Maria per i seminaristi e i sacerdoti. Con così tante prove di corruzione nei seminari cattolici (per esempio, l'omosessualità attiva), la devozione alla sempre vergine Madre di Dio è più importante che mai.

I. Castità, continenza e celibato.

I sacerdoti celibi sono chiamati a praticare il celibato casto. La castità è «da virtù che modera il desiderio del piacere sessuale secondo i princìpi della fede e della retta ragione»[8]. Il celibato è «da condizione di un soggetto che non risulta sposato e, nell'uso ecclesiastico, di chi non è mai stato sposato»[9]. I sacerdoti celibi praticano la castità osservando la continenza, che è l'astinenza dai rapporti sessuali. I sacerdoti di rito latino sono obbligati ad «osservare la continenza perfetta e perpetua per amore del regno dei cieli e, quindi, sono tenuti al celibato, che è uno speciale dono di Dio per il quale i ministri sacri possono sia aderire più facilmente a Cristo con cuore indiviso, sia dedicarsi più liberamente al servizio di Dio e dell'intera umanità»[10].

Il Concilio Vaticano II ha riconosciuto che il celibato «non è certamente richiesta dalla natura stessa del sacerdozio, come risulta evidente se si pensa alla

---

[8] John A. Hardon (padre gesuita), *Modern Catholic Dictionary* (Bardstown, Kentucky: Eternal Life, 2001), p. 96.

[9] Ibid., p. 89.

[10] *Codice di diritto canonico (1983)*, can. 277, par. 1 (*Code of canon law (1983)*, «vatican.va», s. d. [https://www.vatican.va/archive/cod-iuris-canonici/eng/documents/cic_lib2-cann208-329_en.html#CHAPTER_III. – ultimo accesso verificato: 12 novembre 2021]; Per il testo in italiano, si veda: *Codice di diritto canonico 1983*, «vatican.va», s. d. [https://vatican.va/archive/cod-iuris-canonici/ita/documents/cic_libroII_273-289_it.html#CAPITOLO_III_(Cann._273_-_289) – ultimo accesso verificato: 10 novembre 2021]).

prassi della Chiesa primitiva e alla tradizione delle Chiese orientali, nelle quali, oltre a coloro che assieme a tutti i vescovi scelgono con l'aiuto della grazia il celibato, vi sono anche degli eccellenti presbiteri coniugati»[11]. Tuttavia, questo Concilio ha anche insegnato che:

> il celibato, comunque, ha per molte ragioni un rapporto di convenienza con il sacerdozio. Infatti la missione sacerdotale è tutta dedicata al servizio della nuova umanità che Cristo, vincitore della morte, suscita nel mondo con il suo Spirito, e che deriva la propria origine "non dal sangue, né da volontà di carne, né da volontà d'uomo, ma da Dio" (Giov. 1, 13). Ora, con la verginità o il celibato osservato per il regno dei cieli, i presbiteri si consacrano a Dio con un nuovo ed eccelso titolo, aderiscono più facilmente a lui con un cuore non diviso si dedicano più liberamente in lui e per lui al servizio di Dio e degli uomini, servono con maggiore efficacia il suo regno e la sua opera di rigenerazione soprannaturale, e in tal modo si dispongono meglio a ricevere una più ampia paternità in Cristo[12].

Gesù Cristo esigeva i più alti standard morali dai suoi discepoli e, ancora di più, da coloro che chiamava ad essere apostoli. Pietro, Andrea, Giacomo e Giovanni lasciarono tutto per seguire Gesù Cristo (Cfr. Mar 1, 16–20), il quale esaltò il celibato per il regno dei cieli (Cfr. Mat. 19, 12). L'apostolo Paolo visse questa radicalità evangelica e considerava il celibato come un dono divino, grazie al quale il sacerdote conformato al Signore poteva raggiungere, con cuore indiviso, una migliore dedizione alla propria missione. Il celibato sacerdotale è un impegno e, al tempo stesso, un'offerta di sé a Dio finalizzata al raggiungimento di un bene maggiore.

Sebbene nella Chiesa primitiva gli uomini sposati venissero normalmente ordinati al sacerdozio, le ricerche di studiosi come il padre gesuita Christian Cochini[13], Roman Cholij[14], padre Stanley Jaki[15], ed altri ancora[16], mettono in luce,

---

[11] Concilio Vaticano II, *Presbyterorum ordinis. Decreto sul ministero e la vita dei presbiteri*, «vatican.va», 7 dicembre 1965, par. 16 (https://www.vatican.va/archive/hist_councils/ ii_vatican_council/documents/vat-ii_decree_19651207_presbyterorum-ordinis_it.html - ultimo accesso verificato: 12 novembre 2021).

[12] Ibid.

[13] Cfr. C. Cochini (padre gesuita), *The Apostolic Origins of Priestly Celibacy*, traduzione di Nelly Marans (San Francisco, California: Ignatius Press, 1990).

[14] Cfr. R. Cholij, *Clerical Celibacy in East and West* (Herefordshire, UK: Gracewing, 1988).

con una forte evidenza, che ci si aspettava comunque che questi preti sposati osservassero la pratica della continenza con le loro mogli dopo l'ordinazione. Il 1° gennaio 1993, la Congregazione per il Clero emanò un documento del biblista padre gesuita Ignace de la Potterie, intitolato *Il fondamento biblico del celibato sacerdotale*[17]. In questo documento, padre de la Potterie osservava che gli studiosi delle Sacre Scritture, generalmente, concordavano sul fatto che l'obbligo del celibato, o almeno della continenza, era entrato a far parte del diritto canonico a partire dal Quarto secolo. Egli cita alcuni testi incontrovertibili come il decreto *Directa* e la lettera *Cum in unum* di papa Siricio (385 all'incirca), nonché il decreto *Dominus inter*, emanato non si sa con certezza se dallo stesso papa Siricio oppure dal suo predecessore Damaso, ed un canone del Concilio di Cartagine del 390[18]. Secondo padre de la Potterie, questa legislazione del Quarto secolo era saldamente basata su una tradizione apostolica. Il Concilio di Cartagine, per esempio, stabilì di convenire con il principio secondo cui coloro che erano al servizio dei divini sacramenti dovessero essere perfettamente continenti sotto ogni aspetto (*continentes esse in omnibus*): in modo che «ciò che insegnavano gli apostoli, e ciò che osservava l'antichità stessa, dobbiamo anche noi osservare». Questo Concilio finì per accettare in modo unanime l'obbligo della continenza clericale affermando: «Piace a tutti che il vescovo, il presbitero e il diacono, custodi della purezza, si astengano dall'unione coniugale con le loro spose (*ab uxoribus se ab-stineant*), affinché venga custodita la purezza perfetta di co-loro che servono all'altare»[19].

Ci sono sacerdoti e seminaristi cattolici che sperimentano una crisi di fede quando rifiutano attivamente la castità celibe consacrata e rinunciano al loro impegno nei riguardi della pratica fruttuosa del celibato, che originariamente abbracciarono per il maggior bene del regno di Dio. Il celibato rappresenta la

---

[15] Cfr. S. L. Jaki, *Theology of Priestly Celibacy* (Front Royal, Virginia: Christendom Press, 1997).

[16] Si vedano: A. Stickler (cardinale), *The Case for Clerical Celibacy: its Historical Development and Theological Foundations* (San Francisco, California: Ignatius Press, 1995); G. B. Selin, *Priestly Celibacy: Theological Foundations* (Washington, DC: The Catholic University of America Press, 2016); J. Cavadini (a cura di), *The Character of Priestly Celibacy: Biblical, Theological, and Pastoral Reflections* (Notre Dame, Indiana: Institute for Church Life, 2012).

[17] I. de la Potterie, *The Biblical Foundation of Priestly Celibacy*, «Vatican.va», 1 gennaio 1993 (http://www.vatican.va/roman_curia/congregations/cclergy/documents/rc_con_cclergy_doc_01011993_bfoun_en.html – ultimo accesso verificato: 12 novembre 2021). Per il testo integrale in italiano, si veda: Id., *Il fondamento biblico del celibato sacerdotale*, «paginecattoliche.it», 2 aprile 2005 (https://www.paginecattoliche.it/IL-FONDAMENTO-BIBLICO-DEL-CELIBATO-SACERDOTALE/ - ultimo accesso verificato: 12 novembre 2021).

[18] Cfr. Id., *Il fondamento biblico del celibato sacerdotale*.

[19] Ibid.

fedeltà e la testimonianza radicale dell'amore per Gesù Cristo e per l'uomo. La testimonianza radicale di un seminarista celibe e di un sacerdote consiste nell'abbraccio personalmente un perpetuo e dolce martirio nella morte di sé stessi per gli altri, così come Gesù Cristo ha abbracciato fedelmente la sua Croce morendo per la redenzione degli altri. La chiamata al celibato sacerdotale si fonda nel modellare la propria vita sull'esempio di quella di Gesù Cristo, il quale rappresenta il fondamento della verità morale, della purezza e della fedeltà a Dio.

Attualmente, la Chiesa ha assistito ad un aumento degli abusi della continenza da parte dei preti attivi. Questi abusi sono contrari tanto alla verità morale, quanto al sesto comandamento. Tali azioni testimoniano un processo di indebolimento della fede, della moralità e della disciplina che ha preso avvio dalla metà del Ventesimo secolo. Nelle sue riflessioni sull'emergenza degli abusi sessuali, il Papa emerito Benedetto XVI nota che, quasi cento anni fa, Romano Guardini esprimeva ottimismo sul fatto che la Chiesa si stesse «risvegliando nelle anime», perché essa veniva finalmente percepita «come una presenza reale nel cuore delle persone»[20]. Tuttavia, riflettendo sobriamente sugli eventi dell'ultimo mezzo secolo, Benedetto XVI ora confessa di essere tentato di invertire la frase di Guardini restituendola in questo modo: «La Chiesa muore nelle anime»[21].

Nel mezzo della crisi attuale, il sacerdote deve trovare forza nel Signore. Avendo scelto la parte migliore, ossia Gesù Cristo, e servendo i fedeli nel suo nome, esso deve farlo in modo tale che la sua umile dedizione non gli venga sottratta a causa di distrazioni e di preoccupazioni per i problemi che lo circondano oppure che riguardino il mondo in generale. La sua dipendenza da Dio è la sua prima priorità. La sua vita sarà confrontata con le sfide delle vite degli altri e sarà chiamato a guidare i fedeli attraverso le sofferenze della loro vita. Il suo celibato non significa soltanto che egli è un sacerdote scrupoloso e zelante; ma al sacerdote si richiede anche che egli mantenga la propria persona ed il proprio spirito in uno stato di continua dipendenza da Dio. Nella sua solitudine, l'amore di Cristo può colmare il suo bisogno di amore e nella preghiera troverà ogni gioia.

Riepilogo.

Il celibato sacerdotale è un dono speciale di Dio che consente ai ministri sacri di aderire più facilmente a Gesù Cristo con cuore indiviso e di «dedicarsi più

---

[20] Benedetto XVI (papa emerito), *The Church and the Scandal of Sexual Abuse*, parte III, sez. 2, par. 2.
[21] Ibid.

liberamente al servizio di Dio e dell'umanità»[22]. La pratica del celibato possiede un notevole supporto scritturale che può essere fatto risalire addirittura ai tempi apostolici. Tutti i fedeli sono chiamati ad osservare la castità secondo il loro stato di vita, ma i sacerdoti celibi, poiché non sono sposati, sono chiamati ad osservare la perfetta continenza. Il celibato sacerdotale è una testimonianza radicale di fedeltà a Gesù Cristo, e rappresenta una grande benedizione per la Chiesa. L'incapacità dei sacerdoti di osservare la perfetta continenza è legata ad un diffuso indebolimento della fede, della moralità e della disciplina. Il problema non è tanto il celibato sacerdotale, quanto piuttosto l'incapacità di apprezzare e di vivere secondo questo speciale dono di Dio.

II. Documenti della Chiesa sui seminaristi, sul sacerdozio e sul celibato.

Il celibato sacerdotale è richiesto nell'Occidente latino fin dall'Undicesimo secolo, ma la «legge della continenza» (lex continentiae) per i sacerdoti sposati risale addirittura ai tempi degli apostoli[23]. Alcuni sinodi locali in Occidente cominciarono a richiedere il celibato per i sacerdoti oppure ad esigere che gli uomini sposati si separassero dalle loro mogli dopo aver ricevuto l'ordinazione sacerdotale[24]. Intorno all'anno 1018, papa Benedetto VIII impose alcune sanzioni a quei sacerdoti, diaconi e suddiaconi che sposavano oppure convivevano con le donne[25].

L'Oriente cristiano, tuttavia, seguiva una pratica diversa. Il Concilio in Trullo del 691 richiedeva il celibato e la continenza per i vescovi ma non per i sacerdoti, per i diaconi e i suddiaconi. Inoltre, ai sacerdoti, ai diaconi e ai suddiaconi sposati veniva accordato il permesso di avere relazioni coniugali con le loro mogli. La maggior parte delle Chiese orientali, sia cattoliche sia ortodosse, continuano a seguire la disciplina stabilita dal Concilio in Trullo anche ai giorni nostri.

---

[22] Codice di diritto canonico (1983), can. 277, par. 1 (Code of canon law (1983), «vatican.va», s. d. [https://www.vatican.va/archive/cod-iuris-canonici/eng/documents/cic_lib2-cann208-329_en.html#CHAPTER_III. – ultimo accesso verificato: 12 novembre 2021]; Per il testo in italiano, si veda: Codice di diritto canonico 1983, «vatican.va», s. d. [https://www.vatican.va/archive/cod-iuris-canonici/ita/documents/cic_libroII_273-289_it.html#CAPITOLO_III_ (Cann._273_-_289) – ultimo accesso verificato: 10 novembre 2021]).

[23] C. Cochini (padre gesuita), The Apostolic Origins of Priestly Celibacy, p. 439.

[24] R. Cholij, Clerical Celibacy in East and West, p. 11.

[25] P. Delhaye, Celibacy, Clerical, History of, in B. L. Marthaler [Ordine dei Frati Minori Conventuali] (a cura di), The New Catholic Encyclopedia, Seconda edizione, Vol. 3 (Detroit, Michigan: Thomson Gale, 2003), p. 326.

Secondo il Concilio di Trento del 1563, i vescovi devono istituire seminari per la formazione dei futuri sacerdoti[26]. Questi seminari devono garantire a coloro che intendono raggiungere il sacerdozio - oltre agli studi scritturali, teologici, e liturgici – la formazione nella pietà e nella virtù. Il Concilio chiarisce che i vescovi devono garantire che i seminaristi «frequentino la messa ogni giorno, che confessino i loro peccati almeno una volta al mese, che ricevano il corpo di nostro Signore Gesù Cristo altrettanto spesso quanto i loro giudici confessori e che prestino servizio nella cattedrale ed in altre chiese dell'area nei giorni festivi»[27]. I vescovi devono «punire con severità i difficili e gli incorreggibili, così come coloro che diffondono le cattive abitudini e, se necessario, espellerli; e avranno la massima cura per rimuovere tutti gli ostacoli da tale degno e santo fondamento, nonché per promuovere tutto ciò che lo preserva e lo rafforza»[28].

Il desiderio del Concilio di Trento di formare sacerdoti in pietà e virtù ha rappresentato la speranza della Chiesa cattolica da allora, nonostante i casi di lassismo e di fallimento di cui si può aver testimonianza. Ciò è confermato dai seguenti documenti della Chiesa che trattano la formazione di sacerdoti buoni e santi, specialmente nell'ambito del celibato casto.

1. *Ubi Primum* («Sui doveri dei vescovi») – Papa Benedetto XIV, 3 dicembre 1740.

L'enciclica *Ubi Primum* di papa Benedetto XIV esprime il desiderio di istruire i vescovi nei loro più importanti doveri di pastori, tra i quali vengono segnalati la selezione e la preparazione dei futuri sacerdoti per la Chiesa. L'enciclica è composta di circa 2.300 parole ed è suddivisa in sei parti[29]. Il Santo Padre ricorda ai vescovi il

---

[26] Si veda il canone 18 del Decreto di Riforma promulgato dal Concilio di Trento il 15 luglio 1563: N. P. Tanner [padre gesuita] (a cura di), *The Decrees of the Ecumenical Councils*, 2 voll., (London and Washington, DC: Sheed & Ward and Georgetown University Press, 1990), pp. 750-753. I canoni del Concilio di Trento sono consultabili integralmente on line anche sul sito «documentacatholicaomnia.eu», sia in lingua italiana (si veda: http://www.documentacatholicaomnia.eu/03d/1545-1563-_Concilium_Tridentinum,_Canones_et_Decreta_%28Testo_divulgativo%29_IT.pdf - ultimo accesso verificato: 12 novembre 2021), sia in lingua inglese (si veda: http://www.documentacatholicaomnia.eu/03d/1545-1545,_Concilium_Tridentinum,_Canons_And_Decrees,_EN.pdf – ultimo accesso verificato: 12 novembre 2021).

[27] Ibid., p. 751.

[28] Ibid.

[29] Benedetto XIV (papa), *Ubi Primum. On the Duties of Bishops*, «papalencyclicals.net», 3 dicembre 1740, par. 2 (http://www.papalencyclicals.net/ben14/b14ubipr.htm - ultimo accesso verificato: 11 novembre 2021). Per il testo in italiano si veda: Id., *Enciclica Ubi*

loro dovere di istituire seminari e di sovrintendere alla formazione dei seminari. Esorta i vescovi a fare in modo che gli studenti siano educati «alla pietà, all'integrità della vita e alla disciplina canonica fin dalla tenera età»[30]. Il pontefice afferma anche che i vescovi hanno il dovere di nominare dei «maestri idonei e [degli] uomini dotati di spirito ecclesiastico»[31]. Nel formare i futuri sacerdoti, ai vescovi vengono, in definitiva, ricordate le seguenti responsabilità[32]:

- Affidare la cura delle anime ad uomini esemplari che brillano per la loro dottrina, pietà, purezza e per le buone opere;
- Formare sacerdoti che «devono essere veramente e dovrebbero essere considerati come la luce ed il sale delle persone»;
- Formare sacerdoti che siano «i tuoi principali aiutanti nel formare il gregge affidato alle tue cure, governandolo, purificandolo, guidandolo sulla via della salvezza e suscitando alla virtù cristiana»[33].

2. *Ad Catholici Sacerdotii* («Il Sacerdozio Cattolico») – Pio XI, 20 dicembre 1935.

Questa enciclica di Pio XI è lunga 4.572 parole ed è suddivisa in novantadue paragrafi[34]. Nell'enciclica non si fa menzione alcuna dell'omosessualità; essa, però,

---

Primum, «vatican.va», 3 dicembre 1740 (https://www.vatican.va/content/benedictus-xiv/it/documents/enciclica--i-ubi-primum--i---3-dicembre-1740--nell--8217-ambito-.html - ultimo accesso verificato: 12 novembre 2021). Salvo diversa indicazione, il conteggio delle parole, in questo e negli altri documenti del magistero che vengono citati, corrisponde alla traduzione inglese del testo.

[30] Ibid., par. 2.

[31] Ibid.

[32] Ibid., par. 3: «Inoltre è della massima importanza che la cura delle anime sia affidata a coloro che per dottrina, pietà, purezza di costumi e per insigni esempi di buone opere possono far luce negli altri in tal misura da essere giudicati luce e sale del popolo. Costoro sono veramente i primi Vostri collaboratori nell'istruire, reggere, purificare, dirigere sulla via della salvezza, e incitare alle virtù cristiane il gregge a Voi affidato. Quindi è facile comprendere quanto debba starvi a cuore che siano prescelti all'ufficio parrocchiale coloro che meritatamente siano giudicati i più idonei a dirigere utilmente le folle. Ma soprattutto insistete perché tutti coloro che hanno cura d'anime nutrano di salutari parole (almeno le domeniche e nelle altre feste comandate) le genti loro affidate, secondo la propria e la loro capacità, insegnando tutto ciò che i fedeli di Cristo devono apprendere per la loro salvezza e spiegando gli articoli della legge divina, i dogmi della Fede e inculcando nei fanciulli i rudimenti della Fede stessa, dopo aver rimosso del tutto ogni cattiva abitudine, dovunque si manifesti».

[33] Ibid.

fa riferimento per sei volte all'importanza del celibato ed altre dieci volte alla tematica della castità. Pio XI vuole sottolineare l'importanza della santità per i sacerdoti. A questo proposito scrive: «il sacerdote deve avere un'altezza di spirito, una purezza di cuore ed una santità di vita consone alla solennità ed alla santità dell'ufficio che egli ricopre»[35]. Senza disprezzare la tradizione dei riti orientali, Pio XI sottolinea il grande valore del celibato per il sacerdozio:

> chi ha un officio in certo modo superiore a quello dei purissimi spiriti "che stanno al cospetto di Dio", non è forse giusto che debba vivere quanto è possibile come un puro spirito? Chi tutto deve essere "in quelle cose che sono del Signore", non è giusto che sia interamente distaccato dalle cose terrene ed abbia sempre "la sua conversazione nei cieli"?. Chi deve essere assiduamente sollecito della salute eterna delle anime e continuare verso di esse l'opera del Redentore, non è forse giusto che si tenga libero dalle preoccupazioni di una famiglia, che assorbirebbe gran parte della sua attività?[36]

Pio XI fa notare che la legislazione che richiede il celibato sacerdotale può essere fatta risalire addirittura al Concilio di Elvira (avvenuto all'incirca fra il 300 ed il 302), ma osserva anche che questo Concilio «rende soltanto obbligatorio ciò che potrebbe, in ogni caso, quasi essere definita come un'esigenza morale che scaturisce dal Vangelo stesso e dalla predicazione apostolica»[37]. Il favore mostrato verso il celibato sacerdotale risale, in definitiva, ai tempi di Gesù Cristo perché «Egli stesso era il Figlio di una madre vergine, *Florem Matris Virginis*, e venne allevato nella famiglia vergine di Giuseppe e Maria»[38].

Pio XI parla della castità come del «tesoro più prezioso del sacerdozio cattolico»[39]. Passa, perciò, a sottolineare il grave obbligo della castità per i sacerdoti celibi e ad elencare i seguenti punti:

---

[34] Pio XI (papa), *Ad Catholici Sacerdotii*, «vatican.va», 20 dicembre 1935 (http://w2.vatican.va/content/pius-xi/en/encyclicals/documents/hf_p-xi_enc_19351220 _ad-catholici-sacerdotii.html - ultimo accesso verificato: 12 novembre 2021).

[35] Ibid., par. 33.

[36] Ibid., par. 35.

[37] Ibid., par. 43.

[38] Ibid.

[39] Ibid., par. 40.

- L'obbligo dei sacerdoti di osservare la castità perfetta e totale è così grave «che, trasgredendolo, essi sarebbero rei anche di sacrilegio»[40];

- «La legge comanda di accostarsi agli dèi castamente, cioè con l'anima casta, in cui sta ogni cosa; non esclude però la castità del corpo, ma questo si deve intendere così, che, essendo l'anima di molto superiore al corpo, se si deve conservare la purezza del corpo, molto più si deve custodire quella dell'anima»[41];

- «Non basta al sacerdote ed al nome di lui purificare l'anima e far monda la lingua e lavare le mani e rendere mondo l'intero corpo, mentre offre il vivo Corpo (di Cristo), ma in ogni tempo egli deve essere puro, perché è posto quale mediatore tra Dio ed il genere umano»[42].

3. *Sacra Virginitas* («Sulla santa verginità») - Pio XII, 25 marzo 1954.

Questa enciclica di papa Pio XII è lunga circa 9.700 parole ed è suddivisa in settantaquattro paragrafi. Sebbene si rivolga alla verginità consacrata in generale, essa ha diversi spunti molto importanti relativamente alla tematica del celibato casto per i sacerdoti[43]. L'enciclica non fa menzione alcuna dell'omosessualità, ma contiene comunque quarantasette riferimenti alla castità e sei al celibato. In modo particolare papa Pio XII utilizza questa enciclica per rispondere a coloro i quali antepongono lo stato coniugale a quello della verginità consacrata. A questo proposito, il pontefice scrive:

> Vi sono, però, oggi alcuni che, allontanandosi in questa materia dal retto sentiero, esaltano tanto il matrimonio da anteporlo alla verginità; essi disprezzano la castità consacrata a Dio e il celibato ecclesiastico. Per questo crediamo dovere del Nostro apostolico ufficio proclamare e difendere, al presente in modo speciale,

---

[40] Ibid.

[41] Ibid., par. 42.

[42] Ibid., par. 44.

[43] Pio XII (papa), *Sacra Virginitas*, «vatican.va», 25 marzo 1954 (http://w2.vatican.va/content/pius-xii/en/encyclicals/documents/hf_p-xii_enc_ 25031954_sacra-virginitas.html - ultimo accesso verificato: 12 novembre 2021).

l'eccellenza del dono della verginità, per difendere questa verità cattolica contro tali errori[44].

Riguardo al celibato sacerdotale, papa Pio XII, come papa Pio XI, riconosce la diversa pratica delle Chiese orientali, ma nota anche che queste chiese conferiscono un «posto d'onore» al celibato clericale e ne fanno «condizione necessaria ed obbligatoria» per «i gradi superiori della gerarchia»[45]. Pio XII sottolinea il punto secondo il quale i sacerdoti celibi e le vergini consacrate agiscono ad imitazione di Gesù Cristo, il quale è vergine. Essi, «consacrandosi interamente a Colui che è il loro principio e comunica loro la sua vita divina, non si impoveriscono, ma si arricchiscono. Chi, con maggiore verità che i vergini, può applicare a sé la mirabile espressione dell'apostolo san Paolo: "Non sono più io che vivo, è Cristo che vive in me?" (Gal. 2, 20)»[46]. Pio XII spiega che questa «è la ragione per cui la chiesa sapientemente ritiene che si deve mantenere il celibato dei sacerdoti, poiché sa bene quale sorgente di grazie spirituali esso costituisca per una sempre più intima unione con Dio»[47].

Consapevole che non tutti sono chiamati al celibato, il Pontefice consiglia grande cura nella selezione degli uomini per il sacerdozio:

> Prima di incamminarsi per questo arduo sentiero, chi per propria esperienza si sentisse impari alla lotta, ascolti umilmente l'avvertimento di san Paolo: "Coloro che non possono contenersi, si sposino: è meglio sposarsi che bruciare" (1Cor 7, 9). Per molti, infatti, la continenza perpetua sarebbe un peso troppo grave, per poterla ad essi consigliare. Così i sacerdoti, direttori spirituali di giovani che credono di avere una vocazione sacerdotale o religiosa hanno lo stretto dovere di esortarli a studiare attentamente le loro disposizioni e di non lasciarli entrare per tale via, qualora presentino poche speranze di poter camminare fino alla fine con sicurezza e buon esito. Tali sacerdoti esaminino prudentemente le attitudini dei giovani e - se parrà opportuno - chiedano il consiglio dei medici. Se, infine, restasse ancora qualche serio dubbio, soprattutto nei riguardi della loro vita passata, intervengano con fermezza per farli desistere

---

[44] Ibid., par. 8.

[45] Ibid., par. 22; Cfr. Pio XI (papa), *Ad Catholici Sacerdotii*, par. 41.

[46] Pio XII (papa), *Sacra Virginitas*, par. 39.

[47] Ibid., par. 40

dall'abbracciare lo stato di castità perfetta o per impedire la loro ammissione agli ordini sacri o alla professione religiosa[48].

Una volta ordinati, i sacerdoti sono tenuti ad evitare le occasioni di peccato che lo circondano e sono esortati a coltivare una profonda devozione nei confronti della Beata Vergine Maria. Pio XII spiega che la devozione alla Madre di Dio rappresenta il mezzo migliore per essere fedeli al celibato casto: un punto, quest'ultimo, sul quale torneremo più avanti in questo capitolo[49].

4. *Religiosorum Institutio* («Istruzione sull'attenta selezione e formazione dei candidati agli stati di perfezione e agli ordini sacri») – Sacra Congregazione per i religiosi; Documento approvato da Papa S. Giovanni XXIII, 23 gennaio 1961.

Il Documento, *Religiosorum Institutio*[50], è composto di circa 470 parole ed è suddiviso in cinquantaquattro sezioni. È completo nella sua profondità e tocca molti dettagli e questioni pratiche relativamente alla formazione umana e spirituale di coloro che sono impegnati nella formazione religiosa e sacerdotale. Essa contiene un riferimento all'omosessualità, otto al celibato e diciannove alla castità. Poiché altri documenti sulla formazione del seminario sono stati prodotti nel corso degli anni, gli aspetti chiave generali sono stati mantenuti oppure trasmessi, mentre sono state aggiunte altre questioni contemporanee. Sebbene questo documento sia diretto a coloro che sono impegnati nella vita religiosa, ciò che esso insegna sulla castità e sul celibato si applica chiaramente a coloro i quali si preparano al sacerdozio nel rito latino.

---

[48] Ibid., par. 50.

[49] Ibid., par. 64 («Ma per custodire illibata e perfezionare la castità, esiste un mezzo la cui meravigliosa efficacia è confermata dalla ripetuta esperienza dei secoli: e, cioè, una devozione solida e ardentissima verso la vergine Madre di Dio. In un certo modo, tutti gli altri mezzi si riassumono in tale devozione: chiunque vive la devozione mariana sinceramente e profondamente, si sente spinto certamente a vegliare, a pregare, ad accostarsi al tribunale della penitenza e all'eucaristia. Perciò esortiamo con cuore paterno i sacerdoti, i religiosi e le religiose a mettersi sotto la speciale protezione della santa Madre di Dio, Vergine delle vergini; ella, che - secondo la parola di sant'Ambrogio - è «da maestra della verginità» e la madre potentissima soprattutto delle anime consacrate al servizio di Dio»).

[50] Cfr. Congregazione per l'educazione cattolica, *Religiosorum Institutio. Instruction on the Careful Selection And Training Of Candidates For The States Of Perfection And Sacred Orders*, «papalencyclicals.net», 2 febbraio 1961 (https://www.papalencyclicals.net/john23/j23religios.htm - ultimo accesso verificato: 12 novembre 2021).

In questa istruzione, la Congregazione per i Religiosi mette in evidenza i segni chiave di una vocazione alla vita religiosa, affermando che «tra le prove e i segni di una vocazione divina si considera assolutamente necessaria la virtù della castità»[51]. La castità è necessaria «perché è in gran parte per questo motivo che i candidati alle schiere del clero scelgano per se stessi questo tipo di vita e perseverino nel sacerdozio»[52]. La Congregazione, attraverso questo documento, offre alcune importanti istruzioni:

- «Bisogna prestare la massima attenzione e diligenza affinché i candidati al clero possiedano un'alta stima ed amore per la castità e la custodiscano nelle loro anime»[53];

- I sacerdoti devono essere informati a tempo debito sulla natura del celibato sacerdotale, sulla castità che devono osservare, e sulle esigenze di questo obbligo, «ma devono anche essere avvertiti dei pericoli nei quali possono cadere; per questo motivo, pertanto, i candidati agli ordini sacri devono essere esortati a proteggersi da tali pericoli fin dai primi anni del loro percorso»[54];

- I candidati devono essere istruiti «con una chiara comprensione dei vantaggi del matrimonio cristiano, in modo che possano deliberatamente e liberamente abbracciare il bene maggiore della castità sacerdotale e religiosa»[55];

- Nonostante «da verginità abbracciata, poiché il regno dei cieli è più eccellente del matrimonio, i candidati agli ordini sacri non dovrebbero comunque ignorare la nobiltà della vita coniugale come esemplificata nel matrimonio cristiano e stabilita da Dio»[56].

L'istruzione della Congregazione non si limita soltanto a mettere in evidenza le qualità necessarie affinché i candidati possano arrivare serenamente ad abbracciare una vita di castità consacrata, ma si occupa anche di coloro i quali non sono in

---

[51] Ibid., par. 28.
[52] Ibid.
[53] Ibid., par. 28 D.a.
[54] Ibid., par. 28 D.b.
[55] Ibid., par. 28 D.c.
[56] Ibid.; Questo punto è importante perché deve essere chiaro che chi abbraccia la verginità consacrata non deve comunque disdegnare il Sacramento del matrimonio.

grado di intraprendere la vita religiosa e che, perciò, vanno esclusi dal seminario. A questo proposito, questo documento fornisce alcune direttive pratiche molto precise:

- Quando un candidato non è in grado di osservare il celibato ecclesiastico né di praticare la castità sacerdotale, i formatori dovrebbero ignorare completamente qualsiasi altra eccezionale qualità che esso possa dimostrare di avere e dovrebbero procedere ad escluderlo sia dalla vita religiosa, sia dal sacerdozio[57];

- «Un candidato che si mostra certamente incapace di osservare la castità religiosa e sacerdotale, sia a causa di frequenti peccati contro la castità, sia a causa di un orientamento sessuale oppure di una eccessiva debolezza di volontà, non deve essere ammesso al seminario minore e, tanto meno, al noviziato o alla professione religiosa»[58];

- «Qualsiasi candidato che abbia l'abito dei peccati solitari[59] e che non abbia fornito una fondata speranza di poter rompere tale abito entro un periodo di tempo da determinarsi prudentemente non sia ammesso al noviziato. Né un candidato può essere ammesso alla prima professione religiosa oppure alla rinnovazione dei voti, a meno che non abbia realmente modificato i propri modi. Ma se un novizio oppure un religioso professo provvisoriamente dà prova di un fermo proposito di emendamento (con buona speranza di successo), allora la sua prova può essere estesa: come previsto dai canoni del Diritto ecclesiastico (Canoni: 571, par. 2; 574, par. 2; 973, par. 3; Statuto Generale: art. 34, parr. 2, 3)»[60];

- "Nessuno deve essere ammesso ai voti perpetui oppure promosso agli Ordini Sacri, a meno che non abbia acquisito una ferma abitudine alla continenza ed abbia, altresì, fornito, in ogni caso, una prova consistente della castità abituale per un periodo di almeno un anno. Se entro quest'anno, prima della professione perpetua oppure dell'ordinazione agli

---

[57] Sacra congregazione per i religiosi, *Religiosorum Institutio. Instruction on the careful selection and training of candidates for the states of perfection and sacred orders*, par. 28, D.d. (https://www.papalencyclicals.net/john23/j23religios.htm - ultimo accesso verificato: 12 novembre 2021).

[58] Ibid., par. 30.1.

[59] Ibid., par. 10.1; L'espressione "peccati solitari" si riferisce precisamente all'atto della masturbazione.

[60] Ibid., par. 30.2; Questo paragrafo del documento è rivolto a coloro i quali lottano contro il peccato della masturbazione. I riferimenti al diritto canonico si riferiscono al Codice pubblicato nel 1917.

Ordini Sacri, sorgessero dubbi a causa di nuove cadute, il candidato sia escluso dalla professione perpetua o dagli Ordini Sacri meno che, per quanto riguarda la professione, il tempo sia disponibile (o per diritto comune oppure per indulto speciale) affinché venga esteso il periodo durante il quale testare la castità e si tratti di un candidato che, come si è detto sopra, offre buone prospettive di emendamento»[61];

- «Se uno studente in un seminario minore ha peccato gravemente contro il sesto comandamento con una persona dello stesso sesso o dell'altro sesso, oppure sia stato causa di un grave scandalo in materia di castità, che sia licenziato immediatamente, come disposto nel canone 1371, salvo che la prudente considerazione dell'atto e della situazione dello studente da parte dei superiori o dei confessori consigli una politica differente per il singolo e specifico caso, vale a dire, nel caso di un ragazzo che è stato sedotto ma che dimostra anche di essere dotato di eccellenti qualità e di essere veramente pentito, oppure nel caso in cui il peccato commesso dal candidato abbia rappresentato un atto oggettivamente imperfetto»[62];

- «Se un novizio o un religioso professo che non ha ancora fatto i voti perpetui dovesse dimostrarsi reticente nello stesso delitto, che sia allontanato dalla comunità oppure, qualora le circostanze lo richiedano, che sia congedato con la dovuta osservanza del canone 647, par. 2»[63];

- «Ai voti religiosi e all'ordinazione dovrebbero essere preclusi coloro che sono afflitti da cattive tendenze quali l'omosessualità oppure la pederastia, poiché per tali soggetti la vita comune ed il ministero sacerdotale costituirebbero dei seri pericoli»[64].

Come si può vedere, l'istruzione della Congregazione fornisce direttive chiare per fare in modo che a coloro che abbracciano liberamente una vita di casto celibato siano forniti i necessari mezzi naturali e soprannaturali per essere all'altezza di questa elevata vocazione. Di particolare rilievo è la direttiva contro l'avanzamento ai voti religiosi ed all'ordinazione di «coloro i quali sono afflitti da cattive tendenze quali l'omosessualità oppure la pederastia». Questa direttiva

---

[61] Sacra congregazione per i religiosi, *Religiosorum Institutio. Instruction on the careful selection and training of candidates for the states of perfection and sacred orders*, par. 30.3, (https://www.papalencyclicals.net/john23/j23religios.htm - ultimo accesso verificato: 12 novembre 2021).

[62] Ibid., par. 30.4.

[63] Ibid.

[64] Ibid.

riconosce che l'omosessualità e la pederastia costituiscono due gravi pericoli per la vita comunitaria. L'emergenza dell'abuso sessuale, ci insegna anche che queste due tendenze rappresentano una seria minaccia per la vita della Chiesa e della società.

L'istruzione della Congregazione fornisce anche una guida per coloro i quali sono investiti dell'importante compito della formazione seminariale. È imperativo che vengano nominati soltanto direttori di formazione che siano esperti e maturi. Pertanto, ne consegue che «la responsabilità della formazione non dovrebbe essere affidata ai religiosi più giovani»[65]. Inoltre, coloro che sono nominati come formatori devono avere una formazione adeguata nell'ambito della «pedagogia ecclesiastica» e dei «principi, dei criteri e delle norme pratiche della formazione tanto clericale quanto religiosa, in accordo con le parole ed il pensiero della Chiesa»[66]. Continuare ad ignorare tali princìpi può soltanto «dar luogo a molti deplorevoli mali»[67].

5. *Sacerdotalis Caelibatus* («Sul celibato sacerdotale») – Papa San Paolo VI, 24 giugno 1967.

L'enciclica del 1967 *Sacerdotalis Caelibatus* («Sul celibato sacerdotale»)[68] rappresenta un eccellente ed importante insegnamento sul celibato e sulla santità sacerdotale. È composto da circa 12.270 parole ed è suddiviso in novantanove paragrafi. Non fa riferimento alcuno alla questione dell'omosessualità, ma presenta quattordici riferimenti alla castità e, come è ovvio che sia, costanti riferimenti alla tematica del celibato. In questa enciclica, il Pontefice sostiene l'esigenza del celibato sacerdotale del rito latino ed afferma l'importanza del celibato nel sacerdozio; sottolinea, inoltre, la necessità di una solida formazione umana, spirituale ed intellettuale nei seminari e nota che il sacerdote deve concentrarsi sull'eternità e preparare, perciò, i fedeli ad essa.

Nelle parti iniziali dell'enciclica, il Pontefice riconosce le pressioni provenienti dai «moderni fermenti di opinione» che vorrebbero che la Chiesa riesaminasse il celibato sacerdotale, perché giudicato «difficile oppure addirittura impossibile»[69]. Egli riconosce le principali ragioni proposte per rendere facoltativo il celibato

---

[65] Ibid., par. 33.1.

[66] Ibid., par. 33.2.

[67] Ibid.

[68] Paolo VI (papa), *Sacerdotalis Caelibatus. Encyclical of pope Paul VI on the celibacy of the priest*, «Vatican.va», 24 giugno 1967 (http://w2.vatican.va/content/paul-vi/en/encyclicals/documents/hf_p-vi_enc_24061967_sacerdotalis.html - ultimo accesso verificato: 12 novembre 2021).

[69] Ibid., par. 1.

sacerdotale: vale a dire, la carenza di sacerdoti[70] e la rimozione delle «occasioni di infedeltà e ribellione, nonché delle defezioni dolorose»[71]. Egli cita anche il punto di vista secondo cui il celibato sia presumibilmente «dannoso per lo sviluppo di una personalità umana matura e ben equilibrata»[72].

Paolo VI non ignora queste opinioni, ma scrive: «abbiamo a lungo e ardentemente invocato i necessari lumi ed aiuti dello Spirito Paraclito ed abbiamo esaminato al cospetto di Dio pareri e istanze giunteCi da ogni parte, innanzitutto da parecchi Pastori della Chiesa di Dio»[73]. Alla luce della guida che egli stesso ha ricevuto dallo Spirito Santo, Papa san Paolo VI espresse i seguenti punti:

- Il Nuovo Testamento, «nel quale è conservata la dottrina di Cristo e degli Apostoli, non esige il celibato dei ministri sacri, ma lo propone piuttosto come libera obbedienza ad una speciale vocazione o ad uno speciale carisma»[74];

- Oltre ai seminaristi e ai sacerdoti, ci sono «schiere immense dei religiosi, delle religiose, e anche di giovani, e di laici, fedeli tutti all'impegno della perfetta castità»[75];

- Questi uomini e queste donne vivono in castità «non per disprezzo del dono divino della vita, ma per amore superiore alla vita nuova sgorgante dal mistero pasquale; è vissuta con coraggiosa austerità, con gioiosa spiritualità, con esemplare integrità ed anche con relativa facilità»[76]. Inoltre, non possiamo ignorare la «testimonianza vissuta di una legione senza numero di santi e di fedeli ministri di Dio, che del sacro celibato hanno fatto interiore oggetto ed esteriore segno della loro totale e gaudiosa donazione al mistero di Cristo»[77];

- Per i sacerdoti, il celibato ha uno speciale significato cristologico: «Cristo, figlio unico del Padre, in virtù della sua stessa incarnazione, è costituito Mediatore tra il cielo e la terra, tra il Padre e il genere umano. In piena armonia con questa missione, Cristo rimase per tutta la vita nello stato di verginità, che significa la dea totale dedizione al servizio di Dio e degli

---

[70] Ibid., par. 8.
[71] Ibid., par. 9.
[72] Ibid., par. 10.
[73] Ibid., par. 2.
[74] Ibid., par. 5.
[75] Ibid., par. 13.
[76] Ibid.
[77] Ibid.

uomini. Questa profonda connessione tra la verginità e il sacerdozio in Cristo si riflette in quelli che hanno la sorte di partecipare alla dignità e alla missione del Mediatore e Sacerdote eterno, e tale partecipazione sarà tanto più perfetta, quanto più il sacro ministro sarà libero da vincoli di carne e di sangue»[78];

- Il celibato sacerdotale è una risposta all'amore e uno stimolo all'amore: «la grazia moltiplica con forza divina le esigenze dell'amore che, quando è autentico, è totale, esclusivo, stabile e perenne, stimolo irresistibile a tutti gli eroismi». E così, la libera scelta del sacro celibato è sempre stata considerata dalla Chiesa «"quale segno e stimolo della carità": segno di un amore senza riserve, stimolo di una carità aperta a tutti»[79];

- Il celibato sacerdotale ha un significato ecclesiologico perché simboleggia l'amore verginale di Gesù Cristo per la sua Chiesa. Con il completo abbandono di sé, «il sacerdote si configura più perfettamente a Cristo anche nell'amore col quale l'eterno Sacerdote ha amato la Chiesa, o Corpo, offrendo tutto se stesso per lei, al fine di farsene una posa gloriosa, santa e immacolata»[80];

- Il celibato sacerdotale ha un'efficacia pastorale. Essa permetterà al sacerdote «in maniera più ampia e concreta di spendersi tutto a vantaggio di tutti, e gli garantisce ovviamente una maggiore libertà e disponibilità nel ministero pastorale, nella sua attiva e amorosa presenza al mondo, al quale Cristo lo ha inviato, affinché egli renda a tutti i figli di Dio interamente il debito loro dovuto»[81];

- Il celibato sacerdotale ha anche un significato escatologico: «Nel mondo dell'uomo, per tanta parte impegnato nelle cure terrene e dominato assai spesso dai desideri della carne, il prezioso dono divino della perfetta continenza per il regno dei cieli costituisce appunto un segno particolare dei beni celesti, annunzia la presenza sulla terra degli ultimi tempi della salvezza con l'avvento di un mondo nuovo e anticipa in qualche modo la consumazione del regno, affermandone i valori supremi che un giorno rifulgeranno in tutti i figli di Dio»[82].

Oltre a presentare queste ragioni per affermare la bellezza del celibato sacerdotale, Paolo VI risponde a quanti sostengono che l'abolizione del celibato

---

[78] Ibid., par. 21.

[79] Ibid., par. 24.

[80] Ibid., par. 26.

[81] Ibid., par. 32.

[82] Ibid., par. 34.

sacerdotale aumenterebbe il numero delle vocazioni sacerdotali. Il Pontefice sostiene che «l'esperienza contemporanea delle Chiese e delle comunità ecclesiali che consentono il matrimonio ai propri ministri sembra deporre al contrario»[83]. Egli ritiene che il calo del numero delle vocazioni non sia dovuto al vincolo del celibato ma piuttosto al fatto che il «senso di Dio e del sacro negli individui e nelle famiglie» si è attenuato o, addirittura, è andato perduto[84]. Allo stesso modo, molti hanno anche perso la loro «stima per la Chiesa come istituzione di salvezza, mediante la fede ed i sacramenti»[85].

Riguardo alla formazione sacerdotale, Paolo VI sottolinea l'importanza dell'edificazione della grazia sulla natura. Il Pontefice è consapevole che ci sono alcuni candidati inadatti al sacerdozio, ma coloro che sono chiamati al sacro ministero devono sapere che la vita sacerdotale certamente «esige una intensità spirituale genuina e sicura per vivere dello Spirito e per conformarsi allo Spirito, una ascetica interiore ed esteriore veramente virile in chi, appartenendo a speciale titolo a Cristo, ha in lui e per lui crocifisso la carne con le sue passioni e le sue voglie, non dubitando per questo di affrontare duri e diuturni cimenti. Il ministro di Cristo potrà così meglio manifestare al mondo i frutti dello Spirito, che sono: carità, gioia, pace, pazienza, benignità, bontà, longanimità, mitezza, fedeltà, moderazione, continenza, castità»[86].

I sacerdoti devono sapere che la castità «non si acquisisce una volta per sempre, ma è il risultato di una laboriosa conquista e di una quotidiana affermazione […]. Il sacerdote, per salvaguardare con ogni cura il bene della sua castità e per affermarne il sublime significato, consideri con lucidità e serenità la sua condizione di uomo esposto al combattimento spirituale contro le seduzioni della carne in se stesso e nel mondo, col proposito incessantemente rinnovato di perfezionare sempre più e sempre meglio la sua irrevocabile offerta, che lo impegna a una piena, leale e reale fedeltà»[87].

I sacerdoti che sperimentano la solitudine dovrebbero volgere il proprio sguardo verso l'esempio di Gesù Cristo, il quale ha sperimentato anche l'abbandono[88]. Questi sacerdoti troveranno l'intimità con Gesù Cristo e riceveranno «la forza d'animo necessaria per dissipare la malinconia ,vincere gli

[83] Ibid., par. 49.
[84] Ibid.
[85] Ibid.
[86] Ibid., par. 78.
[87] Ibid., par. 73.
[88] Ibid., par. 59.

scoraggiamenti»[89]. A tali sacerdoti, continua il Pontefice, «non mancherà la protezione della Vergine Madre di Gesù; la materna premura della Chiesa al cui servizio si è consacrato; non gli mancherà la sollecitudine del suo padre in Cristo, il Vescovo, non gli verrà meno la fraternità intima dei suoi confratelli nel sacerdozio e il conforto di tutto il popolo di Dio»[90].

In *Sacerdotalis Caelibatus*, Paolo VI offre una risposta potente a coloro i quali desiderano minimizzare o, addirittura, oscurare il grande valore del celibato per il sacerdozio cattolico. Egli attinge alla testimonianza viva dei santi e dei ministri fedeli per i quali il celibato è stato espressione del dono totale e generoso di sé stessi al mistero di Gesù Cristo e della sua Chiesa. Paolo VI fornisce, inoltre, alcune direttive forti eppure realistiche per la formazione dei seminaristi e dei sacerdoti. A questo proposito, egli sottolinea l'importanza della preghiera, dell'ascesi, dell'Eucaristia e della devozione alla Vergine Madre di Gesù Cristo, Sommo Sacerdote eterno[91].

6. *Ratio Fundamentalis Institutionis Sacerdotalis* («Il dono della vocazione sacerdotale») – Sacra Congregazione per l'Educazione Cattolica, 6 gennaio 1970.

Al sinodo dei vescovi del 1967 tenutosi a Roma, il cardinale prefetto della Sacra Congregazione per l'Educazione Cattolica chiese ai vescovi di preparare uno «Schema di base per la formazione sacerdotale» basato sulle direttive del decreto del Concilio Vaticano II sulla formazione sacerdotale (*Optatam Totius*). Nel 1970, la Congregazione per l'Educazione Cattolica emanò un programma per la formazione sacerdotale intitolato *Ratio Fundamentalis Institutionis Sacerdotalis*[92]. Il documento è suddiviso in centouno paragrafi ed è lungo 28.000 parole (comprese le note). La Ratio fornisce una struttura per la formazione del seminario che continua ad essere influente, anche se è stata periodicamente aggiornata. Sebbene non faccia mai

---

[89] Ibid.

[90] Ibid.

[91] Ibid., par. 75.

[92] Sacra congregazione per l'educazione cattolica, *Ratio Fundamentalis Institutionis Sacerdotalis*, «clerus.va», 19 marzo 1985 (http://www.clerus.va/content/dam/clerus/Ratio%20Fundamentalis/The%20Gift%20of%20the%20Priestly%20Vocation.pdf – ultimo accesso verificato: 12 novembre 2021); Per il testo in italiano si veda: Id., *Ratio Fundamentalis*

Institutionis Sacerdotalis, «vatican.va», 19 marzo 1985 (https://www.vatican.va/roman_curia/congregations/ccatheduc/documents/rc_con_ccatheduc_doc_19850319_ratio-fundamentalis_it.html - ultimo accesso verificato: 12 novembre 2021).

alcuna menzione al tema dell'omosessualità, si parla di celibato per cinque volte, di castità per due volte e di continenza perfetta per una volta.

Questo documento afferma l'importanza del celibato nella chiesa di rito latino. Sottolinea la regola (degna di rispetto a fronte del suo utilizzo ormai antico) di scegliere per il sacerdozio soltanto coloro i quali, per grazia di Dio, si dimostrano disposti ad abbracciare liberamente il celibato per l'amore del regno di Dio. Questo modo di vivere è radicato nell'insegnamento del Vangelo così come nell'autentica tradizione della Chiesa ed in molti modi corrisponde al sacerdozio. L'intera missione del sacerdote è dedicata al servizio del nuovo genere umano, che Gesù Cristo, il quale ha vinto la morte, ha risvegliato nel mondo mediante il suo Spirito; è uno stato per cui i sacerdoti «più facilmente aderiscono con cuore indiviso, più liberamente ... si dedicano al servizio di Dio e degli uomini ... e così diventano più capaci di ricevere una più ampia paternità in Cristo»[93]. La Ratio, poi, prosegue con queste parole:

> In questo modo quindi, scegliendo cioè lo stato verginale per il regno dei cieli (Mat. 19, 12), "diventano segno vivente di quel mondo futuro, presente già attraverso la fede e la carità, nel quale i figli della risurrezione non si uniscono in matrimonio" (cfr. Lu. 20, 35-36). Coloro perciò che si preparano al sacerdozio riconoscano e accettino il celibato come uno speciale dono di Dio; con la vita spesa nella preghiera e nell'unione a Cristo e nella sincera carità fraterna, creino le condizioni necessarie per poterlo osservare integralmente e con letizia, costantemente solleciti di restare fedeli alla donazione fatta di se stessi»[94].

Questo documento fornisce anche diverse altre direttive per guidare la formazione dei seminaristi al celibato sacerdotale:

- La scelta del celibato deve essere sempre libera e fondata su una corretta comprensione di questa pratica, vale a dire come un dono: «Affinché poi la scelta del celibato sia veramente libera, è necessario che il giovane possa capire con la luce della fede la forza evangelica di tale dono, e nello stesso tempo stimare rettamente i valori dello stato matrimoniale. Il giovane deve inoltre godere della libertà psicologica interna ed esterna, e possedere il

---

[93] Ibid., par. 48.
[94] Ibid.

necessario grado di maturità affettiva, per poter sperimentare e vivere il celibato come completamento della sua persona»[95];

- Dovrebbe esserci una formazione adeguata in materia di sessualità, di castità e di amore casto: «A tale scopo si richiede una conveniente educazione sessuale, che, negli alunni giunti a una più matura adolescenza, consiste più nella formazione ad un casto amore delle persone che nel travaglio, talora molestissimo, di evitare i peccati; li deve, infatti, preparare alle future relazioni del ministero pastorale»[96];

- La formazione al celibato dovrebbe includere opportunità di cooperazione sociale e di amore fraterno, sull'esempio di Gesù Cristo. I giovani devono essere introdotti ai «diversi settori dell'apostolato e della cooperazione sociale – l'amore sincero, umano, fraterno, personale e immolato, sull'esempio di Cristo, verso tutti e verso ciascuno, specialmente verso i poveri, gli afflitti e i loro eguali; in questo modo supereranno la solitudine del cuore»[97];

- I seminaristi dovrebbero essere formati affinché divengano in grado di evitare «le relazioni personali, specialmente quelle esclusive e prolungate con le persone dell'altro sesso, ma soprattutto si sforzino di praticare e di impetrare da Dio un amore aperto a tutti e perciò veramente casto»[98];

- I seminaristi devono fare affidamento sulla grazia di Dio nella pratica del celibato casto: «i candidati al sacerdozio, fiduciosi nell'aiuto di Dio e non presumendo delle proprie forze, "pratichino la mortificazione e la custodia dei sensi"»[99];

- I seminaristi «non trascurino i mezzi naturali, che giovano alla sanità mentale e fisica. Così non saranno influenzati dalle false teorie le quali sostengono che la continenza perfetta è impossibile o nociva al perfezionamento dell'uomo, e quasi per un istinto spirituale sapranno respingere tutto ciò che può mettere in pericolo la castità»[100].

Per quel che riguarda l'attività di giudicare se un candidato sia adatto per il ministero sacerdotale oppure no, questo documento chiarisce che i candidati devono dimostrare di possedere precise qualità umane e morali come «la sincerità

---

[95] Ibid.
[96] Ibid.
[97] Ibid.
[98] Ibid.
[99] Ibid.
[100] Ibid.

dell'animo, la maturità affettiva, l'urbanità, la fedeltà alle promesse, l'assidua preoccupazione della giustizia, il senso dell'amicizia, della giusta libertà e responsabilità, lo spirito di iniziativa, la capacità di collaborare con gli altri, ecc.»[101]. Devono avere altrettanto precise qualità spirituali, come per esempio: «l'amore di Dio e del prossimo, il senso della fraternità e dell'abnegazione, la docilità, la comprovata castità, il senso della fede e della Chiesa, lo zelo apostolico e missionario»; ed anche altrettanto precise qualità intellettuali come, per esempio, «il retto e sano equilibrio di giudizio, la capacità intellettuale sufficiente per compiere gli studi ecclesiastici, la giusta conoscenza della natura del sacerdozio e delle sue esigenze»[102].

La Ratio del 1970 descrive il celibato sacerdotale come un grande dono di Dio. Inoltre, fornisce molte sagge direttive per formare dei sacerdoti celibi e casti che servano Gesù Cristo e la Chiesa con spirito di gioia, fedeltà e fecondità.

7. *Orientamenti educativi per la formazione al celibato sacerdotale* – Sacra Congregazione per l'Educazione Cattolica, 11 aprile 1974.

Nel 1974, la Congregazione per l'Educazione Cattolica ha emesso un documento sul celibato sacerdotale per affrontare le importanti questioni espresse da Papa Paolo VI nella sua enciclica *Sacerdotalis Caelibatus* («Sul celibato sacerdotale») del 1967. Il documento, intitolato Orientamenti educativi per la formazione al celibato sacerdotale[103], rappresenta uno sforzo globale per affrontare importanti argomenti relativi al celibato, compresi quelli della famiglia come principale educatrice alla santità ed alla castità, dell'istruzione dei seminaristi, delle materie emergenti da trattare e, in ultimo, della formazione necessaria per affrontare i temi della maturità sia emotiva, sia psicologica. Il documento è di circa 20.400 parole ed è suddiviso in trentatré sezioni[104]. Contiene molti riferimenti ai temi del celibato e della castità ed uno soltanto a quello dell'omosessualità. Si basa su precedenti

---

[101] Ibid., par. 39.

[102] Ibid.

[103] Sacra congregazione per l'educazione cattolica, *Orientamenti educativi per la formazione al celibato sacerdotale*, «vatican.va», 11 aprile 1974 (https://www.vatican.va/roman_curia/congregations/ccatheduc/documents/rc_con_ccatheduc_doc_19740411_celibato-sacerdotale_it.html - ultimo accesso verificato: 12 novembre 2021); Per il testo inglese, originariamente utilizzato dagli autori dell'articolo, si veda: Id., *Orientamenti educativi per la formazione al celibato sacerdotale,* «usccb.org», 11 aprile 1974 (http://www.usccb.org/beliefs-and-teachings/vocations/priesthood/priestly-formation/upload/celibacy.pdf - ultimo accesso verificato:12 novembre 2019).

[104] Il conteggio delle parole si riferisce alla stesura del documento in lingua italiana.

dichiarazioni del Magistero relative alla tematica del celibato quale dono di Dio particolarmente appropriato per il sacerdozio. Il documento, tuttavia, apre nuovi orizzonti offrendo molte intuizioni pratiche relative ai temi della maturità spirituale, emotiva ed anche sessuale. Alcune delle intuizioni e delle linee guida più importanti sono racchiuse nel seguente elenco:

- I seminaristi «dovranno convincersi di non poter percorrere la loro difficile via senza un'ascesi particolare, superiore a quella richiesta a tutti gli altri fedeli, propria degli aspiranti al sacerdozio» e «applicarsi, innanzi tutto, a coltivare con tutto l'amore che la grazia ad essi ispira la loro intimità con il Cristo»[105];

- «La castità celibataria non è tanto un tributo che si paga al Signore, quanto piuttosto un dono che si riceve dalla sua misericordia. La persona che entra in questo stato di vita deve essere consapevole che non si assume solo un peso, ma riceve soprattutto una grazia liberatrice»[106];

- Il celibato casto richiede una maturità emotiva che coinvolge abitudini di virtù che si traducano in «un facile ed abituale autocontrollo» che integri le pulsioni emotive e le ponga al servizio della ragione[107];

- La maturità sessuale significa che l'istinto sessuale della persona «deve superare due tipiche forme di immaturità: il narcisismo e l'omosessualità, e raggiungere l'eterosessualità»[108];

- La formazione in seminario «deve portare a maturità la personalità cristiana del candidato»[109]. Gli uomini che hanno disertato il sacerdozio, spesso, rivelano «personalità non unificate, non integrate, nelle quali invano si cercherebbe l'uomo maturo ed equilibrato»[110];

- I seminaristi devono crescere nella castità, che è «la virtù che regola l'esercizio della sessualità»[111]. Sebbene la castità sia una virtù naturale, essa assume anche una dimensione soprannaturale per i cristiani. Le virtù teologali conferiscono «un fine nuovo e superiore alla virtù della castità, la cambia[no] di natura: è un dono di Dio in forza del quale la volontà diviene

---

[105] Sacra congregazione per l'educazione cattolica, *Orientamenti educativi per la formazione al celibato sacerdotale*, par. 2.

[106] Ibid., par. 16.

[107] Ibid., par. 18.

[108] Ibid., par. 21.

[109] Ibid., par. 25.

[110] Ibid.

[111] Ibid., par. 27.

capace non tanto di reprimere i desideri sessuali, quanto piuttosto di integrare l'impulso sessuale nell'armonia dell'intera personalità cristiana»[112];

- Durante il loro periodo di formazione, «il seminarista deve passare dall'immaturità preadolescenziale alla maturità adulta; dalla vita cristiana comune alla maturità cristiana, ossia alla profondità e alla densità del vivere di fede, speranza e carità nel Cristo; infine deve passare alla maturità sacerdotale, cioè alla partecipazione più intima della missione profetica, santificatrice e pastorale del Cristo sacerdote»[113]. La maturità sacerdotale deve permeare ogni aspetto della vita del sacerdote, il quale deve essere un uomo di compassione, autocontrollo e castità;

- Il celibato sacerdotale deve sostenere l'amore di Dio e del prossimo. Un fallimento della crescita nell'amore rappresenta un fallimento della crescita nella vocazione sacerdotale. La paternità spirituale di un sacerdote non è confinata all'ordine naturale. Essa rappresenta «una chiamata speciale del Signore»[114] che deve essere rinnovata continuamente. «Al pari dell'amore umano, la pienezza di amore che il celibato porta con sé richiede il quotidiano rinnovarsi nella lieta rinunzia di se stessi»[115]. Il sacerdote deve comprendere il proprio sacrificio di sé come un atto di puro amore per Gesù Cristo e per tutta la Chiesa.

8. *Discorso ai seminaristi del Seminario San Carlo Borromeo di Filadelfia, Pennsylvania – Papa San Giovanni Paolo II, 3 ottobre 1979.*

Durante la sua visita apostolica negli Stati Uniti, nell'autunno del 1979, papa Giovanni Paolo II ha tenuto un discorso ai seminaristi del St. Charles Borromeo Seminary di Filadelfia[116]. Questo discorso è lungo circa 1.500 parole ed è suddiviso in quattro sezioni. Il Santo Padre tocca due importanti attività della formazione in seminario: vale a dire, lo studio della parola di Dio e la pratica della disciplina. Riguardo a quest'ultima, il Pontefice evidenzia diversi punti importanti che riguardano la questione del celibato sacerdotale.

---

[112] Ibid.

[113] Ibid., par. 30.

[114] Ibid., par. 32.

[115] Ibid., par. 33.

[116] Giovanni Paolo II (papa), *Address of his Holiness John Paul II to seminarians*, «Vatican.va», 3 ottobre 1979 (http://w2.vatican.va/content/john-paul-ii/en/speeches/1979/october/documents/hf_jp-ii_spe_19791003_philadelphia-seminarians.html - ultimo accesso verificato: 12 novembre 2021).

- La disciplina deve condurre al raccoglimento interiore: «Quando la disciplina è applicata nel modo dovuto, essa crea una atmosfera di raccoglimento che mette in grado il seminarista di sviluppare interiormente quegli atteggiamenti che sono tanto desiderabili in un sacerdote, come l'obbedienza gioiosa, la generosità, l'abnegazione»[117];

- I seminaristi devono comprendere l'importanza della fedeltà agli obblighi impegnativi del celibato e della vita sacerdotale. «È importante» - affermò papa Giovanni Paolo II - «che l'impegno sia preso con piena coscienza e libertà personale. Così, durante questi anni di seminario, prendete tempo a riflettere sui seri obblighi e sulle difficoltà che sono parte della vita del prete. Riflettete se Cristo vi chiami ad una vita di celibato. Potete prendere una decisione responsabile per il celibato solo dopo aver raggiunto la ferma convinzione che Cristo vi offre davvero questo dono, inteso per il bene della Chiesa e per il servizio degli altri»[118];

- La perseveranza nella fedeltà richiede preghiera e fiducia nella grazia di Dio: «Ricordate che in ultima analisi la perseveranza nella fedeltà è prova non di forza e coraggio umani, ma dell'efficacia della grazia di Cristo. E così, se perseveriamo, dobbiamo essere uomini di preghiera che, attraverso l'Eucaristia, la liturgia delle ore e i nostri incontri personali con Cristo, troviamo il coraggio e la grazia di essere fedeli»[119].

9. *Lettera circolare su alcuni aspetti più urgenti della formazione spirituale nei seminari* – Sacra Congregazione per l'Educazione Cattolica, 6 gennaio 1980.

Il 6 gennaio 1980, la Sacra congregazione per l'educazione cattolica emanò una circolare importante dedicata ad «alcuni aspetti più urgenti della formazione spirituale nei seminari»[120]. Il documento è composto da circa 7.000 parole ed è suddiviso in tre parti principali. Questo riconosce come provvidenziale il risorgere

---

[117]Ibid., par. 1.

[118] Ibid., par.2.

[119] Ibid.

[120] Sacra congregazione per l'educazione cattolica, *Spiritual formation in seminaries*, «usccb.org», 6 gennaio 1980 (http://www.usccb.org/beliefs-and-teachings/vocations/priesthood/priestly-formation/upload/spiritual.pdf - ultimo accesso verificato: 12 novembre 2021); Per il testo in italiano si veda: Id., *Lettera circolare su alcuni aspetti più urgenti della formazione spirituale nei seminari*, «vatican.va», 6 gennaio 1980 (https://vatican.va/roman_curia/congregations/ccatheduc/documents/rc_con_ccatheduc_doc_19800106_formazione-spirituale_it.html - ultimo accesso verificato: 12 novembre 2021).

delle vocazioni sacerdotali, ma indica anche quattro ambiti della formazione sacerdotale che necessitano di una particolare attenzione:

- I sacerdoti devono essere formati affinché «accolgano e amino profondamente la Parola di Dio»[121];
- I sacerdoti devono riconoscere il mistero pasquale come «l'espressione suprema di questa Parola di Dio»[122];
- I sacerdoti hanno bisogno di sapere che l'autentica comunione con Cristo «comporta un'ascesi e, in particolare, una sincera obbedienza sull'esempio del Cristo»[123];
- Occorre formare sacerdoti che abbiano «il gusto della preghiera alla Vergine, [e] pertanto, la confidenza nella sua intercessione»[124].

L'impegno al celibato viene incluso fra le necessità di abnegazione e di disciplina. A questo proposito, la lettera afferma: «Il sacerdote non può essere fedele al suo incarico e ai suoi impegni, soprattutto a quello del celibato, se non è stato preparato ad accettare una vera disciplina che un giorno dovrà imporsi da se stesso»[125]. Questo significa che i seminari sono tenuti a stabilire un insieme di regole, ossia un «"regolamento" saggio e sobrio, ma fermo, che non ricusi una certa necessaria severità e che prepari a sapersi dare più tardi una regola di vita adatta»[126].

10. *Ratio Fundamentalis Institutionis Sacerdotalis* – Sacra Congregazione per l'Educazione Cattolica, 19 marzo 1985.

La promulgazione del Nuovo Codice del Diritto Canonico, il 25 gennaio 1983, richiese lo sviluppo di una revisione della *Ratio Fundamentalis Institutionis Sacerdotalis* che si ponesse in linea con il nuovo codice. Nel 1985, la Sacra congregazione per l'educazione cattolica pubblicò una versione aggiornata della Ratio, che ricevette l'approvazione di papa San Giovanni Paolo II[127].

---

[121] Ibid., par. II.
[122] Ibid.
[123] Ibid.
[124] Ibid.
[125] Ibid.
[126] Ibid.
[127] Sacra congregazione per l'educazione cattolica, *Ratio fundamentalis Institutionis sacerdotalis*, «Vatican.va», 19 marzo 1985 (http://www.vatican.va/roman_curia/ congregations/ccatheduc/documents/rc_con_ccatheduc_doc_19850319_ratio-fundamentalis_it.html - ultimo accesso verificato: 12 novembre 2021).

La Ratio del 1985 è un documento lungo oltre 30.000 parole (comprese le note a piè di pagina) ed è suddiviso in centouno sezioni[128]. Sebbene il documento non faccia riferimento alcuno alla tematica dell'omosessualità, contiene, tuttavia, tredici riferimenti al celibato ed uno alla continenza perfetta. La Ratio del 1985 mantiene la venerabile legge del rito latino secondo la quale è necessario scegliere al sacerdozio soltanto coloro i quali, per grazia divina, intendono abbracciare liberamente il celibato per il regno dei cieli. Questa forma di vita, radicata tanto nella dottrina evangelica quanto nella genuina tradizione della Chiesa, è la più adatta al sacerdozio. La missione del sacerdote è tutta consacrata al servizio della nuova umanità, che Gesù Cristo, avendo primeggiato sulla morte, ha suscitato nel mondo con il proprio Spirito. Essa rappresenta lo stato in cui i presbiteri aderiscono a Gesù Cristo «"più facilmente aderiscono con cuore indiviso, più liberamente ... si dedicano al servizio di Dio e degli uomini ... e così diventano più capaci di ricevere una più ampia paternità in Cristo ... ". In questo modo quindi, scegliendo cioè lo stato verginale per il regno dei cieli (Mat. 19, 12), "diventano segno vivente di quel mondo futuro, presente già attraverso la fede e la carità, nel quale i figli della risurrezione non si uniscono in matrimonio" (Cfr. Lu. 20, 35-36)»[129].

Coloro che si preparano al sacerdozio devono riconoscere ed accettare il celibato come un dono speciale di Dio. Devono dedicarsi ad una vita di preghiera in unione con Gesù Cristo, così da poter osservare il casto celibato con gioia e carità fraterna.

Come notato nei precedenti documenti della Chiesa, la scelta del celibato deve essere veramente libera, ed i seminaristi devono comprendere la forza evangelica di questo dono. Essi devono anche stimare in modo corretto i valori dello stato matrimoniale. Coloro che si preparano al sacerdozio devono godere della libertà psicologica interiore ed esteriore, nonché della necessaria maturità affettiva per abbracciare il dono del celibato, che completa piuttosto che sminuire la loro personalità.

La Ratio del 1985 riafferma ciò che l'edizione del 1970 aveva già chiarito: l'educazione del seminario è fondata su una comprensione del sacerdozio cattolico che, a sua volta, si basa sulla rivelazione divina e viene costantemente preservata dalla tradizione nonché dal magistero della Chiesa. Il ministero sacerdotale nella Chiesa cattolica deriva dall'unico ed eterno sacerdozio di Gesù Cristo, inviato nel mondo del Padre (si veda Giov. 10, 36). Gesù Cristo ha condiviso il proprio sacerdozio con i suoi apostoli, i quali hanno trasmesso questo dono ai vescovi, loro

---

[128] Il conteggio delle parole si riferisce alla stesura del documento in lingua italiana.

[129] Sacra congregazione per l'educazione cattolica, *Ratio fundamentalis Institutionis sacerdotalis*, par. 48.

successori. I vari membri della Chiesa partecipano a questo stesso sacerdozio di Gesù Cristo in gradi diversi. Un primo grado di questa partecipazione è costituito dal sacerdozio comune dei fedeli, i quali, mediante il battesimo e l'unzione dello Spirito Santo, sono consacrati a formare un tempio spirituale ed un santo sacerdozio. Essi sono chiamati ad offrire tutte le loro opere come sacrifici spirituali.

La Ratio del 1985 sottolinea che i sacerdoti partecipano all'ufficio sacerdotale di Cristo in modo diverso dai fedeli laici. I sacerdoti non hanno la pienezza del sacramento dell'ordine sacro, e dipendono dai vescovi nell'esercitare il loro sacro potere. Tuttavia, essi sono uniti ai vescovi nell'onore sacerdotale ed in forza del sacramento dell'Ordine, si configurano all'immagine di Gesù Cristo, sommo ed eterno sacerdote (si veda Eb. 5, 1–10, 7, 24; 9, 11–28). I sacerdoti sono consacrati per predicare il Vangelo, per nutrire la fede del loro gregge e per celebrare il culto divino come veri sacerdoti del Nuovo Testamento.

Il sacerdozio ministeriale, dunque, si eleva ben al di sopra del sacerdozio comune dei fedeli, perché i sacerdoti sono assimilati a Gesù Cristo, Capo della Chiesa, ed ordinati per servire Gesù Cristo, il Maestro, Sacerdote e Re. Il sacerdozio comune dei fedeli ed il sacerdozio ministeriale oppure gerarchico, sebbene differiscano per essenza e non soltanto per grado, sono tuttavia ordinati l'uno all'altro. Ciò avviene perché entrambi questi sacerdozi, ciascuno a modo proprio, partecipano all'unico sacerdozio di Gesù Cristo (si veda il paragrafo n. 10 dell'enciclica *Lumen gentium* emanata dal Concilio Vaticano II).

11. *Pastores Dabo Vobis* («Vi darò pastori») – Papa San Giovanni Paolo II, 25 marzo 1992.

Giovanni Paolo II ha emesso la sua esortazione apostolica del 1992 *Pastores dabo vobis* successivamente alla chiusura del sinodo dei vescovi sulla formazione sacerdotale[130]. Comprese le note a piè di pagina, l'esortazione papale risulta di circa 55.000 parole ed è suddivisa in ottantadue sezioni. Non vi si ritrova alcun riferimento diretto alla questione dell'omosessualità, piuttosto vi ritroviamo trentasette riferimenti al celibato, undici alla castità e due alla continenza. Nel testo, Giovanni Paolo II afferma la verginità consacrata o celibato come un dono speciale

---

[130] Giovanni Paolo II (papa), *Pastores Dabo Vobis. To the bishops, clergy and faithful on the formation of priests in the circumstances of the present day,* «Vatican.va», 25 marzo 1992 (http://w2.vatican.va/content/john-paul-ii/en/apost_exhortations/documents/hf_jp-ii_exh_25031992_pastores-dabo-vobis.html - ultimo accesso verificato: 12 novembre 2021).

di Dio[131], ed insegna che, poiché il celibato come «dono di Dio inestimabile» viene richiesto ai sacerdoti di rito latino, esso deve essere stimato e compreso da chi si sta formando al sacerdozio[132].

Oltre ad affermare il dono del celibato sacerdotale, Giovanni Paolo II elabora anche quattro aree della formazione sacerdotale – vale a dire: l'umana, la spirituale, l'intellettuale e la pastorale – e spiega dettagliatamente cosa venga richiesto in ciascuna di queste aree. La formazione umana possiede un significato speciale per il celibato sacerdotale, perché coloro che sono ordinati al sacerdozio devono comprendere ed affermare quello che la Chiesa insegna sulla sessualità umana e sul significato sponsale del corpo[133]. La formazione umana deve anche assicurare che i

---

[131] Ibid., par. 29: «Tra i consigli evangelici» — scrive il Concilio — «eccelle questo prezioso dono della grazia divina, dato dal Padre ad alcuni (Cfr. Mat. 19, 11; 1 Co. 7, 7) di votarsi a Dio solo più facilmente e con un cuore senza divisioni (Cfr. 1Co. 7, 32-34) nella verginità e nel celibato. Questa perfetta continenza per il Regno dei cieli è sempre stata tenuta in singolare onore dalla Chiesa, come un segno e uno stimolo della carità e come una "speciale sorgente di fecondità nel mondo". Nella *verginità* e nel *celibato* la castità mantiene il suo significato originario, quello cioè di una sessualità umana vissuta come autentica manifestazione e prezioso servizio all'amore di comunione e di donazione interpersonale. Questo significato sussiste pienamente nella verginità, che realizza, pur nella rinuncia al matrimonio, il "significato sponsale" del corpo mediante una comunione e una donazione personale a Gesù Cristo e alla sua Chiesa che prefigurano e anticipano la comunione e la donazione perfette e definitive dell'al di là […] "Ferma restante la disciplina delle Chiese Orientali, il Sinodo, convinto che la castità perfetta nel celibato sacerdotale è un carisma, ricorda ai presbiteri che essa costituisce un dono inestimabile di Dio per la Chiesa e rappresenta un valore profetico per il mondo attuale"».

[132] «È particolarmente importante che il sacerdote comprenda la motivazione teologica della legge ecclesiastica sul celibato. In quanto legge, esprime la *volontà della Chiesa*, prima ancora che la volontà del soggetto espressa dalla sua disponibilità. Ma la volontà della Chiesa trova la sua ultima motivazione nel *legame che il celibato ha con l'Ordinazione sacra*, che configura il sacerdote a Gesù Cristo Capo e Sposo della Chiesa. La Chiesa, come Sposa di Gesù Cristo, vuole essere amata dal sacerdote nel modo totale ed esclusivo con cui Gesù Cristo Capo e Sposo l'ha amata. Il celibato sacerdotale, allora, è dono di sé *in* e *con* Cristo *alla* sua Chiesa ed esprime il servizio del sacerdote alla Chiesa in e con il Signore» (Ibid.).

[133] Ibid., par. 44: « La *maturazione affettiva* suppone la consapevolezza della centralità dell'amore nell'esistenza umana. In realtà, come ho scritto nell'enciclica "Redemptor Hominis", "l'uomo non può vivere senza amore. Egli rimane per se stesso un essere incomprensibile, la sua vita è priva di senso, se non gli viene rivelato l'amore, se non s'incontra con l'amore, se non lo sperimenta e non lo fa proprio, se non vi partecipa vivamente". Si tratta di un amore che coinvolge l'intera persona, nelle sue dimensioni e componenti fisiche, psichiche e spirituali, e che si esprime nel "significato sponsale" del corpo umano, grazie al quale la persona dona se stessa all'altra e la accoglie. Alla comprensione e alla realizzazione di questa "verità" dell'amore umano tende l'educazione sessuale rettamente intesa. Si deve, infatti, registrare una situazione sociale e culturale

seminaristi raggiungano una maturità affettiva che consenta loro di relazionarsi tanto con gli uomini quanto con le donne, in armonia con la concezione della Chiesa sulla sessualità e sul matrimonio[134]. In un modo indiretto, papa Giovanni Paolo II sta sostenendo che i seminaristi che non accettano né rispettano la morale sessuale cattolica (oppure che non hanno la maturità affettiva per vivere secondo i suoi princìpi) non dovrebbero essere ordinati sacerdoti. Ciò includerebbe, ovviamente, anche coloro i quali praticano l'omosessualità oppure hanno tendenze omosessuali profonde[135].

---

diffusa "che 'banalizza' in larga parte la sessualità umana, perché la interpreta e la vive in modo riduttivo e impoverito, collegandola unicamente al corpo e al piacere egoistico". Spesso le stesse situazioni familiari, dalle quali provengono le vocazioni sacerdotali, presentano al riguardo non poche carenze e talvolta anche gravi squilibri».

[134] «Ora l'educazione all'amore responsabile e la maturazione affettiva della persona risultano del tutto necessarie per chi, come il presbitero, è chiamato al *celibato*, ossia ad offrire, con la grazia dello Spirito e con la libera risposta della propria volontà, la totalità del suo amore e della sua sollecitudine a Gesù Cristo e alla Chiesa. In vista dell'impegno celibatario la maturità affettiva deve saper includere, all'interno di rapporti umani di serena amicizia e di profonda fraternità, un grande amore, vivo e personale, nei riguardi di Gesù Cristo. Come hanno scritto i Padri sinodali, "è di massima importanza nel suscitare la maturità affettiva l'amore di Cristo, prolungato in una dedizione universale. Così il candidato, chiamato al celibato, troverà nella maturità affettiva un fermo fulcro per vivere la castità nella fedeltà e nella gioia". Poiché il carisma del celibato, anche quando è autentico e provato, lascia intatte le inclinazioni dell'affettività e le pulsioni dell'istinto, i candidati al sacerdozio hanno bisogno di una maturità affettiva capace di prudenza, di rinuncia a tutto ciò che può insidiarla, di vigilanza sul corpo e sullo spirito, di stima e di rispetto nelle relazioni interpersonali con uomini e donne» (Ibid.).

[135] La necessità della maturità affettiva per gli ordinati al sacerdozio è stata affermata anche dal diritto canonico. Il canone 241.1 del Codice di diritto canonico del 1983 recita: «Il Vescovo diocesano ammetta al seminario maggiore soltanto coloro che, sulla base delle loro doti umane e morali, spirituali e intellettuali, della loro salute fisica e psichica e della loro retta intenzione, sono ritenuti idonei a consacrarsi per sempre ai ministeri sacri» (*Code of canon law (1983)*, «vatican.va», s. d. [https://www.vatican.va/archive/cod-iuris-canonici/eng/documents/cic_lib2-cann208-329_en.html#CHAPTER_III. – ultimo accesso verificato: 12 novembre 2021], can. 241, par. 1; Per il testo in italiano, si veda: *Codice di diritto canonico 1983*, «vatican.va», s. d. [https://www.vatican.va/archive/cod-iuris-canonici/ita/documents/cic_libroII_232-264_it.html#TITOLO_III – ultimo accesso verificato: 10 novembre 2021]); Cfr. *Codex Canonum Ecclesiarum Orientalium (1990)*, «jgray.org», s. d. [http://www.jgray.org/codes/cceo90lat.html – ultimo accesso verificato: 12 novembre 2021], can. 342, par. 1 (per il testo in italiano del *Codex Canonum Ecclesiarum Orientalium*, si consulti il sito «iuscangreg.it»: https://www.iuscangreg.it/cceo_multilingue.php – ultimo accesso verificato: 12 novembre 2021).

12. *Istruzione sui criteri per il discernimento delle vocazioni nei confronti delle persone con tendenze omosessuali, in vista della loro ammissione al seminario e agli ordini sacri* - **Sacra Congregazione per l'Educazione Cattolica, 4 novembre 2005.**

Nel 2005, Papa Benedetto XVI ha approvato un documento fondamentale prodotto dalla Sacra congregazione per l'educazione cattolica in merito alle persone con tendenze omosessuali che richiedono di essere ammesse al seminario[136]. Considerando anche le note a piè di pagina, il documento consiste in 2.619 parole ed è suddiviso in tre sezioni, più una conclusione. L'istruzione ha avuto un impatto internazionale in ragione del suo chiaro sforzo di voler rafforzare la pratica coerente della Chiesa riguardo agli uomini con attrazione per lo stesso sesso che richiedono di venire ammessi al seminario ed al sacerdozio. Come abbiamo precedentemente potuto osservare, la politica della Chiesa contro l'ordinazione degli uomini con tendenze omosessuali era stata già espressa dalla Sacra congregazione per i religiosi nel 1961 e dalla Sacra congregazione per l'educazione cattolica nel 1974. Tale linea politica dovette essere riaffermata, tuttavia, ancora nel 2005, a causa degli sforzi culturali vòlti a normalizzare il comportamento omosessuale.

Anche se l'istruzione offre delle linee guida e norme ben precise, essa non si sofferma su tutte le questioni presenti nell'ampia area dell'affettività e della sessualità che, comunque, «richiedono un attento discernimento durante l'intero periodo della formazione»[137]. Essa si sofferma, piuttosto, su una questione specifica che si era fatta molto più urgente nell'attuale situazione storica, «cioè quella dell'ammissione o meno al Seminario e agli Ordini sacri dei candidati che hanno tendenze omosessuali profondamente radicate»[138].

Le decisioni dell'istruzione si basano sia sulla Sacra Scrittura, sia sulla Sacra della Tradizione. Questo non può essere troppo enfatizzato. Secondo la costante

---

[136] Congregation for Catholic Education, *Instruction concerning the criteria for the discernment of vocations with regard to persons with homosexual tendencies in view of their admission to the seminary and to holy orders*, «Vatican.va», 4 novembre 2005 (http://www.vatican.va/roman_ curia/congregations/ccatheduc/documents/rc_con_ccatheduc_doc_20051104_istruzione_ en.html - ultimo accesso verificato: 12 novembre 2021); Per il testo in italiano si veda: Id., *Istruzione della Congregazione per l'educazione cattolica circa i criteri di discernimento vocazionale riguardo alle persone con tendenze omosessuali in vista della loro ammissione al seminario e agli ordini sacri*, «vatican.va», 4 novembre 2005 (https://www.vatican.va/roman_curia/congregations/ ccatheduc/documents/rc_con_ccatheduc_doc_20051104_istruzione_it.html   -   ultimo accesso verificato: 12 novembre 2021).

[137] Ibid., par. Introduction.

[138] Ibid.

tradizione della Chiesa, solamente un individuo maschio e battezzato riceve validamente la sacra ordinazione. «Per mezzo del sacramento dell'Ordine, lo Spirito Santo configura il candidato, ad un titolo nuovo e specifico, a Gesù Cristo: il sacerdote, infatti, rappresenta sacramentalmente Cristo, Capo, Pastore e Sposo della Chiesa. A causa di questa configurazione a Cristo, tutta la vita del ministro sacro deve essere animata dal dono di tutta la sua persona alla Chiesa e da un'autentica carità pastorale»[139]. Così, il candidato deve vivere autenticamente in santità conformandosi in modo perfetto a Gesù Cristo. Non esiste nessun genere di compromesso in questa realtà della configurazione spirituale a Gesù Cristo.

Il candidato al ministero ordinato, quindi, deve raggiungere anche la maturità affettiva. Questo è essenziale. «Tale maturità lo renderà capace di porsi in una corretta relazione con uomini e donne, sviluppando in lui un vero senso della paternità spirituale nei confronti della comunità ecclesiale che gli sarà affidata»[140].

A partire dal Concilio Vaticano II, il Magistero, specialmente nel *Catechismo della chiesa cattolica*, ha confermato e reiterato l'insegnamento della Chiesa sull'omosessualità. Il Catechismo distingue tra "atti omosessuali" e "tendenze omosessuali". Seguendo l'insegnamento della Sacra Scrittura, la Chiesa presenta gli atti omosessuali come peccati gravi. La tradizione della Chiesa ha insegnato costantemente che gli atti omosessuali sono intrinsecamente immorali e contrari alla legge naturale, ed in nessun caso possono essere approvati[141]. Le tendenze omosessuali profonde sono anche oggettivamente disordinate, perché sono dirette verso atti che si discostano dalla legge naturale e dall'ordine della creazione. Coloro i quali sono affetti da tali tendenze, tuttavia, «devono essere accolti con rispetto, compassione, delicatezza»[142]. Dobbiamo riconoscere che l'orientamento omosessuale costituisce una prova per la maggior parte di coloro che lo sperimentano. Inoltre, ogni segno di ingiusta discriminazione nei confronti di coloro i quali hanno tendenze omosessuali deve essere fermamente evitato. Coloro i quali hanno queste tendenze sono chiamati a compiere la volontà di Dio nella loro vita e ad unire le loro difficoltà al sacrificio della Croce del Signore Gesù Cristo[143].

---

[139] Ibid., par. 1.

[140] Ibid.

[141] Si veda: *Catechism of the Catholic Church*, «vatican.va», s. d. (https://vatican.va/archive/ENG0015/__P85.HTM – ultimo accesso verificato: 12 novembre 2021), art. 2357; Per il testo in italiano, si veda: *Catechismo della Chiesa cattolica*, «vatican.va», s. d. (https://www.vatican.va/archive/catechism_it/p3s2c2a6_it.htm#III.%20L'amore%20degli%20sposi – ultimo accesso verificato: 12 novembre 2021).

[142] Ibid., art. 2358.

[143] Ibid.

Seguendo la Sacra Scrittura, la Tradizione ed il Magistero, la Sacra congregazione per l'educazione cattolica, con l'approvazione di papa Benedetto XVI, ha emanato la seguente direttiva nei confronti di coloro con profonde tendenze omosessuali che chiedono di essere ordinati al sacerdozio:

> Alla luce di tale insegnamento, questo Dicastero, d'intesa con la Congregazione per il Culto Divino e la Disciplina dei Sacramenti, ritiene necessario affermare chiaramente che la Chiesa, pur rispettando profondamente le persone in questione, non può ammettere al Seminario e agli Ordini sacri coloro che praticano l'omosessualità, presentano tendenze omosessuali profondamente radicate o sostengono la cosiddetta *cultura gay*[144].

Questa decisione è stata presa pensando tanto al bene della Chiesa quanto a quello di coloro i quali dimostrano di avere tendenze omosessuali. La Chiesa ritiene che vi siano «conseguenze negative che possono derivare dall'Ordinazione di persone con tendenze omosessuali profondamente radicate»[145]. Tali sacerdoti dovranno affrontare molte difficoltà perché «si trovano [...] in una situazione che ostacola gravemente un corretto relazionarsi con uomini e donne»[146]. Potrebbero esserci alcuni uomini per i quali le tendenze omosessuali sono soltanto «d'espressione di un problema transitorio, come, per esempio, quello di un'adolescenza non ancora compiuta»[147]. Tali tendenze omosessuali, tuttavia, «devono comunque essere chiaramente superate almeno tre anni prima dell'Ordinazione diaconale»[148].

L'istruzione sollecita il corretto discernimento dei candidati al sacerdozio. Ricorda ai vescovi, ai superiori religiosi ed ai rettori di avere un serio dovere in proposito. Il direttore spirituale, in modo particolare, deve assicurarsi che un candidato sia adatto al sacerdozio. «Se un candidato pratica l'omosessualità o presenta tendenze omosessuali profondamente radicate, il suo direttore spirituale, così come il suo confessore, hanno il dovere di dissuaderlo, in coscienza, dal

---

[144] Congregation for Catholic Education, *Instruction concerning the criteria for the discernment of vocations with regard to persons with homosexual tendencies in view of their admission to the seminary and to holy orders*, par. 2.

[145] Ibid.

[146] Ibid.

[147] Ibid.

[148] Ibid.

procedere verso l'Ordinazione»[149]. Il candidato stesso, però, «è il primo responsabile della propria formazione»[150]. A questo proposito, «sarebbe gravemente disonesto che un candidato occultasse la propria omosessualità per accedere, nonostante tutto, all'Ordinazione. Un atteggiamento così inautentico non corrisponde allo spirito di verità, di lealtà e di disponibilità che deve caratterizzare la personalità di colui che ritiene di essere chiamato a servire Cristo e la sua Chiesa nel ministero sacerdotale»[151].

13. *Ratio Fundamentalis Institutionis Sacerdotalis* («Il dono della vocazione presbiteriale») – Congregazione per il Clero, 8 dicembre 2016.

Nel 2016, la Congregazione per il clero ha pubblicato una versione aggiornata della *Ratio Fundamentalis Institutionis Sacerdotalis*. Il cardinale Beniamino Stella, allora prefetto di questa congregazione, ha descritto il nuovo documento come un mezzo per fornire alcune linee guida strutturate che avessero per oggetto le tematiche della formazione dei sacerdoti dopo che l'ultima Ratio era stata promulgata nel 1985. La *Ratio Fundamentalis* del 2016 è un documento lungo circa novanta pagine suddiviso in otto capitoli e duecentodieci paragrafi. La Ratio cerca di mantenere una continuità con le Ratio precedenti in termini di contenuto, metodi, linee guida e pratiche. Il Dono della vocazione presbiteriale include diciannove riferimenti al celibato, tre riferimenti all'omosessualità[152] e quattro riferimenti alla castità. Riguardo al discernimento vocazionale, il testo è molto insistente: i vescovi e i formatori hanno una grande responsabilità e sono chiamati ad esercitare un'attenta vigilanza sull'idoneità di ciascun candidato, senza che vi entrino in gioco fattori di fretta oppure di superficialità.

Le linee guida del 2016 hanno aggiunto tre tappe alla formazione sacerdotale - vale a dire, quella di discepolato, di configurazione e pastorale - ciascuna corrispondente ad un preciso itinerario e ad un contenuto formativo orientato verso l'immagine del Buon Pastore. Queste tappe aiutano ad assicurare che, oltre alla formazione intellettuale, i seminaristi siano condotti verso un traguardo di maturazione umana, spirituale e pastorale.

La Ratio del 2016 propone una tappa propedeutica di formazione, la quale dovrebbe avere una durata complessiva non inferiore ad un anno. Questa tappa ha lo scopo di convalidare la vocazione dei candidati. Il documento sottolinea la

---

[149] Ibid., par. 3.
[150] Ibid.
[151] Ibid.
[152] L'aggettivo "omosessuale" viene utilizzato tredici volte.

necessità fondamentale per le diocesi e per gli ordini religiosi di evitare l'ammissione al sacerdozio di potenziali molestatori sessuali. I seminari devono essere vigili e proattivi nella ricerca dei precedenti affinché si eviti con cura di ammettere in seminario o al sacerdozio soggetti che abbiano ricevuto denunce di abuso sessuale non segnalate o segnalate. Come afferma la Ratio: «Massima attenzione dovrà essere prestata al tema della tutela dei minori e degli adulti vulnerabili, vigilando con cura che coloro che chiedono l'ammissione in un Seminario o in una casa di formazione, o che già presentano la domanda per ricevere gli Ordini, non siano incorsi in alcun modo in delitti o situazioni problematiche in questo ambito»[153].

Il Dono della vocazione pastorale continua la precedente politica della Chiesa di non ammettere né ordinare uomini con tendenze omosessuali profondamente radicate; riafferma il diritto della Chiesa a verificare l'idoneità dei futuri sacerdoti, «anche con il ricorso alla scienza medica e psicologica»[154]. A questo riguardo, gli esperti di scienze psicologiche devono considerare l'«eventuale presenza nel candidato di tendenze omosessuali»[155]. Il documento riafferma allo stesso modo la politica dell'Istruzione pubblicata nel 2005 dalla Congregazione per l'educazione cattolica, la quale chiarisce che «la Chiesa, pur rispettando profondamente le persone in questione, non può ammettere al Seminario e agli Ordini sacri coloro che praticano l'omosessualità, presentano tendenze omosessuali profondamente radicate o sostengono la cosiddetta cultura gay»[156].

Le ulteriori rivelazioni nel 2018 sull'attività omosessuale e sugli abusi sessuali da parte del clero mostrano incontrovertibilmente la saggezza di questa linea politica. Questo, ovviamente, non significa che tutti gli uomini con tendenze omosessuali siano dei molestatori. C'è, tuttavia, la necessità di cautela al riguardo, come ha affermato anche Papa Francesco ai vescovi italiani nel maggio del 2018[157].

---

[153] Congregazione per il clero, The Gift of the Priestly Vocation, «clerus.va», 8 dicembre 2016 (http://www.clerus.va/content/clerus/en/notizie/new11.html – ultimo accesso verificato: 12 novembre 2021); Per il testo in italiano, si veda: Id., *Il Dono della vocazione presbiterale. Ratio Fundamentalis Istrutionis Sacerdotalis,* «vatican.va», 8 dicembre 2006 (https://www.vatican.va/roman_curia/congregations/cclergy/documents/rc_con_cclergy _doc_20161208_ratio-fundamentalis-institutionis-sacerdotalis_it.pdf – ultimo accesso verificato: 12 novembre 2021).

[154] Ibid., par. 189.

[155] Ibid.

[156] Ibid., par. 199; Cfr. Congregation for Catholic Education, *Instruction concerning the criteria for the discernment of vocations with regard to persons with homosexual tendencies in view of their admission to the seminary and to holy orders,* par. 2.

[157] Si veda: *Pope Speaks with Italian Bishops about Homosexuality in Seminaries,* «Aleteia.org», 27 maggio 2018 (https://aleteia.org/2018/05/27/pope-speaks-with-italian-bishops-abouthomosexuality-in-seminaries/ - ultimo accesso verificato: 12 novembre 2019).

La cattiva condotta del clero presenta molti problemi che indirizzano verso la necessità di una seria attività di discernimento. La conformità alla Ratio richiede che si dia vita ad un processo di candidatura e ad un controllo dei precedenti dei candidati più approfonditi, nonché ad una maggiore attenzione verso le decisioni prese all'inizio di questo processo. Ciò includerebbe il reclutamento dei direttori vocazionali, il discernimento dei candidati interessati ed il rinvio dei candidati a specifiche commissioni per l'ammissione da parte dei vescovi, dei sacerdoti oppure dei laici - i quali potrebbero mancare o ignorare i segni dell'omosessualità. Esiste anche la possibilità che un candidato non sia sincero riguardo le proprie reali tendenze.

Nonostante gli argomenti contemporanei a sostegno della fine della pratica del celibato sacerdotale nel rito latino, la Chiesa continua a sostenere il grande dono del casto celibato e la sua eminente idoneità al sacerdozio cattolico. Come notato in precedenza in questo capitolo, l'aspettativa che gli ordinati al sacerdozio osservino la perfetta continenza risale addirittura all'esempio di Gesù Cristo ed ha trovato sostegno ecclesiale fin dai tempi apostolici. La Congregazione per il clero, come mostra *Il dono della vocazione presbiterale*, riconosce che «il consiglio evangelico della castità sviluppa la maturità della persona, rendendola capace di vivere la realtà del proprio corpo e della propria affettività nella logica del dono»[158]. I seminaristi devono essere portati a comprendere «la forza evangelica di un tale dono» e devono essere fedeli «alla castità celibataria, attraverso l'esercizio delle virtù umane e sacerdotali, intese come apertura all'azione della grazia e non come mera impostazione volontaristica della continenza»[159]. *Il dono della vocazione presbiterale* riafferma la pratica della Chiesa latina, secondo cui «la continenza perfetta nel celibato per il Regno dei Cieli [è] specialmente conveniente per il sacerdozio», perché rappresenta un segno di «dedizione totale a Dio e al prossimo»[160].

Riepilogo.

Soprattutto dopo il Concilio di Trento, la Chiesa cattolica ha mostrato un grande interesse per la formazione degli uomini al sacerdozio all'interno dei seminari che fornisce un sostegno alla validità del celibato sacerdotale. I documenti del magistero presentati in questa parte del capitolo affermano tutti l'importanza di formare i futuri sacerdoti nella fede, nella pietà e nella virtù. A causa delle sfide al

---

[158] Congregazione per il clero, *The Gift of the Priestly Vocation*, par. 110.

[159] Ibid.

[160] Ibid.; Cfr. Concilio Vaticano II, *Presbyterorum Ordinis. Decreto sul ministero e la vita dei presbiteri*, par. 16.

celibato sacerdotale che sono state presentate nel Ventesimo secolo, i documenti prodotti dai pontefici Pio XI, Pio XII e Paolo VI forniscono molteplici ragioni per le quali il celibato sia da ritenersi particolarmente adatto al sacerdozio. Questi pontefici, insieme al Concilio Vaticano II, riconoscono e rispettano la diversa pratica delle Chiese orientali, ma tutti affermano, comunque, che il celibato deve intendersi come un dono prezioso di Dio; un dono che dovrebbe essere onorato e custodito all'interno della Chiesa latina.

I documenti del magistero, fin dagli anni Sessanta, mostrano una particolare preoccupazione relativamente alla formazione dei futuri sacerdoti alla castità. Questa formazione richiede che i seminaristi possiedano una maturità affettiva, in modo da poter accettare liberamente il celibato come un dono di Dio ed acquisire le virtù necessarie nonché l'aiuto divino per vivere castamente da celibi. La maggior parte dei documenti sottolinea la necessità della preghiera, dell'ascesi, dell'adorazione eucaristica e della devozione alla Beata Vergine Maria. Alcuni di questi toccano anche il problema degli uomini con tendenze omosessuali che aspirano a conseguire l'ordinazione sacerdotale. I documenti del 1961, 1974, 2005 e 2016 chiariscono che gli uomini con tendenze omosessuali profondamente radicate non dovrebbero essere ammessi ai seminari cattolici né ricevere gli ordini sacri.

III. Santi nel sacerdozio.

I santi che hanno vissuto vite di eroica castità sacerdotale forniscono ispirazione ed incoraggiamento a coloro i quali hanno liberamente abbracciato il celibato, consacrato come un dono così come un'offerta a Gesù Cristo e alla Chiesa. Seminaristi e sacerdoti dovrebbero cercare la guida di alcuni santi che forniscono modelli di santità sacerdotale e di eroica castità. Due di questi santi sono Sant'Agostino (354-430) e San Giovanni Vianney, il Curato d'Ars (1786-1859).

1. Sant'Agostino.

Sant'Agostino nacque in Nord Africa, da padre pagano e da madre devota cristiana, Monica (la quale è onorata dalla Chiesa come santa). Quando aveva sedici anni, Agostino si recò a Cartagine per studiare, dove cadde nella «voragine degli amori peccaminosi»[161]. Nelle sue *Confessioni*, egli racconta come «inquinav[a] la polla

---

[161] Agostino d'Ippona (santo), *The Confessions of St. Augustine*, Rex Warner [a cura di] (New York and Scarborough, Ontario: New American Library, 1963), Libro 3, cap. 1 (p. 52); Per il testo in italiano, si veda: Id., *Le confessioni*, «ousia.it», s.d., (http://www.ousia.it/

dell'amicizia con le immondizie della concupiscenza, ne offuscav[a] il chiarore con il Tartaro della libidine»[162]. All'età di diciotto anni, Agostino viveva con una donna come sua amante oppure convivente, la quale diede alla luce il loro figlio, Adeodato. Dopo la sua conversione, Agostino interruppe questa relazione per aspettare che la sua giovane fidanzata raggiungesse la maturità, ma nel frattempo, in seguito, prese a frequentare un'altra donna. Agostino era un cercatore della verità e si vergognava di essere schiavo della lussuria. Provò varie filosofie ma soltanto attraverso le preghiere di sua madre e la predicazione di S. Ambrogio, si convertì pienamente a Gesù Cristo e fu battezzato nel Duomo di Milano durante la Veglia pasquale del 387. Dopo il suo battesimo, tornò con alcuni amici in Africa portando con sé la speranza di formare una comunità monastica. Successivamente fu ordinato sacerdote e, quindi, vescovo. Come vescovo di Ippona, predicava regolarmente ai suoi fedeli, sosteneva i poveri e gli orfani, sovrintendeva alla formazione del clero ed organizzava monasteri sia maschili, sia femminili.

S. Agostino fornisce un grande esempio di continenza sacerdotale, poiché egli sapeva di aver bisogno della grazia di Dio per vincere la concupiscenza della sua giovinezza. Era un uomo di passione, di fede e di grande intelligenza, il quale finì per diventare un pastore instancabile di anime e teologo. Papa Benedetto XVI lo definisce come il più grande Padre della Chiesa latina[163]. Sant'Agostino fornisce molti spunti sul sacerdozio e sulla castità. Alcune delle sue intuizioni più importanti sono raccolte nell'elenco che segue:

- La grazia è necessaria per vincere le passioni disordinate. Gli esseri umani sono liberi, ma è necessaria la grazia per liberarci dalla schiavitù del peccato. San Giovanni Paolo II scrive che Agostino vede «la libertà dal dominio delle passioni disordinate, opera della grazia che illumina l'intelletto e dà tanta forza alla volontà da renderla invitta contro il male, come sperimentò egli stesso nella conversione, quando fu liberato dalla dura schiavitù»[164];

SitoOusia/SitoOusia/TestiDiFilosofia/TestiPDF/Agostino/Confessioni.pdf   -   ultimo accesso verificato: 12 novembre 2021).

[162] Ibid.

[163] Si veda: Benedetto XVI (papa), General audience, «Vatican.va», 9 gennaio 2008 (http://w2.vatican.va/content/benedict-xvi/en/audiences/2008/documents/hf_ben-xvi_aud_20080109.html - ultimo accesso verificato: 12 novembre 2021).

[164] Giovanni Paolo II (papa), *Apostolic Letter Augustinum Hipponsensem,* «vatican.va», 28 agosto 1986, par. II. 4 (https://w2.vatican.va/content/john-paul-ii/en/apost_letters/1986/documents/hf_jp-ii_apl_26081986_augustinum-hipponensem.html – ultimo accesso verificato: 12 novembre 2021).

- La grazia è sostenuta per preghiera. Giovanni Paolo II osserva che, in Agostino, «la dottrina sulla necessità della grazia diventa la dottrina sulla necessità della preghiera [...]. "Dio non comanda l'impossibile, ma comandando ti ammonisce di fare ciò che puoi e di chiedere ciò che non puoi", e aiuta l'uomo perché possa, egli che "non abbandona nessuno se non è abbandonato"»[165];

- La castità richiede l'obbedienza, una virtù che i seminaristi ed i sacerdoti devono vivere durante il loro tempo di formazione così come durante il loro servizio a Dio ed alle anime. Come scrive Agostino, «l'obbedienza è, in un certo modo, la madre di tutte le virtù [...] poiché appartiene alla castità il non commettere la fornicazione, il non commettere l'adulterio, il non essere contaminati da nessun rapporto illecito: e coloro che non osservano queste cose agiscono contro i precetti di Dio, e per questa motivo vengono banditi dalla virtù dell'obbedienza»[166];

- I sacerdoti devono vivere al servizio delle persone che sono loro affidate. Giovanni Paolo II scrive che Agostino «si sentì in tutto servo della Chiesa – "servo dei servi di Cristo" - traendo da questo presupposto tutte le conseguenze, anche le più ardue come quella di esporre la propria vita per i fedeli. Chiedeva infatti al Signore la forza di amarli in modo da essere pronto a morire per loro "o in realtà o nella disposizione" [...]. In altre parole egli vuole che vescovi e sacerdoti servano i fedeli come Cristo li ha serviti»[167].

2. San Giovanni Vianney.

San Giovanni Vianney nacque in una famiglia di contadini nel 1786, durante un periodo di turbolenza politica in Francia. Quando aveva cinque anni, le truppe della Rivoluzione francese entrarono nel suo villaggio e chiusero la chiesa parrocchiale. La sua famiglia, tuttavia, era molto devota e perciò egli decise di voler diventare sacerdote con il permesso di suo padre. A causa dell'istruzione inadeguata, la strada per il sacerdozio si dimostrava molto difficile per lui. Tuttavia, insistette e

---

[165] Ibid.

[166] Agostino d'Ippona (santo), *Of the Good of Marriage*, «newadvent.org», s.d., par. 30 (http://www.newadvent.org/fathers/1309.htm - ultimo accesso verificato: 12 novembre 2021); Per il testo in italiano, si veda: Id., *De bono coniugali*, «augustinus.it», s.d. (http://www.augustinus.it/latino/dignita_matrimonio/index.htm - ultimo accesso verificato: 12 novembre 2021).

[167] Giovanni Paolo II (papa), *Apostolic Letter Augustinum Hipponsensem,* par. III.

finalmente fu ordinato sacerdote all'età di ventinove anni, nel 1815. A pochi anni di distanza, nel 1818, fu assegnato ad una chiesa nel piccolo villaggio di Ars, dove rimase fino alla sua morte nel 1859.

Come sacerdote ad Ars, San Giovanni offriva la Messa con grande riverenza e trascorreva diverse ore in confessionale, spesso tra le undici e le sedici ore al giorno. Divenne noto come il Curato d'Ars e molte persone furono attratte da questa città in ragione della sua reputazione di santità. Si dice che fino a ventimila pellegrini all'anno si recassero ad Ars per ascoltarlo predicare e per confessargli i propri peccati. Nel 1929, papa Pio XI nominò San Giovanni Vianney patrono dei sacerdoti diocesani.

Nel 2009, in occasione del centocinquantesimo anniversario della morte di San Giovanni Vianney, Papa Benedetto XVI ha indetto un «Anno Sacerdotale», pubblicando una lettera in onore dell'occasione[168]. In questa lettera, il Santo Padre scrive:

> Era giunto ad Ars, un piccolo villaggio di duecentotrenta abitanti, preavvertito dal Vescovo che avrebbe trovato una situazione religiosamente precaria: "Non c'è molto amor di Dio in quella parrocchia; voi ce ne metterete". Era, di conseguenza, pienamente consapevole che doveva andarvi ad incarnare la presenza di Cristo, testimoniandone la tenerezza salvifica: "[Mio Dio], accordatemi la conversione della mia parrocchia; accetto di soffrire tutto quello che vorrete per tutto il tempo della mia vita!", fu con questa preghiera che iniziò la sua missione. Alla conversione della sua parrocchia il Santo Curato si dedicò con tutte le sue energie, ponendo in cima ad ogni suo pensiero la formazione cristiana del popolo a lui affidato[169].

La devozione instancabile e disinteressata alla cura delle anime di San Giovanni Vianney lo rende un modello per i sacerdoti di oggi. Tra le sue intuizioni chiave per i sacerdoti possiamo elencare le seguenti:

---

[168] Benedetto XVI (papa), *Letter Proclaiming a Year for Priests on the 150th Anniversary of the "Dies Natalis" of the Curé of Ars,* «Vatican.va», 16 giugno 2009 (http://w2.vatican.va/content/benedict-xvi/en/letters/2009/documents/hf_ben-xvi_let_20090616_anno-sacerdotale.html - ultimo accesso verificato: 12 novembre 2021). Il termine latino "Dies Natalis" significa letteralmente "anno di nascita", ma qui si riferisce alla nascita nella vita eterna, vale a dire: all'anno della sua morte.

[169] Ibid.

- Un sacerdote è un uomo come nessun altro perché occupa il posto di Dio, con tutti i poteri di Dio;
- Il peccato di impurità è un peccato orribile e detestabile al quale i sacerdoti devono resistere ricorrendo all'aiuto di Dio;
- Il sacerdozio rappresenta l'amore del Cuore di Gesù Cristo;
- I sacerdoti devono essere consapevoli della loro identificazione con Gesù Cristo e devono adottarne l'atteggiamento, che consiste in una sottomissione assoluta ed amorosa alla volontà del Padre;
- I sacerdoti devono essere sostenuti dal loro amore per la Croce, l'Eucaristia e Maria, l'Immacolata Madre di Dio.

Papa Benedetto XVI ha notato che San Giovanni Vianney trasformò Ars in «un grande ospedale delle anime» e che il santo Curato rifletteva la bontà di Dio ricordando al suo gregge: «Non è il peccatore che ritorna a Dio per domandargli perdono, ma è Dio stesso che corre dietro al peccatore e lo fa tornare a Lui. Questo buon Salvatore è così colmo d'amore che ci cerca dappertutto»[170].

Riepilogo.

I seminaristi ed i sacerdoti possono guardare agli esempi di sant'Agostino e di san Giovanni Vianney per trovare l'aiuto esemplare necessario a vivere il celibato sacerdotale con sentimenti di fedeltà, obbedienza e dedizione. Sant'Agostino mostra che la lussuria può essere vinta con la grazia e fornisce un esempio di preghiera, obbedienza e servizio. San Giovanni Vianney, invece, mostra come i sacerdoti debbano essere consumati dall'amore per le anime e come debbano vincere tutte le tentazioni verso le impurità. Le innumerevoli ore trascorse in confessionale forniscono un modello di abnegazione e devozione molto importante per i sacerdoti di oggi.

IV. Devozione alla Madonna e formazione sacerdotale.

La devozione alla Beata Vergine Maria è estremamente importante per i seminaristi che si preparano a diventare futuri sacerdoti. Non soltanto essa rappresenta un grande modello di castità, ma è la Madre spirituale di tutti i fedeli ed, in modo speciale, dei seminaristi e dei sacerdoti. Il Codice del diritto canonico del 1983, nella sua sezione sulla formazione dei sacerdoti, sostiene:

---

[170] Ibid.

Siano incrementati il culto della Beata Vergine Maria, anche con il rosario mariano, l'orazione mentale e gli altri esercizi di pietà con cui gli alunni acquisiscono lo spirito di preghiera e consolidano la vocazione» (Canone n. 246, par. 3) [171]

Ciò è stato ulteriormente sottolineato da papa san Giovanni Paolo II nella sua esortazione del 1992 riguardante la formazione sacerdotale - la già citata *Pastores dabo vobis*. In questa esortazione, il pontefice polacco sottolineava la centralità della venerazione di Maria per la formazione sacerdotale:

- Ogni aspetto della formazione sacerdotale può essere riferito a Maria, l'essere umano che ha risposto meglio di ogni altro alla chiamata di Dio;

- Maria si è fatta serva e discepola della Parola fino al concepimento, nel suo cuore e nella sua carne, del Verbo fatto uomo; per darlo agli uomini. Serve, quindi, da modello per i sacerdoti, che condividono, anche loro, Gesù Cristo con il mondo;

- Maria simboleggia l'educatrice dei sacerdoti. Fu chiamata ad educare l'unico eterno sacerdote, che divenne docile e soggetto alla sua autorità materna;

- Maria rappresenta la Madre spirituale che intercede in modo speciale per i sacerdoti. Con il proprio esempio e la propria intercessione, la Beata Vergine veglia tanto sulla crescita delle vocazioni quanto sulla crescita della vita sacerdotale nella Chiesa [172];

- La devozione alla Beata Vergine Maria è uno dei modi migliori per i sacerdoti di mantenersi fedeli al casto celibato. Papa Pio XII sottolinea questo punto nella sua enciclica del 1954, Sacra Virginitas:

    Ma per custodire illibata e perfezionare la castità, esiste un mezzo la cui meravigliosa efficacia è confermata dalla ripetuta esperienza dei secoli: e, cioè, una devozione solida e ardentissima verso la vergine Madre di Dio. In un certo modo,

---

[171] *Code of canon law (1983)*, «vatican.va», s. d. [https://www.vatican.va/archive/cod-iuris-canonici/eng/documents/cic_lib2-cann208-329_en.html#CHAPTER_III. – ultimo accesso verificato: 12 novembre 2021], can. 246, par. 3; Per il testo in italiano, si veda: *Codice di diritto canonico 1983,* «vatican.va», s. d. (https://www.vatican.va/archive/cod-iuris-canonici/ita/documents/cic_libroII_232-264_it.html#TITOLO_III – ultimo accesso verificato: 10 novembre 2021).

[172] Giovanni Paolo II (papa), *Pastores Dabo Vobis. To the bishops, clergy and faithful on the formation of priests in the circumstances of the present day,* par. 82.

tutti gli altri mezzi si riassumono in tale devozione: chiunque
vive la devozione mariana sinceramente e profondamente, si
sente spinto certamente a vegliare, a pregare, ad accostarsi al
tribunale della penitenza e all'eucaristia. Perciò esortiamo con
cuore paterno i sacerdoti, i religiosi e le religiose a mettersi sotto
la speciale protezione della santa Madre di Dio, Vergine delle
vergini; ella, che - secondo la parola di sant'Ambrogio - è "la
maestra della verginità" e la madre potentissima soprattutto
delle anime consacrate al servizio di Dio[173].

Monsignor John Cihak ha anche sottolineato l'importanza della devozione alla
Vergine Maria per i sacerdoti celibi[174]. Nella vita di grazia si può cogliere il ruolo
della Madonna nell'aiutare un uomo ad essere un buon figlio: lei interpreta un ruolo
femminile essenziale nel suo percorso verso una relazione con il Padre, il suo Figlio
incarnato e lo Spirito Santo. Essa insegna ai suoi figli la fiducia, la resa e
l'accettazione sia della debolezza, sia della povertà senza che possa sorgere l'odio
per se stessi. Essa coltiva nei suoi figli lo spirito dell'infanzia. Nell'ordine naturale, la
moglie di un uomo lo aiuta a diventare marito e padre. Cihak sostiene che,
nell'ordine della grazia, la Vergine Maria assume questo genere di ruolo in modo del
tutto speciale[175]. Quando si tratta di sviluppare le dimensioni sponsale e paterna
della mascolinità di un sacerdote, è Maria, la sposa dello Spirito Santo, che aiuta a
formare l'amore sponsale del sacerdote come amore celibe. La Madonna stessa, in
modo molto concreto, conduce un sacerdote celibe sia nel suo matrimonio
spirituale con la Chiesa, sia nella sua paternità spirituale, in quanto partecipa al
rapporto sponsale di Gesù Cristo con la Chiesa. Essa lo impegna profondamente
nel suo cuore maschile, così anche come nel suo eros, con il proprio amore
femminile per trasformare l'eros disordinato dei sacerdoti che le sono affidati in un
eros ordinato e in un'agape celibe[176].

La verginità di Maria esprime perfettamente questo senso di totale dipendenza
dal Signore. Divenendo madre di Gesù Cristo, Maria non rimase vergine perché il
matrimonio non le si addiceva, ma piuttosto per dimostrare che, dando al mondo il

---

[173] Pio XII (papa), *Sacra Virginitas*, par. 64.

[174] J. Cihak (monsignore), *The Blessed Virgin Mary's Role in the Celibate Priest's Spousal and Paternal Love*, «piercedhearts.org», s. d. (https://www.piercedhearts.org/consecrated_hearts/priesthood/bvm_priest_spousal_paternal_love_cihak.htm - ultimo accesso verificato: 12 novembre 2021).

[175] Ibid.

[176] Ibid.

suo Salvatore, essa aveva consacrato il proprio corpo ed il proprio spirito a Dio soltanto, in un atto di perfetta dipendenza. L'esempio di preghiera e contemplazione di Maria, nonché la sua totale dipendenza dal Signore rappresentano un modello per la vita del sacerdote. San Paolo auspicava questa stessa unione di dipendenza per le vedove nella Chiesa primitiva quando scrisse la sua prima lettera a Timoteo: «Or quella che è veramente vedova, ed è rimasta sola, pone la sua fiducia in Dio e persevera nelle preghiere e nelle suppliche notte e giorno» (1Ti. 5:5)[177].

Riepilogo.

La Beata Vergine Maria è giustamente intesa come la Madre dei sacerdoti. Non soltanto essa fornisce un esempio di purezza verginale, ma serve anche come Madre spirituale, in special modo ai seminaristi ed ai sacerdoti. Essa rappresenta e fornisce un modello di servizio disinteressato ed aiuta ad educare i sacerdoti in merito al corretto modo di conoscere, amare e servire Gesù Cristo, il suo amato Figlio. La devozione alla Beata Vergine Maria rappresenta il modo eminente per i sacerdoti di rimanere fedeli alla perfetta continenza. I sacerdoti dovrebbero guardare alla Madonna come esempio di amore sponsale consacrato al Signore.

Conclusioni.

Questo capitolo ha evidenziato alcuni punti importanti per la formazione dei seminaristi alla castità celibe. La parte I ha discusso i temi relativi alla castità, alla continenza perpetua ed al celibato, in relazione al sacerdozio cattolico e ponendo un particolare enfasi su come il sostegno alla continenza sacerdotale sia radicato tanto nell'esempio di Gesù Cristo quanto nella tradizione apostolica. La parte II ha fornito una rassegna di alcuni dei più importanti documenti del magistero della Chiesa a partire dal Concilio di Trento relativamente alla formazione dei sacerdoti. I tredici documenti presentati mostrano tutti una grande preoccupazione per la formazione dei sacerdoti nelle virtù necessarie per vivere secondo la continenza perfetta. Questi documenti evidenziano il celibato come un grande dono che i seminaristi possono abbracciare liberamente per amore di Gesù Cristo e della Chiesa. Alcuni dei documenti più recenti chiariscono le ragioni per le quali gli uomini con tendenze omosessuali profondamente radicate non dovrebbero essere ammessi al seminario oppure agli ordini sacri. La parte III ha presentato le vite e il

---

[177] Ibid.

pensiero di due santi come modelli per il sacerdozio cattolico: Sant'Agostino e San Giovanni Vianney. Sant'Agostino mostra come la grazia di Dio gli abbia permesso di vivere secondo una continenza perfetta anche dopo la sua lussuriosa giovinezza. San Giovanni Vianney fornisce, invece, l'esempio di un parroco che praticava sia il completo sacrificio di sé, sia la dedizione alla cura spirituale del suo popolo. La parte IV ha mostrato come la devozione alla Beata Vergine Maria sia davvero importante tanto per i seminaristi quanto per i sacerdoti, specialmente nella pratica del casto celibato. Se i sacerdoti sviluppano un amore filiale per la Beata Vergine Maria e si affidano a lei come ad un modello, ad una maestra e ad una Madre spirituale, essi potranno osservare la perfetta continenza con gioia e fedeltà.

L'affermazione della Chiesa della castità celibe consacrata come pratica perfettamente adatta alla vita seminariale ed al sacerdozio mantiene, nel tempo e nei testi, un carattere di coerenza. Questa testimonianza si basa sulla fedeltà all'esempio di Gesù Cristo, il quale rappresenta il modello per eccellenza della castità e della santità sacerdotale. Tutti i sacerdoti devono essere conformati a Gesù Cristo ed incarnare la santità. La Chiesa, nella sua saggezza, ha riconosciuto e promosso il celibato e la castità come due tra le virtù più degne del sacerdozio. Il valore imperativo ed il nobile obiettivo del celibato sacerdotale sono stati, perciò, costantemente affermati, così come i benefici spirituali e morali di una corretta formazione umana e spirituale per i seminaristi e i sacerdoti che si consacrano a vivere il celibato casto durante tutto il volgere del loro sacerdozio. Questa formazione è fortemente incentrata sull'imitazione di Gesù Cristo, per portare frutti abbondanti nella Chiesa e per la gloria stessa di Dio. La vita ideale dei seminaristi e dei sacerdoti incorpora una sana e santa *communio* nel rapporto con Gesù Cristo, con gli altri e con i fedeli tutti che servono nel ministero; tutte le intenzioni e tutte le azioni dovrebbero essere integralmente radicate nella santità. Attraverso la sincera pratica del celibato consacrato, i sacerdoti si impegnano a vivere come Gesù Cristo, che rappresenta il modello di castità, santità ed amorevole servizio verso gli altri. Formare i sacerdoti per osservare il celibato casto è essenziale al fine di riuscire a superare il problema degli abusi sessuali da parte del clero nella Chiesa.

Capitolo 17

La mascolinità di Cristo.

Paul Gondreau, Dottore in Sacra Teologia
Professore di Teologia, Providence College, Providence, Rhode Island

Introduzione.

«Con la sua incarnazione il Figlio di Dio [...] ha lavorato con mani umane, ha pensato con mente umana, ha agito per scelta umana ed ha amato con cuore umano». Così scrive la Costituzione pastorale sulla Chiesa nel mondo contemporaneo del Concilio Vaticano II, la *Gaudium et spes*, al ventiduesimo paragrafo, nel tentativo di accentuare le implicazioni concrete della dottrina dell'Incarnazione. Troppo spesso l'ethos cristiano lascia questa dottrina in astratto, non estendendola in nessun campo ad eccezione dell'adesione al principio, ormai concepito in tempi molto lontani, che Dio si è fatto uomo. Gli sforzi per sondare le conseguenze esistenziali ed anche concrete dell'Incarnazione innescano, generalmente, soltanto una reazione contraria, potremmo dire, addirittura: allergica.

Niente sottolinea queste conseguenze, né innesca questa reazione, più del soggetto della mascolinità di Gesù Cristo. Se il Figlio di Dio ha lavorato con mani d'uomo ed ha amato con cuore d'uomo, non meno ha lavorato con mani d'uomo ed ha amato con cuore d'uomo. È un fatto storico: la seconda Persona della Trinità è entrata nella storia umana assumendo il sesso maschile. Gesù Cristo era un uomo, un individuo di sesso maschile.

In un'epoca, quella che stiamo vivendo, di regnante femminismo secolare, della cosiddetta mascolinità tossica – nella quale l'*American Psychological Association* [APA] sostiene di vedere un pericolo intrinseco nella «socializzazione degli ideali maschili» della cultura occidentale e «delle caratteristiche maschili» (il che include anche che vengano messi in relazione il concetto di mascolinità e di "eterosessismo")[1], oppure

---

[1] American Psychological Association, *Harmful Masculinity and Violence: Understanding the Connection and Approaches to Prevention*, «apa.org», settembre 2018 (https://www.apa.org/pi/

dell'ideologia di genere (per la quale viene negata oppure eliminata l'incidenza della biologia sulle differenze tra uomini e donne), è poco opportuno, per non parlare dell'essere politicamente scorretto, evidenziare il concetto e la realtà della mascolinità di Gesù Cristo.

Eppure, senza riconoscere né accettare la mascolinità di Gesù Cristo, c'è il rischio di rimuovere il fondamento della verità della salvezza umana e del meraviglioso mistero che segna il cuore della fede cristiana. Realizzata non nell'astratto, la salvezza umana fu, in verità, compiuta in tutto ciò che Gesù Cristo fece e soffrì nella carne, come è solito dire san Tommaso d'Aquino, e la carne di Gesù Cristo era carne maschile.

Nell'interesse, quindi, di scoprire alcune delle ricchezze di questo aspetto del mistero dell'Incarnazione, in particolare per quanto riguarda lo scandalo degli abusi sessuali da parte del clero che ha scosso la Chiesa cattolica, si propone la seguente riflessione, strutturata in tre parti. Basandosi sulla testimonianza dei primi Concili della Chiesa, la prima parte sottolineerà il fatto che Gesù Cristo era un uomo, vale a dire: un individuo maschile in senso biologico pieno (ma non esclusivo) del termine. Nella seconda parte, considereremo come Gesù Cristo, poiché era senza peccato, serva da particolare modello per gli uomini. Egli rappresenta il modello supremo della virtù maschile, assolutamente necessario in un momento di diffusa confusione culturale su cosa signifighi essere un uomo. A dire il vero, tale confusione è al centro dell'attuale crisi della Chiesa di fronte al sacerdozio. Per questo motivo, riflettere sul significato della mascolinità in relazione alla virilità/mascolinità di Gesù Cristo può aiutare in modo significativo nello sforzo di recuperare il sacerdozio (e la Chiesa nel suo insieme) dallo scandalo sugli abusi sessuali. Nella parte finale, considereremo come, dato il suo trattamento abbastanza diverso (a volte) di uomini e donne, Gesù Cristo ritenga la differenza sessuale, ossia l'essere un uomo oppure una donna, in alta considerazione. Egli non era, perciò, indifferente alla sua propria virilità/mascolinità.

È degno di nota che, sottolineare la mascolinità del Verbo Incarnato (il che richiede di considerare le differenze esistente tra uomini e donne) non debba essere interpretato come un atto intenzionato a promuovere una qualsiasi dinamica di differenziazione fra uno stato di superiorità ed un altro di inferiorità, ossia come se le donne siano inferiori agli uomini oppure il contrario. Se esistono differenze fondamentali tra uomini e donne, esiste anche la fondamentale pari dignità.

---

about/newsletter/2018/09/harmful-masculinity - ultimo accesso verificato: 12 novembre 2021).

I. *La dottrina dell'incarnazione e la sessualità maschile di Cristo.*

Al centro della fede cristiana si trova quella che san Tommaso, spesso, chiama la più grande di tutte le meraviglie: il fatto che Dio si sia fatto uomo, che Dio sostanzialmente e non soltanto accidentalmente oppure temporaneamente abbia assunto la nostra comune natura umana, un'unione composita fra corpo e anima[2]. Di fronte ai ripetuti ed incessanti sforzi di negare, sminuire oppure altrimenti compromettere la piena verità dell'umanità assunta da Gesù Cristo, l'antica Chiesa professava in modo coerente ed enfatico la piena realtà dell'umanità di Gesù Cristo. Tra parentesi, il docetismo è il termine onnicomprensivo che designa i vari sforzi indirizzati a mettere in dubbio o altresì addirittura negare la vera umanità di Gesù Cristo; la parola stessa, dal greco, significa "apparire" ed indica, perciò, che Dio sembrava soltanto essere diventato umano, ma che, in realtà, non lo era[3].

---

[2] «Niente di più meraviglioso potrebbe essere compiuto che Dio si faccia uomo» (Tommaso d'Aquino, *Commentary on the Gospel of John. Chapters 1-7*, J. A. Weisheipl, F. Larcher [a cura di] (Albany, New York: Magi Books, 1980), cap. 2, lett. 3 (n. 398); Id., *Commentary on the Gospel of John. Chapters 8-21*, P J. A. Weisheipl, F. Larcher [a cura di] (Petersham, Massachussets: St. Bede's Publications, 1999). Per il testo in italiano, si vedano: Id., *Commento al Vangelo secondo Giovanni*, 2 voll. T. Sante Centi (ordine dei frati predicatori), R. Coggi (ordine dei frati predicatori) [a cura di] (Bologna: Edizioni studio domenicano, 2019). San Tommaso ripropone la medesima frase in: Id., *Summa contra Gentiles*, L. Shapcote [a cura di] (Green Bay, Winsconsin: Aquinas Institute, 2018), libro IV, cap. 27, p. 407. Per il testo inglese si veda anche: Id., *Summa contra Gentiles*, J. Rickaby (padre gesuita) [a cura di], «cloudfront.net», s.d. (https://d2y1pz2y630308.cloudfront.net/15471/documents/2016/10/St.%20Thomas%20Aquinas-The%20Summa%20Contra%20Gentiles.pdf – ultimo accesso verificato: 12 novembre 2021); Per il testo integrale dell'opera in italiano, invece, si veda: Id., *Somma contro i gentili*, T. Sante Centi [a cura di] (Torino: UTET, 1975).

[3] Il docetismo ha devastato il cristianesimo sin dal suo inizio in varie modalità, talvolta diluendosi nella dottrina oppure mascherandosi da princìpi ortodossi. Già negli scritti di san Giovanni e di san Paolo, contenuti nel Nuovo Testamento, si possono riconoscere alcune chiare risposte contrarie a questa dottrina (il docetismo): Giovanni, per esempio, avverte che «molti sono i seduttori che sono apparsi nel mondo, i quali non riconoscono Gesù venuto nella carne» (2G. 7). Lo stesso Giovanni, nella sua prima lettera, insieme a san Paolo (nella sua lettera ai Colossesi) annunciano rispettivamente che «da Parola si è fatta carne ed ha abitato fra di noi» (Giov. 1, 14) e che «è in Cristo che abita corporalmente tutta la pienezza della divinità» (Col. 2, 9). Oltre ciò, san Paolo, nella sua lettera agli ebrei, attesta che «poiché [...] i figli hanno in comune la carne e il sangue, similmente anch'egli [Gesù Cristo] ebbe in comune le stesse cose, per distruggere, mediante la sua morte, colui che ha l'impero della morte, cioè il diavolo, e liberare tutti quelli che per timore della morte erano tenuti in schiavitù per tutta la loro vita. Infatti egli non si prende cura degli angeli, ma si prende cura della progenie di Abramo» (Eb. 2, 14-16). Per quanto riguarda Tommaso d'Aquino, Jean-Pierre Torrell non esita ad affermare che l'aquinate sostenne sempre, «dove possibile, che Cristo è un uomo pienamente soggetto alle leggi dell'umanità» [J-P. Torrell,

1. Il Concilio di Costantinopoli I sulla piena umanità di Cristo.

Le professioni di fede di due primi concili della Chiesa hanno svolto un ruolo particolarmente cruciale in questo sforzo: ossia, il Primo Concilio di Costantinopoli (381) ed il Concilio di Calcedonia (451).

Il Concilio di Costantinopoli I affermava la piena umanità di Gesù Cristo in risposta all'eresia che negava l'anima razionale del Messia. Sebbene possa sembrare ovvio che Gesù Cristo fosse razionale, il suo principale sostenitore, Apollinare di Laodicea, sosteneva che la Parola (*Logos*) oppure il Figlio prendesse il posto della mente umana di Cristo (*nous*).

Cruciale, in vista del concilio, fu l'utilizzo, da parte di più Padri della Chiesa, di quello che viene chiamato il «principio soteriologico», vale a dire: il principio basato sull'interpretazione secondo cui lo scopo stesso del farsi uomo fu un atto dovuto all'amore della salvezza umana. Il principio afferma: «Ciò che non è stato assunto non è stato guarito». Perché tutto l'uomo fosse salvato, Gesù Cristo doveva, perciò, assumere tutto l'uomo, lui doveva assumere tutto ciò che era essenzialmente inerenti alla natura umana. Come disse l'antico autore della Chiesa, Origene, «l'uomo non sarebbe stato salvato interamente se Cristo non si fosse rivestito interamente dell'uomo»[4].

Affermando tutto questo, rispetto alla posizione di Apollinare, il Concilio di Costantinopoli I impiegava il termine chiave *enanthrōpeo*, ossia «diventare uomo». Questo termine gode di un posto di rilievo nel Credo (il Credo niceno-costantinopolitano) che i cattolici recitano ancora oggi durante ogni messa domenicale; un posto di rilievo che è infatti evidenziato dal fatto che segna l'unico momento, durante il Credo, nel quale il sacerdote ed i fedeli si inchinano. Esso ha rappresentato l'attestazione più chiara da parte della Chiesa, fino ad oggi, della piena umanità di Cristo, poiché, contrariamente ad Apollinare, essere umani significa avere un'anima razionale con una mente (*nous*).

Le Christ en ses mystères: La vie et l'oeuvre de Jésus selon saint Thomas d'Aquin (Paris: Desclée, 1999), p. 188].

[4] Origene d'Alessandria, *Dialogue with Heracleides,* in H. Chadwick, J. E. L. Oulton (a cura di), *Alexandrian Christianity. Selected translations from Clement and Origen* (London: SCM-Canterbury Press, 1954), p. 442; Per il testo in inglese si veda anche il documento online: Id., *Dialogue of Origen with Heracleides and the Bishops with him concerning the Father and the Son and the Soul,* «sites.google.com», s.d. (https://sites.google.com/site/demontortoise2000/ Home/origen_dialog_with_heracleides - ultimo accesso verificato; 12 novembre 2021). Per il testo in italiano si rimanda a: Id., *Opere di Origene. Dialogo con Eraclide,* R. Spataro [a cura di] (Roma: Città Nuova Editrice, 2013).

2. Il Concilio di Calcedonia sulla consustanzialità umana di Cristo.

Con il Concilio di Calcedonia, nel 451, si raggiunge il culmine degli sforzi della Chiesa antica per proclamare la piena verità dell'umanità (nonché della divinità) di Gesù Cristo. Questo concilio ha risposto all'eresia del monofisismo (o eutichianesimo), che ha compromesso la piena natura umana di Gesù Cristo ponendo in esso non due nature, una umana e l'altra divina, bensì una natura mista oppure mescolata. Per un confronto "basso" ed approssimativo, si consideri la posata spork: essa non è né completamente un cucchiaio, né completamente una forchetta, bensì una miscela di elementi appartenenti ad entrambi. Gesù Cristo, secondo il monofisismo, non è dunque pienamente umano né divino, ma consisteva in una mescolanza, oppure in un miscuglio, di elementi presi da ciascuna delle due nature; egli era del tutto una terza "cosa", una specie di mutante teandrico. Per contrastare ciò, la professione di fede del Concilio di Calcedonia proclama: «Cristo è consustanziale [*homōousiōs*] con il Padre per quanto riguarda la sua divinità, e consustanziale [*homōousiōs*] con noi per quanto riguarda la sua umanità». Gesù Cristo partecipa, così, pienamente, e non parzialmente, della natura umana.

Continuando a considerare il monofisismo nel suo ambito, il Concilio impiega un altro modo di dire altrettanto cruciale nella sua professione di fede. Mentre le due nature di Cristo sono veramente unite e «non divise [*adiairetos*] né separate [*achōristōs*]», poiché sussistono entrambe nell'unica Persona divina del Figlio, le due nature sono tuttavia «non confuse [*asugchytōs*], né cambiate [*atreptōs*]». In parole povere, la natura umana di Cristo non è stata compromessa oppure diluita dal suo essere unita alla natura divina. La sua integrità ed identità distinta sono state preservate.

Molti cristiani scivolano nell'eresia non intenzionale (monofisismo) quando dicono, per esempio, che poiché Gesù Cristo era Dio, egli sapeva tutto. Tali posizioni, ed altre simili a queste, si oppongono direttamente all'insegnamento del concilio di Calcedonia. Tali punti di vista consentono all'umanità di Gesù Cristo di essere inghiottita dalla sua divinità, di perdere la sua integrità, ossia: la sua identità propria e distinta. Quando parliamo di conoscenza (ciò che Gesù Cristo sapeva) oppure di azione (ciò che Gesù Cristo faceva), ci troviamo nel regno della natura e, nel particolare, della natura umana di Gesù Cristo. Poiché la natura umana del Messia non era diluita nella sua unione con la natura divina, ciò che conosceva come uomo non era identico a ciò che conosceva in ragione della sua natura divina; ciò che sapeva nella sua mente umana era naturalmente umano, vale a dire: era finito e limitato.

3. La sessualità maschile di Gesù Cristo.

Questa testimonianza conciliare sul «farsi uomo» di Gesù Cristo (*enanthrōpeo*) e sul suo essere «consustanziale» (*homōousiōs*) con l'uomo, sul suo avere una natura umana piena non compromessa, è sufficiente per affermare anche la sua sessualità maschile? Per Tommaso d'Aquino ci possono essere pochi dubbi. Egli postula due ragioni, l'una soteriologica e l'altra metafisica. Quanto alla prima, Tommaso d'Aquino, attingendo al principio soteriologico, afferma che per salvare la sessualità umana, Gesù Cristo doveva assumere una natura sessuata. La salvezza umana non lascia indietro la nostra sessualità. Per quanto riguarda la ragione metafisica (o, più propriamente, la ragione metafisica al servizio della teologia), l'aquinate attesta che affermare la verità oppure l'integrità della pienezza dell'umanità di Gesù Cristo equivale ad affermare la sua sessualità maschile. Se non desideriamo mantenere viva la dottrina del divenire uomo di Dio in astratto, oppure se non vogliamo addirittura far finta completamente che essa non esista, allora non dobbiamo rifuggire dalla realtà concreta dell'Incarnazione. «Nessuna delle cose "poste da Dio nella nostra natura"» - scrive Tommaso d'Aquino - «mancò alla natura umana assunta dal Verbo di Dio»[5]. O, come egli ancora sostiene, perseguendo scopi - sembrerebbe - tanto soteriologici quanto metafisici, nella sua prima opera importante, il *Commento alle Sentenze*:

> Gesù Cristo doveva essere come i suoi fratelli in tutte le cose naturali, come Paolo scrive nella lettera agli ebrei (Cfr. Eb. 2, 17). Eppure, la sessualità è naturale per l'uomo. Pertanto, egli ha dovuto assumere una sessualità [... Inoltre,] Gesù Cristo è venuto a restaurare [oppure a redimere] la natura umana mediante la sua stessa assunzione; e per questo motivo era necessario che assumesse tutto ciò che attiene alla natura umana, vale a dire: tutte le proprietà e le parti della natura umana, tra le quali ritroviamo anche la sessualità; e perciò era giusto che Gesù Cristo assumesse una

---

[5] Cfr. Tommaso d'Aquino, *The Summa Theologica. Translated by Fathers of the English Dominican Province* (New York, NY: Benziger Bros., 1948), Libro III, quest. 9, art. 4; Per il testo inglese on line, si veda: Id., *Summa Theologica,* «ccel.org», s.d. (https://www.ccel.org/ccel/aquinas/summa.TP_Q9_A4.html – ultimo accesso verificato: 2 novembre 2021); Per il testo in italiano, si vedano: Id., *La Somma Teologica,* 4 voll., T. Sante Centi, R. Coggi, G. Barzaghi, G. Carbone [a cura di] (Bologna: Edizioni Studio Domenicano, 2014); Id., *Somma Teologica. Nuova Edizione in lingua italiana a cura di padre Tito S. Centi e padre Angelo Z. Belloni,* «esonet.org», s.d. (https://www.esonet.org/summa-teologica-di-s-agostino/ – ultimo accesso verificato: 2 novembre 2021).

particolare sessualità [...] Egli assumeva una sessualità non per usarla, bensì per la perfezione della natura»[6].

La genuina consustanzialità umana, nella lettura di Tommaso d'Aquino, deve significare l'assunzione della Parola di una natura sessuata. Era lo stesso, per esempio, anche per l'autore bizantino San Teodoro Studita (m. 826), un altro grande personaggio un po' lasciato in disparte, il quale sostenne una stregua difesa delle icone sulla mascolinità di Gesù Cristo. Le icone raffigurano Gesù Cristo come un individuo maschile, osservò Teodoro, proprio come le icone della Beata Vergine la raffigurano come una femmina, oppure le icone di San Giuseppe come un maschio, ecc. L'approccio alla sessualità di Gesù Cristo si è esteso nel Rinascimento, dove molti artisti hanno deliberatamente ritratto i genitali di Cristo per evidenziare la sua piena umanità: quando il Gesù Cristo bambino viene ritratto senza i vestiti addosso, gli artisti non hanno esitato a dipingerne i genitali[7].

Inutile dire che affermare la presunta mascolinità di Gesù Cristo significa affermare la fondamentale bontà della sessualità umana. Se il racconto della creazione della Genesi rende chiara la bontà della sessualità (Cfr. Gen. 1, 27-31: «Così Dio creò l'uomo a sua immagine [...]; li creò maschio e femmina. [...] Allora

---

[6] Tommaso d'Aquino, *On Love and Charity: Readings from the Commentary on the Sentences of Peter Lombard* (Washington DC: The Catholic University of America Press, 2012), Libro III, d. 12, quest. 3, arg. 1, qa. 1, s. 1; i testi critici provvisori del terzo libro dell'edizione leonina mi sono stati gentilmente forniti dall'editore, J. F. Hinnebusch). La domanda è *Utrum Christus debuerit sexum aliquem accipere*. In De div. quest. 83, q. 11 (CCSL 44a.18), Agostino afferma che Dio divenne un uomo (maschio) perché questo rappresenta il «sesso più onorevole» (*sexus honorabilior*), una visione che Tommaso sostiene anche nella Somma Teologica (Libro III, quest. 31, art. 4). Pietro Lombardo solleva questo problema in discussione nel *Commentario* (Libro III, quest. 12, cap. 4), da cui si passa ai Commentari delle sentenze duecentesche. Eppure soltanto l'Aquinate aggiunge la domanda: se Cristo abbia dovuto assumere un qualsiasi sesso; Per il testo in italiano, si veda: Id., *Commento alle Sentenze di Pietro Lombardo*, R. Coggi [a cura di] (Bologna: Edizioni Studio Domenicano, 2002).

[7] Si veda: L. Steinberg, *The Sexuality of Christ in Renaissance Art and in Modern Oblivion*, Seconda edizione rivista (Chicago, Illinois: University of Chicago Press, 1996). Con ampie prove, Steinberg mostra che molti dipinti rinascimentali del Cristo bambino e del Cristo morto, motivati da una teologia incarnata, raffigurano una vera *ostentatio genitalium*, vale a dire: una visione deliberata dei genitali di Gesù Cristo. Fornendo diverse immagini a supporto, Steinberg scrive: «In molte centinaia di opere pie e religiose, da prima del Quindicesimo secolo e fino alla metà del Sedicesimo secolo, l'ostensivo svelamento del sesso del bambino, insieme alla raffigurazione di altre azioni collaterali come, per esempio, la sua esibizione, protezione o toccamento, rappresentano un topos più che comune [...]. E l'enfasi ricorre anche nelle immagini del Cristo morto, oppure del mistico Uomo dei dolori» (p. 3). Per il testo in italiano, si veda: Id., *La sessualità di Cristo nell'arte rinascimentale e il suo oblio nell'epoca moderna* (Milano: Il Saggiatore, 1986).

Dio vide tutto ciò che aveva fatto, ed ecco, era molto buono»), l'evento dell'Incarnazione, per cui Dio si riveste di una natura umana sessuata, implica lo stesso ma su tutta un'altra scala. La maschilità del Verbo Incarnato attesta, in maniera supremamente inconfutabile, la bontà e la sacra dignità della sessualità umana.

Gesù Cristo era un uomo nel pieno senso biologico del termine, un uomo la cui composizione biologica corrispondeva a quella del sesso maschile; egli possedeva il cariotipo genetico XY e tutto ciò a cui esso dà origine, compresi i genitali maschili, l'ossatura e la struttura muscolare proprie degli uomini, ed un cervello strutturato in modo maschile.

Su quest'ultimo punto, la ricerca emergente nel campo della neurobiologia ha scoperto delle differenze cruciali tra la strutturazione del cervello maschile e quella del cervello femminile. Le connessioni nel cervello maschile, per esempio, corrono tra la parte anteriore e la parte posteriore dello stesso lato del cervello, mentre le connessioni nel cervello femminile vanno da un lato all'altro, tra gli emisferi sinistro e destro. Ciò consente, generalmente, agli uomini di svolgere meglio i compiti spaziali ed il controllo motorio, mentre alle donne sono, generalmente, più adatti i compiti verbali che coinvolgono la memoria e l'intuizione. Inoltre, il cervello maschile ha più risorse nel sistema specializzato nella velocità e nella direzione, mentre il cervello femminile ha più risorse nel sistema specializzato nel colore, nel dettaglio e nella consistenza. Il cervello maschile ha circuiti di testosterone più estesi, l'ormone che media tanto l'aggressività maschile quanto il desiderio sessuale, mentre il cervello femminile ha dei circuiti di ossitocina più estesi, il cosiddetto ormone del legame, rendendo le donne particolarmente portate, neurobiologicamente, per attività relazionali[8]. La ricerca psicologica lo conferma, poiché mostra che, fin dall'inizio, le ragazze sono molto più orientate verso le relazioni interpersonali rispetto ai ragazzi. L'eminente psicologo Simon Baron-Cohen, infatti, osserva che il cervello femminile è particolarmente predisposto all'empatia: ossia, la base per l'attenzione e per il legame interpersonale[9]. Inoltre, la nota psicologa ed ex presidente dell'American Psychological Association, Diane Halpern, ha da tempo documentato alcune differenze nel funzionamento cognitivo

---

[8] Per saperne di più su tutto questo, si veda: L. Sax, *Why Gender Matters. What Parents and Teachers Need to Know about the Emerging Science of Sex Differences*, Seconda edizione (New York, N.Y.: Harmony, 2017). Si potrebbe anche fare riferimento al libro: D. Tannen, *You Just Don't Understand: Women and Men in Conversation* (New York, N.Y.: William Morrow & Company, 1990).

[9] Si veda: S. Baron-Cohen, *The Essential Difference: Men, Women and the Extreme Male Brain* (London: Penguin, 2012).

tra uomini e donne[10]. In quanto uomo, perciò, Gesù Cristo aveva un cervello strutturato in modo maschile (così come aveva anche un corpo strutturato in modo maschile).

La prossima domanda da considerare è: Gesù aveva un'anima maschile? In quanto sostanza spirituale, l'anima in sé non è né maschile né femminile. La differenza sessuale non è dovuta all'anima, ma al design biologico dei nostri corpi animali (alla «natura animale», come dice Tommaso d'Aquino), in ultima analisi: ai cariotipi XX e XY.

Tuttavia, l'anima in quanto unita ad un particolare corpo, ad un corpo maschile oppure ad un corpo femminile, può essere considerata maschile oppure femminile, in quanto l'anima di una persona è, come lo esprime Tommaso d'Aquino in un passaggio notevole della *Summa contra Gentiles*, «commisurata» oppure «adattata» al corpo maschile oppure femminile di quell'individuo[11]. Mentre san Tommaso, in questo passaggio, menziona semplicemente il particolare corpo di una persona senza menzionarne la differenziazione sessuale, il suo punto di vista vale per qualsiasi delle proprietà essenziali di quel corpo, come la mascolinità oppure la femminilità.

In effetti, nel suo *De Ente et Essentia*, e mostrando ciò che Alasdair MacIntyre definisce come una «biologia metafisica» aristotelica, Tommaso d'Aquino elenca espressamente la sessualità, o dimorfismo sessuale (maschilità e femminilità), come una proprietà essenziale che ci deriva immediatamente dalla nostra corporeità animale, proprio come la disposizione a ridere rappresenta un attributo essenziale che deriva direttamente dalla razionalità: «la diversità di maschio e femmina tra gli animali deriva dalla materia», scrive Tommaso[12]. Così come la disposizione a ridere

---

[10] Si veda: D. F. Halpern, *Sex Differences in Cognitive Abilities*, Quarta edizione (New York, N.Y.: Psychology Press, 2012); La prima edizione è stata pubblicata venticinque anni prima.

[11] Tommaso d'Aquino, *Summa contra Gentiles*, libro 2, cap. 81 (per il testo inglese on line, si veda: Id., *Summa contra Gentiles*, J. Rickaby (padre gesuita) [a cura di], «cloudfront.net», s.d. (https://d2y1pz2y630308.cloudfront.net/15471/documents/2016/10/St.%20Thomas%20 Aquinas-The%20Summa%20Contra%20Gentiles.pdf – ultimo accesso verificato: 12 novembre 2021).

[12] Tommaso d'Aquino, *De Ente et Essentia*, «isidore.com», s.d. (https://isidore.co/ aquinas/DeEnte&Essentia.htm - ultimo accesso verificato: 12 novembre 2021), cap. 5; Per il testo in italiano, si veda: Id., *De Ente et Essentia*, «mcurie.edu.it», s.d. (https://www.mcurie.edu.it/files/godi.oreste/file/De_Ente_Et_ Essentia_TESTO.pdf - ultimo accesso verificato: 12 novembre 2021); In merito a questa biologia metafisica, mi permetto di rimandare a: P. Gondreau, *The "Inseparable Connection" between Procreation and Unitive Love (Humanae Vitae, par. 12) and*

sta all'anima, così sta la differenza sessuale (binaria) al corpo. Non si tratta di un puro evento incidentale (come il colore dei capelli), il sesso rappresenta un attributo proprio (o, potremmo anche dire: essenziale) che appartiene al corpo. Il corpo di Gesù Cristo non rappresentò, né rappresenta, un'eccezione a questo.

4. Obiezioni e "Scandalo della particolarità".

Il problema nell'affermare la mascolinità di Cristo come parte integrante della sua struttura biologica incarnata è che l'attuale cultura occidentale, come già accennato all'inizio, mette da parte la biologia ritenendola irrilevante quando riguarda l'identità sessuale, oppure il significato del matrimonio, o, infine, i ruoli e i comportamenti sociali. Consideriamo, per esempio, come Cordelia Fine, la vincitrice del prestigioso premio della *Royal Society* per il miglior libro di scienze del 2017 per il suo libro *Testosterone Rex* [sic], sostenga che le differenze biologiche o comportamentali tra uomini e donne non siamo altro che miti patriarcali etero-normativi. Da parte sua, l'*American Psychological Association*, nel suo già menzionato rapporto intitolato *Harmful Masculinity*, afferma che le differenze sessuali (ossia, i ruoli di genere) «non sono considerate come un fenomeno biologico, ma piuttosto come un insieme di idee psicologiche e socialmente costruite che sono malleabili al cambiamento».

È interessante notare che una nuvola piuttosto ambigua aleggia sulla nozione di "genere" e sul suo significato nell'attuale dibattito culturale: a volte essa riveste il significato di "identità sessuale" come distinta dal proprio sesso biologico, altre volte si riferisce al proprio sesso per quanto attiene al ruolo ed alla funzione sociale, altre volte ancora, invece, questa nozione assume ulteriori significati - sebbene, quantomeno, essa indichi una differenziazione sessuale[13]. Per evitare questa

---

Thomistic Hylemorphic Anthropology, «Nova et Vetera», Vol. 6, n. 4, 2008, pp. 738-742; Per il testo integrale, in lingua inglese, si veda: Id., *The "Inseparable Connection" between Procreation and Unitive Love (Humanae Vitae, par. 12) and Thomistic Hylemorphic Anthropology*, «stpaulcenter.com», s.d., (https://stpaulcenter.com/02-nv-6-4-gondreau/– ultimo accesso verificato: 12 novembre 2021). Per la frase pronunciata da Alasdair MacIntyre, si veda il libro: A. MacIntyre, *After Virtue: A Study in Moral Theory*, Seconda edizione (Notre Dame, Indiana: University of Notre Dame Press, 1984), p, 148.

[13] Si veda, per esempio, la discussione sui suoi vari significati in: Congregation for Catholic Education, *«Male and Female He Created Them»: Towards a Path of Dialogue on the Question of Gender Theory in Education*, «Vatican.va», 2 febbraio 2019 (http://vatican.va/roman_curia/congregations/ccatheduc/documents/rc_con_ccatheduc_doc_20190202_maschio-e-femmina_en.pdf - ultimo accesso verificato: 12 novembre 2021); Per il testo in italiano, si veda: Id., *«Maschio e femmina li creò». Per una via di dialogo sulla questione del gender nell'educazione*, «chiesacattolica.ilcattolico.it», s.d. (https://chiesacattolica.ilcattolico.it/

confusione, chiariamo sin d'ora che tale saggio utilizzerà l'espressione "differenza sessuale" al posto di "genere sessuale".

Mascolinità e femminilità sono, secondo l'APA, completamente separate dal regno della biologia; esse sono, invece, con una mossa in stile cartesiano, considerate come un «insieme di idee». Non si tratta, ad esser chiari, di idee "platoniche" (vale a dire: di idee immutabili e che discendono dall'alto) bensì "malleabili": ossia, che emergono dal basso, dalla costruzione psicologica e sociale che è stata creata dall'uomo.

Poi, ci sono alcuni teologi che affrontano la questione con una mentalità femminista e laica. Scandalizzate dal «fisicalismo naif» (oppure, potremmo dire, dalla «biologia semplciotta») che intende dare peso alla particolarità della mascolinità di Gesù Cristo, alcune teologhe femministe hanno cominciato ad esprimere i loro timori, affermando che tale attenzione «fa crollare la totalità di Cristo nell'uomo umano Gesù», per citare la scrittrice femminista Elizabeth Johnson[14]. Preferendo sottolineare l'umanità indifferenziata di Gesù Cristo, queste femministe avvertono che l'accentuazione della mascolinità di Gesù Cristo rischia di oscurare il modo in cui le realizzazioni redentrici che egli ha compiuto si estendono a tutti senza alcuna distinzione: maschio e femmina, ebreo e gentile, schiavo e uomo libero, «poiché tutti voi siete uno in Cristo Gesù» (Ga. 3, 28).

Il problema, che si tratti della cristologia femminista oppure dell'ideologia di genere, è che gli esseri umani possiedono una natura differenziata per sesso. Uomini e donne possiedono corpi di struttura biologica differenziata, una struttura codificata nel nucleo di ogni singola cellula del corpo umano. Anche se si tratta di un concetto già espresso, ricordiamoci che Tommaso d'Aquino non esita ad affermare che gli esseri umani possiedono una natura animalesca, che è corrispondente al disegno dei loro corpi. Questi corpi e queste anime sono delle parti costitutive della nostra identità umana. La differenza sessuale - ossia, la

---

images/pdf-vari/2019/Maschio-e-Femmina-li-creo.pdf - ultimo accesso verificato: 12 novembre 2021).

[14] E. A. Johnson, *The Maleness of Christ*, in A. Carr, E. Schüssler Fiorenza (a cura di), *The Special Nature of Women?* (London: SCM Press, 1991), pp. 113, 115; Si vedano, inoltre: Id., *Redeeming the Names of Christ*, in C. Mowry LaCugna (a cura di), *Freeing Theology: The Essentials of Theology in Feminist Perspective* (San Francisco, California: Harper, 1993), pp. 115-137; A. Carr, *Feminist Views of Christology*, «Chicago Studies», Vol. 35, n. 2, 1996, pp. 128-140; Relativamente alla fonte di questa obiezione, si veda il capitolo di Rosemary Radford Ruether intitolato *Christology: Can a Male Savior Save Women?* In: Id., *Sexism and God-Talk: Toward a Feminist Theology* (Boston, Massachussets: Beacon Press, 1983), pp. 116–138. Per ulteriori approfondimenti in merito alla tematica della cristologia femminista, si veda: M. Schumacher, *Feminist Christologies*, in F. Murphy (a cura di), *The Oxford Handbook of Christology* (Oxford, UK: Oxford University Press, 2015), pp. 408-424.

mascolinità e la femminilità - segna una caratteristica essenziale oppure, se vogliamo, un attributo compositivo che ci deriva dalla corporeità animale.

La preoccupazione femminista, secondo cui l'atto di continuare ad insistere sulla mascolinità di Gesù Cristo porti alla creazione di un pericolo teologico per le donne, conferisce una connotazione negativa a quello che, a volte, viene chiamato lo "scandalo della particolarità", vale a dire: l'apparente scandalo che la salvezza universale, secondo la rivelazione biblica, si realizzi attraverso particolari eventi storici ed altrettanto particolari individui della storia di Israele. Questo "scandalo" raggiunge il suo culmine nella vita, morte e resurrezione dell'individuo maschile Gesù Cristo di Nazareth, che è egli stesso Dio «particolarizzato», incarnato, in un individuo umano[15]. In pratica, per molti (e non soltanto per le femministe) sembra scandaloso che il Dio di tutti i popoli si sia voluto sia legare ad un popolo particolare, ossia agli ebrei, innalzandoli, in tal modo, al di sopra di tutti gli altri popoli, sia che si sia voluto unire sostanzialmente ad un particolare individuo umano, ossia ad un uomo, al maschio Gesù Cristo, concedendogli così «il nome che è al di sopra di ogni altro nome» (Fil. 2, 9).

Ma poiché «non c'è alcun altro nome sotto il cielo che sia dato agli uomini, per mezzo del quale dobbiamo essere salvati [se non quello di Gesù Cristo]» (At. 4, 12), lo "scandalo della particolarità" esprime una verità profonda, ossia che esiste realmente un'ironia al centro della storia della salvezza - un'ironia che non dev'essere evitata bensì abbracciata. Noi vediamo questa ironia mostrata nella sua pienezza quando consideriamo la dottrina dell'unione ipostatica. Le particolarità dell'incarnazione (la mascolinità di Gesù Cristo, la sua appartenenza al popolo ebraico, ecc.) sussistono in una Persona divina che, come Dio, trascende ogni particolarità, così come ogni limite di tempo e di luogo. L'interezza di Dio e tutta la

---

[15] Lo scandalo della particolarità viene toccato da molti autori. Per esempio, da Clive Staples Lewis [si veda, in particolare: Id., *Mere Christianity* (London, UK: Macmillan Publishers, 1952)], il quale, normalmente, lo utilizza in riferimento al fatto che Dio diventa un membro della razza ebraica; oppure, da Karl Barth [si veda, in particolare: Id., *Church Dogmatics*, Vol. IV.1, G.W. Bromiley, T. F. Torrance [a cura di] (Edinburgh, UK: T e T Clark, 1961), par. 59, pp.166-167), il quale sottolinea come l'universalità del Figlio di Dio si riveli nella sua particolarità assunzione della carne ebraica (Barth lamenta che le «visioni troppo generalizzate dell'uomo Gesù» perdono di vista la «semplice verità che Gesù Cristo era nato ebreo»), oppure da William Norman Ewer, il quale scrive stravagantemente in una rima: «Che strano Dio, / a scegliere gli ebrei» [originale: «How odd of God, / to choose the Jews»] (Cfr. J. Beavan, *Ewer William Norman*, «Oxford Dictionary of National Biography», «oxfordddnb.com», 24 settembre 2004 (https://www.oxfordddnb.com/view/10.1093/ref:odnb/9780198614128.001.0001/odnb-9780198614128-e-31091;jsessionid=A576D4C3D3742A1DFEFFC8BBF8B7D963 - ultimo accesso verificato: 12 novembre 2021).

sua potenza infinita sono all'opera in ogni particolare esistenziale della vita di Gesù Cristo. Infatti, se l'universale (ossia la salvezza del genere umano) non si attua attraverso il particolare (ossia attraverso l'uomo Gesù, nato da un particolare insieme di genitori, Maria e Giuseppe, che è cresciuto in un particolare villaggio, quello di Nazareth, e il cui corpo storico - maschile - è stato messo a morte su una croce in Palestina quasi duemila anni fa per tornare in vita soltanto tre giorni dopo), esso non si verifica affatto[16]. Dobbiamo sempre stare in guardia contro la tendenza gnostica di scegliere la salvezza universale (ossia spirituale) senza mantenere alcun legame (necessario ed immediato) con la particolarità storica. «La fede cristiana» - scrive Joseph Ratzinger (il futuro Papa Benedetto XVI) - «non potrà mai essere separata dal campo degli eventi sacri, dalla scelta operata da Dio, il quale ha voluto parlare a noi, ha voluto diventare uomo, morire e risorgere in un luogo particolare ed in un momento particolare»[17].

Inoltre, vale la pena menzionare che il corpo risorto di Gesù Cristo, anche quando viene spiritualizzato oppure glorificato, rimane comunque sessuato; vale a dire che esso rimane il corpo maschile che egli ha posseduto nella propria esistenza storica. Il suo corpo, strutturato secondo una forma maschile, rimane una parte costitutiva della sua identità umana, dal suo concepimento alla sua eterna glorificazione. Così sarà anche per il corpo umano risorto. Tommaso d'Aquino

---

[16] «Cristo dà vita al mondo attraverso i misteri che ha compiuto nella sua carne» (Tommaso d'Aquino, *Commentary on the Gospel of John*, Libro VI, q. 4, n. 914). Similmente, in altra occasione, Tommaso scrive: «attraverso i misteri che Gesù Cristo ha compiuto nella sua carne, noi siamo restaurati non soltanto ad una vita incorruttibile nei nostri corpi, ma anche ad una vita spirituale nelle nostre anime» (Ibid., Libro V, q. 5, n. 791). Più generalmente, a Tommaso d'Aquino piace sottolineare il fatto che è l'umanità di Gesù Cristo che conduce noi, in qualità di esseri umani, verso Dio, così come scrisse nel prologo della sua Somma Teologica: «Gesù Cristo, il quale, in quanto uomo, rappresenta la nostra via verso Dio» (Cfr. Id., *The Summa Theologica. Translated by Fathers of the English Dominican Province*); oppure, ancora, in: Id., *Commentary on the Gospel of John*, libro VII, q. 4, n. 1074 («l'umanità di Gesù Cristo è la via che ci conduce a Dio»). Si veda, per riportare un ulteriore testimonianza di questo genere: Id., *The Summa Theologica. Translated by Fathers of the English Dominican Province*, libro III, quest. 9, art. 2 (si vedano: Id., *Summa Theologica*, «ccel.org», s.d. (https://www.ccel.org/ccel/aquinas/summa.TP_Q9_A4.html – ultimo accesso verificato: 12 novembre 2021; per il testo in italiano, si veda: Id., *Somma Teologica. Nuova Edizione in lingua italiana a cura di padre Tito S. Centi e padre Angelo Z. Belloni*, «esonet.org», s.d. (https://www.esonet.org/summa-teologica-di-s-agostino/ – ultimo accesso verificato: 12 novembre 2021).

[17] J. Ratzinger, *Theology of the Liturgy: The Sacramental Foundation of Christian Existence*, in M. J. Miller, J. Saward, K. Baker (padre gesuita), H. Taylor (a cura di), *Joseph Ratzinger. Collected Works* (San Francisco, California: Ignatius Press, 2014), cap. 11, p. 101.

insiste sul fatto che i corpi risorti glorificati manterranno il loro disegno sessuato «per restituire l'integrità del corpo naturale»[18].

Se l'appartenenza di Gesù Cristo al popolo ebraico, che rappresenta un argomento favorito da parte dell'attuale erudizione biblica, difficilmente mette in discussione il fatto che non ci sia più «né Giudeo né Greco» in Gesù Cristo (Ga. 3, 28), allora, allo stesso modo, anche l'appartenenza di Gesù Cristo al gruppo sessuale maschile difficilmente arriva a mettere in discussione il fatto che in Gesù Cristo non ci sia più «né maschio né femmina». Gesù Cristo non rappresenta una generalità; egli non è «umanità», non più di quanto lo sia una persona umana. Per essere umani, bisogna essere un uomo oppure una donna, e il fatto storico è che Cristo era un uomo (così come è un fatto storico che la Vergine Maria era una donna). Non si tratta di affermare in alcun modo la superiorità della mascolinità sulla femminilità, oppure il contrario; è semplicemente riconoscere che un individuo reale, umano, deve essere maschio oppure femmina. Sottolineare la mascolinità di Gesù Cristo significa affermare semplicemente che egli era realmente umano.

II. *Cristo come modello supremo di virtù maschile.*

La precedente discussione metafisica relativa alla sessualità maschile di Gesù Cristo come parte integrante della sua piena umanità ci porta a considerare le azioni mascoline di Gesù Cristo, vale a dire: il suo comportamento specificatamente maschile. Come afferma il detto scolastico: *agere sequitur esse* ("l'azione segue l'essere"). Nel contesto in cui ci ritroviamo, questa massima sta a significare che una cosa agirà nel modo in cui è strutturata: per esempio, una margherita non se ne va in giro perché non ha la struttura per camminare. Gli esseri umani mostrano un comportamento razionale perché il loro "essere" è di tipo razionale. Così, mentre ad un certo livello, gli uomini e le donne agiscono in modi simili, in quanto

---

[18] Tommaso d'Aquino, *Summa contra Gentiles*, Libro IV, cap. 88, p. 541 (per il testo inglese on line, si veda: Id., *Summa contra Gentiles,* J. Rickaby (padre gesuita) [a cura di], «cloudfront.net», s.d. (https://d2y1pz2y630308.cloudfront.net/15471/documents/2016/10/St.%20Thomas%20Aquinas-The%20Summa%20Contra%20Gentiles.pdf – ultimo accesso verificato: 12 novembre 2021); Per il riferimento al testo italiano, si veda: Id., *Summa contra Gentiles* (J. Rickaby), p. 1255. Si veda anche: Id., *On Love and Charity: Readings from the Commentary on the Sentences of Peter Lombard,* B. Mortensen, P. Kwasniewski D. Schrader [a cura di], Vol. IV, d. 44, quest. 1, art. 3, 3-4,2 (Green Bay, Winsconsin: Aquinas Institute, 2018), p. 74 («La diversità [del sesso] si addice alla perfezione alla [nostra] specie [...]. E quindi proprio come gli umani risorgeranno in diverse stature, così sarà anche in diversi sessi. E sebbene ci sia una differenza tra i sessi, tuttavia non ci sarà vergogna [confusio] nella vista reciproca, perché non ci sarà desiderio sessuale che li inciti ad atti vili, che è la causa di questa vergogna»).

entrambi partecipi di una natura umana condivisa, ad altri livelli una persona di sesso maschile, come lo era Gesù Cristo, agirà in un modo differente, specificatamente maschile, da un soggetto di sesso femminile (che invece agirebbe in modo specificamente femminile).

L'interesse principale di questa discussione è incentrato sulla qualità morale - e, quindi, sulla natura esemplare - del comportamento maschile di Gesù Cristo. La dottrina della Chiesa, seguendo la testimonianza biblica, attesta che Gesù Cristo era senza peccato. Pertanto, dobbiamo distinguere tra un comportamento specificatamente mascolino, che è dovuto alla strutturazione maschile di Dio, ed un comportamento maschile che, invece, rivela gli effetti disordinati del peccato originale: ossia, quel comportamento che potremmo definire "mascolinità tossica" nel suo senso morale corretto (per esempio, riferendosi agli eccessivi atteggiamenti di dominio ed aggressività maschili, al comportamento prepotente oppure spietato ed impositivo, oppure, ancora, violento e direzionato a scopi sessualmente predatori). Gesù Cristo serve da modello per il primo e da correzione per il secondo. Egli offre a tutti il modello supremo ed infallibile della virtù da emulare, «svela pienamente l'uomo a se stesso» (l'uomo in senso universale), per citare un passo del ventiduesimo paragrafo del *Gaudium et Spes*[19]. Ma come individuo maschile, egli rivela pienamente anche gli uomini (nel senso particolare) a se stessi. Gesù Cristo, perciò, serve da modello di virtù per gli uomini.

Mentre gli uomini hanno sempre avuto bisogno di un modello di questo genere, si potrebbe sostenere che, oggi, il bisogno non è mai stato così grande. Come abbiamo notato all'inizio, la cultura occidentale deve affrontare una crisi relativamente a cosa significhi la vera virilità, e questa crisi ha infettato anche la Chiesa, in modo particolarmente vistoso nello scandalo degli abusi sessuali da parte del clero. Gli uomini ordinati al sacerdozio ministeriale ed all'ufficio di vescovo sono chiamati a rappresentare Gesù Cristo, quale capo e sposo maschile della Chiesa, in modo particolare, in quanto essi agiscono *in persona Christi* proprio in virtù della loro funzione sacramentale. Ciò è particolarmente vero quando essi preparano l'Eucaristia, nel quale momento il sacerdote si identifica con Gesù Cristo in prima persona ed in riferimento al suo corpo («il mio corpo», «il mio sangue»), cioè al corpo maschile che era presente all'Ultima cena e che venne messo a morte sulla croce il giorno successivo. L'esercizio stesso dell'ufficio sacerdotale, l'esercizio

---

[19] Cfr. Paolo VI, (papa), *Gaudium et spes. Pastoral constitution on the Church in the modern world promulgated by his holiness, Pope Paul VI (7 dicembre 1965)*, «Vatican.va», s. d. (https://www.vatican.va/archive/hist_councils/ii_vatican_council/documents/vat-ii_const_19651207_gaudium-et-spes_en.html - ultimo accesso verificato: 12 novembre 2021).

della paternità spirituale per come lo stesso Gesù Cristo l'ebbe sperimentata, presuppone una comprensione ed una identificazione che siano adeguate alla mascolinità del ministro ordinato, il quale agisce, appunto, nella persona maschile di Gesù Cristo.

Il Messia mostra che, al suo interno, la mascolinità si estende sino al sacrificio di sé stessi attraverso la *kenosis* (ossia, attraverso lo svuotamento di sé). Coloro che sfruttano il loro sacro ufficio a scopo di predazione sessuale, oppure ai fini di un guadagno egoistico di qualsiasi tipo, piuttosto che allo scopo di attuare il sacrificio di sé, pervertono - ossia, alterano dal suo significato originale - la loro propria virilità come parte integrante del sacro ufficio che ricoprono. In parole povere, pervertono il virile esempio di Gesù Cristo invertendolo, ossia esponendosi come veri e propri anticristi. C'è una buona ragione per la quale nell'*Inferno* di Dante, in una brillante parodia di scherno (legge del contrappasso), il poeta descrive quei chierici che avevano capovolto il loro ministero - l'esempio, nell'*Inferno*, sono i simoniaci, ossia coloro che furono colpevoli di scambiare il sacro ufficio nella Chiesa con il denaro, ma i membri del clero che si sono macchiati di abusi sessuali potrebbero facilmente fungere da sostituti - come bloccati a testa, in giù in fosse simili a fonti battesimali, con soltanto i piedi che ne fuoriescono (*Inferno*, Canto XIX[20]). In questo modo, la loro sofferenza corrisponde simbolicamente al capovolgimento che hanno compiuto del ministero che gli era stato affidato.

Per quanto riguarda la cultura più ampia, la rivoluzione sessuale ha fin troppo felicemente cercato di distruggere con un colpo d'accetta la tradizionale comprensione di concetti quali, per esempio, quello della virilità, della paternità, della maternità e della fratellanza. Per una semplice prova degli effetti di ciò, tutto ciò di cui abbiamo bisogno è il modo in cui l'industria dell'intrattenimento spesso ritrae gli uomini: ossia come soggetti puerili, sciocchi, sfortunati, inferiori alle donne, rozzi, per non parlare della loro rapacità, ignobiltà ed offensività. Non c'è da stupirsi se l'APA intravede un pericolo intrinseco in ciò che definisce, nuovamente, la «socializzazione degli ideali maschili» e le «caratteristiche maschili» della cultura occidentale.

---

[20] Cfr. D. Alighieri, *Inferno*, R. Mercuri [a cura di] (Torino: Giulio Einaudi Editore, 2021), pp. 230-241; Il testo integrale dell'opera è consultabile anche on line nella versione du Giorgio Petrocchi sul sito «letteraturaitaliana.net», si veda: http://www.letteraturaitaliana.net/pdf/Volume_1/t317.pdf - ultimo accesso verificato: 12 novembre 2021. Per il testo inglese, si veda la traduzione di Henry Wadsworth Longfellow, consultabile integralmente on line sul sito «holybooks-lichtenbergpress.netdna-ssl.com»: https://holybooks-lichtenbergpress.netdna-ssl.com/wp-content/uploads/Dante-Alighieri-The-Divine-Comedy.pdf - ultimo accesso verificato: 12 novembre 2021.

Per recuperare una corretta comprensione ed un adeguato apprezzamento della mascolinità, è imperativo rivolgersi all'esempio del Gesù Cristo uomo, ossia maschio senza peccato. Ciò confermerà tanto le visioni tradizionali della virtù maschile, quanto correggerà le visioni distorte della mascolinità. A tal fine, offrirò tre esempi dell'esemplarità virile di Gesù Cristo, vale a dire: la sua autorità, il suo coraggio, e la sua castità.

1. Gesù Cristo come modello dell'autorità virile.

Per quanto riguarda l'autorità, in qualità di eminente sacerdote, profeta e re unto da Dio, Gesù Cristo recluta seguaci, ricostituisce il popolo eletto di Dio, fonda la Chiesa in qualità di suo capo. Egli compie tutto questo con mascoline sicurezza di sé, risolutezza, autorità ed autoaffermazione che non hanno pari senza pari: «E la gente stupiva della sua dottrina perché egli li ammaestrava come uno che ha autorità e non come gli scribi» (Mar. 1, 22). Inoltre, pur difficilmente tradendo la tipica tendenza maschile a rifuggire dalle relazioni intime - oppure a diffidarne - (ricordiamoci, infatti, che le donne sono "portate" in modo particolare per le relazioni, stante che il cervello femminile ha circuiti di ossitocina più estesi ed è strutturato per l'empatia, che è la base della cura e del legame interpersonali) Gesù Cristo esercita la *leadership* con evidente tenerezza e con una capacità completamente disinibita di formare relazioni profonde ed intime, con entrambi i sessi. Basti considerare il suo rapporto con i Dodici, oppure con il Discepolo Amato, Giovanni, che posa il capo sul petto di Gesù (Cfr. Giov. 13, 23), oppure con le donne che viaggiavano con lui, incluse Maria Maddalena, Giovanna e Susanna (Cfr. Lu. 8, 1–3), oppure come egli si rapporta alla donna peccatrice in casa di Simone il fariseo (Cfr. Lu. 7, 36–50). «Prendete su di voi il mio giogo e imparate da me, perché io sono mansueto ed umile di cuore; e voi troverete riposo per le vostre anime», dice Gesù Cristo nel vangelo di Matteo (Mat. 11, 29). Egli si descrive come il buon pastore che «chiama le sue pecore per nome» (Giov. 10, 3). Se gli attuali studi psicologici dimostrano che gli uomini mostrano un'affettività più ristretta e chiusa nonché maggiore insensibilità, Gesù Cristo non mostra nulla del genere.

A rischio di sembrare banale o trito ma devo, ancora una volta sottolineare che Gesù Cristo rappresenta la quintessenza dell'uomo equilibrato ed integrato. Condividendo la natura umana, egli era capace di provare emozioni: rabbia, paura, desiderio, amore, avversione, pietà, dolore. Certo, il Gesù Cristo dei Vangeli rappresenta l'antitesi del pallido stoico, l'antitesi dell'uomo dalle emozioni ristrette oppure represse. Egli è spesso mosso dalle emozioni, come la pietà oppure la compassione: i Vangeli lo menzionano espressamente (si vedano, per esempio: Mar.

1, 41 oppure Mar. 6, 34: «E Gesù, sbarcato, vide una grande folla e ne ebbe compassione, perché erano come pecore senza pastore; e prese a insegnare loro molte cose»); oppure egli è mosso dal dolore, come quando piange alla notizia della morte del suo amico Lazzaro (Cfr. Giov. 11, 33-35), oppure quando soffre la grande agonia nel Giardino del Getsemani (Cfr. Mat. 26, 38). Anche se probabilmente non lo penseremmo, l'emozione che egli mostra di più - per quanto difficile possa sembrare da credere, almeno per quanto ci dice la documentazione scritta - è la rabbia. A questo proposito, ricordiamoci il caso in cui fa schioccare una frusta per scacciare i cambiavalute dal tempio, durante una grande manifestazione di giusta rabbia (Cfr. Giov. 2,15). Si potrebbe persino chiamarla una grande dimostrazione di aggressività maschile ma giustamente amministrata.

Allo stesso tempo, Gesù Cristo esercita una completa padronanza di sé ed un equilibrato controllo delle proprie emozioni, che è esattamente ciò che implica e richiede la virtù morale (per Tommaso, la passione o l'emozione costituisce la «materia» propria delle virtù morali)[21]. Le emozioni di Gesù Cristo non superano mai i limiti della ragione, non controllano mai le sue azioni. Se l'Iliade di Omero, come annunciato nei versi iniziali del poema epico, racconta la storia della "rabbia" di Achille, della sua ira sgangherata e disordinata, nonché della terribile distruzione che essa ha provocato, i Vangeli racconta la storia di un altro tipo di rabbia e delle innumerevoli benedizioni che ha prodotto: la rabbia di Gesù Cristo, adeguatamente regolata, è parte integrante della sua umanità altrettanto adeguatamente regolata[22]. Tale concetto potrebbe essere espresso anche in una forma molto più popolare, vale a dire: Gesù Cristo era un uomo "in contatto con i propri sentimenti". Se Gesù Cristo rappresenta il modello della mascolinità, egli rappresenta, non da meno, anche il modello dell'anti-machismo; su questo punto, l'APA, nello stesso rapporto a cui si è fatto riferimento precedentemente, vede giustamente «da restrizione

---

[21] «La virtù morale perfeziona la parte appetitiva dell'anima, dirigendola al bene definito dalla ragione [...]. È chiaro [quindi] che le virtù morali, che riguardano le passioni per quanto concerne la loro materia propria, non possono essere senza le passioni» (Id., *The Summa Theologica. Translated by Fathers of the English Dominican Province,* Libro I-II, quest. 59, artt. 4, 5).

[22] L'Iliade si apre con: «Canta, Musa divina, l'ira di Achille figlio di Peleo, l'ira rovinosa che portò ai Greci infiniti dolori, e mandò sottoterra all'Ade molte anime forti d'eroi, e li lasciò in preda ai cani ed a tutti gli uccelli» (Omero, *Iliad,* R. Fagles [a cura di] (New York, N.Y.: Penguin Books, 1998), p. 77. Per il testo in italiano, si rimanda a: Id., *Iliade,* R. Paggi, F. Francia, D. Ferrari, V. Monti [a cura di] (Castel Bolognese: Itaca, 2014).

dell'espressione emotiva» e la «mancanza di sensibilità emotiva» come «caratteristiche negative idealizzate della mascolinità»[23].

2. Gesù Cristo come modello di coraggio virile.

Gli uomini, potremmo dire, sono programmati per proteggere i più deboli e i più vulnerabili, e perciò sanno intuitivamente che il loro sesso è quello sacrificabile. Sanno che, quando una vita deve essere messa in gioco per il bene degli altri, essa dovrebbe essere prima la loro: come quando devono precipitarsi all'interno di un edificio in fiamme oppure quando devono saltare una linea di fuoco - cose che gli uomini, spesso, fanno spontaneamente, se le circostanze lo richiedono. Come accennato in precedenza, l'essenza della mascolinità implica il sacrificio di sé stessi a beneficio degli altri. Per tale sacrificio di sé, è necessario che si possieda il coraggio. Nessuno esemplifica il coraggio virile per il sacrificio di sé più di Gesù Cristo.

Considerate, per esempio, il coraggio virile che Gesù Cristo mostra nel deserto, dove, come i Padri della Chiesa comunemente affermano, egli fa incursione sul campo di battaglia per affrontare Satana, il principe delle tenebre ed ultima nemesi del popolo di Dio. Ricordiamoci anche l'ultimo e più grande assalto di Satana nel Giardino del Getsemani. Consideriamo, inoltre, il coraggio virile necessario in quel giovedì sera, in quel giardino, quando il destino spirituale dell'intera razza umana era in bilico mentre Gesù Cristo lottava per arrendersi al calice del Padre, un calice che, come sapeva benissimo, lo avrebbe sottoposto ad una morte indicibilmente orrenda e tortuosa, una morte che avrebbe comportato il più grande di tutti i dolori fisici e psicologici, per usare il linguaggio di Tommaso d'Aquino[24]. Sì, Gesù provò una grande paura: quale essere umano non l'avrebbe provata? Ma esercitando il coraggio, egli domina la sua paura.

Questo non significa, ovviamente, che le donne non siano anche capaci di mostrare un grande coraggio. Chiunque provi paura deve coltivare la virtù del coraggio (la «materia» della virtù del coraggio o della forza, secondo Tommaso d'Aquino, è la passione oppure emozione della paura, con il risultato che il coraggio

---

[23] American Psychological Association, *Harmful Masculinity and Violence: Understanding the Connection and Approaches to Prevention*, «apa.org», settembre 2018 (https://www.apa.org/pi/about/newsletter/2018/09/harmful-masculinity - ultimo accesso verificato: 12 novembre 2021).

[24] Si veda: Tommaso d'Aquino, *The Summa Theologica. Translated by Fathers of the English Dominican Province,* Libro III, quest. 46, art. 6.

regola o, anche, "umanizza" la paura allineandola con il bene della ragione)[25]. Santa Teresa d'Avila, per quanto le riguardava, elenca il coraggio come una virtù cruciale per la crescita nella vita spirituale: la crescita intesa per uomini e donne, allo stesso modo, in considerazione della battaglia spirituale interiore che tutti devono combattere. Allo stesso tempo, la virtù del coraggio si addice agli uomini in un modo particolare: essa, possiamo affermare, è un marchio della virtù maschile.

3. Gesù Cristo come modello di castità virile.

Per quanto riguarda la castità, gli uomini sono particolarmente inclini ad un uso disordinato dei loro desideri sessuali, e perciò affrontano una sfida particolarmente dura nell'essere oppure nel mantenersi casti, vale a dire: a controllare ed ordinare correttamente i loro appetiti sessuali. La lussuria emerge come un problema particolarmente maschile. Tutto questo, in epoca contemporanea, è chiaramente provato dalle rivendicazioni del movimento *#MeToo* oppure dallo scandalo degli abusi sessuali compiuti dal clero. Le ultime scoperte della neurobiologia dimostrano che se l'esperienza femminile del piacere sessuale è ottimizzata all'interno del contesto di una relazione impegnata, dati sia il ruolo chiave che l'ossitocina svolge nell'attività della pulsione sessuale femminile, sia il fatto che il cervello femminile risulta essere particolarmente predisposto per l'empatia (il che aiuta a spiegare perché le ragazze, fin dalla più tenera età, sono maggiormente orientate alle relazioni interpersonali rispetto ai ragazzi), il cervello maschile è, invece, incline a vedere le donne come semplici oggetti, ossia a vedere queste ultime soltanto come oggetti del desiderio, dato che l'ormone che media il desiderio sessuale maschile è il testosterone: lo stesso che media anche l'aggressività maschile[26].

---

[25] Si veda: Id., *The Summa Theologica. Translated by Fathers of the English Dominican Province*, Libro II-II, quest. 123, art. 3.

[26] «L'esperienza sessuale delle donne sta 'succedendo' maggiormente nella corteccia cerebrale ed è, quindi, maggiormente connessa con il resto di ciò che accade nella loro mente. L'esperienza sessuale negli uomini è meno connessa con la corteccia, perciò meno connessa con il mondo esterno [...]. Per le donne, un importante obiettivo del sesso è rappresentata dall'intimità; il miglior contesto per il sesso piacevole è una relazione impegnata. Tutto questo è meno vero per gli uomini» (L. Sax, W*hy Gender Matters. What Parents and Teachers Need to Know about the Emerging Science of Sex Differences*, Seconda edizione, pp. 122-123). In questo contest, Sax, cita un lavoro della psicologa Leitita Anne Peplau: Id., *Human Sexuality: How Do Men and Women Differ?*, «Current Directions in Psychological Science», Vol. 12, n. 2, 2003, pp. 37-44 (l'articolo è consultabile integralmente sul sito «sites.oxy.edu», si veda: https://sites.oxy.edu/clint/evolution/articles/Human%20 Sexuality%20How%20Do%20Men%20and%20women%20differ.pdf – ultimo accesso verificato: 12 novembre 2021) .

Il medico e psicologo Leonard Sax afferma tutto questo con le seguenti parole: «La maggior parte delle ragazze, e la maggior parte delle donne, cercano prima di tutto una relazione. La maggior parte dei ragazzi, e non pochi uomini, sono interessati prima di tutto al sesso»[27]. Ciò vale indipendentemente dal fatto che i desideri sessuali siano di tipo eterosessuale oppure omosessuale; l'impulso sessuale degli uomini che identificano se stessi come omosessuali rimane, comunque, orientato sia verso la mera sessualizzazione di un soggetto, sia verso la ricerca del puro piacere (un fatto che non è privo di significato per lo scandalo degli abusi sessuali da parte del clero, come ha dimostrato anche il reverendo Paul Sullins in questo volume, collegando questo genere di abusi alla natura omosessuale)[28]. La ricerca psicologica conferma i risultati comportamentali di questi risultati neurobiologici, poiché le patologie sessuali ed il comportamento sessualmente deviante si verificano molto più frequentemente negli uomini, sicché l'attuale epidemia di pornografia, per citare soltanto un esempio fra i tanti, fornisce ampia

---

[27] L. Sax, *Why Gender Matters. What Parents and Teachers Need to Know about the Emerging Science of Sex Differences*, Seconda edizione, p. 229.

[28] Si veda il quarto capitolo di questo volume, scritto da padre Sullins ed intitolato *La cattiva condotta sessuale del clero cattolico è correlata ai preti omosessuali?*; Leonard Sax, nel suo libro, scrive: «I giovani omosessuali, proprio come i giovani etero, sono spesso interessati al sesso per amore del sesso e non necessariamente come parte di una relazione romantica. Le giovani donne lesbiche, proprio come le giovani donne etero, hanno maggiori probabilità di dire che il sesso è più appagante nel contesto di una relazione romantica [...]. Gli studiosi non hanno riscontrato differenze significative negli schemi dell'attività cerebrale degli uomini eterosessuali rispetto agli uomini omosessuali, ma grandi differenze tra gli uomini e le donne, indipendentemente dal loro orientamento sessuale» (L. Sax, *Why Gender Matters. What Parents and Teachers Need to Know about the Emerging Science of Sex Differences*, Seconda edizione, pp. 118, 122, 228-229). Si veda anche la testimonianza di Daniel Mattson (il quale ha combattuto in prima persona contro le pulsioni omoerotiche): Cfr. D. Mattson, *Why Men Like Me Should Not Be Priests*, «First Things», 17 agosto 2018 (https://www.firstthings.com/web-exclusives/2018/08/why-men-like-me-should-not-be-priests - ultimo accesso verificato: 12 novembre 2021). In questa sua testimonianza, egli afferma che «gli uomini con tendenze omosessuali trovano particolarmente difficile vivere le esigenze della castità. La vasta maggioranza degli scandali sessuali nella Chiesa che si sono verificati dal 2002 coinvolge sacerdoti omosessuali, i quali falliscono profondamente nella castità. Questa non è una sorpresa per me. La castità, ne sono convinto (e le prove me lo confermano), rappresenta un'abitudine molto più difficile per gli uomini con un'inclinazione omosessuale che per gli altri». A sostegno di tutto questo, Mattson cita lo psicologo clinico James Loyd (del *Community Support Porgam*) il quale, dopo aver lavorato con uomini omosessuali (compresi i sacerdoti) per oltre trent'anni, è convinto di poter fermamente sostenere che: «Risulta abbastanza chiaro, dalle prove cliniche, che l'energia psichica necessaria per contenere le pulsioni omosessuali è di gran lunga maggiore di quella necessaria all'eterosessuale smarrito» (citato da: D. Mattson, *Why Men Like Me Should Not Be Priests*).

testimonianza di tutto ciò[29]. Il risultato è significativo: ciò che gli uomini devono dominare e controllare in un modo particolare, sicuramente più delle donne, sono gli appetiti sessuali e gli impulsi aggressivi.

Gesù Cristo, ovviamente, aveva un cervello strutturato in modo maschile, vale a dire: egli aveva un cervello da uomo; eppure rimane il modello di un autocontrollo equilibrato o, potremmo dire, di una perfetta padronanza di sé stesso. Gesù Cristo riusciva a padroneggiare questa propensione interiore, specifica del maschio, a vedere le donne come semplici oggetti di piacere. Il Messia trasforma questa propensione a servire il piacere egocentrico, volgendola verso il dono disinteressato di sé stesso a servizio degli altri.

Gesù Cristo è il modello della castità virile, vale a dire: di una sessualità integrata in una maniera specificamente maschile oppure appropriatamente maschile, per la quale il desiderio sessuale viene espresso in considerazione di un bene giusto e morale. Se Gesù Cristo instaurò relazioni profonde ed intime con entrambi i sessi, queste relazioni - dobbiamo affermarlo espressamente, dato ciò che, a volte, si immagina che sia avvenuto tra il nazareno e Maria Maddalena (una delle tematiche principali del film Il codice da Vinci) oppure tra Gesù e Giovanni, il discepolo amato - erano completamente non sessuali né di natura erotica. Gesù Cristo scelse una vita di verginità: quella virtù definita dalla rinuncia perpetua di ogni piacere sessuale. Per non pensare che egli scelse la verginità a causa di un nutrito disprezzo verso il matrimonio, come per preconcetto, il suo insegnamento sul nuovo matrimonio dopo il divorzio mostra il contrario: Gesù Cristo ha favorito una comprensione più elevata del matrimonio quale unione sacra e santa, e non semplicemente come unione naturale (Cfr. Mar. 10, 4–12). Gesù Cristo chiarisce che il matrimonio si presenta in un'unica forma: l'unione permanente di un uomo ed una donna, in cui entrambi godono di pari status. Gesù Cristo rappresenta il modello per quel che riguarda il modo di trattare le donne (ossia, con rispetto), di guardare le donne (ossia, non come meri oggetti ma come persone da considerare alla pari e da amare per il proprio bene).

Per di più, egli ingiunge a tutti i suoi discepoli maschi questa stessa castità virile, questa stessa sessualità integrata ed appropriata al maschio: «Ma io vi dico che

---

[29] Tutto ciò secondo quanto espresso dal preminente psicologo Paul C. Vitz nel suo intervento intitolato *Men and Women: The Psychology of Their Differences and Their Complementarity* (che venne presentato al simposio annuale del *Catholic Women's Forum of the Ethics and Public Policy Center*, a Washington DC, il 26 giugno 2019). Il testo dell'intervento è consultabile integralmente sul sito «ebook-new.com», si veda: https://ebook-new.com/gets/read.php?id=BqYsEAAAQBAJ&author=Paul%20C.%20Vitz&item=The%20Complementarity%20Of%20Women%20And%20Men&page=256&data=printisdeadbook.com   – ultimo accesso verificato: 12 novembre 2021.

chiunque guarda una donna per desiderarla, ha già commesso adulterio con lei nel suo cuore» (Mat. 5, 28; il fatto che, in lingua greca, il termine utilizzato per definire l'atto di adulterio con una donna sia *gynaika*, indica che questa ingiunzione è realmente rivolta soprattutto agli uomini[30]). Per quegli uomini che sono negli ordini sacri oppure che cercano di esserlo e che sono desiderosi di cancellare l'esempio odioso e sacrilego dei predatori sessuali nelle loro file, è imperativo che essi emulino Gesù Cristo, il Sommo Sacerdote, casto nella sua virile sessualità integrata e sempre al servizio del bisogni degli altri. Dicasi lo stesso per gli uomini sposati, che rappresentano Gesù Cristo, lo Sposo in un matrimonio sacramentale, così come anche per qualsiasi altro uomo che, professando Gesù Cristo come suo Signore e Maestro, deve «rivestirsi» di Gesù Cristo e «vivere per» lui, citando la lettera di san Paolo ai Romani (Cfr. Ro. 13,14; 14, 8).

III. La differenza sessuale nel trattamento che Gesù Cristo riservò ad uomini e donne.

Se nel suo insegnamento relativo all'indissolubilità del matrimonio, mediante il quale egli fa appello all'ordinamento divino della natura, Gesù considera la differenza sessuale come reale e binaria («Dio li fece maschio e femmina» [Mar. 10, 6]), il suo trattamento dei sessi mostra la medesima logica. In quest'ultima parte del capitolo, insomma, consideriamo come Gesù Cristo abbia trattato uomini e donne in modo piuttosto diverso, e come ciò influisca sulla distinzione dei loro ruoli nonché delle loro funzioni sociali e che cosa, tutto questo, indichi riguardo al rispetto per la propria mascolinità.

1. Il Circolo dei Dodici: la guida della Chiesa è riservata agli uomini.

Così come Gesù Cristo sfida gli uomini in un modo specificamente maschile, imponendo loro la castità virile, allo stesso modo egli conferisce, assegna, ad essi dei ruoli specificamente maschili. L'autorità, nella Chiesa, costituisce l'esempio più

---

[30] Per inciso, la propensione neurobiologica degli uomini a percepire le donne come meri oggetti del piacere (oppure a percepire altri uomini come meri oggetti di piacere, nel caso dell'omoerotismo) spiega, in larga misura, perché l'attuale epidemia di pornografia rappresenti un problema soprattutto maschile. Allo stesso tempo, le donne, data la loro propensione neurobiologica alla relazione, lottano maggiormente con un'altra forma di pornografia: la pornografia narrativa (vale a dire: la letteratura romanza). Forse un'ingiunzione morale "aggiornata" potrebbe leggersi in questo modo: «ogni uomo che guarda una donna con desiderio, e ogni donna che legge di un uomo con desiderio, ha commesso adulterio nel suo cuore».

ovvio di tutto questo. Gesù Cristo non ha incluso le donne nel cerchio dei Dodici; egli chiamò a sé soltanto degli uomini, e non delle donne, per essere apostoli. L'ufficio di capo nella Chiesa è riservato ai soli uomini, così come lo è nella famiglia (e ricordiamoci che la famiglia trasporta con sé la tradizionale designazione di "chiesa domestica").

Apprendiamo di più sulla natura dell'autorità maschile quando consideriamo ciò che Gesù Cristo fa con Pietro. Alla fine del Vangelo di Giovanni, egli istruisce Pietro su come «pascere» e «prendersi cura» delle sue pecore, vale a dire: su come esercitare la suprema autorità sulla Chiesa, come afferma il Concilio Vaticano I[31]. Ma Gesù Cristo fa una premessa a tutto questo chiedendo a Pietro se egli lo amasse (Cfr. Giov. 20, 15-17). La lezione è chiara: l'esercizio dell'autorità maschile deve fluire sull'amore (ossia, sull'amore di Dio e sull'amore per gli altri), sia nella famiglia naturale, sia nella famiglia di Dio, vale a dire: la Chiesa. Lo stesso esempio di Gesù Cristo mostra, inoltre, che questo amore opera in collaborazione sia con il desiderio di servire - «il Figlio dell'uomo non è venuto per essere servito, ma per servire e per dare la sua vita come prezzo di riscatto per molti» (Mat. 20, 28) - sia con una volontà propriamente maschile di «deporre la [propria] vita per le pecore» (Giov. 10, 11).

2. Il trattamento culturalmente in controtendenza delle donne (come uguali agli uomini in dignità) adottato da Gesù Cristo.

L'esclusione delle donne dall'ufficio di capo della Chiesa non deriva, come a volte si presume, dai ceppi patriarcali del giudaismo del I secolo (del quale si è anche supposto che Gesù Cristo fosse caduto preda). Un uomo ebreo nel primo secolo iniziava, comunemente, la propria giornata recitando la seguente preghiera: «Sia lodato Dio, il quale non mi ha creato gentile; sia lodato Dio, il quale non mi ha creato donna; sia lodato Dio per non aver fatto di me un ignorante». L'evidenza suggerisce con certezza quasi assoluta che Gesù Cristo non abbia mai pronunciato una simile preghiera. Il Messia, piuttosto, sfida i confini e le restrizioni sociali poiché esse incidono sullo status sociale delle donne, al punto da rischiare di commettere un'offesa oppure, addirittura, di dar vita ad uno scandalo. Per esempio, egli ruppe con la tradizione ebraica di non avere discepole e compagne di viaggio (si veda, per esempio: Lu. 8, 1-3). Al tempo, tale pratica doveva apparire del tutto inaudita, poiché ai rabbini era proibito insegnare alle donne (e ricordiamoci anche

---

[31] Pio IX (papa), *Constitutio Dogmatica Pastor Aeternus (18 luglio 1870)*, «vatican.va», s. d. (https://www.vatican.va/content/pius-ix/la/documents/constitutio-dogmatica-pastor-aeternus-18-iulii-1870.html - ultimo accesso verificato: 12 novembre 2021), par. 1.

che le donne erano obbligate rimanere dietro un graticcio nel retro delle sinagoghe ebraiche). Gesù Cristo, invece, era particolarmente vicino a Maria e a Marta, le sorelle di Lazzaro, così come a Maria Maddalena; egli parla anche con le donne in privato, come nel suo incontro con la Samaritana al pozzo (si veda: Giov. 4), e ha permesso che i suoi piedi fossero baciati da una peccatrice (si veda: Lu. 7, 38): le quali hanno rappresentato, entrambe, delle azioni particolarmente scandalose. Gesù Cristo sostiene una donna come modello di discepolato nel vangelo di Luca (Cfr. Lu. 10, 42), ha mostrato un affetto speciale per le donne bisognose di guarigione (anche in questo caso, si veda: Lu. 13, 10-17), e le donne ricoprivano un posto di rilievo in molte delle sue parabole (si veda, anche stavolta, per esempio: Lu. 15, 8-10).

Inoltre, poiché il permesso mosaico per il divorzio equivaleva al diritto maschile ebraico al divorzio, revocando questo diritto, Gesù Cristo affermava la fondamentale uguaglianza fra marito e moglie nel contesto del patto matrimoniale. Soltanto gli uomini ebrei avevano il diritto di divorziare. Basandosi sulle leggi in merito al divorzio elencate nel libro del Deuteronomio (Cfr. De. 24, 1-2), il Talmud affermava che soltanto il marito aveva il diritto di richiedere un divorzio, e che ciò poteva avvenire per qualsiasi motivo, incluso quello per cui la moglie aveva rovinato la sua cena, oppure, praticamente, senza alcun motivo - vale a dire: un'antica forma di divorzio «senza colpa»[32]. La legge ebraica relegava, così, le donne ad uno stato secondario, subordinato: le interpretava come delle proprietà dei loro mariti. Nell'abrogare questo diritto maschile, Gesù Cristo chiarisce che le donne non dovevano essere considerate oppure trattate in questo modo. Le mogli godono della sicurezza dei pieni diritti e delle responsabilità che derivano da qualsiasi vera unione; tali diritti e responsabilità, insomma, non dovevano intendersi come accordabili su disposizione del semplice capriccio oppure del semplice desiderio dei loro mariti.

Il risultato è chiaro: se Gesù Cristo limita l'ufficio di capo nella Chiesa agli uomini, invia comunque anche il chiaro segnale che gli uomini e le donne restano uguali innanzi a Dio. In altre parole, nella Chiesa possono esserci ruoli diversi, legati

---

[32] Nella Mishnah, la Scuola di Hillel afferma che un uomo può divorziare da sua moglie «anche a causa di un problema minore, per esempio perché essa ha bruciato oppure salato eccessivamente il suo piatto, dal momento che si afferma: «Quando uno prende una donna e la sposa, se poi avviene che essa non gli è più gradita perché ha trovato in lei qualcosa di vergognoso, scriva per lei un libello di ripudio, glielo dia in mano e la mandi via da casa sua» (De. 24, 1), sicché Rabbi Akiva, riferendosi al versetto del Libro del Deuteronomio appena citato, aggiunge: "Egli può divorziare da lei anche se trova un'altra donna che è più bella e desidera sposarla"». (*Talmud*, W. Davidson [a cura di], «sefaria.org», s.d. (www.sefaria.org/Gittin.90a?lang=bi - ultimo accesso verificato: 12 novembre 2021), par. Gittin 90a.

alla differenza sessuale, senza che venga comunque posta in discussione la fondamentale uguaglianza dei sessi. Come nella chiesa domestica, vale a dire nella famiglia, così come nella Chiesa universale, l'uguaglianza tra i sessi non significa né identità, né intercambiabilità. Ebbene sì: la differenza sessuale è significativa perché è reale e binaria, ma costituisce anche la base di una complementarità positiva (oppure di una relazione sinergica), poiché esiste anche il concetto di una reciproca uguaglianza in termini di dignità[33].

3. Gesù identificato con la propria virilità e mascolinità.

Quanto precede consente di fare delle speculazioni, con ragionevole fondatezza, in merito al riguardo che Gesù Cristo aveva della propria mascolinità. Dal momento che Gesù Cristo prende sul serio la differenza sessuale (dimorfismo sessuale) e la tiene nella massima considerazione, questa non gli è rimasta indifferente (per non dire altro), né è stato cieco nei suoi riguardi (come attesta, d'altronde, la sua selezione esclusiva degli uomini a servire come apostoli), sia che si trattasse delle sue discepole, dei suoi discepoli maschi oppure della sua stessa persona. Come già notato in precedenza, Gesù Cristo modella un nuovo canone relativamente al modo di vivere una sessualità integrata in un modo specificamente oppure appropriatamente maschile. Possiamo ritenere con sicurezza, quindi (come, in effetti, tutte le indicazioni suggeriscono), che egli si sia identificato con la propria mascolinità in modo sano, psicologicamente maturo ed equilibrato e che considerasse quest'ultima come un elemento essenziale per la propria identità come persona e per le azioni che erano espressive della propria personalità. In parole povere: egli, molto probabilmente, valutava positivamente il ruolo che la sua virilità e mascolinità giocavano nell'identificazione della propria identità personale e le considerava come elementi cruciali per il suo ruolo di messia, di salvatore e di «Figlio dell'uomo». Gesù Cristo non considerava la propria mascolinità come un elemento "alieno" oppure una caratteristica accessoria della propria identità personale, bensì, piuttosto, come una parte integrante di essa. In una parola: Gesù Cristo comprendeva sé stesso come un uomo, vedeva sé stesso come un uomo, identificava sé stesso come un uomo, e si comportava, in ogni momento, dimostrando una completa fiducia in sé stesso come uomo.

---

[33] Si veda il già citato contributo di Paul C. Vitz (*Men and Women: The Psychology of Their Differences and Their Complementarity*). Per la posizione di Prudence Allen, si veda il suo rivoluzionario lavoro in tre volumi: P. Allen, *The Concept of Woman*, 3 voll. (Grand Rapids, Minnesota: Eerdmans, 1997–2016).

Conclusioni.

Come ha dimostrato questo saggio, quello che risulta essere cruciale per lo sforzo di riprendersi dallo scandalo degli abusi sessuali del clero che ha scosso la Chiesa cattolica risiede in una corretta comprensione della mascolinità oppure, se vogliamo, della virilità che la stessa umanità di Gesù Cristo porta alla luce. È imperativo che specialmente quegli uomini che sono entrati oppure che entreranno negli ordini sacri si modellino sull'esempio virile di Gesù Cristo e si dedichino interamente alla sua Persona, nel cui sacerdozio partecipano e con la cui mascolinità si identificano, in virtù della loro funzione sacramentale (eucaristica). Quando prepara l'Eucaristia, il sacerdote (così come anche il vescovo), agendo nella Persona stessa di Gesù Cristo (*in persona Christi*), si identifica con la mascolinità del messia attraverso le sacre parole dell'istituzione, in quanto egli fa riferimento al corpo stesso di Gesù Cristo (che era propriamente un corpo maschile) in prima persona («il mio corpo», «il mio sangue»). Difficilmente accidentale per gli Ordini sacri, la mascolinità (oppure, se vogliamo, la virilità) è essenziale per tutto questo, poiché è ancorata oppure radicata nella virilità (o, se vogliamo, nella mascolinità) dello stesso Gesù Cristo. Lo scandalo degli abusi sessuali del clero ha dimostrato che quei ministri ordinati, vivendo una doppia vita, hanno disertato il senso e lo scopo della propria mascolinità perché hanno abbandonato Gesù Cristo stesso, veramente umano (e divino) e pienamente maschio.

Tenendo saldamente tutto questo a mente, è una verità della fede cattolica che quel Cristo era ed è un uomo, ossia un individuo maschio, nella stessa misura in cui era ed è umano, proprio come la Vergine Maria era ed è una donna nella stessa misura in cui era ed è umana. Gesù Cristo non rappresenta una generalità, non rappresenta un concetto indifferenziato di "umanità". Inoltre, l'evidenza suggerisce che egli ha compreso ed interpretato la propria mascolinità come una parte integrante della sua stessa identità e come un elemento essenziale per la propria missione. Inoltre, in qualità di individuo senza peccato, Gesù Cristo fornisce anche un modello di virtù virile per gli uomini (proprio come la Vergine Maria fornisce un modello di virtù femminile per le donne). Sebbene si possano elencare molte virtù, le due che emergono come principali ai fini di questo volume sono la castità e la verginità. Gesù Cristo era un uomo di consumata padronanza di sé stesso per ciò che riguarda i propri impulsi naturali, sessuali e non sessuali, in ragione del perfetto governo della ragione e della volontà del lato animalesco della sua umanità reale ed integrale. Va detto: Gesù Cristo ha rappresentato e rappresenta l'antitesi del predatore sessuale. Abbracciando la virtù della verginità, egli ha sacrificato volentieri ogni suo piacere sessuale per essere al completo servizio delle persone che è venuto a salvare, sino ad attuare un cosciente e volontario svuotamento di sé stesso (*kenosis*). Non c'è da stupirsi che il papa emerito Benedetto XVI, nella sua lettera sulla crisi degli abusi sessuali del clero, insista nell'affermare che: «Soltanto l'obbedienza e l'amore per il nostro Signore Gesù Cristo possono indicarci la via»[34].

---

[34] Benedetto XVI (papa), *The Church and the Scandal of Sexual Abuse*, «Catholic News Agency», 10 aprile 2019 (https://www.catholicnewsagency.com/news/41013/full-text-of-benedict-xvi-essay-the-church-and-the-scandal-of-sexual-abuse - ultimo accesso verificato: 2 novembre 2021), par. III.1; Per il testo in italiano, si veda: Id., *La Chiesa e lo scandalo dell'abuso sessuale*, «confraternitasantantoniotrastevere.com», aprile 2019 (http://www.confraternitasantantoniotrastevere.com/wp-content/uploads/2019/04/Riflessioni-di-Benedetto-XVI.pdf - ultimo accesso verificato: 2 novembre 2021).

Capitolo 18

Misericordia e Verità. La cura pastorale degli individui coinvolti in relazioni spiritualmente e moralmente problematiche.

Eduardo J. Echeverria, Ph.D.
Professore di Filosofia e Teologia,
Sacred Heart Major Seminary, Detroit, Michigan

Il bene della persona è di essere nella Verità e di fare la Verità[1].

Certamente la parola della verità può far male ed essere scomoda. Ma è la via verso la guarigione, verso la pace, verso la libertà interiore. Una pastorale, che voglia veramente aiutare le persone, deve sempre fondarsi sulla verità. Solo ciò che è vero può in definitiva essere anche pastorale. "Allora conoscerete la verità e la verità vi farà liberi" (Giov. 8, 32)[2].

La verità ha un potere così chiaro e calmo. Il mio scopo nel lavoro pastorale è questo: aiutare gli altri con la forza della verità[3].

---

[1] Giovanni Paolo II (papa), *Discorso di Giovanni Paolo II ai partecipanti al Congresso internazionale di teologia morale (10 aprile 1986)*, «vatican.va», s. d. (http://w2.vatican.va/content/john-paul-ii/it/speeches/1986/april/documents/hf_jp-ii_spe_19860410_teologia-morale.html - ultimo accesso verificato: 12 novembre 2021), par. 1.

[2] Benedetto XVI (papa), *La pastorale del matrimonio deve fondarsi sulla verità*, «papaboys.org», 7 aprile 2014 (https://www.papaboys.org/benedetto-xvi-la-pastorale-del-matrimonio-deve-fondarsi-sulla-verita/ - ultimo accesso verificato: 12 novembre 2021).

[3] R. Guardini, *Wahrheit des Denkens und Wahrheit des Tuns*, J. Messerschmid (a cura di), Terza edizione rivista (Paderborn: Schöningh edition, 1980), p. 85; così come viene citato da Joseph Ratzinger nel suo saggio intitolato *Pluralism as a Problem for Church and Theology*. Si veda: Benedetto XVI (papa), *Church, Ecumenism, and Politics. New Endeavors in Ecclesiology* (San Francisco: Ignatius Press, 2008 [prima edizione: 1987]), p. 92, par. 20. Per il testo in italiano, si veda: Id., *Chiesa, ecumenismo e politica. Nuovi saggi di ecclesiologia* (Roma: Edizioni Paoline, 1987).

Introduzione.

Qual è la natura e lo scopo della cura pastorale per le persone che si ritrovano coinvolte in relazioni spiritualmente e moralmente problematiche? Questo genere di relazioni include non soltanto le coppie divorziate, oppure che si sono risposate civilmente, oppure, ancora, che si sono legate in un rapporto di convivenza (sia che esse siano di natura eterosessuale oppure omosessuale) ma anche il clero che vìola la pratica della continenza. Il mio obiettivo è quello di rispondere a questa domanda attraverso il presente articolo, improntando anche una breve discussione in merito alla questione dell'omosessualità. Considererò non l'etica dell'omosessualità, ma piuttosto il «significato antropologico dell'omosessualità nei termini di quella che la Chiesa definisce come una "tendenza disordinata"»[4]. A questo proposito, sollevo la questione circa la legittimità di rivendicare il principio per il quale tale "orientamento omosessuale" sia fondato nell'identità umana. L'antropologia cristiana di tradizione cattolica rigetta, con buona ragione, questa pretesa; ne

---

[4] L. Melina (monsignore), *Homosexual Inclination as an "Objective Disorder". Reflections on Theological Anthropology*, in J. E. Smith, Paul Check (sacerdote), *Living the Truth in Love: Pastoral Approaches to Same-Sex*

Attraction (San Francisco: Ignatius Press, 2015), pp. 129-140. Si veda anche l'insegnamento della Chiesa cattolica contenuto in: Congregazione per la dottrina della fede, *Persona Humana. Declaration on certain questions concerning sexual ethics (29 dicembre 1975)*, «vatican.va», s.d. (http://www.vatican.va/roman_curia/congregations/cfaith/documents/rc_con_cfaith_doc_19751229_persona-humana_en.html - ultimo accesso verificato: 12 novembre 2021); per il testo in italiano, si veda: Id., *Persona Humana.*

Alcune questioni di etica sessuale (29 dicembre 1975), «vatican.va», s.d. (https://vatican.va/roman_curia/congregations/cfaith/documents/rc_con_cfaith_doc_19751229_persona-humana_it.html - ultimo accesso verificato: 12 novembre 2021); Si veda anche il documento: Congregazione per la dottrina della fede, *Homosexualitatis Problema. Letter to the bishops of the Catholic Church on the pastoral care of homosexual persons (1986)*, «Vatican.va», s.d. (http://www.vatican.va/roman_curia/congregations/cfaith/documents/rc_con_cfaith_doc_19861001_homosexual-persons_en.html - ultimo accesso verificato: 12 novembre 2021); per il testo italiano, si veda: Id., *Homosexualitatis Problema. Lettera ai vescovi della Chiesa cattolica sulla cura pastorale delle persone omosessuali (1986)*, «vatican.va», s.d. (https://www.vatican.va/roman_curia/congregations/cfaith/documents/rc_con_cfaith_doc_19861001_homosexual-persons_it.html - ultimo accesso verificato: 12 novembre 2021); Si veda, infine, quanto affermato anche dal testo ufficiale del Catechismo cattolico: Cfr. *Catechism of the Catholic Church*, «vatican.va», s.d. (https://www.vatican.va/archive/ ENG0015/__P84.HTM – ultimo accesso verificato: 12 novembre 2021), artt. 2331-2359 [on Christian anthropology and sexual ethics]; Per il testo in italiano, si veda: *Catechismo della Chiesa cattolica,* «vatican.va», s.d. (https://www.vatican.va/archive/catechism_it/p3s2c2a6_it.htm – ultimo accesso verificato: 12 novembre 2021).

consegue, perciò, che noi dovremmo rifiutare qualsiasi approccio pastorale fondato su questo tipo di presupposto.

I. La natura e lo scopo della pastorale[5].

Papa Benedetto XVI, nella propria enciclica *Caritas in veritate*, scrive: «La carità, infatti, "non si rallegra dell'ingiustizia, ma gioisce con la verità" (1Co. 13,6)»[6]. Successivamente, aggiunge anche che: «Soltanto nella verità la carità risplende e può essere autenticamente vissuta. La verità è luce che dà senso e valore alla carità»[7]. Dire la verità nella carità (Cfr. Ef. 4,15) rappresenta il contesto in cui considero la questione della cura pastorale degli individui coinvolti nelle relazioni spiritualmente e moralmente problematiche.

Tale questione deve affrontare, infatti, direttamente il significato eterno delle scelte morali che le persone fanno per assicurarsi la loro salvezza eterna. Sotto questa luce, possiamo capire perché san Paolo ci ha esortato costantemente a fare delle scelte che siano degne della chiamata che abbiamo ricevuto in Gesù Cristo (Cfr. Ef 4, 1; Fili. 1, 27; Col. 1, 9). In particolare, egli individuava il rischio rappresentato, soprattutto ma non soltanto, dalle offese sessuali: «Non sapete voi che gli ingiusti non erediteranno il regno di Dio? Non v'ingannate: né i fornicatori [*pornoi*, ossia gli uomini incestuosi], né gli idolatri, né gli adulteri, né gli effeminati [*malakoi*, ossia gli uomini che femminilizzano se stessi per attrarre partner sessuali maschili], né gli omosessuali [*arsenokoitai*, un termine coniato in relazione alla proibizione levitica della pratica dell'omosessualità maschile], né i ladri, né gli avari, né gli ubriaconi, né gli oltraggiatori, né i rapinatori erediteranno il regno di Dio (1Co. 6, 9–10)»[8]. Il Catechismo della Chiesa cattolica ci insegna che certe scelte

---

[5] Alcuni paragrafi presenti in questo capitolo sono il risultato dell'adattamento di alcuni contenuti presenti nel libro: E. J. Echeverria, «*In the Beginning…*» *A Theology of the Body* (Eugene, Oregon: Pickwick Publications, 2010), capp. 6–7.

[6] Benedetto XVI (papa), *Caritas in veritate. Encyclical letter of the supreme pontiff Benedict XVI to the bishops, priests and deacons, men and women religious, the lay faithful and all people of good will on integral human development in charity and truth (29 giugno 2009)*, «Vatican.va», s.d. (http://w2.vatican.va/content/benedict-xvi/en/encyclicals/documents/hf_ben-xvi_enc_20090629_caritas-in-veritate.html - ultimo accesso verificato: 12 novembre 2021), par. 3.

[7] Ibid.

[8] Si vedano anche le lettere paoline: Gal. 5, 19-21; Ef. 5, 3-5; 1Te. 4, 2-8; Per il testo originale è stata utilizzata la traduzione di Robert Gagnon della prima lettera paolina ai corinzi (Cfr. 1Co. 6, 9-11). Per una completa giustificazione esegetica di questa interpretazione dei partner passivi ed attivi in atti omosessuali, si veda: R. Gagnon, *The Bible and Homosexual Practice* (Nashville, Tennessee: Abingdon Press, 2002), pp. 303-339.

comportano «la perdita della carità e la privazione della grazia santificante, cioè dello stato di grazia». Nel Catechismo viene successivamente aggiunto anche che se un uomo: «non è riscattato dal pentimento e dal perdono di Dio, provoca l'esclusione dal regno di Gesù Cristo e la morte eterna dell'inferno». Come è possibile che avvenga tutto questo? Perché, conclude il Catechismo più avanti, «la nostra libertà ha il potere di fare scelte definitive ed irreversibili»[9]. Questo genere di attenzione rende la pratica pastorale della Chiesa una reale questione "di vita o di morte". Chiaramente, allora, la nostra pratica pastorale dovrebbe essere informata, nonché ispirata, dal senso di urgenza sia per la vita delle persone, sia per la loro salvezza eterna.

Ritengo necessario iniziare le mie riflessioni sulla cura pastorale delle persone coinvolte nelle relazioni spiritualmente e moralmente problematiche definendo il significato di "pastorale" nella nozione della cura pastorale. Non conosco un tentativo migliore di descrivere il significato di questa parola di quello intrapreso da Joseph Ratzinger nella sua spiegazione di cosa signifchi definire il Concilio Vaticano II come un concilio pastorale. Il pontefice spiega: «"Pastorale" non dovrebbe significare nebuloso, senza sostanza, semplicemente "edificante" - significati che, spesso, vengono attribuiti a questo termine. Si tratta piuttosto di una cura positiva per l'uomo di oggi che non è aiutato dalle disapprovazioni e al quale è stato trasmesso, per troppo tempo, quel che è falso e quel che non dovrebbe fare. L'uomo moderno desidera davvero ascoltare quel che è vero. Non ha, infatti, ascoltato abbastanza verità, non ha ascoltato abbastanza del messaggio positivo della fede per il nostro tempo, né abbastanza di ciò che la fede ha da trasmettere alla nostra epoca»[10]. Il cristianesimo possiede un messaggio di affermazione della vita fondato sulla verità.

Naturalmente, la verità senza compassione diventa fredda, aspra e brutta; d'altronde è pur sempre vero, come scrive san Paolo nella sua prima lettera ai Corinzi, che la verità senza amore non è nulla (Cfr. 1Co. 13, 2). Viceversa: l'amore

---

[9] *Catechism of the Catholic Church*, art. 1861; Cfr. *Catechism of the Catholic Church*, «vatican.va», s.d. (https://www.vatican.va/archive/ENG0015/__P6C.HTM – ultimo accesso verificato: 12 novembre 2021); Per il testo in italiano, si veda: *Catechismo della Chiesa cattolica*, «vatican.va», s.d. (https://www.vatican.va/archive/catechism_it/p3s1c1a8_it.htm# V.%20La%20proliferazione%20del%20peccato - ultimo accesso verificato: 12 novembre 2021).

[10] Benedetto XVI (papa), *Theological Highlights of Vatican II*, H. Traub (padre gesuita), G. C. Thormann, W. Barzel [a cura di] (New York: Paulist Press, 1966), p. 23; Per il testo in italiano, si veda: Id., *L'insegnamento del Concilio Vaticano II*, Opera Omnia di Joseph Ratzinger Vol. 7, P. Azzaro, L. Cappelletti [a cura di] (Città del Vaticano, Italia: Libreria editrice vaticana, 2016).

senza verità è tuttavia cieco, sentimentale, vuoto. Benedetto XVI scrive: «L'amore diventa un guscio vuoto, da riempire arbitrariamente. È il fatale rischio dell'amore in una cultura senza verità. Esso è preda delle emozioni e delle opinioni contingenti dei soggetti, una parola abusata e distorta, fino a significare il contrario»[11]. Invece di trascurare la verità oppure l'amore, tuttavia, nel contesto della preparazione delle pratiche della Chiesa indirizzate a prendersi cura degli individui coinvolti nelle relazioni spiritualmente e moralmente problematiche, dobbiamo mostrare l'interdipendenza tra l'amore e la verità. Come Ratzinger ha scritto: «L'amore non serve a niente. Non serve a nulla se la verità non è dalla sua parte. Solo quando la verità e l'amore sono in armonia l'uomo può conoscere la vera gioia. Perché è la verità che rende libero l'uomo»[12].

Troviamo proprio questa interdipendenza nell'approccio pastorale di Giovanni Paolo II, il quale ha sottolineato «la coesistenza e l'influenza reciproca di due princìpi ugualmente importanti».

> Il primo è il principio della compassione e della misericordia, secondo il quale la Chiesa, continuatrice nella storia della presenza e dell'opera di Cristo, non volendo la morte del peccatore ma che si converta e viva, attenta a non spezzare la canna incrinata e a non spegnere il lucignolo che fumiga ancora, cerca sempre di offrire, per quanto le è possibile, la via del ritorno a Dio e della riconciliazione con lui. L'altro è il principio della verità e della coerenza, per cui la Chiesa non accetta di chiamare bene il male e male il bene. Basandosi su questi due principi complementari, la Chiesa non può che invitare i suoi figli, i quali si trovano in quelle situazioni dolorose, ad avvicinarsi alla misericordia divina per altre vie, non

---

[11] Benedetto XVI (papa), *Caritas in veritate. Encyclical letter of the supreme pontiff Benedict XVI to the bishops, priests and deacons, men and women religious, the lay faithful and all people of good will on integral human development in charity and truth (29 giugno 2009)*, par. 3.

[12] Joseph Ratzinger (cardinale), *Principles of Catholic Theology. Building stones for a fundamental theology*, M. F. McCarthy (Sorella di Notre Dame) [a cura di] (San Francisco, California: Ignatius Press, 1987 [prima edizione: 1982]), p. 80; Sul corollario dell'amore e della verità, si veda anche: Giovanni Paolo II (papa), *Canonization of Edith Stein and Homily*, «Sunday», 11 ottobre 1998 (https://w2.vatican.va/content/john-paul-ii/en/homilies/1998/documents/hf_jp-ii_hom_11101998_stein.html - ultimo accesso verificato: 12 novembre 2021), par. 6: «Santa Benedetta della Croce dice a tutti noi: non accettate nulla come verità se manca di amore. E non accettare nulla che sia amore che manchi di verità! Questi due elementi, quando non si accompagnano l'uno con l'altro, conducono ad una vita distruttiva».

però per quella dei sacramenti della penitenza e dell'eucaristia, finché non abbiano raggiunto le disposizioni richieste[13].

Alla luce dell'ecclesiologia della Chiesa, possiamo vedere che questi due princìpi, ugualmente importanti, di misericordia e verità sono radicati nella natura della Chiesa in qualità sia di Madre, sia di Maestra[14]. Giovanni Paolo II spiega:

La dottrina della Chiesa e in particolare la sua fermezza nel difendere la validità universale e permanente dei precetti che proibiscono gli atti intrinsecamente cattivi è giudicata non poche volte come il segno di un'intransigenza intollerabile, soprattutto nelle situazioni enormemente complesse e conflittuali della vita morale dell'uomo e della società d'oggi: un'intransigenza che contrasterebbe col senso materno della Chiesa. Questa, si dice, manca di comprensione e di compassione. Ma, in realtà, la maternità della Chiesa non può mai essere separata dalla sua missione di insegnamento, che essa deve compiere sempre come Sposa fedele di Cristo, la Verità in persona: "Come Maestra, essa non si stanca di proclamare la norma morale [...] Di tale norma la Chiesa non è affatto né l'autrice né l'arbitra. In obbedienza alla verità, che è Cristo, la cui immagine si riflette nella natura e nella dignità della persona umana, la Chiesa interpreta la norma morale e la propone a tutti gli uomini di buona volontà, senza nasconderne le esigenze di radicalità e di perfezione"[15].

---

[13] Giovanni Paolo II (papa), *Reconciliation and Penance. Post-synodal apostolic exhortation of John Paul II to the bishops, clergy and faithful on reconciliation and penance in the mission of the Church today (2 dicembre 1984)*, «Vatican.va», s.d. (http://w2.vatican.va/content/john-paul-ii/en/apost_exhortations/documents/hf_jp-ii_exh_02121984_reconciliatio-et-paenitentia.html – ultimo accesso verificato: 12 novembre 2021), par. 34.

[14] Giovanni Paolo II (papa), *Familiaris Consortio. Apostolic exhortation of pope John Paul II to the episcopate, to the clergy and to the faithful of the whole Catholic Church on the role of the Christian family in the modern world (22 novembre 1981)*, «vatican.va», s.d. (http://w2.vatican.va/content/john-paul-ii/en/apost_exhortations/documents/hf_jp-ii_exh_19811122_familiaris-consortio.html - ultimo accesso verificato: 12 novembre 2021), par. 33.

[15] Ibid., par. 34; Così come citato in: Id., *Veritatis Splendor. Lettera enciclica del sommo pontefice Giovanni Paolo II a tutti i vescovi della Chiesa cattolica circa alcune questioni fondamentali dell'insegnamento morale della Chiesa (6 agosto 1993)*, «vatican.va», s.d. (http://w2.vatican.va/content/john-paul-ii/en/encyclicals/documents/hf_jpii_enc_06081993_veritatis-splendor.html#%2445 – ultimo accesso verificato: 12 novembre 2021), par. 95.

Infatti, una genuina comprensione ed una genuina compassione devono significare amore per la persona, per il suo vero bene e per la sua autentica libertà. E questo non deriva, certamente, dall'atto di celare oppure di indebolire la verità morale, ma piuttosto dal proporla nel suo significato più profondo, quale effusione dell'eterna Sapienza di Dio, che noi abbiamo ricevuto in Gesù Cristo, e come servizio all'uomo, alla crescita della sua libertà ed al raggiungimento della sua felicità.

Nell'ambito, poi, della convivenza e del reciproco influsso dei due princìpi ugualmente importanti di misericordia e verità, Giovanni Paolo II ci fornisce una serie di distinzioni concettuali che ci aiutano a comprendere meglio le dinamiche del progresso morale, vale a dire: la «legge della gradualità» e la «gradualità della legge»[16].

II. La «legge della gradualità» contro la «gradualità della legge».

Da un lato, la «legge della gradualità» implica che la Chiesa debba essere sensibile al progresso morale dell'uomo, intendendolo come che un percorso di continuo sforzo che esso percorre al fine di diventare buono per tappe di crescita morale. La prima di queste tappe, secondo Giovanni Paolo II, è rappresentata da un passo avanti nella morale, al fine di diventare buoni realizzando lo standard della santità cristiana. In questo contesto, possiamo parlare dell'immaturità morale di un uomo, basata sulla distinzione tra la "persona-che-io-sono" e la "persona-che-io-dovrei-essere"[17]. Anche qui dovremmo intendere l'ammonimento pastorale di san Paolo espresso nella lettera ai Galati: «Fratelli, se uno è sorpreso in qualche fallo, voi che siete spirituali, rialzatelo con spirito di mansuetudine. Ma bada bene a te stesso, affinché non sii tentato anche tu» (Gal. 6:1).

Giovanni Paolo II spiega le implicazioni pastorali della «legge della gradualità»: «In questo contesto si apre il giusto spazio alla misericordia di Dio per il peccato

[16] Giovanni Paolo II (papa), *Familiaris Consortio. Apostolic exhortation of pope John Paul II to the episcopate, to the clergy and to the faithful of the whole Catholic Church on the role of the Christian family in the modern world (22 novembre 1981)*, par. 34.

[17] Si veda l'eccellente articolo pubblicato in forma digitale di Stanton L. Jones, intitolato *Sexual Orientation and Reason: On the Implications of False Beliefs about Homosexuality*. Una sua versione ridotta si trova in: S. L. Jones,

Same-Sex Science, The Social Science Cannot Settle the Moral Status of Homosexuality, «First Things», febbraio 2012 (https://www.firstthings.com/article/2012/02/same-sexscience - ultimo accesso verificato: 12 novembre 2021); L'autore si appella a questa distinzione, attingendo esplicitamente al pensiero antropologico di Giovanni Paolo II, come citato in: G. Weigel, *Witness to Hope: The Biography of Pope John Paul II* (New York, N.Y.: Harper Collins, 1999), p. 8.

dell'uomo che si converte e alla comprensione per l'umana debolezza»[18]. Infatti, «Paolo VI ha scritto: "Non sminuire in nulla la salutare dottrina di Cristo è eminente forma di carità verso le anime. Ma ciò deve sempre accompagnarsi con la pazienza e la bontà di cui il Signore stesso ha dato l'esempio nel trattare con gli uomini. Venuto non per giudicare ma per salvare (Cfr. Giov. 3,17), Egli fu certo intransigente con il male, ma misericordioso verso le persone"»[19]. Nonostante questa compassione, Giovanni Paolo II, poco dopo aver citato le parole di Paolo VI, specifica che: «questa comprensione non significa mai compromettere e falsificare la misura del bene e del male per adattarla alle circostanze»[20]. «In realtà» - continua a spiegare il pontefice - «la vera comprensione e la genuina compassione devono significare amore alla persona, al suo vero bene, alla sua libertà autentica. E questo non avviene, certo, nascondendo o indebolendo la verità morale, bensì proponendola nel suo intimo significato di irradiazione della Sapienza eterna di Dio, giunta a noi in Cristo, e di servizio all'uomo, alla crescita della sua libertà e al perseguimento della sua felicità»[21]. Di nuovo, «mentre è umano che l'uomo, avendo peccato, riconosca la sua debolezza e chieda misericordia per la propria colpa, è invece inaccettabile l'atteggiamento di chi fa della propria debolezza il criterio della verità sul bene, in modo da potersi sentire giustificato da solo, anche senza bisogno di ricorrere a Dio e alla sua misericordia»[22]. In altre parole, un individuo si sentirà moralmente giustificato, anzi, egoisticamente giustificato, se pensa che fare del proprio meglio in qualche situazione rappresenti l'unico standard morale che egli è obbligato a rispettare.

Significativamente, la «legge della gradualità» presuppone l'insegnamento di san Giovanni, che è di vitale importanza nella pratica pastorale quando un individuo non riesce a fare la cosa giusta: «Se diciamo di essere senza peccato, inganniamo noi stessi e la verità non è in noi. Se confessiamo [a Dio] i nostri peccati, egli è fedele e

---

[18] Giovanni Paolo II (papa), *Veritatis Splendor. Lettera enciclica del sommo pontefice Giovanni Paolo II a tutti i vescovi della Chiesa cattolica circa alcune questioni fondamentali dell'insegnamento morale della Chiesa (6 agosto 1993)*, par. 104.

[19] Ibid., par. 95; Nel quale viene citato: Paolo VI (papa), *Humanae Vitae. Encyclical letter of the supreme pontiff Paul VI to his venerable brothers the patriarchs, archbishops, bishops and other local ordinaries in peace and communion with the Apostolic See, to the clergy and faithful of the whole Catholic world, and to all men of good will, on the regulation of birth (25 luglio 1968)*, «Vatican.va», s. d. (https://www.vatican.va/content/paul-vi/en/encyclicals/documents/hf_p-vi_enc_ 25071968_humanae-vitae.html - ultimo accesso verificato: 12 novembre 2021), par. 29.

[20] Giovanni Paolo II (papa), *Veritatis Splendor. Lettera enciclica del sommo pontefice Giovanni Paolo II a tutti i vescovi della Chiesa cattolica circa alcune questioni fondamentali dell'insegnamento morale della Chiesa (6 agosto 1993)*, par. 104.

[21] Ibid., par. 95.

[22] Ibid., par. 104.

giusto da perdonarci i peccati e purificarci da ogni iniquità. Se diciamo di non aver peccato, facciamo [di lui un] bugiardo e la sua parola non è in noi» (1G. 1, 8-10).

D'altra parte c'è l'idea della «gradualità della legge». Questa comprensione del ruolo della legge morale nella vita cristiana trasforma la forza obbligante della legge in una forza aspirante, rendendo la legge morale un ideale verso cui tendere. Inoltre, questa concezione della legge sostiene che vi sono, «nella legge divina, vari livelli oppure forme di precetto valide per varie persone e condizioni»[23]. Contrariamente a questo punto di vista, Giovanni Paolo II sostiene: «Essi [coloro che lottano al fine di raggiungere il bene morale per fasi di crescita], tuttavia, non possono guardare alla legge solo come ad un puro ideale da raggiungere in futuro, ma debbono considerarla come un comando di Cristo Signore a superare con impegno le difficoltà». Il pontefice continua citando alcuni passi di una sua stessa omelia che tenne nel 1980 e spiega: «Perciò la cosiddetta "legge della gradualità", o cammino graduale, non può identificarsi con la "gradualità della legge", come se ci fossero vari gradi e varie forme di precetto nella legge divina per uomini e situazioni diverse»[24].24 Secondo il defunto German Grisez, teologo morale, il significato di questa specifica idea della legge è rappresentato dal fatto che esistono differenti «gradazioni della legge», vale a dire: che «l'intera morale cristiana - o, almeno, molte delle norme tradizionalmente recepite come precetti vincolanti - è [tale] che le violazioni intenzionali possano ritenersi accettabili purché si attenda, con impazienza, di vivere secondo la corretta norma in un momento futuro»[25]. Questa visione, perciò, legittima l'etica della situazione nella nostra cura pastorale.

La pratica pastorale implicata dal "gradualismo della legge" è tale che gli individui la cui vita non è conforme all'insegnamento morale della Chiesa sono lasciati nella loro condizione oggettivamente peccaminosa. Naturalmente, dovremmo entrare con compassione nella vita delle persone che lottano per fare la cosa giusta. Tuttavia, ciò non significa che dovremmo ideare programmi pastorali

[23] G. Grisez, *The Way of the Lord Jesus*, Vol. I [Christian Moral Principles] (Chicago, Illinois: Franciscan Herald Press, 1983), p. 687; Per la versione online, si veda: Id., *The Way of the Lord Jesus*, «twotlj.org», s. d. (https://www.twotlj.org/G-1-V-1.html - ultimo accesso verificato: 12 novembre 2021).

[24] Giovanni Paolo II (papa), *Familiaris Consortio. Apostolic exhortation of pope John Paul II to the episcopate, to the clergy and to the faithful of the whole Catholic Church on the role of the Christian family in the modern world (22 novembre 1981)*, par. 34. Nel testo, il pontefice cita: Id., *Omelia di Giovanni Paolo II. Santa messa a conclusione della*

V assemblea generale del sinodo dei vescovi. Cappella Sistina, 25 ottobre 1980. «vatican.va», s. d. (https://www.vatican.va/content/john-paul-ii/it/homilies/1980/documents/hf_jp-ii_hom_19801025_conclusione-sinodo.html - ultimo accesso verificato: 12 novembre 2021), par. 8.

[25] G. Grisez, *The Way of the Lord Jesus*, Vol. I [Christian Moral Principles], p. 687.

nei quali gli individui, data la loro particolare situazione peccaminosa, siano autorizzati a realizzare le loro cosiddette "possibilità etiche ottimali": mi riferisco, ovviamente, alle persone divorziate e risposate civilmente, alle coppie conviventi (sia che esse siano di tipologia eterosessuale oppure omosessuale) e ai membri del clero che hanno lottato per rispettare l'abitudine alla continenza o che, addirittura, l'hanno violata. Agendo in questo modo, ossia ideando programmi pastorali - per così dire - "assecondanti", nell'assistenza alle categorie di individui appena elencate, si finisce per suggerire erroneamente che esista un modo di vivere eticamente responsabile all'interno di queste tipologie di relazioni, vale a dire: relazioni che sono e rimangono problematiche dal punto di vista sia spirituale, sia morale[26].

Biblicamente parlando, questo approccio è sicuramente fuorviante. San Paolo non direbbe al sacerdote che non osserva l'abitudine della continenza: «Ti imploriamo da parte di Cristo, "riconciliati per quello che ti è possibile"». Certamente no. Altrimenti negheremmo che la nostra condizione peccaminosa interiore sia aperta ad una trasformazione radicale. Infatti, San Paolo dice: «Ringraziate continuamente di ogni cosa il nostro Dio e Padre nel nome del nostro Signore Gesù Cristo» (Ef. 5, 20). Altrove proclama: «La mia grazia ti basta, perché la mia potenza è portata a compimento [oppure: è portata a piena misura] nella debolezza» (2Co. 12, 9). In breve, presupporre il "gradualismo della legge" nella nostra etica della pratica pastorale conduce irrimediabilmente a limitare gli individui che sono coinvolti nelle relazione moralmente e spiritualmente problematiche a ciò che è nel raggio delle loro stesse possibilità. Nel raggio di ciò che è loro possibile? Ma possibile per chi? Giovanni Paolo II chiede con straordinario acume: «Ma quali sono le "concrete possibilità dell'uomo"? E di quale uomo si parla? Dell'uomo dominato dalla concupiscenza o dell'uomo redento da Cristo? Poiché è di questo che si tratta: della realtà della redenzione di Cristo. Cristo ci ha redenti! Ciò significa: Egli ci ha donato la possibilità di realizzare l'intera verità del nostro essere; Egli ha liberato la nostra libertà dal dominio della concupiscenza. E se l'uomo redento ancora pecca, ciò non è dovuto all'imperfezione dell'atto redentore di Cristo, ma alla volontà dell'uomo di sottrarsi alla grazia che sgorga da quell'atto. Il comandamento di Dio è certamente proporzionato alle capacità dell'uomo: ma alle capacità dell'uomo a cui è donato lo Spirito Santo; dell'uomo che, se caduto nel peccato, può sempre ottenere il perdono e godere della presenza dello Spirito»[27].

---

[26] Al contrario, si veda: P. Mullins, *Zorgen voor een eigenwijze kudde: Een pastorale ethiek voor een missionaire kerk* (Zoetermeer: Uitgeverij Boekcentrum, 2015), pp. 126-130.

[27] Giovanni Paolo II (papa), *Veritatis Splendor. Lettera enciclica del sommo pontefice Giovanni Paolo II a tutti i vescovi della Chiesa cattolica circa alcune questioni fondamentali dell'insegnamento morale della Chiesa (6 agosto 1993)*, par. 103.

Inoltre, Giovanni Paolo II comprende correttamente un'altra implicazione della "gradualità della legge" e del suo corrispondente risultato di limitare gli individui a ciò che è loro possibile. Il pontefice afferma: «Un simile atteggiamento corrompe la moralità dell'intera società, perché insegna a dubitare dell'oggettività della legge morale in generale e a rifiutare l'assolutezza dei divieti morali circa determinati atti umani, e finisce con il confondere tutti i giudizi di valore»[28]. Ora, all'atto pratico, è vero che questo concetto della "gradualità della legge" conduce al lassismo morale (ossia, a quel tipo di corruzione morale appena descritta dal pontefice), ed è anche vero che ciò costituisce un motivo di preoccupazione per l'intera Chiesa. San Paolo ci dice che la Chiesa non deve soccombere ad un atteggiamento lassista verso il peccato (Cfr. 1Co. 5, 6: «Non sapete che un po' di lievito fa fermentare tutta la pasta?»); egli, inoltre, esorta i credenti di Corinto ad agire contro il peccato sessuale di un uomo (nel caso specifico: l'incesto) rimuovendolo dalla comunità. La comunità dovrebbe piangere per lui piuttosto che gonfiarsi d'orgoglio (Cfr. 1Co. 5, 2). Come sentenzia san Paolo altrove, sempre all'interno della sua prima lettera ai corinzi, noi non dobbiamo «rallegra[rci] dell'ingiustizia, ma gioi[re] con la verità» (1Co. 13, 6); e la verità è che noi, nella Chiesa, siamo tutti peccatori che sono stati salvati per grazia: «tutti hanno peccato e sono privi della gloria di Dio, ma sono giustificati gratuitamente per la sua grazia, in virtù della redenzione realizzata da Cristo Gesù. Dio lo ha prestabilito a servire come strumento di espiazione per mezzo della fede, nel suo sangue, al fine di manifestare la sua giustizia, dopo la tolleranza usata verso i peccati passati» (Ro. 3, 23-25).

Tuttavia - dice san Paolo - la Chiesa dovrebbe prendere posizione contro ogni sorta di peccato sessuale, avvertendo i credenti oltraggiosi che, se continueranno a permanere nell'immoralità sessuale, allora non erediteranno il Regno di Dio. A coloro che si oppongono in qualche modo a questo insegnamento paolino, ossia sostenendo l'approccio pastorale della "gradualità della legge" noi dovremmo anche chiedere ai sostenitori di questo approccio pastorale come si propongono di aiutare questi credenti oltraggiosi ad essere «salvati» dal giudizio «nel giorno del Signor Gesù» (1Co. 5, 5)? Cosa ne è dell'insegnamento di san Paolo, secondo cui le pratiche sessuali immorali reiterate ed impenitenti mettono chiaramente a rischio coloro che le compiono di non ereditare il regno eterno di Dio (Cfr. 1Co. 6, 9-10; 2Co. 12, 21; Gal. 5,19–21; Ro. 1, 24–27; 6, 19–23; Col. 3, 5–10; Ef. 5, 3–6; 4, 17–19; 1Te. 4, 2–8)?

Inoltre, in che modo una persona che è attivamente impegnata in una pratica sessuale di tipo omosessuale senza la minima disposizione al pentimento, cambia la

---

[28] Ibid., par. 104.

propria vita, riorienta radicalmente tutta la sua vita, pone fine al peccato, si allontana dal male, «con la riprovazione nei confronti delle cattive azioni che [ha] commesse»[29], se nessuno, men che meno la Chiesa, lo chiama al pentimento interiore, alla conversione, vale a dire: alla «conversione del cuore, [al]la penitenza interiore» e ad una vita santa?[30] Come insegna il Catechismo della Chiesa cattolica, «questo sforzo di conversione non è soltanto un'opera umana. È il dinamismo del "cuore contrito" attirato e mosso dalla grazia a rispondere all'amore misericordioso di Dio che ci ha amati per primo (Cfr. Sal. 51, 17; Giov. 6, 44; 12, 32; 1G. 4,10)»[31].

San Paolo espresse in modo molto chiaro questa lotta interiore: «Perché il bene che voglio non lo faccio, mentre ecco che io faccio proprio il male che non voglio!» (Ro. 7, 19). La soluzione a questa lotta interiore, esorta il santo, è rappresentata soltanto dall'unione con la persona di Gesù Cristo, governata da linee guida morali - l'autentica vita morale che scaturisce dalla vita trasformata in Gesù Cristo. Questa relazione personale con Gesù Cristo, attraverso l'intercessione dello Spirito Santo, opera una vera e propria trasformazione dall'interno, stabilendo un'armonia tra ciò che è giusto e le proprie inclinazioni. «Spogliatevi, per quanto riguarda la condotta di prima, dell'uomo vecchio che si corrompe per mezzo delle concupiscenze della seduzione, per essere rinnovati nello spirito della vostra mente e per essere rivestiti dell'uomo nuovo, creato secondo Dio nella giustizia e santità della verità» (Ef. 4, 22-24).

San Paolo ci avverte di non sottovalutare la gravità del potere che il peccato possiede di renderci schiavi, né del potere che la morte e la risurrezione di Gesù Cristo possiedono di liberarci dalla sua morsa. In effetti, la natura umana è veramente rinnovata dal potere redentore dell'opera compiuta da Gesù Cristo. San Paolo descrive la propria esperienza del peccato che lo intrappolava, di un potere all'opera dentro di lui, da cui non era in grado di liberarsi (Cfr. Ro. 7, 13–23). «O miserabile uomo che sono! Chi mi libererà da questo corpo di morte?» (Ro. 7, 24) La sua risposta è chiara: «Io rendo grazie a Dio per mezzo di Gesù Cristo, nostro

---

[29] *Catechism of the Catholic Church*, art. 1431; Cfr. *Catechism of the Catholic Church*, «vatican.va», s.d. (https://www.vatican.va/archive/ENG0015/__P4A.HTM – ultimo accesso verificato: 12 novembre 2021); Per il testo in italiano, si veda: *Catechismo della Chiesa cattolica*, «vatican.va», s.d. (https://www.vatican.va/archive/catechism_it/p2s2c2a4_it.htm#V.%20Le%20molteplici%20forme%20della%20penitenza%20nella%20vita%20cristiana - ultimo accesso verificato: 12 novembre 2021).

[30] Ibid., art. 1430.

[31] Ibid., art. 1428.

Signore» (Ro. 7, 25)[32]. «Poiché questa è la volontà di Dio: la vostra santificazione» (1Te. 4, 3). Allo stesso modo, il Concilio Vaticano II insiste sulla tempestiva ed impegnativa presentazione della chiamata alla santità di tutta la Chiesa[33]. «Il Signore Gesù, maestro e modello divino di ogni perfezione, a tutti e a ciascuno dei suoi discepoli di qualsiasi condizione ha predicato quella santità di vita, di cui egli stesso è autore e perfezionatore: "Siate dunque perfetti come è perfetto il vostro Padre celeste" (Mat. 5, 48)». Gesù Cristo stesso, dunque, si pone come l'autore ed il perfezionatore di questa santità della vita. Alla testa di tutte le motivazioni bibliche per la santità, infatti, viene posto l'amore di Dio. «Or la speranza non confonde, perché l'amore di Dio è stato sparso nei nostri cuori per mezzo dello Spirito Santo che ci è stato dato» (Ro. 5, 5). I Padri conciliari aggiungono a tutto questo: «Mandò infatti a tutti lo Spirito Santo, che li muova internamente ad amare Dio con tutto il cuore, con tutta l'anima, con tutta la mente, con tutte le forze (Cfr. Mar. 12, 30), e ad amarsi a vicenda come Cristo ha amato loro (Cfr. Giov. 13, 34; 15,12)»[34].

III. Antropologia cristiana, omosessualità ed inclinazione oggettivamente disordinata.

L'insegnamento del Magistero della Chiesa relativamente alla tematica dell'omosessualità si esprime in due modi: sia come orientamento (espressivo di un'inclinazione, di un'attrazione oppure di un desiderio) sia come attività[35]. La

---

[32] Sul peccato ritenuto come una forza che schiavizza l'uomo, si veda: A. E. McGrath, *Intellectuals Don't Need God and other Modern Myths* (Grand Rapids, Michigan: Zondervan, 1993), p. 136.

[33] Paolo VI (papa), *Lumen Gentium. Dogmatic constitution on the Church, solemnly promulgated by his holiness pope Paul VI (21 novembre 1964*, «Vatican.va», s. d. (https://www.vatican.va/archive/hist_councils/ii_vatican_council/documents/vat-ii_const_19641121_lumen-gentium_en.html - ultimo accesso verificato: 12 novembre 2021), parr. 39-42.

[34] Ibid., par. 40.

[35] Si vedano i documenti del Magistero della Chiesa cattolica come, per esempio: Congregazione per la dottrina della fede, *Persona Humana. Declaration on certain questions concerning sexual ethics (29 dicembre 1975)*; Id., *Homosexualitatis Problema. Letter to the bishops of the Catholic Church on the pastoral care of homosexual persons (1986)*; Oltre questi, si vedano anche gli importanti paragrafi contenuti in: *Catechism of the Catholic Church*, artt. 2357-2359 [on sexual ethics; Cfr. *Catechism of the Catholic Church*, «vatican.va», s.d. (https://www.vatican.va/archive/ENG0015/__P85.HTM – ultimo accesso verificato: 12 novembre 2021); Per il testo in italiano, si veda: *Catechismo della Chiesa cattolica*, «vatican.va», s.d. (https://www.vatican.va/archive/catechism_it/p3s2c2a6_it.htm#I.%20%C2%ABMaschio%20e%20femmina%20li%20cre%C3%B2...%C2%BB - ultimo accesso verificato: 12 novembre 2021)]. Mi astengo dall'utilizzare il termine "orientamento" per evitare l'implicazione che alcune persone siano "costituzionalmente" omosessuali in senso

Chiesa comprende giustamente che la condanna dell'omosessualità, nelle Sacre Scritture, riguarda non soltanto gli atti esteriori ma anche: la condizione interiore, le azioni omosessuali vere e proprie nonché i desideri oppure, ancora, le inclinazioni costitutive di questo stesso disturbo. In primo luogo, come condizione, «d'omosessualità designa le relazioni tra uomini o donne che provano un'attrattiva sessuale, esclusiva o predominante, verso persone del medesimo sesso»[36]. Inoltre, il Catechismo sottolinea anche che, «appoggiandosi sulla Sacra Scrittura, che presenta le relazioni omosessuali come gravi depravazioni, la Tradizione ha sempre dichiarato che "gli atti di omosessualità sono intrinsecamente disordinati". Sono contrari alla legge naturale. Precludono all'atto sessuale il dono della vita. Non sono il frutto di una vera complementarità affettiva e sessuale. In nessun caso possono essere approvati»[37]. L'attrazione per lo stesso sesso può derivare «da falsa educazione, da mancanza di evoluzione sessuale normale, da abitudine contratta, da

---

biologico oppure genetico. Sulla questione relativa alla credenza per cui l'attrazione per lo stesso sesso sia geneticamente determinata prima della nascita e sulle possibili cause di tale attrazione, si veda: Catholic Medical Association, *Homosexuality and Hope: Questions and Answers about Same-Sex Attraction (2008)*, «cathmed.org», s. d. (https://www.catholiceducation.org/en/marriage-and-family/sexuality/homosexuality-and-hope.html - ultimo accesso verificato: 12 novembre 2021). Inoltre, Benedict M. Ashley (padre domenicano) e Kevin D. O'Rourke (padre domenicano) hanno, a mio giudizio, ragione quando sostengono: «Anche se alla fine è dimostrato che l'omosessualità sia di origine genetica, questo difetto, come tanti altri difetti, non giustificherebbe un comportamento aberrante, ma richiederebbe sforzi continui per trovare un rimedio. Rimane probabile che l'omosessualità abbia molteplici cause di cui le principali sono una famiglia disfunzionale e le prime esperienze masturbatorie oppure omosessuali. Quindi, lo stereotipo popolare delle persone geneticamente gay e lesbiche rappresenta un costrutto sociale sviluppato negli ultimi anni, il quale distorce notevolmente i fatti storici, biologici, psicologici e sociali (Catholic Medical Association, 2004). La Chiesa esorta i professionisti della salute a trattare gli omosessuali con rispetto e compassione e ad incoraggiarli a ricevere aiuto da parte degli psichiatri e degli psicologi, i quali considerano questa condizione un disturbo che può essere completamente risanato. La Chiesa, inoltre, incoraggia fortemente la ricerca scientifica obiettiva affinché si giunga ad acquisire una maggiore certezza sulla sua eziologia e sui possibili metodi di trattamento applicabili» [B. M. Ashley, *Health Care Ethics: A Theological Analysis* Quinta edizione rivista (Washington, DC: Georgetown University Press, 2006), p. 68].

[36] *Catechism of the Catholic Church*, art. 2357; Cfr. *Catechism of the Catholic Church*, «vatican.va», s.d. (https://www.vatican.va/archive/ENG0015/__P85.HTM – ultimo accesso verificato: 12 novembre 2021); Per il testo in italiano, si veda: *Catechismo della Chiesa cattolica,* «vatican.va», s.d. (https://www.vatican.va/archive/catechism_it/p3s2c2a6_it.htm# I.%20%C2%ABMaschio%20e%20femmina%20li%20cre%C3%B2...%C2%BB - ultimo accesso verificato: 12 novembre 2021)]

[37] Ibid.

cattivi esempi o da altre cause analoghe»[38]. Inoltre, potrebbero esserci altri fattori causali dell'omosessualità come, per esempio, quelli relativi all'influenza dell'ambiente di sviluppo nel quale cresce il soggetto: fra questi, possiamo elencare anche le influenze congenite indirette, le influenze biologiche post-natali, le influenze micro-culturali e macro-culturali dell'ambiente familiare, nonché le predisposizioni psicologiche personali[39]. Quindi, alla luce di tutto questo, possiamo comprendere bene come la condizione dell'omosessualità non rappresenti semplicemente un qualcosa che si è scelto di abbracciare; piuttosto essa va vissuta come un dato e non, insomma, come un qualcosa che sia stato liberamente scelto. Quest'ultimo aspetto è realmente essenziale per la scelta di considerarla un peccato.

Dal momento che non rappresenta necessariamente qualcosa che venga liberamente scelta, alcuni hanno erroneamente concluso che la cosiddetta "condizione omosessuale" non soltanto non sia peccaminosa, ma che sia anche qualcosa di "naturale". Infatti, nella lettera sulla cura pastorale delle persone omosessuali, *Homosexualitatis problema*, scritta dalla Congregazione per la dottrina della fede, viene esplicitamente rifiutato questo tipo di «interpretazione eccessivamente benevola» che alcuni teologi conferiscono alla «condizione omosessuale stessa, tanto che qualcuno si spinse fino a definirla indifferente o addirittura buona»[40]. Contro questo genere di conclusioni, monsignor Livio Melina sostiene giustamente che la condizione omosessuale viene vissuta come "naturale" dall'individuo «a causa della disposizione disordinata del suo stesso essere». Ed aggiunge: «San Tommaso mette in evidenza questo aspetto, proprio in relazione ai piaceri contro natura: "Ciò che è contrario alla natura della specie diventa naturale agli occhi di questo individuo *per accidens*"». Monsignor Melina conclude, perciò, che «nel caso dell'omosessualità, così come in altri casi, la lamentela rassegnata del "ma io sono così" esprime molte cose, vale a dire: la frustrante consapevolezza che non si possa cambiare, un modo di incolpare la natura e forse anche lo stesso Dio per la

---

[38] Congregazione per la dottrina della fede, *Persona Humana. Declaration on certain questions concerning sexual ethics (29 dicembre 1975)*, par. 8.

[39] P. Sullins, *The gay gene myth has been exploded*, «Mercatornet.com», 3 settembre 2019 (https://www.mercatornet.com/conjugality/view/the-gay-gene-myth-has-been-exploded/22824 - ultimo accesso verificato: 12 novembre 2021). L'articolo di Sullins è un commento ai recenti risultati di uno studio sulle basi genetiche dell'omosessualità pubblicato sulla rivista Science: A. Ganna, R. Maier, R. Wedow, A. Abdellaoui, K. J. H. Verweij et alii, *Large-scale GWAS reveals insights into the genetic architecture of same-sex sexual behavior*, «Science», Vol. 365, n. 6456, 30 agosto 2019 (https://science.sciencemag.org/content/365/6456/eaat7693 - ultimo accesso verificato: 12 novembre 2021).

[40] Congregazione per la dottrina della fede, *Homosexualitatis Problema. Letter to the bishops of the Catholic Church on the pastoral care of homosexual persons (1986)*, par. 3.

propria condizione, nonché, infine, la riluttanza a riconsiderare il proprio atteggiamento verso la realtà»[41].

Inoltre, penso che questa «interpretazione eccessivamente benevola» dell'omosessualità derivi, in parte, dal ritenere che tale "scelta" sia quasi come una sorta di scelta nuda, vale a dire: una scelta priva di contesto ed avulsa da altri importanti fattori causali della condizione omosessuale, come già descritto in precedenza. Robert Gagnon afferma giustamente: «Le scelte [...] che comportano una risposta agli stimoli socio-culturali [dell'ambiente di sviluppo di una persona...] possono, alla fine di una lunga strada, portare ad una maggiore oppure minore probabilità di identificazione omosessuale»[42]. Alla luce di questa consapevolezza, possiamo capire perché non sia incoerente ritenere che una persona scelga liberamente di intraprendere una pratica omosessuale alla luce di una «pluralità di elementi e di fattori della personalità che sono destinati a costituire una tendenza unitaria sulla quale il soggetto costruisce la propria identità sessuale e riconosce il proprio posto nella relazione con gli altri e con il mondo circostante»[43]. Ciò significa, come viene anche affermato nell'undicesimo paragrafo della già citata lettera *Homosexualitatis problema*, che dobbiamo respingere «la presunzione infondata ed umiliante che il comportamento omosessuale delle persone omosessuali sia sempre e totalmente soggetto a coazione e pertanto senza colpa»[44].

Inoltre, l'insegnamento della Chiesa relativamente al tema dell'omosessualità non accetta la "condizione omosessuale" stessa. Come potrebbe accettare, d'altronde, questa condizione quando in essa è incorporata «una tendenza, più o

---

[41] L. Melina (monsignore), *Homosexual Inclination as an "Objective Disorder". Reflections on Theological Anthropology*, in J. E. Smith, Paul Check (sacerdote), *Living the Truth in Love: Pastoral Approaches to Same-Sex*

Attraction, p. 132; Monsignor Melina cita: Tommaso d'Aquino (san), *The Summa Theologica. Translated by Fathers of the English Dominican Province* (New York, NY: Benziger Bros., 1948), Libro I-II, quest. 31, art. 7; Per il testo inglese on line, si veda: Id., *Summa Theologica,* «ccel.org», s.d. (https://www.ccel.org/ccel/aquinas/summa.TP_Q9_A4.html – ultimo accesso verificato: 12 novembre 2021); Per il testo in italiano, si vedano: Id., *La Somma Teologica,* 4 voll., T. Sante Centi, R. Coggi, G. Barzaghi, G. Carbone [a cura di] (Bologna: Edizioni Studio Domenicano, 2014); Id., *Somma Teologica. Nuova Edizione in lingua italiana a cura di padre Tito S. Centi e padre Angelo Z. Belloni,* «esonet.org», s.d. (https://www.esonet.org/summa-teologica-di-s-agostino/ – ultimo accesso verificato: 12 novembre 2021).

[42] R. Gagnon, *Sexual Orientation* (corrispondenza personale con l'autore: 8 luglio 2009).

[43] L. Melina (monsignore), *Homosexual Inclination as an "Objective Disorder". Reflections on Theological Anthropology*, in J. E. Smith, Paul Check (sacerdote), *Living the Truth in Love: Pastoral Approaches to Same-Sex Attraction,* p. 132.

[44] Congregazione per la dottrina della fede, *Homosexualitatis Problema. Letter to the bishops of the Catholic Church on the pastoral care of homosexual persons (1986),* par. 11.

meno forte, verso un comportamento intrinsecamente cattivo dal punto di vista morale ?»[45] Dal momento che la Chiesa considera l'«inclinazione stessa [...] come un disordine oggettivo», allora non sono soltanto gli atti omosessuali ad essere intrinsecamente disordinati (e, perciò, oggettivamente malvagi), ma l'inclinazione stessa è ugualmente disordinata in qualità di fonte delle attività omosessuali peccaminose dell'uomo[46]. In altre parole, come Mansini e Welch affermano correttamente, in ragione dell'insegnamento della Chiesa relativamente al problema dell'omosessualità, «se l'attività omosessuale stessa è sempre intrinsecamente immorale, e le tendenze omosessuali sono, perciò, sempre oggettivamente disordinate perché inclinano i soggetti verso quello che è sempre intrinsecamente immorale, allora ha senso dire che i suoi affetti sessuali [dell'omosessuale], in quanto tali, non sono buoni. Essi non sono diretti verso l'universo femminile, che è l'obiettivo del desiderio psicosessuale maschile maturo. E quindi, poiché sono profondamente radicati, impediscono il raggiungimento della 'maturità affettiva', il che significa, se significa qualcosa, che impediscono ai soggetti che ne sono afflitti di avere dei buoni desideri che siano rettamente ordinati»[47]. Chiaramente, quindi, la distinzione fra atto ed orientamento è moralmente rilevante soltanto nella misura in cui essa ci permette di distinguere tra gli atti omosessuali colpevoli e la fonte interiore di quegli atti, nell'attrazione di tipo omosessuale, della quale egli potrebbe non essere moralmente colpevole. Tuttavia, dovrebbe essere abbondantemente chiaro che la distinzione fra atto ed orientamento, come la intende la Chiesa, rifiuta esplicitamente il fatto che l'omosessualità possa essere interpretata come una

---

[45] Ibid., par. 3.

[46] Congregazione per la dottrina della fede, *Homosexualitatis Problema. Letter to the bishops of the Catholic Church on the pastoral care of homosexual persons (1986)*, par. 3.

[47] G. Mansini (Ordine di San Benedetto), L. J. Welch, *In Conformity to Christ*, «Firstthings.com», aprile 2006 (https://www.firstthings.com/article/2006/04/in-conformity-to-christ - ultimo accesso verificato: 12 novembre 2021). L'articolo consiste in una esposizione ed interpretazione dell'Istruzione del 29 novembre 2005 relativa all'ammissione di uomini con tendenze omosessuali ai seminari emanata dalla Congregazione per l'educazione cattolica a Roma: Cfr. Congregazione per l'educazione cattolica, *Instruction concerning the criteria for the discernment of vocations with regard to persons with homosexual tendencies in view of their admission to the seminary and to holy orders*, «vatican.va», 4 novembre 2005 (https://www.vatican.va/roman_curia/congregations/ccatheduc/documents/rc_con_ccatheduc_doc_20051104_istruzione_en.html - ultimo accesso verificato: 12 novembre 2021); Per il testo in italiano, si veda: Id., *Istruzione della Congregazione per l'educazione cattolica circa i criteri di discernimento vocazionale riguardo alle persone con tendenze omosessuali in vista della loro ammissione al Seminario e agli Ordini sacri*, «vatican.va», 4 novembre 2005 (https://www.vatican.va/roman_curia/congregations/ccatheduc/documents/rc_con_ccatheduc_doc_20051104_istruzione_it.html - ultimo accesso verificato: 12 novembre 2021).

tendenza moralmente neutrale; piuttosto, il desiderio omosessuale stesso rappresenta, agli occhi della Chiesa, un'inclinazione oppure una propensione al male oggettivamente disordinata. Qual è, allora, l'origine di tale inclinazione se non le scelte che fanno gli uomini?

Teologicamente, l'origine ultima di questa condizione, e quindi di quelle tendenze omosessuali che inclinano un individuo verso quello che è sempre intrinsecamente immorale, è la Caduta. John Finnis, Aidan Nichols[48], Helmut Thielicke[49], ed altri ancora hanno ragione nel ritenere che l'inclinazione intrinsecamente disordinata di questa condizione (che è oggettivamente cattiva, che riflette la fragilità del nostro mondo peccaminoso e la creazione disordinata che esiste dalla Caduta), dovrebbe essere vista come una manifestazione specifica della concupiscenza, la quale deriva dal peccato originale e conduce al peccato pur senza comunque rappresentare, essa stessa, necessariamente, un peccato scelto in modo consapevole.

Inoltre, teologicamente, se l'origine ultima della "condizione omosessuale" è rappresentata dalla nostra natura umana decaduta, allora non ci sarebbe alcuna giustificazione per vedere l'omosessualità, nell'ottica della Creazione, come un dato della Creazione stessa oppure come una normale variante della sessualità; non sarebbe possibile stabilire, insomma, alla luce di queste semplici considerazione, una parità fra l'omosessualità e l'eterosessualità. Pertanto, la condanna della condizione omosessuale da parte della Sacra Scrittura riguarda non soltanto gli atti esteriori ma anche i desideri interiori, nonché le inclinazioni costitutive di questa stessa condizione. Perché, secondo le Sacre Scritture, non sono solamente le azioni ad essere sbagliate, ma lo è anche il solo desiderio di commettere (oppure, di mettere in atto) tali azioni (si vedano: Mat. 5, 27–29; Ro. 13, 14; Col. 3, 5–6; 1P. 2, 11). Questo punto dovrebbe essere chiaro anche in ragione del fatto che Gesù Cristo interiorizza le esigenze della legge morale, ed emette una condanna non solamente degli atti esteriori di adulterio, ma anche dell'adulterio che viene «consumato con il semplice desiderio»[50]. Lo stesso Gesù Cristo, infatti, ci ha detto: «È un certo tipo di

---

[48] A. Nichols (padre domenicano), *Epiphany: A Theological Introduction to Catholicism* (Collegeville, Montgomery:
Liturgical Press, 1996), p. 423.
[49] H. Thielicke, *The Ethics of Sex*, J. W. Doberstein [a cura di] (New York, N.Y.: Harper & Row, 1964), p. 282.
[50] *Catechism of the Catholic Church*, art. 2380; Cfr. *Catechism of the Catholic Church*, «vatican.va», s.d. (https://www.vatican.va/archive/ENG0015/__P87.HTM – ultimo accesso verificato: 12 novembre 2021); Per il testo in italiano, si veda: *Catechismo della Chiesa cattolica*, «vatican.va», s.d. (https://www.vatican.va/archive/catechism_it/p3s2c2a6_it.htm#

vita interiore che contamina. Perché è dal di dentro, dal cuore dell'uomo, che escono i cattivi pensieri che portano al male: i desideri sessuali, i furti, gli omicidi, gli adulteri, la voglia di aver le cose degli altri, la malvagità, l'inganno, la lascivia, l'invidia, la calunnia, la superbia e tutte le altre follie. Tutte queste cose meschine sono dentro l'uomo; e sono queste che vi contaminano e vi rendono inaccettabili a Dio!» (Mar. 7, 20-23)[51].

IV. La legittimità dell'identità omosessuale?

Il controverso libro del padre gesuita James Martin, presuppone la legittimità dell' identità omosessuale[52]. Con tutto il rispetto per padre Martin, il suo presupposto non si trova molto bene inserito «all'interno dell'insegnamento della Chiesa»[53]; in particolar modo se considerassimo l'ortodossia antropologica dell'insegnamento della Chiesa - la creazione dell'uomo come maschio e femmina (si vedano, come mero esempio: Gen. 1, 27; Ro. 1) - alla luce del riferimento alla condizione dell'omosessualità come un «disturbo oggettivo»[54]. Pertanto, è mia opinione che padre Martin, implicitamente, presupponga che l'attrazione per lo "stesso sesso" sia corretta anche nell'ottica della Creazione. Egli chiede ad un omosessuale di riflettere su se stesso alla luce del Salmo 139, per affermare la sua identità, poiché, come omosessuale ed in quanto omosessuale, egli è comunque «stato fatto in modo stupendo»[55]. A questo proposito, ne consegue che egli ritenga anche legittimo che si possa fondare l'identità umana, la quale comprende tanto l'identità personale quanto quella sociale di un individuo, all'interno dell'orientamento omosessuale.

I.%20%C2%ABMaschio%20e%20femmina%20li%20cre%C3%B2...%C2%BB - ultimo accesso verificato: 12 novembre 2021).

[51] Si veda il terzo capitolo del mio libro, nella seconda versione, ampliata e rivista: E. J. Echeverria, *Pope Francis: The Legacy of Vatican II* (Hobe Sound, Florida: Lectio Publishing, 2019 [prima edizione: 2015]), pp. 108-154.

[52] J. Martin (padre gesuita), *Building a Bridge*, Versione rivista ed ampliata (New York, N.Y.: Harper Collins, 2018 [prima edizione: 2017]).

[53] Ibid., p. 9.

[54] *Catechism of the Catholic Church*, art. 2358; Cfr. *Catechism of the Catholic Church*, «vatican.va», s.d. (https://www.vatican.va/archive/ENG0015/__P85.HTM – ultimo accesso verificato: 12 novembre 2021); Per il testo in italiano, si veda: *Catechismo della Chiesa cattolica*, «vatican.va», s.d. (https://www.vatican.va/archive/catechism_it/p3s2c2a6_it.htm# I.%20%C2%ABMaschio%20e%20femmina%20li%20cre%C3%B2...%C2%BB - ultimo accesso verificato: 12 novembre 2021).

[55] J. Martin (padre gesuita), *Building a Bridge*, pp. 134-137.

Come fa padre Martin a giustificare la legittimità di questa auto-descrizione - anzi, ad insistere su di essa? L'unico criterio che egli suggerisce e che lo legittima è l'esperienza individuale. L'esperienza individuale diventa una sorta di corte suprema attraverso la quale poter giudicare il Vangelo e tutti gli insegnamenti della Chiesa. Tutto questo lo porta alla conclusione che l'omosessualità di una persona rappresenti un dato della stessa Creazione piuttosto che una tendenza che di per sé è intrinsecamente disordinata. Tuttavia, come afferma correttamente Aidan Nichols, «noi non dobbiamo fidarci dell'esperienza, bensì della trasmutazione dell'esperienza mediante la Sacra Scrittura e gli insegnamenti della Tradizione»[56]. Si potrebbe prendere, allora, come normativa la verità che Dio ha fatto l'uomo, la nostra natura creata, come maschio e femmina, l'uno per l'altra (Cfr. Gen. 1, 27), e che questa natura è selvaggiamente ferita dal peccato, finanche spezzata, ma, grazie alla volontà e all'intervento di Dio, essa viene redenta in Gesù Cristo in ragione ed in conseguenza della sua opera espiatoria.

Tra la prima e la seconda edizione del suo libro, padre Martin ha risposto, in un articolo, alla critica di aver rifiutato l'insegnamento della Chiesa relativamente all'etica dell'omosessualità, esponendo - perlomeno così si presume - in modo chiaro ed accurato «d'insegnamento ufficiale della Chiesa»[57]. Sostengo, tuttavia, che padre Martin abbia frainteso l'insegnamento del Magistero sull'omosessualità. Come mostrerò di seguito, egli non è solo in questo genere di malinteso.

Egli afferma che, come prete cattolico, non ha mai sfidato né sfiderà mai questi insegnamenti[58]. Tuttavia, tale affermazione è grossolanamente poco chiara, non soltanto intellettualmente ma anche sul piano pratico. In primo luogo, nonostante questa sua dichiarazione di limitazione di responsabilità (ossia, che non avrebbe mai sfidato gli insegnamenti del Magistero sull'omosessualità), tale affermazione non equivale sicuramente a dire che egli afferma la verità degli insegnamenti della Chiesa interpretandoli oppure ritenendoli praticamente delle «luci lungo il sentiero della fede». Non ci sono prove che padre Martin ritenga che gli insegnamenti a cui si è appena fatto cenno siano veri, soprattutto perché egli non fa alcun riferimento alla connessione organica che dovrebbe esistere tra l'insegnamento stesso e la propria vita spirituale (vale a dire: in modo tale che questo insegnamento divenga necessario

---

[56] A. Nichols (padre domenicano), *Christendom Awake: On Reenergizing the Church in Culture* (Grand Rapids, Michigan: Eerdmans, 1999), pp. 41-52.

[57] J. Martin (padre gesuita), *What is the official church teaching on homosexuality? Responding to a commonly asked question*, «Americamagazine.org», 6 aprile 2018 (https://www.americamagazine.org/faith/2018/04/06/what-official-church-teaching-homosexuality-responding-commonly-askedquestion - ultimo accesso verificato: 12 novembre 2021).

[58] Cfr. Ibid.

per l'avveramento di un'autentica fioritura umana). Padre Martin non attinge mai a quell'insegnamento per illuminare la vita spirituale «e renderla sicura»; egli lascia che le persone attratte dallo stesso sesso rimangano alienate da quell'insegnamento con il risultato che né la loro «vita è retta, [né la loro] intelligenza ed il [loro] cuore saranno aperti ad accogliere la luce dei dogmi della fede»[59]. Come dimostrerò qui di seguito, questo è particolarmente vero per quanto riguarda l'antropologia cristiana della tradizione cattolica. In pratica, inoltre, dato il supporto entusiasta e dichiarato di padre Martin agli eventi del "Gay Pride", alle organizzazioni pro-omosessuali, come la *New Ways Ministry* e la *Out at St. Paul*, egli non lascia dubbi sul fatto che le sue dichiarazioni ed attività in merito agli stessi problemi legati al sesso abbiano causato e continuino a causare una grande confusione[60].

Mi concentrerò ora sul presupposto fondamentale del suo controverso libro, vale a dire: la legittimità dell'identità omosessuale. In altre parole, padre Martin sostiene, senza alcuna argomentazione, che l'attrazione per lo stesso sesso rappresenti una base valida per stabilire la propria identità umana. In effetti, data la sua presunta legittimità, è in dubbio se riferirsi alla sessualità di una persona come «oggettivamente disordinata»[61]. Si tratta solamente di una questione relativa alla formulazione linguistica oppure di una questione legata di rigetto dell'affermazione secondo cui essere attratti sessualmente da persone dello stesso sesso è sbagliato? Padre Martin spiega:

> La nostra sessualità, in un certo senso, tocca tutto ciò che facciamo, compreso il modo in cui amiamo, anche quando l'espressione sessuale di quell'amore non è né coinvolta né perfino contemplata. Quindi, chiamare la sessualità di una persona "oggettivamente disordinata" equivale a dire ad una persona che tutto il suo amore,

---

[59] *Catechism of the Catholic Church*, art. 89; Cfr. *Catechism of the Catholic Church*, «vatican.va», s.d. (https://www.vatican.va/archive/ENG0015/__PM.HTM – ultimo accesso verificato: 12 novembre 2021); Per il testo in italiano, si veda: *Catechismo della Chiesa cattolica*, «vatican.va», s.d. (https://www.vatican.va/archive/catechism_it/p1s1c2a2_it.htm#III.%20 L'interpretazione%20del%20deposito%20della%20fede - ultimo accesso verificato: 12 novembre 2021).

[60] C. J. Chaput (arcivescovo, Ordine dei frati minori cappuccini), *Fr. James Martin and Catholic belief*, «Catholicculture.org», 19 settembre 2019 (https://www.catholicculture.org/culture/library/view.cfm?recnum=12210 – ultimo accesso verificato: 12 novembre 2021). Si veda anche: R. P. George, *Fr. James Martin, Friendship and Dialogue, and the Truth about Human Sexuality*, «Public Discourse», 17 giugno 2018 (https://www.thepublicdiscourse.com/2018/06/21846/ - ultimo accesso verificato: 12 novembre 2021).

[61] J. Martin (padre gesuita), *Building a Bridge*, p. 74.

anche il più casto, è disordinato. Per molti cattolici che appartengono anche alla comunità LGBT, ciò sembra inutilmente crudele»[62].

Ora, padre Martin chiarisce che egli intende questa frase in riferimento «all'orientamento, e non alla persona»[63]. Inoltre, poiché egli non si riferisce alla persona in quanto tale, l'espressione «disturbo oggettivo […] non sminuisce l'intrinseca dignità di qualsiasi essere umano, poiché Dio ha creato tutti gli esseri umani uguali e buoni»[64]. Questa affermazione è corretta. Eppure, padre Martin chiede un emendamento del linguaggio della Chiesa quando essa definisce la sessualità di una persona come «oggettivamente disordinata» (così, infatti, avviene anche nel testo ufficiale del Catechismo della Chiesa cattolica). Padre Martin sta semplicemente presentando un'obiezione al linguaggio utilizzato per descrivere la condizione omosessuale come «intrinsecamente disordinata»? Padre Martin presenta questa obiezione perché molti sperimentano quel linguaggio come inutilmente offensivo e crudele? Padre Martin cita la dichiarazione di un vescovo australiano, Vincent Long Van Nguyen, il quale, nel 2016, durante il Sinodo sulla famiglia aveva sostenuto:

> Noi non possiamo parlare dell'integrità della creazione, dell'amore universale ed inclusivo di Dio, mentre allo stesso tempo colludiamo con le forze dell'oppressione nel maltrattamento delle minoranze razziali, delle donne e delle persone omosessuali [...]. Questi concetti non verranno creduti, non saranno accettati dai giovani, specialmente quando pretendiamo di trattare gli omosessuali con amore e compassione mentre, tuttavia, definiamo la loro sessualità come "intrinsecamente disordinata"[65].

Questa obiezione è difficile da comprendere. La caduta nel peccato, ossia il peccato originale, ha corrotto l'immagine di Dio in tutti gli uomini. «L'armonia nella quale [gli uomini] erano posti, grazie alla giustizia originale, è distrutta; la

---

[62] Ibid., 73.
[63] J. Martin (padre gesuita), *Building a Bridge*, p. 73.
[64] Cfr. J. Martin (padre gesuita), *What is the official church teaching on homosexuality? Responding to a commonly asked question.*
[65] Citato in: J. Martin (padre gesuita), *We need to build a bridge between LGBT community and Catholic Church*, «America», 30 ottobre 2016 (https://www.americamagazine.org/faith/2016/10/30/james-martin-sj-we-need-build-bridge-between-lgbt-community-and-catholic-church - ultimo accesso verificato: 12 novembre 2021).

padronanza delle facoltà spirituali dell'anima sul corpo è infranta; l'unione dell'uomo e della donna è sottoposta a tensioni; i loro rapporti saranno segnati dalla concupiscenza e dalla tendenza all'asservimento. L'armonia con la creazione è spezzata: la creazione visibile è diventata aliena e ostile all'uomo»[66]. E così si potrebbe porre la stessa domanda, che infatti è stata posta nel corso della storia della Chiesa e della teologia cristiana: la mia natura umana decaduta mina l'*imago Dei*? E se lo fa, in che senso? In altre parole, come dobbiamo intendere la questione centrale dell'umanità dell'uomo nella sua peccaminosità? La Caduta letteralmente disumanizza l'uomo, privandolo della sua natura essenziale?

Siamo tutti figli di Adamo ed in virtù di questa unità siamo tutti implicati nel suo peccato[67]. San Paolo afferma: «Quando Adamo peccò, il peccato entrò in tutta la razza umana. Il peccato di Adamo seminò la morte per tutto il mondo, e da allora ogni cosa incominciò ad invecchiare e a morire, perché tutti peccarono. [...] Per la disubbidienza di un solo uomo, Adamo, tutti risultarono peccatori, mentre per l'ubbidienza di un solo uomo, Cristo, molti saranno accettati da Dio come giusti» (Ro. 5, 12-19). Questo peccato originale è lo stato oppure, se vogliamo, la condizione sottostante dell'alienazione dell'uomo da Dio, la quale rappresenta la fonte degli atti visibili del peccato. Essa colpisce la natura umana, manifestandosi come un profondo difetto in quella natura e, quindi, come uno stato decaduto. Helmut Thielicke correttamente osserva nella sua glossa alla lettera di san Paolo ai romani (Cfr. Ro. 5, 18: «come il peccato di un solo uomo, Adamo, ha causato la condanna per tutti gli uomini, così l'opera di un solo uomo, Gesù Cristo, ha reso giusti gli uomini davanti a Dio, perché possano avere la vita eterna»): «Noi siamo tutti sottoposti alla medesima condanna e ciascuno di noi ha ricevuto la sua "parte" di essa». Thielicke, quindi, trae la seguente implicazione: «In ogni caso, da questo punto di vista, la parte omosessuale di quella condanna non possiede una gravità

---

[66] *Catechism of the Catholic Church*, art. 400 [Cfr. *Catechism of the Catholic Church*, «vatican.va», s.d. (https://www.vatican.va/archive/ENG0015/__P1C.HTM – ultimo accesso verificato: 12 novembre 2021); Per il testo in italiano, si veda: *Catechismo della Chiesa cattolica*, «vatican.va», s.d. (https://www.vatican.va/archive/catechism_it/p1s2c1p7_it.htm #I.%20%C2%ABLaddove%20%C3%A8%20abbondato%20il%20peccato,%20ha%20sovr abbondato%20la%20grazia%C2%BB - ultimo accesso verificato: 12 novembre 2021)]. Inoltre, «A causa dell'uomo, la creazione è soggetta alla schiavitù della corruzione (Cfr. Ro. 8, 21). Infine, la conseguenza esplicitamente annunziata nell'ipotesi della disobbedienza [527] si realizzerà: l'uomo tornerà in polvere, quella polvere dalla quale è stato tratto (Cfr. Gen. 3, 19). *La morte entra nella storia dell'umanità* (Cfr. Ro. 5, 12)» (Ibid.). Si veda inoltre: Ibid., art. 405.

[67] Ibid., art. 402.

maggiore che debba giustificare un qualsiasi sentimento farisaico di arroganza e di integrità da parte di noi persone "normali"»[68].

Naturalmente, Dio non ha creato l'uomo imperfetto. Giovanni Paolo II afferma giustamente: «Lo splendore della verità rifulge in tutte le opere del Creatore e, in modo particolare, nell'uomo creato a immagine e somiglianza di Dio (Cfr. Giov. 1, 26)»[69]. Quindi, noi dobbiamo distinguere tra la natura dell'uomo in quanto creata da Dio ed in quanto conseguenza della crisi operata dal peccato originale stesso. Questo stato decaduto colpisce l'intera natura dell'uomo, ogni aspetto dell'esistenza umana: quello personale, così come quello sociale, culturale e gli altri simili. Nella storia del pensiero cristiano, il peccato è stato paragonato ad una malattia, ad una colpa morale, finanche ad una forza schiavizzante, nonché come l'antitesi tra due onnicomprensivi modi di vivere: la morte e la vita (Cfr. Ro. 6, 3-8), le tenebre e la luce (Cfr. Giov. 1, 5; 1P. 2, 9), la carne e lo spirito (Cfr. Gal. 5, 16-26), il perdersi e l'essere trovato (Lu. 15)[70].

In questo contesto, padre Martin potrebbe ancora rendere chiaro che la condizione di essere sessualmente attratti dalle persone dello stesso sesso rappresenta, in realtà, un segno della propria fragilità, un' espressione della condizione decaduta dell'uomo, e che, di conseguenza, essa è contraria all'antropologia della Chiesa, la quale sostiene, invece, che «la sessualità è ordinata all'amore coniugale dell'uomo e della donna»[71] dato che Dio, quando ha creato l'essere umano, lo ha fatto distinguendolo in maschio e femmina (Cfr. Gen. 1, 27). Se fosse soltanto questo, allora, riconoscerebbe la distinzione tra l'ordine normativo della creazione in cui Dio ha creato l'uomo e l'ordine della caduta, seguito dall'ordine di redenzione. Avrebbe, quindi, adottato come normativa la verità che Dio ha fatto l'uomo, la nostra natura creata, come maschio e femmina l'uno per l'altra (Cfr. Gen. 1, 27), e quindi che «la sessualità, per propria stessa costituzione, riguarda essenzialmente la differenza di genere tra il maschio e la femmina ed è,

---

[68] H. Thielicke, *The Ethics of Sex*, p. 283.

[69] Si vedano le parole scritte nella frase di apertura di: Giovanni Paolo II (papa), *Veritatis Splendor. Lettera enciclica del sommo pontefice Giovanni Paolo II a tutti i vescovi della Chiesa cattolica circa alcune questioni fondamentali dell'insegnamento morale della Chiesa (6 agosto 1993)*.

[70] In merito a questo, si veda: A. E. McGrath, *Intellectuals Don't Need God and other Modern Myths*, pp. 134-137.

[71] *Catechism of the Catholic Church*, art. 2360; ; Cfr. *Catechism of the Catholic Church*, «vatican.va», s.d. (https://www.vatican.va/archive/ENG0015/__P86.HTM – ultimo accesso verificato: 12 novembre 2021); Per il testo in italiano, si veda: *Catechismo della Chiesa cattolica*, «vatican.va», s.d. (https://www.vatican.va/archive/catechism_it/p3s2c2a6_it.htm#I.%20%C2%ABMaschio%20e%20femmina%20li%20cre%C3%B2...%C2%BB - ultimo accesso verificato: 12 novembre 2021).

quindi, di per sé "normalmente" eterosessuale»[72]. Aggiungerebbe anche che questa natura è selvaggiamente ferita dal peccato, spezzata, ma, grazie alla volontà e all'intervento di Dio, essa è redenta in Gesù Cristo in ragione ed in conseguenza della sua opera espiatoria. Tuttavia, è chiaro, dal passaggio sopra citato, che egli non ritenga né creda che ci sia qualcosa di sbagliato in quanto tale nell'essere sessualmente attratti dalle persone dello stesso sesso. Egli deduce tutto questo semplicemente dall'affermazione che essere un omosessuale non sia un peccato perché non si tratta di una condizione che il soggetto in questione ha "semplicemente" scelto. Padre Martin, infatti, attraverso queste sue stesse parole, afferma:

> Agli occhi della Chiesa, la condizione di essere semplicemente gay oppure lesbica non rappresenta un peccato, contrariamente a quella che è la credenza diffusa anche tra i cattolici più istruiti. Questo potrebbe davvero essere definito come uno degli insegnamenti della Chiesa meno compresi. Regolarmente mi vengono poste delle domande del tipo: "Ma non è peccato essere gay?" Lo voglio ribadire: questo non è l'insegnamento della Chiesa. In nessun punto del Catechismo viene stabilito che la condizione di essere semplicemente un omosessuale debba considerarsi come un peccato. D'altronde, come qualsiasi psicologo oppure qualsiasi psichiatra rispettabile potrebbe confermare, le persone non scelgono di nascere con un particolare orientamento sessuale[73].

Padre Martin fraintende questo insegnamento. Egli, peraltro, non è da solo nel contesto di questo fraintendimento. Questo insegnamento è stato spesso incompreso anche dai suoi sostenitori, oppure travisato, a volte, da coloro che non negano espressamente l'insegnamento della Chiesa sulle tendenze omosessuali oppure sulla pratica omosessuale, ma la cui comprensione di questo insegnamento è tale da non poterlo affermare coerentemente. In effetti, alcuni critici dell'insegnamento della Chiesa insistono sul fatto che se l'individuo in una condizione omosessuale è moralmente irreprensibile - si chiedono - perché quell'individuo viene considerato moralmente colpevole dato che egli agisce in conseguenza del suo stato di moralità irreprensibile? Non è, forse, che, in questo

---

[72] L. Melina (monsignore), *Homosexual Inclination as an "Objective Disorder". Reflections on Theological Anthropology,* p. 131.

[73] Cfr. J. Martin (padre gesuita), *What is the official church teaching on homosexuality? Responding to a commonly asked question.*

caso, l'insegnamento della Chiesa si dimostra contraddittorio? Per evitare questa accusa, noi dobbiamo affermare in modo chiaro ed esplicito che la condizione omosessuale è oggettivamente disordinata e che la natura umana decaduta rappresenta la fonte degli atti peccaminosi dell'uomo. In altre parole, sebbene noi possiamo avere alcune ferite nel nostro essere (ferite di cui non siamo responsabili), non è assolutamente corretto affermare che quelle ferite siano naturali e, di conseguenza, debbano considerarsi come fonti legittime per condurre l'azione morale umana.

L'incomprensione più comune dell'insegnamento della Chiesa si trova nel documento pastorale della Conferenza episcopale degli Stati uniti (USCCB) prodotto nel 1998 ed intitolato *Always our children: a pastoral message to parents of homosexual children and suggestions for pastoral ministers*[74]. In due diverse occasioni, la pastorale sostiene che la condizione omosessuale non è peccaminosa oppure immorale di per sé, perché un individuo non la sceglie liberamente. La Conferenza episcopale si astiene dal definire la condizione stessa di omosessualità come oggettivamente disordinata, dato che questi impulsi profondamente radicati tendono a ciò che è sempre intrinsecamente sbagliato. Questa omissione lascia i lettori con l'impressione che la condizione omosessuale sia, in definitiva, moralmente neutrale, benigna oppure buona. Tuttavia, noi sappiamo bene che non è chiaramente in questi termini che la Chiesa si è espressa. Per esempio, una donna sterile non ha scelto liberamente la condizione di sterilità, ma nessuno suggerisce, ad ogni modo, che l'infertilità sia un bene. Quindi, il fatto di negare che l'omosessualità, così come l'infertilità, siano dei peccati scelti personalmente dai soggetti che ne sono affetti, non significa, certamente, affermare anche che queste condizioni non rappresentino comunque dei disturbi.

Un altro esempio particolarmente rappresentativo di questo genere di fraintendimento, anzi, di questo genere di travisamento è rappresentato dalla dichiarazione (precedente al documento di cui ho appena scritto) prodotta dal *Core Council for Gay and Lesbian Students* presso l'Università di Notre Dame (nell'Indiana) ed intitolata *Homosexuality and Sexual Orientation: Common Questions*[75]. In risposta alla

---

[74] United States Bishops' Committee on Marriage and Family, *Always our children. A pastoral message to parents of homosexual children and suggestions for pastoral ministers*, «newwaysministry.org», 10 settembre 1997 (https://www.newwaysministry.org/aoc/ – ultimo accesso verificato: 12 novembre 2021).

[75] Il sito web del Core council for gay and lesbian students dell'Università di Notre Dame (Indiana) non pubblica il documento del 2006 dell'USCCB, *Ministry to Persons with a Homosexual Inclination: Guidelines for Pastoral Care*. Il concilio pubblica solamente il documento del 1998, *Always Our Children*, nonché alcune interpretazioni di tale insegnamento. Il vecchio sito sul quale era disponibile tutto questo

domanda «Cos'è che afferma la Chiesa cattolica in merito al tema dell'omosessualità?», il Concilio ha risposto con queste parole: «L'orientamento omosessuale, in sé e per sé, è moralmente neutro, ma le relazioni omosessuali di carattere esplicitamente sessuale sono peccaminose, allo stesso modo in cui le relazioni eterosessuali di carattere esplicitamente sessuale, quando sono condotte al di fuori del matrimonio, sono immorali». In una dichiarazione più recente, intitolata *Beloved friends and allies: a pastoral plan for the support and holistic development of GLBTQ and heterosexual students at the University of Notre Dame (Indiana)*[76], il Concilio invoca la «distinzione che comunemente viene fatta tra la condizione oppure la tendenza omosessuale e le azioni omosessuali di carattere individuale»[77]; ed aggiunge: «Con il Comitato dei vescovi americani sul matrimonio e la famiglia, l'Università difende il principio secondo cui "generalmente", l'orientamento omosessuale viene vissuto come un qualcosa che è dato, e non come un qualcosa che sia stato liberamente scelto. Di per sé, quindi, un orientamento di natura omosessuale non può essere considerato come peccaminoso»[78].

Ci sono molte cose importanti che non funzionano in questa risposta, stando a quello che è l'insegnamento della Chiesa sull'omosessualità (e che ho spiegato già precedentemente).

In primo luogo, le tendenze omosessuali non possono essere descritte come moralmente neutre, ma piuttosto oggettivamente disordinate in quanto tali, perché inclinano l'uomo verso la pratica omosessuale che è, di per sé, intrinsecamente immorale. Ci sono condizioni che possono essere descritte come cattive oppure sbagliate in un senso differente da quello di ritenerle moralmente peccaminose, come, per esempio, l'infertilità oppure l'essere nati ciechi, senza che si debba anche ritenere che si tratti di qualcosa che viene scelto in modo consapevole oppure esplicito. Tuttavia, come ho sostenuto già precedentemente, non è incoerente ritenere che una persona scelga di intraprendere una pratica omosessuale alla luce di una «pluralità di elementi e di fattori della personalità che sono destinati a costituire

---

(http://corecouncil.nd.edu/church_response/index.shtml) è stato reso inagibile. Si veda, perciò: *Beloved Friends and Allies: A Pastoral Plan for the Support and Holistic Development of GLBTQ and Heterosexual Students at the University of Notre Dame*, «friendsallies.nd.edu», s. d. (https://friendsandallies.nd.edu/ - ultimo accesso verificato: 12 novembre 2021).

[76] Cfr. *Beloved Friends and Allies: A Pastoral Plan for the Support and Holistic Development of GLBTQ and Heterosexual Students at the University of Notre Dame*.

[77] Il piano pastorale viene citato dal documento: Congregazione per la dottrina della fede, *Homosexualitatis Problema. Letter to the bishops of the Catholic Church on the pastoral care of homosexual persons (1986)*, par. 3.

[78] *Beloved Friends and Allies: A Pastoral Plan for the Support and Holistic Development of GLBTQ and Heterosexual Students at the University of Notre Dame*.

una tendenza unitaria sulla quale il soggetto costruisce la propria identità sessuale e riconosce il proprio posto nella relazione con gli altri e con il mondo circostante»[79].

In secondo luogo, l'affermazione che le relazioni sessuali di natura eterosessuale e quelle di natura omosessuale siano peccaminose allo stesso modo, in ragione del fatto che entrambe manifestano dei peccati contro la castità, non riconosce affatto che l'omosessualità, a differenza dell'eterosessualità, è un problema fondamentale perché le tendenze omosessuali sono oggettivamente disordinate. Come hanno scritto recentemente due critici della visione d'insieme sulla condizione omosessuale portata avanti dal Consiglio di Notre Dame (Indiana), «se l'attività omosessuale stessa è sempre intrinsecamente immorale e le tendenze omosessuali sono, di conseguenza, sempre oggettivamente disordinate perché inclinano l'uomo verso ciò che è sempre intrinsecamente immorale, allora ha senso dire che i suoi affetti sessuali, in quanto omofili, non sono buoni né corretti. Non riguardano l'universo femminile, che è l'obiettivo del desiderio psicosessuale maschile maturo»[80]. Inoltre, questo piano pastorale contraddice sé stesso poiché nega che l'orientamento omosessuale si debba considerare come un disturbo ma, allo stesso tempo, sostiene anche «la posizione di vecchia data della tradizione giusnaturalistica della Chiesa, secondo cui 'la sessualità è ordinata all'amore coniugale dell'uomo e della donna' (Catechismo della Chiesa Cattolica, par. 2360)»[81].

In terzo luogo, il Concilio, perciò, commette un errore quando afferma che «la Chiesa non sostiene che l'orientamento omosessuale sia sbagliato; piuttosto, è l'attività sessuale tra persone dello stesso sesso ad essere "oggettivamente disordinata" e, quindi, peccaminosa». Questa affermazione è imprecisa e ci fornisce solamente una mezza verità. In realtà, la Chiesa sostiene che la fonte dell'attività omosessuale oggettivamente disordinata sia rappresentata dalla condizione omosessuale che è essa stessa, quindi, sempre oggettivamente disordinata poiché inclina l'uomo verso ciò che è sempre intrinsecamente immorale. E sebbene il Consiglio di Notre Dame ed il successivo piano pastorale di Amati amici e alleati abbiano giustamente insistito sul fatto che l'inclinazione omosessuale non rappresenti una malattia, tuttavia, essa rappresenta comunque un disordine oggettivo, una devianza sessuale - per così dire - dal momento che non è in grado di soddisfare il bene naturale della sessualità e dell'ordinamento stabilito da Dio

---

[79] L. Melina (monsignore), *Homosexual Inclination as an "Objective Disorder". Reflections on Theological Anthropology*, p. 132.

[80] Cfr. G. Mansini (Ordine di San Benedetto), L. J. Welch, *In Conformity to Christ*.

[81] Cfr. *Beloved Friends and Allies: A Pastoral Plan for the Support and Holistic Development of GLBTQ and Heterosexual Students at the University of Notre Dame*.

durante la Creazione, secondo il quale il corpo e l'anima dell'essere umano devono essere diretti verso l'«altro» sessuale[82].

Quindi, sostenere che la condizione omosessuale in sé non sia peccaminosa non significa, certamente, affermare, oppure implicare, il concetto di neutralità morale. I desideri omosessuali sono sbagliati nel senso che essi non sono né buoni, né corretti, e questo non equivale assolutamente a dare un giudizio morale sulla colpa morale personale di un individuo che, appunto, si impegna in attività di natura omosessuale. Tale individuo è moralmente incolpabile per tale attività solamente se l'atto è stato scelto liberamente e consapevolmente. Inoltre, le relazioni espressamente sessuali di natura omosessuale ed eterosessuale non sono moralmente sbagliate allo stesso modo, come se si volesse sostenere che coloro i quali si impegnano in entrambi i tipi di relazioni abbiano mancato all'obbligo della castità allo stesso modo. Affermare quest'ultimo principio nell'affrontare il problema dell'attività sessuale omosessuale ed eterosessuale, condurrebbe i lettori a ritenere e a dedurre che la condizione omosessuale, di per sé, non rappresenti un problema morale in alcun senso; il che, di conseguenza, suggerirebbe una condizione di parità tra l'omosessualità e l'eterosessualità nell'ordine della creazione. Tuttavia, l'eterosessualità non è di per sé oggettivamente disordinata perché non inclina, a differenza delle tendenze di natura omosessuale, l'uomo verso atti sessuali intrinsecamente sbagliati. La distinzione tra l'orientamento omosessuale e l'atto omosessuale implica, così come viene espresso dal Concilio di Notre Dame e da altri come, per esempio, padre Martin, che esista una parità tra l'orientamento eterosessuale e quello omosessuale nell'ordine della creazione, mentre l'insegnamento della Chiesa sulla sessualità umana respinge chiaramente tale affermazione. In conclusione, non c'è alcuna base nell'insegnamento della Chiesa che consenta di rivendicare l'identità umana sulla base dell'inclinazione omosessuale, poiché quest'ultima viene ritenuta come intrinsecamente disordinata.

La strategia pastorale di padre Martin prende avvio dal presupposto che l'orientamento omosessuale fondi l'identità umana, e questa strategia risulta precisamente contraria agli insegnamenti ed agli assunti dell'antropologia della Chiesa. Quindi, con ogni probabilità, coloro che lo seguono, oppure che seguono il suo esempio, cadranno nel pericolo di quello che Papa Francesco definisce l'auto-assorbimento terapeutico. Il pontefice, al centosettantesimo paragrafo della sua esortazione apostolica del 2013 intitolata *Evangelii gaudium*, sostiene che «benché suoni ovvio, *l'accompagnamento spirituale deve condurre sempre più verso Dio, in cui possiamo*

---

[82] M. Levering, *Knowing What is "Natural": Thomas Aquinas and Luke Timothy Johnson on Romans 1-2*, «Logos», Vol. 12, n. 1, 2009, pp. 117-142 (https://muse.jhu.edu/article/256944 – ultimo accesso verificato: 12 novembre 2021).

raggiungere la vera libertà. Alcuni si credono liberi quando camminano in disparte dal Signore, senza accorgersi che rimangono esistenzialmente orfani, senza un riparo, senza una dimora dove fare sempre ritorno. Cessano di essere pellegrini e si trasformano in erranti, che ruotano sempre intorno a sé stessi senza arrivare da nessuna parte. L'accompagnamento sarebbe controproducente se diventasse una specie di terapia che rafforzi questa chiusura delle persone nella loro immanenza e cessi di essere un pellegrinaggio con Cristo verso il Padre»[83]. Noi tutti abbiamo bisogno di un approccio pastorale che sia coerente con l'antropologia cristiana, la quale è fondata sulla verità che Dio ha creato l'uomo, la nostra natura creata, come maschio e femmina l'uno per l'altro (Cfr. Gen. 1, 27), e che questa natura è selvaggiamente ferita dal peccato, finanche spezzata, ma, grazie alla volontà e all'intervento di Dio, essa è anche redenta in Gesù Cristo in ragione ed in conseguenza della sua opera espiatoria.

Conclusioni.

In questo capitolo ho sostenuto la coesistenza e l'influenza reciproca dei due princìpi ugualmente importanti di misericordia e verità nella cura pastorale. Oltre ciò, ho anche sostenuto l'importanza delle distinzioni concettuali tra la "legge della gradualità" e la "gradualità della legge", al fine di comprendere le dinamiche del progresso morale. Senza questa distinzione, la nostra comprensione della cura pastorale degli individui coinvolti nelle relazioni problematiche (sia dal punto di vista spirituale, sia da quello morale) si tramuterebbe in una versione dell'etica della situazione. Inoltre, ho fornito anche un'interpretazione del "significato antropologico dell'omosessualità nei termini di quella che la Chiesa definisce come una 'tendenza disordinata'". Ho poi mostrato che l'insegnamento del Magistero della Chiesa sul tema (oppure sulla problematica) dell'omosessualità si esprime in due maniere: sia interpretando l'omosessualità come un orientamento (espressivo di un'inclinazione, di un'attrazione oppure di un desiderio), sia interpretandola come una vera e propria attività. La Chiesa, giustamente, comprende che la condanna della pratica dell'omosessualità, formulata nella Sacra Scrittura, non riguarda solamente gli atti esteriori ma anche la condizione interiore, vale a dire: riguarda

---

[83] Francesco (papa), *Evangelii gaudium. Apostolic exhortation of the holy father Francis to the bishops, clergy, consecrated persons and the lay faithful on the proclamation of the gospel in today's world*, «Vatican.va», 24 novembre 2013 (https://www.vatican.va/content/francesco/en/apost_exhortations/documents/papa-francesco_esortazione-ap_20131124_evangelii-gaudium.html - ultimo accesso verificato: 12 novembre 2021) [il corsivo è da imputarsi all'autore del capitolo].

tanto gli atti omosessuali quanto i desideri oppure le inclinazioni costitutive di quella stessa condizione omosessuale. Ho anche argomentato contro una "interpretazione eccessivamente benevola" della stessa condizione omosessuale, in particolare da parte di coloro che rifiutano di credere che quest'ultima possa rappresentare una vera e propria scelta da parte di alcuni soggetti. La loro obiezione deriva, in parte, dal ritenere che tale "scelta" sia quasi come una sorta di scelta nuda, vale a dire: una scelta priva di contesto ed avulsa da altri importanti fattori causali della condizione omosessuale. Inoltre, a questo proposito, ho dimostrato che l'antropologia cristiana della tradizione cattolica, giustamente, rifiuta di riconoscere una legittimità all'affermazione, espressa, per esempio, dal padre gesuita James Martin, secondo la quale "l'orientamento omosessuale" fondi l'identità umana. La mia conclusione è che la Chiesa dovrebbe rifiutare qualsiasi approccio pastorale basato su tale errato presupposto.

Appendice

Per la condivisione di uno spirito di discernimento: raccomandazioni delle professoresse universitarie dei seminari americani ai presidenti delle conferenze episcopali ed ai vescovi degli Stati Uniti.*

Susan Selner-Wright, Ph.D.
Professoressa, St. John Vianney Seminary, Denver, Colorado;
precedentemente al Mount Saint Mary's, Emmitsburg, Maryland

Janet E. Smith, Ph.D.
Professoressa, Father Michael J. McGivney Chair of Life Ethics,
Sacred Heart Major Seminary, Detroit, Michigan

Deborah Savage, Ph.D.
Professoressa, St. Paul Seminary School of Divinity,
University of St. Thomas, St. Paul, Minnesota

Theresa Farnan, Ph.D.
Professoressa, St. Paul Seminary, Pittsburgh, Pennsylvania;
precedentemente al Mount St. Mary's Seminary, Emmitsburg,
Maryland

Suzanne Mulrain
Coordinatrice, School of Theological Studies,
Saint Charles Borromeo Seminary, Philadelphia, Pennsylvania

Introduzione.

Non c'è bisogno di rilevare che la nostra amata Chiesa si trova in uno stato di crisi, di emergenza, causato dagli innumerevoli resoconti di abusi sessuali commessi dai membri del clero; uno stato di emergenza, peraltro, esacerbato da un modello storico riconoscibile di insabbiamenti episcopali e di segretezza. Come donne che hanno il privilegio di insegnare in diversi seminari, il nostro profondo amore per la Chiesa, insieme alla preoccupazione in merito alla sua insostituibile testimonianza del Vangelo di Gesù Cristo, ci spinge ad offrire le nostre raccomandazioni su quali possa essere le misure adottabili all'interno dei seminari al fine di aiutare i seminaristi a raggiungere il celibato casto e ad evitare lo sviluppo del clericalismo. Le nostre raccomandazioni sono informate non solamente dalla nostra formazione teologica e filosofica, ma anche da molti anni di esposizione alla vita del seminario, nonché dalla nostra esperienza in qualità di membri del Corpo di Cristo. Siamo fedeli figlie della Chiesa e non possiamo restare in silenzio mentre assistiamo alla drammatica erosione della fiducia nei suoi leader, specialmente tra i laici, i sacerdoti fedeli e i seminaristi.

La crisi degli abusi sessuali non deve essere liquidata come qualcosa che abbia motivazioni meramente politiche oppure come un problema che può essere affrontato con alcuni cambiamenti delle politiche della Chiesa. Nella realtà dei fatti, essa è indicativa di un problema molto più profondo, che coinvolge il cuore stesso di tutti noi in quanto cattolici. Indipendentemente dalle specificità delle nostre vocazioni, in primo luogo tutti siamo chiamati ad essere santi, tutti siamo invitati a vivere una vita di castità ed obbedienza a Gesù Cristo. Questa è la dimensione mariana della Chiesa, senza la quale essa non avrebbe vita interiore. E senza una sete di santità al centro dei nostri impegni personali, la Chiesa diventa soltanto un'altra istituzione, un guscio vuoto, senza alcuna sostanza né significato.

Come donne che hanno accompagnato i seminaristi nelle varie fasi della loro formazione, noi pensiamo di avere degli importanti spunti da poter offrire sulla cultura del seminario, a partire dalle pratiche specifiche nella formazione umana, fino ad arrivare al rapporto tra i seminaristi, i rettori ed i vescovi. Il fatto che noi stesse non siamo state plasmate dalla formazione in seminario, ci offre, forse, una prospettiva privilegiata. Poiché i seminaristi spesso confidano in noi e poiché la maggior parte di noi ha marito (e molte fra noi hanno anche cresciuto dei figli), riteniamo di portare certamente una prospettiva utile alla formazione degli uomini. Abbiamo sostenuto molte ore di discussione per arrivare alla stesura del presente documento, il quale, peraltro, ha anche ricevuto diversi input da altre donne in numerosi seminari. Nulla di quanto diciamo qui dovrebbe essere preso come una riflessione sui seminari in cui stiamo lavorando oppure nei quali abbiamo lavorato in un passato più o meno recente.

Abbiamo preparato questo documento con uno spirito di collaborazione e corresponsabilità (*Documento finale del Sinodo dei vescovi sui giovani, la fede e il discernimento vocazionale*[1]) e con il più profondo rispetto per il vostro ufficio e le sfide che dovrete fronteggiare per risolvere l'attuale crisi che investe la Chiesa cattolica. La nostra intenzione, qui, è di offrire i nostri pensieri come atto di servizio a voi ed alla vostra missione. Speriamo che vorrete prendere in considerazione le nostre raccomandazioni sulla formazione e la cultura del seminario; alla luce di tutto ciò, vi

---

*Questo documento è stato preparato da un gruppo di lavoro del Catholic Women's Forum ed è stato presentato in occasione del Sinodo straordinario sulla protezione dei minori, tenutosi a Roma dal 21 al 24 febbraio 2019. Questo documento, inoltre, è stato inviato a tutti i vescovi degli Stati Uniti in quel momento. I seminari sono elencati solamente a scopo di identificazione. Nulla nel testo seguente dovrebbe essere letto come una riflessione sulla situazione riguardante un particolare seminario oppure dei particolari individui.

[1] Si fa riferimento al testo del Documento finale del Sinodo dei vescovi al Santo Padre Francesco, al termine della XV Assemblea generale ordinaria (che si è svolta nei giorni fra il 3 ed il 28 ottobre 2018) sul tema «I giovani, la fede e il discernimento vocazionale»: *Synod18 – Documento finale e Votazioni del Documento finale del Sinodo dei Vescovi al Santo Padre Francesco (27 ottobre 2018)*, «press.vatican.va», 27 ottobre 2018, par. 123 («Un tratto caratteristico di questo stile di Chiesa è la valorizzazione dei carismi che lo Spirito dona secondo la vocazione e il ruolo di ciascuno dei suoi membri, attraverso un dinamismo di corresponsabilità. Per attivarlo si rende necessaria una conversione del cuore e una disponibilità all'ascolto reciproco, che costruisca un effettivo sentire comune. Animati da questo spirito, potremo procedere verso una Chiesa partecipativa e corresponsabile, capace di valorizzare la ricchezza della varietà di cui si compone, accogliendo con gratitudine anche l'apporto dei fedeli laici, tra cui giovani e donne, quello della vita consacrata femminile e maschile, e quello di gruppi, associazioni e movimenti. Nessuno deve essere messo o potersi mettere in disparte. È questo il modo per evitare tanto il clericalismo, che esclude molti dai processi decisionali, quanto la clericalizzazione dei laici, che li rinchiude anziché lanciarli verso l'impegno missionario nel mondo. Il Sinodo chiede di rendere effettiva e ordinaria la partecipazione attiva dei giovani nei luoghi di corresponsabilità delle Chiese particolari, come pure negli organismi delle Conferenze Episcopali e della Chiesa universale. Chiede inoltre che si rafforzi l'attività dell'Ufficio giovani del Dicastero per i Laici, la Famiglia e la Vita anche attraverso la costituzione di un organismo di rappresentanza dei giovani a livello internazionale»). Il testo integrale del documento in lingua italiana si trova sul sito «press.vatican.va» (https://press.vatican.va/content/salastampa/it/bollettino/pubblico/2018/10/27/0789/0 1722.html – ultimo accesso verificato: 14 novembre 2021); per il testo in inglese, si veda: Synod Of Bishops (XV Ordinary General Assembly), *Final document on young people, the faith and vocational discernment*, «vatican.va», 27 ottobre 2018 (https://www.vatican.va/roman_ curia/synod/documents/rc_synod_doc_20181027_doc-final-instrumentum-xvassemblea-giovani_en.html – ultimo accesso verificato: 14 novembre 2021).

esortiamo ad attuare queste raccomandazioni con un sentimento di particolare urgenza.

Poiché tutte noi ci troviamo negli Stati Uniti, limitiamo le nostre osservazioni e raccomandazioni solamente ai seminari degli Stati Uniti o che, comunque, si trovano nei suoi territori, ma speriamo che esse possano, in qualche modo, essere utili a coloro che tentano di riformare i seminari nelle altre parti del mondo, dove si soffre ugualmente per i medesimi problemi. Dobbiamo tutti risolutamente affrontare il fatto che ci sono stati casi in cui la cultura di alcuni seminari ha portato ad esercitare una pratica della tolleranza oppure, addirittura, una vera e propria facilitazione dell'attività sessuale e dell'abuso o, per dirla altrimenti, della molestia sessuale contro i seminaristi. Ora sappiamo che coloro che hanno tentato di richiamare l'attenzione su tale genere di corruzione sono stati spesso ignorati e talvolta respinti. Una simile cultura non soltanto vìola la castità, ma crea anche un pericoloso clima di segretezza e di indulgenza sessuale che potrebbe, da un lato, portare a commettere nuovi abusi sessuali contro i minori da parte di pochi e, dall'altro, permettere che la cattiva condotta sessuale contro gli adulti continui, si perpetri, da parte di altri.

La Chiesa non potrà riprendersi da questa crisi senza assicurare (1) la giusta ed appropriata selezione dei candidati prima dell'ammissione al seminario; (2) una formazione rigorosa che, da un lato, fornisca le abitudini necessarie affinché i candidati possano conseguire la virtù della castità e, dall'altro, eviti il vizio del clericalismo; (3) la protezione dei seminaristi dagli abusi oppure dalle molestie sessuali, nonché dalle ritorsioni per avere denunciato i casi di violazione della castità; e (4) una valutazione continua dei metodi utilizzati per favorire la castità e per combattere la nascita e la perpetuazione del clericalismo.

Riconosciamo che dall'indagine del 2005 sui seminari, alcuni importanti e positivi cambiamenti si sono verificati in molti seminari (anche se, purtroppo, non in tutti) e che in alcuni seminari si è mostrato particolare zelo nel cercare di stabilire delle misure efficaci al fine di educare i seminaristi alla castità, anche se crediamo che ci siano dei margini di miglioramento anche per questi ultimi. Allo stesso tempo, sebbene in alcuni seminari siano state adottate e vengano mantenute alcune misure corrette per combattere il clericalismo, sembra che quest'ultimo rappresenti un'abitudine, un problema ignorato in altri. Speriamo che i nostri consigli stimoleranno le discussioni ed incoraggeranno i seminari ad affrontare questo dannoso problema.

Nella Parte I del nostro documento, raccomandiamo alcune azioni immediate e specifiche. Nella parte II, offriamo alcune osservazioni e raccomandazioni sulla formazione alla castità celibe e sulle misure formative che sono indirizzate ad evitare il clericalismo. Nella parte III, infine, guardiamo alla cultura del seminario in generale ed offriamo alcuni consigli sulla relazione tra il vescovo ed il seminario e sulle qualità necessarie che dovrebbe possedere un rettore.

I. Raccomandazioni per un'azione immediata.

Includiamo, qui, una linea temporale che riteniamo essere appropriata a quella che è l'urgenza della situazione che stiamo vivendo. Sappiamo che si tratta di una sfida e ci rendiamo anche conto che essa potrebbe richiedere di rimandare altre questioni importanti. Ma realmente, l'importanza di seminari solidi e di sacerdoti ben formati non può essere sottovalutata. Vi chiediamo di accogliere la nostra preghiera di considerare e di dare la massima priorità alle raccomandazioni che vi forniremo di seguito.

1. Revisione interna immediata di tutti i seminari.

Tutti i seminari negli Stati Uniti dovrebbero essere istruiti dai vescovi che, su di essi, abbiano l'autorità al fine di condurre immediatamente delle indagini interne finalizzate a garantire che nessuno che viva oppure che lavori nel seminario risulti essere attualmente impegnato - oppure abbia una storia passata di coinvolgimento - nella cattiva condotta sessuale (vale a dire: che non sia impegnato in attività sessuali con donne oppure uomini, che non faccia uso della pornografia, di app di "incontri" inadeguati, che non sia abituato, per così dire, agli scherzi oppure allusioni sessuali, le quali sono sempre ed indistintamente inappropriate). I laici (della facoltà del seminario ed, eventualmente, anche al di fuori del seminario stesso) dovrebbero far parte dei gruppi di indagine che sono presenti all'interno di ogni seminario. Questo genere di indagine dovrebbe includere non solamente una verifica dei fascicoli ma anche delle interviste ai membri della comunità del seminario, compresi i seminaristi e i neolaureati del seminario stesso. I risultati di queste indagini interne e di qualsiasi altra azione comunque intrapresa alla luce di questi risultati dovrebbe essere condivisi con il benestare dei vescovi, del consiglio del seminario, dei membri della comunità del seminario coinvolti nella fase di revisione, e con i comitati appropriati dell'USCCB e del National Review Board (NRB) dell'USCCB entro, e non oltre, tre mesi dalla loro decisione e/o produzione.

2. Attuazione immediata dei meccanismi di segnalazione.

Dovrebbe anche essere istituito immediatamente un sistema di "centralino telefonico per gli informatori" regionali al fine di ricevere le opportune segnalazioni di cattiva condotta sessuale nei seminari e cominciare, di conseguenza, ad indagarvi. Questi centralini regionali dovrebbero essere coordinati dal National Review Board della USCCB (il quale ha formulato una raccomandazione molto simile già nell'agosto del 2018). Inoltre, il Nationa Review Board dovrebbe essere autorizzato ad indagare sui rapporti ed a coordinare i propri risultati con i seminari mentre essi stessi stanno conducendo le proprie indagini ed accertamenti interni. I seminaristi del presente e del passato dovrebbero essere istruiti dai loro vescovi e dal loro rettore di seminario ad avvalersi di questi centralini (o, se vogliamo, numeri verdi) qualora abbiano qualche cosa da riferire. I seminari dovrebbero anche sviluppare il proprio meccanismo di segnalazione interna senza castigo e richiedere che un individuo indipendente designato venga sempre informato di qualsiasi tipo di reclamo presentato all'interno del seminario (in merito alla cattiva condotta sessuale) e che sia anche autorizzato a seguirne gli sviluppi e gli esiti. In questo modo, un individuo sarà a conoscenza di tutti i reclami e sarà tenuto a garantire che vengano adottate le misure adeguate per affrontare le eventuali situazioni critiche.

3. Costituzione di Gruppi di lavoro regionali per discernere le buone pratiche per la formazione al celibato casto e per evitare la nascita e la diffusione del clericalismo.

Dei gruppi di lavoro regionali, composti da laici, membri del clero e religiosi con esperienza nel lavoro di seminario, dovrebbe essere formati immediatamente per catalogare le migliori pratiche e le migliori politiche attualmente in vigore, nonché per formulare le dovute raccomandazioni finalizzate sia al miglioramento della formazione umana al celibato casto, sia ad evitare la nascita e la diffusione del clericalismo. Vorremmo offrire le osservazioni e le raccomandazioni esposte nella Parte II di questo documento come un punto di partenza per le riflessione dei gruppi di lavoro. Considerata la grave urgenza della crisi, raccomandiamo che questi gruppi regionali rendano pubblico il proprio lavoro entro l'autunno del 2019, in preparazione di una conferenza nazionale che si terrà di lì a poco.

4. Organizzazione di un Convegno nazionale sulla formazione del celibato casto e sulla necessità di evitare il clericalismo.

Una conferenza nazionale dovrebbe essere organizzata e programmata il prima possibile, nel 2019, alla presenza dei rappresentanti dei gruppi di lavoro regionali di cui abbiamo appena scritto. Ogni vescovo responsabile di un seminario negli Stati Uniti oppure nei suoi territori dovrebbe inviare almeno un rappresentante a questa conferenza. I partecipanti discuteranno le raccomandazioni dei gruppi di lavoro regionali, concorderanno una dichiarazione nazionale delle migliori pratiche e delle migliori politiche e formuleranno alcune raccomandazioni vòlte all'attuazione di queste pratiche e politiche. I partecipanti concorderanno anche le modalità attraverso le quali poter continuare a collaborare e a comunicare mentre ogni seminario starà attuando e valutando queste pratiche. Raccomandiamo ai vescovi di istruire i seminari di cui sono responsabili per l'attuazione nel 2020-2021 di ciascuna di queste pratiche e politiche che non siano già in atto.

5. Audit esterno di tutti i seminari degli Stati Uniti per valutare la formazione al celibato casto e per evitare il clericalismo.

A partire dall'autunno 2021 ed - al massimo - entro l'autunno del 2023, un audit esterno di ogni seminario dovrebbe essere condotto da team indipendenti guidati da una commissione nazionale per determinare se le migliori pratiche concordate nel 2019 siano realmente messe in atto, se si stiano dimostrando efficaci e se sia necessario apportare delle modifiche di qualche sorta per poterle migliorare. Anche se questo è un compito grande ed arduo, noi speriamo che l'importanza di questo lavoro renderà questo audit esterno una priorità assoluta.

6. Mandato per gli studi longitudinali da parte dei seminari.

I seminari dovrebbero essere diretti dai vescovi che ne sono responsabili al fine di produrre dei propri studi longitudinali vòlti a verificare l'efficacia delle pratiche formative. I sacerdoti dovrebbero essere intervistati ad intervalli di cinque anni per fornire un feedback sulla reale oppure non effettiva efficacia di quelle pratiche e per fornire suggerimenti per il loro miglioramento. Quando un sacerdote abbandona il sacerdozio, il seminario dovrebbe documentare formalmente le specifiche del programma di formazione che è stato svolto durante i suoi anni nel seminario ed anche indagare sullo stato del resto del suo gruppo di colleghi seminaristi. I seminaristi che decidono di lasciare il seminario dovrebbero essere attentamente intervistati in quel momento sulla vita del seminario e sulla cultura del seminario. Prese insieme, queste misure potrebbero rivelarsi come dei possibili modelli e consentire anche l'azione per migliorare le pratiche di formazione attualmente esistenti.

> *E sapete anche che, come fa un padre verso i suoi figli, noi abbiamo esortato, consolato e scongiurato ciascuno di voi, a camminare in modo degno di Dio, che vi chiama al suo regno e gloria (1 Tessalonicesi 2, 11-12).*

II. Formazione per la castità celibe e per evitare il clericalismo.

Formazione per la castità celibe.

Il celibato casto rappresenta un aspetto essenziale della vita del sacerdote nella propria vocazione all'interno del contesto del mistero nuziale. Esso rappresenta l'impegno di un coniuge e di un padre che mette la sua mascolinità e la sua sessualità al servizio della Chiesa piuttosto che ricercare il proprio piacere egoistico.

Noi ci auguriamo vivamente che uno screening psicologico approfondito possa scongiurare che gli uomini i quali presentino una qualche tendenza alla pedofilia vengano ammessi nei seminari. Inoltre, noi affermiamo anche l'importanza dell'*Istruzione sui criteri per il discernimento delle vocazioni nei confronti delle persone con tendenze omosessuali in vista della loro ammissione al Seminario e agli Ordini sacri*, la quale sancisce che «la Chiesa, pur rispettando profondamente le persone in questione, non può ammettere al Seminario e agli Ordini sacri coloro che praticano l'omosessualità, presentano tendenze omosessuali profondamente radicate oppure sostengono la cosiddetta *cultura gay*»[2]. Esortiamo alla cautela anche nel caso dei

---

[2] Congregation for Catholic Education, *Instruction Concerning the criteria for the discernment of Vocations with Regard to Persons with Homosexual Tendencies in View of Their admission to the Seminary and Holy Orders*, «Vatican.va», 31 agosto 2005 (http://www.vatican.va/roman_curia/congregations/ccatheduc/documents/rc_con_ccatheduc_doc_20051104_istruzione_en.html - ultimo accesso verificato: 14 novembre 2021), par. 2; Per il testo in italiano, si veda: Ibid., *Istruzione sui criteri per il discernimento delle vocazioni nei confronti delle persone con tendenze omosessuali in vista della loro ammissione al Seminario e agli Ordini sacri*, «vatican.va», 4 novembre 2005 (https://www.vatican.va/roman_curia/congregations/ccatheduc/documents/rc_con_ccatheduc_doc_20051104_istruzione_it.html - ultimo accesso verificato: 14 novembre 2021). L'*Istruzione*, nel medesimo paragrafo, proseguiva affermando che «le suddette persone si trovano, infatti, in una situazione che ostacola gravemente un corretto relazionarsi con uomini e donne. Non sono affatto da trascurare le conseguenze negative che possono derivare dall'Ordinazione di persone con tendenze omosessuali profondamente radicate. Qualora, invece, si trattasse di tendenze omosessuali che fossero

candidati che abbiano sperimentato una qualsiasi attrazione per lo stesso sesso in passato. Infatti, già la presenza di individui nel sacerdozio che hanno avuto oppure che hanno rapporti sessuali con soggetti maschili dovrebbe suggerire ai vescovi e ai seminari una grande pausa nell'ordinazione di qualsiasi uomo che abbia sperimentato attrazione per lo stesso sesso affinché essi stessi non diventino nuove prede di preti molestatori.

Nelle seguenti raccomandazioni, il nostro focus è impostato sulla formazione di uomini eterosessuali per il casto celibato. Questa formazione dovrebbe essere enfatizzata in ogni dimensione della formazione sacerdotale e dovrebbero anche essere stabiliti dei punti di riferimento chiari e concreti per un discernimento di successo in questo genere di formazione.

1. Il rettore deve essere esplicito, con tutta la facoltà di formazione, in merito a quale tipo di rivelazioni sessuali possano rimanere nel foro interno della direzione spirituale oppure della confessione e quali, invece, dovrebbero essere indirizzate verso la divulgazione al foro esterno. Questa raccomandazione si sposa perfettamente con quello che è l'attuale Programma sacerdotale della formazione, il quale afferma che: «occorre prestare attenzione per garantire che i problemi della formazione umana che propriamente appartengono al foro esterno non si limitino alla relazione della direzione spirituale per la loro risoluzione»[3]. Il rettore dovrebbe altresì specificare i protocolli appropriati per incoraggiare i seminaristi a portare le questioni davanti al forum esterno quando ciò risulti appropriato senza violare la riservatezza della direzione spirituale. Per esempio, un direttore spirituale potrebbe suggerire ad un seminarista che, a meno che quest'ultimo non riveli il problema in modo appropriato al foro esterno, egli non potrà continuare ad essere il suo direttore spirituale.

---

solo l'espressione di un problema transitorio, come, ad esempio, quello di un'adolescenza non ancora compiuta, esse devono comunque essere chiaramente superate almeno tre anni prima dell'Ordinazione diaconale».

[3] Committee on Priestly Formation of the United States Conference of Catholic Bishops (USCCB), *Program of Priestly Formation,* Quinta edizione (Washington, D.C.: United States Conference Of Catholic Bishops, 2006), p. 52 [par. 131] («Occorre prestare attenzione per garantire che le questioni della formazione umana che propriamente appartengono al foro esterno non si limitino solamente al rapporto della relazione spirituale per la loro risoluzione»). Il testo in lingua inglese è consultabile integralmente on line sul sito «usccb.org», si veda: https://www.usccb.org/upload/program-priestly-formation-fifth-edition.pdf - ultimo accesso verificato: 14 novembre 2021.

2. La crisi degli abusi sessuali ci ha insegnato che tutti i membri della comunità del seminario deve possedere una chiara comprensione della distinzione e della relazione esistente tra il foro interno ed il foro esterno. Se qualcuno osserva oppure sospetta fondatamente che si sia verificato oppure che sia in corso un comportamento inappropriato, non dovrebbe sollevarsi dalla responsabilità attraverso l'alibi del pensiero errato: "Questa è una questione che riguarda il foro quindi non sono affari miei". Tutti, tranne il confessore di un individuo e il direttore spirituale, sono nel foro esterno e dovrebbero intraprendere le azioni appropriate in merito a quello che osservano oppure sospettano fortemente. Quando un seminarista, oppure una facoltà oppure un membro del personale riporta quello che ha visto oppure sentito utilizzando il meccanismo (citato poco sopra, vedi: I.2) di segnalazione senza castigo, non starà facendo del pettegolezzo - anzi, si starà assumendo le proprie responsabilità di proteggere tanto i seminaristi quanto la comunità nella sua globalità.

3. I laici dovrebbero partecipare come membri senza diritto di voto agli incontri per valutare il progresso formativo dei seminaristi. Le donne dovrebbero sempre essere incluse in questi incontri, preferibilmente in qualità di professoresse e di donne delle parrocchie oppure coinvolte negli incarichi pastorali in cui i seminaristi hanno prestato servizio.

4. Tutti i sacerdoti devono sentirsi a proprio agio nel vivere una vita di casto celibato ed essere in grado di trarne forza. I seminari dovrebbero sia incoraggiare i seminaristi a creare ed a mantenere dei gruppi di sostegno e di responsabilità durante gli anni del seminario, sia incoraggiare i sacerdoti ordinati di recente a continuare a prendere parte a questi gruppi. Consigliamo anche di prendere in considerazione l'inclusione di soggetti laici all'interno di questi gruppi di responsabilità.

5. Dovrebbero essere sviluppati specifici "esami di coscienza" per promuovere un'autocoscienza pertinente alla castità celibe.

6. I seminari devono essere vigili e zelanti nel trovare i modi adatti ad aiutare i seminaristi a sviluppare le abitudini e le virtù necessarie per vivere il celibato casto. Questo deve rappresentare un processo di focalizzazione intenzionale ed integrativo delle quattro dimensioni della formazione, e, soprattutto, un fulcro della formazione umana, come chiariamo di seguito.

7. Formazione intellettuale: i seminaristi dovrebbero possedere una buona comprensione dell'antropologia cristiana e del rapporto che è proprio della ragione con le passioni. Dovrebbero comprendere che tutte le virtù, inclusa quella della castità, rappresentano elementi essenziali per raggiungere la piena integrità umana. I seminaristi dovrebbero comprendere che la virtù è un abito; è una questione che coinvolge ripetutamente l'abitudine a fare la cosa giusta ed, alla fine, a farla in modo affidabile; significa, insomma, provare piacere nel fare la cosa giusta.

7a. I seminaristi dovrebbero imparare che il celibato casto rappresenta una caratteristica del sacerdozio, perché permette al sacerdote di unirsi pienamente a Gesù Cristo. Il seminarista dovrebbe giungere a comprendere il celibato come un modo positivo e liberamente scelto di servire la Chiesa «nel Signore e con il Signore». I seminaristi dovrebbero imparare ad abbracciare il celibato sacerdotale «come un dono inestimabile di Dio» che permette al sacerdote di donarsi, con tutto il cuore e con amore, al popolo di Dio, senza nessuna riserva «come singolare partecipazione alla paternità di Dio e alla fecondità della Chiesa, come testimonianza al mondo del Regno escatologico»[4].

7b. I seminaristi dovrebbero leggere le fonti ed i documenti che forniscono una solida e strutturata difesa del casto celibato come, per esempio, la parte della *Teologia del corpo* di Giovanni Paolo II riguardante la continenza[5]. Durante ogni anno della formazione, i seminaristi dovrebbero anche affrontare altre interpretazioni del celibato casto, al fine di consolidare la loro comprensione della sua importanza e del suo valore.

7c. Il curriculum (sia accademico, sia pastorale) dovrebbe includere alcune riflessioni sulla natura della mascolinità stessa, sul suo rapporto complementare alla femminilità, e sui carismi che caratterizzano e contraddistinguono gli uomini e le donne (tali riflessioni risulteranno essere importanti anche per aiutare gli uomini a non cadere nel clericalismo).

8. Formazione spirituale: gli uomini che si impegnano in sane pratiche spirituali e che sono realmente alla ricerca di un rapporto intimo con il Signore avranno un'aspettativa molto più elevata di raggiungere la castità e di goderne pienamente i frutti. Un anno propedeutico di spiritualità, lo sviluppo di un'abitudine frequente all'Adorazione eucaristica, e l'istruzione sul valore della recitazione del rosario, del compiere ritiri, devozioni e pellegrinaggi:

---

[4] Giovanni Paolo II (papa), *Pastores Dabo Vobis. To the bishops, clergy and faithful on the formation of priests in the circumstances of the present day*, «Vatican.va», 25 marzo 1992 (http://w2.vatican.va/content/john-paul-ii/en/apost_exhortations/documents/hf_jp-ii_exh_25031992_pastores-dabo-vobis.html - ultimo accesso verificato: 14 novembre 2021), par. 29.

[5] Cfr. Giovanni Paolo II (papa), *Compendio della Teologia del corpo,* Y. Semen [a cura di] (Milano: Edizioni Ares, 2017).

tutto questo contribuirà a formare gli uomini e ad accostarli ad abitudini e ad atteggiamenti che sostengano la castità.

9. Formazione umana: la virtù della castità non può prescindere da una piena comprensione né della persona umana né del percorso verso il suo scopo finale. Tutti i cristiani, infatti, qualunque sia la loro vocazione, sono chiamati a vivere una vita di castità e di purezza. Il sacerdote è chiamato al celibato per il riconoscimento del fatto che egli dona se stesso, corpo e anima, a Gesù Cristo ed alla sua Chiesa, come nel matrimonio gli sposi si donano anima e corpo l'uno all'altro. La richiesta di castità nella vita sacerdotale trae origine dalla comprensione di questa unità; il celibato casto è un segno radicale di contraddizione in una cultura accecata dalle antropologie dualiste e materialiste.

L'osservazione che facciamo è che la grande sfida della formazione in seminario sta nella sua dimensione umana. Molti degli uomini provengono da famiglie divise oppure da situazioni famigliari di difficoltà. Essi sono stati fortemente influenzati dalla cultura che li ha circondati. La loro formazione umana, spesso, risulta essere in ritardo rispetto al desiderio di rispondere alla chiamata di Dio. Perciò, i seminari dovrebbero occuparsi di questa dimensione della vita del seminarista; il modo potrebbe essere quello di nominare dei direttori della formazione umana e di coinvolgere anche altri soggetti con esperienza in questo settore, ad esempio psicologi formati e simpatizzanti nei riguardi della vocazione sacerdotale nonché ben formati nell'ambito dell'antropologia cattolica.

Le prove di autodisciplina, di temperanza, di prudenza e maturità emotiva, nonché la capacità di formare delle sane amicizie rappresentano alcuni indicatori essenziali affinché si possa ragionevolmente ritenere che un seminarista potrà vivere castamente dopo l'ordinazione. Oltre a queste virtù, l'educazione pratica in merito a quale sia il corretto modo di vivere il celibato casto risulta essere una necessità impellente, vitale.

9a. Dovrebbero essere formulati alcuni parametri di riferimento, concretamente piuttosto che astrattamente, per la formazione al celibato casto. Ad esempio, il punto di riferimento concreto «egli sa che non dovrebbe rimanere solo in compagnia delle donne, poiché esse potrebbero diventare delle partner sessuali» risulta essere molto più utile del punto di riferimento astratto secondo cui «egli sa che deve avere un buon senso del limite».

9b. I seminaristi dovrebbero imparare le pratiche di buon senso per evitare le occasioni che possano rivelarsi peccaminose; inoltre, essi dovrebbero discuterne regolarmente con il proprio confessore, con il direttore spirituale, con il formatore e persino valutare quanto sono fedeli nell'adottare queste pratiche. Dovrebbero certamente imparare i pericoli della pornografia ed essere resi consapevoli della «solitudine, manipolazione, sfruttamento e violenza»[6] che è potenzialmente in agguato nell'ambiente digitale. I seminaristi dovrebbero essere avvertiti relativamente ai pericoli insiti in un utilizzo eccessivo dei social media, nonché dei numerosi rischi che sono associati al «dark web», ossia al "lato oscuro di Internet". I seminaristi, inoltre, dovrebbero essere formati in previdenza, facendo loro comprendere che un errore, in questo genere di ambienti, potrebbe incidere sulla loro reputazione e sulla loro stessa vita per un tempo molto lungo[7]. I seminaristi dovrebbero anche coltivare la consapevolezza di sé stessi in modo tale che possano riconoscere quali tipologie di intrattenimento, di letture, di musica, di conversazioni e di abitudini (come, per esempio, l'uso dell'alcool) inneschino delle risposte di natura sessuale. Essi dovrebbero essere consapevoli di quali siano gli stati d'animo oppure i sentimenti li portano a cercare degli stimoli di carattere sessuale; si pensi, per esempio, ai sentimenti di solitudine, di paura, di stanchezza oppure, ancora, di inadeguatezza. Le

---

[6] *Synod18 – Documento finale e Votazioni del Documento finale del Sinodo dei Vescovi al Santo Padre Francesco (27 ottobre 2018)*, «press.vatican.va», 27 ottobre 2018, par. 23 («L'ambiente digitale è anche un territorio di solitudine, manipolazione, sfruttamento e violenza, fino al caso estremo del *dark web*. I media digitali possono esporre al rischio di dipendenza, di isolamento e di progressiva perdita di contatto con la realtà concreta, ostacolando lo sviluppo di relazioni interpersonali autentiche. Nuove forme di violenza si diffondono attraverso i *social media*, ad esempio il cyberbullismo; il *web* è anche un canale di diffusione della pornografia e di sfruttamento delle persone a scopo sessuale o tramite il gioco d'azzardo»). Il testo integrale del documento in lingua italiana si trova sul sito «press.vatican.va»   (https://press.vatican.va/content/salastampa/it/bollettino/pubblico/ 2018/10/27/0789/01722.html – ultimo accesso verificato: 14 novembre 2021); per il testo in inglese, si veda: Synod Of Bishops (XV Ordinary General Assembly), *Final document on young people, the faith and vocational discernment*, «vatican.va», 27 ottobre 2018 (https://www.vatican.va/roman_curia/synod/documents/rc_synod_doc_20181027_doc-final-instrumentum-xvassemblea-giovani_en.html – ultimo accesso verificato: 14 novembre 2021).

[7] Ibid. par. 24 «Infine, operano nel mondo digitale giganteschi interessi economici, capaci di realizzare forme di controllo tanto sottili quanto invasive, creando meccanismi di manipolazione delle coscienze e del processo democratico. Il funzionamento di molte piattaforme finisce spesso per favorire l'incontro tra persone che la pensano allo stesso modo, ostacolando il confronto tra le differenze. Questi circuiti chiusi facilitano la diffusione di informazioni e notizie false, fomentando pregiudizi e odio. La proliferazione delle *fake news* è espressione di una cultura che ha smarrito il senso della verità e piega i fatti a interessi particolari. La reputazione delle persone è messa a repentaglio tramite processi sommari *on line*. Il fenomeno riguarda anche la Chiesa e i suoi pastori».

pratiche apparentemente "obsolete" come, per esempio, quelle di non stare da soli con le donne (le quali potrebbero diventare delle partner sessuali), di troncare i rapporti con le fidanzate del passato, di incontrare delle donne con le quali non si condivide alcun legame di parentela soltanto ed esclusivamente in luoghi pubblici, e la *custodia occolorum*[8] dovrebbero essere reintrodotte all'interno delle dinamiche della formazione dei seminaristi.

9c. Noi sosteniamo le linee guida dell'attuale Programma di formazione sacerdotale, secondo le quali si presuppone che «il programma di formazione del seminario non rappresenti il luogo per una terapia a lungo termine oppure per attuare un programma di riparazione, che dovrebbe essere completato prima di una decisione in merito all'ammissione»[9]. Qualsiasi uomo che risulti essere dipendente dalla pornografia oppure dalla pratica della masturbazione non deve essere ammesso in seminario, almeno fino a quando tali dipendenze non siano state risolte ed, anche allora, solo e soltanto se sono in atto dei supporti appropriati che possano aiutare il soggetto ad essere responsabile nel continuare il suo percorso di recupero. I candidati per l'ammissione che hanno utilizzato la pornografia in passato dovrebbero essere ammessi solo e soltanto se esiste un supporto appropriato in atto che possa aiutare questi soggetti ad essere responsabili nell'evitare di ricadere nuovamente in tale dannosa abitudine. Qualsiasi seminarista che cada oppure ricada nell'uso della pornografia o nella pratica della masturbazione abituale e non riesca ad essere in grado di interrompere

---

[8] La *custodia occolorum* si riferisce alla pratica di evitare gli sguardi indiscreti e languidi oppure, più generalmente, a distogliere il nostro sguardo da elementi che potrebbero danneggiare la nostra vita o che rappresentano qualcosa di sbagliato. Ciò prende spunto, fra le altre cose, dallo stesso ammonimento di nostro Signore Gesù Cristo contenuto nel Vangelo secondo Matteo: «Voi avete udito che fu detto agli antichi: "Non commettere adulterio". Ma io vi dico che chiunque guarda una donna per desiderarla, ha già commesso adulterio con lei nel suo cuore. Ora, se il tuo occhio destro ti è causa di peccato, cavalo e gettalo via da te, perché è meglio per te che un tuo membro perisca, piuttosto che tutto il tuo corpo sia gettato nella Geenna» (Mat. 5, 27-29).

[9] Committee on Priestly Formation of the United States Conference of Catholic Bishops (USCCB), *Program of Priestly Formation,* p. 21 [par. 43] («I seminari dovrebbero specificare delle soglie oppure dei parametri fondamentali in modo tale da consentire a coloro che sono incaricati di ammettere i candidati di avere a disposizione dei criteri chiari. Questo approccio alle ammissioni presuppone che il programma di formazione del seminario non rappresenti il luogo per una terapia a lungo termine oppure per attuare un programma di riparazione, che dovrebbe essere completato prima di una decisione in merito all'ammissione»). Il testo in lingua inglese è consultabile integralmente on line sul sito «usccb.org», si veda: https://www.usccb.org/upload/program-priestly-formation-fifth-edition.pdf - ultimo accesso verificato: 14 novembre 2021.

definitivamente questo genere di abitudini non dovrebbe passare all'ordinazione. I formatori dovrebbero stabilire dei parametri chiari che aiutino ad indicare se un seminarista debba essere considerato come sufficientemente libero dalla dipendenza ad abitudini che violano la castità oppure la purezza.

9d. I seminaristi dovrebbero discutere con i loro coetanei e con i loro formatori su come riconoscere se le donne oppure gli uomini li stiano «corteggiando». Essi dovrebbero imparare come districarsi dalle situazioni compromettenti; dovrebbero esercitarsi nei "gioco di ruolo", ossia in "giochi" dove vengano simulate delle situazioni compromettenti specifiche, per mettere in pratica le buone risposte ed i buoni atteggiamenti da adottare nella vita reale. I seminaristi dovrebbero imparare a riconoscere i segni di una relazione che sta cominciando ad essere problematica, come, per esempio, provare un'attesa eccessivamente gioiosa per l'incontro con la persona, condividere degli scherzi privati oppure trovare un eccessivo piacere negli interessi condivisi.

9e. Il valore della responsabilità deve essere marcatamente sottolineato: i seminaristi dovrebbero regolarmente rivedere quali sono le pratiche che li stanno aiutando a mantenersi casti e quali siano le situazioni ed anche gli umori che minacciano la loro pratica della castità.

9f. I seminaristi dovrebbero essere incoraggiati a formare oppure a mantenere delle amicizie sane e strette con gli uomini (che essi siano sacerdoti, religiosi o laici) e con quelle famiglie che comprendono e che sostengono il loro sacerdozio[10]. È fondamentale che i seminaristi sviluppino le risorse di cui avranno bisogno dopo l'ordinazione per la costruzione di sante e caste

---

[10] *Synod18 – Documento finale e Votazioni del Documento finale del Sinodo dei Vescovi al Santo Padre Francesco (27 ottobre 2018),* «press.vatican.va», 27 ottobre 2018, par. 164 («La prima riguarda la formazione congiunta di laici, consacrati e sacerdoti. È importante tenere in contatto permanente i giovani e le giovani in formazione con la vita quotidiana delle famiglie e delle comunità, con particolare attenzione alla presenza di figure femminili e di coppie cristiane, così che la formazione sia radicata nella concretezza della vita e caratterizzata da un tratto relazionale capace di interagire con il contesto sociale e culturale»). Il testo integrale del documento in lingua italiana si trova sul sito «press.vatican.va» (https://press.vatican.va/content/salastampa/it/bollettino/pubblico/2018/10/27/0789/01722.html – ultimo accesso verificato: 14 novembre 2021); per il testo in inglese, si veda: Synod Of Bishops (XV Ordinary General Assembly), *Final document on young people, the faith and vocational discernment,* «vatican.va», 27 ottobre 2018 (https://www.vatican.va/roman_curia/synod/documents/rc_synod_doc_20181027_doc-final-instrumentum-xvassemblea-giovani_en.html – ultimo accesso verificato: 14 novembre 2021).

amicizie sia all'interno della comunità sacerdotale, sia all'interno della più grande comunità parrocchiale (attraverso varie attività come, per esempio, l'allenamento di basket[11] per i giovani in seminario e discutere su come potrebbe essere implementato a livello parrocchiale, oppure incoraggiare la formazione di gruppi di lettura e di discussione all'interno del seminario proponendosi la continuazione di tale pratica dopo ordinazione).

9 g. I seminaristi dovrebbero conoscere i pericoli insiti nelle situazioni di consulenza pastorale, durante le quali è possibile che si sviluppi un senso di intimità tale da condurre alla dipendenza e persino alla sensazione di essere innamorati. La pratica del consiglio pastorale dovrebbe essere svolta in un contesto non intimo come, per esempio, una stanza con una finestra oppure con una porta aperta. I sacerdoti non dovrebbero andare in case private se una donna (che con esso non condivida alcun legame di parentela) sarà lì da sola ad attenderlo.

9h. Ai seminaristi dovrebbe essere specificato chiaramente di aspettarsi che le stesse qualità che li rendono ottimi sacerdoti potranno renderli anche molto attraenti agli occhi delle donne, alcune delle quali potrebbero ritrovarsi in situazioni di vulnerabilità oppure non possedere la maturità adeguata per riconoscere l'inappropriatezza di perseguire una stretta relazione con un soggetto impegnato nel celibato casto verso il quale, comunque, esse si sentono attratte romanticamente oppure sessualmente. I seminaristi devono imparare ad assumersi la responsabilità di imporre dei confini molto chiari sia nei riguardi dei rapporti con le persone reali, sia in tutte le altre forme di comunicazione (come, ad esempio, gli sms, i social media, etc.) e di peccare, in questo caso, per eccesso di cautela.

9i. Una formazione umana completa dovrebbe includere anche l'esistenza di contatti regolari con donne mature nella fede che abbiano dimostrato amore per il sacerdozio e la sollecitudine femminile per la salute, il benessere e la vocazione del seminarista. Noi riconosciamo che questo punto potrebbe comportare alcuni rischi e siamo certe, perciò, che occorra prestare una particolare attenzione nei riguardi della scelta e dell'identificazione delle donne alle quali si possa affidare una tale responsabilità. Ma proprio come la

---

[11] Si dice *pick-up basketball* quando un gruppo di giocatori, in un campo da basket, forma delle squadre che, solitamente, sono composte da quattro o cinque componenti. Il gioco viene condotto secondo regole particolari ed il fine ultimo è quello di individuare la squadra vincente. A quel punto, quando la partita è finita, la squadra vincente rimane in campo e quella perdente va a sedersi lasciando il campo agli altri giocatori che stavano aspettando di giocare (i quali formeranno una nuova squadra che sfiderà quella vincente).

paternità spirituale rappresenta una realtà, così è anche per la maternità spirituale; e le donne imbevute di spirito evangelico possono e devono essere incaricate a ricoprire un ruolo regolamentato nella formazione dei futuri sacerdoti.

Chiunque fra voi vorrà essere il primo, sarà schiavo di tutti. Poiché anche il Figlio dell'uomo non è venuto per essere servito, ma per servire e per dare la sua vita come prezzo di riscatto per molti (Marco 10, 44–45).

Formazione per evitare il clericalismo.

Se è vero, come lo è, che l'obbedienza e la docilità rappresentano delle qualità importanti per i seminaristi, porre un'eccessiva enfasi su tali aspetti contribuisce, d'altro canto, alla nascita e alla diffusione del clericalismo. La capacità alla prudenza e alla scelta di iniziative audaci deve essere parimenti promossa. Un sacerdote non deve soltanto essere obbediente all'autorità, esso stesso deve diventare un'autorità, ossia, deve diventare un padre capace di insegnare, di guidare e di proteggere la propria famiglia. Il sacerdozio è riservato agli uomini perché solamente gli uomini possono rivestire il ruolo di padre. La mascolinità, correttamente ordinata, rappresenta essa stessa una perfezione umana, ed i seminaristi hanno bisogno di sentirsi affermati nei loro doni di uomini e di essere istruiti in merito al fatto che una mascolinità autentica consente loro di condurre delle vite all'insegna delle virtù eroiche, al servizio del bene di coloro che essi servono. I veri pastori non abusano di altre persone, né sessualmente né in qualsiasi altra maniera; i veri pastori le servono e le proteggono.

Il clericalismo ha contribuito alla crisi attuale in due modi particolarmente importanti: il primo è rappresentato dal fatto che il clericalismo porta i membri del clero a ritenere di "meritare" particolari vantaggi che possano portarli ad impegnarsi in comportamenti immorali; il secondo, invece, sta nel fatto che il clericalismo incoraggia i sacerdoti ed i vescovi a respingere anche le critiche legittime al loro cattivo comportamento, soprattutto le critiche che provengono dai laici.

Il clericalismo possiede moltissime sfaccettature. In sostanza, esso rappresenta la sensazione secondo cui la condizione di essere un sacerdote conferisca il diritto ad avere un rispetto che sia nettamente superiore a quello che deve accordarsi agli altri, specialmente ai laici: il rispetto, vogliamo specificarlo, non solamente per l'ufficio del sacerdote, ma anche per la sua stessa persona e per tutte le decisioni ed azioni che egli adotta e compie. Il clericalismo rappresenta la convinzione secondo cui, in virtù della propria ordinazione sacerdotale, dell'educazione ricevuta e dei sacrifici compiuti e in atto, il sacerdote sia, da un lato, meritevole di una deferenza speciale, persino della cieca obbedienza, e che sia, dall'altro, esonerato dall'essere interrogato da un laico che possa avere maggiore competenza di lui in qualche ambito. Il clericalismo è accompagnato dalla sensazione secondo cui i sacerdoti, in virtù sia del loro status così elevato, sia della rinuncia ad avere una coniuge, una famiglia ed una carriera, meritino di essere risarciti in modi alquanto simpatici: ad esempio, con delle belle residenze, delle costose automobili, delle lussuose vacanze e con gratuite cene in ottimi ristoranti.

Anche i laici possono essere colpevoli di nutrire il clericalismo, specialmente quello dei vescovi; essi si macchiano di questa colpa quando agiscono adulando e coccolando i loro sacerdoti ed i loro vescovi. Questo, spesso, può significare la volontà di mostrare gratitudine, amore oppure rispetto ma può anche servire a condurre i membri del clero al di là delle critiche. I seminaristi devono essere avvertiti relativamente alla tendenza dei laici ad assumere una sorta di "adorazione eroica" per i membri del clero; quindi dovrebbero anche comprendere sin d'ora che le speciali attenzioni e deferenze che ricevono oppure riceveranno non dovrebbero renderli troppo orgogliosi di se stessi.

Il clericalismo, ovviamente, può essere promosso anche durante la permanenza in seminario incoraggiando i seminaristi ad essere indebitamente deferenti nei riguardi dell'autorità. I seminari premiano troppo spesso i seminaristi che non si lamentano mai e che non "scuotono la barca", mentre coloro che prendono l'iniziativa di mettere in discussione le decisioni amministrative vengono, troppo spesso, trattati come dei veri e propri piantagrane. Se ai seminaristi viene insegnato ad essere indebitamente rispettosi dei sacerdoti e dei loro superiori, è molto probabile che, in seguito, quando saranno sacerdoti oppure i superiori, essi stessi si aspetteranno la medesima indebita deferenza da parte degli altri; inoltre essi potrebbero anche iniziare a concentrarsi piuttosto sui diritti che hanno percepito invece che sul bene degli altri e sulla chiamata al servizio sacerdotale.

Infine, i seminaristi che dimostrino di essere particolarmente dotati oppure portati in un particolare ambito, devono essere, sin dal primo momento, resi consapevoli del pericolo di diventare vanitosi. L'omileta dotato, il conversatore particolarmente umoristico oppure delizioso, il bel giovanotto, e chiunque possieda qualcosa per cui potrà essere reso oggetto di lode ed attenzione, dovranno essere istruiti, per tempo, a riconoscere i pericoli insiti nel godere di tali atteggiamenti. Per combattere il clericalismo, noi consigliamo quanto segue:

1. I seminaristi devono impegnarsi con regolarità nella pratica dell'adorazione eucaristica quale componente essenziale nel percorso della ricerca della

santità. La pratica dell'adorazione aiuta una persona a sviluppare ogni sorta di virtù ma, forse, soprattutto l'umiltà, il senso di appartenenza a Dio e la consapevolezza che essa è qui per servire Dio servendo il prossimo. Lo sviluppo di una consapevole abitudine a servire rappresenta l'antitesi del clericalismo. La pratica dell'adorazione aiuta una persona ad innamorarsi completamente di Gesù Cristo e ad essere realmente consapevole del fatto che anche Gesù Cristo l'ama; la pratica dell'adorazione aiuta una persona ad essere pronta a tutto per Gesù Cristo e ad essere meno dipendente dal rispetto degli uomini per determinare il proprio senso del valore. Questa forte relazione con Gesù Cristo aiuterà il seminarista ad essere più coraggioso nello sfidare adeguatamente lo status quo nelle situazioni dove viene tollerata una cattiva condotta, anche se teme che ciò possa minacciare il proprio avanzamento verso l'ordinazione.

2. I seminaristi dovrebbero essere incoraggiati a recitare le litanie dell'umiltà e dovrebbero studiare la vita dei santi sacerdoti che, in modo esemplare, hanno condotto una vita umile e modesta.

3. I seminaristi dovrebbero essere resi consapevoli dell'esistenza del cosiddetto "differenziale di potere" tra i sacerdoti ed i laici e riflettere sulla loro responsabilità di evitare l'utilizzo di tale differenziale per esercitare pressioni sui laici affinché assumano compiti inadatti oppure, addirittura, si impegnino in attività oppure in comportamenti immorali. I seminaristi dovrebbero essere avvertiti che sfruttare questo differenziale di potere rappresenta un elemento del tutto incompatibile con la vita cristiana e specialmente con l'ufficio sacerdotale.

4. I seminari dovrebbero porre un'enfasi equilibrata sullo sviluppo dei seminaristi: non solamente istruire all'adeguata docilità, ma anche al coraggio paterno. Il futuro sacerdote deve rivestire il ruolo essenziale ed efficace di un padre spirituale, e non di un docile membro del presbiterio; si dovrebbero, in tale ottica, tenere regolarmente delle sessioni di ascolto per consentire ai seminaristi di aggiustare le difficoltà che sperimentano con le pratiche del seminario: per esempio, con il programma di formazione oppure con le altre attività. Gli amministratori dovrebbero essere ricettivi nei riguardi di questi riscontri e modelli di ascolto a disposizione dei seminaristi, insegnando, per esempio, ai seminaristi come accettare serenamente le critiche e come attuare degli aggiustamenti nelle loro pratiche qualora tale necessità si rendesse effettivamente necessaria. In effetti, questa situazione offre una reale opportunità per l'intera *leadership* del seminario, ossia quella di rendere effettiva la creazione di una «Chiesa in ascolto», così come è stata definita

durante il recente Sinodo sui giovani[12]. Imparare a sollevare delle obiezioni alle proposte delle autorità, educatamente ma anche con fermezza, risulta essere un costume necessario per la creazione ed il mantenimento di un sano clima di collaborazione nel sacerdozio.

5. I seminaristi devono essere istruiti relativamente all'importanza di condurre una vita all'insegna della semplicità. Essi dovrebbero imparare l'importanza di non attribuire un eccessivo valore agli oggetti materiali ed alla vita confortevole; dovrebbero essere avvertiti in merito ai rischi che sono insiti nella creazione oppure nella promozione di amicizie con i ricchi per ricevere i "vantaggi" che potrebbero derivare da tali amicizie. I seminaristi dovrebbero rappresentare in modo esemplare per il loro gregge lo stile di vita modesto che i cristiani dovrebbero adottare. Essi dovrebbero capire che, per un prete, possedere tutti gli ultimi gadget elettronici, andare in lussuose

---

[12] *Synod18 – Documento finale e Votazioni del Documento finale del Sinodo dei Vescovi al Santo Padre Francesco (27 ottobre 2018)*, «press.vatican.va», 27 ottobre 2018, parr. 8-9 («Non mancano nella Chiesa iniziative ed esperienze consolidate attraverso le quali i giovani possono sperimentare accoglienza, ascolto e far sentire la propria voce. Il Sinodo riconosce però che non sempre la comunità ecclesiale sa rendere evidente l'atteggiamento che il Risorto ha avuto verso i discepoli di Emmaus, quando, prima di illuminarli con la Parola, ha chiesto loro: "Che cosa sono questi discorsi che state facendo tra voi lungo il cammino?" (*Lu.* 24, 17). Prevale talora la tendenza a fornire risposte preconfezionate e ricette pronte, senza lasciar emergere le domande giovanili nella loro novità e coglierne la provocazione. L'ascolto rende possibile uno scambio di doni, in un contesto di empatia. Esso consente ai giovani di donare alla comunità il proprio apporto, aiutandola a cogliere sensibilità nuove e a porsi domande inedite. Allo stesso tempo pone le condizioni per un annuncio del Vangelo che raggiunga veramente il cuore, in modo incisivo e fecondo. [...] L'ascolto costituisce un momento qualificante del ministero dei pastori, e in primo luogo dei vescovi, che però spesso si trovano oberati da molti impegni e faticano a trovare un tempo adeguato per questo indispensabile servizio. Molti hanno rilevato la carenza di persone esperte e dedicate all'accompagnamento. Credere al valore teologico e pastorale dell'ascolto implica un ripensamento per rinnovare le forme con cui ordinariamente il ministero presbiterale si esprime e una verifica delle sue priorità. Inoltre il Sinodo riconosce la necessità di preparare consacrati e laici, uomini e donne, che siano qualificati per l'accompagnamento dei giovani. Il carisma dell'ascolto che lo Spirito Santo fa sorgere nelle comunità potrebbe anche ricevere una forma di riconoscimento istituzionale per il servizio ecclesiale»). Il testo integrale del documento in lingua italiana si trova sul sito «press.vatican.va» (https://press.vatican.va/content/salastampa/it/bollettino/pubblico/2018/10/27/0789/01722.html – ultimo accesso verificato: 14 novembre 2021); per il testo in inglese, si veda: Synod Of Bishops (XV Ordinary General Assembly), *Final document on young people, the faith and vocational discernment*, «vatican.va», 27 ottobre 2018 (https://www.vatican.va/roman_curia/synod/documents/rc_synod_doc_20181027_doc-final-instrumentum-xvassemblea-giovani_en.html – ultimo accesso verificato: 14 novembre 2021).

vacanze, mangiare regolarmente nei migliori ristoranti e guidare delle automobili nuove e "super accessoriate" non rappresentano delle pratiche oppure delle abitudini compatibili con la vita che si addice a tutti i membri del clero, vale a dire: ad una vita condotta all'insegna della semplicità.

6. Nelle diocesi dove l'attuale clima di sfiducia si è attenuato, sia attraverso l'attuazione di controlli rigorosi, sia grazie alle precauzioni in atto, i seminaristi dovrebbero poter trascorrere del tempo con le famiglie, magari unendosi a loro in occasione dei pasti regolari, lavorando insieme a qualche progetto oppure organizzandosi per partecipare, in loro compagnia, a delle gite fuori porta. I seminaristi dovrebbero conoscere le dinamiche che si instaurano e che si verificano all'interno di una salda famiglia cattolica, soprattutto, magari, all'interno di quelle famiglie nelle quali ci si prende cura di bambini oppure di altri parenti che abbiano dei bisogni particolari, in modo che essi possano comprendere le sfide, le tensioni e le pressioni che sono implicate nella costruzione della vita famigliare. Osservare un saldo padre cattolico e discutere con quest'ultimo in merito alle sfide che comporta la paternità dovrebbero rappresentare delle attività edificanti per un seminarista affinché esso stesso possa sviluppare il proprio senso della paternità.

7. La presenza di donne fiduciose, virtuose e spiritualmente mature all'interno dei seminari risulterà utile a scoraggiare la nascita e la diffusione del clericalismo tanto fra i seminaristi, quanto fra i sacerdoti ed il personale impegnato nel seminario. La presenza di donne in posizioni di autorità all'interno dei seminari risulterà essere cruciale anche per individuare nonché correggere gli atteggiamenti di natura "machista" oppure misogina che possano nascere e diffondersi nel contesto di tutto il seminario, poiché tali atteggiamenti finiscono per esasperare qualsiasi tendenza al clericalismo. Alcuni seminaristi arrivano al seminario con un bagaglio di idee sul matrimonio e sulla vita famigliare del tutto irrealistiche e romanzesche oppure, al contrario, a causa di particolari esperienze di vita, si dimostrano alquanto cinici. La presenza delle donne all'interno dei seminari, perciò, fornirebbe certamente un importante contrappeso a questi due opposti atteggiamenti.

E da alcuni gli fu riferito: «Tua madre e i tuoi fratelli sono là fuori e ti vogliono vedere». Ma egli, rispondendo, disse loro: «Mia madre e i miei fratelli sono quelli che odono la parola di Dio e la mettono in pratica» (Luca 8, 20-21).

III. La cultura del seminario.

Desideriamo ora riflettere su due ambiti della cultura seminariale che necessitano sia di una maggiore consapevolezza, sia di un'aperta considerazione. Gli ambiti ai quali ci stiamo riferendo sono (1) la relazione tra i vescovi e i seminari (specialmente tra i vescovi ed i rettori del seminario) e (2) le qualità che dovrebbero identificare un efficace rettore del seminario. I nostri consigli sono strutturati per assistere i vescovi nel garantire un ambiente sano per i seminaristi e, quindi, per assicurare al popolo di Dio che gli uomini ordinati vengano indiscutibilmente ben formati e che siano, perciò, realmente degni della sua fiducia.

I vescovi e i seminari.

Poco sopra, abbiamo già notato e discusso i pericoli insiti in una eccessiva enfasi degli aspetti di docilità e di obbedienza tra i seminaristi. Similmente, noi nutriamo delle preoccupazioni anche in merito al fatto che i vescovi possano non sempre attribuire il giusto peso alle competenze del personale del seminario (e fra questo includiamo, certamente, anche la figura del rettore di seminario). Affinché i seminari possano portare a termine efficacemente il proprio lavoro e, forse ancora più importante nell'attuale momento di sfiducia che la Chiesa sta sperimentando contro di sé, per massimizzare la fiducia dei fedeli negli uomini che i vescovi ordinano al sacerdozio, risulta imperativo che i vescovi acquisiscano la dovuta conoscenza delle valutazioni offerte dai docenti del seminario, nonché dai suoi formatori e da parte di tutto il personale che ne fa parte. Mentre sosteniamo pienamente il ruolo di ciascun vescovo quale ultimo decisore in merito alla candidatura di ciascun elemento per l'ordinazione al sacerdozio, siamo anche consapevoli dell'esistenza reale di situazioni nelle quali sussistono delle prove a dimostrazione del fatto che alcune preoccupazioni, che si sono rivelate ben fondate ed alquanto serie, siano state sollevate da parte del personale di seminario senza essere, tuttavia, adeguatamente prese in considerazione da parte dei vescovi[13]. Inoltre, esiste il pericolo che il rapporto finanziario tra un particolare vescovo ed un seminario possa influenzare in modo indebito i giudizi relativi all'idoneità dei candidati. Suggeriamo, perciò, che sarebbe molto utile, tanto per i vescovi quanto per i rettori dei seminari, sia di pensare ai loro ruoli non soltanto come elementi

---

[13] Si veda, per esempio: T. Wehner, *Report Reveals Details of Ongoing Homosexual Network in Several Dioceses*, «National Catholic Register», 29 novembre 2018 (http://www.ncregister.com/daily-news/unholy-activity-uncovered-at-holy-apostles-seminary - ultimo accesso verificato: 14 novembre 2021).

inseriti in un sistema regolato in senso gerarchico ma anche come elementi caratterizzati da reciproca complementarità, sia di mantenere un adeguato rispetto per l'integrità dei ruoli di ciascuno (vale a dire: dei singoli ruoli dei rettori e dei vescovi). Raccomandiamo pertanto di adottare le seguenti misure al fine di garantire che i seminari raggiungano e mantengano un grado di adeguata indipendenza dai vescovi che inviano i seminaristi per la formazione. Siamo convinte che sia necessariamente urgente che le azioni che elenchiamo di seguito vengano messe in atto, se si vuole assicurare al popolo di Dio che i fallimenti del passato nel contesto della formazione e della protezione dei seminaristi non possano mai più ripetersi in futuro.

1. Ogni seminario dovrebbe possedere un Consiglio di amministrazione che sia composto da laici qualificati, da religiosi e da ecclesiastici; uno dei suoi compiti più importanti ed espliciti dovrebbe essere la salvaguardia della corretta indipendenza del seminario dalle diocesi che inviano gli uomini per ricevere la formazione. I laici del Consiglio dovrebbero essere scelti a fronte della loro comprensione e dell'impegno che hanno dimostrato di avere riguardo alla formazione sacerdotale e mai, primariamente, per il fatto di essere delle persone che possiedono delle importanti ricchezze. Dove la formazione sacerdotale avviene all'interno di un'istituzione che forma anche i laici oppure i candidati al diaconato permanente, dovrebbe essere formato uno specifico comitato del Consiglio, il quale dovrebbe assumere la responsabilità esclusivamente della divisione della formazione relativa al sacerdozio e, conseguentemente, assicurarsi di presentare e tutelare con forza gli interessi di quella medesima divisione all'interno dell'istituzione più grande di cui esso è parte.

2. I vescovi dovrebbero istruire esplicitamente i seminaristi che sono impegnati nella formazione per le loro diocesi a segnalare qualsivoglia irregolarità sessuale, sia che essa risulti essere soltanto sospetta oppure che sia stata direttamente osservata, utilizzando sia il canale del centralino regionale del National Review Board, sia il meccanismo di segnalazione senza penitenza istituito presso il seminario al quale sono iscritti (si veda la sezione I.2 di questo documento). Qualsiasi altra richiesta di segnalazione dovrà essere considerata come in aggiunta a quella già presentata e mai in sostituzione. I vescovi dovrebbero spiegare ai seminaristi che tale genere di segnalazioni risulta essere assolutamente vitale al fine di ripristinare la fiducia del popolo di Dio tanto verso i sacerdoti, quanto verso gli stessi vescovi.

3. I vescovi dovrebbero essere ritenuti responsabili dell'adesione alle norme che sono state stabilite nei casi di dimissione dalla formazione seminariale[14] (Si veda più avanti, nella sezione "I rettori del seminario", al punto 3b, in merito alle nostre raccomandazioni sulla necessità di rafforzare questo genere di normative).

I rettori del seminario.

Non possiamo sottolineare in modo abbastanza adeguato l'importanza che riveste il ruolo del rettore di seminario. Per quella che è la nostra esperienza, l'unico bene più grande per l'efficacia della formazione del seminario è rappresentato dalla nomina di un rettore che sia animato dal profondo desiderio di ricoprire questo ruolo e che possieda alcune adeguate caratteristiche per assumere questa posizione. Consigliamo, pertanto, quanto segue riguardo a tali nomine.

1. Il Vescovo che fa la nomina del rettore (oppure il suo delegato) dovrebbe prima consultarsi, in modo significativo e non superficiale, tanto con gli ordinati quanto con i membri del laicato che hanno lavorato oppure collaborato, a qualunque titolo, con il candidato. Le caratteristiche elencate di seguito potrebbero servire come una sorta di lista di riferimento utile ad indirizzare la natura e gli scopi di queste consultazioni. Noi riteniamo che, al fine di risultare un efficace rettore di seminario, un sacerdote dovrebbe:

   a.   Essere un pastore esperto.

   b.   Essere sia animato da un sincero e profondo desiderio per il lavoro specifico di formare i seminaristi per il sacerdozio, sia realmente scevro da qualsivoglia ambizione verso l'episcopato, poiché ciò potrebbe ostacolare la sua indipendenza in questo lavoro.

   c.   Possedere fattivamente una significativa esperienza almeno in una dimensione della formazione sacerdotale e dimostrare altresì di tenere comunque in grande considerazione e di apprezzare allo stesso modo ciascuna delle quattro dimensioni della formazione sacerdotale, senza nessuna tendenza a valutarne l'una a scapito dell'altra. Un buon rettore

---

[14] Per ciò che riguarda le attuali norme in vigore negli Stati Uniti, si veda il sito web dell'USCCB: *Norms Concerning Reapplication for Priestly Formation*, «usccb.org», s. d. (http://www.usccb.org/beliefs-and-teachings/vocations/priesthood/priestly-formation/norms-concerning-reapplication-for-priestly-formation.cfm - ultimo accesso verificato: 14 novembre 2021).

dovrebbe guardare alla formazione umana, intellettuale, spirituale e pastorale come ad aspetti complementari e realmente necessari gli uni agli altri e mai come concorrenti per il tempo dei seminaristi.

d. Dimostrare di essere libero da qualsivoglia aspetto di clericalismo e desideroso di lavorare con gli altri sacerdoti, nonché con i religiosi ed laici coinvolti nella formazione dei sacerdoti.

e. Dimostrare di possedere un profondo rispetto per la missione dei laici ed una chiara e coerente visione ecclesiologica, la quale comprenda non soltanto una opportuna e congrua considerazione per la gerarchia e per il ministero ordinato, ma anche per il modo nel quale gli stessi laici partecipano al triplice ufficio di Gesù Cristo.

f. Essere a proprio agio con le donne ed avere un sano rispetto per i doni delle donne nonché per il ruolo che esse hanno all'interno della Chiesa.

g. Dimostrare di essere una persona dallo spiccato senso sia dell'indipendenza, sia dell'integrità che, quando necessario, sia disposta e capace di dissentire, in modo rispettoso ma anche chiaro, con il proprio vescovo oppure con i vescovi che indirizzano gli uomini presso il suo seminario.

h. Possedere abbondantemente tanto la virtù della prudenza quanto l'abito della "paternità". Inoltre, sarebbe necessario che egli abbia chiara contezza della differenza fra ciò che deve essere ritenuto come un comportamento tipico del normale errore umano e ciò che, invece, deve essere ritenuto un comportamento tipico del grave errore; egli, parimenti, dovrebbe possedere uno spiccato senso della giustizia, essendo in grado di capire quando applicare le "regole" in maniera rigorosa e quando, invece, dimostrarsi flessibili.

i. Sapersi conquistare la fiducia dei formatori, dei docenti e dei seminaristi.

j. Comprendere se stesso come il solo soggetto responsabile, in ultima analisi, verso i membri del corpo di Gesù Cristo, vale a dire: di saper amministrare quel servizio che è la stessa ragion d'essere del sacerdozio.

2. Il vescovo responsabile della nomina del rettore di seminario dovrebbe riesaminare personalmente il fascicolo personale completo del candidato prima di fissarne la nomina, assicurandosi che esso risulti privo di lamentele oppure accuse. Lo stesso vescovo dovrebbe sostenere una discussione franca con il candidato in merito alla visione della formazione che il candidato ha ricevuto per mantenere la castità celibe e per scongiurare la nascita e la diffusione del clericalismo. Qualora dovessero sorgere dei dubbi di qualsiasi genere, il vescovo dovrebbe mantenersi cauto e proteggere il seminario preferendo un diverso candidato piuttosto che incaricare un rettore inadatto.

3. I rettori dei seminari, una volta nominati, devono:

a.   Garantire che i seminaristi non possano entrare in contatto con alcun sacerdote, sia che esso risulti essere ancora attivo oppure in pensione, quando esista un qualche motivo per sospettare che esso abbia avuto comportamenti di cattiva condotta sessuale oppure di cattiva condotta in generale. In caso di dubbio, i rettori devono sempre schierarsi a favore della protezione dei seminaristi, anche a costo di essere non equi, qualunque sia il rango del sacerdote posto sotto sospetto.

b.   Rispettare le norme stabilite per quanto riguarda gli coloro i quali sono stati dimessi dalla formazione[15]. Esortiamo con forza a rafforzare queste norme che sono state stabilite dal Sinodo dei vescovi, sia alla luce di quanto abbiamo appreso dai recenti scandali che hanno colpito la Chiesa, sia nello spirito di quello stesso Sinodo[16]. Raccomandiamo che

---

[15] Si veda la nota precedente.

[16] *Synod18 – Documento finale e Votazioni del Documento finale del Sinodo dei Vescovi al Santo Padre Francesco (27 ottobre 2018)*, «press.vatican.va», 27 ottobre 2018, par. 163 («Il compito specifico della formazione integrale dei candidati al ministero ordinato e alla vita consacrata maschile e femminile rimane una sfida importante per la Chiesa. Si richiama anche l'importanza di una solida formazione culturale e teologica per consacrate e consacrati. Per quanto riguarda i seminari, il primo compito è ovviamente l'assunzione e la traduzione operativa della nuova *Ratio fundamentalis institutionis sacerdotalis*. Durante il Sinodo sono emerse alcune sottolineature importanti, che conviene menzionare. In primo luogo la scelta dei formatori: non basta che siano culturalmente preparati, occorre che siano capaci di relazioni fraterne, di un ascolto empatico e di profonda libertà interiore. In secondo luogo, per un accompagnamento adeguato sarà necessario un serio e competente lavoro in *équipe* educative differenziate, che includano figure femminili. La costituzione di queste *équipe* formative in cui interagiscono vocazioni diverse è una piccola ma preziosa forma di sinodalità, che incide sulla mentalità dei giovani nella formazione iniziale. In terzo luogo, la formazione deve puntare a sviluppare nei futuri pastori e consacrati la capacità di esercitare il loro ruolo di guida in modo autorevole e non autoritario, educando i giovani candidati a donarsi per la comunità. Particolare attenzione va prestata ad alcuni criteri formativi quali: il superamento di tendenze al clericalismo, la capacità di lavoro in *équipe*, la sensibilità per i poveri, la trasparenza di vita, la disponibilità a lasciarsi accompagnare. In quarto luogo è decisiva la serietà del discernimento iniziale, perché troppe volte i giovani che si presentano ai seminari o alle case di formazione vengono accolti senza una

venga stabilito che i rettori siano tenuti a segnalare automaticamente ed immediatamente l'allontanamento di qualsiasi seminarista dal proprio seminario al presidente del National Review Board dell'USCCB, nonché di includere un motivo conciso ma specifico per tale allontanamento. Le motivazioni che potrebbero essere comunicate includerebbero, per esempio, l'aver assunto atteggiamenti di imbroglio oppure di disonestà; di aver commesso una (o più) attività di natura sessuale con maschi oppure con femmine dopo l'ammissione al seminario; di aver dimostrato una dipendenza continua da alcool, da altre droghe oppure dalla pornografia tale da non lasciare intravedere alcuna possibilità misurabile e significativa di recupero.

c. Rifiutare di ammettere un seminarista che sia stato precedentemente allontanato oppure licenziato da un altro seminario per ragioni che riguardano la sua inadeguatezza alla vita di pastore d'anime. Laddove vi siano dubbi di qualsiasi sorta, i rettori dovrebbero sempre schierarsi a favore della protezione del corpo di Gesù Cristo da un sacerdote inadatto.

d. Gestire con cura le aree inutilizzate oppure isolate nelle strutture del seminario, poiché esse potrebbero tramutarsi in luoghi dove è possibile mettere in atto dei comportamenti inappropriati.

e. Condurre dei colloqui oppure delle vere e proprie interviste in uscita, in merito alla vita e alla cultura del seminario, con quei seminaristi che dovessero decidere spontaneamente di lasciare il seminario.

---

conoscenza adeguata e una rilettura approfondita della loro storia. La questione diventa particolarmente delicata nel caso di "seminaristi vaganti": l'instabilità relazionale e affettiva, e la mancanza di radicamento ecclesiali sono segnali pericolosi. Trascurare la normativa ecclesiale a questo riguardo costituisce un comportamento irresponsabile, che può avere conseguenze molto gravi per la comunità cristiana. Un quinto punto riguarda la consistenza numerica delle comunità di formazione: in quelle troppo grandi si corre il rischio della spersonalizzazione del percorso e di una conoscenza non adeguata dei giovani in cammino, mentre quelle troppo piccole rischiano di essere soffocanti e sottomesse a logiche di dipendenza; in questi casi la soluzione migliore è costituire seminari interdiocesani o case di formazione condivise tra più province religiose, con progetti formativi chiari e responsabilità ben definite»). Il testo integrale del documento in lingua italiana si trova sul sito «press.vatican.va» (https://press.vatican.va/content/salastampa/it/bollettino/pubblico/2018/10/27/0789/01722.html – ultimo accesso verificato: 14 novembre 2021); per il testo in inglese, si veda: Synod Of Bishops (XV Ordinary General Assembly), *Final document on young people, the faith and vocational discernment*, «vatican.va», 27 ottobre 2018 https://www.vatican.va/roman_curia/synod/documents/rc_synod_doc_20181027_doc-final-instrumentum-xvassemblea-giovani_en.html – ultimo accesso verificato: 14 novembre 2021).

E non prendete parte, insieme con certi individui, agli inutili piaceri del male e delle tenebre; condannateli apertamente piuttosto! Perché è una vergogna soltanto parlare delle cose che quella gente fa di nascosto! Ma quando queste cose sono apertamente condannate e messe in piena luce, si manifestano per quello che realmente sono, perché tutto quello che si manifesta è luce. Per questo Dio dice: «Svegliati, sorgi dai morti, tu che dormi, e Cristo ti darà la luce (Efesini 5, 11-14).

È un enorme privilegio, per noi, essere coinvolte nella formazione di uomini che si preparano a diventare dei sacerdoti. Come tutti i cattolici, noi non possiamo che esprimere profondamente la nostra gratitudine ai sacerdoti ed ai vescovi che ci portano Gesù Cristo nei sacramenti e che si adoperano per condurre il mondo intero all'amore di nostro Signore Gesù Cristo. È proprio questo riconoscimento del dono inestimabile del sacerdozio che ci ha portate, in questa occasione, ad offrire le nostre intuizioni al fine di aiutare i seminari a fornire la migliore formazione possibile per il celibato casto e per il servizio sacerdotale condotto con umiltà.

Vi ringraziamo per aver preso in considerazione i nostri consigli.